Lotus Notes Domino 8/8.5-Administration

Band 2

Für Carsten

Wissen ist der erste Rohstoff, der sich
bei Gebrauch vermehrt.
(brandeins 11/2009)

Nadin Ebel

Lotus Notes Domino 8/8.5-Administration

Lotus Groupware installieren, betreiben und verwalten

Mit Unterstützung durch Iris Ruhnke und
Helmut Corsten als Co-Autoren

Band 2

 ADDISON-WESLEY

An imprint of Pearson Education

München • Boston • San Francisco • Harlow, England
Don Mills, Ontario • Sydney • Mexico City
Madrid • Amsterdam

Bibliografische Information Der Deutschen Nationalbibliothek

Die Deutsche Nationalbibliothek verzeichnet diese Publikation in der Deutschen Nationalbibliografie; detaillierte bibliografische Daten sind im Internet über *http://dnb.d-nb.de* abrufbar.

10 9 8 7 6 5 4 3 2 1

12 11 10

ISBN 978-3-8273-2726-0

© 2010 by Addison-Wesley Verlag, ein Imprint der
Pearson Education Deutschland GmbH
Martin-Kollar-Straße 10–12, D-81829 München/Germany
Alle Rechte vorbehalten

Lektorat:	Boris Karnikowski, bkarnikowski@pearson.de
Fachlektorat:	Barbara Galinsky, Carsten Mewes, Lars Stockhausen, Dirk Baumann
Korrektorat:	Friederike Daenecke, Zülpich
	Marita Böhm, München
Umschlaggestaltung:	Barbara Thoben, Köln
Herstellung:	Martha Kürzl-Harrison, mkuerzl@pearson.de
Satz und Layout:	mediaService, Siegen (www.media-service.tv)
Druck und Verarbeitung:	Kösel, Krugzell (www.KoeselBuch.de)

Printed in Germany

Inhaltsübersicht

Band 1

Band 2

Inhaltsverzeichnis

Band 1

Band 2

8 Transaktionsprotokollierung

Lotus Domino unterstützt die *Transaktionsprotokollierung* für Server, auf denen Domino 5 und höher läuft, sowie für Datenbanken, deren Struktur (*On-Disk Structure*) ODS Version 41 oder höher entspricht.

Änderungen, die an einer Datenbank vorgenommen werden, werden durch die Transaktionsprotokollierung erfasst und in einem sogenannten *Transaktionsprotokoll* gespeichert. Die protokollierten Transaktionen werden anschließend in einem Schritt auf die Festplatte geschrieben. Dies erfolgt entweder dann, wenn Ressourcen verfügbar sind, oder gemäß eines festgelegten Zeitplanes.

Eine Transaktion ist eine miteinander verbundene Reihe von Änderungen, die an einer Datenbank auf einem Server vorgenommen werden. So ist beispielsweise das Öffnen eines neuen Dokuments, das Hinzufügen von Text und das Speichern des Dokuments eine Transaktion. In diesem Fall besteht die Transaktion aus drei separaten impliziten API-Aufrufen: NotesOpen, NoteUpdate und NoteClose.

Ein Transaktionsprotokoll ist in diesem Fall eine Aufzeichnung der Änderungen, die an Domino-Datenbanken vorgenommen werden. Das Transaktionsprotokoll besteht aus der *Protokollsteuerungsdatei (nlogctrl.lfh)* und den *Protokollerweiterungen*. Eine Protokollerweiterung ist eine der Dateien, in die die Transaktionsprotokolle geschrieben werden. Sie hat die Form *sx.txn*, wobei x für eine siebenstellige Zahl steht, die auf diesem Server eindeutig ist. Domino zeichnet das Protokoll fortlaufend in den einzelnen Erweiterungen auf und schreibt Daten in eine neue Erweiterungsdatei, sobald die vorausgehende Protokolldatei voll ist. Die Aufzeichnungen werden unter Verwendung eines herstellerspezifischen Byte-Stream-Formats gesichert. Jeder Server verfügt über ein eigenes Transaktionsprotokoll, das alle Änderungen an den Datenbanken erfasst, für die die Transaktionsprotokollierung aktiviert ist.

```
S0000000.TXN        S0000022.TXN        S0000044.TXN
S0000001.TXN        S0000023.TXN        S0000045.TXN
S0000002.TXN        S0000024.TXN        S0000046.TXN
S0000003.TXN        S0000025.TXN        S0000047.TXN
S0000004.TXN        S0000026.TXN        S0000048.TXN
S0000005.TXN        S0000027.TXN        S0000049.TXN
S0000006.TXN        S0000028.TXN        S0000050.TXN
S0000007.TXN        S0000029.TXN        S0000051.TXN
S0000008.TXN        S0000030.TXN        S0000052.TXN
S0000009.TXN        S0000031.TXN        S0000053.TXN
S0000010.TXN        S0000032.TXN        S0000054.TXN
S0000011.TXN        S0000033.TXN        S0000055.TXN
S0000012.TXN        S0000034.TXN        S0000056.TXN
S0000013.TXN        S0000035.TXN        S0000057.TXN
S0000014.TXN        S0000036.TXN        S0000058.TXN
S0000015.TXN        S0000037.TXN        S0000059.TXN
S0000016.TXN        S0000038.TXN        S0000060.TXN
S0000017.TXN        S0000039.TXN        S0000061.TXN
S0000018.TXN        S0000040.TXN        S0000062.TXN
S0000019.TXN        S0000041.TXN        lost+found
S0000020.TXN        S0000042.TXN        nlogctrl.lfh
```

Abbildung 8.1: Translogfiles unter Unix

Sie verwenden die Transaktionsprotokollierung für folgende Aktionen:

▷ *Zeitliche Planung von Backups* – Backups, die auf der Grundlage von Transaktionsprotokollen konfiguriert werden, sind schneller und einfacher als vollständige Backups von Datenbanken, die keine Transaktionsprotokollierung verwenden.

▷ *Wiederherstellung nach Speichermedienausfällen* – Sollte ein Speichermedium ausfallen, können Sie das jüngste Backup vom Band wiederherstellen und anschließend anhand der Transaktionsprotokolle die Daten hinzufügen, die nicht auf dem Speichermedium gespeichert wurden.

▷ *Wiederherstellung nach einem Systemabsturz* – Nach dem Neustart des Servers überprüft der Server das Ende der Transaktionsprotokolle und stellt alle Schreibvorgänge wieder her, die zum Zeitpunkt des Absturzes nicht in den Datenbanken gespeichert waren. Für protokollierte Datenbanken ist in diesem Fall keine Konsistenzprüfung erforderlich.

▷ *Protokollieren der Datenbankansichten* – Hierdurch können Sie den Neuaufbau von, Ansichten zum großen Teil vermeiden. Das Aktivieren des *View Loggings* erfolgt über den *Domino Designer*. Öffnen Sie im *Designer Client* eine Ansicht oder einen Ordner, wählen Sie die erweiterten Eigenschaften und überprüfen Sie die Einstellung LOGGING > INCLUDE UPDATES IN TRANSACTION LOG. Wenn Sie diese Einstellung in einer Datenbank-Schablone auswählen, wird jede Datenbank, die mit dieser Schablone erstellt wurde oder deren Design mit der Schablone geändert wird, die Einstellung übernehmen.

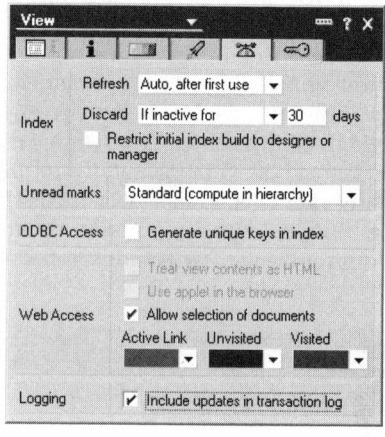

Abbildung 8.2:
Aktivierung des View-Loggings in den erweiterten Eigenschaften der Ansicht

Zu beachten ist allerdings ein Verlust bei der Server-Performance; deshalb sollte die Option nur bei Datenbanken und Applikationen mit komplexen Ansichten zum Einsatz kommen.

Standardmäßig ist das *View Logging* im Domino Directory für die Ansicht $USER aktiviert.

Da die Transaktionen bereits im Protokoll aufgezeichnet sind, kann der Domino Server die eigentliche Datenbankaktualisierungen und damit das Schreiben auf Festplatte ohne Risiko bis zu einem Zeitpunkt herauszögern, zu dem die Serverauslastung geringer ist. Sie können eine Leistungssteigerung erzielen, indem Sie die Festplatte mit dem Protokolldateilaufwerk an einen eigenen Festplatten-Controller bzw. einen separaten Kanal eines solchen Controllers anschließen.

Domino führt die Transaktionsprotokollierung für die Wiederherstellung durch, indem es Datenbankänderungen erfasst und diese in einem Transaktionsprotokoll speichert. Bei Ausfall eines Systems oder eines Speichermediums können Sie Ihre Datenbanken mithilfe dieses Transaktionsprotokolls und eines Backup-Dienstprogramms eines Fremdanbieters wiederherstellen. Die Transaktionsprotokollierung muss jedoch explizit aktiviert werden und kann dann wieder für einzelne Datenbanken deaktiviert werden.

Lotus hat bei der Implementierung der Transaktionsprotokollierung von IBM profitiert. Die verwendeten Algorithmen stammen von IBM und werden seit 1988 bei DB2 ebenso wie später (ab 1995) bei IBMs *WebSphere MQ* eingesetzt. Der Ansatz, der bei Lotus Domino verwendet wird, ist daher auch eng mit den Ansätzen verwandt, die bei relationalen Datenbanksystemen wie eben IBMs DB2 zum Einsatz kommen.

Wenn Sie alle Funktionen der Transaktionsprotokollierung und der Wiederherstellung verwenden möchten, benötigen Sie ein Backup-Dienstprogramm eines Fremdanbieters, das die Backup- und Wiederherstellungsmethoden des Domino-C-API-Toolkits und die Transaktionsprotokollierung unterstützt.

Beachten Sie, dass für eine Neustart-Wiederherstellung kein Dienstprogramm eines Fremdanbieters benötigt wird. In diesem Fall wird die Protokollierung fortgesetzt, während Aktualisierungen vorgenommen werden. Wenn der Server abstürzt und anschließend neu gestartet wird, werden alle Aktualisierungen, die anderenfalls verloren gehen würden, in der Datenbank gespeichert. Dies führt zu deutlich geringerem Datenverlust und weniger Datenbankbeschädigungen aufgrund von eventuellen Serverabstürzen, und die für den Neustart insgesamt benötigte Zeit wird verkürzt, da eine Konsistenzprüfung der Datenbanken nicht erforderlich ist.

8.1 Funktionsweise der Transaktionsprotokollierung

Das Transaktionsprotokoll sollte auf einem separaten Datenträger mit Datenspiegelung gespeichert werden, der über eine ausreichende Kapazität verfügt. Im Regelfall sollten dort zumindest alle Änderungen der letzten beiden Tage aufgezeichnet werden können. Je nach Typ der Datenbanken und den anfallenden Änderungen sind 25 % des Volumens der Datenbanken eine gute Ausgangsbasis für die Größenfestlegung des physischen Datenträgers, der für die Protokollierung eingesetzt wird.

Beim Neustart des Servers führt Domino folgende Schritte aus:

1. Jeder Datenbank im Format *Domino Release 5* oder höher wird eine eindeutige Datenbankinstanz-ID (DBIID) zugewiesen, um die Datenbanktransaktionen zu verfolgen.

2. Die Transaktionsprotokolldateien (*.txn*) und eine Steuerdatei (*nlogctrl.lfh*) werden formatiert.

Die Transaktionsprotokollierung funktioniert wie folgt:

▶ Ein Anwender verwendet seinen Notes Client zum Erstellen, Bearbeiten und Speichern einer neuen E-Mail-Nachricht. Anschließend wird die Nachricht

1. in einem Transaktionsprotokoll aufgezeichnet sowie

2. als Datenbankaktualisierung gespeichert.

▶ Später an diesem Tag erstellt und speichert dieser Anwender mithilfe seines Webbrowsers einen neuen Kalendertermin. Diese Transaktion wird im Transaktionsprotokoll aufgezeichnet. Bevor der Termin jedoch in der Mail-Datenbank gespeichert werden kann, fällt der Domino Server aufgrund einer Systemstörung aus.

▶ Nachdem der Domino Server neu gestartet wurde, stellt Domino automatisch mithilfe des Transaktionsprotokolls die Mail-Datenbank und den dort zugehörigen Kalendertermin wieder her.

8.1.1 Datenbankinstanz-ID

Bei der Verwendung der Transaktionsprotokollierung wird jeder Domino-Datenbank eine eindeutige *Datenbankinstanz-ID* (DBIID) zugewiesen. Bei der Aufzeichnung einer Transaktion wird diese DBIID eingefügt. Verwendung findet die DBIID beim Abgleich von Transaktionen mit den zugehörigen Datenbanken.

Einige Aufgaben in Bezug auf die Datenbankpflege (z.B. die Komprimierung mit Optionen) bewirken, dass Domino einer Datenbank eine neue DBIID zuweist. Ab diesem Zeitpunkt wird für alle neuen im Protokoll aufgezeichneten Transaktionen die neue DBIID verwendet. Alle älteren Transaktionen verfügen jedoch weiterhin über die alte DBIID, und es besteht keine Übereinstimmung mit der neuen DBIID der Datenbank. Folglich kann Domino diese alten Transaktionen für die Datenbank nicht mehr wiederherstellen.

Um Datenverluste zu vermeiden, sollten Sie deshalb unverzüglich ein vollständiges Datenbank-Backup durchführen, sobald einer Datenbank eine neue DBIID zugewiesen wird. Wenn Sie dieses Backup ausführen, erfassen Sie alle bis zu diesem Zeitpunkt erfolgten Datenbanktransaktionen und stellen sicher, dass Domino zur Wiederherstellung der Datenbank nur die neuen Transaktionen (mit der neuen DBIID) benötigt.

Domino weist Datenbanken im Format von Domino Release 5 oder höher in folgenden Fällen eine neue DBIID zu:

▶ Die Transaktionsprotokollierung wird erstmalig aktiviert.

▶ Der Server-Task COMPACT wird mit beliebigen Optionen ausgeführt, beispielsweise mit der Option zur Reduzierung der Dateigröße.

▶ Der FIXUP-Task wird für beschädigte Datenbanken durchgeführt.

▶ Der Protokollpfad oder die maximale Protokollgröße wird nach der erstmaligen Konfiguration und Nutzung der Transaktionsprotokollierung geändert.

▶ Eine Datenbank im Format von *Domino Release 5* oder höher wird von einem protokollierten Server auf einen anderen protokollierten Server beziehungsweise von einem nicht protokollierten Server auf einen protokollierten Server verschoben.

8.2 Einrichtung der Transaktionsprotokollierung

Gehen Sie zur Einrichtung der Transaktionsprotokollierung wie folgt vor:

1. Stellen Sie sicher, dass alle Datenbanken, die protokolliert werden sollen, sich im Domino Data-Verzeichnis befinden, entweder im Stammverzeichnis oder in darunter befindlichen Unterverzeichnissen.

2. Klicken Sie in Domino Administrator Client auf das Register KONFIGURATION/CONFIGURATION.

3. Wählen Sie im Feld VERZEICHNIS AUF/USE DIRECTORY ON das Domino-Verzeichnis des Servers.

4. Klicken Sie auf SERVER und anschließend auf AKTUELLES SERVERDOKUMENT/CURRENT SERVER DOCUMENT.

5. Klicken Sie auf das Register TRANSAKTIONSPROTOKOLLIERUNG/TRANSACTIONAL LOGGING.

6. Nehmen Sie Eingaben in folgende Felder vor, und speichern Sie dann das Dokument.

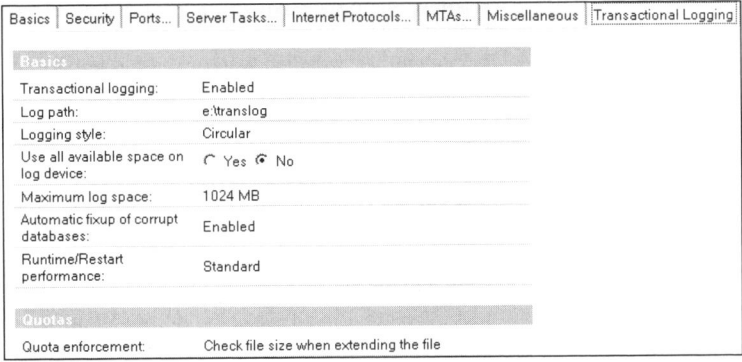

Abbildung 8.3: Einstellungen im Serverdokument für die Transaktionsprotokollierung

Feld	Eingabe
TRANSAKTIONSPROTOKOLLIERUNG/ TRANSACTIONAL LOGGING	Wählen Sie AKTIVIERT/ENABLED. Die Vorgabe lautet DEAKTIVIERT/DISABLED. Damit die Änderungen in diesem Feld übernommen werden, müssen Sie den Domino Server neu starten.
PROTOKOLLPFAD/ LOG PATH	Pfadname des Transaktionsprotokolls.
	Der vorgegebene Pfadname ist \logdir im Domino-Data-Verzeichnis. Sie sollten das Protokoll jedoch unbedingt auf einer separaten Festplatte mit Datenspiegelung (zum Beispiel mit RAID-Level 1 mit dediziertem Controller) speichern. Dies gewährleistet eine bessere Leistung und Datenintegrität als die Verwendung des Vorgabepfads (\logdir) im Domino-Data-Verzeichnis.
	Auf der separaten Festplatte sollte mindestens 10 Gigabyte Speicherplatz für das Transaktionsprotokoll verfügbar sein. Wenn Sie die Festplatte ausschließlich zum Speichern des Transaktionsprotokolls verwenden, setzen Sie das Feld GESAMTEN PLATZ AUF DEM PROTOKOLLAUFWERK VERWENDEN/ USE ALL AVAILABLE SPACE ON LOG DEVICE auf JA/YES.
PROTOKOLLIERUNGSART/ LOGGING STYLE	Wählen Sie einen der folgenden Werte aus:
	▶ Durch UMLAUFEND/CIRCULAR (Vorgabe) werden die Protokolldateien bis zu einer Gesamtgröße von maximal 4 Gigabyte auf das festgelegte Laufwerk geschrieben und kontinuierlich wiederverwendet, wobei alte Transaktionen überschrieben werden. Sie können nur die Transaktionen wiederherstellen, die im Transaktionsprotokoll gespeichert sind. Ansonsten müssen Sie täglich unter Umständen mehrere Backups erstellen, um die Datenbankänderungen zu erfassen, bevor sie überschrieben werden.

Feld	Eingabe
	▶ Durch ARCHIVIEREND/ARCHIVED (empfohlen) werden Protokolldateien erst wiederverwendet, wenn sie archiviert sind. Eine Protokolldatei kann archiviert werden, wenn sie inaktiv ist. Sie beinhaltet folglich keine Transaktionen, die für eine Neustart-Wiederherstellung erforderlich wären. Verwenden Sie ein Backup-Dienstprogramm eines Fremdanbieters (z.B. *Tivoli Storage Manager*), um das vorhandene Protokoll zu kopieren und zu archivieren. Wenn Domino die vorhandene Datei wiederverwendet, zählt es die Namen der Protokolldatei hoch. Sollten alle Protokolldateien inaktiv werden und nicht archiviert sein, so erstellt Domino zusätzliche Protokolldateien. Dies kann zu Speicherplatzproblemen führen.
	▶ LINEAR/LINEAR: Diese Einstellung ist mit der umlaufenden Protokollierungsart vergleichbar, allerdings kann hier die Größe des Protokolllaufwerks 4 Gigabyte überschreiten. Von Vorteil ist diese Einstellung vor allem dann, wenn Sie kein geeignetes Archivierungsmedium einsetzen können, jedoch über genügend Speicherkapazität verfügen, um die geloggten Datenbankinformationen innerhalb des routinemäßigen Backup-Zyklus in den Transaction-Log-Dateien zu speichern.
GESAMTEN PLATZ AUF DEM PROTOKOLLLAUFWERK VERWENDEN/ USE ALL AVAILABLE SPACE ON LOG DEVICE	Dieser Eintrag ist nur für die umlaufende oder für die lineare Protokollierung zu verwenden. Wählen Sie einen der folgenden Werte aus: ▶ Bei JA/YES wird der gesamte verfügbare Speicherplatz der Festplatte für das Transaktionsprotokoll verwendet. Diese Einstellung wird empfohlen, wenn Sie eine separate Festplatte zum Speichern des Protokolls verwenden. Wenn Sie JA wählen, müssen Sie keinen Wert in das Feld MAXIMALE PROTOKOLLGRÖSSE eingeben. ▶ Bei Auswahl von NEIN/NO wird entweder die Vorgabe oder der im Feld MAXIMALE PROTOKOLLGRÖSSE/MAXIMUM LOG SPACE angegebene Wert verwendet.
MAXIMALE PROTOKOLLGRÖSSE/ MAXIMUM LOG SPACE	Dieser Eintrag ist nur für die umlaufende oder für die lineare Protokollierung zu verwenden. Hier wird die maximale Größe des Transaktionsprotokolls in Megabyte angegeben. Der Vorgabewert für Domino 8.5 ist 500 Mbyte. Der Höchstwert beträgt 4096 Mbyte (4 Gbyte). Sie sollten eine separate Festplatte mit mindestens 1024 Mbyte (1 Gbyte) Speicherplatz für das Transaktionsprotokoll reservieren. Domino formatiert in der Regel mindestens 3 und maximal 64 Protokolldateien. Die Anzahl richtet sich nach der maximalen von Ihnen zugewiesenen Protokollgröße.

Feld	Eingabe
AUTOMATISCHES FIXUP VON BESCHÄDIGTEN DATENBANKEN/ AUTOMATIC FIXUP OF CORRUPT DATABASES	Wählen Sie einen der folgenden Werte aus: ▶ AKTIVIERT/ENABLED (Vorgabe): Wenn eine Datenbank beschädigt ist und Domino sie nicht anhand des Transaktionsprotokolls wiederherstellen kann, führt Domino den Fixup-Task aus, weist eine neue DBIID zu und benachrichtigt den Administrator, dass ein neues Datenbank-Backup erforderlich ist. ▶ DEAKTIVIERT/DISABLED: Domino führt den Fixup-Task nicht automatisch aus und benachrichtigt den Administrator, dass er den Fixup-Task mit dem Parameter -J für beschädigte protokollierte Datenbanken durchführen soll.
LEISTUNG ZUR LAUFZEIT BZW. BEIM NEUSTART/ RUNTIME/RESTART PERFORMANCE	Dieses Feld steuert, wie häufig Domino im Transaktionsprotokoll einen Checkpoint für die Wiederherstellung aufzeichnet, was sich auf die Serverleistung auswirkt. Zur Aufzeichnung eines Checkpoints für die Wiederherstellung wertet Domino alle aktiven protokollierten Datenbanken aus, um festzustellen, wie viele Transaktionen erforderlich sind, um die einzelnen Datenbanken nach einem Systemausfall wiederherzustellen. Bei dieser Auswertung führt Domino die folgenden Schritte aus: ▶ Ein Eintrag über einen Checkpoint zur Wiederherstellung wird im Transaktionsprotokoll erstellt, und die einzelnen geöffneten Datenbanken sowie die für die Wiederherstellung erforderliche Ausgangspunkt-Transaktion werden aufgelistet. ▶ Die Speicherung der Datenbankänderungen auf Festplatte wird erzwungen, sofern die Änderungen nicht bereits gespeichert wurden. Wählen Sie einen der folgenden Werte aus: ▶ STANDARD: Checkpoints sind in regelmäßigen Abständen vorhanden (alle 120 MB). ▶ VORRANG FÜR LAUFZEIT/FAVOR RUNTIME (empfohlen): Domino zeichnet weniger Checkpoints auf, wodurch Systemressourcen geschont werden und die Laufzeitleistung des Servers verbessert wird (alle 500 MB). ▶ VORRANG FÜR WIEDERHERSTELLUNG BEI NEUSTART/FAVOR RESTART RECOVERY TIME: Domino zeichnet mehr Checkpoints auf, was die Wiederherstellungszeit bei einem Neustart verkürzt, da weniger Transaktionen für die Wiederherstellung erforderlich sind (alle 25 MB).

Feld	Eingabe
GRÖßENBESCHRÄNKUNG ERZWINGEN/ QUOTA ENFORCEMENT	Haben Sie die Erzwingung der Größenbeschränkung aktiviert, vergleicht Domino bei jeder Dokumentaktualisierung die aktuelle Dateigröße mit der konfigurierten Größenbeschränkung oder dem Schwellenwert. Sollte die Dateigröße die Größenbeschränkung überschreiten, führt Domino eine geeignete Aktion aus.

Hier können Sie eine der folgenden Optionen auswählen:

▶ BELEGTEN SPEICHERPLATZ IN DATEI BEIM HINZUFÜGEN EINES DOKUMENTS PRÜFEN/CHECK SPACE USED IN FILE WHEN ADDING A NOTE: Domino berechnet die aktuelle Größe einer Datenbank und prüft, ob diese den konfigurierten Warnungsschwellenwert bzw. die festgelegte Größenbeschränkung übersteigt. Freier Speicherplatz in der Datenbank wird nicht in die Berechnung miteinbezogen.

▶ DATEIGRÖSSE BEIM ERWEITERN DER DATEI PRÜFEN/CHECK FILE SIZE WHEN EXTENDING THE FILE: Domino errechnet die aktuelle Größe einer Datei aus ihrer tatsächlichen physischen Größe. Die berechnete physische Größe enthält auch den nicht verwendeten Speicherplatz (*White Space*) in einer Datenbank, der entsteht, wenn Informationen gelöscht oder archiviert werden. Domino stellt diesen Speicherplatz nicht sofort wieder zum Überschreiben bereit. Das kann dazu führen, dass irgendwann ein großer Teil einer NSF-Datei aus ungenutztem Speicherplatz besteht.

▶ DATEIGRÖSSE BEIM HINZUFÜGEN EINES DOKUMENTS PRÜFEN/CHECK FILE SIZE WHEN ADDING A NOTE: Domino berechnet die aktuelle Größe einer Datenbank aus ihrer tatsächlichen Größe. Der freie Speicherplatz in der Datenbank wird mitgerechnet. Diese Option ist weitaus restriktiver als die vorhergehende, weil Domino die Einhaltung der Größenbeschränkung jedes Mal prüft, wenn ein Dokument aktualisiert wird, unabhängig davon, ob dies zu einer Vergrößerung der Datenbankdatei führt.

8.2.1 Konfiguration der Transaktionsprotokollierung

Führen Sie die folgenden Schritte aus, um die Transaktionsprotokollierung zu ändern, nachdem sie erstmalig konfiguriert und bereits verwendet wurde.

So deaktivieren Sie die Transaktionsprotokollierung:

1. Führen Sie ein vollständiges Backup aller Datenbanken durch.

2. Bearbeiten Sie das Feld TRANSAKTIONSPROTOKOLLIERUNG/TRANSACTIONAL LOGGING, und speichern Sie anschließend das Serverdokument.

3. Starten Sie den Server neu, sodass die Änderung wirksam wird. Domino führt die Neustart-Wiederherstellung aus, um die Konsistenz aller Datenbanken sicherzustellen, und deaktiviert anschließend die Transaktionsprotokollierung.

So ändern Sie den Protokollpfad:

1. Führen Sie ein vollständiges Backup aller Datenbanken durch.

2. Bearbeiten Sie das Feld PROTOKOLLPFAD/LOG PATH, und speichern Sie anschließend das Serverdokument.

3. Fahren Sie den Server herunter, und verschieben Sie die vorhandenen Protokolldateien mithilfe des Betriebssystems in den neuen Pfad.

4. Starten Sie den Server neu, sodass die Änderungen wirksam werden.

So ändern Sie die Protokollgröße:

1. Führen Sie ein vollständiges Backup aller Datenbanken durch.

2. Bearbeiten Sie entweder das Feld MAXIMALE PROTOKOLLGRÖSSE/MAXIMUM LOG SPACE oder das Feld GESAMTEN PLATZ AUF DEM PROTOKOLLLAUFWERK VERWENDEN/USE ALL AVAILABLE SPACE ON LOG DEVICE, und speichern Sie anschließend das Dokument. Während Domino Transaktionen protokolliert, werden die Änderungen wirksam. Es ist nicht erforderlich, den Server neu zu starten.

So ändern Sie die Protokollierungsart:

1. Führen Sie ein vollständiges Backup aller Datenbanken durch.

2. Bearbeiten Sie das Feld PROTOKOLLIERUNGSART/LOGGING STYLE, und speichern Sie dann das Serverdokument.

3. Starten Sie den Server neu, sodass die Änderungen wirksam werden.

4. Führen Sie ein weiteres vollständiges Backup aller Datenbanken durch. Da Domino allen Datenbanken neue DBIIDs zuweist, müssen Sie ein weiteres vollständiges Backup ausführen.

So ändern Sie das automatische Fixup oder die Leistung:

▸ Bearbeiten Sie entweder das Feld AUTOMATISCHES FIXUP VON BESCHÄDIGTEN DATEN-BANKEN/AUTOMATIC FIXUP OF CORRUPT DATABASES oder das Feld LEISTUNG ZUR LAUFZEIT BZW. BEIM NEUSTART/RESTART PERFORMANCE, und speichern Sie dann das Serverdokument. Die Änderungen werden sofort wirksam, sodass Sie den Server nicht neu starten müssen.

8.2.2 *notes.ini*-Einstellungen zur Transaktionsprotokollierung

▸ TRANSLOG_MaxSize: TRANSLOG_MaxSize=*Wert*

Die maximale Größe des Transaktionsprotokolls in Megabyte. Es wird ein Wert von mindestens 500 Mbyte (Domino 8.5) empfohlen. Wenn Sie keinen Wert angeben, legt das System eine Protokollgröße fest, die ungefähr dreimal so groß ist wie die Größe des physikalischen Hauptspeichers des Servers.

Das Feld MAXIMALE PROTOKOLLGRÖSSE/MAXIMUM LOG SPACE im Register TRANSAKTIONS-PROTOKOLLIERUNG/TRANSACTIONAL LOGGING des Serverdokuments entspricht dieser Einstellung in der *notes.ini*.

▸ TRANSLOG_Path: TRANSLogPath=*Pfadname*

Gibt den Pfadnamen des Speicherorts des Transaktionsprotokolls an. Der vorgegebene Speicherort ist *logdir* im Data-Verzeichnis des Servers. Sie sollten den Speicherbereich des Transaktionsprotokolls jedoch unbedingt auf einem separaten, gespiegelten Laufwerk (z.B. einem Laufwerk mit RAID-Level 1 und einem dedizierten Controller) speichern. Wenn Sie dieses Feld ändern und bereits ein Transaktionsprotokoll vorhanden ist, müssen Sie mit Mitteln des Betriebssystems alle Protokolldateien in den neuen Protokollpfad verschieben.

Das Feld PROTOKOLLPFAD/LOG PATH im Register TRANSAKTIONSPROTOKOLLIERUNG/TRANS-ACTIONAL LOGGING des Serverdokuments entspricht dieser Einstellung in der *notes.ini*.

▶ TRANSLOG_Performance: TRANSLogPerformance=*Wert*

Entscheidet über Eigenschaften der Transaktionsprotokollierung, die einerseits die Leistungsfähigkeit des Servers, andererseits die Wiederherstellbarkeit von Daten nach einem Neustart beeinflussen:

- 1: Vorrang für Laufzeit. Das System speichert mehr Datenbankänderungen im Arbeitsspeicher und schreibt weniger Änderungen in das Transaktionsprotokoll. Wenn weniger in das Transaktionsprotokoll geschrieben wird, wird die Serverlaufzeit verbessert.

- 2: Standard (Vorgabe)

- 3: Vorrang für Wiederherstellung bei Neustart. Das System speichert weniger Datenbankänderungen im Arbeitsspeicher und schreibt mehr Änderungen in das Transaktionsprotokoll. Wenn mehr in das Transaktionsprotokoll geschrieben wird, wird die Wiederherstellung beim Neustart verbessert.

Das Feld LEISTUNG ZUR LAUFZEIT BZW. BEIM NEUSTART bzw. RUNTIME/RESTART PERFOR-MANCE im Register TRANSAKTIONSPROTOKOLLIERUNG/TRANSACTIONAL LOGGING des Serverdokuments entspricht dieser Einstellung in der *notes.ini*.

▶ TRANSLOG_Status: TRANSLOG_Status=*Wert*

Diese Einstellung aktiviert die Transaktionsprotokollierung für alle Datenbanken der Releases 5 oder höher auf dem Server folgendermaßen:

- 0: Transaktionsprotokollierung deaktiviert.

- 1: Transaktionsprotokollierung aktiviert.

Sie müssen die Datenbanken mindestens auf das Format *Domino Release 5* (ODS 41) aktualisieren, damit die Transaktionsprotokollierung funktioniert.

Das Feld TRANSAKTIONSPROTOKOLLIERUNG/TRANSACTIONAL LOGGING im Register TRANS-AKTIONSPROTOKOLLIERUNG/TRANSACTIONAL LOGGING des Serverdokuments entspricht dieser Einstellung in der *notes.ini*.

▶ TRANSLOG_Style: TRANSLOG_Style=*Wert*

Legt den Typ der Transaktionsprotokollierung fest. Folgende Optionen stehen zur Verfügung:

- 0: Umlaufend (Vorgabe). Das System verwendet ständig denselben Speicher-bereich für Protokolldateien und überschreibt dabei alte Transaktionen.

- 1: Archiv. Das System verwendet die Protokolldateien nicht immer wieder. Sie können für die Archivierung der Protokolldateien ein Backup-Dienstprogramm verwenden. Diese Einstellung wird empfohlen.

- 2: Linear. Die Protokolldateien werden wiederverwendet und alte Transaktionen werden überschrieben; zur Verwendung von Protokollen, die größer als 4 Gbyte sind.

Das Feld PROTOKOLLIERUNGSART/LOGGING STYLE im Register TRANSAKTIONSPROTOKOL-LIERUNG/TRANSACTIONAL LOGGING des Serverdokuments entspricht dieser Einstellung in der *notes.ini*.

▶ TRANSLOG_UseAll: TRANSLOG_UseAll=*Wert*

Legt fest, ob der gesamte auf dem Protokollgerät zur Verfügung stehende Platten-speicher verwendet werden soll:

– 0: Das System verwendet den unter TRANSLOG_MaxSize angegebenen Wert oder dessen Vorgabe.

– 1: Der gesamte verfügbare Plattenspeicher wird für den Speicherbereich des Transaktionsprotokolls verwendet. Dies wird empfohlen, wenn Sie ein separates Gerät zum Speichern der Transaktionsprotokolle verwenden.

Das Feld GESAMTEN PLATZ AUF DEM PROTOKOLLAUFWERK VERWENDEN bzw. USE ALL AVAILABLE SPACE ON LOG DEVICE im Register TRANSAKTIONSPROTOKOLLIERUNG/TRANSAC-TIONAL LOGGING des Serverdokuments entspricht dieser Einstellung in der *notes.ini*.

▶ Create_R85_Log=1

Durch diesen Eintrag in der *notes.ini* legen Sie die Transaktionsprotokoll-Dateien in einem neuen Format an. Dieses verbesserte Format ist dann sinnvoll, wenn Ihre Do-mino Server mit einer Blockgröße im Dateisystem arbeiten, die von der Größe von 512 Bytes abweicht. Um den Eintrag zu setzen, beenden Sie den Domino Server, ent-fernen die ursprünglichen Transaktionsprotokolldateien, setzen den Eintrag und starten anschließend den Domino Server neu.

8.2.3 Transaktionsprotokollierung für eine bestimmte Datenbank deaktivieren

Nachdem Sie die Transaktionsprotokollierung eingerichtet haben, werden alle Daten-banken protokolliert, die das Format von Domino Release 5 oder höher aufweisen.

nlogctrl.lfh	3 KB	LFH File	23.12.2005 00:28	
S0005628.TXN	65.537 KB	TXN File	30.12.2005 09:41	A
S0005629.TXN	65.537 KB	TXN File	30.12.2005 10:51	A
S0005630.TXN	65.537 KB	TXN File	30.12.2005 10:51	A
S0005631.TXN	65.537 KB	TXN File	30.12.2005 12:01	A
S0005632.TXN	65.537 KB	TXN File	30.12.2005 12:01	A
S0005633.TXN	65.537 KB	TXN File	30.12.2005 13:11	A
S0005634.TXN	65.537 KB	TXN File	30.12.2005 13:11	A
S0005635.TXN	65.537 KB	TXN File	30.12.2005 14:22	A
S0005636.TXN	65.537 KB	TXN File	30.12.2005 14:22	A
S0005637.TXN	65.537 KB	TXN File	30.12.2005 14:22	A
S0005638.TXN	65.537 KB	TXN File	30.12.2005 14:22	A
S0005639.TXN	65.537 KB	TXN File	30.12.2005 15:32	A
S0005640.TXN	65.537 KB	TXN File	30.12.2005 15:32	A
S0005641.TXN	65.537 KB	TXN File	30.12.2005 15:35	A
S0005642.TXN	65.537 KB	TXN File	30.12.2005 15:10	A
S0005643.TXN	65.537 KB	TXN File	30.12.2005 15:18	A

Abbildung 8.4: Translogdaten unter Windows

Sie können die Transaktionsprotokollierung bestimmter Datenbanken deaktivieren, obwohl dies nicht für alle Datenbanken empfohlen wird. Beispielsweise können Sie die Protokollierung einer Datenbank, in der nur angehängte Dateien gespeichert werden, deaktivieren, da Änderungen an diesen Dateien nicht als Transaktionen aufgezeichnet werden. Die Deaktivierung der Protokollierung wird nicht empfohlen, weil Sie den Fixup-Task ausführen müssen, um Datenbanken nach einem Systemausfall wiederher-zustellen.

IBM empfiehlt, das Logging von Objekten in der Datei *mail.box* zu deaktivieren. Dies erreichen Sie über die *notes.ini*-Einstellung `RM_No_Log_Objects_In_Mailbox=1`. Durch diesen *notes.ini*-Eintrag sparen Sie unnötige Disk-Aktivitäten und können gleichzeitig die Performance des Router-Tasks beim Versenden großer Mails steigern (siehe hierzu auch die Technote-Veröffentlichung unter *http://www-01.ibm.com/ support/docview.wss?rs=203&uid=swg27009309*).

So deaktivieren Sie die Transaktionsprotokollierung für eine bestimmte Datenbank:

1. Führen Sie einen der folgenden Schritte aus:

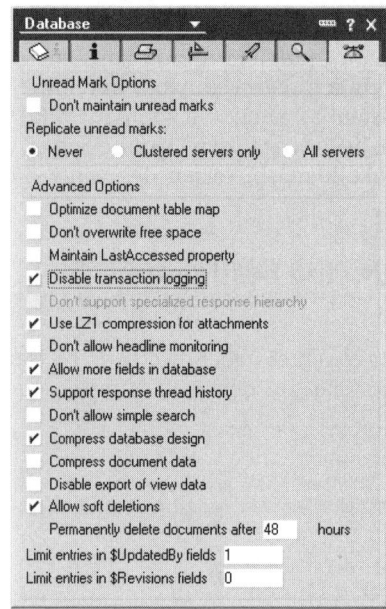

Abbildung 8.5: Deaktivierung der Transaktionsprotokollierung einer Datenbank

– Wählen Sie beim Erstellen einer neuen Datenbank im Dialogfeld ERWEITERTE DATEN-BANKOPTIONEN die Option TRANSAKTIONSPROTOKOLLIERUNG DEAKTIVIEREN/DISABLE TRANSACTION LOGGING.

– Wählen Sie für eine bereits vorhandene Datenbank in den Eigenschaften der Datenbank die Option TRANSAKTIONSPROTOKOLLIERUNG DEAKTIVIEREN/DISABLE TRANSAC-TION LOGGING.

– In *Domino Administrator Client* wählen Sie im Register DATEIEN/FILES eine Datenbank aus. Wählen Sie dann WERKZEUGE/TOOLS > DATENBANK/DATABASE > ERWEI-TERTE EIGENSCHAFTEN/ADVANCED PROPERTIES und anschließend TRANSAKTIONS-PROTOKOLLIERUNG DEAKTIVIEREN/DISABLE TRANSACTION LOGGING.

– Führen Sie den Compact-Task mit dem Parameter -t aus (um die Transaktions-protokollierung auszuschalten).

2. Stellen Sie sicher, dass kein Benutzer die Datenbank geöffnet hat, beispielsweise über die Ansicht der Datenbank-Benutzer des Administrator Clients.

3. Verwenden Sie den Befehl `dbcache flush`, um die Datenbank im Datenbank-Cache zu schließen.

4. Öffnen Sie die Datenbank.

So aktivieren Sie die Transaktionsprotokollierung für eine bestimmte Datenbank wieder:

1. Führen Sie die oben beschriebenen Schritte 1 bis 4 aus. Deaktivieren Sie dabei jedoch TRANSAKTIONSPROTOKOLL DEAKTIVIEREN/DISABLE TRANSACTION LOGGING in den Eigenschaften der jeweiligen Datenbank oder im Register DATEIEN/FILES, oder führen Sie den Compact-Task mit dem Parameter -T aus.

8.3 Backup von Transaktionsprotokollen

Nach dem Ausfall von Speichermedien, d.h. einer oder mehrerer Server-Festplatten, sind Backups ein wichtiges Instrument für die Datenwiederherstellung. Wenn Sie mit einem Backup-Dienstprogramm eines Fremdanbieters arbeiten, sollten Sie Folgendes planen:

▶ Tägliche inkrementelle Backups des Transaktionsprotokolls

▶ Archivierung der Transaktionsprotokolldateien

▶ Wöchentliche vollständige Datenbank-Backups

Führen Sie das Backup-Dienstprogramm täglich aus, um ein Backup des Transaktionsprotokolls zu erstellen. Wenn Sie die Protokollierungsart ARCHIVIEREND/ARCHIVED verwenden, sollten Sie die Archivierung der Protokolldateien mit einem Backup-Dienstprogramm eines Fremdanbieters planen.

Es wird empfohlen, den Compact-Task einmal wöchentlich auszuführen und dabei die Option zur Reduzierung der Dateigröße zu verwenden (Parameter: -B). Da durch diese Komprimierungsart die DBIID der einzelnen Datenbanken geändert wird, sollten Sie die Komprimierung in Verbindung mit einem vollständigen Datenbank-Backup planen.

1. Führen Sie den Compact-Task mit der Option zur Reduzierung der Dateigröße aus.

2. Führen Sie ein vollständiges Datenbank-Backup aus.

Die empfohlene Einstellung für die sinnvolle Nutzung der Transaktionsprotokollierung ist der archivierende Logging-Style. Dies bedeutet, dass die geschriebenen Transaction-Log-Dateien erst dann wieder benutzt werden, wenn sie inaktiv sind, also für die Wiederherstellung der Datenbank-Informationen nicht mehr benötigt werden (alle Änderungen in Dokumenten sind in die Datenbank eingeflossen). Die Backup-Software archiviert die Transaction-Log-Dateien; erst dann kann Lotus Domino diese Datei wiederverwenden. Mit dieser Wiederverwendung erhöht Lotus Domino die Nummernfolge im Dateinamen. Wenn alle Transaction-Log-Files inaktiv und nicht archiviert werden, legt Lotus Domino zusätzliche Transaction-Log-Files an. Dafür müssen Sie eine geeignete Backup-Software verwenden (z.B. *Tivoli Storage Manager*).

8.4   Transaktionsprotokollierung für die Wiederherstellung

Das *Transaction Logging* ist ein integraler Bestandteil der Wiederherstellung von Daten nach einem System- oder Datenträger-Fehler.

▶ System-Fehler: Ein Systemfehler stoppt den *Lotus Domino Server* und macht einen Neustart erforderlich. Während dieses Neustarts stellt Lotus Domino automatisch den Datenbestand wieder her. Das System nutzt die Transaction-Log-Dateien, um die Änderungen, die während des Systemfehlers noch nicht in die eigentliche Datenbank eingeflossen sind, dieser Datenbank hinzuzufügen.

▶ Datenträger-Fehler: Ein Datenträgerfehler führt zur Beschädigung oder zum Verlust der Datenbanken. Durch den Einsatz einer geeigneten Backup-Software ist es möglich, diese Datenbanken zurückzusichern und mit den archivierten Transaction-Log-Dateien zusammenzuführen, sodass der zum Zeitpunkt des Datenträgerfehlers aktuelle Datenbestand wiederhergestellt werden kann.

Um eine Umgebung nach einem Systemausfall oder einem Serverabsturz schnell wiederherzustellen, implementieren Sie die Transaktionsprotokollierung in der Domino-Infrastruktur. Erstellen Sie außerdem tägliche Backups, sodass Sie aktuelle Daten, falls erforderlich, wiederherstellen können.

Wenn das Domino-Verzeichnis beschädigt wird, verlieren Sie außerdem die erweiterten ACLs für *names.nsf* und für *admin4.nsf*. Starten Sie die Server neu, um mithilfe der Transaktionsprotokollierung die Daten und den Inhalt des Domino-Verzeichnisses wiederherzustellen. Das Wiederherstellen des Domino-Verzeichnisses über die Schablone ist nicht möglich. Sie müssen die Transaktionsprotokollierung und/oder ein aktuelles Backup von *names.nsf* verwenden, um das Domino-Verzeichnis und die erweiterten ACLs wiederherzustellen.

Beispielszenario: Zwei Lotus Domino Server befinden sich in einem Cluster-Verband. Auf beiden Servern ist in etwa die gleiche Anzahl von Usern registriert. Dies bedeutet für den Betrieb, dass auf beiden Servern Anwender in den ihnen zugeordneten Datenbanken arbeiten. Repliken dieser Datenbanken befinden sich auf dem jeweiligen Cluster-Partner. Mittels der Cluster-Replikation werden Änderungen an den Datenbanken sofort in die Replik dieser Datenbanken auf dem jeweils anderen Server geschoben (Cluster-Replikation ist ereignisgesteuert).

Führt ein auf Server A registrierter Anwender in einer Datenbank auf Server A eine Änderung durch, wird diese zunächst in einen Transaction-Log-File auf Server A geschrieben, um dann zu einem späteren Zeitpunkt in die eigentliche Datenbank einzufließen. Die Transaktionsprotokollierungsdateien werden mithilfe der Backup-Software gesichert.

Führt ein auf Server B registrierter Anwender in einer Datenbank auf Server B eine Änderung durch, wird diese mittels der Cluster-Replikation auf Server A übertragen. Server A erkennt eine Änderung in dieser Datenbank und schreibt diese wiederum in eine Transaktionsprotokollierungsdatei und später in die eigentliche Datenbank.

Der Einsatz einer Backup-Software ist demzufolge nur auf Server A zwingend erforderlich. Lediglich unter dem Gesichtspunkt eines zusätzlichen Sicherheitsfeatures wäre der Einsatz der Backup-Software auf Server B für eine wöchentliche Vollsicherung notwendig.

Beim Einsatz eines Domino-Clusters kann es durchaus sinnvoll sein, auf allen beteiligten Servern Transaction Logging zur Performance-Steigerung der einzelnen Server einzusetzen. Im oben dargestellten Szenario würde dann Server A mit der Transaktionsprotokollierungseinstellung ARCHIVED konfiguriert sein, während für Server B die Einstellung CIRCULAR ausreichend wäre.

8.5 Mögliche Fehlerfälle

Im folgenden Abschnitt werden Probleme beschrieben, die bei der Transaktionsprotokollierung auftreten können.

▶ Der Pfad für das Transaktionsprotokoll ist ungültig.

Wenn Domino nicht auf den Protokollpfad zugreifen kann, werden an der Server-Konsole Fehlermeldungen angezeigt, in denen Folgendes enthalten ist: der ungültige Protokollpfad, Datenbanken, für die eine Medienwiederherstellung oder ein Fixup erforderlich ist, sowie das Wort `Panik`.

1. Prüfen Sie, ob der Protokollpfad korrekt gesetzt und verfügbar ist.
2. Prüfen Sie, ob der Server Schreibzugriff auf den Protokollpfad hat.
3. Wenn der Protokollpfad stimmt und das Laufwerk funktioniert, starten Sie den Server neu. Das Problem sollte behoben sein. Sie müssen in diesem Fall nicht mit Schritt 4 fortfahren.
4. Wenn der Protokollpfad richtig ist, das Laufwerk jedoch nicht funktioniert, setzen Sie im Protokollpfad ein anderes ein, oder bearbeiten Sie die Einstellung `TRANSLOG_Path` in der Datei *notes.ini*, damit diese auf einen anderen Protokollpfad verweist.
5. Wenn Sie die Einstellung `TRANSLOG_Path` beim nächsten Neustart des Servers bearbeiten, nehmen Sie dieselben Änderungen im Feld PROTOKOLLPFAD/LOG PATH im Serverdokument vor. Andernfalls stellt Domino beim nächsten Neustart des Servers den alten Pfad wieder her.
6. Starten Sie den Server erneut. Domino erstellt neue Protokolldateien sowie eine Steuerungsdatei und ordnet allen Datenbanken im Format von Release 5 oder höher neue DBIIDs zu.
7. Wenn im Serverdokument die Option AUTOMATISCHES FIXUP VON BESCHÄDIGTEN DATENBANKEN/AUTOMATIC FIXUP OF CORRUPT DATABASES aktiviert ist, wird der Fixup-Task auf den Datenbanken ausgeführt, die eine Medienwiederherstellung oder ein Fixup benötigen. Andernfalls müssen Sie den Fixup-Task manuell ausführen.
8. Führen Sie ein vollständiges Datenbank-Backup durch.

▶ Die Transaktionsprotokolldatei ist beschädigt oder fehlerhaft.

Wenn die Transaktionsprotokolldatei scheinbar fehlerhaft oder beschädigt ist, werden an der Server-Konsole Fehlermeldungen angezeigt, in denen Folgendes enthalten ist: der Hinweis `Transaktionsprotokoll ist beschädigt!`, die Namen von Datenbanken, die eine Medienwiederherstellung oder ein Fixup benötigen, sowie das Wort `Panik`.

Die Ursache des Fehlers kann in einem fehlgeschlagenen Lese- oder Schreibzugriff auf das Transaktionsprotokoll bestehen.

1. Starten Sie den Server neu, um den Fehler zu korrigieren. Wenn die Fehlermeldung über das beschädigte Protokoll nicht mehr angezeigt wird, ist das Protokoll nicht beschädigt.

2. Beenden Sie den Server erneut, sodass er ordnungsgemäß herunterfährt.

3. Führen Sie ein vollständiges Datenbank-Backup durch.

4. Starten Sie den Server erneut.

   Wenn die Fehlermeldung über das beschädigte Protokoll weiterhin angezeigt wird, ist das aktive Transaktionsprotokoll beschädigt oder fehlerhaft.

5. Löschen Sie die Transaktionsprotokolldateien und die Steuerungsdatei.

6. Starten Sie den Server erneut. Domino erstellt neue Protokolldateien sowie eine Steuerungsdatei, und ordnet allen Datenbanken im Format von Release 5 oder höher neue DBIIDs zu.

7. Wenn im Serverdokument die Option AUTOMATISCHES FIXUP VON BESCHÄDIGTEN DATENBANKEN/AUTOMATIC FIXUP OF CORRUPT DATABASES aktiviert ist, wird der Fixup-Task auf den Datenbanken ausgeführt, die eine Medienwiederherstellung oder ein Fixup benötigen. Andernfalls müssen Sie den Fixup-Task manuell ausführen.

8. Führen Sie ein vollständiges Datenbank-Backup durch.

   Wenn der Fehler während einer Medienwiederherstellung auftritt, ist möglicherweise eine archivierte Protokolldatei beschädigt.

9. Starten Sie den Server neu, um das Problem zu beheben. Beenden Sie anschließend den Server, damit er ordnungsgemäß herunterfährt.

10. Verwenden Sie das Backup-Dienstprogramm eines Fremdanbieters, um eine Medienwiederherstellung auszuführen, während der Server heruntergefahren ist. Wenn das archivierte Protokoll noch immer nicht verwendet werden kann, lassen Sie zu, dass die Datenbank-Backups ohne die Transaktionen im beschädigten Protokoll wiederhergestellt werden.

11. Führen Sie ein vollständiges Datenbank-Backup durch.

12. Starten Sie den Server erneut.

8.6 Beschädigte Datenbanken reparieren

Beschädigte Datenbanken kommen nur selten vor, wenn Sie Datenbanken des Release 5 oder höher sowie die Transaktionsprotokollierung verwenden. Wenn Sie die Transaktionsprotokollierung zum Aufzeichnen von Änderungen in Datenbanken einsetzen, verwendet ein Server automatisch das Transaktionsprotokoll zum Wiederherstellen von Datenbanken nach einem Systemfehler, beispielsweise einem Serverfehler oder Stromausfall. Wenn ein Festplattenfehler auftritt, können Sie mithilfe des Transaktionsprotokolls und eines zugelassenen Backup-Dienstprogramms die Datenbanken wiederherstellen.

In der Ansicht VERSCHIEDENE EREIGNISSE/MISCELLANEOUS EVENTS der Protokolldatei (*log.nsf*) werden detaillierte Meldungen über beschädigte Dokumente und Ansichten aufgezeichnet. Die folgenden Meldungen in der Protokolldatei weisen auf eine Dokumentbeschädigung hin:

```
Dokument dokumentnummer in Datenbank datenbankname ist beschädigt
Dokument dokumentnummer in Datenbank datenbankname wurde gelöscht.
```

Mit den folgenden Meldungen wird angezeigt, dass Domino beschädigte Ansichten wiederhergestellt hat, gerade wiederherstellt oder nicht wiederherstellen konnte:

```
Seitenformat ist inkorrekt
Ungültiger CNO-Vektor - Position == 0
Container-Integrität verloren - neu aufbauen
```

Verschiedene Methoden zur Datenbankreparatur

Wenn eine Datenbank beschädigt ist, können Sie eine der folgenden Methoden zur Behebung des Problems anwenden. Da es bei protokollierten Datenbanken aus Release 5 oder höher sehr viel seltener zu Beschädigungen kommt, werden diese Methoden vor allem dann ausgeführt, wenn Sie Beschädigungen in Datenbanken aus Version 4 und in unprotokollierten Datenbanken aus höheren Releases beheben wollen.

1. Führen Sie *Fixup* aus, um beschädigte Ansichten und Dokumente wiederherzustellen.
2. Führen Sie Compact aus, um Probleme zu beheben, die *Fixup* nicht reparieren kann. Wenn es sich bei der Datenbank um eine Datenbank aus Release 5 oder 6 handelt, verwenden Sie die Option `-c`.
3. Führen Sie *Updall* aus, um beschädigte Ansichten und Volltextindizes wiederherzustellen. Führen Sie bei einer beschädigten Ansicht zunächst *Updall* aus, bevor Sie *Fixup* verwenden.

   Drücken Sie in der geöffneten Datenbank die Tastenkombination [⇧] + [F9], um eine einzelne Ansicht neu aufzubauen, oder drücken Sie [Strg] + [⇧] + [F9], um alle Ansichten in der Datenbank neu aufzubauen.
4. Erstellen Sie eine neue Replik der Datenbank.

8.7 Beispielhafte Verwendung der Transaktionsprotokollierung mit Tivoli Storage Manager und Tivoli Data Protection for Domino

Tivoli Data Protection (TDP) ist eine Anwendung, die Lotus Domino-Datenbanken und -Transaktionsprotokolle sichern und zurückschreiben kann. Ist auf dem Domino Server die Transaktionsprotokollierung im Modus ARCHIVIEREND aktiviert, werden von TDP die Transaktionsprotokolldateien archiviert und nach Bedarf für eine Datenbankwiederherstellung abgerufen. Datenbanksicherungen und archivierte Transaktionsprotokolldateien werden im Speicher von Tivoli Storage Manager abgelegt. Mit *Data Protection* können Sie u.a. folgende Aktionen durchführen:

- Lotus Domino-Datenbanken online sichern
- Mehrere Sicherungsversionen der Domino-Datenbanken aufbewahren
- Lotus Domino-Transaktionsprotokolldateien archivieren, wenn das Protokollieren mit Archivierung aktiv ist
- Sicherungsversionen einer Lotus Domino-Datenbank zurückschreiben und Änderungen seit der letzten Sicherung vom Transaktionsprotokoll anwenden
- Domino-Datenbanken bis zu einem bestimmten Zeitpunkt zurückschreiben
- Eine oder mehrere archivierte Transaktionsprotokolldateien zurückschreiben

▷ Datenbanksicherungen auf der Grundlage von Versionsbegrenzung und Aufbewahrungszeitraum automatisch als verfallen markieren

▷ Archivierte Transaktionsprotokolldateien als verfallen markieren, wenn sie nicht mehr benötigt werden

▷ Geplante Sicherungen automatisieren

▷ Domino-Datenbanken auf einen Alternativserver oder eine alternative Partition zurückschreiben

Auf dem *Tivoli Storage Manager*-Server (TSM-Server) gespeicherte Transaktionsprotokolldateien werden automatisch zurückgeschrieben, wenn sie für eine Datenbankwiederherstellung benötigt werden. Archivierte Transaktionsprotokolldateien verbleiben so lange auf dem *Tivoli Storage Manager*-Server wie eine Datenbanksicherung existiert, die diese Protokolldateien für eine vollständige Wiederherstellung benötigt. Die Einbindung der TSM-Server kann beispielsweise so erfolgen, wie in *Abbildung 8.6* dargestellt ist.

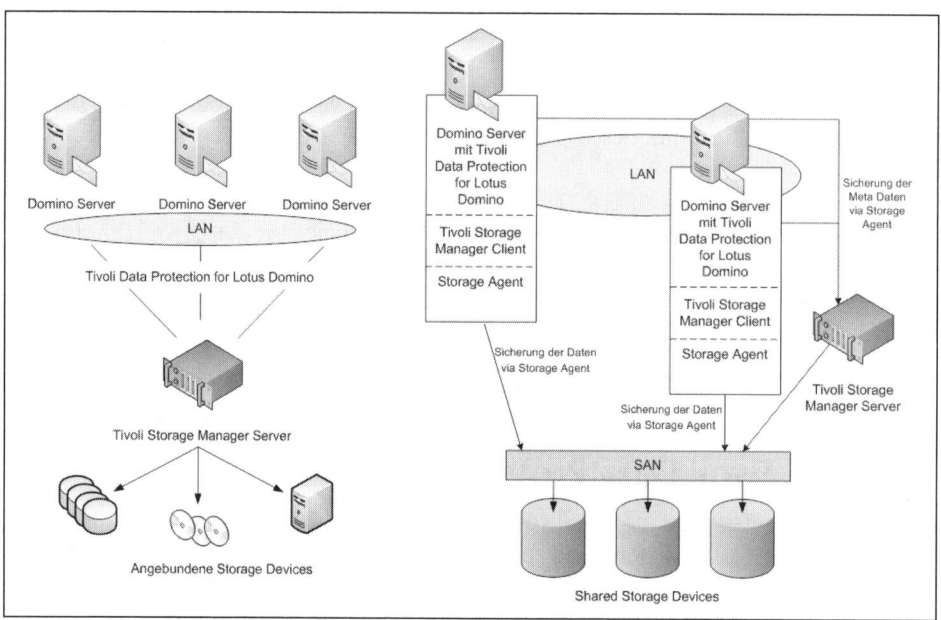

Abbildung 8.6: TSM-Infrastruktur

8.7.1 Wiederherstellung der Domino-Datenbanken

Eine Domino-Datenbankwiederherstellung kann – je nachdem, welche Sicherungsstrategie Sie auswählen – zusätzlich zum Zurückschreiben der Datenbanksicherungsdatei das Zurückschreiben mehrerer Transaktionsprotokolldateien vom *Tivoli Storage Manager* Server beinhalten. Die Funktion zum Zurückschreiben von Datenbankdateien ist von der Funktion getrennt, die Aktualisierungen aus dem Transaktionsprotokoll anwendet. Dadurch können Sie Datenbankdateien separat zurückschreiben, während Transaktionsprotokolle für alle zurückgeschriebenen Datenbanken verarbeitet werden. Somit wird vermieden, dass dieselben Transaktionsprotokolldateien mehrfach zurückgeschrieben werden. Das Zurückschreiben und Aktualisieren einer Datenbank mit den aktuellen Änderungen aus dem Transaktionsprotokoll ist ein Prozess, der aus zwei Schritten besteht und durch die TSM-Befehle RESTORE und ACTIVATEDBS ausgeführt wird.

8.7.2 Zurückschreibung

Das Zurückschreiben ist der erste Schritt eines zweistufigen Wiederherstellungsprozesses. Bei dieser Funktion wird eine einzelne Datenbank oder eine Gruppe von Datenbanken aus dem *Tivoli Storage Manager*-Speicher auf den Domino Server zurückgeschrieben. Sie können die Datenbank mit einem anderen Datenbankdateinamen oder auf einen anderen Domino Server zurückschreiben. Sie können außerdem eine Gruppe von Datenbanken in ein anderes Verzeichnis zurückschreiben und die vorhandenen Dateinamen beibehalten.

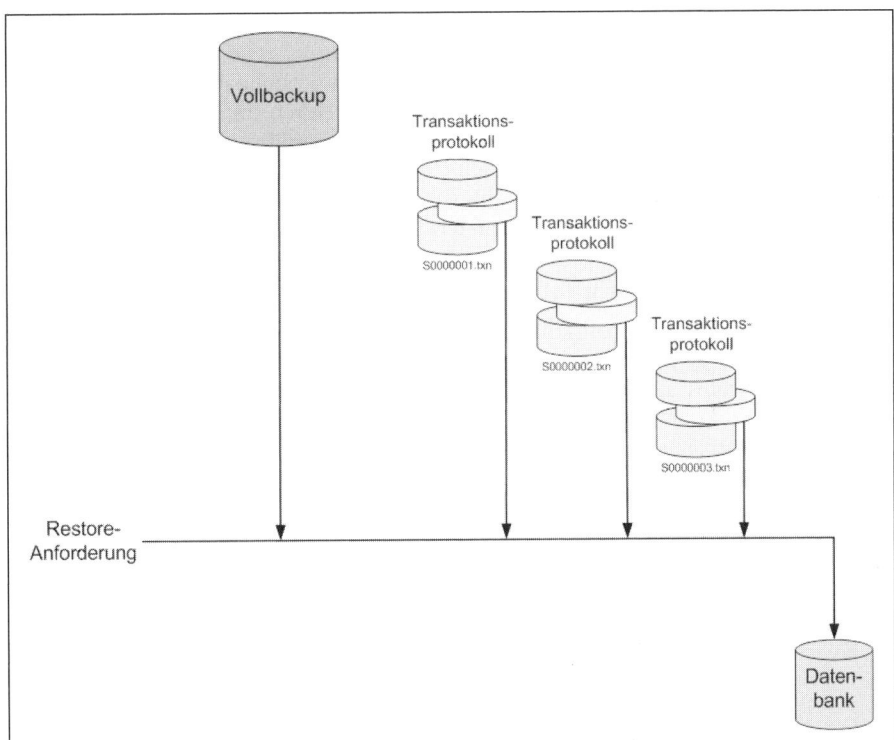

Abbildung 8.7: Übersicht der Datenbanken im Backup

8.7.3 Aktivierung

Der zweite Schritt des Wiederherstellungsprozesses ist die Aktivierung der Datenbanken. Durch die Aktivierung werden die zurückgeschriebenen Datenbanken für die Verwendung durch den Domino Server online geschaltet.

Sie können optional Transaktionen aus dem Transaktionsprotokoll anwenden, um die Datenbanken zu aktualisieren. Transaktionen können bis zu einem bestimmten Zeitpunkt oder bis zu den neuesten Änderungen angewendet werden, die im Transaktionsprotokoll aufgezeichnet wurden. Ist das Protokollieren im Archivierungsmodus aktiv, schreibt *Data Protection* wie benötigt archivierte Transaktionsprotokolldateien automatisch zurück. Für Domino Server ab Version 6 wird ein Feature mit einem alternativen Wiederherstellungspfad angeboten, das es Ihnen ermöglicht, das Verzeichnis anzugeben, in das Transaktionsprotokolle zurückgeschrieben werden sollen.

Anzeigen und Zurückschreiben archivierter Transaktionsprotokolle

Mit dieser Funktion kann eine einzelne archivierte Transaktionsprotokolldatei unabhängig von einer routinemäßigen Datenbankzurückschreibung zurückgeschrieben werden. Das Zurückschreiben einer einzelnen archivierten Transaktionsprotokolldatei hilft bei den Wiederherstellungsoperationen nach einem Katastrophenfall. Durch das Abrufen der zuletzt archivierten Protokolldatei ist es möglich, die Domino-Transaktionsprotokollsteuerdatei wiederherzustellen. Dadurch können archivierte Transaktionsprotokolldateien verwendet werden, um selbst nach einem Verlust des aktiven Transaktionsprotokolls zurückgeschriebene Datenbanksicherungen in einem aktuelleren Status wiederherzustellen.

Verfall archivierter Transaktionsprotokolldateien

Eine archivierte Transaktionsprotokolldatei auf einem Domino Server kann Transaktionen für mehrere Datenbanken enthalten. Eine archivierte Transaktionsprotokolldatei verfällt erst, wenn alle Datenbanksicherungen auf dem *Tivoli Storage Manager*-Server, die diese Protokolldatei erfordern, verfallen sind. Transaktionsprotokolldateien, die derselben Verwaltungsklasse wie Datenbanksicherungsdateien zugeordnet sind, bleiben verfügbar, solange die Datenbanksicherungen verfügbar sind.

9 Domino Cluster

Ein Domino Cluster ist definiert als eine Gruppe von zwei oder mehr Servern in einem LAN, mit einem gleichen Datenbestand, den sie gemeinsam bereitstellen. Alle Server, die Mitglieder eines Clusters sind, müssen das gleiche Domino-Verzeichnis verwenden und somit einer Notes-Domäne angehören. Cluster gewähren eine hohe Form an Verfügbarkeit und Ressourcenverteilung. Innerhalb des Clusters versteht sich die Servergruppe als eine Einheit. Alle Server eines Clusters kommunizieren miteinander, um den Datenbestand auf jedem Knoten aktuell zu halten. Mithilfe der Replizierung von Datenbanken wird Notes Domino den Erwartungen an Skalierbarkeit und Präsenz dem Benutzer gegenüber gerecht.

Ist ein Server des Clusters nicht ansprechbar, bleiben Datenbanken, die sich auf unterschiedlichen Knoten des Clusters befinden, in ihrer Gestaltung und dem erwarteten Stand an Dokumenten an sich erreichbar. Ein anderer Server im Cluster, der sogenannte Cluster-Partner, springt für den ausgefallenen Server ein. Clientanfragen werden unter zwei Konfigurationsaspekten und folgenden Voraussetzungen an einen anderen verfügbaren Server im Cluster weitergeleitet:

▶ Erreicht ein Server im Cluster einen bestimmten Schwellenwert bezüglich seiner Auslastung, wird der anfragende Client an einen anderen Cluster-Partner weitergeleitet, um so einen Lastenausgleich zu realisieren (*Loadbalancing*).

▶ Ist ein Server oder eine Datenbank nicht verfügbar, wird der Client ebenfalls an einen Cluster-Partner mit seiner Anfrage weitergeleitet (*Failover*).

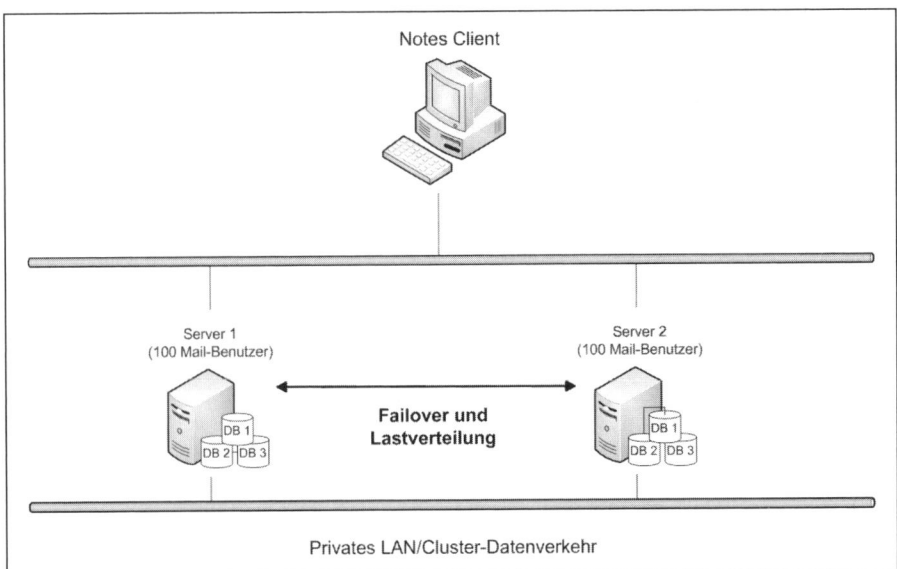

Abbildung 9.1: Failover und Loadbalancing

Der Administrator legt bei der Einrichtung und der nachfolgenden Konfiguration eines Clusters fest, welche Aufgaben dem definierten Rechnerverbund zukommen.

Die Möglichkeit, Cluster unter Notes zu bilden, besteht nur in der Lizenzform Lotus Domino Enterprise Server oder Lotus Domino Utility Server.

Die primäre Bedeutung der Replikation in einem Cluster liegt in der Cluster-Replikation. Diese nutzt den Cluster-Replicator-Task, der sich in seinem Speicher Replikationsereignisse hält. Dieser reagiert auf die Aktualisierung der Daten zwischen den Datenbankrepliken in einem Cluster. Diese Art der Replikation wird als „eventgesteuert" bezeichnet. Doch auch die Standardreplikation unterstützt die Cluster-Replikation.

Hinweis

Die Cluster-Replikation bedient sich zweier spezifischer Tasks: :Replizierung

▶ Cluster Replicator (CLREPL), verantwortlich für den Replikations-Push

▶ Cluster Database Directory Manager Task (CLDBDIR), verantwortlich für die Pflege und die Aufrechterhaltung der Datenbankliste für die Cluster-Replikation (Cluster-Datenbankverzeichnis) (*cldbdir.nsf*)

Stürzt ein Server des Cluster-Verbunds ab, sollte mithilfe der Standardreplikation (Replicator-Task) beim Hochfahren des Servers sichergestellt werden, dass alle Datenbanken auf dem aktuellen Stand sind. Zeitgesteuerte („scheduled") Replikation kann auch genutzt werden, um in der Cluster-Replizierung deaktivierte Datenbanken zu replizieren sowie um Replizierformeln zu berücksichtigen. Die Cluster-Replikation unterstützt keine selektive Replikation, da sich hierbei der Server um einen Abgleich der Daten bemüht, um einen identischen Datenbestand innerhalb des Cluster-Verbunds zu gewährleisten. Infolgedessen können überflüssige Daten repliziert werden, die bei der nächsten Standardreplikation wieder verschwinden. Dies gilt leider nicht für Probleme in Bezug auf die ACL, Agenten oder Designelemente. Hier ist abzuwägen, ob die Cluster-Replikation zugunsten der Standardreplikation vernachlässigt wird. Genauso wenig berücksichtigt die Cluster-Replikation Replikationseinstellungen wie die Option NUR ZUSAMMENFASSUNG UND MAX. 40 KB RICH TEXT EMPFANGEN/RECEIVE SUMMARY AND 40 KB OF RICH TEXT ONLY.

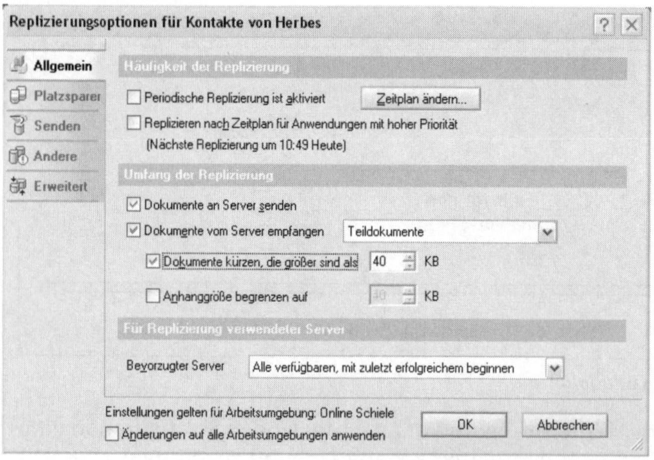

Abbildung 9.2: Einstellungen zur Steuerung der Replizierung über Replizierungsoptionen

Hinweis

Die gesteuerte Replikation über Verbindungsdokumente dient hier also als Zusatzfeature mit Sicherheitseffekt. Sie sollten in einem Cluster sowohl die Cluster-Replizierung als auch die Standardreplizierung verwenden und gleichzeitig ausführen. Die Cluster-Replizierung ist die primäre Repliziermethode in einem Cluster, die Standardreplizierung aktualisiert hingegen alle Datenbanken, die vom Cluster-Replikator nicht aktualisiert werden konnten.

Sie sollten in einem Cluster periodische Replizierungen durchführen, um sicherzustellen, dass die Datenbanken ordnungsgemäß aktualisiert werden, auch wenn sie nicht vom Cluster-Replikator repliziert werden.

Jeder Server in einem Domino Cluster muss folgende Voraussetzungen erfüllen:

- Installation der Lotus Domino Enterprise Server- oder Domino Utility Server-Lizenz
- Verbindung im selben LAN
- Mitglied im selben Notes Named Network (NNN)
- Kommunikation über das TCP/IP-Protokoll und die gleiche Zusammenstellung an zusätzlichen Netzwerkprotokollen
- Mitglied in derselben Domino-Domäne
- Sie müssen einen Administrationsserver für das Domino Directory in der Domäne angeben, in der sich der Cluster befindet. Wenn Sie keinen Administrationsserver angeben, besteht keine Möglichkeit für den Administrationsprozess, die Cluster-Zugehörigkeit zu verändern. Der Administrationsserver muss nicht Mitglied in einem Cluster sein.
- Jeder Server im Cluster muss eine hierarchische Server-ID besitzen. Wenn einer der Server eine flache ID besitzt, müssen Sie diese konvertieren, um den Server in einen Cluster-Verbund eingliedern zu können.
- Jeder Server kann nur Mitglied in einem Cluster zur gleichen Zeit sein.
- Jeder Server im Cluster muss über ausreichende Ressourcen verfügen. Beachten Sie, dass ein Cluster-Server im Problemfall die ganze Last zu tragen hat.

Cluster-Kategorien

Die Zuordnung in die Unterscheidung eines aktiv-aktiven und eines aktiv-passiven Clustering ist eher für das Clustering auf Betriebssystemebene relevant. Ein Domino Cluster beschreibt ein Clustering auf Anwendungsebene.

Beim Betriebssystem-Clustering überwacht das Betriebssystem den Cluster und legt fest, wann ein Failover erfolgen soll. Wenn ein Failover auftritt, übernimmt der Server (als Knoten bezeichnet), an dem die Failover-Umleitung erfolgt, die Ressourcen des ausgefallenen Knotens, greift auf den Speicher zu, auf den der ausgefallene Knoten zugegriffen hat, und führt die Anwendungen aus, die der ausgefallene Knoten ausgeführt hat.

In einem Aktiv-Passiv-Cluster führen passive Knoten nicht ihre eigenen Anwendungen aus, sondern bleiben im Standby-Modus, um ggf. einzuspringen, falls die aktiven Knoten ausfallen. In einem Aktiv-Aktiv-Cluster führen alle Knoten ihre eigenen Anwendungen aus, können jedoch ebenfalls einspringen, falls andere Knoten im Cluster ausfallen. Darüber hinaus können Sie einen Betriebssystem-Cluster so konfigurieren, dass ein Failover nur erfolgt, wenn ein Hardwarefehler bzw. entweder ein Hardware- oder ein Softwarefehler besteht.

Cluster bieten folgende Vorteile:

▶ Hohe Verfügbarkeit wichtiger Datenbanken: Wenn bei einem Server ein Hardware- oder Softwareproblem auftritt, werden die Anfragen zum Öffnen einer Datenbank an andere Server im Cluster umgeleitet, sodass ein kontinuierlicher Zugriff auf wichtige Datenbanken gewährleistet ist. Dieser Prozess wird als „Failover" bezeichnet. Cluster ermöglichen ein Failover insbesondere für unternehmenskritische Datenbanken und Server. Dies beinhaltet auch Failover von Durchgangsservern zu anderen Servern des Clusters. Durch Failover können Sie außerdem Aktualisierungen der Hardware oder Software von Servern durchführen, die von Benutzern kaum bemerkt werden.

▶ Lastverteilung: Wenn Benutzer versuchen, auf Datenbanken stark frequentierter Server zuzugreifen, werden die Anforderungen an andere Server des Clusters umgeleitet, sodass die Belastung gleichmäßig im Cluster verteilt wird. Durch die Lastverteilung in Clustern wird die Systemleistung optimiert und ein schnellerer Datenzugriff ermöglicht.

▶ Skalierbarkeit: Wenn die Anzahl der Benutzer Ihres Clusters zunimmt, können Sie problemlos Server hinzufügen, um eine hohe Serverleistung aufrechtzuerhalten. Für höchste Verfügbarkeit der Daten können Sie zudem mehrere Datenbankrepliken erstellen, und Sie können Benutzer auf andere Server oder Cluster verschieben, um zukünftig höheren Anforderungen gerecht zu werden. Wenn Ihr Unternehmen wächst, können Sie die Benutzerkonten im Cluster und die Belastung der einzelnen Server gleichmäßig verteilen, um die Systemleistung zu optimieren.

▶ Datensynchronisierung: Ein wesentlicher Bestandteil der Cluster-Bildung besteht in der Einrichtung von Repliken auf einem oder mehreren Cluster-Servern, sodass Benutzer Zugriff auf Daten haben, auch wenn ein Server nicht läuft oder stark frequentiert ist. Die Cluster-Replizierung stellt sicher, dass alle Änderungen an Datenbanken oder am Cluster-Mitglied selbst sofort an andere Datenbanken oder Server des Clusters weitergegeben werden. Um eine ständige Verfügbarkeit der Daten sicherzustellen, werden daher die Datenbanken laufend synchronisiert.

▶ Analysefunktionen: Mit den Clusteranalyse-Werkzeugen, der Protokolldatei, dem Domino Server Monitor sowie der Monitoring-Konfigurationsdatenbank und der Monitoring-Ergebnisdatenbank können Sie die Cluster-Aktivität analysieren und gegebenenfalls Änderungen vornehmen, um die Leistung zu verbessern.

▶ Ändern von Betriebssystemen, Hardware oder Domino-Versionen: Wenn Sie Änderungen an der Hardware, dem Betriebssystem oder der Domino-Version vornehmen möchten, können Sie den Zugriff auf den entsprechenden Server beschränken, sodass Anforderungen für den Zugriff auf Datenbanken dieses Servers an andere Server im Cluster, die Repliken enthalten, umgeleitet werden (Failover). Dadurch können Sie die notwendigen Änderungen vornehmen, ohne die Arbeit der Benutzer einzuschränken.

▶ System-Backup: Sie können einen Server im Cluster als Backup-Server zum Schutz wichtiger Daten einrichten. Dabei können Sie Benutzern den Zugriff auf diesen Server verweigern, der durch die Cluster-Replizierung jedoch stets auf dem aktuellen Stand bleibt.

▶ Einfache Administration: Sie können einen Cluster mit ein paar Tastenklicks zusammenstellen und konfigurieren. Genauso einfach können Sie Server zu einem Cluster hinzufügen, einen Server in einen anderen Cluster verschieben oder ihn aus einem Cluster-Verbund löschen. Zusätzlich können Sie per Drag&Drop Datenbanken in einem Cluster-Verbund einbinden und angeben, welche Server Repliken halten sollen. Sie können ebenfalls Mail-Repliken und Roaming-Datei-Repliken für Anwender während der Registrierung erstellen und alle Server in einem Cluster gleichzeitig überwachen.

Sie können das Thema Clustering auch noch für andere Zwecke und zum Vorteil Ihrer IT-Organisation nutzen. Beispielsweise kann das Clustering beim Thema Disaster Recovery eine Rolle spielen. Implementieren und betreiben Sie ein Cluster für zwei verschiedene Standorte (Sites) über das WAN. Hier muss allerdings die Netzwerkinfrastruktur ausreichend sein, um beispielsweise die notwendige Bandbreite bereitzustellen, die das Datenvolumen beansprucht. Die Geschwindigkeit des Transfers sollte mit der Geschwindigkeit im LAN vergleichbar sein. Sie können, falls notwendig, das Clustering auch als Teil Ihres Backup-Konzepts nutzen. Auf einem Server des Clusters wird das Backup gefahren, während der andere Teil „oben" und verfügbar ist.

9.1 Cluster-Komponenten

Es gibt mehrere Komponenten, die zusammenwirken, um eine korrekte Funktionsweise von Clustern zu gewährleisten. Dazu gehören:

▶ Cluster-Manager
▶ Cluster-Datenbankverzeichnis
▶ Cluster-Datenbankverzeichnis-Manager
▶ Cluster-Administrator
▶ Cluster-Replikator
▶ Internet-Cluster-Manager

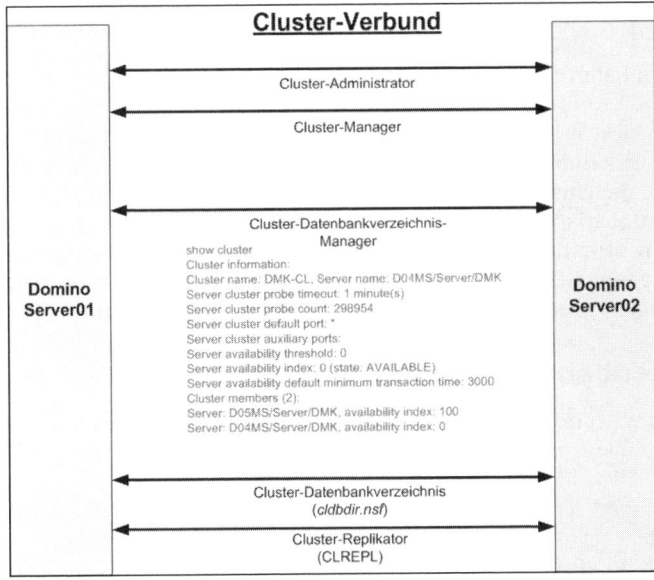

Abbildung 9.3: Elemente im Cluster-Verbund

9.1.1 Cluster-Manager

Ein Cluster-Manager läuft auf jedem Server in einem Cluster und verfolgt den Status aller anderen Server im Cluster. Er führt eine Liste der aktuell verfügbaren Cluster-Server und zeichnet die Belastungen der einzelnen Server auf. Wenn Sie einen Server zu einem Cluster hinzufügen, startet Domino automatisch den Cluster-Manager auf diesem Server. Solange der Server Teil eines Clusters ist, wird bei jedem Start des Servers auch der Cluster-Manager gestartet.

Jeder Cluster-Manager überwacht den Cluster durch Austauschen von Nachrichten, sogenannten Überprüfungen, mit den anderen Servern im Cluster. Anhand dieser Überprüfungen stellt der Cluster-Manager die Belastung und Verfügbarkeit der anderen Cluster-Server fest. Falls die Umleitung einer Benutzeranforderung an eine andere Replik erforderlich ist, sucht der Cluster-Manager im Cluster-Datenbankverzeichnis nach den Servern, die eine Replik der angeforderten Datenbank enthalten, und teilt dies dem Client mit. Aufgrund dieser Information kann der Client seine Anforderung dann an einen entsprechenden Server umleiten.

Der Cluster-Manager hat folgende Aufgaben:

▷ Er stellt fest, welche Server zum Cluster gehören. Dazu untersucht er das Domino-Verzeichnis in regelmäßigen Abständen nach Änderungen im Feld CLUSTERNAME des Serverdokuments oder nach Änderungen in der Cluster-Mitgliederliste.

▷ Er überwacht die aktuelle Verfügbarkeit und Belastung der Cluster-Server.

▷ Er informiert die Cluster-Manager anderer Server über Änderungen der Serververfügbarkeit.

▷ Er informiert Clients über die Verfügbarkeit von Datenbanken, auf deren Grundlage diese automatisch ihre Datenbankanforderungen an andere Cluster-Server umleiten können (Failover).

▷ Die Serverbelastung im Cluster wird auf der Grundlage der Verfügbarkeit von Cluster-Servern ausgeglichen.

▷ Er protokolliert Failover- und Lastverteilungsereignisse in der Serverprotokolldatei.

Wenn er zum ersten Mal startet, prüft der Cluster-Manager das Domino-Verzeichnis, um festzustellen, welche Server zum Cluster gehören. Diese Informationen werden im Cluster-Namens-Cache des Servers abgelegt. Der Cluster-Manager verwendet diese Informationen, um Nachrichten (Überprüfungen) mit anderen Cluster-Managern auszutauschen. Außerdem speichert der Cluster-Manager im Cluster-Namens-Cache die Informationen zur Verfügbarkeit der anderen Server, die er über diese Überprüfungen erhält. Anhand dieser Informationen führt der Cluster-Manager die oben aufgeführten Funktionen wie Failover und Lastverteilung aus. Um die Informationen im Cluster-Namens-Cache anzuzeigen, geben Sie an der Serverkonsole Show Cluster ein.

9.1.2 Cluster-Datenbankverzeichnis

Das Cluster-Datenbankverzeichnis (*cldbdir.nsf*) befindet sich auf jedem Server in einem Cluster. Das Cluster-Datenbankverzeichnis enthält ein Dokument zu jeder Datenbank und jeder Replik im Cluster. Dieses Datenbankdokument enthält Informationen zur Datenbank wie Namen, Server, Pfad, Replik-ID und andere Replizier- und Zugriffsinformationen. Die Cluster-Komponenten verwenden diese Informationen, um ihre Funktionen auszuführen, z.B. das Festlegen von Failover-Pfaden, die Kontrolle des Zugriffs auf Datenbanken und das Festlegen der zu replizierenden Ereignisse sowie den Zielort der Replizierung.

9.1.3 Cluster-Datenbankverzeichnis-Manager

Der Task CLUSTER-DATENBANKVERZEICHNIS-MANAGER (*cldbir*) erstellt das Cluster-Datenbankverzeichnis (*cldbdir.nsf*) und hält dieses auf dem neuesten Stand. Wenn Sie einen Server zum ersten Mal zu einem Cluster hinzufügen, erstellt der Cluster-Datenbankverzeichnis-Manager das Cluster-Datenbankverzeichnis auf diesem Server. Wenn Sie eine Datenbank zu einem Cluster-Server hinzufügen, erstellt der Cluster-Datenbankverzeichnis-Manager ein Dokument im Cluster-Datenbankverzeichnis, das Informationen über die neue Datenbank enthält. Wenn Sie eine Datenbank auf einem Cluster-Server löschen, löscht der Cluster-Datenbankverzeichnis-Manager auch dieses Dokument. Darüber hinaus verfolgt der Cluster-Datenbankverzeichnis-Manager den Status aller Datenbanken, z.B. AUSSER BETRIEB/OUT OF SERVICE oder ZUM LÖSCHEN MARKIERT/PENDING DELETE.

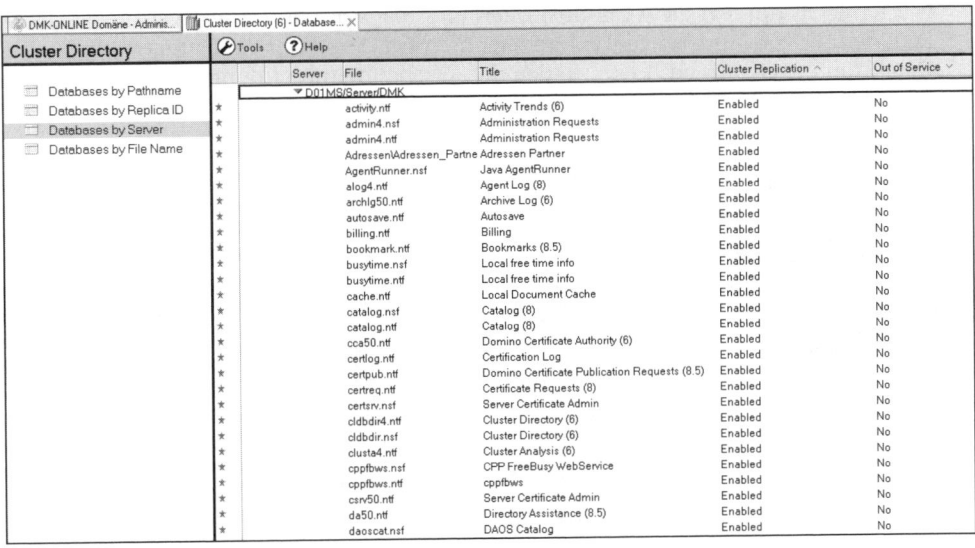

Abbildung 9.4: Die Oberfläche des Cluster-Datenbankverzeichnisses

Wenn im Cluster-Datenbankverzeichnis eine Änderung vorgenommen wurde, repliziert der Cluster-Replikator diese Änderung sofort in allen Cluster-Datenbankverzeichnissen auf den anderen Servern dieses Clusters. So wird gewährleistet, dass jedes Cluster-Mitglied stets über aktuelle Informationen zu allen Datenbanken im Cluster verfügt.

9.1.4 Cluster-Administrator

Der Cluster-Administrator übernimmt viele mit einem Cluster verbundene Verwaltungsaufgaben. Wenn Sie z.B. einen Server zu einem Cluster hinzufügen, startet der Cluster-Administrator die Cluster-Tasks, beispielsweise den Cluster-Datenbankverzeichnis-Manager und den Cluster-Replikator. Der Cluster-Administrator aktiviert auch den Administrationsprozess, wenn dieser noch nicht läuft. Wenn Sie einen Server aus einem Cluster entfernen, beendet der Cluster-Administrator den Cluster-Datenbankverzeichnis-Manager und den Cluster-Replikator. Außerdem löscht er das Cluster-Datenbankverzeichnis auf diesem Server und entfernt die entsprechenden Datensätze in den Cluster-Datenbankverzeichnissen der anderen Server.

9.1.5 Cluster-Replikator

Der Cluster-Replikator-Task (*clrepl*) sorgt für eine ständige Synchronisierung der Daten in den Repliken eines Clusters. Wenn eine Änderung an einer Datenbank im Cluster vorgenommen wird, gibt der Cluster-Replikator diese Änderung sofort an die anderen Repliken im Cluster weiter. Die von den Benutzern abgerufenen Daten sind daher immer auf dem neuesten Stand. Auch Änderungen an persönlichen, in einer Datenbank gespeicherten Ordnern werden vom Cluster-Replikator repliziert. Auf jedem Server eines Clusters läuft standardmäßig ein Cluster-Replikator. Sie können aber auch mehrere Cluster-Replikatoren einrichten, um die Serverleistung zu verbessern.

Der Cluster-Replikator untersucht das Cluster-Datenbankverzeichnis (*cldbdir.nsf*), um festzustellen, welche Datenbanken Repliken auf den anderen Cluster-Mitgliedern haben. Der Cluster-Replikator legt diese Informationen im Arbeitsspeicher ab und verwendet sie zur Replizierung von Änderungen auf anderen Servern. Sobald er Änderungen im Cluster-Datenbankverzeichnis entdeckt, werden die speicherinternen Informationen aktualisiert. Es wird z.B. eine Datenbank hinzugefügt, entfernt oder die Replizierung einer Datenbank deaktiviert.

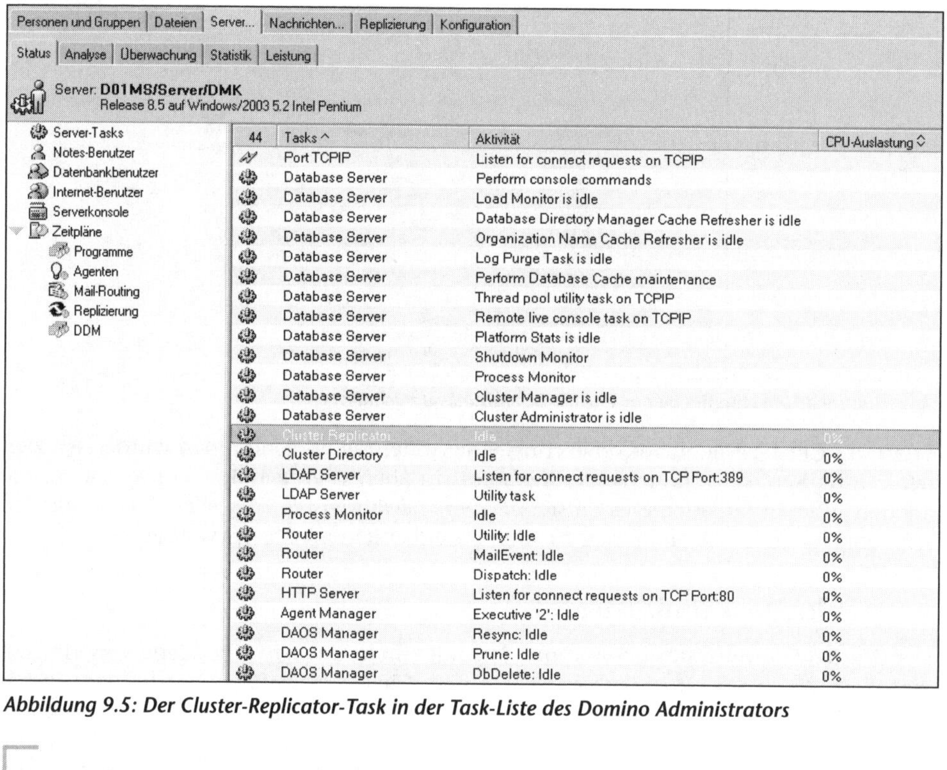

Abbildung 9.5: Der Cluster-Replicator-Task in der Task-Liste des Domino Administrators

Wie viele Cluster-Replikatoren sollen verwendet werden?

Als Faustregel gilt: Summe der Cluster-Partner minus eins (n-1). Mittlerweile wird aber eher zu einer Verwendung von so vielen Cluster-Replikatoren wie Cluster-Partnern geraten. Um mehr als einen Cluster-Replikator zu starten, können Sie dies im Konfigurationsdokument festlegen oder den entsprechenden Eintrag `Cluster_Replicators` in der *notes.ini* setzen.

Mit dieser Einstellung können Sie mehrere Cluster-Replikatoren starten, wobei der zugeordnete Wert die Anzahl der benötigten Cluster-Replikatoren angibt, z.B. `Cluster_Replicators=2` bei zwei aktiven Cluster-Replikatoren.

Die korrespondierende Variable `Disable_Cluster_Replicator` in der *notes.ini* kann den Cluster-Replikator-Task deaktivieren. Dies wird durch die Zuweisung des Werts 1 umgesetzt (`Disable_Cluster_Replicator=1`), während der Wert 0 (default) diesen aktiviert.

Der Cluster-Replikator gibt Änderungen nur an Server im Cluster weiter. Die Replizierung mit Servern außerhalb des Clusters gehört zu den Aufgaben des Standard-Replikator-Tasks.

Genau wie bei jedem anderen Server-Task können Sie auch den Cluster-Replikator-Task stoppen und starten. Oft erscheint es aber unkomplizierter, den Task anzuhalten. Wenn Sie den Cluster-Replikator anhalten, bleiben ausstehende Cluster-Replizierereignisse sowie das Cluster-Datenbankverzeichnis weiterhin im Arbeitsspeicher gespeichert. Wenn Sie den Cluster-Replikator beenden, werden diese Informationen aus dem Arbeitsspeicher gelöscht. Daher sollten Sie eine manuelle Replizierung vornehmen, wenn Sie den Cluster-Replikator erneut starten, damit ausstehende Änderungen, die beim Beenden des Cluster-Replikators verloren gegangen sind, repliziert werden. Wenn Sie den Cluster-Replikator anhalten, ist es nicht erforderlich, Änderungen manuell zu replizieren. Um den Task anzuhalten, führen Sie folgende Schritte aus.

1. Klicken Sie in Domino Administrator auf das Register SERVER > STATUS und anschließend im Aufgabenfenster auf SERVER-TASKS.
2. Wählen Sie im Ergebnisfenster den Cluster-Replikator aus.
3. Erweitern Sie TASK im Werkzeugfenster und klicken Sie auf TELL-BEFEHL.
4. Klicken Sie erst auf PAUSE und anschließend auf OK.

Von der Serverkonsole aus geben Sie den Befehl `tell clrepl pause` ein. Auf umgekehrtem Weg bzw. über den Befehl `tell clrepl resume` können Sie den Cluster-Replikator wieder starten.

9.1.6 Internet-Cluster-Manager

Mit dem Internet-Cluster-Manager (*icm*) können Sie Domino Cluster verwenden, die HTTP-Clients (Internet-Browsern) Failover- und Lastverteilungsfunktionen beim Zugriff auf Domino Webserver zur Verfügung stellen. So gewährleisten Sie den Clients eine hohe Verfügbarkeit von Webservern und Datenbanken. Sie können den ICM auf allen beliebigen Servern ausführen, auf denen Domino Enterprise Server Version 5 oder höher installiert ist. Sie installieren und konfigurieren die Domino Cluster wie gewohnt und konfigurieren anschließend den ICM. Der ICM unterstützt die HTTP- und HTTPS-Protokolle.

Der ICM fungiert als Vermittler zwischen HTTP-Clients und den Domino Webservern in einem Cluster. Wenn in einem Cluster Domino Webserver ausgeführt werden, generieren sie URLs, mit denen die HTTP-Client-Anforderungen an den ICM geleitet werden. Der ICM verwaltet die Informationen über die Verfügbarkeit von Servern und Datenbanken in einem Cluster. Wenn der ICM eine Client-Anforderung erhält, wird der Client an den Server mit der höchsten Verfügbarkeit umgeleitet, auf dem sich eine Replik der angeforderten Datenbank befindet.

Der ICM sendet regelmäßig Überprüfungen an die Webserver im Cluster, um ihren Status und ihre Verfügbarkeit zu bestimmen. Wenn der ICM eine Client-Anforderung erhält, durchsucht er die Informationen im Cluster-Datenbankverzeichnis nach Servern, auf denen sich die angeforderte Datenbank befindet. Der ICM ermittelt dann den Server mit der höchsten Verfügbarkeit und leitet den Client an diesen Server um. Daraufhin schließt der Client die Sitzung mit dem ICM und öffnet eine neue Sitzung mit dem ausgewählten Server. Dem Benutzer wird dies in der URL als Änderung des Host-Namens angezeigt. Unter Umständen ändert sich auch der Pfad der Datenbank in der URL, weil sich die Datenbank in einem anderen Verzeichnis auf dem Zielserver befindet.

Wenn die Seite, die einem Client vom Webserver angezeigt wird, Verknüpfungen zu anderen Datenbanken auf demselben Server oder anderen Datenbanken im Cluster enthält, wird der ICM-Host-Name den URLs dieser Datenbanken für folgende Fälle vom Webserver hinzugefügt:

▶ wenn URLs zu Datenbanken generiert werden, die auf dem gleichen Server liegen wie die Originaldatenbank;

▶ wenn URLs zu Datenbanken auf anderen Servern generiert werden, falls sich Repliken dieser Datenbanken auf dem Server befinden, der die Originaldatenbank hält.

Der ICM kann auf einem Server innerhalb oder außerhalb des Clusters ausgeführt werden. Wenn der ICM auf einem Cluster-Mitglied ausgeführt wird, greift er auf die lokale Kopie des Cluster-Datenbankverzeichnisses zu. Wird der ICM auf einem Server außerhalb des Clusters ausgeführt, wählt er einen Server im Cluster aus und greift auf das Cluster-Datenbankverzeichnis auf diesem Server zu. Wenn der vom ICM ausgewählte Server nicht zur Verfügung steht, wird diese Verbindung an einen anderen Server im Cluster umgeleitet.

Der ICM verwendet immer die lokale Kopie des Domino-Verzeichnisses. Deshalb muss sich der ICM in derselben Domino-Domäne wie der Cluster befinden.

9.2 Replizierung in einem Cluster

Die Cluster-Replizierung wird durch Ereignisse gesteuert, nicht durch einen festgesetzten Zeitplan. Wenn eine Änderung an einer Datenbank im Cluster vorgenommen wird, gibt der Cluster-Replikator diese Änderung sofort an die anderen Repliken im Cluster weiter. Wenn ein Bearbeitungsrückstand bei Replizierereignissen vorliegt, werden diese vom Cluster-Replikator gespeichert, bis er sie an die anderen Cluster-Server weitergeben kann. Wenn an einer Datenbank eine erneute Änderung vorgenommen wird, bevor eine vorherige Änderung an der gleichen Datenbank gesendet wurde, fasst der Cluster-Replikator die Änderungen zusammen und sendet sie gemeinsam, um Verarbeitungszeit zu sparen.

Da Domino Replizierereignisse nur im Arbeitsspeicher ablegt, müssen sowohl der Quell- als auch der Zielserver verfügbar sein, um die Replizierung erfolgreich durchzuführen. Wenn ein Zielserver nicht verfügbar ist, speichert der Cluster-Replikator die Ereignisse weiterhin im Arbeitsspeicher, bis der Zielserver zur Verfügung steht. Wenn der Quellserver heruntergefahren wird, bevor eine Replizierung abgeschlossen ist, gehen die Replizierereignisse im Arbeitsspeicher verloren. Aus diesem Grund sollten Sie mit der Standardreplizierung (Replica-Task) eine sofortige Replizierung mit allen Cluster-Mitgliedern durchführen, wenn Sie einen Cluster-Server erneut starten. Es ist außerdem sinnvoll, eine periodische Replizierung zwischen den Cluster-Servern zu planen, z.B. einmal pro Stunde, um sicherzustellen, dass die Datenbanken synchron bleiben. Bei der Protokollierung der

Replizierereignisse notiert der Cluster-Replikator auch die Datenbanken im Replizierprotokoll, die auf eine Replizierwiederholung warten. Anhand dieser Aufzeichnungen erkennen Sie, welche Cluster-Datenbanken momentan nicht synchronisiert sind und durch welche Fehler eine erfolgreiche Replizierung verhindert wird. Nach Behebung der Fehler und einer erfolgreichen Replizierung werden diese Informationen aus dem Protokoll entfernt.

Der Cluster-Replikator überlässt die Verarbeitung der Replizierformeln dem Standardreplikator. Da diese Formeln den Prozessor stark beanspruchen können, werden sie nicht vom Cluster-Replikator verarbeitet, um den Verwaltungsaufwand bei der Cluster-Replizierung gering zu halten. Falls Sie selektive Replizierung verwenden, kann eine Datenbank daher kurzfristig Dokumente enthalten, die nicht mit der Auswahlformel übereinstimmen. Domino löscht solche Dokumente, wenn Sie eine Standard-Replizierung ausführen. Ferner werden die Einstellungen im Register WEITERE OPTIONEN/ADVANCED der REPLIZIERUNGSOPTIONEN/REPLICATION OPTIONS vom Cluster-Replikator nicht berücksichtigt. Daher können Sie die Replizierung bestimmter Elemente einer Datenbank, wie beispielsweise ACL, Agenten und Gestaltungselemente, nicht deaktivieren. Der Cluster-Replikator versucht stets, alle Repliken identisch zu halten, damit ein möglicher Failover vom Benutzer nicht bemerkt wird.

Durch eine Standardreplizierung können Änderungen an bestimmten Datenbankelementen, wie beispielsweise ACL, Agenten oder Gestaltungselementen, nicht automatisch entfernt werden. Wenn es für eine Datenbank wichtig ist, die Replizierung dieser Elemente zu beschränken, ist es möglicherweise sinnvoll, in diesem Fall nur die Standardreplizierung (nicht die Cluster-Replizierung) zu verwenden.

9.2.1 Replizierprotokoll in einem Cluster

Da Replizierereignisse in einem Cluster sehr häufig auftreten, wird nicht bei jeder Replizierung einer Datenbank in deren Replizierprotokoll geschrieben bzw. daraus gelesen. Wenn die Replizierung erfolgreich verlief, werden die Protokolldaten im Arbeitsspeicher gespeichert. Jedes weitere erfolgreiche Replizierereignis wird zu den Protokolldaten im Arbeitsspeicher hinzugefügt. Der Cluster-Replikator überträgt die Protokolldaten regelmäßig, meist jedoch nicht öfter als einmal pro Stunde, in die Datenbanken.

9.2.2 Replizierung privater Ordner in einem Cluster

Während der Standardreplizierung werden keine privaten Ordner und deren Inhalt repliziert, außer wenn mit dem Client des Ordnerbesitzers repliziert wird. Innerhalb von Clustern werden persönliche Ordner an andere Repliken repliziert. Dieses Verhalten stellt beim Failover von Clients sicher, dass der Datenbankinhalt identisch ist, unabhängig davon, auf welche Replik oder Datenbank sie zugreifen. Sowohl die Cluster- als auch die Standardreplizierung unterstützen das Replizieren persönlicher Ordner und ihres Inhalts innerhalb eines Clusters.

Auf persönliche Ordner können ausschließlich der Erstellende des Ordners oder ein Server innerhalb des Clusters zugreifen. Nur Server, die in einer Zugriffskontrollliste (ACL) mit dem Benutzertyp SERVER oder SERVERGRUPPE/SERVER GROUP definiert wurden, können auf persönliche Ordner in einer Datenbank zugreifen bzw. diese replizieren. Server, die nicht explizit in der ACL geführt werden, können persönliche Ordner nicht replizieren.

9.2.3 Periodische Replizierung in einem Cluster

Es ist sinnvoll, neben der Cluster-Replizierung eine periodische Replizierung (Standardreplizierung über Verbindungsdokumente) einzurichten, um sicherzustellen, dass die Datenbanken jeweils auf dem neuesten Stand sind. Es gibt viele Gründe für die Ausführung einer periodischen Replizierung in einem Cluster:

▶ Um Änderungen zu replizieren, die beim Absturz eines Servers im Cluster verloren gehen können. Da Cluster-Replizierereignisse nur im Arbeitsspeicher gespeichert sind, können diese Ereignisse bei einem Serverabsturz verloren gehen. Nicht die Daten gehen dabei verloren, sondern die Cluster-Replizierereignisse. Diese Ereignisse, die beim Absturz des Servers noch ausstehen, werden erst repliziert, wenn Sie die Domino-Standardreplizierung starten.

▶ Um Datenbanken zu replizieren, bei denen die Cluster-Replizierung deaktiviert ist. Möglicherweise arbeiten Sie mit Datenbanken, die nicht bei jeder Aktualisierung erneut repliziert werden sollen. Dem Feld CLUSTER REPLICATOR im Cluster-Datenbankverzeichnis können Sie entnehmen, ob eine Datenbank vom Cluster-Replikator repliziert wird.

▶ Um anhand von selektiver Replizierformeln zu replizieren. Der Cluster-Replikator überlässt die Verarbeitung der Replizierformeln dem Standardreplikator. Bevor Sie Replizierformeln in einem Cluster verwenden, sollten Sie sich darüber im Klaren sein, wie sich diese auf die Cluster-Replizierung auswirken.

▶ Um Repliken auf demselben Server zu aktualisieren. Der Cluster-Replikator sendet die Änderungen an die Repliken auf den anderen Servern, jedoch werden die Repliken auf seinem eigenen Server nicht aktualisiert.

Falls sich auf einem Server mehrere Repliken einer Datenbank befinden, verwendet der Cluster-Manager die Einstellung FAILOVER NACH PFAD, um die Replik auszuwählen, die geöffnet wird, wenn ein Benutzer die Datenbank bei einem Failover aufruft. Vergewissern Sie sich daher bei der Erstellung mehrerer Repliken auf einem Server, dass alle Repliken im Cluster, die dieselben selektiven Replizierformeln verwenden, den gleichen Pfad haben. Andernfalls erfolgt möglicherweise eine Failover-Umleitung an eine andere Replik.

Es ist sinnvoll, bei jedem Serverstart zu replizieren, um zu gewährleisten, dass alle Datenbanken auf dem neuesten Stand sind. Sie können zu diesem Zweck auch ein Programmdokument im Domino-Verzeichnis erstellen.

9.2.4 Replizierung mit einem Cluster

Ein zusätzlicher Vorteil der Cluster-Erstellung besteht darin, dass die Replizierungstopologie vereinfacht und die Zuverlässigkeit sowie die Leistungsfähigkeit bei der Replizierung erhöht werden kann. Dies gilt für den Fall, dass Sie einen Server außerhalb des Clusters einrichten, der mit allen Servern im Cluster repliziert. Hierzu erstellen Sie ein einfaches Verbindungsdokument, in dem der Server außerhalb des Clusters als Replizierungsquelle und der Cluster-Name als Replizierungsziel angegeben wird. Daraufhin wird jede Datenbank auf dem Quellserver repliziert, die über eine Replik im Cluster verfügt. Wenn der Cluster mehrere Repliken einer Datenbank enthält, repliziert der Quellserver nur mit einer dieser Repliken. Die Änderungen werden anschließend im Rahmen der Cluster-Replizierung an die anderen Repliken im Cluster weitergegeben. Es empfiehlt sich, um Probleme bei der (Cluster-)Replikation zu vermeiden, Cluster- und Servernamen ohne Leerzeichen zu verwenden.

Die Replizierung mit einem Cluster ist zuverlässiger als mit einem einzelnen Server, da Domino mit jedem Server im Cluster replizieren kann, der eine Replik der zu verarbeitenden Datenbank enthält. Wenn ein Server im Cluster nicht zur Verfügung steht, kann die Replizierung trotzdem ausgeführt werden, sofern im Cluster eine weitere Replik dieser Datenbank existiert. Durch die Replizierung mit einem Cluster kann auch die Systemleistung verbessert werden, da Domino bei der Auswahl des Servers die Lastverteilung berücksichtigt.

Bevor Sie mit einem Cluster-Namen zum ersten Mal replizieren, muss der Quellserver einmal direkt auf einen der Cluster-Server zugreifen. In diesem Fall füllt Domino den Cluster-Cache des Quellservers mit den Namen der Server im Cluster. Dadurch erhält der Quellserver Informationen darüber, welche Server zum Cluster gehören.

Replizierbefehl mit einem Cluster-Namen ausführen

Verwenden Sie die folgenden Replizierbefehle, wenn Sie Datenbanken auf einem lokalen Server mit Datenbanken in einem bestimmten Cluster replizieren möchten.

▷ Um alle Datenbanken zu replizieren, die sich sowohl auf dem lokalen Server als auch auf Servern eines bestimmten Clusters befinden: `replicate ClusterName`

▷ Um eine bestimmte Datenbank zu replizieren: `replicate ClusterName Dateiname`

▷ Um mit allen Datenbanken in einem bestimmten Verzeichnis zu replizieren: `replicate ClusterName LokalesVerzeichnis`

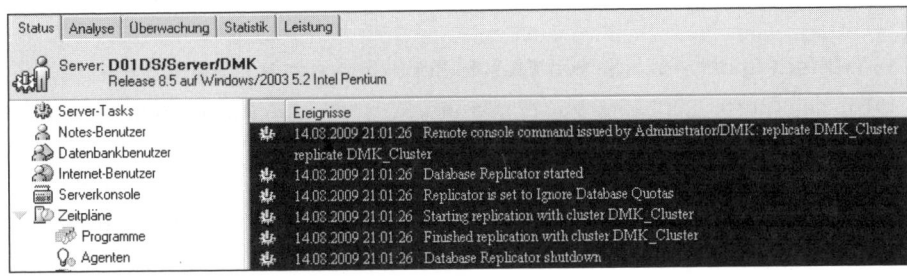

Abbildung 9.6: Beispiel: Absetzen des `replicate`*-Befehls*

Cluster in einem Verbindungsdokument angeben

Zur Replizierung mit einem Cluster können Sie ein Verbindungsdokument erstellen. Geben Sie die entsprechenden Informationen in die folgenden Felder ein:

Register	Feldname	Einzugebende Informationen
ALLGEMEIN/BASICS	QUELLSERVER/ SOURCE SERVER	Geben Sie den Namen eines Servers ein. Der Server darf nicht zum Cluster gehören.
	ZIELSERVER/ DESTINATION SERVER	Geben Sie den Cluster-Namen ein.
ROUTING/REPLIZIERUNG bzw. REPLICATION/ROUTING	REPLIZIERUNGSFUNKTION/ REPLICATION TASK	Wählen Sie AKTIVIERT/ENABLED.
	REPLIZIERUNGSTYP/ REPLICATION TYPE	Wählen Sie einen Replizierungstyp, aber nicht PULL-PULL.

Register	Feldname	Einzugebende Informationen
	ZU REPLIZIERENDE DATEIEN BZW. VERZEICHNISSE/ FILES/DIRECTORY PATHS TO REPLICATE	Lassen Sie dieses Feld leer, wenn alle Datenbanken repliziert werden sollen, oder geben Sie die Dateinamen der Datenbanken ein, die repliziert werden sollen, oder einen Verzeichnisnamen.

Mit einem Cluster von einem Notes Client aus replizieren

Die Replizierung mit einem Cluster-Namen ist sinnvoll, wenn Sie den Speicherort einer Datenbank innerhalb des Clusters nicht kennen.

Ein Client muss einmal direkt auf einen Server im Cluster zugreifen, bevor er mit einem Cluster-Namen replizieren kann.

1. Wählen Sie die Datenbank, die Sie replizieren möchten.
2. Wählen Sie DATEI/FILE > REPLIZIERUNG/REPLICATION > REPLIZIEREN/REPLICATE.
3. Wenn Sie aufgefordert werden, zwischen REPLIZIERUNG ÜBER HINTERGRUNDREPLIKATOR/ REPLICATE VIA BACKGROUND REPLICATOR und REPLIZIERUNG MIT OPTIONEN/REPLICATE WITH OPTIONS zu wählen, markieren Sie REPLIZIERUNG MIT OPTIONEN und klicken auf OK.
4. Geben Sie den Cluster-Namen in das Feld MIT/WITH ein.
5. Nehmen Sie weitere Einstellungen vor und klicken Sie auf OK.

Aktivierung der Anzeige von Cluster-Replikationsstatus-Meldungen

Um den Cluster-Replikator zu veranlassen, Statusmeldungen an der Serverkonsole anzuzeigen, setzen Sie den folgenden Parameter in der *notes.ini*:

```
RTR_Logging=n
```

Wenn der Wert *n* auf 1 gesetzt wird, wird die Anzeige der Statusmeldungen aktiviert, bei Setzen des Werts n auf 0 wird die Anzeige deaktiviert.

9.3   Streaming Cluster Replication (SCR)

Streaming Cluster Replication (SCR) nutzt als neues Feature ab der Version 8 die Vorteile einer engen Kopplung innerhalb eines Clusters und des Daten-Streamings. So reduziert dieses Feature den Overhead und verringert erheblich die Latenzzeit bei der Cluster-Replizierung. Änderungen, wie beispielsweise Dokumentänderungen, Änderungen des Ungelesen-Status und Ordneränderungen, werden erfasst und sofort in die Warteschlange für weitere Repliken im selben Cluster gestellt.

Leistungsvorteile bei der Verwendung von Streaming Cluster Replication:

▶ SCR führt keine Operationen netzwerkübergreifend durch, wie z.B. das Öffnen von Datenbanken und Dokumenten. Datenbankänderungen werden an die Repliken in der Annahme gesendet, dass die Datenbankrepliken die Änderung benötigen.

▶ SCR muss die geänderten Datenbanken nicht eins zu eins mit jedem einzelnen Mitglied des Clusters replizieren.

▶ Bei der Replizierung mit SCR tritt keine Latenzzeit auf.

Sie können SCR verwenden, wenn in einem Cluster mindestens zwei Domino 8 Server vorhanden sind. Bei Clustern mit einer Kombination aus Domino 8 und älteren Domino Servern wird für die älteren Domino Server die normale Cluster-Replizierung verwendet.

Domino aktiviert SCR, wenn folgende Ereignisse in der folgenden Reihenfolge auftreten:

▶ Eine Datenbank wird geöffnet.

▶ Die Cluster-Replizierung repliziert eine Änderung an eine andere Domino 8-Replik im Cluster.

▶ Alle Referenzen auf die Datenbank werden geschlossen.

▶ Eine Datenbank wird geöffnet.

▶ Bei weiteren Änderungen der zu replizierenden Datenbank repliziert SCR die Änderung an die anderen Domino 8 Server.

Wenn während der Replizierung ein Fehler auftritt, gibt SCR die Steuerung der Datenbank an den Standard-Cluster-Replikator zurück, um die Änderung zu replizieren und die Datenbank zu synchronisieren.

Achtung

In den Versionen 8.0, 8.0.1 und 8.0.2 trat allerdings eine Reihe von Problemen auf, die über das 8.0.2 FP1 und in der Version 8.5 gefixt wurden (siehe auch *http://www-01.ibm.com/support/docview.wss?uid=swg21304671*). Der Parameter `DEBUG_SCR_DISABLED` kann genutzt werden, um SCR zu deaktivieren und die „traditionelle" Cluster-Replizierung zu nutzen. Wenn Sie die Einstellungen der *notes.ini* verändern, müssen Sie den Server neu starten, um ihn zu aktivieren.

Per Default ist SCR als Feature der Version 8.0.2 deaktiviert, ist aber standardmäßig in den Versionen 8.x und 8.5.x aktiv. IBM empfiehlt für die Versionen 8.0 und 8.0.1, die Einstellung `DEBUG_SCR_DISABLED=1` in der *notes.ini* des Servers zu verwenden. In der Version 8.0.2 ist dies durch die defaultmäßige Deaktivierung von SCR nicht notwendig. Für die Versionen 8.0.2 FP1, 8.5 und später können Sie den Parameter entfernen und die Vorteile von SCR nutzen.

9.4   Cluster-Planung

Überlegen Sie vor der Konfiguration Ihrer Server-Infrastruktur hinsichtlich der Einrichtung eines oder mehrerer Cluster-Verbände, wie Sie diese konfigurieren möchten und warum.

In einem Cluster sollten Datenbankrepliken erstellt werden, um

▶ eine ständige Verfügbarkeit der Daten zu gewährleisten und

▶ die Belastung zwischen mehreren Servern aufzuteilen, wenn eine Datenbank stark frequentiert ist.

Bevor Sie beginnen, Repliken in einem Cluster zu erstellen, sollten Sie prüfen, wie häufig die Benutzer auf eine Datenbank zugreifen und wie wichtig eine Datenredundanz ist.

Allerdings sollten Sie in Ihren Planungen auch der Infrastrukturausstattung Raum geben.

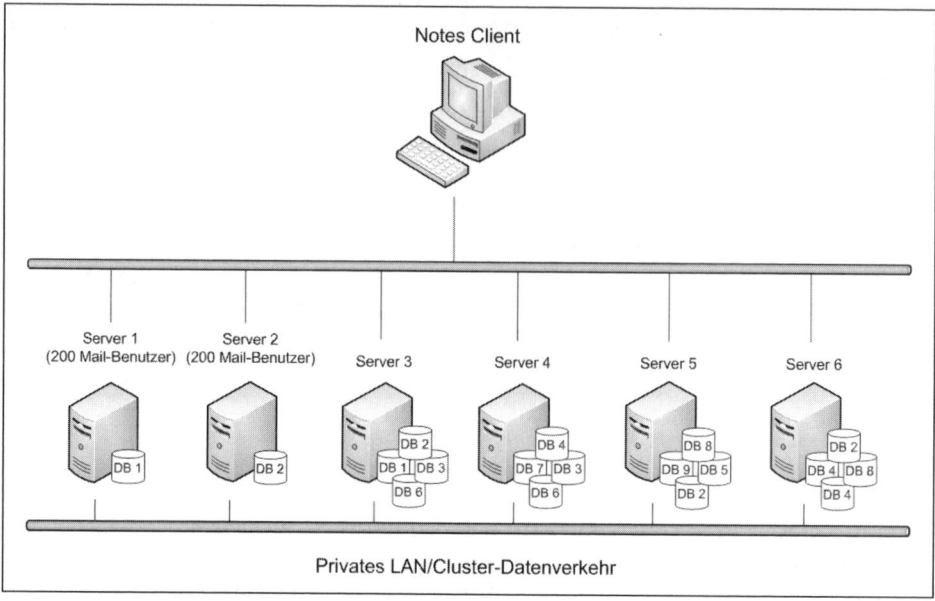

Abbildung 9.7: Eine mögliche Cluster-Zusammenstellung

Um die Vorteile des Domino-Clusterings adäquat nutzen zu können, spielt auch das Design Ihrer Cluster eine wichtige Rolle. Hier stellt sich die Frage, ob Sie beispielsweise Zweier-Cluster bilden möchten, die beide einen identischen Datenbestand halten und synchronisieren. Oder wollen Sie beispielsweise vier Server in ein Cluster aufnehmen, wobei drei Server mit jeweils unterschiedlichem Datenbestand als primäre Server dienen und der vierte Server die Summe der Daten hält und diese jeweils mit den primären Servern abgleicht? Dies sind neben der Frage nach der Hardwareausstattung wichtige Fragen, die Sie vor Implementierung Ihres Clusters klären und dokumentieren sollten! Ein wichtiger Aspekt ist dabei auch, dass der gewünschte Datenbestand als Basis der Cluster-Replikation (und auch der gesteuerten Replikation über Verbindungsdokumente) sich auch wirklich auf den definierten Servern befindet!

Zum Thema Hardwareauswahl sollten Sie in Bezug auf Prozessor, Speicher, Festplatten/ SAN und Bandbreite beachten, dass Ihre Server zusätzliche Ressourcen im Bereich Speicher und CPU-Zyklen benötigen werden, um die Cluster-Tasks zu verwalten und umzusetzen. Ihre Server müssen so ausgestattet sein, dass sie dazu in der Lage sind und auch im Falle des Ausfalls eines Cluster-Partners dessen Last (so wie Sie es definiert haben) mittragen können. Auch das Thema I/O darf in Bezug auf die Domino Cluster-Replikation nicht vernachlässigt werden.

Legen Sie die für die Cluster-Replikation relevanten Datenbanken auf einen Bereich im SAN oder eine Festplatte, die ausschließlich dafür vorgesehen ist und ansonsten wenig oder keine Anforderungen umzusetzen hat. Legen Sie keine Datenbanken auf dieselbe physikalische Platte wie die Swap Files (Auslagerungsdateien) des Betriebssystems (Operating System, OS)!

> **Tipp**
>
> Best Practices für die Verteilung von Domino-Programmdateien, Daten und Betriebssystemdateien:
>
> ▶ Legen Sie Betriebssystemdateien, Domino-Datenbanken, Programmdaten, sonstige Dateien und Domino-Transaktionsprotokolle auf unterschiedliche physikalische Platten.
>
> ▶ Verwenden Sie RAID Arrays zur Erhöhung der Zuverlässigkeit und Verfügbarkeit.
>
> ▶ Wie bereits angemerkt: OS-Swap-Dateien und Domino-Datenbanken gehören auf unterschiedliche physikalische Platten.

Der Netzwerkplanung in Ihrem Cluster sollten Sie besonderes Augenmerk zollen. Es empfiehlt sich ein privates LAN-Segment für den Intra-Cluster-Netzwerkverkehr. Durch dieses LAN-Segment, das nur für die Cluster-Replikation und den entsprechenden Datenaustausch genutzt wird, werden Bottlenecks und Seiteneffekte wie z.B. die Konkurrenz zum „normalen" Netzwerkverkehr verhindert. Dementsprechend sollten Sie für den Intra-Cluster-Netzwerkverkehr eine eigene Netzwerkkarte nutzen. Damit erreichen Sie eine gewünschte Redundanz. Falls die zweite Netzwerkkarte für das private LAN ausfällt, sind Sie immer noch in der Lage, den Cluster-Netzwerkverkehr über das Haupt-LAN zu routen.

Sprechen Sie sich mit Ihren Kolleginnen und Kollegen aus den SAN-/Server- und Netzwerkteams rechtzeitig ab und sichern Sie sich deren Unterstützung. Des Weiteren sollten Sie sich über die IT Service Management-Prozesse in Ihrem Unternehmen informieren und erfragen, wie Sie die Veränderungen an der Infrastruktur, die durch die Einrichtung eines Clusters umgesetzt werden, z.B. über die Aktivitäten im Configuration, Change und Release Management, transportieren können.

9.4.1 Datenbankrepliken in einem Cluster

Im Allgemeinen gilt die Regel, je mehr Repliken eine Datenbank besitzt, desto zuverlässiger ist der Zugriff auf die Daten. Zu viele Repliken tragen jedoch unnötigerweise zu einer Mehrbelastung bei der Verwaltung des Systems bei und beeinträchtigen dessen Leistung. Versuchen Sie also bei der Planung Ihres Clusters, den Bedarf an ständiger Datenverfügbarkeit und die physischen Möglichkeiten der Cluster-Server so aufeinander abzustimmen, dass zusätzliche Belastungen verkraftet werden.

Versuchen Sie darüber hinaus, die am stärksten belasteten Datenbanken auf verschiedene Server zu verteilen, sodass kein Server zu viele stark frequentierte Datenbanken enthält. Wenn die Server im Cluster alle über eine ähnliche Prozessorkapazität verfügen, können Sie jedem Server die gleiche Belastung einschließlich der Prozessorkapazität für Failover zuteilen. Wenn ein Server erheblich mehr oder erheblich weniger Prozessorkapazität als die anderen Server zur Verfügung hat, sollten Sie die Anzahl der Datenbanken auf diesem Server oder die Anzahl der Datenbanken, die ein Failover auf den Server durchführen, entsprechend erhöhen oder verringern. Außerdem sollten Sie auch Mail-Dateien auf mehrere Cluster-Server verteilen oder separate Cluster bzw. Server für Mail einrichten.

Die Anzahl der Repliken, die Sie von einer Datenbank erstellen, hängt davon ab, wie häufig Benutzer auf die Datenbank zugreifen und wie wichtig ihre ständige Verfügbarkeit ist. Wenn eine Datenredundanz erforderlich ist, müssen Sie für jede Datenbank mindestens eine Replik einrichten. Nur so können die Benutzer an eine Replik der Datenbank umgeleitet werden (Failover), wenn eine Originaldatenbank ausfallen sollte.

Da stark frequentierte Datenbanken in einem Cluster viele Replizierereignisse auslösen, ist es sinnvoll, diese Repliken auf der schnellsten der für den Server verfügbaren Festplatten abzulegen. Falls möglich, legen Sie diese Repliken an einem Speicherort ab, an dem sie nicht mit anderen Prozessen in Konflikt geraten, z.B. auf einer Partition, auf der sich nicht die Auslagerungsdatei des Betriebssystems befindet.

Dem Cluster-Datenbankverzeichnis (*cldbdir.nsf*) können Sie entnehmen, welche Datenbanken und Repliken bereits vorhanden sind. In diesem Verzeichnis führt Domino ein Profil aller Datenbanken und Repliken eines Clusters.

Berücksichtigen Sie die Leistung und Bandbreite Ihres Systems, wenn Sie Repliken erstellen. Je stärker eine Datenbank frequentiert wird, um so mehr Netzwerkdatenverkehr und Prozessorkapazität sind erforderlich, um die Repliken auf dem aktuellsten Stand zu halten. Bei Systemen mit begrenzter Leistung und Bandbreite sollten Sie auch für stark frequentierte Datenbanken weniger Repliken erstellen, als Sie dies bei mehr Leistung tun würden. Sie könnten aber auch versuchen, die Leistung der Server durch zusätzliche Prozessoren und andere Ressourcen zu erhöhen. In einem Cluster mit begrenzten Ressourcen kann das Erstellen von Repliken ausgelasteter Datenbanken kontraproduktiv sein, da zu viele Ressourcen für die Cluster-Replizierung benötigt werden (Cluster-Bildung ist nicht sinnvoll, wenn die Ressourcen unzureichend sind). Je weniger eine Datenbank frequentiert wird, um so weniger ist eine ständige Aktualisierung dieser Datenbank erforderlich.

Wenn Sie nicht sicher sind, wie viele Repliken Sie erstellen sollen, beginnen Sie mit einer und verfolgen Sie die Cluster-Statistiken. Wenn aus den Statistiken hervorgeht, dass der Server nicht mehr verfügbar oder die Leistung beeinträchtigt ist, erhöhen Sie die Zahl der Repliken. Aber: Erstellen Sie keine Repliken von Datenbanken, bei denen Verfügbarkeit oder Lastverteilung nicht erforderlich sind.

Auch die Frage danach, ob vorhandene Datenbankbeschränkungen von Datenbanken innerhalb des Clusters beachtet werden sollen, sollte zu Ihren Vorüberlegungen gehören. Um sicherzustellen, dass Repliken identisch sind, wenn Benutzer umgeleitet werden, ignoriert die Cluster-Replizierung standardmäßig Datenbank-Größenbeschränkungen. Dies gewährleistet die Konsistenz der Cluster-Replizierung mit dem Router, der ebenfalls standardmäßig Größenbeschränkungen ignoriert. Wenn Sie möchten, dass bei der Cluster-Replizierung Datenbank-Größenbeschränkungen beachtet werden, führen Sie die folgenden Schritte aus:

1. Klicken Sie in Domino Administrator auf das Register KONFIGURATION/CONFIGURATION.

2. Erweitern Sie im Aufgabenfenster den Eintrag SERVER und klicken Sie anschließend auf KONFIGURATIONEN/CONFIGURATIONS.

3. Führen Sie einen der folgenden Schritte aus:

   – Wenn für den gewünschten Server bereits ein Konfigurationsdokument vorhanden ist, öffnen Sie dieses Dokument und klicken anschließend auf SERVERKONFIGURATION BEARBEITEN/EDIT SERVER CONFIGURATION.

   – Wenn für den gewünschten Server noch kein Konfigurationsdokument vorhanden ist, klicken Sie auf KONFIGURATION HINZUFÜGEN/ADD CONFIGURATION und fügen den Namen des Servers im Feld GRUPPEN- ODER SERVERNAME/GROUP OR SERVER NAME des Registers ALLGEMEIN/BASICS hinzu.

4. Klicken Sie auf das Register NOTES.INI-EINSTELLUNGEN/NOTES.INI SETTINGS.

5. Klicken Sie auf PARAMETER EINSTELLEN/ÄNDERN bzw. SET/MODIFY PARAMETERS.

6. Wählen Sie CLREPL_OBEYS_QUOTAS im Feld ELEMENT/ITEM aus oder geben Sie es ein.

7. Geben Sie in das Feld WERT/VALUE eine 1 ein.

8. Klicken Sie auf HINZUFÜGE/ADD und anschließend auf OK.

9. Klicken Sie auf SPEICHERN UND SCHLIESSEN/SAVE & CLOSE.

Um Datenbank-Größenbeschränkungen wieder zu ignorieren, geben Sie in Schritt 7 in das Feld WERT/VALUE eine 0 (Null) ein oder löschen die Einstellung `CLREPL_OBEYS_ QUOTAS` aus dem Konfigurationsdokument.

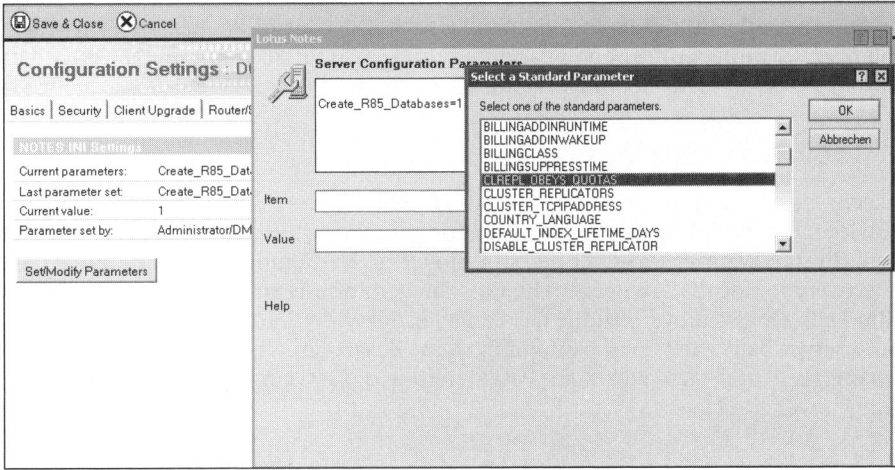

Abbildung 9.8: notes.ini-Einstellungen über das Konfigurationsdokument hinzufügen

Datenbanken analysieren, um die Anzahl der Repliken festzulegen

Wenn Sie die Anzahl der zu erstellenden Repliken festlegen, müssen verschiedene Faktoren berücksichtigt werden. Unter gewissen Bedingungen erscheint es sinnvoller, mehr Repliken zu erstellen, unter anderen Bedingungen empfiehlt es sich, weniger Repliken zu erstellen. Nachfolgend werden die Faktoren und ihre Auswirkungen auf den Cluster-Datenverkehr und ihre Leistung beschrieben.

Bevor Sie Datenbanken in einem Cluster verteilen, sollten Sie eine Tabelle mit Informationen zu den Datenbanken und der Cluster-Hardware erstellen. Verwenden Sie diese Tabelle, um festzustellen, wie wichtig bestimmte Datenbanken sind und ob ihre Ressourcen ausreichen. Sie können einige oder alle der folgenden Punkte in die Tabelle mit aufnehmen:

▷ Datenbanktitel: Identifiziert die Datenbank.

▷ Datenbankgröße: Große Datenbanken benötigen viel Speicherplatz. Je nach Speicherplatzkapazität können Sie weniger Repliken von größeren Datenbanken erstellen, um Speicherplatz zu sparen.

▷ Anzahl und Verteilung der Datenbankbenutzer: Wenn die Anzahl der Benutzer sehr hoch ist, werden Sie bei einer Verteilung auf mehrere Server eine Leistungsverbesserung bemerken. Dazu sind mehrere Repliken erforderlich. Wenn die Anzahl der Benutzer gering ist, werden Sie bei zusätzlichen Repliken keine Leistungsverbesserung bemerken.

▶ Häufigkeit von Benutzertransaktionen: Bei einer hohen Transaktionsrate kann die Leistung durch das Erstellen mehrerer Repliken verbessert werden. Die Aktivitätsrate einer Datenbank entnehmen Sie der Protokolldatei.

▶ Erwartete Menge neuer Daten: Wenn Sie eine große Menge neuer Daten in einer Datenbank erwarten, kann die Leistung durch zusätzliche Repliken verlangsamt werden, weil die Cluster-Replizierung zu zusätzlichem Datenverkehr führt. Wenn Sie leistungsstarke Server und eine hohe Bandbreite besitzen, stellt dies möglicherweise kein Problem dar.

▶ Kapazität der Domino Server-Hardware: Je höher die Serverleistung und je mehr Speicherplatz zur Verfügung steht, desto mehr Repliken können Sie ohne Leistungsbeeinträchtigung erstellen.

▶ Art der Netzwerkverbindungen zwischen Servern: Die Cluster-Replizierung kann auf einem Server ohne ausreichende Bandbreite zu einem Engpass führen. Je höher die Bandbreite, desto mehr Repliken können Sie also erstellen.

9.4.2 Fault Recovery im Cluster

Fault Recovery beschreibt die Fähigkeit eines Domino Servers, sich selbst nach einem schwerwiegenden Fehler wiederherzustellen und neu zu starten. Dies funktioniert auch in einem Cluster. Wenn kein Server für ein Failover zur Verfügung steht, wird durch das Fault Recovery im Idealfall sichergestellt, dass die Verbindung schnell wiederhergestellt wird. Im Falle eines Failover erhöht das Fault Recovery die Verfügbarkeit, da der ausgefallene Server bald wieder zur Verfügung steht. Zusätzlich werden einige Anwender in Abhängigkeit von den gesetzten Parametern zur Lastverteilung wieder auf den Ursprungsserver zurückgeschwenkt.

9.4.3 Directory Assistance im Cluster

Die Verzeichnisverwaltung (Directory Assistance) wird verwendet, um nach Informationen in einem anderen Verzeichnis als dem lokalen Domino Directory zu suchen. Tiefer gehende Informationen zu diesem Thema erhalten Sie in *Kapitel 7.2, Directory Assistance/Verzeichnisverwaltung.*

Wenn Sie versuchen, auf eine Directory Assistance-Datenbank auf einem Cluster-Server zuzugreifen, der nicht verfügbar ist, schwenkt Domino auf eine andere im Cluster verfügbare Replik der Datenbank um. Wenn Sie Directory Assistance in einem Cluster verwenden, sollten Sie sichergehen, dass Sie Repliken der gleichen Directory Assistance-Datenbank auf allen Clustern verwenden. Dies ist für das Failover der Namenssuche wichtig.

Es gibt zwei Methoden, die bezüglich des Failover verwendet werden können:

▶ Wenn eine Verzeichnisreplik nicht zur Verfügung steht, sucht die Verzeichnisverwaltung eine andere Replik anhand der Replikinformationen im Verzeichnisverwaltungsdokument zunächst lokal, dann im gleichen Notes-Netzwerk bzw. in derselben Notes-Domäne und zum Schluss sonstige mögliche Repliken (Directory Assistance Failover).

▶ Wenn sich ein sekundäres Domino-Verzeichnis oder ein erweiterter Verzeichniskatalog auf mehreren geclusterten Domino Servern befindet, Sie in dem Verzeichnisverwaltungsdokument jedoch nur eine der verfügbaren Replik angegeben haben, können Sie für dieses sekundäre Verzeichnis Cluster-Failover und Loadbalancing nutzen.

9.4.4 Cluster-Zugriff für mobile Benutzer

Sie können mobilen Benutzern die Cluster-Vorteile zur Verfügung stellen, indem Sie sie so konfigurieren, dass sie über einen Durchgangsserver auf den Cluster zugreifen können. Der Durchgangsserver kann die Benutzer zu einem anderen Server im Cluster umleiten, wenn der Originalserver belegt ist oder nicht zur Verfügung steht. Wenn Sie keinen Durchgangsserver verwenden, müssen die Benutzer jeden Cluster-Server einzeln anwählen, wobei keine Failover-Umleitung stattfindet, wenn der angewählte Server nicht verfügbar ist.

Da mobile Clients in der Regel nur einen Server gleichzeitig anwählen können, können sie die Vorteile eines Clusters von Durchgangsservern nicht nutzen. Sie können aber einen Sammelanschluss mit Durchgangsservern einrichten, um eine hohe Verfügbarkeit der Durchgangsserver für mobile Clients zu gewährleisten.

Wenn Sie keinen Zugriff auf einen Durchgangsserver haben, können Sie mit Ihrer Replikatorseite eine Failover-Umleitung simulieren, wenn ein Cluster-Server nicht verfügbar ist. Um beispielsweise eine Mail-Datenbank zu replizieren, erstellen Sie auf der Replikatorseite einen Eintrag für die Anwahl des Mail-Servers des Benutzers und einen weiteren für den Server, der die Replik der Mail-Datenbank enthält. Sobald einer der Server verfügbar ist, hat der Benutzer Zugriff auf die Mail-Datenbank. Der Verbindungsaufbau mit dem zweiten Server erfolgt sehr schnell, wenn der erste Anruf erfolgreich war.

9.4.5 Roaming im Cluster

Sie können Cluster auch für sogenannte Roaming Server konfigurieren. Diese Server halten die Daten, die Roaming-, d.h. wandernde, Benutzer auf ihren Arbeitsplatz herunterladen. Damit erreichen die Anwender eine hohe Flexibilität unabhängig von Arbeitsort und Laufwerksverknüpfungen zu File-Servern oder anderen Aspekten.

Stellen Sie sicher, dass die Repliken der Anwenderdaten der Roaming-Benutzer auf mindestens zwei Servern im Cluster abgelegt werden. Wenn ein Anwender versucht, auf seine Daten auf einem nicht verfügbaren Server zuzugreifen, schwenkt Domino zu einem anderen Cluster-Server, der Repliken der angeforderten Dateien hält.

Wenn Sie einen Anwender im Domino Administrator neu registrieren, können Sie das Roaming im Cluster für diesen Benutzer einrichten. Sie können auch einen existierenden Anwender in einen Roaming-Anwender umwandeln.

Über den Web Administrator haben Sie die Möglichkeit, einen Anwender als Roaming-Anwender zu registrieren, aber nicht für Roaming in einem Cluster. Registrieren Sie einen Anwender in diesem Fall als Roaming-.Anwender und legen Sie die Dateien, die der Anwender für das Roaming benötigt, per Hand auf den Cluster-Servern an. Sie können den Web Administrator auch nicht verwenden, um einen Anwender auf Roaming zu aktualisieren. Mehr Informationen dazu erhalten Sie in *Kapitel 10.1, Roaming*.

9.5 Administration eines Domino Clusters

Grob lässt sich der Vorgang folgendermaßen darstellen:

▶ Erstellung eines Clusters
▶ Andere Server zu diesem Cluster hinzufügen

▶ Failover konfigurieren
- Erstellung von Datenbankrepliken auf den Cluster-Partnern, um ein automatisches Datenbank-Failover zu generieren
- Den Server mit den entsprechenden Schwellenwerten versehen, um ein Failover unter bestimmten Rahmenbedingungen zu erzwingen
- Failover für Mail-Routing und -Übertragung

▶ Konfiguration des Loadbalancing
- Checken des momentanen Serververfügbarkeitsindexes
- *notes.ini*-Variablen, die mit Loadbalancing zusammenhängen, setzen

▶ Replizierung der Datenbanken im Cluster
- Replikation im Cluster automatisieren
- Erzwingen der Datenbankreplikation im Cluster
- Planmäßige Standardreplikation zwischen den Cluster-Partnern mithilfe von Verbindungsdokumenten
- Starten der Cluster-Replikatoren (bei Serverstart oder manuell)

9.5.1 Einrichtung eines Domino Clusters

Die notwendigen Schritte zur Installation eines Domino Clusters setzen folgende Rechte voraus:

▶ Mindestens Autorzugriff mit der ServerModifier-Rolle im Domino Directory

▶ Mindestens Autorzugriff in der Administration-Requests-Datenbank

Wenn ein Server zu einem anderen Cluster gehört, müssen Sie ihn nicht daraus entfernen, um ihn zum neuen Cluster hinzuzufügen. Der Cluster-Administrationsprozess entfernt den Server aus dem vorherigen Cluster und fügt ihn dem neuen Cluster hinzu. Um die Zusammenführung von Servern in einen Cluster-Verbund zu beschleunigen, sollten Sie den Administrationsserver verwenden. Dieser muss nicht Teil des Clusters sein. Sie können den Web Administrator nicht zur Bildung eines Clusters verwenden.

Gehen Sie wie folgt vor:

1. Vergewissern Sie sich in Domino Administrator, dass der Administrationsserver oder ein anderer Server ausgewählt ist.
2. Klicken Sie auf das Register KONFIGURATION/CONFIGURATION.
3. Erweitern Sie SERVER und klicken Sie auf ALLE SERVERDOKUMENTE/ALL SERVER DOCUMENTS.
4. Wählen Sie im Ergebnisfenster die Server aus, die Sie zum Cluster hinzufügen möchten.
5. Klicken Sie auf ZUM CLUSTER HINZUFÜGEN/ADD TO CLUSTER.
6. Wenn Sie aufgefordert werden, den Cluster anzugeben, dem die Server hinzugefügt werden sollen, wählen Sie NEUEN CLUSTER ERSTELLEN/CREATE NEW CLUSTER und klicken Sie auf OK.

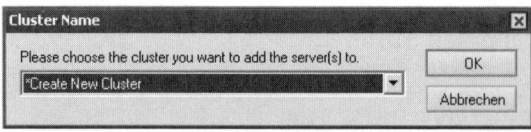

Abbildung 9.9: Erzeugen eines neuen Clusters

7. Geben Sie den Namen des neuen Clusters ein und klicken Sie auf OK.

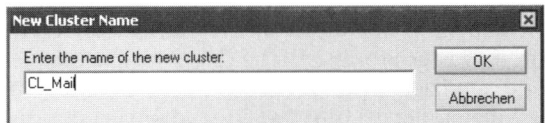

Abbildung 9.10: Benennen des neuen Clusters

8. Wählen Sie JA/YES, um die Server sofort zum Cluster hinzuzufügen, bzw. NEIN/NO, wenn der Administrationsprozess die Server dem Cluster hinzufügen soll.

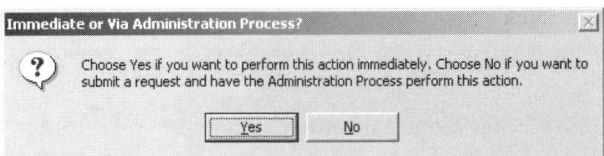

Abbildung 9.11: Anlegen des Clusters über den Administrationsprozess

– Wenn der aktuelle Server nicht der Administrationsserver ist und Sie in Schritt 8 NEIN/NO gewählt haben, erzwingen Sie die Replizierung zwischen dem aktuellen Server und dem Administrationsserver, damit der Administrationsserver die angeforderten Änderungen früher erhält.

Wenn Sie in Schritt 8 NEIN/NO wählen, erzwingen Sie die Replizierung zwischen dem Administrationsserver und den Cluster-Servern, damit die Cluster-Server alle Änderungen früher erhalten.

– Wenn Sie in Schritt 8 JA/YES gewählt haben, werden die Cluster-Informationen sofort zum Domino-Verzeichnis des Servers hinzugefügt, den Sie zum Erstellen des Clusters verwendet haben. Wenn dieser Server nicht zum neuen Cluster gehört, replizieren Sie die Änderungen mit einem der Server, die Sie zum Cluster hinzugefügt haben.

Sie können die Server sofort zum Cluster hinzufügen oder den Administrationsprozess verwenden, um die Server hinzuzufügen. Bei Auswahl von SOFORT werden die Server dem Cluster zwar schneller hinzugefügt, gelegentlich führt dies jedoch zu Replizierkonflikten.

Wenn Sie den Administrationsprozess für das Hinzufügen von Servern verwenden, reicht Domino eine Anforderung an die Datenbank für Administrationsanforderungen ein, um den Namen des Clusters zum Serverdokument jedes Servers im Cluster hinzuzufügen. Wenn Sie den Administrationsserver für die Cluster-Bildung verwenden, wird der Administrationsprozess sofort ausgeführt und der Cluster-Name in die Serverdokumente eingefügt. Wenn Sie einen anderen Server verwenden, muss die Datenbank ADMINISTRATIONSANFORDERUNGEN/ADMINISTRATION REQUEST auf dem aktuellen Server mit dem Administrationsserver replizieren, bevor der Administrationsprozess den Cluster-Namen in die Serverdokumente eintragen kann. Nachdem der Administrationsprozess die Änderungen an den Serverdokumenten im Domino-Verzeichnis des Administrationsservers vorgenommen hat, repliziert Domino die Änderungen an die anderen Server im Cluster und gewährleistet somit, dass jeder Cluster-Server über eine aktualisierte Liste der Server im Cluster verfügt.

Wenn Sie Server sofort zu einem Cluster hinzufügen, führt Domino die Änderungen sofort in den Serverdokumenten des Domino-Verzeichnisses auf dem Server aus, den Sie zur Bildung des Clusters verwendet haben. Wenn dieser Server zum Cluster gehört, startet er sofort die unten aufgeführten Cluster-Prozesse (siehe *Clustervorgänge auf einen Blick* im nachfolgenden Exkurs) und repliziert sein Domino-Verzeichnis mit einem anderen Server im Cluster, sodass die anderen Cluster-Server darüber informiert werden, dass sie zum Cluster gehören. Wenn Sie kein Cluster-Mitglied zur Bildung des Clusters verwendet haben, startet dieser Prozess, wenn das Domino-Verzeichnis des verwendeten Servers mit dem Domino-Verzeichnis eines Servers im Cluster repliziert.

Cluster-Vorgänge auf einen Blick

Folgende Vorgänge finden auf jedem Cluster-Server als Teil des Cluster-Bildungsprozesses statt:

▷ Cluster-Administrator und Cluster-Manager werden gestartet.

▷ Der Administrationsprozess wird über den Cluster-Administrator gestartet, sofern er noch nicht läuft.

▷ Der Cluster-Administrator startet den Cluster-Datenbankverzeichnis-Manager (*cldbdir*).

▷ Der Cluster-Administrator startet den Cluster-Replikator (*clrepl*).

▷ Der Cluster-Datenbankverzeichnis-Manager erstellt das Cluster-Datenbankverzeichnis (*cldbdir.nsf*).

▷ Der Cluster-Datenbankverzeichnis-Manager aktualisiert das Cluster-Datenbankverzeichnis. Somit enthält es ein Dokument für jede Datenbank auf dem Server.

▷ Der Replikator repliziert das Cluster-Datenbankverzeichnis und das Domino-Verzeichnis mit den anderen Servern im Cluster, um sie zu synchronisieren.

▷ Der Schedule Manager erstellt die Datenbank FREIE ZEIT/FREE TIME (*clubusy.nsf*).

▷ Die Datenbank FREIE ZEIT/FREE TIME repliziert mit den anderen Cluster-Servern, sodass alle synchronisiert wurden.

▷ Wenn das Domino-Verzeichnis aktualisiert wird und es den neuen Cluster enthält, beginnen die Cluster-Server, Nachrichten, sogenannte Überprüfungen, an die anderen Server im Cluster zu senden. Diese Überprüfungen melden jedem Server den Status der anderen Server im Cluster.

Verbindungsdokumente und Ports

Um den Datentransfer in Bezug auf Cluster-Replikation und Anwenderzugriffe zu trennen, empfiehlt es sich, unterschiedliche Ports diesbezüglich zu verwenden. Dadurch wird verhindert, dass sich der Cluster-Datenverkehr negativ auf die Leistung des primären Netzwerks für die Anwender auswirkt.

Wenn Sie einen zweiten Notes-Netzwerkanschluss für TCP/IP konfigurieren, um einen Teil der Server-zu-Server-Kommunikation zu isolieren, führen Sie zuerst diesen Anschluss in der *notes.ini*-Datei auf, sodass der Server-zu-Server-Datenverkehr über diese Verbindung geleitet und der Datenfluss an diesem Anschluss für das Netzwerk der Benutzer reduziert wird. Zum Ändern der Anschlussreihenfolge in der *notes.ini*-Datei verwenden Sie das Dialogfeld ANSCHLUSSKONFIGURATION/PORT SETUP. Um die Anschlüsse im Serverdokument neu anzuordnen, klicken Sie auf das Register ANSCHLÜSSE/PORTS > NOTES-NETZWERKANSCHLÜSSE/NOTES NETWORK PORTS und bearbeiten die entsprechenden Felder.

Die Verwendung der *notes.ini*-Einstellung `Server_Cluster_Default_Port` zur Zuweisung eines Anschlusses zum privaten LAN für den Cluster-Datenverkehr hat einen Nachteil. Wenn ein Cluster-Server Probleme hat, über diesen Anschluss eine Verbindung herzustellen, weicht er nicht auf einen anderen Anschluss aus. Das heißt, der Server ist nicht in der Lage, mit anderen Cluster-Servern zu kommunizieren oder zu replizieren. Sie müssen zunächst das Netzwerkproblem beheben oder diese Einstellung aus der *notes.ini*-Datei entfernen, damit der Server wieder mit dem Cluster kommunizieren kann.

Hinweis

Die Variable `Server_Cluster_Probe_Port` definiert den Anschluss, der für die Cluster-Verfügbarkeitsprobes genutzt wird.

9.5.2 Kontrolle der Cluster-Implementierung

Sie können Folgendes durchführen, um zu überprüfen, ob der Cluster korrekt aufgesetzt wurde:

Aktion	Was Sie sehen sollten
Erweitern Sie in Domino Administrator oder im Web Administrator im Register KONFIGURATION/CONFIGURATION den Eintrag CLUSTER im Serverfenster.	Name des Clusters, gefolgt von den Namen der Cluster-Server.
1. Klicken Sie in Domino Administrator oder im Web Administrator auf das Register KONFIGURATION/CONFIGURATION, erweitern Sie CLUSTER und klicken Sie auf CLUSTER. 2. Öffnen Sie im Ergebnisfenster die Serverdokumente der Server, die Sie zum Cluster hinzugefügt haben.	1. Name des Clusters, gefolgt von den Namen der Cluster-Server im Ergebnisfenster. 2. Name des Clusters im Feld CLUSTER-NAME im Register ALLGEMEIN/BASICS.
Klicken Sie in Domino Administrator auf einen Cluster-Server im Serverfenster und dann auf das Register DATEIEN.	Den Titel CLUSTER DIRECTORY (6), um anzuzeigen, dass Domino das Cluster-Datenbankverzeichnis erstellt hat.
Vergleichen Sie die Replik-IDs der Cluster-Datenbankverzeichnisse auf allen Cluster-Servern.	Dieselbe Replik-ID auf jedem Server.
Geben Sie an der Serverkonsole folgenden Befehl ein: `Show Cluster`.	Den Namen des Clusters, einige Statistiken des Clusters und die Namen aller Cluster-Server.

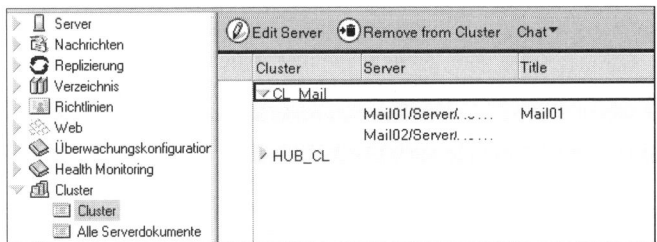

Abbildung 9.12:
Kontrolle des neu
angelegten Clusters

Sie können auch eine Clusteranalyse ausführen, um Berichte zu erzeugen, die Ihnen bei der Suche nach etwaigen Konfigurationsproblemen im Cluster helfen können.

Clusteranalyse

Anhand einer Clusteranalyse kann festgestellt werden, ob ein Cluster richtig eingerichtet ist. Mit einer Clusteranalyse können Sie Berichte über die Cluster-Konfiguration erzeugen, die Ihnen bei der Suche nach Problemen helfen können.

Wenn Sie eine Clusteranalyse starten, geben Sie an, welche Tests Sie ausführen möchten. Domino erstellt daraufhin Berichte über die gewählten Bereiche und speichert sie in der Datenbank CLUSTERANALYSE (*clusta4.nsf*) oder in einer von Ihnen angegebenen Datenbank. Sie haben die Möglichkeit, Berichte über Server, Datenbanken oder den Web Navigator zu erstellen. In folgender Tabelle sind die Testarten aufgeführt, die Sie ausführen können.

Art der Analyse	Test	Beschreibung
Server	Anzahl der Cluster-Mitglieder	Meldet die Anzahl der Server im Cluster.
	Konsistente Domänen-mitgliedschaft	Prüft, ob alle Server zur selben Domäne gehören, was Voraussetzung für einen funktionierenden Cluster ist.
	Konsistente Protokolle	Prüft, ob auf allen Servern dieselben Protokolle laufen. Cluster-Mitglieder können nicht kommunizieren, wenn auf ihnen unterschiedliche Protokolle ausgeführt werden. (TCP/IP ist das einzige Protokoll, das ausdrücklich Unterstützung für die Cluster-Kommunikation bietet.)
	Erforderliche Server-Tasks	Prüft die Einstellung `ServerTasks` in der *notes.ini*-Datei. Ab Domino 6 sind keine Einträge in der *notes.ini*-Datei für das Clustering notwendig.
Datenbanken	Konsistente ACLs	Vergleicht die ACLs von Repliken innerhalb des Clusters, um die Konsistenz der ACLs sicherzustellen. Sind diese nicht konsistent, könnten den Benutzern bei einem Failover möglicherweise Repliken zugewiesen werden, auf die sie nicht zugreifen dürfen bzw. in denen sie andere Rechte zum Anzeigen und Ändern von Datenbankinformationen haben.
	Deaktivierte Replizierung (im Testbericht REPLICATION ENABLED genannt)	Prüft, ob die Cluster-Replizierung für die Datenbanken auf dem Server aktiviert ist. Wenn Benutzer mittels Failover zu einer Datenbank umgeleitet werden, bei der die Cluster-Replizierung nicht aktiv ist, werden möglicherweise andere Informationen als in der Originaldatenbank angezeigt.
	Konsistente Replizierformeln	Prüft, ob die Replizierformeln der Repliken, die denselben Pfad verwenden, konsistent sind. Repliken mit demselben Pfad sollten dieselben Replizierformeln verwenden.

Art der Analyse	Test	Beschreibung
	Repliken in Cluster	Prüft, ob die Datenbanken auf dem aktuellen Server Repliken im Cluster besitzen. Wenn keine Repliken vorhanden sind, wird `failed` zurückgegeben. (Nicht alle Datenbanken erfordern Repliken.)
Web Navigator	Konsistenter Server Web Navigator	Prüft, ob die Web-Datenbanken (*web.nsf*) auf Cluster-Mitgliedern Repliken einer einzigen Datenbank sind. Wenn nicht, ist ein Failover bei Web-Datenbanken nicht möglich.

Wenn Sie eine Clusteranalyse ausführen, legen Sie die zu erstellenden Berichtstypen sowie den Ausführlichkeitsgrad fest. Während die Analyse ausgeführt wird, werden am unteren Bildschirmrand Statusmeldungen angezeigt, die den Fortschritt der Analyse angeben. Bei großen, stark frequentierten Clustern kann eine Clusteranalyse mehrere Stunden dauern. Falls Sie für die Analysetests keinen dedizierten Server zur Verfügung haben, sollten Sie Datenbankanalysen entweder außerhalb der Spitzenzeiten oder nur für einzelne Probleme durchführen.

1. Wählen Sie im Serverfenster in Domino Administrator den Server aus, auf dem Sie die Analyse ausführen möchten.

2. Klicken Sie auf das Register SERVER > ANALYSE/ANALYSIS.

3. Erweitern Sie ANALYSE/ANALYSIS im Werkzeugfenster und klicken Sie auf CLUSTER.

4. (Optional) Wenn die Analyseergebnisse nicht in der Datenbank CLUSTERANALYSE gespeichert werden sollen, klicken Sie auf ERGEBNISDATENBANK/RESULTS DATABASE und geben eine andere Datenbank an. Klicken Sie danach auf OK.

5. (Optional) Wenn bereits eine Datenbank CLUSTERANALYSE vorhanden ist und Sie die neuen Berichte an diese anhängen möchten, wählen Sie AN DIESE DATENBANK ANHÄNGEN/ APPEND TO THIS DATABASE. Andernfalls wird die vorhandene Datenbank überschrieben.

6. Legen Sie die Berichtstypen fest, die von Domino generiert werden sollen. Zur Auswahl stehen SERVER, DATENBANKEN/DATABASE oder WEB NAVIGATOR.

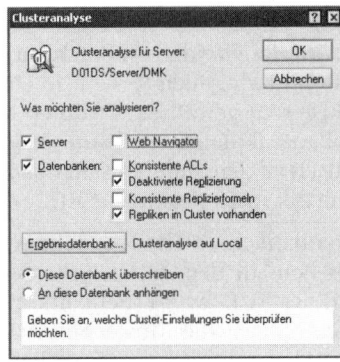

Abbildung 9.13:
Optionen zur Clusteranalyse

7. Wenn Sie DATENBANKEN/DATABASE als Berichtstyp in Schritt 6 ausgewählt haben, wählen Sie aus, welche Details im Bericht aufgeführt sein sollen: KONSISTENTE ACLS/ CONSISTENT ACLS, DEAKTIVIERTE REPLIZIERUNG/DISABLED REPLICATION, KONSISTENTE REPLIZIERFORMELN/CONSISTENT REPLICATION FORMULAS und/oder REPLIKEN IM CLUSTER VORHANDEN/REPLICAS EXIST WITHIN CLUSTER.

8. Klicken Sie auf OK, um die Analyse zu starten und die Ergebnisdatenbank zu öffnen.

So zeigen Sie das Ergebnis einer Clusteranalyse an:

1. Öffnen Sie die Datenbank CLUSTERANALYSE.

2. Öffnen Sie eine der folgenden Ansichten:
   – BY CLUSTER
   – BY DATE
   – BY TEST

3. Öffnen Sie ein Dokument mit Ergebnissen der Clusteranalyse.

9.5.3 Zugriffsrechte auf Datenbanken

Benutzer sollten in allen Repliken einer Datenbank im Cluster dieselben Zugriffsrechte haben. Andernfalls wird Benutzern bei einem Failover möglicherweise der Zugriff verweigert, weil sie auf die jeweilige Replik geringere Zugriffsrechte haben, oder sie könnten nicht dieselben Dokumente anzeigen bzw. dieselben Funktionen abrufen wie in der Originaldatenbank, an der sie vorher gearbeitet haben.

Datenbank-ACLs in einem Cluster einrichten

Eine Möglichkeit zur Synchronisierung der Zugriffskontrolllisten für alle Repliken besteht in folgender Vorgehensweise für jede Datenbank:

▶ Wählen Sie DATEI/FILE > ANWENDUNG/APPLICATION > ZUGRIFFSKONTROLLE/ACCESS CONTROL.

▶ Klicken Sie auf das Symbol ERWEITERT/ADVANCED.

▶ Wählen Sie KONSISTENTE ACL ÜBER ALLE REPLIKEN DIESER DATENBANK ERZWINGEN/ENFORCE A CONSISTENT ACCESS CONTROL LIST ACROSS ALL REPLICAS aus und klicken Sie auf OK.

Diese Einstellung gewährleistet, dass die ACLs über alle Repliken konsistent sind. Ferner erfolgt die Zugriffserteilung auch dann über eine ACL, wenn lokal von einem Server oder einem Client aus auf die Repliken zugegriffen wird. Eine andere Möglichkeit, die ACLs über alle Repliken konsistent zu verwalten, besteht darin, allen Servern in einem Cluster Managerzugriff auf alle Datenbanken im Cluster zu gewähren. Dadurch wird gewährleistet, dass jeder Server die ACL jeder Datenbank aktualisieren kann. Folglich wird eine Änderung an der ACL einer Replik automatisch zu den anderen Datenbanken repliziert, sofern die ACL-Replizierung für eine Datenbank nicht deaktiviert ist.

Um den Cluster-Servern Managerzugriff auf alle Datenbanken zu erteilen, können Sie ein Gruppendokument im Domino-Verzeichnis erstellen, in dem alle Cluster-Server enthalten sind. Fügen Sie diese Gruppe anschließend der ACL jeder Datenbank hinzu und geben Sie der Gruppe Managerzugriff. Es ist wichtig, dass die Cluster-Server über die entsprechenden Rechte verfügen, um alle Informationen untereinander replizieren zu können. Einschränkungen in einer einzelnen Replik können dazu führen, dass

Benutzern bei einem Failover Daten fehlen. Stellen Sie daher sicher, dass die Server nicht nur Managerzugriff erhalten, sondern auch alle Informationen ohne Einschränkungen replizieren dürfen.

Persönliche Ordner in einem Cluster werden anders repliziert als solche außerhalb eines Clusters. In der Regel werden persönliche Ordner und ihre Inhalte nur bei einer Client-Server-Replizierung, nicht aber bei einer Server-Server-Replizierung repliziert. In einem Cluster aber werden persönliche Ordner von Server zu Server repliziert, damit Benutzer bei einem Failover an eine andere Replik auf ihre persönlichen Ordner zugreifen können. Um sicherzustellen, dass persönliche Ordner zwischen Servern in einem Cluster repliziert werden, prüfen Sie, ob der Benutzertyp der Server in der ACL auf SERVER oder SERVERGRUPPE/SERVER GROUP eingestellt ist.

Andere Einstellungen zur Beschränkung des Datenbankzugriffs kontrollieren

Neben ACLs gibt es weitere Methoden zur Zugriffsbeschränkung. Die Konsistenz dieser Einstellungen für alle Datenbanken des Clusters ist wichtig, damit Replizierungen vollständig ausgeführt werden können und Failover-Umleitungen vom Benutzer unbemerkt verlaufen. Zu diesen Einstellungen gehören:

▷ Servereinschränkungen, z.B. Positiv- und Negativlisten im Domino-Verzeichnis

▷ Zugriffslisten in Datenbank- und Verzeichnisverknüpfungen

▷ Listen der Benutzer mit Lesezugriff, z.B. in Dokumenten, Ansichten und Ordnern

Wenn beispielsweise die Server im Cluster Datenbank- oder Verzeichnisverknüpfungen mit Zugriffslisten enthalten, überprüfen Sie, ob die Cluster-Server in den Zugriffslisten vorkommen. Wenn nicht, haben diese Server keinen Zugriff auf die jeweiligen Datenbanken oder Verzeichnisse und können mit diesen Datenbanken nicht replizieren, selbst wenn sie laut ACL Managerzugriff haben.

Wenn ein Dokument in einer Datenbank ein Leser-Feld enthält, müssen die Cluster-Server darin aufgeführt sein. Andernfalls haben die Server keinen Zugriff auf das Dokument und können das Dokument nicht replizieren. Dies gilt auch, wenn ein Ordner oder eine Ansicht ein Leser-Feld enthält. Da Leser-Felder oft von Datenbankentwicklern und nicht von Administratoren verwaltet werden, ist eine Abstimmung der Administratoren mit den Datenbankentwicklern über diese Frage erforderlich.

9.5.4 Datenbankverfügbarkeit in einem Cluster

Datenbanken können drei Attribute zugewiesen werden, mit denen Sie bestimmen können, ob die Benutzer auf die betreffende Datenbank zugreifen können.

Datenbanken auf AUSSER BETRIEB/OUT OF SERVICE setzen

Gelegentlich ist es sinnvoll, eine Datenbank auf AUSSER BETRIEB/OUT OF SRVICE zu setzen, etwa wenn Sie die Datenbank warten möchten oder wenn die Benutzer an eine andere Datenbankreplik umgeleitet werden sollen, weil der Server stark frequentiert wird. Wenn Sie eine Datenbank auf AUSSER BETRIEB/OUT OF SERVICE setzen, können die Benutzer die Datenbank nicht öffnen. Die Anforderungen zum Öffnen einer Datenbank werden an eine Replik umgeleitet, falls eine verfügbar ist. Wenn keine andere Replik zur Verfügung steht, verweigert Domino den Benutzern den Zugriff auf die Datenbank und zeigt eine Meldung mit einer Erklärung an.

Benutzer, die die Datenbank gerade verwenden, wenn Sie sie auf AUSSER BETRIEB/OUT OF SERVICE setzen, haben weiterhin Zugriff, bis sie die Datenbank schließen. Wenn ein Benutzer eine auf AUSSER BETRIEB/OUT OF SERVICE gesetzte Datenbank schließt und danach versucht, sie wieder zu öffnen, wird die Anforderung an eine Replik der Datenbank umgeleitet, falls ein anderer Server verfügbar ist. Das heißt, die Datenbank wird nach und nach außer Betrieb gesetzt, ohne die Arbeit von Benutzern zu beeinträchtigen, die momentan noch die Datenbank verwenden. Außerdem werden die Änderungen an anderen Repliken auch dann repliziert, wenn eine Datenbank mit AUSSER BETRIEB/OUT OF SERVICE gekennzeichnet ist.

Um eine Datenbank als AUSSER BETRIEB/OUT OF SERVICE zu markieren, gehen Sie wie folgt vor:

1. Wählen Sie im Serverfenster in Domino Administrator oder im Web Administrator den Server aus, auf dem die Datenbank gespeichert ist, die Sie auf AUSSER BETRIEB/OUT OF SERVICE setzen möchten.

2. Klicken Sie auf das Register DATEIEN/FILES.

3. Führen Sie einen der folgenden Schritte aus:
   – Wählen Sie im Aufgabenfenster den Ordner oder die Ansicht aus, die die gewünschte Datenbank enthält.
   – Oder erweitern Sie im Aufgabenfenster CLUSTER DIRECTORY (6) und wählen Sie darunter die gewünschte Ansicht der Datenbank aus.

4. Wählen Sie im Ergebnisfenster die gewünschte Datenbank aus.

5. Klicken Sie im Werkzeugfenster auf DATENBANK/DATABASE > CLUSTER.

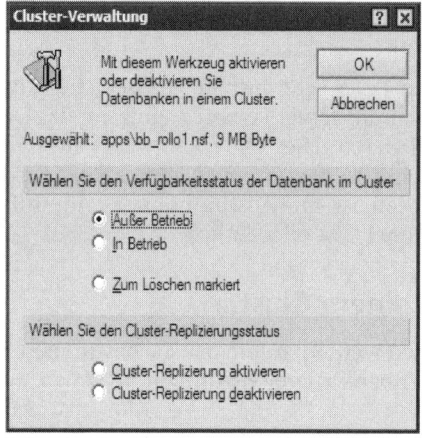

Abbildung 9.14: Cluster-Verwaltung

6. Klicken Sie auf AUSSER BETRIEB/OUT OF SERVICE und anschließend auf OK.

Wenn Sie alle Datenbanken auf einem Server aus dem Betrieb nehmen möchten, verwenden Sie die Einstellung `Server_Restricted` in der *notes.ini*. Ein Server mit eingeschränktem Zugriff nimmt keine neuen Anforderungen zum Öffnen einer Datenbank an.

Sie können die Einstellung allerdings auch über die Serverkonsole mit dem Befehl `Set config Server_Restricted = n` setzen.

Hinweis

Der Wert von n=0 bedeutet „unrestricted", ein Wert von n=1 oder n=2 bedeutet „restricted". Ein Wert von 1 wird auf 0 zurückgesetzt, wenn Sie den Server neu starten. Der Wert von 2 ist dauerhaft, bis Sie ihn manuell zurücksetzen.

Diese Einstellung können Sie für das Troubleshooting oder Maintenance-Aktivitäten nutzen, beispielsweise wenn Sie Ihre Anwender auf einen anderen Cluster-Server umlenken oder Upgrades bzw. das Einspielen von Fixes umsetzen möchten und sichergehen wollen, dass währenddessen kein Anwender auf den Server zugreifen kann.

Datenbanken auf IN BETRIEB/IN SERVICE setzen

Wenn Sie eine Datenbank mit AUSSER BETRIEB/OUT OF SERVICE gekennzeichnet haben und nun den Zugriff darauf wiederherstellen möchten, müssen Sie die Datenbank auf IN BETRIEB/IN SERVICE setzen. Sie ist dann für Benutzer wieder vollständig verfügbar.

1. Wählen Sie im Serverfenster in Domino Administrator oder Web Administrator den Server aus, auf dem die Datenbank gespeichert ist, die Sie auf IN BETRIEB/IN SERVICE setzen möchten.

2. Klicken Sie auf das Register DATEIEN/FILES.

3. Führen Sie einen der folgenden Schritte aus:
   – Wählen Sie im Aufgabenfenster den Ordner oder die Ansicht aus, die die gewünschte Datenbank enthält.
   – Oder erweitern Sie im Aufgabenfenster CLUSTER DIRECTORY (6) und wählen Sie darunter die gewünschte Ansicht der Datenbank aus.

4. Wählen Sie die gewünschte Datenbank aus.

5. Klicken Sie im Werkzeugfenster auf DATENBANK/DATABASE > CLUSTER.

6. Klicken Sie auf IN BETRIEB/IN SERVICE und anschließend auf OK.

Datenbanken in einem Cluster löschen

Um die Arbeit der Benutzer möglichst nicht zu beeinträchtigen, wenn Sie eine Datenbank löschen möchten, können Sie dafür sorgen, dass die Datenbank automatisch gelöscht wird, nachdem alle aktiven Benutzer ihre Arbeit an der Datenbank beendet haben. Kennzeichnen Sie die Datenbank in diesem Fall als ZUM LÖSCHEN MARKIERT/PENDING DELETE. Wenn eine Datenbank zum Löschen markiert ist, akzeptiert sie keine weiteren Öffnungsanforderungen. Wenn alle Benutzer die Datenbank geschlossen haben, werden die letzten Änderungen an eine Replik der Datenbank weitergegeben und die Datenbank wird gelöscht. Sie sollten eine Datenbank zum Löschen markieren, wenn sie veraltet ist oder wenn Sie die Datenbank auf ein anderes System verschoben haben und auf dem ursprünglichen Server löschen möchten.

1. Führen Sie einen der folgenden Schritte aus:
   – Wählen Sie in Domino Administrator oder Web Administrator den Ordner oder die Ansicht aus, die die gewünschte Datenbank enthält.
   – Erweitern Sie im Aufgabenfenster CLUSTER DIRECTORY (6) und wählen Sie darunter die gewünschte Ansicht der Datenbank aus.

Die Ansicht DATENBANK NACH DATEINAME/DATABASES BY FILENAME ist vor allem dann praktisch, wenn Sie mehrere Repliken einer Datenbank aus einem Cluster entfernen möchten.

Die Ansicht DATENBANK NACH SERVER/DATABASES BY SERVER ist vor allem dann praktisch, wenn Sie mehrere Datenbanken eines bestimmten Servers löschen möchten.

2. Wählen Sie die gewünschte Datenbank aus.

3. Klicken Sie im Werkzeugfenster auf DATENBANK/DATABASE > CLUSTER.

4. Klicken Sie auf ZUM LÖSCHEN MARKIERT/PENDING DELETE und anschließend auf OK.

9.5.5 Hinzufügen von Servern zu einem Cluster

Verwenden Sie möglichst den Administrationsserver, wenn Sie einem Cluster einen Server hinzufügen. Der Administrationsserver muss nicht zum Cluster gehören.

Wenn ein Server zu einem anderen Cluster gehört, müssen Sie ihn nicht daraus entfernen, um ihn dem neuen Cluster hinzuzufügen. Der Cluster-Administrationsprozess entfernt den Server aus dem vorherigen Cluster und fügt ihn dem neuen Cluster hinzu.

1. Sie benötigen für das Domino-Verzeichnis mindestens Autorzugriff, die Berechtigung DOKUMENTE LÖSCHEN/DELETE DOCUMENTS und die Rollen SERVERMODIFIER und SERVER-CREATOR sowie mindestens Autorzugriff auf die Datenbank ADMINISTRATIONSANFORDE-RUNGEN/ADMINISTRATION REQUESTS.

2. Vergewissern Sie sich in Domino Administrator, dass der Administrationsserver oder ein anderer Server ausgewählt ist.

3. Klicken Sie auf das Register KONFIGURATION/CONFIGURATION.

4. Erweitern Sie SERVER und klicken Sie auf ALLE SERVERDOKUMENTE/ALL SERVER DOCUMENTS.

5. Wählen Sie im Ergebnisfenster die Server aus, die Sie zum Cluster hinzufügen möchten.

6. Klicken Sie auf ZUM CLUSTER HINZUFÜGEN/ADD TO CLUSTER.

7. Wählen Sie den Namen des Clusters, dem Sie den Server hinzufügen möchten, und klicken Sie auf OK.

8. Wählen Sie JA/YES, um den Server sofort zum Cluster hinzuzufügen, bzw. NEIN/NO, wenn der Administrationsprozess den Server dem Cluster hinzufügen soll.

    – Wenn der aktuelle Server nicht der Administrationsserver ist und wenn Sie in Schritt 8 NEIN/NO gewählt haben, erzwingen Sie die Replizierung zwischen diesem Server und dem Administrationsserver, damit der Administrationsserver die angeforderten Änderungen früher erhält.

    – Wenn Sie in Schritt 8 NEIN/NO gewählt haben, erzwingen Sie die Replizierung zwischen dem Administrationsserver und den Cluster-Servern, damit die anderen Server die Änderungen früher erhalten.

Wenn Sie einem Cluster einen Server hinzufügen, kann es aufgrund der anfänglichen Replizermenge zu einer Leistungsbeeinträchtigung kommen. Abhängig von den Datenbanktypen auf dem Server und der Anzahl der von Ihnen erstellten Repliken kann das Hinzufügen eines Servers die CPU-Leistung, die Eingabe/Ausgabe und den Netzverkehr beeinträchtigen. Es ist daher sinnvoll, einem Cluster jeweils nur einen Server hinzuzufügen (abhängig von den Leistungsmerkmalen der im Cluster verwendeten Hard- und Software).

So richten Sie DOLS auf Cluster-Servern ein

Stellen Sie vor dem Einrichten von DOLS auf Domino Cluster-Servern Folgendes sicher:

▷ Beim Domino Server handelt es sich um einen Domino Utility Server oder einen Domino Enterprise Server.

▷ Auf allen Servern im Cluster wird dieselbe Version von Domino mit DOLS ausgeführt.

▷ Die Cluster-Serververwaltung ist für Replizierungs- und HTTP-Failover eingerichtet.

▷ Der Internet-Cluster-Manager wird ausgeführt.

▷ Der Name des Anmeldeverzeichnisses muss auf allen Cluster-Servern identisch sein. Wenn sich die Anmeldedaten beispielsweise unter *data**Webmail user*\ *7CD5957CB669AE2285256BDF00567AD8*\ befinden, muss dieses Verzeichnis auf einem anderen Server im Cluster denselben Namen haben.

Sie können natürlich auch partitionierte Server zu einem Cluster hinzufügen. Achten Sie hierbei lediglich darauf, keine Server der gleichen physikalischen Hardware in denselben Cluster-Verband zu implementieren.

Verbindungen und Replizierung zwischen Cluster-Mitgliedern

Vergessen Sie nicht, Verbindungsdokumente als Sicherheit zwischen Ihren Cluster-Mitgliedern einzurichten, um eine zeitgesteuerte Datenreplikation neben der ereignisgesteuerten Replikation zur Verfügung stellen zu können.

Daneben sollten Sie auch den Fall berücksichtigen, dass möglicherweise ein Server außerhalb des Clusters mit allen Servern im Cluster replizieren soll. Hierzu erstellen Sie ein einfaches Verbindungsdokument, in dem der Server außerhalb des Clusters als Replizierungsquelle und der Cluster-Name als Replizierungsziel angegeben wird. Daraufhin wird jede Datenbank auf dem Quellserver repliziert, die über eine Replik im Cluster verfügt. Wenn der Cluster mehrere Repliken einer Datenbank enthält, repliziert der Quellserver nur mit einer dieser Repliken. Die Änderungen werden anschließend im Rahmen der Cluster-Replizierung an die anderen Repliken im Cluster weitergegeben.

Wenn Sie mit einem Cluster-Namen replizieren, wählen Sie PULL - PUSH, NUR PULL oder NUR PUSH als Replizierungstyp im Verbindungsdokument. Der Replizierungstyp PULL - PULL kann nicht mit einem Cluster-Namen verwendet werden.

Senden Sie von der Serverkonsole die folgenden Replizierbefehle, wenn Sie Datenbanken auf einem lokalen Server mit Datenbanken in einem bestimmten Cluster replizieren möchten.

Zweck	Befehl	Erklärungen zu den Variablen
Um alle Datenbanken zu replizieren, die sich sowohl auf dem lokalen Server als auch auf Servern eines bestimmten Clusters befinden	`replicate Cluster-Name`	`ClusterName` ist der Name des Clusters.

Zweck	Befehl	Erklärungen zu den Variablen
Um eine bestimmte Datenbank zu replizieren	`replicate Cluster-Name Dateiname`	`Dateiname` ist der Dateiname der Datenbank.
Um mit allen Datenbanken in einem bestimmten Verzeichnis zu replizieren	`replicate Cluster-Name LokalesVer-zeichnis`	`LokalesVerzeichnis` ist der Name des Verzeichnisses, das die Datenbanken enthält.

Auch ein Notes Client kann eine lokal abgelegte Datenbank mit einer Datenbank im Cluster-Verbund replizieren. Die Replizierung mit einem Cluster-Namen ist für den Anwender sinnvoll, wenn der Speicherort einer Datenbank innerhalb des Clusters nicht bekannt ist. Ein Client muss allerdings erst einmal direkt auf einen Server im Cluster zugreifen, bevor er mit einem Cluster-Namen repliziert. Dies bewirkt, dass der Client den Cluster erkennt, indem er die Namen der Server im Cluster zur Datei *cluster.ncf* auf dem Client hinzufügt.

9.5.6 Server aus einem Cluster entfernen

Verwenden Sie möglichst den Administrationsserver, wenn Sie einen Server aus einem Cluster entfernen.

1. Sie benötigen für das Domino-Verzeichnis mindestens Autorzugriff, die Berechtigung DOKUMENTE LÖSCHEN/DELETE DOCUMENTS und die Rollen SERVERMODIFIER und SERVERCREATOR sowie mindestens Autorzugriff auf die Datenbank ADMINISTRATIONSANFORDERUNGEN/ADMINISTRATION REQUESTS mit dem Recht, Dokumente zu erstellen.

2. Vergewissern Sie sich in Domino Administrator, dass der Administrationsserver oder ein anderer Server ausgewählt ist.

3. Klicken Sie auf das Register KONFIGURATION/CONFIGURATION.

4. Erweitern Sie CLUSTER und klicken Sie auf CLUSTER.

5. Wählen Sie im Ergebnisfenster den Server aus, den Sie aus dem Cluster entfernen möchten.

6. Klicken Sie auf AUS CLUSTER ENTFERNEN/REMOVE FROM CLUSTER.

7. Wählen Sie JA/YES, um den Server sofort aus dem Cluster zu entfernen, bzw. NEIN/NO, um den Administrationsprozess den Server aus dem Cluster entfernen zu lassen.

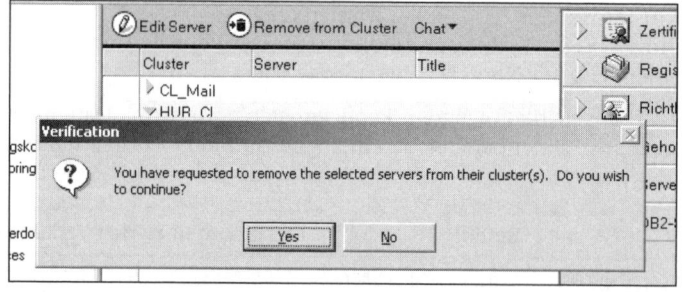

Abbildung 9.15: Entfernen eines Servers aus dem Cluster

So wirkt sich das Entfernen eines Servers aus einem Cluster aus:

1. Sobald der zu entfernende Server die Änderung am Domino-Verzeichnis empfangen hat, startet Domino auf diesem Server den Cluster-Administrationsprozess.

2. Der Cluster-Replikator-Task wird beendet.

3. Der Cluster-Datenbankverzeichnis-Manager-Task wird beendet.

4. Das Cluster-Datenbankverzeichnis (*cldbdir.nsf*) wird vom Server gelöscht.

5. Aus dem Cluster-Datenbankverzeichnis des Cluster-Mitglieds mit der höchsten Verfügbarkeit werden die Datenbankdokumente des Servers gelöscht. Diese Änderungen werden dann an die anderen Cluster-Mitglieder repliziert. Sie können sich das Cluster-Datenbankverzeichnis anzeigen lassen, um zu überprüfen, ob das Entfernen ordnungsgemäß funktionierte.

Sie können einen Server selbst dann aus einem Cluster entfernen, wenn der Server heruntergefahren ist. Die Dokumente für die Datenbank dieses Servers bleiben in diesem Fall jedoch im Cluster-Datenbankverzeichnis. Um diese Dokumente zu entfernen, öffnen Sie das Cluster-Datenbankverzeichnis, wählen die Ansicht DATABASES BY SERVER und löschen die Dokumente für den Server manuell.

Sie können einen Server aus einem Cluster entfernen oder die Anforderung dazu an den Administrationsprozess stellen. Im zweiten Fall erstellt Domino die Anforderung SERVER AUS CLUSTER ENTFERNEN/REMOVE SERVER FROM CLUSTER in der Datenbank ADMINISTRATIONSANFORDERUNGEN/ADMINISTRATION REQUESTS auf dem Server, auf dem Sie die Anforderung AUS CLUSTER ENTFERNEN/REMOVE FROM CLUSTER initiiert haben. Wenn Sie diese Anforderung auf dem Administrationsserver stellen, reagiert der Administrationsprozess sofort darauf. Wenn Sie die Anforderung von einem anderen Server aus stellen, muss dessen Administrationsanforderungs-Datenbank zuerst mit der Administrationsanforderungs-Datenbank auf dem Administrationsserver repliziert werden, bevor der Administrationsprozess Ihre Anforderung verarbeiten kann. Der Administrationsprozess entfernt dann die Cluster-Informationen aus dem Serverdokument im Domino-Verzeichnis des Administrationsservers. Wenn der Administrationsserver wieder mit dem entfernten Server repliziert, repliziert Domino diese Änderungen in das Domino-Verzeichnis des entfernten Servers. Änderungen an der Cluster-Mitgliedschaft werden erst wirksam, wenn der entfernte Server die Änderungen des Serverdokuments erhält.

Wenn Sie sofort einen Server aus einem Cluster entfernen möchten, ändert Domino sofort das Serverdokument auf dem Server, auf dem Sie den Befehl AUS CLUSTER ENTFERNEN/REMOVE FROM CLUSTER abgesetzt haben. Wenn Sie die Anforderung auf dem Server initiieren, den Sie entfernen, aktualisiert Domino die Cluster-Informationen sofort auf diesem Server. Sie brauchen nicht zu warten, bis die Domino-Verzeichnisse auf den Cluster-Servern vom Administrationsprozess aktualisiert werden. Zwar wird der Server auf diese Weise schneller aus dem Cluster entfernt, es können dabei aber Replizierkonflikte auftreten.

9.5.7 Server zwischen Clustern verschieben

Um einen Server von einem Cluster zu einem anderen zu verschieben, fügen Sie ihn einfach zum neuen Cluster hinzu. Domino entfernt den verschobenen Server automatisch aus dem alten Cluster.

9.5.8   Tipps zur Administration

Es gibt spezielle Cluster-Kommandos, die nicht nur für Server verwendbar sind, die Mitglieder eines Domino Clusters sind. Diese können Sie durch Absetzen des folgenden Befehls an der Serverkonsole aktivieren: `Set Config CLUSTER_ADMIN_ON=1`. Ohne diese Aktivierung können Sie die folgenden Befehle nicht nutzen.

▶ Sie können eine Datenbank von einem Server auf einen anderen Server über die Serverkonsole im Domino Administrator kopieren: `CL copy serverABC!!nebel_original.nsf serverXYZ!!nebel_kopie.nsf`.

▶ Sie können von einer Datenbank eine Kopie auf demselben Server anlegen: `CL copy datenbank1.nsf datenbank2.nsf`.

▶ Sie können von einer Datenbank eine Replik auf einem anderen Server anlegen: `CL copy serverABC!!detert.nsf serverAnders!!detert_replik.nsf REPLICA`.

▶ Sie können eine Template-Kopie von einer Datenbank auf einem anderen Server anlegen: `CL copy serverABC!!datenbank.nsf serverLaLa!!db2.nsf TEMPLATE`.

Abbildung 9.16: Absetzen und Ergebnis des Kommandos zum Erstellen einer Replik auf einem anderen Server

9.6   Failover-Konfiguration

Die in einem Cluster mögliche Umleitung von Anforderungen von einem Server an einen anderen wird als Failover bezeichnet. Wenn ein Benutzer versucht, auf eine Datenbank zuzugreifen, die sich auf einem momentan nicht verfügbaren Server befindet, wird der Benutzer automatisch mit einer Replik der Datenbank auf einem anderen Server des Clusters verbunden.

Auf jedem Cluster-Server befindet sich ein Cluster-Manager, der die Verfügbarkeit der jeweils anderen Cluster-Server überprüft. Außerdem prüft er fortlaufend, welche Datenbanken und Repliken auf jedem Server verfügbar sind. Wenn ein Benutzer versucht, auf eine Datenbank zuzugreifen, die nicht verfügbar ist, leitet der Cluster-Manager die Benutzeranforderung an eine Replik dieser Datenbank auf einen anderen Server des Clusters um. Benutzer bemerken nicht, wenn sie mit einer Datenbank auf einem anderen Server verbunden werden, da die Failover-Aktion im Hintergrund durchgeführt wird.

Wann übernimmt ein Cluster-Partner die Aufgabe der Datenbankbereitstellung von einem anderen Cluster-Partner? Ein Cluster-Partner übernimmt automatisch die Aufgabe eines anderen Servers im Cluster-Verbund, wenn die angeforderte Datenbank auf dem einen Server nicht verfügbar ist und es dem Cluster-Manager möglich ist, den Datenbank-öffnen-Befehl an einen anderen Server weiterzugeben, der eine Replik der Datenbank hält. Das Gleiche geschieht auch in weiteren Fällen wie etwa:

▷ Öffnen einer Datenbank von einem Lesezeichen aus

▷ Klick auf Dokumentverknüpfungen, Ansehen eines Dokument- oder Datenbanklinks

▷ Verwendung der Domänensuche, wenn der geclusterte indizierte Server nicht verfügbar ist

▷ Mail-Versand

▷ Einladungen zu Besprechungen

▷ Freie-Zeit-Suche

Ein Failover geschieht auch dann, wenn ein User versucht, eine Datenbank zu öffnen, die mit folgenden Attributen behaftet ist:

▷ AUSSER BETRIEB/OUT OF SERVICE

▷ ZUM LÖSCHEN MARKIERT/PENDING DELETE

Ein Failover kann auch geschehen, wenn ein Server

▷ nicht im Netzwerk verfügbar ist (z.B. bei einem Shutdown),

▷ begrenzt wurde („server restricted"),

▷ nicht mehr für weitere Anfragen bereitsteht, da er sein Maximum an Benutzern erreicht hat,

▷ er einfach zu ausgelastet ist („busy").

Ein Failover kann u.a. nicht geschehen, wenn

▷ der Anwender die betreffende Datenbank noch auf dem Server, der wegbricht, offen hält. Der Schwenk ist dann erst bei einem erneuten Öffnen der betreffenden Datenbank möglich.

▷ Wenn Sie über DATEI/FILE > ANWENDUNG/APPLICATION > EIGENSCHAFTEN/PROPERTIES oder DATEI/FILE > ANWENDUNG/APPLICATION > ÖFFNEN/OPEN gehen.

Das Cluster-Datenbankverzeichnis enthält für jede Datenbank in einem Cluster ein Dokument. In den Dokumenten befinden sich Informationen wie der Server, der Pfad und die Replik-ID der Datenbank, ob die Cluster-Replizierung für die Datenbank aktiviert ist und ob die Datenbank als AUSSER BETRIEB/OUT OF SERVICE oder ZUM LÖSCHEN MARKIERT/ PENDING DELETE ist. Diese Informationen werden vom Cluster-Manager verwendet, um festzustellen, ob die Datenbank verfügbar ist und wie während eines Failover darauf zugegriffen werden darf.

Wenn mehrere Repliken einer Datenbank auf dem gleichen Server vorhanden sind, nimmt der Cluster-Manager an, dass zur Replizierung dieser Datenbanken die selektive Replizierung verwendet wird. Um sicherzustellen, dass für den Failover die richtige Replik verwendet wird, wählt der Cluster-Manager eine Replik mit demselben Pfad wie die Originaldatenbank aus. Vergewissern Sie sich daher bei der Erstellung mehrerer Repliken auf einem Server, dass alle Repliken im Cluster, die dieselben selektiven Replizierformeln verwenden, den gleichen Pfad haben. Andernfalls erfolgt möglicherweise ein Failover an eine andere Replik.

Wenn auf einem Server ein Failover stattfindet, wird im Protokoll ein Failover- oder Lastverteilungsereignis angezeigt.

Im folgenden Beispiel wird das von Domino bei einem Failover verwendete Verfahren beschrieben. Der Cluster enthält drei Server. Server 1 ist derzeit nicht verfügbar. Die Cluster-Manager auf den Servern 2 und 3 sind darüber informiert, dass Server 1 nicht zur Verfügung steht.

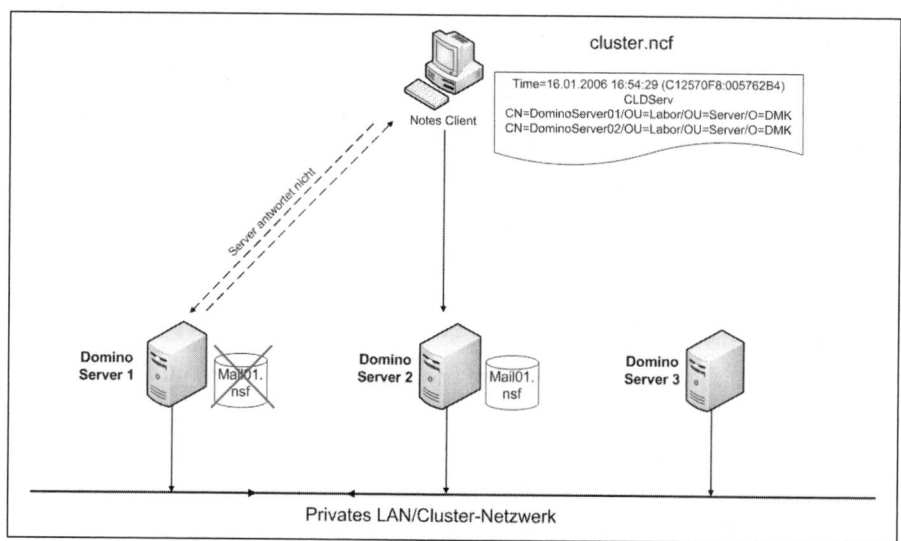

Abbildung 9.17: Failover-Schema

1. Ein Notes-Benutzer versucht, eine Datenbank auf Server 1 zu öffnen.

2. Notes bemerkt, dass Server 1 nicht antwortet.

3. Statt dem Benutzer eine Meldung anzuzeigen, die besagt, dass der Server nicht antwortet, sucht Notes in seinem Cluster-Cache, ob dieser Server Mitglied eines Clusters ist, und ruft die Namen der anderen Server im Cluster ab. (Wenn ein Notes Client zum ersten Mal auf einen Cluster-Server zugreift, werden die Namen aller Server in diesem Cluster zum Cluster-Cache auf dem Client hinzugefügt. Dieser Cache wird alle 15 Minuten aktualisiert.)

4. Notes greift auf den Cluster-Manager auf den nächsten Server zu, der im Cluster-Cache aufgelistet ist.

5. Der Cluster-Manager sucht im Cluster-Datenbankverzeichnis nach Servern im Cluster, die eine Replik der gewünschten Datenbank enthalten.

6. Der Cluster-Manager prüft anhand des Server-Cluster-Cache die Verfügbarkeit jedes Servers, der eine Replik enthält. (Der Server-Cluster-Cache enthält Informationen zu allen Servern im Cluster. Cluster-Server rufen diese Informationen ab, wenn sie die anderen Cluster-Server überprüfen.)

7. Der Cluster-Manager erstellt eine Liste der Server im Cluster, die eine Replik der Datenbank enthalten, sortiert die Liste nach Verfügbarkeit und sendet sie an Notes.

8. Notes öffnet die Replik auf dem ersten Server in der Liste (dem Server mit der höchsten Verfügbarkeit). Falls dieser Server nicht mehr verfügbar ist, öffnet Notes die Replik auf dem nächsten Server in der Liste. In diesem Beispiel ist Server 2 der Server mit der höchsten Verfügbarkeit.

Wenn der Notes Client herunterfährt, wird der Inhalt des Cluster-Cache in der Datei *cluster.ncf* gespeichert. Bei jedem Start des Clients wird der Cluster-Cache mit den Informationen aus der Datei *cluster.ncf* gefüllt.

9.6.1   Failover-Management-Methoden

Nachdem die Datenbankenrepliken auf den Cluster-Servern erstellt wurden, wird ein automatisches Failover gewährleistet.

Aus folgenden Gründen könnte es sinnvoll sein, ein explizites Failover von einem Cluster-Partner zu erzwingen:

▶ Der Server muss gewartet werden.

▶ Der Server soll temporär aus dem Betrieb genommen werden.

▶ um Benutzer, die aufgrund eines anderen Failover umgeleitet worden waren, an den Ursprungsserver zurückzuleiten.

Failover-Konfiguration für Mail-Routing

Ist ein Mail-Server nicht mehr verfügbar, unterstützt der Domino-Router Mail-Routing zu den Mail-Datenbankrepliken der Benutzer, die auf einem anderen Cluster-Partner innerhalb eines Clusters liegen.

Es wird auch die Anfrage des Benutzers auf seine Mail-Datei innerhalb des Clusters weitergereicht, sodass eine ständige Verfügbarkeit der Datenbank gewährleistet wird, obwohl der Ursprungs-Mail-Server nicht mehr erreichbar ist.

Standardmäßig ist eine Umleitung der Mail-Router-Anforderungen nur für den letzten Hop der Auslieferungsroute vorgesehen. Das bedeutet, beim Hop zum Mail-Server des Benutzers erfolgt ein Failover, wenn sich der Mail-Server des Benutzers in einem Cluster befindet. Sie können das Mail-Routing so konfigurieren, dass die Mail-Router-Anforderungen bei jeder Etappe der Auslieferungsroute umgeleitet werden können. Es ist aber auch möglich, die Umleitung der Mail-Router-Anforderungen insgesamt zu deaktivieren.

Das Aktivieren der Umleitung der Mail-Router-Anforderungen für alle Etappen ist insbesondere dann hilfreich, wenn ein Hubserver für das Mail-Routing verwendet wird. Wenn dieser Hubserver nicht verfügbar ist, aber zu einem Cluster gehört, leitet der Router die Mail an einen anderen Hubserver im Cluster weiter. Dieser Hubserver sendet die Nachricht weiterhin an ihr Ziel.

9.6.2 Failover in einem Cluster verwalten

Wenn Sie einen Cluster einrichten, erstellen Sie Datenbankrepliken, damit die Benutzer automatisch an eine andere Replik umgeleitet werden (Failover), wenn die Datenbank oder der Server, auf den sie zugreifen, nicht zur Verfügung steht. Außerdem möchten Sie vielleicht Failover auslösen, um:

▶ die Software oder das Betriebssystem eines Servers aufzurüsten

▶ einen Server zu warten

▶ einen Server durch einen anderen zu ersetzen

Um einen Failover zu verursachen, können Sie die Einstellung `Server_Restricted setting` verwenden. Durch diese Einstellung verweigert ein Server neue Anforderungen zum Öffnen einer Datenbank und setzt den Server auf den Status `ZUGRIFF_EINGESCHRÄNKT/RESTRICTED`. So können keine neuen Benutzer auf einen Server zugreifen, obwohl die Verbindungen von Benutzern mit aktiven Datenbankverbindungen auf dem Server weiterhin bestehen bleiben. Diese Einstellung ist nützlich, wenn Sie einen Server warten, aufrüsten oder außer Betrieb nehmen möchten. Sie ist außerdem sinnvoll, wenn die Benutzeranforderungen an einen Server umgeleitet wurden und Sie möchten, dass sie an einen anderen Server zurückgeleitet werden. Um den Zugriff auf einen Server einzuschränken, fügen Sie der *notes.ini*-Datei die folgende Zeile hinzu: `Server_Restricted=Wert`, wobei als `Wert` 1 oder 2 einzusetzen ist.

▶ 1: Der Serverzugriff ist nur für die aktuelle Serversitzung eingeschränkt. Durch Neustarten des Servers wird die Einstellung gelöscht.

▶ 2: Der Serverzugriff ist immer eingeschränkt, selbst wenn der Server neu gestartet wird.

Den gleichen Effekt erzielen Sie über das Kommando `Set Config Server_Restricted=n` an der Konsole. Wenn ein Server den Status `ZUGRIFF_EINGESCHRÄNKT` hat, leitet der Cluster-Manager neue Anforderungen zum Öffnen von Datenbanken an andere Server im Cluster weiter. Wenn ein solcher Versuch erfolglos ist, erhält der Benutzer eine Meldung und keinen Zugriff auf den Server. Bei jeder Umleitung wird im Protokoll ein Failover-Ereignis notiert. Die Einstellung `Server_Restricted` beeinträchtigt nicht die Replizierung. Diese wird durchgeführt, auch wenn ein Server sich im Status `ZUGRIFF_EINGESCHRÄNKT` befindet. Wenn Sie den Zugriff auf einen Server einschränken und nicht warten möchten, bis alle Benutzer ihre Sitzungen beendet haben, geben Sie den Befehl `Drop All` an der Konsole ein, nachdem Sie dem Server den Status `ZUGRIFF_EINGESCHRÄNKT` zugewiesen haben. Mit dem Befehl `Drop All` werden alle aktuellen Sitzungen auf dem Server geschlossen. Wenn die Benutzer versuchen, die von ihnen verwendeten Datenbanken erneut zu öffnen, werden sie an einen anderen Server umgeleitet, falls einer verfügbar ist.

Den Status des Servers können Sie über den Befehl `show server config` in der Serverkonsole abfragen. Die Antwort bezieht sich auf Informationen zum Serverstatus. Dazu gehören der Servername, das Data-Verzeichnis auf dem Server, die verstrichene Zeit seit dem Start des Servers, Transaktionsstatistiken und der Status von Mail (gemeinsam, ausstehend, unzustellbar).

```
show server config
[29423:00908-00114] 06.01.2009 15:23:35      Remote console command issued by Admin
EbelN/GSA/Admin/DMK: show server config
[29423:00022-00020] show server config
[29423:00022-00020] Server name:             D01DS/D/Server/DMK - GSA:
                                             Datenbank-Server Bonn
[29423:00022-00020] Server directory:        /data/lotus/notes13
[29423:00022-00020] Partition:               .data.lotus.notes13
[29423:00022-00020] Member of cluster:       CLD01DS
[29423:00022-00020] Availability Index:      94 (state: AVAILABLE)
[29423:00022-00020] Mail Tracking:           Not Enabled
[29423:00022-00020] Mail Journaling:         Not Enabled
[29423:00022-00020] Shared mail:             Not Enabled
[29423:00022-00020] Number of Mailboxes:     2
[29423:00022-00020] Pending mail: 4          Dead mail: 0
```

Wenn Sie den Status ZUGRIFF_EINGESCHRÄNKT für einen Server aufheben möchten, gehen Sie wie folgt vor:

▷ Wenn Sie den Wert für Server_Restricted auf 1 gesetzt haben, starten Sie den Server neu.

▷ Wenn Sie den Wert für Server_Restricted auf 2 gesetzt haben, ändern Sie die Einstellung in der *notes.ini*-Datei wie folgt: Server_Restricted=0.

Wenn Sie einen Cluster-Server durch einen anderen Server ersetzen möchten, gehen Sie wie folgt vor:

1. Konfigurieren Sie den neuen Server als Cluster-Server.

2. Erstellen Sie die gewünschten Repliken auf dem neuen Server.

3. Fügen Sie dem Cluster den neuen Server hinzu.

4. Setzen Sie den alten Server auf ZUGRIFF_EINGESCHRÄNKT.

So werden die Benutzeranforderungen an den neuen Server umgeleitet, und Sie können den alten Server entfernen, ohne die Arbeit der Benutzer zu beeinträchtigen. Die Einstellung Server_Restricted können Sie für alle Domino Server verwenden. Diese Einstellung ist nicht auf Cluster beschränkt.

Eine weitere Möglichkeit, einen Failover zu verursachen, haben Sie über die Serververfügbarkeit. Indem Sie einen Schwellenwert für die Serververfügbarkeit definieren, können Sie beispielsweise auch einen Server als Backup für einen anderen einrichten. Sie können den Schwellenwert für die Verfügbarkeit auf dem Backup-Server auf 100 setzen, damit der Server immer belegt ist. Auf diese Weise nimmt der sekundäre Server Anforderungen zum Öffnen von Datenbanken nur an, wenn der primäre Server nicht zur Verfügung steht. Wenn Sie den Schwellenwert für die Verfügbarkeit auf einem Server auf 100 setzen, setzen Sie den Server in den Status BELEGT/BUSY. Dies ist ähnlich wie der Status ZUGRIFF_EINGESCHRÄNKT, außer dass ein Server mit dem Status BELEGT neue Anforderungen zum Öffnen von Datenbanken annimmt, wenn keine anderen Repliken vorhanden sind, ein Server mit dem Status ZUGRIFF_EINGESCHRÄNKT jedoch nicht.

Der Schwellenwert für die Serververfügbarkeit gibt den niedrigsten möglichen Serververfügbarkeitsindex an. Domino berechnet den Serververfügbarkeitsindex ungefähr einmal pro Minute und vergleicht ihn mit dem von Ihnen festgelegten Schwellenwert für die Serververfügbarkeit. Wenn der Verfügbarkeitsindex geringer ist als der Schwellenwert für die Verfügbarkeit, wird der Server als belegt gekennzeichnet. Wenn ein Server als belegt gekennzeichnet ist, werden die Anforderungen zum Öffnen von Datenbanken an einen anderen Server umgeleitet, falls einer verfügbar ist. Wenn der Verfügbarkeitsindex wieder über dem Schwellenwert für die Verfügbarkeit liegt, wird der Zustand BELEGT rückgängig gemacht.

Je höher die von Ihnen eingegebene Zahl, desto geringer die Belastung, die der Server auffangen kann, bevor er in den Zustand BELEGT wechselt. Wenn Sie 100 eingeben, wird der Server unabhängig von der tatsächlichen Verfügbarkeit automatisch in den Zustand BELEGT versetzt. Wenn Sie 0 eingeben, wird die Lastverteilung für diesen Server deaktiviert. Der Vorgabewert lautet 0. Wenn Sie einen Server in einem Cluster neu starten, sollten Sie ihn als belegt kennzeichnen, bis alle Replizierungen auf den Server abgeschlossen sind, und dann den Server zur Verfügung stellen. So wird gewährleistet, dass den Benutzern in den Datenbanken auf dem Server aktuelle Informationen zur Verfügung stehen. Sie können einen Server als belegt kennzeichnen, indem Sie den Schwellenwert für die Verfügbarkeit auf 100 setzen. Fügen Sie den folgenden Parameter über den Domino Administrator oder den Web Administrator zur *notes.ini* hinzu:

```
Server_Availability_Threshold=eine Zahl von 0 bis 100
```

9.6.3 Failover für Mail-Datenbanken

Wenn Sie Repliken von Mail-Datenbanken in einem Cluster erstellen, tritt ein Failover in folgenden Situationen auf (wenn Sie Mail-Failover nicht deaktivieren):

▸ Ein Benutzer versucht, eine nicht verfügbare Mail-Datenbank zu öffnen: Failover für Mail funktioniert wie bei jeder anderen Datenbank.

▸ Ein Benutzer versucht, eine Nachricht zu versenden, nachdem der Mail-Server des Benutzers nicht mehr zur Verfügung steht: Wenn ein Benutzer eine Nachricht erstellt und der Mail-Server nicht mehr zur Verfügung steht, kann sie der Benutzer dennoch senden, sofern sich im Cluster eine Replik der Mail-Datenbank des Benutzers befindet. Die Zustellung der Mail wird von einem anderen Cluster-Server übernommen, auf dem Notes die Nachricht in der Ausgangs-Mailbox ablegt.

▸ Der Router versucht, Mail-Nachrichten an einen nicht verfügbaren Server auszuliefern: Wenn der Server mit der Mail-Datenbank nicht zur Verfügung steht, leitet der Router die Mail an einen Cluster-Server weiter, der eine Replik der Mail-Datenbank enthält. Um die richtige Mail-Datenbank zu finden, geht der Router folgendermaßen vor:

▸ Zunächst prüft er, ob Mail-Failover für den lokalen Server aktiviert ist und ob sich der Mail-Server des Benutzers in einem Cluster befindet.

▸ Wenn sich der lokale Server im selben Cluster befindet und über eine Replik der Mail-Datenbank des Benutzers verfügt, leitet der Router die Mail an diese Datenbankreplik weiter.

▷ Andernfalls fragt der Router ein verfügbares Cluster-Mitglied nach einem Server, der eine Replik der Mail-Datenbank enthält, und liefert die Mail an diese Datenbankreplik aus.

▷ Wenn keine Replik vorhanden ist, versucht der Router, die Mail ohne Failover an den Mail-Server des Benutzers auszuliefern.

▷ Der Benutzer verwendet gemeinsame Mail: Gemeinsame Mail funktioniert auf einem Cluster-Server genauso wie auf einem normalen Server. Sie können von der Original-Mail-Datenbank und jeder Replik der Mail-Datenbank auf die Datenbank für gemeinsame Mail zugreifen. Wenn der Cluster-Replikator eine Mail-Datenbank repliziert, werden die Kopfzeile der Nachricht in die Mail-Datenbank des Benutzers und der Nachrichtentext in die Datenbank für gemeinsame Mail kopiert.

Um die vorgegebene Failover-Einstellung für Mail-Routing zu ändern, bearbeiten Sie die Konfigurationsdokumente aller Server im Cluster und aller Server der Domäne, die Mail übertragen können, und ändern den folgenden Parameter:

1. Klicken Sie in Domino Administrator oder im Web Administrator auf das Register KONFIGURATION/CONFIGURATION und erweitern Sie den Abschnitt NACHRICHTEN/MESSAGING.

2. Klicken Sie auf KONFIGURATIONEN/CONFIGURATIONS.

3. Gehen Sie folgendermaßen vor:

   – Wählen Sie in Domino Administrator das Konfigurationsdokument für den oder die gewünschten Server aus und klicken Sie auf KONFIGURATION BEARBEITEN/EDIT CONFIGURATION.

   – Öffnen Sie im Web Administrator das Konfigurationsdokument für den oder die gewünschten Server aus, und klicken Sie auf SERVER KONFIGURATION BEARBEITEN/ EDIT SERVER CONFIGURATION.

   Wenn für den oder die Server kein Konfigurationsdokument vorhanden ist, erstellen Sie eines, indem Sie auf KONFIGURATION HINZUFÜGEN/ADD CONFIGURATION klicken.

4. Klicken Sie auf das Register ROUTER/SMTP > ERWEITERT/ADVANCED > STEUERUNG/CONTROLS.

5. Wählen Sie im Feld CLUSTER-FAILOVER eine der folgenden Optionen:

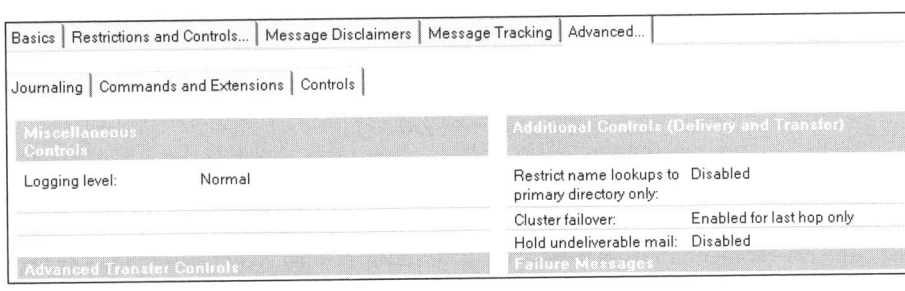

Abbildung 9.18: Konfiguration des Failover

   – AUSGESCHALTET/DISABLED

   – NUR FÜR LETZTEN HOP AKTIVIERT/ENABLED FOR LAST HOP ONLY (Vorgabe)

   – FÜR ALLE ÜBERTRAGUNGEN IN DIESER DOMÄNE AKTIVIERT/ENABLED FOR ALL TRANSFERS IN THIS DOMAIN

6. Speichern und schließen Sie das Konfigurationsdokument.

Diese Einstellung betrifft die Zustellung einer Nachricht an eine Mail-Datenbank, aber nicht das Senden einer Nachricht vom Client aus, falls der Mail-Server nicht zur Verfügung steht. Wenn ein Benutzer eine Nachricht sendet, während der Mail-Server nicht zur Verfügung steht, wird die Zustellung per Failover an einen anderen Server im Cluster umgeleitet, dessen Router wiederum die Nachricht übermittelt.

9.7   Konfiguration des Lastausgleichs

Das Verteilen von Datenbanken im Cluster führt zu einer ausgewogenen Belastung der einzelnen Server. Kein Server ist überlastet. Darüber hinaus gibt es verschiedene *notes.ini*-Variablen, die Sie zum Ausgleich der Belastung festlegen können. Beispielsweise können Sie einen Schwellenwert für die Verfügbarkeit eines Servers angeben. Wenn dieser Schwellenwert erreicht ist, markiert der Cluster-Manager den Server als belegt. Wenn ein Server belegt ist, werden Datenbankanforderungen an andere Server weitergeleitet, die Repliken der gewünschten Datenbanken enthalten. Sie können außerdem festlegen, wie viele Benutzer maximal Zugriff auf einen Server haben dürfen. Wenn die maximale Anzahl erreicht ist, werden die Benutzer an einen anderen Server umgeleitet. Dadurch wird die Belastung ausgeglichen, und die Leistung des Servers bleibt erhalten.

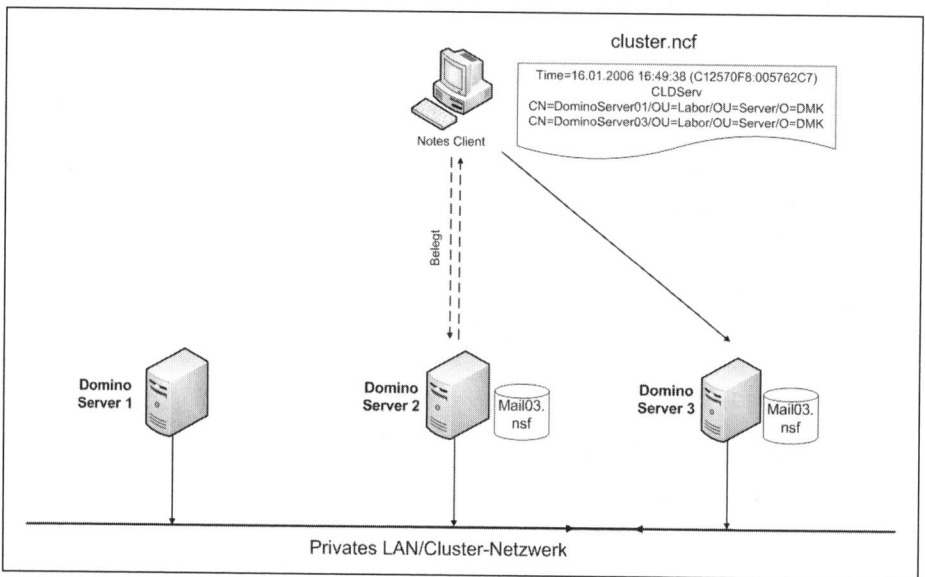

Abbildung 9.19: Möglichkeit zum Lastausgleich

Der Schwellenwert (Serververfügbarkeitsindex) steht für eine Nummer zwischen 0 und 100, die die momentane Arbeitslast auf dem Server anzeigt. Jeder Cluster-Server legt die momentane Arbeitslast fest, indem er die durchschnittliche Antwortzeit auf die letzte Anforderung misst. Ein Verfügbarkeitsindex von 0 sagt aus, dass der Server sehr schwer beschäftigt ist, wogegen ein Verfügbarkeitsindex von 100 anzeigt, dass der Server nur wenig belastet ist. Als Antwort auf steigende Antwortzeiten nimmt der Verfügbarkeitsindex ab. Bevor Sie eine Strategie zum Lastausgleich festlegen, sollten Sie den Verfügbarkeitsindex genau beobachten.

Wenn ein Benutzer versucht, eine Datenbank zu öffnen, die sich auf einem belegten Server befindet, sucht der Cluster-Manager im Datenbankverzeichnis des Clusters nach einer Replik der Datenbank. Dann prüft er die Verfügbarkeit der Server, die eine Replik enthalten, und leitet den Benutzer an den besten Server weiter. Wenn keiner der Cluster-Server eine Replik enthält oder alle Server belegt sind, öffnet der Cluster-Manager die Originaldatenbank, auch wenn der entsprechende Server belegt ist.

Activity Trends und Server Health Monitoring im Cluster

Sie können beide Tools innerhalb des Clusters verwenden. Beachten Sie dabei jedoch, dass Activity Trends nicht in der Lage sind, zu erkennen, ob sich ein Server in einem Cluster-Verbund befindet oder nicht. Um unpassende Empfehlungen bereits von vornherein auszuschließen (wie etwa das Verschieben einer Datenbank aus dem Cluster-Verbund heraus), sollten Sie separate Servergruppen für jeden Cluster und für Server, die sich in keinem Cluster befinden, kreieren.

Das Server Health Monitoring in einem Cluster funktioniert hier genauso wie außerhalb eines Cluster-Verbunds. Im Gegensatz zu den Activity Trends basiert dieses Feature nämlich auf dem entsprechenden Server anstatt auf einer Servergruppe.

9.7.1 Belastung auf einem Server beschränken

Um die Belastung zwischen den Servern eines Clusters besser auszugleichen, können Sie die Belastung eines Servers durch das Festlegen eines Schwellenwerts für die Serververfügbarkeit minimieren. Wenn der Server die maximal zulässige Belastung erreicht (der Schwellenwert der Serververfügbarkeit), gilt der Server als belegt. Dann werden die Zugriffsanforderungen an einen anderen Server im Cluster umgeleitet, falls ein solcher Server verfügbar ist. Wenn kein anderer Server zur Verfügung steht, übernimmt der ursprüngliche Server die Zugriffsanforderung, auch wenn er belegt ist. Es wird keiner Anforderung der Zugriff verweigert, weil ein Server belegt ist. Jedes Mal, wenn eine Zugriffsanforderung umgeleitet wird, generiert Domino in der Protokolldatei des Domino Servers ein Lastverteilungsereignis.

Um festzustellen, ob ein Server belegt ist, vergleicht Domino den Schwellenwert für die Serververfügbarkeit mit dem Verfügbarkeitsindex des Servers, einem Messwert für die aktuelle Belastung. Wenn der Schwellenwert für die Verfügbarkeit gleich (oder größer als) der Verfügbarkeitsindex ist, ist der Server belegt.

Der Verfügbarkeitsschwellenwert beeinträchtigt nicht die Replizierung. Die Replizierung wird durchgeführt, auch wenn ein Server belegt ist.

9.7.2 Serververfügbarkeitsindex

Jeder Server in einem Cluster ermittelt in regelmäßigen Abständen seine eigene Belastung auf der Grundlage der durchschnittlichen Antwortzeit auf die Anforderungen, die in letzter Zeit vom Server verarbeitet wurden. Die Belastung wird als Zahl von 0 bis 100 ausgedrückt, wobei 0 auf einen stark belasteten Server und 100 auf einen wenig belasteten Server hinweist. Diese Zahl wird als Serververfügbarkeitsindex (Server Availability Index, kurz SAI) bezeichnet. Mit steigenden Antwortzeiten verringert sich der Serververfügbarkeitsindex.

Der SAI entspricht ungefähr der Prozentzahl der gesamten noch verbliebenen Server-kapazität, die verfügbar ist. Der SAI basiert auf dem Zuwachs- oder Expansionsfaktor, der durch einen Vergleich der Antwortzeit für eine Funktion unter der aktuellen Belastung mit der Antwortzeit derselben Funktion unter minimaler Belastung entsteht, wobei dann die beiden Werte dividiert werden. Wenn beispielsweise die Anforderung zum Öffnen einer Datenbank zwölf Sekunden dauert, unter optimalen Bedingungen jedoch nur drei Sekun-den dauern würde, würde der Zuwachs- oder Expansionsfaktor für das Öffnen der Daten-bank 4 betragen (die aktuelle Zeitangabe von zwölf geteilt durch die Zeit von drei des schnellsten Zugriffs). Der Zuwachs- oder Expansionsfaktor gibt also an, wie viel länger eine Transaktion unter aktuellen Bedingungen im Vergleich zu optimalen Bedingungen dauert.

Der Serververfügbarkeitsindex basiert auf dem Erweiterungsfaktor, der die aktuelle Last-verteilung auf einem Server anzeigt. Der Erweiterungsfaktor wird ermittelt, indem die aktuellen Antwortzeiten für bestimmte Transaktionen mit der bisher schnellsten Zeit, die der Server für dieselben Transaktionen benötigt hat, verglichen werden. Anders aus-gedrückt, bestimmt der Erweiterungsfaktor, wie viel länger es dauert, eine Transaktion momentan durchzuführen, als dies unter optimalen Umständen der Fall wäre.

Domino behält und legt die minimale Zeitdauer für eine Transaktion in der Datei *load-mon.ncf* ab, die der Server bei jedem Start ausliest. Wenn der Server heruntergefahren wird, aktualisiert er die Datei mit den neuesten Informationen. Aus diesem Grund fragt der Domino Server in regelmäßigen Abständen die gebräuchlichsten und häufigsten Transaktionen ab.

Um den aktuellen Erweiterungsfaktor zu ermitteln, verfolgt Domino die gängigsten Domino-Transaktionen für einen bestimmten Zeitraum. Standardmäßig verfolgt Domino diese Transaktion für fünf Zeiträume von jeweils 15 Sekunden. Anschließend bestimmt Domino die Durchschnittszeit, die benötigt wurde, um die einzelnen Transaktionen durchzuführen, und dividiert diese Zeiten durch die für die jeweilige Transaktion bisher schnellste Zeit. Daraus ergibt sich der Erweiterungsfaktor für die einzelnen Transaktionen. Um den Erweiterungsfaktor für den gesamten Server zu ermitteln, mittelt Domino die Erweiterungsfaktoren für sämtliche Transaktionstypen, wobei die zuletzt verwendeten Transaktionen stärker gewichtet werden.

Wenn der Server stärker frequentiert wird, wirkt sich eine erhöhte Belastung zuneh-mend stärker auf die Leistung und Verfügbarkeit aus. Demzufolge führt eine erhöhte Belastung auf einem stark frequentierten Server dazu, dass der Erweiterungsfaktor schneller steigt als auf einem weniger frequentierten Server.

Da Server sich hinsichtlich Geschwindigkeit, Kapazität und Leistung unterscheiden, kön-nen sie auch unterschiedliche Belastungen bewältigen. Daher zeigt derselbe Erweiterungs-faktor auf zwei verschiedenen Servern nicht notwendigerweise dieselbe Belastung relativ zur Kapazität der Server an. Auf einem kleinen Server, auf dem Transaktionen mehr Zeit in Anspruch nehmen, wenn der Server ansonsten im Leerlauf ist, kann ein Erweiterungs-faktor von 40 beispielsweise anzeigen, dass Benutzer lange auf Antworten warten. Auf einem sehr großen, schnellen Server kann ein Erweiterungsfaktor von 400 beispielsweise anzeigen, dass Benutzer weniger als eine Sekunde auf eine Antwort warten.

Zur Ermittlung des Verfügbarkeitsindex verwendet Domino eine Formel, mit der der Erweiterungsfaktor in einen ungefähren Wert des Prozentsatzes der gesamten noch freien Serverkapazität umgewandelt wird. Die folgende Tabelle zeigt einige Beispiele für Erweiterungsfaktoren, die in einen Verfügbarkeitsindex umgewandelt wurden.

Die Werte in der Tabelle basieren auf einem Erweiterungsfaktor von 64, der einen vollständig ausgelasteten Server darstellt.

Erweiterungs-, Zuwachs- oder Expansionsfaktor	Verfügbarkeitsindex (SAI)
1	100
2	83
4	67
8	50
16	33
32	17
64	0

Erweiterungsfaktor und Verfügbarkeitsindex messen lediglich die Antwortzeit des Servers, die in der Regel nur einen kleinen Teil der Antwortzeit ausmacht, die Clients warten müssen. Die Netzwerk-Antwortzeit zwischen einem Client und einem Server ist häufig der wesentliche Teil der Antwortzeit.

Um die Domino-Lastverteilung effektiv nutzen zu können, müssen Sie die Beziehung zwischen dem Erweiterungsfaktor und dem Verfügbarkeitsindex anpassen, sodass eine Failover-Umleitung für die Server erfolgt, deren Belastung den von Ihnen festgelegten Schwellenwert erreicht. Geben Sie hierzu den Wert des Erweiterungsfaktors an, der einen vollständig ausgelasteten Server darstellt. Der Vorgabewert in Domino ist 64. Wenn der Erweiterungsfaktor diesen Wert erreicht, gilt der Server als vollständig ausgelastet und der Verfügbarkeitsindex fällt auf 0 (Null).

Sie können den Serverbefehl `Show AI` verwenden (Domino Server-Version 7.0.2 und höher), um eine empfohlene Einstellung für den Verfügbarkeitsindex anzuzeigen. Tun Sie dies, wenn Ihr Server besonders ausgelastet ist. Und tun Sie dies von Zeit zu Zeit, um die Werte zu beobachten.

Wenn Ihr Server sehr leistungsstark und schnell ist, können Sie den Wert des Erweiterungsfaktors erhöhen, der einen vollständig ausgelasteten Server darstellt. Bei einigen sehr schnellen Servern können Sie diesen Wert auf über 100 oder höher einstellen. Wenn Ihr Server sehr langsam ist, können Sie diesen Wert herabsetzen.

Um den Wert des Erweiterungsfaktors zu ändern, der einen vollständig ausgelasteten Server darstellt, fügen Sie der *notes.ini*-Datei die folgende Einstellung hinzu und starten den Server anschließend neu: `SERVER_TRANSINFO_RANGE=n`. Wählen Sie für den Wert von *n* eine Zahl so, dass 2 hoch *n* dem Wert des Erweiterungsfaktors entspricht, der einen vollständig ausgelasteten Server darstellen soll. Der Vorgabewert für *n* ist 6, was einem Erweiterungsfaktorwert von 64 entspricht, da 2 hoch 6 gleich 64 ist. Wenn Sie `SERVER_TRANSINFO_RANGE` auf 7 setzen, dann beträgt der Erweiterungsfaktorwert für einen vollständig ausgelasteten Server 128. Wenn Sie `SERVER_TRANSINFO_RANGE` auf 8 setzen, beträgt der Wert 256.

Gehen Sie wie folgt vor, um den optimalen Wert für `SERVER_TRANSINFO_RANGE` zu ermitteln:

1. Überwachen Sie während eines Zeitraums starker Auslastung den Erweiterungsfaktor auf Ihrem Server. Sie können hierzu den Konsolenbefehl `show stat server.expansionfactor` verwenden. Während dieser Zeiträume können Sie auch die Leistungsstatisti-

ken überwachen. Zeichnen Sie während der Zeiträume starker Auslastung ausreichend Werte auf, sodass Sie den Erweiterungsfaktorwert ermitteln können, der einen vollständig ausgelasteten Server anzeigen soll.

2. Ermitteln Sie einen Wert für SERVER_TRANSINFO_RANGE so, dass 2 hoch diesem Wert den in Schritt 1 gewählten Erweiterungsfaktorwert entspricht.

Wenn Sie den Erweiterungsfaktorwert ändern, der einen vollständig ausgelasteten Server anzeigt, ändert sich auch die Beziehung zwischen dem Erweiterungsfaktor und dem Verfügbarkeitsindex. Die folgende Tabelle enthält einige Beispiele für Erweiterungsfaktoren, die in Verfügbarkeitsindizes konvertiert wurden, wenn der Wert von SERVER_TRANSINFO_RANGE 8 beträgt. Der maximale Erweiterungsfaktor in diesem Beispiel ist 256, da 2 hoch 8 gleich 256 ist.

Erweiterungsfaktor	Verfügbarkeitsindex (SAI)
1	100
2	88
4	75
8	63
16	50
32	38
64	25
128	13
256	0

Der Serverkonsolenbefehl Show AI wird verwendet, um einen passenden Wert für diese Variable abzurufen. Wenn Sie den Befehl eingeben, nachdem der Server einige Zeit unter Last gelaufen ist, werden das Protokoll des Erweiterungsfaktors und AI für den Server angezeigt.

Tipp

Obwohl es in den meisten Fällen nicht notwendig ist, können Sie die folgenden *notes.ini*-Einstellungen verwenden, um die Datenmenge zu verändern, die Domino sammelt, um den Zuwachsfaktor zu ermitteln.

▶ Um die Anzahl der Häufigkeit für das Sammeln der Datenmenge zu verändern, verwenden Sie die Einstellung Server_Transinfo_Max=*x*, wobei *x* hier die Häufigkeit des Sammelns darstellt.

▶ Um die Dauer für das Sammeln der Datenmenge zu verändern, verwenden Sie die Einstellung Server_Transinfo_Update_Interval=*x*, wobei *x* hier die Dauer in Sekunden darstellt.

9.7.3 Maximale Benutzeranzahl ändern

Sie können die Belastung in einem Cluster auch ausgleichen, indem Sie die Einstellung Server_MaxUsers in der *notes.ini*-Datei verwenden. Diese Einstellung gibt die maximale Anzahl aktiver Benutzer an, die auf einem Server gleichzeitig zulässig sind. Wenn ein Server diesen Wert erreicht, wechselt der Server in den Zustand MAX_BENUTZERZAHL und verwirft alle zusätzlichen Anforderungen, bis die Anzahl aktiver Benutzer wieder unter den Wert `Server_MaxUsers` fällt. Wenn Domino Zugriffsanforderungen verweigert, weil der Zustand `MAX_BENUTZERZAHL` erreicht ist, versucht der Cluster-Manager, neue Benutzeranforderungen an andere Cluster-Server umzuleiten, die die entsprechenden Repliken enthalten. Wenn kein anderer Server zur Verfügung steht, verwirft Domino die Zugriffsanforderung und zeigt eine erklärende Meldung an.

Achtung

Verwechseln Sie die Einstellung `Server_MaxUsers` nicht mit der Einstellung `Server_MaxSessions`. Diese Variable der *notes.ini* gibt die maximale Anzahl der Sitzungen an, die gleichzeitig auf dem Server ausgeführt werden können. Dies wird verwendet, um eine Überlastung des Servers zu vermeiden. Korrespondierend dazu sollten Sie bei entsprechendem Bedarf diese Zahl beim Einrichten mehrerer Replikatoren oder Router senken, um die Last auf dem Server zu reduzieren.

Die Einstellung `Server_MaxUsers` beeinträchtigt nicht die Replizierung. Diese wird durchgeführt, auch wenn ein Server sich im Status `MAX_BENUTZERZAHL` befindet. Um zu sehen, wie häufig Anforderungen umgeleitet werden, durchsuchen Sie die Protokolldatei nach Lastverteilungsereignissen, oder überprüfen Sie die Cluster-Manager-Statistiken. Die Einstellung `Server_MaxUsers` können Sie für alle Domino Server verwenden. Jedoch leiten nur Cluster-Server Zugriffsanforderungen an einen anderen Server weiter, wenn sie sich im Status `MAX_BENUTZERZAHL` befinden. Server außerhalb eines Clusters weisen die Zugriffsanforderungen zurück.

1. Öffnen Sie in Domino Administrator das Domino-Verzeichnis und klicken Sie auf das Register KONFIGURATION/CONFIGURATION.

2. Um ein vorhandenes Dokument mit Konfigurationseinstellungen zu bearbeiten, wählen Sie es aus und klicken auf KONFIGURATION BEARBEITEN/EDIT CONFIGURATION. Wenn Sie ein neues Konfigurationsdokument erstellen möchten, wählen Sie den Server, den Sie auf diese Weise konfigurieren möchten, und klicken auf KONFIGURATION HINZUFÜGEN/ADD CONFIGURATION.

3. Klicken Sie auf das Register NOTES.INI-EINSTELLUNGEN/NOTES.INI SETTINGS.

4. Klicken Sie auf PARAMETER EINSTELLEN/ÄNDERN bzw. SET/MODIFY PARAMETERS.

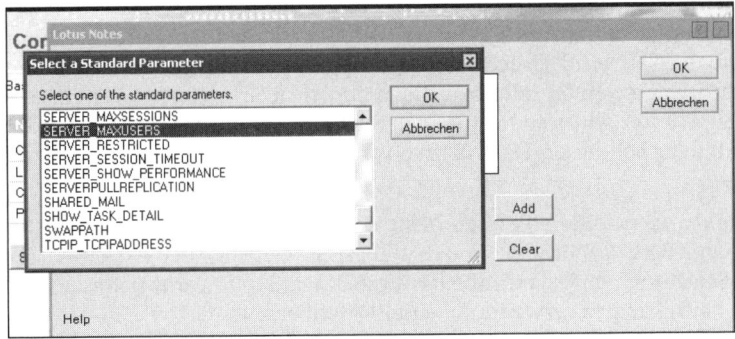

Abbildung 9.20: Setzen von notes.ini-Einstellungen

5. Wählen Sie SERVER_MAXUSERS im Feld ELEMENT/ITEM aus oder geben Sie den Parameter manuell ein.

6. Geben Sie unter WERT/VALUE die maximale Anzahl der Anwender an, die auf das System zugreifen dürfen.

7. Speichern und schließen Sie das Dokument.

9.7.4 Datenbanken auf andere Server verschieben

Die Art der Verteilung von Datenbanken wirkt sich deutlich auf die Belastung der Server sowie die Leistung Ihrer Systeme aus.

Mail-Datenbanken verteilen

Die Cluster-Bildung von Mail-Datenbanken bietet Benutzern eine hohe Verfügbarkeit. Einige Unternehmen richten Cluster nur für Mail-Datenverkehr ein. Dies ist nicht erforderlich, stellt aber eine Möglichkeit der Cluster-Bildung dar. Da Mail eine wichtige Anwendung ist, sollten sich Ihre Mail-Datenbanken in einem Cluster befinden, auch wenn der Cluster nicht nur Mail-Servern vorbehalten ist.

Wenn Sie einen Mail-Cluster erstellen, verteilen Sie die Datenbankrepliken gleichmäßig auf alle Server im Cluster. Dadurch wird gewährleistet, dass bei Ausfall eines Servers alle anderen Server dessen Belastung übernehmen. Durch diese Lastverteilung wird die hohe Leistung weitgehend beibehalten. Die Verteilung sollten Sie von den verfügbaren Serverressourcen abhängig machen. Da Benutzer Mail-Datenbanken häufig einmal pro Tag öffnen und dann geöffnet lassen, ist die Verteilung der Mail-Datenbanken für die Lastverteilung in der Regel angemessen. Sie müssen normalerweise keine separaten Einstellungen für die Lastverteilung vornehmen, insbesondere wenn die Server nur für Mail bestimmt sind.

Nach einem Failover zu einer Mail-Datenbankreplik kehren Benutzer automatisch zur Mail-Datenbank ihres Mail-Servers zurück, wenn sie das nächste Mal den Notes Client starten, solange das aktuelle Arbeitsumgebungsdokument auf diese Mail-Datenbank verweist. Selbst wenn Sie unterschiedliche Serverversionen wie etwa Domino 8, 7, 6.5 oder 5 als gemischte Umgebung einsetzen, sollten Repliken der Mail-Datenbank identische Templates besitzen, um Probleme bei der Replikation auszuschließen.

Anwendungsdatenbanken verteilen

Bei der Cluster-Bildung von Anwendungsdatenbanken ist für manche Anwendungen eine höhere Verfügbarkeit erforderlich als für andere. Darüber hinaus werden einige Datenbanken häufiger verwendet oder benötigen zur Ausführung mehr Systemressourcen als andere. Sie sollten all diese Faktoren berücksichtigen, wenn Sie Anwendungsdatenbanken verteilen. Bei diesen Datenbanken ist die Lastverteilung wichtiger als bei Mail-Datenbanken.

Wie bei Mail-Datenbanken sollten Sie auch hier die Belastung gleichmäßig auf die Server im Cluster verteilen. Berücksichtigen Sie dabei aber die Leistung der einzelnen Server. Erhöhen Sie die Belastung bei Servern, die leistungsstärker sind. Darüber hinaus sollten Sie auch auf die Häufigkeit der Verwendung einer Datenbank achten.

Nicht jede Anwendung ist clusterfähig!

Es ist abhängig vom Design der Datenbank, ob diese in einem Cluster eingesetzt werden kann und entsprechend bei einem Failover- oder Loadbalancing-Schwenk reagiert. Sprechen Sie mit den Entwicklern der Datenbank, um zu vermeiden, dass auf einem Server beschränkte Designelemente zum Einsatz kommen. Beachten Sie dabei auch periodische Agenten, die Änderungen in Dokumenten vornehmen und daher zur Vermeidung von Replizierkonflikten nur jeweils auf einem Server gleichzeitig laufen dürfen.

9.8 Cluster-Überwachung und Troubleshooting

Als Teil eines Clusters überwacht ein Domino Server ständig seine Belastung, die Belastung der anderen Server im Cluster und die Verfügbarkeit von Datenbanken innerhalb des Clusters. Domino bietet mehrere Möglichkeiten, die Vorgänge in einem Cluster zu überwachen und gegebenenfalls Anpassungen vorzunehmen, die gewährleisten, dass kein Server überlastet ist und der Cluster einwandfrei und effizient läuft. Falls Ihr Betriebssystem Überwachungssoftware zur Verfügung stellt, können Sie damit zusätzlich die Ressourcenauslastung auf den Cluster-Servern überwachen. Sie können den Domino Server Monitor verwenden, um alle Server in einem Cluster gleichzeitig zu überwachen.

Führen Sie einen der folgenden Schritte aus, um eine Liste der Cluster-Mitglieder und ihren Status anzuzeigen:

▷ *Von der Serverkonsole aus:*

Geben Sie `Show Cluster` ein.

Mit diesem Befehl werden die Namen der Cluster-Server, ihre Verfügbarkeitsindizes und die Überprüfungsanzahl angezeigt.

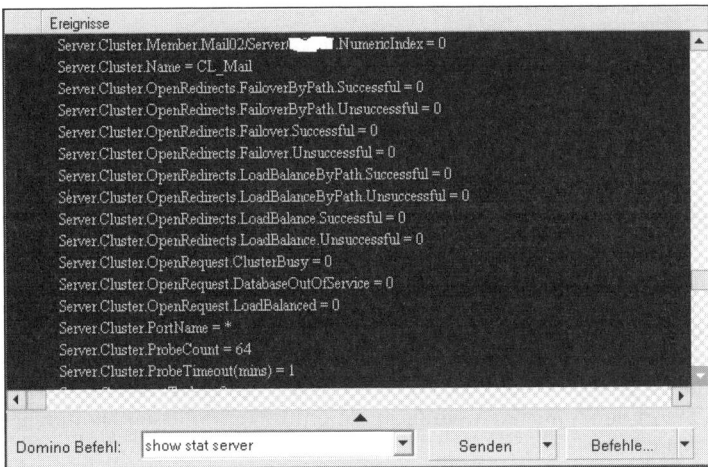

Abbildung 9.21: Auszug aus der Serverkonsole

Sie können auch `Show Stat Server` eingeben, um den Verfügbarkeitsindex und den Schwellenwert für die Verfügbarkeit eines Servers anzuzeigen, oder geben Sie `Show Stat Server.Cluster.*` ein, um weitere Cluster-Statistiken anzuzeigen. (Diese Statistiken beginnen mit `Server.Cluster`.)

▶ *Von Domino Administrator oder vom Web Administrator aus:*

Sie können die Verfügbarkeit der einzelnen Cluster-Mitglieder anzeigen, indem Sie wie folgt vorgehen:

1. Wählen Sie im Serverfenster den gewünschten Server aus.

2. Klicken Sie auf das Register SERVER > STATISTIK/STATISTICS.

3. Erweitern Sie die Ansicht des Servernamens, um den Verfügbarkeitsindex und den Schwellenwert für die Verfügbarkeit eines Servers anzuzeigen.

4. Klicken Sie auf CLUSTER > MITGLIEDER/MEMBER und erweitern Sie die Ansicht des Servernamens, um die Verfügbarkeit eines Servers anzuzeigen.

▶ *Sie können auch die Verfügbarkeit der einzelnen Cluster-Mitglieder über den Domino Administrator anzeigen, indem Sie wie folgt vorgehen:*

1. Klicken Sie im Serverfenster mit der rechten Maustaste auf den Server und wählen Sie EIGENSCHAFTEN: SERVER/PROPERTIES: SERVER.

2. Klicken Sie in der InfoBox EIGENSCHAFTEN: SERVER auf das Register CLUSTER.

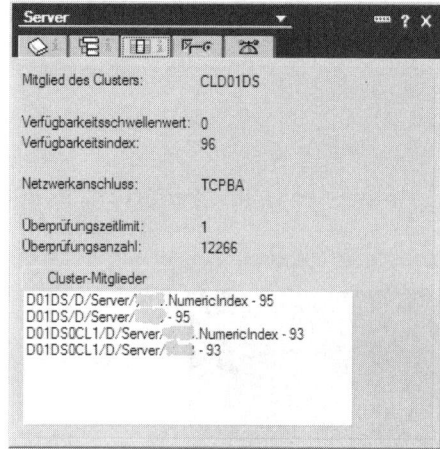

Abbildung 9.22: Eigenschaften des Cluster-Verbunds

9.8.1 Cluster-Manager-Ereignisse und -Statistiken

Nachdem Datenbanken und Mail-Server zwecks Lastverteilung verteilt wurden, sollten Sie die Cluster-Ereignisse und -Statistiken analysieren, um zu überprüfen, ob die Belastung innerhalb annehmbarer Grenzen liegt und die Failover-Umleitung erwartungsgemäß funktioniert. Wenn Sie in den Statistiken ein Problem entdecken, müssen Sie möglicherweise einige Änderungen vornehmen.

Failover- und Lastverteilungsereignisse

Bei jedem Failover protokolliert Domino das Ereignis in der Protokolldatei des Domino Servers. Ein Failover-Ereignis ist beispielsweise:

```
23.01.09 11:08:48 Zugriffsversuch auf Vertrieb/DMK!!Kunden.nsf für
Replik-ID 852560C9:007232D gescheitert; Anforderung wird an
Vertrieb2/DMK weitergereicht
```

Wenn Domino einen Failover zur Lastverteilung ausführt, kann das Ereignis in der Protokolldatei des Domino Servers wie folgt aussehen:

```
23.01.09 11:08:48 Lastverteilung zugunsten von
Vertrieb/DMK!!Kunden.nsf für Replik-ID 852560C9:007232D,
Anforderung wird an Vertrieb2/DMK weitergereicht
```

Sie können diese Ereignisse in der Protokolldatei ansehen. Führen Sie einen der folgenden Schritte aus:

▷ Von Domino Administrator oder vom Web Administrator aus

1. Wählen Sie im Serverfenster den Server, auf dem sich die gewünschte Protokolldatei befindet.
2. Klicken Sie auf das Register SERVER > ANALYSE/ANALYSIS.
3. Klicken Sie auf NOTES-PROTOKOLL/NOTES LOG und VERSCHIEDENE EREIGNISSE/MISCELLANEOUS EVENTS.
4. Öffnen Sie im Ergebnisfenster das Protokolleintragsdokument, das Sie anzeigen möchten.

▷ Von der Protokolldatei des Domino Servers aus

1. Öffnen Sie die Protokolldatei des Domino Servers.
2. Öffnen Sie die Ansicht VERSCHIEDENE EREIGNISSE/MISCELLANEOUS EVENTS.
3. Öffnen Sie das Dokument, das Sie ansehen möchten.

Sie können auch eine Protokollanalyse durchführen, um alle Failover- und Lastverteilungsereignisse in einer Datenbank zu speichern.

Um die Statistiken des Cluster-Managers anzusehen, gehen Sie wie folgt vor:

▷ Statistikberichte des Cluster-Managers von Domino Administrator aus anzeigen

1. Wählen Sie im Serverfenster den gewünschten Server aus.
2. Klicken Sie auf das Register SERVER > ANALYSE/ANALYSIS.
3. Erweitern Sie die Ansicht ÜBERWACHUNGSERGEBNISSE/MONITORING RESULTS> STATISTIKBERICHTE/STATISTICS REPORTS.
4. Klicken Sie auf CLUSTER.
5. Öffnen Sie im Ergebnisfenster den gewünschten Statistikbericht und schauen Sie in den Abschnitt SERVER-CLUSTER-STATISTIKEN/SERVER CLUSTER STATISTICS.

Sie können die Statistikberichte aber auch direkt in der Monitoring-Ergebnisdatenbank (*statrep.nsf*) ansehen. Öffnen Sie die Datenbank, erweitern Sie die Ansicht STATISTIKBERICHTE/STATISTICS REPORTS und klicken Sie dann auf CLUSTERS.

▷ Liste mit Statistiken des Cluster-Managers von Domino Administrator aus anzeigen

1. Wählen Sie im Serverfenster den gewünschten Server aus.
2. Klicken Sie auf das Register SERVER > STATISTIK/STATISTICS.
3. Erweiten Sie die Ansicht SERVER > CLUSTER.

Wenn Sie den Verfügbarkeitsindex (AvailabilityIndex) und den Schwellenwert für die Verfügbarkeit (AvailabilityThreshold) anzeigen möchten, klicken Sie nur auf Server.

▶ Liste mit Statistiken von der Serverkonsole aus anzeigen: Geben Sie `Show Stat Server.Cluster.*` ein.

Die Cluster-Manager-Statistiken beginnen mit `Server.Cluster`. Wenn Sie den Verfügbarkeitsindex und den Schwellenwert für die Verfügbarkeit anzeigen möchten, geben Sie `Show Stat Server` ein.

Anhand dieser Statistiken erhalten Sie Informationen über Failover, Lastverteilung und den Status der Cluster-Server. Unter anderem erfahren Sie aus den Statistiken, wie häufig der Cluster-Manager einen Failover- und Lastverteilungsversuch unternahm und wie viele Versuche erfolgreich waren.

9.8.2 Cluster-Replizierereignisse und -statistiken anzeigen

Sie können die Cluster-Replizierereignisse und Cluster-Replizierstatistiken in Domino Administrator, im Web Administrator oder in der Protokolldatei ansehen.

Der Cluster-Replikator erstellt einmal pro Stunde Protokolleintragsdokumente mit Informationen zu allen in dieser Stunde ausgeführten Replizierungen. Jedes Protokolleintragsdokument enthält Informationen zur Datenbankreplizierung sowie alle aktuellen Fehler. (Bei einem Fehler versucht der Cluster-Replikator, die Replizierung so oft zu wiederholen, bis sie erfolgreich ist. Nach einem erfolgreichen Wiederholversuch wird die Fehlermeldung aus dem Protokoll entfernt.) Für jeden Server, mit dem repliziert wurde, wird ein Protokolleintragsdokument erstellt.

Sie können die Cluster-Replizierereignisse anzeigen, die vom Cluster-Replikator erstellt wurden. Führen Sie einen der folgenden Schritte aus:

▶ Von Domino Administrator oder vom Web Administrator aus

1. Wählen Sie im Serverfenster den Server, auf dem sich die gewünschte Protokolldatei befindet.
2. Klicken Sie auf das Register SERVER > ANALYSE/ANALYSIS.
3. Klicken Sie auf NOTES-PROTOKOLL/NOTES LOG und anschließend auf REPLIZIERER-EIGNISSE/REPLICATION EVENTS.
4. Öffnen Sie im Ereignisfenster das Protokolleintragsdokument, das Sie anzeigen möchten.

▶ Von der Protokolldatei des Domino Servers aus

1. Öffnen Sie die Protokolldatei des Domino Servers.
2. Öffnen Sie die Ansicht REPLIZIEREREIGNISSE/REPLICATION EVENTS.
3. Öffnen Sie das Dokument, das Sie ansehen möchten.

Um die vom Cluster-Replikator erstellten Statistiken anzusehen, gehen Sie wie folgt vor:

▶ Statistikberichte zur Cluster-Replizierung von Domino Administrator oder vom Web Administrator aus anzeigen

1. Wählen Sie im Serverfenster den gewünschten Server aus.
2. Klicken Sie auf das Register SERVER > ANALYSE/ANALYSIS.
3. Erweitern Sie die Ansicht ÜBERWACHUNGSERGEBNISSE/MONITORING RESULTS > STATISTIKBERICHTE/STATISTICS REPORTS.

4. Klicken Sie auf CLUSTER.

5. Öffnen Sie im Ergebnisfenster den gewünschten Statistikbericht und schauen Sie in den Bereich CLUSTER-REPLIKATIONSSTATISTIKEN/REPLICA CLUSTER STATISTICS.

Diese Statistiken enthalten Informationen zu Cluster-Replizierereignissen, z.B. die Anzahl aktualisierter Dokumente, die Anzahl der ausstehenden Replizierversuche des Cluster-Replikators sowie die Anzahl der bei der Cluster-Replizierung empfangenen Bytes.

▶ Liste mit Statistiken zur Cluster-Replizierung von Domino Administrator aus anzeigen

1. Wählen Sie im Serverfenster den gewünschten Server aus.

2. Klicken Sie auf das Register SERVER > STATISTIK/STATISTICS.

3. Erweitern Sie in der Liste REPLICA und anschließend die Option CLUSTER.

▶ Liste mit Statistiken zur Cluster-Replizierung von der Serverkonsole aus anzeigen

1. Geben Sie `show stat replica.cluster.*` ein.

Statistiken zur Cluster-Replizierung beginnen mit `Replica.Cluster`.

In Spitzenzeiten kommt es auf Servern besonders häufig zu Replizierungen. Wenn der Cluster-Replikator nicht mehr alle Replizieranforderungen verarbeiten kann, kommt es zu Replizierungsrückständen. Überprüfen Sie die Statistik REPLICA.CLUSTER.WORKQUEUE-DEPTH. Aus ihr ersehen Sie die aktuelle Anzahl der geänderten Datenbanken, die auf eine Replizierung warten. Achten Sie auch auf die Statistik REPLICA.CLUSTER.SECONDSON-QUEUE. Aus ihr geht hervor, wie lange eine Datenbank auf die Replizierung wartet. Wenn dieser Wert regelmäßig größer als null ist, lässt sich der Replizierungsrückstand senken, wenn Sie zusätzliche Cluster-Replikatoren aktivieren.

Weitere interessante Statistiken:

Statistikname	Beschreibung
Member	Zeigt die Namen und Verfügbarkeitsindizes der Server im Cluster an.
AvailabilityIndex	Ein Maßstab für die Verfügbarkeit eines Servers. Null (0) gibt an, dass keine Ressourcen verfügbar sind. 100 steht für vollständige Serververfügbarkeit.
AvailabilityThreshold	Der aktuelle Verfügbarkeitsschwellenwert des Servers. Wenn der Verfügbarkeitsindex kleiner oder gleich dem Verfügbarkeitsschwellenwert ist, wird der Server auf den Status „Belegt" gesetzt.
ExpansionFactor	Der aktuelle Erweiterungsfaktor. Anhand dieses Werts wird der Verfügbarkeitsindex berechnet. Ein Wert von 1 zeigt, dass der Server Transaktionen innerhalb der minimalen Zeit ausführt. Ein Wert von 64 weist darauf hin, dass die Ausführung von Transaktionen 64 Mal länger dauert als die minimale Zeit. Ein Erweiterungsfaktor von 64 stellt einen vollständig ausgelasteten Server dar und ergibt einen Verfügbarkeitsindex von 0 (Null). Sie können die *notes.ini*-Einstellung `Server_Transinfo_Range` verwenden, um den Erweiterungsfaktorwert zu ändern, der einen vollständig ausgelasteten Server darstellt.
OpenRedirects.Fail-over.Successful	Gesamtzahl der erfolgreichen Umleitungen eines Clients zu einem anderen Cluster-Mitglied durch einen Server, nachdem der Client eine Datenbank nicht nach Replik-ID öffnen konnte.

Statistikname	Beschreibung
`OpenRedirects.Fail-over.Unsuccessful`	Gesamtzahl der erfolglosen Umleitungen eines Clients zu einem anderen Cluster-Mitglied durch einen Server, nachdem der Client eine Datenbank nicht nach Replik-ID öffnen konnte.
`OpenRedirects.Failover-ByPath.Successful`	Gesamtzahl der erfolgreichen Umleitungen eines Clients zu einem anderen Cluster-Mitglied durch einen Server, nachdem der Client eine Datenbank nicht nach Pfadname öffnen konnte.
`OpenRedirects.Failover-ByPath.Unsuccessful`	Gesamtzahl der erfolglosen Umleitungen eines Clients zu einem anderen Cluster-Mitglied durch einen Server, nachdem der Client eine Datenbank nicht nach Pfadname öffnen konnte.
`OpenRedirects.Load-Balance.Successful`	Gesamtzahl der erfolgreichen Umleitungen eines Clients zu einem anderen Cluster-Mitglied durch einen Server, nachdem der Client versucht hat, eine Datenbank nach Replik-ID zu öffnen, während der Server belegt war.
`OpenRedirects.Load-Balance.Unsuccessful`	Gesamtzahl der erfolglosen Umleitungen eines Clients zu einem anderen Cluster-Mitglied durch einen Server, nachdem der Client versucht hat, eine Datenbank nach Replik-ID zu öffnen, während der Server belegt war.
`OpenRedirects.LoadBalance-ByPath.Unsuccessful`	Gesamtzahl der erfolglosen Umleitungen eines Clients zu einem anderen Cluster-Mitglied durch einen Server, nachdem der Client versucht hat, eine Datenbank nach Pfadname zu öffnen, während der Server belegt war.
`OpenRedirects.LoadBalance-ByPath.Successful`	Gesamtzahl der erfolgreichen Umleitungen eines Clients zu einem anderen Cluster-Mitglied durch einen Server, nachdem der Client versucht hat, eine Datenbank nach Pfadname zu öffnen, während der Server belegt war.
`OpenRequest.ClusterBusy`	Gesamtzahl der Client-Anforderungen, während alle Server belegt waren.
`OpenRequest.DatabaseOut-OfService`	Gesamtzahl der Versuche eines Clients, eine auf dem Server als Außer Betrieb markierte Datenbank zu öffnen.
`OpenRequest.LoadBalanced`	Gesamtzahl der Versuche eines Clients, eine Datenbank auf dem Server zu öffnen, während der Server belegt war.
`PortName`	Vorgabeport für den Netzwerkdatenverkehr innerhalb von Clustern oder ein Sternchen, das angibt, dass kein Port vorgegeben ist und jeder verfügbare Port verwendet werden kann.
`ProbeCount`	Gesamtzahl der von einem Server durchgeführten Überprüfungen anderer Cluster-Mitglieder.
`ProbeError`	Gesamtzahl der Fehlereingänge beim Überprüfen eines anderen Servers durch einen Server.
`ProbeTimeout (min)*`	Zeigt das Intervall, in dem eine Intra-Cluster-Prüfung ausgeführt wird.

* Diese Statistik ist im Cluster-Statistikbericht nicht enthalten, kann aber mit dem Befehl SHOW STAT angezeigt werden. Sie können sie außerdem zur Maske CLUSTER REPORT hinzufügen.

Außer den Statistiken `AvailabilityIndex`, `AvailabilityThreshold` und `ExpansionFactor` enthält jeder Statistikname das Präfix `Server.Cluster`, das in dieser Tabelle nicht aufgeführt wird. `AvailabilityIndex`, `AvailabilityThreshold` und `ExpansionFactor` enthalten das Präfix `Server`.

9.8.3 Cluster-Troubleshooting

Prüfen Sie proaktiv und in Troubleshooting-Situationen die Protokolldatei des Servers (*log.nsf*). Nutzen Sie die Möglichkeit, eine entsprechende Detaillierungsstufe für die Aufzeichnung der Informationen anzugeben. So können Sie je nach Bedarf die Fehlersuche oder Kontrolle der Replikation umsetzen. `Log_Replication=Wert` gibt die Protokollierungsstufe für Replizierereignisse an, die vom aktuellen Server ausgeführt werden:

▷ 0: Replizierungsvorgänge nicht protokollieren

▷ 1: Replizierung einer Datenbank protokollieren

▷ 2: Informationen zu jeder replizierten Datenbank protokollieren

▷ 3: Informationen zu jedem replizierten Dokument (Gestaltungs- und Datendokumente) protokollieren

▷ 4: Informationen zu jedem replizierten Feld protokollieren

▷ 5: Zusammenfassende Informationen zu jedem Replizierereignis protokollieren

Setzen Sie den Wert auf 0 oder 1 für die reguläre Servernutzung:

▷ Wert 0: keine Protokollierung der Replizierung

▷ Wert 1: beantwortet die Frage, ob die Protokollierung funktioniert

Prüfen Sie die Protokolldatei (*log.nsf*) und analysieren Sie die Einträge nach Stichworten wie REPLICATE, copy, unable. Mögliche Fehler liegen darin begründet, dass die Replikation (aus Versehen, irrtümlich) deaktiviert wurde, die Datenbank korrupt oder die ACL inkonsistent oder falsch konfiguriert ist.

Client-Failover-Probleme zeigen sich beispielsweise, wenn der Anwender in seiner Mail-Datenbank arbeitet, wenn der Server crasht: `"Server is unavailable"`. Der Anwender muss seine Aktivität beenden und die Datenbank erneut öffnen, um ein Failover zu erzwingen. War die Datenbank geöffnet, als der Server nicht mehr verfügbar war, wird das Failover nicht ausgelöst. In der Version 7 und höher verhält es sich anders. Wenn der Anwender in einem solchen Fall in seiner Mail-Datenbank arbeitet, bekommt er eine Meldung und wird auf den Cluster-Partner umgeschwenkt.

Falls aber ein neuer Server (Server B) über Nacht zum Cluster-Partner des Servers A gemacht wird und der Anwender versucht, auf den Server A am nächsten Morgen zuzugreifen, und dieser nicht erreichbar ist, findet kein Schwenk auf den Server B statt. Dies liegt darin begründet, dass sich der Anwender nach Änderungen bezüglich Cluster-Zugehörigkeit erst bei einem Cluster-Mitglied authentifizieren muss damit der Client-Cluster-Cache aktualisiert wird (*cluster.ncf* des Clients).

Die aufpoppenden Fehlermeldungen (z.B. Error 0807 oder 0A02) können Sie über die *notes.ini* anpassen.

▷ `Err_0807=` Ihr Mail-Server antwortet zurzeit nicht. Sie können jedoch auf den Ersatzserver wechseln und mit Ihrer Arbeit fortfahren. Schließen Sie dazu Ihre Mail-Datenbanken und öffnen Sie diese erneut. Sie werden dann automatisch auf den anderen Server umgelenkt.

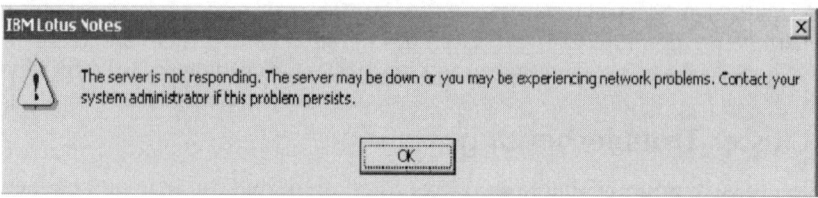

Abbildung 9.23: Angepasste Fehlermeldung für Error 0807

▶ Err_0A02= Ihr Mail-Server antwortet zurzeit nicht. Sie können jedoch auf den Ersatzserver wechseln und mit Ihrer Arbeit fortfahren. Schließen Sie dazu Ihre Mail-Datenbanken und öffnen Sie diese erneut. Sie werden dann automatisch auf den anderen Server umgelenkt.

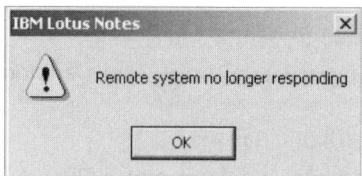

Abbildung 9.24: Angepasste Fehlermeldung für Error 0A02

9.9 Internet-Cluster-Manager

Mit dem Internet-Cluster-Manager (ICM) können Sie Domino Cluster verwenden, die HTTP-Clients (Internet-Browsern) Failover- und Lastverteilungsfunktionen beim Zugriff auf Domino Webserver zur Verfügung stellen. So gewährleisten Sie den Clients eine hohe Verfügbarkeit von Webservern und Datenbanken. Sie können den ICM auf einem Lotus Domino Enterprise Server der Versionen 8, 7, 6.5, 6 oder 5 beziehungsweise einem Lotus Domino Utility Server der Version 8, 7, 6.5 oder 6 ausführen. Sie installieren und konfigurieren die Domino Cluster wie gewohnt und konfigurieren anschließend den ICM. Der ICM unterstützt die HTTP- und HTTPS-Protokolle. Der ICM fungiert als Vermittler zwischen HTTP-Clients und den Domino Webservern in einem Cluster. Wenn in einem Cluster Domino Webserver ausgeführt werden, generieren diese URLs, mit denen die HTTP-Client-Anforderungen an den ICM geleitet werden. Der ICM verwaltet die Informationen über die Verfügbarkeit von Servern und Datenbanken in einem Cluster. Wenn der ICM eine Client-Anforderung erhält, wird der Client an den Server mit der höchsten Verfügbarkeit umgeleitet, auf dem sich eine Replik der angeforderten Datenbank befindet.

Der Domino Webserver eines Clusters liest das Serverdokument, um den Host-Namen des ICM zu finden. Der Webserver generiert dann URLs, die auf den ICM verweisen. Der ICM akzeptiert und verarbeitet alle vom Domino Webserver unterstützten URLs. Dazu gehören URLs, die:

▶ Server, Datenbanken und Ansichten öffnen

▶ Masken, Navigatoren und Agenten öffnen

▶ Dokumente öffnen, bearbeiten und löschen

▶ Dokumente von einer Ansicht aus nach Namen öffnen

▶ Bilddateien, Anhänge und OLE-Objekte öffnen

▶ Suchabfragen erstellen

Die folgenden Bedingungen können sich darauf auswirken, wie der ICM URLs verarbeitet:

▷ Wenn eine URL einen Pfad enthält, kann der ICM diese URL unter Umständen nicht einer einzelnen Datenbank zuordnen, weil mehrere Server eine Datenbank mit demselben Pfad und demselben Dateinamen, aber mit anderer Replik-ID enthalten können. In diesem Fall zeigt der ICM dem Benutzer eine Liste mit möglichen Datenbanken an, aus der der Benutzer die richtige Datenbank auswählen kann.

▷ Wenn eine URL eine Replik-ID enthält, kann der ICM diese URL unter Umständen nicht einer einzelnen Datenbank zuordnen, falls sich mehrere Repliken der Datenbank auf einem Server befinden, wie dies bei selektiver Replizierung der Fall sein könnte. Der ICM leitet die Client-Anforderung dann an einen Server um, auf dem sich mindestens eine Replik der angeforderten Datenbank befindet. Der Webserver wählt dann diese Replik aus und stellt sie dem Benutzer zur Verfügung. Um auf eine bestimmte Replik zuzugreifen, müssen die Benutzer den Pfad der Replik angeben.

▷ Wenn eine URL eine Dokument-ID enthält, kann der ICM bei der Verarbeitung der URL falsche Ergebnisse liefern. Dies liegt daran, dass die Dokument-ID eines Objekts möglicherweise nicht in allen Repliken dieselbe ist. Im Gegensatz dazu sind die Notes-Objektnamen und die universellen IDs in allen Repliken einer Datenbank identisch.

9.9.1 Verwendung des ICM planen

Sie sollten den Aufbau eines Clusters mit ICM-Unterstützung planen. Anschließend sollten Sie sich überlegen, wo und wie viele ICMs ausgeführt werden sollen.

Sie können einem bereits bestehenden Cluster Webserver hinzufügen, die bestehenden Server in einem Cluster als Webserver verwenden oder einen Cluster ausschließlich für den Webdatenverkehr erstellen. Berücksichtigen Sie bei der Planung eines solchen Clusters dieselben Faktoren wie beim Erstellen eines Domino Clusters. Sie sollten beispielsweise die Verarbeitungsleistung der verfügbaren Server und den Datenverkehr im Cluster berücksichtigen. Bei einem hohen Webdatenverkehr auf einem Server sollten Sie in Erwägung ziehen, den Server nur für den Webdatenverkehr zu verwenden. Verteilen Sie die Datenbanken und Repliken so, dass die Belastung ausgeglichen wird.

Im Allgemeinen sollten Sie Folgendes berücksichtigen:

▷ Anzahl der Server im Cluster

▷ Anzahl und Ablageort von Repliken in einem Cluster

▷ Wie Datenbanken auf die Server verteilt werden

▷ Ob ein privates LAN für den Cluster-Datenverkehr erstellt werden soll

▷ Ausführungsort des ICM

Es gibt verschiedene Möglichkeiten zur ICM-Konfiguration. Sie können beispielsweise Folgendes durchführen:

▷ Nur einen ICM konfigurieren und außerhalb des Clusters einrichten

▷ Mehrere ICMs außerhalb des Clusters konfigurieren

▷ Nur einen ICM als Teil des Clusters konfigurieren

▷ Mehrere ICMs als Teil des Clusters konfigurieren

▷ Einen ICM außerhalb und einen innerhalb des Clusters einrichten

Wenn Sie nur einen ICM außerhalb des Clusters einrichten, ist es sinnvoll, den Server nur für diesen ICM zu verwenden. Auf dem Server sollten sich nur die Datenbanken oder Server-Tasks befinden, die für das Ausführen des Servers erforderlich sind. Wenn Sie den ICM so konfigurieren, läuft er zuverlässiger, weil weniger Aktivitäten auf dem Server ausgeführt werden, die die Leistung beeinträchtigen und zu einem Serverausfall führen könnten.

Sie können die Verfügbarkeit des ICM verbessern, indem Sie mehr als einen ICM zur Verarbeitung von Benutzeranforderungen konfigurieren. Wenn bei dieser Konfiguration ein ICM nicht zur Verfügung steht, ist der andere ICM weiterhin verfügbar. So können die Client-Anforderungen weiterhin bearbeitet werden. Sie konfigurieren beide ICMs mit demselben Host-Namen, damit beim Ausfall eines ICM der andere ICM übernimmt, ohne dass der Benutzer dies bemerkt. Obwohl zwei ICMs ausgeführt und Benutzeranforderungen gleichzeitig bearbeitet werden, besteht der größte Vorteil von mehreren ICMs in der Verfügbarkeit, nicht in einer höheren Leistung. Bei dieser Konfiguration wird die Leistung nur dann erheblich verbessert, wenn ein einzelner ICM mit Client-Anforderungen überhäuft werden würde.

Sie können den ICM in den Cluster aufnehmen, indem Sie ihn auf einem Server im Cluster ausführen. Vergewissern Sie sich, dass der Server den zusätzlichen Datenverkehr für den ICM bewältigen kann. Sie sollten den ICM auf dem leistungsstärksten Server im Cluster oder auf dem Server mit dem geringsten Datenverkehr ausführen.

Sie können die Verfügbarkeit des ICM verbessern, indem Sie mehr als einen ICM im Cluster installieren. Vergewissern Sie sich, dass die Server, auf denen Sie die ICMs installieren, den zusätzlichen Datenverkehr bewältigen können.

Sie können zwei ICMs so konfigurieren, dass einer außerhalb und einer innerhalb des Clusters ausgeführt wird. Wenn der dedizierte Server außerhalb des Clusters nicht zur Verfügung steht, steht ein Backup-ICM zur Verfügung, ohne für den zusätzlichen ICM einen Server einrichten zu müssen.

9.9.2 ICM konfigurieren

Sie konfigurieren den ICM, indem Sie im Abschnitt INTERNET-CLUSTER-MANAGER des Serverdokuments entsprechende Einträge vornehmen. Sie können für den ICM auch eine separate IP-Adresse einrichten. Dann können Sie den ICM starten. Sie können die ICM-Einstellungen auf einem Server konfigurieren, auf den dann mehrere ICMs zugreifen. So können ICMs auf unterschiedlichen Servern eine gemeinsame Konfiguration verwenden. Sie sollten die ICM-Konfigurationsinformationen auf allen Webservern im Cluster speichern, nicht nur auf dem Server, auf dem der ICM ausgeführt wird. Denn jeder Webserver verwendet sein eigenes Serverdokument, um festzulegen, wie die URLs erstellt werden, die auf den ICM verweisen. Der Webserver ruft den Host-Namen des ICM aus dem Serverdokument ab. Dieser Host-Name wird dann vom Webserver zum Erstellen der URLs verwendet, die auf den ICM verweisen.

So konfigurieren Sie den ICM:

1. Klicken Sie in Domino Administrator oder im Web Administrator auf das Register KONFIGURATION/CONFIGURATION.

2. Erweitern Sie SERVER und klicken Sie auf ALLE SERVERDOKUMENTE/ALL SERVER DOCUMENTS.

3. Gehen Sie folgendermaßen weiter vor:

   – Wählen Sie im Ergebnisfenster des Domino Administrators das Serverdokument für den Server aus, auf dem Sie den ICM ausführen möchten, und klicken Sie auf SERVER BEARBEITEN/EDIT SERVER.

   – Öffnen Sie im Ergebnisfenster des Web Administrators das Serverdokument für den Server, auf dem Sie den ICM ausführen möchten, und klicken Sie auf SERVER BEARBEITEN/EDIT SERVER.

4. Klicken Sie auf das Register SERVER-TASKS > INTERNET-CLUSTER-MANAGER.

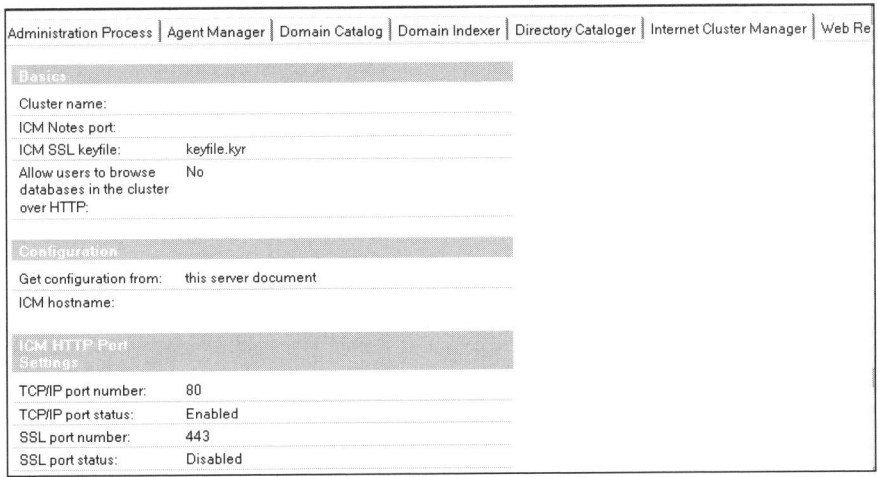

Abbildung 9.25: Angaben zum ICM im Serverdokument

5. Geben Sie in die folgenden Felder Werte ein:

Abschnitt	Feldname	Beschreibung
ALLGEMEIN/ BASICS	CLUSTER-NAME/ CLUSTER NAME	Der Name des Clusters, für den der ICM zur Verfügung steht. Wenn dieses Feld keine Eingabe enthält, verwendet Domino den Namen des Clusters, zu dem dieser Server gehört.
	ICM NOTES-ANSCHLUSS/ ICM NOTES PORT	Der Name des Notes-Anschlusses, der vom ICM zur Kommunikation mit den HTTP-Clients verwendet wird. Wenn Sie in diesem Feld keine Eingabe vornehmen (die Standardvorgabe), kann zur Kommunikation mit HTTP-Clients vom ICM ein beliebiger Notes-Anschluss verwendet werden. Geben Sie nur dann einen Anschlussnamen ein, wenn Sie die ICM-Kommunikation auf einen bestimmten Anschluss beschränken möchten.
	ICM-SSL-SCHLÜSSEL-DATEI/ ICM SSL KEYFILE	Der Name der SSL-Schlüsseldatei, die Zertifikate enthält, mit denen der ICM bei der Kommunikation mit HTTP-Clients identifiziert wird.

Abschnitt	Feldname	Beschreibung
	HTTP-BENUTZER DÜRFEN DATENBANKEN IM CLUSTER SUCHEN/ ALLOW USERS TO BROWSE DATABASES IN THE CLUSTER OVER HTTP	HTTP-Clients können eine Liste mit den Datenbanken in einem Cluster anzeigen. Wenn Sie dieses Feld aktivieren, können die Benutzer folgende URL eingeben: *http://ICM-Host-Name/?OpenServer*. Dadurch wird eine Liste der Datenbanken auf den Servern im Cluster angezeigt, die mit dem unter ICM-HOST-NAME angegebenen ICM verknüpft sind. Diese Angabe ist veraltet: In Technote 1091633 steht: „The OpenServer command has been removed in Domino 6 and later releases to address a security enhancement request". Ab Version 6 gibt es auch die Einstellung ALLOW HTTP CLIENTS TO BROWSE DATABASES nicht mehr. Wenn man den Befehl dennoch versucht anzuwenden, erhält man eine Fehlermeldung. Ebenso erhält man einen Fehler, wenn der Befehl `?Openserver` an einem ICM eingegeben wird.
KONFIGURATION/ CONFIGURATION	KONFIGURATION ABRUFEN VON/ GET CONFIGURATION FROM	Sie können ein anderes Serverdokument angeben, von dem Sie Konfigurationsinformationen abrufen. Mithilfe dieses Felds können mehrere ICMs dieselbe Konfiguration verwenden.
	ICM-KONFIGURATION ABRUFEN VON/ OBTAIN ICM CONFIGURATION FROM	Dieses Feld wird angezeigt, wenn Sie im Feld KONFIGURATION ABRUFEN VON die Option EINEM ANDEREN SERVERDOKUMENT wählen. Geben Sie den Namen des Servers ein, dessen Serverdokument die gewünschte Konfiguration enthält.
	ICM-HOST-NAME/ ICM HOSTNAME	Der vollständig qualifizierte Name des Hosts, den die Clients zur Kommunikation mit dem ICM verwenden sollen. Hierbei kann es sich um den registrierten DNS-Namen oder die IP-Adresse handeln. Dieses Feld wird vom Domino Webserver für das Erstellen von URLs verwendet, die auf den ICM verweisen. Wenn dieses Feld keine Eingabe enthält, kann der Webserver keine URLs erstellen, die auf den ICM verweisen.

Abschnitt	Feldname	Beschreibung
ICM-HTTP-ANSCHLUSS/ ICM HTTP PORT SETTINGS	TCP/IP-ANSCHLUSS-NUMMER/ TCP/IP PORT NUMBER	Geben Sie die Anschlussnummer für den zu verwendenden ICM an. Wenn der ICM auf demselben Server wie der Webserver ausgeführt wird, müssen Sie Adress- und Anschlusskonflikte vermeiden. Wenn Sie dem ICM keine eigene IP-Adresse zuweisen, darf die Anschlussnummer des ICM nicht einer der übrigen auf dem Server verwendeten Anschlussnummern entsprechen.
	TCP/IP-ANSCHLUSS-STATUS/ TCP/IP PORT STATUS	Um die HTTP-Kommunikation zu aktivieren, wählen Sie AKTIVIERT/ENABLED. Um die HTTP-Kommunikation zu deaktivieren, wählen Sie DEAKTIVIERT/DISABLED.
	SSL-ANSCHLUSSNUMMER/ SSL PORT NUMBER	Geben Sie die für SSL zu verwendende Anschlussnummer an. Wenn der ICM auf demselben Server wie der Webserver ausgeführt wird und Sie dem ICM keine eigene IP-Adresse zuweisen, darf die SSL-Anschlussnummer auf dem Server noch nicht für einen anderen Anschluss verwendet worden sein.
	SSL-ANSCHLUSSSTATUS/ SSL PORT STATUS	Um die HTTPS-Kommunikation mit dem ICM zu aktivieren, wählen Sie AKTIVIERT. Um die HTTPS-Kommunikation mit dem ICM zu deaktivieren, wählen Sie DEAKTIVIERT/DISABLED.

6. Speichern und schließen Sie das Serverdokument.

Wenn der ICM gestartet wird, durchsucht er das Serverdokument auf dem Server, auf dem er ausgeführt wird, um den ICM-Cluster-Namen und seine Netzwerkadresse zu finden. Er ruft dann den Host-Namen und die Anschlusseinstellungen aus demselben Serverdokument ab oder aus dem im Feld ICM-KONFIGURATION ABRUFEN VON angegebenen Serverdokument.

Wenn Sie den ICM auf demselben System wie einen Domino Webserver ausführen, müssen Sie IP-Adress- und Anschlussnummernkonflikte vermeiden. Am besten weisen Sie dem ICM seine eigene IP-Adresse zu. Sie können den ICM auch so einrichten, dass er dieselbe IP-Adresse wie der Webserver verwendet. Dazu müssen Sie unterschiedliche Anschlussnummern für den ICM und die anderen Protokolle auf dem Webserver angeben.

Separate IP-Adresse für den ICM einrichten

Wenn Sie den ICM auf einem Webserver ausführen und Konflikte vermeiden möchten, können Sie ihm eine eigene IP-Adresse zuweisen.

1. Verwenden Sie Ihr Betriebssystem, um die IP-Adresse freizugeben.
2. Konfigurieren Sie in Domino Administrator oder im Web Administrator auf dem Server, auf dem sich der ICM befindet, einen Anschluss, indem Sie wie folgt vorgehen:
   1. Wählen Sie die Registerkarte SERVER > STATUS.
   2. Erweitern Sie unter den Serverwerkzeugen die Option ANSCHLÜSSE KONFIGURIEREN/ SETUP PORTS.
   3. Wählen Sie NEU/NEW.
   4. Geben Sie einen Namen für den neuen Anschluss ein, z.B. ICMPORT.
   5. Wählen Sie den TCP als Treiber.
   6. Klicken Sie zweimal auf OK.

   Wenn Sie nicht über den Domino Administrator Client auf den Server zugreifen, auf dem sich der ICM befindet, gehen Sie zum Einrichten des Anschlusses wie folgt vor:
   1. Fügen Sie der *notes.ini*-Datei die folgende Zeile hinzu:

      ```
      Anschlussname=TCP,Adapter- oder Netzwerknummer,Anzahl
      Sitzungen,Daten-Puffergröße
      ```

      Beispiel: `ICMPORT=TCP,0,15,0`
   2. Fügen Sie der Einstellung `Ports` in der *notes.ini*-Datei den Namen des Anschlusses hinzu, z.B. `ICMPORT`.
3. Fügen Sie der *notes.ini*-Datei die folgende Zeile hinzu:

   ```
   Anschlussname_TcpIpAddress=0,IP-Adresse
   ```

   Dabei bezeichnet `Anschlussname` den Namen des Anschlusses, den Sie in Domino Administrator konfiguriert haben, z.B. `ICMPORT`, und `IP-Adresse` die IP-Adresse, die Sie für den ICM verwenden.

   Beispiel: `ICMPORT_TcpIpAddress=0,192.94.222.169`
4. Geben Sie in das Feld ICM-NOTES-ANSCHLUSS/ICM NOTES PORT des Registers SERVER-TASKS > INTERNET-CLUSTER-MANAGER im Serverdokument den Namen des Anschlusses ein, den Sie konfiguriert haben, z.B. `ICMPORT`.
5. Wenn Sie beispielsweise Anschluss 80 sowohl für den ICM als auch für den Webserver verwenden möchten, müssen Sie wie folgt vorgehen:
   1. Klicken Sie im Serverdokument auf das Register INTERNET-PROTOKOLLE/INTERNET-PROTOCOLS > HTTP.
   2. Geben Sie in das Feld HOST-NAME(N) die IP-Adresse bzw. den Host-Namen des Webservers ein.
   3. Wählen Sie dann AKTIVIERT/ENABLED im Feld MIT HOST-NAMEN VERKNÜPFEN/BIND TO HOSTNAME.
6. Speichern Sie das Dokument.

ICM starten

Um den ICM bei jedem Serverstart auszuführen, müssen Sie das Schlüsselwort `ICM` in der *notes.ini*-Datei an das Ende der Zeile `ServerTasks` anhängen, z.B.:

```
ServerTasks=ROUTER,REPLICA,ADMINP,HTTP,ICM
```

Wenn der Server bereits läuft und Sie den ICM manuell starten möchten, geben Sie an der Serverkonsole Folgendes ein: `load icm`.

Sie können den Task auf mehreren Servern ausführen. So stellen Sie sicher, dass immer ein ICM ausgeführt wird, auch wenn ein ICM außer Betrieb ist. Wenn Sie mehrere ICMs einsetzen, verwenden Sie in der Regel für alle ICMs dieselben Konfigurationseinstellungen.

Sie können den ICM allerdings auch wie jeden anderen Dienst über den Domino Administrator oder den Web Administrator starten.

9.9.3 Failover und Lastverteilung

Wenn Sie den ICM verwenden, funktionieren Failover und Lastverteilung wie bei Domino-Standard-Clustern. Domino berechnet die Serververfügbarkeit auf der Grundlage aller geöffneten Sitzungen, ob von Notes Clients, HTTP-Clients oder anderen Domino Servern. Verwenden Sie zur Konfiguration von Lastverteilung und Failover dieselben Einstellungen, z.B. `Server_Restricted`, `Server_Availability_Threshold` und `Server_MaxUsers`. Verwenden Sie für die Datenbankverfügbarkeit dieselben Einstellungen, z.B. das Kennzeichnen einer Datenbank als Außer Betrieb oder Zum Löschen markiert. Im Gegensatz zu einem herkömmlichen Domino Cluster kann der ICM einen Client zu einem Server umleiten, der sich im Status `MAX_BENUTZERZAHL` befindet, wenn kein anderer Server verfügbar ist.

Der ICM verwaltet die folgenden Informationen, damit er bei einer Client-Anforderung eine angeforderte Replik finden kann:

▶ Informationen darüber, welche Datenbanken im Cluster verfügbar und wo sie gespeichert sind. Der ICM ruft diese Informationen vom Cluster-Datenbankverzeichnis ab.

▶ Informationen über die Verfügbarkeit der Server. Der ICM ruft diese Informationen ab, wenn er die Server im Cluster überprüft.

▶ Informationen darüber, welche Webserver für HTTP und HTTPS konfiguriert sind. Der ICM ruft diese Informationen aus den Serverdokumenten der Server im Cluster ab.

Um zu ermitteln, welche Datenbankreplik geöffnet werden soll, geht der ICM wie folgt vor:

▶ Er stellt fest, wo sich die Repliken befinden und ob sie als Außer Betrieb oder Zum Löschen markiert gekennzeichnet sind.

▶ Er überprüft den Serververfügbarkeitsindex der Server, auf denen sich die Datenbanken befinden.

▶ Er überprüft die Verfügbarkeit des Servers mit einem Ping an den HTTP- oder HTTPS-Anschluss, abhängig von der Client-Anforderung.

▶ Er ignoriert alle Server, die nicht erreichbar sind oder den Status ZUGRIFF_EINGE-SCHRÄNKT haben.

▶ Er ignoriert alle Server, die auf BELEGT oder MAX_BENUTZERZAHL gesetzt sind.

Nachdem der Server ausgewählt ist, überprüft der ICM das Serverdokument, um den Anschluss für den Zugriff des Servers zu ermitteln.

Serverausfall

Wenn ein HTTP-Client mit einem Server verbunden ist, der ausfällt, erhält der Client
eine Meldung, dass der Server nicht antwortet. Damit ein Failover an eine andere Replik
(falls vorhanden) erfolgt, muss der Benutzer erneut eine Verbindung zu dem ICM aufnehmen. Dafür stehen dem Benutzer folgende Möglichkeiten zur Auswahl:

▶ Klicken Sie im Browser einmal oder mehrmals auf den Zurück-Pfeil, um über den
   ICM eine Verbindung zu einer Seite herzustellen.

▶ Verwenden Sie ein Lesezeichen.

▶ Geben Sie die URL ein.

Der Benutzer muss unter Umständen von dem neuen Server erneut authentifiziert werden. Dies hängt von folgenden Faktoren ab:

▶ Wenn der Benutzer in dieser Sitzung bereits von dem neuen Server authentifiziert
   wurde, ist keine Authentifizierung erforderlich.

▶ Wenn der HTTP-Client und der Server SSL3 unterstützen, wird die erneute Authentifizierung automatisch ausgeführt.

9.9.4 Sicherheit

Der ICM unterstützt SSL. Er kann dieselben SSL-Zertifikate wie der Domino Webserver
verwenden, oder Sie geben andere SSL-Zertifikate für den ICM an. Sie können den ICM
im Abschnitt INTERNET-CLUSTER-MANAGER des Serverdokuments so konfigurieren, dass
SSL erforderlich ist. Der ICM verwendet die Einstellungen im Abschnitt INTERNET-
ANSCHLÜSSE/INTERNET PORTS des Serverdokuments, um die SSL-Protokollversion festzulegen und zu ermitteln, ob abgelaufene Zertifikate angenommen werden können.

Zusätzlich gelten bei der Verwendung von ICM auch die normalen Domino Server- und
Datenbanksicherheitsregeln. Der ICM nimmt allerdings nicht am Domino-Sicherheits-
verfahren teil. Wenn ein HTTP-Client auf eine Datenbank zugreifen möchte, sendet er eine
anonyme Anforderung an den ICM. Der ICM reagiert mit einer Anweisung an den Client,
welcher Server für den Zugriff zu verwenden ist. Der Client leitet seine Anforderung automatisch an den entsprechenden Server um. Der Server stellt dann eine Kommunikation
mit dem Client her und verwendet die auf diesem Server für die Benutzerauthentifizierung
zur Verfügung stehenden Sicherheitsmaßnahmen. Wenn Sie den ICM selbst vor nicht
autorisiertem Zugriff schützen möchten, können Sie eine Firewall verwenden.

9.9.5 ICM verwalten und überwachen

Der ICM zeichnet wichtige Ereignisse in der Ansicht VERSCHIEDENE EREIGNISSE/MISCELLA-
NEOUS EVENTS der Protokolldatei auf, z.B., ob eine Datenbank nicht gefunden werden
konnte. Um ICM-Ereignisse in der Protokolldatei anzuzeigen, führen Sie einen der folgenden Schritte aus:

1. Wählen Sie im Serverfenster des Domino Administrator Clients den Server, auf dem
   sich die gewünschte Protokolldatei befindet.

2. Klicken Sie auf das Register SERVER > ANALYSE/ANALYSIS.

3. Erweitern Sie das Notes-Protokoll und klicken Sie auf VERSCHIEDENE EREIGNISSE/MIS-
   CELLANEOUS EVENTS.

4. Öffnen Sie im Ergebnisfenster das Protokolleintragsdokument, das Sie anzeigen
   möchten.

Von der Protokolldatei des Domino Servers aus gehen Sie folgendermaßen vor, um sich die ICM-Ereignisse anzeigen zu lassen:

1. Öffnen Sie die Protokolldatei des Domino Servers.
2. Öffnen Sie die Ansicht VERSCHIEDENE EREIGNISSE/MISCELLANEOUS EVENTS.
3. Öffnen Sie das Dokument, das Sie ansehen möchten.

ICM-Statistiken anzeigen

Der ICM erstellt Statistiken, die Aufschluss über die Leistung des Clusters und des ICM geben. Um diese Statistiken anzusehen, gehen Sie wie folgt vor:

Von Domino Administrator oder vom Web Administrator aus gehen Sie folgendermaßen vor, um sich die ICM-Statistiken anzeigen zu lassen:

1. Wählen Sie im Serverfenster den gewünschten Server aus.
2. Klicken Sie auf das Register SERVER > STATISTIKEN/STATISTICS.
3. Klicken Sie in der Liste ALLE STATISTIKEN/ALL STATISTICS auf ICM.

Um sich von der Serverkonsole aus die ICM-Statistiken anzeigen zu lassen, geben Sie Show Stat icm ein:

```
show stat icm
  ICM.AvailabilityIndex.WBDMK01 = 91: AVAILABLE
  ICM.AvailabilityIndex.WBDMK02 = 97: AVAILABLE
  ICM.Command.Redirects.ClusterBusy = 0
  ICM.Command.Redirects.Successful = 16
  ICM.Command.Redirects.Unsuccessful = 0
  ICM.Command.Total = 16
  ICM.Command.Unknown = 0
  ICM.Receive.Error = 0
  ICM.Requests.Per1Hour.Total = 0
  ICM.Requests.Per1Minute.Total = 0
  ICM.Requests.Per5Minutes.Total = 0
  ICM.Server.Running = TRUE
  ICM.Sessions.Inbound.Accept.Queue = 0
  ICM.Sessions.Inbound.Active = 0
  ICM.Sessions.Inbound.Active.SSL = 0
  ICM.Sessions.Inbound.BytesReceived = 8.924
  ICM.Sessions.Inbound.BytesSent = 3.434
  ICM.Sessions.Inbound.Peak = 2
  ICM.Sessions.Inbound.Peak.SSL = 1
  ICM.Sessions.Inbound.Total = 1208325
  ICM.Sessions.Inbound.Total.SSL = 16
  ICM.Sessions.Inbound.Total.SSL.Bad_Handshake = 1208309
  ICM.Sessions.Outbound.Active = 0
  ICM.Sessions.Outbound.Active.SSL = 0
  ICM.Sessions.Outbound.BytesReceived = 0
  ICM.Sessions.Outbound.BytesSent = 0
  ICM.Sessions.Outbound.Peak = 1
  ICM.Sessions.Outbound.Peak.SSL = 0
  ICM.Sessions.Outbound.Total = 54214
  ICM.Sessions.Outbound.Total.SSL = 0
  ICM.Sessions.Threads.Busy = 0
  ICM.Sessions.Threads.Idle = 2
```

```
ICM.Sessions.Threads.InThreadPool = 2
ICM.Sessions.Threads.Peak = 2
34 statistics found
```

Sie können diese Statistiken zusammen mit den Standard-Cluster-Statistiken verwenden, um festzustellen, welche Server im Cluster am häufigsten frequentiert werden. So können Sie die Belastung innerhalb des Clusters besser ausgleichen.

Überwachung aller ICM-Server

Sie können den Domino Server Monitor verwenden, um alle ICM-Server zur gleichen Zeit zu überwachen. Sie können entscheiden, welche Informationen Sie überwachen möchten und wie diese dargestellt werden. Sie können die ICM-Server und das gesamte Cluster überwachen, während Sie die anderen Server im Auge behalten. Um Domino anzuweisen, die entsprechenden Server und Informationen zu überwachen, erstellen oder verändern Sie Überwachungsprofile.

> Beachten Sie, dass der Domino Server Monitor und die Überwachungsprofile nicht im Web Administrator verfügbar sind.

Sie können die Serverüberwachung starten, während der Server schon läuft, oder Sie starten den Domino Server Monitor zusammen mit dem Domino Server. Letzteres legen Sie über die Administrationseinstellungen des Domino Administrator Clients unter der Registerkarte ÜBERWACHEN/MONITORING fest.

1. Um den Domino Server Monitor manuell zu starten, klicken Sie in Domino Administrator auf die Registerkarte SERVER > ÜBERWACHUNG/MONITORING, wählen das gewünschte Überwachungsprofil aus und klicken auf den START-Button.

2. Die Überwachungsprofile können Sie in Domino Administrator unter der Registerkarte SERVER > ÜBERWACHUNG/MONITORING im Feld ÜBERWACHUNGSPROFILE/MONITORING PROFILES auswählen. Um den ICM-Task zu einem bestehenden Überwachungsprofil hinzuzufügen, wählen Sie in der Menüzeile ÜBERWACHUNG/MONITORING > NEUE TASK ÜBERWACHEN/MONITOR NEW TASK und selektieren INTERNET CLUSTER MANAGER (ICM) aus der Liste.

3. Um eine oder mehrere Statistik(en) zur Überwachung hinzuzufügen, wählen Sie STATISTIK(EN) ZU DIESEM PROFIL HINZUFÜGEN/ADD STATISTIC(S) TO THIS PROFILE und fügen die entsprechenden ICM-Statistiken hinzu.

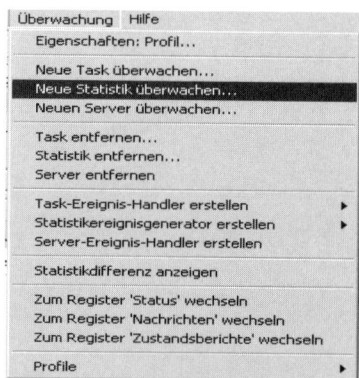

Abbildung 9.26:
Überwachung der Statistiken

10 Benutzerverwaltung

Die Benutzer des Lotus Notes Domino-Systems lassen sich anhand verschiedener Gesichtspunkte unterscheiden. Zum einen basiert eine Einteilung auf der Wahl der verwendeten Zugriffssoftware. Diese kann durch den Anwender beispielsweise über einen Notes Client auf dem Desktop-PC oder über einen auf einem Notebook installierten Workplace -lient erfolgen. Ebenso kann der Anwender aber auch über einen Webbrowser wie den Internet Explorer oder Mozilla Firefox zugreifen. Ein anderer Gesichtspunkt ist die Wahl der Client-Hardware: PC, Laptop oder Mobile Devices wie BlackBerry. Dem Anwender stehen im Lotus Notes/Domino-Umfeld viele Möglichkeiten offen.

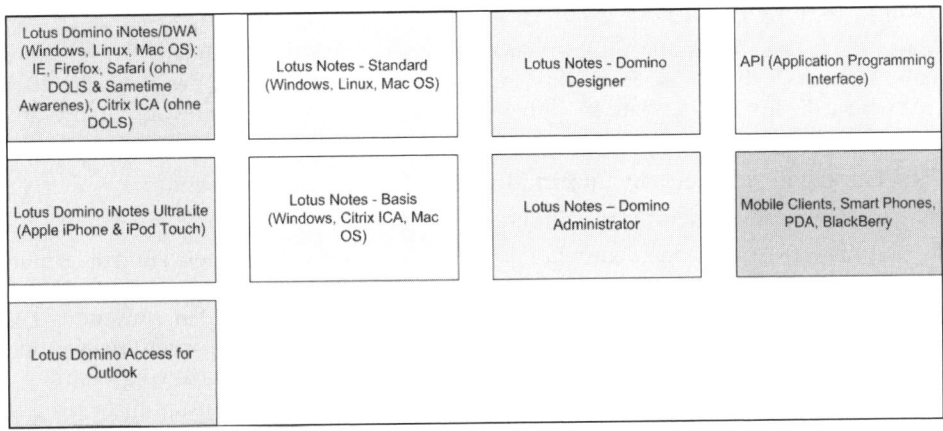

Abbildung 10.1: Flexible und somit unterschiedliche Client-Zugriffsmöglichkeiten

Die Notes-Benutzer sind Personen, die den Notes Client für den Zugriff auf Domino Server und Datenbanken verwenden und eine Notes-ID, ein Personendokument und, falls sie Notes Mail verwenden, eine Mail-Datenbank besitzen.

Die Anwender, die nur über einen Browser mit Webmail oder Domino Web Access (DWA) als Basis zugreifen, benötigen keine Notes-ID. Sie verwenden zur Authentifizierung lediglich die Eingabe des Namens in einer definierten Form wie etwa VORNAME ZUNAME und das im Personendokument hinterlegte Internet-Passwort. Es ist jedoch nicht ohne Weiteres möglich, verschlüsselte Dokumente im Browser zu lesen (siehe *Abbildung 10.2*). Dies ist für DWA-Benutzer erst gegeben, sobald sie auf ihre ID zugreifen, wenn sie offline arbeiten. Doch dazu sind die Domino Offline-Services (DOLS) notwendig.

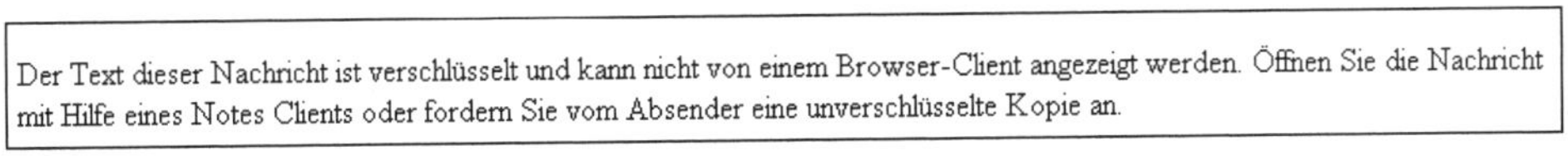

> Der Text dieser Nachricht ist verschlüsselt und kann nicht von einem Browser-Client angezeigt werden. Öffnen Sie die Nachricht mit Hilfe eines Notes Clients oder fordern Sie vom Absender eine unverschlüsselte Kopie an.

Abbildung 10.2: Öffnen einer verschlüsselten Nachricht im Browser

Die Einrichtung von Notes-Benutzern kann entweder dadurch erfolgen, dass Sie die Benutzer in Notes registrieren, oder Sie übernehmen sie von einem externen Mail-System oder Verzeichnis. In jedem Fall sollten Sie im Vorfeld Standardeinstellungen festlegen, die Notes während der Registrierung anwendet. Hierzu bietet Domino seit Version 6 die sogenannten Richtlinien (Policies). In vorherigen Versionen geschah eine Vereinfachung der Benutzereinrichtung über Konfigurationsprofile (Setup Profiles). Lotus Notes Domino 8 unterstützt diese Profile zwar weiterhin, aber die Verwendung von Richtlinien gilt mittlerweile als zeitgemäß. Konfigurationsprofildokumente können nicht verwendet werden, wenn Richtliniendokumente und Richtlinieneinstellungen im Einsatz sind. Die Verwendung von Richtlinien ermöglicht die Umsetzung der Anforderungen an Vorgaben und Restriktionen für den Anwender.

Sie fügen Benutzer hinzu, indem Sie sie mithilfe der entsprechenden Zertifizierer-ID registrieren. Hierdurch werden eine Benutzer-ID und zugehörige Zertifikate erstellt, die den Benutzern den entsprechenden Systemzugriff gewähren. Sie können dies direkt über die Zertifizierer-ID bewerkstelligen, sofern Sie diese im Zugriff haben. Üblicherweise verwendet man jedoch den Certificate Authority-Prozess, welcher in der vorhandenen Form unter Lotus Domino 6 eingeführt wurde. Im Anschluss an die Registrierung der Notes-Benutzer müssen Sie die Installationsdateien vorbereiten, damit die Benutzer Notes auf ihren Workstations installieren können.

Zum Einrichten von Notes-Benutzern führen Sie folgende Schritte aus:

▸ Erstellen Sie Registrierungsrichtlinien.

▸ Definieren Sie die Standardeinstellungen für den Benutzerarbeitsbereich und die Benutzerregistrierung über Setup Policies. Diese Informationen dienen als Basis für die Verteilung der Arbeitsumgebungsdokumente und der Bookmarks für den Anwender. Die Setup-Einstellungen beinhalten ebenfalls Informationen zum Internet-Browser und Proxy, Applet-Security-Einstellungen sowie den Desktop- und Benutzervorgaben.

▸ Erstellen Sie Desktop-Einstellungen (Desktop Policy), um die Einstellungen für den Notes Client dynamisch verwalten zu können.

▸ Erstellen Sie eine Ausführungskontrollliste (ECL) für die Workstation, um den Zugriff auf Workstation-Daten zu steuern.

▸ Definieren Sie Standardvorgaben für die Benutzerregistrierung über die Administrationsvorgaben.

▸ Erstellung spezieller Optionen für die Registrierung über die Dialogbox zur Benutzerregistrierung.

▸ Falls Sie speziell für die Anwender einen OU-Zertifizierer vorgesehen haben, sollten Sie diese vorher einrichten, falls dies noch nicht geschehen ist.

▸ Hinzufügen von alternativen Sprachen zu O- oder zu O- und OU-Zertifizierern, wenn die Verwendung alternativer Sprachen vorgesehen ist.

▸ Einrichten der ID-/Kennwortwiederherstellung.

▸ Richten Sie ID-Vault für eine komfortable ID-Verwaltung/-Wiederherstellung ein.

▸ Registrieren Sie die Benutzer.

Wenn Sie den Web Administrator Client verwenden, müssen Sie eine serverbasierte Zertifizierungsstelle (CA) einrichten, um Notes-Benutzer zu registrieren. Web Administrator und der Server, auf dem sich die Datenbank WEB ADMINISTRATOR befindet, müssen als RA (Registration Authority) für diesen Zertifizierer aufgeführt sein. Sie müssen die RA-Rolle im Domino Administrator Client, nicht im Web Administrator zuweisen. Um die RA-Rolle zuzuweisen, verwenden Sie das Werkzeug ZERTIFIZIERER ÄNDERN/MODIFY CERTIFIER im Konfigurationsfenster.

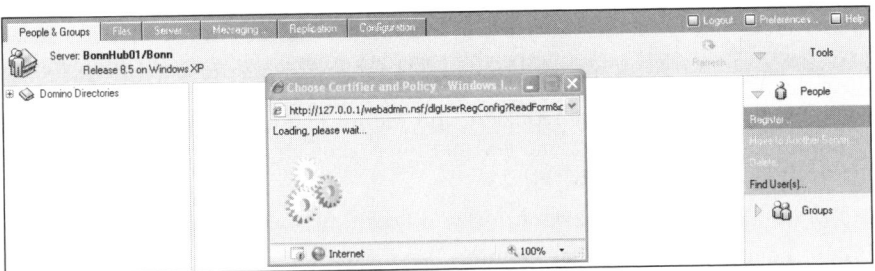

Abbildung 10.3: Start des Registrierungsaufrufs über den Web Administrator

Die Registrierungsvorgaben (unter DATEI/FILE > VORGABEN/PREFERENCES > ADMINIS-TRATION), die Sie für die Benutzerregistrierung mit Domino Administrator festlegen können, gelten nicht für den Web Administrator. Während der Benutzerregistrierung über das Web werden nur Registrierungseinstellungen verwendet, die in Richtlinien oder über die serverbasierte CA angewendet werden. Andere Einstellungen müssen manuell eingegeben werden oder sind als Vorgaben bereits festgelegt.

Die Installation und Konfiguration eines Notes Clients, den ein Notes-Anwender zum Zugriff auf Domino-Datenbanken immer dann benötigt, falls er nicht ausschließlich über einen Internet-Browser arbeitet, wurde in *Kapitel 2.3, Lotus Notes 8-Installation (Version 8.0.x)* und *Kapitel 2.4, Lotus Notes 8-Installation (Version 8.5.x)* hinreichend beschrieben. Zusätzlich zu Notes-Benutzern kann ein Domino Server die folgenden Benutzer unterstützen, die keinen Notes Client verwenden:

▷ IMAP

▷ POP3

▷ Web/Browser

▷ Domino Access für Microsoft Outlook

Bei den Notes-Anwendern müssen Sie zudem zwischen normalen Notes-Anwendern und den sogenannten Roaming-Anwendern unterscheiden. Hinweis: In der Version Lotus Notes Domino 8.5 gibt es spezielle Einstellungsdokumente für Roaming-Richtlinien.

10.1 **Roaming**

Die Einrichtung von Roaming-Usern erlaubt es Ihnen, einem Benutzer standortunabhängigen Zugriff zu gewähren. Der Benutzer kann die auf ihn angepassten Einstellungen auf jedem PC nutzen, der ihm zur Verfügung gestellt wird, und von dort über den Notes Client, Domino Administrator Client oder den Domino Designer arbeiten. Seine persönlichen Informationen (Lesezeichen *bookmark.nsf*, Adressbuch, Journal und ID-Datei sowie *roamingdata.nsf* und *localfeedcontent.nsf*) werden auf einem Roaming-Server gespeichert und an jeden Arbeitsplatz repliziert, an dem er arbeitet. Sollen weitere Datenbanken einbezogen werden, müssen diesbezügliche Repliken im für den Anwender spezifischen Unterverzeichnis auf dem Server gespeichert werden (siehe *Abbildung 10.4*). Beendet der Benutzer die Arbeit mit seinem Client an dem jeweiligen Rechner, werden die Daten auf den definierten Roaming-Server repliziert und die lokalen anwenderspezifischen Daten „aufgeräumt". Wann, wie und ob dieser Aufräumvorgang abläuft, wird für den Anwender während der Registrierung festgelegt.

Lotus Domino 8.5 unterstützt zwei Arten von Roaming:

▶ Domino Server-Roaming: Das Domino Server-Roaming ist für Benutzer der Basic- und der Standard-Konfiguration von Notes verfügbar. Sie weisen es dem Benutzer über den Domino Administrator Client oder bei der Registrierung zu.

▶ Dateiserver-Roaming: Das Dateiserver-Roaming ist nur auf Microsoft Windows-32-Bit-Plattformen verfügbar.

Das Hochstufen des Notes-Benutzers auf das Dateiserver-Roaming bzw. Herabstufen des Benutzers davon erfolgt über das neue Einstellungsdokument für Roaming-Richtlinien. Beachten Sie aber, dass das Roaming-Werkzeug und die Roaming-Richtlinie nicht für denselben Benutzer verwendet werden. Dies würde zu Fehlern und unerwarteten Ergebnissen führen.

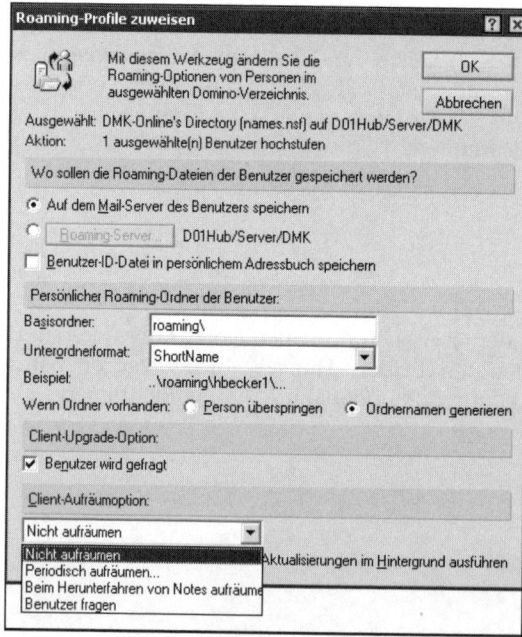

Abbildung 10.4:
Roaming-Optionen

Wird das persönliche Adressbuch des Anwenders repliziert, enthält es die Roaming-Anwender-ID und das Wörterbuch des Anwenders als Anhang. Aus diesem Grund wird die User-ID aus Sicherheitsgründen doppelt verschlüsselt abgelegt. Wird das Passwort der ID nun verändert, wird diese Änderung erst gültig, sobald eine Replizierung stattgefunden hat. Die meisten Einstellungen aus den Benutzervorgaben werden ebenfalls repliziert. Dies gilt aber nicht für die betriebssystemspezifischen Einstellungen. Nicht repliziert werden zudem Fonts, Ports, Einstellungen zu Hintergrunddruck und bidirektionaler Sprache sowie Dateipfadangaben. Folgende Daten sind ebenfalls von der Replizierung ausgeschlossen, da man im Vorhinein bereits davon ausgehen kann, dass nicht jeder Anwender sie verwendet:

- Signaturdateien
- IMAP- und NNTP-Proxy-Datenbanken
- *notes.ini* (außer für Benutzervorgaben, die im persönlichen Adressbuch abgespeichert werden)
- *desktop.dsk*
- *cache.ndk*
- *headline.nsf*
- Private Ansichten

Sie haben bei der Registrierung jederzeit die Möglichkeit, einen Nutzer als Roaming User anzulegen. Hierzu wählen Sie nur ein Markierfeld bei der Registrierung aus. Die angebotenen Cleanup-Optionen sorgen dafür, dass sich die persönlichen Informationen eines Benutzers sofort oder in festgelegten Intervallen wieder von einem PC entfernen lassen, nachdem die Daten auf den Roaming-Server repliziert wurden. Sie geben über den Domino Administrator einen speziellen Server und ein Benutzerunterverzeichnis für Roaming-User an. Außerdem können Sie zusätzliche Datenbanken festlegen, die Ihre Benutzer als „Roaming"-Datenbanken verwenden.

Sie können das Roaming für einen Benutzer einrichten, wenn Sie einen Anwender neu registrieren, oder Sie aktualisieren einen existierenden Anwender auf einen Roaming-Anwender. Das persönliche Journal wird hier nur dann in die Roaming-Replikation einbezogen, wenn es bereits unter dem Vorgabenamen *journal.nsf* oder *notebook.nsf* im Notes-Datenverzeichnis existiert.

Auch über den Web Administrator haben Sie die Möglichkeit, einen Anwender als Roaming-Anwender zu registrieren, allerdings nicht für Roaming in einem Cluster, dies geht nur über den Domino Administrator.

Roaming-Anwender auf DB2-aktivierten Domino Servern

Bei der Benutzerregistrierung können Sie einen Roaming-Server für die zu replizierenden Daten des Anwenders angeben. Wurde DB2 nicht auf diesem Server aktiviert, werden die anwenderspezifischen Daten als NSF-Dateien angelegt. Wurde dagegen DB2 für den Roaming-Server aktiviert, können Sie als Format für die Datenablage DB2 oder NSF angeben. Behalten Sie dabei jedoch im Hinterkopf, dass die lokale Replik des Adressbuchs (*names.nsf*) lediglich als NSF abgespeichert werden kann.

Die Konfiguration des Roamings erfolgt in sechs Schritten.

1. Zunächst müssen Sie die Optionen NOTES-ID FÜR DIESEN BENUTZER ERSTELLEN/CREATE A NOTES ID FOR THIS PERSON und ROAMING FÜR DIESE PERSON AKTIVIEREN/ENABLE ROAMING FOR THIS PERSON für den Benutzer, der mit Roaming arbeiten soll, aktivieren. Anschließend aktivieren Sie die Option ERWEITERT/ADVANCED (siehe *Abbildung 10.5*).

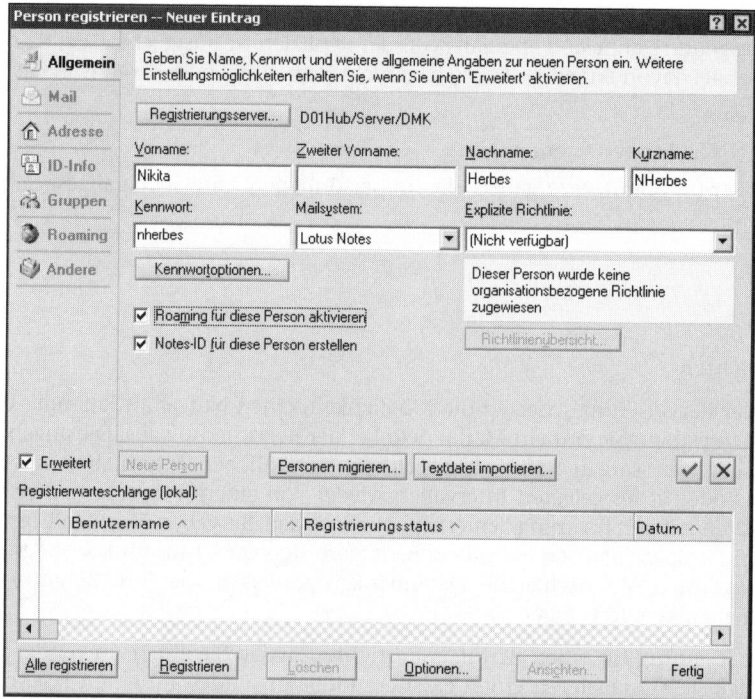

Abbildung 10.5: Benutzer für die Roaming-Verwendung aktivieren

2. Nun können Sie unter ROAMING eine Reihe von Festlegungen treffen (siehe *Abbildung 10.6*): Als Erstes legen Sie den Speicherort der Roaming-Dateien fest. Diese werden standardmäßig auf dem Mail-Server des Benutzers gehalten. Die Verwendung dieser Option liegt nahe, da der Zugriff auf den Mail-Server bei praktisch allen Verbindungen genutzt wird und somit gegeben sein sollte. Alternativ kann aber auch ein anderer Server als Roaming-Server angegeben werden. Dann muss sichergestellt sein, dass der Benutzer auf diesen Server immer Zugriff hat. Um eine hohe Verfügbarkeit des Roamings zu sichern, sollte es sich um einen Cluster-Server handeln. Alternativ kann in den einzelnen Personendokumenten auch ein Replica-Server angegeben werden.

3. Im nächsten Schritt kann definiert werden, ob die User-ID-Datei des Benutzers im persönlichen Adressbuch gespeichert wird. Sie steht damit auch beim Roaming auf verschiedenen Systemen zur Verfügung. Wenn Sie diese Option nicht aktivieren, muss für den Roaming-User die ID-Datei auf einem anderen physikalischen Medium abgelegt werden. Falls Sie sich später entscheiden, dass Sie diese Option doch gerne nutzen würden, empfiehlt es sich, die Roaming-User-Option gänzlich zu deaktivieren und bei der erneuten Aktivierung diese Option zu setzen.

4. Darunter wird der Pfad des Ordners mit den Roaming-Informationen auf dem Server definiert. Gemäß Vorgabe wird dieser als *roaming\Kurzname* festgelegt. Sie können aber auch andere Namen für die persönlichen Roaming-Ordner der verschiedenen Anwender festlegen. Falls der Ordner bereits existiert, muss entweder auf die Erstellung des Roaming-Ordners verzichtet oder ein künstlicher, eindeutiger Name für den Ordner erzeugt werden.

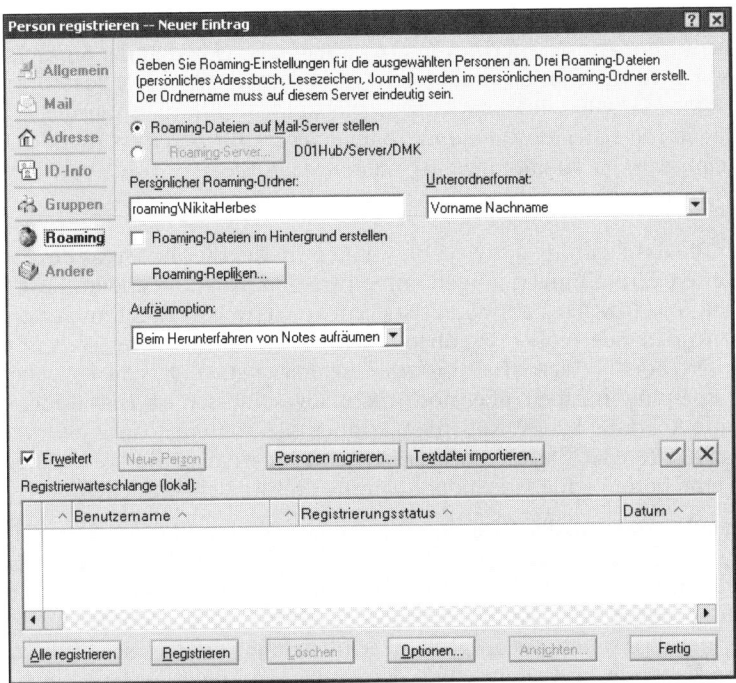

Abbildung 10.6: Roaming-Optionen

5. Legen Sie nun fest, ob die Clients nach der Abmeldung des Benutzers zu einem bestimmten Zeitpunkt wieder aufgeräumt werden oder nicht. Das Aufräumen in Bezug auf die Daten des Anwenders ist sinnvoll, wenn diese sich nur selten auf bestimmten Clients anmelden.

   – NICHT AUFRÄUMEN/DO NOT CLEAN-UP belässt die Profile vollständig auf den verschiedenen Clients.

   – PERIODISCH AUFRÄUMEN/CLEAN-UP PERIODICALLY löscht die lokalen Profile in definierten Zeitabständen.

   – BEIM HERUNTERFAHREN VON NOTES AUFRÄUMEN/CLEAN-UP AT NOTES SHUTDOWN ist die in vielen Fällen sinnvollste Option: Sie sorgt dafür, dass die Profile jeweils beim Herunterfahren von Notes gelöscht werden. Es ist hierbei wichtig, dass das Löschen grundsätzlich nicht bei der Abmeldung des Benutzers bzw. beim Beenden einer Notes-Session, sondern erst beim Herunterfahren eines Notes Clients erfolgt. Das ist in Bezug auf solche Systeme von Bedeutung, mit denen verschiedene Benutzer arbeiten und die typischerweise nicht heruntergefahren werden. Hier sammeln sich dann auch mehr und mehr Profilinformationen auf dem System an.

   – Schließlich kann der Benutzer noch gefragt werden, ob er das System aufräumen möchte.

6. Nachdem diese Einstellungen gesetzt sind, wird der Benutzer durch Auswahl der Schaltfläche OK für das Roaming freigegeben. Dadurch wird ein Administrationsprozess gestartet. Je nach Auslastung des Servers dauert es einige Zeit, bis wirklich mit dem Roaming gearbeitet werden kann. Wenn das Werkzeug bei einem Benutzer erneut ausgewählt wird, für den das Roaming aktiviert ist, fragt Lotus Domino, ob der Benutzer wieder herabgestuft, das Roaming also deaktiviert werden soll.

Während der Benutzerregistrierung eines Roaming-Benutzers generiert der Administrationsprozess die Administrationsanforderung ROAMING-DATEIEN FÜR ROAMING-BENUTZER ERSTELLEN/CREATE A ROAMING USER'S ROAMINGFILE fünfmal, um die folgenden fünf Dateien zu erstellen: *journal.nsf* (oder *notebook.nsf,* sofern vorhanden*), bookmark.nsf, names.nsf, localfeedcontent.nsf, roamingdaat.nsf.*

Bei Benutzern, für die das Roaming aktiviert ist, können im Register ROAMING des Personendokuments weitere Einstellungen vorgenommen werden. Nicht verändern lässt sich die Option ROAMING FÜR BENUTZER ZULASSEN/USER CAN ROAM, welche nicht im Personendokument gesetzt wird, sondern über den oben beschriebenen Prozess. Der Wert ist entweder JA/YES, NEIN/NO oder IN ARBEIT/IN PROGRESS. Letzterer zeigt an, dass die Freigabe des Benutzers für das Roaming in Arbeit, aber noch nicht abgeschlossen ist. Hier findet sich die Information zum Roaming-Server. Außerdem können hier weitere Roaming-Server als ROAMING-REPLIKSERVER/ROAMING REPLICA SERVER eingetragen werden. Das ist grundsätzlich sinnvoll, um eine hohe Verfügbarkeit der Roaming Profiles sicherzustellen.

Ab Lotus Domino 8.5 können die Roaming-Einstellungen nun auch im Detail über Richtlinien gesteuert werden. Neben der bereits bekannten Einstellung bei den Registration Settings gibt es nun auch Roaming Settings. In den Registration Settings kann festgelegt werden, ob für einen Benutzer das Roaming gleich freigegeben werden soll oder nicht. Falls die Option ROAMING USER ausgewählt wird, werden zusätzliche Optionen in der Richtlinie angezeigt, die im Wesentlichen denen des Werkzeugs ROAMING entsprechen. In den Roaming Settings können die Roaming-Server-Einstellungen für bereits registrierte Nutzer für Dateiserver-Roaming vorgegeben werden. Diese Möglichkeit ist in Lotus Domino 8 noch nicht verfügbar.

10.2 Richtlinien für Benutzer

Sie haben die Möglichkeit, Standardeinstellungen über sogenannte Richtlinien festzulegen, noch bevor Sie neue Notes-Benutzer registrieren, die Notes für alle von Ihnen registrierten Benutzer anwendet. Durch die Standardeinstellungen wird die Benutzerregistrierung leichter und schneller, und die Benutzereinstellungen sind konsistent. In früheren Versionen von Lotus Notes Domino wurden Konfigurationsprofile (Setup Profiles) erstellt, um Workstation-Vorgaben zu setzen. Seit Lotus Notes Domino 6 werden hierzu Richtliniendokumente benutzt. Die verwendete Richtlinienstruktur sollte vorab sorgfältig geplant werden. Auch sie spiegelt das Bild des Unternehmens hinsichtlich Organisation und Aufbau wider.

Lotus Notes Domino bietet Ihnen die Möglichkeit, sehr viele Standardeinstellungen zu definieren, z.B. welchen Mail-Server Benutzer verwenden oder welche Zertifizierer-ID für die Benutzerregistrierung verwendet wird. Sie können auch eine standardmäßige Ausführungskontrollliste (ECL) für die Workstation angeben, mit der Daten vor nicht autorisiertem Zugriff geschützt werden. Bei Registrierung verbinden Sie die Benutzer so mit einer Richtlinie, dass sie eine bestimmte Gruppe von Einstellungen erhalten. Je nach Bedarf können Sie in Ihrer Organisation auch mehrere Richtlinien erstellen, die auf eine bestimmte Benutzergruppe zugeschnitten sind. Da Personen gleicher Organisationseinheiten oder Abteilungen ähnliche oder gleiche Vorgaben und Regelungen, Zugriffe oder Datenbanken als tägliches Werkzeug verwenden, ist es nur folgerichtig, hierzu die angebotenen Möglichkeiten der Richtlinien zu nutzen.

Die Policy-Dokumente (Richtliniendokumente) bilden ein Hilfsmittel für die Lotus Notes Client-Administratoren, da es mit diesen möglich ist, Standardeinstellungen und -konfigurationen über ganze Gruppen, Abteilungen oder sogar ganze Unternehmen hinweg verbindlich festzulegen. Die Konfiguration der Richtlinien erfolgt zentral im Domino-Verzeichnis über den Domino Administrator. Alle Änderungen, die an den Richtlinien erfolgen, werden dann automatisch den Clients zugewiesen.

Betrachtet man die Personendokumente des Domino Directory, so gibt es eine große Zahl an Konfigurationsparametern. Die auf Richtlinien basierenden Registrierungsoptionen umfassen beispielsweise den Registrierungsserver, Kennwortoptionen, Roaming-User-Status, Mail-Server und Schablone, Internet-Adressinformationen, ID-, Zertifizierungsinformationen und Gruppen. Zum Registrieren von Benutzern wählen Sie einfach die angemessenen Registrierungsrichtlinien, um sämtliche Richtlinienoptionen für den Benutzer zu übernehmen. In Lotus Domino Administrator finden Sie im Strukturbaum auf der linken Seite den Eintrag RICHTLINIEN/POLICIES. Dort können Richtlinien hinzugefügt, geändert und gelöscht werden (siehe *Abbildung 10.7*).

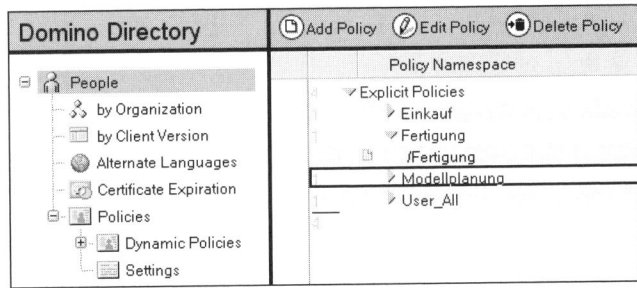

Abbildung 10.7: Richtlinieneinstellungen und Richtliniendokumente

Grundsätzlich wird bei den Richtlinien unterschieden:

▷ Organisationsbezogene Richtlinien (Organizational Policies) gelten für einen definierten Teil einer Organisation, z.B. */DMK für alle Anwender in der Organisation /DMK. Die Zuordnung erfolgt also über die Basis des Zertifizierers.

▷ Explizite Richtlinien (Explicit Policies) werden über das Personendokument oder während der Benutzerregistrierung zugeordnet. Sie gelten für Personen und Gruppen. Um die manuelle Zuordnung zu vereinfachen, können Sie sich als dritte Möglichkeit des Werkzeugs POLICY ZUWEISEN/ASSIGN POLICY bedienen, sodass nicht jedes Personendokument einzeln geöffnet werden muss. Ein Beispiel sind Personen oder Gruppen, für die Sonderregelungen pro Abteilung oder im Unternehmen gelten, wie etwa externe Mitarbeiter.

Neben diesen beiden Varianten existieren Ausnahmerichtlinien (Exception Policies). Dabei kann es sich um Organisations- oder explizite Richtlinien handeln. Mithilfe dieser Policies werden andere Richtlinien überschrieben. So kann für die Organisation */DMK eine Organisationsrichtlinie definiert werden. Der Bereich Sales, hierarchisch angesiedelt als */VERTRIEB/DMK, benötigt aber für einige Mitarbeiter abweichende Vorgaben, z.B. in Bezug auf die Mail-Quote, die dann über eine Ausnahmerichtlinie vergeben werden, die die Einstellungen der Organisationsrichtlinie überschreibt.

10.2.1 Richtlinienvererbung

Auch bei der richtlinienbasierten Administration von Lotus Domino gilt den Vererbungsregeln ein besonderes Augenmerk, dies unterscheidet sich nicht von anderen Systemen, bei denen mit Richtlinien gearbeitet wird. Die Vererbungsregeln definieren, wann welche Richtlinie verwendet wird. Bedenken Sie, dass einem Anwender eine Mischung aus expliziten und organisationsbezogenen Richtlinien zugewiesen wird. Für die Nutzung von Richtlinien muss daher ebenso wie bei der Planung der Domino Server-Infrastruktur eine Konzeption vorangehen, damit es später jederzeit nachvollziehbar ist, welche Anwender mit welchen Richtlinien arbeiten und welche Anwender welche Richtlinien erhalten. Nur dann lassen sich auch komplexe Umgebungen sauber administrieren und eine Fehlersuche durchführen. Auf diese Art ist die Vergabe von Regeln sowohl für Mitarbeiter bestimmter organisatorischer Einheiten als auch für Rollen, die diese innehaben, nachvollziehbar. Die Erfahrungen mit anderen auf Richtlinien basierenden Systemen wie den Gruppenrichtlinien von Windows-Systemen machen deutlich, dass der Einsatz solcher Mechanismen gut geplant sein will, damit der administrative Aufwand auch tatsächlich geringer wird.

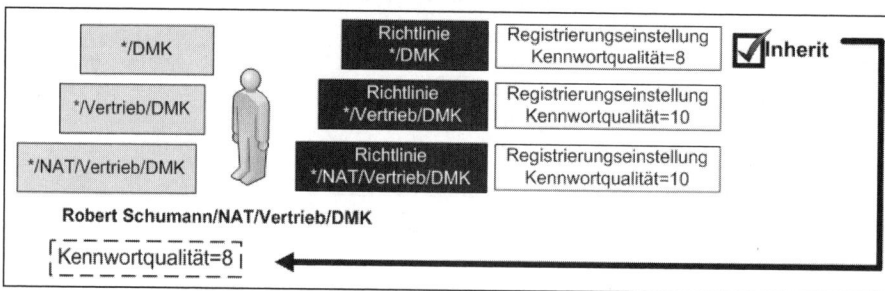

Abbildung 10.8: Vererbung von Richtlinien

Die wichtigsten Regeln und Konzepte für die Vererbung sind (siehe *Abbildung 10.8*):

▶ In Richtlinien können auch untergeordnete Richtlinien definiert werden, die als Kind- oder Child-Richtlinien bezeichnet werden. Dabei werden alle Einstellungen aus den übergeordneten (Eltern-)Richtlinien in die Kind-Richtlinien übernommen, soweit dort nicht andere Einstellungen gesetzt sind. Dieses Vererbungskonzept kann allerdings noch angepasst werden. So lassen sich etwa auf der Ebene von DMK alle generell gültigen Werte definieren und darunter auf der Ebene von VERTRIEB/DMK die spezifischen Einstellungen für VERTRIEB. Die Nutzung dieser Eltern-Kind-Beziehungen führt zur Vererbung von Einstellungen. Wenn dagegen eine Richtlinie für DMK und eine für DMK/ VERTRIEB definiert wird, gibt es keine Vererbungsregeln zwischen diesen Richtlinien. Das macht die Konfiguration deutlich komplexer, weil dann sämtliche Einstellungen in allen Richtlinien vorgenommen werden müssen.

▶ Innerhalb von Richtlinien können für die Einstellungen die Festlegungen INHERITED und ENFORCED getroffen werden. INHERITED legt fest, dass ein Richtlinienparameter von einer übergeordneten Richtlinie übernommen wird. ENFORCED wird dagegen in Eltern- Richtlinien gesetzt und überschreibt alle Festlegungen in den untergeordneten Kind-

Richtlinien. So können auf einer hierarchisch weiter oben gelegenen Richtlinie eine Einstellung definiert werden, die in jedem Fall greift. Allerdings ist zu beachten, dass Ausnahmerichtlinien auch die mit ENFORCED getroffenen Festlegungen überschreiben.

▷ Diese Ausnahmerichtlinien sind das dritte wichtige Konstrukt im Zusammenhang mit der Vererbung, da sie auf definierte Richtlinien angewendet werden und dort Parameter überschreiben können.

Damit lassen sich grundsätzlich zwei Ansätze unterscheiden, wie Sie in Domino-Umgebungen mit Richtlinien arbeiten können:

▷ Über Eltern-Kind-Richtlinien wird die organisatorische Struktur des Domino Directory abgebildet. Allgemeine Festlegungen werden auf der Ebene der Organisation getroffen, spezifische Anpassungen für einzelne Bereiche auf den darunter liegenden Ebenen. Gegebenenfalls werden Ausnahmerichtlinien angewendet, um die Festlegungen beispielsweise für bestimmte Gruppen oder Abteilungen zu überschreiben. Dieser Ansatz ist immer dann sinnvoll, wenn für die meisten Bereiche in sich einheitliche Festlegungen gelten und nur wenige Anpassungen erforderlich sind.

▷ Für jede Organisation und organisatorische Einheit wird jeweils eine eigene Richtlinie erstellt. Auch auf diese können Ausnahmerichtlinien angewendet werden. Diese Vorgehensweise empfiehlt sich, wenn die Einstellungen in verschiedenen Organisationseinheiten stark voneinander abweichen. Der Administrationsaufwand reduziert sich, wenn einzelne Einstellungen (Settings) in verschiedenen Richtlinien genutzt werden können, da die Einstellungen als unabhängige Objekte getrennt von den Richtlinien gespeichert werden und mehreren Richtlinien zugeordnet werden können.

10.2.2 Richtlinieneinstellungen

Einstellungen können entweder über die Schaltfläche NEU/NEW im Richtliniendokument oder alternativ

▷ unterhalb der Registerkarte KONFIGURATION/CONFIGURATION über das Werkzeug RICHTLINIEN/POLICIES > ERSTELLEN/CREATE sowie

▷ unterhalb der Registerkarte PERSONEN UND GRUPPEN/PEOPLE & GROUPS über die Ansicht RICHTLINIEN/POLICIES und den Button RICHTLINIEN HINZUFÜGEN/ADD SETTINGS

definiert werden (siehe *Abbildung 10.9*).

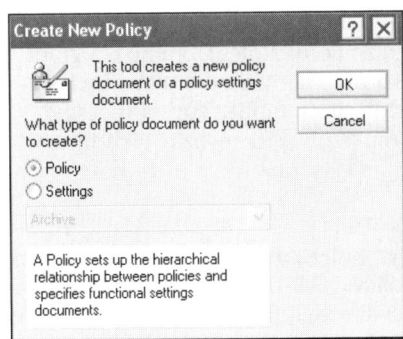

Abbildung 10.9:
Erstellung der Einstellungsdokumente zu einem Richtliniendokument

Die Einstellungen zu den Richtlinien werden unabhängig von den Richtlinien erstellt, was den Vorteil hat, dass die gleichen Einstellungen gegebenenfalls in verschiedenen Richtlinien genutzt werden können. So erstellen Sie im Grunde genommen einen Pool an definierten Einstellungen zu den zehn Richtlinienbereichen, die Sie dann für die Richtlinien-dokumente verwenden können. Um bestehende Einstellungen in einer Richtlinie zu nutzen, müssen diese nur aus der Liste der konfigurierten Einstellungen ausgewählt werden.

Die Ansicht RICHTLINIEN/POLICIES > NACH EINSTELLUNGEN/BY SETTINGS unterhalb der Regis-terkarte KONFIGURATION/CONFIGURATION bietet Ihnen einen Überblick über die bereits vorhandenen Einstellungen (siehe *Abbildung 10.10*).

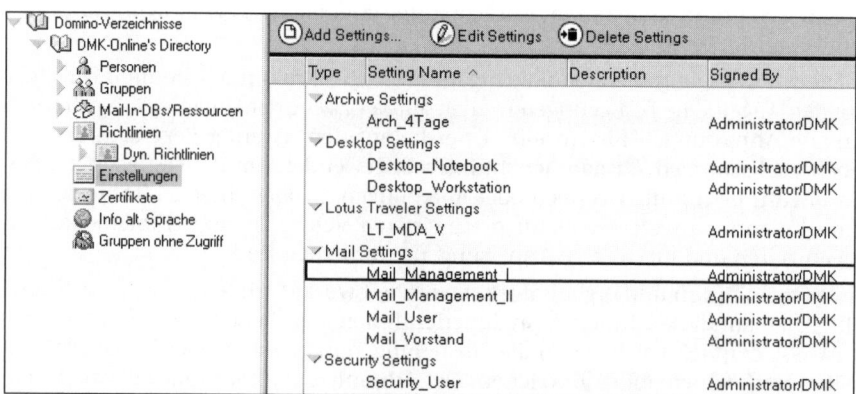

Abbildung 10.10: Überblick über die bereits vorhandenen Einstellungen zu Richtlinien

Sie benötigen die folgenden Rechte, um Einstellungen zu Richtlinien erstellen oder bearbeiten zu können:

▶ Editorzugriff im Domino Directory und eine der folgenden Rollen:

– POLICYCREATOR-Rolle, um Einstellungen zu den Richtlinien erstellen zu können

– POLICYMODIFIER-Rolle, um Einstellungen zu den Richtlinien bearbeiten zu können

Die richtlinienbasierte Administration erleichtert Ihnen die Verwaltung von sieben Bereichen der Domino-Administration für die Notes-Benutzer: Mail, Archivierung, Desktop, Setup, Registrierung, Sicherheit, Activities und Produktivitätswerkzeuge (ab Version 8.5 Symphony genannt). In der Version Lotus Notes Domino 8.5 kommen zwei weitere Bereiche hinzu: Lotus Traveler und Roaming.

Bitte beachten Sie, dass es in Bezug auf einige Richtlinieneinstellungen Unterschiede in den Versionen vor Lotus Notes Domino 8.5 und ab Lotus Notes Domino 8.5 gibt. Dies rührt daher, dass ab Lotus Notes Domino 8.5 die Thematik der dynamischen Richtlinienzuweisung existiert. Wenn explizite Richtlinien Gruppen zugeordnet sind, so reicht die Änderung der Gruppezugehörigkeit, um Benutzern explizite Richtlinien zuzuweisen. Eine Überprüfung des Personendokuments ist nun nicht mehr nötig.

Seit Lotus Notes Domino 7 gibt es in der richtlinienbasierten Verwaltung eine weitere wichtige Neuerung: die Möglichkeit zum Client Policy Lock-Down (Client-Richtlinien-sperre). Dahinter verbirgt sich die Möglichkeit, Policy-Einstellungen zu setzen, ohne dass der Anwender überhaupt die Möglichkeit besitzt, diese zu verändern. In den Versionen vor Lotus Notes Domino 7.x konnte der Anwender beispielsweise seine Einstellungen in Bezug auf die Startseite ändern. Diese Modifikation blieb bis zur nächsten Neuanmeldung des Anwenders und damit bis zum erneuten Abgleich der Richtlinien gültig. Diese Möglichkeit der temporären Anpassung führte zu zahlreichen Nachfragen und Unstimmigkeiten von Anwenderseite. Dem wurde in Lotus Notes Domino 7 ein Riegel vorgeschoben (siehe *Abbildung 10.11*).

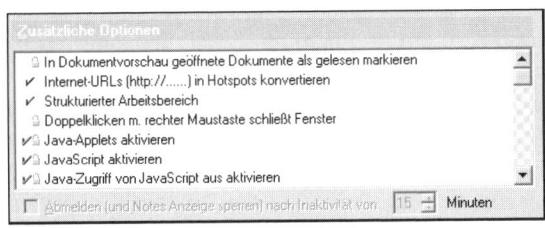

Abbildung 10.11:
Client Policy Lock-Down in den
Benutzervorgaben

Das Lock-Down-Feature steht in den Desktop-Einstellungen und den Mail-Einstellungen, aber auch für die ab Version 8 hinzugekommenen Richtlinien Symphony und Activities bzw. für die ab Version 8.5 hinzugekommenen Richtlinien Roaming und Lotus Traveler zur Verfügung. In allen Richtlinieneinstellungen wird die Option BENUTZER DÜRFEN DIE EINSTELLUNGEN IN DIESEM REGISTER ÄNDERN/ALLOW USERS TO CHANGE THE SETTINGS ON THIS TAB auf jeder Registerkarte, wo das Policy Lock-Down genutzt werden kann, angeboten. Domino verwendet eine Art dynamischer Konfiguration, um die Richtlinieneinstellungen zu verteilen. Dabei werden die Einstellungen an die Anwender verteilt, sobald sich diese an ihrem Home-Server anmelden. Ist in den Einstellungen die Möglichkeit aktiviert, dass die Anwender wie erwähnt Einstellungen selbst setzen dürfen, werden die vorhandenen Informationen nicht überschrieben. Ist dem aber nicht so, werden die Policies entsprechend der administrativen Vorgaben gesetzt. Neu in Lotus Notes Domino 8 bzw. 8.5 sind weiterhin die folgenden Optionen:

▷ In den Einstellungsdokumenten für die Desktop-Richtlinien und die Mail-Richtlinien ist nun die Einstellung „Art der Anwendung" enthalten. Sie können hierüber steuern, wie und wann der Benutzer die individuellen Einstellungen in diesen Dokumenten ändern kann und wann nicht.

▷ Ab Version Lotus Notes Domino 8 können Sie Einstellungsdokumente für Activities-Richtlinien erstellen. Hier können der Activities-Server und IP-Port zum Verbindungsaufbau eines Benutzers definiert und festgelegt werden, ob Benutzernamen, Kennworte und Activities-Daten mit SSL verschlüsselt werden sollen.

▷ Ebenfalls neu ab Version 8 ist das Einstellungsdokument für Produktivitätswerkzeuge. Ab Version 8.5 findet es sich als Richtlinie für Symphony wieder. Mit diesem Einstellungsdokument wird definiert, welche Benutzer IBM-Produktivitätswerkzeuge benutzen können und welche Dateien und Schablonen sie verwenden dürfen.

▷ Viele Einstellungen der Konfigurationsrichtlinien und Setup-Richtlinien sind nun auch im Einstellungsdokument für Desktop-Richtlinien verfügbar. Sie benötigen hier nun nur noch ein Dokument zur Einrichtung der Desktop-Einstellungen sowie vieler weiterer Konfigurationseinstellungen.

▷ Die Sicherheitsrichtlinie enthält in ihrem Einstellungsdokument nun auch Einstellungen zur Konfiguration von Notes-Benutzern für ein Homeportalkonto. Dies ist dann erforderlich, wenn WebSphere Portal eingesetzt wird und der Benutzer Zugriff auf die auf diesem Wege bereitgestellten Portal-Komponenten benötigt.

▷ Ebenfalls kann man im Einstellungsdokument für die Sicherheitsrichtlinie nun auch Einstellungen zur Einrichtung von Antworten auf nicht signierte oder nicht vertrauenswürdige Eclipse-Funktionen während der Notes-Installation oder der Aktualisierung des Clients vornehmen.

▶ Ab Lotus Notes Domino 8.5 gibt es die Thematik der dynamischen Richtlinienzuweisung. Wenn explizite Richtlinien Gruppen zugeordnet sind, so reicht die Änderung der Gruppenzugehörigkeit, um Benutzern explizite Richtlinien zuzuweisen. Eine Überprüfung des Personendokuments ist nun nicht mehr nötig.

▶ Neu in Version 8.5 ist ein Einstellungsdokument für Roaming-Richtlinien. Notwendig ist hier ein Lotus Domino 8.5 Server.

▶ In der Version Lotus Notes Domino 8.5 gibt es einen neuen Einstellungsabschnitt „Widget". Hierüber können Sie definieren, welche Widgets und Livetext dem Nutzer zur Verfügung gestellt werden.

▶ Bei der nächsten Authentifizierung mit dem Home-Server des Anwenders werden die Veränderungen wirksam (pushed-down). Genau wie beim Setzen der Benutzervorgaben per Hand über den Notes Client verlangen auch hier manche Veränderungen einen Neustart des Notes Clients.

Registrierungseinstellungen/Registration Settings

Dieser Richtlinie können verschiedene Arten von spezifischen Einstellungen zugeordnet werden. Dazu zählen zunächst die Registrierungseinstellungen, in denen sich Einstellungen für die Registrierung neuer Benutzer finden. Wenn solche Registrierungseinstellungen genutzt werden sollen, müssen sie vor dem Erstellen der neuen Benutzer zugewiesen werden. Wenn Sie die Registrierungseinstellungen als Teil einer Organisationsrichtlinie verwenden, wird diese automatisch für alle neuen Benutzer der Organisation bzw. Organisationseinheit gelten, für die diese Richtlinie erstellt wurde. Wenn Sie eine explizite Policy verwenden, geben Sie die entsprechende Richtlinie während der Registrierung an. Die Einstellungen für die Registrierung können über insgesamt sechs Registerkarten definiert werden. Gehen Sie dazu folgendermaßen vor:

1. Wählen Sie im Domino Administrator die Registerkarte PERSONEN UND GRUPPEN/PEOPLE & GROUPS und öffnen Sie die Ansicht EINSTELLUNGEN/SETTINGS.

2. Klicken Sie auf den Button EINSTELLUNGEN HINZUFÜGEN/ADD SETTINGS und wählen Sie dann REGISTRIERUNG/REGISTRATION.

3. Unter der Registerkarte ALLGEMEIN/BASICS bearbeiten Sie die folgenden Felder:

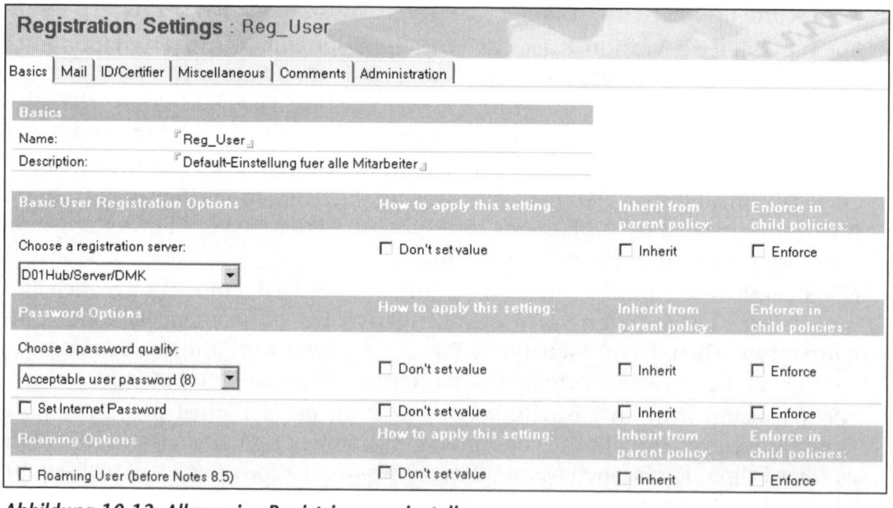

Abbildung 10.12: Allgemeine Registrierungseinstellungen

Feld	Eingabe
NAME	Geben Sie einen Namen an, der angibt, welche Anwender diese Einstellungen verwenden.
	Wenn Sie ein Service Provider sind, sollten Sie hier den Namen der Host-Umgebung eingeben.
BESCHREIBUNG/ DESCRIPTION	Geben Sie eine Beschreibung an.
REGISTRIERUNGSSERVER WÄHLEN/ CHOOSE A REGISTRATION SERVER	Wählen Sie einen Registrierungsserver aus.
KENNWORTQUALITÄT WÄHLEN/ CHOOSE A PASSWORD QUALITY	Geben Sie die Kennwortqualität an.
	Nachdem die Anwender sich an ihrem Mail-Server authentifiziert haben, wird die Kennwortqualität über die Sicherheitseinstellungen geregelt.
INTERNET-KENNWORT FESTLEGEN/ SET INTERNET PASSWORD	Aktivieren Sie diese Checkbox, um das Passwort zu aktivieren, das im Personendokument des Anwenders abgelegt wird. Das Passwort ermöglicht dem Anwender den Zugriff auf die Internet-Dienste.
	Wenn Sie ein Service Provider sind, sollten Sie dieses Feld ausfüllen.

4. Wenn Sie Roaming-Anwender für Domino Server-Roaming einrichten, wählen Sie ROAMING-BENUTZER/ROAMING USER und bearbeiten die folgenden Felder (siehe *Abbildung 10.13*). Roaming wird in Host-Umgebungen nicht unterstützt.

Zum Konfigurieren Ihrer registrierten Benutzer der Notes Standard-Konfiguration für Dateiserver-Roaming müssen Sie das Roaming-Richtlinieneinstellungsdokument verwenden.

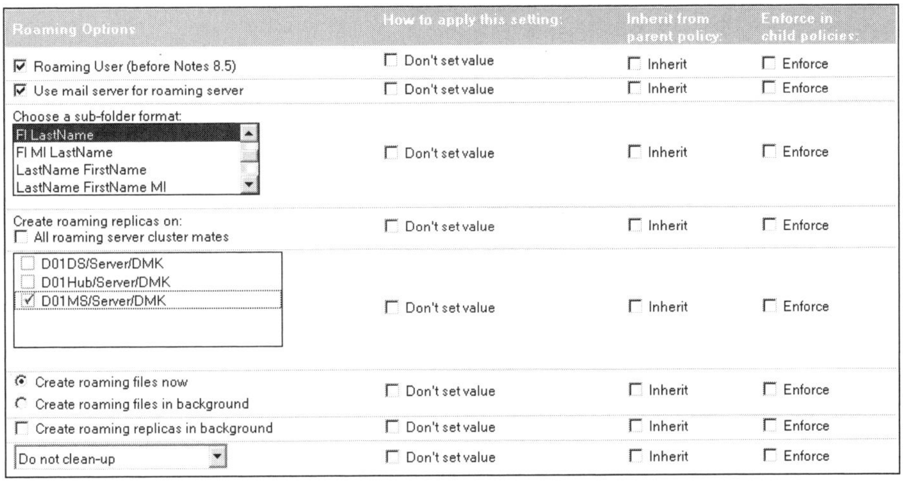

Abbildung 10.13: In den Registrierungseinstellungen finden sich Roaming-Optionen

Feld	Eingabe
ROAMING-BENUTZER (VOR NOTES 8.5)/ ROAMING USER (BEFORE NOTES 8.5)	Klicken Sie, wenn Sie eine Registrierungsrichtlinie für Domino-Roaming-Benutzer einrichten.
MAIL-SERVER ALS ROAMING-SERVER/ USE MAIL SERVER FOR ROAMING SERVER	Wählen Sie: ▶ Aktivieren Sie diese Option, um die Roaming-Informationen auf dem gleichen Mail-Server des Anwenders abzulegen. ▶ Deaktivieren Sie diese Option und geben Sie den Server an, der die Roaming-Informationen des Anwenders halten soll.
ROAMING-SERVER WÄHLEN/ CHOOSE A ROAMING SERVER	Geben Sie den Domino-Server an, auf dem die Notes-Roaming-Daten des Benutzers gespeichert werden. Für das Dateiserver-Roaming wurde diese Option durch eine Option im Einstellungsdokument für Roaming-Richtlinien abgelöst.
UNTERORDNERFORMAT WÄHLEN/ CHOOSE A SUB-FOLDER FORMAT	Wählen Sie hier das Verfahren der Namensgebung für den persönlichen Roaming-Ordner als Unterverzeichnisse auf dem Roaming-Server für jeden Benutzer. Für das Dateiserver-Roaming wurde diese Option durch eine Option im Einstellungsdokument für Roaming-Richtlinien abgelöst.
ROAMING REPLIKEN ERSTELLEN AUF/ CREATE ROAMING REPLICAS ON	Aktivieren Sie ALLE ROAMING-CLUSTER-SERVER/ALL ROAMING SERVER CLUSTER MATES, um die Repliken auf allen Mitgliedern des Roaming-Server-Clusters zu verteilen, oder aktivieren Sie die Server in der Auswahl, auf denen Roaming-Repliken erstellt werden sollen.
OPTIONEN ZUM ERSTELLEN VON ROMAING-DATEIEN/ CREATE ROAMING FILES OPTIONS	Wählen Sie: ▶ ROAMING-DATEIEN JETZT ERSTELLEN/CREATE ROAMING FILES NOW: Um die Roaming-Daten des Anwenders während der Anwenderregistrierung anzulegen. ▶ ROAMING-DATEIEN IM HINTERGRUND ERSTELLEN/CREATE ROAMING FILES IN BACKGROUND: Um die Roaming-Daten des Anwenders über den Administrationsprozess nach der Anwenderregistrierung anzulegen.
AUFRÄUMOPTIONEN/ CLEANUP OPTIONS	Wählen Sie: ▶ NICHT AUFRÄUMEN/DO NOT CLEAN UP: Um die Roaming-Daten des Anwenders nicht zu säubern. ▶ AUFRÄUMEN ALLE N TAGE/CLEAN UP EVERY N DAYS: Geben Sie eine Zahl zwischen 0 und 365 an. ▶ BEIM HERUNTERFAHREN VON NOTES AUFRÄUMEN/CLEAN UP AT NOTES SHUTDOWN: Um die Daten zu säubern, wenn der Notes Client geschlossen wird. ▶ BENUTZER ZUM AUFRÄUMEN AUFFORDERN/PROMPT USER TO CLEAN UP: Der Anwender wird gefragt, ob er das System aufräumen möchte. Für das Dateiserver-Roaming wurde diese Option durch eine Option im Einstellungsdokument für Roaming-Richtlinien abgelöst.

5. Unter der Registerkarte MAIL bearbeiten Sie die folgenden Felder.

Feld	Eingabe
MAIL-SYSTEM/MAIL SYSTEM	Wählen Sie ein System aus. ▶ Wenn Sie ANDERE/OTHER, ANDERE INTERNET/OTHER INTERNET oder NONE/KEINE auswählen, fahren Sie mit Schritt 7 fort.
MAIL-SERVER/MAIL SERVER	Wählen Sie den Server, der die Mail-Datenbank des Anwenders bereitstellt. Wenn Ihre Organisation DOLS anbietet, wählen Sie einen Server, auf dem DOLS aktiviert wurde.
MAILSCHABLONE/ MAIL TEMPLATE	Wählen Sie: ▶ MAIL85.NTF: Diese Schablone ist sowohl für Web Access als auch für Lotus Notes-Zugriffe geeignet. ▶ Die angepasste Mailschablone für Ihre Organisation.
MAIL-DATEI ERSTELLEN/ CREATE MAIL FILE	Wählen Sie: ▶ MAIL-DATEI JETZT ERSTELLEN/CREATE MAIL FILE NOW: Um die Mail-Datenbank sofort anzulegen. ▶ MAIL-DATEI IM HINTERGRUND ERSTELLEN/CREATE MAIL FILE IN THE BACKGROUND: Um die Mail-Datenbank über den Administrationsprozess anzulegen.

6. Im Bereich INTERNETADRESSE/INTERNET ADDRESS OPTIONS bearbeiten Sie die folgenden Felder.

Feld	Eingabe
INTERNET-DOMÄNE/ INTERNET DOMAIN	Geben Sie die Internet-Domäne oder, falls Sie ein Service Provider sind, die Internet-Domäne für die Host-Umgebung an. Diese Domäne ist Teil der Internetadresse, die zum Personendokument jedes Anwenders, der Internet-Mail verwendet, hinzugefügt wird.
INTERNET-ADRESSFORMAT WÄHLEN/ CHOOSE AN INTERNET ADDRESS FORMAT	Geben Sie das Adressformat für Internet-Mails an.
TRENNZEICHEN FÜR INTERNETADRESSE WÄHLEN/ CHOOSE AN INTERNET ADDRESS SEPARATOR	Geben Sie das Trennzeichen für den Namensteil der Internetadresse an.

7. Im Bereich ERWEITERTE MAIL-OPTIONEN/ADVANCED MAIL OPTIONS bearbeiten Sie die folgenden Felder.

Feld	Eingabe
MAIL-REPLIKEN ERSTELLEN AUF/ CREATE MAIL REPLICA'S ON	Wählen Sie, ob auf allen Mitgliedern des Mail-Server-Clusters Repliken der Mail-Datenbank angelegt werden sollen, indem Sie ALL MAIL SERVER CLUSTER MATES aktivieren, oder geben Sie die Server an, auf denen Repliken angelegt werden sollen.
REPLIKEN IM HINTERGRUND ERSTELLEN/ CREATE MAIL REPLICAS IN BACKGROUND	Wählen Sie: REPLIKEN IM HINTERGRUND ERSTELLEN/CREATE MAIL REPLICAS IN BACKGROUND: Um die Repliken über den Administrationsprozess nach der Registrierung anlegen zu lassen.
ZUGRIFF FÜR BENUTZER DER MAIL-DATEI/ MAIL FILE OWNER ACCESS	Wählen Sie das Zugriffsrecht für den Besitzer der Mail-Datenbank. Als Vorgabe wird Editor mit Löschrechten vergeben. In früheren Domino-Versionen war dies das Managerrecht, was leider zu viel Administrationsaufwand führte, da viel zu viele Anwender so die Möglichkeit erhielten, ihre Mail-Datenbank zu löschen.
MANAGER DER MAIL-DATEI/ MAIL FILE MANAGER	Wählen Sie hier den Namen der Person oder Gruppe aus, der/die Manager der Mail-Datei ist.
VOLLTEXTINDEX ERSTELLEN/ CREATE FULL TEXT INDEX	(Optional) Aktivieren Sie diese Option, um dem Anwender zu erlauben, seine Mail-Datenbank zu indizieren. Als Vorgabe ist sie nicht aktiviert. Volltextindizes werden für Lotus Notes, POP3, IMAP und Domino-Web Access unterstützt. Wenn Sie ein Service Provider sind, wird lediglich IMAP und Domino-Web Access unterstützt.
DB-GRÖSSENBESCHRÄNKUNG/ SET DATABASE QUOTA	(Optional) Aktivieren Sie diese Option, um eine Größenbeschränkung zu setzen, und geben Sie die Beschränkung in Megabytes ein.
WARNUNGSSCHWELLENWERT/ SET WARNING THRESHOLD	(Optional) Aktivieren Sie diese Option, um einen Warnungsschwellenwert zu setzen, und geben Sie den Schwellenwert in Megabytes ein. Somit werden Anwender informiert, die sich Ihrer Größenbeschränkung nähern.

8. Unter der Registerkarte ID/CERTIFIER bearbeiten Sie die folgenden Felder (siehe *Abbildung 10.14*):

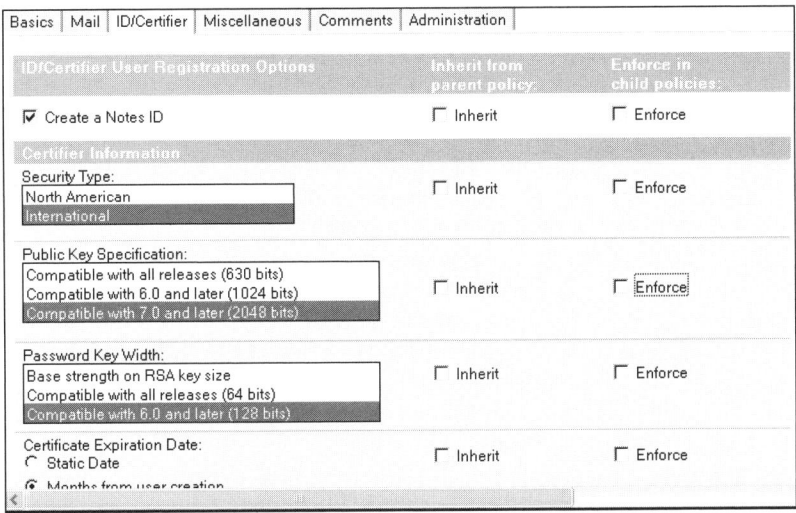

Abbildung 10.14: Einstellungen zum Zertifizierer und der Erstellung von IDs

9. Im Feld NOTES-ID ERSTELLEN/CREATE A NOTES ID wählen Sie:

   – Deaktivieren Sie dieses Feld, wenn Sie keine Notes-IDs für diese Anwender erstellen wollen.

   – Aktivieren Sie dieses Feld und fahren Sie mit der Bearbeitung der folgenden Felder fort:

Feld	Eingabe
SICHERHEITSTYP/ SECURITY TYPE	Wählen Sie NORDAMERIKA/NORTH AMERICAN oder INTERNATIONAL.
SPEZIFIKATION DES ÖFFENTLICHEN SCHLÜSSELS/ PUBLIC KEY SPECIFICATION	Wählen Sie: ▸ KOMPATIBEL MIT ALLEN VERSIONEN/COMPATIBLE WITH ALL RELEASES (630 BITS) ▸ KOMPATIBEL MIT 6.0 UND SPÄTER/COMPATIBLE WITH 6.0 AND LATER (1024 BITS) ▸ KOMPATIBEL MIT 7.0 UND SPÄTER/COMPATIBLE WITH 7.0 AND LATER (2048 BITS)
KENNWORTSCHLÜSSELLÄNGE/ PASSWORD KEY WIDTH	Wählen Sie die Schlüssellänge (bzw. die Verschlüsselungsstärke) für das Kennwort. Der Verschlüsselungsschlüssel, der die Notes-Schlüssel schützt und der in der Benutzer-ID-Datei gespeichert ist, wird vom Kennwort abgeleitet. Je stärker die Verschlüsselungsstärke des Passworts, desto stärker ist der Schlüssel, der den Notes-Schlüssel schützt.

Feld	Eingabe
	▶ BASISSTÄRKE AUF RSA-SCHLÜSSELGRÖSSE/BASE STRENGTH ON RSA KEY SIZE: Die Verschlüsselungsstärke wird durch den RSA-Schlüssel aus der ID-Datei festgelegt. Wenn die RSA-Schlüsselstärke weniger als 1024 Bit beträgt, wird die Passwortstärke mit 64 Bit angegeben. Wenn die RSA-Schlüsselstärke 1024 Bit oder mehr lautet, beträgt die Passwortverschlüsselungsstärke 128 Bit.
	▶ KOMPATIBEL MIT ALLEN VERSIONEN/COMPATIBLE WITH ALL RELEASES (64 BIT RC2)
	▶ KOMPATIBEL MIT 6.0 UND SPÄTER/COMPATIBLE WITH 6.0 AND LATER (128 BIT RC2)
	▶ KOMPATIBEL MIT 8.O UND SPÄTER/COMPATIBLE WITH 8.0 AND LATER (128 BIT AES)
	▶ KOMPATIBEL MIT 8.O UND SPÄTER/COMPATIBLE WITH 8.0 AND LATER (256 BIT AES)
ABLAUFDATUM DES ZERTIFIKATS/CERTIFICATE EXPIRATION DATE	Wählen Sie: ▶ FESTES DATUM/STATIC DATE: Geben Sie dann das Ablaufdatum an. Die Vorgabe beläuft sich auf das Datum 24 Monate nach der Registrierung. ▶ MONATE SEIT DER BENUTZERREGISTRIERUNG/MONTHS FROM USER CREATION: Geben Sie die Anzahl der Monate an. Die Vorgabe ist 24 Monate.
SPEICHERORT FÜR BENUTZER-ID/LOCATION FOR STORING USER ID	Wählen Sie mindestens eine der Auswahlmöglichkeiten: ▶ IM DOMINO-VERZEICHNIS/IN DOMINO DIRECTORY: Um die ID im entsprechenden Personendokument im Domino Directory abzulegen. ▶ IN DATEI/IN FILE: Klicken Sie dann auf VERZEICHNIS FÜR ID-DATEI FESTLEGEN/SET ID FILE, um den Pfad zur Ablage der ID anzugeben. ▶ IN MAIL-DATEI/IN MAIL FILE: Um die ID in der Mail-Datei des Anwenders abzulegen. ▶ IM PERSÖNLICHEN ADRESSBUCH/IN PERSONAL ADDRESS BOOK: Um die ID im persönlichen Adressbuch des Anwenders abzulegen.

10. Unter der Registerkarte VERSCHIEDENES/MISCELLANEOUS bearbeiten Sie die folgenden Felder.

Feld	Eingabe
GRUPPENZUWEISUNG/GROUP ASSIGNMENTS	Wählen Sie die Gruppe(n) aus, zu denen Sie die Anwender, für die diese Registrierungseinstellungen gelten, hinzufügen möchten.
LOKALER ADMINISTRATOR/LOCAL ADMINISTRATOR	Geben Sie den Namen des Administrators an.
	Falls Sie ein Service Provider sind, geben Sie den Namen des Administrators im folgenden Format an: ADMINISTRATOR NAME/CERTIFYING HOSTED ORGANIZATION.

11. Speichern Sie das Dokument.

Konfigurationseinstellungen/Setup Settings

Alle Setup-Einstellungen sind nun ebenfalls in den Desktop-Einstellungsdokumenten zu finden. Die Setup-Einstellungen werden nur einmal bei der ersten Konfiguration neuer Notes Clients angewendet. Mit ihnen können zahlreiche Grundeinstellungen für diese Clients konfiguriert werden. Dazu gehören das Aussehen und der Inhalt des Arbeitsbereichs, Arbeitsumgebungsdokumente mit Verbindungsdokumenten zur Einwahl bzw. Serververbindung. Über die Einrichtungseinstellungen können auch die Benutzervorgaben gesetzt werden. Dies sind dann Vorgaben, die ein Notes-Anwender normalerweise für seine Desktop-Umgebung spezifizieren kann. Um diese Einstellungen beizubehalten, legen Sie die gleichen Einstellungen auch in den Desktop-Einstellungen fest. Wenn die Einstellungen verändert werden, können Sie über die Desktop-Einstellungen diese wieder zurücksetzen, sobald der Anwender sich an seinem Mail-Server authentifiziert.

Bevor Sie Policy-Dokumente mit Einrichtungseinstellungen anlegen, müssen die entsprechenden Domino-Objekte bestehen und eingerichtet sein, wenn Sie diese verwenden wollen:

▷ Server für die Domainsuche

▷ Web Navigator und InterNotes Server

▷ Databanken, die zu den Lesezeichen im Favoriten-Ordner hinzugefügt werden sollen

▷ Mobiler Verzeichniskatalog (Client-Verzeichniskatalog)

▷ Durchgangsserver, LAN-Server, Internet-Server und Remote-Server

▷ TCP/IP und DNS Notes Name Server

▷ Host-Domänen, auf denen Java-Applets als sicher angesehen werden.

▷ Proxyserver

Insgesamt gibt es neben den Standardregistern KOMMENTARE/COMMENTS und ADMINISTRATION zehn weitere Register für die Setup-Einstellungen der Richtliniendokumente:

▷ Unter ALLGEMEIN/BASICS werden die zu verwendenden Server definiert, z.B. für Sametime, das zu verwendende Verzeichnis und den Katalog-/Domänensuchserver (siehe *Abbildung 10.15*). Des Weiteren können Sie bei Bedarf die lokale Mail-Datei sowie den Typ des eingesetzten Browsers angeben.

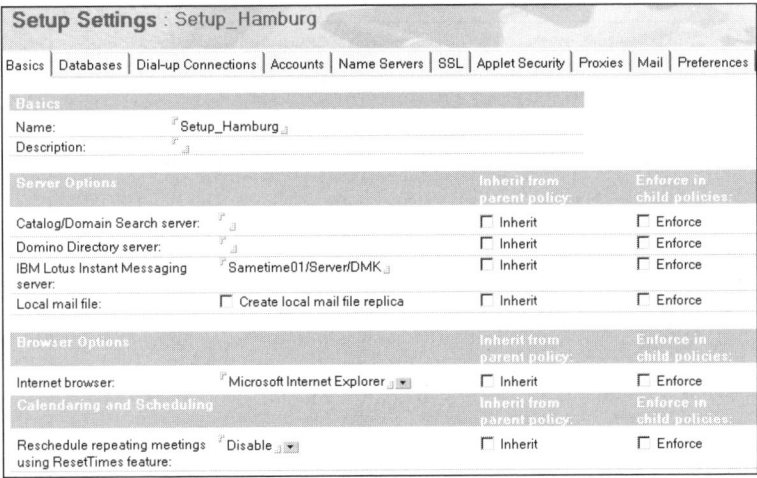

Abbildung 10.15: Allgemeine Einstellungen der SETUP SETTINGS

▶ Im Register DATENBANKEN/DATABASES sind die Optionen für Standarddatenbanken, die als Lesezeichen festgelegt werden, die lokal zu erstellenden Repliken und die mobilen Verzeichniskataloge zu finden (siehe *Abbildung 10.16*).

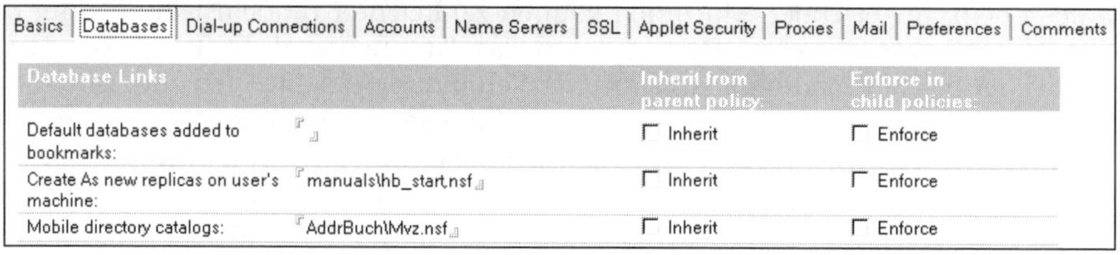

Basics	Databases	Dial-up Connections	Accounts	Name Servers	SSL	Applet Security	Proxies	Mail	Preferences	Comments

Database Links		Inherit from parent policy:	Enforce in child policies:
Default databases added to bookmarks:		☐ Inherit	☐ Enforce
Create As new replicas on user's machine:	manuals\hb_start.nsf	☐ Inherit	☐ Enforce
Mobile directory catalogs:	AddrBuch\Mvz.nsf	☐ Inherit	☐ Enforce

Abbildung 10.16: Optionen für Standarddatenbanken in den SETUP SETTINGS

▶ Alle Einstellungen für Einwählverbindungen wie Servername und die Rufnummer werden im Register WÄHLVERBINDUNGEN/DIAL-UP CONNECTIONS gesetzt.

▶ Konten für den Zugang zum Internet-Server können im Register KONTEN/ACCOUNTS konfiguriert werden.

▶ Alle Einstellungen, etwa für TCP/IP-Namensserver und NDS-Namensserver, sind im Register NAMENSSERVER/NAME SERVERS zu finden.

▶ Angaben zu akzeptierten SSL-Protokoll-Versionen und SSL-Zertifikaten nehmen Sie im Register SSL vor.

▶ Die Sicherheitseinstellungen für Java-Applets und die Bedingungen, unter denen diese auf Notes Clients ablaufen dürfen, werden im Register APPLET-SICHERHEIT/APPLET SECURITY konfiguriert.

▶ Im Register PROXIES finden sich die Parameter für die Konfiguration von Proxyservern für den Zugang ins Internet.

▶ Bei MAIL wird das Format für die Nachrichten definiert, die an Internetadressen gehen.

▶ Das Register VORGABEN/PREFERENCES besitzt eine Fülle von untergeordneten Registern (siehe *Abbildung 10.17*). In diesen können etliche Grundeinstellungen wie der Wochentag im Kalender, das bevorzugte Farbschema oder die Grundeinstellungen für die Replikation und das Instant Messaging gesetzt werden. Dieses Register enthält die meisten Festlegungen aus dem Menü DATEI/FILE > VORGABEN/PREFERENCES des Notes Clients.

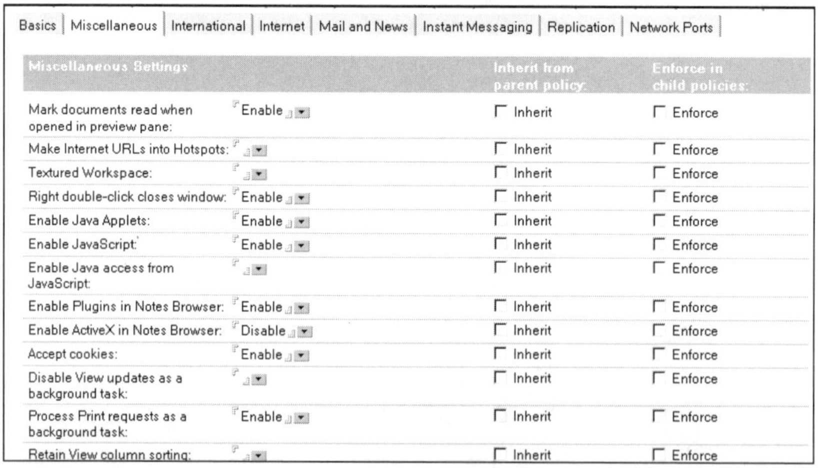

Basics	Miscellaneous	International	Internet	Mail and News	Instant Messaging	Replication	Network Ports

Miscellaneous Settings		Inherit from parent policy:	Enforce in child policies:
Mark documents read when opened in preview pane:	Enable ▼	☐ Inherit	☐ Enforce
Make Internet URLs into Hotspots:	▼	☐ Inherit	☐ Enforce
Textured Workspace:	▼	☐ Inherit	☐ Enforce
Right double-click closes window:	Enable ▼	☐ Inherit	☐ Enforce
Enable Java Applets:	Enable ▼	☐ Inherit	☐ Enforce
Enable JavaScript:	Enable ▼	☐ Inherit	☐ Enforce
Enable Java access from JavaScript:	▼	☐ Inherit	☐ Enforce
Enable Plugins in Notes Browser:	Enable ▼	☐ Inherit	☐ Enforce
Enable ActiveX in Notes Browser:	Disable ▼	☐ Inherit	☐ Enforce
Accept cookies:	Enable ▼	☐ Inherit	☐ Enforce
Disable View updates as a background task:	▼	☐ Inherit	☐ Enforce
Process Print requests as a background task:	Enable ▼	☐ Inherit	☐ Enforce
Retain View column sorting:	▼	☐ Inherit	☐ Enforce

Abbildung 10.17: Benutzervorgaben, die über die SETUP SETTINGS vorgegeben werden

Archivierungseinstellungen/Archiving Settings

Wesentlich weniger Register und Einstellungen gibt es bei den Archivierungseinstellungen zur Steuerung der Archivierungsfunktionen. Durch die Archivierung werden die Organisation der Mail-Datenbank und die Performance verbessert und ein unnötiger Größenzuwachs der Mail-Datenbanken vermieden. Mail-Archivierung ist ein Prozess, der in drei Schritten abläuft:

▶ Dokumentenauswahl: Dokumente werden auf Basis der Aktivität und/oder der Ordnerzugehörigkeit ausgewählt.

▶ Kopiervorgang: Ausgewählte Dokumente werden von der Quell-Mail-Datenbank in die Archivdatenbank kopiert.

▶ Mail-Datenbanksäuberung: Reduzierung der Mail-Datenbankgröße durch die Löschung der bereits archivierten Dokumente oder durch eine Größenreduzierung. Letzteres ist möglich, indem beispielsweise die Anhänge aus den Mail-Dokumenten entfernt werden.

Wenn Sie Richtlinien verwenden, um die Archivierung zu verwalten, können Sie die serverbasierte oder die clientbasierte Archivierung verwenden. Diese Unterscheidung bezieht sich auf den Ablageort der Archivdatenbank und darauf, wo der Archivierungsprozess vollzogen wird. Wenn Sie die Archivierung auf einem Server durchführen wollen, müssen Sie ein Programmdokument für die Komprimierung erstellen, um eine Größenreduzierung zu erreichen. Wenn Sie die Archivierung auf dem Client durchführen wollen, muss der Client zum Zeitpunkt der Archivierung aktiv sein. Ansonsten wird die Archivierung nicht vollzogen. Weiterhin können Sie definieren, ob Notes-Anwender ihre Dokumente aus der Mail-Datenbank archivieren können und ob diese die Archivierungseinstellungen setzen oder verändern dürfen. Um jegliche Archivierung zu unterbinden, wählen Sie den Punkt ARCHIVIERUNG NICHT ZULASSEN/PROHIBIT ARCHIVING, sodass Anwender weder in der Lage sind, privat zu archivieren, noch diese Einstellung verändern können.

Fünf spezielle Register stehen Ihnen zur Festlegung der Einstellungen zur Verfügung:

▶ Im Register ALLGEMEIN/BASICS wird definiert, ob archiviert wird und welche Datenbanken auf welchen Servern in die Archivierung einbezogen werden sollen (siehe *Abbildung 10.18*).

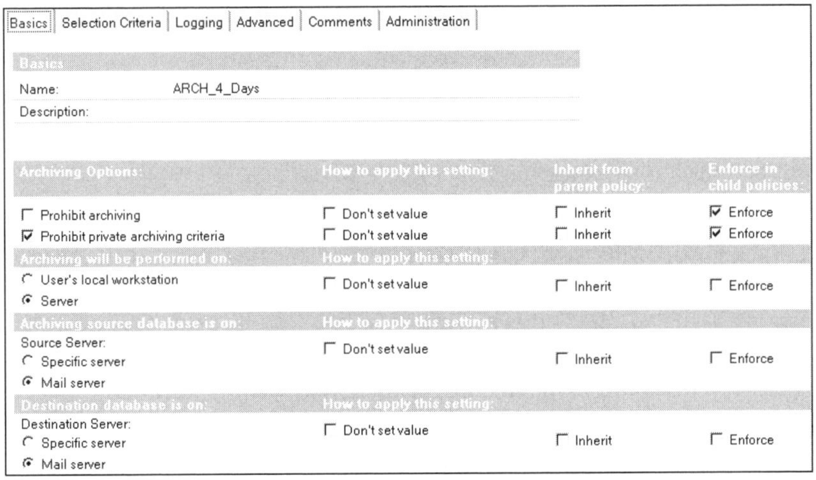

Abbildung 10.18: Archivierungseinstellungen für Richtliniendokumente

▶ Unter der Registerkarte AUSWAHLKRITERIEN/SELECTION CRITERIA lassen sich Regeln für die Archivierung definieren. Darüber wird unter anderem gesteuert, welche Dokumente in die Archivierung einbezogen werden.

▶ Die Festlegungen zur Protokollierung finden sich im Register PROTOKOLLIERUNG/LOGGING.

▶ Im Register ERWEITERT/ADVANCED kann schließlich noch gesteuert werden, ob beispielsweise Dokumente, die über Antwortdokumente verfügen, archiviert werden oder nicht.

Feld	Aktion
DOKUMENT NUR LÖSCHEN, WENN DIE KRITERIEN AUCH ALLE ANTWORTEN LÖSCHEN/ DELETE A DOCUMENT ONLY WHEN THE CRITERIA CAN DELETE ALL RESPONSES AS WELL	Aktivieren Sie diese Option (Vorgabe), um sicherzustellen, dass Dokumente, für die Antwortdokumente vorliegen, die nicht den Archivierungskriterien entsprechen, nicht aus der Datenbank gelöscht werden. Mit dieser Option verhindern Sie das Verwaisen von Dokumenten in hierarchischen Ansichten.
MAXIMALE AUFBEWAHRUNG VON DOKUMENTEN:/ MAXIMUM DOCUMENT RETENTION SELECTION IS:	Geben Sie für alle Benutzer, die von dieser Richtlinie betroffen sind, die Anzahl der Tage, Monate oder Jahre an, die der maximale Aufbewahrungszeitraum für das Löschen und Archivieren von Dokumenten umfasst. Wenn die private Archivierung aktiviert und eine Einstellung für die maximale Aufbewahrungszeit festgelegt wurde, können Benutzer keine Kriterien definieren, die umfangreicher als die Einstellung für die maximale Aufbewahrungszeit sind. Angenommen, die maximale Aufbewahrungszeit ist auf zwei Jahre festgelegt. Benutzer können Kriterien definieren, die Dokumente auswählen, die in einem Zeitraum von bis zu 24 Monaten erstellt, geändert oder geöffnet wurden oder abgelaufen sind. Wenn Benutzer versuchen, Kriterien zu speichern, die sich auf mehr als 24 Monate (zwei Jahre) erstrecken, wird ein Fehler generiert.
BENUTZERDEFINIERTES ABLAUFFELD VERWENDEN:/ USE CUSTOMER-GENERATED EXPIRATION FIELD:	Aktivieren Sie diese Option, damit Administratoren ihren eigenen Feldnamen für das Ablaufdatum für ein Archivdokument erstellen können.
NAME DES BENUTZERDEFINIERTEN ABLAUFFELDS:/ CUSTOMER GENERATED EXPIRATION FIELD NAME:	Geben Sie einen Feldnamen für das Ablaufdatum von archivierten Dokumenten an.

Desktop-Einstellungen/Desktop Settings

Bei den Desktop-Einstellungen gibt es im Wesentlichen die gleichen Einstellungen wie bei den Einrichtungseinstellungen. Der Unterschied liegt darin, dass mit den Einrichtungseinstellungen nur die erste Konfiguration eines neuen Notes Clients gesteuert wird, während die Desktop-Einstellungen die ständige Benutzeroberfläche des Anwenders steuern.

Desktop-Einstellungen (bzw. alle Richtlinieneinstellungen) werden wirksam und zugewiesen, wenn sich der entsprechende Benutzer mit seinem Home-Server verbindet (Pushed-down-Prinzip).

Neu ist in der Version Lotus Notes Domino 8.5 das Register WIDGETS. Widgets sind Zusatztexte, die nun über die Desktop-Einstellungen ebenso wie Livetext beim Anwender eingebunden werden können.

1. Einstellungen, die Sie in den Desktop-Einstellungen vollziehen können, sind beispielsweise die Vorgabe-Homepage und die Anpassung der Startseite. Wenn Sie ein Update von einer früheren Domino-Version vornehmen, können Sie die Desktop-Einstellungen verwenden, um die Mailschablone zu aktualisieren. Diese Einstellungen finden Sie unter der Registerkarte ALLGEMEIN/BASICS (siehe *Abbildung 10.19*). Weitere Optionen beziehen sich auf das Erstellen privater Arbeitsumgebungsdokumente, zu nutzende Server (Katalog-/Domänensuchserver, Verzeichnisserver), Internet-Browser, Kalender und Zeitplanung, Informationen zur Mailschablone und der Ordnergestaltung der Mail-Datenbank sowie die Menügestaltung im Client.

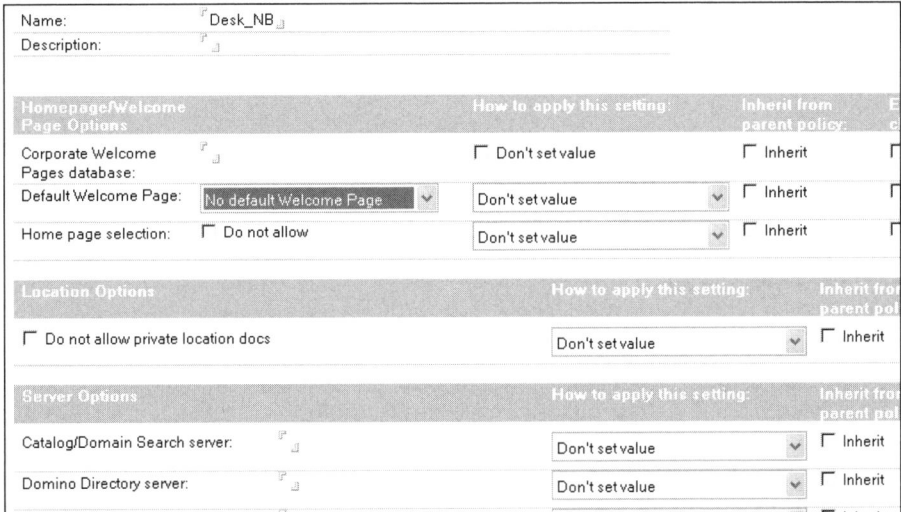

Abbildung 10.19: Allgemeine Desktop-Einstellungen

2. Die Angabe darüber, ob und wann ein Smart Upgrade durchgeführt wird, und die Konfiguration der Smart Upgrade Tracking Reports-Datenbank finden Sie unter der Registerkarte SMART UPGRADE.

3. Geben Sie im Register ANWENDUNGEN/APPLICATIONS Werte in die entsprechenden Felder ein, um dem Arbeitsbereich des Benutzers Datenbanken hinzuzufügen. Zum Erstellen von Verknüpfungen können Sie den Web Administrator nicht verwenden. Sie können die Desktop-Einstellungen auch verwenden, um die Lesezeichen zu verwalten und zu aktualisieren. Sie können beispielsweise eine Datenbank-Bookmark-Hierarchie erstellen, indem Sie eine Gliederung der Lesezeichen mit Ordnern und Verknüpfungen wie URLs, Datenbank- und Dokumentverknüpfungen anfertigen. Diese können Sie dann in der Lesezeichenleiste des Notes Clients hinterlegen. Sie können auch einen Ordner namens STARTUP anlegen, der Datenbanken enthält, die beim Start des Notes Clients geöffnet werden.

4. Geben Sie ab Version Lotus Domino 8.5 im Register WIDGETS Informationen zu Live-text und Widgets (Zusatztools) und deren Verfügbarkeit an, siehe *Abbildung 10.20*.

| Basics | Smart Upgrade | Applications | Widgets | Dial-up Connections | Accounts | Name Servers | SSL | Applet Security |

Widget Settings	How to apply this setting:	Inherit from parent policy:
Widget catalog server:	Don't set value	☐ Inherit
Widget catalog application name:	toolbox.nsf	Don't set value	☐ Inherit
Widget catalog categories to install:		☐ Inherit
Enable Live Text:	Enable	☐ Inherit
Show the My Widgets panel in the sidebar:	No	Don't set value	☐ Inherit
Restrict the addition of widgets to specific types:	Disable	☐ Inherit
Restrict provider IDs for installation/execution:	Disable	☐ Inherit
Restrict extension point IDs for installation/execution:	Disable	☐ Inherit
Create and manage an action:	Enable	☐ Inherit
Create and manage recognizers and content types:	Yes	☐ Inherit
Enable default recognizers:	Enable	☐ Inherit
Send widgets using e-mail:	Enable	☐ Inherit

Abbildung 10.20: Einstellungen zu Widgets in den Desktop-Einstellungen

5. Geben Sie im Register WÄHLVERBINDUNGEN/DIAL-UP CONNECTIONS Informationen zum vorgegebenen Durchgangsserver und zu anderen Remote-Servern ein.

6. Geben Sie im Register KONTEN/ACCOUNTS Informationen zu den Vorgabekonten für Internet-Server ein.

7. Geben Sie im Register NAMENSSERVER/NAME SERVERS die Namen und Adressen der sekundären TCP/IP-, NDS- und NetBIOS-Notes Namensserver ein. Wenn Sie möch-ten, dass Benutzer die in diesem Register festgelegten Einstellungen ändern können, aktivieren Sie das Kontrollkästchen BENUTZER DÜRFEN DIE EINSTELLUNGEN IN DIESEM REGISTER ÄNDERN/ALLOW USERS TO CHANGE THE SETTINGS ON THIS TAB.

8. Geben Sie im Register SSL Werte für die Handhabung Ihrer Zertifikate und des SSL-Protokolls ein.

9. Tätigen Sie im Register APPLET-SICHERHEIT/APPLET SECURITY die gewünschten Angaben bezüglich der Hosts und HTTP-Proxys.

10. Geben Sie im Register PROXIES die den Benutzern zuzuweisenden Standardproxies ein.

11. Wählen Sie im Register MAIL das Format für Nachrichten an Internetadressen aus.

12. Sie können im Register VORGABEN/PREFERENCES die Benutzervorgaben setzen, die sonst von den Notes-Benutzern selbst vorgenommen werden. Dazu zählen auch die Einstel-lungen für den Sametime Server und das Instant Messaging. Die über die Desktop-Richtlinien vorgenommenen Änderungen in Bezug auf das Instant Messaging kön-nen die Anwender anschließend nicht mehr über die Benutzervorgaben verändern.

13. Seit der Version Lotus Notes 6.5 besteht bereits die Möglichkeit, im Register DIAGNOSE/ DIAGNOSTICS automatische Diagnosetools für die erleichterte Datensammlung bezüglich Fehlermeldungen sowohl bei Servern und als auch bei Clients einzusetzen.

Auf der Registerkarte DIAGNOSE/DIAGNOSTICS der Desktop-Einstellungen können Sie für den Client die entsprechenden Vorgaben festsetzen, beispielsweise den Name der Mail-In-Datenbank, an welche die Diagnosedaten nach einem Crash versandt werden, wie lange die Diagnosedaten auf dem Client-System verbleiben oder ob der Anwender gefragt wird, ob er die Diagnosedaten an die dafür vorgesehene Mail-In-Datenbank senden möchte.

In Version 8.5 gibt es diese Konfiguration nicht mehr.

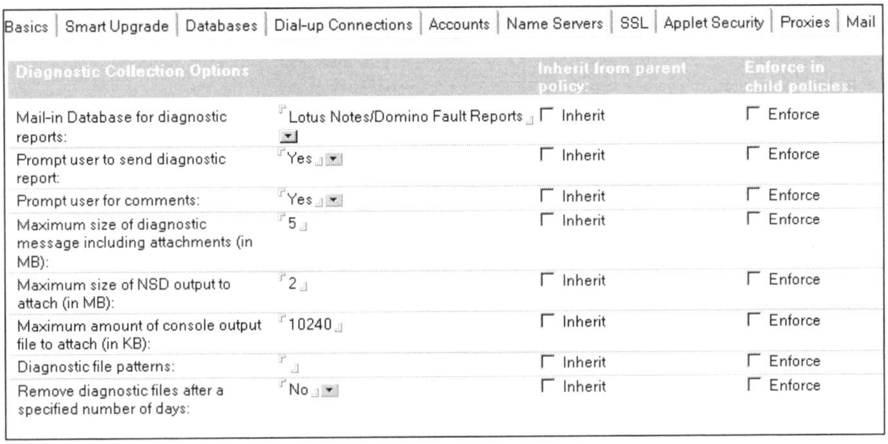

| Basics | Smart Upgrade | Databases | Dial-up Connections | Accounts | Name Servers | SSL | Applet Security | Proxies | Mail |

Diagnostic Collection Options		Inherit from parent policy:	Enforce in child policies:
Mail-in Database for diagnostic reports:	Lotus Notes/Domino Fault Reports ▼	☐ Inherit	☐ Enforce
Prompt user to send diagnostic report:	Yes ▼	☐ Inherit	☐ Enforce
Prompt user for comments:	Yes ▼	☐ Inherit	☐ Enforce
Maximum size of diagnostic message including attachments (in MB):	5	☐ Inherit	☐ Enforce
Maximum size of NSD output to attach (in MB):	2	☐ Inherit	☐ Enforce
Maximum amount of console output file to attach (in KB):	10240	☐ Inherit	☐ Enforce
Diagnostic file patterns:		☐ Inherit	☐ Enforce
Remove diagnostic files after a specified number of days:	No ▼	☐ Inherit	☐ Enforce

Abbildung 10.21: Angaben zu Client Fault Reports

Sicherheitseinstellungen/Security Settings

Wie der Name schon sagt, geht es hier um die Sicherheitseinstellungen wie ECL, Kennwortverwaltung und Schlüssel. Die Sicherheitseinstellungen gehören mit zu den wichtigsten Administrationswerkzeugen zur Absicherung einer Domino-Umgebung. Zwei Register sind vor allem relevant:

1. Im Register KENNWORTVERWALTUNG/PASSWORD MANAGEMENT sind alle wichtigen Einstellungen für Kennwörter wie die Kennwortlänge, Kennwortablauf und das erforderliche Änderungsintervall zu finden. Sie können auch eine benutzerdefinierte Kennwortrichtlinie (Custom Passwort Policy) einrichten, in der Sie Details zu den Anforderungen an ein Kennwort definieren können. Die Kennwortverwaltung unterteilt sich nun in PASSWORD MANAGEMENT BASICS mit den Clientvorgaben für Kennworte und NOTES SHARED LOGIN, hier können Vorgaben zum Kennwortabgleich mit dem Betriebssystem gemacht werden. Informationen zu Notes Shared Login finden Sie in *Kapitel 5.9, Gemeinsame Notes-Anmeldung/Notes Shared Login*.

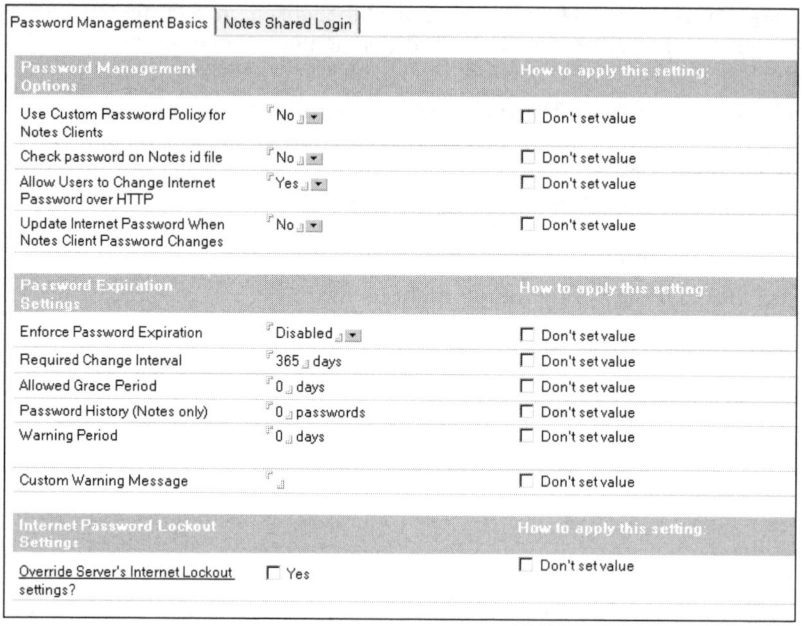

Password Management Basics	Notes Shared Login

Password Management Options	How to apply this setting:
Use Custom Password Policy for Notes Clients	No ▾	☐ Don't set value
Check password on Notes id file	No ▾	☐ Don't set value
Allow Users to Change Internet Password over HTTP	Yes ▾	☐ Don't set value
Update Internet Password When Notes Client Password Changes	No ▾	☐ Don't set value

Password Expiration Settings	How to apply this setting:
Enforce Password Expiration	Disabled ▾	☐ Don't set value
Required Change Interval	365 days	☐ Don't set value
Allowed Grace Period	0 days	☐ Don't set value
Password History (Notes only)	0 passwords	☐ Don't set value
Warning Period	0 days	☐ Don't set value
Custom Warning Message		☐ Don't set value

Internet Password Lockout Settings	How to apply this setting:
Override Server's Internet Lockout settings?	☐ Yes	☐ Don't set value

Abbildung 10.22: Sicherheitseinstellungen für die Richtlinien

Feld	Aktion
BENUTZERDEFINIERTE KENNWORT-RICHTLINIE FÜR NOTES CLIENTS VERWENDEN/ USE CUSTOM PASSWORD POLICY FOR NOTES CLIENTS	Wählen Sie einen der folgenden Werte aus: ▶ JA/YES: Wenn Sie spezifische Kennwortparameter konfigurieren möchten. Hiermit vermeiden Sie triviale oder vorhersagbare Kennworte. Wenn Sie diese Option aktivieren, erscheint ein weiteres Register BENUTZERDEFINIERTE KENNWORTRICHTLINIE/CUSTOM PASSWORD POLICY. ▶ NEIN/NO: (Vorgabe) Wenn Sie keine benutzerdefinierte Kennwortrichtlinie einstellen möchten.
KENNWORT ÜBERPRÜFEN ANHAND DER NOTES-ID-DATEI/ CHECK PASSWORD ON NOTES ID FILE	Wählen Sie einen der folgenden Werte aus: ▶ JA/YES: Wenn Sie festlegen wollen, dass alle Kopien der ID dasselbe Kennwort verwenden. ▶ NEIN/NO: (Vorgabe)
BENUTZER DÜRFEN DAS INTERNET-KENNWORT ÜBER HTTP ÄNDERN/ ALLOW USERS TO CHANGE INTERNET PASSWORD OVER HTTP	Wählen Sie einen der folgenden Werte aus: ▶ JA/YES: (Vorgabe) um den Benutzern zu gestatten, das Internet-Kennwort über einen Browser zu ändern. ▶ NEIN/NO
INTERNET-KENNWORT BEI ÄNDERN DES NOTES CLIENT-KENNWORTS AKTUALISIEREN/ UPDATE INTERNET PASSWORD WHEN NOTES CLIENT PASSWORD CHANGES	Wählen Sie einen der folgenden Werte aus: ▶ JA/YES: Um das Kennwort für das Internet mit dem vom Notes Client zu synchronisieren. Wählen Sie in diesem Fall zusätzlich die Verwendung des sicheren Internet-Kennworts. ▶ NEIN/NO: (Vorgabe)

- Im Abschnitt Einstellungen für Kennwortablauf/Password Expiration Settings legen Sie fest, in welchem Zeitintervall das Kennwort geändert werden muss, ob eine Nachfrist gewährt wird, ob bereits abgelaufene Kennworte wiederverwendet werden dürfen und mit welchem zeitlichen Vorlauf der Anwender darauf aufmerksam gemacht wird, wann er sein Kennwort ändern muss.

- Im Abschnitt Sperreinstellungen für Internetkennwörter/Internet password lockout settings können Sie angeben, ob mithilfe dieser Richtlinieneinstellung die Einstellungen im Konfigurationsdokument des Servers überschrieben werden sollen. Es ist nun möglich, eine maximale Anzahl an Fehlversuchen vorzugeben, bevor eine Sperre eintritt. Sie können auch angeben, wie lange eine Pause sein muss, bevor sich ein Benutzer nach Fehlversuchen wieder anmelden darf.

- Unter Einstellungen für die Kennwortqualität/Password quality settings können Sie vorgeben, welche Qualität oder welche Kennwortlänge ein neues Kennwort mindestens haben muss.

2. Über das Register Ausführungskontrollliste(ECL)/Execution Control List werden die Admininstrations-ECLs gesetzt. Bearbeiten Sie hier die Administrations-ECL und legen Sie fest, in welchen Zeitabständen die ECL der Clients mit der Administrations-ECL aktualisiert oder ersetzt werden sollen.

   Administrations-ECLs werden unabhängig von Sicherheitseinstellungsdokumenten gespeichert. Wenn Sie eine Administrations-ECL bearbeiten, werden die Änderungen von allen Sicherheitseinstellungsdokumenten verwendet, die auf die Administrations-ECL mit dem bestimmten Namen verweisen. Wenn Sie eine Administrations-ECL löschen, verwenden alle Sicherheitseinstellungsdokumente, die sich auf diese bestimmte Administrations-ECL bezogen, die Standard-Administrations-ECL. Wenn Sie eine Administrations-ECL löschen, können Sie den Löschvorgang nicht durch Klicken auf Abbrechen/Escape rückgängig machen. Der Name der Administrations-ECL wird dann weiterhin unverändert im Einstellungsdokument angezeigt.

3. Legen Sie im Register Schlüssel und Zertifikate/Keys and certificates Anforderungen an den öffentlichen Schlüssel des Anwenders und Einstellungen für das Ablaufdatum des Zertifikats fest. Sie können hier festlegen, nach welchen Kriterien bei den Benutzern ein Schlüsselaustausch erfolgen soll.

   - Im Abschnitt Online certificate status protocol (OCSP) findet sich eine neue Funktion in Domino 8. Wenn Sie diese Option aktivieren, führt der Notes Client während der S/MIME-Signaturüberprüfungen und bei der Mail-Verschlüsselung eine OCSP-Überprüfung durch. Hierbei wird der Widerrufstatus von Zertifikaten ermittelt.

4. Im Register Signierte Plug-Ins/Signed Plug-Ins können Sie vorgeben, ob Plug-Ins je nach Signatur nie, immer oder nur nach Bestätigung durch den Benutzer installiert werden sollen.

5. Sie haben nun die Möglichkeit, im Register Portal Server den Namen des WebSphere Portal Servers, die Authentifizierungs-URL und den Authentifizierungstyp festzulegen.

6. In der Version Lotus Notes Domino 8.5 haben Sie nun auch die Möglichkeit, im Register ID-Vault Einstellungen zur ID-Wiederherstellung über Policies vorzunehmen. Definieren Sie hier die Datenbank, die als ID-Container dienen soll, sowie Hilfstexte bei vergessenem Kennwort. Legen Sie auch fest, wie oft und in welchem Zeitraum die ID aus dem Container heruntergeladen werden kann.

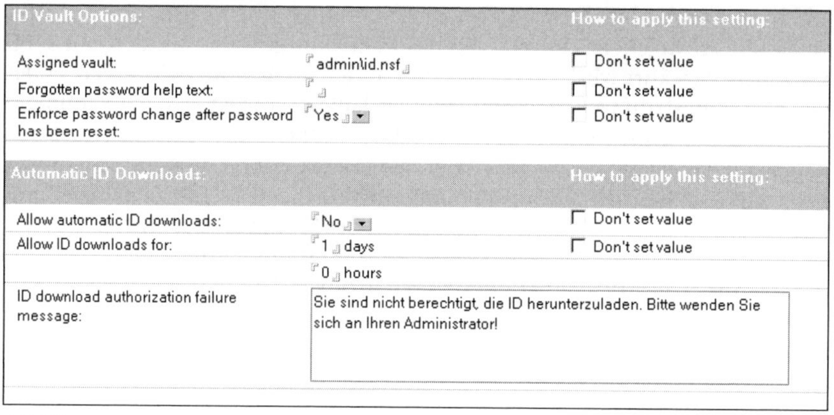

ID Vault Options:		How to apply this setting:
Assigned vault:	admin\id.nsf	☐ Don't set value
Forgotten password help text:		☐ Don't set value
Enforce password change after password has been reset:	Yes	☐ Don't set value
Automatic ID Downloads:		**How to apply this setting:**
Allow automatic ID downloads:	No	☐ Don't set value
Allow ID downloads for:	1 days	☐ Don't set value
	0 hours	
ID download authorization failure message:	Sie sind nicht berechtigt, die ID herunterzuladen. Bitte wenden Sie sich an Ihren Administrator!	

Abbildung 10.23: Beispielhafte Optionseinstellungen für ID-Vault

Mail-Einstellungen/Mail Settings

Mail-Einstellungen bieten dem Administrator eine Möglichkeit, Client-Einstellungen und Vorgaben sowohl für Mail als auch für Kalender und Zeitplanung zu definieren. Diese Einstellungen beziehen sich auf:

▶ Anlegen und Verwalten von Disclaimern. Verwenden Sie die entsprechende Registerkarte, um den gewünschten Text einzugeben.

▶ Die Möglichkeit des Anwenders, die Delegierung einzusetzen, Anpassung der Sent-Ansicht oder mailbezogene Benutzervorgaben

▶ Alarmfunktionen und -einstellungen

▶ Setzen zahlreicher Aufgaben- und Kalendervorgaben inklusive Räume und Reservierungen

Sie können ebenfalls definieren, wann eine Einstellung wirksam wird (ART DER ANWENDUNG/HOW TO APPLY THIS SETTING mit der Auswahl: WERT NICHT FESTLEGEN/DON'T CHANGE, WERT NACH JEDER ÄNDERUNG FESTLEGEN/SET VALUE WHENEVER MODIFIED oder ANFANGSWERT FESTLEGEN/SET INITIAL VALUE) und ob sie vom Anwender verändert werden kann (WERT FESTLEGEN UND ÄNDERUNGEN VERHINDERN/SET VALUE AND PREVENT CHANGES).

Die effektive Mail-Richtlinie wird im Kalenderprofil des Anwenders in der Mail-Datenbank über den Administrationsprozess abgelegt. Alle 12 Stunden überprüft AdminP die Umgebung auf Aktualisierungen der Mail-Richtlinie und führt dann gegebenenfalls eine Aktualisierung durch.

Die Mail-Einstellungen geben dem Administrator Einstellungsmöglichkeiten über Registerkarten an die Hand. Diese lauten:

1. ALLGEMEIN/BASICS mit den beschreibenden Daten.

2. Danach folgen die Unterbereiche über MAIL > ALLGEMEIN/BASICS (beispielsweise Änderung des Besitzers oder Rechtschreibung), MAIL > LETTERHEAD/BRIEFKOPF, über MAIL > WIEDERVORLAGE/FOLLOW UP, MAIL > MARKIERUNG/ATTENTION INDICATORS, MAIL > NACHRICHTENRÜCKRUF/MESSAGE RECALL sowie MESSAGE DISCLAIMERS/AUSSCHLUSSKLAUSEL. Klicken Sie im Register MAIL > BRIEFKOPF/LETTERHEAD beispielsweise auf JA, um einen Standardbriefkopf für die Mail-Nachrichten der Benutzer festzulegen. Wählen Sie den Standardbriefkopf in der Liste der verfügbaren Briefköpfe aus.

3. Füllen Sie im Register NACHRICHTENRÜCKRUF/MESSAGE RECALL die folgenden Felder aus:

Feld	Aktion
BENUTZER DARF GESENDETE NACHRICHTEN ZURÜCKRUFEN/ USER IS ALLOWED TO RECALL MESSAGES	Wählen Sie einen der folgenden Werte aus: ▶ JA/YES: Wenn Sie dem Anwender gestatten möchten, Nachrichten zurückzurufen, die irrtümlich versendet wurden. ▶ NEIN/NO: Wenn ein Nachrichtenrückruf nicht erlaubt wird.
ANDERE BENUTZER DÜRFEN NACHRICHTEN ZURÜCKRUFEN, DIE SIE AN DIESEN BENUTZER GESENDET HABEN/ OTHER USERS ARE ALLOWED TO RECALL MESSAGES THEY SENT TO THIS USER	Wählen Sie einen der folgenden Werte aus: ▶ JA/YES: Wenn Sie gestatten möchten, dass Nachrichten zurückgerufen werden, die irrtümlich an diesen Nutzer versendet wurden. ▶ NEIN/NO: Wenn ein Nachrichtenrückruf nicht erlaubt wird.
RÜCKRUF VON NACHRICHTEN IM UNGELESEN-STATUS ZULASSEN/ ALLOW RECALL MESSAGES WITH UNREAD STATUS	Wählen Sie einen der folgenden Werte aus: ▶ NUR UNGELESENE/UNREAD ONLY: Wenn nur ungelesene Nachrichten zurückgerufen werden dürfen. ▶ GELESEN UND UNGELESEN/BOTH READ AND UNREAD: Nachrichtenrückruf ist erlaubt, unabhängig vom Status der Nachricht.
RÜCKRUF VON NACHRICHTEN NICHT ZULASSEN, DIE ÄLTER SIND ALS/ DO NOT ALLOW RECALL OF MESSAGES OLDER THAN	Definieren Sie hier den Zeitraum, innerhalb dessen eine Nachricht zurückgerufen werden kann. Sie können hier Wochen, Tage, Stunden oder Minuten einstellen.

4. Im Register KALENDER UND AUFGABEN/CALENDAR & TO DO mit Vorgaben wie etwa der Dauer neuer Besprechungen, Vorgabemaske beim Erstellen neuer Einträge via Doppelklick, die Sie als Anwender über die Werkzeuge Ihrer Mail-Datenbank bzw. Ihres Kalenders setzen würden. Weitere Bereiche für den Kalender, die Zeitplanung und die Aufgaben beinhalten weitere bekannte Einstellungen, die nun über die Richtlinien definiert werden können. Jede Option der Vorgaben, die die Anwender über ihre Mail-Datenbank setzen können, findet sich im Grunde genommen an dieser Stelle wieder.

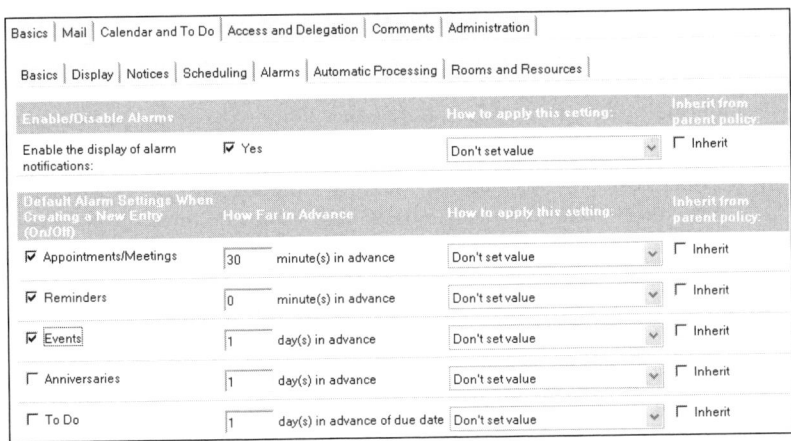

Abbildung 10.24: Beispielhafte Optionseinstellungen für Mail-Alarmierung

5. Auch der Themenbereich Räume und Reservierungen bleibt davon nicht unberührt. Der Anwender hat die Möglichkeit, eine Art Favoritenliste für Räume und andere Ressourcen anzulegen, die bei der Planung von Besprechungen eine Rolle spielen. Daneben finden sich unter der Registerkarte KALENDER UND AUFGABEN/CALENDAR UND TO DO > RÄUME UND RESSOURCEN/ROOMS & RESOURCES weitere Vorgaben für den Notes-Anwender.

6. Vorgaben zur Delegierung der Mail-Datenbank finden sich unter ZUGRIFF & DELEGIERUNG/ACCESS & DELEGATION. Diese Einstellungen werden sowohl nach Mail und Kalender als auch nach Zeitplanung aufgeteilt.

7. Im Register iNOTES können Sie Einstellungen zur Art des Nutzers (Full, Lite, Ultra-Lite) vornehmen, je nachdem, welche Optionen dem Nutzer zur Verfügung gestellt werden sollen. Sie können außerdem Vorgaben zur Anhangsgröße und -handhabung, zum Browser-Cache-Management sowie weiteren Browser-Vorgaben machen. Dieses Register wird Ihnen erst ab der Version 8.5 angeboten (siehe *Abbildung 10.25*).

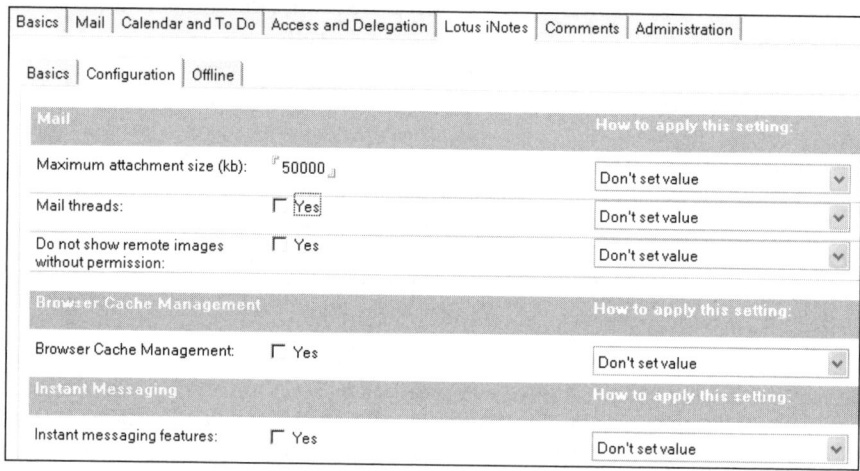

Abbildung 10.25: Abbildung 10.25:Beispielhafte iNotes-Einstellungen in Mail-Einstellungsdokumenten

Lotus Symphony-Einstellungen/Lotus Symphony Settings

Über die Lotus Symphony-Einstellungen können Sie als Administrator festlegen, ob Benutzer die IBM Symphony Tools (in Version Lotus Notes Domino 8 auch Produktivitätswerkzeuge genannt) benutzen können. Sie können außerdem bestimmen, welche Dateien und Schablonen sie benutzen dürfen. Die möglichen Einstellungen werden auf der Registerkarte ALLGEMEIN/BASICS vorgenommen (siehe *Abbildung 10.26*).

1. Definieren Sie über AUSFÜHRUNG VON MAKROS IN IBM SYMPHONY ZULASSEN/ALLOW USERS TO RUN MACROS IN IBM SYMPHONY, ob die Rich-Client-Benutzer in den IBM-Editoren für Word-Dokumente, Excel-Arbeitsblätter und Präsentationen Makros ausführen dürfen.

2. Definieren Sie, ob Sie den Anwendern über IBM SYMPHONY ZULASSEN/ALLOW IBM SYMPHONY gestatten möchten, die IBM-Editoren für Word-Dokumente, Excel-Arbeitsblätter oder Präsentation zu benutzen.

3. Definieren Sie, ob und wenn ja, welche MS-Office-Vorlagen mit Symphony geöffnet werden sollen.

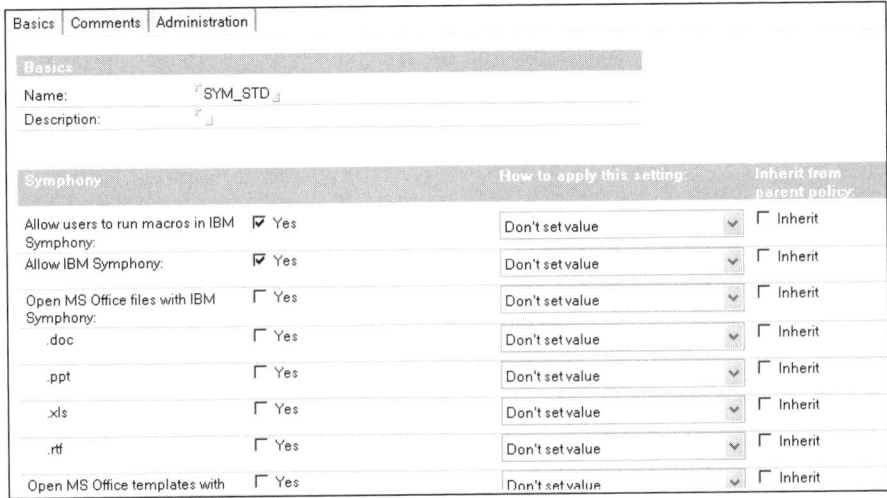

Abbildung 10.26: Lotus Symphony-Einstellungen

4. Definieren Sie, ob und wenn ja, welche SmartSuite-Dateitypen mit Symphony geöffnet werden sollen.

5. Definieren Sie, ob und wenn ja, welche SmartSuite-Schablonen mit Symphony geöffnet werden sollen.

Diese Symphony-Einstellungsdokumente werden nicht für Domino Web Access unterstützt.

Lotus Traveler-Einstellungen/Lotus Traveler Policy Settings

Mit der Version Lotus Notes Domino 8.5 werden die Einstellungsdokumente für Lotus Traveler eingeführt. Hiermit sind Sie in der Lage, Vorgaben für die Synchronisation der Mail-Datenbanken der Benutzer mit ihren mobilen Endgeräten (Handhelds etc.) zu definieren. Grundsätzlich kann der Anwender seine E-Mails, seinen Kalender, Aufgaben, Adressbuch und das Journal synchronisieren. Die IBM-Push-Technologie aktualisiert diese Anwendungen auf dem Handheld umittelbar.

Definieren Sie im Register VORGABEN/PREFERENCES folgende Einstellungen:

1. Im Register SYNCHRONISATION/SYNC geben Sie vor, welche Anwendungen (Adressbuch, E-Mail, Journal, Kalender, Aufgaben) der Benutzer mit seinem Handheld synchronisieren darf (siehe *Abbildung 10.27*).

2. Definieren Sie unter FILTEREINSTELLUNG/FILTER SETTINGS, ob Email vollständig oder abgeschnitten übertragen werden sollen und welche Anhänge mit übertragen werden. Legen Sie anhand von Zeitspannen fest, welche E-Mails, Kalendereinträge, Aufgaben und Journal-Daten übertragen werden sollen. Dies erleichtert Ihnen die Steuerung der zu übertragenden Datenmengen.

3. Definieren Sie in den GERÄTEEINSTELLUNGEN/DEVICE SETTINGS die Protokollierungstiefe und Größe der Protokolldatei auf dem Endgerät und legen Sie das Übertragungsprotokoll fest.

4. Definieren Sie in den SICHERHEITSEINSTELLUNGEN/SECURITY SETTINGS die Kennwort-vorgaben auf den Endgeräten und legen Sie fest, ob auf Speicherkarten die Daten ver-schlüsselt abgelegt werden sollen.

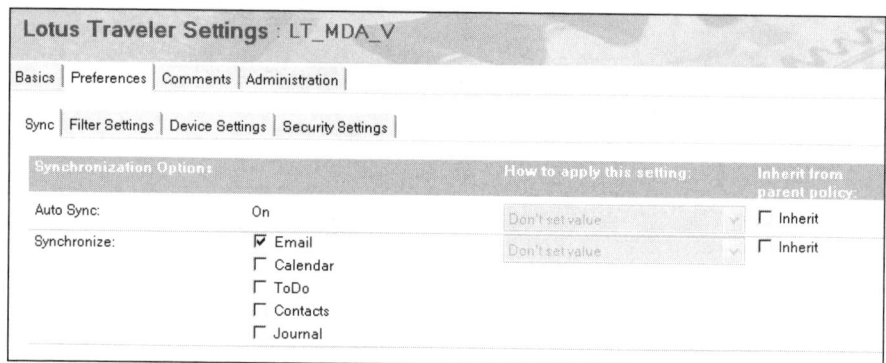

Abbildung 10.27: Beispielhafte Darstellung der Lotus Traveler Settings

Roaming-Einstellungen/Roaming Settings

Mit der Version Lotus Domino 8.5 kann man nun Roaming-Einstellungen auch über ein eigenes Einstellungsdokument konfigurieren und verteilen. Es ist nun möglich, Roaming auch für File-Server einzurichten. Dies funktioniert nur ab Version 8.5 und mit dem Betriebssystem Windows.

Roaming Settings

Basics | Comments | Administration |

Basics

Name:	Roaming_Default
Description:	

File Server Roaming Options	How to apply this setting:	Inherit from parent policy:	Enforce in child policies:
Server name:	D01MS/Server/DMK	☐ Don't set value	☐ Inherit	☐ Enforce
Base folder:	roaming\	☐ Don't set value	☐ Inherit	☐ Enforce
Sub-folder format:	Shortname	☐ Don't set value	☐ Inherit	☐ Enforce
Example:	..\roaming\tamado\..			
Files that roam:	bookmark.nsf, roamingdata.nsf, journal.nsf, names.nsf, localfeedcontent.nsf	☐ Don't set value	☑ Inherit	☑ Enforce
Show roaming setup dialogs:	No	☐ Don't set value	☐ Inherit	☐ Enforce
Modifiable text for the first dialog:	Your Lotus Notes administrator has made you a "roaming user" so that you can get all of your Notes data on different computers. You can continue to do your work and monitor the progress on the Replication tab.	☐ Don't set value	☐ Inherit	☐ Enforce
Text for the "Roaming complete" dialog:	The roaming user setup process is complete on this computer. Your Lotus Notes data will be the same on any computer.	☐ Don't set value	☐ Inherit	☐ Enforce
Data removal on local drives:	Do not remove data	☐ Don't set value	☐ Inherit	☐ Enforce
Allow user to temporarily disable roaming:	No	☐ Don't set value	☐ Inherit	☐ Enforce

Abbildung 10.28: Beispielhafte Darstellung des Roaming-Einstellungsdokuments

Definieren Sie im Register ALLGEMEIN/BASICS folgende Einstellungen (siehe *Abbildung 10.28*):

▷ Geben Sie den Roaming-Server sowie das Unterverzeichnis, in dem die Roaming-Daten des Benutzers abgelegt werden sollen, an.

▷ Definieren Sie die Datenbanken, die auf dem Roaming-Server zur Verfügung gestellt werden sollen.

▷ Geben Sie Texte vor, die angezeigt werden, wenn ein Roaming-Umwandlungsprozess für einen Nutzer angestoßen wird und wenn er abgeschlossen ist.

▷ Definieren Sie, ob und wann Daten von der lokalen Festplatte des Clients entfernt werden sollen.

▷ Legen Sie fest, ob der Benutzer temporär die Roaming-Option deaktivieren darf.

Activities-Einstellungen/Activities Settings

Ab Version Lotus Notes Domino 8 können Sie Einstellungsdokumente für Activities-Richtlinien erstellen. Hier können der Activities-Server und Port eines Benutzers definiert und festgelegt werden, ob Benutzernamen, Kennwörter und Activities-Daten mit SSL verschlüsselt werden sollen. Sollen die Activities innerhalb des Lotus Notes Clients verwendet werden, muss als Voraussetzung ein Lotus Connections Server installiert sein.

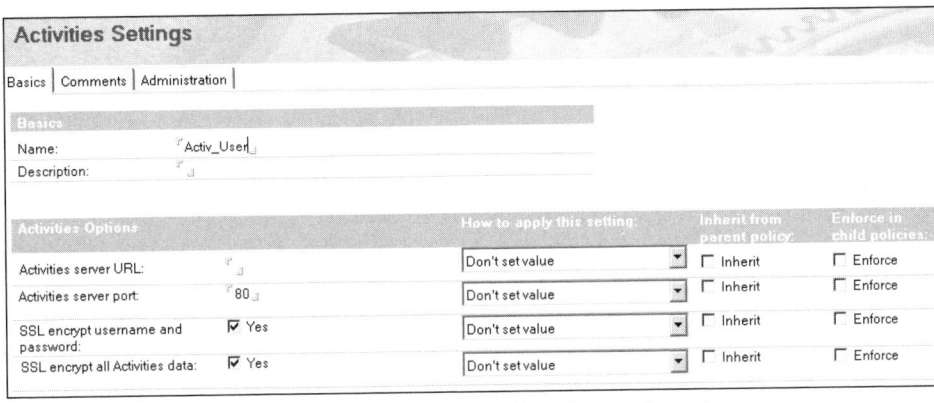

Abbildung 10.29: Beispielhafte Darstellung des Activity-Einstellungsdokuments

Definieren Sie im Register ALLGEMEIN/BASICS folgende Einstellungen (siehe *Abbildung 10.29*):

▷ Geben Sie den DNS-Namen des Activities-Servers an.

▷ Geben Sie die Portnummer für den Zugriff auf den Activities-Server an.

▷ Legen Sie fest, ob Benutzernamen und das Kennwort per SSL an den Activities-Server gesendet werden sollen.

▷ Legen Sie fest, ob alle Daten per SSL an den Activities-Server gesendet und anschließend vom Activities-Server zurückgegeben werden sollen.

10.2.3 Richtliniendokumente

Über Richtliniendokumente erzwingen Sie die unternehmensweite Verwendung von Richtlinien für die Anwender, denen Sie spezifische Einstellungen zuordnen. Neu ab Version Lotus Notes Domino 8.5 sind die Register RICHTLINIENZUWEISUNG/POLICY ASSIGNMENT und RICHTLINIENPRIORITÄT/POLICY PRECEDENCE, die nur bei expliziten Richtlinien angezeigt werden und konfigurierbar sind.

Die richtlinienbasierte Administration erstellt die Regeln für Anwendergruppierungen und ordnet diese nach bestimmten Voraussetzungen zu. Die Regeln werden in Einstellungsdokumenten hinterlegt. In den Richtliniendokumenten wiederum sind diese Einstellungen enthalten. Erstellen Sie also erst die Einstellungsdokumente, wenn Sie dann ein Richtliniendokument erstellen, besitzen Sie eine Ablage für die Einstellungen. Um eine bestehende Richtlinie zu ändern, müssen Sie lediglich das Richtliniendokument und/oder die Einstellungen dazu verändern.

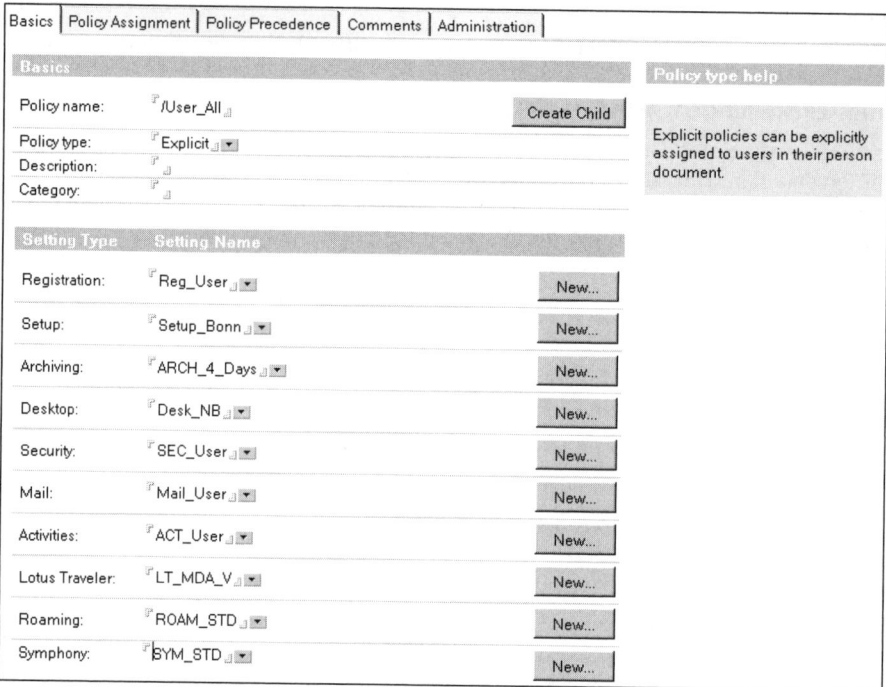

Abbildung 10.30: Richtlinieneinstellungen im Richtliniendokument

Nach dem Aufruf von RICHTLINIE HINZUFÜGEN/ADD POLICY wird ein Dialogfeld mit drei Registern angezeigt:

▶ Im Register ALLGEMEIN/BASICS werden die meisten Einstellungen zu den Richtlinien vorgenommen. Dazu zählen der Name und der Typ, aber auch die einzelnen Richtlinien (siehe *Abbildung 10.30*).

Von zentraler Bedeutung in diesem Register sind einerseits der Typ der Richtlinie, mit dem zwischen einer Organisationsrichtlinie und einer expliziten Richtlinie gewählt werden kann, und andererseits die Schaltfläche UNTERGEORDNETE RICHTLINIE ERSTELLEN/CREATE CHILD, mit der abhängige Kind-Richtlinien erzeugt werden. Die Schaltfläche erscheint nur in bereits bestehenden Richtliniendokumenten.

▶ Im Register RICHTLINIENZUWEISUNG/POLICY ASSIGNMENT (nur bei expliziten Richtlinien sichtbar) können ab Version Lotus Notes Domino 8.5 explizite Richtlinien über das Richtliniendokument selbst Personen und Gruppen zugewiesen werden, siehe *Dynamische Richtlinienzuweisung* in diesem Kapitel.

▶ Im Register RICHTLINIENPRIORITÄT/POLICY PRECEDENCE erscheint eine Ansicht aller dynamischen Richtlinien, denen Benutzer oder Gruppen im Richtliniendokument zugewiesen sind. Sie haben hier die Möglichkeit, dynamische Richtlinien nach Priorität oder Kategorien zu sortieren, indem Sie SORTIEREN NACH PRIORITÄT/SORT BY PRIORITY oder SORTIEREN NACH KATEGORIE/SORT BY CATEGORY wählen.

▷ Im Register KOMMENTARE/COMMENTS kann ein Kommentar zu der Richtlinie als Beschreibung eingetragen werden.

▷ Im Register ADMINISTRATION können die Eigner und Administratoren der Richtlinie konfiguriert werden. Darüber hinaus findet sich dort das Optionsfeld AUSNAHMERICHTLINIE/EXCEPTION POLICY, mit dem eine Richtlinie zur Ausnahmerichtlinie gemacht werden kann.

Wenn Sie eine Ausnahmerichtlinie erstellen, fügen Sie nur die Richtlinieneinstellungen hinzu, die entsprechende Werte besitzen. Ausnahmen werden über den Bereich der Einstellungen vorgenommen. Wenn die effektiven Einstellungen aufgelöst werden, werden alle Einstellungen gültig, die über die Ausnahmerichtlinie spezifiziert wurden.

Die Namen der Richtliniendokumente müssen den unten aufgeführten Formaten entsprechen. Sie müssen Wildcards oder Trennzeichen wie (*) oder (/) nicht explizit anführen, Domino setzt diese automatisch.

▷ */ORGANIZATION: Eine Organisationsrichtlinie, die auf Organisationsebene gültig wird

▷ */ORGANIZATIONAL UNIT/ORGANIZATION: Eine Organisationsrichtlinie, die auf Unterorganisationsebene gültig wird

▷ */HOSTED ORGANIZATION: Eine Organisationsrichtlinie, die auf Ebene einer gehosteten Organisation gültig wird

▷ *: Eine Organisationsrichtlinie, die für jeden Benutzer im Domino Directory gültig wird

▷ /POLICY NAME: Eine explizite Richtlinie, die manuell zugeordnet wird. Diese kann auf jeder Organisationsebene verwendet werden.

Sie benötigen die folgenden Rechte, um Richtliniendokumente zu erstellen oder bearbeiten zu können:

▷ Editorzugriff im Domino Directory und eine der folgenden Rollen:
  – POLICYCREATOR-Rolle, um Einstellungen zu den Richtlinien erstellen zu können
  – POLICYMODIFIER-Rolle, um Einstellungen zu den Richtlinien bearbeiten zu können

1. Wählen Sie im Domino Administrator die Registerkarte PERSONEN UND GRUPPEN/PEOPLE & GROUPS und öffnen Sie die Ansicht RICHTLINIEN/POLICIES.

2. Unter der Registerkarte ALLGEMEIN/BASICS bearbeiten Sie die folgenden Felder.

Feld	Eingabe
RICHTLINIENNAME/ POLICY NAME	Tätigen Sie die folgenden Eingaben: ▷ Geben Sie einen eindeutigen Namen für eine explizite Richtlinie an. ▷ Geben Sie den Namen einer Organisation oder Unterorganisation an. ▷ Geben Sie eine gehostete Organisation an.
TYP DER RICHTLINIE/ POLICY TYPE	Wählen Sie: ▷ EXPLIZIT/EXPLICIT: Um eine Ausnahmerichtlinie für bestimmte Anwender und Gruppen zu erstellen. ▷ ORGANISATIONSBEZOGEN/ORGANIZATIONAL: Um eine Richtlinie zu erstellen, die automatisch Anwendern als Teil einer bestimmten Organisation oder Unterorganisation zugewiesen wird.
BESCHREIBUNG/ DESCRIPTION	Geben Sie eine Beschreibung für die Richtlinie an.

3. (Optional) Klicken Sie auf die Schaltfläche Untergeordnete Richtlinie erstellen/ Create Child, um eine Kind-Richtlinie zu erzeugen. Auch hier geben Sie wieder an, wie die Richtlinie heißen soll, ob es eine Organisations- oder eine Ausnahmerichtlinie darstellen soll und welche Einstellungen gelten.

4. Um die Einstellungen für das Richtliniendokument zu übernehmen, wählen Sie für jeden Einstellungstyp eine Einstellung aus oder legen über die Schaltfläche Neu/New die benötigten Einstellungen an.

5. (Optional) Um eine Ausnahmerichtlinie zu erstellen, klicken Sie auf die Registerkarte Administration und aktivieren die Checkbox Ausnahmerichtlinie/Exception Policy.

6. Speichern Sie das Dokument ab.

Dynamische Richtlinienzuweisung

Ab Version Lotus Notes Domino 8.5 gibt es die dynamische Richtlinienzuweisung für explizite Richtlinien. In früheren Versionen wurden explizite Richtlinien über das Personedokument gepflegt und waren schwer zu verwalten. Ab Version Lotus Notes Domino 8.5 sorgt die dynamische Richtlinie als besondere Form einer expliziten Richtlinie für eine wesentliche Erleichterung bei der Administration. Die Pflege erfolgt nun über eine Zuordnung der Richtlinie zu Gruppen und Benutzern. Sind explizite Richtlinien Gruppen zugeordnet, so reicht nun die Änderung der Gruppenzugehörigkeit, um Benutzern explizite Richtlinien zuzuweisen. Eine Überprüfung im Personendokument ist nun nicht mehr nötig.

Folgende Voraussetzungen für eine fehlerfrei funktionierende dynamische Richtlinienzuweisung gibt es:

▷ Der Home-Server der Benutzer, denen diese Richtlinie zugewiesen wird, besitzt mindestens die Version Lotus Notes Domino 8.5.

▷ Der verwendete Client hat mindestens die Version 8.01 oder höher.

Die dynamische Richtlinienzuordnung erfolgt über eine direkte Bearbeitung des Richtliniendokuments im Register Richtlinienzuweisung/Policy Assignment, welches nur bei expliziten Richtlinien sichtbar ist, oder über den Administrator Client über das Werkzeug Richtlinie zuweisen/Assign policy im Register Personen und Gruppen/People & groups. Mit diesem Werkzeug können Sie auch bestehende Richtlinienzuweisungen von expliziten Richtlinien für Benutzer migrieren, indem Sie das Kontrollkästchen Ersetzen der Richtlinie zulassen/Allow replacement of policies aktivieren (siehe *Kapitel 10.2.4, Richtlinienwerkzeuge*).

10.2.4 Richtlinienwerkzeuge

Richtlinien müssen sorgfältig geplant und zugewiesen werden. Damit Sie als Administrator weder den Überblick verlieren noch umständliche Wege begehen, um Richtlinien zuzuordnen, gibt Ihnen der Domino Administrator Client drei wichtige Werkzeuge an die Hand, um die Richtlinien adäquat verwalten zu können:

▷ Richtlinienübersicht/Policy Synopsis, um für einen ausgewählten Benutzer die zugewiesenen Richtlinien ermitteln zu lassen

▷ Richtlinie zuweisen/Assign Policy, um explizite Richtlinien zuweisen zu können

▷ Richtlinienbetrachter/View Policy zur Anzeige der Policies

Die Policy-Werkzeuge unterhalb der Registerkarte Personen und Gruppen/People & Groups sind nicht im Web Administrator verfügbar. Daher können Sie weder Policy Synopsis noch das Assign Policy-Tool nutzen. Sie können, wenn Sie bereits im Vorhinein Richtlinien definiert haben, diese während der Registrierung zuweisen. Sie können ebenfalls die gewünschten Personendokumente bearbeiten und so explizite Richtlinien zuweisen.

Sie können unterhalb der Registerkarte PERSONEN UND GRUPPEN/PEOPLE & GROUPS oder KONFIGURATION/CONFIGURATION die Ansicht RICHTLINIEN/POLICIES verwenden, um Richtliniendokumente hinzuzufügen, zu bearbeiten oder zu löschen. Verwenden Sie dazu die vorhandenen Schaltflächen. Es wird empfohlen, das Löschen von Richtliniendokumenten nicht über den Web Administrator vorzunehmen, da über den Browser der Administrationsprozess nicht initiiert wird, um die vorhandenen Bezüge zu entfernen.

Das Werkzeug POLICY SYNOPSIS

Vor allem in größeren Netzwerken wird es schnell schwierig, die effektiven Einstellungen in Richtlinien zu erkennen. Die Einstellungen können auf verschiedenen Ebenen von Eltern-Kind-Richtlinien gesetzt sein, aber auch in Ausnahmerichtlinien. Lotus liefert daher mit dem Domino Administrator gleich ein Werkzeug zum Ermitteln der effektiven Richtlinien namens Policy Synopsis. Ähnlich wie das Werkzeug DATEI/FILE > DATENBANK/ DATABASE > GESTALTUNGSÜBERSICHT/DESIGN SYNOPSIS, das Ihnen eine definierte Aufschlüsselung der Datenbankelemente und -eigenschaften bietet, wird Ihnen die Policy Synopsis helfen, einen besseren Überblick über die bestehenden Policy-Dokumente zu erhalten. Das Programm wird im Bereich WERKZEUGE/TOOLS auf der rechten Seite des Domino Administrator Clients aufgerufen, nachdem ein Benutzername ausgewählt wurde.

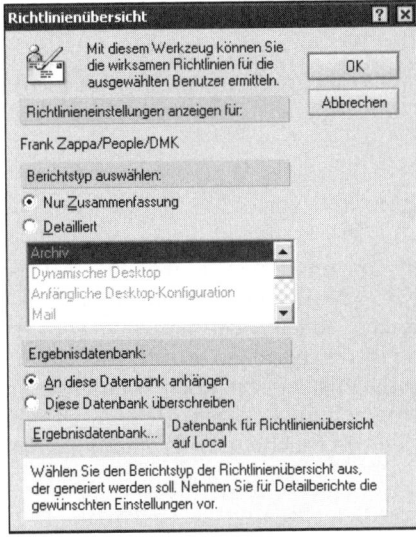

Abbildung 10.31:
Aufruf der Optionen zur Policy Synopsis

Definieren Sie im Werkzeug die Berichtsart (siehe *Abbildung 10.31*). Man unterscheidet zwischen einem zusammenfassenden und einem detaillierten Bericht. Der detaillierte Bericht kann für eine oder mehrere der Einstellungen erzeugt und in eine Datenbank geschrieben werden. Sie können an eine bestehende Datenbank angefügt werden oder die bisherigen Einträge überschreiben. Sie können eine vorgegebene Ergebnisdatenbank verwenden oder eine andere auswählen. Standardmäßig wird mit der Policy Synopsis Database auf dem lokalen System gearbeitet.

Das Werkzeug ASSIGN POLICY

Während Organisationsrichtlinien automatisch allen Benutzern in der definierten Organisation bzw. Organisationseinheit zugeordnet werden, müssen explizite Richtlinien auch explizit zugewiesen werden. Dafür gibt es zwei Ansätze:

▶ Im Register ADMINISTRATION des Personendokuments findet sich die Option ZUGEWIESENE RICHTLINIE/ASSIGN POLICY zur Auswahl der Richtlinie.

▶ Mit dem Werkzeug RICHTLINIE ZUWEISEN/ASSIGN POLICY werden Richtlinien einem oder mehreren ausgewählten Benutzern zugeordnet.

Das Werkzeug RICHTLINIE ZUWEISEN/ASSIGN POLICY findet sich bei den Werkzeugen auf der rechten Seite des Domino Administrator Clients. Vor dem Aufrufen sind die Benutzer und/oder Gruppen auszuwählen, denen die Richtlinie zugeordnet werden soll. Anschließend kann die entsprechende explizite Richtlinie gewählt werden.

Das Werkzeug View Policy

Unterhalb des Registers KONFIGURATION/CONFIGURATION des Domino Administrators werden Ihnen zwei Ansichten für Richtlinien angeboten:

▶ NACH EINSTELLUNGEN/BY SETTINGS zeigt die Ansichten sortiert nach den verschiedenen Einstellungen an. Es dient der einfachen Überprüfung, welche dieser Einstellungen bei welcher Richtlinie genutzt werden.

▶ NACH HIERARCHIE/BY HIERARCHY ordnet die Richtlinien nach der Hierarchie entsprechend der Organisationsstruktur im Domino Directory.

Diese beiden Ansichten sind hilfreich, wenn Sie mit einer größeren Anzahl von Richtlinien und Einstellungen arbeiten und deren Zusammenhänge übersichtlich angezeigt werden sollen.

10.3 Ausführungskontrollliste (ECL)

Über die ECL (Ausführungskontrollliste/Execution Control List) steuern Sie die Datensicherheit auf Workstations. Sie können durch die ECL die Aktionen der auf einer Workstation ausgeführten Formeln und Scripts beschränken. So kann beispielsweise verhindert werden, dass Code, der nicht vom Administrator freigegeben wurde, auf einem Computer ausgeführt wird und dadurch Daten beschädigt oder gelöscht werden oder auch weiterführende Schädigungen an der Systemumgebung erfolgen. Sie können mit der Ausführungskontrollliste festlegen, welcher Code von welchem Unterzeichner eines Designelements laufen darf oder nicht.

Als Administrator sind Sie in der Lage, Benutzern die Berechtigung zu erteilen, die ECL zu ändern, oder Sie steuern selbst die Änderungen an der ECL. Um den Zugriff auf Workstations einzuschränken, sucht eine ECL in Datenbanken und Schablonen nach der Signatur, bevor sie auf der Workstation geöffnet werden. Sie vergleicht dann diese Signatur mit den Einstellungen, um festzustellen, welche Zugriffsebene vergeben wird.

Man unterscheidet zwei Arten von Ausführungskontrolllisten:

▶ die Administrations-ECL, welche sich im Domino Directory befindet

▶ die Workstation-ECL, welche sich im persönlichen Adressbuch des jeweiligen Anwenders befindet

Bei der Konfiguration des Clients dient die Administrations-ECL als Schablone für die Workstation-ECL. Das Konfigurationsprogramm kopiert die Administrations-ECL vom Domino-Verzeichnis auf den Notes Client. Bearbeiten Sie vor der Registrierung von Benutzern erst die Administrations-ECL, um diese dann für die Workstation-ECL der Anwender zu nutzen. Die Vorgabe-ECL enthält eine Reihe von vorgegebenen Signaturen mit vorgegebenen Zugriffsrechten. Eine Aktualisierung oder ein Ersetzen der Workstation-ECL mit der Administrations-ECL kann über Sicherheitseinstellungen in den Richtlinien erfolgen.

10.3.1 Workstation-ECL

Die Workstation-ECL beinhaltet die Signaturen der vertrauenswürdigen Autoren der aktiven Inhalte. Dieses Vertrauen rührt daher, dass die Signatur von einer bekannten und sicheren Quelle stammt. Alle mit Notes ausgelieferten Systemanwendungsschablonen enthalten beispielsweise eine Signatur. Alle Schablonen oder Datenbanken, die in Ihrer Organisation entworfen werden, sollten mit einer vertrauenswürdigen ID, die nur zu diesem Zweck erstellt wurde („Template Signer ID"), signiert werden. Wenn aktive Inhalte (Formeln, Scripts, Agenten, Gestaltungselemente in Datenbanken und Schablonen, Dokumente mit gespeicherten Masken, Aktionen, Schaltflächen, Hotspots sowie gefährlicher Code) auf der Workstation laufen und versuchen, eine Aktion auszuführen, passiert Folgendes:

1. Notes verifiziert, dass der aktive Inhalt unterschrieben wurde, und sucht den Unterzeichner des Codes in der Workstation-ECL.

2. Notes überprüft die ECL-Einstellungen für den Unterzeichner und legt fest, ob die Aktion erlaubt ist.

3. Dann geschieht Folgendes:
   – Wenn der Unterzeichner des Codes in der Workstation-ECL aufgeführt und die entsprechende Einstellung aktiviert ist, laufen die aktiven Inhalte bzw. die Aktion ab.

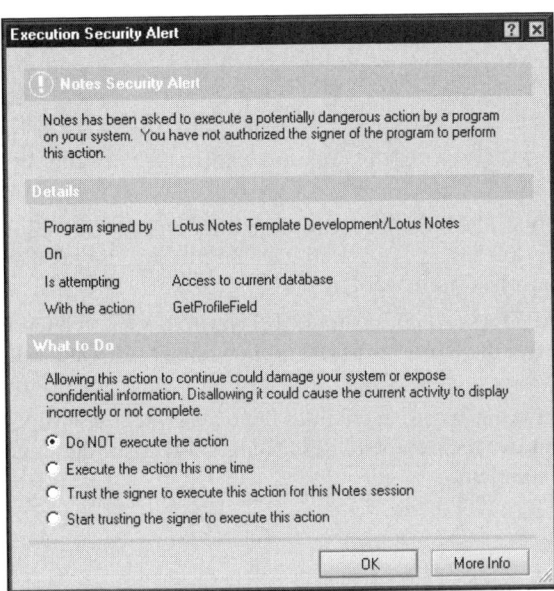

Abbildung 10.32: Sicherheitsalarm

– Wenn die aktiven Inhalte versuchen, eine Aktion auszuführen, die für den Unterzeichner nicht aktiviert wurde, oder wenn der Unterzeichner nicht in der ECL aufgeführt wurde, generiert Notes einen Sicherheitsalarm (ESA für Execution Security Alert), der angibt, welche Aktion versucht wird, auszuführen, den Namen des Unterzeichners und die ECL-Einstellung, die nicht aktiviert ist (siehe *Abbildung 10.32*).

Der Sicherheitsalarm bietet dem Anwender vier Optionen an:

– AKTION NICHT AUSFÜHREN/DO NOT EXECUTE THE ACTION: Um den Zugriff auf die Aktion mit der aktuellen Signatur abzulehnen.

– AKTION NUR DIESES EINE MAL AUSFÜHREN/EXECUTE THE ACTION THIS ONE TIME: Um den Zugriff auf die Aktion mit der aktuellen Signatur einmalig zu erlauben. Die Meldung erscheint beim nächsten Versuch der entsprechenden Aktion wieder. Diese Option verändert die ECL nicht.

– AKTION NUR IN DIESER SITZUNG AUSFÜHREN UND DEM UNTERZEICHNER DIESER AKTION VERTRAUEN/TRUST THE SIGNER TO EXECUTE THIS ACTION FOR THIS LOTUS NOTES SESSION: Der Zugriff wird nur für die Dauer der Lotus Notes-Sitzung gewährt. Über diese Option wird die ECL nicht geändert.

– AKTION AUSFÜHREN UND DEM UNTERZEICHNER DIESER AKTION VERTRAUEN/START TRUSTING THE SIGNER TO EXECUTE THIS ACTION: Um der Aktion die Erlaubnis zu geben, mit der aktuellen Signatur ausgeführt zu werden und die ECL-Einstellungen zu modifizieren. Dadurch wird die spezifische Aktion mit der aktuellen Signatur als vertrauenswürdig in die ECL aufgenommen.

– MEHR INFOS/MORE INFO: Um eine Dialogbox mit detaillierten Informationen über den Designtyp, Designnamen, Notes-ID, Signaturstatus etc. zu erhalten.

10.3.2   Workstation-Zugriffsoptionen

Für jede Signatur enthält die ECL eine Einstellung, die kontrolliert, welche Aktionen, die mit dieser Signatur unterschrieben wurden, durchgeführt und welche Systemressourcen der Workstation angefasst werden dürfen.

Um auf Ihre Workstation-ECL zuzugreifen, gehen Sie wie folgt vor.

1. Wählen Sie DATEI/FILE > SICHERHEIT/SECURITY > BENUTZERSICHERHEIT/USER SECURITY.

2. Klicken Sie auf TÄTIGKEITEN ANDERER/WHAT OTHERS DO und wählen Sie entweder WORKSTATION, APPLETS oder JAVASCRIPT.

   Sie müssen sich im entsprechenden ECL-Fenster befinden, um den effektiven Zugriff für diese ECL zu sehen. Um beispielsweise zu sehen, wer Zugriff auf die JavaScript-ECL hat, müssen Sie die JavaScript-ECL auswählen.

3. Klicken Sie auf die Schaltfläche EFFEKTIVE SITZUNGS-ECL/EFFECTIVE SESSION ECL. Das Listenfeld auf der linken Seite zeigt die Benutzer und Gruppen, die für die Dauer dieser Sitzung Zugriff auf diese ECL haben.

   Wählen Sie einen Namen aus, um die Zugriffsrechte des Benutzers oder der Gruppe zu sehen. Die Kontrollkästchen auf der rechten Seite des Dialogfelds zeigen die Zugriffsrechte für den ausgewählten Namen an.

Wählen Sie eine der folgenden Optionen aus, wenn Sie eine Workstation-ECL einrichten:

Zugriffsoption	Formeln und Codes können
ZUGRIFF AUF DAS DATEISYSTEM/ ACCESS TO FILE SYSTEM	Workstation-Dateien anhängen, lösen, lesen und darin schreiben.
ZUGRIFF AUF EXTERNEN CODE/ ACCESS TO EXTERNAL CODE	LotusScript-Klassen und DLLs ausführen, die Notes unbekannt sind.
ZUGRIFF AUF AKTUELLE DATENBANK/ ACCESS TO CURRENT DATABASE	Die aktuelle Datenbank lesen und ändern.
ZUGRIFF AUF UMGEBUNGSVARIABLEN/ ACCESS TO ENVIRONMENT VARIABLES	Die Variablen @SetEnvironment und @GetEnvironment sowie die LotusScript®-Methoden für den Zugriff auf die *notes.ini*-Datei verwenden.
ZUGRIFF AUF NETZWERK/ ACCESS TO NETWORK/	Verbindung mit einem privilegierten Anschluss herstellen und Verbindungen annehmen sowie Verbindungen mit anderen Servern herstellen.
ZUGRIFF AUF NICHT-NOTES-DB/ ACCESS TO NON-NOTES DATABASES	Die Funktionen @DBLookup, @DBColumn und @DBCommand für den Zugriff auf Datenbanken verwenden, wenn der erste Parameter für diese @-Funktionen ein Datenbanktreiber einer anderen Anwendung ist.
ZUGRIFF AUF EXTERNE PROGRAMME/ ACCESS TO EXTERNAL PROGRAMS	Auf andere Anwendungen einschließlich der Aktivierung beliebiger OLE-Objekte zugreifen.
SENDEN VON MAIL/ ABILITY TO SEND MAIL	Funktionen wie @MailSend zum Senden von Mail verwenden.
LESEN ANDERER DATENBANKEN/ ABILITY TO READ OTHER DATABASES	Informationen außerhalb der aktuellen Datenbank lesen.
VOM EIGENSCHAFTSBROKER LESEN/ READ FROM PROPERTY BROKER	Von NSF-Verbundanwendungen lesen.
ÄNDERN IHRER AUSFÜHRUNGS-KONTROLLLISTE/ MODIFY YOUR EXCECUTION CONTROL LIST	Die ECL ändern.
EXPORTIEREN VON DATEN/ ABILITY TO EXPORT DATA	Daten drucken, in die Zwischenablage kopieren, importieren und exportieren.
ÄNDERN ANDERER DATENBANKEN/ ABILITY TO MODIFY OTHER DATABASES	Informationen außerhalb der aktuellen Datenbank ändern.
IN EIGENSCHAFTSBROKER SCHREIBEN/ WRITE TO POPERTY BROKER	In NSF-Verbundanwendungen schreiben.

Verbundanwendungen umfassen Komponenten aus verschiedenen Anwendungen, sie bilden eine einzige rollenbasierte Arbeitsumgebung. Eine Verbundanwendung besteht aus einer oder mehreren Seiten, von denen jede wiederum eine oder mehrere Komponenten enthält. Sie können auf Lotus Domino Servern ab Version 8 gehostet werden, oder auf IBM WebSphere Portal Servern.

Java-Applet-Optionen

Wenn ein Java-Applet in Notes ausgeführt wird, werden diesem Applet bestimmte Sicherheitsbeschränkungen zugeordnet. Dieses Verfahren wird auch als „Java security sandbox" bezeichnet. Dieses Sicherheitsmodell gewährt Schutz gegen böswilligen Code, indem festgelegt wird, welche Vorgänge ein Applet durchführen und auf welche Systemressourcen es zugreifen kann. Diese Beschränkungen können durch Aktivieren der unten beschriebenen Kontrollkästchen für einzelne Signaturen angepasst werden.

Zugriffsoption	Funktionsmöglichkeit des Applets
ZUGRIFF AUF DAS DATEISYSTEM/ ACCESS TO FILE SYSTEM	Dateien auf einem lokalen Dateisystem schreiben und lesen
ZUGRIFF AUF NOTES-JAVA-KLASSEN/ ACCESS TO NOTES JAVA CLASSES	Die Domino-Backend-Objektklassen laden und aufrufen
ZUGRIFF AUF NETZWERKADRESSEN/ ACCESS TO NETWORK ADRESSES	Verbindung mit einem privilegierten Anschluss herstellen und Verbindungen annehmen sowie Verbindungen mit anderen Servern herstellen
DRUCKEN/PRINTING	Druckjobs einreichen
ZUGRIFF AUF SYSTEMEIGENSCHAFTEN/ ACCESS TO SYSTEM PROPERTIES	Systemeigenschaften wie beispielsweise Farbeinstellungen und Umgebungsvariablen lesen
ZUGRIFF AUF DIALOGE UND ZWISCHENABLAGE/ DIALOG AND CLIPBOARD ACCESS	Greift auf die Systemzwischenablage zu und ermittelt, ob der Sicherheitshinweis in den Fenstern der obersten Ebene angezeigt wird. Der Sicherheitshinweis (für gewöhnlich eine Meldung wie z.B. „Java-Applet-Fenster") gibt visuell an, dass dieses Fenster von einem Java-Applet erstellt wurde. Damit soll verhindert werden, dass ein Benutzer versehentlich in einem Dialogfeld, das z.B. als Kennwortdialogfeld ausgegeben ist, vertrauliche Informationen eingibt. Wenn Sie dieses Kontrollkästchen aktivieren, wird der Sicherheitshinweis nicht angezeigt.
ZUGRIFF AUF PROZESSEBENE/ PROCESS-LEVEL ACCESS	Threads und Thread-Gruppen erstellen, einen Kind-Prozess für externe Prozesse erstellen und die Prozesse ausführen, externe Bibliotheken laden und verknüpfen, auf nicht öffentliche Mitglieder von Klassen unter Verwendung von Java Core Reflection zugreifen sowie auf die AWT-Ereigniswarteschlange zugreifen

JavaScript-Optionen

Die JavaScript-ECL-Optionen steuern die Sicherheit für JavaScript, wenn es im Notes Client ausgeführt wird, und zwar entweder in einer Notes-Maske oder auf einer Webseite, die vom Notes-Browser zurückgegeben wird. Sie steuern nicht JavaScript, das von anderen Browsern ausgeführt wird. Das gilt auch für den Microsoft Internet Explorer, selbst wenn dieser Browser in den Notes Client eingebettet ist.

Die Schreib- und Leseoptionen (jeweils unter den allgemeinen Kategorien LESEZUGRIFF ZULASSEN VON/ALLOW READ DATA ACCESS FROM und SCHREIBZUGRIFF ZULASSEN AUF/ALLOW WRITE DATA ACCESS TO befindlich) legen fest, ob JavaScript-Code die JavaScript-Eigenschaften des Fensterobjekts lesen oder ändern kann. Das Fensterobjekt befindet sich im

JavaScript-Dokumentobjektmodell auf oberster Ebene. Seine Eigenschaften gelten für das gesamte Fenster. Durch die Zugriffssicherung auf das Fensterobjekt wird gleichzeitig der Zugriff auf andere Objekte auf der Seite gewährleistet, da das JavaScript-Programm nicht auf Objekte auf einer niedrigeren Ebene im Objektmodell zugreifen kann, ohne zuerst in das Fensterobjekt zu wechseln.

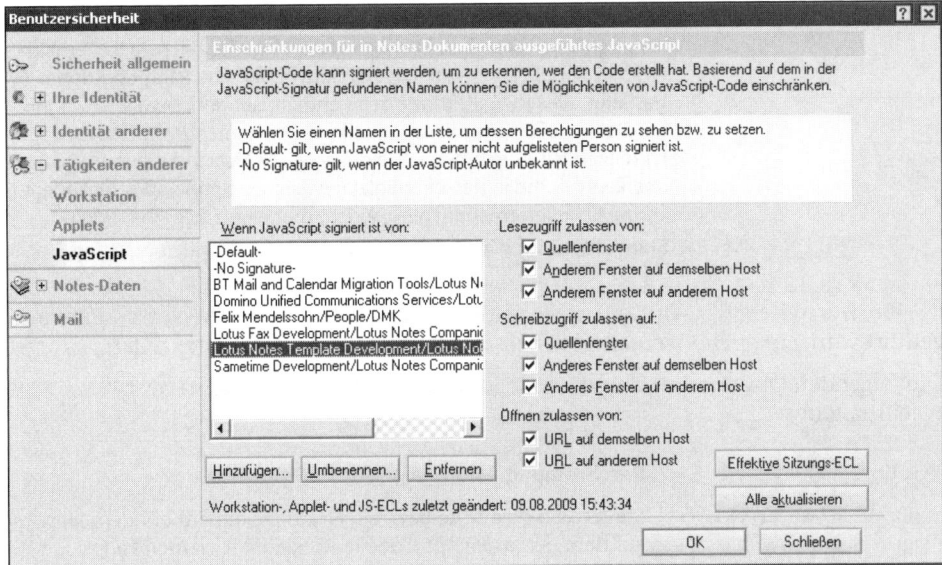

Abbildung 10.33: ECL-Optionen für JavaScript

Sie können die Sicherheit für diese Lese- und Schreiboptionen unabhängig voneinander in drei verschiedenen Klassen der Fensterobjekte festlegen (siehe *Abbildung 10.33*):

Fensterobjektklasse	Beschreibung
QUELLENFENSTER/ SOURCE WINDOWS	Steuert den JavaScript-Zugriff auf das Fensterobjekt auf der Seite, die den JavaScript-Code enthält. Gewöhnlich ist dies nur ein geringes Sicherheitsrisiko. Durch Auswahl dieser Option können JavaScript-Aufrufe nicht verhindert werden, die das Objekt direkt im Quellenfenster aufrufen. Durch diese Vorgehensweise wird das Fensterobjekt umgangen, sodass diese ECL-Option wirkungslos bleibt. Standardmäßig wird Lese- und Schreibzugriff zugelassen.
ANDERES FENSTER AUF DEMSELBEN HOST/ OTHER WINDOWS FROM SAME HOST	Steuert den JavaScript-Zugriff auf das Fensterobjekt auf einer anderen Seite als der, die den JavaScript-Code enthält, jedoch auf einer Seite auf demselben Host. So kann beispielsweise JavaScript-Code auf einer Seite unter *www.dmk-images.de* auf das Fensterobjekt auf einer anderen Seite unter *www.dmk-images.de* zugreifen. Dadurch können zwei Seiten interagieren, wenn sie sich in derselben Rahmengruppe befinden. Hier handelt es sich um ein etwas höheres Sicherheitsrisiko. Standardmäßig wird Lese- und Schreibzugriff zugelassen.

Fensterobjektklasse	Beschreibung
ANDERES FENSTER AUF ANDEREM HOST/ OTHER WINDOWS FROM DIFFERENT HOST	Diese Option ähnelt der Option ANDERES FENSTER AUF ANDEREM HOST, ermöglicht aber den Zugriff auf das Fensterobjekt auf einer anderen Seite in einer Rahmengruppe auf einem anderen Host. So kann beispielsweise JavaScript-Code auf einer Seite unter *www.dmk-images.de* auf das Fensterobjekt auf einer Seite auf einem beliebigen anderen Server zugreifen. Diese Zugriffsmöglichkeit birgt das höchste Sicherheitsrisiko in sich. Es kann sein, dass ein Entwickler eine Rahmengruppe gestaltet, die eine bestimmte Seite enthält, auf der böswilliger Zugriff auf Daten auf einer anderen Seite in einer Rahmengruppe ausgelöst wird. Handelt es sich hier um eine Seite, die Sie als vertrauenswürdig anerkennen und in der Sie möglicherweise ein Kennwort oder andere vertrauliche Informationen eingeben, gibt es ein Sicherheitsloch. Standardmäßig wird kein Lese- und Schreibzugriff zugelassen.

Es gibt zwei weitere ECL-Optionen, die festlegen, ob JavaScript, das im Notes Client ausgeführt wird, eine neue Webseite oder ein neues Notes-Dokument öffnen darf.

Die folgenden Optionen sind in der Kategorie ÖFFNEN ZULASSEN VON/ALLOW OPEN ACCESS TO enthalten:

Option	Beschreibung
URL AUF DEMSELBEN HOST/ URL ON SAME HOST	Steuert, ob eine Seite bzw. ein Notes-Dokument auf dem Host, auf dem der JavaScript-Code läuft, geöffnet werden kann. Standardmäßig wird das Öffnen zugelassen.
URL AUF ANDEREM HOST/ URL ON DIFFERENT HOST	Steuert, ob eine Seite bzw. ein Notes-Dokument auf einem anderen Host, als dem, auf dem der JavaScript-Code läuft, geöffnet werden kann. Standardmäßig wird das Öffnen nicht zugelassen.

So reduzieren Sie die Anzahl der angezeigten Fehlermeldungen auf ein Minimum:

▶ Alle Schablonen sind von LOTUS NOTES TEMPLATE DEVELOPMENT/LOTUS NOTES oder ähnlichen Organisationen signiert. Beim Start nimmt Notes automatisch eine Gegenzertifizierung von LOTUS NOTES TEMPLATE DEVELOPMENT/LOTUS NOTES oder ähnlichen Organisationen vor. Dies gewährleistet, dass alle Schablonen von einem in Ihrer Organisation vertrauenswürdigen Namen signiert sind.

▶ Die von Ihrer Organisation entwickelten Vorlagen sollten ebenfalls signiert sein. Wählen Sie im Domino Administrator das Werkzeug DATEIEN/FILES > WERKZEUGE/ TOOLS > SIGNIEREN/SIGN, um von Ihrer Organisation entwickelte Datenbanken und Schablonen mit einer besonderen ID zu signieren.

10.3.3 Administrations-ECL

Sie sollten die Anzahl vertrauenswürdiger Unterzeichner in Ihrer Umgebung beschränken, um sinnvoll mit restriktiven ECLs arbeiten zu können. Analysieren Sie als Erstes Ihre aktuellen ECLs. Wenn Sie bereits eine strenge Kontrolle der Zugriffsrechte implementiert haben, ist diese Vorgehensweise nicht erforderlich. Wenn Ihre ECLs jedoch zu vielen Unterzeichnern Zugriffsrechte gewähren, sollten Sie die folgende Prozedur befolgen und als ersten Ansatzpunkt für die Verwaltung und Wartung von strengeren ECLs einsetzen. In diesem Verfahren wird beschrieben, wie eine angemessene Administrations-ECL erstellt und implementiert werden kann. Des Weiteren sind Vorschläge zur Wartung von ECLs enthalten. Mithilfe dieses Verfahrens können Sie schnellstmöglich eine sichere Umgebung erstellen.

Folgende Schritte sind dazu nötig:

▶ Sammeln Sie Informationen für eine Administrations-ECL.

▶ Erstellen Sie die Administrations-ECL.

▶ Implementieren Sie die neue Administrations-ECL.

▶ Pflegen Sie die ECLs regelmäßig.

Generell empfiehlt sich eine spezielle ID, die nur dafür vorgesehen ist, Schablonen und Anwendungen zu unterzeichnen. Diese ID kann dann in der Administrations-ECL als vertrauenswürdig eingestuft werden. Sie können aber auch speziell für Benutzer, die Schablonen und Anwendungen signieren müssen, eine separate Unterorganisation erstellen. Erstellen Sie dann für jeden dieser Benutzer eine ID in dieser Unterorganisation. Benutzer, die Schablonen und Anwendungen erstellen, sollten beim Signieren ihrer Schablonen und Anwendungen nur IDs verwenden, die von der neuen Unterorganisation ausgegeben wurden. In der Administrations-ECL können dann entweder alle Benutzer in dieser speziellen Unterorganisation als vertrauenswürdig anerkannt werden oder es kann jeder Einzelne dieser Benutzer aufgeführt und mit speziellen Zugriffsrechten versehen werden.

Bevor Sie eine ECL erstellen, die Sie im ganzen Unternehmen verteilen können, ist es notwendig, alle vertrauenswürdigen Personen und/oder Organisationen zu ermitteln. Bestimmen Sie eine kleine Anzahl Benutzer (ca. 2 bis 5), die eine Vielzahl der Notes-Standardanwendungen verwendet, und weisen Sie sie an, die folgenden Schritte auszuführen.

1. Entfernen Sie alle Einträge aus deren Workstation-ECL, mit Ausnahme der folgenden:
   - Alle Einträge der Form */ORG, wobei ORG eine lokale Domäne/Organisation bezeichnet
   - -DEFAULT-
   - -KEINE SIGNATUR-
   - Lotus Notes Template Development/Lotus Notes

   Markieren Sie zu diesem Zweck den zu entfernenden Eintrag unter WENN SIGNIERT VON/WHEN CODE IS SIGNED BY und klicken Sie dann auf ENTFERNEN/REMOVE. Wenn einige der genannten Einträge nicht in den ECLs enthalten sind, die Sie gerade bearbeiten, bedeutet dies, dass sie nicht benötigt werden. Es ist nicht erforderlich, sie der ECL hinzuzufügen.

2. Zeichnen Sie auf, welche Einträge Sie entfernt haben, damit diese Einträge, falls sie tatsächlich nicht benötigt werden, der Administrations-ECL später mit dem Status KEIN ZUGRIFF/NO ACCESS hinzugefügt werden können.

3. Nehmen Sie die folgenden Änderungen an den restlichen Einträgen in der ECL vor:

Unter WENN SIGNIERT VON/WHEN SIGNED BY	Unter ZULASSEN/ALLOWED
*/ORG, WOBEI ORG EINE LOKALE DOMÄNE/ ORGANISATION BEZEICHNET	Deaktivieren Sie alle ausgewählten Einträge.
-DEFAULT-	Deaktivieren Sie alle ausgewählten Einträge. -DEFAULT- dürfen keine Zugriffsrechte gewährt werden.
-KEINE SIGNATUR-	Deaktivieren Sie alle ausgewählten Einträge.
LOTUS NOTES TEMPLATE DEVELOPMENT/ LOTUS NOTES BT MAIL AND CALENDAR MIGRATION TOOLS/ LOTUS NOTES COMPANION PRODUCTS DOMINO UNIFIED COMMUNICATIONS SERVICES/ LOTUS NOTES COMPANION PRODUCTS LOTUS FAX DEVELOPMENT/LOTUS NOTES COMPANION PRODUCTS SAMETIME DEVELOPMENT/LOTUS NOTES COMPANION PRODUCTS	Wählen Sie alle Einträge aus. Hier sollten immer dann alle Zugriffsrechte gewährt werden, wenn Sie die Templates und Datenbanken in Ihrer Umgebung nicht mit einer eigenen Signer ID signiert haben.

4. Klicken Sie für einen bestimmten Zeitraum (eine Woche sollte genügen) immer dann auf AKTION AUSFÜHREN UND DEM UNTERZEICHNER DIESER AKTION VERTRAUEN/START TRUSTING THE SIGNER TO EXECUTE THIS ACTION, wenn das Dialogfeld SICHERHEITSALARM/SECURITY ALERT angezeigt wird. In den beiden folgenden Fällen dürfen Sie dies nicht wählen:

   – Bei Aktionen mit dem Status -KEINE SIGNATUR-.

   – Bei ungewöhnlichen oder unbekannten Signaturen. Wenden Sie sich an den Sicherheitsadministrator, bevor Sie diese Signaturen als vertrauenswürdig anerkennen oder bevor Sie auf EINMAL AUSFÜHREN/EXECUTE THE ACTION THIS ONE TIME für Schablonen oder Anwendungen klicken, die von solchen Signaturen unterzeichnet sind.

Notes-Benutzer, die eine frühere Version des Notes Clients (niedriger als Version 5.0.1) verwenden, sollten die Frage, ob sie alle Mitglieder der Organisation eines vertrauenswürdigen Benutzers ebenfalls als vertrauenswürdig anerkennen möchten, mit NEIN/ No beantworten.

Die resultierenden ECLs für die Benutzer sollten erheblich größer sein als zu Beginn, sofern Ihre Organisation das Signieren nicht bereits zu Beginn des Verfahrens erledigt hat und nur Objekte verwendet, die von einer kleinen Anzahl bekannter, vertrauenswürdiger Unterzeichner unterzeichnet wurden. Der Lotus Notes Client protokolliert ECL-bezogene Operationen in der Client-Protokolldatei (*log.nsf*) unter der Ansicht VERSCHIEDENE EREIGNISSE/MISCELLANEOUS EVENTS (siehe *Abbildung 10.34*).

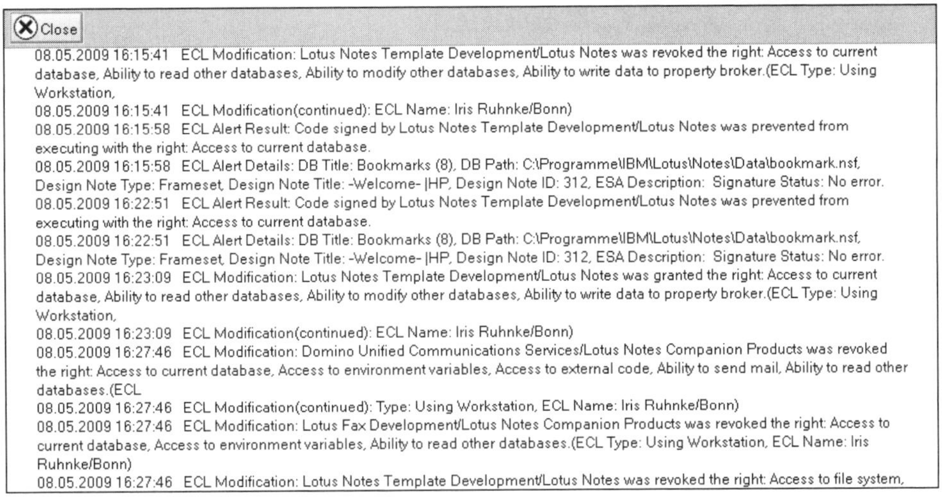

(X) Close

08.05.2009 16:15:41   ECL Modification: Lotus Notes Template Development/Lotus Notes was revoked the right: Access to current database, Ability to read other databases, Ability to modify other databases, Ability to write data to property broker.(ECL Type: Using Workstation,
08.05.2009 16:15:41   ECL Modification(continued): ECL Name: Iris Ruhnke/Bonn)
08.05.2009 16:15:58   ECL Alert Result: Code signed by Lotus Notes Template Development/Lotus Notes was prevented from executing with the right: Access to current database.
08.05.2009 16:15:58   ECL Alert Details: DB Title: Bookmarks (8), DB Path: C:\Programme\IBM\Lotus\Notes\Data\bookmark.nsf, Design Note Type: Frameset, Design Note Title: -Welcome- |HP, Design Note ID: 312, ESA Description: Signature Status: No error.
08.05.2009 16:22:51   ECL Alert Result: Code signed by Lotus Notes Template Development/Lotus Notes was prevented from executing with the right: Access to current database.
08.05.2009 16:22:51   ECL Alert Details: DB Title: Bookmarks (8), DB Path: C:\Programme\IBM\Lotus\Notes\Data\bookmark.nsf, Design Note Type: Frameset, Design Note Title: -Welcome- |HP, Design Note ID: 312, ESA Description: Signature Status: No error.
08.05.2009 16:23:09   ECL Modification: Lotus Notes Template Development/Lotus Notes was granted the right: Access to current database, Ability to read other databases, Ability to modify other databases, Ability to write data to property broker.(ECL Type: Using Workstation,
08.05.2009 16:23:09   ECL Modification(continued): ECL Name: Iris Ruhnke/Bonn)
08.05.2009 16:27:46   ECL Modification: Domino Unified Communications Services/Lotus Notes Companion Products was revoked the right: Access to current database, Access to environment variables, Access to external code, Ability to send mail, Ability to read other databases.(ECL
08.05.2009 16:27:46   ECL Modification(continued): Type: Using Workstation, ECL Name: Iris Ruhnke/Bonn)
08.05.2009 16:27:46   ECL Modification: Lotus Fax Development/Lotus Notes Companion Products was revoked the right: Access to current database, Access to environment variables, Ability to read other databases.(ECL Type: Using Workstation, ECL Name: Iris Ruhnke/Bonn)
08.05.2009 16:27:46   ECL Modification: Lotus Notes Template Development/Lotus Notes was revoked the right: Access to file system,

Abbildung 10.34: Auszug aus der Log-Datei des Clients

Dies beinhaltet:

▷ Resultate der Execution Security Alert(ESA)-Dialoge genauso wie zusätzliche ESA-Details

▷ Jegliche ECL-Modifikationen

Auf folgende Weise erstellen oder konfigurieren Sie eine Administrations-ECL:

1. Klicken Sie im Domino Administrator auf das Register DATEIEN/FILES.

2. Wählen Sie im Serverfenster den Server aus, auf dem Sie arbeiten möchten.

3. Öffnen Sie das Domino-Verzeichnis (*names.nsf*).

4. Wählen Sie AKTIONEN/ACTIONS > ADMINISTRATIONS-ECL BEARBEITEN/EDIT ADMINISTRATION ECL.

5. Wählen Sie - DEFAULT - und anschließend die Zugriffsoptionen aus.

6. Wählen Sie - KEINE SIGNATUR - und anschließend die Zugriffsoptionen aus.

7. Klicken Sie auf HINZUFÜGEN/ADD und geben Sie den Namen einer Person oder eines Servers ein. Klicken Sie anschließend auf OK.

   Mit einem Sternchen (*) gewähren Sie allen Benutzern Zugriff, auch denjenigen, die nicht im Domino-Verzeichnis aufgeführt sind. Geben Sie ein Sternchen, gefolgt von einem Zertifizierernamen, ein, um allen Benutzern, die durch einen bestimmten Zertifizierer zertifiziert wurden, den Zugriff zu gewähren.

   Um dem Anwender ein wenig mehr Flexibilität zu ermöglichen, können Administratoren den Eintrag <ECLOWNER> verwenden und ihm entsprechende Rechte als Aliasnamen für den ECL-Besitzer zuweisen. Wenn die Workstation-ECL ersetzt oder aktualisiert wird, wird der Eintrag <ECLOWNER> durch den Namen des aktuellen Anwenders ersetzt.

8. Damit Benutzer die ECL auf ihren Workstations ändern oder Java-Applets von vertrauenswürdigen Absendern aktivieren können, wählen Sie ÄNDERUNG DURCH BENUTZER ZULASSEN/ALLOW USERS TO MODIFY und dann die entsprechende Option (siehe *Abbildung 10.35*).

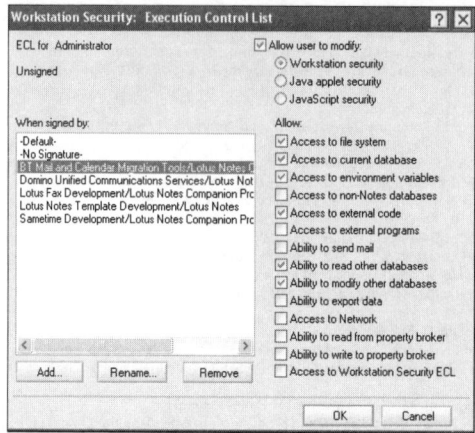

Abbildung 10.35:
Konfiguration der Administrations-ECL

9. Klicken Sie auf OK.

Die Vorgabe-ECL enthält drei verschiedene Signaturtypen. In der folgenden Tabelle werden diese Signaturen und die ihnen zugeordneten Zugriffsrechte beschrieben.

Signatur	Gilt für	Vorgegebene Zugriffsrechte
-DEFAULT-	Formeln und Code, die eine Signatur enthalten. Die Signatur stimmt jedoch nicht mit einem Eintrag in der ECL überein. Wenn beispielsweise der Unterzeichner Hans Anderson/Atlas ist, verwendet die ECL den Signaturtyp -DEFAULT-, um eine Zugriffsberechtigung zuzuweisen. Der Grund dafür ist, dass die Datenbank zwar eine Signatur enthält, diese Signatur aber nicht mit einem Eintrag in der ECL übereinstimmt.	Keine
-KEINE SIGNATUR-/ -NO SIGNATURE-	Formeln und Code, die keine Signatur enthalten. Wenn beispielsweise der Unterzeichner eine ungültige oder nicht vorhandene Signatur hat, verwendet die ECL die Rechte für -KEINE SIGNATUR-/-NO SIGNATURE-.	Keine
LOTUS NOTES TEMPLATE DEVELOPMENT/ LOTUS NOTES	Alle mit Domino ausgelieferten Schablonen enthalten diese Signatur oder eine der folgenden: ▶ BT Mail and Calendar Migration Tools/Lotus Notes Companion Products ▶ Domino Unified Communications Services/Lotus Notes Companion Products ▶ Lotus Fax Development/Lotus Notes Companion Products ▶ Sametime Development/Lotus Notes Companion Products Der Unterzeichner stimmt beispielsweise mit diesem Typ nur überein, wenn er die Signatur LOTUS NOTES TEMPLATE DEVELOPMENT/LOTUS NOTES oder eine der anderen aufgeführten Namen besitzt.	Alle Rechte

Sie können der ECL außerdem weitere Benutzer oder Signaturtypen hinzufügen.

In der folgenden Tabelle werden die Zugriffsebenen beschrieben, die diesen Benutzern (oder Signaturtypen) in einer ECL zugewiesen sein könnten:

Signatur	Gilt für	Vorgegebene Zugriffsrechte
*/TEMPLATE/DMK	Formeln und Code, die die Signatur */TEMPLATE/DMK enthalten.	Wenn der Unterzeichner BELIEBIGER_NAME/TEMPLATE/DMK-ONLINE ist, also beispielsweise MARKUS BUSS/TEMPLATE/DMK-ONLINE oder PIA BOHLEN/WEBENTWICKLUNG/TEMPLATE/DMK-ONLINE, gilt für ihn/sie die ECL mit der Signatur */TEMPLATE/DMK-ONLINE.
IRIS RUHNKE/DMK-ONLINE	Formeln und Codes, deren Signatur von IRIS RUHNKE/DMK-ONLINE stammt.	Der Unterzeichner stimmt mit diesem Typ nur überein, wenn er die Signatur IRIS RUHNKE/DMK-ONLINE hat.

Wenn Sie eine Administrations-ECL erstellen, bevor Sie Anwender registrieren, wird die Administrations-ECL automatisch über das Setup des Notes Clients an die Workstations verteilt. Sie können die ECLs auch über Richtlinien warten und verteilen.

Es kann sein, dass Benutzern auch nach der Implementierung der aktualisierten ECL das Dialogfeld SICHERHEITSALARM/SECURITY ALERT angezeigt wird. Vergewissern Sie sich, dass die Benutzer

▷ Aktionen mit dem Hinweis -KEINE SIGNATUR-/-NO SIGNATURE- nicht als vertrauenswürdig anerkennen;

▷ sich bei ungewöhnlichen oder unbekannten Signaturen an den Administrator wenden, bevor sie diese Signaturen als vertrauenswürdig anerkennen oder bevor sie bei Schablonen oder Anwendungen, die von ungewöhnlichen oder unbekannten Signaturen unterzeichnet sind, auf EINMAL AUSFÜHREN/EXECUTE THE ACTION THIS ONE TIME klicken. Der Administrator sollte diese Signaturen genauer analysieren und gegebenenfalls die Administrations-ECL aktualisieren und erneut verteilen.

10.4 Notes-ID-Vault

Die ID-Vault ist eine optionale serverbasierte Datenbank, die geschützte Kopien der Benutzer-IDs enthält. Man kann die ID-Vault auch als Container für Kopien aller IDs betrachten. Eine ID-Vault ermöglicht Administratoren und Benutzern das einfache Verwalten von Notes-Benutzer-IDs. Die Anwender, deren ID über die ID-Vault verwaltet werden sollen, werden durch die Richtlinienkonfiguration in den Sicherheitseinstellungsdokumenten einer Vault zugewiesen, und Kopien von den Benutzer-IDs werden automatisch in die Vault hochgeladen, sobald die Richtlinie wirksam wurde.

Die Verwendung einer ID-Vault bietet folgende Vorteile:

▷ Wenn Benutzer die Kennwörter von IDs vergessen, die in einer Vault gespeichert sind, können autorisierte Mitarbeiter diese ändern (zurücksetzen), ohne auf die ID-Dateien oder die Vault zugreifen zu müssen.

▶ Unterstützung einer benutzerdefinierten Anwendung zum Zurücksetzen von Kennwörtern

▶ Einfache Wiederherstellung verlorener oder beschädigter Benutzer-IDs (siehe hierzu *Kapitel 10.8, ID-/Kennwortwiederherstellung*)

▶ Automatische Synchronisierung mehrerer ID-Kopien

▶ Umbenennen von IDs ohne Einbeziehung des Benutzers

▶ ID-Schlüsselaustausch ohne Einbeziehung des Benutzers

Die Nutzung der ID-Vault wird dringend empfohlen. Es erleichtert Ihnen als Administrator, dafür zu sorgen, dass Ihr System sicher ist, Sie müssen nicht mehr darauf warten, dass die Anwender Ihnen zuarbeiten, indem sie Ihnen beispielsweise für eine Kennwortzurücksetzung ihre ID zusenden. Dem Nutzer wird das Leben insofern erleichtert, als dass er durch die automatische Synchronisierung durch die ID-Vault auf allen ID-Dateien immer das aktuelle Kennwort nutzt. Ein wichtiger Aspekt ist auch, dass im Falle eines Audits keine ID-Dateien der Nutzer als Sicherungskopie beim Administrator liegen. Die ID-Wiederherstellungsfunktion aus früheren Versionen wird aber weiterhin unterstützt.

Voraussetzung für die Verwendung einer Vault ist, dass auf den Clients, dem Vault-Server und auf dem Home-Server des Benutzers mindestens die Version Lotus Notes Domino 8.5 ausgeführt wird. Auch der Administrationsserver des Domino-Verzeichnisses muss mindestens Version 8.5 ausführen, er muss jedoch kein Vault-Server sein. Die Einrichtung einer ID-Vault ist wie alle Sicherheitsfragen in vielen Unternehmen ein heikles Thema, das vorab mit der Geschäftsführung bzw. mit der Konzernspitze und dem Betriebsrat abgeklärt werden muss.

10.4.1 ID-Vault-Server

Auf dem ID-Vault-Server befindet sich eine Replik der Vault. Sie erstellen den ersten Vault-Server, wenn die Vault im Domino Administrator mit dem Werkzeug ID-VAULTS und der Option ERSTELLEN/CREATE angelegt wird. Erstellen Sie weitere Vault-Server mithilfe der Option VERWALTEN/MANAGE im Werkzeug ID-VAULTS in Domino Administrator. Dieses Werkzeug verwaltet Vault-Serverinformationen im Vaultkonfigurationsdokument im Domino-Verzeichnis und in der Vaultdatenbank. Verwenden Sie zum Hinzufügen oder Entfernen von Vault-Repliken keine Lotus Notes Domino-Menübefehle oder das Datenbankreplizierungs-Werkzeug in Domino Administrator, sondern benutzen Sie dort das Verwaltungswerkzeug für ID-Vaults.

In Umgebungen mit sehr vielen Benutzern führt die Verwendung mehrerer Vault-Server häufig zu einer Leistungssteigerung. Ein weiterer Vorteil ist das Failover, das durch mehrere Vault-Server ermöglicht wird. Es ist wichtig, dass zwischen den Vault-Servern regelmäßig eine Replizierung stattfindet, entweder durch eine Cluster- oder durch eine periodische Replizierung. Replizierkonflikte werden automatisch verwaltet und stellen kein Problem dar. Sind mehrere Vault-Server in einer Umgebung vorhanden, wird einer von ihnen als primärer Vault-Server bestimmt. Dieser Server führt einige Vaultvorgänge in Zusammenhang mit Namensänderungen und dem Schlüsselaustausch aus, um Replizierkonflikte zu vermeiden. Außerdem wird beim Löschen der gesamten Vaultkonfiguration die letzte Vault-Replik von diesem Server gelöscht. Der primäre Server wird im Werkzeug ID-VAULTS - VERWALTUNG mit einem Häkchen angezeigt. Wenn Sie an der Serverkonsole den Befehl `show idvaults` eingeben, ist er der erste aufgelistete Server.

10.4.2 Sicherheitsebenen in einer ID-Vault

Eine ID-Vault verfügt über mehrere Sicherheitsebenen:

1. Schutz vor der Verwendung einer nicht autorisierten Vault: Eine Benutzer-ID kann nur dann in eine Vault hochgeladen werden, wenn ein übergeordneter Zertifizierer der Benutzer-ID ein Vaultzertifikat für die Vault ausgestellt hat. Dadurch wird verhindert, dass ein betrügerischer Administrator eine nicht autorisierte Vault erstellt und ID-Dateien in sie hochlädt.

2. Schutz vor nicht autorisierten ID-Downloads: ID-Downloads aus einer Vault sind kennwortgeschützt. Wenn bei dem Versuch, eine ID-Datei aus einer Vault auf einen Client herunterzuladen, innerhalb eines Tages zehn falsche Kennwörter nacheinander angegeben werden, werden Downloads für die betreffende ID für den Rest des Tages deaktiviert. Wenn die ID an dem jeweiligen Tag heruntergeladen werden soll, muss das Kennwort für sie zurückgesetzt werden. Zur Erhöhung der Sicherheit können Administratoren für alle ID-Downloads eine Autorisierung verlangen.

3. Schutz vor dem nicht autorisierten Zurücksetzen von Kennwörtern: Zum Zurücksetzen des Kennworts für die ID in Domino Administrator benötigt ein Benutzer ein Kennwortzurücksetzungszertifikat, das von einem übergeordneten Zertifizierer einer Benutzer-ID ausgestellt wird. Eine eigene Anwendung zum Zurücksetzen des Kennworts, in der Benutzer dies beispielsweise selbst veranlassen können, erfordert ein Kennwortzurücksetzungszertifikat, das für die Identität ausgestellt wurde, unter der die Anwendung ausgeführt wird, sowie für alle Server, auf denen sie implementiert wird.

4. Schutz vor nicht autorisiertem Zugriff auf den Vaultinhalt: Benutzer-ID-Dateien werden als Anhänge in ID-Vaultdokumenten gespeichert. Die angehängten IDs sind jedoch verschlüsselt und daher nicht verwendbar, wenn sie von der Vault gelöst werden. Die Vaultdatenbank selbst wird mithilfe der ID-Datei ihres Servers verschlüsselt. Der Schutz der Server-ID-Datei vor nicht autorisiertem Zugriff ist von höchster Wichtigkeit.

5. Schutz vor nicht autorisiertem Zugriff auf über das Netzwerk übertragene Daten: Alle ID-Vaulttransaktionen zwischen Clients und Servern werden verschlüsselt.

10.4.3 ID-Vault erstellen

Erstellen Sie eine ID-Vault in Domino Administrator im Register KONFIGURATION/CONFIGURATION und mit dem Werkzeug ID-VAULTS und wählen Sie die Option ERSTELLEN/CREATE (siehe *Abbildung 10.36*). Sie können entweder hier alle notwendigen Schritte durchführen, um eine Vault betriebsbereit zu machen, oder Sie führen einige der erforderlichen Schritte zu einem späteren Zeitpunkt mit einem anderen Werkzeug durch (siehe Kapitel *10.4.5, ID-Vault verwalten*).

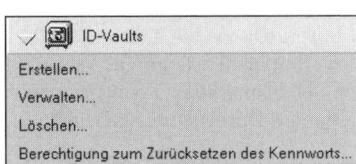

Abbildung 10.36: Werkzeug zur Verwaltung von ID-Vaults

Für die Erstellung einer Vault sind Administratorrechte und Zugriffsrechte zum Erstellen von Datenbanken und Schablonen auf dem Server erforderlich, auf dem Sie die Vault erstellen, sowie Editorzugriff auf das Domino-Verzeichnis.

Nachdem Sie angegeben haben, dass Sie eine ID-Vault erstellen möchten, bietet Ihnen Lotus Domino einen geführten Installations- und Konfigurationsvorgang an. Dieser läuft in zehn Schritten ab. Über diese können Sie alle relevanten Angaben zu der gewünschten Vault angeben. Im Verzeichnis *IBM_ID_VAULT* im Data-Verzeichnis des Servers wird als Ergebnis des Vorgangs eine Vaultdatenbank erstellt (siehe *Abbildung 10.39*).

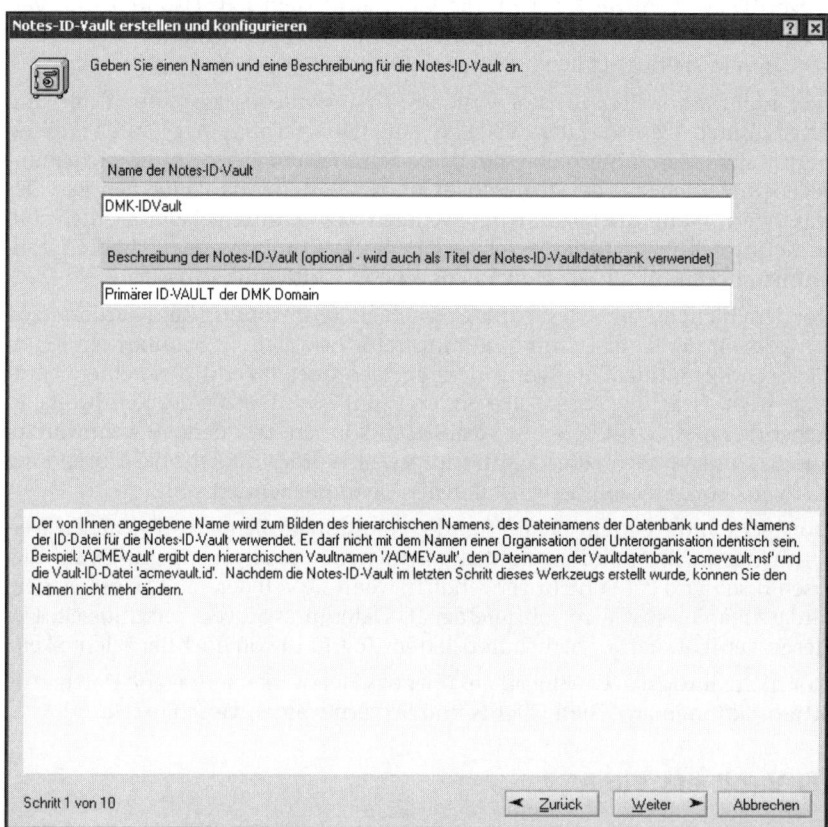

Abbildung 10.37: Erster Schritt der Vaulteinrichtung

Geben Sie folgende Werte beim Erstellen einer Vault an:

Wert	Beschreibung
NAME DER NOTES-ID-VAULT/ NAME OF ID-VAULT	Geben Sie hier den Namen Ihrer Vault ein (siehe *Abbildung 10.37*). Der Name definiert die hierarchische Identität der Vault und wird für die Benennung der Vaultdatenbank und der Vault-ID-Datei genutzt. Er muss sich von den Namen der Organisationen und Unterorganisationen der Domino-Domäne unterscheiden.
BESCHREIBUNG DER NOTES-ID-VAULT/ DESCRIPTION OF NOTES ID-VAULT	(Optional) Der Eintrag wird auch als Titel der Notes-Datenbank verwendet.

Wert	Beschreibung
SPEICHERORT UND KENNWORT DER VAULT-ID-DATEI/ VAULT ID LOCATION AND PASSWORD	Es ist wichtig, eine Backup-Kopie der Vault-ID-Datei zu erstellen. Falls die ID-Datei verloren geht und keine Backup-Kopie vorhanden ist, muss die Vault gelöscht und neu erstellt werden. Vaultadministratoren benötigen Zugriff auf diese ID-Datei und das Kennwort, um Vault-Repliken hinzuzufügen oder zu entfernen oder um die ID-Vault zu löschen.
PRIMÄRER VAULT-SERVER/ VAULT PRIMARY SERVER	Sie können bei der Vaulterstellung nur einen Server angeben, der damit zum primären Vault-Server wird. Verwenden Sie die Option VERWALTUNG im Werkzeug ID-VAULTS, um die Vault auf andere Server zu replizieren und um optional einen anderen primären Vault-Server zu benennen.
VAULTADMINISTRATOR	Sie müssen mindestens einen Vaultadministrator angeben.

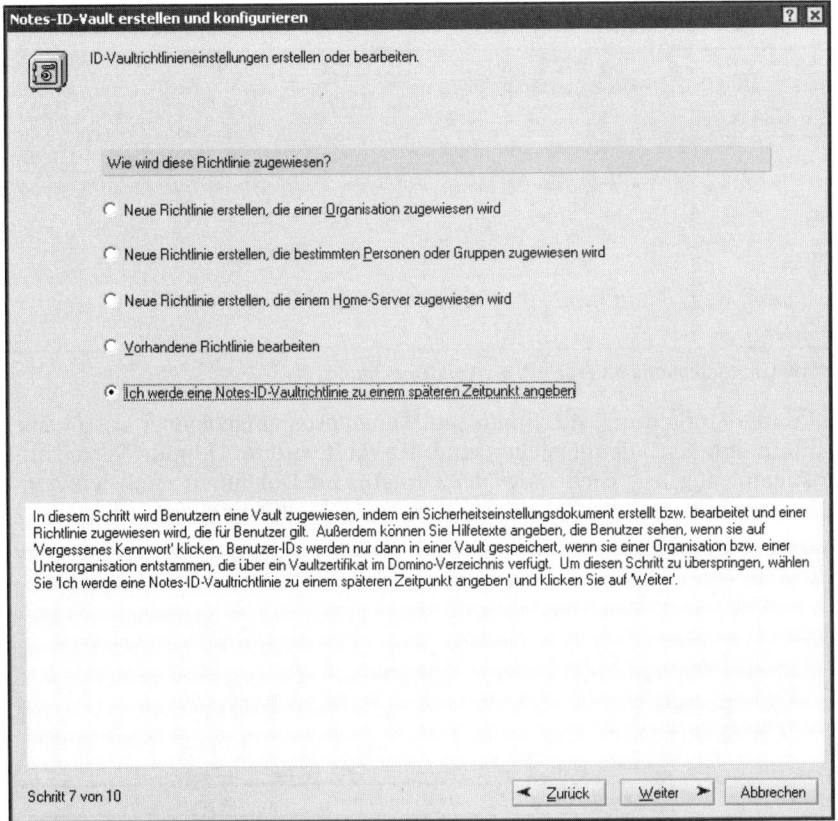

Abbildung 10.38: Siebter Schritt der Vaulteinrichtung

Zusätzlich können Sie bei der Vaulterstellung oder optional zu einem späteren Zeitpunkt folgende Informationen eingeben:

Wert	Beschreibung
Die Organisationen, die die Vault als für die ID-Speicherung vertrauenswürdig anerkennen	Diese Information wird zum Erstellen der Vaultzertifikate im Domino-Verzeichnis verwendet. Sie benötigen Zugriff auf die Zertifizierer-ID-Dateien der angegebenen Organisationen bzw. Unter-organisationen.
Die Namen der Personen, die zum Zurücksetzen der Kennwörter von IDs in der ID-Vault autorisiert sind	Diese Information wird zum Erstellen der Kennwortzurücksetzungszertifikate im Domino-Verzeichnis verwendet. Sie benötigen Zugriff auf die Zertifizierer-ID-Dateien der Organisationen bzw. Unterorganisationen mit Vaultzertifikaten.
Die Benutzer-IDs, die einer Vault zugewiesen sind	Dies wird durch die Benutzerrichtlinienkonfiguration gesteuert.

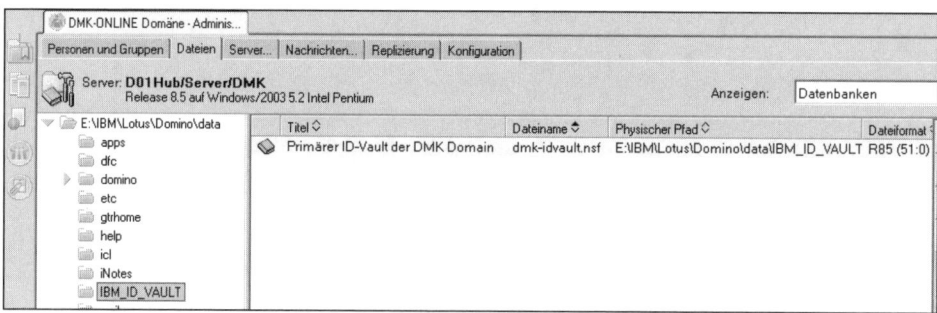

Abbildung 10.39: Vaultdatenbank als Ergebnis der Vaulteinrichtung

Nach Abschluss der Einrichtung wird Ihnen ein Dialogfenster eingeblendet, das Sie über den Status informiert. Nach dem Erstellen einer ID-Vault wird im Domino-Verzeichnis ein Vaultdokument abgelegt (siehe *Abbildung 10.40*). Im Dokument sind der Vaultname, eine Beschreibung, die Vaultadministratoren und Vault-Server angegeben.

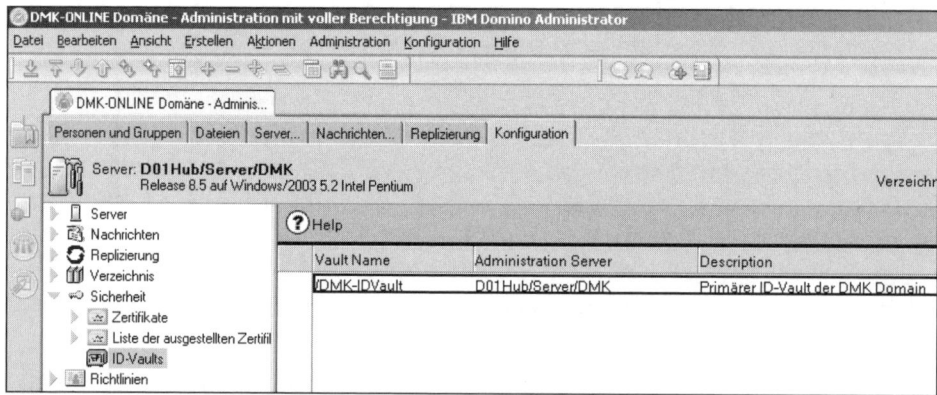

Abbildung 10.40: Ansicht im Domino-Verzeichnis für ID-Vault

Das Vaultdokument und andere auf die Vault bezogene Dokumente im Domino-Verzeichnis werden auf dem Administrationsserver des Domino-Verzeichnisses erstellt und geändert. Wenn Sie eine ID-Vault auf einem anderen Server erstellen, werden diese Dokumente erst dann auf dem Server abgelegt, wenn sie vom Administrationsserver des Domino-Verzeichnisses repliziert wurden.

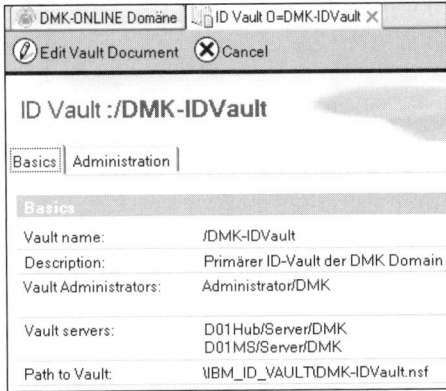

Abbildung 10.41: Beispiel für ein ID-Vaultdokument

10.4.4 Benutzer einer Vault zuweisen

Nur IDs mit einem übergeordneten Zertifizierer, der ein Vaultzertifikat ausgestellt hat, können in eine ID-Vault hochgeladen werden. Zum Hochladen von IDs in eine Vault geben Sie den Vaultnamen im Register ID-VAULT eines Sicherheitseinstellungsdokuments an, das einem Richtliniendokument hinzugefügt wird.

Verwenden Sie eines der folgenden Verfahren, um einer Benutzerrichtlinie einen Vaultnamen hinzuzufügen:

▸ Erstellen oder bearbeiten Sie eine Richtlinie manuell. Diese Vorgehensweise wird empfohlen, es sei denn, Ihre Richtlinienstruktur ist sehr einfach.

▸ Fügen Sie eine Richtlinie bei der Erstellung einer Vault hinzu oder bearbeiten Sie sie über Schritt 7 im Werkzeug ID-VAULTS - ERSTELLEN/CREATE.

▸ Fügen Sie eine Richtlinie nach der Vaulterstellung mit dem Werkzeug ID-VAULTS – VERWALTEN/MANAGE hinzu oder bearbeiten Sie sie.

Führen Sie die folgenden Schritte aus, wenn Sie eine Replik einer ID-Vault hinzufügen bzw. entfernen oder einen anderen primären Vault-Server angeben möchten:

1. Wählen Sie in Domino Administrator das Register KONFIGURATION/CONFIGURATION.

2. Klicken Sie auf die Ansicht ID-VAULTS unterhalb von SICHERHEIT/SECURITY und wählen Sie das Vaultdokument der Vault aus, die Sie verwalten. Öffnen Sie das Vaultdokument, um die aktuelle Liste der Server mit Repliken (VAULT-SERVER) zu sehen.

3. Klicken Sie auf WERKZEUGE > ID-VAULTS - VERWALTEN/MANAGE und wählen Sie die Option VAULT-REPLIKSERVER VERWALTEN/MANAGE VAULT REPLICA SERVERS.

Wenn Sie eine Vault-Replik erstellen, wird die Replizierung sofort initiiert. Ist die Vault sehr groß, kann die Replizierung einige Zeit dauern. Eine ID-Vaultoperation, bei der die neue Replik verwendet wird, wird während der Replizierung möglicherweise fehlschlagen. In diesem Fall wird die Operation auf einem anderen Vault-Server durchgeführt.

10.4.5   ID-Vault verwalten

Für alle Konfigurations- und Verwaltungsaufgaben ist Domino Administrator-Zugriff auf das Domino-Verzeichnis erforderlich, mit den folgenden Ausnahmen:

1. Vaultadministratoren können
   - andere Vaultadministratoren hinzufügen und entfernen,
   - Vault-Server hinzufügen und entfernen,
   - ID-Dateien aus einer Vault extrahieren und
   - eine Vault löschen.

2. Vaultadministratoren besitzen Managerzugriff auf die Vault. Eine Person muss über Domino Administrator-Zugriff auf einen Server verfügen, damit sie als Vaultadministrator bestimmt werden kann.

3. Ein Vaultadministrator, dem die Auditor-Rolle in der Vaultdatenbank zugewiesen wurde, kann ID-Dateien aus der Vault extrahieren, ohne das ID-Kennwort anzugeben. Vaultadministratoren, die diese Rolle nicht besitzen, müssen das Kennwort angeben.

4. Nur Personen mit der Berechtigung zum Zurücksetzen des Kennworts können mit Domino Administrator Kennwörter für Benutzer zurücksetzen und eine Beschränkung für die ID-Download-Anzahl angeben.

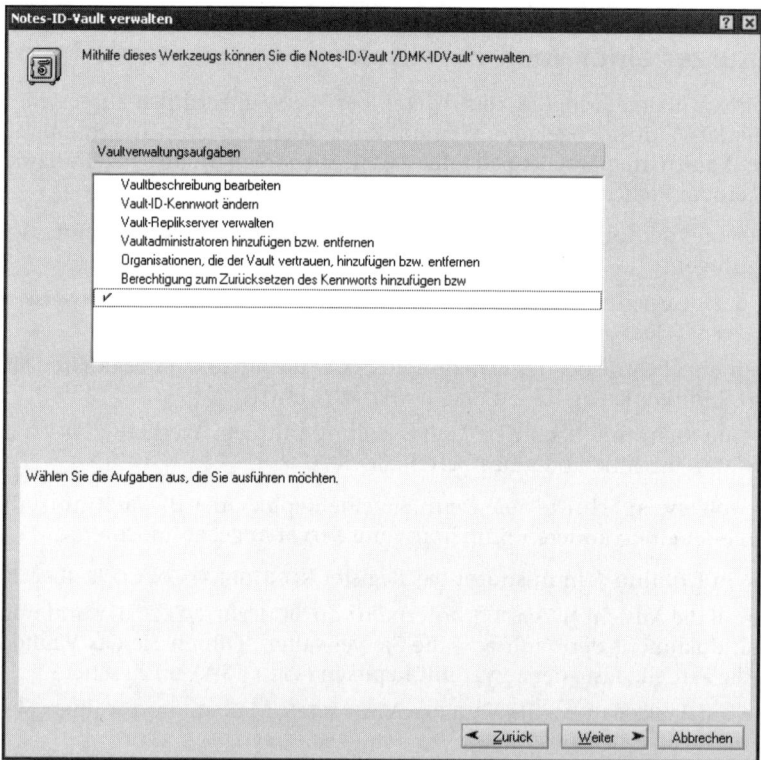

Abbildung 10.42: Verwaltungsoptionen der ID-Vault über SICHERHEIT/SECURITY > ID-VAULTS des Domino-Verzeichnisses. Im Gegensatz zum englischen Dialogfenster fehlt hier die unterste Zeile EINSTELLUNG DER VAULTRICHTLINEN ERSTELLEN ODER ÄNDERN/CREATE OR EDIT VAULT POLICY SETTING. Sie können dennoch die leere Zeile anklicken und werden auch zur nächsten Maske weitergeleitet.

Vaultadministratoren hinzufügen oder entfernen

Aus administrativen und organisatorischen Gründen sollte mehr als ein Vaultadministrator eingerichtet werden, um zu gewährleisten, dass auch in Abwesenheit eines Administrators die Verwaltung der Vault gegeben ist.

Die Namen der Vaultadministratoren werden zur Vaultdatenbank-ACL und zum Vaultdokument in der Ansicht SICHERHEIT/SECURITY > ID-VAULTS des Domino-Verzeichnisses hinzugefügt. Ein Vaultadministrator, dem in der Vaultdatenbank-ACL die Auditor-Rolle zugewiesen wurde, kann eine ID aus einer Vault extrahieren, ohne das Kennwort anzugeben. Sie können die Funktion der Auditor-Rolle mithilfe der *notes.ini*-Einstellung `Secure_Disbale_Auditor=1` deaktivieren. Sie müssen dazu die *notes.ini*-Datei direkt auf dem Server bearbeiten.

Führen Sie die folgenden Schritte aus, wenn Sie nach der Vaulterstellung Vaultadministratoren hinzufügen oder entfernen möchten:

1. Öffnen Sie Domino Administrator und klicken Sie auf das Register KONFIGURATION/ CONFIGURATION.

2. Klicken Sie auf die Ansicht SICHERHEIT - ID-VAULTS/SECURITY - ID-VAULTS und wählen Sie das Vaultdokument der Vault aus, die Sie verwalten.

3. Klicken Sie auf WERKZEUGE/TOOLS > VERWALTEN/MANAGE > ID-VAULTS/IDVAULTS und wählen Sie die Aufgabe VAULTADMINISTRATOREN HINZUFÜGEN bzw. ENTFERNEN/ADD OR REMOVE VAULT ADMINISTRATORS.

4. Damit ein Benutzer als Vaultadministrator hinzugefügt werden kann, muss er über Administratorzugriff auf den Server verfügen, der im Domino Administrator geöffnet ist.

5. Sie können nur Namen von Einzelpersonen angeben, keine Gruppennamen.

Organisationen angeben, die eine ID-Vault als vertrauenswürdig anerkennen

Das Hinzufügen eines Vaultzertifikats erfordert Zugriff auf die Zertifizierer-ID-Datei, die das Zertifikat ausstellt.

Führen Sie im Register KONFIGURATION/CONFIGURATION von Domino Administrator einen der folgenden Schritte aus, wenn Sie Vaultzertifikate hinzufügen oder entfernen möchten:

1. Wenn Sie Vaultzertifikate nach der Vaulterstellung hinzufügen oder entfernen möchten, wählen Sie das Vaultdokument in der Ansicht SICHERHEIT > ID-VAULTS des Domino-Verzeichnisses aus. Wählen Sie dann WERKZEUGE > ID-VAULTS > VERWALTUNG und führen Sie die Task ORGANISATIONEN, DIE DER VAULT VERTRAUEN, HINZUFÜGEN BZW. ENTFERNEN/ADD OR REMOVE ORGANIZATIONS THAT TRUST THE VAULT aus.

2. Fügen Sie eine neue Organisation oder Unterorganisation hinzu oder entfernen Sie eine vorhandene (siehe *Abbildung 10.43*).

Beachten Sie, dass Vaultzertifikate allein nicht dazu führen, dass IDs in eine Vault hochgeladen werden. Sie müssen auch über die Richtlinienkonfiguration Benutzer einer Vault zuweisen.

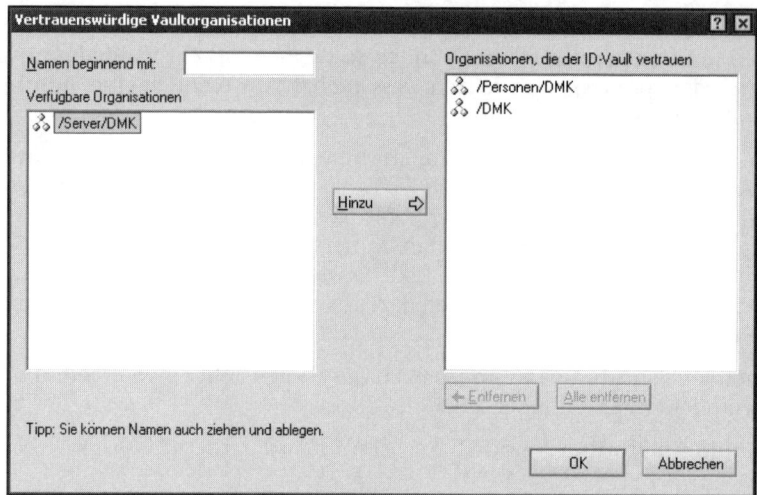

Abbildung 10.43: Hinzufügen oder Entfernen von Zertifizierern

ID-Datei aus einer Vault extrahieren

Es kann erforderlich sein, eine physische Kopie einer ID-Datei aus einer Vault zu extrahieren. Beispielsweise könnte ein Auditor Zugriff auf eine ID-Datei verlangen, um verschlüsselte Daten zu lesen. Oder ein Administrator muss einem Benutzer ohne Netzwerkverbindung eine Kopie einer ID zur Verfügung stellen. Eine Kopie der ID verbleibt nach der Extrahierung in der Vault. Führen Sie die folgenden Schritte als Domino-Administrator oder Vaultadministrator aus:

1. Öffnen Sie im Domino Administrator das Register PERSONEN UND GRUPPEN/PEOPLE & GROUPS und wählen Sie das Personendokument des Benutzers aus, dessen ID extrahiert werden soll. Handelt es sich um eine ID eines inaktiven Benutzers, wählen Sie ein beliebiges Personendokument aus.

2. Klicken Sie auf WERKZEUGE/TOOLS > ID-VAULTS/ID-VAULTS > ID AUS VAULT EXTRAHIEREN/EXTRACT ID FROM VAULT.

3. Wenn die ID für einen inaktiven Benutzer vorgesehen ist, geben Sie den hierarchischen Namen dieses Benutzers ein.

4. Falls der Name der Vault, in der sich die Benutzer-ID befindet, nicht bereits angezeigt wird, geben Sie ihn ein. Der Name der Vault wird automatisch angegeben, wenn sich die effektive Richtlinie des Benutzers darauf bezieht.

5. Geben Sie das ID-Kennwort ein. Ein Vaultadministrator, der in der Vaultdatenbank-ACL die Auditor-Rolle besitzt, kann eine ID extrahieren, ohne deren Kennwort anzugeben.

6. Klicken Sie auf OK.

7. Geben Sie einen lokalen Speicherort für die Kopie der ID-Datei an.

8. Wenn Sie in Schritt 5 kein Kennwort eingegeben haben, geben Sie ein neues Kennwort ein, wenn Sie dazu aufgefordert werden.

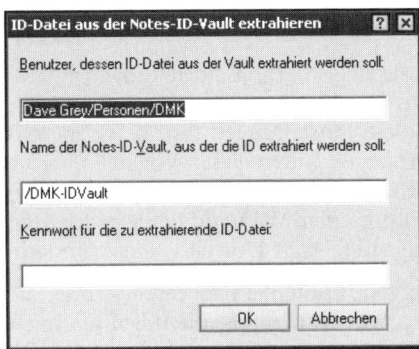

Abbildung 10.44:
ID-Datei aus einer Vault extrahieren

Die Kennwortwiederherstellung mithilfe der ID-Vault ist in *Kapitel 10.8.1, Kennwort einer ID in einer ID-Vault zurücksetzen (ab Version 8.5)* beschrieben.

ID-Vault löschen

Wenn Sie eine ID-Vault löschen wollen, müssen Sie vorher alle Repliken löschen mit Ausnahme der Replik auf dem primären Vault-Server. Sie müssen ein Vaultadministrator sein, Zugriff auf die Vault-ID-Datei und das -Kennwort haben sowie über Editorzugriff auf das Domino-Verzeichnis verfügen.

Führen Sie die folgenden Schritte aus:

1. Öffnen Sie Domino Administrator und klicken Sie auf das Register KONFIGURATION/ CONFIGURATION.
2. Sind Repliken der Vault vorhanden, löschen Sie diese zuerst mit dem Werkzeug ID-VAULTS > VERWALTEN/MANAGE mit Ausnahme der Replik, die sich auf dem primären Vault-Server befindet.
3. Klicken Sie auf die Ansicht SICHERHEIT/ SECURITY > ID-VAULTS/ID-VAULTS und wählen Sie das Vaultdokument der Vault aus, die Sie löschen möchten. Öffnen Sie das Vaultdokument, um die aktuelle Liste der Server mit Repliken der Vault (Vault-Server) zu sehen.
4. Klicken Sie auf ID-VAULTS > LÖSCHEN/DELETE, um die Vault zu löschen.

Die Vaultdatenbank wird nun aus dem Unterverzeichnis *IBM_ID_VAULT* auf dem primären Vault-Server gelöscht. Ist die Vaultdatenbank zu diesem Zeitpunkt geöffnet oder ein Prozess greift zu, kann sie nicht sofort gelöscht werden und wird stattdessen zum Löschen markiert. Der Server versucht einmal am Tag, die Vaultdatenbank zu löschen. Wenn Sie den Befehl show idvaults an der Serverkonsole absetzen, wird ebenfalls ein Löschvorgang gestartet mit folgenden Optionen:

▹ Löscht alle Vaultzertifikate für die Vault aus der Ansicht SICHERHEIT/SECURITY > ZERTIFIKATE/CERTIFICATES des Domino-Verzeichnisses.

▹ Löscht das Vaultdokument aus der Ansicht SICHERHEIT/SECURITY > ID-VAULTS des Domino-Verzeichnisses.

▹ Entfernt den Vaultnamen aus allen Sicherheitseinstellungsdokumenten.

Diese Änderungen im Domino-Verzeichnis werden auf dem Administrationsserver des Domino-Verzeichnisses vorgenommen und auf andere Server repliziert.

10.5 Standardeinstellungen für die Registrierung

Sie haben die Möglichkeit, für Ihre Domäne globale Registrierungseinstellungen festzulegen. Diese Registrierungseinstellungen finden dann beim Registrieren neuer Zertifizierer-, Server- und Benutzer-IDs Anwendung. Legen Sie diese Einstellungen fest, bevor Sie das Dialogfeld PERSON REGISTRIEREN/REGISTER PERSON öffnen. Es sind in diesen Vorgaben für die Registrierung nicht alle Standardeinstellungen enthalten, sondern nur einige der allgemeineren, z.B. die Zertifizierer-ID und der Registrierungsserver. Während der Registrierung und Zertifizierung haben Sie die Möglichkeit, beliebige festgelegte Einstellungen zu ändern.

Die folgende Tabelle enthält alle Standardeinstellungen für die Benutzerregistrierung, die es in Notes gibt. Die Werte in dieser Tabelle werden nur unter den folgenden Bedingungen angezeigt:

▶ Es wurden zuvor noch keine Werte in den Vorgaben für die Registrierung festgelegt.

▶ Es wurden zuvor noch keine Werte im Dialogfeld PERSON REGISTRIEREN/REGISTER PERSON festgelegt.

Felder für die Benutzerregistrierung, die nicht in dieser Tabelle beschrieben werden, enthalten keine Standardwerte von Notes.

Feld	Vorgabewert
REGISTRIERUNGSSERVER/ REGISTRATION SERVER	Der lokale Server, wenn sich darauf ein Domino-Verzeichnis befindet. Andernfalls der in der *notes.ini*-Datei in der Einstellung NewUserServer angegebene Server bzw. der Administrationsserver.
KENNWORTQUALITÄT/ PASSWORD QUALITY SCALE	8
INTERNET-KENNWORT FESTLEGEN/ SET INTERNET PASSWORD	Aus
Verschlüsselungsstärke/ ENCRYPTION STRENGTH	Basisstärke basierend auf RSA-Schlüssellänge
FORMAT/ ADDRESS NAME FORMAT	VornameNachname
MAIL-SERVER/ MAIL SERVER	Der lokale Server, wenn sich darauf ein Domino-Verzeichnis oder ein Administrationsserver befindet
SCHABLONE FÜR MAIL-DATEI/ MAIL FILE TEMPLATE	Mail (8) bzw. Mail (8.5)
MAIL-SYSTEM/ MAIL SYSTEM	Lotus Notes
NAME DER MAIL-DATEI/ MAIL FILE NAME	*mail\<AnfangsbuchstabeVorname><Erste7ZeichenNachname>.nsf*
ZUGRIFF FÜR BESITZER DER MAIL-DATEI/ MAIL FILE OWNER ACCESS	Editor mit dem Recht, Dokumente zu löschen

Feld	Vorgabewert
ERSTELLUNG VOLLTEXTINDEX/ CREATE FULL TEXT INDEX	Aus
DB-GRÖSSENBESCHRÄNKUNG/ SET DATABASE QUOTA	Aus
WARNUNGSSCHWELLENWERT/ SET WARNING THRESHOLD	Aus
ERSTELLUNG DER NOTES-ID/ CREATE A NOTES ID FOR THIS PERSON	An
ROAMING FÜR DIESEN BENUTZER AKTIVIEREN/ ENABLE ROAMING FOR THIS PERSON	Aus
ZERTIFIZIERER-ID/ CERTIFIER ID	Notes verwendet die in den VORGABEN FÜR ADMINISTRATION angegebene Zertifizierer-ID, falls Sie nicht den CA-Prozess (Certificate Authority, siehe *Kaptitel 5.3, Zertifizierungsstelle/ Certificate Authority (CA)* verwenden. Ist dort keine angegeben, wird die in der *notes.ini*-Datei in der Einstellung `CertifierIDFile` angegebene ID verwendet.
SICHERHEITSTYP/ SECURITY TYPE	Entweder International oder Nordamerika, je nach der ausgeführten Notes-Version
ABLAUFDATUM DES ZERTIFIKATS/ CERTIFICATE EXPIRATION DATE	Zwei Jahre nach dem aktuellen Datum
SPEICHERORT DER BENUTZER-ID/ LOCATION FOR STORING USER ID	Im Domino-Verzeichnis
LOKALER ADMINISTRATOR/ LOCAL ADMINISTRATOR	Keiner
ROAMING-ANWENDER-DATEN AUF MAIL-SERVER ABLEGEN/ PUT ROAMING USER FILES ON MAIL SERVER	An
PERSÖNLICHER ROAMING-ORDNER/ PERSONAL ROAMING FOLDER	*Roaming*
UNTERORDNER-FORMAT/ SUB FOLDER FORMAT	Vorname Nachname
ROAMING-DATEN SOFORT ERSTELLEN/ CREATE ROAMING FILES NOW	Ausgewählt
AUFRÄUMAKTION/ CLEAN-UP ACTION	Keine Aufräumaktion

So legen Sie globale Registrierungs- und Zertifizierungseinstellungen fest und verändern damit die oben angegeben Standarddaten:

1. Wählen Sie DATEI/FILE > VORGABEN/PREFERENCES > ADMINISTRATION/ADMINISTRATION PREFERENCES.

2. Klicken Sie auf das Fenster REGISTRIERUNG/REGISTRATION.

3. Definieren oder ändern Sie die entsprechenden Optionen:

    Über diese Optionen in der Dialogbox zur Registrierung können Sie die Anwenderregistrierung anpassen. In *Kapitel 3.5, Domino Administrator 8.x,* wurde bereits detailliert auf die einzelnen Optionen eingegangen.

4. Stellen Sie sicher, dass folgender Zugriff gewährt ist, bevor Sie mit der Anpassung der Benutzerregistrierung beginnen:

    –   Zugriff auf die Zertifizierer-ID und das zugehörige Kennwort, wenn Sie nicht den CA-Prozess verwenden wollen.

    –   Editorzugriff und die Rolle USERCREATOR oder Autorzugriff mit der Rolle USER-CREATOR und dem Recht, auf dem Registrierungsserver Dokumente im Domino-Verzeichnis zu erstellen.

    –   Zugriff auf das Domino-Verzeichnis von Ihrem Arbeitsrechner aus und lokaler oder Remote-Zugriff auf die Datenbank *userreg.nsf.*

    –   Zugriff zum Erstellen neuer Datenbanken auf dem Mail-Server, um während der Registrierung Mail-Dateien von Benutzern zu erstellen.

    –   Das Recht, Dokumente in der Datenbank *certlog.nsf* zu erstellen.

    –   GROUPMODIFIER-Rolle oder mindestens Editorenzugriff, um Anwender zu Gruppen hinzuzufügen.

5. Klicken Sie im Domino Administrator auf das Register PERSONEN UND GRUPPEN/PEOPLE & GROUPS.

6. Wählen Sie im Serverfenster den Server aus, auf dem Sie arbeiten möchten.

7. Klicken Sie auf DOMINO-VERZEICHNISSE/DOMINO DIRECTORIES und anschließend auf PERSONEN/PEOPLE.

8. Klicken Sie im Werkzeugfenster auf PERSONEN/PEOPLE > REGISTRIEREN/REGISTRATE.

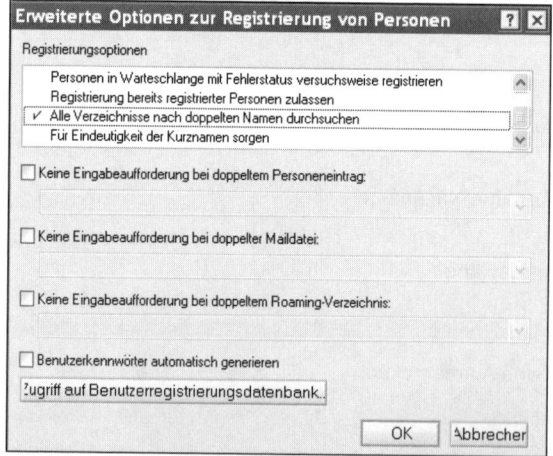

Abbildung 10.45: Erweiterte Optionen zur Benutzerregistrierung

9. Geben Sie das Kennwort für die Zertifizierer-ID ein und klicken Sie auf OK. Während der Registrierung können Sie angeben, ob Sie den Anwender unter Zuhilfenahme des CA-Prozesses oder direkt über die Zertifizierer-ID registrieren möchten. Notes verwendet dazu die Vorgaben für die Administration.

10. Klicken Sie unterhalb der Anzeige zur Registrierungswarteschlange auf die Schaltfläche OPTIONEN/OPTIONS und wählen Sie eine dieser Optionen (siehe *Abbildung 10.45*):

Option	Zweck
BEI REGISTRIERUNGSFEHLERN NICHT FORTFAHREN/ DO NOT CONTINUE ON REGISTRATION ERRORS	Hält die Registrierung an, wenn mehrere Benutzer ausgewählt sind und die Registrierung auf einen Fehler stößt. Bei Registrierungsfehlern wird standardmäßig fortgefahren.
ERFOLGREICH REGISTRIERTE PERSONEN IN WARTESCHLANGE HALTEN/ KEEP SUCCESSFULLY REGISTERED USERS IN THE QUEUE	Behält erfolgreich registrierte Benutzer in der Warteschlange. Erfolgreich registrierte Benutzer werden standardmäßig aus der Warteschlange entfernt.
PERSONEN IN WARTESCHLANGE MIT FEHLERSTATUS VERSUCHSWEISE REGISTRIEREN/ TRY TO REGISTER QUEUED PEOPLE WITH ERROR STATUS	Versucht, Benutzer in Warteschlangen zu registrieren, selbst wenn ihr Registrierungsstatus Fehler enthält. Wenn Sie z.B. diese Option wählen, wird ein Benutzer registriert, dessen Kennwort nicht komplex genug ist. Benutzer in der Warteschlange mit Fehlerstatus werden standardmäßig nicht registriert.
REGISTRIERUNG BEREITS REGISTRIERTER PERSONEN ZULASSEN/ ALLOW REGISTRATION OF PREVIOUSLY REGISTERED PEOPLE	Ermöglicht die Registrierung von Benutzern, die schon früher in Notes registriert wurden. Zuvor registrierte Notes-Benutzer werden standardmäßig nicht registriert.
KEINE EINGABEAUFFORDERUNG BEI DOPPELTEM PERSONENEINTRAG/ DON'T PROMPT FOR A DUPLICATE PERSON	Führt einen der folgenden Schritte aus: ▸ Überspringt die Benutzerregistrierung bei Übereinstimmungen des Kurznamens und des vollständigen Namens. ▸ Überschreibt den vorhandenen Benutzer, wenn eine einfache Übereinstimmung des vollständigen Namens gefunden wurde. In diesem Fall muss der Kurzname eindeutig sein. Die Vorgabe ist, eine Eingabeaufforderung bei doppelten Benutzern anzuzeigen.
KEINE EINGABEAUFFORDERUNG BEI DOPPELTER MAIL-DATEI/ DON'T PROMPT FOR A DUPLICATE MAIL FILE	Führt einen der folgenden Schritte aus: ▸ Überspringt die Benutzerregistrierung. ▸ Generiert einen eindeutigen Namen für die Mail-Datei durch Anhängen einer Zahl (beginnend mit 1, dann 2 usw.) an einen nicht eindeutigen Namen der Mail-Datei, bis ein eindeutiger Name gefunden wurde.

Option	Zweck
	▶ Ersetzt die vorhandene Mail-Datei. Die Option ist deaktiviert, wenn die Mail-Datei im Hintergrund über den Administrationsprozess erstellt wird oder wenn die aktuelle ID nicht über das Zugriffsrecht zum Löschen für die zu ersetzende Mail-Datei verfügt. Die Vorgabe ist, eine Eingabeaufforderung bei doppelten Mail-Dateien anzuzeigen.
EINDEUTIGKEIT DER KURZNAMEN/ ENFORCE SHORT NAME UNIQUENESS	Bestimmt, dass alle Kurznamen sich voneinander unterscheiden müssen.
KEINE EINGABEAUFFORDERUNG BEI DOPPELTEN ROAMING-ORDNERN/ DON'T PROMPT FOR A DUPLICATE ROAMING DIRECTORY	Führt einen der folgenden Schritte aus: ▶ Überspringt die Benutzerregistrierung. ▶ Generiert einen eindeutigen Namen für das Roaming-Verzeichnis durch Anhängen einer Zahl (beginnend mit 1, dann 2 usw.) an einen nicht eindeutigen Ordnernamen, bis ein eindeutiger Name gefunden wurde. Die Vorgabe ist, eine Eingabeaufforderung bei doppelten Ordnernamen anzuzeigen.
ZUFALLSPASSWÖRTER ERZEUGEN/ GENERATE RANDOM USER PASSWORDS	Aktivieren Sie diese Checkbox, um automatisch Zufallspasswörter für Anwender zu erstellen, die Sie registrieren. So brauchen Sie keine Passwörter während der Registrierung anzugeben.
ANWENDER-REGISTRIERUNGS-DATENBANKZUGRIFF/ USER REGISTRATION DATABASE ACCESS	Öffnet die Dialogbox zur Konfiguration der Mail-Datenbank-ACL, wo Sie Namen von Administratoren als Vorgabe für die Zugriffskontrollliste setzen oder entfernen können und das Zugriffsrecht setzen können. Folgende Rechte stehen Ihnen dabei zur Verfügung: ▶ Manager ▶ Editor mit Löschrechten ▶ Editor ohne Löschrechte

11. Klicken Sie auf OK.

10.6 OU-Zertifizierer

Der hierarchische Name liefert eine eindeutige Bezeichnung für die Server und Benutzer in Ihrer Organisation. Die Gestaltung des Namenssystems richtet sich nach der Implementierung der Domino-Sicherheit. Wenn Sie neue Server und Benutzer registrieren, steuern die hierarchischen Namen deren Zertifizierung für den Systemzugriff. Überlegen Sie sich als ersten Schritt ein Namenssystem und erstellen Sie dann Zertifizierer-IDs, mit denen Sie die Namensstruktur implementieren und ein sicheres System gewährleisten. Sie können bis zu vier Ebenen von Unterorganisationen für Zertifizierer definieren. Zertifizierer für Unterorganisationen spiegeln häufig die geografische bzw. die Abteilungsstruktur einer Firma wider (siehe *Abbildung 10.46*).

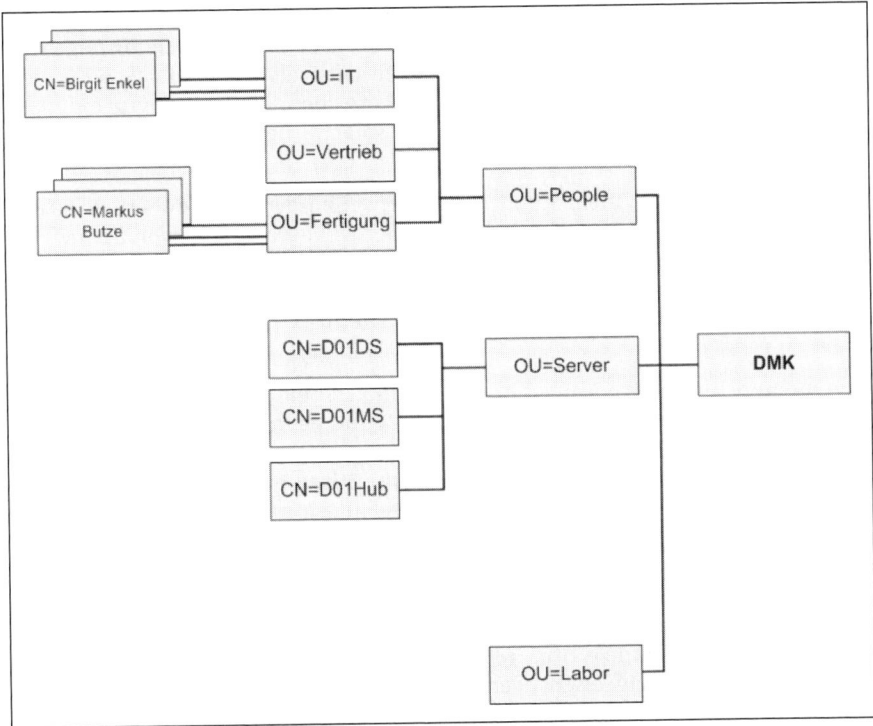

Abbildung 10.46: Struktur des Namenssystems

Um die erste Ebene der Zertifizierer-IDs für Unterorganisationen zu erstellen, verwenden Sie die Zertifizierer-ID für die Organisation. Wenn Sie jedoch Zertifizierer-IDs für Unterorganisationen auf der nächstniedrigeren Ebene erstellen möchten, verwenden Sie die Zertifizierer-IDs für die erste Ebene der Organisation etc. Wenn für das Namenssystem Ihrer Firma jedoch keine weitere Ebene von Unterorganisationen mit Zertifizierern benötigt wird, können Sie Benutzer und Server mit den Zertifizierer-IDs der ersten Ebene der Unterorganisationen zertifizieren.

Wenn Sie Zertifizierer-IDs für Unterorganisationen verwenden, müssen Sie möglicherweise die Server- und Administrator-IDs erneut zertifizieren, die Sie beim Einrichten des ersten Servers erstellt haben. Sie müssen unter Umständen diese IDs erneut zertifizieren, damit die Zertifizierer-ID für Unterorganisationen diese „stempelt".

10.7 Alternative Namen

Sie können einem Benutzer über die alternative Namensfunktion zwei Namen zuweisen: einen primären und einen alternativen Namen. Der primäre Name ist international, der alternative Name in der Muttersprache des Benutzers. Bevor Sie einem Benutzer einen alternativen Namen hinzufügen können, fügen Sie der Zertifizierer-ID eine alternative Sprache und einen alternativen Namen hinzu, indem Sie die bestehende ID erneut zertifizieren. Servern können Sie keine alternativen Namen hinzufügen.

Es ist immer dann nützlich, einen alternativen Namen zu verwenden, wenn Sie die Muttersprache und den entsprechenden Zeichensatz der Benutzer für die Anzeige und Namenssuche verwenden möchten. So können Sie beispielsweise beim Senden von Mails einen Namen in dieser Sprache und dem entsprechenden Zeichensatz eingeben oder alle Dokumente einer Datenbank in dieser Sprache und dem entsprechenden Zeichensatz anzeigen.

Jeder alternative Name ist mit einem Sprachbezeichner verbunden, der die alternative Sprache des Namens identifiziert. In der Regel wird der alternative Name in einem Zeichensatz angezeigt, der die angegebene Sprache darstellen kann, wohingegen der primäre Name in einem international gängigen Zeichensatz angegeben ist. Beide Namen bieten innerhalb des Domino-Systems dieselbe Sicherheit. Sie können alternative Namen z.B. in einer ACL oder Gruppe verwenden.

Sie können mehrere alternative Namen einem Zertifizierer einer Organisation hinzufügen (so viele alternative Namen, wie es in Notes Sprachbezeichner gibt). Ein Zertifizierer einer Unterorganisation kann auch mehrere alternative Namen enthalten, jeder Name muss jedoch mit einem der Sprachbezeichner übereinstimmen, der dem Hauptzertifizierer zugewiesen ist. Der Zertifizierer der Unterorganisation muss nicht alle Sprachbezeichner des Hauptzertifizierers enthalten. Zum Beispiel enthält /DMK-ONLINE fünf Sprachbezeichner, der untergeordnete Zertifizierer VERTRIEB/DMK-ONLINE jedoch nur eine Untergruppe davon. Eine Benutzer-ID kann nur einen alternativen Namen enthalten. Der mit dem alternativen Namen verbundene Sprachbezeichner muss einem Sprachbezeichner in der Hauptzertifizierer-ID entsprechen. Wenn Sie einem Benutzer einen alternativen Namen zuweisen, werden der alternative Name und der Sprachbezeichner der Benutzer-ID den für die Benutzer ausgegebenen Notes-Zertifikaten und dem Personendokument des Benutzers hinzugefügt. Verwenden Sie für den alternativen Namen nicht mehr als 79 Buchstaben.

Sie weisen der Zertifizierer-ID der Organisation und den Zertifizierern der Unterorganisation einen alternativen Namen und die zugehörige Sprache während des Zertifizierungsvorgangs zu. Zertifizieren Sie zunächst den Zertifizierer der Organisation erneut und verwenden Sie diesen anschließend, um die Zertifizierer der Unterorganisationen erneut zu zertifizieren.

1. Halten Sie die Zertifizierer-ID bereit, der Sie den alternativen Namen hinzufügen möchten und wenn Sie nicht über den CA-Prozess gehen möchten.

2. Klicken Sie im Domino Administrator auf das Register KONFIGURATION/CONFIGURATION.

3. Wählen Sie das Werkzeug ZERTIFIZIERUNG/CERTIFICATION und klicken Sie dann auf ZERTIFIZIEREN/CERTIFY.

4. Wählen Sie Folgendes:
   - die Zertifizierer-ID, und geben Sie das zugehörige Kennwort ein.
   - CA-PROZESS VERWENDEN/USE CA PROCESS, um den serverbasierten CA-Prozess zu verwenden, und wählen Sie einen CA-konfigurierten Zertifizierer aus der Liste.

5. Wählen Sie die ID aus, die Sie erneut zertifizieren möchten, und geben Sie das Kennwort ein. Um dem Zertifizierer der Organisation (oberste Ebene) eine alternative Sprache und einen alternativen Namen hinzuzufügen, wählen Sie in den Schritten 4 und 5 dieselbe ID aus.

6. Klicken Sie auf HINZUFÜGEN/ADD.

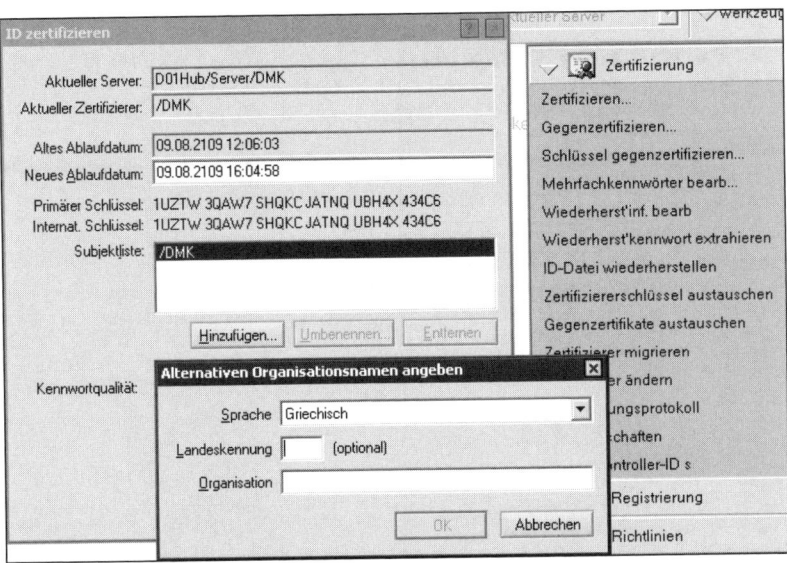

Abbildung 10.47: Alternative Sprache hinzufügen

7. Wählen Sie die alternative Sprache im Feld SPRACHE/LANGUAGE aus. Wenn Sie einen Zertifizierer einer Unterorganisation erneut zertifizieren, enthalten die verfügbaren Sprachen alle mit der Zertifizierer-ID der Organisation verbundenen Sprachen (siehe *Abbildung 10.47*).

8. Falls notwendig, geben Sie eine Landeskennung für die Organisation ein. Diese Option steht nur für Zertifizierer-IDs von Organisationen zur Verfügung.

9. Geben Sie für die Organisation/Unterorganisation einen Namen in das Feld ORGA-NISATION/UNTERORGANISATION bzw. ORGANIZATION ein.

10. Klicken Sie auf OK.

11. Falls notwendig, klicken Sie auf die Schaltfläche HINZUFÜGEN/ADD und wiederholen die Schritte 7 bis 10, um eine weitere alternative Sprache hinzuzufügen.

12. Klicken Sie auf ZERTIFIZIEREN/CERTIFY.

Verwenden Sie die Zertifizierer-ID oder den CA-Prozess, um den Benutzer erneut zu zertifizieren.

1. Stellen Sie sicher, dass die Zertifizierer-ID einen alternativen Namen mit dem gewünschten Sprachbezeichner enthält.

2. Klicken Sie im Domino Administrator auf das Register PERSONEN UND GRUPPEN/ PEOPLE & GROUPS.

3. Wählen Sie die Person(en) aus, der/denen Sie einen alternativen Namen hinzufügen oder deren alternativen Namen Sie verändern möchten.

4. Klicken Sie unter den Werkzeugen auf UMBENENNEN/RENAME.

5. Wählen Sie in der Dialogbox die Möglichkeit ALLGEMEINEN NAMEN ÄNDERN/CHANGE COMMON NAME.

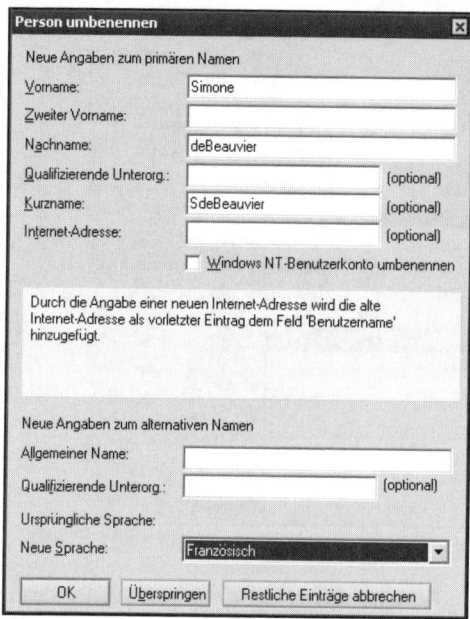

Abbildung 10.48: Umbennen einer Person

6. Bearbeiten Sie die folgenden Felder im Abschnitt NEUE ANGABEN ZUM ALTERNATIVEN NAMEN/NEW ALTERNATE NAME INFORMATION.

Feld	Eingabe
ALLGEMEINER NAME/ COMMON NAME	Der vollständige alternative Name (einschließlich Vorname, Initial des zweiten Vornamens und Nachname). Geben Sie hier keine hierarchischen Namenskomponenten ein. Der Benutzer erbt die hierarchischen Namenskomponenten (Landesname, Organisationsname bzw. Name der Unterorganisation) von der Zertifizierer-ID.
QUALIFIZIERENDE UNTERORG./ QUALIFYING ORG. UNIT	Falls notwendig, geben Sie die Unterorganisation in das Feld ein. Dieses Feld unterscheidet zwei Benutzer mit demselben Namen. Sie ist nicht mit einem tatsächlichen Zertifizierer einer Unterorganisation verbunden.
NEUE SPRACHE/ NEW LANGUAGE	Wählen Sie die alternative Sprache im Feld.

7. Klicken Sie auf OK.

10.8 ID-/Kennwortwiederherstellung

Es kommt immer wieder vor, dass ein Benutzer seine ID-Datei verliert oder beschädigt bzw. ein Kennwort vergisst. Der Verlust oder die Beschädigung einer ID-Datei oder das Vergessen eines Kennworts hat schwerwiegende Folgen. Die Benutzer können ohne ID nicht mehr auf den Server zugreifen oder Nachrichten und andere Daten lesen, die mit der verlorenen ID verschlüsselt wurden. Um die Probleme zu vermeiden, die entstehen, wenn Benutzer ID-Dateien verlieren oder beschädigen bzw. Kennwörter vergessen, richten Sie Domino so ein, dass ID-Dateien wiederhergestellt werden können. Beachten Sie, dass Sie keine Certifier IDs wiederherstellen können.

In der Version Lotus Notes Domino 8.5 gibt es ein weiteres administratives Werkzeug für die ID-Verwaltung und -Wiederherstellung: die Notes-ID-Vault (siehe auch *Kapitel 10.4, Notes-ID-Vault*). Hierbei handelt es sich um eine Domino-Datenbank, welche Kopien der Benutzer-IDs vorhält. Die Verwaltung der IDs und Kennwörter wird durch die Notes-ID-Vault vereinfacht und empfiehlt sich in allen Umgebungen ab Version 8.5. Folgende Vorteile bietet die Notes-ID-Vault im Gegensatz zu der herkömmlichen ID- und Kennwortwiederherstellung:

▶ Kennwortwiederherstellung ist nun durch autorisierte Administratoren möglich, ohne Zugriff auf die betroffene ID-Datei zu haben.

▶ Verlorene ID-Dateien können nun aus der Vaultdatenbank neu verteilt werden. Die Kopie der ID-Datei in der Vaultdatenbank befindet sich in einem aktualisierten Zustand, d.h., Kennwortänderungen sind auch in dieser Kopie erfolgt.

▶ Nutzen Anwender in Ihrer Umgebung mehrere Kopien ihrer ID, beispielsweise auf mehreren Rechnern verteilt, werden diese Kopien durch die ID-Vault synchronisiert.

▶ Nutzer-Umbenennungen sind nun ohne Anwender-Interaktion möglich.

▶ Ein ID-Schlüsselaustausch ist ohne Anwender-Interaktion möglich.

▶ Anwender können selbstständig das Zurücksetzen ihres Kennworts über einen Agenten anstoßen, wenn Sie sie dazu berechtigen.

Neben den bereits genannten Vorteilen gibt es aber auch Einschränkungen, die den Einsatz der ID-Vault nicht unterstützen:

▶ Die ID-Vault kann nur ID-Dateien aktualisieren, die im Dateisystem abgelegt sind. Ist die ID in der Mail-Datei gespeichert, funktioniert die Aktualisierung nicht.

▶ Wird eine Smartcard verwendet, kann die ID nicht in der ID-Vault gespeichert werden.

▶ Die ID-Vault muss in einer einzelnen Domäne erstellt werden, sie arbeitet nicht domänenübergreifend.

ID-/Kennwortwiederherstellung

Die Einrichtung von ID- und Kennwortwiederherstellung ist wie alle Sicherheitsfragen in vielen Unternehmen ein heikles Thema, das vorab mit der Geschäftsführung bzw. mit dem Sicherheitsbeauftragten und dem Betriebsrat abgeklärt werden muss.

10.8.1 Kennwort einer ID in einer ID-Vault zurücksetzen (ab Version 8.5)

Lotus Domino 8.5 bietet Ihnen eine komfortable Möglichkeit der ID-Verwaltung und ein Verfahren, wenn ein Benutzer sein Kennwort vergessen hat. Sie müssen die ID-Vault eingerichtet haben. Wenn Sie über die Berechtigung zum Zurücksetzen des Kennworts für eine ID verfügen, können Sie das Kennwort dieser aktiven ID in einer Vault zurücksetzen. Dies kann sinnvoll sein, wenn beispielsweise ein Benutzer sein Kennwort vergessen hat.

Der Benutzer sollte zum Anmelden das neue Kennwort verwenden. Dazu muss der Client in der Lage sein, eine Verbindung zum Netzwerk herzustellen, um mit der Vault kommunizieren zu können. Haben Sie das neue Kennwort angegeben, wird der Benutzer aufgefordert, dieses Kennwort zu ändern, wenn die Option KENNWORT MUSS NACH DEM ZURÜCK-SETZEN DES KENNWORTS GEÄNDERT WERDEN/ENFORCE PASSWORD CHANGE AFTER PASSWORD HAS BEEN RESET im Register ID-VAULT des Sicherheitseinstellungsdokuments der effektiven Richtlinie des Benutzers auf JA/YES (Vorgabe) gesetzt ist (siehe *Abbildung 10.49*).

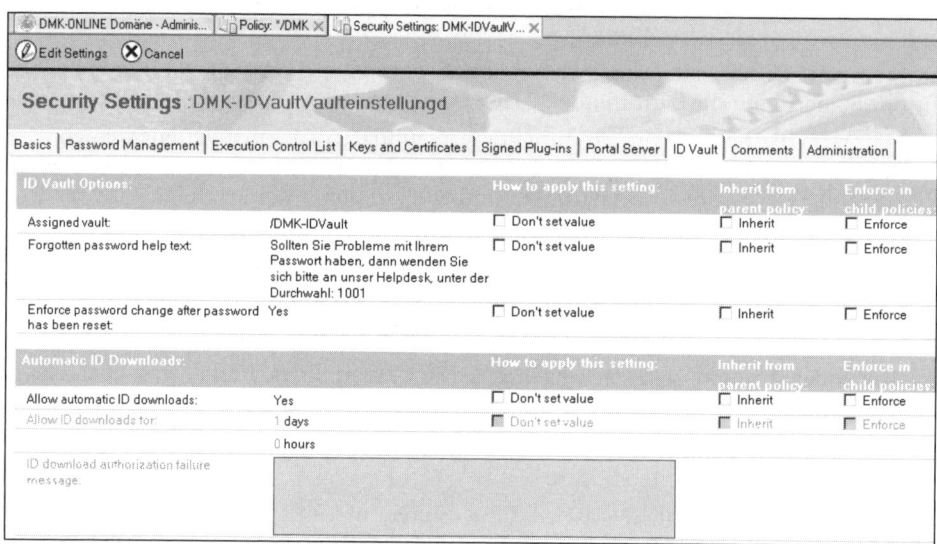

Abbildung 10.49: Register ID-VAULT des Sicherheitseinstellungsdokuments (Richtlinie)

Führen Sie die folgenden Schritte aus:

1. Melden Sie sich bei Domino Administrator mit einer ID an, die über die Berechtigung zum Zurücksetzen des Kennworts für die zurückzusetzende Benutzer-ID verfügt.

2. Klicken Sie auf das Register PERSONEN UND GRUPPEN/PEOPLE & GROUPS und wählen Sie den Namen des Benutzers aus, dessen Kennwort Sie zurücksetzen möchten.

3. Klicken Sie auf WERKZEUGE/TOOLS > ID-VAULTS/ID-VAULTS > KENNWORT ZURÜCKSETZEN/ RESET PASSWORD.

4. Führen Sie einen der folgenden Schritte aus:

   – Wählen Sie zum Erstellen und zur persönlichen Bereitstellung des neuen Kenn-worts an einen Benutzer BENACHRICHTIGUNGSART: PERSÖNLICH/HOW TO NOTIFY: IN PERSON. Geben Sie anschließend das neue Kennwort selbst ein und bestätigen Sie es oder klicken Sie auf Automatisch generiertes Kennwort/Random Password, um das Kennwort automatisch zu generieren (siehe *Abbildung 10.50*).

– Wählen Sie zum Senden einer verschlüsselten E-Mail mit einem neuen automatisch generierten Kennwort, beispielsweise an den Manager des Benutzers, Benachrichtigungsart: Über E-Mail an den Manager/How to notify: Mail to Manager und geben Sie die E-Mail-Adresse der Person an, die das Kennwort erhalten soll.

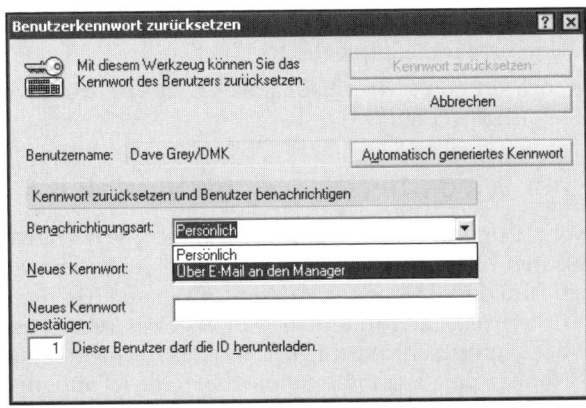

Abbildung 10.50: Kennwort einer ID in einer ID-Vault zurücksetzen

5. Geben Sie im Feld Dieser Benutzer darf die ID herunterladen/ID downloads will be allowed for this user die für die ID-Datei des Benutzers zulässige Anzahl der Downloads von der Vault zu den Client-Workstations an. Wenn Sie beispielsweise das Kennwort für einen Benutzer zurücksetzen, der Notes von zwei Workstations aus ausführt, können Sie hier 2 angeben. Hinweis: Das Feld ist nur für aktive Benutzer sichtbar, deren effektive Richtlinie ein Sicherheitseinstellungsdokument umfasst, in dem im Register ID-Vault die Option Automatische ID-Downloads zulassen/Allow automatic ID downloads auf Nein/No gesetzt ist.

6. Klicken Sie auf Kennwort zurücksetzen/Reset Password.

ID-Datei aus einer Vault wiederherstellen

Es kann erforderlich sein, eine physische Kopie einer ID-Datei aus einer Vault zu extrahieren. Beispielsweise könnte ein Auditor Zugriff auf eine ID-Datei verlangen, um verschlüsselte Daten zu lesen. Oder ein Administrator muss einem Benutzer ohne Netzwerkverbindung eine Kopie einer ID zur Verfügung stellen. Eine Kopie der ID verbleibt nach der Extrahierung in der Vault.

Führen Sie die folgenden Schritte als Domino-Administrator oder Vaultadministrator aus:

1. Öffnen Sie im Domino Administrator das Register Personen und Gruppen/People & Groups und wählen Sie das Personendokument des Benutzers aus, dessen ID extrahiert werden soll. Handelt es sich um eine ID eines inaktiven Benutzers, wählen Sie ein beliebiges Personendokument aus.

2. Klicken Sie auf Werkzeuge/Tools > ID-Vaults/ID-Vaults > ID aus Vault extrahieren /Extract ID from Vault.

3. Wenn die ID für einen inaktiven Benutzer vorgesehen ist, geben Sie den hierarchischen Namen dieses Benutzers ein.

4. Falls der Name der Vault, in der sich die Benutzer-ID befindet, nicht bereits angezeigt wird, geben Sie ihn ein. Der Name der Vault wird automatisch angegeben, wenn sich die effektive Richtlinie des Benutzers darauf bezieht.

5. Geben Sie das ID-Kennwort ein. Ein Vaultadministrator, der in der Vaultdatenbank-ACL die Auditor-Rolle besitzt, kann eine ID extrahieren, ohne deren Kennwort anzugeben.

6. Klicken Sie auf OK.

7. Geben Sie einen lokalen Speicherort für die Kopie der ID-Datei an.

8. Wenn Sie in Schritt 5 kein Kennwort eingegeben haben, geben Sie ein neues Kennwort ein, wenn Sie dazu aufgefordert werden.

10.8.2   Funktionsweise der Wiederherstellung bis Version 8.5

Administrieren Sie eine Lotus Notes Domino-Umgebung vor Version 8.5, verwenden Sie den bereits bekannten herkömmlichen Wiederherstellungsprozess für IDs und Kennworte. Der größte Unterschied zur neuen Funktion ID-Vault liegt darin, dass in den IDs, die wiederhergestellt werden sollen, Wiederherstellungsinformationen abgelegt sein müssen. Dies erfolgt entweder bereits bei der Registrierung einer neuen ID oder zu einem späteren Zeitpunkt durch Beteiligung des Nutzers, der diese Informationen in seine ID importiert.

Wollen Sie Ihre Umgebung für die Wiederherstellung von Kennworten und IDs vorbereiten, legen Sie idealerweise zuerst die organisatorischen Rahmenbedingungen fest und bestimmen mehrere Administratoren, die als Gruppe IDs und Kennwörter wiederherstellen können, da dies nach dem Mehraugenprinzip erfolgen sollte. Sie können einen einzelnen Administrator benennen, der die Wiederherstellung von IDs und Kennwörtern verwaltet. Zur Wiederherstellung der ID-Dateien selber sollte jedoch die Zusammenarbeit von mindestens drei Administratoren erforderlich sein. Sie können, wenn Sie eine Gruppe von Administratoren benennen, angeben, dass nur ein Teil der Gruppe während der eigentlichen Wiederherstellung der ID anwesend sein muss. Sind beispielsweise fünf Administratoren für die ID-Wiederherstellung vorgesehen und haben Sie festgelegt, dass nur drei Administratoren für das Entsperren der ID-Datei erforderlich sind, können drei beliebige der fünf Administratoren die ID-Datei entsperren. Bevor Sie ID-Dateien wiederherstellen können, muss ein Administrator, der Zugriff auf die Certifier ID hat, Wiederherstellungsinformationen angeben, und die ID-Dateien an sich müssen als wiederherstellbar definiert werden:

▶ Während der Registrierung werden IDs über eine Certifier ID angelegt, die über Wiederherstellungsinformationen verfügt.

▶ Der Administrator exportiert Wiederherstellungsinformationen aus der Certifier ID, die der Anwender annehmen muss. Nach Übernahme der Wiederherstellungsinformationen oder der Registrierung eines neuen Benutzers sendet Notes automatisch eine verschlüsselte Backup-Kopie der ID-Dateien an eine definierte Datenbank. ID-Dateien, die keine Wiederherstellungsinformationen enthalten, können nicht wiederhergestellt werden.

▶ Nur bei Servern, welche die serverbasierte CA verwenden: Anwender authentifizieren sich an ihrem Home-/Mail-Server, nachdem ein Administrator die Wiederherstellungsinformationen zum Zertifizierer hinzugefügt hat.

Domino speichert Informationen zur ID-Wiederherstellung in der Zertifizierer-ID-Datei. Die gespeicherten Informationen umfassen die Namen der Administratoren, die IDs wiederherstellen dürfen, die Adresse der Mail- oder Mail-In-Datenbank, an die die Benutzer eine verschlüsselte Backup-Kopie ihrer ID-Dateien senden, und die Anzahl der Administratoren, die zum Entsperren einer ID-Datei erforderlich ist. Zur Wiederherstellung einer verlorenen oder beschädigten ID-Datei wird eine verschlüsselte Backup-Kopie der ID-Datei benötigt. Die Wiederherstellung einer ID-Datei, deren Kennwort vergessen wurde, ist etwas einfacher. Falls die ursprüngliche ID-Datei Wiederherstellungsinformationen enthält, können die Administratoren die ID-Datei selbst dann wiederherstellen, wenn keine verschlüsselte Backup-ID-Datei vorhanden ist.

In der ID-Datei des Benutzers ist für jeden Administrator ein Kennwort zur Wiederherstellung hinterlegt, das zufällig erzeugt und mit dem öffentlichen Schlüssel des Administrators verschlüsselt wird. Das Kennwort ist für jeden Administrator und Benutzer eindeutig. So besitzt beispielsweise der Administrator Anton Admin ein eindeutiges Wiederherstellungskennwort für den Benutzer Norbert Nutzer, das in dessen ID-Datei hinterlegt ist.

ID-Recovery

Das Kennwort des Administrators zur ID-Recovery wird mit dem öffentlichen Schlüssel des Administrators verschlüsselt und mit dem privaten Schlüssel entschlüsselt.

Seit Domino 7 können Sie die Zeichenanzahl oder die Passwortlänge für das Wiederherstellungskennwort über die Registrierungseinstellungen der Richtlinien angeben (siehe *Kapitel 10.2.2, Richtlinieneinstellungen*), was Ihnen bei der Einhaltung der Passwortstärke hilft (siehe *Abbildung 10.51*). Zusätzlich können Administratoren eine angepasste Nachricht für den Benutzer konfigurieren, sodass sich dieser leichter mit der ID-Wiederherstellung auseinandersetzen kann.

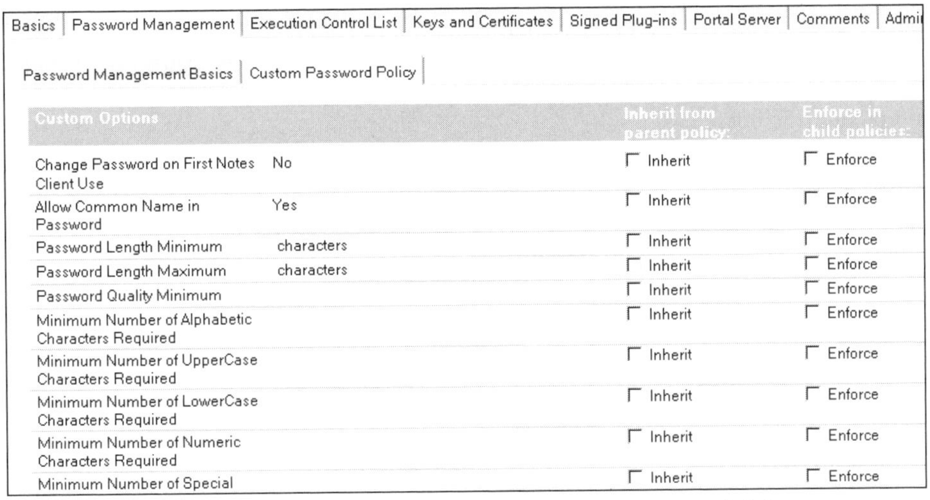

Basics	Password Management	Execution Control List	Keys and Certificates	Signed Plug-ins	Portal Server	Comments	Admi

Password Management Basics	Custom Password Policy

Custom Options		Inherit from parent policy	Enforce in child policies
Change Password on First Notes Client Use	No	☐ Inherit	☐ Enforce
Allow Common Name in Password	Yes	☐ Inherit	☐ Enforce
Password Length Minimum	characters	☐ Inherit	☐ Enforce
Password Length Maximum	characters	☐ Inherit	☐ Enforce
Password Quality Minimum		☐ Inherit	☐ Enforce
Minimum Number of Alphabetic Characters Required		☐ Inherit	☐ Enforce
Minimum Number of UpperCase Characters Required		☐ Inherit	☐ Enforce
Minimum Number of LowerCase Characters Required		☐ Inherit	☐ Enforce
Minimum Number of Numeric Characters Required		☐ Inherit	☐ Enforce
Minimum Number of Special		☐ Inherit	☐ Enforce

Abbildung 10.51: Passwortbestimmungen via Sicherheitseinstellungen einer Richtlinie

Benutzer und Administratoren führen zum Wiederherstellen einer ID die folgenden
Schritte durch:

1. Ein Benutzer wendet sich an die einzelnen ernannten Administratoren, um das Wiederherstellungskennwort der Administratoren zu erhalten.

2. Der Administrator entschlüsselt ein in der ID-Datei des Benutzers gespeichertes
   Wiederherstellungskennwort mithilfe seines privaten Schlüssels.

3. Anschließend teilt der Administrator dem Benutzer das Kennwort zur Wiederherstellung mit.

4. Der Benutzer wiederholt die Schritte 1 bis 3, bis die Anzahl an Administratoren, die
   mindestens zum Entsperren der ID-Datei erforderlich ist, erreicht ist.

5. Nachdem die Datei entsperrt ist, muss der Benutzer ein neues Kennwort eingeben,
   um die ID-Datei zu sichern.

Dieselbe ID-Datei kann mithilfe derselben Wiederherstellungskennwörter erneut wiederhergestellt werden. Sie sollten jedoch den Benutzern dringend raten, die Wiederherstellungsinformationen zu aktualisieren und die Wiederherstellungsinformationen erneut zu
übernehmen, nachdem ihre ID-Dateien wiederhergestellt sind. Wenn Benutzer einen
neuen öffentlichen Schlüssel bekommen, eine Namensänderung annehmen oder einen
Dokument-Verschlüsselungsschlüssel annehmen oder erstellen, sendet Domino automatisch verschlüsselte Backup-ID-Dateien an die zentrale Datenbank.

Um zu verhindern, dass nicht berechtigte Benutzer IDs ohne Wissen des berechtigten
Benutzers wiederherstellen, muss die Kennwortprüfung für Benutzer und Server im
Personendokument aktiviert sein. Ohne Kennwortprüfung könnte ein nicht berechtigter
Benutzer eine ID und ein Kennwort auch dann noch verwenden, wenn der Benutzer das
Kennwort für die ID geändert hat, da das Kennwort standardmäßig nur zur Entschlüsselung der ID-Datei dient und nicht mit dem im Domino-Verzeichnis gespeicherten Kennwort verglichen wird. Fordern Sie die Benutzer nach der Wiederherstellung von IDs als
zusätzliche Sicherheitsmaßnahme dazu auf, die Wiederherstellungsinformationen erneut
zu übernehmen und anschließend den öffentlichen Schlüssel der ID-Dateien zu ändern.
Durch erneutes Übernehmen der Wiederherstellungsinformationen werden die Informationen zur Kennwortwiederherstellung in der ID-Datei geändert. Das Ändern des öffentlichen Schlüssels bewirkt eine Änderung des in der ID-Datei gespeicherten öffentlichen
und privaten Schlüssels.

Wenn die Notes-Anwender Smartcards zusammen mit der Notes-ID verwenden,
ist es sehr wichtig, die Wiederherstellungsinformationen für diese IDs zu setzen,
bevor Internet-Schlüssel auf der Smartcard hinterlegt werden. Andernfalls ist es
nicht möglich, über den Wiederherstellungsprozess diese Schlüssel wiederherzustellen.

Seit Domino 7 werden wichtige Informationen der Client-ID-Wiederherstellungsaktivi-
täten automatisch in der lokalen *log.nsf* protokolliert. Dazu gehören:

▶ Datum und Uhrzeit der Speicherung von Wiederherstellungsinformationen in der
  ID-Datei.

▶ Ereignisse, bei denen Wiederherstellungsinformationen zurückgewiesen werden
  oder nicht in der ID-Datei gespeichert werden können.

▶ Ereignisse, bei denen ein neues Backup an die ID-Wiederherstellungsdatenbank gesendet werden muss.

▶ Das Senden der Wiederherstellungs-ID per E-Mail an die Wiederherstellungsdatenbank (erfolgte und fehlgeschlagene Sendevorgänge).

Wiederherstellung von IDs und Kennwörtern einrichten

Das zentrale Werkzeug für die Wiederherstellung besteht in der Mail-In-Datenbank, die die ID-Dateien aufnehmen kann. Damit die Benutzer ihre ID-Dateien wiederherstellen können, müssen Sie zuvor diese zentrale Mail- oder Mail-In-Datenbank einrichten, in der verschlüsselte Backups von ID-Dateien abgelegt werden. In den Dateien liegen auch Informationen darüber, welche Administratoren IDs wiederherstellen dürfen. Die Mail-In-Datenbank muss zur Verfügung stehen, bevor ein Benutzer eine ID verliert oder beschädigt. Sie enthält Dokumente, in denen die verschlüsselten Backup-ID-Dateien als Anhänge gespeichert sind. Diese Dateien sind mit einem Zufallsschlüssel verschlüsselt und können erst nach ihrer Wiederherstellung in Notes verwendet werden.

> Wenn Sie zusätzliche Notes-Zertifizierer auf Organisationsebene erstellt haben, müssen Sie diese mit dem ursprünglichen Notes-Zertifizierer gegenzertifizieren, bevor Sie Wiederherstellungsinformationen konfigurieren.

Es empfiehlt sich, die Erstellung und Konfiguration der Mail-In-Datenbank bereits vor der Registrierung von Benutzern umzusetzen. Im nachfolgenden Prozess geben Sie Wiederherstellungsinformationen in der Zertifizierer-ID an und definieren die Mail-In-Datenbank, die für den Prozess verwendet werden soll.

1. Klicken Sie im Domino Administrator auf das Register KONFIGURATION/CONFIGURATION und anschließend auf ZERTIFIZIERUNG/CERTIFICATION.

2. Klicken Sie auf das Werkzeug WIEDERHERSTELLUNGSINFORMATIONEN BEARBEITEN/EDIT RECOVERY INFORMATION, sodass die entsprechende Dialogbox erscheint und Sie den entsprechenden Registrierungsserver auswählen können.

3. Wählen Sie den Zertifizierer:

   – Wenn Sie den serverbasierten CA-Prozess verwenden, klicken Sie auf CA-PROZESS VERWENDEN/USE THE CA PROCESS und wählen einen Zertifizierer aus der Liste aus. Sie müssen ein CA-Administrator sein, um Wiederherstellungsinformationen für die ID verändern zu können.

   – Wenn Sie nicht den CA-Prozess verwenden möchten, klicken Sie auf ZERTIFIZIERER-ID UND KENNWORT ANGEBEN/SUPPLY CERTIFIER ID AND PASSWORD, wählen die entsprechende Zertifizierer-ID-Datei aus und geben das Kennwort ein.

4. Klicken Sie auf OK. Die MASTER-LISTE FÜR WIEDERHERSTELLUNGSSTELLEN BEARBEITEN/ EDIT MASTER RECOVERY AUTHORITY LIST-Dialogbox erscheint.

5. Klicken Sie auf HINZUFÜGEN/ADD und wählen Sie die Namen der Administratoren aus, die als Wiederherstellungsautoritäten ausgewiesen werden sollen.

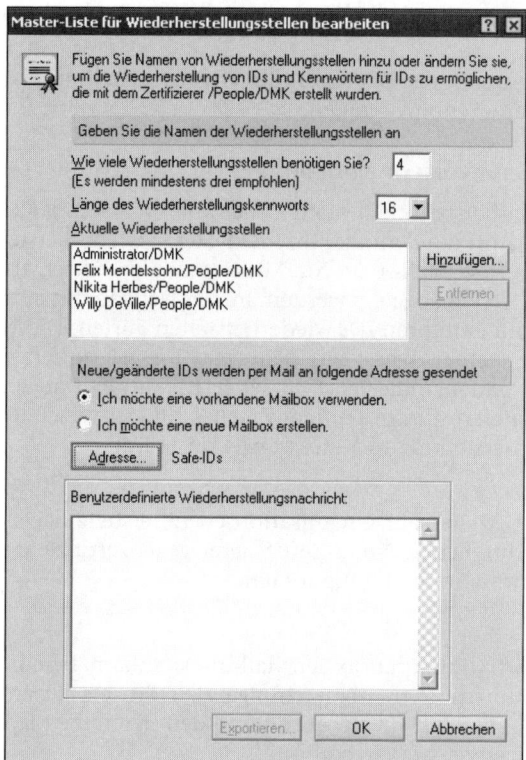

Abbildung 10.52: Wiederherstellungsinformationen bearbeiten

6. Wählen Sie, ob Sie eine bereits vorhandene Mail-In-Datenbank verwenden oder eine neue erstellen möchten:

   – Wenn Sie bereits eine Mail-In-Datenbank erstellt haben und diese verwenden möchten, klicken Sie auf ICH MÖCHTE EINE VORHANDENE MAILBOX VERWENDEN/ I WANT TO USE AN EXISTING MAILBOX. Klicken Sie auf ADRESSE/ADDRESS und wählen Sie die Mail- oder Mail-In-Datenbank aus dem Domino Directory, in der die verschlüsselten Backup-ID-Dateien gespeichert werden sollen.

   – Wenn Sie eine Mail-In-Datenbank erstellen wollen, klicken Sie auf ICH MÖCHTE EINE NEUE MAILBOX ERSTELLEN/I WANT TO CREATE A NEW MAILBOX. In der sich nun öffnenden Dialogbox geben Sie den Server, auf dem die Datenbank abgelegt werden soll, und den Datenbanktitel sowie den Dateinamen an.

7. Klicken Sie auf OK.

8. Wenn Sie die CA verwenden, setzen Sie folgenden Befehl an der Serverkonsole ab: load ca. Dies startet den CA-Prozess mit den neuen Wiederherstellungsinformationen oder aktualisiert diese, falls er bereits läuft. Dann geben Sie ein: tell adminp process all. Durch diesen Befehl wird die Anforderung zum Hinzufügen der Wiederherstellungsinformationen zum Zertifizierer abgearbeitet.

9. Setzen Sie in der Mail-In-Datenbank-ACL den Zugriff -DEFAULT- auf KEIN ZUGRIFF/NO ACCESS und räumen Sie den Administratoren Lesezugriff ein.

Wiederherstellungsinformationen exportieren

Durch die Wiederherstellungsinformationen in der Zertifizierer-ID enthalten neue Benutzer-IDs bei der Registrierung automatisch Wiederherstellungsinformationen. Sollten Sie die Wiederherstellungsinformationen jedoch erst später implementiert haben, müssen die Benutzer ihre Benutzer-IDs mit Wiederherstellungsinformationen aktualisieren. Beim Aktualisieren von IDs mit Wiederherstellungsinformationen wird automatisch ein verschlüsseltes Backup der Benutzer-ID an die zentrale Mail-In-Datenbank gesendet. Dabei gibt es zwei Möglichkeiten:

▷ Für Domino Server, die die serverbasierte CA verwenden, werden die Wiederherstellungsinformationen automatisch in der Benutzer-ID abgelegt, sobald der Anwender sich an seinem Home-/Mail-Server authentifiziert und der Administrator die Wiederherstellungsinformationen im Zertifizierer hinterlegt hat.

▷ Der Administrator sendet die Wiederherstellungsinformationen an den Benutzer, damit dieser sie in seine ID einbettet. Sie müssen dies ausführen, bevor ein Benutzer eine ID verliert oder beschädigt bzw. ein Kennwort vergisst.

Unter Domino 8 können die Benutzer Wiederherstellungsinformationen über ihre User Security-Dialogbox versenden. An dieser Stelle wird bei Vorhandensein der Wiederherstellungsinformationen in der ID dann der Button mit der Aufschrift MAIL RECOVERY ID eingeblendet. Über diesen können die Anwender dann ein verschlüsseltes Backup der Anwender-ID an die dafür vorgesehene Mail-In-Datenbank senden.

Die nachfolgenden Schritte werden vom Administrator ausgeführt, um die Wiederherstellungsinformationen an den Benutzer zu senden und um die Wiederherstellungsinformation zu implementieren.

1. Klicken Sie im Domino Administrator auf das Register KONFIGURATION/CONFIGURATION und anschließend unter WERKZEUGE/TOOLS auf ZERTIFIZIERUNG/CERTIFICATION.

2. Klicken Sie auf WIEDERHERSTELLUNGSINFORMATIONEN BEARBEITEN/EDIT RECOVERY INFORMATION.

3. Wählen Sie den Zertifizierer:
   - Wenn Sie den serverbasierten CA-Prozess verwenden, klicken Sie auf CA-PROZESS VERWENDEN/USE THE CA PROCESS und wählen einen Zertifizierer aus der Liste aus. Sie müssen ein CA-Administrator sein, um Wiederherstellungsinformationen für die ID verändern zu können.
   - Wenn Sie nicht den CA-Prozess verwenden möchten, klicken Sie auf ZERTIFIZIERER-ID UND KENNWORT ANGEBEN/SUPPLY CERTIFIER ID AND PASSWORD, wählen die entsprechende Zertifizierer-ID-Datei aus und geben das Kennwort ein.

4. Wählen Sie EXPORTIEREN/EXPORT und geben Sie anschließend das Kennwort der Zertifizierer-ID ein.

5. Füllen Sie die folgenden Felder aus und klicken Sie anschließend auf SENDEN/SEND:

Feld	Eingabe
AN/ TO	Namen von Benutzern und Gruppen, von deren ID-Dateien Sie ein Backup erstellen möchten.
KOPIE/ COPY	Namen von Benutzern und Gruppen, denen Sie eine Kopie der Nachricht senden möchten.

Feld	Eingabe
THEMA/ SUBJECT	Informationen für Benutzer und Gruppen, die im Feld THEMA der Nachricht angezeigt werden. Ist dieses Feld leer, verwendet Notes folgenden Eintrag:
	Neue Wiederherstellungsinformationen für die ID-Datei sind beigefügt. Bitte fügen Sie sie Ihrer ID-Datei hinzu. Verwenden Sie dazu die Menüoption "Aktion - Wiederherstellungsinformationen akzeptieren". / NEW ID FILE RECOVERY INFORMATION IS ATTACHED. PLEASE ADD IT TO YOUR ID FILE BY USING THE ACTIONS MENU "ACCEPT RECOVERY INFORMATION" OPTION.
MEMO	Informationen für Benutzer und Gruppen, die als Nachricht angezeigt werden. Domino hängt automatisch die verschlüsselten Informationen der Backup-Datei an die Nachricht an. Diese Angabe ist in diesem Feld nicht erforderlich.

Die folgenden Schritte werden vom Benutzer ausgeführt. Damit akzeptiert der Anwender die Wiederherstellungsinformationen in der ID-Datei.

6. Nachdem der Administrator die Wiederherstellungsinformationen gesendet hat, öffnen Sie die Nachricht in Ihrer Mail-Datenbank.

7. Wählen Sie AKTIONEN/ACTIONS > WIEDERHERSTELLUNGSINFORMATIONEN AKZEPTIEREN/ ACCEPT RECOVERY INFORMATION, und geben Sie dann Ihr Kennwort ein.

8. Nehmen Sie Eingaben in folgende Felder vor und klicken Sie anschließend auf SENDEN/ SEND:

Feld	Eingabe
AN/ TO	Name der Mail- oder Mail-In-Datenbank, in der die Backup-Kopie Ihrer ID gespeichert wird. Domino gibt den Namen der Datenbank ein, die von Ihrem Administrator angegeben wurde.
KOPIE/ COPY	Namen von Benutzern und Gruppen, denen Sie eine Kopie der Nachricht senden möchten.
THEMA/ SUBJECT	Informationen für Administratoren, die im Feld THEMA der Nachricht angezeigt werden. Ist dieses Feld leer, verwendet Notes einen der folgenden Einträge:
	▶ Sicherungskopie der geänderten Wiederherstellungsinformationen für *Benutzername*
	▶ Sicherungskopie der letzten Änderungen an der ID-Datei für *Benutzername*
MEMO	Informationen für Administratoren, die im Feld HAUPTTEXT der Nachricht angezeigt werden. Domino hängt automatisch das Backup der ID-Datei an die Nachricht an. Diese Angabe ist in diesem Feld nicht erforderlich.

Domino sendet die verschlüsselte Backup-ID-Datei automatisch an die vom Administrator angegebene zentrale Mail- oder Mail-In-Datenbank. Sie können mehrere Kopien der ID-Datei in der zentralen Mail- oder Mail-In-Datenbank speichern. Domino erstellt jedes Mal ein neues Dokument, wenn ein Backup einer ID-Datei erstellt wird. Verwenden Sie beim Versuch, eine ID-Datei wiederherzustellen, das neueste Backup. Falls dies fehlschlägt, verwenden Sie die älteren Versionen.

Über den *notes.ini*-Schlüssel `ID_Recovery_Suppress_Recovery_Msg=1` können Administratoren verhindern, dass eine Info-Mail an den Benutzer geschickt wird, in der er dazu aufgefordert wird, die Wiederherstellungsinformationen für seine ID zu akzeptieren. Es ist nicht mehr notwendig, dass Anwender die Wiederherstellungsinformationen explizit akzeptieren, damit diese zur ID-Datei eines Anwenders hinzugefügt werden.

IDs oder Kennwörter wiederherstellen

Wenn ein Benutzer eine ID-Datei verliert, sie beschädigt bzw. ein Kennwort vergisst, kann er zusammen mit den Administratoren die ID-Datei anhand der Wiederherstellungsinformationen und des Backups wiederherstellen. So fordern Sie als Benutzer ein Backup an:

1. Wenn Sie vermuten, dass die ID-Datei beschädigt ist, fordern Sie die verschlüsselte Backup-ID vom Administrator an.

2. Wenn Sie sich zuerst an Ihrem Notes Client anmelden und die Dialogbox zur Eingabe des Passworts erscheint, geben Sie kein Passwort ein, sondern drücken die ⎡Esc⎤-Taste.

3. Klicken Sie im darauf folgenden Dialogfenster auf VERSUCHEN SIE, IHR KENNWORT WIEDERHERZUSTELLEN/TRY TO RECOVER YOUR PASSWORD in der Dialogbox (siehe *Abbildung 10.53*).

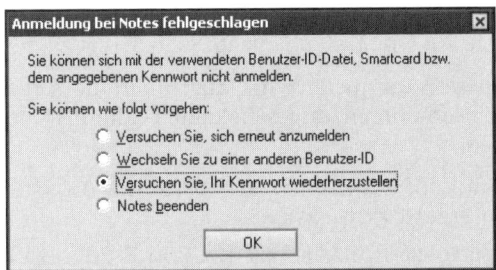

Abbildung 10.53: Anforderung zur Passwortwiederherstellung

4. Geben Sie die ID-Datei an, die Sie wiederherstellen möchten.

5. Wenden Sie sich an den ersten Administrator, der im Dialogfeld aufgeführt ist, und fordern Sie das erste Kennwort an.

6. Der erste Administrator gibt nun sein Kennwort ein, drücken Sie dann ⎡↵⎤.

7. Wiederholen Sie die Schritte 4 und 5 mit weiteren Administratoren, bis Sie über so viele Kennwörter verfügen, wie zum Entsperren der Datei erforderlich sind.

8. Geben Sie ein neues Kennwort ein und geben Sie es dann erneut ein, um die Änderung zu bestätigen.

9. Wenn Sie mehrere ID-Dateien besitzen, löschen Sie diese, und verwenden Sie eine Kopie der wiederhergestellten ID-Datei.

   Aus Sicherheitsgründen sollten die Administratoren die folgenden Schritte jeweils von ihrer eigenen Workstation ausführen (Keylogger).

10. Lösen Sie die verschlüsselte Backup-Kopie der ID-Datei des Benutzers von der Mail- oder Mail-In-Datenbank und speichern Sie sie auf der Festplatte.

11. Ist die ID-Datei des Benutzers beschädigt, so senden Sie eine Kopie der ID-Datei aus der zentralen Mail- oder Mail-In-Datenbank an den Benutzer.

12. Klicken Sie im Domino Administrator auf das Register Konfiguration/Configuration und wählen Sie Zertifizierung/Certification > Wiederherstellungskennwort extrahieren/Extract Recovery Password.

13. Geben Sie das Kennwort für die ID-Datei des Administrators ein.

14. Geben Sie die ID-Datei an, die Sie wiederherstellen möchten. Dies ist dieselbe ID-Datei, die Sie in Schritt 1 gelöst haben.

15. Geben Sie dem Benutzer das angezeigte Administrationskennwort.

Mittlerweile werden in den entsprechenden Dialogboxen die Zeitstempel der ID mit angeführt, um sicherzugehen, dass die richtige ID gerade bearbeitet bzw. wiederhergestellt wird.

Wiederherstellungsinformationen der Administrator-ID

Sollte ein Administrator aus einer Organisation ausscheiden oder es ändert sich sein Aufgabenbereich in der Organisation, müssen Sie ggf. die Wiederherstellungsinformationen der Administrationsseite aktualisieren. Davon sind auch die Anwender-IDs betroffen. Die neuen Informationen müssen an die Benutzer gesendet werden, damit diese die aktuellen Informationen ihren ID-Dateien hinzufügen. Für Benutzer von Lotus Notes 6.x oder höher werden die aktualisierten Wiederherstellungsinformationen automatisch zur ID-Datei hinzugefügt, wenn sich die Benutzer das nächste Mal bei ihrem Home-Server authentifizieren, indem sie auf eine Datenbank auf dem Server zugreifen.

Die folgenden Schritte werden von einem Administrator mit Zugriff auf die Zertifizierer-ID ausgeführt, um einen aus dem Unternehmen ausgeschiedenen Administrator zu löschen oder einen neuen hinzuzufügen:

1. Klicken Sie im Domino Administrator auf das Register Konfiguration/Configuration und anschließend auf Zertifizierung/Certification.

2. Klicken Sie auf Wiederherstellungsinformationen bearbeiten/Edit Recovery Information.

3. Wählen Sie den Zertifizierer:
   – Wenn Sie den serverbasierten CA-Prozess verwenden, klicken Sie auf CA-Prozess verwenden/Use the CA Process und wählen einen Zertifizierer aus der Liste aus. Sie müssen ein CA-Administrator sein, um Wiederherstellungsinformationen für die ID verändern zu können.
   – Wenn Sie nicht den CA-Prozess verwenden möchten, klicken Sie auf Zertifizierer-ID und Kennwort angeben/Supply Certifier ID and Password, wählen die entsprechende Zertifizierer-ID-Datei aus und geben das Kennwort ein.

4. Führen Sie eine der folgenden Anweisungen aus:
   – Um einen Administrator zu löschen, markieren Sie den Namen des Administrators und klicken anschließend auf Entfernen/Remove.
   – Um neue Administratoren hinzuzufügen, klicken Sie auf Hinzufügen/Add und wählen dann die Namen der Administratoren aus, die zur Wiederherstellung von ID-Dateien berechtigt sind.

5. Falls notwendig, ändern Sie die Anzahl der Administratoren, die zum Entsperren einer ID benötigt werden.

6. Klicken Sie auf OK, wenn Sie mit dem Hinzufügen und Löschen von Namen fertig sind.

7. Danach müssen Sie die Wiederherstellungsinformationen von IDs und Kennwörtern an die vorhandenen Benutzer exportieren (siehe *Kapitel 10.8.2, Funktionsweise der Wiederherstellung bis Version 8.5*, Abschnitt *Wiederherstellungsinformationen exportieren*).

10.9 Der Vorgang der Benutzerregistrierung

Bevor ein Anwender im Lotus Notes Domino-System eines Unternehmens arbeiten kann, muss er sich authentifizieren. Hierzu müssen Sie den Benutzer registrieren, egal ob dieser einen lokalen Notes Client verwendet oder via Web zugreifen soll. Bei der Benutzerregistrierung wird Folgendes erstellt:

▶ Ein Personendokument im Domino-Verzeichnis

▶ Eine Benutzer-ID, die mit entsprechenden Zertifikaten versehen ist (gilt nicht für Nicht-Notes-Anwender)

▶ Eine Mail-Datei (optional)

Notes bietet Ihnen verschiedene Möglichkeiten zur Registrierung von Benutzern. Zum einen gibt es die allgemeine Benutzerregistrierung. Sie ist schnell und einfach, weil den Benutzern viele Standardeinstellungen automatisch zugewiesen werden. Bei der erweiterten Benutzerregistrierung können Sie zum anderen erweiterte Einstellungen zuweisen, z.B. das Hinzufügen eines Benutzers zu einer Gruppe. Des Weiteren können Sie Benutzer auch registrieren, indem Sie sie aus einer Textdatei importieren oder aus einem fremden Verzeichnis übernehmen.

Wenn Sie das Dialogfeld PERSON REGISTRIEREN/REGISTER PERSON zur Registrierung von Benutzern verwenden, können Sie die Benutzereinstellungen in der Ansicht der Datenbank für Benutzerregistrierung (*userreg.nsf*), die im Dialogfeld angezeigt wird, sortieren, anzeigen und ändern. Diese Datenbank enthält Informationen über Benutzer, für die die Registrierung ansteht. Wenn Sie das Dialogfeld PERSON REGISTRIEREN/REGISTER PERSON verlassen, können Sie alle ausstehenden Benutzerregistrierungen speichern und später registrieren. Wenn Sie erneut auf das Dialogfeld zugreifen, wird die Datenbank für Benutzerregistrierung automatisch geöffnet. Es werden alle Benutzer angezeigt, die auf Registrierung warten. Versuchen Sie nicht, die Benutzerinformationen zu ändern, indem Sie die Datenbank direkt öffnen, da dadurch die Registrierung scheitern kann.

Überprüfen Sie die hierarchische Namensstruktur, bevor Sie Benutzer registrieren, und entscheiden Sie, wo die einzelnen Benutzer in das Schema passen. Aufgrund der Namensstruktur wissen Sie, welche Zertifizierer-ID Sie für die Registrierung von Benutzern, welchen Server Sie als Registrierungsserver und welchen Sie zum Speichern der Mail-Dateien des Benutzers verwenden sollen. Sie müssen für jeden von Ihnen verwendeten Server den richtigen Zugriff haben und das Kennwort für jede Zertifizierer-ID kennen, die Sie direkt verwenden. Wenn Sie Richtlinien in Ihrer Organisation verwenden möchten, erstellen Sie Richtliniendokumente und deren Einstellungen, bevor Sie die Anwender registrieren, sodass Sie diese während der Registrierung zuweisen können.

Sie haben bei der Anwenderregistrierung die Möglichkeit, die traditionelle Methode der Verwendung von Zertifizierer-ID und Passwort oder die serverbasierte CA zu verwenden. Ein Administrator kann als Registrierungsautorität (RA) für die serverbasierte CA ausgewiesen werden. Wenn dieser nun die RA-Rolle besitzt, kann er Anwender über die CA registrieren.

10.9.1 Registrierung durchführen

Sie können eine der folgenden Methoden zur Registrierung von Notes-Benutzern verwenden:

▶ Die bereits geschilderten Registrierungseinstellungen (Policies)

▶ Die allgemeine Benutzerregistrierung für den Domino Administrator

▶ Die allgemeine Benutzerregistrierung für den Web Administrator

▶ Die erweiterte Benutzerregistrierung für den Domino Administrator

▶ Die erweiterte Benutzerregistrierung für den Web Administrator

▶ Die Registrierung mit Textdateien

▶ Die Registrierung mit Migrationswerkzeugen (für Personen, die ein externes Mail-System oder Verzeichnis verwenden)

Welche Methode Sie zur Registrierung von Personen verwenden, hängt von verschiedenen Faktoren ab. Haben Sie Standardeinstellungen definiert oder möchten Sie Benutzern erweiterte Optionen zuweisen (z.B. alternative Namen)? Eventuell müssen Sie aber auch Benutzer aus einem fremden Mail-System oder Verzeichnis importieren oder ihre Benutzereinstellungen befinden sich in einer Textdatei.

Wenn Benutzer registriert werden, deren Benutzernamen ASCII-fremde Zeichen enthalten, versucht Notes, diese Zeichen in ASCII-Zeichen umzuwandeln. Wenn ein oder mehrere Zeichen nicht in ASCII-Zeichen konvertiert werden können, wird die Internetadresse nicht generiert. Dies ist bei der Registrierung von Benutzern, deren Namen nicht in ASCII-Zeichen konvertiert werden können, zu berücksichtigen, da Sie deren Internetadressen manuell erstellen müssen.

Verwenden Sie für eine schnelle und problemlose Registrierung die allgemeinen Benutzerregistrierungsoptionen. Bei der allgemeinen Registrierung müssen Sie benutzerdefinierte Einstellungen festlegen, z.B. Benutzernamen und Kennwort. Sie können den Benutzern aber auch einige Standardeinstellungen zuweisen. Sie können Standardeinstellungen in den Registrierungseinstellungen (im Dialogfeld VORGABEN FÜR ADMINISTRATION/ADMINISTRATION PREFERENCES) vornehmen, Einstellungen im Dialogfeld PERSON REGISTRIEREN/REGISTER PERSON festlegen oder die Notes-Standardeinstellungen verwenden. Einige der Nichtstandardeinstellungen, die Sie in der allgemeinen Registrierung definieren, sind der Benutzername und das Kennwort. Sie können auch bestimmten Gruppen Benutzer zuweisen.

Alle Einstellungen in der allgemeinen Registrierung stehen auch für die erweiterte Registrierung zur Verfügung. Sie können sich die erweiterte Registrierung jederzeit anzeigen lassen, indem Sie das Kontrollkästchen ERWEITERT/ADVANCED im Dialogfeld PERSON REGISTRIEREN/REGISTER PERSON aktivieren. Bei der erweiterten Registrierung haben Sie zusätzlich die Möglichkeit, Standardeinstellungen zu ändern und erweiterte oder besondere Einstellungen zu definieren. Sie können z.B. einem Benutzer einen alternativen Namen zuweisen, wenn die zur Registrierung verwendete Zertifizierer-ID die Sprache des alternativen Namens enthält.

Es gibt zwei Möglichkeiten, Benutzer mithilfe einer Textdatei, d.h. einer Datei, die Informationen über einen oder mehrere Benutzer enthält, zu registrieren. Sie können das Dialogfeld PERSON REGISTRIEREN/REGISTER PERSON verwenden, das für jeden Benutzer einen

Eintrag in der Registrierwarteschlange erstellt und es ermöglicht, Benutzereinstellungen individuell zu ändern. Oder Sie können die Benutzer direkt registrieren, sodass die Einträge für sie niemals in der Registrierwarteschlange angezeigt werden. Wenn Sie die Benutzer direkt registrieren, müssen Sie vor dem Import und der Registrierung generelle Einstellungen zuweisen. Notes weist diese generellen Einstellungen allen Benutzern zu, sodass Sie keine individuellen Einstellungen vornehmen können.

Sie können auch Benutzer nach Notes übernehmen, die ein externes Mail-System oder Verzeichnis verwenden. Registrieren Sie die Benutzer mithilfe von Migrationswerkzeugen, auf die über die Schaltfläche PERSONEN MIGRIEREN/MIGRATE PERSON im Dialogfeld PERSON REGISTRIEREN/REGISTER PERSON zugegriffen wird. Nach ihrer Migration können Sie ihre Einstellungen ändern.

Sie können die folgenden Benutzertypen nach Notes übernehmen:

► Microsoft Exchange

► LDIF (aus einem LDAP-Verzeichnis)

► LDAP

► Microsoft Windows Active Directory

10.9.2 Allgemeine Benutzerregistrierung

Die allgemeine Benutzerregistrierung bietet Ihnen ein schnelles und problemloses Werkzeug, um Benutzern allgemeine Einstellungen zuzuweisen, z.B. einen Namen und ein Kennwort, und um bereits vorhandenen Gruppen Benutzer hinzuzufügen. Hierzu werden bei der allgemeinen Registrierung für alle anderen Benutzereinstellungen Vorgabewerte verwendet.

Wenn Sie Benutzern erweiterte und/oder besondere Einstellungen zuweisen möchten, z.B. alternative Namen vergeben oder sie Windows-Gruppen hinzufügen möchten, führen Sie die erweiterte Benutzerregistrierung durch und wählen die Option ERWEITERT/ ADVANCED (siehe *Kapitel 10.9.3, Erweiterte Benutzerregistrierung*).

> Sie können die Benutzereinstellungen jederzeit ändern, wenn Sie den Benutzer der Registrierwarteschlange eingetragen haben, indem Sie ihn in dieser Warteschlange auswählen und dann Ihre Änderungen vornehmen. Sie können auch bestimmte Einstellungen für mehrere Benutzer gleichzeitig ändern, indem Sie die Benutzer in der Registrierwarteschlange auswählen und Ihre Änderungen vornehmen.

Benutzernamen können Groß- und Kleinbuchstaben (A – Z), Zahlen (0 – 9), Ampersand-Zeichen (&), Bindestriche (-), Punkte (.), Leerzeichen ( ) und Unterstriche (_) enthalten.

So verwenden Sie die allgemeine Registrierung (siehe *Abbildung 10.54*):

1. Stellen Sie sicher, dass folgende Zugriffe gewährt sind, bevor Sie mit der Registrierung beginnen:
   - Zugriff auf die Zertifizierer-ID und das zugehörige Kennwort, falls Sie nicht mit dem CA-Prozess arbeiten möchten
   - Zugriff auf das Domino-Verzeichnis von Ihrem Arbeitsrechner aus
   - Editorzugriff oder Autorzugriff mit dem Recht, Dokumente zu erstellen, und die Rolle USERCREATOR im Domino-Verzeichnis auf dem Registrierungsserver

- Zugriff zum Erstellen neuer Datenbanken auf dem Mail-Server, um während der Registrierung Mail-Dateien von Benutzern zu erstellen
- Zugriff auf das Zertifizierungsprotokoll (*certlog.nsf*) auf dem Registrierungsserver

2. Klicken Sie im Domino Administrator auf das Register PERSONEN UND GRUPPEN/PEOPLE & GROUPS.

3. Wählen Sie im Serverfenster den Server aus, auf dem Sie arbeiten möchten.

4. Klicken Sie auf DOMINO-VERZEICHNISSE/DOMINO DIRECTORIES und anschließend auf PERSONEN/PEOPLE.

5. Klicken Sie im Werkzeugfenster auf PERSONEN/PEOPLE > REGISTRIEREN/REGISTRATE.

6. Geben Sie das Kennwort für die Zertifizierer-ID ein und klicken Sie auf OK. Klicken Sie auf ABBRECHEN/CANCEL, wenn Sie die Zertifizierer-ID wechseln möchten.

Während der Registrierung können Sie angeben, ob Sie Anwender über den CA-Prozess oder über den Zugriff auf die Zertifizierer-ID in Verbindung mit dem Passwort registrieren möchten.

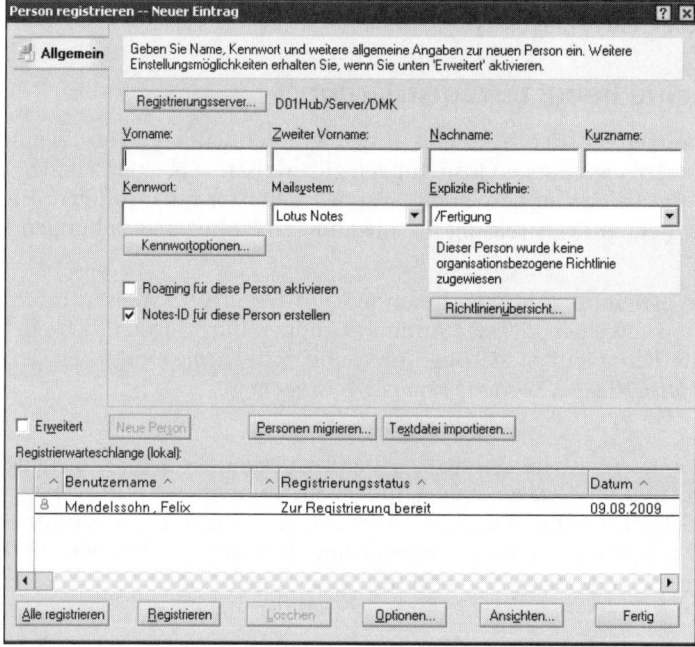

Abbildung 10.54: Allgemeine Optionen zur Benutzerregistrierung

7. Um den Registrierungsserver zu ändern (den Server, auf dem anfänglich das Personendokument bis zur Replizierung des Domino-Verzeichnisses gespeichert ist), klicken Sie auf REGISTRIERUNGSSERVER/REGISTRATION SERVER, wählen den Server aus, der alle neuen Benutzer registriert, und klicken auf OK. Wenn Sie in den VORGABEN FÜR ADMINISTRATION/ADMINISTRATION PREFERENCES keinen Registrierungsserver angegeben haben, ist dieser Server vorgegeben:

- der lokale Server, wenn sich darauf ein Domino-Verzeichnis befindet
- der in der *notes.ini*-Datei in der Einstellung NewUserServer angegebene Server
- der Administrationsserver

8. Geben Sie einen Vornamen, das Initial des zweiten Vornamens (falls erforderlich) und den Nachnamen ein. Der Kurzname des Benutzers und die Internetadresse werden automatisch generiert. Um den Kurznamen bzw. die Internetadresse zu ändern, klicken Sie auf die entsprechende Stelle und geben den neuen Text ein.

9. Geben Sie das Kennwort für die Benutzer-ID ein und klicken Sie auf OK. Die für dieses Kennwort verwendeten Kriterien richten sich nach der unter KENNWORT-QUALITÄT/PASSWORD QUALITY SCALE in den PASSWORTOPTIONEN/PASSWORD OPTIONS ausgewählten Ebene. Der Vorgabewert ist 8.

10. (Optional) Sie können dem Benutzer eine explizite Richtlinie zuweisen.

11. (Optional) Klicken Sie auf den Button POLICY SYNOPSIS/RICHTLINIENÜBERSICHT, um einen Überblick über die effektiven Richtlinien des Anwenders zu erhalten.

12. (Optional) Sie können den Benutzer als Roaming-Anwender einrichten, indem Sie die Checkbox ROAMING FÜR DIESE PERSON AKTIVIEREN/ENABLE ROAMING FOR THIS PERSON aktivieren.

13. Klicken Sie auf das grüne Häkchen. Der Benutzername wird in der Ansicht REGISTRIE-RUNGSSTATUS/REGISTRATION QUEUE (die Registrierwarteschlange) angezeigt.

14. Klicken Sie auf REGISTRIEREN/REGISTER und dann auf OK.

10.9.3 Erweiterte Benutzerregistrierung

In der erweiterten Registrierung finden Sie alle Einstellungen der allgemeinen Registrierung, Sie können aber darüber hinaus die Standardeinstellungen ändern und für die Benutzer erweiterte Einstellungen festlegen.

Sie können die Benutzereinstellungen jederzeit ändern, wenn Sie den Benutzer der Registrierwarteschlange hinzugefügt haben, indem Sie diesen in der Warteschlange auswählen und dann Ihre Änderungen vornehmen. Sie können auch bestimmte Einstellungen für mehrere Benutzer gleichzeitig ändern, indem Sie die Benutzer in der Registrierwarteschlange auswählen und Ihre Änderungen vornehmen.

So verwenden Sie die erweiterte Registrierung:

1. Stellen Sie sicher, dass folgende Zugriffe gewährt sind, bevor Sie mit der Registrierung beginnen:
   - Zugriff auf die Zertifizierer-ID und das zugehörige Kennwort, falls Sie nicht mit dem CA-Prozess arbeiten möchten
   - Zugriff auf das Domino-Verzeichnis von Ihrem Arbeitsrechner aus
   - Editorzugriff oder Autorzugriff mit dem Recht, Dokumente zu erstellen, und die Rolle USERCREATOR im Domino-Verzeichnis auf dem Registrierungsserver
   - Zugriff zum Erstellen neuer Datenbanken auf dem Mail-Server, um während der Registrierung Mail-Dateien von Benutzern zu erstellen
   - Zugriff auf das Zertifizierungsprotokoll (*certlog.nsf*) auf dem Registrierungsserver

2. Klicken Sie im Domino Administrator auf das Register PERSONEN UND GRUPPEN/
   PEOPLE & GROUPS.

3. Wählen Sie im Serverfenster den Server aus, auf dem Sie arbeiten möchten.

4. Klicken Sie auf DOMINO-VERZEICHNISSE/DOMINO DIRECTORIES und anschließend auf
   PERSONEN/PEOPLE.

5. Klicken Sie im Werkzeugfenster auf PERSONEN/PEOPLE > REGISTRIEREN/REGISTRATE.

6. Geben Sie das Kennwort für die Zertifizierer-ID ein und klicken Sie auf OK. Klicken
   Sie auf ABBRECHEN/CANCEL, wenn Sie die Zertifizierer-ID wechseln möchten.

   Während der Registrierung können Sie angeben, ob Sie Anwender über den CA-Prozess oder über den Zugriff auf die Zertifizierer-ID in Verbindung mit dem Passwort
   registrieren möchten.

   Eine Meldung wird angezeigt, falls Sie keine Wiederherstellungsinformationen für
   diese Zertifizierer-ID hinterlegt haben: DIE AKTUELLE ZERTIFIZIERER-ID ENTHÄLT KEINE
   WIEDERHERSTELLUNGSINFORMATIONEN. ID/KENNWORT VON DAMIT ERSTELLTEN IDS KÖN-
   NEN NICHT WIEDERHERGESTELLT WERDEN. 'ESCROWAGENT' WIRD ZUR WIEDERHERSTELLUNG
   NICHT MEHR UNTERSTÜTZT. DIESE WARNUNG WEITERHIN ANZEIGEN? Sie können angeben,
   ob die Meldung weiterhin angezeigt werden soll, indem Sie entweder auf JA/YES oder
   auf NEIN/NO klicken.

7. Klicken Sie auf ERWEITERT/ADVANCED.

8. Geben Sie im Register ALLGEMEIN/BASICS Werte in die folgenden Felder ein:

Feld	Eingabe
REGISTRIERUNGSSERVER/ REGISTRATION SERVER	Um den Registrierungsserver zu ändern (den Server, auf dem anfänglich das Personendokument bis zur Replizierung des Domino-Verzeichnisses gespeichert ist), klicken Sie auf REGISTRIE-RUNGSSERVER/REGISTRATION SERVER, wählen den richtigen Server aus und klicken auf OK. Wenn Sie in den Vorgaben für die Administration keinen Registrierungsserver angegeben haben, ist dieser Server vorgegeben: ▶ der lokale Server, wenn sich darauf ein Domino-Verzeichnis befindet ▶ der in der *notes.ini*-Datei in der Einstellung NewUserServer angegebene Server ▶ der Administrationsserver
VORNAME, INITIAL, NACHNAME/ FIRST NAME, MIDDLE NAME, LAST NAME	Der Vorname, Nachname und das Initial des zweiten Vornamens, falls erforderlich. Der Kurzname des Benutzers und die Internet-adresse werden automatisch generiert. Um den Kurznamen bzw. die Internetadresse zu ändern, klicken Sie auf die entsprechende Stelle und geben den neuen Text ein.
KURZNAME/ SHORT NAME	Der Kurzname wird automatisch aus den vorhergehenden Angaben erstellt. Sie können diesen anpassen.
KENNWORT/ PASSWORD	Ein Kennwort für die Benutzer-ID.

Feld	Eingabe
KENNWORTOPTIONEN/ PASSWORD OPTIONS	Geben Sie einen Grad für das Kennwort im Feld KENNWORT-QUALITÄT/PASSWORD QUALITY SCALE an. Wenn Sie keinen Wert auswählen, wird der Wert 8 vorgegeben. Wählen Sie die Weite des Schlüsselpassworts (Passwortverschlüsselungsstärke). Der Schlüssel, der den Notes-Schlüssel aus der User-ID schützt, leitet sich aus dem Kennwort ab. Je stärker die Verschlüsselungsstärke des Passworts, desto stärker ist der Schlüssel, der den Notes-Schlüssel schützt.
	▶ BASISSTÄRKE AUF RSA-SCHLÜSSELGRÖSSE/BASE STRENGHTH ON RSA KEY SIZE: Die Verschlüsselungsstärke wird durch den RSA-Schlüssel aus der ID-Datei festgelegt. Wenn die RSA-Schlüsselstärke weniger als 1024 Bit beträgt, wird die Passwortstärke mit 64 Bit angegeben. Wenn die RSA-Schlüsselstärke 1024 Bit oder mehr lautet, beträgt die Passwortverschlüsselungsstärke 128 Bit bzw. 256 Bit AES.
	▶ KOMPATIBEL MIT ALLEN VERSIONEN (64 BIT RC2)/COMPATIBLE WITH ALL RELEASES (64 BIT RC2)
	▶ KOMPATIBEL MIT 6.0 UND SPÄTER (128 BIT RC2)/COMPATIBLE WITH 6.0 AND LATER (128 BIT RC2)
	▶ KOMPATIBEL MIT 8.0 UND HÖHER (128 BIT AES)/COMPATIBLE WITH 8.0 AND LATER (128 BIT AES)
	▶ KOMPATIBEL MIT 8.0 UND HÖHER (256 BIT AES)/COMPATIBLE WITH 8.0 AND LATER (256 BIT AES)
	Aktivieren Sie die Checkbox INTERNET-KENNWORT FESTLEGEN/SET INTERNET PASSWORD, um Internet-Anwendern Zugriff über Namen und Passwort auf einen Domino Server zu geben und ein Internet-Passwort im Personendokument zu setzen. Das Feld wird automatisch ausgewählt, wenn Sie als Mail-System OTHER INTERNET, POP, INOTES oder IMAP angeben.
	Aktivieren Sie die Checkbox INTERNET-KENNWORT MIT NOTES-ID-KENNWORT SYNCHRONISIEREN/SYNCH INTERNET PASSWORD WITH NOTES ID PASSWORD, um das Internet-Passwort im Personendokument mit dem Notes-Kennwort gleichzusetzen.
MAIL-SYSTEM	Wählen Sie das passende Mail-System für den Anwender, ggf. abweichend von der Vorgabe LOTUS NOTES, aus. Sie können ein internetbasiertes System oder DOMINO WEB ACCESS angeben.
EXPLIZITE RICHTLINIE/ EXPLICIT POLICY	Sie können dem Benutzer eine explizite Richtlinie zuweisen.
RICHTLINIENÜBERSICHT/ POLICY SYNOPSIS	Klicken Sie auf den Button RICHTLINIENÜBERSICHT/POLICY SYNOPSIS, um einen Überblick über die effektiven Richtlinien des Anwenders zu erhalten.

Feld	Eingabe
ROAMING FÜR DIESE PERSON AKTIVIEREN/ ENABLING ROAMING FOR THIS PERSON	Sie können den Benutzer als Roaming-Anwender einrichten, indem Sie die Checkbox ROAMING FÜR DIESE PERSON AKTIVIEREN/ ENABLE ROAMING FOR THIS PERSON aktivieren.
NOTES-ID FÜR DIESE PERSON ERSTELLEN/ CREATE A NOTES ID FOR THIS PERSON	Aktivieren Sie diese Option, um während des Registrierungsprozesses eine Notes-ID für den Anwender zu erstellen.

9. Klicken Sie auf das Register MAIL und geben Sie in die folgenden Felder Werte ein (siehe *Abbildung 10.55*). Domino verwendet für alle Felder, die Sie nicht ändern, Vorgabewerte (falls vorhanden).

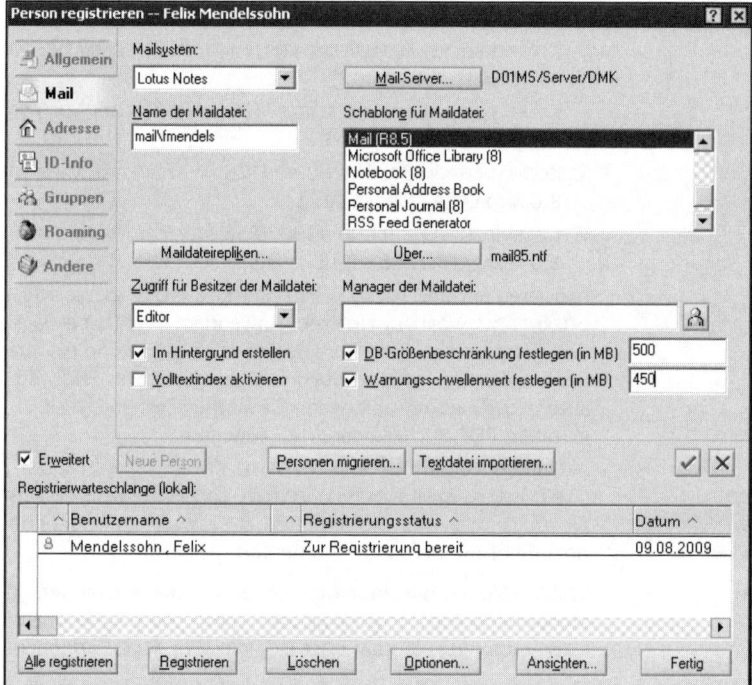

Abbildung 10.55: Erweiterte Registrierungsoptionen

Feld	Eingabe
MAIL-SERVER/ MAIL SERVER	Der Mail-Server des Benutzers. Wenn Sie in den Vorgaben für die Administration keinen Mail-Server definiert haben, ist dieser Server (standardmäßig) der lokale Server, wenn sich darauf ein Domino-Verzeichnis bzw. der Administrationsserver befindet.
SCHABLONE FÜR MAIL-DATEI/ MAIL FILE TEMPLATE	Eine Mailschablone aus der Liste verfügbarer Mailschablonen. Wählen Sie zur Beschreibung der Schablone die Schablone aus und klicken Sie auf ÜBER. Die Vorgabe lautet *mail8.ntf* oder *mail85.ntf*.

Feld	Eingabe
MAIL-SYSTEM/ MAIL SYSTEM	Wählen Sie einen der vorhandenen Mail-Typen aus und geben Sie Werte in die dazugehörigen erforderlichen Felder ein:
	▷ LOTUS NOTES (VORGABE)
	▷ POP
	▷ IMAP
	▷ ANDERE INTERNET-MAIL/OTHER INTERNET
	▷ DOMINO WEB ACCESS
	▷ ANDERE/OTHER
	▷ KEINER/NONE
	Wenn Sie LOTUS NOTES, POP oder IMAP auswählen, wird die Internetadresse automatisch generiert.
	Wenn Sie ANDERE INTERNET-MAIL, POP oder IMAP auswählen, wird das Internet-Kennwort standardmäßig festgelegt.
	Wenn Sie DOMINO WEB ACCESS auswählen, können Sie andere Anwenderregistrierungsmöglichkeiten auswählen, wenn Sie danach gefragt werden.
	Wenn Sie ANDERE oder ANDERE INTERNET-MAIL auswählen, müssen Sie eine Weiterleitungsadresse eingeben. Bei dieser Adresse handelt es sich um die aktuelle Adresse des Benutzers, an die die Mail des Benutzers gesendet werden soll. Wenn ein Benutzer beispielsweise an einem anderen Standort arbeitet und/oder ein anderes Mail-System verwendet, kann der Benutzer die Mail an diese neue Adresse weiterleiten lassen.
NAME DER MAIL-DATEI/ MAIL FILE NAME	Der Name der Mail-Datei. Pfad und Dateiname lauten standardmäßig *mail\\<AnfangsbuchstabeVorname><Erste7ZeichenNachname>.nsf (nebel.nsf)*.
DATEI JETZT ERSTELLEN/ IM HINTERGRUND ERSTELLEN bzw. CREATE FILE NOW/CREATE FILE IN BACKGROUND	Wählen Sie einen der folgenden Werte aus:
	▷ DATEI JETZT ERSTELLEN/CREATE FILE NOW (Vorgabe)
	▷ IM HINTERGRUND ERSTELLEN/CREATE FILE IN BACKGROUND
	Wenn Sie Mail-Dateien im Hintergrund erstellen, erstellt der Administrationsprozess die Dateien, sodass Sie Zeit sparen. Wenn Sie Benutzer migrieren, für die Mail-Dateien konvertiert werden müssen, wird dieses Feld automatisch auf DATEI JETZT ERSTELLEN/CREATE FILE NOW gesetzt.
MAIL-DATEIREPLIKEN/ MAIL FILE REPLICAS	Klicken Sie hier, um über ein weiteres Dialogfenster die Server auszuwählen, mit denen die Mail-Datei repliziert werden soll. Diese Option betrifft nur geclusterte Server.
ZUGRIFF FÜR BESITZER DER MAIL-DATEI/ MAIL FILE OWNER ACCESS	Die Zugriffsebene in der Zugriffskontrollliste, die dem Benutzer für die Mail-Datenbank zugewiesen wird. Die Vorgabe lautet EDITOR. Dieser Zugriff anstelle von Manager-Zugriff kann verwendet werden, um Mail-Benutzer und/oder Besitzer daran zu hindern, ihre eigene Mail-Datei zu löschen. Wenn der Mail-Besitzer über Entwickler- oder Editorzugriff verfügt, wird die aktuell verwendete Administrator-ID als Manager zur ACL der Mail-Datei hinzugefügt.

Feld	Eingabe
DB-GRÖSSEN-BESCHRÄNKUNG/ SET DATABASE QUOTA	Klicken Sie hier und geben Sie anschließend eine Größen-beschränkung (maximal 9999 Megabyte) für die Mail-Daten-bank eines Benutzers an.
WARNUNGS-SCHWELLENWERT/ SET WARNING THRESHOLD	Klicken Sie hier, um eine Warnmeldung auszugeben, wenn die Mail-Datenbank des Benutzers eine bestimmte Größe erreicht. Geben Sie dann die Größe (maximal 9999 Megabyte) an, ab der eine Warnmeldung generiert wird.
VOLLTEXTINDEX ERSTELLEN/ CREATE FULL TEXT INDEX	Klicken Sie hier, um einen Volltextindex der Mail-Datenbank zu erstellen.

10. Klicken Sie auf das Fenster ADRESSE/ADDRESS und geben Sie in die folgenden Felder Werte ein. Domino verwendet für alle Felder, die Sie nicht ändern, Vorgabewerte (falls vorhanden).

Feld	Eingabe
INTERNETADRESSE/ INTERNET ADDRESS	Die Internet-E-Mail-Adresse des Anwenders.
INTERNET-DOMÄNE/ INTERNET DOMAIN	Angabe der Domäne, die in der Internetadresse verwendet wird.
NAMENFORMAT/ ADDRESS NAME FORMAT	Das Format der Internetadresse. Das Standardformat lautet *VornameNachname@Internet-Domäne* ohne Trennzeichen, z.B. *IrisRuhnke@dmk-online.de*.
TRENNZEICHEN/ SEPARATOR	Das Trennzeichen zwischen Namen und Initial in der Internet-adresse.

11. Klicken Sie auf das Fenster ID-INFO und geben Sie in die folgenden Felder Werte ein (siehe *Abbildung 10.56*). Domino verwendet für alle Felder, die Sie nicht ändern, Vorgabewerte (falls vorhanden).

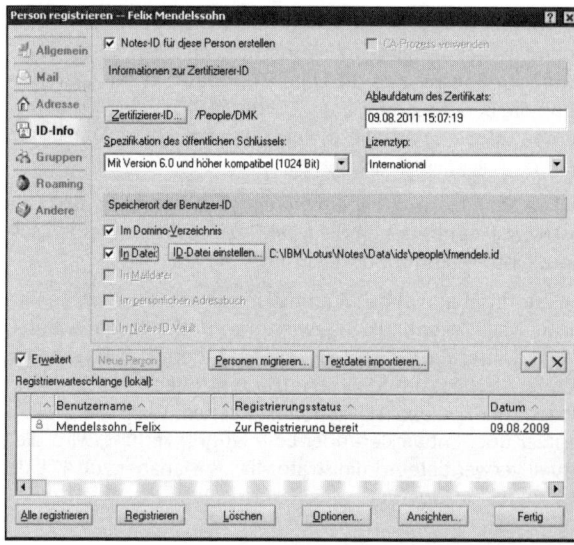

*Abbildung 10.56:
Erweiterte Optionen –
Bereich ID-INFO*

Feld	Eingabe
NOTES-ID FÜR DIESE PERSON ERSTELLEN/ CREATE A NOTES ID FOR THIS PERSON	Aktivieren Sie diese Option, um während des Registrierungsprozesses eine Notes-ID für den Anwender zu erstellen.
NAMENSLISTE DER ZERTIFIZIERER/ CERTIFIER NAME LIST	Wählen Sie eine Zertifizierer-ID aus, die benutzt werden soll, um neue Anwendernamen während der Registrierung anzulegen, ohne dass gleichzeitig eine neue Notes-ID erzeugt werden soll. Dieses Feld erscheint nur dann, wenn die Checkbox NOTES-ID FÜR DIESE PERSON ERSTELLEN/CREATE A NOTES ID FOR THIS PERSON nicht ausgewählt wurde.
	Wenn Sie in einer gehosteten Umgebung arbeiten und Anwender bezüglich einer gehosteten Organisation registrieren, sollten Sie darauf achten, dass die Anwender über einen Zertifizierer zugelassen werden, der für diese gehostete Organisation erstellt wurde.
CA-PROZESS VERWENDEN/ USE CA PROCESS	Aktivieren Sie diese Option, wenn Sie den CA-Prozess verwenden möchten.
ZERTIFIZIERER-ID/ CERTIFIER ID	Klicken Sie auf ZERTIFIZIERER-ID, wählen Sie die neue ID aus, geben Sie das Kennwort ein und klicken Sie anschließend auf OK.
Lizenztyp/ SECURITY TYPE	Klicken Sie auf SICHERHEIT und wählen Sie entweder NORDAMERIKA oder INTERNATIONAL aus.
ABLAUFDATUM DES ZERTIFIKATS/ CERTIFICATION EXPIRATION DATE	Das Ablaufdatum der Benutzer-ID im Format *tt.mm.jj*. Die Vorgabe ist zwei Jahre nach dem aktuellen Datum.
SPEICHERORT DER BENUTZER-ID/ LOCATION FOR STORING USER ID	Wählen Sie einen der folgenden Werte aus:
	▷ IN DOMINO DIRECTORY: Um die ID im entsprechenden Personendokument im Domino Directory abzulegen.
	▷ IN FILE: Klicken Sie dann auf VERZEICHNIS FÜR ID-DATEI FESTLEGEN/SET ID FILE, um den Pfad zur Ablage der ID anzugeben (vorgegebener Speicherort: *<Data-Verzeichnis>\ids\people\benutzer.id*).
	▷ IN PERSONAL ADRESSBOOK kann nur aktiviert werden, wenn der Benutzer bei der Registrierung bereits als Roaming-User klassifiziert wird.
	▷ IN NOTES ID-VAULT ist automatisch aktiviert, wenn über die Policy eine ID-Vault zugewiesen wird.
SPEZIFIZIKATION DES ÖFFENTLICHEN SCHLÜSSELS/ PUBLIC KEY SPECIFICATION	Die Spezifikation des öffentlichen Schlüssels beeinflusst, wann ein Schlüsselaustausch ausgelöst wird. Beim Schlüsselaustausch werden die öffentlichen und privaten Notes-Schlüssel aktualisiert, die in Benutzer- und Server-ID-Dateien gespeichert sind. Wählen Sie einen der folgenden Werte aus:
	▷ MIT ALLEN VERSIONEN KOMPATIBEL/COMPATIBLE WITH ALL RELEASES (630 BIT)
	▷ MIT VERSION 6.0 UND HÖHER KOMPATIBEL/ COMPATIBLE WITH 6.0 AND LATER (1024 BIT)
	▷ MIT VERSION 7.0 UND HÖHER KOMPATIBEL/ COMPATIBLE WITH 7.0 AND LATER (2048 BIT)
	Weitere Informationen zur Bedeutung der Spezifikation des öffentlichen Schlüssels und zum Schlüsselaustausch finden Sie in *Kapitel 5.4.3, Zertifizierungsstellen-Schlüsselaustausch/Certifier key Rollover*.

12. Falls notwendig, fügen Sie den Benutzer einer bereits vorhandenen Gruppe hinzu:
    - Markieren Sie den oder die Benutzer und klicken Sie in das Fenster GRUPPE/ GROUPS.
    - Wählen Sie die entsprechende(n) Gruppe(n) aus und klicken Sie auf HINZUFÜGEN/ADD.

13. Klicken Sie auf das Fenster ROAMING und geben Sie in die entsprechenden Felder Werte ein. Diese Registerkarte können Sie nur mit den entsprechenden Angaben füllen, wenn Sie unter der Registerkarte mit den allgemeinen Angaben die Option ROAMING FÜR DIESE PERSON AKTIVIEREN/ENABLING ROAMING FOR THIS PERSON aktiviert haben.

14. Geben Sie die entsprechenden Einstellungen für den Anwender an. Tiefer gehende Informationen haben Sie bereits in *Kapitel 10.1, Roaming,* und in Bezug auf die Registrierungseinstellungen in *Kapitel 10.2, Richtlinien für Benutzer,* erhalten.

15. Klicken Sie auf das Fenster ANDERE/OTHER und geben Sie in die folgenden Felder Werte ein. Domino verwendet für alle Felder, die Sie nicht ändern, Vorgabewerte (falls vorhanden).

Feld	Eingabe
KONFIGURATIONSPROFIL/ SETUP PROFILE	Der Name eines zuzuweisenden Benutzer-Konfigurationsprofils.
EINDEUTIGE UNTERORG./ UNIQUE ORG UNIT	Ein Wort, das zwei Benutzer mit demselben Namen und derselben Zertifizierer-ID voneinander unterscheidet.
STANDORT/ LOCATION	Die Abteilung bzw. der geografische Standort des Benutzers.
LOKALER ADMINISTRATOR/ LOCAL ADMINISTRATOR	Der Name eines Benutzers, der Autorzugriff auf das Domino-Verzeichnis, aber nicht die Rolle USERMODIFIER hat. Mit dieser Einstellung kann der lokale Administrator Personendokumente bearbeiten.
KOMMENTAR/ COMMENT	Einen Kommentar über den Benutzer. So können Sie z.B. festhalten, ob sich der Name oder die Abteilung eines Benutzers geändert hat.
SPRACHE DES ALTERN. NAMENS/ ALTERNATE NAME LANGUAGE	Die Auswahl der Sprache des alternativen Namens. Die Zertifizierer-ID, die zur Registrierung dieses Benutzers verwendet wird, muss die Sprache des alternativen Namens enthalten, damit sie hier angezeigt wird.
ALTERNATIVER NAME/ ALTERNATE NAME	Der alternative Name des Benutzers. Die Zertifizierer-ID, die zur Registrierung dieses Benutzers verwendet wird, muss die Sprache des alternativen Namens enthalten, damit sie hier angezeigt wird.
ALTERNATIVE UNTERORG./ ALTERNATE ORG UNIT	Ein Wort, das zwei Benutzer mit demselben Namen und derselben Zertifizierer-ID voneinander unterscheidet. Die Zertifizierer-ID, die zur Registrierung dieses Benutzers verwendet wird, muss die Sprache des alternativen Namens enthalten, damit sie hier angezeigt wird.

Feld	Eingabe
BEVORZUGTE SPRACHE/ PREFERRED LANGUAGE	Bevorzugte Sprache des Anwenders.
OPTIONEN FÜR WINDOWS- BENUTZER/ WINDOWS USER OPTIONS	Der Name des Windows NT-Benutzerkontos für den Benutzer. Der Name der Windows NT-Gruppe, der Benutzer hinzugefügt werden sollen.

16. Klicken Sie auf das grüne Häkchen. Der Benutzername wird in der Ansicht REGISTRIE-RUNGSSTATUS/REGISTRATION QUEUE (die Registrierwarteschlange) angezeigt.

17. Klicken Sie auf REGISTRIEREN/REGISTER und dann auf OK.

10.9.4 Benutzerregistrierung mittels Textdateien

Wenn Sie Benutzer mithilfe einer Textdatei registrieren, können Sie das Dialogfeld PERSON REGISTRIEREN/REGISTER PERSON verwenden, das für jeden Benutzer einen Eintrag in der Registrierwarteschlange erstellt und in dem Sie die Benutzereinstellungen individuell ändern können. Wenn Sie die Textdatei der *notes.ini*-Datei so hinzufügen möchten, dass Notes Sie nicht zum Suchen der Datei auffordert, geben Sie in die *notes.ini*-Datei `BatchReg-File=Dateiname` ein.

Sie können für die Textdatei auch ein Trennzeichen festlegen, indem Sie der *notes.ini*-Datei den Eintrag `BatchRegSeparator=Zeichen` hinzufügen. Das Trennzeichen darf kein Zeichen sein, das in einem der Benutzer-Parametereinstellungen in der Textdatei verwendet wird. Wenn Sie keinen `BatchRegSeparator` angeben, wird ein Semikolon (;) als Trennzeichen verwendet.

Bevor Sie das Menü für den Import und die Registrierung von Benutzern verwenden, können Sie die Einstellungen für eine Gruppe zu registrierender Nutzer ändern. Notes wendet diese Einstellungen auf alle Benutzer in der Gruppe an. Um eine Textdatei einzurichten, erstellen Sie für jeden Benutzer eine Zeile in der Textdatei. Geben Sie die Parameter für die einzelnen Benutzer genau in der Reihenfolge der nachfolgenden Tabelle ein. Verwenden Sie ein Semikolon, um Parameter voneinander zu trennen, und ein Semikolon, das den Platz eines Parameters einnimmt, den Sie nicht angeben möchten. Zum Beispiel gibt diese Zeile der Textdatei nur einen Nachnamen und ein Kennwort an:

```
Meyer;;;;Kennwort1
```

Diese Zeile der Textdatei gibt den vollständigen Namen, den Home-Server und die Benutzerkonfigurationsprofile an:

```
Meyer;Dieter;;;Kennwort1;;;Marketing/DMK;;;;;;Marketingprofil
```

Beachten Sie, dass nur die Parameter für den Nachnamen und das Kennwort erforderlich sind.

Parameter	Eingabe
NACHNAME/ LAST NAME	Der Nachname des Benutzers. Dieser Parameter muss gesetzt werden.
VORNAME/ FIRST NAME	Der Vorname des Benutzers.

Parameter	Eingabe
INITIAL DES ZWEITEN VORNAMENS/ MIDDLE INITIAL	Das Initial des zweiten Vornamens des Benutzers.
UNTERORGANISATION/ ORGANIZATIONAL UNIT	Ein Name für eine andere Ebene, die dem hierarchischen Namen hinzugefügt werden soll. Ein Wort, das zwei Benutzer mit demselben Namen und demselben Zertifizierer voneinander unterscheidet.
KENNWORT/ PASSWORD	Ein Kennwort für den Benutzer. Dieser Parameter muss gesetzt werden.
VERZEICHNIS DER ID-DATEI/ ID FILE DIRECTORY	Das Verzeichnis, in dem Sie die Benutzer-ID speichern möchten. Sie können die ID zusätzlich oder anstatt eines Anhangs im Domino-Verzeichnis in diesem Verzeichnis speichern. Sie müssen dieses Verzeichnis vor der Registrierung anlegen. Damit dieser Parameter wirksam wird, müssen Sie die Option IM VERZEICHNIS auswählen, um die Benutzer-ID zu speichern. Dieser Parameter hat Vorrang vor dem vorgegebenen ID-Verzeichnis, das im Registrierungsdialogfeld angezeigt wird.
ID-DATEINAME/ ID FILE NAME	Der Name, den Sie der ID-Datei zuweisen möchten. Dieses Feld ist nur relevant, wenn Sie eine ID in einem ID-Dateiverzeichnis speichern. Wenn Sie keinen Namen für die Benutzer-ID-Datei angeben, basiert der Name der ID auf dem Namen der jeweiligen Person.
NAME DES MAIL-SERVERS/ MAIL SERVER NAME	De Name des Mail-Servers des Benutzers. Durch diesen Parameter wird der Wert, der während der Registrierung ausgewählt wurde, überschrieben.
VERZEICHNIS DER MAIL-DATEI/ MAIL FILE DIRECTORY	Das Verzeichnis der Mail-Datei für den Benutzer auf dem angegebenem Mail-Server.
NAME DER MAIL-DATEI/ MAIL FILE NAME	Der Name der Mail-Datei für den Benutzer. Wenn Sie diesen Parameter nicht verwenden, basiert der Name auf dem Namen der jeweiligen Person, sofern diese Notes Mail einsetzt.
STANDORT/ LOCATION	Eine Beschreibung der Standortinformationen, die dem Personendokument des Benutzers hinzugefügt wurden. Wenn zwei Mail-Adressaten denselben Namen haben, zeigt Notes die Standortinformationen an, um das Auffinden des gewünschten Adressaten zu unterstützen.
KOMMENTAR/ COMMENT	Ein eindeutiger Kommentar, der dem Personendokument des Benutzers hinzugefügt wird.
WEITERLEITUNGSADRESSE/ FORWARDING ADDRESS	Der gesamte Pfad für den Benutzer, z.B. *info@dmk-online.de*. Statt die Weiterleitungsadresse in der Textdatei anzugeben, können Sie auch das Feld WEITERLEITUNGSADRESSE im Personendokument des Benutzers bearbeiten. Dieser Parameter ist für Mail-Benutzer des Typs ANDERE und ANDERE INTERNET-MAIL erforderlich.

Parameter	Eingabe
PROFILNAME/ PROFILE	Der Name des Benutzer-Konfigurationsprofils.
LOKALER ADMINISTRATOR/ LOCAL ADMINISTRATOR	Der Name eines Benutzers, der Autorzugriff auf das Domino-Verzeichnis hat. Diese Person kann das Personendokument des Benutzers ändern.
INTERNETADRESSE/ INTERNET ADDRESS	Die Internetadresse des Benutzers. Dieser Parameter ist für Lotus Notes Mail, POP3- und IMAP-Mail erforderlich.
KURZNAME/ SHORT NAME	Dieser Name wird standardmäßig eingegeben. Ein Kurzname wird verwendet, um eine Internet-Antwortadresse zu erstellen, wenn die Internetadresse nicht eingegeben wird.
ALTERNATIVER NAME/ ALTERNATE NAME	Der alternative Name des Benutzers. Beachten Sie, dass die Zertifizierer-ID, die zur Registrierung dieses Benutzers verwendet wird, die Sprache des alternativen Namens enthalten muss.
ALTERNATIVE UNTER-ORGANISATION/ ALTERNATE ORG UNIT	Ein Wort, das zwei Benutzer mit demselben Namen und derselben Zertifizierer-ID voneinander unterscheidet. Beachten Sie, dass die Zertifizierer-ID, die zur Registrierung dieses Benutzers verwendet wird, die Sprache des alternativen Namens enthalten muss.
NAME DER MAILSCHABLONE/ MAIL TEMPLATE FILE	Der Dateiname der Mailschablone, die Sie verwenden möchten.

Notes verwendet die in den VORGABEN FÜR ADMINISTRATION/ADMINISTRATION PREFERENCES angegebene Zertifizierer-ID. Ist dort keine angegeben, wird die in der *notes.ini*-Datei in der Einstellung `CertifierIDFile` angegebene ID verwendet.

1. Stellen Sie sicher, dass folgende Zugriffe gewährt sind, bevor Sie mit der Registrierung beginnen:
   - Zugriff auf die Zertifizierer-ID und das zugehörige Kennwort, wenn Sie nicht mit dem CA-Prozess arbeiten möchten
   - Editorzugriff oder die Rolle USERCREATOR im Domino-Verzeichnis auf dem Registrierungsserver
   - Zugriff zum Erstellen neuer Datenbanken auf dem Mail-Server, um während der Registrierung Mail-Dateien zu erstellen

2. Erstellen Sie mit einem Texteditor eine Textdatei, die Angaben zur ID der einzelnen Benutzer enthält.

3. Klicken Sie im Domino Administrator auf das Register PERSONEN UND GRUPPEN/ PEOPLE & GROUPS.

4. Wählen Sie im Serverfenster den Server aus, auf dem Sie arbeiten möchten.

5. Klicken Sie auf das Domino-Verzeichnis und anschließend auf PERSONEN/PEOPLE.

6. Führen Sie Schritt 7 oder 8 aus, je nachdem, wie Sie Benutzer importieren oder registrieren möchten.

7. So registrieren Sie Benutzer und legen individuelle Einstellungen fest:

    1. Klicken Sie im Werkzeugfenster auf PERSONEN/PEOPLE > REGISTRIEREN/REGISTER.

    2. Geben Sie das Kennwort der Zertifizierer-ID ein und klicken Sie auf OK. Klicken Sie auf ABBRECHEN/CANCEL, wenn Sie die Zertifizierer-ID wechseln möchten.

    3. Klicken Sie auf TEXTDATEI IMPORTIEREN/IMPORT TEXT FILE, wählen Sie die Textdatei aus und klicken Sie auf ÖFFNEN/OPEN.

    4. Um die Benutzereinstellungen zu ändern, wählen Sie in der Registrierwarteschlange einen Benutzer aus und nehmen die gewünschten Änderungen vor.

    5. Klicken Sie auf REGISTRIEREN/REGISTER, um den markierten Benutzer zu registrieren, oder wählen Sie mehrere Benutzer in der Registrierwarteschlange aus und klicken Sie auf ALLE REGISTRIEREN/REGISTER ALL.

8. So registrieren Sie Benutzer und wenden die Einstellungen auf alle Benutzer an:

    1. Wählen Sie unter den Werkzeugen PERSONEN/PEOPLE > REGISTRIEREN/REGISTER.

    2. Geben Sie das Kennwort der Zertifizierer-ID ein und klicken Sie auf OK. Klicken Sie auf ABBRECHEN/CANCEL, wenn Sie die Zertifizierer-ID wechseln möchten.

    3. Weisen Sie den Benutzern die expliziten Richtlinien zu, falls erforderlich.

    4. Wählen Sie die Textdatei über die Schaltfläche TEXTDATEI IMPORTIEREN/IMPORT TEXT FILE aus und klicken Sie auf ÖFFNEN.

    5. Klicken Sie auf REGISTRIEREN/REGISTER oder ALLE REGISTRIEREN/REGISTER ALL.

10.9.5 Nicht-Notes-Benutzer registrieren

Sie müssen auch für jeden Nicht-Notes-Benutzer (IMAP, POP3 oder Web) ein Personendokument erstellen oder ein vorhandenes Personendokument bearbeiten, damit dieser im Lotus Notes Domino-System arbeiten kann. Standardmäßig wird während der Anwenderregistrierung eine Notes ID angelegt. Da Nicht-Notes-Benutzer keine ID benötigen, deaktivieren Sie die Option NOTES-ID FÜR DIESE PERSON ERSTELLEN/CREATE A NOTES ID FOR THIS PERSON während der Registrierung.

Wenn ein Anwender aber auch über einen Notes Client auf die Mail-Datenbank zugreift oder verschlüsselte E-Mails im iNotes lesen möchte, müssen Sie diese Option aktivieren, um eine ID anzulegen.

10.10 Weitere Benutzer-Administrationsarbeiten

Bei der Benutzerverwaltung unterstützt Sie der Administrationsprozess, da er zahlreiche Aufgaben automatisiert. Dies funktioniert aber nur, wenn die entsprechenden Datenbanken einen zugewiesenen Administrationsserver besitzen. Dieser muss in der ACL (Access Control List) der Datenbanken eingetragen sein. Ein Beispiel ist die Umbenennung von Anwendernamen. Dabei werden die Änderungen über die Administrationsanforderungen an die gesamte Domäne verteilt und z.B. in Personendokumenten, Zugriffskontrolllisten und erweiterten Zugriffskontrolllisten automatisiert durchgeführt.

10.10.1 Benutzer umbenennen

Eine Umbenennung im Lotus Notes Domino-System umfasst verschiedene Arten der Namensänderung. Normalerweise ist diese mit der Änderung des allgemeinen oder des alternativen Namens verbunden. Unter Lotus Notes Domino ist die Namenshierarchie

Teil des Anwendernamens. Also ist das Verschieben und Zertifizieren in eine neue Hierarchie ebenfalls eine Art der Namensänderung oder -umbenennung.

Verwenden Sie diese Prozedur, um folgende Änderungen durchzuführen:

▸ Änderung des allgemeinen Anwendernamens

▸ Verändern, Hinzufügen oder Löschen eines alternativen Namens (siehe *Kapitel 10.7, Alternative Namen*).

▸ Synchronisierung von Namensänderungen zwischen Notes und Active Directory

Wird ein Anwender umbenannt, ist es in den meisten Fällen notwendig, ebenfalls die Internetadresse zu verändern. Sie können dies als einen Teil der Änderung des allgemeinen oder des alternativen Namens vornehmen. Wollen Sie aber nur die Internetadresse ändern, können Sie diese Möglichkeit nicht verwenden.

Internetadresse eines Anwenders ändern

Wenn Sie keine anderen Daten in Bezug auf den Anwender ändern, müssen Sie das Personendokument des Anwenders editieren. Sie können das Werkzeug UMBENENNEN/RENAME nur verwenden, wenn Sie weitere Merkmale des Anwenders wie den allgemeinen Namen ändern.

Wenn Sie die Änderung eines Benutzernamens initiieren, wird der Benutzer gegebenenfalls aufgefordert, die Änderung anzunehmen oder abzulehnen. Wenn der Benutzer die Namensänderung ablehnt, wird eine Administrationsanforderung generiert, bei der Sie aufgefordert werden, das Zurücksetzen des Benutzernamens auf den ursprünglichen Namen anzunehmen oder abzulehnen. Der Benutzer wird nur dann aufgefordert, einer Namensänderung zuzustimmen oder sie abzulehnen, wenn er im Notes Client im Dialogfeld NAMENSÄNDERUNG/NAME CHANGES die Option NAMENSÄNDERUNGEN MÜSSEN VOR DER ANNAHME VON MIR BESTÄTIGT WERDEN/ASK YOUR APPROVAL BEFORE ACCEPTING NAME CHANGES aktiviert hat. Das Dialogfeld NAMENSÄNDERUNG wird über DATEI/FILE > SICHERHEIT/SECURITY > BENUTZERSICHERHEIT/USER SECURITY > IHRE IDENTITÄT/YOUR IDENTITY > IHRE NAMEN/YOUR NAMES > NAMENSÄNDERUNG/NAME CHANGES in der Notes-Benutzeroberfläche aufgerufen. Wenn das Ablaufdatum für die Namensänderung erreicht ist und der Benutzer nicht geantwortet hat, wird eine Administrationsanforderung ausgegeben, in der Sie gefragt werden, ob Sie die Anforderung zum Zurücknehmen der Namensänderung annehmen. Sie können die Anforderung annehmen oder ablehnen. Wenn Sie die Anforderung zum Zurücknehmen annehmen, wird eine Administrationsanforderung zum Ablehnen einer Namensänderung generiert.

Allgemeine Benutzernamen umbenennen

1. Um einen Benutzernamen zu verändern, benötigen Sie folgende Zugriffsrechte:
   - Für das Domino-Verzeichnis Editorzugriff mit dem Recht DOKUMENTE ERSTELLEN/CREATE DOCUMENTS oder die Rolle USERMODIFIER.
   - Für das Zertifizierungsprotokoll mindestens Autorzugriff mit dem Recht DOKUMENTE ERSTELLEN/CREATE DOCUMENTS.

2. Klicken Sie im Domino Administrator auf das Register PERSONEN UND GRUPPEN/PEOPLE & GROUPS.

3. Wählen Sie einen Benutzernamen aus.

4. Klicken Sie im Werkzeugfenster auf PERSONEN/PEOPLE > UMBENENNEN/RENAME.

5. In der nun erscheinenden Dialogbox können Sie, falls notwendig, das Ablaufdatum des alten Namens ändern (siehe *Abbildung 10.57*). Die Vorgabe lautet 21 Tage.

6. Klicken Sie auf ALLGEMEINEN NAMEN ÄNDERN/CHANGE COMMON NAME.

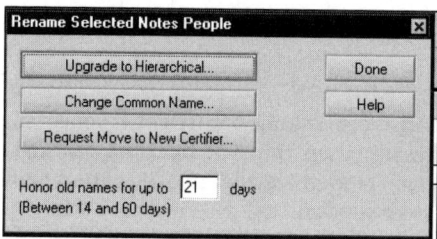

Abbildung 10.57: Optionen zur Umbenennung

7. In der ZERTIFIZIERER WÄHLEN/CHOOSE A CERTIFIER-Dialogbox wählen Sie folgende Optionen:

Feld	Eingabe
SERVER	Wählen Sie:
	▶ Wenn Sie den CA-Prozess verwenden möchten, wählen Sie den Server, der für gewöhnlich auf das Domino Directory zugreift, um die Liste der Zertifizierer zu suchen.
	▶ Wenn Sie die Zertifizierer-ID direkt verwenden möchten, wählen Sie den Server, der für gewöhnlich die Liste der Zertifizierer hält.
CA-PROZESS VERWENDEN/ USE THE CA PROCESS	Wählen Sie eine CA aus, wenn Sie den serverbasierten CA-Prozess verwenden möchten und implementiert haben.
ZERTIFIZIERER-ID UND KENNWORT ANGEBEN/ SUPPLY CERTIFIER ID AND PASSWORD	Wählen Sie die für Ihr geplantes Vorhaben passende Zertifizierer-ID aus und geben Sie das Passwort ein.

8. Klicken Sie auf OK.

9. In der RENAME PERSON-Dialogbox nehmen Sie die gewünschten Einstellungen vor.

10. Im oberen Abschnitt NEUE ANGABEN ZUM PRIMÄREN NAMEN/NEW PRIMARY NAME INFORMATION können Sie den allgemeinen Namen verändern oder Synchronisationsoptionen vergeben.

Feld	Eingabe
VORNAME, ZWEITER VORNAME UND NACHNAME/ FIRST, MIDDLE, AND LAST NAME	Hier wird der Name angezeigt, mit dem der Anwender registriert wurde. Nehmen Sie bei Bedarf die gewünschten Änderungen vor.
QUALIFIZIERENDE UNTERORG./ QUALIFYING ORG. UNIT	(Optional) Ein Wort, das zwei Benutzer mit demselben Namen und derselben Zertifizierer-ID voneinander unterscheidet.

Feld	Eingabe
KURZNAME/ SHORT NAME	(Optional) Hier wird der Kurzname angezeigt, mit dem der Anwender registriert wurde. Normalerweise generiert Notes bei der Registrierung einen Kurznamen aus dem ersten Zeichen des Vornamens des Benutzers, gefolgt von den ersten sieben Zeichen des Nachnamens. Sie können diesen Namen verändern. Er verändert sich hier nicht automatisch auf Basis der primären Namensfelder. Sie müssen ihn manuell anpassen.
INTERNETADRESSE/ INTERNET ADDRESS	(Optional) Die Internet-E-Mail-Adresse des Anwenders, wie sie zur Registrierung festgelegt wurde. Sie können diesen Namen verändern. Er verändert sich hier nicht automatisch auf Basis der primären Namensfelder. Sie müssen ihn manuell anpassen.

11. Nehmen Sie im Abschnitt NEUE ANGABEN ZUM ALTERNATIVEN NAMEN/NEW ALTERNATE NAME INFORMATION, falls gewünscht, die Angaben zum alternativen Namen vor.

Feld	Eingabe
ALLGEMEINER NAME/ COMMON NAME	Der vollständige alternative Name (einschließlich Vornamen, Initial des zweiten Vornamens und Nachnamen). Geben Sie hier keine hierarchischen Namenskomponenten ein. Der Benutzer erbt die hierarchischen Namenskomponenten (Landesname, Organisationsname bzw. Name der Unterorganisation) von der Zertifizierer-ID. Um einen alternativen Namen zu löschen, leeren Sie einfach das Feld.
QUALIFIZIERENDE UNTERORG./ QUALIFYING ORG. UNIT	(Optional) Ein Wort, das zwei Benutzer mit demselben Namen und derselben Zertifizierer-ID voneinander unterscheidet. Falls notwendig, geben Sie die Unterorganisation in das Feld ein. Dieses Feld unterscheidet zwei Benutzer mit demselben Namen. Sie ist nicht mit einem tatsächlichen Zertifizierer einer Unterorganisation verbunden.
URSPRÜNGLICHE SPRACHE/ ORIGINAL LANGUAGE	Die aktuelle alternative Sprache des Anwenders. Das Feld ist nicht modifizierbar.
NEUE SPRACHE/ NEW LANGUAGE	Wählen Sie die alternative Sprache im Feld.

12. Bestätigen oder verwerfen Sie die Angaben.

Der Administrationsprozess zum Umbenennen eines Benutzers wird angestoßen.

10.10.2 Migration von Anwendern und zu Roaming-Anwendern

Unabhängig davon, ob Sie einen normalen Anwender in einen Roaming-Anwender verwandeln möchten oder umgekehrt, verläuft dies weitestgehend automatisiert über den Administrationsprozess.

Migration von Anwendern zu Roaming-Anwendern

Bei der Umwandlung eins normalen Benutzers in einen Roaming-Anwender ändert der Administrationsprozess (AdminP) den Status des Anwenders im Personendokument und erstellt ein Unterverzeichnis für jeden Roaming-Anwender. Dieses Unterverzeichnis auf dem Server enthält die spezifischen Roaming-Dateien und liegt standardmäßig unterhalb des Data-Verzeichnisses, solange Sie keinen anderen Ablageort definieren. Es ist nur möglich, einen Anwender als Roaming-Anwender zu deklarieren, der über eine hierarchische ID verfügt,wie beispielsweise CN=Robert Schumann/OU=Musik/O=DMK, andernfalls müssen Sie den Benutzer vorher rezertifizieren.

Sie benötigen für das Ändern der Roaming-Benutzerfunktionalität die dynamische Client-Konfiguration (DCC). Sollte auf dem Client DCC über den *notes.ini*-Parameter DisableDyn-ConfigClient=1 deaktiviert worden sein, müssen Sie diesen *notes.ini*-Eintrag entfernen oder auskommentieren und anschließend den Client neu starten. Ist DCC deaktiviert, wird der Benutzer nicht aufgefordert, anzugeben, ob er seinen Roaming-Status ändern möchte. In diesem Fall kann der Administrationsprozess die Administrationsanforderungen nicht generieren, die für die Aktualisierung des Roaming-Status notwendig sind. Dies gilt nur für die Änderung des Roaming-Status, nicht für das Einrichten neuer Roaming-Benutzer.

1. Um einen Non-Roaming-Anwender zu verändern, benötigen Sie die folgenden Rechte:
   - Mindestens Autorzugriff auf das Domino-Verzeichnis
   - Die Rolle UserModifier oder Sie sind im Feld LocalAdmin des Personendokuments des Benutzers aufgeführt

2. Klicken Sie im Domino Administrator auf das Register Personen und Gruppen/People & Groups.

3. Wählen Sie Benutzernamen aus.

4. Klicken Sie im Werkzeugfenster auf Personen/People > Roaming.

5. Falls Sie sowohl Roaming- als auch Nicht-Roaming-Anwendernamen ausgewählt haben, zeigt Domino Ihnen dies an und wartet auf eine Reaktion (siehe *Abbildung 10.58*).

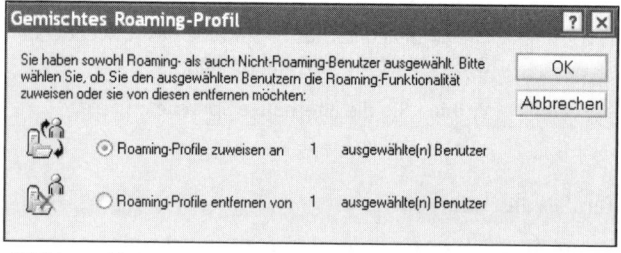

Abbildung 10.58: Roaming-Abfrage für eine gemischte Benutzergruppe

6. Bearbeiten Sie die folgenden Felder.

Feld	Eingabe
WO SOLLEN DIE ROAMING-DATEIEN DER BENUTZER GESPEICHERT WERDEN?/ WHERE SHOULD THE USER'S ROAMING FILES BE STORED?	Wählen Sie eine der folgenden Möglichkeiten: ▶ AUF DEM MAIL-SERVER DES BENUTZERS SPEICHERN/ STORE ON USER'S MAIL SERVER: Ablage der Roaming-Daten auf dem Mail-Server des Anwenders. ▶ ROAMING-SERVER: Falls Sie einen speziellen Server in Ihrer Domäne zur Aufnahme der Roaming-Daten vorgesehen haben, geben Sie ihn hier an. ▶ BENUTZER-ID-DATEIEN IN PERSÖNLICHEM ADRESSBUCH SPEICHERN/STORE USER ID IN PERSONAL ADDRESS BOOK: (Optional) Ablage der User-ID im persönlichen Adressbuch des Anwenders.
PERSÖNLICHE ROAMING-ORDNER DER BENUTZER/ USER'S PERSONAL ROAMING FOLDER	Wählen Sie eine der folgenden Möglichkeiten: ▶ BASIS-ORDNER/BASE FOLDER: Name des Verzeichnisses, in dem die Roaming-Daten abgelegt werden sollen. Die Vorgabe lautet *Domino\data\Roaming* für ein Datenverzeichnis auf dem Server. ▶ UNTERORDNER-FORMAT/SUB-FOLDER FORMAT: Format des Roaming-Unterordners für den Anwender. Als Vorgabe wird der Kurzname des Anwenders verwendet: *Domino\data\Roaming\Kurzname*.
WENN ORDNER VORHANDEN/ IF FOLDER EXISTS	Wählen Sie: ▶ PERSON ÜBERSPRINGEN/SKIP PERSON, wenn der Unterordner bereits existiert. ▶ ORDNERNAMEN GENERIEREN/GENERATE FOLDER NAME, um einen neuen Ordner anzulegen.
CLIENT-UPGRADE-OPTION > BENUTZER WIRD GEFRAGT/ USER SHOULD BE PROMPTED	Aktivieren Sie das Kontrollkästchen BENUTZER WIRD GEFRAGT/USER SHOULD BE PROMPTED, um den Benutzer entscheiden zu lassen, ob die Aktualisierung auf den Status ROAMING unterdrückt werden soll. Dies ist die vorgegebene Einstellung. Entfernen Sie die Markierung des Kontrollkästchens, um die Anzeige eines Dialogfelds zu vermeiden, in dem der Benutzer gefragt wird, ob sein Status von „Nicht-Roaming" in „Roaming" aktualisiert werden soll. Wenn das Kontrollkästchen nicht markiert ist, wird der Roaming-Status des Benutzers in jedem Fall geändert.
CLIENT-KONFIGURATIONSOPTIONEN/ CLIENT CONFIGURATION OPTIONS > BENUTZER WIRD GEFRAGT/ USER SHOULD BE PROMPTED	Aktivieren Sie das Kontrollkästchen, wenn der Benutzer gefragt werden soll, ob die Aktualisierung auf dem Client unterdrückt werden soll. Wenn das Kontrollkästchen nicht markiert ist, wird der Roaming-Status des Benutzers in jedem Fall geändert.

Feld	Eingabe
CLIENT-AUFRÄUMOPTIONEN/ ROAMING USER CLIENT CLEAN UP OPTIONS	Wählen Sie: ▶ NICHT AUFRÄUMEN/DO NOT CLEAN-UP belässt die Profile vollständig auf den verschiedenen Clients. ▶ PERIODISCH AUFRÄUMEN/CLEAN-UP PERIODICALLY löscht die lokalen Profile in definierten Zeitabständen. ▶ BEIM HERUNTERFAHREN VON NOTES AUFRÄUMEN/ CLEAN-UP AT NOTES SHUTDOWN löscht die Profile jeweils beim Herunterfahren von Notes. ▶ Schließlich kann der Benutzer noch über die Auswahl BENUTZER FRAGEN/PROMPT USER gefragt werden, ob er das System aufräumen möchte.
AKTUALISIERUNGEN IM HINTERGRUND AUSFÜHREN/ PERFORM UPDATES IN BACKGROUND	Diese Option führt die Anforderung im Hintergrund aus, sodass Ihr Administrator Client nicht blockiert wird.

7. Klicken Sie auf OK.

Um zu überprüfen, ob die angeforderten Änderungen erfolgreich umgesetzt wurden, öffnen Sie das Personendokument des betroffenen Anwenders und klicken auf die Registerkarte ROAMING (siehe *Abbildung 10.59*).

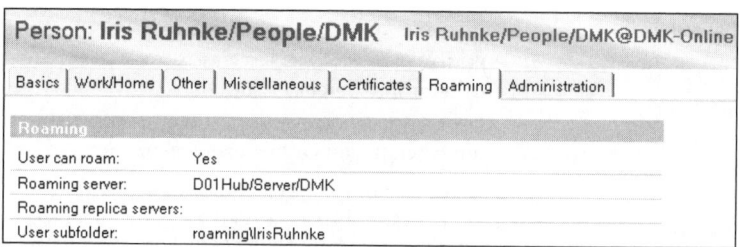

Abbildung 10.59: Status der Migration im Personendokument kontrollieren

Im Feld ROAMING FÜR BENUTZER ZULASSEN/USER CAN ROAM sollte der Eintrag IN ARBEIT/IN PROGRESS oder JA/YES hinterlegt sein.

Migration von Roaming-Anwendern zu Nicht-Roaming-Anwendern

Wenn Sie den Status eines Anwenders von Roaming zu Nicht-Roaming verändern, verändert der AdminP den Eintrag im Personendokument und löscht die Daten des Anwenders und die Repliken vom Ablageort auf dem Server.

1. Um einen Non-Roaming-Anwender zu verändern, benötigen Sie die folgenden Rechte:
   - Mindestens Autorzugriff auf das Domino-Verzeichnis
   - Die Rolle USERMODIFIER oder Sie sind im Feld LOCALADMIN des Personendokuments des Benutzers aufgeführt

2. Klicken Sie im Domino Administrator auf das Register PERSONEN UND GRUPPEN/PEOPLE & GROUPS.

3. Wählen Sie den oder die entsprechenden Benutzernamen aus.

4. Klicken Sie im Werkzeugfenster auf PERSONEN/PEOPLE > ROAMING.

5. Falls Sie sowohl Roaming- als auch Nicht-Roaming-Anwendernamen ausgewählt haben, zeigt Domino Ihnen dies an und wartet auf eine Reaktion.

6. Aktivieren Sie die Option AKTUALISIERUNGEN IM HINTERGRUND AUSFÜHREN/PERFORM UPDATES IN BACKGROUND, um die Anforderung im Hintergrund auszuführen, sodass Ihr Administrator Client nicht blockiert wird (siehe *Abbildung 10.60*).

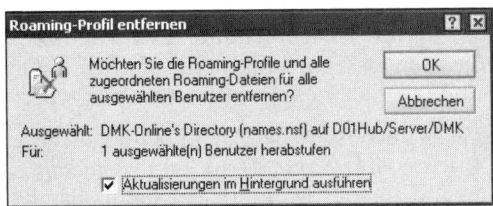

Abbildung 10.60: Abfrage zur Entfernung des Roaming-Profils

Überprüfen Sie, ob die angeforderten Änderungen erfolgreich umgesetzt wurden, öffnen Sie das Personendokument des betroffenen Anwenders und klicken Sie auf die Registerkarte ROAMING. Im Feld ROAMING FÜR BENUTZER ZULASSEN/USER CAN ROAM sollte der Eintrag NEIN/NO hinterlegt sein. Zusätzlich müssen Sie die aus der Änderung resultierenden Administrationsanforderungen zum Löschen der Dateien bestätigen.

1. Im Domino Administrator wählen Sie die Registerkarte SERVER > ANALYSE/ANALYSIS > ADMINISTRATIONSANFORDERUNGEN/ADMINISTRATION REQUESTS.

2. Wählen Sie die Ansicht AUSSTEHENDE BESTÄTIGUNG DES ADMINISTRATORS/PENDING ADMINISTRATOR APPROVAL (siehe *Abbildung 10.61*).

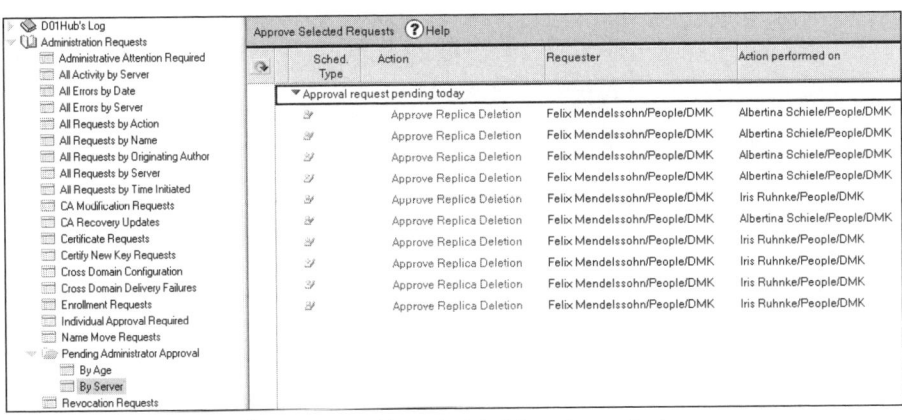

Abbildung 10.61: Aus der Änderung resultierende Administrationsanforderungen

3. Wählen Sie eine der folgenden Möglichkeiten:
   - Wenn Sie sicher sind, dass Sie alle Anforderungen bestätigen wollen, wählen Sie die Anforderungen direkt in der Ansicht aus und klicken auf die Schaltfläche APPROVE SELECTED REQUESTS und dann auf OK.
   - Wenn Sie sich bezüglich der Anforderungen erst einmal die detaillierten Informationen ansehen möchten, öffnen Sie die Dokumente, überprüfen den Inhalt und wählen dann entweder APPROVE REPLICA DELETION oder REJECT REPLICA DELETION. Speichern Sie das Dokument.

10.10.3 Benutzernamen löschen

Löschen Sie einen Benutzernamen mit dem Administrationsprozess, indem Sie das Löschen des Personendokuments über das Windows Active Directory oder in Domino Administrator oder im Web Administrator initiieren. Unter Umständen möchten Sie einen Benutzer, den Sie löschen wollen, einer Gruppe mit der Bezeichnung *Ausgeschieden* hinzufügen, um zu verhindern, dass der Benutzer weiterhin auf Server zugreift. Wenn Sie eine solche Gruppe erstellen, weisen Sie ihr den Gruppentyp Nur Negativliste/Deny Access zu. Wenn auf dem Server das ADS (Active Directory System) läuft und ein Benutzer über ein ADS-Benutzerkonto verfügt, können Sie auch dieses Benutzerkonto löschen, wenn Sie die entsprechenden Rechte zum Ändern und Löschen im Active Directory besitzen.

Sie können gleichzeitig die Mail-Datei eines Benutzers löschen, dafür benötigen Sie mindestens Editorzugriff auf die Datenbank Administrationsanforderungen (*admin4.nsf*) mit dem Recht, Dokumente zu löschen, und für das Domino-Verzeichnis das Recht, Dokumente zu löschen.

1. Um einen Benutzer zu löschen, benötigen Sie
   - Editorzugriff auf die Datenbank Administrationsanforderungen/Administration Requests (*admin4.nsf*) mit dem Recht, Dokumente zu löschen
   - Autorzugriff mit dem Recht, Dokumente zu löschen, und die Rolle UserModifier oder Editorzugriff auf das Domino-Verzeichnis
   - Autorzugriff mit dem Recht, Dokumente für das Zertifizierungsprotokoll zu erstellen
2. Klicken Sie im Domino Administrator auf das Register Personen und Gruppen/People & Groups.
3. Wählen Sie den Benutzernamen aus, den Sie löschen möchten.
4. Wählen Sie im Werkzeugfenster die Option Personen/People > Löschen/Delete.

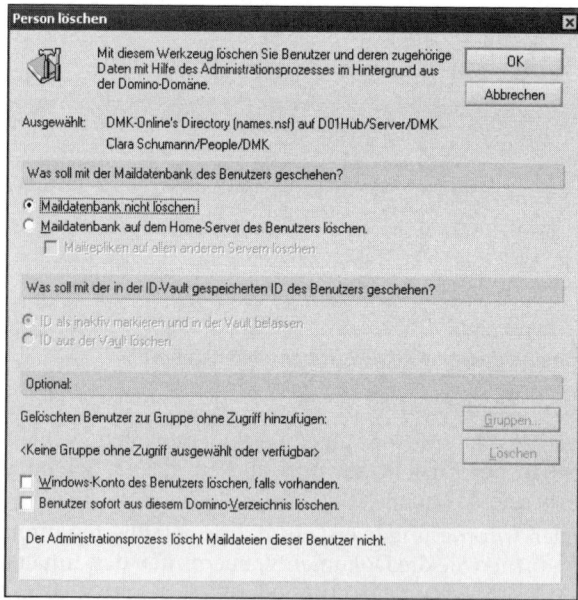

Abbildung 10.62: Optionen zum Löschen einer Person

5. Nehmen Sie Eingaben in die folgenden Felder vor und klicken Sie auf OK:

Feld	Eingabe
WAS SOLL MIT DER MAIL-DATENBANK DES BENUTZERS GESCHEHEN?/ WHAT SHOULD HAPPEN WITH THE USER'S MAIL DATABASE(S)?	Wählen Sie einen der folgenden Werte aus: ▷ MAIL-DATENBANK NICHT LÖSCHEN/DO NOT DELETE THE MAIL DATABASE, um die Personendokumente, aber nicht die Mail-Datei des Benutzers zu löschen. ▷ MAIL-DATENBANK AUF DEM HOME-SERVER DER BENUTZER LÖSCHEN/DELETE THE MAIL DATABASE ON THE USER'S HOME SERVER: Nur die im Personendokument angegebene Mail-Datei löschen. ▷ MAILREPLIKEN AUF ALLEN ANDEREN SERVERN LÖSCHEN/ DELETE MAIL REPLICAS ON ALL OTHER SERVERS: Die im Personendokument angegebene Mail-Datei und alle Repliken löschen.
WIE SOLL MIT DER BENUTZER-ID IN DER VAULT VORGEGANGEN WERDEN?/ WHAT SHOULD HAPPEN TO THE USER ID IN THE VAULT? (Nur verfügbar für Benutzer-IDs, die in einer ID-Vault gespeichert sind.)	Wählen Sie eine der folgenden Optionen: ▷ KENNZEICHNEN SIE DIE ID ALS INAKTIV UND BEHALTEN SIE SIE WEITERHIN IN DER VAULT. ▷ LÖSCHEN SIE DIE ID AUS DER VAULT.
GELÖSCHTE BENUTZER ZUR GRUPPE OHNE ZUGRIFF HINZU-FÜGEN/ ADD DELETED USER TO DENY ACCESS GROUP (Diese Option ist nur ver-fügbar, wenn eine oder mehrere Gruppen des Typs GRUPPEN OHNE ZUGRIFF vor-handen sind.)	Verwenden Sie diese Option zum Hinzufügen eines Be-nutzers zur Gruppe NEGATIVLISTE/DENY ACCESS, für die der Serverzugriff verweigert wird (siehe *Abbildung 10.62*). Führen Sie folgende Schritte aus: 1. Wählen Sie GRUPPEN/GROUPS. 2. Wählen Sie eine Gruppe aus, zu der Sie den Benutzer gegebenenfalls hinzufügen, und klicken Sie auf OK.
WINDOWS-KONTEN DER BENUT-ZER LÖSCHEN, FALLS VORHANDEN/ DELETE USER'S WINDOWS AC-COUNT, IF EXISTING	Aktivieren Sie die Checkbox, um das entsprechende Benutzerkonto im Active Directory zu löschen. Hierzu benötigen Sie im Active Directory Löschrechte für Benut-zerkonten.
BENUTZER SOFORT AUS DEM DOMINO-VERZEICHNIS LÖSCHEN/ DELETE USER FROM THIS DOMINO DIRECTORY IMMEDIATELY	Um den Anwendernamen direkt aus dem Verzeichnis zu löschen, während der Administrationsprozess den Namen aus Zugriffskontrolllisten und Namensfelder löscht.

Wenn der Administrationsprozess die Mail-Datei des Benutzers löschen soll, überprüfen Sie die Anforderung DATEILÖSCHUNG BESTÄTIGEN/MAIL FILE DELETION in der Datenbank ADMINISTRATIONSANFORDERUNGEN.

1. Im Domino Administrator wählen Sie die Registerkarte SERVER > ANALYSE/ANALYSIS > ADMINISTRATIONSANFORDERUNGEN/ADMINISTRATION REQUESTS.

2. Wählen Sie die Ansicht PENDING ADMINISTRATOR APPROVAL.

3. Wählen Sie eine der folgenden Möglichkeiten:

    –   Wenn Sie sicher sind, dass Sie alle Anforderungen bestätigen wollen, wählen Sie die Anforderungen direkt in der Ansicht aus und klicken auf die Schaltfläche APPROVE SELECTED REQUESTS und dann auf OK.

    –   Wenn Sie sich bezüglich der Anforderungen erst einmal die detaillierten Informationen ansehen möchten, öffnen Sie die Dokumente, überprüfen den Inhalt und wählen dann entweder APPROVE MAIL FILE DELETION oder REJECT MAIL FILE DELETION.

4. Speichern Sie das Dokument.

Wenn Sie den Anwender über den Web Administrator löschen, verfahren Sie in der gleichen Art und Weise.

10.10.4 Benutzernamen in der Namenshierarchie verschieben

Verschieben Sie Benutzernamen innerhalb des hierarchischen Namenssystems der Organisation an einen anderen Ort oder zu einem anderen Unternehmen mithilfe des Administrationsprozesses. Wenn z.B. CLARA SCHUMANN/SUPPORT/DMK von der Support-Abteilung in den Vertrieb wechselt, können Sie ihre ID mit dem Zertifizierer /VERTRIEB/DMK erneut zertifizieren, wodurch sie tatsächlich nur verschoben wird. Der vollständige hierarchische Name lautet dann CLARA SCHUMANN/VERTRIEB/DMK. Wenn Sie einen Benutzer in eine andere Organisation verschieben, muss Ihr Domino-Verzeichnis Gegenzertifikate zwischen den betroffenen Organisationen enthalten. Beispielsweise müsste das Domino-Verzeichnis Gegenzertifikate zwischen /DMK und /DMK-IMAGES enthalten.

Wenn ein alternativer Name zugewiesen wurde, kann der Administrator, der die Bestätigungsphase des Verschiebens durchführt, automatisch die Angaben zum primären Namen ändern. Wenn kein alternativer Name zugewiesen wurde, können Sie festlegen, ob der Administrator, der das Verschieben abschließt, primäre Namensfelder ändern kann. Um die Funktionalität der alternativen Namen in Domino nutzen zu können, muss Domino 5.0.2 oder höher auf allen Servern, die von der Namensänderung betroffen sind, auf der Workstation des Benutzers und der des Administrators laufen.

Das Verschieben eines Benutzernamens umfasst zwei Schritte:

1. Fordern Sie das Verschieben mithilfe des ursprünglichen Zertifizierers an.

2. Schließen Sie das Verschieben ab, indem Sie den (neuen) Zielzertifizierer verwenden, um die Anforderung zu bestätigen und das neue Zertifikat auszugeben.

Sie können bei Bedarf auch die Namensänderung zwischen Notes und ADS synchronisieren. Klicken Sie dazu auf WINDOWS NT-BENUTZERKONTO UMBENENNEN/RENAME NT USER ACCOUNT im Dialogfeld BENUTZER UMBENENNEN/RENAME PERSON.

So verschieben Sie einen Benutzernamen in der Namenshierarchie

1. Um einen Benutzernamen in der Namenshierarchie zu verschieben, benötigen Sie folgende Zugriffsrechte:
   - Zugriff auf den von Ihnen verwendeten aktuellen Zertifizierer
   - Mindestens Editorzugriff auf die Datenbank ADMINISTRATIONSANFORDERUNGEN/ADMINISTRATION REQUESTS (*admin4.nsf*)

2. Klicken Sie im Domino Administrator auf das Register PERSONEN UND GRUPPEN/PEOPLE & GROUPS.

3. Wählen Sie einen Benutzernamen aus.

4. Klicken Sie im Werkzeugfenster auf PERSONEN/PEOPLE > UMBENENNEN/RENAME.

5. Bearbeiten Sie das Feld ALTE NAMEN BERÜCKSICHTIGEN BIS ZU <X> TAGEN/HONOR OLD NAMES FOR UP TO <X> DAYS, wenn Sie den Zeitraum für die Gültigkeit des alten Namens nach der Aktion verändern wollen.

6. Klicken Sie auf WECHSEL ZU NEUEM ZERTIFIZIERER ANFORDERN/REQUEST MOVE TO NEW CERTIFIER.

7. In der ZERTIFIZIERER WÄHLEN/CHOOSE A CERTIFIER-Dialogbox wählen Sie folgende Optionen:

Feld	Eingabe
SERVER	Wählen Sie: ▸ Wenn Sie den CA-Prozess verwenden möchten, wählen Sie den Server, der für gewöhnlich auf das Domino Directory zugreift, um die Liste der Zertifizierer zu suchen. ▸ Wenn Sie die (alte) Zertifizierer-ID direkt verwenden möchten, wählen Sie den Server, der für gewöhnlich die Liste der Zertifizierer hält.
ZERTIFIZIERER-ID UND KENNWORT ANGEBEN/ SUPPLY CERTIFIER ID AND PASSWORD	Wählen Sie die für Ihr geplantes Vorhaben passende Zertifizierer-ID aus und geben Sie das Passwort ein.
CA-PROZESS VERWENDEN/ USE THE CA PROCESS	Wählen Sie eine CA aus, wenn Sie den serverbasierten CA-Prozess verwenden möchten und implementiert haben.

8. Geben Sie im Feld NEUER ZERTIFIZIERER/NEW CERTIFIER den Namen des Zertifizierers an, der zur erneuten Zertifizierung des hierarchischen Benutzernamens verwendet werden soll. Die Option JEDEN EINTRAG INDIVIDUELL PRÜFEN/EDIT OR INSPECT EACH ENTRY BEFORE SUBMITTING REQUEST ist ausgewählt, Sie können sie jedoch deaktivieren (siehe *Abbildung 10.63*).

Wenn Sie einen Benutzernamen zwischen zwei Hierarchien verschieben, ist ein Gegenzertifikat erforderlich. Wenn Ihr lokales Domino-Verzeichnis kein Gegenzertifikat für den Zertifizierer enthält, werden Sie dazu aufgefordert, eines zu erstellen. Klicken Sie dazu auf JA/YES, siehe auch *Kapitel 5.2.3, Zertifikate*.

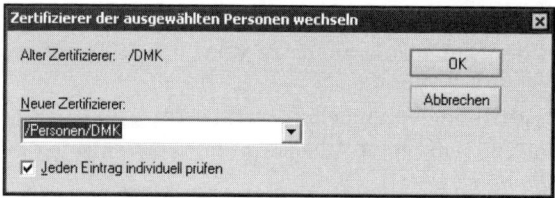

Abbildung 10.63: Angabe des neuen Zertifizierers

9. Im nachfolgenden Fenster können Sie optional die Checkbox PRIMÄRER NAME DARF GEÄNDERT WERDEN, WENN ZERTIFIZIERER GEWECHSELT WIRD/ALLOW THE PRIMARY NAME TO BE CHANGED WHEN THE NAME IS MOVED aktivieren, wenn Sie sich die Möglichkeit offenhalten wollen, in einem der nachfolgenden Schritte den Anwendernamen umzubenennen (siehe *Abbildung 10.64*).

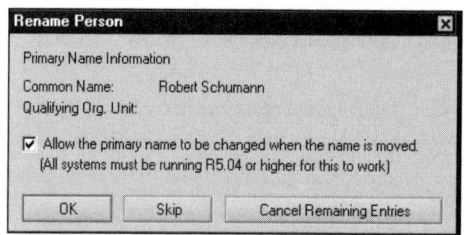

Abbildung 10.64: Möglichkeit, den Anwendernamen später umzubenennen

10. Klicken Sie auf OK oder brechen Sie den Vorgang ab. Über den Button ÜBERSPRINGEN/ SKIP brechen Sie lediglich die Aktion für den aktuell angezeigten Anwendernamen ab und gehen zum nächsten Anwendernamen, falls Sie mehrere Einträge bearbeiten. Sie brechen den Vorgang für den aktuellen und alle nachfolgenden Anwendernamen ab, wenn Sie auf den Button RESTLICHE EINTRÄGE ABBRECHEN/CANCEL REMAINING ENTRIES klicken.

11. Gehen Sie die angezeigte Statistik durch und klicken Sie dann auf OK.

    Sie müssen die entstandenen Administrationsanforderungen bearbeiten, damit diese Änderungen umgesetzt werden.

12. Im Domino Administrator wählen Sie die Registerkarte SERVER > ANALYSE/ANALYSIS > ADMINISTRATIONSANFORDERUNGEN/ADMINISTRATION REQUESTS.

13. Wählen Sie ANSICHT/VIEW > ANFORDERUNGEN ZUR NAMENSVERSCHIEBUNG/Name Move Requests und wählen Sie den bzw. die zu verschiebenden Namen aus (siehe *Abbildung 10.65*). In dieser Ansicht sind die Anträge nach Zertifizierer sortiert.

14. Klicken Sie auf VERSCHIEBUNG FÜR GEWÄHLTE EINTRÄGE ABSCHLIESSEN/COMPLETE MOVE FOR SELECTED ENTRIES.

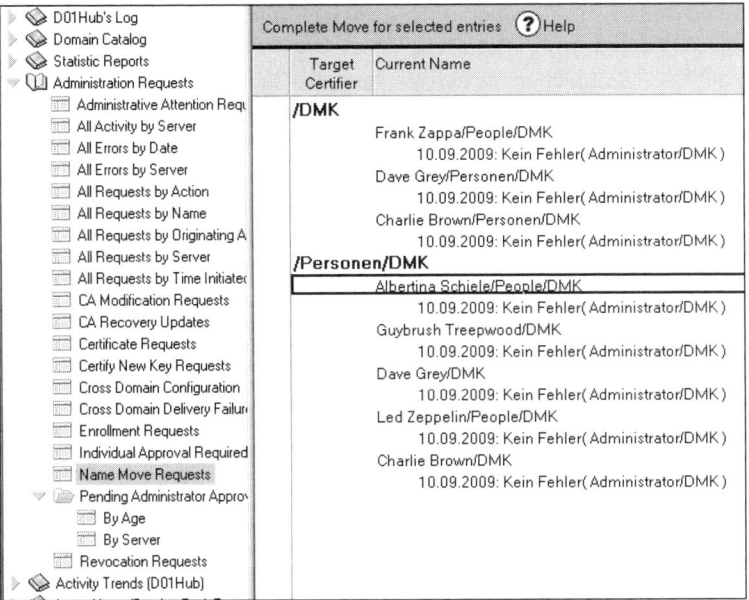

Abbildung 10.65: Administrationsanforderungen für die hierarchische Namensverschiebung

15. In der ZERTIFIZIERER WÄHLEN/CHOOSE A CERTIFIER-Dialogbox wählen Sie folgende Optionen:

Feld	Eingabe
SERVER	Wählen Sie: ▶ Wenn Sie den CA-Prozess verwenden möchten, wählen Sie den Server, der für gewöhnlich auf das Domino Directory zugreift, um die Liste der Zertifizierer zu suchen. ▶ Wenn Sie die Zertifizierer-ID direkt verwenden möchten, wählen Sie den Server, der für gewöhnlich die Liste der Zertifizierer hält.
ZERTIFIZIERER-ID UND KENNWORT ANGEBEN/ SUPPLY CERTIFIER ID AND PASSWORD	Wählen Sie die für Ihr geplantes Vorhaben passende Zertifizierer-ID aus und geben Sie das Passwort ein.
CA-PROZESS VERWENDEN/ USE THE CA PROCESS	Wählen Sie eine CA aus, wenn Sie den serverbasierten CA-Prozess verwenden möchten und implementiert haben.

16. Übernehmen Sie die vorgegebene Gültigkeit des Zertifikats (zwei Jahre ab aktuellem Datum) oder tragen Sie ein anderes Datum ein. Klicken Sie auf OK.

17. Ändern Sie bei Bedarf die Angaben zum primären oder zum alternativen Namen und den dazugehörigen Informationen.

18. Klicken Sie auf OK oder brechen Sie den Vorgang ab. Über den Button ÜBERSPRINGEN/ SKIP brechen Sie lediglich die Aktion für den aktuell angezeigten Anwendernamen ab und gehen zum nächsten Anwendernamen, falls Sie mehrere Einträge bearbeiten. Sie brechen den Vorgang für den aktuellen und alle nachfolgenden Anwendernamen ab, wenn Sie auf den Button RESTLICHE EINTRÄGE ABBRECHEN/CANCEL REMAINING ENTRIES klicken.

19. Gehen Sie die angezeigte Statistik durch und klicken Sie dann auf OK.

Umbenennen eines Webanwenders

1. Klicken Sie im Domino Administrator auf das Register PERSONEN UND GRUPPEN/ PEOPLE & GROUPS.

2. Wählen Sie einen Webbenutzernamen aus.

3. Klicken Sie im Werkzeugfenster auf PERSONEN/PEOPLE > UMBENENNEN/RENAME.

4. Der Wizard AUSGEWÄHLTE HTTP-, POP3- UND IMAP-BENUTZER UMBENENNEN/RENAME SELECTED HTTP, POP3, AND IMAP PEOPLE wird aktiviert.

5. Bearbeiten Sie das Feld ALTE NAMEN BERÜCKSICHTIGEN BIS ZU <X> TAGEN/HONOR OLD NAMES FOR UP TO <X> DAYS, wenn Sie den Zeitraum für die Gültigkeit des alten Namens nach der Aktion verändern wollen. Sie können einen Zeitraum zwischen 14 und 60 Tagen angeben. Die Vorgabe lautet 21.

6. Klicken Sie auf WEITER/NEXT.

7. Wählen Sie Komponenten des Namens, die Sie für einen oder mehrere Anwender verändern möchten. Wenn Sie Vor- und Zunamen editieren, haben Sie auch die Möglichkeit, den Kurznamen und die Internetadresse zu verändern. Ähnliches gilt für die Organisationszugehörigkeit.

8. Klicken Sie auf WEITER/NEXT. Die nachfolgende Nachricht informiert Sie über den Status der Änderungen.

9. Klicken Sie auf FERTIG/FINISH.

Mail-Datei eines Benutzers verschieben

Für den Fall, dass Sie mehr Platz auf einem Server benötigen oder ein Benutzer eine andere Arbeit übernimmt, können Sie die Mail-Dateien verschieben. Wenn Sie gemeinsam genutzte Mail verwenden und Sie die Mail-Datei eines Benutzers aus dem System löschen möchten, sollten Sie mögliche Verknüpfungen mit gemeinsam genutzten Mail-Datenbanken zuerst aufheben.

Wenn Sie die Mail-Datenbank auf einen Lotus Domino Cluster-Server umziehen, haben Sie die Möglichkeit, zusätzliche Server auszuwählen, auf denen Repliken abgelegt werden können.

Sie benötigen, um die Mail-Datei zu verschieben:

▶ Editorrechte und das Recht, Dokumente zu erstellen, oder Autorrechte mit der Rolle USERMODIFIER im Domino Directory

Wenn eine Mail-Datei verschoben wird, werden die Felder NAME DER MAIL-DATEI und MAIL-SERVER im Arbeitsumgebungsdokument des entsprechenden Anwenders geändert.

1. Klicken Sie im Domino Administrator auf das Register PERSONEN UND GRUPPEN/ PEOPLE & GROUPS.

2. Wählen Sie die Person aus, deren Mail-Datei Sie verschieben möchten.

3. Klicken Sie im Werkzeugfenster auf PERSONEN/PEOPLE > VERSCHIEBEN/MOVE TO ANO-THER SERVER (siehe *Abbildung 10.66*).

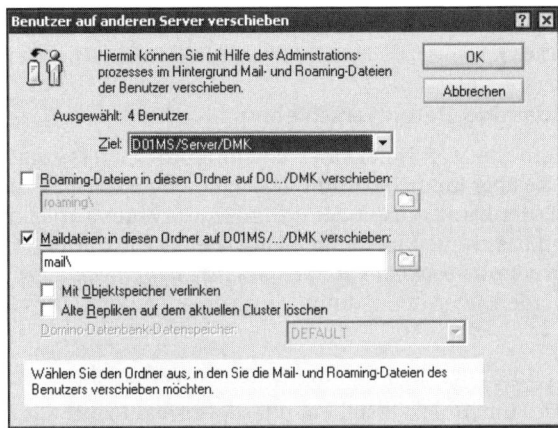

Abbildung 10.66: Anwender und ihre Mail-Datenbanken verschieben

4. Wählen Sie einen Zielserver aus, auf den die Mail-Datei verschoben werden soll.

5. (Optional) Geben Sie ein anderes Verzeichnis an, in das die Mail-Datei verschoben werden soll.

6. (Optional) Klicken Sie MIT OBJEKTSPEICHER VERKNÜPFEN/LINK TO OBJECT STORE an, wenn Sie gemeinsame Mail verwenden und die Mail-Datei auf die gemeinsame Mail-Datenbank (Object Store) verweisen wollen.

7. (Optional) Wählen Sie eine der folgenden Möglichkeiten:

    – Im Domino Administrator klicken Sie auf die Option ALLE MAIL-REPLIKEN ENTFER-NEN/REMOVE ALL MAIL REPLICAS, wenn sich der Mail-Server in einem Cluster befindet und Sie die dort abgelegten Repliken löschen möchten.

    – Im Web Administrator klicken Sie auf die Option ALTE MAIL-REPLIKEN LÖSCHEN/ DELETE OLD REPLICAS, wenn sich der Mail-Server in einem Cluster befindet und Sie die dort abgelegten Repliken löschen möchten.

8. Wenn Sie mit geclusterten Servern arbeiten, können Sie die zusätzlichen Server im Cluster-Verbund auswählen, auf die die Mail-Datei verschoben wird. Um zusätzliche Server zur Aufnahme der Mail-Datenbank einzubeziehen, klicken Sie die Checkbox neben dem Servernamen im Feld ZUSÄTZLICHE MAIL-SERVER/ADDITIONAL MAIL SERVER an.

9. Klicken Sie auf OK.

10. Klicken Sie auf SCHLIESSEN/CLOSE.

Wenn sich die Mail-Datei auf dem neuen Mail-Server befindet, müssen Sie in der Datenbank ADMINISTRATIONSANFORDERUNGEN die Anforderung DATEILÖSCHUNG/MAIL FILE DELETION öffnen und diese bestätigen.

1. Im Domino Administrator wählen Sie die Registerkarte SERVER > ANALYSIS > ADMINISTRATION REQUESTS.

2. Wählen Sie die Ansicht PENDING ADMINISTRATOR APPROVAL.

3. Wählen Sie eine der folgenden Möglichkeiten:
   - Wenn Sie sicher sind, dass Sie alle Anforderungen bestätigen wollen, wählen Sie die Anforderungen direkt in der Ansicht aus und klicken auf die Schaltfläche APPROVE SELECTED REQUESTS und dann auf OK.
   - Wenn Sie sich bezüglich der Anforderungen erst einmal die detaillierten Informationen ansehen möchten, öffnen Sie die Dokumente, überprüfen den Inhalt und wählen dann entweder APPROVE MAIL FILE DELETION oder REJECT MAIL FILE DELETION.

Mail-Datenbanken und/oder Roaming-Daten verschieben

Sie können die Roaming-Daten und die Mail-Datei eines Roaming-Anwenders zum gleichen Zielserver umziehen. Wenn Sie aber für die Roaming-Daten einen anderen Zielserver wählen möchten als für die Mail-Datenbank, müssen Sie die Prozedur zweimal vollziehen, einmal für die Roaming-Daten und das zweite Mal für die Mail-Datei. Die Roaming-Daten, die umgezogen werden, sind *journal.nsf, bookmark.nsf, names.nsf, roamingdata.nsf* und *localfeedcontent.nsf.* Die Daten werden über den AdminP umgezogen, sodass Ihr Client dadurch nicht blockiert wird.

Sie benötigen, um die Mail-Datei und/oder die Roaming-Daten zu verschieben:

▶ Editorrechte und das Recht, Dokumente zu erstellen, oder Autorrechte mit der Rolle USERMODIFIER im Domino Directory

▶ Autorzugriff mit dem Recht, Dokumente zu erstellen für das Zertifizierungsprotokoll (in Bezug auf die Roaming-Daten)

▶ Das Recht, Repliken auf dem Zielserver abzulegen

1. Klicken Sie im Domino Administrator oder im Web Administrator auf das Register PERSONEN UND GRUPPEN/PEOPLE & GROUPS.

2. Wählen Sie die Person aus, deren Mail-Datei Sie verschieben möchten.

3. Klicken Sie im Werkzeugfenster auf PERSONEN/PEOPLE > VERSCHIEBEN/MOVE TO ANOTHER SERVER.

4. Bearbeiten Sie die folgenden Felder.

Feld	Eingabe
ZIEL/ DESTINATION	Wählen Sie einen Zielserver aus, auf den die Mail-Datei verschoben werden soll.
	Wenn Sie mit geclusterten Servern arbeiten, können Sie die zusätzlichen Server im Cluster-Verbund auswählen, auf die die Mail-Datei verschoben wird. Um zusätzliche Server zur Aufnahme der Mail-Datenbank einzubeziehen, klicken Sie die Checkbox neben dem Servernamen im Feld ADDITIONAL MAIL SERVER an.

Feld	Eingabe
ROAMING-DATEIEN IN DIESEN ORDNER VERSCHIEBEN/ MOVE ROAMING FILES INTO THIS FOLDER	Aktivieren Sie diese Checkbox, wenn Sie die Roaming-Daten eines Anwenders umziehen wollen. Sie ist nicht aktiviert, wenn Sie einen Nicht-Roaming-Anwender umziehen. Geben Sie, falls gewünscht, ein anderes Verzeichnis auf dem Server an.
MAIL-DATEIEN IN DIESEN ORDNER VERSCHIEBEN/ MOVE MAIL FILES INTO THIS FOLDER ON <SERVER>	Geben Sie, falls gewünscht, ein anderes Verzeichnis auf dem Server an, in das die Mail-Datei verschoben werden soll.
MIT OBJEKTSPEICHER VERKNÜPFEN/ LINK TO OBJECT STORE	Aktivieren Sie diese Option, wenn Sie gemeinsame Mail verwenden und die Mail-Datei auf die gemeinsame Mail-Datenbank (Object Store) verweisen wollen. Diese Option ist nur aktiv, wenn Sie Mail-Datenbanken verschieben.
ALTE REPLIKEN AUF DEM AKTUELLEN CLUSTER LÖSCHEN/ REMOVE ALL MAIL REPLICAS WHEN MOVING OFF CLUSTER	Klicken Sie auf diese Option, wenn sich der Mail-Server in einem Cluster befindet und Sie die dort abgelegten Repliken löschen möchten. Diese Option ist nur aktiv, wenn Sie Mail-Datenbanken verschieben.

5. Klicken Sie auf OK.

    Wenn sich die Mail-Datei auf dem neuen Mail-Server befindet, müssen Sie in der Datenbank ADMINISTRATIONSANFORDERUNGEN die Anforderung DATEILÖSCHUNG/MAIL FILE DELETION öffnen und diese bestätigen.

6. Im Domino Administrator wählen Sie die Registerkarte SERVER > ANALYSE/ANALYSIS > ADMINISTRATIONSANFORDERUNGEN/ADMINISTRATION REQUESTS.

7. Wählen Sie die Ansicht PENDING ADMINISTRATOR APPROVAL.

8. Wählen Sie eine der folgenden Möglichkeiten:

    –   Wenn Sie sicher sind, dass Sie alle Anforderungen bestätigen wollen, wählen Sie die Anforderungen direkt in der Ansicht aus und klicken auf die Schaltfläche APPROVE SELECTED REQUESTS und dann auf OK.

    –   Wenn Sie sich bezüglich der Anforderungen erst einmal die detaillierten Informationen ansehen möchten, öffnen Sie die Dokumente, überprüfen den Inhalt und wählen dann entweder APPROVE MAIL FILE DELETION oder REJECT MAIL FILE DELETION.

9. Suchen Sie die Anforderungen für die Roaming-Daten und bearbeiten Sie die Anforderung APPROVE FILE DELETION.

10. Klicken Sie auf SPEICHERN UND SCHLIESSEN/SAVE AND CLOSE.

10.10.5 Benutzer-IDs erneut zertifizieren

Wenn die Gültigkeit einer ID in Kürze abläuft, können Sie sie mit diesem Vorgehen mithilfe des Originalzertifizierers erneut ausstellen. Führen Sie die folgenden Schritte aus, um über den Administrationsprozess eine hierarchische ID neu zu zertifizieren, deren Gültigkeitsablauf bevorsteht.

1. Um eine Benutzer-ID erneut zu zertifizieren, benötigen Sie folgende Zugriffsrechte:
   – Autorzugriff mit dem Recht DOKUMENTE ERSTELLEN/CREATE DOCUMENTS und die Rolle USERMODIFIER oder Editorzugriff auf das Domino-Verzeichnis.
   – Für das Zertifizierungsprotokoll mindestens Autorzugriff mit dem Recht DOKUMENTE ERSTELLEN/CREATE DOCUMENTS.

2. Klicken Sie im Domino Administrator auf das Register PERSONEN UND GRUPPEN/ PEOPLE & GROUPS.

3. Wählen Sie den Benutzer, der mit demselben Zertifizierer erneut zertifiziert werden soll.

4. Wählen Sie im Werkzeugfenster die Option PERSONEN/PEOPLE > ERNEUT ZERTIFIZIEREN/ RECERTIFY.

5. In der ZERTIFIZIERER WÄHLEN/CHOOSE A CERTIFIER-Dialogbox wählen Sie folgende Optionen:

Feld	Eingabe
SERVER	Wählen Sie:
	▸ Wenn Sie den CA-Prozess verwenden möchten, wählen Sie den Server, der für gewöhnlich auf das Domino Directory zugreift, um die Liste der Zertifizierer zu suchen.
	▸ Wenn Sie die Zertifizierer-ID direkt verwenden möchten, wählen Sie den Server, der für gewöhnlich die Liste der Zertifizierer hält.
ZERTIFIZIERER-ID UND KENNWORT ANGEBEN/ SUPPLY CERTIFIER ID AND PASSWORD	Wählen Sie die für Ihr geplantes Vorhaben passende Zertifizierer-ID aus und geben Sie das Passwort ein.
CA-PROZESS VERWENDEN/ USE THE CA PROCESS	Wählen Sie eine CA aus, wenn Sie den serverbasierten CA-Prozess verwenden möchten und implementiert haben.

6. Übernehmen Sie die vorgegebene Gültigkeit des Zertifikats (zwei Jahre ab aktuellem Datum) oder tragen Sie ein anderes Datum ein (siehe *Abbildung 10.67*).

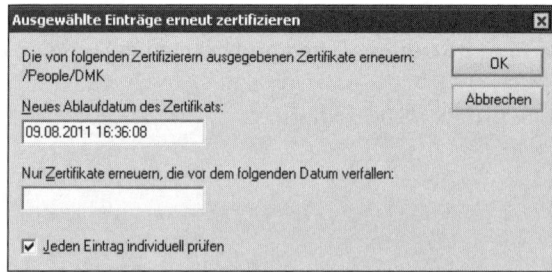

Abbildung 10.67: Angaben zum neuen Gültigkeitsdatum

7. Falls notwendig, geben Sie ein Datum ein, um nur einige der gewählten Benutzer-IDs entsprechend der aktuellen Ablaufdaten neu zu zertifizieren.

8. Die Option JEDEN EINTRAG INDIVIDUELL PRÜFEN/EDIT OR INSPECT EACH ENTRY BEFORE SUBMITTING REQUEST ist ausgewählt, Sie können sie jedoch deaktivieren.

9. Klicken Sie auf OK oder brechen Sie den Vorgang ab. Über den Button ÜBERSPRINGEN/SKIP brechen Sie lediglich die Aktion für den aktuell angezeigten Anwendernamen ab und gehen zum nächsten Anwendernamen, falls Sie mehrere Einträge bearbeiten. Sie brechen den Vorgang für den aktuellen und alle nachfolgenden Anwendernamen ab, wenn Sie auf den Button RESTLICHE EINTRÄGE ABBRECHEN/CANCEL REMAINING ENTRIES klicken.

10. Überprüfen Sie die angezeigte Statistik und klicken Sie dann auf OK.

10.10.6 Lizenzverfolgung/License Tracking

License Tracking (Lizenzverfolgung) erlaubt Ihnen eine Überwachung der im Unternehmen aktiven Lotus Notes-Lizenzen in Ihrer Domäne. License Tracking ist nicht in gehosteten Umgebungen verfügbar. Auf jedem Server wird die Client-Verwendung verfolgt. Stellt ein Anwender über Lotus Notes Clients, HTTP, IMAP, POP3, SMTP, IIOP oder über das LDAP-Protokoll eine Verbindung zu einem Lotus Domino Server her, sendet der Client Informationen über seine Lotus Notes-Version, die Betriebssystemplattform und den Rechnernamen, den vollen kanonischen Namen, das Protokoll und den Zeitpunkt des Zugriffs auf den Server. Diese Informationen werden im Personendokument des Benutzers dokumentiert. So kann der Administrator sehen, welche Version von Lotus Notes die Benutzer verwenden. Einmal am Tag werden Informationen durch den AdminP zusammengetragen. Dies betrifft Anwender, die in den letzten 30 Tagen nicht auf den Server zugegriffen haben.

Der AdminP erstellt ein neues Anwenderlizenzdokument in der UserLicenses-Datenbank (*userlicenses.nsf*) für jeden Anwender, der über die Administrationsanforderung erfasst wird. Bereits vorhandene Dokumente von Anwendern werden mit den aktuellen Zugriffszeiten gefüllt. Wenn ein Anwender innerhalb eines Jahres nicht auf den Server zugreift, wird sein Dokument aus der Datenbank gelöscht. Dies passiert auch, wenn der Anwender aus dem Domino Directory entfernt wird. Wenn ein Anwender umbenannt wird, erfährt auch das korrespondierende Dokument in der UserLicenses-Datenbank eine Umbenennung. Als Vorgabe besitzen Administratoren Managerrechte auf diese Datenbank und Anwender haben keinen Zugriff.

Aktivieren Sie das License Tracking über folgenden Weg:

1. Klicken Sie im Domino Administrator auf das Register KONFIGURATION/CONFIGURATION.

2. Öffnen Sie die Ansicht SERVER > KONFIGURATIONEN/CONFIGURATIONS.

3. Öffnen Sie das entsprechende Konfigurationsdokument und bearbeiten Sie es.

4. Unter der Registerkarte ALLGEMEIN/BASICS klicken Sie für das Feld LIZENZVERFOLGUNG/LICENSE TRACKING entweder auf AKTIVIERT/ENABLED oder DEAKTIVIERT/DISABLED (siehe *Abbildung 10.68*).

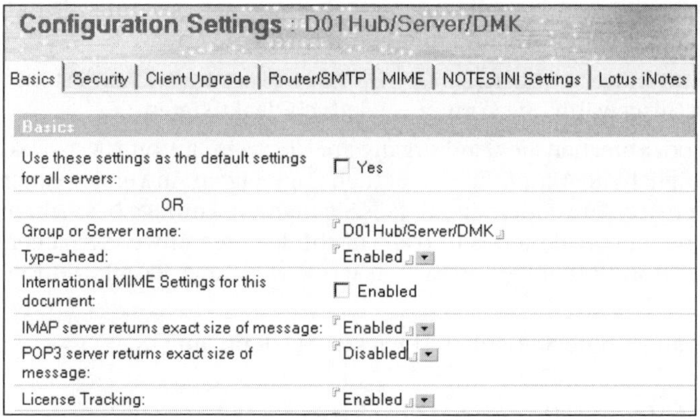

Configuration Settings : D01 Hub/Server/DMK

Basics | Security | Client Upgrade | Router/SMTP | MIME | NOTES.INI Settings | Lotus iNotes

Basics	
Use these settings as the default settings for all servers:	☐ Yes
OR	
Group or Server name:	D01 Hub/Server/DMK
Type-ahead:	Enabled ▼
International MIME Settings for this document:	☐ Enabled
IMAP server returns exact size of message:	Enabled ▼
POP3 server returns exact size of message:	Disabled ▼
License Tracking:	Enabled ▼

Abbildung 10.68: Aktivierung des LICENCE TRACKING über das Serverkonfigurationsdokument

Verwenden Sie die folgende Prozedur, um die Anzahl der Notes- und/oder Domino Web Access-Anwender in Ihrer Domäne neu zu berechnen. Pro Server in der Domäne wird ein Dokument erstellt, das die Anzahl der Anwender enthält.

5. Klicken Sie im Domino Administrator auf das Register DATEIEN/FILES.

6. Öffnen Sie die Domino License Tracking-Datenbank.

7. Wählen Sie die entsprechende Ansicht und klicken Sie auf RECALCULATE LICENSES.

10.10.7 Einsatz unternehmensweiter Startseiten

Sie haben die Möglichkeit, unternehmensweite Start- oder Einführungsseiten zu erstellen und automatisch an sämtliche Benutzer im Unternehmen zu verteilen. Erstellen Sie hierzu eine unternehmenseigene Datenbank mit einer oder mehrerer Startseiten und verknüpfen Sie diese Datenbank mit dem entsprechenden Desktop-Richtliniendokument. Legen Sie nun fest, welche Startseite verwendet wird und ob die Benutzer ihre Homepage ändern dürfen.

Über die Schablone BOOKMARKS können Sie die Datenbank für Ihre Startseiten auf einem Server anlegen. Sie können jeden beliebigen Dateinamen für die Datenbank vergeben außer *bookmark.nsf*. Legen Sie die von Ihnen oder einem Domino-Entwickler erstellten Startseiten in der Datenbank ab.

Verwenden Sie Desktop Settings für Richtlinien, um die Startseiten zu verteilen.

1. Wählen Sie im Domino Administrator die Registerkarte PERSONEN UND GRUPPEN/ PEOPLE & GROUPS und öffnen Sie die Ansicht EINSTELLUNGEN/SETTINGS.

2. Klicken Sie auf den Button EINSTELLUNGEN HINZUFÜGEN/ADD SETTINGS und wählen Sie dann DESKTOP.

3. Legen Sie eine Verknüpfung auf die erstellte Datenbank im Feld DATENBANK FÜR UNTER-NEHMENSSPEZIFISCHE EINFÜHRUNGSSEITEN/CORPORATE WELCOME PAGES DATABASE unter der Registerkarte ALLGEMEIN/BASICS ab.

4. (Optional) Wählen Sie unter VORGABE-EINFÜHRUNGSSEITE/DEFAULT WELCOME PAGE eine Startseite aus, die automatisch erscheinen soll, wenn der Anwender sich anmeldet.

5. (Optional) Aktivieren Sie die Option NICHT ZULASSEN/DO NOT ALLOW unter AUSWAHL DER STARTSEITE/HOMEPAGE SELECTION, um zu verhindern, dass die Anwender eine andere Seite festlegen.

6. Speichern Sie das Dokument.

Hinterlegen Sie die Desktop-Einstellungen in einem dafür vorgesehenen Richtliniendokument und setzen Sie dieses für die entsprechenden Anwender fest. Die Änderungen werden wirksam, sobald sich der Anwender das nächste Mal am Server authentifiziert.

10.11 Gruppen

Als Gruppe bezeichnet man eine Liste von Personen und/oder Servern, die aufgrund gemeinsamer Merkmale, z.B. dem Zugriff auf eine Datenbank oder der Zugehörigkeit einer gemeinsamen Abteilung, aber auch als reine Mail-Verteilergruppe zusammengefasst werden. Gruppen können aber auch wiederum andere Gruppen als Mitglieder enthalten. Dies sind dann geschachtelte Gruppen, sogenannte „nested groups". Damit eine Gruppe noch problemlos verwaltet werden kann, teilen Sie eine große Liste mit Benutzern in zwei oder mehr Gruppen auf.

Mehrere Gruppennamen verwenden

Wenn Sie im Domino Administrator eine Gruppe erstellen, können Sie mehrere Gruppennamen für eine Gruppe angeben. Ein weiterer Gruppenname kann sinnvoll sein, wenn Sie beispielsweise eine Abteilung sowohl mit dem Abteilungsnahmen als auch mit einem organisatorischen Namen versehen wollen (Beispiel: Abteilung R VII oder Einkauf). Bei der Verwendung mehrerer Gruppennamen sollten Sie jedoch Folgendes beachten:

▶ Wenn Sie in dieses Feld mehrere Gruppennamen eingeben und diese Namen durch ein Komma oder Semikolon trennen, werden sie in mehrere, durch ein Semikolon getrennte Namen aufgelöst.

▶ Als Adresse der Gruppe kann jeder der Gruppennamen verwendet werden. Namen, bei denen es sich nicht um den ersten Namen im Feld GRUPPENNAME/ GROUP NAME handelt, werden in den ersten Namen aufgelöst und die Mail wird den Mitgliedern der Gruppe zugestellt.

▶ Wenn das Domino-Verzeichnis nach einem der Gruppennamen durchsucht wird, bei dem es sich nicht um den ersten im Feld eingegebenen Namen handelt, wird der Name nicht gefunden, und der erste Name im Feld wird nicht als Übereinstimmung vorgeschlagen.

Sie können beliebig viele Namen einer Gruppe hinzufügen, die Anzahl ist nicht beschränkt. Die gesamte Zeichenanzahl, die für Namen in der Gruppe verwendet wird, darf jedoch 64 KB nicht überschreiten. Aus diesem Grund bietet sich die Aufteilung einer langen Gruppenliste in mehrere Untergruppen an.

Nutzen Sie die Möglichkeit, Personen oder Server in Gruppen zusammenzufassen, und vereinfachen Sie so Ihre Administrationsaufgaben. Hüten Sie sich davor, zu viele bzw. unnötige Gruppen anzulegen und so die Übersicht über die Struktur zu verlieren. Überlegen Sie sich eine Möglichkeit, von Zeit zu Zeit überprüfen zu können, welche Gruppen noch Verwendung finden und welche Gruppen unnötig sind, da sie nicht genutzt werden.

Bilden Sie Ihre Gruppen anhand eines wohlüberlegten Konzepts in Ihrem Domino Directory ab!

Wenn Sie beispielsweise eine Gruppe mit dem Namen AUSGESCHIEDEN anlegen, in der alle ehemaligen Mitarbeiter aufgeführt sind, können Sie in das Feld KEIN SERVERZUGRIFF/ NOT ACCESS SERVER der einzelnen Serverdokumente AUSGESCHIEDEN eintragen. Wenn ein Mitarbeiter aus einer Organisation ausscheidet, fügen Sie den Namen des Mitarbeiters der Gruppe AUSGESCHIEDEN hinzu. Damit ersparen Sie sich, die Namen einzelner Mitarbeiter den Serverdokumenten zu entfernen, wenn sie ausscheiden.

Zum Erstellen einer Gruppe benötigen Sie im Domino Directory bestimmte Rechte. Wenn Sie über diese verfügen, sind Sie in der Lage, ein Gruppendokument zu erstellen. Sie können einer Gruppe beim Erstellen des Gruppendokuments registrierte Benutzer und während der Registrierung neue Benutzer hinzufügen.

Standardmäßig enthält das Domino-Verzeichnis zwei Servergruppen: LOCALDOMAIN-SERVERS und OTHERDOMAINSERVERS. In der Gruppe LOCALDOMAINSERVERS sind Server aufgelistet, die sich in der aktuellen Domäne befinden. Die Server, die Sie in der aktuellen Domäne registrieren, werden automatisch zur Gruppe LOCALDOMAINSERVERS hinzugefügt. Die Gruppe OTHERDOMAINSERVERS enthält alle Server, die sich nicht in der aktuellen Domäne befinden. Zur Gruppe OTHERDOMAINSERVERS könnten beispielsweise die Namen der Server in anderen Organisationen, mit denen Ihre Organisation kommuniziert, gehören. Wenn Sie eine Datenverbindung zu einem Server in einer anderen Firma oder Domäne einrichten möchten, fügen Sie den Servernamen zur Gruppe OTHERDOMAINSERVERS hinzu.

Eine dritte Gruppe LOCALDOMAINADMINS befindet sich möglicherweise ebenfalls im Domino Directory. Dies ist dann der Fall, wenn Sie während der Serverkonfiguration die Option ADD LOCALDOMAINADMINS GROUP TO ALL DATABASES AND TEMPLATES aktiviert haben. Diese Gruppe enthält die Namen der Domino-Domänenadministratoren. Bitte bedenken Sie, dass die Namen dieser Gruppen aufgrund der Tatsache, dass es sich um Standardgruppen handelt, allgemein bekannt sind. Um möglichen Angriffen vorzubeugen, macht es Sinn, diese Gruppen umzubenennen.

Jede Gruppe muss einen Besitzer haben, in der Regel einen Administrator oder Datenbankmanager. Vergessen Sie nicht, jeder Gruppe auch eine sprechende und knappe Beschreibung hinzuzufügen. Diese Beschreibung sollte aber ebenfalls einem konsistenten Konzept folgen.

In der Version Lotus Notes Domino 8.5 gibt es nun die Möglichkeit, automatisch gefüllte Gruppen für Home-Server zu verwenden. Hier handelt es sich um eine Funktion, mit der anhand vordefinierter Kriterien automatisch Gruppenmitglieder ermittelt und aktualisiert werden.

Zum Verwalten von Gruppen stehen Ihnen folgende Möglichkeiten zur Verfügung:

▷ Gruppen bearbeiten

▷ Gruppen löschen

▷ Gruppenmitglieder mit dem Gruppenverwaltungswerkzeug hinzufügen und entfernen

▷ Gruppenmitglieder suchen

▷ Richtlinien zu Gruppen hinzufügen

▷ Automatisch gefüllte Gruppen verwenden

10.11.1 Gruppen bearbeiten

Sie haben die Möglichkeit, eine Gruppe zu bearbeiten, indem Sie die Eigenschaften einer Gruppe bzw. eines Gruppendokuments verändern. Dazu gehören

▷ der Gruppenname,

▷ der Gruppentyp,

▷ die Beschreibung,

▷ die Mail-Domäne,

▷ die Internetadresse,

▷ die Auto Populate Method,

▷ die Gruppenmitglieder,

▷ der Gruppenbesitzer und

▷ der Administrator sowie

▷ die Angabe, ob ein Abgleich mit einem fremden Adressverzeichnis erlaubt ist.

Beachten Sie bei der Umbenennung von Gruppen unbedingt, dass neue und alte Namen nicht gleichzeitig vorliegen, während die Namensänderung über die Datenbanken in der Domäne durchgeführt wird. Wird beispielsweise ein Gruppenname im Domino-Verzeichnis geändert, ehe er in der ACL einer Datenbank geändert werden kann, ist der alte Gruppenname in der ACL der Datenbank ungültig. Diese Einschränkung besteht beim Umbenennen von Benutzern und Servern nicht. Umgehen Sie dieses Problem, indem Sie entweder die Aktion zum Umbenennen von Gruppen außerhalb der Arbeitszeiten durchführen (z.B. am Wochenende) oder indem Sie die Anforderungen sofort verarbeiten, wobei Sie an der Serverkonsole den Befehl `tell adminp process all` eingeben, statt darauf zu warten, dass die Änderungen im Rahmen der Zeitplanung für den Administrationsprozess vorgenommen werden.

Sie können eine oder mehrere Gruppen in eine vorhandene Gruppe einfügen, d.h., Sie erstellen eine Gruppe und fügen dann eine oder mehrere vorhandene Gruppen als Mitglieder zur neuen Gruppe hinzu oder Sie fügen die neu erstellte Gruppe als Mitglied einer bereits vorhandenen Gruppe zu.

Tiefe der Gruppenschachtelung („nested groups")

Für das Mail-Routing können Sie bis zu fünf Gruppenebenen verschachteln. Für alle anderen Zwecke können Sie bis zu sechs Gruppenebenen verschachteln. Je tiefer die Verschachtelung, desto wichtiger ist ein konsequentes Gruppenkonzept.

Sie können zum Erstellen und Ändern von Gruppen auch den Web Administrator verwenden.

Um eine Gruppe zu bearbeiten, benötigen Sie folgende Zugriffsrechte:

▶ Für das Domino-Verzeichnis Editorzugriff mit dem Recht, Dokumente zu erstellen, oder die Rolle GROUPMODIFIER

▶ Für das Zertifizierungsprotokoll mindestens Autorzugriff mit dem Recht, Dokumente zu erstellen

So bearbeiten Sie eine Gruppe:

1. Klicken Sie im Domino Administrator auf das Register PERSONEN UND GRUPPEN/PEOPLE & GROUPS.

2. Wählen Sie einen Gruppennamen aus.

3. Klicken Sie auf GRUPPE BEARBEITEN/EDIT GROUP.

4. Geben Sie im Register ALLGEMEIN/BASICS Werte in die folgenden Felder ein (siehe *Abbildung 10.69*).

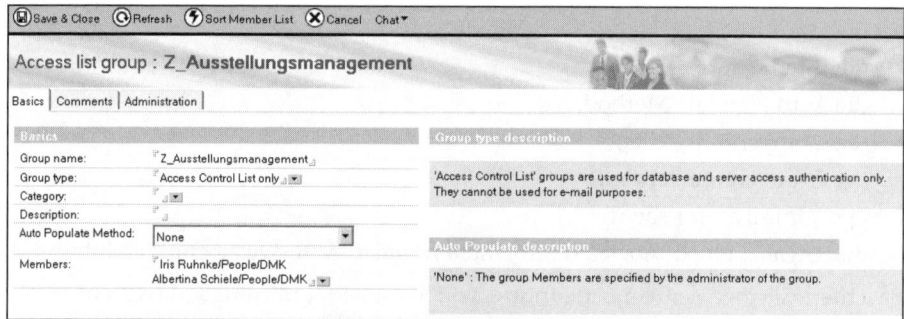

Abbildung 10.69: Register ALLGEMEIN/BASICS einer Gruppe

Feld	Eingabe
GRUPPENNAME/ GROUP NAME	Der neue Gruppenname.
	Verwenden Sie die folgenden Zeichen: A – Z, 0 – 9, & - . _ ' (Ampersand-Zeichen, Bindestrich, Punkt, Leerzeichen, Unterstrich, Apostroph).
	Ein Gruppenname darf maximal 62 Zeichen lang sein. Verwenden Sie zur leichteren Verwaltung einen Namen ohne Leerzeichen. Verwenden Sie keine Namen, die bereits als Bezeichnung einer Organisation oder Unterorganisation im hierarchischen Namenssystem vergeben sind. Verwenden Sie auch nicht den Schrägstrich (Slash) in Gruppennamen.
GRUPPENTYP/ GROUP TYPE	Wählen Sie eine der folgenden Optionen aus:
	▶ MEHRERE ZWECKE/MULTI-PURPOSE: Wird für eine Gruppe verwendet, die mehrere Zwecke hat, z.B. Mail, ACLs etc.
	▶ NUR MAIL/MAIL ONLY: Wird zum Senden von Mail an Gruppen verwendet.
	▶ ZUGRIFFSLISTE/ACCESS CONTROL LIST ONLY: Wird zum Hinzufügen zu ACLs verwendet.

Feld	Eingabe
	▷ NEGATIVLISTE/DENY LIST ONLY: Wird für Benutzer verwendet, die aus dem Unternehmen ausgeschieden sind. Der Administrationsprozess kann keine Mitglieder der Gruppe löschen.
	▷ SERVER/SERVERS ONLY: Wird für Servergruppen verwendet.
KATEGORIE/ CATEGORY	(Optional) Wählen Sie eine Kategorie, zu der Sie die Gruppe hinzufügen möchten, und klicken Sie auf OK. Die Kategorisierung kann von Ihnen gefüllt und frei vergeben werden.
BESCHREIBUNG/ DESCRIPTION	Eine Beschreibung der Gruppe.
MAIL-DOMÄNE/ MAIL DOMAIN	Geben Sie den Namen der Mail-Domäne an.
INTERNETADRESSE/ INTERNET ADDRESS	Geben Sie die zur Gruppe dazugehörige Internetadresse an.
METHODE ZUR AUTO- MATISCHEN BEFÜLLUNG/ AUTO POPULATE METHOD	Wählen Sie: ▷ KEINE/NONE, wenn Sie die Gruppenmitglieder durch den Administrator der Gruppe pflegen lassen. ▷ HOME SERVER, wenn die Gruppe automatisch mit allen Benutzern gefüllt werden soll, die den Server, der unter HOME SERVER(S) angegeben wird, als Mail-Server haben. Weitere Informationen finden Sie in *Kapitel 10.11.5, Automatisch gefüllte Gruppen verwenden* Sie können die automatisch gefüllte Gruppe noch erweitern, indem Sie unter ZUSÄTZLICHE MITGLIEDER/ADDITIONAL MEMBERS Benutzer hinzufügen, die einen anderen Mail-Server haben, oder Sie schließen Benutzer von der automatischen Befüllung aus, indem Sie sie in dem Feld AUSGESCHLOSSENE MITGLIEDER/EXCLUDED MEMBERS hinzufügen. Diese Optionen werden Ihnen nur geboten, wenn Sie eine automatische Befüllung gewählt haben.
MITGLIEDER/ MEMBERS	Fügen Sie Gruppenmitglieder hinzu oder entfernen Sie sie. Geben Sie in das Feld einen Mitgliedsnamen ein oder doppelklicken Sie auf dieses Feld, um das Dialogfeld NAMEN zu öffnen. Gehen Sie anschließend wie folgt vor: ▷ Öffnen Sie ein weiteres Adressbuch, indem Sie eines auswählen. ▷ Fügen Sie eine Person oder eine Gruppe hinzu, indem Sie die Person oder Gruppe auswählen, und klicken Sie auf HINZUFÜGEN/ADD. ▷ Entfernen Sie ein Gruppenmitglied, indem Sie das Mitglied im rechten Fenster auswählen und auf ENTFERNEN/REMOVE klicken. ▷ Entfernen Sie alle Mitglieder einer Gruppe, indem Sie auf ALLE ENTFERNEN/REMOVE ALL klicken. ▷ Fügen Sie einer Gruppe ein Mitglied hinzu, indem Sie auf NEU/NEW klicken, den Namen des Mitglieds eingeben und auf OK klicken.

Feld	Eingabe
	▸ Kopieren Sie einen Eintrag aus dem geöffneten Adressbuch in das lokale Adressbuch, indem Sie den Namen auswählen und auf IN LOKALES ADRESSBUCH KOPIEREN/COPY TO LOCAL ADDRESS BOOK klicken.
	▸ Öffnen Sie ein weiteres Gruppendokument, indem Sie den Gruppennamen auswählen und auf ÖFFNEN/OPEN klicken.

5. Klicken Sie auf das Register ADMINISTRATION und geben Sie in diese Felder Werte ein (siehe *Abbildung 10.70*):

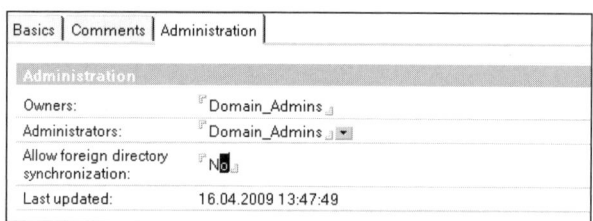

Abbildung 10.70: Register ADMINISTRATION einer Gruppe

Feld	Eingabe
BESITZER/ OWNER	Fügen Sie einen Besitzernamen hinzu oder ändern Sie die Liste der Gruppenbesitzer.
ADMINISTRATOREN/ ADMINISTRATORS	Fügen Sie einen Administratornamen hinzu oder ändern Sie die Liste der Gruppenadministratoren.
ABGLEICH MIT FREMDEM VERZEICHNIS ERLAUBT/ FOREIGN DIRECTORY SYNCHRONIZATION ALLOWED	Wählen Sie einen der folgenden Werte aus: ▸ JA/YES, um die Synchronisierung zwischen einem Post Office-Verzeichnis, z.B. einem cc:Mail Post Office-Verzeichnis oder einem Microsoft Exchange-Adressbuch, und dem Domino-Verzeichnis zu ermöglichen. ▸ NEIN/NO, um die Synchronisierung zwischen einem Post-Office-Verzeichnis, z.B. einem cc:Mail Post-Office-Verzeichnis oder einem Microsoft Exchange-Adressbuch, und dem Domino-Verzeichnis zu verhindern.
LETZTE AKTUALISIERUNG/ LAST MODIFIED	Nicht veränderbares Feld, das den Namen des Administrators und den Zeitpunkt angibt, zu dem die letzten Änderungen erfolgten.

6. Um die Liste mit Gruppenmitgliedern zu sortieren, bevor Sie das Gruppendokument speichern, klicken Sie auf MITGLIEDERLISTE SORTIEREN/SORT MEMBER LIST.

7. Speichern und schließen Sie das Dokument.

Sie können die Namensänderung einer Gruppe in der ganzen Domäne sofort erzwingen, indem Sie entsprechende Serverkonsolenbefehle eingeben. Bitte bedenken Sie aber, dass dies zu einer sehr hohen Auslastung des gesamten Systems führen kann, und wenden Sie dies nur im Notfall an. Um den Namen einer Gruppe zu ändern, gehen Sie folgendermaßen vor:

1. Wählen Sie die Aktion zum Umbenennen der Gruppe auf dem Administrationsserver für das Domino-Verzeichnis und geben Sie dann den Serverkonsolenbefehl `tell adminp process new` ein, um die Anforderung zum Umbenennen der Gruppe im Adressbuch zu verarbeiten.

2. Geben Sie den Befehl `tell adminp process daily` auf dem Administrationsserver für das Domino-Verzeichnis ein, um das Umbenennen der Personendokumente sofort zu verarbeiten.

3. Replizieren Sie das geänderte Domino-Verzeichnis und die Datenbank ADMINISTRA-TIONSANFORDERUNGEN (*admin4.nsf*) auf dem Administrationsserver für das Domino-Verzeichnis auf alle Server in der Domäne.

4. Geben Sie den Befehl `tell adminp process all` ein, um die Verarbeitung zur Umbenennung der Gruppe und der Umbenennung der Gruppe in Leser-/Autorenfeldern auf allen Servern zu erzwingen.

10.11.2 Gruppen erstellen und ändern

So erstellen Sie eine Gruppe:

1. Stellen Sie sicher, dass Sie Editorzugriff oder die Rolle GROUPCREATOR für das Domino-Verzeichnis haben.

2. Klicken Sie im Domino Administrator auf das Register PERSONEN UND GRUPPEN/ PEOPLE & GROUPS.

3. Wählen Sie im Serverfenster den Server aus, auf dem Sie arbeiten möchten.

4. Klicken Sie auf DOMINO-VERZEICHNISSE/DOMINO DIRECTORIES und anschließend auf GRUPPEN/GROUPS.

5. Klicken Sie auf GRUPPE HINZUFÜGEN/ADD GROUPS.

6. Editieren Sie die entsprechenden Felder, wie Sie es bereits aus der Gruppenbearbeitung kennen.

So fügen Sie einer Gruppe Mitglieder hinzu:

1. Stellen Sie sicher, dass Sie Editorzugriff oder die Rolle GROUPCREATOR mit Autorzugriff für das Domino-Verzeichnis besitzen.

2. Klicken Sie im Domino Administrator auf das Register PERSONEN UND GRUPPEN/ PEOPLE & GROUPS.

3. Wählen Sie im Serverfenster den Server aus, auf dem Sie arbeiten möchten.

4. Klicken Sie auf DOMINO-VERZEICHNISSE/DOMINO DIRECTORIES und anschließend auf GRUPPEN/GROUPS.

5. Öffnen Sie das entsprechende Gruppendokument.

6. Klicken Sie auf GRUPPE BEARBEITEN/EDIT GROUPS.

7. Klicken Sie auf MITGLIEDER/MEMBERS, wählen Sie den/die Benutzer, Server oder Gruppe(n), die Sie hinzufügen möchten, klicken Sie auf HINZUFÜGEN/ADD und dann auf OK.

8. Speichern Sie das Dokument.

So löschen Sie Mitglieder aus einer Gruppe:

1. Stellen Sie sicher, dass Sie Editorzugriff oder die Rolle GROUPCREATOR für das Domino-Verzeichnis auf dem Registrierungsserver haben.

2. Klicken Sie im Domino Administrator auf das Register PERSONEN UND GRUPPEN/ PEOPLE & GROUPS.

3. Wählen Sie im Serverfenster den Server aus, auf dem Sie arbeiten möchten.

4. Klicken Sie auf DOMINO-VERZEICHNISSE/DOMINO DIRECTORIES und anschließend auf GRUPPEN/GROUPS.

5. Öffnen Sie das entsprechende Gruppendokument.

6. Klicken Sie auf GRUPPE BEARBEITEN/EDIT GROUPS.

7. Klicken Sie auf MITGLIEDER/MEMBERS wählen Sie den/die Benutzer, Server oder Gruppe(n), die Sie löschen möchten, klicken Sie auf ENTFERNEN/REMOVE und dann auf OK. Wenn Sie alle Mitglieder aus der Gruppe löschen möchten, wählen Sie keine Mitglieder aus, sondern klicken einfach auf ALLE ENTFERNEN/REMOVE ALL.

8. Speichern Sie das Dokument.

    Bei Bedarf können Sie eine Gruppe für Personen erstellen, die keinen Zugriff mehr auf bestimmte Server in Ihrer Organisation haben sollen. Wenn Sie eine Person aus dem Domino-Verzeichnis löschen, können Sie den Namen der Person einer Gruppe hinzufügen, der der Gruppentyp NUR NEGATIVLISTE zugeordnet ist. Damit können Sie verhindern, dass ausgeschiedene Mitarbeiter weiterhin auf Server zugreifen können.

9. Erstellen Sie eine Gruppe mit der Bezeichnung AUSGESCHIEDEN oder ähnlich und weisen Sie ihr den Gruppentyp NUR NEGATIVLISTE/DENY LIST ONLY zu.

10. Beim Löschen eines Benutzers verwenden Sie im Dialogfeld zum Löschen von Benutzern die Option ADD DELETED USER TO DENY ACCESS GROUP und geben dann über die Schaltfläche GROUPS den Gruppennamen AUSGESCHIEDEN an.

11. Fahren Sie wie gewohnt mit dem Löschen fort.

10.11.3 Gruppen löschen

Wollen Sie eine Gruppe aus dem Domino-Verzeichnis, den Zugriffskontrolllisten und den erweiterten Zugriffskontrolllisten löschen, gehen Sie nach folgendem Verfahren vor. Wenn auf dem Server ein ADS läuft und er über ein Gruppenkonto für diese Gruppe verfügt, können Sie auch dieses Konto löschen.

1. Zum Löschen einer Gruppe benötigen Sie mindestens Autorzugriff mit dem Recht, Dokumente zu löschen, und der Rolle GROUPMODIFIER oder Editorzugriff für das Domino-Verzeichnis.

2. Klicken Sie im Domino Administrator auf das Register PERSONEN UND GRUPPEN/ PEOPLE & GROUPS.

3. Wählen Sie den Namen der Gruppe aus, die Sie löschen möchten.

4. Klicken Sie auf GRUPPE LÖSCHEN/DELETE GROUP und anschließend auf JA/YES, um fortzufahren.

5. Wenn auf dem Server ein ADS läuft, werden Sie von Domino gefragt, ob Sie das entsprechende Windows-Gruppenkonto aus der Windows-Domäne löschen möchten. Klicken Sie auf JA/YES, um das Gruppenkonto zu löschen.

6. Führen Sie einen der folgenden Schritte aus:
   – Um sofort alle Referenzen auf die Gruppe in dieser Replik des Domino-Verzeichnisses zu löschen, klicken Sie auf JA/YES.
   – Um eine Anforderung IM ADRESSBUCH LÖSCHEN/DELETE IN ADDRESS BOOK in der Datenbank ADMINISTRATIONSANFORDERUNGEN (*admin4.nsf*) zu erstellen, damit der Administrationsprozess Referenzen zu der Gruppe im Domino-Verzeichnis und in Datenbank-ACLs löscht, klicken Sie auf NEIN/NO.
   – Klicken Sie auf ABBRECHEN/CANCEL, um den Vorgang abzubrechen.

7. Klicken Sie auf OK.

10.11.4 Gruppenverwaltungswerkzeug

Sie erreichen das Gruppenverwaltungswerkzeug über die Option GRUPPE VERWALTEN/ MANAGE im Werkzeugfenster. Es stellt eine schnelle und einfache Methode zum Verwalten bereits vorhandener Domino-Gruppen dar. Sie können jedes beliebige Domino-Verzeichnis öffnen, auf das Sie Zugriff haben, und dann Personen und Gruppen hinzufügen oder Personen aus den Gruppen entfernen. Sie können auch detaillierte Informationen zu Gruppen anzeigen.

So verwenden Sie das Werkzeug GRUPPEN VERWALTEN/MANAGE GROUP:

1. Klicken Sie im Domino Administrator auf das Register PERSONEN UND GRUPPEN/ PEOPLE & GROUPS.

2. Klicken Sie im Werkzeugfenster auf GRUPPEN/GROUPS > VERWALTEN/MANAGE.

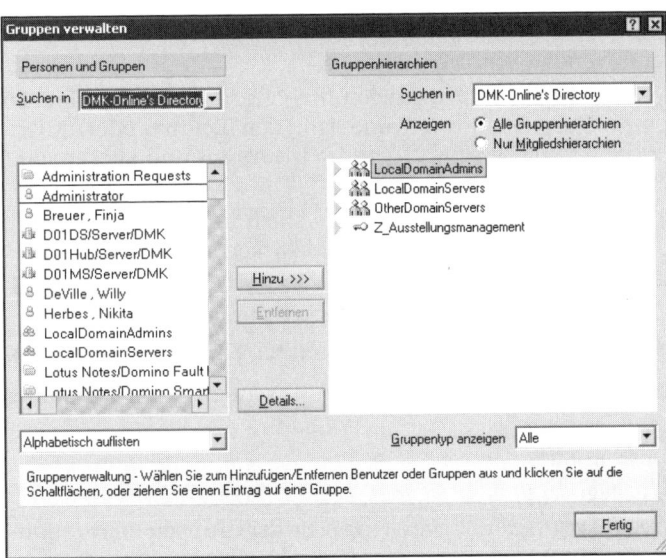

Abbildung 10.71: Gruppenverwaltungswerkzeug

3. Geben Sie in diese Felder Werte ein, falls erforderlich:

Feld	Eingabe
PERSONEN UND GRUPPEN SUCHEN IN/ PEOPLE & GROUPS LOOK IN	Das zu öffnende Verzeichnis. Es wird eine Liste aller Benutzer und Gruppen im Verzeichnis angezeigt.
GRUPPENHIERARCHIEN SUCHEN IN/ GROUP HIERARCHIES LOOK IN	Das Verzeichnis mit der Gruppe, die Sie verwalten.
ANZEIGEN/ SHOW ME	Wählen Sie einen der folgenden Werte aus: ▶ ALLE GRUPPENHIERARCHIEN/ALL GROUP HIERARCHIES: Zeigt nur die Gruppenhierarchien des ausgewählten Verzeichnisses an. ▶ NUR MITGLIEDSHIERARCHIEN/ONLY MEMBER HIERARCHIES: Zeigt nur die Mitgliedshierarchien des ausgewählten Verzeichnisses an.
ALPHABETISCH AUFLISTEN/ LIST ALPHABETICALLY	Erstellt eine alphabetisch sortierte Liste aller Personen und Gruppen des ausgewählten Verzeichnisses.
NACH ORGANISATION AUFLISTEN/ LIST BY ORGANIZATION	Erstellt eine nach Organisationen sortierte Liste aller Personen und Gruppen des ausgewählten Verzeichnisses.
GRUPPENTYP ANZEIGEN/ SHOW GROUP TYPE	Wählen Sie eine der folgenden Optionen, um den Gruppentyp, der angezeigt wird, einzuschränken: ▶ MEHRERE ZWECKE/MULTI-PURPOSE ▶ NUR MAIL/MAIL ONLY ▶ ZUGRIFFSLISTE/ACCESS CONTROL LIST ONLY ▶ NEGATIVLISTE/DENY LIST ONLY ▶ SERVER/SERVERS ONLY

4. Führen Sie einen der folgenden Schritte aus:

    – Um einer Gruppe ein Mitglied hinzuzufügen, wählen Sie die Gruppe im Fenster GRUPPENHIERARCHIEN/GROUP HIERARCHIES und dann den Benutzer oder die Gruppe aus der Liste PERSONEN UND GRUPPEN/PEOPLE & GROUPS aus und klicken auf HINZUFÜGEN/ADD.

    – Um ein Mitglied aus einer Gruppe zu entfernen, wählen Sie das Mitglied im Fenster GRUPPENHIERARCHIEN/GROUP HIERARCHIES aus und klicken auf ENTFERNEN/REMOVE.

    – Um ein Gruppendokument anzuzeigen, wählen Sie die Gruppe im Fenster GRUPPENHIERARCHIEN/GROUP HIERARCHIES aus und klicken auf DETAILS.

5. Wenn Sie die Verwaltung der Gruppen abgeschlossen haben, klicken Sie auf OK.

Mithilfe einer der folgenden Vorgehensweisen können Sie schnell ein Gruppenmitglied finden.

▶ Von Domino Administrator aus:

1. Klicken Sie auf das Register PERSONEN UND GRUPPEN/PEOPLE & GROUPS.

2. Wählen Sie GRUPPEN/GROUPS aus. Es wird eine Liste der Gruppen im Domino-Verzeichnis des Servers angezeigt.

3. Wählen Sie AKTIONEN/ACTIONS > GRUPPENMITGLIED SUCHEN/FIND GROUP MEMBERS oder klicken Sie in der Aktionsleiste auf GRUPPENMITGLIED SUCHEN/FIND GROUP MEMBERS. Unter Umständen müssen Sie nach rechts blättern, bis die Schaltfläche angezeigt wird.

4. Geben Sie den allgemeinen Namen (beispielsweise Jessica Woelm) ein und klicken Sie auf OK. Wenn das Gruppenmitglied gefunden wurde, wird neben den Gruppen, in denen der Mitgliedsname gefunden wurde, ein Häkchen angezeigt.

▷ Vom Domino-Verzeichnis aus:

1. Klicken Sie auf GRUPPEN/GROUPS.

2. Wählen Sie AKTIONEN/ACTIONS > GRUPPENMITGLIED SUCHEN/FIND GROUP MEMBERS oder klicken Sie in der Aktionsleiste auf GRUPPENMITGLIED SUCHEN.

3. Geben Sie den allgemeinen Namen (beispielsweise Robert Schumann) ein und klicken Sie auf OK. Wenn das Gruppenmitglied gefunden wurde, wird neben den Gruppen, in denen der Mitgliedsname gefunden wurde, ein Häkchen angezeigt.

Seit Lotus Notes Domino 6 haben Sie die Möglichkeit, Server, Personen und Gruppen über den Domino Administrator oder den Web Administrator zu suchen, um deren Spuren im System zu finden.

Um nach einem Servernamen in den Datenbanken zu suchen und dann die Ansicht auf ein Protokoll zu bekommen, das u.a. Dokument- und Verzeichnisverknüpfungen zu jedem Eintrag des Servers, der Gruppe oder der Person in den Datenbank-Zugriffs-kontrolllisten und im Domino Directory enthält, gehen Sie folgendermaßen vor:

1. In Domino oder im Web Administrator klicken Sie auf die Registerkarte PERSONEN UND GRUPPEN/PEOPLE & GROUPS.

2. Unter den Werkzeugen wählen Sie GRUPPEN/GROUPS > GRUPPEN SUCHEN/FIND GROUP(S).

3. Wählen Sie Folgendes:

   – Von Domino Administrator aus wählen Sie einen Gruppennamen aus und klicken auf OK.

   – Vom Web Administrator aus geben Sie einen Gruppennamen an und klicken auf SEND.

   Dann geschieht Folgendes:

   – Im Domino Administrator erscheint eine Meldung, die besagt, dass eine Administrationsanforderung initiiert wurde, um nach dem Gruppennamen im Unternehmen zu suchen. Klicken Sie auf JA/YES.

   – Im Web Administrator erscheint in der Statusleiste eine Meldung, die anzeigt, dass eine Administrationsanforderung initiiert wurde, um den Gruppennamen zu lokalisieren. Klicken Sie auf FERTIG/DONE oder geben Sie einen anderen Gruppennamen ein, um den Vorgang zu wiederholen.

Um nach einem Anwender zu suchen, klicken Sie stattdessen den Anwendernamen an und starten den gleichen Vorgang über das Werkzeug BENUTZER SUCHEN/FIND USER(S).

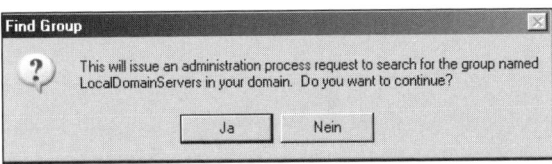

Abbildung 10.72: Administrationsanforderung zur Benutzersuche initiieren

Um das Ergebnis einer Suche anzusehen, öffnen Sie die Datenbank ADMINISTRATION REQUESTS.

1. Öffnen Sie die Ansicht ALL REQUESTS BY NAME.

2. Lokalisieren Sie den Servernamen, nach dem Sie suchen.

3. Erweitern Sie die Ansicht und suchen Sie nach dem Dokument für die Anforderung FIND NAME IN DOMAIN.

4. Öffnen Sie die Anforderung, die den Servernamen u.a. in dem Feld LINKS TO ITEMS FOUND WITHIN DOMINO DIRECTORY DOCUMENTS enthält. Sie haben u.a. die Möglichkeit, sich die Zugriffskontrolllisten der Datenbanken anzusehen, die den Gruppennamen in dem Feld LINKS TO ITEM FOUND IN DATABASE ACLS enthält.

5. Klicken Sie auf CANCEL, um das Antwortprotokolldokument zu schließen.

Richtlinien einer Gruppe zuordnen

Um Richtlinieneinstellungen einer gesamten Gruppe zuzuordnen, weisen Sie der Gruppe eine Richtlinie zu. Ordnen Sie der Gruppe eine explizite Richtlinie oder eine explizite und eine Organisationsrichtlinie zu.

1. Im Domino Administrator klicken Sie auf die Registerkarte PERSONEN UND GRUPPEN/ PEOPLE & GROUPS.

2. Wählen Sie die Gruppe aus, der die Richtlinie, die Sie definieren, zugeordnet werden soll.

3. Wählen Sie WERKZEUGE/TOOLS > GRUPPEN/GROUPS > RICHTLINIE ZUWEISEN/ASSIGN POLICY.

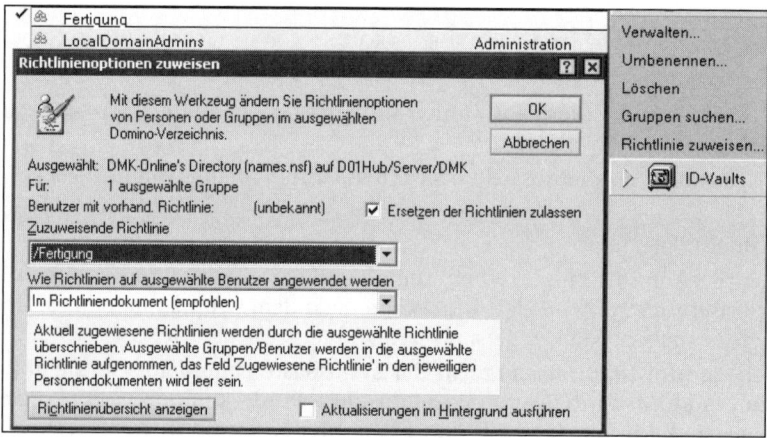

Abbildung 10.73: Zuweisen von Richtlinien zu einer Gruppe

4. Bearbeiten Sie die folgenden Felder:

Feld	Eingabe
AUSGEWÄHLT/ SELECTED	Nicht veränderbares Feld. Zeigt den Namen des ausgewählten Verzeichnisses und des Servers an, auf dem das Verzeichnis liegt.
FÜR/ FOR:	Nicht veränderbares Feld. Zeigt die Anzahl der ausgewählten Gruppen an.
BENUTZER MIT VORHANDENER RICHTLINIE/ USERS WITH AN EXISTING POLICY	Nicht veränderbares Feld. Zeigt die Anzahl der Anwender in dieser Gruppe an, die bereits über Richtlinien verfügen. Bevor die Richtlinie zugewiesen wird, erscheint der Text UNBEKANNT/UNKNOWN. Nachdem die Richtlinie gilt, enthält das Feld einen Wert.
RICHTLINIE/ POLICY	Wählen Sie eine explizite Richtlinie aus der Liste aus.
ERSETZEN DER RICHTLINIEN ZULASSEN/ ALLOW REPLACEMENT OF POLICIES	Aktivieren Sie diese Option, um bestehende Richtlinien zu ersetzen.
RICHTLINIENÜBERSICHT ANZEIGEN/ VIEW POLICY SYNOPSIS	Aktivieren Sie diese Option nur, wenn Sie der Gruppe eine Organisationsrichtlinie zuweisen wollen.
AKTUALISIERUNGEN IM HINTERGRUND AUSFÜHREN/ PERFORM UPDATES IN BACKGROUND	Aktivieren Sie diese Option, um die Aktualisierung im Hintergrund auszuführen.

5. Klicken Sie auf OK.

10.11.5 Automatisch gefüllte Gruppen verwenden

Sie haben seit der Version Lotus Notes Domino 8.5 die Möglichkeit, die Funktion der automatisch gefüllten Gruppen zu verwenden. Diese Funktion ist bisher nur für die Methode HOME SERVER umgesetzt. Wenn Sie eine Gruppe mit dieser dynamischen Befüllung erstellen, so sind automatisch alle Benutzer, die den hier angegebenen Mail-Server als Home-Server benutzen, Mitglied dieser Gruppe. Sie können nun explizit weitere Benutzer hinzufügen oder ausschließen. Eine derart gefüllte Gruppe (Auto Populate Group) wird bei Überschreitung der 32-KByte-Grenze automatisch erweitert und die angelegten Untergruppen werden mit verwaltet. Die Gruppenmitglieder von Auto Populate Groups werden über die Lotus Domino-Task update anhand definierter Kriterien gefüllt und aktualisiert. Definieren Sie den Aktualisierungsintervall im Profildokument des Domino-Verzeichnisses. Automatisch gefüllte Gruppen können wie jede andere Gruppe verwendet werden, z.B. für Serverzugriffe, Zugriff auf Anwendungen und Leserfelder. Domino Server aller unterstützten Versionen können diesen Gruppentyp verwenden, nur der Administrationsserver muss unter Domino 8.5 laufen.

Wenn Sie eine Methode zum automatischen Füllen ausgesucht haben, erhalten Sie im Gruppendokument zusätzliche Felder:

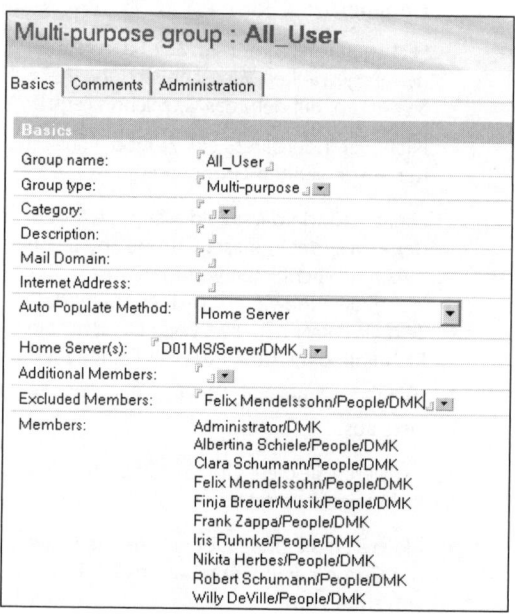

Abbildung 10.74: Methode zum automatischen Füllen verwenden

Feld	Eingabe
METHODE ZUM AUTO-MATISCHEN FÜLLEN/ AUTO POPULATE METHOD	Wählen Sie: ▶ KEINE/NONE, wenn Sie die Gruppenmitglieder durch den Administrator der Gruppe pflegen lassen. ▶ HOME SERVER, wenn die Gruppe automatisch mit allen Benutzern gefüllt werden soll, die den Server, der unter Home Server(s) angegeben wird, als Mail-Server haben. Sie können die automatisch gefüllte Gruppe noch erweitern, indem Sie unter ZUSÄTZLICHE MITGLIEDER/ADDITIONAL MEMBERS Benutzer hinzufügen, die einen anderen Mail-Server haben, oder Sie schließen Benutzer von der automatischen Befüllung aus, indem Sie sie dem Feld AUSGESCHLOSSENE MITGLIEDER/EXCLUDED MEMBERS hinzufügen. Diese Optionen werden Ihnen nur geboten, wenn Sie eine automatische Füllung gewählt haben.

Automatisch gefüllte Gruppen stehen Ihnen im Web Administrator nicht zur Verfügung. Bitte bedenken Sie, dass die Aktualisierung der Gruppe über eine Namenssuche im Domino-Verzeichnis läuft und Sie bei sehr vielen Benutzern auf eine Limitierung stoßen können. Damit dies nicht geschieht, können Sie in der *notes.ini*-Datei des Servers die Grenze von 1 MB in dem Parameter Namelookup_Max_MB=1 auf einen höheren Wert setzen.

11 Domino im Web

Bereits frühzeitig hat Lotus die fortschreitende Entwicklung des Internets und seinen steigenden Stellenwert erkannt. Erkennbar ist dies unter anderem in der Entwicklung des *Web-Retrievers*, der 1996 (Notes 4.0) in das Produkt implementiert wurde. Erst zu diesem Zeitpunkt gewann das Internet zunehmend an Popularität. Dieser Browser-Dienst stellt über einen sogenannten InterNotes-Server dem Anwender Webseiten zur Verfügung. Bereits damals und auch heute noch besaß dieser Browser-Dienst einige unbestreitbare Vorteile. Der Administrator konnte steuern, welche Seiten aus dem Web zur Verfügung gestellt wurden, und bekam gleichzeitig eine effektive Filtermöglichkeit zur Verfügung gestellt. Die Anforderung eines Anwenders über die Eingabe einer URL wurde an den InterNotes-Server gesendet, der die entsprechende Seite dann aus dem Web als HTML-Dokument erhielt und dieses dann wiederum als Notes-Dokument in einer sogenannnten InterNotes Web Navigator-Datenbank ablegte. Dieses Dokument wurde dann dem Anwender als Ergebnis seiner Anfrage zur Verfügung gestellt. Mittlerweile ist ein Browser im Notes Client integriert.

Mit Einführung der Version 4.5 wurde der Name der Serverversion von Notes in Domino umgewandelt. Der Name des Clients blieb. So setzte Lotus ein deutliches Zeichen, dass die Weborientierung und -funktionalität des Produkts Lotus Notes Domino weiter ausgebaut und diese Entwicklung weiter voranschreiten wird.

Seit Version 7 wurden in Sachen Web und Zugriff über das Web vor allem Verbesserungen für den *Domino Web Access (Lotus iNotes)* vorgenommen, vor allem bezüglich der mobilen Anwender mit ihren Handhelds und iPhones. Der Fokus richtete sich vor allem auf eine Funktionsangleichung zwischen Notes Client und Domino Web Access (nun Lotus iNotes). Unter Version 6 gab es dagegen vorwiegend Erweiterungen auf der Server-Seite wie etwa neue Hosting-Funktionen, die es möglich machen, dass mehrere Organisationen transparent von einem einzigen logischen Lotus Domino Server gehostet werden. Clients aus verschiedenen gehosteten Unternehmen greifen von demselben physischen Server sicher auf ihre Daten unter Verwendung der gängigen Internet-Protokolle zu. Die Hauptkomponenten von Lotus Domino wurden so verändert, dass sie die gehostete Organisationsumgebung unterstützen. Es erfolgte die Einführung eines umgestalteten Webserver-Tasks, der seine Vorgaben aus einer Ansicht für Internet-Sites mit Web-Site-Dokumenten im Lotus Domino-Verzeichnis (Internet-Site-Dokument-Architektur) übernimmt.

Durch seine dokumentenorientierte Struktur ist Domino wie geschaffen für den Einsatz im Web. Der Aufbau bietet dem Anwender eine gute Orientierung in Bezug auf die zur Verfügung gestellten Dokumente. Informationen können übersichtlich und zusammenhängend präsentiert werden.

11.1 Domino als Webserver

Der Lotus Domino Server bietet einen integrierten Webserver, den Sie durch das Aktivieren des HTTP-Tasks in Betrieb nehmen können. Mit laufendem HTTP-Task ist der Server in der Lage, für einen Zugriff von Webclients auf Lotus Domino-Datenbanken Elemente der Notes-Datenbanken in HTML zu konvertieren. Der Domino Server ist somit in der

Lage, neben den konventionellen HTML-Dateien auch Notes-Datenbanken dynamisch für Anforderungen im Web bereitstellen zu können. Dies hat den großen Vorteil, dass Änderungen in den Notes-Datenbanken auch unmittelbar auf dem Webserver zur Verfügung stehen. Bitte beachten Sie, dass sich die Notes-Datenbanken in Layout und Funktionalität nicht 1:1 dynamisch umwandeln lassen. Die Funktionalität Ihrer Notes-Datenbanken in Bezug auf die Webfunktionalität sollte im Vorfeld von Ihnen und/oder den entsprechenden Notes-Entwicklern überprüft bzw. schon bei der Anwendungsentwicklung berücksichtigt werden.

Erfolgt ein Aufruf mit einer Anforderung, überprüft der Domino Webserver die angeforderte URL und erkennt, ob ein Objekt in einer Domino-Datenbank oder eine HTML-Datei im Dateisystem angefordert wird. Handelt es sich um eine HTML-Datei, so funktioniert Domino wie ein normaler Webserver und liefert die Datei an den Webclient. Betrifft die Anforderung jedoch ein Objekt in einer Domino-Datenbank, arbeitet Domino mit der Datenbank zusammen, um die Informationen für den Webclient bereitzustellen oder die Daten vom Webclient in die Notes-Datenbank zu übertragen.

Der Lotus Domino Webserver bietet unter anderem folgende Funktionen:

1. Konvertierung von Notes-Funktionen in HTML-Code: Beispielsweise werden Hotspot-Links im HTML-Code in Anker-Tags (<A>-Tags) konvertiert.

2. Durchgangs-HTML: Mithilfe von Durchgangs-HTML können Sie spezielle Webtextformatierungen, -links, -bilder, -befehle und -programme verwenden. Durch die Verwendung von Durchgangs-HTML können Sie Domino-Funktionen mit HTML-Code kombinieren.

3. Domino-Standardsicherheitsfunktionen (z.B. die Datenbank-Zugriffskontrollliste) und Internet-Sicherheitsfunktionen (z.B. SSL, kurz für Secure Sockets Layer, und Authentifizierung durch Name und Kennwort).

4. Unterstützung von Java-Applets, auf die mit Durchgangs-HTML verwiesen wird oder die in ein Dokument eingebettet sind.

5. Unterstützung von JavaScript, das als Durchgangs-HTML enthalten oder direkt in ein Dokument eingebettet ist.

6. Unterstützung von CGI-Programmen, auf die mit Durchgangs-HTML verwiesen wird: CGI-Programme unterstützen EXE-, CMD- und BAT-Dateien und Scripts, die in Perl, Python und PHP geschrieben sind.

7. Unterstützung statischer HTML-Seiten, auf die in einem Verzeichnis der Serverfestplatte verwiesen wird: Statische HTML-Seiten können mit Durchgangs-HTML referenziert werden, das in einem Dokument enthalten ist, oder direkt anhand einer URL angefordert werden.

8. Unterstützung der Header-Zeile „last-modified" in Domino-URLs, sodass viele Webbrowser oder Proxyserver Domino-Seiten im Cache-Speicher zwischenspeichern können.

9. Unterstützung von URL-Erweiterungen, die dem Webclient Domino-Funktionalität zur Verfügung stellen, z.B. das Öffnen einer Datenbank oder einer Ansicht.

10. Umleitung und Neuzuordnung von URLs und Verzeichnissen zu einem neuen Speicherort.

11. Unterstützung mehrerer Websites mit unterschiedlichen DNS-Namen auf einem einzelnen Server.

12. Unterstützung von Server-Cluster, wodurch ein Failover eines Servers an einen antwortenden Server ermöglicht wird, wenn der erste Server nicht zur Verfügung steht. Dies ermöglicht eine ausgewogene Lastverteilung und reduziert die Antwortzeit für die Benutzer.

13. Das *Domino Webserver Application Interface* (DSAPI) unterstützt alle Ebenen der Anforderungsverarbeitung, einschließlich der Zuordnung und Übersetzung eingehender URLs, der Authentifizierung und Autorisierung von Benutzern, der Verarbeitung von Anforderungen und der Protokollierung.

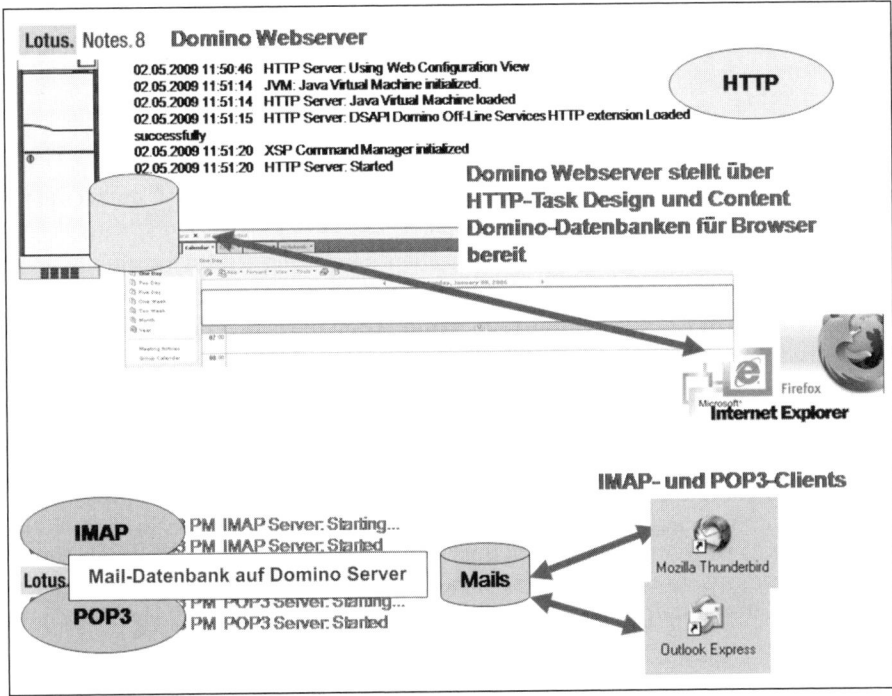

Abbildung 11.1: Domino für den Zugriff im Internet und Intranet: HTTP, IMAP, POP3

Über den Domino Webserver können Sie einem festgelegten internen Benutzerkreis Datenbanken im Intranet zur Verfügung stellen, wenn die Anwender nicht über einen Notes Client verfügen. Sie benötigen für die Webclients keine Notes-Lizenzen, da die Benutzer für den Zugriff auf den Server nicht die Notes Workstation-Software verwenden.

Selbstverständlich können Sie einen Domino Server auch als Host im Internet platzieren, es ändert sich nichts an der Funktion des Servers. Seien Sie sich aber dessen bewusst, dass Sie Ihre Informationen in Form von Datenbanken nun sichern müssen, wenn Sie diese nicht einer breiten Öffentlichkeit zur Verfügung stellen möchten. Alle Einstellungen bezüglich der Sicherheit sollten sorgfältig geplant und mit Bedacht vorgenommen werden. Wählen Sie die Daten sorgfältig aus. Sperren Sie den Zugriff auf alle Datenbanken, die nicht für die Augen des Internets bestimmt sind, wie beispielsweise das Domino Directory.

Bedenken Sie, dass der HTTP-Server unter Umständen mit Servern in Ihrem Netzwerk Datenbanken repliziert, und schützen Sie diese Schnittstelle ausreichend. Minimieren Sie die Rechte des HTTP-Servers auf andere Server in ausreichender Form und setzen Sie eine entsprechend konfigurierte Firewall bzw. DMZ (Demilitarisierte Zone = geschützte Zone) zur Absicherung auf Netzwerkebene ein.

Die Aktivierung des HTTP-Tasks und die Umsetzung und Bereitstellung für Browser-Anfragen benötigen mehr Ressourcen (CPU) als bei einem Mail- oder Applikationsserver. Bitte beachten Sie diesen Umstand und statten Sie den Server mit ausreichenden Ressourcen aus!

11.1.1 TCP/IP

Damit ein Protokoll in einem Netzwerk wie dem Internet funktioniert, muss eine ganze Reihe von Bedingungen erfüllt sein:

▶ Adressen müssen vorhanden sein, um allen beteiligten Rechnern eine eindeutige Adresse zur Kommunikation zuzuordnen.

▶ Das Protokoll muss routingfähig sein, damit Daten über mehrere Zwischenstationen (Hops) gesendet werden können.

▶ Das Protokoll darf nicht auf bestimmte herstellerabhängige Systeme beschränkt sein, sondern muss auf jedem Rechner leicht implementiert werden können.

Es entwickelte sich aufgrund dieser Anforderungen TCP/IP (Transport Control Protocol/Internet Protocol) zum Standardprotokoll für viele Netzwerke, vor allem das Internet. Die Entstehung von TCP/IP ist eng mit der Entwicklung des Internets und des Betriebssystems Unix Ende der 60er- und Anfang der 70er-Jahre verknüpft. Das amerikanische Verteidigungsministerium hatte diese Entwicklung mit vorangetrieben mit dem Ziel, einen herstellerunabhängigen Standard zu etablieren. Er wurde 1969 realisiert.

TCP

TCP ist ein sogenanntes verbindungsorientiertes Netzwerkprotokoll, das auf dem Internet Protocol (IP) aufsetzt. Verbindungsorientiert heißt in diesem Fall, dass eine garantierte Verbindung aufgebaut wird. Das Protokoll sorgt dafür, dass die Daten fehlerfrei ihr Ziel erreichen. Wenn ein Paket unterwegs verloren geht, dann sendet TCP das Paket automatisch erneut.

IP

IP (Internet-Protokoll) ist ebenfalls ein standardisiertes Protokoll. Die IP-Adresse eines Computers dient seiner eindeutigen Identifikation.

Ports

TCP und UDP (Users Datagram Protocol) nutzen für die weitere Differenzierung über die IP-Adresse hinaus sogenannte Ports. Wie auch TCP kommuniziert UDP über das Internet Protocol (IP), ist allerdings aufgrund einer anderen Arbeitsweise, im Gegensatz zum verbindungsorientierten TCP arbeitet UDP verbindungslos, nicht so zuverlässig.

Die Ports stellen sozusagen eine weitere logische Unterteilung der Adressierung dar. Die Portnummern können Sie explizit zu den IP-Adressen angeben, wie *17.14.45.113:80* – hier wäre der Port 80, der Standardport für HTTP, gemeint –, oder einfach einen anderen Standardport für bestimmte andere Dienste nutzen.

Unter Port 80 wird normalerweise eine HTTP-Verbindung angeboten. *http://www.dmk-online.de* bedeutet also: „Verbinde mich mit dem Port 80 am Server *www.dmk-online.de*." Nur wenn man ausdrücklich einen anderen Port erreichen will, so muss man diesen – durch einen Doppelpunkt abgetrennt – mit angeben: *http://www.dmk-online.de:80*. Ports werden grundsätzlich untergliedert in die sogenannten privilegierten (auch „well known Ports" genannt) und unprivilegierten Ports. Alle Ports von 1 bis 1023 nennt man privilegiert, alle anderen unprivilegiert. Diese Unterscheidung kommt ursprünglich aus der Unix-Welt. Bestimmte Dienste werden grundsätzlich über bestimmte Standardports angeboten:

- Port 80 für HTTP
- Port 25 für SMTP (Mail-Versand)
- Port 110 für POP3 (Abholung von E-Mails)
- Port 53 für DNS (Zuordnung von Namen zu IP-Adressen)
- Ports 21 und 20 für FTP (Übertragung von Dateien)
- Port 683 für IIOP und Port 684 für IIOP mit SS-Verschlüsselung

IIOP steht für „Internet Inter-ORB Protocol", eine Spezifikation der *Object Management Group* (OMG). Es handelt sich dabei um ein in *Common Object Request Broker Architecture* (CORBA) definiertes Protokoll, mit dem Object Request Broker (ORB) über das Internet kommunizieren können, um Methodenaufrufe von Objekten auf anderen Rechnern durchzuführen. IIOP ist eine Spezialisierung des abstrakten *General Inter-ORB Protocol* (GIOP) für die Kommunikation über TCP/IP. IIOP wurde in der CORBA-Version 2.0 definiert. Mithilfe des IIOP können die ORBs verschiedener Hersteller miteinander kommunizieren.

Das Wissen um das TCP/IP-Protokoll ist neben der Konfiguration des HTTP-Tasks auch für die Sicherheit Ihres Domino Servers relevant.

11.1.2 Domain Name System

IP-Adressen in numerischer Form kann sich niemand in großem Umfang merken. Deswegen wurde das sogenannte *Domain Name System* (DNS) entwickelt, welches dafür sorgt, dass die Rechner im Internet auch über Namen angesprochen werden können.

Möchten Sie eine Webseite mit der Adresse *http://www.dmk-online.de* besuchen, geben Sie diese Adresse ein und warten, dass die Anfrage beim DNS-Server bearbeitet wird, der die IP-Adresse dieses Rechners (Webservers) kennt. Anschließend verbindet sich der Browser mit dem Server im Internet über die IP-Adresse. Dieser Vorgang funktioniert für den Benutzer völlig transparent.

11.2 Einrichtung des Domino Webservers

Wollen Sie den HTTP-Task für einen Domino Webserver einrichten und konfigurieren, so müssen Sie Einstellungen im Domino Administrator Client und dem Domino Directory im Serverdokument und in Internet-Site-Dokumenten vornehmen. Die meisten Protokolleinstellungen nehmen Sie in Internet-Site-Dokumenten vor. Es gibt jedoch einige Einstellungen, die im Serverdokument festgelegt werden müssen, um Internet-Protokoll-Konfigurationen zu unterstützen. Dies betrifft die Einstellungen:

▶ Zum Aktivieren und Konfigurieren des TCP/IP-Anschlusses

▶ Zum Aktivieren und Konfigurieren des SSL-Anschlusses

▶ Für den Serverzugriff, beispielsweise wer auf den Server zugreifen kann und wie

11.2.1 Einstellungen im Serverdokument

Seit der Version Lotus Domino 6 werden im Serverdokument nur noch die Konfiguration der Anschlüsse, die für den HTTP-Task bereitgestellt werden, und die Aktivierung der Option zur Einbindung von Internet-Site-Dokumenten, aber keine weiteren Einstellungen zum Webserver vorgenommen. Die Internet-Site-Dokumente haben mittlerweile die Web-Konfigurationsdokumente abgelöst.

Die Portkonfiguration ist wie folgt durchzuführen, falls Sie keine Internet-Site-Dokumente verwenden:

1. Öffnen Sie über den Domino Administrator die Registerkarte KONFIGURATION/CONFI-GURATION und dann über den Eintrag SERVER das Serverdokument des Servers, den Sie als HTTP-Server bereitstellen möchten.

2. Klicken Sie auf die Registerkarte ANSCHLÜSSE/PORTS > INTERNET-ANSCHLÜSSE/INTERNET PORTS. Wenn alle Verbindungen zu diesem Server zur Verwendung von SSL gezwungen werden sollen, vergewissern Sie sich, dass die Optionen TCP/IP-ANSCHLUSS-STATUS/TCP/IP PORT STATUS und SSL-ANSCHLUSSSTATUS/SSL PORT STATUS im Register WEB aktiviert sind. Die Einrichtung von SSL ist in *Kapitel 5.5, SSL* beschrieben.

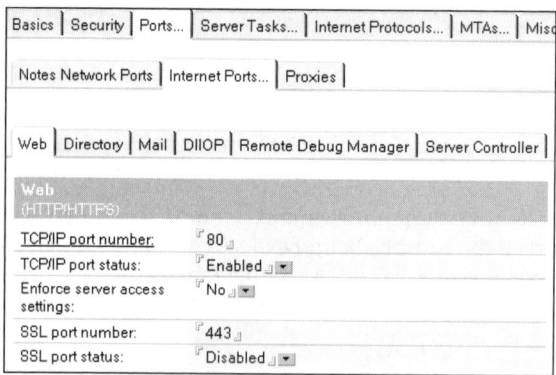

Abbildung 11.2: Webserver-Internet-Anschlüsse und Protokolleinstellungen

3. Nehmen Sie die folgenden Einstellungen im Serverdokument unter WEB (HTTP/HTTPS) vor.

Feld	Eingabe
TCP/IP-ANSCHLUSS-NUMMER/ TCP/IP PORT NUMBER	Geben Sie einen Port an. Die Vorgabe ist 80.
TCP/IP-ANSCHLUSS-STATUS/ TCP/IP PORT STATUS	Wählen Sie einen der folgenden Werte aus: ▶ AKTIVIERT/ENABLED (Vorgabe): Die Kommunikation über diesen Anschluss ist möglich. ▶ DEAKTIVIERT/DISABLED: Die Kommunikation über diesen Anschluss ist nicht möglich. ▶ UMLEITEN AN SSL/REDIRECT TO SSL: HTTP-Anfragen werden an den SSL-Port umgeleitet.
SERVERZUGRIFFSEINSTEL-LUNGEN ERZWINGEN/ ENFORCE SERVER ACCESS SETTINGS	Wählen Sie: ▶ JA/YES, um die Vorgaben aus dem Serverdokument im Bereich SICHERHEIT/SECURITY zu übernehmen. Dort wird festgelegt, wer Zugriff auf den Server hat und wer nicht. ▶ NEIN/NO, um die Übernahme der Serverzugriffseinstellungen nicht zu übernehmen.
SSL PORT NUMBER/ SSL-ANSCHLUSSNUMMER	Geben Sie einen Port an. Die Vorgabe ist 443.
SSL PORT STATUS/ SSL-ANSCHLUSSSTATUS	Wählen Sie: ▶ Wählen Sie AKTIVIERT/ENABLED, um SSL-Verbindungen an dem Anschluss zuzulassen. So kann der Server HTTP-Anfragen entgegennehmen. ▶ Wählen Sie DEAKTIVIERT/DISABLED, wenn Sie SSL für diesen Server nicht verwenden möchten.

4. (Optional) Klicken Sie auf INTERNET-PROTOKOLLE/INTERNET PROTOCOLS > HTTP und bearbeiten Sie die folgenden Felder:

Feld	Eingabe
MIT HOST-NAMEN VERKNÜPFEN/ BIND TO HOST NAME	Wählen Sie einen der folgenden Werte aus: ▶ AKTIVIERT/ENABLED, um bis zu 32 IP-Adressen und/oder DNS-Namen einzugeben. So können Benutzer auf einen Webserver zugreifen, indem sie einen anderen Namen als den des Domino Servers verwenden. ▶ DEAKTIVIERT/DISABLED (default), um auf alle IP-Adressen des Servers zu verbinden.
DNS-SUCHE/ DNS LOOKUP	Wählen Sie einen der folgenden Werte aus: ▶ AKTIVIERT/ENABLED: Domino schlägt den DNS-Namen des anfordernden Clients nach. Die Domino-Protokolldateien und die Protokolldatenbank enthalten Host-Namen, die dem vom Webclient verwendeten Computer entsprechen.

Feld	Eingabe
	▶ DEAKTIVIERT/DISABLED (Vorgabe): Domino sucht den DNS-Namen des anfordernden Clients nicht. Die Domino Protokolldateien und die Protokolldatenbank enthalten IP-Adressen. Wenn Sie DEAKTIVIERT/DISABLED wählen, setzt der Server keine Ressourcen für die Suche des Host-Namens ein. Dies verbessert die Leistung des Domino Servers.
CACHE FÜR DNS-SUCHE/ DNS LOOKUP CACHE	Wählen Sie: ▶ AKTIVIERT/ENABLED, um Domino zu bewegen, die Ergebnisse der DNS-Suche zu cachen und so ein schnelleres Wiederauffinden zu ermöglichen. ▶ DEAKTIVIERT/DISABLED: Ergebnisse der DNS-Suche werden nicht gecached.
GRÖSSE DES CACHE FÜR DNS-SUCHE/ DNS LOOKUP CACHE SIZE	Größenbegrenzung für den Cache für die DNS-Suche. Die Vorgabe liegt bei 256 MB.
CACHE-ZEITLIMIT, WENN DNS-SUCHE NICHT ERFOLGREICH/ DNS LOOKUP CACHE FOUND TIMEOUT	Angabe darüber, wie lange (in Sekunden) IP-Adressen im Cache gehalten werden. Die Vorgabe liegt bei 120 Sekunden.
ANZAHL DER AKTIVEN THRADS/NUMBER ACTIVE THREADS	Der Vorgabewert ist 40, hier legen Sie fest, wie viele Threads der Webserver verarbeiten kann. Sollte der Server für die Auslagerung viel Zeit benötigen, reduzieren Sie die Anzahl der Threads.

5. Speichern Sie das Dokument.

6. Starten Sie den HTTP-Task. Dazu geben Sie in der Serverkonsole load HTTP ein oder Sie gehen über die Registerkarte SERVER > STATUS. Hier wählen Sie über die Werkzeuge das Starten eines neuen Tasks aus.

7. Um zu überprüfen, ob Sie den Server richtig eingerichtet haben, starten Sie Ihren Browser und geben den DNS-Namen oder die IP-Adresse des Servers ein. Der Server sollte auf die Anforderung reagieren.

Im nächsten Schritt erfolgt die Konfiguration des HTTP-Servers. Nachfolgend werden die verschiedenen Möglichkeiten aufgezählt, die Sie über den Domino Administrator Client bearbeiten können.

11.2.2 Internet-Site-Dokumente

In den Internet-Site-Dokumenten werden die von Domino unterstützten Internet-Protokolle konfiguriert. Für jedes Protokoll (Web [HTTP], IMAP, POP3, SMTP Inbound, LDAP und IIOP [Internet Inter-ORB Protocol]) wird ein eigenes Internet-Site-Dokument erstellt. Die hinterlegten Informationen können von einem oder mehreren Servern verwendet werden.

▶ Web-Site-Dokumente: Sie erstellen Web-Site-Dokumente für jede Webseite, die auf dem Domino Server gehostet wird.

▶ LDAP-Site-Dokumente: Sie erstellen ein LDAP-Site-Dokument für den LDAP-Protokollzugriff zu einer Organisation im Verzeichnis.

▶ IMAP-, POP3- und SMTP-Site-Dokumente: Sie erstellen ein individuelles Internet-Site-Dokument für jedes Mail-Protokoll, für das Sie eine IP-Adresse verwenden.

▶ IIOP-Site-Dokumente: Sie erstellen ein IIOP-Site-Dokument, um Domino und einem Browser-Client das Domino Serverprogramm ORB (Object Request Broker) zur Verfügung zu stellen.

Internet-Site-Dokumente erleichtern es dem Administrator, Internet-Protokolle einzurichten und zu verwalten. Sie müssen Sie Internet-Site-Dokumente verwenden, wenn Sie

▶ *Web-based Distributed Authoring and Versioning* (WebDAV) auf einem Domino Webserver verwenden. Mit dieser von der IETF Ende 1998 vorgeschlagenen Technik soll sich das Publizieren von Web-Sites vereinfachen. WebDAV besteht aus HTTP-Erweiterungen, die einen Standard für den Datenaustausch zwischen Web-Authoring-Tools und Webservern festlegt. Die bestehenden Lösungen – etwa Microsofts Frontpage – verfolgen einen proprietären Ansatz und müssen daher vom jeweiligen Internet Service Provider unterstützt werden. Mit WebDAV dagegen sollen sich Internet-Dokumente wie lokale Dateien lesen und erstellen lassen. Die neue Technik besteht aus drei Komponenten:

– Propfind sammelt Daten wie Verfassungsdatum und Autorennamen.

– Locking verhindert, dass mehrere Anwender gleichzeitig an einem Dokument arbeiten.

– In den Collections werden alle zentralen Bestandteile einer Web-Site – etwa externe Bilder – gesammelt.

▶ SSL auf Ihrem Server aktiviert haben und Certificate Revocation Lists (CRLs) verwenden wollen, um die Gültigkeit von Internet-Zertifikaten zu überprüfen, die zur Authentifizierung mit dem Server verwendet werden.

▶ eine Service-Provider-Konfiguration auf Ihrem Server verwenden.

Sie müssen den Server oder das Protokoll nicht neu starten, wenn Sie Änderungen an Internet-Site-Dokumenten inklusive der Erstellung neuer Site-Dokumente oder die Löschung von Site-Dokumenten vornehmen. Die Änderungen werden bereits kurze Zeit, nachdem diese eingestellt wurden, wirksam. Hiervon profitieren besonders Service-Provider-Umgebungen, da keine Unterbrechungen stattfinden, wenn beispielsweise neue Konfigurationen erstellt werden.

Sobald Sie im Serverdokument die Option INTERNET KONFIGURATION VOM SERVER/INTERNET-SITE-DOKUMENT LADEN bzw. LOAD INTERNET CONFIGURATION FROM SERVER/INTERNET SITES DOCUMENTS aktivieren, ist der Domino Server für die Verwendung von Internet-Site-Dokumenten konfiguriert (siehe *Abbildung 11.4*). Wenn Sie dies nicht tun, werden die Vorgaben aus dem Serverdokument für die Konfiguration der Internet-Protokolle verwendet.

Erstellen Sie Internet-Site-Dokumente über die Ansicht INTERNET-SITES im Domino Directory. Diese Ansicht ist auch hilfreich bei der Verwaltung von Information bezüglich der Internet-Protokollkonfiguration, da die erstellten Internet-Site-Dokumente für jede Organisation in der Domäne aufgelistet werden. Bitte beachten Sie, dass Sie, wenn Sie ein Internet-Site-Dokument verwenden, um ein Internet-Protokoll auf einem Server zu konfigurieren, auch für alle anderen Internet-Protokolle Internet-Site-Dokumente auf diesem Server verwenden müssen. Es ist beispielsweise nicht möglich, ein LDAP-Internet-Site-Dokument aufzusetzen und auf dem gleichen Server das Serverdokument für die Konfiguration von HTTP zu verwenden. Es gilt also die Devise „Ganz oder gar nicht".

Service Provider gehosteter Organisationen und Internet-Site-Dokumente

Sie benötigen Internet-Site-Dokumente für gehostete Organisationen. Eine gehostete Organisation kann ein Internet-Protokoll nur dann verwenden, wenn dafür ein Internet-Site-Dokument existiert. Mit diesen Dokumenten wird der Gebrauch von Internet-Protokollen für jede einzelne Organisation kontrolliert.

Es kann für alle gehosteten Organisationen eine IP-Adresse gemeinsam verwendet werden oder eine einzelne IP-Adresse wird jeder gehosteten Organisation zugewiesen. Internet-Site-Dokumente verweisen IP-Adressen für jedes Internet-Protokoll zu den individuellen Host-Organisationen.

Bei der Registrierung von gehosteten Organisationen erscheint der Vorschlag, Internet-Site-Dokumente während der Registrierung oder zu einem späteren Zeitpunkt zu erstellen. Service Provider sollten Folgendes bedenken, wenn sie Internet-Site-Dokumente verwenden:

▶ Jede gehostete Organisation besitzt ein Web-Site-Dokument, das während der Registrierung für die Host-Organisation erstellt werden kann. Sie müssen dieses anfängliche Web-Site-Dokument erstellen, um das HTTP-Protokoll zu aktivieren. Wenn Sie mehrere Web-Sites haben, benötigen Sie ein individuelles Web-Site-Dokument für jede zusätzliche Web-Site für jede Organisation. Wenn die gehostete Organisation DOLS unterstützt, muss das Web-Site-Dokument den Namen des DSAPI-Filternamens enthalten.

▶ Sie müssen ein Internet-Site-Dokument (IMAP, POP3 oder SMTP) für jedes Mail-Protokoll erstellen, das von der Organisation verwendet wird.

▶ In einer gehosteten Umgebung kann Domino IIOP (DIIOP) die Informationen im IIOP-Internet-Site-Dokument verwenden, um den Bereich des Domino-Verzeichnisses zu definieren, der zur Benutzervalidierung verwendet wird.

▶ Wenn Ihre Konfiguration eine IP-Adresse besitzt, die gemeinsam von mehreren gehosteten Organisationen genutzt wird, sind HTTP, IMAP, LDAP, POP3 und SMTP als Protokolle verfügbar. Für Anwender von IMAP, LDAP, POP3 und SMTP muss der Name, der in der Authentifizierung angegeben wird, der Internetadresse entsprechen, sodass der Server die Organisation erkennt, zu der der Anwender gehört.

▶ Um SSL für eine gehostete Organisation zu aktivieren, müssen Sie die IP-Adresse des Servers im Feld HOST-NAMEN UND ADDRESSEN, DIE DIESER SITE ZUGEORDNET WERDEN/HOST NAMES OR ADDRESSES MAPPED TO THIS SITE unter der Registerkarte ALLGEMEIN/BASICS des Internet-Site-Dokuments angeben. Legen Sie im Register SICHERHEIT/SECURITY das SSL-Zertifikat fest, das für die gehostete Umgebung verwendet werden soll.

11.2.3   Aktivierung von Internet-Site-Dokumenten

Der Lotus Domino Server verwendet die Konfigurationseinstellungen aus den Internet-Site-Dokumenten, wenn Sie die Verwendung im Serverdokument aktivieren. In diesem Fall werden die Einstellungen im Serverdokument nicht berücksichtigt. Der Server berücksichtigt die Einstellungen im Serverdokument, wenn Sie die Verwendung von Internet-Site-Dokumenten nicht aktiviert haben. Die Aktivierung von Internet-Sites ist erst seit der Version Lotus Notes Domino 6 möglich.

Wenn Sie den HTTP-Dienst starten oder neu starten, zeigt der Server jedes Mal in einer Meldung an der Konsole an, ob der HTTP-Dienst Internet-Site-Dokumente oder das Serverdokument verwendet (unter der Ansicht WEBSERVERKONFIGURATIONEN/WEB SERVER CONFIGURATIONS), um Internet-Protokoll-Konfigurationseinstellungen zu verwenden (siehe *Abbildung 11.3*).

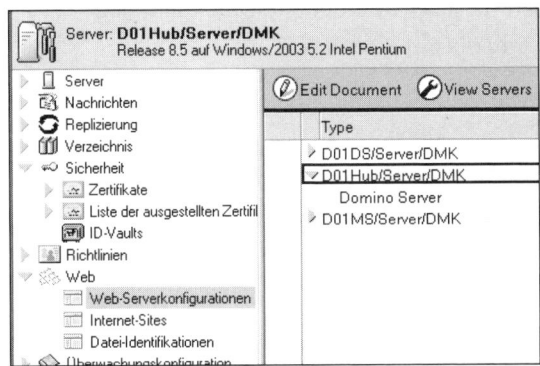

Abbildung 11.3: Darstellung WEB SERVER CONFIGURATION in Domino Administrator

Um Internet-Sites zu aktivieren, gehen Sie folgendermaßen vor:

1. Öffnen Sie das Serverdokument, das Sie bearbeiten möchten, und klicken Sie auf SERVER BEARBEITEN/EDIT SERVER.

2. Klicken Sie auf die Registerkarte ALLGEMEIN/BASICS.

3. Im Abschnitt ALLGEMEIN/BASICS aktivieren Sie die Option INTERNET-KONFIGURATIONEN AUS SERVER-/INTERNET-SITE-DOKUMENTEN LADEN bzw. LOADS INTERNET CONFIGURATIONS FROM SERVER/INTERNET-SITES DOCUMENTS (siehe *Abbildung 11.4*).

4. Speichern Sie das Dokument.

5. Starten Sie den Server neu.

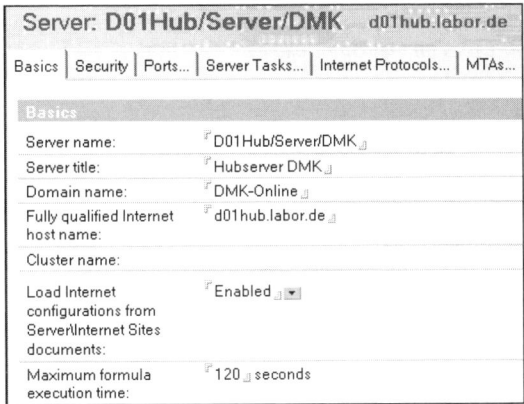

Abbildung 11.4: Verwendung von Internet-Site-Dokumenten

11.2.4 Implementierung der Internet-Site-Dokumente

Führen Sie die folgenden Schritte aus, um die Basis-Internet-Site-Funktionalität auf einem Domino Server aufzusetzen:

1. Erstellen Sie Internet-Site-Dokumente für die Internet-Protokolle, die Sie verwenden wollen, und richten Sie die Sicherheit für jedes Internet-Site-Dokument ein.

2. Aktivieren Sie die Internet-Site-Dokumente auf dem Server.

Erstellen von Internet-Site-Dokumenten

Sie können Internet-Site-Dokumente für Web, IMAP, POP3, LDAP, SMTP Inbound und IIOP-Internet-Protokolle anlegen. Sie erstellen jeweils ein Dokument. In diesem Dokument sind abhängig vom gewählten Protokoll unterschiedliche Registerkarten relevant.

1. In Domino Administrator klicken Sie auf die Registerkarte KONFIGURATION/CONFIGURATION und öffnen die Ansicht WEB > INTERNET-SITES/INTERNET-SITES.

2. Klicken Sie auf die Schaltfläche INTERNET-SITE HINZUFÜGEN/ADD INTERNET-SITE und wählen den Typ des Internet-Site-Dokuments aus, das Sie anfertigen wollen.

3. Klicken Sie auf die Registerkarte ALLGEMEIN/BASICS (siehe *Abbildung 11.5*) und bearbeiten Sie die folgenden Felder.

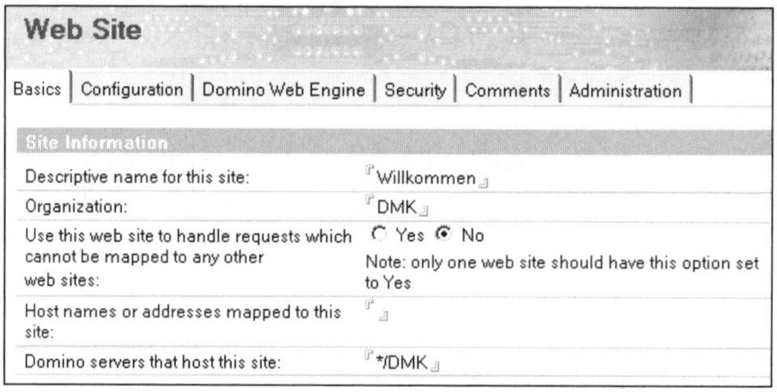

Abbildung 11.5: Registerkarte ALLGEMEIN/BASICS im Web-Site-Dokument

Feld	Eingabe
BESCHREIBENDER NAME DIESER SITE/ DESCRIPTIVE NAME FOR THIS SITE	(Optional) Geben Sie einen Namen zur Differenzierung von anderen Sites an, die Sie erstellen. Der Name erscheint in der Internet-Site-Ansicht im folgenden Format: Typ der Internet-Site, der beschreibende Name und der Host-Name oder die Adresse, z.B.:
	Web Site: NATURFOTO Web (www.dmk-online.de)
	Wenn Sie keinen Namen angeben, entspricht der Vorgaben-ame dem Typ des Internet-Site-Dokuments mit dem Host-Namen oder der Adresse.
	POP3 Site: (www.dmk-online.de)

Feld	Eingabe
ORGANISATION/ ORGANIZATION	(Notwendig für alle Internet-Site-Dokumente) Geben Sie den Namen der registrierten Organisation an, die das Internet-Site-Dokument hostet. Der Name muss dem Zertifizierer der Organisation entsprechen. Für Web-Sites, die unter einer Nicht-Service-Provider-Konfiguration aufgesetzt werden, kann der Name einem passenden Wort oder einer Phrase entsprechen.
DIESE WEB-SITE BEARBEITET ANFORDERUNGEN, DIE KEINER ANDEREN WEB-SITE ZUGEORDNET WERDEN KÖNNEN/ USE THIS WEB SITE TO HANDLE REQUESTS WHICH CANNOT BE MAPPED TO ANY OTHER WEB SITES	(Nur für Internet-Site-Dokumente) Wählen Sie aus: ▶ JA/YES: Diese Webseite nimmt einkommende HTTP-Anfragen entgegen, wenn Domino die Webseiten nicht lokalisieren kann, die im Feld HOST-NAMEN UND ADRESSEN, DIE DIESER SITE ZUGEORDNET WERDEN/HOST NAMES OR ADDRESSES MAPPED TO THIS SITE angegeben wurden. ▶ NEIN/NO (default): Diese Webseite nimmt keine ankommenden HTTP-Anfragen entgegen, falls Domino eine Webseite nicht lokalisieren kann.
HOST-NAMEN UND ADRESSEN, DIE DIESER SITE ZUGEORDNET WERDEN/ HOST NAMES OR ADDRESSES MAPPED TO THIS SITE	(Notwendig für alle Internet-Site-Dokumente) Geben Sie den Ziel-Host oder die IP-Adresse an, die für eine Verbindung dieses Internet-Site-Dokuments angesteuert wird. Wenn diese Site für SSL konfiguriert wurde, müssen Sie die IP-Adresse angeben.
DOMINO SERVER, DIE DIESE WEBSITE HOSTEN/ DOMINO SERVERS THAT HOST THIS SITE	(Notwendig für alle Internet-Site-Dokumente) Geben Sie den Namen eines oder mehrerer Domino Server an, die diese Seite zur Verfügung stellen. Sie können bekannte Variationen des eindeutigen Namens verwenden wie beispielsweise SERVER1/ SALES/DMK-ONLINE genauso wie */DMK-ONLINE. Die Vorgabe ist ein Sternchen (*), was bedeutet, dass alle Server der Domäne die Seite hosten können. Wenn Sie dieses Feld leer lassen, wird die Internet-Site von keinem Domino Server geladen.

4. Für alle Internet-Site-Dokumente vervollständigen Sie die Einstellungen unter der Registerkarte SICHERHEIT/SECURITY (siehe *Abbildung 11.6*).

Sie haben verschiedene Möglichkeiten, um Internet-Site-Dokumente als sicher einzurichten. Sie können SSL-Authentifizierung für die Server- und Client-Authentifizierung, Authentifizierung mit Name und Passwort oder den anonymen Zugriff für Internet- und Intranet-Clients einrichten. Außerdem müssen Sie neben der sicheren Einrichtung für die Internet-Site-Dokumente den SSL-Anschluss auf dem Server aktivieren und SSL einrichten. Hierzu beziehen Sie ein Server-Zertifikat und einen Schlüsselring (key ring) von einer Zertifizierungsstelle (CA). Verwenden Sie Internet-Site-Dokumente für die gleiche Organisation, aber für unterschiedliche Protokolle, können Sie eine Schlüsselringdatei verwenden, andernfalls müssen Sie für jedes Internet-Site-Dokument eine eigene Schlüsselringdatei erstellen. Geben Sie den Namen der Schlüsselringdatei in das passende Feld unterhalb der Registerkarte SICHERHEIT/SECURITY in jedem Site-Dokument ein. Für die Aktivierung von SSL für gehostete Organisationen müssen Sie die IP-Adresse des Servers im Feld HOST-NAMEN UND ADRESSEN, DIE DIESER SITE ZUGEORDNET WERDEN/HOST NAMES OR ADDRESSES MAPPED TO THIS SITE unterhalb der Registerkarte BASICS im Internet-Site-Dokument hinterlegen.

Bitte sorgen Sie dafür, dass der allgemeine Name in der Schlüsselringdatei mit dem DNS-Namen übereinstimmt, zu dem die IP-Adresse im Web-Site-Dokument verweist. Die IP-Adresse wird im Feld HOST-NAMEN UND ADRESSEN, DIE DIESER SITE ZUGEORDNET WERDEN/HOST NAMES OR ADDRESSES MAPPED TO THIS SITE unterhalb der Registerkarte BASICS im Web-Site-Dokument hinterlegt. Wenn Sie die Option TCP ZU SSL UMLEITEN/ REDIRECT TCP TO SSL im Web-Site-Dokument aktivieren, müssen Host-Name oder IP-Adresse in diesem Feld stehen.

Wenn der Server die Domino Server-basierte CA für die Ausstellung der Internet-Zertifikate verwendet, können Sie auch die Certificate Revocation Listen (CRLs) für die Internet-Zertifikat-Authentifizierung nutzen. Mehr zum Thema SSL, CA oder CRL finden Sie in *Kapitel 5.3, Zertifizierungsstelle/Certificate Authority (CA)* und *Kapitel 5.5, SSL*.

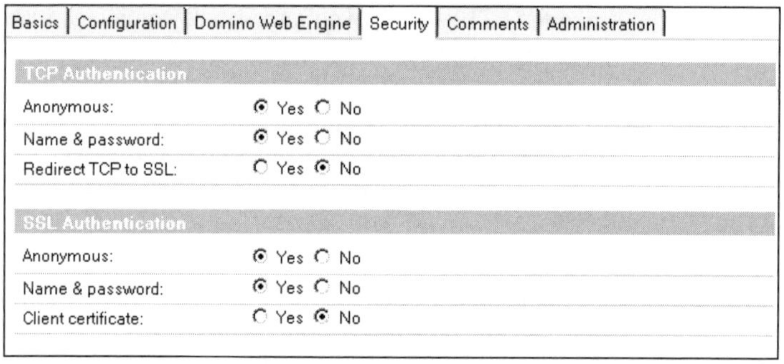

Basics	Configuration	Domino Web Engine	Security	Comments	Administration

TCP Authentication

Anonymous:	⦿ Yes ◯ No
Name & password:	⦿ Yes ◯ No
Redirect TCP to SSL:	◯ Yes ⦿ No

SSL Authentication

Anonymous:	⦿ Yes ◯ No
Name & password:	⦿ Yes ◯ No
Client certificate:	◯ Yes ⦿ No

Abbildung 11.6: Registerkarte SICHERHEIT/SECURITY im Web-Site-Dokument

5. Im Bereich TCP-AUTHENTIFIZIERUNG/TCP AUTHENTICATION nehmen Sie die folgenden Einstellungen vor.

Feld	Eingabe
ANONYM/ ANONYMOUS	(Findet auf allen Internet-Site-Dokumenten Anwendung, außer für POP3 und IMAP)
	Wählen Sie einen der folgenden Werte aus:
	▶ JA/YES, um den anonymen Zugriff zuzulassen.
	▶ NEIN/JA, um den anonymen Zugriff nicht zuzulassen.
	Wenn Sie JA/YES für ANONYM/ANONYMOUS und CLIENT-ZERTIFIKAT/ CLIENT CERTIFICATE wählen, versucht Domino zunächst, den Client zu authentifizieren. Falls dies fehlschlägt, versucht Domino, eine anonyme Verbindung mit dem Benutzer herzustellen.
	Wenn Sie JA/YES für ANONYM/ANONYMOUS, CLIENT-ZERTIFIKAT/CLIENT CERTIFICATE und NAME UND KENNWORT/NAME & PASSWORD ausgewählt haben, versucht Domino zunächst, den Client anhand des Client-Zertifikats zu authentifizieren. Falls dies fehlschlägt, versucht Domino eine Namens- und Kennwortauthentifizierung. Falls dies fehlschlägt, versucht Domino, eine anonyme Verbindung mit dem Benutzer herzustellen.

Feld	Eingabe
NAME UND KENNWORT/ NAME & PASSWORD	Wählen Sie einen der folgenden Werte aus: ▶ NEIN/NO, um Namens- und Kennwortauthentifizierung nicht zu verwenden. ▶ JA/YES, um die Namens- und Kennwortauthentifizierung zu verwenden.
TCP ZU SSL UMLEITEN/ REDIRECT TCP TO SSL	(Findet nur für Web-Sites statt) Wählen Sie: ▶ JA/YES, um Clients und Server anzuhalten, SSL zu verwenden, um auf die Webseite zu gelangen. ▶ NEIN/NO, um Clients und Server zu erlauben, SSL oder TCP/IP zu verwenden, um auf die Webseite zuzugreifen.

6. Im Bereich SSL-AUTHENTIFIZIERUNG/SSL AUTHENTICATION nehmen Sie die folgenden Einstellungen vor.

ANONYM/ ANONYMOUS	(Findet auf allen Internet-Site-Dokumenten Anwendung, außer für POP3 und IMAP) Wählen Sie: ▶ JA/YES, um den Anwendern zu erlauben, via SSL ohne Namens- und Kennwortauthentifizierung zuzugreifen. ▶ NEIN/NO, um den anonymen Zugriff nicht zu erlauben.
NAME UND KENNWORT/ NAME & PASSWORD	Wählen Sie: ▶ JA/YES, um einen Anwender anzuhalten, sich mit Namen und Internet-Kennwort zu authentifizieren, um auf die Seite via SSL zuzugreifen. ▶ NEIN/NO, um nicht nach einem Namen und dem Passwort zu verlangen.
CLIENT-ZERTIFIKAT/ CLIENT CERTIFICATE	(Findet auf allen Web-Site-, IMAP-, POP3- und LDAP-Site-Dokumenten Anwendung) Wählen Sie: ▶ JA/YES, um nach Client-Zertifikaten für den Seitenzugriff zu verlangen. ▶ NEIN/NO, um nicht nach Client-Zertifikaten für den Seitenzugriff zu verlangen.

7. Im Bereich SSL-OPTIONEN/SSL OPTIONS nehmen Sie die folgenden Einstellungen vor:

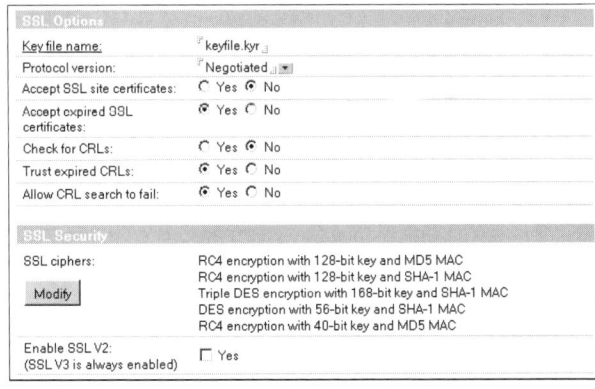

Abbildung 11.7:
Optionen zur Verschlüsselung

SCHLÜSSELDATEI/ KEY FILE NAME	Der Name der Server-Schlüsselringdatei
PROTOKOLLVERSION/ PROTOCOL VERSION	Wählen Sie: ▶ NUR V2.0/V2.0 ONLY lässt nur SSL 2.0-Verbindungen zu. ▶ V3.0-HANDSHAKE/V3.0 HANDSHAKE, um eine SSL 3.0-Verbindung zu versuchen. Schlägt diese fehl und erkennt der Anforderer SSL 2.0, wird versucht, eine Verbindung mit SSL 2.0 herzustellen. ▶ NUR V3.0/V3.0 ONLY lässt nur SSL 3.0-Verbindungen zu. ▶ V3.0 MIT V2.0-HANDSHAKE/V3.0 WITH V2.0 HANDSHAKE, um die Herstellung einer SSL 3.0-Verbindung zu versuchen, aber mit einem SSL 2.0-Handshake zu beginnen, der die entsprechenden Fehlermeldungen anzeigt. Stellt nach Möglichkeit eine SSL 3.0-Verbindung her. ▶ VEREINBART/NEGOTIATED (Vorgabe), um eine SSL 3.0-Verbindung zu versuchen. Schlägt dies fehl, wird versucht, eine SSL 2.0-Verbindung herzustellen. Verwenden Sie diese Einstellung, es sei denn, es sind Verbindungsprobleme aufgrund von inkompatiblen Protokollversionen aufgetreten.
SSL-ZERTIFIKATE ANNEHMEN/ ACCEPT SSL SITE CERTIFICATES	Wählen Sie: ▶ JA/YES, um für diesen Server die Annahme des Site-Zertifikats und den Zugriff auf einen Internet-Server mit SSL zu ermöglichen, auch wenn der Server über kein gemeinsames Zertifikat mit dem Internet-Server verfügt. ▶ NEIN/NO, um diesem Server die Annahme von Site-Zertifikaten nicht zu gestatten.
ABGELAUFENE SSL-ZERTIFIKATE ANNEHMEN/ ACCEPT EXPIRED SSL CERTIFICATES	Wählen Sie einen der folgenden Werte aus: ▶ JA/YES, um Clients zu gestatten, auf einen Server auch dann zuzugreifen, wenn ihr Client-Zertifikat abgelaufen ist. ▶ NEIN/NO, um Clients nicht zu gestatten, auf einen Server zuzugreifen, wenn ihr Client-Zertifikat abgelaufen ist.
NACH CRLS SUCHEN/ CHECK FOR CRLS	Wählen Sie: ▶ JA/YES, um die Certificate Revocation List (CRL) des Zertifizierers in Bezug auf das zu validierende Anwender-Zertifikat zu überprüfen. Wenn eine gültige CRL gefunden wird und das Anwender-Zertifikat in dieser Liste steht, wird das Zertifikat zurückgewiesen. ▶ NEIN/NO, um keine CRLs zu verwenden.
ABGELAUFENEN CRLS VERTRAUEN/ TRUST EXPIRED CRLS	Wählen Sie: ▶ JA/YES, um abgelaufene, aber ansonsten gültige CRLs zu verwenden, wenn versucht wird, Anwender-Zertifikate zu validieren. ▶ NEIN/NO, um abgelaufene CRLs zurückzuweisen.

SUCHE NACH CRL DARF FEHLSCHLAGEN/ ALLOW CRL SEARCH TO FAIL	Wählen Sie:
	▶ JA/YES: Wenn der Versuch, eine gültige CRL zu lokalisieren, fehlschlägt, wird vorgegangen, als würde NACH CRLS SUCHEN/CHECK FOR CRLS auf NEIN/NO stehen.
	▶ NEIN/NO: Wenn eine gültige CRL für das Anwender-Zertifikat nicht lokalisiert werden kann, wird das Zertifikat zurückgewiesen.
	Wenn ABGELAUFENEN CRLS VERTRAUEN/TRUST EXPIRED CRLS auf JA/YES gesetzt wurde, ist eine abgelaufene CRL gültig.
	Wenn ABGELAUFENEN CRLS VERTRAUEN/TRUST EXPIRED CRLS auf NEIN/NO gesetzt wurde, wird die Authentifizierung für jedes Anwender-Zertifikat fehlschlagen, für das keine gültige CRL gefunden werden kann.

8. Im Bereich SSL-SICHERHEIT/SSL SECURITY nehmen Sie die folgenden Einstellungen vor:

SSL-VERSCHLÜSSELUNGS-CODES/ SSL CIPHERS	Klicken Sie auf ÄNDERN/MODIFY, um die SSL-Chiffrierungs-einstellungen für das Site-Dokument zu verändern. Diese Einstellungen gelten nur für SSL v3. SSL v2-Chiffrierungen können nicht verändert werden.
SSL V2 AKTIVIEREN/ ENABLE SSL V2	Wählen Sie JA/YES, um SSL v2 für dieses Site-Dokument zu aktivieren (SSL V3 ist immer aktiviert).

Einige Internet-Sites verlangen nach einer zusätzlichen Konfiguration. Die folgende Tabelle zeigt die Internet-Site-Dokumente an, die dies benötigen und auf welcher Registerkarte in diesen Dokumenten die Einstellungen zu finden sind.

Dokument	Konfiguration unter der Registerkarte
Web Site	KONFIGURATION/CONFIGURATION
	DOMINO WEBSERVER/DOMINO WEB ENGINE
IMAP Site	ÖFFENTLICHE ORDNER/PUBLIC FOLDER
IIOP Site	KONFIGURATION/CONFIGURATION

9. Speichern Sie das Dokument.

11.2.5 Web-Site-Dokumente

Neben den Einstellungen, die Sie unter den Registern ALLGEMEIN/BASICS und SICHERHEIT/SECURITY für alle Protokolle vornehmen müssen, gibt es für Web-Site-Dokumente zusätzlich die Register KONFIGURATION/CONFIGURATION und DOMINO WEBSERVER/DOMINO WEB ENGINE mit Einstellungsmöglichkeiten. Führen Sie hier die folgenden Konfigurationsschritte durch.

Registerkarte KONFIGURATION/CONFIGURATION

1. Wählen Sie das Web-Site-Dokument aus, das Sie bearbeiten wollen, und klicken Sie auf WEBSITE BEARBEITEN/EDIT DOCUMENT.

2. Klicken Sie auf die Registerkarte KONFIGURATION/CONFIGURATION. Unter VORGEGEBENE ZUORDNUNGSREGELN/DEFAULT MAPPING RULES bearbeiten Sie die folgenden Felder:

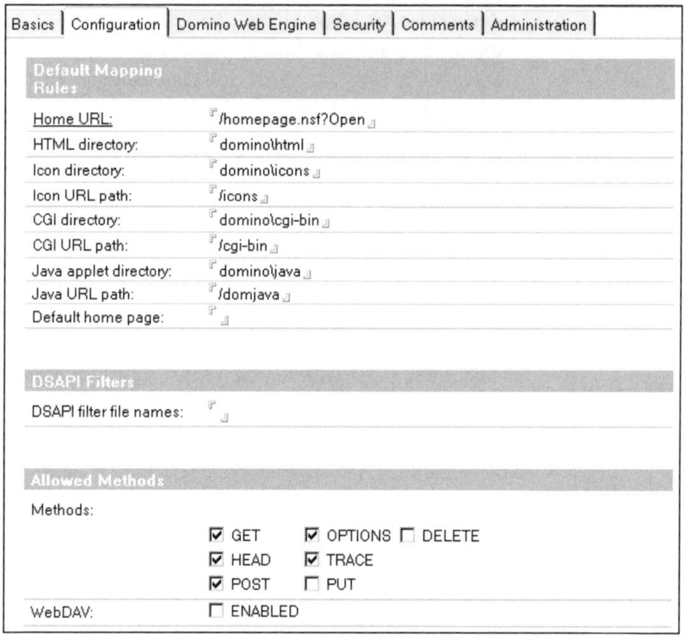

| Basics | Configuration | Domino Web Engine | Security | Comments | Administration |

Default Mapping Rules

Home URL:	⌐/homepage.nsf?Open⌐
HTML directory:	⌐domino\html⌐
Icon directory:	⌐domino\icons⌐
Icon URL path:	⌐/icons⌐
CGI directory:	⌐domino\cgi-bin⌐
CGI URL path:	⌐/cgi-bin⌐
Java applet directory:	⌐domino\java⌐
Java URL path:	⌐/domjava⌐
Default home page:	⌐⌐

DSAPI Filters

DSAPI filter file names:	⌐⌐

Allowed Methods

Methods:	
	☑ GET ☑ OPTIONS ☐ DELETE
	☑ HEAD ☑ TRACE
	☑ POST ☐ PUT
WebDAV:	☐ ENABLED

Abbildung 11.8: Registerkarte KONFIGURATION/CONFIGURATION eines Web-Site-Dokuments

Feld	Eingabe
HOME-URL/ HOME URL	Der URL-Befehl, der ausgeführt wird, wenn Benutzer auf den Server zugreifen. Durch den URL-Befehl kann eine Datenbank oder eine Liste der Datenbanken auf dem Server angezeigt werden.
HTML-VERZEICHNIS/ HTML DIRECTORY	Geben Sie das Verzeichnis an, das verwendet wird, um HTML-Dateien abzulegen, falls dies nicht durch die URL vorgegeben wird, wie beispielsweise durch *http://www.dmk-online.de/welcome.html*. Die Vorgabe lautet *domino\html*. Der Pfad kann relativ zum Domino Data-Verzeichnis wie etwa *domino\myhtml* oder absolut wie etwa durch *c:\Web-Sites\html* vorgegeben werden. Für Service Provider gilt, dass das Verzeichnis relativ zum Haupt Domino Data-Verzeichnis, nicht zum Data-Verzeichnis der gehosteten Organisation, angegeben werden muss.

Feld	Eingabe
SYMBOLVERZEICHNIS/ ICON DIRECTORY	Geben Sie das Verzeichnis an, das verwendet wird, um Icons abzulegen. Der Pfad kann relativ oder absolut angegeben werden. Die Vorgabe lautet *domino\icons*.
	Für Service Provider gilt, dass das Verzeichnis relativ zum Haupt-Domino-Data-Verzeichnis, nicht zum Data-Verzeichnis der gehosteten Organisation angegeben werden muss.
SYMBOL-URL-PFAD/ ICON URL PATH	Geben Sie den URL-Pfad an, der verwendet wird, um auf das Icon-Verzeichnis zu verweisen. Die Vorgabe lautet */icons*.
	Zum Beispiel wird dann bei der Eingabe der URL in der Form *http:// servername/icons/abook.gif* die Datei *c:\lotus\domino\data\domino\icons\abook.gif* zurückgegeben.
CGI-VERZEICHNIS/ CGI DIRECTORY	Geben Sie das Verzeichnis an, das verwendet wird, um CGI-Programme abzulegen. Der Pfad kann relativ oder absolut angegeben werden. Die Vorgabe lautet *domino\cgi-bin*. Für Service Provider gilt, dass das Verzeichnis relativ zum Haupt-Domino-Data-Verzeichnis, nicht zum Data-Verzeichnis der gehosteten Organisation angegeben werden muss.
CGI-URL-PFAD/ CGI URL PATH	Geben Sie den URL-Pfad an, der verwendet wird, um auf das Vorgabe-CGI-Verzeichnis zu verweisen. Die Vorgabe lautet */cgi-bin*.
	Zum Beispiel wird dann bei der Eingabe der URL in der Form *http:// servername/cgi-bin/test.pl* das CGI-Programm *c:\lotus\domino\data\domino\cgi-bin\test.pl* aufgerufen.
JAVA-APPLET-VERZEICHNIS/ JAVA APPLET DIRECTORY	Geben Sie das Verzeichnis an, das verwendet wird, um Domino Java-Applets abzulegen. Der Pfad kann relativ oder absolut angegeben werden. Die Vorgabe lautet *domino\java*.
	Für Service Provider gilt, dass das Verzeichnis relativ zum Haupt-Domino-Data-Verzeichnis, nicht zum Data-Verzeichnis der gehosteten Organisation angegeben werden muss.
JAVA-URL-PFAD/ JAVA URL PATH	Geben Sie den URL-Pfad an, der verwendet wird, um auf das Vorgabe-CGI-Verzeichnis zu verweisen. Die Vorgabe lautet */domjava*.
JAVASCRIPT-VERZEICHNIS/JAVA SCRIPT DIRECTORY	Geben Sie das Verzeichnis an, das verwendet wird, um Domino JavaScripts abzulegen. Der Pfad kann relativ oder absolut angegeben werden. Die Vorgabe lautet *domino\js*.
	Für Service Provider gilt, dass das Verzeichnis relativ zum Haupt-Domino-Data-Verzeichnis, nicht zum Data-Verzeichnis der gehosteten Organisation angegeben werden muss.
JAVASCRIPT-PFAD/ JAVASCRIPT PATH	Geben Sie den URL-Pfad an, der verwendet wird, um auf das Vorgabe-JavaScript-Verzeichnis zu verweisen. Die Vorgabe lautet */domjs*.

Wenn Sie die Ansicht WEBSERVERKONFIGURATION/WEB SERVER CONFIGURATIONS verwenden, öffnen Sie das Serverdokument, wählen Sie INTERNET-PROTOKOLLE/INTERNET PROTOCOLS > HTTP und vervollständigen Sie die Felder im Bereich ZUORDNUNG/ MAPPING.

3. Im Bereich DSAPI FILTERS (*Domino Security Application Programming Interface*) definieren Sie eigene Erweiterungen, die zur Authentifizierung genutzt werden können. Sie können hier DLLs (*Dynamic Link Libraries*, Programmbibliotheken) einbinden, in denen eigene Programmierungen eingebunden sind. Anstelle der üblichen SSL-Basis-Authentifizierung wird Ihre DLL genutzt. Nehmen Sie (optional) die folgenden Einstellungen vor:

DSAPI FILTER FILE NAMES/ DSAPI-FILTER-NAMEN	Geben Sie hier den Namen von einem oder mehreren DSAPI-Filtern ein, falls Sie welche verwenden möchten.

4. Im Bereich METHODEN/METHODS definieren Sie die Methoden zur Datenbearbeitung. Als Vorgabe sind GET, HEAD, POST, OPTIONS und TRACE aktiviert.

Registerkarte DOMINO WEBSERVER/DOMINO WEB ENGINE

In dem Register DOMINO WEBSERVER/DOMINO WEB ENGINE können diverse Vorgabeeinstellungen für den Webserver hinterlegt werden. Sie können hier Festlegungen zur Oberfläche und das Antwortverhalten des Servers treffen, z.B. Sitzungsauthentifizierung einrichten, GIF- oder JPEG-Konvertierung einrichten, Anzahl der in einer Ansicht angezeigten Zeilen festlegen oder die Anzahl der bei einer Suche angezeigten Dokumente begrenzen.

1. Klicken Sie auf die Registerkarte DOMINO WEBSERVER/DOMINO WEB ENGINE. Im Bereich HTTP-SITZUNGEN/HTTP SESSIONS können Sie die serverübergreifende sitzungsbasierte Authentifizierung, die auch als einmalige Anmeldung (SSO, Single Sign-On) bezeichnet wird, konfigurieren. Wählen Sie im Feld SITZUNGSAUTHENTIFIZIERUNG/SESSION AUTHENTICATION eine der folgenden Möglichkeiten aus (siehe *Abbildung 11.9*).

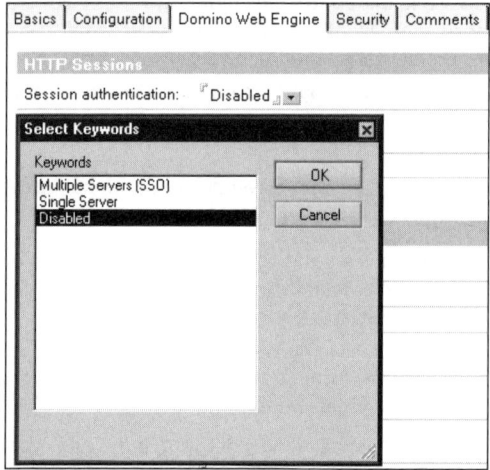

Abbildung 11.9: Auswahl der Sitzungsauthentifizierung

– Wählen Sie SERVERÜBERGREIFEND (SSO)/MULTIPLE SERVERS (SSO), um Webanwendern nach einmaliger Anmeldung an einen Domino Server die Möglichkeit zu geben, auf andere Server in der gleichen Domäne ohne erneute Anmeldung zugreifen zu können. Bei Aktivierung dieser Option erscheint das Feld WEB-SSO-KONFIGURATION/WEB SSO CONFIGURATION, in das Sie den Namen des Web-SSO-Dokuments eintragen.

– Wählen Sie FÜR JEDEN SERVER GETRENNT/SINGLE SERVER, um Cookies nur für einen einzigen Server zu verwenden. Diese Option wird nur dann wirksam, wenn Anwender auf diese Webseite zugreifen. Im Feld ZEITLIMIT FÜR INAKTIVE SITZUNGEN/ IDLE SESSION TIMEOUT geben Sie die Zeit (in Minuten) an, wann der Cookie seine Gültigkeit verliert und die Session deaktiviert wird. Die Vorgabe lautet 30 Minuten.

Im Feld MAXIMALE ANZAHL AKTIVER SITZUNGEN/MAXIMUM ACTIVE SESSIONS geben Sie die maximale Anzahl der aktiven, gleichzeitigen Anwender-Sitzungen auf dem Server an. Der Vorgabewert lautet 1000.

– Wählen Sie DEAKTIVIERT/DISABLED (default), um zu verhindern, dass Cookies vom Domino Server zu Authentifizierungszwecken verwendet werden.

2. Im Bereich KONVERTIERUNG/ANZEIGE bzw. CONVERSION/DISPLAY können Sie das Format und das Verfahren festlegen, mit denen Domino Bilder anzeigt, die in Dokumenten enthalten sind. Der Domino Webserver unterstützt die Bildformate GIF und JPEG. Diese Einstellung wirkt sich nicht auf Bilder aus, die mit Durchgangs-HTML referenziert sind. Die Optionen für die Bildkonvertierung können Sie im Register INTERNET-PROTOKOLLE/ INTERNET PROTOCOLS > DOMINO WEBSERVER/DOMINO WEB ENGINE des Serverdokuments einstellen.

Wenn Sie die progressive Darstellung oder Interlaced-Wiedergabe aktivieren, hat der Benutzer den Eindruck einer höheren Ladegeschwindigkeit, da das Bild bereits während des Ladevorgangs nach und nach angezeigt wird (siehe *Abbildung 11.10*).

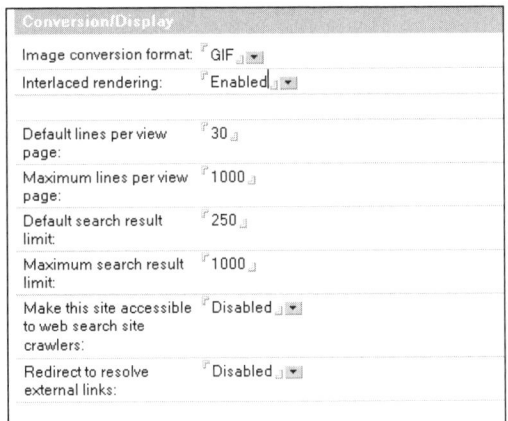

Abbildung 11.10: Konvertierungsoptionen definieren

▷ So legen Sie GIF-Konvertierung fest:

Feld	Eingabe
BILDKONVERTIERUNGSFORMAT/ IMAGE CONVERSION FORMAT	GIF zum Konvertieren von Bildern in Dokumenten in das GIF-Format. Die Vorgabe ist GIF.
INTERLACED-WIEDERGABE/ INTERLACED RENDERING	Wählen Sie einen der folgenden Werte aus: ▷ AKTIVIERT/ENABLED (Vorgabe): Jede Zeile des Bildes wird sofort angezeigt. ▷ DEAKTIVIERT/DISABLED: Bevor das Bild angezeigt wird, muss es vollständig heruntergeladen werden.

▶ So legen Sie die JPEG-Konvertierung fest:

Feld	Eingabe
BILDKONVERTIERUNGSFORMAT/ IMAGE CONVERSION FORMAT	JPEG zum Konvertieren von Bildern in Dokumenten in das JPEG-Format. Die Vorgabe ist JPEG.
PROGRESSIVE DARSTELLUNG/ PROGRESSIVE RENDERING	Wählen Sie einen der folgenden Werte aus: ▶ AKTIVIERT/ENABLED (Vorgabe): Zeigt das Bild in mehreren Schritten an. ▶ DEAKTIVIERT/DISABLED: Bevor das Bild angezeigt wird, muss es vollständig heruntergeladen werden.
JPEG-BILDQUALITÄT/ JPEG IMAGE QUALITY	Ein Prozentwert zwischen 5 und 100 zum Angeben der JPEG-Bildqualität. Je höher der Wert, desto größer ist die Datei, desto länger ist die Übertragungszeit und desto besser ist die Bildqualität. Die Vorgabe ist 75.

3. Im Bereich KONVERTIERUNG/ANZEIGE bzw. CONVERSION/DISPLAY können Sie die Anzahl der in einer Ansicht angezeigten Zeilen festlegen, die Domino zum Anzeigen einer Datenbankansicht verwendet.

Diese Einstellung betrifft alle Datenbanken auf dem Server.

Feld	Eingabe
VORGEGEBENE ANZAHL ZEILEN PRO ANSICHTSSEITE/ DEFAULT LINES PER VIEW PAGE	Eine Zahl zwischen 1 und der im Feld MAXIMALE ZEILEN PRO ANSICHTSSEITE/MAXIMUM LINES PER VIEW PAGE angegebenen Zahl. Dieses Feld gibt die Anzahl der Zeilen an, die angezeigt werden, wenn Benutzer keinen Wert für die Zeilenanzahl in einer URL festgelegt haben. Die Anzahl der angezeigten Zeilen richtet sich nach Ihrem individuellen Geschmack. Werden mehr Zeilen pro Ansicht angezeigt, können Sie ein Element in einer großen Ansicht leichter suchen. Werden weniger Zeilen pro Ansicht angezeigt, können Sie die Elemente in einer Ansicht leichter lesen. Die Vorgabe ist 30.
MAXIMALE ZEILEN PRO ANSICHTSSEITE/ MAXIMUM LINES PER VIEW PAGE	Eine Zahl, die nur von der Browser-Software begrenzt wird. Dieses Feld gibt die maximale Anzahl der Zeilen an, die in einer Ansicht angezeigt werden, wenn der Benutzer einen Wert für die Zeilenanzahl in einer URL festgelegt hat. Bei 0 wird die Anzahl der Zeilen in einer Ansicht nicht begrenzt. Durch das Festlegen einer maximalen Zeilenanzahl wird der Benutzer daran gehindert, Serverressourcen durch die Anforderung einer großen Anzahl Zeilen für die Anzeige zu überlasten. Die Vorgabe ist 1000.

4. Im Bereich KONVERTIERUNG/ANZEIGE bzw. CONVERSION/DISPLAY können Sie die Anzahl der bei einer Suche angezeigten Dokumente begrenzen. Sie können die Standard- und Höchstanzahl der Dokumente festlegen, die als Ergebnisse einer Datenbank-suche angezeigt werden. Benutzer können die Anzahl der Dokumente festlegen, die bei einer Suchabfrage zurückgegeben werden.

Feld	Eingabe
VORGEGEBENE ANZAHL VON SUCHERGEBNISSEN/ DEFAULT SEARCH RESULT LIMIT	Die Anzahl der Dokumente, die angezeigt wird, wenn kein Wert für den Parameter SEARCHMAX in der URL angegeben ist. Bei 0 wird die Anzahl der angezeigten Dokumente nicht begrenzt. Die Vorgabe ist 250.
MAXIMALE ANZAHL VON SUCHERGEBNISSEN/ MAXIMUM SEARCH RESULT LIMIT	Die Höchstanzahl der Dokumente, die angezeigt wird, wenn ein Wert für den Parameter SEARCHMAX in der URL angegeben ist. Bei 0 wird die Anzahl der angezeigten Dokumente nicht begrenzt. Die Vorgabe ist 1000.

5. Im Bereich KONVERTIERUNG/ANZEIGE bzw. CONVERSION/DISPLAY können Sie angeben, ob und wie Sie externe Verknüpfungen auflösen.

Feld	Eingabe
UMLEITUNG ZUR AUFLÖSUNG VON EXTERNEN VER-KNÜPFUNGEN/ REDIRECT TO RESOLVE EXTERNAL LINKS	Wählen Sie einen der folgenden Werte aus:

Wählen Sie einen der folgenden Werte aus:

▶ DEAKTIVIERT/DISABLED (Vorgabe): Der Server akzeptiert keine Befehle zur URL-Umleitung und erzeugt infolge einer Domänensuche keine Befehle zur URL-Umleitung.

▶ NACH SERVER/BY SERVER: Es wird nach dem Servernamen gesucht, der in der URL im Domino-Verzeichnis auf dem Webserver angegeben ist. Der Webserver sucht sowohl im Feld HOST-NAME im Register INTERNET-PROTOKOLLE/INTERNET PROTOCOLS > HTTP als auch im Feld VOLLQUALIFIZIERTER INTERNET-HOST-NAME/FULLY QUALIFIED INTERNET HOST NAME im Register ALLGEMEIN/BASICS nach dem Servernamen.

▶ NACH DATENBANK/BY DATABASE: Der Server wird im Domino-Verzeichnis auf einem verfügbaren Server gesucht. Domino sucht, falls verfügbar, im Domänenkatalog oder im lokalen Katalog des Servers nach der Datenbank. Vergewissern Sie sich, dass der Domänenkatalog aktuelle Informationen über den Speicherort der Datenbanken enthält.

Wenn Sie diese Option wählen, dauert die Auflösung von Verknüpfungen länger als bei Auswahl der Option NACH SERVER/BY SERVER, da der Webserver auf einem verfügbaren Server nach der Datenbank sucht, und nicht nur auf dem in der URL angegebenen Server. Jedoch können durch Auswahl der Option NACH DATENBANK/BY DATABASE möglicherweise mehr Verknüpfungen aufgelöst werden, da der Webserver zusätzlich versucht, eine Verknüpfung mithilfe einer Replik der Datenbank auf anderen Servern als dem in der URL dargestellten aufzulösen. Verwenden Sie diese Option auf dem Server, auf dem die Domänensuche ausgeführt wird, damit mehr Verknüpfungen für den Benutzer aufgelöst werden.

Da die Optionen NACH SERVER/BY SERVER und NACH DATENBANK/BY DATABASE sich beide auf die Informationen im Domino-Verzeichnis beziehen, müssen Sie dafür sorgen, dass die Serverinformationen im Domino-Verzeichnis vollständig und richtig sind.

Der Server gibt einen direkten oder indirekten URL-Befehl aus, wenn Verknüpfungen in der Ergebnismaske angezeigt werden, falls diese Option aktiviert ist. Die Domänen-URL findet Informationen über den Server, auf dem die Verknüpfungen generiert werden. Der Befehl REDIRECT findet den richtigen Server und leitet eine Verknüpfung an den Server um, indem er die entsprechende URL aufbaut. Der Befehl REDIRECT kann die Leistung steigern, indem er einzelne Verknüpfungen auflöst, wenn sie ausgewählt sind, anstatt alle wiedergegebenen Verknüpfungen gleichzeitig aufzulösen.

6. Im Bereich POST-DATEN/POST DATA können Sie die Datenmenge einschränken, die Benutzer an den Server senden können (siehe *Abbildung 11.11*).

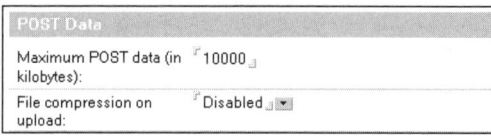

Abbildung 11.11: Konfiguration der erlaubten Datenmenge

Feld	Eingabe
MAXIMALE GRÖSSE VON POST-DATEN/ MAXIMUM POST DATA	Die Datenmenge in Kilobytes, die ein Benutzer an den Server senden darf. Die Vorgabe lautet 0, wodurch die von Benutzern versendete Datenmenge nicht beschränkt wird.
	Wenn die Benutzer versuchen, mehr als die maximal zulässigen Daten zu senden, gibt Domino eine Meldung an den Browser zurück.
DATEI BEIM HOCHLADEN KOMPRIMIEREN/ FILE COMPRESSION ON UPLOAD	Legt fest, ob Domino Dateien vor dem Hinzufügen zu einer Datenbank komprimiert. Durch die Komprimierung von Dateien sparen Sie Plattenspeicher auf dem Server ein. Die Vorgabe lautet DEAKTIVIERT/DISABLED.
	Wenn Clients einen Browser verwenden, der Byte-Range-Serving unterstützt, wählen Sie DEAKTIVIERT/ DISABLED. Sie können keine komprimierten Dateien unter Verwendung von Domino Byte-Range-Serving herunterladen.

7. Im Bereich VORGABE VON WEBBENUTZERN/WEB USER PREFERENCES können Sie angeben, ob die Vorgaben der Webanwender in Cookies abgelegt werden.

Feld	Eingabe
VORGABEN VON WEBBENUTZERN IN COOKIES SPEICHERN/ STORE USER PREFERENCES IN COOKIES	Wählen Sie:
	▷ DEAKTIVIERT/DISABLED: Anwender können ihre regionalen Vorgaben nicht anpassen.
	▷ FÜR JEDEN SERVER GETRENNT/SINGLE SERVER: Cookies für angepasste Vorgaben werden für die aktuelle Webseite/-server generiert.
	▷ SERVERÜBERGREIFEND/MULTI-SERVER: Cookies für angepasste Vorgaben werden für die DNS-Domäne generiert, zu der die aktuelle Webseite/-server gehört.

Feld	Eingabe
VORGEGEBENE LÄNDEREINSTELLUNGEN/ DEFAULT REGIONAL LOCALE	Verwenden Sie dieses Feld für solche Fälle, in denen ein Anwender keine angepassten regionalen Einstellungen für den Browser aktiviert hat und die Formatoption des Felds für die regionalen Einstellungen auf USER'S SETTING gesetzt ist. Diese Information wird für die Formatierung von Datum, Zeit, Zahlen und Währung benötigt. ▶ SERVER-LÄNDEREINSTELLUNG/SERVER LOCALE, um die Einstellung des Serverbetriebssystems zu verwenden. ▶ ACCEPT-LANGUAGE-EINSTELLUNG DES BROWSERS/ BROWSER'S ACCEPT-LANGUAGE (default).

8. Im Bereich SPRACHE/LANGUAGE können Sie die Sprachvorgaben einstellen (siehe *Abbildung 11.12*).

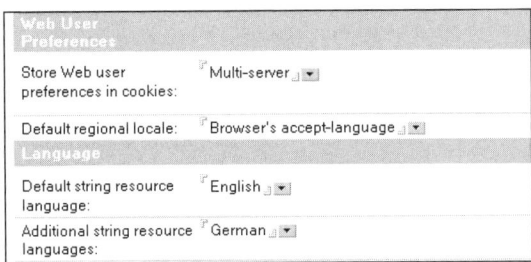

Abbildung 11.12: Sprachoptionen definieren

Der Webserver verwendet zum Darstellen von Webseiten in verschiedenen Sprachen Ressourcenmodule für Sprachstrings. Der Domino Webserver ist in der Lage, mehrere Sprachen zu unterstützen, und kann so konfiguriert werden, dass er sie umgehend verarbeitet. Die Sprache, in der ein Webserver eine Webseite generiert, hängt von der Accept-Language-Einstellung in den Headers der HTTP-Anforderungen des Clients ab. Ein Webserver mit englischen und französischen Ressourcenmodulen generiert eine Webseite in Französisch, wenn ein Webclient eine HTTP-Anforderung sendet und der Header die Einstellung „Accept-Language:fr (French)" enthält.

Feld	Eingabe
VORGEGEBENE SPRACHE FÜR TEXT-RESSOURCEN/ DEFAULT STRING RESOURCE LANGUAGE	Verwenden Sie diese Einstellung, um die Vorgabe-Zeichenketten-Ressourcen-Module für Webclients auszuwählen, die keine Accept-Language-Information mit dem HTTP-Request senden, oder für den Fall, dass die Sprache, die im Accept-Language-Header angegeben wird, keine Sprache ist, die auf dem Server verfügbar ist.
ZUSÄTZLICHE SPRACHE FÜR TEXT-RESSOURCEN/ ADDITIONAL STRING RESOURCE LANGUAGES	Verwenden Sie diese Einstellung, um zusätzliche Zeichenketten-Ressourcen-Sprachen auszuwählen, die auf dem Server installiert wurden.

Domino benutzt den Vorgabezeichensatz und die angegebene Zeichensatz-Zuweisung, um HTML-Text für den Browser zu generieren. Wenn Sie Benutzer in anderen Ländern haben, die Text in nicht westlichen Sprachen lesen möchten, müssen Sie Änderungen in den Einstellungen vornehmen. Die Einstellung ZEICHENSATZ/CHARACTER SET wirkt sich auf alle Datenbanken auf dem Server aus.

9. Im Bereich ZEICHENSATZ/CHARACTER SET MAPPING können Sie die Sprachvorgaben einstellen.

VORGABE-ZEICHENSATZGRUPPE/ DEFAULT CHARACTER SET GROUP	Eine Zeichensatzgruppe, die es Benutzern ermöglicht, ihren bevorzugten Zeichensatz auszuwählen, wenn sie Dokumente erstellen oder bearbeiten. WESTEUROPÄISCH/WESTERN ist die Vorgabe.
KONVERTIERUNG DER TEXTRESSOURCEN NACH/ CONVERT RESOURCE STRINGS TO	Eine Sprache, die für Meldungen, HTML für vorgegebene Suchseiten und statische Zeichenfolgen in Seiten verwendet wird. Nur bei internationalen Versionen des Domino Servers, die Übersetzungen enthalten, können Sie eine andere Sprache als Englisch auswählen. Die vorgegebene Sprache ist Englisch.
UTF-8 FÜR AUSGABE VERWENDEN/ USE UTF-8 FOR OUTPUT	Wählen Sie einen der folgenden Werte aus: ▶ JA/YES: Seiten werden mit UTF-8 generiert. ▶ NEIN/NO (Vorgabe): Seiten werden mit der Zeichensatz-Zuweisung generiert, die Sie in Schritt 10 weiter unten auswählen.
AUTOMATISCHE ERKENNUNGSROUTINEN VERWENDEN, WENN DATENBANK KEINE INFORMATIONEN ZUR SPRACHE ENTHÄLT/ USE AUTO-DETECTION IF DATABASE HAS NO LANGUAGE INFORMATION	Wählen Sie einen der folgenden Werte aus: ▶ JA/YES: Die Sprache, die für die Datenbank verwendet werden soll, wenn im Register GESTALTUNG/DESIGN der Datenbankeigenschaften keine Vorgabesprache ausgewählt ist, wird automatisch ermittelt. ▶ NEIN/NO (Vorgabe): Die im Feld UTF-8 FÜR AUSGABE VERWENDEN/USE UTF-8 FOR OUTPUT angegebene Sprache wird verwendet. Wenn die Sprache für eine Datenbank im Register GESTALTUNG/DESIGN der Datenbankeigenschaften ausgewählt ist, verwendet Domino diese Sprache für den Text in der Datenbank.
ZEICHENSATZ IM HEADER/ CHARACTER SET IN HEADER	Wählen Sie einen der folgenden Werte aus: ▶ JA/YES (Vorgabe): Der Zeichensatz wird zur HTTP-Kopfzeile CONTENT-TYPE einer HTML-Seite hinzugefügt. Wenn Sie JA/YES auswählen, sucht der Browser den Zeichensatz vor der Wiedergabe der Seite. ▶ NEIN/NO: Die Zeichen aus der HTTP-Kopfzeile einer HTML-Seite werden ausgeschlossen. Wählen Sie diese Option, wenn Sie frühe Versionen von Browsern verwenden, die den Zeichensatz-Tag in der HTTP-Kopfzeile nicht verstehen.

METAZEICHENSATZ/	Wählen Sie einen der folgenden Werte aus:
META CHARACTER SET	▶ JA/YES: Der Zeichensatz wird zum Tag ⟨META⟩ einer HTML-Seite hinzugefügt. Mit dieser Option können Sie die Zeichensatz-Informationen speichern, wenn Sie eine HTML-Datei auf einem Server oder der Festplatte speichern.
	▶ NEIN/NO (Vorgabe): Der Zeichensatz wird aus dem Tag ⟨META⟩ einer HTML-Seite ausgeschlossen.

10. Des Weiteren können Sie Zeichensätze für Webserver-Seiten angeben. Der Standardzeichensatz legt fest, welche Auswahl Ihnen für die Zeichensatz-Zuweisung zur Verfügung steht. Wenn es bei einer Zeichensatzgruppe Zuweisungsmöglichkeiten gibt, müssen Sie außerdem angeben, welcher Zeichensatz verwendet werden soll.

Weitere Einstellungen für Web-Site-Dokumente

Sie haben über Web-Site-Dokumente die Möglichkeit, *Domino Webserver Application Programming Interface* (DSAPI), diverse HTTP-Methoden und *Web-based Distributed Authoring and Versioning* (WebDAV) zu unterstützen (siehe *Abbildung 11.13*).

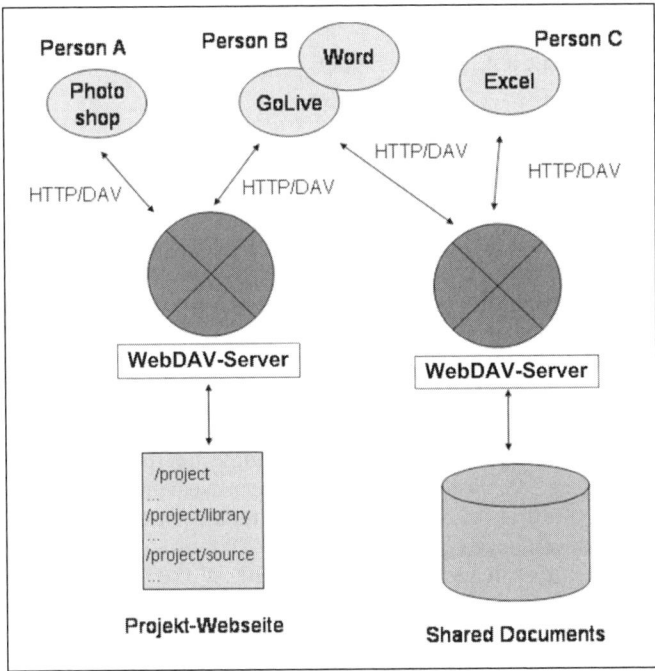

Abbildung 11.13: Zugriffe via WebDAV

Die Domino Webserver Application Programming Interface (DSAPI) ist eine C-API, mit der Sie Ihre eigenen Erweiterungen für den Domino Webserver schreiben können. Mit diesen Erweiterungen (bzw. „Filtern") können Sie die Authentifizierung von Webbenutzern anpassen.

DAV ist vor allem ein offenes Protokoll (und nicht etwa ein API) bzw. eine Erweiterung zum HTTP-1.1-Protokoll. Es fügt neue Methoden und Headers zum HTTP 1.1 hinzu und erbringt dabei die Funktionalität, die im Folgenden beschrieben wird:

▶ Locking (concurrency control): Verhindert durch exklusive und verteilte Locks auf Dateien die Überschreibprobleme und damit auch die Arbeit von mehreren Benutzern gleichzeitig auf der gleichen Datei/Ressource.

▶ Properties: Mithilfe von XML-Zusatzdateien können Dokumenteigenschaften mit abgespeichert werden, etwa die Liste der Autoren. Diese Liste kann effizient gesetzt, gelöscht und geholt werden, indem das DAV-Protokoll benutzt wird.

▶ Namespace manipulation: Um Dateien (Ressourcen) kopieren und verschieben zu können, unterstützt DAV (ähnlich dem FTP oder dem Win Explorer) auch diese Operationen. Genauso können Verzeichnisse (bei DAV Collections genannt) angelegt und gelöscht werden.

Diese drei Features sind bisher als RFC 2518 erschienen; es existieren noch weitere, die bisher noch in keinem Standard gelistet werden, aber bereits stabil laufen, wie z.B. Configuration and Versioning, Access Control etc. Der Domino Webserver unterstützt ebenfalls Web-DAV (Web-based Distributed Authoring und Versioning), sodass Sie und andere Mitarbeiter Ihres Teams Teile einer Datenbank unter Verwendung von WebDAV-fähigen Clients bearbeiten und verwalten können. Entwickler mit dem entsprechenden Zugriff auf eine Domino-Datenbank können Dateien von einem WebDAV-Client (beispielsweise Adobe Dreamweaver) aus öffnen, die Dateien bearbeiten und sie zurück in die Datenbank speichern.

Sie können mit einem WebDAV-Client auf folgende Typen von Domino-Datenbankressourcen zugreifen:

▶ Dateiressourcen

▶ Bilder

▶ CSS-Dateien (Cascading Style Sheets)

In der Zugriffskontrollliste (ACL) der Datenbank erhält der Benutzer entweder Entwickler- oder Managerzugriff. Er muss außerdem die Berechtigungen DOKUMENTE ERSTELLEN/CREATE DOCUMENTS und DOKUMENTE LÖSCHEN/DELETE DOCUMENTS in der Datenbank-ACL erhalten. Wenn für eine Datenbank das Feld ÖFFNEN ÜBER URL NICHT ZULASSEN/DON'T ALLOW URL OPEN in den Datenbankeigenschaften aktiviert ist, können Sie nicht mit einem WebDAV-Client auf diese Datenbank zugreifen.

Sie können über das Sperren von Gestaltungen verhindern, dass ein Mitarbeiter die Arbeit eines anderen überschreibt, wenn beide dieselbe Ressource bearbeiten. Einige WebDAV-Clients (wie beispielsweise MS Word, Excel und Dreamweaver) sperren die Datei, wenn sie zur Bearbeitung geöffnet ist oder wenn die Datei auf einem WebDAV-Server gespeichert wird. Damit diese Clients mit den WebDAV-Datenbanken auf dem Domino Server arbeiten können, müssen Sie für jede der WebDAV-Datenbanken die Option SPERREN DER GESTALTUNG ZULASSEN/ALLOW DESIGN LOCKING aktivieren. Um die Gestaltungssperre für die Verwendung mit WebDAV zu aktivieren, markieren Sie die Option SPERREN DER GESTALTUNG ZULASSEN/ALLOW DESIGN LOCKING im Register DATENBANK ALLGEMEIN/DATABASE BASICS der Datenbankeigenschaften.

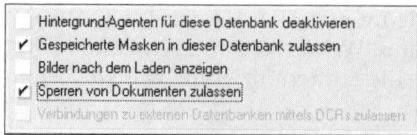

Abbildung 11.14:
Sperren der Gestaltung zulassen

Das Sperren von Gestaltungen funktioniert nur dann, wenn auf den Administrationsserver für die Datenbank zugegriffen werden kann. Der Administrationsserver (auch als Master-Sperr-Server bezeichnet) ist normalerweise der Server, auf dem die Datenbank erstellt wurde, sofern nicht ausdrücklich ein anderer Server auf der Seite ERWEITERT/ADVANCED in der Zugriffskontrollliste für die Datenbank angegeben ist. Sorgen Sie immer dafür, dass der richtige Administrationsserver für die Datenbank angegeben ist und auf den Server zugegriffen werden kann, und vergewissern Sie sich, dass die Gestaltungssperre aktiviert ist, um Probleme mit WebDAV zu verhindern, da viele Anwendungen Sperrungen ohne eine explizite Aktion des Benutzers einsetzen. Weiterhin sollten Sie die folgenden Optionen nicht im gleichen Web-Site-Dokument verwenden, in dem auch WebDAV aktiviert wurde:

- URL-Umleitung (Redirection)
- Aktivierung der Option UMLEITEN ZU SSL/REDIRECT TO SSL
- Sitzungsbasierte Authentifizierung
- Dateischutzdokumente für das HTML-Verzeichnis auf dem Server, auf dem auch WebDAV läuft

Nachfolgend sind WebDAV-fähige Clients aufgeführt, die ordnungsgemäß mit WebDAV auf einem Domino Server zusammenarbeiten können: Microsoft Internet Explorer 5.0x oder höher, Windows-Explorer unter NT, Windows XP, Windows Vista, Adobe Dreamweaver, Microsoft Word Excel ab Version 2000.

Bearbeiten Sie zur Einrichtung die folgenden Felder unterhalb der Registerkarte KONFIGURATION/CONFIGURATION im Web-Site-Dokument.

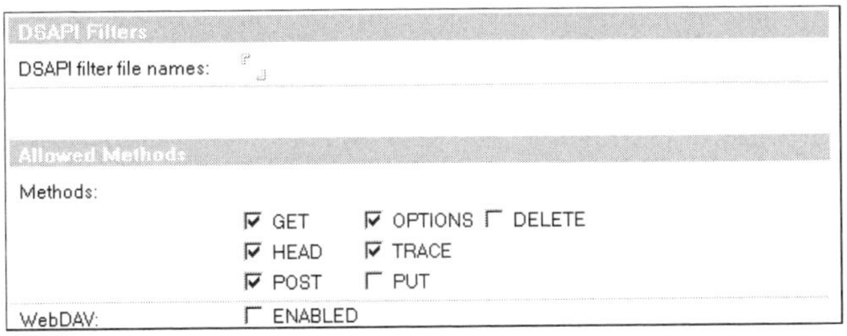

Abbildung 11.15:
Optionen zur Aktivierung von DSAPI und WebDAV

Feld	Eingabe
NAMEN DER DSAPI-FILTERDATEIEN/ DSAPI FILTER FILE NAMES	Geben Sie den Namen der DSAPI-Filterdateien an.
VERFAHREN/ METHODS	Wählen Sie eine der folgenden Möglichkeiten:
	▸ GET (default)
	▸ HEAD (default)
	▸ POST (default)
	▸ OPTIONS (default)
	▸ TRACE (default)
	▸ PUT
	▸ DELETE
WEBDAV	Wählen Sie diese Option, um WebDAV zu aktivieren.
	Wenn Sie dies tun, werden die folgenden HTTP-Methoden ebenfalls aktiviert: GET, HEAD, OPTIONS, PUT und DELETE.

11.3   Web-Konfigurationsdokumente (R5)

Seit der Version Domino 6 erfolgt die Konfiguration der Webserver über Internet-Site-Dokumente. Sie benötigen nur eine IP-Adresse, da auch die Zuordnung der Anfragen über diese Dokumente erfolgt. Unter R5 musste dagegen für jeden gehosteten Webauftritt eine öffentliche IP-Adresse angegeben werden. In diesem Abschnitt wird daher nur kurz die Funktion der einzelnen Elemente angesprochen und ferner, wo Sie diese im Serverdokument finden, weil sie auch unter Lotus Domino 8.x immer noch Gültigkeit besitzen.

Virtuelle Serverdokumente

Mithilfe von virtuellen Serverdokumenten ermöglicht Ihnen Domino (R5 und älter), unter einem einzigen physikalisch vorhandenen Webserver mehrere virtuelle Hosts (Sites) einzurichten. Jeder virtuelle Server, der über ein eigenes virtuelles Serverdokument verfügt, muss eine eigene IP-Adresse zugewiesen bekommen.

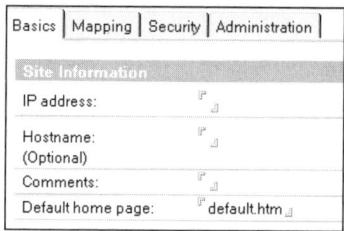

Abbildung 11.16: Allgemeine Einstellungen zum virtuellen Server

Auf folgendem Weg erstellen Sie virtuelle Server unter Domino:

1. Klicken Sie in Domino Administrator auf KONFIGURATION/CONFIGURATION, dann auf SERVER und öffnen Sie das entsprechende Serverdokument.

2. Klicken Sie auf FÜR WEB ERSTELLEN/CREATE WEB und wählen Sie VIRTUELLER SERVER/ VIRTUAL SERVER.

3. Nehmen Sie die benötigten Einstellungen vor.

URL-Zuordnungs- und -Umleitungsdokumente

Die Benutzung von URL-Zuordnungs- und -Umleitungsdokumente (Mapping/Redirection) erlaubt es Ihnen, Webressourcen effizient entsprechenden Datenquellen zuzuordnen oder Web-User auf andere Server oder Ressourcen beim Aufruf einer Adresse umzuleiten. Dies gibt Ihnen die Möglichkeit, Anfragen umzuleiten, ohne Ihre Ressourcen verschieben oder Änderungen im Serverdokument vornehmen zu müssen. Bei einer URL-Umleitung (Redirecting) wird die neue URL für den Anwender in der Browser-Adresszeile sichtbar, bei einer URL-Zuordnung (Remapping) wird die neue URL nicht angezeigt, die neue Datenquelle bleibt unsichtbar.

Und so erstellen Sie ein entsprechendes Dokument:

1. Klicken Sie in Domino Administrator auf KONFIGURATION/CONFIGURATION, dann auf SERVER und öffnen Sie das entsprechende Serverdokument.

2. Klicken Sie auf Für Web erstellen/Create Web und wählen Sie URL-Zuordnung/-Umleitung bzw. URL Mapping/Redirection.

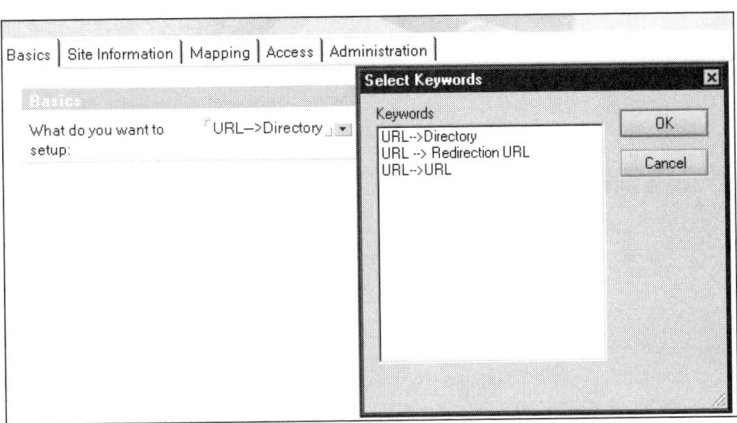

Abbildung 11.17: Definition der Umleitungs- bzw. Zuordnungsart

3. Bearbeiten Sie unter dem Register Allgemein/Basics die entsprechenden Felder (siehe *Abbildung 11.17*).

   – URL → Verzeichnis/Directory: Ordnet eine URL einem anderen Verzeichnis zu, sodass Sie Verzeichnisse umbenennen und Dateien verschieben sowie auf anderen Laufwerken speichern können, ohne die Benutzer zu verwirren. Domino ordnet die URLs im Hintergrund zu. Die zugeordneten URLs werden dem Benutzer nicht angezeigt.

   – URL → Umleitung URL/Redirection URL: Ordnet die eingehende URL einer anderen URL zu. Domino zeigt die umgeleitete URL im Browser des Benutzers an. Verwenden Sie diese Option, um eine URL einer Domino-spezifischen URL zuzuordnen, z.B. einer Seite, die in Domino-Datenbanken gespeichert ist.

   – URL → URL: Ordnet eine eingehende URL einer anderen URL zu, damit Sie für lange Dateinamen Aliasnamen erstellen, Verzeichnisse umbenennen und Dateigruppen verschieben oder Dateien auf anderen Laufwerken speichern können, ohne dass dabei externe Verknüpfungen oder Lesezeichen von Benutzern funktionsunfähig werden. Domino ordnet die URLs im Hintergrund zu. Die zugeordneten URLs werden dem Benutzer nicht angezeigt.

Seit Lotus Domino 6 werden diese Dokumente durch die Regeln in einem Web-Site-Dokument abgelöst.

Dateischutzdokumente und Web-Realms

Dateischutzdokumente und Web-Realms existieren in fast identischer Form immer noch unter Lotus Domino 8 und 8.5.

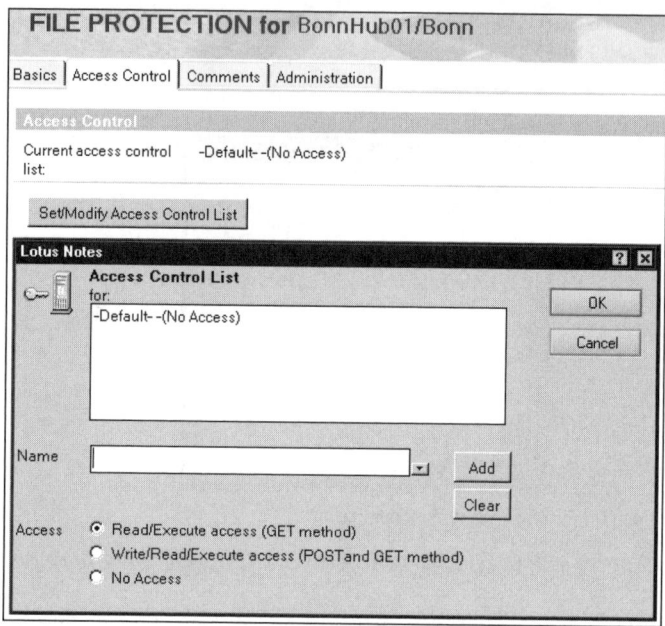

Abbildung 11.18: File-Protection-Dokument

Dateischutzdokumente (File Protection) sind seit R5 verfügbar und ermöglichen, den Zugriff von Browsern aus auf Ihre Laufwerke, Verzeichnisse oder einzelne Dateien auf den Domino Webserver schützen zu lassen. Es ist nicht notwendig, den Dateisystemschutz für den Schutz von Datenbankdateien (*.nsf*) zu verwenden. Dafür nehmen Sie die Zugriffskontrollliste der Notes-Datenbanken. Der Dateisystemschutz kann für HTML-Dokumente, CGI-Scripts, Servlets und Agenten angewandt werden. Sie können den Dateischutz aber nicht auf andere Dateien ausweiten, auf die diese Scripts, Servlets oder Agenten zugreifen. Wenn Sie ein Dateischutzdokument für einen virtuellen Server erstellen, klicken Sie auf WEB > WEBSERVERKONFIGURATIONEN/WEB SERVER CONFIGURATIONS und öffnen das virtuelle Serverdokument. Klicken Sie auf FÜR WEB ERSTELLEN/CREATE WEB und wählen Sie DATEISCHUTZDOKUMENT/FILE PROTECTION. Bearbeiten Sie unter den vorhandenen Registern die entsprechenden Felder (siehe *Abbildung 11.18*).

Web-Realms

Realms bzw. Web-Realms dienen der Verwaltung von Authentifizierungen für Laufwerke, Verzeichnisse und/oder Dateien. Mit einem Domino Web-Realm können Sie eine Textzeichenfolge angeben, die angezeigt wird, wenn auf ein bestimmtes Laufwerk, Verzeichnis oder eine Datei auf einem Webserver zugegriffen wird. Wird der Benutzer vom Browser zur Eingabe des Namens und des Kennworts aufgefordert, wird im Dialogfeld für die Browser-Authentifizierung die Zeichenfolge des Realm-Textes angezeigt. Anhand des Realm-Codes kann der Browser ermitteln, welche Referenzen, d.h. Benutzername und Kennwort, bei Folgeanforderungen mit der URL geschickt werden sollen. Der Domino Webserver speichert die Benutzernamen und Kennwörter für verschiedene Realm-Codes, sodass diese Angaben nicht mehrmals abgefragt werden müssen.

So richten Sie einen Web-Realm ein (R5.0.x):

1. Klicken Sie in Domino Administrator auf KONFIGURATION/CONFIGURATION und dann auf SERVER und öffnen Sie das entsprechende Serverdokument.

2. Klicken Sie auf FÜR WEB ERSTELLEN/CREATE WEB und wählen Sie REALM.

3. Bearbeiten Sie unter den vorhandenen Registern die gewünschten Felder (siehe *Abbildung 11.19*).

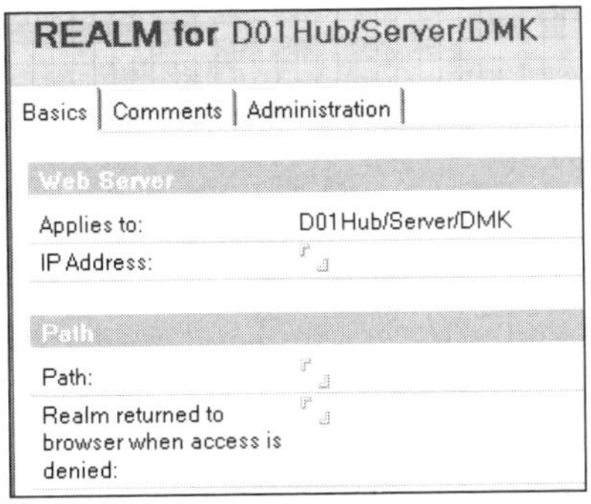

Abbildung 11.19: Umleitungsdokument

11.4 Websiteregeln/Web Site Rules und globale Webeinstellungen

Web Site Rules helfen Ihnen, Ihre Web-Seite zu verwalten. Sie besitzen zwei Hauptverwendungszwecke:

▶ Sie ermöglichen dem Administrator, ein konsistentes und anwenderfreundliches Navigationsschema für die Webseite zur Verfügung zu stellen, unabhängig von der aktuellen physikalischen Organisation der Seite.

▶ Erlaubt, Teile der Seite zu verlagern oder umzuorganisieren, ohne dass existierende Links oder Lesezeichen der Webbrowser ihre Gültigkeit verlieren.

Sie erstellen Web Site Rules (Websiteregeln) als Antwortdokumente auf Web-Site-Dokumente. Sie gelten nur für dieses spezielle Web-Site-Dokument. Soll sich eine Regel auf mehrere Web-Site-Dokumente beziehen, kopieren Sie die Regel als Antwortdokumente und fügen Sie das entsprechende Dokument an die gewünschte Stelle ein. Bevor sich Web Site Rules auf ankommende URL-Anforderungen beziehen können, wird die URL in Bezug auf eine vordefinierte Reihe von Filtern und Validierungsregeln sowie Prozeduren normalisiert. Diese Prozeduren reduzieren die URL auf eine sichere Form, bevor sie zur Abarbeitung an eine Anwendung übergeben wird. Wurde die URL einmal normalisiert, verwendet der HTTP-Dienst die Regeln, die für diese Webseite definiert wurden, um festzustellen, ob die URL modifiziert werden muss.

Die Web Site Rules (Regeln für Webseiten) unter Domino 6 und höher ersetzen die Web-Konfigurationsdokumente aus Domino R5.

Es wird nur der URL-Pfad zur Mustersuche verwendet. Die Abfrage-Zeichenkette (Query String) wird zur Verwendung durch die Anwendung gespeichert. Alle Muster, die Sie für die einkommenden URL-Muster-Felder der Regel spezifizieren, sollten keinen Host-Namen oder eine Abfragezeichenkette beinhalten.

Es gibt fünf Arten von Web Site Rules. Die Regel-Dokumente werden in der folgenden Reihenfolge ausgewertet, wenn je ein Rule-Dokument pro Typ verwendet wird:

▶ Directory (Verzeichnis)

▶ Redirection (Umleitung)

▶ Substitution (Ersetzen)

▶ HTTP Response Header (HTTP-Antwortheader)

▶ Override Session Authentication (Sitzungsauthentifizierung überschreiben)

Erstellen Sie Web-Site-Rule-Dokumente nach folgendem Vorgehen (siehe *Abbildung 11.20*):

1. Klicken Sie in Domino Administrator auf KONFIGURATION/CONFIGURATION, erweitern Sie den Abschnitt WEB und gehen Sie auf INTERNET-SITES.

2. Wählen Sie das entsprechende Web-Site-Dokument und gehen Sie in den Bearbeitungsmodus.

3. Klicken Sie auf WEBSITE und wählen Sie REGEL ERSTELLEN/CREATE RULE.

4. Bearbeiten Sie unter dem Register ALLGEMEIN/BASICS die folgenden Felder.

Feld	Eingabe
BESCHREIBUNG/DESCRIPTION	Vergeben Sie einen eindeutigen Namen für die Regel.
TYP DER REGEL/TYPE OF RULE	Wählen Sie:
	▶ VERZEICHNIS/DIRECTORY: Diese Option ermöglicht den Zugriff auf ein Dateisystemverzeichnis anhand eines URL-Pfades.
	▶ UMLEITUNG/REDIRECTION: Die von einer URL angesprochene Ressource wurde an einen anderen Ort verschoben.
	▶ ERSETZUNG/SUBSTITUTION: In diesem Fall wurde die Bezeichnung der URL durch einen anderen Namensstring ersetzt.
	▶ HTTP-ANTWORTHEADER/HTTP RESPONSE HEADER: Bei dieser Option wird ein benutzerdefinierter Header oder ein Header mit Ablauffrist zu HTTP-Antworten hinzugefügt, sobald diese angegebenen URL-Mustern und Antwortcodes entsprechen.
	▶ SITZUNGSAUTHENTIFIZIERUNG ÜBERSCHREIBEN/OVERRIDE SESSION AUTHENTICATION: Mit dieser Option können Sie eine einfache Authentifizierung für eine bestimmte Webseite einrichten, wenn für den Server eine sitzungsbasierte Authentifizierung aktiviert ist.
MUSTER DER EINGEHENDEN URL/ INCOMING URL PATTERN	Legen Sie hier das Muster fest, das die URL beschreibt. Nehmen Sie hier nicht den Host-Namen oder HTTP.

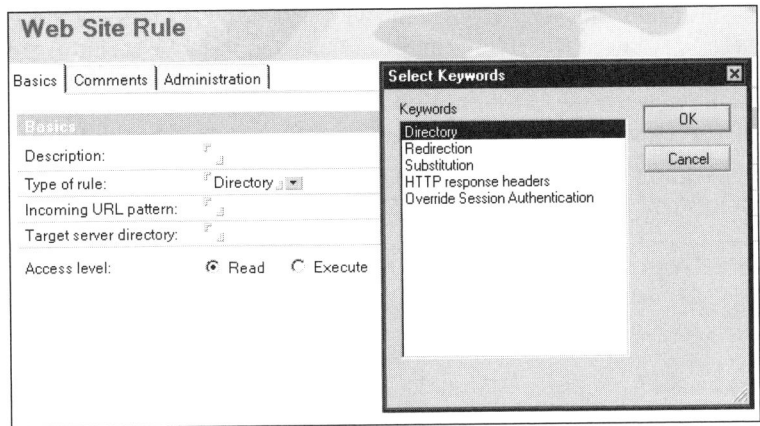

Abbildung 11.20: Erstellen eines Dokuments für Web-Site-Regeln

In den nachfolgenden Abschnitten werden die verschiedenen Web Site Rules näher erläutert.

11.4.1 Verzeichnisregeln/Directory Rules

In diesem Fall ist mit Verzeichnis kein Adressbuch gemeint, sondern ein Verzeichnis des Dateisystems. Die Verzeichnisregel verknüpft ein Verzeichnis des Dateisystems mit einem URL-Muster. Wenn der Webserver eine URL erhält, die auf das Muster zutrifft, geht der Server davon aus, dass die URL eine Ressource aus diesem Verzeichnis abfragt. Bei der Installation eines Domino Webservers werden Datei-/Ressource-Verzeichnisse automatisch angelegt. Diese Vorgabe-Verzeichnisse werden durch Verzeichnisregeln zugeordnet, die über die Registerkarte KONFIGURATION/CONFIGURATION des Web-Site-Dokuments definiert werden. Wenn der Webserver startet, erstellt er automatisch interne Regeln, um diese Verzeichnisse auf URL-Muster abzubilden. Diese drei Default-Verzeichnisse sind:

▷ HTML-Verzeichnis für nicht grafische Dateien

▷ Icon-Verzeichnis für Grafiken, Bilder wie GIFs

▷ CGI-Verzeichnis für CGI-Programme

Die Abkürzung CGI steht für *Common Gateway Interface*. Dies ist eine allgemeine Schnittstelle zur Übergabe von Parameterwerten an Programme/Scripts, die sich auf dem angesprochenen Webserver befinden. CGI-Programme erzeugen mittels dieser übergebenen Parameter dynamisch Dokumente „in Echtzeit" (meist HTML-Dokumente, die sonst nur statisch sind). Zur Erstellung der CGI-Programme kann eine beliebige Scriptsprache verwendet werden. Als besonders geeignet haben sich aber Perl und PHP herausgestellt. Klassische CGI-Anwendungen sind z.B.:

▷ Zugriffszähler, Gästebücher, Mail-Anfragen in Verbindung mit Formularen und Vorlagen (Onlineformular).

▷ Konvertierung von Handbuchseiten in HTML und Versenden der Seiten an den Client, ohne dass die gesamte Produktion der Handbücher auf HTML umgestellt werden müsste.

Sie können Verzeichnisregeln nur verwenden, um die Ablageorte von Dateien abzubilden, die direkt gelesen werden (wie HTML- und Grafikdateien) oder für ausführbare Programme, die vom Betriebssystem geladen und ausgeführt werden (wie CGI-Programme). Sie können Verzeichnisregeln nicht verwenden, um den Ablageort von anderen Ressourcentypen wie Domino-Datenbanken oder Java-Servlets abzubilden.

Sie müssen bei der Erstellung von Verzeichnisregeln Lese- oder Ausführungsrechte dem Verzeichnis des Dateisystems zuordnen (siehe *Abbildung 11.21*).

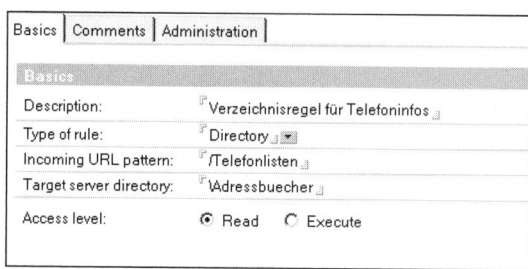

Abbildung 11.21: Beispielhafte Darstellung einer Verzeichnisregel

Unter ALLGEMEIN/BASICS nehmen Sie bei der Wahl VERZEICHNIS/DIRECTORY folgende Einstellungen vor:

Feld	Eingabe
VERZEICHNIS AUF DEM ZIELSERVER/ TARGET SERVER DIRECTORY	(Nur VERZEICHNIS/DIRECTORY) Definieren Sie hier den zuzuordnenden Verzeichnispfad im Dateisystem. Geben Sie den Pfad als vollständig qualifizierten Pfad an oder als Pfad relativ zum Data-Verzeichnis.
	Befindet sich das Verzeichnis, das Sie zuordnen möchten, nicht unterhalb des Data-Verzeichnisses, müssen Sie den voll qualifizierten Pfad angeben.
ZUGRIFFSEBENE/ ACCESS LEVEL	(Nur VERZEICHNIS/DIRECTORY) Wählen Sie:
	▶ LESEZUGRIFF/READ: Dies ermöglicht es Browser-Nutzern, Dateien eines Verzeichnisses zu lesen, die im Browser angezeigt werden.
	▶ AUSFÜHRUNGSZUGRIFF/EXECUTE: Diese Option ermöglicht es Browser-Nutzern, Programme von diesem Verzeichnis auszuführen.

Bitte beachten Sie, dass Sie für Verzeichnisse, die CGI-Scripts und andere (vom Browser ausgeführte) Dateien enthalten, den Zugriff Ausführen, nicht jedoch den Lesezugriff einrichten. Benutzer brauchen nicht zu sehen, was diese Verzeichnisse enthalten. Wenn Sie dies doch tun würden, gibt der Browser den Quelltext an den Benutzer zurück. Zugriffslevels werden von einem Verzeichnis auf die darunter liegenden Verzeichnisse vererbt. Für alle Verzeichnisse, die Dateien mit Inhalten wie HTML-Dateien und Bilder enthalten, können Sie Lesezugriff einrichten, nicht jedoch den Zugriff Ausführen.

11.4.2 Umleitungsregeln/Redirection Rules

Erstellen Sie Umleitungsregeln, wenn Sie erreichen wollen, dass ankommende URLs auf eine andere URL umgeleitet werden (siehe *Abbildung 11.22*). Es gibt zwei Arten von Umleitungsregeln: interne und externe Umleitung.

1. Externe Umleitung: Eine externe Umleitung stößt den Server an, den Browser darüber zu informieren, dass eine Datei oder eine andere vom Browser angeforderte Ressource sich auf einer anderen URL befindet. Wenn ein ankommender URL-Pfad auf eine externe Umleitungsregel zutrifft, generiert der HTTP-Dienst eine neue URL, die auf das Umleitungsmuster passt, und gibt die URL sofort an den Browser zurück. Durch die Verwendung von externen Umleitungsregeln behalten alte Lesezeichen ihre Gültigkeit und stellen zudem sicher, dass neu gesetzte Lesezeichen auf die neue Stelle verweisen.

2. Eine interne Umleitung verhält sich im Grunde genommen wie eine Ersetzungsregel, da der HTTP-Dienst eine neue URL generiert, die renormalisiert wird. Dabei gibt es jedoch zwei Unterschiede. Zum einen wird die Ersetzungstabelle rekursiv durchsucht, sodass Sie mehrere Ersetzungsregeln erstellen und ineinander verschachteln können. Zum anderen verlangt eine interne Umleitungsregel nicht nach der Verwendung von Platzhaltern. Dadurch können Sie eine interne Umleitungsregel verwenden, wenn Sie eine exakte Übereinstimmung des URL-Pfads erzwingen wollen. Wenn ein ankommender URL-Pfad auf eine interne Umleitungsregel zutrifft, generiert der HTTP-Dienst einen neuen Pfad, normalisiert ihn und durchsucht die Tabelle der Umleitungsregeln noch einmal. Da der HTTP-Dienst die Tabelle der Umleitungsregeln rekursiv durchsucht, können Sie ausgedehnte Umleitungsregeln verfassen, die URLs unabhängig von der zugewiesenen Ersetzungs- oder Umleitungsregel abfangen.

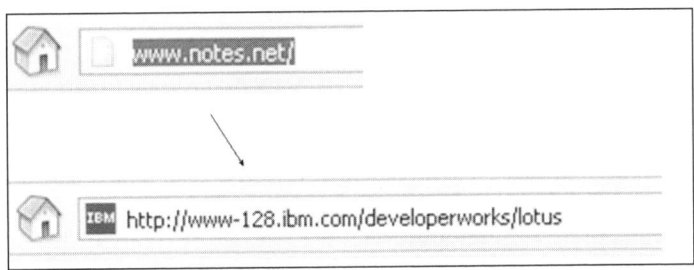

Abbildung 11.22: Beispiel für die Umsetzung einer Umleitung

Bedenken Sie, dass durch die rekursive Suche die Gefahr einer Endlosschleife besteht. Aus diesem Grund besitzt der HTTP-Dienst ein eingebautes Rekursionslimit von zehn. Platzhalter sind in Umleitungsregeln erlaubt, aber nicht zwingend vorgeschrieben.

Unter ALLGEMEIN/BASICS nehmen Sie bei der Wahl UMLEITUNG/REDIRECTION folgende Einstellungen vor:

Feld	Eingabe
AN DIESE URL UMLEITEN/REDIRECT TO THIS URL	(Nur UMLEITUNG/REDIRECTION) Hier legen Sie den neuen Speicherort der URL fest. Beginnt das URL-Muster mit einem Schrägstrich, so wird die Regel als interne Umleitung betrachtet.

11.4.3   Ersetzungsregeln/Substitution Rules

Über eine Ersetzungsregel tauschen Sie einen oder mehrere Teile der ankommenden URL gegen neue Zeichenketten. Wenden Sie Ersetzungsregeln immer dann an, wenn Sie Ihre Webseite umorganisieren, ohne dass Sie alle Links auf der Seite anfassen und ändern wollen, oder anwenderfreundliche Aliase für komplexe URLs verwenden möchten. Beispielsweise ist eine solche Ersetzungsregel sinnvoll, wenn Sie eine gewisse Anzahl an Dateien auf der Webseite von einem Verzeichnis in ein anderes umziehen. Die Ersetzungsregel verknüpft das alte Verzeichnis mit dem neuen, und Sie müssen nicht alle alten Links manuell anpassen. Die ankommenden und die ersetzenden Muster in der Ersetzungsregel müssen jeweils mindestens einen Platzhalter enthalten. Wenn Sie nicht explizit einen Platzhalter angeben, fügt der HTTP-Dienst automatisch /* zum Muster hinzu, wenn Sie die Regel ablegen.

Unter ALLGEMEIN/BASICS nehmen Sie bei der Wahl ERSETZUNG/SUBSTITUTION folgende Einstellungen vor:

Feld	Eingabe
ERSETZUNGSMUSTER/REPLACEMENT PATTERN	(Nur ERSETZUNG/SUBSTITUTION) Legen Sie hier die Zeichenfolge fest, die anstelle der alten gelten soll.

11.4.4   HTTP-Antwortheader-Regeln/ HTTP Response Header Rules

Client und Webserver kommunizieren über den Austausch von HTTP-Nachrichten. Diese Nachrichten übertragen die Anfragen und Antworten, auch Request und Response genannt, zwischen Client und Server. Im Standard bauen Client und Server zum Austausch der Nachrichten eine TCP-Verbindung auf Port 80 auf. Die Nachrichten bestehen im Wesentlichen aus zwei Teilen: Header und Daten. Im Header sind Steuerinformationen enthalten wie z.B. die verwendete Methode und der gewünschten URL. Die HTTP-1.1-Spezifikation sieht insgesamt 46 zum großen Teil optionale Header-Einträge vor. Diese sind in vier Kategorien unterteilt: allgemeine Header-, Response-, Request- und Entity-Header-Einträge. Die allgemeinen Header-Felder sind sowohl in den Anfragen als auch in den Antworten enthalten. Entity Headers beschreiben den Datenteil der Nachricht. Der Datenabschnitt der Nachricht selbst besteht meist aus einem HTML-Dokument oder Formulardaten, die der Client an den Server sendet.

Ein Request ist durch die Angabe von Methode, URL und den Request-Header-Feldern bestimmt. Dabei kommen beispielsweise die Methoden GET, PUT oder DELETE zum Einsatz. Ein Server antwortet auf jeden Request mit Informationen, ob die gewählte Methode zulässig ist oder nicht.

Eine Methode für sich genommen ist ohne Angabe des Ziels wertlos. Daher gehört zu jeder Methode eine Ziel-URL. Der Client muss dabei eine absolute URL angeben, damit der Request auch über einen Proxyserver laufen kann. Nach dem Zugriff auf eine Quelle reicht die Angabe von relativen URLs.

Request Headers weisen folgende Struktur auf:

> METHOD URL HTTP/version
> General Header
> Request Headers
> Entity Header (optional)
> Leerzeile
> Request Entity (falls vorhanden)

Ein Request, der eine HTML-Seite anfordert, sieht beispielsweise so aus:

```
> GET HTTP://www.bla.de/verzeichnis1/seite2.html HTTP/1.1
> Date Thursday, 14-May-09 17:55 GMT
> User-agent: Firefox 2.0.0.14
> Accept: text/html, text/plain
```

Zuerst übermittelt der Client die Methode, durch Leerzeichen getrennt folgen die URL und die HTTP-Version. Die weiteren Felder übermitteln die Uhrzeit, die Browser-Version und die Angabe, welche MIME-Typen der Client akzeptiert. Ein Datenbereich entfällt bei diesem Nachrichtentyp.

Der Aufbau einer HTTP-Response ist ähnlich zum Request:

```
> HTTP/version Status-Code Reason-Zeile
> General Header
> Response Header
> Entity Header (optional)
> _____Leerzeile_____
> Resource Entity (falls vorhanden)
```

Eine komplette Response, die eine HTML-Datei vom Server übermittelt, sieht beispielsweise so aus:

```
> HTTP/1.1 200 OK
> Via: HTTP/1.1 proxy_server_name
> Server: Apache/2.2
> Content-type: text/html, text, plain
> Content-length: 78
>
> <html>
> <head>
> <title>HTTP</TITLE>
>
>
> </head>
> <body>
> <p> HTTP/1.1-Demo</p>
> </body>
> </html>
```

Der Server übermittelt zunächst die HTTP-Version der Nachricht. Der zweite Eintrag ist die Statusmeldung. `200 OK` bedeutet in diesem Fall, dass kein Fehler aufgetreten ist. Wichtig für die weitere Bearbeitung durch den Client sind die Einträge `Content-Type` und `Content-Length`. `Content-Type` beschreibt den MIME-Typ der im Datenbereich übermittelten Datei. Im Header-Feld `Content-Length` gibt der Server die Länge der Daten in Bytes an. Der Einsatz des Felds ist dabei nicht zwingend vorgeschrieben. Sollte das Feld fehlen, ist die Ermittlung der Datenlänge vom Typ der gesendeten Daten abhängig. Es wird daher empfohlen, das Feld immer zu senden.

Die Antwort des HTTP-Servers beinhaltet die Statuszeile und Response-Header-Felder. Die Statuszeile wiederum führt die Protokollversion, den Status Code und Reasons Phrase auf. Beim Status Code handelt es sich um einen dreistelligen Integerwert, der dem Client wichtige Informationen über Verfügbarkeit, erfolgreiche Bearbeitung oder aber auch Fehlermeldungen liefert. Die Reasons Phrase enthält die Klartext-Bezeichnung der Meldung. Bekannte Fehlermeldungen sind beispielsweise 404 für `File not Found` (Datei nicht gefunden) oder 403 für `Forbidden` (Zugriff verweigert).

Diese Meldungen sind in fünf Kategorien eingeteilt:

▶ 1xx: Informelle Meldungen: Request erhalten, Bearbeitung wird durchgeführt.

▶ 2xx: Erfolg: Request wurde erfolgreich erhalten, verstanden und angenommen.

▶ 3xx: Weiterleiten: Weitere Aktionen müssen eingeleitet werden, damit ein Request vollständig bearbeitet werden kann.

▶ 4xx: Clientfehler: Der Request enthält eine ungültige Syntax oder kann nicht bearbeitet werden.

▶ 5xx: Serverfehler: Der Server kann einen gültigen Request nicht bearbeiten.

Jeder Client-Request wird durch die Angabe der Methode eingeleitet (siehe Konfiguration DSAPI und WebDAV).

Methoden bestimmen die Aktion der Anforderung. Die aktuelle HTTP-Spezifikation sieht acht Methoden vor: OPTIONS, GET, HEAD, POST, PUT, DELETE, TRACE und CONNECT.

▶ GET-Methode

Die mit Abstand wichtigste Methode ist GET. Sie dient zur Anforderung eines Dokuments oder einer anderen Quelle. Eine Quelle wird dabei durch die Request-URL identifiziert. Man unterscheidet zwei Typen: conditional GET und partial GET. Beim Conditional-GET-Typ ist die Anforderung von Daten an Bedingungen geknüpft. Die genauen Bedingungen sind dabei im Header-Feld „Conditional" hinterlegt. Oft gebrauchte Bedingungen sind z.B. If-Modified-Since, If-Unmodified-Since oder If-Match. Mithilfe dieser Bedingung lässt sich die Netzbelastung deutlich verringern, da nur noch die wirklich benötigten Daten übertragen werden. In der Praxis nutzen z.B. Proxyserver diese Funktion, um die mehrfache Übertragung von Daten, die sich bereits im Cache befinden, zu verhindern.

Das gleiche Ziel verfolgt die partielle GET-Methode. Sie verwendet das Range-Header-Feld, das nur Teile der Daten überträgt, die der Client jedoch noch verarbeiten kann. Diese Technik wird für die Wiederaufnahme eines unterbrochenen Datentransfers verwendet.

▶ POST-Methode

Den umgekehrten Weg nimmt die POST-Methode: Sie übermittelt in erster Linie Formulareingaben an einen Webserver. Aber auch die Kommentierung bestehender Quellen, Übermittlung von Nachrichten an Foren und Erweiterung von Onlinedatenbanken sind mit POST möglich. Die an den Server übermittelten Daten sind in der Entity-Sektion enthalten. Auch die POST-Methode übermittelt eine URL. In diesem Fall dient diese lediglich als Referenz, welche Routine auf dem Server die Bearbeitung der Daten übernimmt.

▶ OPTIONS-Methode

Über diese Methode kann der Client Informationen über verfügbare Kommunikationsoptionen abrufen. So lassen sich insbesondere Beschränkungen von Quellen auf einem HTTP-Server oder auch einem Proxyserver ermitteln, ohne dass eine bestimmte Aktion eingeleitet oder gar ein Datentransfer stattfindet.

▷ HEAD-Methode

Diese Methode ist GET in seiner Funktionsweise sehr ähnlich. Einziger Unterschied: HEAD fordert lediglich den Header eines Dokuments oder einer Quelle an. Im Gegensatz zu GET übermittelt der Server aber nicht die eigentlichen Daten. HEAD eignet sich insbesondere dazu, die Größe von Quellen, Typ oder Objektattribute ausfindig zu machen. Der Server übermittelt auf eine HEAD-Anfrage die Metainformationen, die identisch mit den Informationen des GET-Request sind.

▷ PUT-Methode

Dieser Typ erlaubt die Modifikation bestehender Quellen bzw. Erzeugung neuer Daten auf dem Server. Im Unterschied zur POST-Methode identifiziert die URL in dem PUT-Request die mit der Anforderung gesendeten Daten selbst und nicht die Quelle.

▷ DELETE-Methode

Mithilfe dieses Typs werden Daten auf dem HTTP-Server gelöscht, die durch die URL identifiziert sind. Das Interessante dabei: Der Löschvorgang muss nicht unmittelbar nach dem Eingang der Anforderung, sondern kann auch zu einem späteren Zeitpunkt erfolgen. Der Server soll laut Spezifikation zumindest die Annahme des Request bestätigen.

▷ TRACE-Methode

Über diese Methode kann der Client Requests verfolgen, die über mehrere Knotenpunkte laufen. Dies ist insbesondere bei der Übermittlung des Request über einen oder mehrere Proxyserver interessant. Das letzte Glied der Kette generiert die Antwort. Die TRACE-Methode dient in erster Linie der Diagnose von Client-Server-Verbindungen. Über das Max-Forwards-Header-Feld bestimmt der Client die maximale Anzahl an Hops. Im Header-Feld „Via" der Antwortnachricht sind alle durchlaufenen Server protokolliert.

▷ CONNECT-Methode

Die CONNECT-Methode ist in der HTTP-1.1-Spezifikation für Verbindungen reserviert, bei denen Proxyserver dynamisch als Tunnel agieren. In der Praxis kann es sich beispielsweise um SSL-Tunnel handeln. Der Tunnelmechanismus ist in erster Linie als Durchgang für SSL-gesicherte Verbindungen durch eine Firewall gedacht. In Proxyserver wie MS Proxy, Netscape Proxyserver oder auch WinGate ist diese Methode bereits implementiert. Der Client bestimmt durch die CONNECT-Methode samt Portangabe den Zielrechner. Der Proxyserver baut dann einen Tunnel zum angegebenen Rechner auf und übermittelt Daten und Kommandos zwischen Client und Server.

Die Verwendung von Antwortregeln ermöglicht es Ihnen, Headers (Kopfzeilen) anzupassen. So können Sie beispielsweise Antwortregeln erstellen, um Kopfzeilen anzupassen, die spezifische Fehlermeldungen anzeigen, z.B. wenn ein Anwender nicht autorisiert ist, auf eine bestimmte Applikation zuzugreifen.

Im Gegensatz zu den anderen Web-Site-Regeln werden Antwortregeln auf ausgehende Antworten angewendet, und zwar bevor der HTTP-Dienst die Antwort an den Browser verschickt. Für Antwort-Kopfzeilen-Regeln werden Muster auf die Endform einer URL abgebildet, nachdem Umleitungs- und Ersetzungsregeln angewandt wurden. Wenn Sie beispielsweise eine Ersetzungsregel erstellt haben, die */help/** auf */support.nsf/helpview/** setzt, und Sie eine Antwortregel erstellen wollen, sollte das Muster für diese Regel */support.nsf/helpview/** sein. Das Muster kann ein oder mehrere Sternchen (*) als Platzhalter enthalten, sodass z.B. das Muster */*/catalog/*.htm* auf die URL */petstore/catalog/food.htm*, */clothing/catalog/thumbnails.htm* usw. zutrifft. Platzhalter sind aber nicht zwingend erforderlich. Dies erlaubt Ihnen, eine Antwortregel in Bezug auf eine spezifische Ressource zu erstellen, wie etwa */cgi-bin/account.pl*. Genau wie bei allen anderen Regeln sind auch hier keine Abfragezeichenfolgen erlaubt.

Antwort-Kopfzeilen-Regeln unterscheiden sich von anderen Regeln dadurch, dass sie nicht nur auf ein URL-Muster zutreffen müssen, sondern auch auf den HTTP-Antwort-Status-Text (HTTP response status code). Sie müssen im Feld HTTP RESPONSE CODES einen oder mehrere davon angeben.

Unter ALLGEMEIN/BASICS nehmen Sie bei der Wahl HTTP-ANTWORTHEADER/HTTP RESPONSE HEADER folgende Einstellungen vor:

Feld	Eingabe
HTTP-ANTWORT-CODES/ HTTP RESPONSE CODES	(Nur HTTP-ANTWORTHEADER/HTTP RESPONSE HEADER) Definieren Sie hier die HTTP-Antwort-Codes, denen der Antwortheader zugeordnet werden soll.
HEADER MIT ABLAUFFRIST/ EXPIRES HEADER	(Nur HTTP-ANTWORTHEADER/HTTP RESPONSE HEADER) Wählen Sie: ▶ Header nicht hinzufügen – Dateien des Verzeichnisses werden im Browser angezeigt oder heruntergeladen. ▶ Headers nur hinzufügen, wenn sie nicht bereits von der Anwendung hinzugefügt worden sind – Dateien des Verzeichnisses sind CGI-Dateien, die auf dem Server ausgeführt werden können. ▶ Header immer hinzufügen – Header der Anwendung wird überschrieben. Wenn Sie einen Header hinzufügen (immer oder nach Bedingung) wählen, müssen Sie eine Ablauffrist definieren.
BENUTZERDEFINIERTER HEADER/ CUSTOM HEADERS	(Nur HTTP-ANTWORTHEADER/HTTP RESPONSE HEADER) Definieren Sie: ▶ Name – Name des Antwortheaders ▶ Wert – Wert des Antwortheaders ▶ Überschreiben (Ja/Nein)

11.4.5　Globale Web-Einstellungen/Global Web Settings

Sie können Web-Site-Regeln auch auf mehrere Webseiten anwenden. Diese Möglichkeit bieten Ihnen die Globalen Web-Einstellungen. Definieren Sie einen Namen für das Global Web Settings-Dokument und geben Sie die Server an, für die dieses gilt. Dann erstellen Sie die Web-Regeln für ein Global Web Settings-Dokument. Die Regeln werden dann für alle Webseiten angewendet, die auf den Servern gehostet werden, für die das Global Web Settings-Dokument gilt.

Global Web Settings-Dokumente und die dazugehörigen Web-Regeldokumente werden nicht automatisch erstellt. Wenn Sie Global Web Settings-Dokumente und Regeldokumente in Ihrer Webumgebung verwenden möchten, müssen Sie diese manuell erstellen.

Die Umleitung (Redirection) einer URL veranlasst Domino dazu, dem Benutzer die neue Seite (einschließlich der neuen URL im Adressfeld) anzuzeigen. Die Abbildung einer URL oder eines Verzeichnisses zeigt zwar die Seite der neu zugewiesenen Adresse an, versteckt aber die Adresse vor dem Anwender.

11.4.6　Dateischutzdokumente/File Protection

Sie können Dateien auf dem Festplattenlaufwerk des Servers vor unberechtigtem Zugriff schützen, indem Sie ein Dateischutzdokument erstellen. Dateischutzdokumente steuern den Zugriff, der einem Webbrowser-Client auf die Dateien gewährt wird. Der Dateisystemschutz kann für CGI-Scripts, Servlets und Agenten angewandt werden. Es ist aber nicht möglich, den Dateischutz auf Dateien auszuweiten, auf die diese Scripts, Servlets oder Agenten zugreifen. Beispiel: Sie können Dateischutz auf ein CGI-Script anwenden und den Zugriff z.B. auf die Gruppe WEB_ADMINISTRATOREN beschränken. Wenn das CGI-Script jedoch ausgeführt wird und andere Dateien öffnet (oder wenn es veranlasst, dass andere Scripte ausgeführt werden), wird mit dem Dateischutzdokument nicht überprüft, ob die Mitglieder der Gruppe WEB_ADMINISTRATOREN auf diese Dateien zugreifen dürfen.

Der Dateischutz wird nicht auf Dateien in den folgenden Verzeichnissen angewendet, die vorgegebene Bilddateien und Java-Applets enthalten, die vom HTTP-Webserver und anderen Anwendungen, z.B. Mail-Datenbanken, verwendet werden:

▶ *notes\data\domino\java*, Zugriff per Webbrowser über den Pfad *http://server/domjava*

▶ *notes\data\domino\icons*, Zugriff per Webbrowser über den Pfad *http://server/icons*

Der Dateisystemschutz gilt jedoch für Dateien, die auf andere Dateien zugreifen, beispielsweise HTML-Dateien, die Bilddateien öffnen. Wenn ein Benutzer Zugriff auf eine bestimmte HTML-Datei hat, jedoch nicht auf die JPEG-Datei, die von der HTML-Datei verwendet wird, zeigt Domino die JPEG-Datei nicht an, wenn der Benutzer die HTML-Datei öffnet, die Zugriffsrechte gelten für jede Datei unabhängig davon, ob sie direkt oder über eine HTML-Datei geöffnet wird.

Sie können ein Dateischutzdokument für ein Verzeichnis oder eine einzelne Datei erstellen. Der vorgegebene Pfad ist das Domino Data-Verzeichnis. Sie können auch Dateischutzdokumente für andere Verzeichnisse erstellen. Sie müssen Dateischutzdokumente für alle Verzeichnisse erstellen, auf die Webbenutzer zugreifen können.

> Es ist nicht erforderlich, den Dateisystemschutz für den Schutz von Datenbankda-
> teien (*.nsf*) zu verwenden. Verwenden Sie Datenbank-Zugriffskontrolllisten für
> deren Schutz.

Sie erstellen unter Domino 6 und höher ein Dateischutzdokument für eine spezifische
Webseite. Nutzen Sie daneben die Domino-Sicherheitsmechanismen wie Datenbank-
Zugriffskontrolllisten.

1. In Domino Administrator klicken Sie auf die Registerkarte KONFIGURATION/CONFIGU-
   RATION und öffnen die Ansicht WEB > INTERNET-SITES/INTERNET SITES.

2. Öffnen Sie das entsprechende Web-Site-Dokument.

3. Klicken Sie auf die Schaltfläche WEBSITE/WEB SITE und wählen Sie DATEISCHUTZ ERSTEL-
   LEN/CREATE FILE PROTECTION.

4. Klicken Sie auf die Registerkarte ALLGEMEIN/BASICS und bearbeiten Sie die folgenden
   Felder.

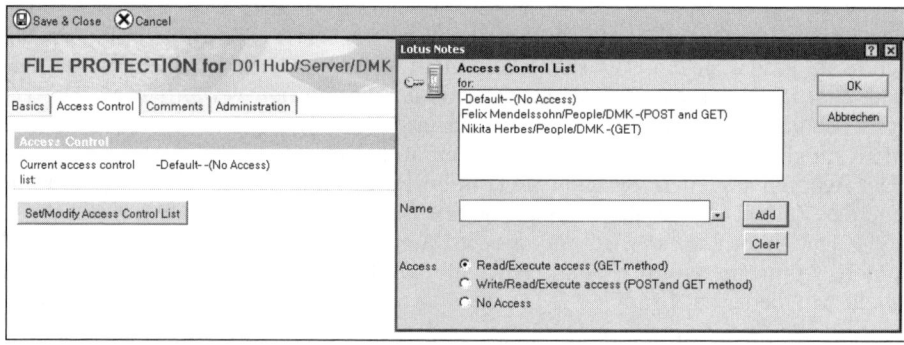

Abbildung 11.23: Erstellen eines Dateischutzdokuments für eine Webseite

Feld	Eingabe
BESCHREIBUNG/ DESCRIPTION	(Optional) Geben Sie eine Beschreibung an, um dieses Dokument von anderen zu unterscheiden, die Sie er- stellen.
VERZEICHNIS- ODER DATEIPFAD/ DIRECTORY OR FILE PATH	Geben Sie das Verzeichnis oder den Dateipfad an, für den Sie den Zugriff beschränken möchten. Geben Sie den absoluten Pfad oder den Pfad relativ zum Data-Verzeichnis an.
AKTUELLE ZUGRIFFSKONTROLLLISTE/ CURRENT ACCESS CONTROL LIST	Benutzer und Gruppen, die auf die von Ihnen ange- gebenen Dateien und Verzeichnisse Zugriff haben, sowie die Art des gewährten Zugriffs. Ähnlich der Zugriffskontrollliste einer Datenbank wird die Zu- griffskontrollliste stets mit dem Eintrag KEIN ZUGRIFF (Vorgabe) erstellt. Wie bei der Datenbankzugriffsliste erhalten nicht in der Liste aufgeführte Benutzer die unter -DEFAULT- festgelegten Zugriffsrechte.

Feld	Eingabe
ZUGRIFFSKONTROLLLISTE FESTLEGEN/ÄNDERN SET/MODIFY ACCESS CONTROL LIST	Wählen Sie dann: ▶ LESE-/AUSFÜHRUNGSZUGRIFF (GET-METHODE)/READ/ EXECUTE ACCESS (GET METHOD) ▶ SCHREIB-/LESE-/AUSFÜHRUNGSZUGRIFF (POST- UND GET-METHODE) bzw. WRITE/READ/EXECUTE ACCESS (POST AND GET METHODS) ▶ KEIN ZUGRIFF/NO ACCESS Klicken Sie dann auf WEITER/NEXT, um diesen Eintrag der Zugriffsliste hinzuzufügen. Mit GET können Benutzer Dateien öffnen und Programme im Verzeichnis starten. POST wird normalerweise zum Senden von Daten an ein CGI-Programm verwendet. Weisen Sie daher den Zugriff POST nur Verzeichnissen zu, die CGI-Programme enthalten. Bei KEIN ZUGRIFF wird einem bestimmten Benutzer oder einer Gruppe kein Zugriff gewährt. Um einen Eintrag aus der Liste zu löschen, wählen Sie ihn aus und klicken auf LÖSCHEN/CLEAR. Wenn Sie einen Anwendernamen hinzufügen möchten, der sich in einem LDAP-Verzeichnis befindet, ersetzen Sie das Komma als Trennzeichen durch einen Schrägstrich (/). Also statt `cn=Iris Ruhnke,l=bonn,o=dmk-online.de` heißt es in diesem Fall `cn= Iris Ruhnke/l=bonn/o=dmk-online.de`.

5. Speichern Sie das Dokument.
6. Geben Sie das folgende Kommando ein, um die Einstellungen zu aktualisieren: `tell HTTP refresh`.

11.4.7 Authentifizierungs-Realm-Dokumente

Domino Web-Site-Authentifizierungs-Realm-Dokumente ermöglichen es Ihnen, eine Textzeichenfolge anzugeben, die angezeigt wird, wenn auf ein bestimmtes Laufwerk, Verzeichnis oder eine Datei auf einem Webserver zugegriffen wird. Wird der Benutzer vom Browser zur Eingabe des Namens und des Kennworts aufgefordert, wird im Dialogfeld für die Browser-Authentifizierung die Zeichenfolge des Realm-Textes angezeigt. Der Browser erkennt über den Realm-Code, welche Referenzen, d.h. Benutzername und Kennwort, bei Folgeanforderungen mit der URL geschickt werden sollen. Diese Angaben müssen nicht immer wieder abgefragt werden, da der Domino Webserver die Benutzernamen und Kennwörter für verschiedene Realm-Codes speichert. Der Realm-Code gilt auch für Anforderungen, die Pfaden zugeordnet sind, deren Wurzel der angegebene Pfad ist, vorausgesetzt, dass die Unterpfade der Wurzel nicht bereits über einen eigenen Realm-Code verfügen. Beispiel: Der für *d:\notes\data* angegebene Realm-Code gilt auch für eine Anforderung, die *d:\notes\data\finanzen* zugeordnet wird, wenn Letzterer nicht bereits über einen eigenen Realm-Code verfügt. Wenn kein Realm-Code für einen angegebenen Pfad vorliegt, verwendet Domino den Pfad der Anforderung als Realm-Code.

> Wenn Sie die Ansicht WEBSERVERKONFIGURATIONEN/WEB SERVER CONFIGURATIONS oder einen virtuellen Server (R5) verwenden, erstellen Sie einen Web-Realm. Das Web-Realm-Dokument erscheint als Antwortdokument auf das Serverdokument in der Ansicht WEBSERVERKONFIGURATIONEN/WEB SERVER CONFIGURATIONS.

Wenn Sie Web-Site-Dokumente verwenden, können Sie ein Web-Site-Authentifizierungs-Realm-Dokument für eine spezielle Webseite erstellen. Das Web-Site-Authentifizierungs-Realm-Dokument erscheint als Antwort auf das Web-Site-Dokument in der Ansicht INTERNET-SITES/INTERNET-SITES. Erstellen Sie das Web-Site-Authentifizierungs-Realm folgendermaßen:

1. In Domino Administrator klicken Sie auf die Registerkarte KONFIGURATION/CONFIGURATION und öffnen die Ansicht WEB > INTERNET-SITES/INTERNET-SITES.

2. Öffnen Sie das entsprechende Web-Site-Dokument.

3. Klicken Sie auf die Schaltfläche WEBSITE/WEB SITE und wählen Sie AUTHENTIFIZIERUNGS-REALM ERSTELLEN/CREATE AUTHENTICATION REALM.

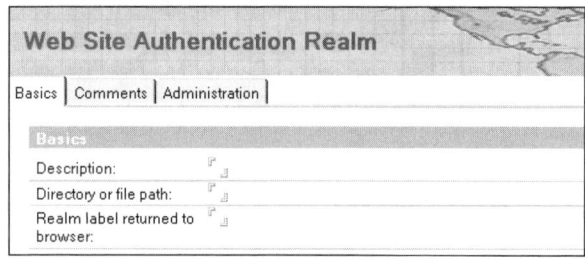

Abbildung 11.24: Anlegen eines Realms

4. Klicken Sie auf die Registerkarte ALLGEMEIN/BASICS und bearbeiten Sie die folgenden Felder.

Feld	Eingabe
BESCHREIBUNG/ DESCRIPTION	(Optional) Geben Sie eine Beschreibung an, sodass sich dieses Dokument von anderen unterscheidet, die Sie erstellen.
VERZEICHNIS- ODER DATEIPFAD/ DIRECTORY OR FILE PATH	Geben Sie das Verzeichnis oder den Dateipfad an, für den Sie den Zugriff beschränken möchten. Geben Sie den absoluten Pfad oder den Pfad relativ zum Data-Verzeichnis an.
AN BROWSER ZURÜCKGEGEBENE REALM-BEZEICHNUNG/ REALM LABEL RETURNED TO BROWSER	Eine Textzeichenfolge zur Beschreibung des Arbeitsraums auf dem Server. Diese Zeichenfolge wird immer dann an den Browser zurückgegeben, wenn ein Fehler bei der Authentifizierung oder bei der Autorisierung im Arbeitsraum auftritt. Domino zeigt diesen Text im Dialog für die Browser-Authentifizierung an.

5. Speichern Sie das Dokument.

11.5 Domino URL-Syntax

Eine angeforderte URL wird über den Browser folgendermaßen aufgelöst:

http://www.dmk-online.de/Sales.nsf/Proposals/20fe479adf01123fe7878df?OpenDocument

Dies sieht zugegebenermaßen etwas ungewohnt aus, aber:

▷ *Sales.nsf* ist eine Notes-Datenbank im Root-Verzeichnis des Servers.

▷ *Proposals* bezeichnet eine Ansicht in der Datenbank.

▷ Die Ziffernfolge *20fe479adf01123fe7878df* ist eine eindeutige Nummer für ein Dokument innerhalb der Ansicht.

▷ *?OpenDocument* gibt die entsprechende Aktion an.

Über einen URL-Befehl wird eine bestimmte URL mit einem Befehl verknüpft, der ein Element wie z.B. ein Dokument oder eine Ansicht manipuliert. Benutzer erhalten durch Hinzufügen von Domino URL-Befehlen als HTML in Masken Zugriff auf Schnellbefehle, mit denen sie in Datenbanken navigieren und weitere Aufgaben schnell ausführen können.

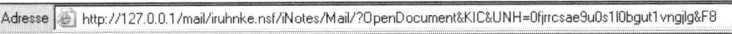

Abbildung 11.25: URL eines Domino Webservers im Browser

Domino URL-Befehle verwenden folgende Syntax: *http://Host/DominoObjekt?Aktion& Argumente*, wobei

▷ *Host* einem DNS-Eintrag oder einer IP-Adresse entspricht.

▷ *DominoObjekt* einem Domino-Element (beispielsweise einer Datenbank, Ansicht, einem Dokument, einer Maske, einem Navigator, einem Agent usw.) entspricht. URL-Befehle für den Zugriff auf DominoObjekte verwenden folgende Syntax: *http:// Host/Datenbank/DominoObjekt?Aktion&Argumente*, wobei Datenbank der Datenbank entspricht, in der sich das DominoObjekt befindet.

▷ *Aktion* der gewünschten Operation für das angegebene DominoObjekt entspricht (beispielsweise *?OpenDatabase, ?OpenView, ?OpenDocument, ?EditDocument, ?Open-Form* usw.).

▷ *Argumente* einem Parameter für die Aktion entspricht (Count = 10 in Kombination mit der Aktion *?OpenView* begrenzt z.B. die Anzahl der in einer Ansicht angezeigten Zeilen auf 10).

Es existieren folgende Syntaxrichtlinien:

▷ Domino URLs verwenden nicht den Servernamen. *Host* bezeichnet den Server. Vielfach sind aber die Servernamen selbst im DNS hinterlegt.

▷ Sie können die maximale Größe und andere Begrenzungen eines URL-Befehls im Serverdokument in Feldern des Registers INTERNET-PROTOKOLLE/INTERNET PROTOCOLS > HTTP festlegen.

▷ Spezielle in Domino URL-Befehlen verwendete Bezeichner sind: $DEFAULTVIEW, $DE-FAULTFORM, $DEFAULTNAV, $SEARCHFORM, $FILE, $ICON, $HELP, $ABOUT und $FIRST.

▷ *DominoObjekt* kann Folgendes sein: bei einer Datenbank der Datenbankname oder die Replik-ID; bei anderen Objekten der Name des DominoObjekts, die universelle ID, Dokument-ID oder ein spezieller Bezeichner. Um z.B. eine Ansicht in einer URL anzugeben, können Sie Folgendes verwenden: den Namen der Ansicht, die universelle ID der Ansicht, die Dokument-ID der Ansicht oder $DEFAULTVIEW. Sie sollten eine Notes-

Datenbank kennzeichnen, indem Sie zwei Unterstrich-Zeichen vor die Replik-ID einfügen und das Suffix *.nsf* an das Ende stellen. Zum Beispiel: *__852562F3007AB FD6.nsf*. Der Name eines *DominoObjekt* und die universelle ID sind in allen Repliken einer Datenbank identisch, aber die Dokument-ID des *DominoObjekt* ändert sich möglicherweise in Datenbankrepliken. Deswegen ist es am besten, den Namen eines *DominoObjekt* oder die universelle ID in URLs zu verwenden. Ein Name oder Alias kann auf zwei Objekte verweisen, z.B. zwei Masken mit demselben Namen, wobei eine vor Notes-Benutzern und eine vor Webbenutzern verborgen ist.

▶ *Aktion* kann explizit oder implizit sein. Beispiele expliziter Aktionen sind *?OpenServer*, *?OpenDatabase*, *?OpenView*, *?OpenDocument*, *?OpenForm* und *?EditDocument*. Beispiele impliziter Aktionen sind *?Open*, *?Edit* und *?Delete*. Wenn Sie keine Aktion angeben, verwendet Domino die Aktion *?Open*. Vor einer Aktion kann auch ein Ausrufungszeichen (!) stehen. Zum Beispiel könnte *?OpenDocument* auch als *!OpenDocument* geschrieben werden.

▶ Wenn Sie für Teile einer Anwendung Ihre eigene URL generieren, verwenden Sie so oft wie möglich einfache Aliasnamen, um URLs mit nicht unterstützten Zeichen zu vermeiden. Domino konvertiert URLs mit nicht unterstützten Nicht-ASCII-Zeichen in base32-Codierung.

▶ URL-Befehle können sich auch auf Datenbanken mit den Suffixen *.ns4* oder *.box* beziehen. Sie können auch auf Schablonendateien (*.ntf*) verweisen. Diese können jedoch nur im Vorschaumodus geöffnet werden.

Datenbanken müssen sich im Verzeichnis *Notes\data* oder einem Unterverzeichnis befinden, damit auf sie über einen URL-Befehl zugegriffen werden kann. Ausnahmen sind Fälle von Serverbefehlen wie *?OpenServer, ?Login, ?Logout* und *?Redirect*. Verwenden Sie *?Redirect*, um Dokumentverknüpfungen zwischen Servern umzuleiten.

Verborgene Gestaltungselemente sind auch vor dem Server verborgen. Sie können Domino URL-Befehle nicht verwenden, um auf Dokumente in verborgenen Ansichten zuzugreifen.

Einige Beispiele:

▶ *OpenServer*, Syntax: *http://Host/?OpenServer* bzw. *http://Host/dummy.nsf?OpenServer*, Beispiel: *http://www.dmk-online.de/dummy.nsf?OpenServer*

▶ Redirect, Syntax: *http://Server/Dummy.nsf?Redirect&Name=notesserver&Id=repid&To=encodedurl*, wobei HTTP://Server sich auf den Webserver bezieht, der die URL generiert.

  – NAME=NOTESSERVER gibt den Domino Server-Namen in der allgemeinen oder abgekürzten Form an. Dies ist optional, wenn die Einstellung NACH DATENBANK auf dem Server aktiviert ist.

  – ID=REPID gibt die Replik-ID der gesuchten Datenbank an. Dies ist ein optionales Argument.

  – TO=ENCODEDURL gibt den Rest der URL an.

  Beispiel: *http://dmk-online.de/dummy.nsf?Redirect&Name=Herr%2FHankey&Id=0525666 D0060ABBF&To=%FAAnsicht%3FOpenView*

▶ OpenDatabase: Syntax: *http://Host/DatenbankDateiname?OpenDatabase, http://Host/ __DatenbankReplikID.nsf?OpenDatabase*

  Beispiele: *http://www.dmk-online.de/projekt.nsf?OpenDatabase*

11.6 Lotus iNotes/Domino Web Access und DOLS

Lotus iNotes, auch als Lotus Domino Web Access (DWA) bekannt, nutzt die Lotus Notes Domino-Infrastruktur. Anwendern, die mit einem Browser arbeiten, können Messaging-sowie Groupware-Funktionen nutzen. Der Connector Lotus Domino Web Access für Microsoft Outlook ermöglicht Anwendern von Microsoft Outlook, die Lotus Domino Messaging- und Infrastruktur zu verwenden. Sie können damit sowohl on- als auch off-line per Browser auf die in Lotus Domino vorhandenen Messaging- und Collaboration-Funktionen sowie persönliche Informationen und Unternehmensdaten zugreifen. Lotus iNotes benutzt die aktuellen Webtechnologien wie XML, DHTML oder das Ajax Framework und bietet eine intuitive Benutzeroberfläche. So bietet Lotus neben Notes unter anderem zwei weitere Schnittstellen für den Zugriff auf einen Domino Server für Benutzer, die zum einen über den Browser und zum anderen über Microsoft Outlook arbeiten.

Die Anwender können mit iNotes Mail senden und empfangen, ihre Kalender anzeigen, Personen zu Besprechungen einladen, Aufgabenlisten erstellen, ein Notizbuch führen und offline arbeiten. Sie können sowohl vom Standard-Notes Client als auch von einem Webbrowser auf ihre Mail-Dateien zugreifen, wenn die entsprechende Konfiguration erfolgt ist. Da der Notes Client und iNotes dieselben Mail-Dateien von Benutzern verwenden, sind Gelesen- und Ungelesen-Markierungen immer aktuell, unabhängig davon, welchen Client der Benutzer zum Lesen seiner Mail verwendet. Benutzer können außerdem die Kontaktinformationen in ihrem persönlichen Adressbuch mit den Informationen ihrer Kontaktlisten in Lotus iNotes synchronisieren.

Neu in Lotus Notes Domino 8.5 sind die verschiedenen Möglichkeiten der Lotus iNotes-Benutzung für mobile Benutzer. Sie können als Administrator dem Benutzer die Möglichkeit des Full-Modus, Lite-Modus und für Benutzer, die mit einem mobilen Endgerät zugreifen, des UltraLite-Modus bieten (siehe auch *Kapitel 3.12.1, Der Weg über den Browser: iNotes*).

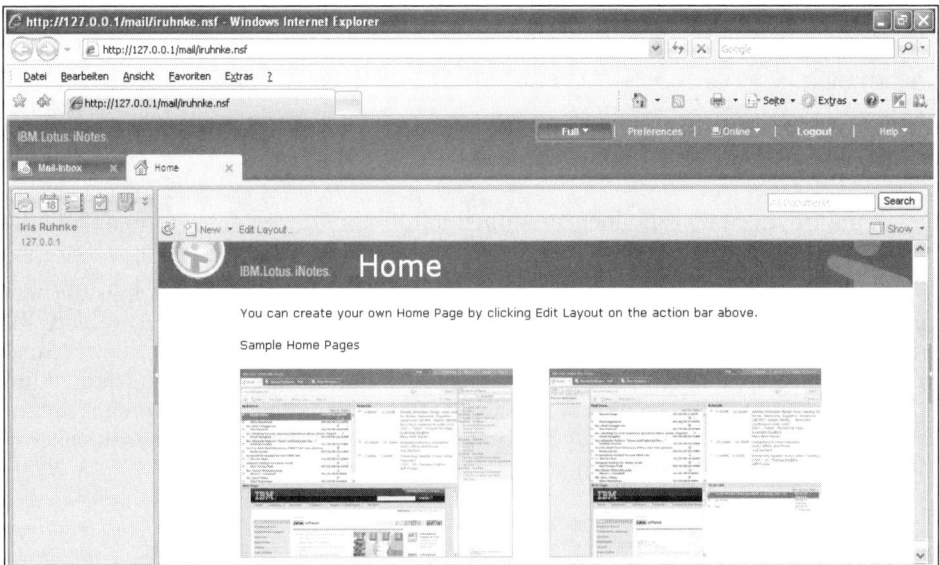

Abbildung 11.26: Oberfläche von Lotus iNotes im Browser

Lotus iNotes agiert serverbasiert, daher können Administratoren Anwendungen zentral bereitstellen und verwalten, ohne jeden einzelnen Arbeitsplatz individuell zu konfigurieren. Sie können alle Aspekte des Domino-Sicherheitsschalenmodells anwenden. Mittlerweile ist in Bezug auf den Funktionsumfang kaum noch eine Differenz zwischen dem nativen Notes Client und Lotus iNotes sichtbar. Dazu gehört auch eine stärkere Verzahnung mit Lotus Sametime in Bezug auf Instant Messaging und Presence Awareness im persönlichen Adressbuch, Kalender, der Mail-Datenbank und anderen Datenbanken, die auf der entsprechenden Schablone basieren, die diese Features bieten: eine ganze Menge neuer Möglichkeiten für die Nutzung, wie etwa Default Instant Messaging-Kontaktliste oder die Veränderung des Online-Status via Menüoption.

Lotus iNotes (in Version 7 und 8 auch *Domino WebAccess*, DWA, genannt) bedient sich der Technologie der *Domino Offline-Services* (DOLS) von Lotus, die webfähige Domino-Anwendungen offline verfügbar machen, d.h., eine direkte Verbindung zum Domino Webserver über das Internet ist nur zeitweise (zum Datenabgleich) nötig. In der Tat stellt Lotus iNotes alle Vorzüge der Domino-Replikationstechnik bereit, sodass Browser-Benutzer Replikation auf Feldebene und Datensicherheit, Agenten und Volltextsuche im Offline-Mode nutzen können. Jede für Domino Web-Zugriff vorbereitete Applikation ist dahingehend konfigurierbar, dass nur die Tools heruntergeladen werden, die zum Ablauf der lokalen Applikationen und der Replikation benötigt werden. Mit iNotes und DOLS erhalten Browser-Nutzer (fast) vollen lokalen Zugriff auf Applikationen, die zur Domino Web-Nutzung vorbereitet wurden. Die Standardanmelde-URL für den iNotes-Benutzer lautet: *http://servername.com/Mail/Benutzername.nsf* (*http://dmk-online.de/mail/iruhnke.nsf*). Sie können aber über eine Erweiterung der URL und ein bestimmtes Schlüsselwort Lotus iNotes so steuern, dass eine andere Einführungsseite angezeigt wird: *.../Benutzername.nsf/inotes/Schlüsselwort/?OpenDocument&ui=inotes*.

Ansicht	URL-Schlüsselwort
Maileingang	*mail*
Kalender	*calendar*
Aufgabenliste	*todo*
Kontaktliste	*contacts*
Notizbuch	*notebook*

Der Domino Sync Manager bildet zusammen mit Ihrem Browser das „Frontend" für die webfähigen Notes-Applikationen.

Über ihn können die für die Offline-Arbeit zur Verfügung stehenden Applikationen, auch Abonnements genannt, zum Online- oder Offline-Arbeiten gestartet werden. Ihr Standardbrowser wird dabei automatisch geladen. Die „Synchronisierung" der Offline- mit der Online-Applikation kann zeitgesteuert oder ad hoc vorgenommen werden und entspricht vollständig der Lotus Notes-Replikation. Mit Lotus iNotes werden die zur Erweiterung bestehender webfähiger Notes-Applikationen benötigten Ressourcen wie Masken, Submasken und Agenten ausgeliefert.

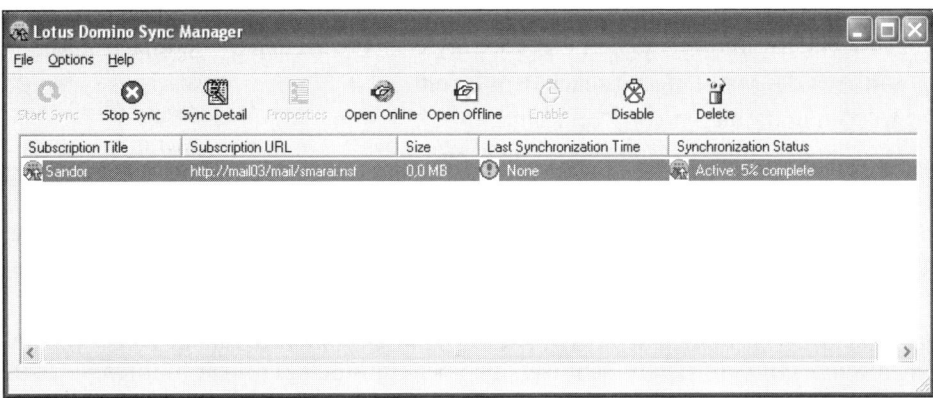

Abbildung 11.27: Der Domino Sync Manager

11.6.1 Lotus iNotes

Seit Lotus Domino 7 steht dem Anwender über Domino Web Access ein fast identischer Funktionsumfang im Vergleich zum Lotus Notes Client zur Verfügung. Ab Version 8.5 spricht Lotus (wieder) von Lotus iNotes. Die neue Mailschablone in Lotus Domino-Version 8 bzw. 8.5 für iNotes-Benutzer ist *mail8.ntf* bzw. *mail85.ntf*, die Web Access-Funktionalität wurde also in die Standardschablone integriert. In den vergangenen Versionen wurden hier noch getrennte Templates verwendet.

In Lotus Notes Domino ist es ab Version 8 möglich, über Sicherheitsrichtliniendokumente Vorgaben für iNotes-Nutzer zu machen. Lotus iNotes bietet Client-Support für Windows XP, Windows 2000 Professional und für SuSE Linux Enterprise Server SLES8 und SLES9. Lotus iNotes 8/8.5 unterstützt Browser einschließlich Microsoft Internet Explorer Version 6.0 und höher; Mozilla Navigator Version 1.4 und höher (Linux Clients), Mozilla Firefox 1.0, 1.5 und 2.0 unter Windows und Linux (nur für die Mail-Templates *mail8.ntf/mail85.ntf* und *dwa7.ntf*, nicht für *iNotes6.ntf*). Mit dem Mozilla-Browser sind die Anwender in der Lage, die Mail-Datenbank offline zu verwenden und Nutzen aus der erweiterten Lotus Sametime-Integration zu ziehen. Dazu gehört die Awareness-Anzeige in Ansichten und Masken und ein Lotus Sametime Connect (Java Connect) Client, der defaultmäßig als Instantkontaktmanager verwendet wird. Dies trägt vor allem zu einer Annäherung zwischen Notes Client und Lotus iNotes bei.

Benutzervorgaben für die Benutzung von Lotus iNotes können durch den Anwender vorgenommen oder über die Mail-Einstellungsdokumente (siehe *Kapitel 10.2.2, Richtlinieneinstellungen*) im Register INOTES von Ihnen vorgegeben werden.

Die Anwender können über Lotus iNotes ebenso wie über den Notes Clients in der Mailschablone Mail-Threads anzeigen, um einen Nachrichtenverlauf nachzuvollziehen. Sie können auch länderspezifische Feiertage in den iNotes-Kalender importieren. Lotus iNotes-Benutzer können nun ab Version Lotus Notes Domino 8 ihre Kontaktinformationen in Lotus iNotes mit denen in Lotus Notes synchronisieren. Der Anwender kann nun aus einem Toolbox-Katalog Lotus iNotes-Widgets auswählen und in seine Oberfläche einbinden. Die Auswahl im Katalog wird hier vom Administrator zur Verfügung gestellt. Sofern der Administrator ecterne Kalenderoverlays einrichtet, kann der iNotes-Benutzer auch externe Kalender in seine iNotes-Oberfläche einbinden, sodass alle Kalender im iNotes-Kalender angezeigt werden.

Menüs und Interaktionsoptionen sind für den Anwender in der neuen Version an mehr Stellen verfügbar und verwenden Cascaded Style Sheets. Weitere Neuerungen sind:

▶ Sortieren des Mail-Eingangs nach dem Betreff

▶ Anlegen und Ablegen von Vorlagen

▶ Einfachere Einfügemöglichkeit für Anhänge

▶ Löschen einer Nachricht und Bearbeiten des nächsten Objekts im Mail-Eingang

▶ Verwendung eines „Mail Attention"-Indikators in Bezug auf die Verwendung der Mail-Datei via Lotus Notes

▶ Abspeichern von In-Process-Meetings als Entwurf

Im Umfeld der Sicherheit können Benutzer eine S/MIME-Signatur in einer empfangenen Nachricht verifizieren. Benutzer, die über ein X.509-Zertifikat in ihrer Notes-ID verfügen, können empfangene S/MIME-Nachrichten entschlüsseln sowie zu sendende Nachrichten mit S/MIME signieren. Ausgehende Nachrichten können für Empfänger, die ein X.509-Zertifikat im Domino-Verzeichnis oder in Lotus iNotes-Kontakten haben, S/MIME-verschlüsselt sein. Damit ein X.509-Zertifikat von Lotus iNotes verwendet werden kann, muss ein Internet-Gegenzertifikat vom organisationsbezogenen Zertifizierer des Benutzers an die Zertifizierungsstelle übergeben werden, die das X.509-Zertifikat ausgegeben hat. Andernfalls muss eine Cross-Zertifizierung stattfinden. Dieses Internet-Gegenzertifikat muss im Domino-Verzeichnis vorhanden sein.

Wichtig ist vor allem die Einstellung UNTERSTÜTZUNG VON VERSCHLÜSSELTER MAIL/ ENCRYPTED MAIL SUPPORT unterhalb der Registerkarte LOTUS INOTES im Konfigurationsdokument des Servers, um die Arbeit mit verschlüsselten Mails zu ermöglichen. Beim Lesen und Versenden von verschlüsselten Mails ist eine SSL-Verbindung zum Server empfehlenswert, um die Sicherheit weiter zu erhöhen. Informationen zur SSL-Konfiguration des Servers, wo letztendlich die Ver- und Entschlüsselung stattfindet, finden Sie in *Kapitel 5.5, SSL*.

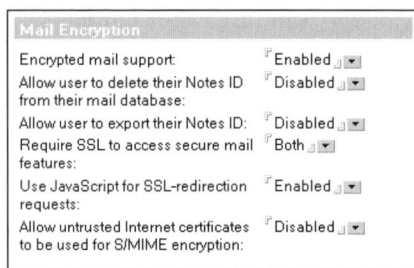

Abbildung 11.28: S/MIME-Optionen für Lotus iNotes

iNotes bietet dem Anwender eine Zertifikatsverwaltungsoberfläche an. Die Aktion ADD TO CONTACTS beinhaltet nun auch das Kopieren der entsprechenden Internet-Zertifikate, sofern diese denn vorhanden sind, in den Datensatz eines Kontakts. Liegt das entsprechende Zertifikat vor, ist die Standardverschlüsselung S/MIME, und in den Kontakten unter Lotus Lotus iNotes und in Domino-Verzeichnissen wird nach den Internet-Zertifikaten gesucht. Dabei wird die Lotus Notes-Verschlüsselung anhand öffentlicher Schlüssel verwendet, falls das Internet-Zertifikat für einen Empfänger nicht gefunden wurde. Wenn sowohl S/MIME- als auch Notes-Verschlüsselung genutzt werden kann, wird standardmäßig mit S/MIME gearbeitet. In Umgebungen, in denen auch Server-Versionen vor

Domino 7 eingesetzt werden, ist dies ein Problem, weil dort S/MIME nicht unterstützt wird. Die Einstellung INOTES_WA_SECMAILPREFERNOTES in der *notes.ini* kann eingesetzt werden, um die Notes-Verschlüsselung zu erzwingen. Dabei wird sowohl Support für vertrauenswürdige als auch für „untrusted" Internet-Zertifikate angeboten.

Wird eine SSL-Verbindung entweder für den Client oder sowohl für den Client als auch für den Server erforderlich, können Lotus iNotes-Benutzer verschlüsselte Nachrichten weder lesen noch senden, wenn sie über HTTP verbunden sind. Wenn der Benutzer über HTTP verbunden ist, muss er zu HTTPS wechseln, wenn er auf die verschlüsselte Nachricht auf dem Server zugreifen möchte. Dieser Wechsel findet beim Senden verschlüsselter Mails automatisch statt. Beim Lesen verschlüsselter Mail wird der Benutzer zum Wechseln aufgefordert.

Lotus iNotes verwendet standardmäßig die S/MIME-Signatur und -Verschlüsselung, wenn sowohl die Notes- als auch die S/MIME-Signatur und -Verschlüsselung möglich ist. In gemischten Umgebungen, in denen sowohl Domino 8 oder 8.5 Server als auch Server früherer Versionen ausgeführt werden, kann dies Probleme verursachen. Server, auf denen ältere Versionen als Domino 7 ausgeführt werden, unterstützen S/MIME nicht, sodass gesendete Nachrichten, die S/MIME-signiert und -verschlüsselt sind, weder verifiziert noch entschlüsselt werden können. Verwenden Sie die *notes.ini*-Einstellung `iNotes_wa_SecMailPreferNotes`, um die Notes-Signatur und -Verschlüsselung zu aktivieren, wenn sowohl die S/MIME- als auch die Notes-Signatur und -Verschlüsselung möglich sind. Diese Einstellung wird offline nicht unterstützt.

Die Administration von iNotes ist nun vereinfacht. Der Administrator profitiert nun beispielsweise von einem neuen Activity Log Feature namens Domino.DWA.Request. Dabei werden Lotus Domino Web-Anfragen im Lotus Domino Activity Log-Subsystem protokolliert. Sie können so die Anzahl der aktiven Lotus iNotes-Benutzer auf einem System ermitteln und iNotes-Anforderungsinformationen protokollieren. Um die Lotus iNotes-Aktivität zu überwachen, aktivieren Sie die Aktivitätsprotokollierung für Lotus iNotes (siehe *Abbildung 11.29*).

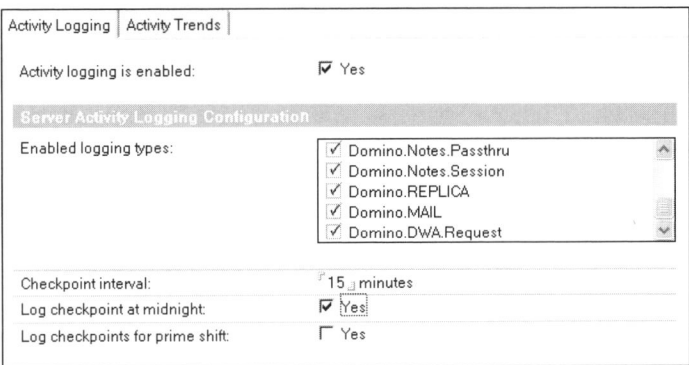

Abbildung 11.29: Einrichtung der allgemeinen Aktivitätsprotokollierung

Das Lotus iNotes-Aktivitätsprotokoll umfasst Informationen wie den Namen des Domino Webservers, den Namen des Benutzers, der auf den Server zugreift, die Lotus iNotes-Anforderung, die Anzahl Bytes, die als Ergebnis der Anforderung zurückgegeben wurden, die Zeit, die zur Verarbeitung der Anforderung benötigt wurde, und den Zeitpunkt, zu dem die Anforderung stattgefunden hat. So analysieren Sie die iNotes-Aktivität:

1. Klicken Sie in Domino Administrator auf ANALYSE/ANAYSIS > SERVERAKTIVITÄT ANALYSIEREN/ANALYZE ACTIVITY.

2. Klicken Sie unter ANALYSE/ANALYSIS auf ANALYSE/ANALYZE > AKTIVITÄT/ACTIVITY.

3. Wählen Sie unter ZU SUCHENDE SERVERAKTIVITÄTSTYPEN WÄHLEN/SELECT SERVER ACTIVITY TYPES TO SEARCH FOR die Befehlsfolge DOMINO > DWA > ANFORDERUNG/REQUEST und klicken Sie anschließend auf HINZUFÜGEN/ADD.

Außerdem gibt es auch bei Lotus iNotes die Unterstützung für Message Disclaimer als abschließende Texte in einer Mail, über die beispielsweise auf bestimmte rechtliche Aspekte hingewiesen wird oder in denen darum gebeten wird, versehentlich falsch gesendete Mails zu löschen. Auch diese Einstellungen können zentral im Konfigurationsdokument gesetzt werden.

Konfigurationseinstellungen bieten dem Administrator die Möglichkeit, die Verwendung von Räumen und Ressourcen und Online-Meetings zu deaktivieren. Ebensolche Optionen existieren für das Lesen und Hinzufügen neuer Anhänge. Das Register LOTUSINOTES des Konfigurationsdokuments umfasst die entsprechenden Einstellungen für folgende Aktionen:

▶ Zugriff auf Räume oder Ressourcen sowie Online-Besprechungen verhindern

▶ Sametime für die Verwendung mit Lotus iNotes einrichten

▶ Die Online- und Offline-Internet-Kennwörter eines Benutzers synchronisieren

▶ Zugriff auf Anhänge verhindern

Lotus iNotes Redirect ermöglicht es, die Authentifizierung stets via SSL durchzuführen. Mit iNotes Redirect müssen Benutzer den Namen ihrer Mail-Datei und des Mail-Servers nicht kennen, nur der Name des iNotes Redirect Servers muss bekannt sein. Lotus iNotes Redirect verwendet Domino-Authentifizierungsmethoden, um den Browser eines Benutzers basierend auf seinem Benutzernamen und Kennwort zu seiner Mail-Datei umzuleiten.

Der Anwender kann nach seiner Sitzung dazu aufgefordert werden, sich abzumelden, nachdem bereits alle Domino Web-Zugriffsfenster geschlossen wurden. Zu diesen Möglichkeiten zählt auch das Browser-Cache-Management, welches in *Kapitel 11.6.2, Lotus iNotes und Sicherheit* beschrieben ist, um alle Spuren von der Maschine des Anwenders zu beseitigen. Sie können auch das Passwort für die Notes-ID, das Lotus iNotes für die Verschlüsselung verwendet, ändern und es mit dem Internet-Kennwort synchronisieren.

Um die Wiederverwendung von untergeordneten Fenstern global zu aktivieren, bearbeiten Sie das Konfigurationsdokument des Mail-Servers und aktivieren die Option UNTERGEORDNETE FENSTER WIEDERVERWENDEN/REUSE CHILD WINDOWS unter WEITERE EINSTELLUNGEN/OTHER SETTINGS (siehe *Abbildung 11.30*). Um die Wiederverwendung von untergeordneten Fenstern global zu deaktivieren, sodass für Endbenutzer die Vorgabe UNTERGEORDNETE FENSTER WIEDERVERWENDEN in den Client-Vorgaben nicht verfügbar ist, verwenden Sie die *notes.ini*-Einstellung `iNotes_WA_DisableReuseChildWindows=1`.

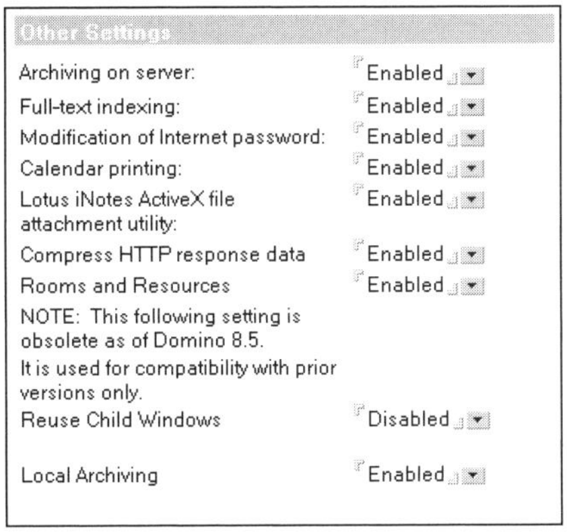

Abbildung 11.30: Optionen wie die Wiederverwendung bereits geöffneter Browser-Fenster

11.6.2 Lotus iNotes und Sicherheit

Lotus iNotes bietet Ihnen einen sehr leistungsfähigen Client für Lotus Domino. Er hat aber im Vergleich mit dem Lotus Notes Client einen grundlegenden (Sicherheits-)Nachteil: Der Zugriff erfolgt über das Internet und nicht in dem Sicherheitsmodell mit seinen Zertifikaten und Verschlüsselungsfunktionen, das bei der Kommunikation zwischen einem Lotus Notes Client und einem Lotus Domino Server greift. Benutzer, die über Lotus iNotes zugreifen, müssen sich beim Server authentifizieren. Dies geht über verschiedene Ansätze. In jedem Fall müssen die Benutzer im Domino Directory oder einem sekundären Verzeichnis, auf das über die Directory Assistance verwiesen wird, angelegt sein. Benutzer benötigen für Lotus iNotes nur einen Namen (wie im Personendokument definiert) und ein Internet-Kennwort. Beim Arbeiten im Offline-Modus ist jedoch eine Notes-ID erforderlich. Erstellen Sie daher eine Notes-ID für jeden Benutzer, wenn Sie neue Benutzer auf Basis registrieren, die mit Lotus iNotes online und offline arbeiten sollen.

Wenn Benutzer unter Domino Offline-Services (DOLS) die Offline-Mail-Datenbank mit dem Server synchronisieren wollen, benötigen sie eine Notes-ID. Die Standard-DOLS-Konfiguration verlangt nach der Notes-ID, wenn der Anwender mit Lotus iNotes offline geht. Wird ein Benutzer umbenannt, muss er die DOLS Offline-Subscription erneut installieren, um den Server mit der Offline-Mail-Datenbank zu synchronisieren. Nach der Namensänderung muss der Anwender abwarten, bis er mit der alten Notes-ID und dem Kennwort nicht mehr arbeiten kann, die Namensänderung über den Notes Client akzeptieren und sich erneut über Lotus iNotes mit der neuen Notes-ID und Passwort anmelden.

Authentifizierungsformen

Die Basis-Authentifizierung ist die am häufigsten genutzte Authentifizierung und wird von den Browsern standardmäßig unterstützt. Sie ist auch beim Lotus Domino Server konfiguriert. Voraussetzung ist, dass die Benutzer über ein Internet-Kennwort verfügen, das in ihrem Personendokument eingetragen ist. Der Benutzername und das Internet-Kennwort werden für die Anmeldung genutzt.

Die Authentifizierung gilt jeweils für die Browser-Sitzung und den verwendeten URL. Das hat zwei Nachteile:

▶ Die Authentifizierung gilt nicht für die gesamte Arbeitssitzung. Beim Zugriff auf einen anderen Server oder eine Datenbank in einem anderen Verzeichnis fordert der Browser eine erneute Authentifizierung.

▶ Eine Abmeldung und erneute Anmeldung kann nur durch das Schließen des Browsers erfolgen.

Es sollte bei der Basis-Authentifizierung unbedingt darauf geachtet werden, dass die Credentials, also Benutzername und Kennwort, nicht lokal in der Kennwortliste des Clients gespeichert sind. Eine weitere Art der Authentifizierung ist die sitzungsbasierende Authentifizierung. Diese bezieht sich auf die Sitzung mit dem aktuellen Server oder mit mehreren Servern. Die Konfiguration erfolgt im Serverdokument unter INTERNET-PROTO-KOLL/INTERNET PROTOCOLS > DOMINO WEBSERVER/DOMINO WEB ENGINE. Dort findet sich im Bereich HTTP-SITZUNGEN/HTTP SESSIONS der Eintrag SITZUNGSAUTHENTIFIZIERUNG/SESS-SION AUTHENTICATION. Dieser wird auf FÜR JEDEN SERVER GETRENNT/SINGLE SERVER oder SERVERÜBERGREIFEND (SSO)/MULTI-SERVER (SSO) gesetzt.

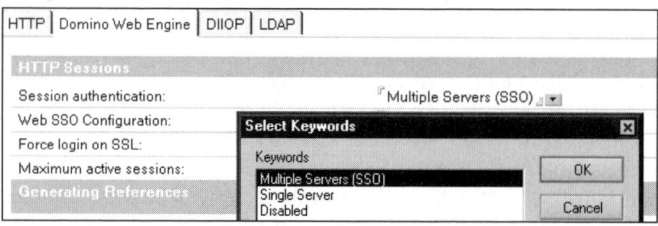

Abbildung 11.31: Sitzungsbasierte Authentifizierung

Voraussetzung für diese Form der Authentifizierung ist die Aktivierung von Cookies im Browser. Die Benutzer melden sich über ein HTML-Formular an, anstelle des Dialogfelds, das bei der Basis-Authentifizierung angezeigt wird. Bei der Session Authentication können Sie die maximale Leerlaufzeit für eine Sitzung und die Anzahl der parallelen Sitzungen als zusätzliche Parameter festlegen.

Die dritte Möglichkeit für die Authentifizierung ist die Verwendung von SSL v3. Hier ist aber die zwingende Voraussetzung, dass eine entsprechende PKI (Public Key Infrastructure) aufgebaut und die Verteilung von digitalen Zertifikaten an die Clients gegeben ist. SSL ist aber auch für die Authentifizierung von Bedeutung, wenn nicht mit digitalen Zertifikaten gearbeitet wird. Gerade beim Zugriff von Benutzern auf den Lotus iNotes Server über das Internet sollte in jedem Fall mit SSL gearbeitet werden, um die übertragenen Informationen insbesondere Benutzername und Kennwort zu sichern.

Wenn Sie eine Datenbank für den Einsatz von Lotus iNotes vorsehen, handelt es sich um eine spezielle Notes-Datenbank, es gelten aber trotzdem die üblichen Regeln für die Vergabe von Zugriffsberechtigungen. Es ist bei Lotus iNotes empfehlenswert, einen Eintrag für ANONYMOUS zu definieren und diesem explizit keine Zugriffsberechtigungen zu geben. Damit werden anonyme Zugriffe sicher verhindert. Bitte beachten Sie bei der Vergabe von Zugriffsberechtigungen für die individuellen Zugriffe auf die Mail-Dateien, dass nur mit einer ACL auf dem Level DESIGNER auch das Internet-Kennwort geändert werden kann. Um den Out of Office-Agenten zu nutzen, muss darüber hinaus bei den erweiterten ACL-Einstellungen auch die Festlegung MAX. INTERNET-NAMENS- UND KENN-WORTZUGRIFF/MAXIMUM INTERNET NAME & PASSWORD auf Editor gesetzt sein (Sicherheitsrisiko!). Falls hier nur EDITOR eingestellt wird, sind diese Funktionen nicht nutzbar.

Authentifizierungslevel festlegen

Bei der Anmeldung bei Lotus iNotes werden Name und Internet-Kennwort des Benutzers abgefragt, so wie diese in ihrem Personendokument gespeichert sind. Sie können im Serverdokument festlegen, welche Anmeldenamen (Name Vorname, Kurzname, o.Ä.) der Server akzeptiert. Im Serverdokument kann über das Register SICHERHEIT/SECURITY im Bereich INTERNET-ZUGRIFF/INTERNET ACCESS die Option INTERNET-AUTHENTIFIZIE-RUNG/INTERNET AUTHENTICATION angepasst werden. Statt der Festlegung MEHR NAMENS-VARIATIONEN MIT GERINGERER/MORE NAME VARIATIONS WITH LOWER sollte hier WENIGER NAMEN MIT HÖHERER SICHERHEIT/FEWER NAME VARIATIONS WITH HIGHER SECURITY gewählt werden. Benutzer müssen sich mit dem vollständigen Namen wie KERSTIN SCHLITT, dem kompletten hierarchischen Namen oder einem definierten Alias anmelden.

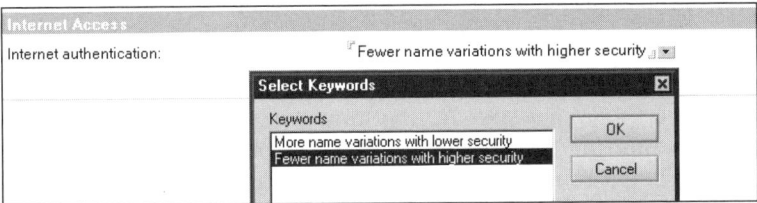

Abbildung 11.32: Authentifizierungsebene festlegen

Browser und Cache

Neben den Sicherheitseinstellungen des Servers sind auch beim Browser des Anwenders einige Sicherheitseinstellungen zu beachten. Das gilt insbesondere dann, wenn der Zugriff auf Lotus iNotes über öffentlich zugängliche Systeme erfolgt. Es muss unbedingt eine Sensibilisierung der Anwender erfolgen, damit keine temporären Internet-Dateien auf den Systemen verbleiben. Beim Internet Explorer können die temporären Internet-Dateien über EXTRAS > INTERNETOPTIONEN und dort das Register ALLGEMEIN gelöscht werden. Hier können Sie auch festlegen, dass dieser Schritt immer automatisch erfolgen soll. Leider werden Sie sich diesbezüglich nicht auf die Anwender verlassen können, daher ist es in jedem Fall sinnvoll, nach dem Zugriff auf den Lotus Domino Server die temporären Dateien auf dem Client zu löschen bzw. entsprechende Policies auf Betriebssystemebene zu verwenden. IBM hat diesem Umstand Rechnung getragen und eine Sicherheitsoption implementiert. Meldet sich der Benutzer von Lotus iNotes ab, schließt Domino den Browser und entfernt die Anmeldeinformationen des Benutzers sowie dessen persönliche Daten aus dem Cache des Browsers. Durch das Löschen dieser Daten wird verhindert, dass unbefugte Benutzer mithilfe der Informationen im Cache auf die Mail-Datei des Benutzers zugreifen. Bitte beachten Sie, dass das Löschen persönlicher Daten aus dem Cache des Browsers und weitere Funktionen zum Löschen vertraulicher Daten nur dann verfügbar sind, wenn der Benutzer das Lotus iNotes-Steuerelement annimmt.

Das Browser-Cache-Management wird im Konfigurationsdokument des Lotus iNotes Servers eingerichtet. Sobald Sie diese Funktion aktiviert haben, können Sie wählen, ob es automatisch auf Lotus iNotes Clients installiert werden soll oder ob Benutzer die Möglichkeit haben sollen, es manuell zu installieren (siehe *Abbildung 11.33*). Im Fall der automatischen Installation wird beim ersten Zugriff eines Benutzers auf Lotus iNotes eine Browser-Cache-Management-Systemmeldung angezeigt, die den Benutzer auffordert, alle Browser-Fenster zu schließen, sodass das Browser-Cache-Management wirksam werden kann.

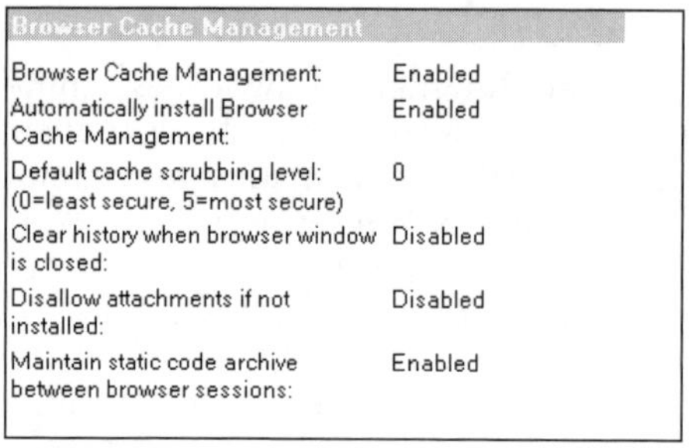

Browser Cache Management

Browser Cache Management:	Enabled
Automatically install Browser Cache Management:	Enabled
Default cache scrubbing level: (0=least secure, 5=most secure)	0
Clear history when browser window is closed:	Disabled
Disallow attachments if not installed:	Disabled
Maintain static code archive between browser sessions:	Enabled

Abbildung 11.33: Einstellungen zum Browser-Cache-Management

Wenn Sie das Browser-Cache-Management aktivieren, jedoch nicht automatisch installieren, können Benutzer es über eine Lotus iNotes-Benutzervorgabe (VORGABEN/PREFERENCES > ABMELDEN/LOGOUT) installieren (und deinstallieren). Diese Vorgabe wird nicht angezeigt, wenn Sie das Browser-Cache-Management nicht aktiviert haben. Eine weitere Sicherheitsmaßnahme bietet die Option, Benutzer, die das Browser-Cache-Management nicht installiert haben, daran zu hindern, E-Mail-Anhänge zu öffnen oder anzuhängen. Wurde die Browser-Cache-Management-Funktion dann installiert, erfolgt die Cache-Bereinigung auf der Basis der im Konfigurationsdokument des Servers festgelegten Löschstufe für den Cache-Speicher. Der Benutzer kann dies nicht ändern. Eine manuelle Bereinigung des Cache ist möglich, wenn das Browser-Cache-Management nicht installiert ist. Der Benutzer muss das Protokoll löschen und eine der folgenden Abmeldeoptionen wählen:

▸ SICHER/SECURE: Diese Option löscht alle persönlichen Verwendungsspuren von Domino Web-Zugriffen und jeglicher Webseiten, die aufgerufen wurden, belässt aber die Lotus iNotes-Programmdaten (aus Performance-Gründen für den nächsten Start) unangetastet.

▸ NOCH SICHERER/MORE SECURE: Diese Option löscht alle Spuren von Lotus iNotes und der besuchten Webseiten aus dem Ordner für temporäre Internet-Dateien.

Sie können auch festlegen, dass Benutzern nach dem Abmelden eine bestimmte Webseite angezeigt wird. Dies wird mithilfe der *notes.ini*-Variablen iNotes_WA_ LogoutRedirect realisiert. Wenn Sie diese Einstellung wählen, werden die Daten unter Verwendung des Lotus iNotes-Steuerelements aus dem Cache und die Identifikationsdaten im Browser gelöscht. Wenn Sie diese Variable angeben und beim Abmelden einer Web-Site zusätzliche Prozesse erforderlich sind (z.B. das Abmelden von einem Reverse-Proxy), können diese Prozesse von der angegebenen URL ausgeführt werden. Mithilfe dieser Variablen können Benutzer auch auf die ursprüngliche Anmeldeseite umgeleitet werden: iNotes_WA_LogoutRedirect= http:// www.dmk-online.de/entry.

Wenn Sie Lotus iNotes einsetzen, sollten Sie bedenken, dass das Sicherheitsniveau niedriger ist als in einer geschlossenen Notes-Umgebung. Sie können Lotus iNotes in sicherer Weise konfigurieren, aber schon aufgrund der Authentifizierung ist das Sicherheitslevel geringer, als es bei der Kombination von Lotus Notes Client und Lotus Domino Server standardmäßig gegeben ist. Den Ausschlag gibt hier bei der Wahl der zu realisierenden Umgebung die Anforderung, die an Sie gestellt wird.

Lotus iNotes Redirect

Lotus iNotes Redirect ermöglicht es Ihren Anwendern, auf ihre Mail-Dateien zuzugreifen, ohne dass sie den Namen ihrer Mail-Datei oder des Mail-Servers kennen müssen. Dem Anwender muss nur der Name des Redirect Servers bekannt sein. Lotus iNotes Redirect benutzt Domino-Authentifizierungsmethoden und „leitet" auf diese Weise den Anwender zu seiner Mail-Datenbank. Sie haben zwei Möglichkeiten, die SSL-Sicherheit für alle Benutzer zu erzwingen, die iNotes Redirect zum Öffnen ihrer Mail-Datei verwenden. Zum einen kann SSL für die gesamte Sitzung oder zum anderen nur zur Authentifizierung erzwungen werden. Bei der zweiten Möglichkeit wird SSL anschließend wieder deaktiviert. Sie können die SSL-Anschlussnummer ändern, wenn sie anders als die Vorgabe 443 lautet.

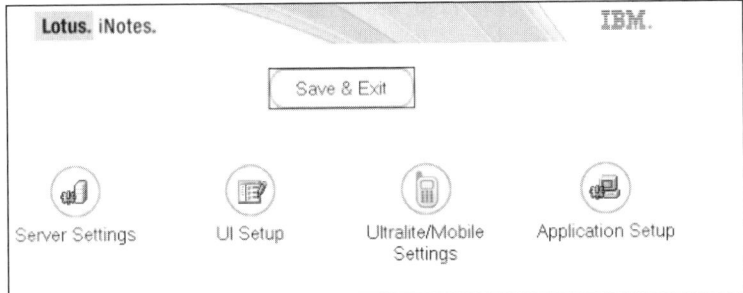

Abbildung 11.34: Konfiguration der iNotes Redirect-Datenbank

Die IBM LOTUS INOTES REDIRECT-Schablone (*iwaredir.ntf*) befindet sich im Domino Data-Verzeichnis. So richten Sie Lotus iNotes Redirect ein:

1. Erstellen Sie eine Datenbank auf der Basis der Schablone *iwaredir.ntf*.

2. Öffnen Sie die gerade erstellte Datenbank im Notes Client.

3. Klicken Sie auf SETUP und fahren Sie gemäß den Eingabeaufforderungen fort, um Lotus iNotes Redirect einzurichten (siehe *Abbildung 11.34*).

4. Legen Sie unter SERVER SETTINGS einen Umleitungstyp an. Wählen Sie:

   – FIXED: Mit dieser Umleitungseinstellung erzwingen Sie die Umleitung auf einen Full Qualified Domain Name (FQDN), unabhängig davon, welcher Mail-Server im Personendokument eingetragen ist. Als Pfadangabe wird der identische Pfad aus dem Personendokument genutzt.

   – DYNAMISCH/DYNAMIC: Dies ist die Vorgabeeinstellung. Hier wird die URL aus dem im Personendokument eingetragenen Pfad und dem FQDN aus der ankommenden URL-Anfrage zusammengesetzt. Wird beispielsweise *mail.dmk-online.de* als URL genutzt, wird dies auch für die Umleitung verwendet.

   – MAIL-SERVER: Wenn Sie diese Option wählen, muss der allgemeine Name des Domino Mail-Servers mit seinem voll qualifizierten TCP/IP-Domänennamen identisch sein. Wenn das Feld MAIL-SERVER im Personendokument beispielsweise auf SERVERA.BONN.DE/LALA gesetzt ist, muss der voll qualifizierte TCP/IP-Domänenname des Servers SERVERA.BONN.DE lauten. Die Benutzer müssen im Browser lediglich auf die URL des Servers zugreifen und werden nach Benutzernamen und Kennwort gefragt, deren Überprüfung dann im Personendokument stattfindet.

5. Legen Sie unter UI SETUP fest:

Feld	Eingabe
PLEASE ENTER THE TIME IN SECONDS BEFORE THE USER IS REDIRECTED	Geben Sie an, in welcher Zeit (in Sekunden) der Nutzer umgeleitet wird. Die Zeitverzögerung ermöglicht es dem Nutzer, Personal Profiles zu verwenden, und dem Browser, Webseiten vollständig aufzubauen. Die Vorgabe lautet 4 Sekunden.
WHAT TEXT TO BE DISPLAYED ON THE REDIRECTION PAGE	Geben Sie einen Text vor, welcher dem Nutzer während des Umleitungsprozesses unterhalb des Fortschrittsbalkens angezeigt wird.
CUSTOM LOGO FOR BROWSER	Legen Sie hier fest, ob Sie das vorgegeben Lotus iNotes Redirect-Logo durch ein angepasstes oder gar kein Logo ersetzen möchten.
SELECT A BACKGROUND COLOR FOR BROWSER	Geben Sie an, welche Hintergrundfarbe Sie verwenden wollen. Die Vorgabefarbe ist Weiß (#FFFFFF).
PERSÖNLICHE OPTIONEN AKTIVIEREN/ENABLE PERSONAL OPTIONS	Geben Sie JA/YES an, wenn Sie den Benutzern erlauben möchten, selbstständig festzulegen, in welche Ansicht sie bei der Umleitung wechseln möchten, beispielsweise die Inbox als Komplettansicht (Full View), andernfalls wählen Sie NEIN/NO.
ENABLE LOGIN OPTIONS	Sie können hier festlegen, ob dem Nutzer verschiedene Login-Möglichkeiten zur Verfügung gestellt werden. Der Benutzer kann zwischen dem FULL MODE und dem LITE MODE wählen und angeben, ob er von einem öffentlichen oder gemeinsam verwendeten Computer zugreift (SHARED OR PUBLIC COMPUTER). Als Vorgabe werden keine Auswahlmöglichkeiten zur Verfügung gestellt. Die Auswahl des Zugriffsmodus wird nicht angezeigt, wenn die PERSONAL OPTIONS zugelassen sind.
ENABLE SAVE USERNAME COOKIE	Ist diese Option aktiviert, wird dem Benutzer bei der Anmeldung zusätzlich die Auswahlbox REMEMBER ME angezeigt. Wenn der Benutzer diese aktiviert, wird der Benutzername in einem Cookie INOTES_LOGIN_ID gespeichert. Die Auswahlbox wird nicht angezeigt, wenn der Benutzer SHARED COMPUTER gewählt hat.

6. Legen Sie unter ULTRALITE/MOBILE SETTINGS Folgendes fest:
   - Geben Sie an, ob Sie den ULTRALITE MODE RADIO BUTTON im Login Redirector anzeigen möchten. Voraussetzung ist, dass die Login Options aktiviert sind. Diese Funktion ist nicht verfügbar für die Nutzung von Internet Explorer in Notes 8.5.
   - Geben Sie MOBILE DEVICE USER AGENT KEYWORDS an, anhand derer überprüft werden kann, ob das zugreifende Gerät ein mobiles Endgerät ist.

7. Unter der Option APPLICATION SETUP legen Sie die ACL der Datenbank *iwaredir.nsf* fest.

   Um die neue Maske DWALOGINFORM verwenden zu können, müssen Sie eine Domino Webserver-Konfigurationsdatenbank erstellt haben.

8. Öffnen Sie die Datenbank DOMINO WEBSERVER CONFIGURATION (*domcfg.nsf*).

9. Klicken Sie auf ADD MAPPING.

10. Legen Sie die Lotus iNotes Redirect-Datenbank als Zieldatenbank fest.

11. Ändern Sie die Zielmaske in DWALOGINFORM.

12. Klicken Sie auf SAVE & CLOSE.

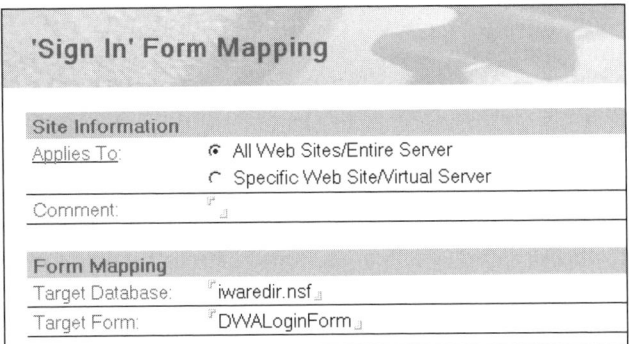

Abbildung 11.35: Mapping in der Domino Webserver-Konfigurationsdatenbank

Wenn Sie in den persönlichen Optionen für Benutzer festgelegt haben, dass Lotus iNotes in Portalansichten angezeigt wird, sollten Sie mithilfe der folgenden *notes.ini*-Variablen die Schaltflächen ABMELDEN und OFFLINE ebenfalls aktivieren: Beachten Sie, dass OFFLINE für die lokale Archivierung in Portalen erforderlich ist.

▶ iNotes_WA_PortalLogout=1

▶ iNotes_WA_PortalOffline=1

Zur Verwendung von iNotes Redirect müssen Sie im Serverdokument im Register INTERNET-PROTOKOLLE/INTERNET PROTOCOLS unter MAPPING den Datenbanknamen der iNotes Redirect-Datenbank angeben.

Mapping	
Home URL:	/iwaredir.nsf?Open
HTML directory:	domino\html
Icon directory:	domino\icons
Icon URL path:	/icons
CGI directory:	domino\cgi-bin
CGI URL path:	/cgi-bin

Abbildung 11.36: Umleitungsadresse für iNotes

11.6.3 Domino Offline-Services

Mit Domino Offline-Services (DOLS) werden Browser-Benutzern Domino Web-Anwendungen offline verfügbar gemacht. Der Endbenutzer kann mithilfe des Browsers eine Anwendung offline verfügbar machen, Änderungen daran vornehmen und diese mit der Online-Anwendung synchronisieren.

Als Voraussetzung müssen der Web-Site-Entwickler und der Web-Site-Administrator die Anwendung zuerst entsprechend konfigurieren und einrichten. Nur so kann eine Domino Web-Anwendung offline verfügbar gemacht werden. Der Entwickler und der Administrator

müssen z.B. den Server einrichten, Sicherheitseinstellungen vornehmen, neue Gestaltungselemente in die Anwendung kopieren und Synchronisierungseinstellungen festlegen.

Wenn die Anwendung offline-fähig gemacht ist und ein entsprechendes Konfigurationsdokument (OCD, *Offline Configuration Document*) hinterlegt wurde, öffnet der Endbenutzer die Online-Web-Anwendung. Er authentifiziert sich und sieht die DOLS Web-
Steuerung, wenn er die Anwendung öffnet. Durch Klicken auf das Web-Steuerelement
und Auswahl von ABONNEMENT INSTALLIEREN kann der Benutzer den Download der
Anwendung auf seinen Computer starten. Beim ersten Download eines solchen Abonnements wird der *Domino Sync Manager*, ein einfach zu handhabendes Dienstprogramm zur
Verwaltung der Offline-Anwendungen, in Form von Datei-Sets auf seinen Computer geladen. Zusätzlich werden weitere Dateien für die Offline-Arbeit in einer sicheren Umgebung und für die Verwaltung der Synchronisierung implementiert. Nachdem das
Herunterladen beendet ist, wird Domino Sync Manager automatisch auf dem Computer
des Endbenutzers geöffnet. Domino Sync Manager wird in den Windows-Desktop integriert und ermöglicht dem Benutzer, verschiedene Offline-Abonnements zu verwalten.

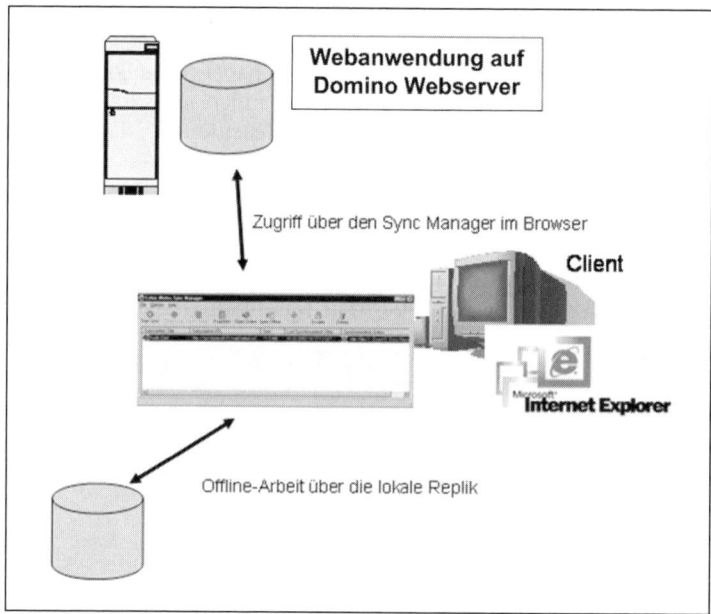

Abbildung 11.37: Arbeitsweise von DOLS über Lotus Domino Sync Manager

Sollte aufgrund langsamer Leitungen ein Download der Anwendung zu lange dauern,
kann der Endbenutzer den Domino Sync Manager auch von einer CD installieren.
Wenn der Endbenutzer bereits eine Notes-ID hat, kann diese ID verwendet werden.
Andernfalls muss vom Administrator für den Benutzer eine neue ID erzeugt werden.

Der Sync Manager konfiguriert den Client für die eingehende Anwendung und startet
einen Sync-Task, der eine *Remote Procedure Call* (nRPC)-Verbindung mit dem Domino
Server einleitet. Diese sichere Domino-Replizierungsverbindung führt eine Reihe von
Schritten durch, um die Anwendung herunterzuladen und auf dem Client zu initialisieren
(siehe *Abbildung 11.37*). Nach Abschluss der Synchronisierung ist ein Abonnement der
Anwendung auf dem Client vorhanden. Ein Abonnement umfasst alle Datenbanken, die

im OCD als Bestandteile registriert sind. Es können Volltextindizes aller Offline-Datenbanken erstellt werden, wenn der Benutzer dies anfordert. Der Endbenutzer kann nun über einen Browser Änderungen an der Offline-Anwendung vornehmen und diese mit der Domino Online-Web-Anwendung synchronisieren. Dazu gehören auch:

- eine Anwendung offline öffnen und Änderungen daran vornehmen
- eine Online-Web-Anwendung öffnen
- Standard-Synchronisierungseinstellungen festlegen
- die Online- und Offline-Version der Anwendung synchronisieren

Die Offline-Anwendung bietet dem Endbenutzer fast alle Möglichkeiten der Online-Web-Anwendung. DOLS unterstützt Authentifizierung, Verfassen, Bearbeiten, Löschen, Sortieren, Kategorisieren, Volltextsuchen, Java-Applets, Ausführen von Agenten und Workflows. DOLS unterstützt außerdem die Datenreplizierung und das Notes Sicherheitsmodell vollständig und erhält die Anwendungslogik.

11.6.4 Konfiguration von DOLS und Lotus iNotes

Sie richten DOLS und Lotus iNotes an drei Stellen ein:

- Entwickler müssen ihre Anwendungen für die Nutzung mit DOLS anpassen. Dazu ist eine Subscription zu erstellen, in die verschiedene Komponenten von DOLS integriert werden. Je nach Anwendung sind mehr oder minder große Designänderungen erforderlich. Die Subscription muss in ein Offline-Subscription-Configuration-Profildokument kopiert werden.
- Der Administrator muss DOLS auf dem Server installieren und konfigurieren. Er muss Sicherheitseinstellungen für die verschiedenen Subscriptions setzen, Agents aktivieren und, falls erforderlich, auch die Profilpokumente für die Subscriptions anpassen.

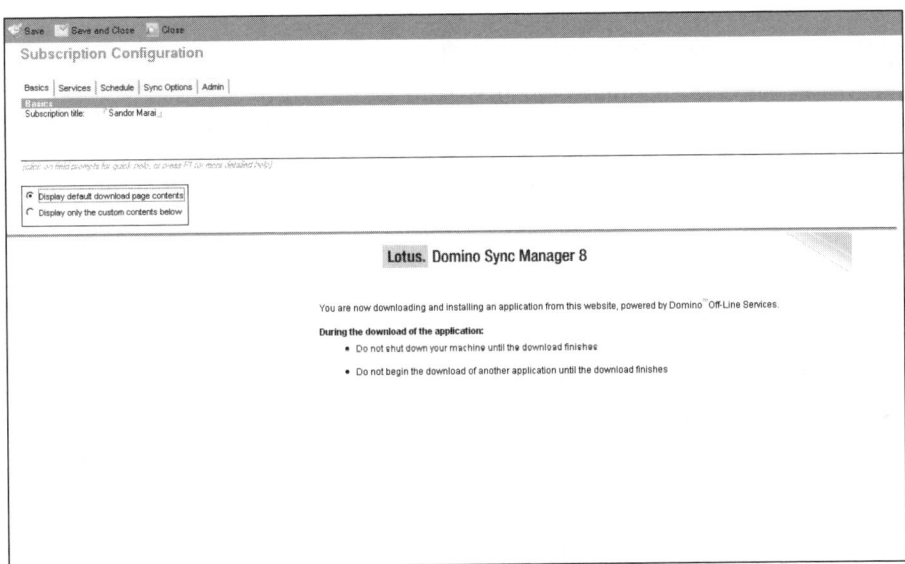

Abbildung 11.38: Konfiguration der Abonnements (Subscriptions)

▶ Der Benutzer kann dann über seinen Browser auf aktivierte Subscriptions zugreifen. Diese werden mitsamt der erforderlichen DOLS-Funktionalität auf seinem Client eingerichtet. Ein Teil der mit DOLS auf dem Client installierten Funktionalität ist der Domino Sync Manager, mit dem Benutzer ihre DOLS-Subscriptions verwalten (siehe *Abbildung 11.38*) und die Synchronisation steuern können.

Detaillierte Informationen erhalten Sie dazu in *Kapitel 11.6.7, Deployment und Anpassung der DOLS-Abonnements* im Abschnitt *Profildokument für die Konfiguration der Offline-Abonnements*.

Die Entwicklerseite

Der Domino Web-Site-Entwickler kopiert Gestaltungselemente in die Anwendung, die offline-fähig gemacht werden soll, und legt dann Vorgabe-Konfigurationseinstellungen für das Offline-Abonnement fest. Der Entwickler öffnet die Datei *dolres.ntf* (DOLS-Ressourcendatenbank) im Domino Designer und kopiert Gestaltungselemente aus der Schablone in die Webanwendung, die offline-fähig gemacht werden soll.

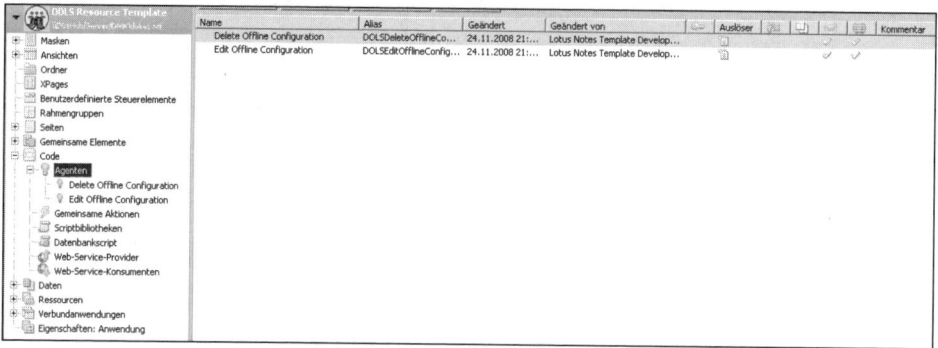

Abbildung 11.39: Inhalt des DOLS-Ressourcen-Templates

Zu den kopierten Gestaltungselementen gehören verschiedene Seiten (z.B. DOLS-OFF-LINE-ID ANFORDERN/DOLS REQUEST OFFLINE ID): eine Maske (DOLS-OFFLINE-KONFIGURA-TION/DOLS OFFLINE CONFIGURATION), ein Agent (OFFLINE-KONFIGURATION BEARBEITEN/EDIT OFFLINE CONFIGURATION) und verschiedene Teilmasken. Eines der Gestaltungselemente ist eine Web-Steuerseite. Der Endbenutzer klickt darin auf ein Offline-Steuerelement, um eine Anwendung offline verfügbar zu machen. Der Entwickler schließt den Domino Designer, öffnet die Domino-Anwendung im Notes Client und legt die Vorgabeeinstellungen fest, indem er das Profildokument für die Konfiguration der Offline-Abonnements über den Menüpunkt AKTIONEN/ACTIONS bearbeitet.

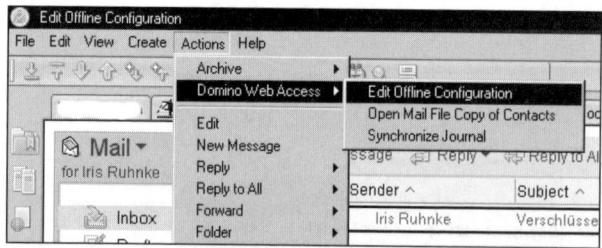

Abbildung 11.40: Konfigurationseinstellungen für das Abonnement werden im Profildokument für die Konfiguration der Offline-Abonnements ausgewählt.

Um DOLS nutzen zu können, sind zunächst DOLS-fähige Anwendungen nötig. Unter Domino 8 werden vier Templatetypen geliefert, die bereits für den Einsatz mit DOLS vorbereitet sind:

▶ DOMINO WEB ACCESS (8) und LOTUS INOTES (8.5) mit dem Template *mail8.ntf* bzw. *mail85.ntf*. Lauffähig sind auch die beiden älteren Versionen, *dwa7.ntf* und *iNotes6.ntf*.

▶ die Notes- und webfähige Diskussionsdatenbank R8 (*discussion8.ntf*)

11.6.5 Einrichtung und Anpassung der DOLS

Als Administrator führen Sie folgende Aufgaben durch, um eine Domino Web-Anwendung offline-fähig zu machen:

▶ Stellen Sie sicher, dass DOLS zusammen mit der Domino-Installation implementiert wurde.

▶ Füllen Sie die Felder des Offline-Sicherheitsrichtliniendokuments aus.

▶ Überprüfen Sie sicherheitsrelevante Konfigurationen und erhöhen Sie bei Bedarf das Ausgabe-Zeitlimit.

▶ Überarbeiten Sie das Profildokument für die Konfiguration der Offline-Abonnements und überschreiben Sie, wenn nötig, die Vorgabewerte.

▶ Richten Sie Agenten für die Offline-Verwendung ein, falls notwendig.

Führen Sie also folgende Schritte aus, um eine Domino Web-Anwendung offline-fähig zu machen. Dazu ist es erst einmal notwendig, dass DOLS auf dem Server aktiv ist.

Einrichtung von DOLS bei der Serverkonfiguration

1. Vergewissern Sie sich, dass DOLS installiert ist. Gehen Sie während des Konfigurationsvorgangs des Servers folgendermaßen vor:

   – Um alle weiteren notwendigen Serverfunktionen einzurichten, klicken Sie auf den Button ANPASSEN/CUSTOMIZE, nachdem Sie die Internet-Dienste WEB BROWSERS (HTTP WEB SERVICES) aktiviert haben.

   – Aktivieren Sie das Kontrollkästchen DOMINO OFF LINE SERVICES (DOLS) (siehe *Abbildung 11.41*).

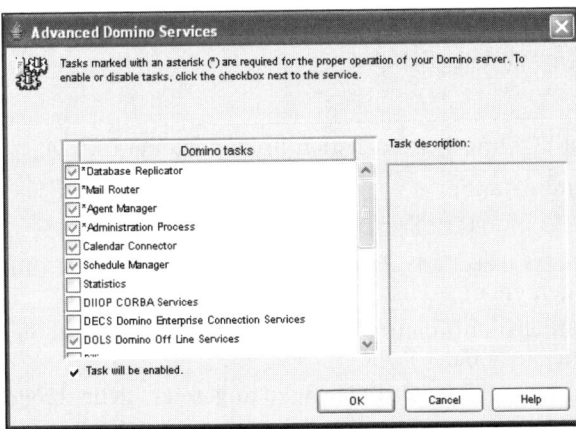

Abbildung 11.41:
DOLS-Implementierung
während der Domino-
Installation

Manuelle DOLS-Konfigurationsschritte

Sollten Sie auf Ihrem Domino Server ein Web-Site-Dokument verwenden, müssen Sie den entsprechenden Namen der DOLS-DSAPI-Filterdatei im DSAPI-Feld des Web-Site-Dokuments eingeben, damit DOLS aktiviert wird. Handelt es sich um mehrere Web-Site-Dokumente, müssen Sie den Namen der DSAPI-Filterdatei in jedem Dokument angeben. So fügen Sie den Namen der DOLS-DSAPI-Filterdatei in ein Web-Site-Dokument ein:

2. Öffnen Sie das Web-Site-Dokument.

3. Klicken Sie auf das Register KONFIGURATION/CONFIGURATION.

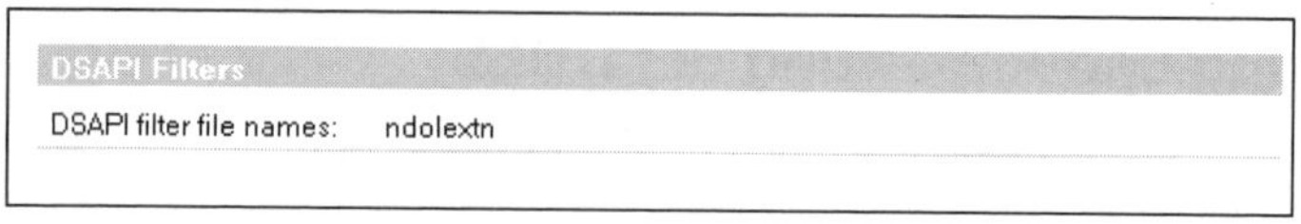

Abbildung 11.42: Konfigurationseinstellungen im Bereich INTERNET-PROTOKOLLE > HTTP

4. Vergewissern Sie sich, dass *ndolextn.dll* im Feld NAMEN DER DSAPI-FILTERDATEIEN/ DSAPI FILTER FILE NAMES bei Verwendung einer Windows-Plattform eingetragen ist (siehe *Abbildung 11.42*). Für Linux und alle anderen Unix-Derivate ist dies *libdolextn*.

Leider reicht dies nicht aus, wenn Sie bei der Installation DOLS nicht ausgewählt haben. Schließlich fehlen dem Server sämtliche Daten, die sonst während des Installations- und Konfigurationsvorgangs unter *lotus\domino\data\html\download* bzw. *\html\download\ filesets* abgelegt werden. Kopieren Sie diese Daten von einem anderen Server. Statt als Download vom Server können Sie sie alternativ den Anwendern auf einer CD zur Verfügung stellen. Dies bietet sich bei sehr langsamen Verbindungen und schwachen Bandbreiten an.

Offline-Sicherheitsrichtliniendokument erstellen

Sie müssen ein Offline-Sicherheitsrichtliniendokument für Domino-Anwendungen erstellen, die Sie offline-fähig gemacht haben. Dies gibt Ihnen die Möglichkeit, verschiedene ID-Richtlinien für Benutzer in verschiedenen Domänen einzurichten. Wurde DOLS während der regulären Serverinstallation ausgewählt, werden Sie in Domino Administrator die entsprechende Ansicht OFFLINE SERVICES unter der Registerkarte KONFIGURATION/CONFIGURATION sehen.

Erstellen Sie ein Gegenzertifikat zwischen den entsprechenden Abschnitten Ihres hierarchischen Namenssystems und der DOLS-ID.

Folgendermaßen erstellen Sie ein Offline-Sicherheitsrichtliniendokument:

1. Öffnen Sie den Domino Administrator.

2. Klicken Sie auf das Register KONFIGURATION/CONFIGURATION.

3. Klicken Sie auf OFFLINE SERVICES > SECURITY. Es wird eine Ansicht mit allen Offline-Sicherheitsrichtliniendokumenten angezeigt.

4. Um ein neues Offline-Sicherheitsrichtliniendokument zu erstellen, klicken Sie auf NEUE SICHERHEITSRICHTLINIE/NEW SECURITY POLICY.

   – Das Formular für Offline-Sicherheitsrichtlinien wird angezeigt (siehe *Abbildung 11.43*).

5. Füllen Sie die Felder im Formular aus.
   - Sie können auf einen Feldnamen klicken, um eine Hilfe zu diesem Feld anzuzeigen.
   - Wenn Sie IDs dynamisch erstellen lassen, müssen Sie eine Zertifizierer-ID angeben.

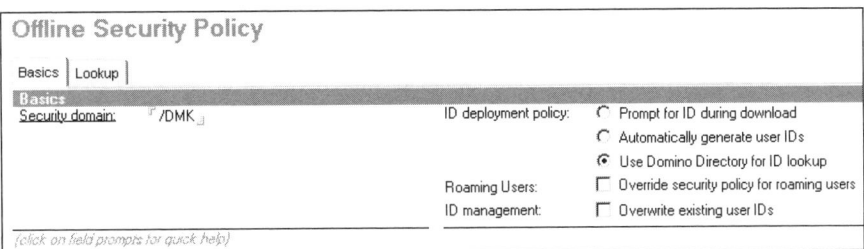

Abbildung 11.43: Angaben zum Sicherheitsverfahren

6. Im Register ALLGEMEIN/BASICS bearbeiten Sie folgende Felder:

Feld	Eingabe
SICHERHEITSDOMÄNE/ SECURITY DOMAIN	Definieren Sie hier die Domäne, die die Sicherheit dieses Abonnements bestimmt. Beispiel: /DMK. Vergewissern Sie sich, dass Sie den Schrägstrich (/) am Anfang eingegeben haben. Ansonsten bekommen Sie eine entsprechende Fehlermeldung, wenn Sie versuchen, das Dokument abzuspeichern.
ID DEPLOYMENT POLICY	Das vorgegebene Sicherheitsverhalten besteht darin, vom Endbenutzer ID-Dateien anzufordern, wenn er offline arbeiten möchte. Sie können das vorgegebene Verhalten für bestimmte Sicherheitsdomänen steuern und umgehen, indem Sie hier andere ID-Richtlinien festlegen.

WÄHREND DES HERUNTERLADENS ZUR ID-EINGABE AUFFORDERN/ PROMPT FOR ID DURING DOWNLOAD: Der Benutzer wird nach einer Benutzer-ID gefragt. Die IDs müssen den Endbenutzern vorher zugewiesen worden sein. Dies ist die vorgegebene ID-Verteilung.

BENUTZER-IDS AUTOMATISCH GENERIEREN/AUTOMATICALLY GENERATE USER IDs: Die Benutzer-IDs werden automatisch unter Verwendung des Zertifizierers im Dokument mit den Offline-Sicherheitsrichtlinien erzeugt. Wenn Sie diese Option wählen, wird das Register AUTOMATISCH angezeigt. In diesem Register können Sie eine Zertifizierer-ID anhängen, das Kennwort definieren und das ID-Ablaufdatum festlegen.

Es ist besser, bei dieser Funktion nicht den absoluten Root-Zertifizierer für Ihr Unternehmen anzuhängen (z.B. /BONN). Lassen Sie besser eine Benutzer-ID mit einem Unterzertifizierer erzeugen (z.B. /DWA/BONN). Sie können die Benutzer-ID auch in einer neuen Domäne erzeugen.

DOMINO-VERZEICHNIS FÜR DIE ID-SUCHE VERWENDEN/USE THE DOMINO DIRECTORY FOR ID LOOKUP: Die Installation sucht nach einer vorhandenen ID im Domino-Verzeichnis (wurde früher als das Namen- und Adressbuch bezeichnet). Wenn Sie diese Option wählen, wird das Register SUCHE/LOOKUP angezeigt.

Feld	Eingabe
ROAMING-ANWENDER/ ROAMING USER	Die Aktivierung dieser Option hat zur Folge, dass die Einstellungen der Sicherheitsrichtlinie der Benutzer ignoriert werden, die als Roaming User konfiguriert wurden. Ihre IDs werden dann von dem Server angefordert, auf dem die Roaming-Profile gespeichert sind.
ID-VERWALTUNG/ ID MANAGEMENT	Durch diese Option werden bestehende IDs für ein Abonnement überschrieben. Diese Option darf nicht gewählt werden, wenn mit verschlüsselten Abonnements gearbeitet wird, da auf diese sonst nicht mehr zugegriffen werden kann.

7. Die Angabe der ID-Richtlinien hat Auswirkungen auf die zweite Registerkarte (siehe *Abbildung 11.44*). Je nach gewählter Basis-Konfiguration bieten sich folgende Optionen:

   – Register SUCHE/LOOKUP (siehe *Abbildung 11.44*): Dieses Register wird nur angezeigt, wenn Sie DOMINO-VERZEICHNIS FÜR DIE ID-SUCHE VERWENDEN/USE THE DOMINO DIRECTORY FOR ID LOOKUP ausgewählt haben.

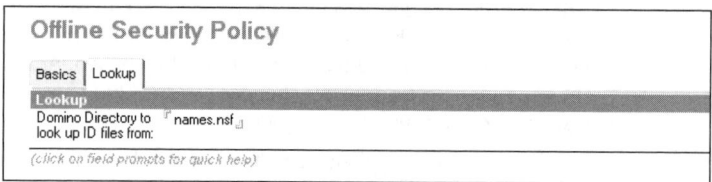

Abbildung 11.44: Angaben zur ID-Suche im Sicherheitsverfahren

   – DOMINO-VERZEICHNIS, IN DEM NACH ID-DATEIEN GESUCHT WERDEN SOLL/DOMINO DIRECTORY TO LOOK UP ID FILES FROM: Geben Sie den relativen Pfad des Domino-Verzeichnisses (Namen- und Adressbuch) ein, aus dem Sie die IDs holen möchten. Die Zieldatenbank muss standardmäßig Domino-Verzeichnisansichten und -Dokumente enthalten, bei denen die Personendokumente angehängte IDs enthalten müssen.

   – Register AUTOMATISCH/AUTOMATIC (siehe *Abbildung 11.45*): Dieses Register wird nur angezeigt, wenn Sie BENUTZER-IDS AUTOMATISCH GENERIEREN/AUTOMATICALLY GENERATE USER IDS wählen.

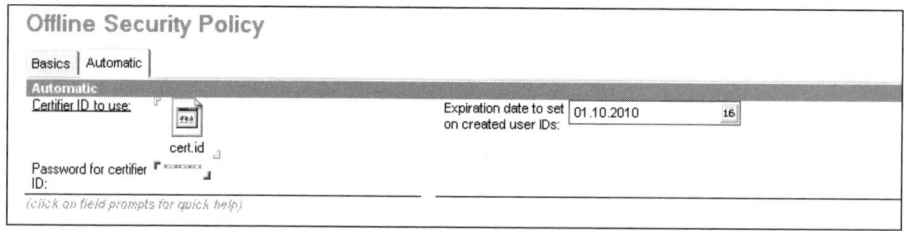

Abbildung 11.45: Angaben zur ID-Generierung im Sicherheitsverfahren

   – ZERTIFIZIERER-ID/CERTIFIER ID TO USE: Hängen Sie eine Zertifizierer-ID in diesem Rich-Text-Feld an (DATEI/FILE > ANHÄNGEN/ATTACH). Die Zertifizierer-ID-Datei muss das im Register ALLGEMEIN/BASICS dieses Dokuments angegebene Sicherheitsdomänenfeld unterstützen. Wenn die Sicherheitsdomäne z.B. /A/B/C

> lautet, dann kann dies durch die Zertifizierer-ID /C oder die OU-IDs /A/B/C oder /B/C unterstützt werden. Die hier angehängte Zertifizierer-ID-Datei muss denselben Root-Zertifizierer wie die Server-ID für DOLS verwenden. Wenn Sie nicht denselben Root-Zertifizierer verwenden, erhält der Endbenutzer eventuell Replizierungsfehlermeldungen über das Fehlen von Gegenzertifikaten.
> – KENNWORT FÜR ZERTIFIZIERER-ID/PASSWORD FOR CERTIFIER ID: Geben Sie das Kennwort für die Zertifizierer-ID ein. Achten Sie darauf, dass Sie gespeicherte Kennwörter schützen, indem Sie die Zugriffskontrollliste dieser Datenbank entsprechend beschränken. Wenn das Kennwort falsch eingegeben wird (Groß-/Kleinschreibung wird beachtet), wird die Installation abgebrochen.
> – ABLAUFDATUM FÜR ERSTELLTE BENUTZER-IDS/EXPIRATION DATE TO SET ON CREATED USER IDS: Setzen Sie hier ein Ablaufdatum für alle automatisch erstellten Notes-IDs. Sie können z.B. 31.12.2010 eingeben. Klicken Sie auf die Schaltfläche KALENDER, um einen Kalender anzuzeigen und darin ein Datum auszuwählen.

Haben die Anwender erfolgreiche Synchronisationen via Domino Sync Manager durchgeführt, sehen Sie unter OFFLINE SERVICES > USER die entsprechenden Personennamen.

Weitere Konfigurationsschritte

Sie können auch, falls Benutzer das DOLS-Datei-Set über eine Leitung mit geringer Kapazität installieren müssen, das Ausgabe-Zeitlimit des Servers heraufsetzen. So erhöhen Sie das Ausgabe-Zeitlimit des Servers:

1. Öffnen Sie über den Domino Administrator das aktuelle Serverdokument.
2. Klicken Sie auf das Register INTERNET-PROTOKOLLE/INTERNET PROTOCOLS > HTTP. Ändern Sie den Wert im Feld AUSGABE-ZEITLIMIT/PERSISTENT CONNECTION TIMEOUT in 18000 Sekunden, um genügend Zeit für Downloads zur Verfügung zu stellen. Passen Sie diese Einstellung entsprechend der Verbindungskapazität an.

   Gerade in Bezug auf Anwendungen im Web sind eine korrekt konfigurierte Zugriffskontrollliste und die Einrichtung aller weiteren Optionen in Zusammenhang mit der Sicherheit überaus wichtig.
3. Öffnen Sie die Zugriffskontrollliste für die Domino-Anwendung, die Sie offline zur Verfügung stellen möchten, und fügen Sie die Benutzer und Gruppen hinzu, denen Sie Zugriff auf die Datenbank gewähren möchten. Vergewissern Sie sich, dass dem Benutzer ANONYMOUS kein Zugriff gewährt wird.
4. Um einzuschränken, welche Benutzer das Profildokument für die Konfiguration der Offline-Abonnements für ein bestimmtes Abonnement öffnen und bearbeiten dürfen, öffnen Sie die Maske DOLS-OFFLINE-KONFIGURATION/DOLS OFFLINE CONFIGURATION in der Datenbank des Abonnements mit dem Domino Designer und ändern die Sicherheitseinstellungen in den Maskeneigenschaften.
5. Um sicherzustellen, dass keine unbefugten Benutzer mit einem anderen Softwareprodukt offline auf die Abonnement-Daten zugreifen können, verschlüsseln Sie das Abonnement im Profildokument für die Konfiguration der Offline-Abonnements.

Um eine Sicherheitseinstellung an alle vorhandenen DOLS-Abonnements auf einem Server zu verteilen, vergewissern Sie sich, dass die Abonnements so konfiguriert sind, dass sie Gestaltungsänderungen aus den DOLS-Ressourcen (*dolres.ntf*) übernehmen. Ändern Sie die Einstellung in *dolres.ntf* und führen Sie dann den Designer-Task aus.

11.6.6   Einstellungen für Lotus iNotes

Sie finden im Konfigurationsdokument des Lotus Domino Servers nach der Installation von DOLS ein zusätzliches Register DOMINO WEB ACCESS bzw. in der Version 8.5 ein Register LOTUS INOTES. Hier setzen Sie die meisten Konfigurationseinstellungen. Diese beziehen sich auf die Bereiche Räume und Ressourcen, Sametime, Online- und Offline-Kennwörter, Verschlüsselung und den Zugriff auf Anhänge.

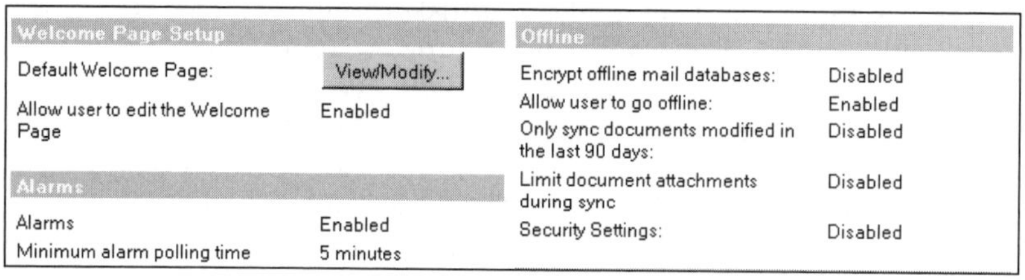

Welcome Page Setup		Offline	
Default Welcome Page:	View/Modify...	Encrypt offline mail databases:	Disabled
Allow user to edit the Welcome Page	Enabled	Allow user to go offline:	Enabled
		Only sync documents modified in the last 90 days:	Disabled
Alarms		Limit document attachments during sync	Disabled
Alarms	Enabled	Security Settings:	Disabled
Minimum alarm polling time	5 minutes		

Abbildung 11.46: Konfigurationseinstellungen für Lotus iNotes

Bitte beachten Sie, dass die meisten dieser Einstellungen direkten Einfluss auf die Last haben, die durch den Einsatz von Lotus iNotes auf dem Server entsteht. Ein Beispiel ist die Option VOLLTEXTINDIZIERUNG/FULL-TEXT INDEXING, die es dem Benutzer erlaubt, Volltextindizes auf dem Server zu erstellen. Darin sind jeweils die Mails, To-Do-Einträge und andere Informationen indiziert. Die Indizes werden nicht automatisch erstellt, sondern können vom Benutzer aktiviert werden. Dies bedeutet aber auch mehr Indizes bei ansteigender Benutzerzahl. Der Benutzer hat zwar den Vorteil des schnelleren und effizienteren Suchens, es erfordert aber auch mehr Zeit für die Verwaltung und Platz für die Speicherung der Indizes. Sinnvoll ist die Option ÄNDERUNG DES INTERNET-KENNWORTS/ MODIFICATION OF INTERNET PASSWORD, mit der das Internet-Kennwort vom Benutzer über die VORGABEN/PREFERENCES angepasst wird. Die Funktion für das Drucken von Kalendereinträgen kann deaktiviert werden. Die Einträge werden zum Drucken relativ aufwendig umgesetzt (siehe *Abbildung 11.47*).

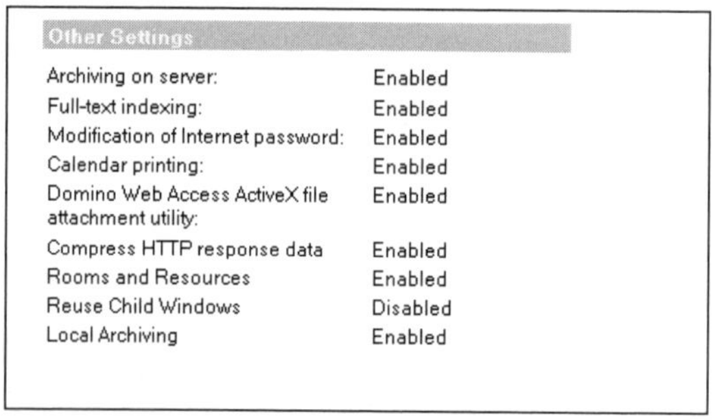

Other Settings	
Archiving on server:	Enabled
Full-text indexing:	Enabled
Modification of Internet password:	Enabled
Calendar printing:	Enabled
Domino Web Access ActiveX file attachment utility:	Enabled
Compress HTTP response data	Enabled
Rooms and Resources	Enabled
Reuse Child Windows	Disabled
Local Archiving	Enabled

Abbildung 11.47: Andere Einstellungen unter Lotus iNotes

Die Option ACTIVEX-HILFSPROGRAMM FÜR DAS ANHÄNGEN VON DATEIEN/CUSTOM ACTIVEX FILE ATTACHMENT UTILITY dagegen ist abhängig vom eingesetzten Client. Mit dieser Option wird festgelegt, dass ein ActiveX-Control anstelle der DHTML-Implementierung für den Umgang mit Anhängen eingesetzt wird. Die ActiveX-Variante ist deutlich leistungsfähiger, funktioniert aber eben nur mit dem Internet Explorer.

In jedem Fall haben die Optionen ALARME/ALARMS, MINIMALES ANFRAGEINTERVALL FÜR ALARME/ALARM POLLING TIME und MINIMALES ANFRAGEINTERVALL FÜR MAIL/MINIMUM ALLO-WED MAIL POLLING TIME Auswirkungen auf die Last. Erfolgt eine Überprüfung von Erinnerungen, wird vom Client aus regelmäßig auf den Server zugegriffen. Gleiches gilt beim Mail-Polling, mit dem nach neuen Mails auf dem Server gesucht wird. Die Zeiten sollten nicht zu kurz gesetzt werden, um Performance-Probleme zu vermeiden.

Des Weiteren stehen Ihnen folgende Optionen zur Verfügung:

1. Im Abschnitt EINRICHTEN DER EINFÜHRUNGSSEITE/WELCOME PAGE SETUP

Feld	Eingabe
VORGABE-EINFÜHRUNGSSEITE/ DEFAULT WELCOME PAGE	Klicken Sie auf ANZEIGEN/ÄNDERN bzw. VIEW/ MODIFY, um die Einstellungen der Vorgabe-Willkommensseite zu setzen. ▸ BENUTZERDEFINIERTE SEITE/SELECTED WEB PAGE: Zwingt den Anwender dazu, eine spezifische Webseite als Willkommensseite zu verwenden. Geben Sie die URL und den Titel an. ▸ BEISPIELSEITE/CUSTOM LAYOUT: Die Beispielseite ist die einfache, schnell ladende Einführungsseite.
BENUTZER DARF DIE EINFÜHRUNGSSEITE BEARBEITEN/ ALLOW USER TO EDIT THE WELCOME PAGE	Anwender können bei Aktivierung dieser Option eine eigene Willkommensseite anlegen bzw. die vorhandene anpassen.

2. Im Abschnitt ALARME/ALARM

Feld	Eingabe
ALARME/ ALARMS	Aktivieren Sie diese Option, um Anwendern zu ermöglichen, Alarme für Besprechungen, Termine und Ereignisse zu setzen.
MINIMALES ANFRAGEINTERVALL FÜR ALARME/ MINIMUM ALARM POLLING TIME	Geben Sie an, wie oft (in Minuten) der Lotus iNotes Client den Server bezüglich der Alarme überprüft. Geben Sie eine hohe Minutenzahl an, um die Server-Performance nicht zu beeinträchtigen.

3. Im Abschnitt MAIL (siehe *Abbildung 11.48*)

Feld	Eingabe
MINIMALES ANFRAGEINTERVALL FÜR MAIL/ MINIMUM MAIL POLLING TIME	Geben Sie an, wie oft (in Minuten) der Lotus iNotes Client den Server bezüglich neuer Mails auf Alarme überprüft. Geben Sie eine hohe Minutenzahl an, um die Server-Performance nicht zu beeinträchtigen.
BEIM VERSENDEN VON MAIL FORMAT FESTLEGEN AUF/ WHEN SENDING MAIL, SET FORMAT TO	Wählen Sie EINFACHER TEXT/PLAIN TEXT oder BENUTZER DARF ENTSCHEIDEN/LET USER DECIDE. Diese Einstellung erlaubt Ihnen, ausgehende Mails auf EINFACHER TEXT/PLAIN TEXT zu setzen.

Feld	Eingabe
NAMENSAUFLÖSUNG UND -VALIDIERUNG NAME RESOLUTION AND VALIDATION	Aktivieren Sie diese Option, um die Suche nach alternativen Namen zu ermöglichen, ähnlich wie bei der Schnelladressierung unter Notes.
MAXIMALGRÖSSE VON ANHÄNGEN (KB)/ MAXIMUM ATTACHMENT SIZE (KB)	Legen Sie die maximale Größe für Anhänge in KB fest. Die Vorgabe beträgt 50 000 KB (50 Megabyte). Sie müssen außerdem den Wert von zwei Feldern im Server- oder Web-Site-Dokument auf einen höheren als diesen Wert setzen. Andernfalls verursachen Anhänge, die größer als 10 Megabyte sind, einen Serverfehler. Die Felder lauten wie folgt: ▶ INTERNET-PROTOKOLLE > HTTP > MAXIMALE GRÖSSE VON ANFORDERUNGSINHALT/MAXIMUM SIZE OF REQUEST CONTENT ▶ INTERNET-PROTOKOLLE > DOMINO WEBSERVER/ DOMINO WEB ENGINE > MAXIMALE GRÖSSE VON POST-DATEN/MAXIMIM POST DATA Allerdings sind Attachments mit einer Größe von mehr als 10 Megabyte allgemein als kritisch anzusehen.

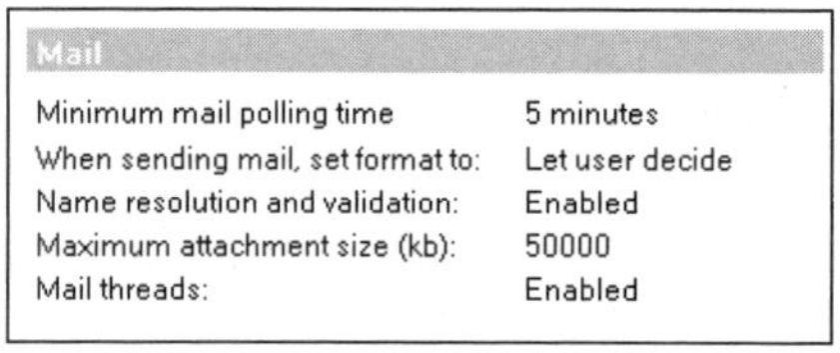

Mail	
Minimum mail polling time	5 minutes
When sending mail, set format to:	Let user decide
Name resolution and validation:	Enabled
Maximum attachment size (kb):	50000
Mail threads:	Enabled

Abbildung 11.48: Mail-Einstellungen für iNotes

4. Im Abschnitt MAIL-VERSCHLÜSSELUNG/MAIL ENCRYPTION

Feld	Eingabe
UNTERSTÜTZUNG VON VERSCHLÜSSELTER MAIL/ ENCRYPTED MAIL SUPPORT	Aktivieren Sie diese Option (Vorgabe), um Benutzern zu ermöglichen, eine gespeicherte Notes-ID zum Lesen verschlüsselter Mail zu verwenden. Die Benutzer-ID muss in der Mail-Datenbank gespeichert sein.
BENUTZERN ERLAUBEN, IHRE LOTUS NOTES-ID AUS IHRER MAIL-DATENBANK ZU LÖSCHEN/ ALLOW USER TO DELETE THEIR NOTES ID FROM THEIR MAIL DATABASE	Aktivieren Sie diese Option, um Benutzern zu ermöglichen, ihre Notes-ID aus ihrer Mail-Datenbank zu löschen. Die Vorgabe ist DEAKTIVIERT/DISABLED.
BENUTZERN ERLAUBEN, IHRE LOTUS NOTES-ID ZU EXPORTIEREN/ ALLOW USER TO EXPORT THEIR NOTES ID	Aktivieren Sie diese Option, um Benutzern zu ermöglichen, ihre ID in eine separate Datei zu exportieren und zu speichern. Die Vorgabe ist DEAKTIVIERT.

Feld	Eingabe
SSL ERFORDERLICH BEIM LESEN VON VERSCHLÜSSELTER MAIL/ REQUIRE SSL WHEN READING ENCRYPTED MAIL	Wählen Sie eine der folgenden Optionen, um die SSL-Anforderung festzulegen: ▶ NEIN/NO, um verschlüsselte Mail wie unverschlüsselte Mail zu behandeln. ▶ CLIENT (Vorgabe), um festzulegen, dass der Browser, aber nicht der Server SSL verwenden muss. ▶ BEIDE/BOTH, um festzulegen, dass sowohl der Browser-Client als auch der Server SSL verwenden müssen.
JAVASCRIPT FÜR SSL-UMLEITUNGS-ANFORDERUNGEN VERWENDEN/ USE JAVASCRIPT FOR SSL-REDIRECTION	Aktivieren Sie diese Option (Vorgabe), um JavaScript zum Umleiten von SSL zu verwenden. Einige Reverse-Proxyserver führen den Task „Fixup 302" zum Umleiten nicht ordnungsgemäß aus. Ist dies der Fall, kann das Aktivieren dieser Option hilfreich sein. Aktivieren Sie diese Option nur, wenn es unbedingt erforderlich ist.
VERWENDUNG VON NICHT VERTRAUENS-WÜRDIGEN INTERNET-ZERTIFIKATEN FÜR S/MIME-VERSCHLÜSSELUNG ZULASSEN/ ALLOW UNTRUSTED INTERNET CERTIFICATES TO BE USED FOR S/MIME ENCRYPTION	Aktivieren Sie diese Option, um Benutzern zu erlauben, ein nicht vertrauenswürdiges Internet-Zertifikat für die S/MIME-Verschlüsselung zu verwenden. Die Vorgabe ist DEAKTIVIERT/ DISABLED.

5. Im Abschnitt INSTANT MESSAGING (siehe *Abbildung 11.49*)

Feld	Eingabe
INSTANT-MESSAGING-FUNKTIONEN/ INSTANT MESSAGING FEATURES	Aktivieren Sie diese Option (Vorgabe), um Instant Messaging und Live-Namen (Präsenzanzeige) für Benutzer zu aktivieren, die Secrets und Tokens oder LTPA-Token (Lightweight Third Party Authentication) haben und denen ein Sametime Server zugewiesen ist.
PRÄSENZANZEIGE/ ONLINE AWARENESS	Aktivieren Sie diese Option (Vorgabe), um Live-Namen für alle Benutzer zu aktivieren, die die Präsenzanzeige auch über eine Benutzervorgabe aktiviert haben.
SECRETS UND AUTHENTIFIZIERUNG VON TOKENS ZULASSEN/ ALLOW SECRETS AND TOKENS AUTHEN-TICATION	Aktivieren Sie diese Option (Vorgabe), um die Authentifizierung durch Secrets und Tokens zu verwenden, sofern vorhanden. Deaktivieren Sie diese Option, wenn ein LTPA-Token vorhanden ist, damit dieses verwendet wird.

Feld	Eingabe
INSTANT-MESSAGING-SERVER-HOSTNAME FÜR ALLE DWA-BENUTZER SETZEN (SINNVOLL FÜR CLUSTER-KONFIGURATIONEN)/ SET AN INSTANT MESSAGING SERVER HOSTNAME FOR ALL DWA USERS (USEFUL FOR CLUSTERED CONFIGURATIONS)	Geben Sie den Namen des Sametime Servers ein, um einen Instant-Messaging-Host-Namen (z.B. *messaging.dmk-online.de*) für alle Lotus iNotes-Benutzer festzulegen. Dadurch ist es nicht mehr notwendig, das Sametime Server-Feld in jedem Personendokument auszufüllen.
\STLINKS WIRD VOM DOMINO APPLICATION SERVER GELADEN/ LOADING \STLINKS FROM DOMINO APPLICATION SERVER	Aktivieren Sie diese Option (Vorgabe), um *\stlinks* vom Domino-Anwendungsserver zu laden. Deaktivieren Sie diese Option, um das Verzeichnis *\stlinks* von dem Sametime Server zu laden, der im Personendokument des Benutzers festgelegt ist. Dies ist hilfreich, wenn in Ihrem Unternehmen verschiedene Versionen von Sametime Servern ausgeführt werden und eine ältere Version als Domino 6.5.2 verwendet wird.
DWA8-KONTAKTLISTE BEVORZUGEN/ PREFER DWA8 CONTACT LIST	In der Version Lotus Notes Domino 8 enthält Lotus iNotes einen eigenen Kontaktlisten-Client, der Sametime Connect für Browser ersetzt. Ist diese Option deaktiviert, wird Sametime Connect verwendet.
„SAMETIME CONNECT FÜR BROWSER" BEVORZUGEN (NUR DWA7)/ PREFER „SAMETIME CONNECT FOR BROWSERS" (DWA 7 ONLY)	Aktivieren Sie diese Option (Vorgabe), um Sametime Connect für Browser (7) als Chat-Client zu laden. Deaktivieren Sie die Option, um den Domino Web Access Chat-Client zu verwenden. Diese Einstellung gilt nur für Mail-Dateien auf Basis der Schablone *dwa7.ntf*.
ORGANISATIONSNAMEN ÜBERGEBEN (WIRD GEWÖHNLICH VERWENDET, WENN DOMINO FÜR XSP KONFIGURIERT WURDE)/ PASS THE ORGANIZATION NAME (COMMONLY USED WHEN DOMINO IS CONFIGURED FOR XSP)	Nur für xSPs. Die Vorgabe lautet DEAKTIVIERT/ DISABLED. Hinter dem Begriff „xSP" (Service-Provider = Dienstanbieter) können sich die unterschiedlichsten Dienste verbergen, die durch einen Provider angeboten werden, z.B. im Bereich Anwendungen, Internet, Speicherung und Verwaltung usw.
VERZEICHNISTYP, DEN IBM LOTUS INSTANT MESSAGING UND WEB CONFERENCING VERWENDET/ DIRECTORY TYPE USED BY IBM LOTUS INSTANT MESSAGING AND WEB CONFERENCING	▶ DOMINO-VERZEICHNIS (oder leer lassen), wenn der Sametime Server und der Webserver das Domino-Verzeichnis verwenden. ▶ DOMINO LDAP, wenn der Sametime Server das Domino LDAP-Verzeichnis und der Webserver das Domino-Verzeichnis verwendet.

Feld	Eingabe
	▶ DOMINO LDAP FÜR xSP (nur xSP Server), wenn der Domino xSP Server das Domino-Verzeichnis und der Sametime Server den Domino LDAP-Server verwendet.
	▶ NICHT-DOMINO-LDAP, wenn der Sametime Server und der Domino Webserver ein anderes LDAP-Verzeichnis als das Domino LDAP-Verzeichnis verwenden.
	Sie können noch genauer festlegen, wie das Namensformat für die Anmeldung und Präsenzanzeige an den Sametime Server übergeben werden soll. Verwenden Sie hierzu die *notes.ini*-Einstellung INOTES_WA_SAMETIMENAMEFORMAT, die diese Konfigurationseinstellung überschreibt.

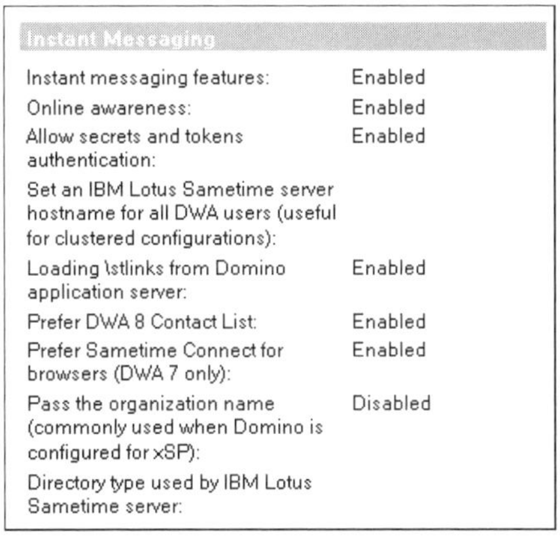

Abbildung 11.49:
Instant-Messaging-Einstellungen für iNotes

6. Im Abschnitt AUSSCHLUSSKLAUSEL/DISCLAIMER TEXT

Feld	Eingabe
AUSSCHLUSSKLAUSEL ZUM MAIL-MEMO HINZUFÜGEN/ ADD DISCLAIMER NOTICE TO MAIL MEMO	Sie können im unteren Teil ausgehender Mail-Nachrichten in iNotes einen Haftungsausschluss (Disclaimer) einfügen. Ein Haftungsausschluss ist eine Vereinbarung, dass Ihre Verantwortung für den Inhalt einer Nachricht ausgeschlossen ist. Deaktivieren Sie diese Option oder lassen Sie den Disclaimer am Anfang oder am Ende Ihrer Mails anzeigen.
AUSSCHLUSSKLAUSEL (TEXT ODER HTML)/ DISCLAIMER TEXT OR HTML	Geben Sie die Ausschlussklausel ein, die in allen iNotes Mail-Nachrichten (im HTML-Format) angezeigt werden soll.

7. Im Abschnitt OFFLINE

Feld	Eingabe
OFFLINE-MAIL-DATENBANKEN VERSCHLÜSSELN/ ENCRYPT OFFLINE MAIL FILES	Wenn diese Option aktiviert wurde, können die Anwender die Offline-Mail-Dateien aus Sicherheitsgründen verschlüsseln.
BENUTZER DÜRFEN OFFLINE ARBEITEN/ ALLOW USER TO GO OFFLINE	Die Aktivierung dieser Option bietet dem Anwender die Möglichkeit, offline mit dem iNotes Client zu arbeiten.
NUR DOKUMENTE SYNCHRONISIEREN, DIE GEÄNDERT WURDEN IN DEN LETZTEN X TAGEN/ONLY SYNC DOCUMENTS MODIFIED IN THE LAST X DAYS	(Vorgabe ist 90 Tage) Aktivieren Sie dieses Feld und definieren Sie, welche Dokumente repliziert werden sollen. Ältere Dokumente werden aus der lokalen Replik entfernt. Die Vorgabe ist deaktiviert.
DOKUMENTENANHÄNGE WÄHREND DER SYNCHRONISIERUNG BEGRENZEN/ LIMIT DOCUMENT ATTACHMENTS DURING SYNC	Mit dieser Einstellung können Sie die Größe der Anhänge während der Synchronisierung begrenzen. Größere Anhänge werden abgeschnitten. Die Vorgabe ist deaktiviert.
SICHERHEITSEINSTELLUNGEN/ SECURITY SETTINGS	Aktivieren Sie diese Option, um sicherzustellen, dass die Offline- und Online-Internet-Kennworte der Benutzer synchron bleiben. Diese Einstellung greift nur dann, wenn das Feld INTERNET-KENNWORT SYNCHRONISIEREN/SYNCHRONIZE INTERNET PASSWORD im Abschnitt SICHERHEITSEINSTELLUNGEN/SECURITY SETTINGS im Online-Konfigurationsdokument aktiviert wurde.

8. Im Abschnitt INTERNATIONAL

Feld	Eingabe
UNTERSTÜTZUNG VON ALTERNATIVEN NAMEN/ ALTERNATE NAME DISPLAY	Ermöglicht iNotes die Anzeige alternativer Namen in der entsprechenden Sprache.
BEVORZUGTE SPRACHE FÜR ALTERNATIVE NAMEN/ ALTERNATE NAME LANGUAGE	Diese Einstellung überschreibt die bevorzugte Sprache für einen alternativen Namen aus den Benutzervorgaben.
BENUTZER DARF WÄHLEN, WIE ER ALTERNATIVE NAMEN ANZEIGEN MÖCHTE/ ALLOW USER TO CHOOSE ALTERNATE NAME DISPLAY	Die Anwender können die bevorzugte Sprache für einen alternativen Namen selbst wählen.

9. Im Abschnitt STARTANSICHT/START UP VIEW

Feld	Eingabe
BENUTZER DARF VORGEGEBENE AKTIVE ANSICHT WÄHLEN/ ALLOW USER TO SELECT DEFAULT ACTIVE VIEW	Aktivieren Sie diese Option (Vorgabe), damit Benutzer eine vorgegebene aktive Ansicht auswählen können.
ÖFFNEN BEIM START VON DOMINO WEB ACCESS/ WHEN OPENING DOMINO WEB ACCESS, OPEN TO	Wählen Sie die Ansicht aus, die angezeigt werden soll, wenn der Benutzer sich bei iNotes anmeldet.

10. Im Abschnitt BROWSER-CACHE-MANAGEMENT

Feld	Eingabe
BROWSER-CACHE-MANAGEMENT	Aktivieren Sie diese Option (Vorgabe), um das Browser-Cache-Management zu installieren.
BROWSER-CACHE-MANAGEMENT AUTOMATISCH INSTALLIEREN/ AUTOMATICALLY INSTALL BROWSER-CACHE-MANAGEMENT	Aktivieren Sie diese Option, um das Browser-Cache-Management automatisch zu installieren, wenn ein Benutzer zum ersten Mal von einem Computer aus auf iNotes zugreift, auf dem das Browser-Cache-Management nicht installiert ist. Ist die Option nicht aktiviert, kann der Benutzer es über die Vorgaben manuell installieren. Dies ist jedoch nicht erforderlich. Die Vorgabe ist DEAKTIVIERT/DISABLED.
VORGEGEBENE LÖSCHSTUFE FÜR DEN CACHE-SPEICHER/ DEFAULT CACHE SCRUBBING LEVEL	Legt die Stufe für die automatische Cache-Bereinigung für den Domino Webserver fest. Geben Sie eine Zahl zwischen 1 und 5 ein: ▶ 0: Löscht alle Cache-Speicher, die persönliche Mail-Datenbank-Daten enthalten. ▶ 1: Löscht alle URLs, die mit dem Mail-Dateipfad beginnen. ▶ 2: Löscht alle URLs im Cache, die vom Host-Namen des Servers stammen, mit Ausnahme der URLs, die die aktuelle Maskendatei */iNotes/Forms8.nsf* oder *iNotes/Forms85.nsf* enthalten. ▶ 3: Löscht alle URLs im Cache, die vom Host-Namen des Servers stammen. ▶ 4: Löscht alle URLs im Cache, mit Ausnahme der URLs, die die aktuelle Maskendatei */iNotes/Forms8.nsf* oder *iNotes/Forms85.nsf* enthalten. ▶ 5: Löscht alle URLs im Cache.
PROTOKOLL LÖSCHEN, WENN BROWSER-FENSTER GESCHLOSSEN WIRD/ CLEAR HISTORY WHEN BROWSER WINDOW IS CLOSED	Aktivieren Sie diese Option, um das Browser-Protokoll zu löschen, wenn das Fenster geschlossen wird. Verhindert den Zugriff unbefugter Benutzer auf zuvor angezeigte Seiten. Die Vorgabe ist DEAKTIVIERT/DISABLED.

Feld	Eingabe
ANHÄNGE NICHT ZULASSEN, WENN NICHT INSTALLIERT/ DISALLOW ATTACHMENTS IF NOT INSTALLED	Aktivieren Sie diese Option, um Benutzer daran zu hindern, Anhänge in E-Mails hinzuzufügen oder zu öffnen, wenn das Browser-Cache-Management nicht installiert ist. Die Vorgabe ist DEAKTIVIERT/DISABLED. Diese Einstellung verhindert, dass Benutzer, die das Browser-Cache-Management nicht installiert haben, wichtige Daten in einem Anhang auf einer ungesicherten Workstation abrufen oder kopieren können.
ZWISCHEN BROWSER-SITZUNGEN STATISCHEN CODE IM ARCHIV AUFBEWAHREN/ MAINTAIN STATIC CODE ARCHIVE BETWEEN SESSIONS	Aktivieren Sie diese Option (Vorgabe), um statische iNotes-Gestaltungseinträge vom Cache in einen lokalen Ordner auf dem Computer zu verschieben, sodass sie im Browser-Cache wiederhergestellt werden können, wenn der Browser neu gestartet wird.

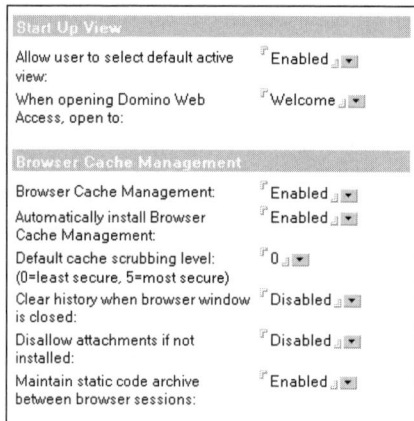

Abbildung 11.50: Browser-Cache-Management-Einstellungen

11. Im Abschnitt SONSTIGE EINSTELLUNGEN/OTHER SETTINGS (siehe auch *Abbildung 11.47*)

Feld	Eingabe
ARCHIVIEREN AUF SERVER/ ARCHIVING ON SERVER	Die Aktivierung dieser Option ermöglicht dem Anwender, Archive der Mail-Datenbank auf dem Server abzulegen.
VOLLTEXTINDIZIERUNG/ FULL-TEXT INDEXING	Die Aktivierung dieser Option bietet dem Anwender die Möglichkeit, einen Volltextindex für Mails, Kalendereinträge und Aufgaben aufzubauen.
ÄNDERUNG DES INTERNET-KENNWORTS/ MODIFICATION OF INTERNET PASSWORD	Deaktivieren Sie diese Option, um den Anwender daran zu hindern, sein Internet-Passwort zu ändern.

Feld	Eingabe
KALENDARAUSDRUCK/ CALENDAR PRINTING	Die Aktivierung dieser Option bietet dem Anwender die Möglichkeit, den Kalender in unterschiedlichen Formattypen auszudrucken.
DOMINO WEB ACCESS ACTIVEX-HILFSPROGRAMM FÜR DAS ANHÄNGEN VON DATEIEN/ DOMINO WEB ACCESS ACTIVEX FILE ATTACHMENT UTILITY	Deaktivieren Sie diese Option, damit der Anwender lediglich das Standard-Browser-File-Upload-Utility nutzen kann.
HTTP-ANTWORTDATEN KOMPRIMIE-REN/COMPRESS HTTP RESPONSE DATA	Wenn Sie diese Option aktivieren, komprimiert der Server alle Antwortdaten.
RÄUME UND RESSOURCEN/ ROOMS AND RESOURCES	Aktivieren Sie diese Option (Vorgabe), um für die Planung von Besprechungen den Zugriff auf die Datenbank für Räume und Ressourcen zu gewähren.
UNTERGEORDNETE FENSTER WIEDER-VERWENDEN/ REUSE CHILD WINDOWS	Aktivieren Sie diese Option, um diese Funktion global für alle Benutzer zu aktivieren. Wenn die Option de-aktiviert ist (Vorgabe), können Benutzer die Funktion über die Benutzervorgaben aktivieren. Diese Option ist in Version 8.5 obsolet und wird nur für ältere Versionen mitgeführt.
LOKALE ARCHIVIERUNG/ LOCAL ARCHIVING	Aktivieren Sie diese Option, um Benutzern zu erlauben, lokal auf dem eigenen System zu archivieren. Diese Option ist obsolet in Version 8.5 und wird nur für ältere Versionen mitgeführt.

11.6.7 Deployment und Anpassung der DOLS-Abonnements

Es gibt verschiedene Situationen für das Deployment und die Praxis von DOLS. Weitere Informationen sind auch in dem entsprechenden Redbook „Domino Web Access Deployment and Administration" nachzulesen, auch wenn es schon etwas älter ist. Sie finden es unter *http://www.redbooks.ibm.com/* bzw. direkt auf der Redbook-Seite unter *http://www.redbooks.ibm.com/redbooks/SG246518.html*.

Als Voraussetzung stellt der Administrator sicher, dass DOLS ordnungsgemäß auf dem Server installiert ist. Anschließend konfiguriert er die Sicherheit für das Abonnement, richtet Agenten ein, nimmt gegebenenfalls Änderungen am Profildokument für die Konfiguration der Offline-Abonnements vor und unterstützt Benutzer bei der Installation des Abonnements. Ist das Abonnement dann aktiviert, können die Benutzer mithilfe eines Browsers auf das auf dem Server befindliche Abonnement zugreifen. Der Anwender klickt nun im Menü ONLINE auf der Hauptseite des Abonnements auf OFFLINE oder ABONNEMENT INSTALLIEREN/INSTALL SUBSCRIPTION, damit das Abonnement auf seinem Computer installiert wird. Zusätzlich zum Abonnement wird der Lotus Domino Sync Manager (früher der iNotes Sync Manager) auf dem Computer des Benutzers installiert, hier handelt es sich um ein Dienstprogramm zum Verwalten von DOLS-Abonnements. Die Benutzer können nun Abonnements online oder offline öffnen und sie mit dem Sync Manager synchronisieren und Eigenschaften des Abonnements einrichten.

Profildokument für die Konfiguration der Offline-Abonnements

Im Profildokument für die Konfiguration der Offline-Abonnements wird die Konfiguration vorgenommen. Besitzt eine Datenbank keine implementierte Gestaltung für die Lotus iNotes-Nutzung, erstellt der Web-Site-Entwickler zuerst ein Profildokument für die Konfiguration der Offline-Abonnements für jede Domino-Anwendung, die offline-fähig gemacht werden soll. Es gibt zu jeder Anwendung genau ein Profildokument, auch wenn eine Anwendung mehrere Datenbanken enthält. Der Entwickler kopiert mit Domino Designer den Agenten OFFLINE-KONFIGURATION BEARBEITEN/EDIT OFFLINE CONFIGURATION in die Domino-Anwendung, die offline-fähig gemacht wird. Besitzt eine Datenbank die entsprechende Gestaltung bereits, wählen Sie in Notes OFFLINE-KONFIGURATION BEARBEITEN/ EDIT OFFLINE CONFIGURATION im Menü AKTIONEN/ACTIONS > BEARBEITEN/EDIT und bearbeiten das Profildokument für die Konfiguration der Offline-Abonnements. Ist das Profildokument fertig bearbeitet, kann der Administrator einige der Vorgabeeinstellungen darin überschreiben.

Beachten Sie, dass Sie ein Konfigurationsdokument in jedem Abonnement bearbeiten und speichern müssen, auch wenn das Dokument nicht geändert wird. Ein Abonnement kann nur über ein Konfigurationsdokument verfügen, selbst wenn mehrere Datenbanken im Abonnement enthalten sind. Das Konfigurationsdokument wird immer in der Hauptdatenbank gespeichert. Die Hauptdatenbank ist die Datenbank im Abonnement, aus der der Benutzer das Abonnement herunterlädt. Die Konfigurationseinstellungen können auch dann noch geändert werden, wenn das Abonnement bereits von Benutzern heruntergeladen wurde.

1. Öffnen Sie die Mail-Datenbank und gehen Sie über AKTIONEN/ACTIONS > LOTUS INO-TES > OFFLINE-KONFIGURATION BEARBEITEN/EDIT OFFLINE CONFIGURATION.

2. Das Profildokument für die Konfiguration der Offline-Abonnements enthält die im Folgenden beschriebenen Registerseiten. Viele der Felder enthalten Vorgabewerte, die Sie entsprechend ändern.

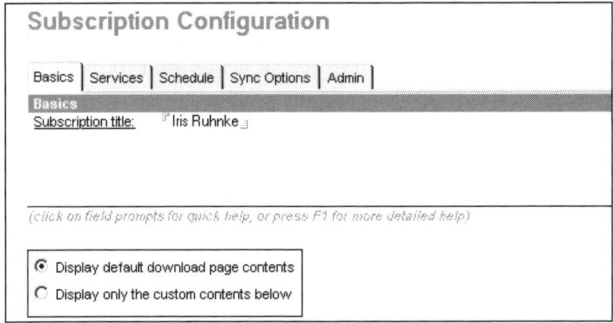

Abbildung 11.51: Offline-Konfiguration

▶ Das Register ALLGEMEIN/BASICS des Profildokuments für die Konfiguration der Offline-Abonnements enthält folgende Felder:

Feld	Aktion
NAME DES ABONNEMENTS/ SUBSCRIPTION TITLE	Dies ist ein berechnetes Feld, das den Namen des Abonnements (Datenbank) enthält. Dieser Name wird auch im Abonnementfenster von Domino Sync Manager angezeigt.

▶ Das Register DIENSTE/SERVICES des Profildokuments für die Konfiguration der Offline-Abonnements enthält folgende Felder (siehe *Abbildung 11.52*):

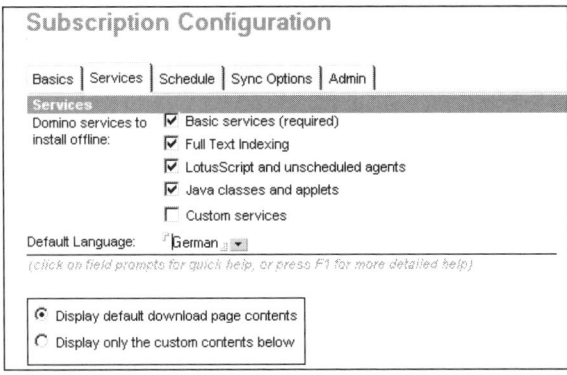

Abbildung 11.52: Einstellung der offline verfügbaren Funktionen

Feld	Aktion
OFFLINE ZU INSTALLIERENDE DOMINO-DIENSTE/DOMINO SERVICES TO INSTALL OFFLINE	Die Offline-Anwendung benötigt eventuell Unterstützung. Aktivieren Sie die entsprechenden Kontrollkästchen, sodass nur die benötigten Dateien zum Computer des Endbenutzers heruntergeladen werden. Wählen Sie ▶ BASISDIENSTE/BASIC SERVICES (immer ausgewählt) ▶ VOLLTEXTINDIZIERUNG/FULL-TEXT INDEXING ▶ NICHT GEPLANTE UND LOTUSSCRIPT-AGENTEN/LOTUSSCRIPT AND UNSCHEDULED AGENTS ▶ JAVA-KLASSEN UND -APPLETS/JAVA CLASSES AND APPLETS ▶ BENUTZERDEFINIERTE DIENSTE/CUSTOM SERVICES. Wenn Sie BENUTZERDEFINIERTE DIENSTE/CUSTOM SERVICES aktivieren, wird das Feld OFFLINE ZU INSTALLIERENDE BENUTZERDEFINIERTE DIENSTE angezeigt.
VORGABESPRACHE/ DEFAULT LANGUAGE	Definieren Sie hier, in welcher Sprache das Web-Menü dargestellt werden soll. Wählen Sie eine Sprache oder die Sprache des Betriebssystems.
BENUTZERDEFINIERTE DIENSTE/ CUSTOM SERVICES	Geben Sie den Namen von benutzerdefinierten Dienstdateien ein, die während der Installation des Abonnements dekomprimiert und auf dem Computer des Benutzers ausgeführt werden sollen. Benutzerdefinierte Dienste haben folgende Syntax: `NameDesBenutzerdefinierten-Dienstes [Setup.exe [SetupArgumente]]`. Beispiel: `meinbenutzerdefiniertername meinesetupdatei.exe -z -r -u` Wenn Sie mehrere benutzerdefinierte Dienste angeben möchten, trennen Sie die Einträge durch Kommata voneinander ab.

▶ Das Register ZEITPLAN/SCHEDULE des Profildokuments für die Konfiguration der Offline-Abonnements enthält folgende Felder, die Sie für den Endbenutzer vordefinie-
ren können (siehe *Abbildung 11.53*). Der Endbenutzer kann die meisten dieser Felder
im Eigenschaftenfeld für Abonnements im Domino Sync Manager überschreiben.

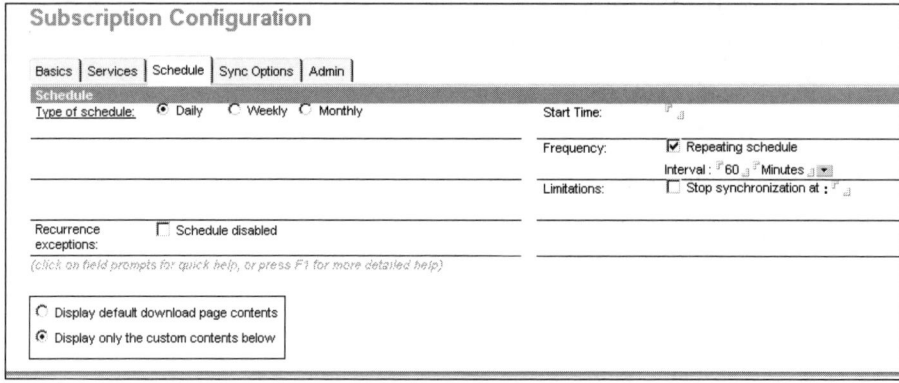

Abbildung 11.53: Konfiguration des Zeitplans für die Synchronisation

– Abschnitt ZEITPLAN/SCHEDULE

Feld	Aktion
TÄGLICH/DAILY	Geben Sie die Tageszeit an, zu der die Synchronisierung stattfinden soll.
WÖCHENTLICH/WEEKLY	Geben Sie die Tage an, an denen die Synchronisierung stattfinden soll.
MONATLICH/MONTHLY	Geben Sie den Tag im Monat an, an dem die Synchronisierung stattfinden soll.
WOCHENTAGE/DAY(S) OF WEEK	Wird nur angezeigt, wenn Sie WÖCHENTLICH/WEEKLY als Typ ausgewählt haben. Wählen Sie die Wochentage aus, an denen die Synchronisierung stattfinden soll. Sie können z.B. Dienstag und Donnerstag auswählen.
MONATSTAG/DAY OF THE MONTH	Wird nur angezeigt, wenn Sie MONATLICH/MONTHLY als Typ ausgewählt haben. Geben Sie den Tag im Monat an, an dem die Synchronisierung stattfinden soll.
START/START TIME	Geben Sie die Tageszeit an, zu der die Synchronisierung am ausgewählten Tag stattfinden soll. Beispiel: 07:30.
ZEITPLAN MIT WIEDERHOLUNG/ REPEATING SCHEDULE	Aktivieren Sie dieses Kontrollkästchen, wenn die Synchronisierung nach der Startzeit in bestimmten Intervallen wiederholt werden soll.
INTERVALL/INTERVAL	Geben Sie die Zeitspanne zwischen den wiederkehrenden Synchronisierungen an. Geben Sie eine Zahl ein und wählen Sie dann entweder Minuten oder Stunden. Sie können z.B. 180 Minuten oder 3 Stunden eingeben.
SYNCHRONISIERUNG ANHALTEN UM/ STOP SYNCHRONIZATION AT	Geben Sie die Tageszeit an, zu der die Synchronisierung beendet werden soll.

Feld	Aktion
ZEITPLAN DEAKTIVIERT/ SCHEDULE DISABLED	Aktivieren Sie dieses Kontrollkästchen, um einmal zu synchronisieren und dann den Zeitplan komplett zu deaktivieren. Der Zeitplan bleibt so lange deaktiviert, bis der Endbenutzer ihn wieder aktiviert.

▷ Das Register SYNC-OPTIONEN/SYNC OPTIONS des Profildokuments für die Konfiguration der Offline-Abonnements enthält die folgenden Felder. Diese sind z.T. auch über die Eigenschaften der Abonnements zu definieren.

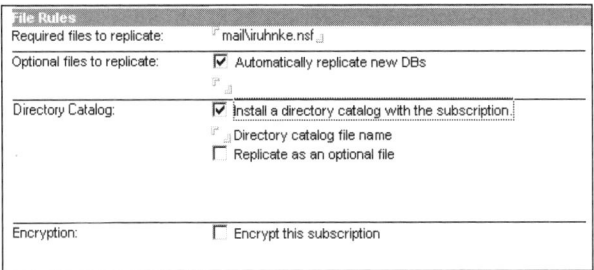

Abbildung 11.54: Optionen für die Synchronisation – Abschnitt DATEIREGELN/FILE RULES

– Abschnitt DATEIREGELN/FILE RULES

Feld	Aktion
DATEIEN, DIE REPLIZIERT WERDEN MÜSSEN/ REQUIRED FILES TO REPLICATE	Die Liste der Datenbanken, die immer offline zur Verfügung stehen müssen, damit dieses Abonnement richtig funktioniert. Geben Sie den Pfad und Dateinamen für jede benötigte Datenbank an. Klicken Sie auf DURCHSUCHEN/ SEARCH, um die Datenbanken auszuwählen. Die Datenbank muss sich im Domino Data-Verzeichnis oder in einem Unterverzeichnis des Data-Verzeichnisses befinden. Wenn Sie z.B. ein Unterverzeichnis namens *themen* unter dem Data-Verzeichnis haben und darin eine Datenbank mit dem Namen *lnd.nsf*, geben Sie *themen\lnd.nsf* ein.
OPTIONAL ZU REPLIZIERENDE DATEIEN/ OPTIONAL FILES TO REPLICATE	Die Liste der optionalen Datenbanken oder Verzeichnisse, die Teil dieses Abonnements sein können. Geben Sie die Pfade und Dateinamen der optionalen Datenbanken an, die Sie als Teil dieses Abonnements herunterladen möchten. Sie können z.B. zusätzlich zu den benötigten Datenbanken eine zum Abonnement gehörende Hilfe-Datenbank oder eine archivierte Diskussionsdatenbank herunterladen. Klicken Sie auf DURCHSUCHEN/SEARCH, um die Datenbanken auszuwählen. Die Datenbank muss sich im Domino Data-Verzeichnis oder in einem Unterverzeichnis des Data-Verzeichnisses befinden (siehe *Abbildung 11.54*). Beispiel: *admin\manual_gsa.nsf*. Wenn Sie nur *admin* angeben, wird jede Datenbank im Verzeichnis *admin* heruntergeladen. Sie können auch mehrere Verzeichnisse angeben.

Feld	Aktion
NEUE DATENBANKEN AUTO-MATISCH REPLIZIEREN/ AUTOMATICALLY REPLICATE NEW DBS	Aktivieren Sie dieses Kontrollkästchen, um neue (oder neu entdeckte) Datenbanken automatisch vom Server herunterzuladen und zu synchronisieren. Ihre optionale Datenbank kann z.B. selbst neue Datenbanken erstellen. Wenn dies der Fall ist, werden die neuen Datenbanken automatisch heruntergeladen und synchronisiert.
VERZEICHNISKATALOG/ DIRECTORY CATALOG	Diese Option macht vor allem für Offline-Mail-Clients Sinn, weil auf diese Weise auch die Empfängerlisten bereitgestellt werden. Sie können hier einen Vorgabe-Verzeichniskatalog definieren.
VERSCHLÜSSELUNG/ ENCRYPTION	Subscriptions können auf dem Client verschlüsselt und damit gesichert werden. Das führt allerdings zu einer etwas höheren Last auf dem Client und setzt zudem voraus, dass die User-ID auf dem Client nicht durch andere IDs überschrieben wird, da Informationen aus der Anwender-ID für die Verschlüsselung verwendet werden.

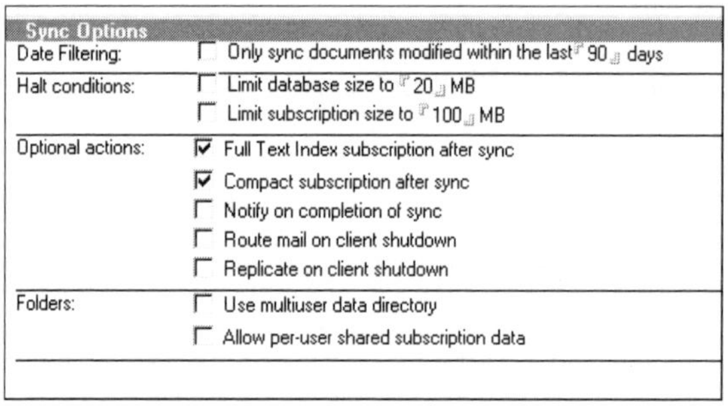

Abbildung 11.55:
Optionen für die Synchronisation –
Abschnitt SYNC-OPTIONEN/
SYNC OPTIONS

– SYNC-OPTIONEN/SYNC OPTIONS: Auf der rechten Seite finden sich etliche weitere Optionen (siehe *Abbildung 11.55*). Diese erlauben es beispielsweise zu definieren, dass nur relativ neue Dokumente synchronisiert werden oder dass die Größe der Datenbank und der gesamten Subscription beschränkt ist. Damit kann die Zeit für die Replikation ebenso wie die Ressourcennutzung auf dem Client gesteuert werden.

Feld	Aktion
NUR INNERHALB DER LETZTEN [ANZAHL] TAGE GEÄNDERTE DOKUMENTE SYNCHRONISIEREN/ ONLY SYNC DOCUMENTS MODI-FIED WITHIN THE LAST X DAYS	Aktivieren Sie dieses Kontrollkästchen und geben Sie die Anzahl der Tage ein, die ein geändertes Dokument maximal alt sein darf, um synchronisiert zu werden. Wenn Sie z.B. 30 Tage angeben, werden nur Dokumente synchronisiert, die innerhalb der letzten 30 Tage erstellt oder geändert wurden. Der Endbenutzer kann diese Einstellung überschreiben.
DATENBANKGRÖSSE BEGRENZEN AUF [ANZAHL] MEGABYTE/ LIMIT DATABASE SIZE TO X MEGABYTE	Aktivieren Sie dieses Kontrollkästchen und geben Sie ein, wie groß in Megabytes die Offline-Datenbank maximal sein darf. Die eingegebene Zahl darf nicht kleiner als 10 sein. Wenn die Datenbank größer wird als festgelegt, wird die Synchronisierung automatisch abgebrochen. Der Endbenutzer kann diese Einstellung überschreiben.

Feld	Aktion
ABONNEMENTGRÖSSE BEGRENZEN AUF [ANZAHL] MEGABYTE/ LIMIT SUBSCRIPTION SIZE TO X MEGABYTE	Aktivieren Sie dieses Kontrollkästchen und geben Sie ein, wie groß in Megabytes das gesamte Offline-Abonnement maximal sein darf. Die eingegebene Zahl darf nicht kleiner als 10 sein. Seien Sie vorsichtig bei der Verwendung dieses Felds und geben Sie keine zu geringe Größe ein. Es kann sein, dass das Offline-Abonnement nicht voll funktionsfähig ist, wenn seine Synchronisierung auf diese Weise abgebrochen wurde.
NACH DER SYNCHRONISIERUNG VOLLTEXTINDEX FÜR DAS ABONNEMENT ERSTELLEN/ FULL-TEXT INDEX SUBSCRIPTION AFTER SYNC	Volltextindizierung des Abonnements nach der Synchronisierung anstoßen.
ABONNEMENT NACH DER SYNCHRONISIERUNG KOMPRIMIEREN/ COMPACT SUBSCRIPTION AFTER SYNC	Komprimierung des Abonnements nach der Synchronisierung anstoßen.
ÜBER DEN ABSCHLUSS EINER SYNCHRONISIERUNG BENACHRICHTIGEN/ NOTIFY ON COMPLETION OF SYNC	Aktivieren Sie dieses Kontrollkästchen, wenn der Endbenutzer eine Nachricht erhalten soll, sobald der Synchronisierungsvorgang beendet ist. Der Endbenutzer kann diese Einstellung überschreiben. Wenn diese Option aktiviert ist, werden Warnungen, die während des Synchronisierungsvorgangs auftreten, in einem Meldungsfeld angezeigt.
VOR HERUNTERFAHREN DES CLIENTS MAIL ÜBERTRAGEN/ ROUTE MAIL ON CLIENT SHUTDOWN	Aktivieren Sie dieses Kontrollkästchen, wenn alle wartenden ausgehenden Mails versendet werden sollen, bevor der Benutzer Domino Sync Manager beendet. Der Endbenutzer kann diese Einstellung überschreiben.
VOR HERUNTERFAHREN DES CLIENTS REPLIZIEREN/ REPLICATE ON CLIENT SHUTDOWN	Aktivieren Sie dieses Kontrollkästchen, wenn die Synchronisierung stattfinden soll, bevor der Benutzer Domino Sync Manager beendet. Der Endbenutzer kann diese Einstellung überschreiben.
MEHRBENUTZER-DATA-VERZEICHNIS VERWENDEN/ USE MULTI-USER DATA DIRECTORY	So stellen Sie ein, dass mehrere Benutzer auf einem Rechner mit dem gleichen Datenverzeichnis einer Subscription arbeiten können. Das ist etwa interessant, wenn ein Rechner von mehreren Benutzern verwendet werden darf und darauf eine DOLS-Anwendung ohne besonderen Zugriffsschutz läuft, wie z.B. ein einfaches Diskussionsforum. Durch die gemeinsame Nutzung der Daten lässt sich der Ressourcenbedarf auf dem Client wesentlich reduzieren.
GEMEINSAM GENUTZTE ABONNEMENTDATEN DES BENUTZERS ZULASSEN/ ALLOW PER-USER SHARED SUBSCRIPTION DATA	Wird beispielsweise ein Directory Catalog von mehreren DOLS-Anwendern genutzt, sollte die Option gesetzt sein. Dann wird nur ein solcher Catalog pro Benutzer auf dem Client erstellt und von allen DOLS-Anwendungen verwendet. Auch dadurch verringert sich der Ressourcenbedarf auf dem Client ebenso wie die Replikationslast.

– Schließlich gibt es noch die administrativen Einstellungen zur DOLS-Subscription im Register ADMIN (siehe *Abbildung 11.56*).

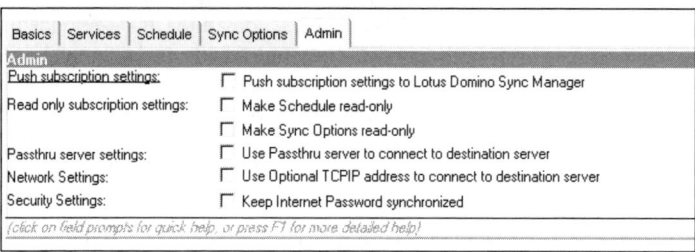

Abbildung 11.56: Administrative Einstellungen der DOLS-Subscription

Feld	Eingabe
ABONNEMENTEINSTELLUNGEN SENDEN (PUSH)/ PUSH SUBSCRIPTION SETTINGS	Mit der Option ABONNEMENTEINSTELLUNGEN AN DOMINO SYNC MANAGER SENDEN (PUSH)/PUSH SUBSCRIPTION SETTINGS TO LOTUS DOMINO SYNC MANAGER können Änderungen an den Festlegungen zu einer Subscription an den Client übertragen werden, ohne die komplette Subscription neu erstellen zu müssen.
ZEITPLAN AUF "NUR LESEN" SETZEN/ Make schedule read-only	Die hier gesetzten Festlegungen erlauben, den Zeitplan und die Synchronisationsoptionen als READ ONLY zu definieren. Der Anwender kann sie dann nicht über den Lotus Domino Sync Manager anpassen. Das ist bei den Synchronisationsoptionen durchaus sinnvoll, beim Zeitplan in vielen Fällen aber weniger. Denn dieser muss typischerweise der jeweiligen Einsatzsituation des Clients bzw. des Anwenders angepasst werden und kann nicht immer statisch sein.
VERBINDUNG ZUM ZIELSERVER ÜBER DURCHGANGSSERVER HERSTELLEN/ USE PASSTHRU SERVER TO CONNECT TO DESTINATION SERVER	So kann ein Passthru-Server für den Zugriff vom Client auf den DOLS-Server eingerichtet werden. Geben Sie den Servernamen ein.
NETZWERKEINSTELLUNGEN/ NETWORK SETTINGS	Durch diese Einstellung lassen sich noch optionale TCP/IP-Adressen festlegen.
SICHERHEITSEINSTELLUNGEN/ SECURITY SETTINGS	Aktivieren Sie diese Einstellung, damit die Offline- und Online-Internet-Kennwörter des Benutzers synchron bleiben. Diese Einstellung greift nur, wenn das Feld INTERNET-KENNWORT SYNCHRONISIEREN/SYNCHRONIZE INTERNET PASSWORD im Abschnitt SICHERHEITSEINSTELLUNGEN/SECURITY SETTINGS des Online-Konfigurationsdokuments aktiviert wurde.

Tipps für Anwendungen mit mehreren Datenbanken

Wenn Sie eine Anwendung mit mehreren Datenbanken haben, die Sie offline-fähig machen möchten, lesen Sie folgende Tipps.

1. Bestimmen Sie zuerst alle Datenbanken, die von Ihrer Anwendung verwendet werden.

2. Bestimmen Sie die Hauptdatenbank und kopieren Sie die DOLS-Gestaltungselemente nur in die Hauptdatenbank. Kopieren Sie die Gestaltungselemente nicht in jede Datenbank der Anwendung.

3. Verwenden Sie in der Hauptdatenbank eine Rahmengruppe als erste Seite der Webanwendung. Bestimmen Sie einen der Rahmen als Web-Steuerseite. (Wenn Sie keine Web-Steuerseite verwenden möchten, können Sie angeben, dass der Rahmen ein Symbol sein soll, indem Sie die Seite DOLS HERUNTERLADEN verwenden.)

4. Verwenden Sie relative URLs und relative Pfade. Vermeiden Sie absolute URLs und Pfade, da diese offline eventuell nicht funktionieren.

   Wenn Sie z.B. eine URL verwenden, um eine Datenbank im Domino Data-Verzeichnis zu referenzieren, verwenden Sie eine relative URL wie */dev/meinnsf.nsf*. Verwenden Sie für andere Referenzen auf die Datenbank (z.B. DATABASE OPEN) relative Pfade, d.h. Pfade, die relativ zu dem Data-Verzeichnis sind, unter dem sich die Datenbank befindet.

5. Vergewissern Sie sich, dass Sie die entsprechenden Verknüpfungen und Querverweise von einer Datenbank zur anderen definiert haben. Achten Sie darauf, dass die Verknüpfungen relativ sind und nicht absolut, damit sie offline funktionieren.

6. Verwenden Sie Platzhalter (*) oder ein Verzeichnis, wenn Sie Werte in eines der folgenden Felder auf der Seite REGELN/RULES des Profildokuments für die Konfiguration der Offline-Abonnements eingeben:

   – Dateien, die repliziert werden müssen

   – Optional zu replizierende Dateien

   Wenn Sie explizite Dateinamen in diese Felder eingeben, müssen Sie das Profildokument jedes Mal neu bearbeiten, wenn Sie Dateien hinzufügen oder löschen. Wenn in dem Feld z.B. drei Dateien angegeben sind – *Vertrieb\Haupt.nsf, Vertrieb\Kontakte.nsf, Vertrieb\Benutzer.nsf* –, müssen Sie das Feld jedes Mal aktualisieren, wenn eine neue Datei zum Verzeichnis *Vertrieb* hinzugefügt wird, da sie ansonsten nicht repliziert wird. Indem Sie Platzhalter (*) in diesen Feldern verwenden, legen Sie fest, dass alle Datenbankdateien oder Schablonendateien in einem bestimmten Verzeichnis automatisch repliziert werden, auch vor Kurzem hinzugefügte Dateien. Beispiel:

   – *Vertrieb*.nsf:* Alle NSF-Dateien im Verzeichnis *Vertrieb* werden in die Replizierung eingeschlossen.

   – *Vertrieb:* Alle Dateien im Verzeichnis *Vertrieb* werden repliziert.

Neben den Registerseiten gibt es ein Ladeseiten-Feld im unteren Teil des Profildokuments. Die Ladeseite ist die Seite, die der Endbenutzer während des Herunterladens eines Abonnements auf seinen lokalen Computer sieht. Sie enthält Informationen wie z.B. Anweisungen, Grafiken, Warnungen oder Tipps für den Endbenutzer.

Die Felder zum Gestalten der Ladeseite befinden sich unten im Profildokument für die Konfiguration der Offline-Abonnements. Die vorgegebene Auswahl ist STANDARDINHALT DER LADESEITE ANZEIGEN/DISPLAY DEFAULT DOWNLOAD PAGE CONTENTS. Bei dieser Auswahl werden vorgegebene Texte und Grafiken verwendet. Sie können dieses Feld bearbeiten und Texte oder Grafiken hinzufügen oder ändern. Die vorgegebene Ladeseite kommt aus der Teilmaske DOLS DOWNLOAD INSTRUCTIONS.

Um eine völlig neue Ladeseite zu erstellen, wählen Sie NUR ANGEPASSTEN INHALT ANZEIGEN/DISPLAY ONLY THE CUSTOM CONTENTS BELOW. Es wird ein Rich-Text-Feld angezeigt, in dem Sie eine Ladeseite speziell für dieses Abonnement erstellen können. Außer Text können Sie auch HTML oder Bilder zu diesem Feld hinzufügen.

Explizit Agenten für die Offline-Verwendung einrichten

Werden in der Domino Web-Anwendung Agenten verwendet, egal ob beschränkte oder unbeschränkte, und Sie dafür sorgen möchten, dass die Benutzer die Agenten offline verwenden können, müssen Sie die Agenten für die Offline-Verwendung einrichten. Führen Sie die folgenden Schritte durch, um die benötigten Gruppen und Gegenzertifikate für beschränkte und unbeschränkte Agenten einzurichten, die offline ausgeführt werden sollen.

1. Wenn die Domino Web-Anwendung offline-fähig gemacht wurde und beschränkte Agenten ausführt, müssen Sie folgende Gruppe im Domino-Verzeichnis erstellen: DOLS_RESTRICTED_AGENTS.

2. Geben Sie die vollständigen Namen der Benutzer in dieser Gruppe an.

3. Bei Web-Agenten verwenden Sie eine der folgenden Vorgehensweisen:

    – Wenn der Agent für die Ausführung als Webbenutzer konfiguriert wurde, verwenden Sie den vollständigen Namen der Benutzer.

    – Andernfalls verwenden Sie den vollständigen Namen des Agent-Unterzeichners, der ihn zuletzt geändert hat (Beispiel: NEWDEVELOPMENT/DMK).

       Dieser Name sollte auch im Serverdokument (SICHERHEIT/SECURITY > EINSCHRÄNKUNG DER PROGRAMMIERBARKEIT/PROGRAMMABILITY RESTRICTIONS) bei der Definition, wer den Agenten online auf dem Server verwenden kann, vorhanden sein.

    Vergewissern Sie sich, dass der Agent-Unterzeichner zumindest Editorzugriff auf alle Datenbanken hat, die für die Offline-Verwendung Agenten benötigen.

4. Wenn die Domino Web-Anwendung offline-fähig gemacht wurde und unbeschränkte Agenten ausführt, müssen Sie folgende Gruppe im Domino-Verzeichnis erstellen: DOLS_UNRESTRICTED_AGENTS.

5. Geben Sie die vollständigen Namen der Benutzer in dieser Gruppe an.

6. Bei Web-Agenten verwenden Sie eine der folgenden Vorgehensweisen:

    – Wenn der Agent für die Ausführung als Webbenutzer konfiguriert wurde, verwenden Sie die vollständigen Namen der Benutzer.

   – Andernfalls verwenden Sie den vollständigen Namen des Agent-Unterzeichners, der ihn zuletzt geändert hat (Beispiel: NEWDEVELOPMENT/DMK).

Dieser Name sollte auch im Serverdokument (SICHERHEIT/SECURITY > EINSCHRÄNKUNG DER PROGRAMMIERBARKEIT/PROGRAMMABILITY RESTRICTIONS) bei der Definition, wer den Agenten online auf dem Server verwenden kann, vorhanden sein. Vergewissern Sie sich, dass der Agent-Unterzeichner zumindest Editorzugriff auf alle Datenbanken hat, die für die Offline-Verwendung Agenten benötigen.

7. Verwenden Sie *DOLCert.id* (im Domino Data-Verzeichnis auf dem Server installiert) als Zertifizierer-ID, um im Domino-Verzeichnis Gegenzertifikate für jeden Benutzer oder jede Organisation zu erstellen, die Agenten ausführen darf. Gehen Sie dazu mithilfe des Administrator Clients über KONFIGURATION/CONFIGURATION > ZERTIFIZIERUNG/CERTIFICATION > GEGENZERTIFIZIEREN/CROSS CERTIFY.

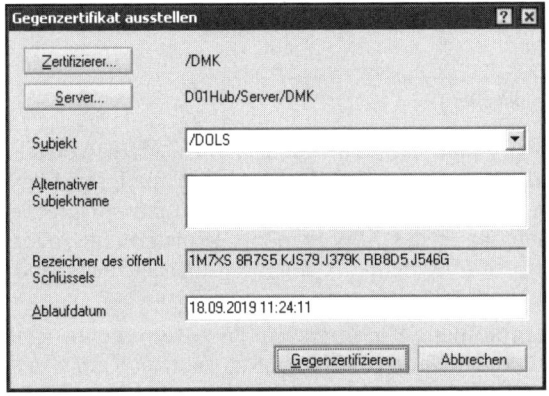

Abbildung 11.57: ID zur Gegenzertifizierung auswählen

DOLCERT.ID erstellt von O=DOLS ausgestellte Gegenzertifikate. Wahrscheinlich gibt es bereits Gegenzertifiziererdokumente, die vom Domino Server für dieselben Namen ausgegeben wurden. Sie können die ID-Datei oder den öffentlichen Schlüssel für den Agent-Benutzer oder die Organisation verwenden, um das Gegenzertifikat zu erstellen.

Die Verteilung der Clients

Je nachdem, ob DOLS genutzt werden soll oder nicht, muss der „DOLS-Client", ein reduzierter Notes Client, auf dem Client-System installiert werden, andernfalls kann darauf verzichtet werden. Auch in diesem Fall kann ein erheblicher Konfigurationsaufwand entstehen. Laden Sie DOLS vom Server, das ist immer dann sinnvoll, wenn eine ausreichende Bandbreite bei der Verbindung zum Server zur Verfügung steht und die Mail-Datei des Benutzers nicht zu groß ist. Handelt es sich um eine Mail-Datei im Größenbereich von mehreren hundert Megabyte, was heute keineswegs unüblich ist, oder gar von über einem Gigabyte, sollte in Erwägung gezogen werden, diese in komprimierter Form auf einer oder mehreren CDs zum Notebook zu transportieren und dort lokal zusammen mit DOLS zu installieren. Die Vorgehensweise zur Einrichtung von DOLS ist ebenfalls im bereits erwähnten Redbook beschrieben.

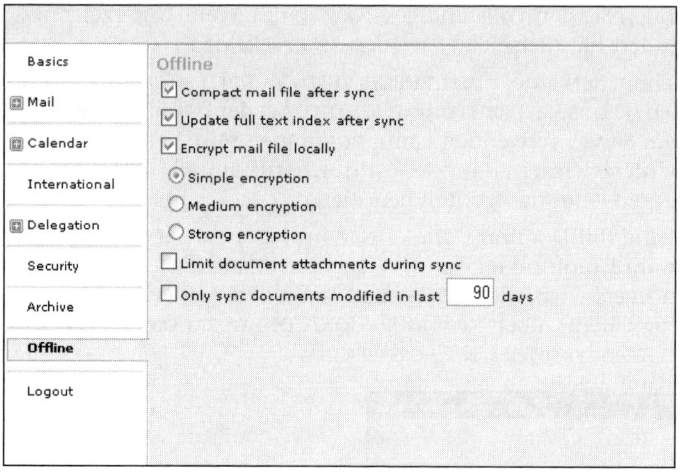

Abbildung 11.58: Eigenschaften des Abonnements

Es gibt zwei Varianten, Benutzern die Installation und möglicherweise auch die Verwaltung des Abonnements zu ermöglichen: das Web-Steuerelement oder ein Symbol. Der Entwickler muss sich für eine dieser Optionen entscheiden und anschließend das entsprechende Gestaltungselement in die Hauptdatenbank des Abonnements kopieren. Im Anschluß muss er in der Hauptrahmengruppe des Abonnements einen Rahmen erstellen und das Web-Steuerelement bzw. das Symbol dort einfügen.

▶ Das Web-Steuerelement ist das empfohlene Verfahren, um Benutzern die Installation eines Abonnements zu ermöglichen. Die Seite DOLS-WEB-STEUERUNG/DOLS WEB CONTROL (in *dolres.ntf*) lädt ActiveX-Steuerelemente (in Internet Explorer-Browsern) oder Zusatzmodule (in Mozilla-Browsern), die die Menüoptionen OFFLINE und ONLINE im Abonnement aktivieren. Wenn die Benutzer auf OFFLINE oder ONLINE klicken, können sie zwischen verschiedenen Optionen wählen, darunter eine Option zum Installieren des Abonnements. Sie können den Inhalt der Web-Steuerungsseite auch ausschneiden und in eine andere Seite oder ein anderes Gestaltungselement einfügen. Der Nachteil dabei ist, dass Sie beim nächsten Upgrade nicht automatisch Änderungen erhalten.

Die Seite DOLS WEB-STEUERUNGS-BITMAPS/DOLS WEB CONTROL BITMAPS (in *dolres.ntf*) enthält die Standardbilder, auf die der Benutzer klickt, um das Web-Steuerelement-Menü zu öffnen. Sie können diese Bilder durch eigene Bilder ersetzen. Sie müssen Ihren Bilddateien aber definierte Namen geben, damit Sie die Standardbilddateien überschreiben können:

– *dolcontroldefault.bmp*: Dieses Bitmap wird angezeigt, wenn kein Abonnement installiert ist.

– *dolgooffline.bmp:* Dieses Bitmap wird angezeigt, wenn Benutzer das Abonnement nach der Installation online öffnen.

– *dolgoonline.bmp*: Dieses Bitmap wird angezeigt, wenn Benutzer das Abonnement nach der Installation offline öffnen.

Sie müssen in der Hauptrahmengruppe des Abonnements einen Rahmen für das Web-Steuerelement erstellen. Die vorgegebene Höhe und Breite für eine Bitmap-Datei ist 64 Pixel mal 16 Pixel. Um die vorgegebene Höhe und Breite der Bitmaps zu ändern, bearbeiten Sie den JavaScript-Code in der DOLS Web-Steuerungsseite. (Vergewissern Sie sich, dass Sie auch die Größe des Rahmens ändern, der das Bitmap enthält.) Jedes Abonnement kann nur ein Web-Steuerelement haben.

▶ Die Seite DOLS HERUNTERLADEN/DOLS LOAD DOWNLOAD PAGE enthält ein Symbol namens *dols.gif*, das in einen neuen Rahmen im Abonnement geladen wird. Anders als beim Web-Steuerelement gibt es hier kein Popup-Menü. Die Benutzer klicken auf das Symbol, um das Abonnement zu installieren. Nachdem das Abonnement installiert ist, muss der Benutzer das Abonnement mit dem Sync Manager verwalten (z.B. synchronisieren oder das Abonnement online oder offline öffnen).

Diese Seite hat gegenüber der Web-Steuerungsseite den Vorteil, dass das Abonnement schneller heruntergeladen wird. Sie können alternativ auch Ihr Firmenlogo als Symbol für das Herunterladen des Abonnements verwenden. Nehmen Sie diese Seite als Rahmen in eine Rahmengruppe auf. Sie können den JavaScript-Code auch ausschneiden und in eine andere Seite oder ein anderes Gestaltungselement einfügen. Der Nachteil dabei ist, dass Sie beim nächsten Upgrade nicht automatisch Änderungen erhalten.

Ersetzen Sie *dols.gif* durch Ihr eigenes Bild, indem Sie *dolres.ntf* öffnen, GEMEINSAME RESSOURCEN/SHARED RESSOURCES > BILDER/IMAGES wählen, auf NEUE BILDRESSOURCE/ NEW IMAGE RESSOURCE klicken und Ihr Bild hinzufügen. Ersetzen Sie anschließend Verweise auf *dols.gif* im JavaScript-Code der Seite DOLS HERUNTERLADEN/DOLS LOAD DOWNLOAD PAGE durch den Namen Ihres Bildes.

11.6.8 Domino Sync Manager

Wenn Sie das erste Mal vom Online- in den Offline-Modus wechseln möchten, wird der Domino Sync Manager vom Server auf den Client heruntergeladen. Dazu ist es notwendig, dass Sie das Abonnement für die entsprechende Anwendung installieren.

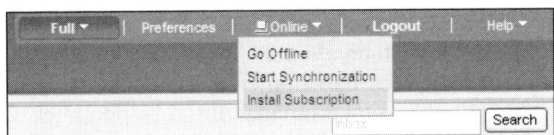

Abbildung 11.59: Möglichkeit zum Wechsel in den Offline-Modus

Der Domino Sync Manager wird dann nach der Sprachauswahl auf dem Client implementiert.

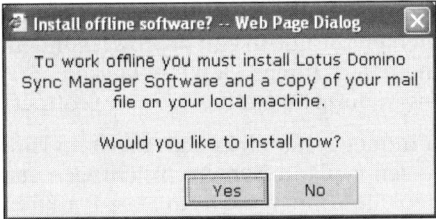

Abbildung 11.60: Installation des Domino Sync Managers

Bestätigen Sie den Lizenzvertrag und wählen Sie den Ablageort der Programmdateien. Achten Sie auf eine korrekte Implementierung der Firewall, damit die Daten vom Domino Server auf die Workstation transferiert werden können.

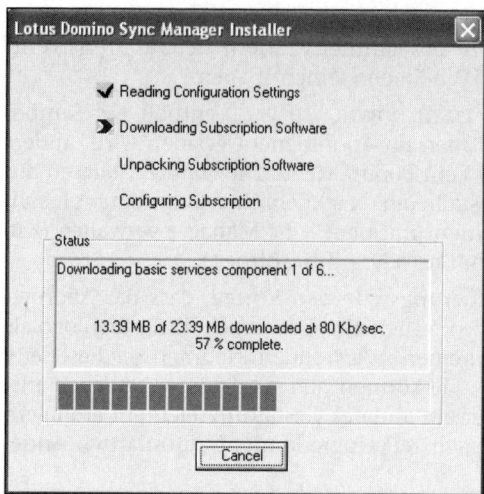

Abbildung 11.61: Installationsvorgang

Nach erfolgreicher Installation startet der Domino Sync Manager sofort. Die Benutzer-oberfläche des Domino Sync Managers besteht aus folgenden Komponenten:

▶ Menüleiste

▶ Schaltflächenleiste

▶ Eigenschaftenfeld für Abonnements für jedes Offline-Abonnement

▶ Abonnementfenster mit einer Liste der Abonnements und detaillierten Informationen dazu

▶ Meldungsleiste unterhalb des Abonnementfensters

Es können sowohl Online- als auch die Offline-Anwendungen Web-Steuerelemente enthalten. Wurde Ihre Anwendung mit einem Web-Steuerelement installiert, klicken Sie auf ein OFFLINE- oder ONLINE-Steuerelement. Es wird dann eine Liste der Aktionen in einem Popup-Menü angezeigt. Starten Sie Domino Sync Manager durch Doppelklicken auf das Lotus Domino Sync Manager-Symbol auf dem Windows-Desktop oder wählen Sie Domino Sync Manager im Startmenü (START > PROGRAMME > LOTUS DOMINO SYNC MANAGER > LOTUS DOMINO SYNC MANAGER). Wenn Sie ein Abonnement erstellen, indem Sie auf eine offline-fähige Webanwendung zugreifen und auf ein Web-Steuerelement oder ein Symbol klicken, wird das Abonnement im Abonnementfenster von Domino Sync Manager aufgelistet. Zusätzlich wird eine Verknüpfung zu diesem Abonnement auf Ihrem Desktop erstellt. Starten Sie ein Abonnement offline in einem Browser, indem Sie auf das Symbol für das Offline-Abonnement auf Ihrem Desktop klicken. Erst dadurch wird der Sync Manager und dann die Anwendung im Offline-Browser geöffnet.

Standardmäßig ist Lotus Domino Sync Manager immer gestartet. Er läuft meist im Hintergrund. Wenn Sie Sync Manager beenden, werden geplante Synchronisierungen erst dann ausgeführt, wenn Sie ihn wieder neu starten. Sie können die Auto-Start-Funktion auch deaktivieren.

Anwendung herunterladen

Wenn Sie mit einer Domino Web-Site verbunden sind und das Herunterladen fehlschlägt, kann die Einstellung für das Zeitlimit der Grund für das Problem sein. Überprüfen Sie Folgendes:

▶ Überprüfen Sie, ob das richtige Zeitlimit eingestellt ist. Wenn ein sehr kurzes Zeitlimit gewählt wurde, wird ein Download-Vorgang, der länger dauert, fehlschlagen.

▶ Fragen Sie bei Ihrem Internet Service Provider (ISP) nach, ob dieser ein niedriges Zeitlimit eingestellt hat.

▶ Bei einigen ISPs können Sie das Zeitlimit selbst festlegen. Überprüfen Sie, ob Sie die Einstellung für das Zeitlimit erhöhen können.

▶ Treten im ersten Teil des Downloads Probleme auf, sollten Sie die Netzwerkimplementierung überprüfen.

Erste Synchronisierung

Beachten Sie, dass Probleme mit dem Abonnement auftreten können, wenn Sie eine Anwendung herunterladen und ihre erste Synchronisierung nicht beenden lassen. Wurde die erste Synchronisierung gestoppt, löschen Sie das Abonnement (markieren Sie das Abonnement im Abonnementfenster und wählen Sie LÖSCHEN/DELETE im Menü DATEI/FILE) und installieren Sie es neu.

Sie haben die Möglichkeit, den Lotus Domino Sync Manager vom Startmenü aus zu deinstallieren (START > PROGRAMME/PROGRAMS > LOTUS DOMINO SYNC MANAGER > LOTUS DOMINO SYNC MANAGER DEINSTALLIEREN/UNINSTALL LOTUS DOMINO SYNC MANAGER). Domino Sync Manager und alle seine Abonnements werden dann gelöscht. Um ein einzelnes Abonnement zu löschen, markieren Sie es im Domino Sync Manager und klicken auf LÖSCHEN/DELETE.

11.6.9 Lotus iNotes und Sametime

Lotus iNotes (früher als Domino Web Access bezeichnet) integriert Sametime, sodass Anwender in der Lage sind, Instantnachrichten zu versenden und zu erhalten sowie eine Sametime-Kontaktliste zu verwenden. Lotus iNotes 8 verfügt nun über einen eigenen Kontaktlisten-Client, der die Sametime-Kontaktliste ersetzt. Die Sametime-Funktionalität ist über die Chat- und Instant-Messaging-Features in Lotus iNotes verfügbar. Die Instant-Messaging-Liste erlaubt es den Benutzern, den Online-Status der anderen Anwender zu überprüfen und gegebenenfalls einen Chat zu initiieren. Die sogenannte „Instant Messaging Awareness" (Kenntnis) zeigt den Namen der Anwender aus Mail-Nachrichten, Ansichten und Ordnern als „online aware" an, sodass die entsprechenden Online-Statussymbole neben den Namen anzeigen, ob der jeweilige Anwender in die Instant-Messaging-Angebote eingebunden werden kann oder nicht.

Insgesamt gliedert sich der Integrationsprozess in vier Teile:

1. Lotus iNotes einrichten

2. Sametime Server einrichten

3. Verbindungsdokumente zwischen Sametime Server und Mail-Server (mit Datenbanken auf Basis der iNotes-Schablone) erstellen

4. SSO zwischen Lotus iNotes und Sametime einrichten, damit die Anwender sich nicht mehrfach authentifizieren müssen

Schritt 1: Einrichtung von Lotus iNotes

Im ersten Schritt müssen Sie den Mail-Server für die Anwender so einrichten, dass Lotus iNotes bereitgestellt wird und die Benutzer auf ihre Mail-Datenbanken über einen Browser zugreifen können.

1. Konfigurieren Sie Lotus iNotes auf dem dafür vorgesehenen Server, indem Sie WEB BROWSERS (HTTP WEB SERVICES) während der Installation auswählen. Wenn Sie den Anwendern die Möglichkeit geben möchten, offline zu arbeiten, wählen Sie außerdem DOMINO OFF LINE SERVICES (DOLS). DOLS ist allerdings nicht zwingend für Lotus INotes erforderlich. Verwenden Sie dabei keine Servernamen wie etwa SERVER.DOMINO08, sondern lediglich Namen ohne Punkt wie SERVER-DOMINO08. Stellen Sie sicher, dass der voll qualifizierte Domänenname (FQDN) wie etwa *Hub01.dmk-online.de* im Serverdokument unter der Registerkarte BASICS angegeben ist.

   Es ist in der Version Lotus Notes Domino 8 nicht mehr notwendig, die für Lotus iNotes vorgesehenen Anwender mit einem speziellen Domino Web Access Mail-Template (*dwa7.ntf/iNotes6.ntf*) zu registrieren, da die Web Access-Funktionalität für Benutzer der Mail-Templates Version 8 und Version 8.5 (*mail8.nsf, mail85.nsf*) bereits implementiert ist (iNotes).

2. Sie können den Sametime Server für Lotus iNotes-Benutzer auf zwei Arten angeben. Sie können das Konfigurationsdokument für den Lotus iNotes Server bearbeiten oder die Personendokumente der Benutzer anpassen, die Instant-Messaging-Funktionen benötigen.

   – Für die entsprechenden Anwender kontrollieren Sie das Feld INSTANT MESSAGING SERVER im Personendokument, falls die entsprechenden Richtlinien nicht angezogen haben.

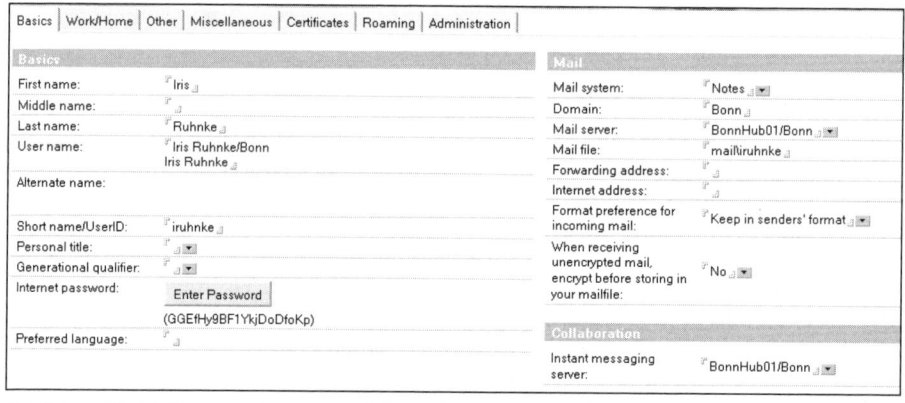

Abbildung 11.62: Personendokument mit Sametime Server-Angaben

   – Verwenden Sie die Instant-Messaging-Einstellungen im Konfigurationsdokument, wenn Sie gleichzeitig für alle Lotus iNotes-Benutzer das Instant Messaging aktivieren und den Sametime Server festlegen möchten. Anschließend können die einzelnen Benutzer Instant Messaging mithilfe der Benutzervorgaben auf ihren lokalen Lotus iNotes Clients aktivieren oder deaktivieren.

Schritt 2: Bereitstellung des Sametime Servers

Nun erfolgt die Installation und Konfiguration des Sametime Servers. Sie finden weitergehende Informationen im „Sametime Installation Guide" von Lotus. Stellen Sie sicher, dass sich Sametime Server und Lotus iNotes Server in der gleichen Domino-Domäne befinden.

Sametime und Lotus iNotes in unterschiedlichen Domänen

So richten Sie eine domänenübergreifende Konfiguration ein, wenn sich der Sametime Server und der Lotus iNotes Server in unterschiedlichen Domänen befinden:

1. Zertifizieren Sie die beiden Domänen gegenseitig (siehe *Kapitel 5.2.3, Zertifikate).*
2. Konfigurieren Sie die Verzeichnisverwaltung auf dem Sametime Server.
3. Wenn die einmalige Anmeldung (SSO) konfiguriert ist, fahren Sie mit Schritt 4 fort. Andernfalls replizieren Sie *stauths.nsf* auf den Lotus iNotes Server (unter Unix muss die Groß-/Kleinschreibung bei Dateinamen beachtet werden).
4. Erstellen Sie ein Serverdokument für den Sametime Server im Domino-Verzeichnis des Lotus iNotes Servers und füllen Sie die im Folgenden beschriebenen Felder aus. Alternativ hierzu können Sie auch das Konfigurationsdokument im Register LOTUS INOTES bearbeiten und den Namen des Sametime Servers im Feld INSTANT-MESSAGING-SERVER-HOST-NAME FÜR ALLE LOTUS INOTES-BENUTZER SETZEN/ SET AN INSTANT MESSAGING HOSTNAME FOR ALL LOTUS INOTES USERS. Mit dieser Einstellung müssen Sie Schritt 5 nicht durchführen.
   – Servername
   – Domänenname
   – Voll qualifizierter Internet-Host-Name
   – Ist dieser Server ein Sametime Server?
5. Geben Sie in den Personendokumenten aller Benutzer des Lotus iNotes Servers den Namen des Sametime Servers in das Feld SAMETIME SERVER ein.

Benutzt der Sametime Server einen anderen als den Standardanschluss, muss das Feld für den voll qualifizierten Host-Namen den Eintrag HOST-NAME:ANSCHLUSS (PORT) enthalten.

Stellen Sie sicher, dass der Sametime Server ordnungsgemäß funktioniert, bevor Sie fortfahren. Wenn Sie über mehrere Sametime Server in einer einzelnen Community verfügen, müssen Sie außerdem sicherstellen, dass die einmalige Anmeldung bei Domino (SSO) ordnungsgemäß für alle Server funktioniert.

Schritt 3: Verbindungsdokumente zwischen Lotus iNotes und Sametime anlegen

1. Legen Sie ein Verbindungsdokument zum Sametime Server auf dem Lotus iNotes Server (Verbindungstyp: LOCAL AREA NETWORK) an.
2. Legen Sie ein Verbindungsdokument auf dem Sametime Server zum Lotus iNotes Server (Verbindungstyp: LOCAL AREA NETWORK) an.

Schritt 4: SSO zwischen Lotus iNotes und Sametime konfigurieren

Die serverübergreifende sitzungsbasierte Authentifizierung, die auch als einmalige Anmeldung (SSO, *Single Sign-On*) bezeichnet wird, ermöglicht es Webbenutzern, sich einmal am Domino oder WebSphere Server anzumelden und anschließend in derselben DNS-Domäne auf alle anderen Domino oder WebSphere Server mit SSO-Aktivierung zuzugreifen, ohne sich erneut anmelden zu müssen.

Richten Sie SSO folgendermaßen ein:

▶ Erstellen Sie im Domino-Verzeichnis ein Web-SSO-Konfigurationsdokument für die ganze Domäne. Eine Domino-Domäne oder ein Domino-Verzeichnis kann mehrere Web-SSO-Konfigurationsdokumente enthalten. Wenn Sie Internet-Sites verwenden, können Sie für jede Internet-Site ein SSO-Konfigurationsdokument erstellen. (Internet-Site-Konfigurationen werden jedoch nicht von allen Protokollen unterstützt.)

▶ Indem Sie die Option SERVERÜBERGREIFEND (SSO)/MULTIPLE SERVERS (SSO) für die sitzungsbasierte Authentifizierung in einem Web-Site-Dokument oder im Serverdokument aktivieren.

Da der Authentifizierungstoken, der vom Server generiert wird, in einem Cookie an den Browser gesendet wird, müssen für Webbrowser Cookies aktiviert sein. Mehr zum Thema Web-SSO erfahren Sie in *Kapitel 5.16, Serverübergreifende, sitzungsbasierte Namens- und Kennwortauthentifizierung für Webbenutzer (Single Sign-On)*.

Es kann in Umgebungen mit mehreren Servern vorkommen, dass bereits ein oder mehrere Server für Domino SSO in der Domäne konfiguriert sind und das Domino-Verzeichnis bereits ein Domino Web-SSO-Konfigurationsdokument enthält. Bei der Installation von Sametime wird ein Web-SSO-Konfigurationsdokument namens LTPATOKEN2 erstellt, wenn es noch nicht im Domino-Verzeichnis vorhanden ist. In diesem Fall versucht Sametime nicht, die vorhandene Konfiguration zu verändern.

Der Lotus Domino Server 8 unterstützt das neue SSO-Tokenformat LTPATOKEN2, das in IBM WebSphere Server Version 5.1.1 eingeführt wurde. Die Unterstützung für das neue Token verbessert die Sicherheit für SSO-Deployments, da nun auch hier eine höhere Verschlüsselung möglich ist.

Richten Sie zuerst den Lotus iNotes Server für Web-SSO ein, indem Sie das von Sametime erstellte Web-SSO-Dokument für die Konfiguration verwenden.

1. Stellen Sie sicher, dass das Domino-Verzeichnis seit der Installation von Sametime in der gesamten Domino-Domäne repliziert wurde.

2. Aktualisieren Sie das bei der Installation von Sametime erstellte Web-SSO-Konfigurationsdokument (LtpaToken2):

   1. Öffnen Sie das Domino-Verzeichnis und anschließend die Ansicht KONFIGURATIONEN/CONFIGURATIONS > WEB > WEB-KONFIGURATIONEN/WEB SERVER CONFIGURATIONS.

   2. Erweitern Sie in dieser Ansicht die Liste der Web-SSO-Konfigurationen.

   3. Öffnen Sie das Dokument WEB-SSO-KONFIGURATION FÜR LTPATOKEN/WEB SSO CONFIGURATION FOR LTPA TOKEN im Bearbeitungsmodus. (Falls es sich nicht bearbeiten lässt, notieren Sie sich die Einstellungen, löschen das Dokument und erstellen es neu.)

4. Aktualisieren Sie je nach Bedarf die folgenden Felder:
   - Namen der Domino Server/domino server names: Stellen Sie sicher, dass dieses Feld die Namen aller DWA und Sametime Server enthält, für die die einmalige Anmeldung gelten soll.
   - DNS-Domäne/dns domain: Stellen Sie sicher, dass hier der voll qualifizierte Domänenname des DWA- und Sametime Servers eingetragen ist.
5. Klicken Sie auf Speichern & schliessen/save & close.

3. Aktivieren Sie die einmalige Anmeldung und die Standardauthentifizierung im Serverdokument für den DWA-Server. Wenn Sie das Feld Web-SSO-Konfiguration/Web SSO configuration aktualisieren, wählen Sie LtpaToken in der Liste aus.

4. Stellen Sie sicher, dass die Aktualisierungen auf alle Server in der Domäne repliziert werden.

Nun können Sie die Web-SSO-Konfiguration des Lotus iNotes Servers aktualisieren. Sie müssen der Konfiguration den Sametime Server hinzufügen:

1. Aktualisieren Sie das vorhandene Domino Web-SSO-Konfigurationsdokument.
   1. Öffnen Sie das Domino-Verzeichnis und anschließend die Ansicht Konfigurationen/configurations > Web > Web-Konfigurationen/web configurations.
   2. Erweitern Sie in dieser Ansicht die Liste der Web-SSO-Konfigurationen.
   3. Öffnen Sie das für den DWA-Server verwendete Domino Web-SSO-Dokument im Bearbeitungsmodus.
   4. Aktualisieren Sie je nach Bedarf die folgenden Felder bezüglich der Domino Server-Namen und der DNS-Domäne.
   5. Klicken Sie auf Speichern & schliessen/save & close.

2. Aktualisieren Sie das Serverdokument für den Sametime Server.
   1. Öffnen Sie das Serverdokument.
   2. Klicken Sie auf Internet-Protokolle/internet protocols > Domino Webserver/domino web engine und wählen Sie das Feld Web-SSO-Konfiguration/Web SSO Configuration.
   3. Wählen Sie im Dropdown-Listenfeld die Web-SSO-Konfiguration aus, die für den Lotus iNotes Server verwendet wird.
   4. Klicken Sie auf Speichern & schliessen/save & close.

3. Stellen Sie sicher, dass die Aktualisierungen auf alle Server in der Domäne repliziert werden.

Sie können bereits vorhandene Secrets- und Tokens-Authentifizierungsdatenbanken weiterhin verwenden, auch wenn Domino SSO die bevorzugte Authentifizierungsmethode ist. Ist beispielsweise einer der Server in der Domäne für etwas anderes als das Mehrfach-Server-SSO (z.B. Einzelserver-SSO) konfiguriert, müssen Sie die Secrets- und Tokens-Authentifizierung verwenden.

Schritt 5: Test der Einstellungen

1. Verifizieren Sie, dass Sametime mit Lotus iNotes zusammenarbeitet, indem Sie kontrollieren, ob die Replikation erfolgreich läuft und die entsprechenden richtig konfigurierten Personendokumente (ohne Rechtschreibfehler bezüglich des Sametime Server-Namens!) auf dem Sametime Server existieren.

2. Kontrollieren Sie, ob alle Server, die an der einmaligen Anmeldung teilnehmen sollen, über das aktualisierte Web-SSO-Dokument verfügen.

3. Starten Sie Lotus iNotes über einen Browser, wählen Sie über die Online Awareness einer Person das entsprechende Symbol in einem Dokument oder einer Ansicht und klicken Sie auf CHAT, um die Verbindung zum Sametime Server zu überprüfen.

Wenn der Instant-Messaging-Status nicht neben dem Text Willkommen Benutzername in Lotus iNotes angezeigt wird, müssen Sie das Personendokument des Benutzers im Domino-Verzeichnis prüfen. Der Sametime Server wird durch Eingaben in diesem Dokument konfiguriert. Stellen Sie daher sicher, dass der Eintrag im Register ALLGEMEIN/ BASICS > ECHTZEIT-KOOPERATION/COLLABORATION im Feld SAMETIME SERVER richtig ist.

11.6.10 Lotus iNotes-Benutzer

Legen Sie bei der Registrierung fest, welche Anwender Lotus iNotes nutzen sollen, und wählen Sie LOTUS INOTES (bis Version 8 DOMINO WEB ACCESS) als Mail-System. In Versionen vor Lotus Notes Domino 8 war es wichtig, in einem solchen Fall die Mailschablone *dwa7.ntf* (für Domino 7) oder *iNotes6.ntf* bzw. *iNotes5.ntf* auszuwählen. Nun ist die Web Access-Funktionalität in der Standardmailschablone implementiert. Beachten Sie auch Folgendes:

▶ Wenn Sie das Mail-System LOTUS INOTES (bis Version 8 DOMINO WEB ACCESS) auswählen, erfolgt nicht automatisch die Selektierung für die Option NOTES-ID FÜR DIESE PERSON ERSTELLEN/CREATE NOTES ID FOR THIS PERSON. Diese Option muss jedoch aktiviert werden, wenn Anwender im Lotus iNotes verschlüsselte E-Mails lesen oder DOLS nutzen möchten.

▶ Unter KENNWORTOPTIONEN/PASSWORD OPTIONS wählen Sie INTERNET-KENNWORT FESTLEGEN/SET INTERNET PASSWORD, um die Kennwortverwaltung zu vereinfachen.

▶ Wenn Sie Lotus iNotes einer großen Anzahl von Anwendern zur Verfügung stellen, sollten Sie etwaige anstehende Änderungen bezüglich des hierarchischen Namenssystems vorher durchführen.

Ist ein anonymer Zugriff auf dem Domino Server nicht erlaubt und die Basisauthentifizierung mit Name und Kennwort aktiviert, werden die Anwender aufgefordert, sich sowohl für den */mail-* als auch für den */iNotes*-Bereich zu authentifizieren. Zur Vermeidung können Sie Realm-Dokumente anlegen, um Zugriffe von anderen Pfaden auf den Root-Pfad zu mappen.

Lotus iNotes unterstützt Dokumentenverknüpfungen zu jedem Server, es muss sich nicht um den Home-Mail-Server des Anwenders handeln. Notwendige Voraussetzung ist dabei allerdings, dass der Anwender Zugriffsrechte auf den entsprechenden Server besitzt und sich der Zielserver im gleichen lokalen Netzwerk (LAN) befindet. Die diesbezügliche Einstellung bezieht sich auf das Feld UMLEITUNG ZUR AUFLÖSUNG EXTERNER LINKS/REDIRECT TO RESOLVE EXTERNAL LINKS im Serverdokument unter der Registerkarte INTERNET-PROTOKOLLE/INTERNETPROTOCOLS > DOMINO WEBSERVER/DOMINO WEB ENGINE, das auf BY SERVER gesetzt werden muss.

Kalenderdetails zur Verfügung stellen

Lotus iNotes-Benutzer können standardmäßig die freien und belegten Zeiten von anderen Benutzern abrufen, wenn sie Gruppenkalendereinträge oder Besprechungseinladungen erstellen. Sie können aber nicht die Details zu jedem Zeitraster anzeigen. Bei der

Planung von Besprechungen ist es aber durchaus hilfreich, über detaillierte Informationen zu verfügen, z.B. welche Arten von Terminen für ein bestimmtes Zeitraster geplant sind. So stellen Sie Kalenderdetails allen Benutzern zur Verfügung:

1. Öffnen Sie in Domino Administrator das Konfigurationsdokument für den Lotus iNotes Server.

2. Wählen Sie im Register ALLGEMEIN/BASICS unter USE THESE SETTINGS AS DEFAULT SETTINGS FOR ALL SERVERS/DIESE EINSTELLUNGEN ALS VORGABE FÜR ALLE SERVER VERWENDEN die Option JA/YES. Diese Option wird nur angezeigt, wenn Sie diesen Schritt durchführen.

3. Aktivieren Sie die Option KALENDEREINTRÄGE EXTRAHIEREN/EXTRACT CALENDAR DETAILS.

Diese zusätzlichen Informationen werden in der Datenbank FREIE ZEIT/LOCAL FREE TIME INFO (*busytime.nsf*) oder (*clubusy.nsf*) gespeichert. Für die Server eines Clusters ist dies die Datenbank *clubusy.nsf*, für Server ohne Cluster ist dies die Datenbank *busytime.nsf*. Um die Größe der Datenbank zu beschränken, sollten Sie den Server so einrichten, dass er die Daten nicht sammelt.

Anmelde-URL für Anwender von Lotus iNotes/Domino Web Access

Der neue Lotus iNotes-Anwender benötigt nun drei Dinge: Anwendername, Kennwort und eine Standardanmelde-URL. Die Vorgabe-URL zeigt die Willkommensseite an. Sie können dem Anwender aber auch eine URL anbieten, die eine andere Ansicht anzeigt. Hängen Sie an die URL die Textfolge *.../username.nsf/inotes/keyword/?OpenDocument&ui=inotes* mit einem passenden Schlüsselwort aus der Tabelle an, um die entsprechende Ansicht anzubieten.

Zur Anzeige von	URL-Schlüsselwort
Mail-Inbox	*mail*
Kalender	*calendar*
To-do-Liste	*todo*
Kontaktliste	*contacts*
Notizbuch	*notebook*

Ein Portal stellt Informationen aus diversen Quellen auf einer Seite zusammen. Sie können ein Web-Portal, das nur eine Ansicht für Lotus iNotes zur Verfügung stellt, oder mehrere Ansichten anbieten. Lotus iNotes unterstützt spezielle URLs, die erlauben, bestimmte Lotus iNotes-Funktionsbereiche innerhalb eines sogenannten IFRAME oder in einem vollen Browser-Fenster anzuzeigen. Eine individuelle Lotus iNotes Portal-Ansicht ist auf folgende Elemente begrenzt:

► Inbox
► Kalender
► To-do-Liste
► Notebook
► Kontaktliste

Die URL-Syntax für ein Lotus iNotes Portal, das lediglich die Inbox der Mail-Datenbank anzeigt, lautet beispielsweise *.../username.nsf/inotes/mail/?OpenDocument&ui=portal*.

Einige relevante *notes.ini*-Variablen für Web Access-Anwender im Notes Client:

▶ iNotes_WA_LiveNames: Nutzen Sie diese Option, um die Anzeige bezüglich der Live Awareness anderer Teilnehmer abzuschalten (Wert wird auf 0 gesetzt). Standardmäßig ist diese Option aber für Domino Server der Version 6.5 und höher aktiviert.

▶ iNotes_WA_Chat: Nutzen Sie diese Einstellung in der *notes.ini*, um Instant Messaging und Live Awareness anderer Teilnehmer abzuschalten (Wert wird auf 0 gesetzt). Standardmäßig ist Instant Messaging für jeden aktiviert, bei dem Lotus iNotes davon ausgeht, dass er über eine entsprechende Berechtigung verfügt.

▶ iNotes_WA_SametimeToken: Wird dieser Parameter auf 0 gesetzt, deaktiviert dies den Gebrauch des Sametime-Tokens zur Authentifizierung des Anwenders und verwendet stattdessen das LTPA-Token, falls verfügbar.

▶ iNotes_WA_SametimeServer: Wenn diese Einstellung gesetzt wird, überschreibt dies jegliche Einstellung, die im Personendokument des Anwenders bezüglich des Servernamens gesetzt wurde. Geben Sie den Namen des Sametime Servers als voll qualifizierten Namen an, wie etwa *sametime.aisha.dmk-online.de*.

▶ iNotes_WA_PortalOffline: Mit dieser Option können Sie Offline- und lokale Archivierungsoptionen in einem Portal angeben.

Viele der *notes.ini*-Einstellungen, die für die Konfiguration von Sametime erforderlich sind, werden auch als Feldwerte im Konfigurationsdokument aufgeführt. Die Einstellungen über das Konfigurationsdokument sind einfacher zu administrieren und daher jederzeit vorzuziehen.

11.6.11 Weblogs und RSS-Feeds

Seit Lotus Domino 8 können nun auch Domino Weblogs (Blogs) und RSS-Feeds auf dem Domino Server zur Verfügung gestellt werden. Es stehen zwei neue Schablonen auf dem Server bereit, das Domino Blog Template (*dominoblog.ntf*) und das Domino RSS Template (*rss_generator.ntf*).

Domino Weblog/Domino Blog

Sie können mit der Datenbank Domino Blog individuelle Blog-Webseiten oder solche für Teams generieren. Voraussetzung ist, dass die Schablone mit einer ID signiert wurde, der es gestattet ist, Agenten auf dem Server auszuführen. Erstellen Sie neue Mitteilungen über die Option NEW POST (siehe auch *Kapitel 1.6.5, Web 2.0* im Abschnitt *Weblogs*).

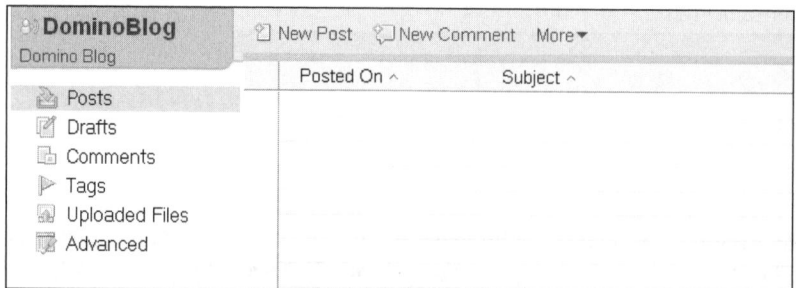

Abbildung 11.63: Beispieldatenbank Domino Blog

RSS-Feeds

Die Datenbank RSS-Feed-Generator enthält eine ganze Reihe Agenten und Scriptbibliotheken, um RSS-Feeds für verschiedene Domino-Ansichten zu generieren, unter anderem für:

▷ E-Mail, Kalender und Kontakte einer Benutzer-Datenbank

▷ Unternehmenskontakte

▷ Diskussionen

Die Scriptbibliotheken können entweder in einzelne Datenbanken kopiert werden oder Sie stellen sie als gemeinsam genutzte Datenbank zur Verfügung.

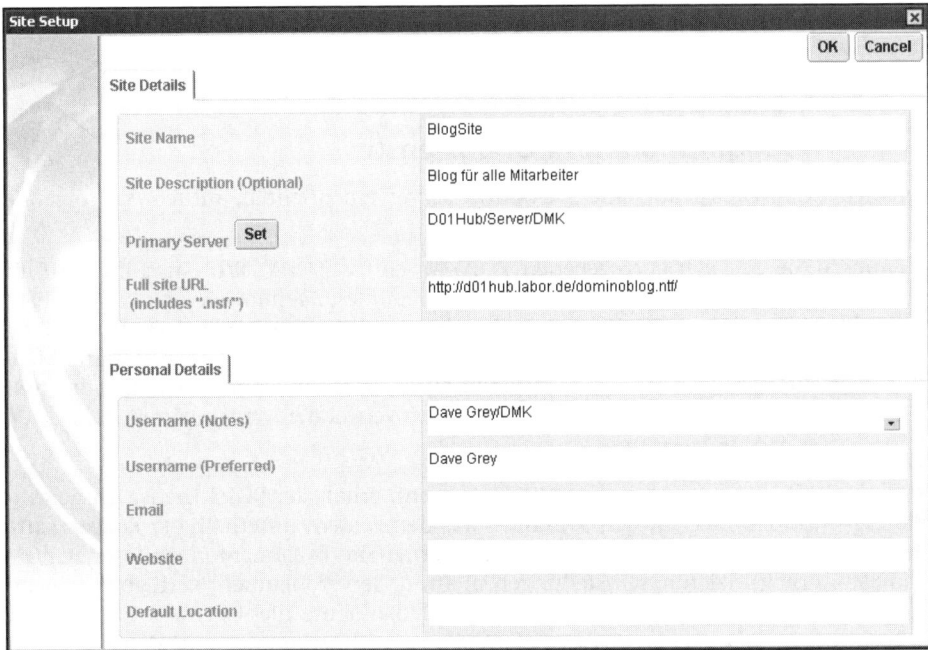

Abbildung 11.64: Beispieldatenbank RSS-Feed

11.7 Domino als POP3-Server

POP3 (Post Office Protocol Version 3) ist ein Internet-Mail-Protokoll, mit dem ein Benutzer Mails von einem Server abrufen kann, auf dem der POP3-Dienst ausgeführt wird. Es ist ein in RFC 1939 spezifiziertes Protokoll zum Transfer von E-Mails von dem zentralen Rechnersystem auf das Arbeitsplatzsystem eines Benutzers. Die Authentifizierung läuft bei POP3 über den in Klartext geschriebenen Benutzernamen und das Passwort, sofern Sie keine SSL-Verschlüsselung eingerichtet haben. Sie haben die Möglichkeit, auch einen Domino Server zur Ausführung des POP3-Dienstes zu konfigurieren. Dann können POP3-Benutzer in regelmäßigen Abständen eine Verbindung mit dem Domino Server herstellen, um ihre Mails abzurufen. Der Domino-POP3-Dienst fungiert als Mittler für die Kommunikation zwischen POP3-Mail-Clients und dem Domino Mail-Server.

Erstellen Sie für jeden POP3-Benutzer ein Personendokument mit einem Internet-Passwort und eine Mail-Datei. Diese Benutzer können nicht auf Domino-Anwendungen zugreifen und keine verschlüsselte Notes Mail empfangen, da sie keine vollständige Notes-ID besitzen. POP3-Benutzer müssen sich beim POP3-Server authentifizieren, bevor sie auf ihre Mail-Dateien zugreifen können. Der POP3-Dienst kann neben dem TCP/IP Port zusätzlich einen Secure Sockets Layer(SSL)-Port verwenden. Wenn POP3 den TCP/IP-Port (Vorgabe) verwendet, verwendet der Server die Namens- und Kennwortauthentifizierung. Der Anmeldename, den der Server als gültig annimmt, ist abhängig vom Feld WEBSERVER-AUTHENTIFIZIERUNG/INTERNET AUTHENTICATION unterhalb der Registerkarte SICHERHEIT/SECURITY im Serverdokument. Der Domino Server unterstützt auch die Authentifizierung und Verschlüsselung über Secure Sockets Layer (SSL).

Der Domino Server dient nur zum Abrufen und Speichern der von POP3-Clients empfangenen Mails. Um POP3-Clients das Senden von Mail zu ermöglichen, müssen Sie auch SMTP zum Senden von ausgehender Mail installieren und konfigurieren.

11.7.1 Konfiguration des POP3-Dienstes

Um den POP3-Dienst auf einem Domino Server einzurichten, führen Sie folgende Schritte aus:

1. Ändern Sie ggf. den vorgegebenen POP3-Anschluss. Der TCP/IP-Anschluss 110 für POP3 ist standardmäßig aktiviert. Nehmen Sie Änderungen im Serverdokument bzw. im POP3-Site-Dokument des entsprechenden Servers vor, wenn Sie keinen Standardanschluss verwenden bzw. die Verbindung von POP3-Clients mit dem Domino Mail-Server, auf dem der POP3-Dienst ausgeführt wird, unterbinden möchten. Darüber hinaus können Sie angeben, ob SSL-Verbindungen verwendet werden können.

2. Starten Sie den POP3-Task auf dem Domino Server.

Verwendet der Server ein Internet-Site-Dokument, erhält der POP3-Dienst Authentifizierungsinformationen für den Anschluss aus den Feldern unterhalb der Registerkarte SICHERHEIT/SECURITY. Bei Verwendung von Internet-Site-Dokumenten sind die TCP/IP- und SSL-Authentifizierungseinstellungen nicht im Serverdokument verfügbar, sie sind hier nur zu konfigurieren, wenn Internet-Site-Dokumente nicht genutzt werden. Die Einstellungen im Serverdokument liefern die Anschlussnummer und den Status für TCP/IP- und SSL-Ports.

Die Aktivierung von Internet-Site-Dokumenten zur Nutzung der jeweiligen Dienste (POP3, IMAP, HTTP etc.) anstelle von Verwendung der dienstrelevanten Informationen aus dem Serverdokument wurde bereits am Anfang des Kapitels beschrieben (*Kapitel 11.2.3, Aktivierung von Internet-Site-Dokumenten*).

Sie müssen die Internet-Site-Dokumente zur Konfiguration der jeweiligen Internet-Protokolle benutzen, wenn der Server Internet-Site-Dokumente verwendet. Wenn kein POP3-Site-Dokument vorliegt oder die Authentifizierungsoption in einem POP3-Site-Dokument auf NEIN/NO gesetzt wurde, können die Anwender den POP3-Dienst nicht verwenden. In diesem Fall erhalten die POP3-Clients die folgende Fehlermeldung beim Versuch, sich mit dem POP3-Dienst zu verbinden: This site is not enabled on the server. Ein POP3-Site-Dokument benötigt lediglich die allgemeinen Einstellungen eines Internet-Site-Dokuments (siehe *Kapitel 11.2.4, Implementierung der Internet-Site-Dokumente*).

Verwendet der Domino Server mehrere Notes-Netzwerkanschlüsse für TCP/IP (NRPC-Anschlüsse) und hostet zusätzlich SMTP-, POP3-, IMAP-, LDAP- oder ICM-Dienste (Internet Cluster Manager), müssen Sie in der *notes.ini*-Datei den NRPC-Anschluss angeben, den der Dienst verwenden soll. Wenn Sie für einen Internet-Dienst keinen NRPC-Anschluss angeben, verwendet der Dienst standardmäßig den in der Anschlusseinstellung der *notes.ini*-Datei zuerst genannten Anschluss. Sie können denselben NRPC-Anschluss für mehrere Internet-Dienste angeben. Die Einstellungen könnten folgendermaßen aussehen:

```
Ports=TCPIP,TCPIP2

TCPIP2_TCPIPAddress=0,192.168.100.12

POP3NotesPort=TCPIP2

TCPIP2=TCP, 0, 15, 0

TCPIP2_TcpConnectTimeout=0,5
```

Laden Sie den POP3-Dienst manuell oder lassen Sie ihn automatisch beim Start des Domino Servers ausführen.

Aktion	Maßnahme
POP3-Dienst manuell starten	Geben Sie an der Konsole `load pop3` an.
POP3-Dienst automatisch starten, wenn Sie den Domino Server ausführen	Bearbeiten Sie die Einstellung `ServerTasks` in der *notes.ini*-Datei, um den Befehl `POP3` einzufügen. Domino fügt den POP3-Task der *notes.ini*-Datei standardmäßig hinzu, wenn Sie den POP3-Dienst während der Installation auswählen.
POP3-Dienst anhalten	Geben Sie an der Konsole `tell pop3 quit` ein.

11.7.2 Optimierungen für den POP3-Dienst

Variable	Syntax	Beschreibung
POP3_Config_Update_Interval	POP3_Config_Update_Interval= Minuten	Legt fest, wie häufig (in Minuten) der POP3-Server seine Konfigurationsinformationen aktualisiert. Vorgabe: 2 Minuten.
POP3_Disable_Cache	POP3_Disable_Cache=Wert	Aktiviert/deaktiviert das Speichern von Nachrichten für Benutzer im Cache. Der Wert 1 deaktiviert das Speichern im Cache. Die Vorgabe ist 0 (Speichern im Cache aktiviert).
POP3Address	POP3Address=IP-Adresse oder vollständig qualifizierter Domänenname	Gibt die IP-Adresse (z.B. 192.168.147.12) oder den vollständig qualifizierten Domänennamen (z.B. *dmk-online.de* eines POP3-Servers an, der auf einem partitionierten Server eingerichtet ist. Diese Einstellung muss hinzugefügt werden, wenn ein POP3-Server auf einem partitionierten Server laufen soll.

Variable	Syntax	Beschreibung
POP3DNSLookup	POP3DNSLookup= Wert	Aktiviert/deaktiviert umgekehrte DNS-Suchen nach Client-Host-Namen. Der Wert 1 aktiviert umgekehrte DNS-Suchen. Die Vorgabe ist 0 (keine umgekehrten Suchen).
POP3_Enable_ Cache_Stats	POP3_Enable_ Cache_Stats=Wert	Aktiviert/deaktiviert Statistiken zum Speichern von Nachrichten im Cache. Der Wert 1 aktiviert Statistiken zum Cache. Die Vorgabe ist 0 (keine Statistiken).
POP3_MarkRead	POP3_MarkRead= Wert	Legt fest, ob POP3-Nachrichten nach dem Herunterladen als gelesen markiert werden sollen. Der Wert 1 weist den Server an, die Nachrichten als gelesen zu markieren. Die Vorgabe ist 0 (Nachrichten werden als ungelesen markiert).
POP3NotesPort	POP3NotesPort= Anschlussname	Legt den vom POP3-Server zu verwendenden Anschluss fest. Diese Angabe ist für partitionierte Server erforderlich.
POP3_Domain	POP3_Domain= Domänenname	Legt den Namen der Internet-Domäne in der Mail-Adresse fest, die bei lokalen Adressen als Gateway zum Senden von Mail an das Internet verwendet werden soll. (Alle lokalen Adressen werden in Internetadressen konvertiert.) Wenn diese Einstellung in der Datei *notes.ini* enthalten ist, überschreibt sie den DNS-Wert.
POP3_Message_ Stat_Cache_ NumPerUser	POP3_Message_ Stat_Cache_Num-PerUser=Anzahl	Begrenzt die Anzahl der Nachrichtenstatistiken, die für einen einzelnen Benutzer im Cache gespeichert werden können. Nachrichtenstatistik-Caches enthalten UNIDs und die gespeicherte Mail-Größen. Jeder Eintrag im Cache nimmt CPU-Zeit und Serverarbeitsspeicher in Anspruch. Durch Herabsetzen dieser Anzahl kann die Serverleistung gesteigert werden. Vorgabe: 50.

11.7.3 POP3-Benutzer

Ein POP3-Benutzer muss kein registrierter Notes-Benutzer sein, da der POP3-Dienst keine ID-Dateien verwendet, um Benutzer zu identifizieren und den Serverzugriff zu steuern. Die Benutzer benötigen eine Mail-Datei auf dem Server und ein Personendokument (einschließlich eines Internet-Kennworts) im Domino-Verzeichnis, damit sie über den POP3-Dienst auf Mail zugreifen können. Nur die Benutzer, die verschlüsselte Notes Mail empfangen oder auf Domino-Anwendungen zugreifen oder die DOLS verwenden wollen, müssen registrierte Notes-Benutzer sein.

Domino greift auf die in den Internet-Protokollen integrierten Authentifizierungsmethoden zurück, um POP3-Benutzer zu authentifizieren. Die verfügbaren Methoden sind abhängig von den Serveranschlüssen, für die Sie den POP3-Dienst konfigurieren. Der POP3-Dienst kann einen TCP/IP-Anschluss, einen SSL-Anschluss (Secure Sockets Layer) oder beide verwenden.

Wenn der POP3-Dienst nur den TCP/IP-Anschluss (Vorgabe) verwendet, identifiziert der Server die Benutzer mithilfe der allgemeinen Namens- und Kennwortauthentifizierung. Welche Anmeldenamen der Server akzeptiert, hängt von der Einstellung im Feld INTERNET-AUTHENTIFIZIERUNG/INTERNET AUTHENTICATION des Registers SICHERHEIT/SECURITY des Serverdokuments ab.

Um POP3-Anwender einzurichten, müssen Sie Folgendes tun:

1. Personendokumente einrichten
2. Mail-Datenbanken für POP3-Anwender anlegen
3. POP3-Client-Software konfigurieren

Personendokument für einen POP3-Benutzer einrichten

Erstellen Sie für jeden POP3-Benutzer ein Personendokument oder bearbeiten Sie ein vorhandenes. In den meisten Fällen erstellen Sie das Personendokument während der Benutzerregistrierung. Während der Anwenderregistrierung wird im Standard eine Notes-ID angelegt. Da POP3-Anwender bei Verwendung von POP3-Client-Software keine ID benötigen, deaktivieren Sie die Option NOTES-ID FÜR DIESE PERSON ERSTELLEN/ CREATE A NOTES ID FOR THIS PERSON während der Registrierung.

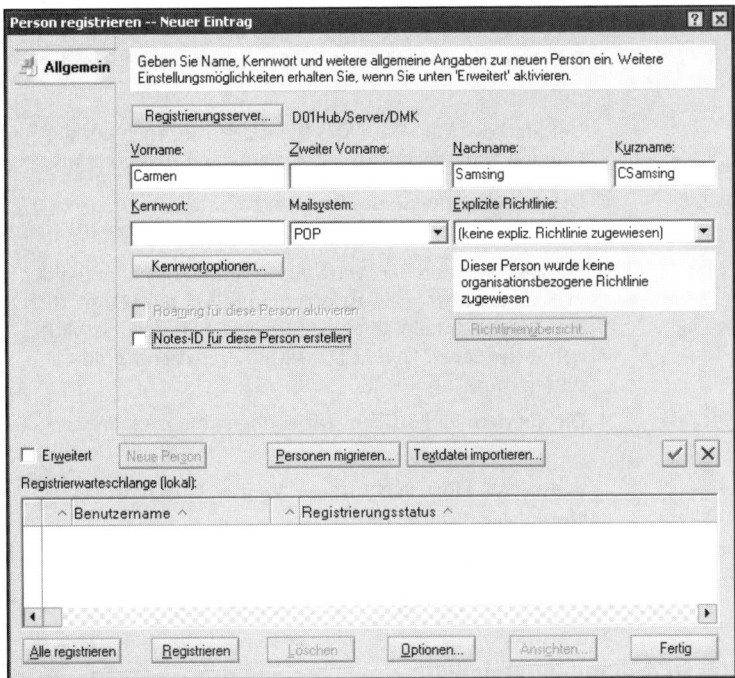

Abbildung 11.65: Registrierung eines POP3-Anwenders

Greift ein Anwender aber auch über einen Notes Client auf die Mail-Datenbank zu, müssen Sie diese Option aktivieren, um eine ID generieren zu lassen.

1. Klicken Sie in Domino Administrator auf das Register PERSONEN UND GRUPPEN/PEOPLE & GROUPS.

2. Wenn die Person nicht bereits als Notes-Benutzer registriert wurde, klicken Sie auf
   BENUTZER HINZUFÜGEN/ADD PERSON. Wählen Sie den Namen des Benutzers aus und
   klicken Sie auf BEARBEITEN/EDIT USER, um ein Personendokument anzeigen zu lassen.

3. Klicken Sie auf das Register ALLGEMEIN/BASICS und geben Sie Werte in folgende Felder
   ein:

Feld	Aktion
VORNAME NACHNAME BENUTZERNAME/ FIRST NAME LAST NAME USER NAME	Der auf dem POP3-Client konfigurierte Benutzername muss einem dieser Namen entsprechen.
INTERNET-KENNWORT/ INTERNET PASSWORD	Das Kennwort, das der Benutzer eingibt, um vom POP3-Client auf den Domino Server zuzugreifen.
MAIL-SYSTEM/ MAIL SYSTEM	Wählen Sie POP3.
DOMÄNE/ DOMAIN	Der Name der Notes-Domäne, zu der der Server gehört.
MAIL-SERVER/ MAIL SERVER	Den Namen des Domino Mail-Servers des POP3-Benutzers.
MAIL-DATEI/ MAIL FILE	Der Pfad der Mail-Datei des Benutzers, bezogen auf das Domino Data-Verzeichnis, beispielsweise: *mail\jbrahms*.
WEITERLEITUNGSADRESSE/ FORWARDING ADDRESS	Die aktuelle Adresse des Benutzers.
INTERNETNACHRICHTEN-SPEICHER/ FORMAT PREFERENCE FOR INCOMING MAIL	Wählen Sie einen der Werte aus, um das Format entweder in dem des Absenders zu lassen, in MIME oder Notes Rich Text umzuwandeln. Sinnvoll ist hier die Einstellung MIME, damit der Server keine CD2MIME-Konvertierung durchführen muss.
INTERNETADRESSE/ INTERNET ADDRESS	Die auf dem POP3-Client angegebene Internetadresse.
EINGEHENDE MAIL VERSCHLÜSSELN/ WHEN RECEIVING UNENCRYPTED MAIL, ENCRYPT BEFORE STORING IN YOUR MAIL FILE	Wählen Sie NEIN. POP3-Clients können verschlüsselte Notes Mail nicht lesen.

Mail-Datei für einen POP3-Benutzer erstellen

Ein POP3-Benutzer muss über eine Mail-Datei auf dem Domino Server verfügen. Erstellen Sie die Mail-Datei automatisch bei der Benutzerregistrierung oder später manuell. Handelt es sich um einen bereits registrierten Notes-Benutzer mit einer bereits vorhandenen Notes Mail-Datei, verwenden Sie das Personendokument, um POP3 als Mail-System einzurichten. Der Benutzer kann dann von einem POP3-Client auf die Mail-Datei zugreifen. Unter Umständen gibt es einen registrierten Notes-Benutzer, der noch kein Mail-Benutzer war. Für diesen Benutzer müssen Sie eine neue Mail-Datei erstellen.

So erstellen Sie eine Mail-Datei manuell:

1. Stellen Sie sicher, dass ein Personendokument für den POP3-Benutzer eingerichtet ist.
2. Wählen Sie DATEI/FILE > DATENBANK/DATABASE > NEU/NEW.
3. Klicken Sie auf das Register MAIL und geben Sie Folgendes ein:

Feld	Eingabe
SERVER/SERVER	Der Domino Mail-Server, auf dem die Mail des Benutzers gespeichert wird.
TITEL/TITLE	Der Name der Mail-Datei des Clients, z.B. MAIL VON PIA BOHLEN.
DATEINAME/ FILE NAME	Der Pfadnamen zum Data-Verzeichnis und der Name der Mail-Datei, beispielsweise *mail/pbohlen.nsf*.

4. Wählen Sie die entsprechende Mailschablone aus:
5. Wählen Sie DATEI/FILE > ANWENDUNG/APPLICATION > ZUGRIFF/ACCESS CONTROL und führen Sie folgende Schritte aus:
   - Bearbeiten Sie die Zugriffskontrollliste, um dem Benutzer Editorzugriff mit der Berechtigung zum Löschen von Dokumenten zuzuweisen. Um den Benutzernamen zur Zugriffskontrollliste hinzuzufügen, wählen Sie ihn im Domino-Verzeichnis aus, anstatt ihn einzugeben.
   - Entfernen Sie Ihren Namen aus der ACL oder ersetzen Sie ihn durch eine Administratorengruppe.

POP3-Client-Software konfigurieren

Die Konfiguration der POP3-Client-Software ist abhängig vom Hersteller. In dieser Tabelle sind die allgemeinen Anforderungen dargestellt.

Anforderungen	Kommentare
Der vollständig qualifizierte Name des Domino Servers, auf dem SMTP ausgeführt wird	Dies sollte der vollständig qualifizierte DNS-Host-Name des Servers sein.
Der vollständige Name des Domino POP3-Servers	Dies kann der gleiche Name wie der des Domino Servers sein, auf dem SMTP ausgeführt wird.
Der Benutzername des POP3-Clients	Dieser Name muss mit den Benutzernamen oder dem als Internet-Namen eingestellten Namen im Personendokument übereinstimmen.
Mail-Dokumente automatisch vom POP3-Server löschen, nachdem der Client sie lokal kopiert hat	Dadurch belegt die Mail-Datei auf dem Domino Server ein Minimum an Plattenspeicher. Lassen Sie Mail-Dokumente nicht automatisch löschen, wenn der Benutzer auch von Notes auf die Mail zugreift, oder nutzen Sie IMAP.
Den POP3-Client so konfigurieren, dass nicht öfter als alle fünf Minuten geprüft wird, ob neue Mail-Nachrichten vorliegen	Wird vom Client häufiger der Eingang von neuer Mail abgefragt, kann dadurch die Serverleistung beeinträchtigt werden.
E-Mail-Adresse	Internetadresse aus dem Personendokument.

11.8   Domino als IMAP-Server

Die Abkürzung IMAP steht für *Internet Message Transfer Protocol*. Es wurde 1986 mit dem Ziel entwickelt, den Zugriff auf Mailboxen und Nachrichten so bereitzustellen, als befänden sich diese auf dem lokalen Rechner. Im Gegensatz zu POP3 verbleiben die E-Mails auf dem Server und werden dort verwaltet. Für das Versenden von Mails muss ein anderes Protokoll (z. B. SMTP) verwendet werden. Da es bereits in der vierten Version vorliegt, heißt die aktuelle Bezeichnung IMAP4. IMAP hat den Vorteil, dass die Speicherung der Nachrichten unabhängig von der verwendeten Software funktioniert.

Die Authentifizierung des Benutzers für den IMAP-Zugriff erfolgt über eine Klartext-Authentifizierung mit Benutzernummer und Passwort. Sie kann nur durch Einsatz einer Verbindungsverschlüsselung (SSL) vor unberechtigtem Zugriff geschützt werden. Der IMAP-Service ermöglicht die Einrichtung von E-Mail-Ablagekörben (Folder) in einem persönlichen Verzeichnis des Benutzers sowie das Einordnen von E-Mails in die Ablagekörbe. IMAP unterstützt das Löschen, Kopieren und Verschieben von E-Mails. Dabei wird der Briefkasten wie ein Ablagekorb behandelt. Es ist möglich, die lokale Ablage mit der serverseitigen zu synchronisieren. In den meisten Fällen bieten IMAP-Oberflächen auch ein zyklisches Abfragen nach neuer Mail an. Das Abrufen einzelner E-Mails anhand der im Briefkasten oder Ablagekorb aufgelisteten Briefkopfinformationen ermöglicht einen durch den Benutzer selektierten Transfer von E-Mails zum Arbeitsplatzrechner.

IMAP benutzt standardmäßig den TCP-Port 143. Sie arbeiten auf dem Server im Gegensatz zu POP, wo die Verzeichnishierarchie vollständig auf dem Rechner liegt, vor dem Sie sitzen. Sie können mit IMAP selbst Verzeichnisstrukturen auf dem Mail-Server einrichten. Dies hat den großen Vorteil, dass Sie stets vollen Zugriff auf alle Nachrichten in den entsprechenden Ordnern haben, egal von welchem Ort aus Sie sich mit Ihrem Mail-Server verbinden (am Arbeitsplatz, via Modem von zu Hause oder vom Internetcafé).

Kriterium	POP	IMAP
Zentrale Verwaltung von benutzerdefinierten Ablagekörben auf dem Server	wird vom Protokoll nicht unterstützt	wird angeboten
Übertragung und Anzeige von Briefkopfinformation vor Übertragung des Brieftextes	wird von den meisten POP-fähigen E-Mail-Oberflächen nicht unterstützt	wird angeboten
Synchronisation von Ablagekörben vom Server zum Arbeitsplatzrechner	wird vom Protokoll nicht unterstützt	wird von vielen IMAP-fähigen E-Mail-Oberflächen angeboten
Einheitliche Sicht auf die gesamte eigene E-Mail-Ablage bei wechselnden Arbeitsplatzrechnern	nur möglich, wenn alle Mails in der Inbox gelagert werden und auf jedem Arbeitsplatzrechner eine Kopie des Briefkastens lokal gepflegt wird	Pflege des Briefkastens und aller Ablagekörbe auf dem Server erlaubt die durch die Ablagekörbe strukturierte Sicht aller E-Mails auf jedem Arbeitsplatzrechner bei einmaligem Pflegeaufwand
Selektiver Transfer einzelner Mails	wird von den meisten POP-fähigen E-Mail-Oberflächen nicht unterstützt	wird angeboten

Kriterium	POP	IMAP
Offline-Bearbeitung	ist möglich für gesamten Briefkasten	wird von vielen IMAP-fähigen E-Mail-Oberflächen angeboten
Auswahl dargestellter Ablagekörbe	wird nicht unterstützt	wird von vielen IMAP-fähigen E-Mail-Oberflächen angeboten
Bedarf an Speicherbereich	der Briefkasten am Server unterliegt der Quota-Überwachung der Benutzerkennung	der Briefkasten sowie die Ablagekörbe im Home-Verzeichnis eines Benutzers unterliegen der Quota-Überwachung der Benutzerkennung
Verschlüsselte Übertragung	die meisten E-Mail-Oberflächen unterstützen SSL (Secure Sockets Layer) für POP	die meisten IMAP-fähigen E-Mail-Oberflächen unterstützen SSL für IMAP

Der Domino Server unterstützt den in RFC 3501 definierten IMAP-Dienst (Internet Mail Access Protocol) zum Lesen von Mail. IMAP-Benutzer können folgende Vorgänge durchführen:

▶ Nachrichten vom Domino Mail-Server, auf dem der IMAP-Dienst ausgeführt wird, abrufen und sie lokal speichern

▶ auf Nachrichten direkt vom Server zugreifen

▶ Nachrichten zur Offline-Verwendung kopieren und später mit der Mail auf dem Server synchronisieren

▶ Postfächer, analog zu öffentlichen Ordnern in der Mail-Datei, gemeinsam nutzen

Ist der Domino Server zur Ausführung des IMAP-Dienstes eingerichtet, können IMAP-Benutzer auf ihre Mail-Dateien auf dem Domino Server zugreifen. Zur Versendung und Zustellung von Mails wird jedoch nicht der IMAP-Dienst verwendet, sondern Sie müssen den Domino Server zur Ausführung von SMTP einrichten und Mail-Routing konfigurieren, um diese Funktionen zu unterstützen.

Es werden alle IMAP-kompatiblen Clients vom IMAP-Dienst unterstützt. IMAP-Clients müssen sich beim Domino Server authentifizieren, bevor sie auf Mail zugreifen können. Hier werden allgemeine Namens- und Kennwortauthentifizierung, die Authentifizierung sowie Verschlüsselung über Secure Sockets Layer (SSL) vom Domino Server unterstützt. Nach der Authentifizierung können IMAP-Benutzer nur auf ihre eigenen Mail-Dateien zugreifen.

Die Ihnen bekannten Lotus Notes-Ordner erscheinen in IMAP als IMAP-Postfächer. Wenn Benutzer Dokumente in einem IMAP-Postfach empfangen oder daraus löschen, wirken sich die Änderungen auch im Notes-Ordner aus und umgekehrt.

11.8.1   Konfiguration des IMAP-Dienstes

Die Anwender können sowohl einen IMAP-Client als auch den Notes Mail-Client verwenden. Sie können mit IMAP-Clients Mails an andere IMAP- und POP3-Clients senden, die mit Notes Mail oder einem anderen Mail-System arbeiten, aber natürlich auch an Notes-Benutzer, die IMAP nicht verwenden. Der Router verwendet SMTP, um die Nachricht an die Mail-Datei des Empfängers auf dem Domino Server zuzustellen. Dieser Prozess ist der gleiche, wenn der IMAP-Client Mail an einen Notes-Benutzer sendet, der IMAP nicht verwendet.

Führen Sie folgende Schritte zur Einrichtung des IMAP-Dienstes aus:

1. Ändern Sie ggf. den vorgegebenen IMAP-Anschluss. Der TCP/IP-Anschluss 143 für IMAP ist standardmäßig aktiviert. Nehmen Sie Änderungen im Serverdokument oder im IMAP-Site-Dokument des entsprechenden Servers vor, wenn Sie keinen Standardanschluss verwenden bzw. die Verbindung von IMAP-Clients mit dem Domino Server, auf dem der IMAP-Dienst ausgeführt wird, unterbinden möchten oder wenn Sie Sicherheitsoptionen verwenden.

2. Starten Sie den IMAP-Task auf dem Domino Server.

Verwendet der Server Internet-Site-Dokumente, erhält der IMAP-Dienst Authentifizierungsinformationen für den Anschluss aus den Feldern unterhalb der Registerkarte SICHERHEIT/SECURITY. Bei der Verwendung von Internet-Site-Dokumenten sind die TCP/IP- und SSL-Authentifizierungseinstellungen nicht im Serverdokument verfügbar. Werden keine Internet-Site-Dokumente verwendet, erfolgen die Einstellungen im Serverdokument. Sie liefern die Anschlussnummer und den Status für TCP/IP- und SSL-Ports.

Sie müssen auf jeden Fall die Site-Dokumente verwenden, um die jeweiligen Internet-Protokolle zu konfigurieren, wenn die Verwendung von Internet-Site-Dokumenten aktiviert ist. Liegt kein IMAP-Site-Dokument vor oder wurde die Authentifizierungsoption in einem IMAP-Site-Dokument auf NEIN/NO gesetzt, können die Anwender den IMAP-Dienst nicht verwenden. In diesem Fall erhalten die IMAP-Clients die folgende Fehlermeldung beim Versuch, sich mit dem IMAP-Dienst zu verbinden: This site is not enabled on the server. Ein IMAP-Site-Dokument benötigt neben den allgemeinen Einstellungen eines Internet-Site-Dokuments (siehe *Kapitel 11.2.4, Implementierung der Internet-Site-Dokumente*) die Einstellungen bezüglich der öffentlichen Ordner.

Um eine Datenbank als öffentlichen IMAP-Ordner festzulegen, gehen Sie folgendermaßen vor:

1. Wählen Sie das IMAP-Site-Dokument aus, das Sie bearbeiten wollen, und klicken Sie auf DOKUMENT BEARBEITEN/EDIT DOCUMENT.

2. Klicken Sie auf die Registerkarte ÖFFENTLICHE VERZEICHNISSE/PUBLIC FOLDERS. Unter ÖFFENTLICHE VERZEICHNISSE/PUBLIC FOLDERS bearbeiten Sie die folgenden Felder und speichern anschließend das Dokument.

Abbildung 11.66:
Bereitstellung öffentlicher Ordner

Feld	Beschreibung
PRÄFIX FÜR ÖFFENTLICHE ORDNER/PUBLIC FOLDER PREFIX	Der für einige IMAP-Clients erforderliche Pfad des Root-Ordners, den Domino verwendet, um die Hierarchie der Notes Mail-Datenbanken zu organisieren, die als öffentliche IMAP-Ordner konfiguriert werden. Wenn sich ein IMAP-Client sich mit dem Server verbindet, werden ihm die verfügbaren öffentlichen Ordner des Anwenders als Unterordner dieses Ordners angezeigt.
DATENBANKVERKNÜPFUNGEN FÜR ÖFFENTLICHE ORDNER/PUBLIC FOLDER DATABASE LINKS	Datenbankverknüpfungen auf IMAP-aktivierte Notes Mail-Datenbanken.

Diese Einstellungen gelten nur für Domino Server der Version 6 und höher.

Laden Sie den IMAP-Task manuell oder lassen Sie ihn automatisch beim Start des Domino Servers ausführen.

Aktion	Maßnahme
IMAP-Dienst manuell starten	Geben Sie an der Konsole `load imap` ein.
IMAP-Dienst automatisch beim Start des Domino Servers starten	Bearbeiten Sie die Einstellung `ServerTasks` in der Datei *notes.ini*, um den Befehl `imap` einzufügen. Domino fügt den IMAP-Task der *notes.ini*-Datei standardmäßig hinzu, wenn Sie den IMAP-Dienst während der Installation auswählen.
IMAP-Dienst anhalten	Geben Sie an der Konsole `tell imap quit` ein.

11.8.2 Weitere Konfigurationsschritte

Sie können den Anwendern, die den IMAP-Dienst nutzen, weitere Funktionen zur Verfügung stellen. Sie können ihnen gestatten, über IMAP Mail-Dateien anderer Nutzer zu öffnen, sofern sie Zugriff haben.

Automatische Anzeige aller Mail-Verzeichnisse

Der IMAP-Dienst bietet einem Client automatisch eine Liste alle Mail-Dateien an, auf die der aktuelle Anwender Zugriff hat, inklusive

▶ der persönlichen Mail-Datenbank des Anwenders,

▶ der persönlichen Mail-Dateien des Anwenders, auf die er durch eine Delegierung Zugriff erhalten hat,

▶ öffentlicher Mail-Dateien, wie Mail-In-Datenbanken, auf die der Anwender Zugriff hat und die als öffentliche IMAP-Ordner konfiguriert wurden.

Wollen Sie IMAP-Anwendern den Zugriff auf die Mail-Dateien anderer Benutzer gestatten, müssen Sie einen Notes Client oder einen DWA-Client verwenden, um den Zugriff über eine Delegierung durchzuführen. Es reicht nicht, den Namen des Anwenders in der ACL hinzuzufügen.

Aktivierung der IMAP Namespace Extensions

Nur IMAP-Clients, die Namespace Extensions unterstützen, können andere Mail-Dateien als die persönliche Mail-Datei des Anwenders anzeigen. Sie können den IMAP-Dienst aber so konfigurieren, dass er auch öffentliche Ordner und andere Mail-Dateien als die persönliche Mail-Datei des Anwenders anzeigt, unabhängig davon, ob der IMAP-Client des Anwenders eine eingebaute Namespace-Unterstützung besitzt. Wenn Sie dies durchgeführt haben, zeigt der IMAP-Dienst die komplette Anzahl der Mail-Ordner an, auf die der aktuelle Anwender Zugriff hat.

1. Klicken Sie in Domino Administrator auf die Registerkarte KONFIGURATION/CONFIGURATION und erweitern Sie die Ansicht NACHRICHTEN/MESSAGING.

2. Klicken Sie auf KONFIGURATIONEN/CONFIGURATIONS.

3. Wählen Sie das Konfigurationsdokument des Servers aus, das Sie bearbeiten wollen, und klicken Sie auf KONFIGURATION BEARBEITEN/EDIT CONFIGURATION.

4. Klicken Sie auf die Registerkarte IMAP > ÖFFENTLICHER ORDNER UND ORDNER ANDERER BENUTZER/PUBLIC AND OTHER USERS' FOLDERS.

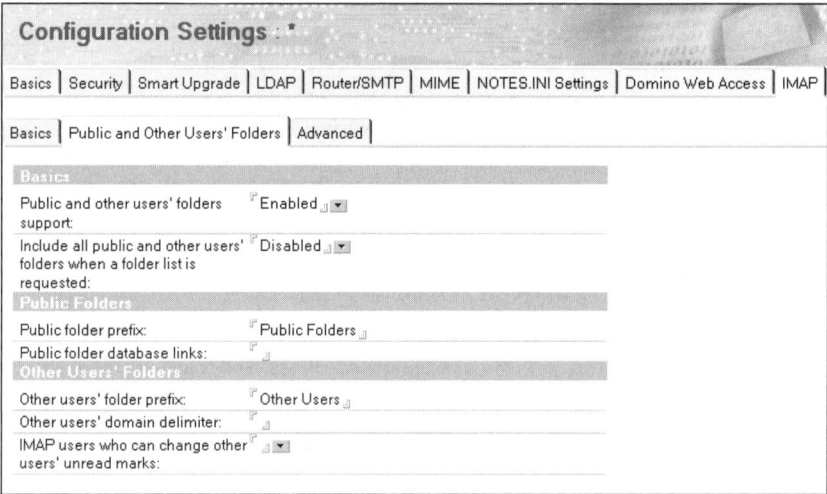

Abbildung 11.67: Aktivierung des IMAP-Dienstes zur automatischen Anzeige aller verfügbaren Mail-Ordner

5. Im Bereich ALLGEMEIN/BASICS vervollständigen Sie die folgenden Felder und speichern das Dokument.

Diese Einstellungen gelten nur für Domino Server der Version 6 und höher.

Die Änderungen werden nach dem nächsten IMAP-Aktualisierungsintervall wirksam. Sitzungen, die nach der Änderung der Einstellungen beginnen, verwenden bereits die aktualisierten Einstellungen. Bestehende Sitzungen verwenden die Einstellungen, die zum Start der Sitzung gültig waren.

Feld	Eingabe
UNTERSTÜTZUNG ÖFFENTLICHER ORDNER UND ORDNER ANDERER BENUTZER/PUBLIC AND OTHER USERS' FOLDERS SUPPORT	Wählen Sie: ▸ AKTIVIERT/ENABLED: (default) Zusätzlich zur Anzeige aller Mail-Dateien des aktuellen Anwenders zeigt der IMAP-Dienst alle öffentlichen Ordner und Mail-Dateien, auf die der Anwender Zugriff hat, an. ▸ DEAKTIVIERT/DISABLED: Der IMAP-Dienst zeigt nicht alle öffentlichen Ordner und Mail-Dateien, auf die der Anwender Zugriff hat, an. Der IMAP-Client kann nur auf die persönliche Mail-Datei des aktuellen Anwenders zugreifen.
ALLE ÖFFENTLICHEN ORDNER UND ORDNER ANDERER BENUTZER AUFNEHMEN, WENN EINE ORDNERLISTE ANGEFORDERT WIRD/INCLUDE ALL PUBLIC AND OTHER USERS' FOLDERS WHEN A FOLDER LIST IS REQUESTED	Wählen Sie: ▸ AKTIVIERT/ENABLED: Der IMAP-Dienst zeigt alle verfügbaren Ordner an. ▸ DEAKTIVIERT/DISABLED: (default) Der IMAP-Dienst zeigt die verfügbaren Ordner in dem sich vom Anwender unterscheidenden Namespace nur für Clients an, deren Anfrage über das Namespace-Kommando eintrifft. Wenn ein Client die Namespace Extensions nicht unterstützt, zeigt der IMAP-Dienst nur die persönliche Mail-Datei des aktuellen Anwenders an. Dieses Feld erscheint nicht, wenn Sie das Feld PUBLIC AND OTHER USERS' FOLDERS SUPPORT deaktiviert haben.

6. Um eine sofortige Aktualisierung zu erzwingen, starten Sie den IMAP-Dienst neu, indem Sie an der Konsole die folgenden Befehle eingeben:

```
tell imap quit
load imap
```

Gemeinsamer Zugriff auf Mail-Dateien

Neben einer Rechtevergabe auf die persönlichen Mail-Verzeichnisse eines Anwenders bietet der IMAP-Dienst die Namespace-Erweiterung an. Dieser erlaubt einen kontrollierten Zugriff auf die gemeinsamen Mail-Dateien. Die Namespace-Unterstützung ist standardmäßig aktiv, wenn der IMAP-Dienst installiert wurde, sodass die Clients, wenn sie auf den Dienst zugreifen, die persönlichen Mail-Dateien sehen und darauf zugreifen können. Wurden die Berechtigungen entsprechend vergeben (z.B. bei Zugriff auf die Mail-Dateien von Kollegen, wenn eine entsprechende Delegierung eingerichtet wurde) oder für sogenannte öffentliche Mail-Dateien, die als öffentliche IMAP-Ordner konfiguriert wurden, gilt der Zugriff auch für diese Mail-Dateien.

Ein IMAP-Client kann nur dann auf öffentliche Mail-Dateien und auf die Mail-Dateien anderer Anwender zugreifen, wenn sie sich auf dem gleichen Server befinden wie der IMAP-Dienst. Außerdem muss der IMAP-Dienst einen Anwender über einen Eintrag in einem konfigurierten Verzeichnis auf dem Server authentifizieren können.

IMAP-Namensbereiche

Im Normalfall besitzen die Anwender eine persönliche Mail-Datei, auf die nur sie Zugriff haben. Der IMAP-Dienst betrachtet die Nachrichten in einer persönlichen Mail-Datei als Bestandteil einer Hierarchie, auch bekannt als persönlicher Namensbereich. Neben dem persönlichen Namensbereich können Nachrichten auch in anderen Hierarchien existieren. Bekommt ein Anwender beispielsweise Zugriff auf die Mail-Datei gewährt, können Nachrichten aus einer weiteren Hierarchie, dem Namensbereich eines anderen Anwenders, verfügbar gemacht werden.

Andere Mail-Dateien wie Mail-In-Datenbanken, die bestimmungsgemäß gemeinsam unter den Anwendern verwendet werden, existieren nicht im Namensbereich eines einzelnen Anwenders, sind aber für den öffentlichen Zugriff vorgesehen. Nachrichten in diesen Mail-Dateien existieren nur im gemeinsam genutzten oder öffentlichen Namensbereich.

Aktivieren Sie die Unterstützung für den Namensbereich und konfigurieren Sie den Namensbereich, damit die IMAP-Anwender die Verzeichnisse der anderen Anwender und die öffentlichen Mail-Dateien sehen können, auf die sie Zugriff haben, indem Sie eine oder beide Aufgaben ausführen:

▶ Konfiguration der öffentlichen IMAP-Ordner

▶ Konfiguration der IMAP-Ordner anderer Anwender

Konfiguration der öffentlichen IMAP-Ordner

Führen Sie folgende Schritte durch, um IMAP-Clients den Zugriff auf öffentliche Mail-Datenbanken zu gewährleisten:

▶ Verwenden Sie das Konvertierungsprogramm (siehe *Kapitel 11.8.4, IMAP-Benutzer*), um Datenbanken für die Nutzung von IMAP zu aktivieren.

▶ Geben Sie den Anwendern Zugriff über die ACL.

▶ Legen Sie die Datenbank als einen öffentlichen IMAP-Ordner fest.

Mail-Datenbanken, außer der persönlichen Mail-Datei des Anwenders, werden nicht automatisch für die Verwendung von IMAP aktiviert. Sie müssen das Konvertierungsprogramm verwenden, um eine Mail-Datenbank für die Verwendung von IMAP zu aktivieren. Die Einrichtung der Zugriffsrechte passiert über die Datenbank-Zugriffskontrollliste. Ist keine ausreichende Berechtigung auf einen öffentlichen IMAP-Ordner gegeben, wird zwar der Ordner angezeigt, nicht aber der Mail-Eingang.

Kopieren Sie die Datenbankverknüpfung und fügen Sie diese in das Konfigurationsdokument ein, um eine Notes-Datenbank als öffentlichen IMAP-Ordner festzulegen. Hierbei muss die Basis der Mail-Datei eine Mailschablone sein. Der IMAP-Dienst unterstützt nicht die Verwendung von NNTP- oder Diskussionsdatenbanken als öffentliche IMAP-Ordner.

Um eine Datenbank als öffentlichen IMAP-Ordner festzulegen, gehen Sie folgendermaßen vor:

1. Vom Notes oder Administrator Client aus wählen Sie die entsprechende Datenbank aus und kopieren die Verknüpfung auf die Datenbank.
2. Wählen Sie in Domino Administrator die Registerkarte KONFIGURATION/CONFIGURATION und erweitern Sie die Ansicht NACHRICHTEN/MESSAGING.

3. Klicken Sie auf KONFIGURATIONEN/CONFIGURATIONS.

4. Wählen Sie das Konfigurationsdokument des Servers aus, das Sie bearbeiten wollen, und klicken Sie auf KONFIGURATION BEARBEITEN/EDIT CONFIGURATION.

5. Klicken Sie auf die Registerkarte IMAP > ÖFFENTLICHE ORDNER UND ORDNER ANDERER BENUTZER/PUBLIC AND OTHER USERS' FOLDERS.

6. Geben Sie Werte in die folgenden Felder ein und speichern Sie anschließend das Dokument.

Feld	Beschreibung
PRÄFIX FÜR ÖFFENT-LICHE ORDNER/ PUBLIC FOLDER PREFIX	Der für einige IMAP-Clients erforderliche Pfad des Root-Ordners, den Domino verwendet, um die Hierarchie der Notes Mail-Daten-banken zu organisieren, die als öffentliche IMAP-Ordner konfi-guriert werden. Wenn sich ein IMAP-Client mit dem Server ver-bindet, werden ihm die verfügbaren öffentlichen Ordner des Anwenders als Unterordner dieses Ordners angezeigt.
DATENBANKVER-KNÜPFUNGEN FÜR ÖFFENTLICHE ORDNER/ PUBLIC FOLDER DATABASE LINKS	Datenbankverknüpfungen auf IMAP-aktivierte Notes Mail-Daten-banken.

Diese Einstellungen gelten nur für Domino Server der Version 6 und höher.

Konfiguration der IMAP-Ordner anderer Anwender

Wurde die Namenserweiterung auf dem Server aktiviert, werden zu den aktuellen pri-mären persönlichen Mail-Ordnern auch die persönlichen Namensbereiche anderer Anwender angezeigt, wenn diese expliziten Zugriff auf ihre persönlichen Mail-Dateien zum aktuell authentifizierten Anwender eingerichtet haben.

Die meisten Installationen unterstützen die Vorgabekonfiguration für die Namensbereiche der anderen Anwender auf dem Server. Falls notwendig, können Sie die Namensbereiche der anderen Anwender anpassen, indem Sie folgendermaßen vorgehen:

▶ Ändern Sie das Vorgabepräfix des Ordners.

▶ Ändern Sie das Vorgabedomänentrennzeichen, den der IMAP-Dienst verwendet, um die Namen der Mail-Dateien der Benutzer anzuzeigen.

▶ Geben Sie die IMAP-Anwender an, die die Ungelesen-Markierungen anderer Anwender ändern können.

1. Klicken Sie in Domino Administrator auf die Registerkarte KONFIGURATION/CONFIGU-RATION und erweitern Sie die Ansicht NACHRICHTEN/MESSAGING.

2. Klicken Sie auf KONFIGURATIONEN/CONFIGURATIONS.

3. Wählen Sie das Konfigurationsdokument des Servers aus, das Sie bearbeiten wollen, und klicken Sie auf KONFIGURATION BEARBEITEN/EDIT CONFIGURATION.

4. Klicken Sie auf die Registerkarte IMAP > ÖFFENTLICHE VERZEICHNISSE UND VERZEICH-NISSE ANDERER BENUTZER/PUBLIC AND OTHER USERS' FOLDERS.

5. Geben Sie Werte in die folgenden Felder ein und speichern Sie anschließend das Dokument.

Feld	Eingabe
PRÄFIX FÜR ORDNER ANDERER BENUTZER/ OTHER USERS' FOLDER PREFIX	Der für einige IMAP-Clients erforderliche Pfad des Root-Ordners, der die Notes Mail-Datenbanken der Anwender erhält, die eine Zugriffsdelegierung für andere Anwender eingerichtet haben. Wenn sich ein IMAP-Client mit dem Server verbindet, werden ihm die Ordner der anderen Anwender angezeigt, die den entsprechenden Zugriff eingerichtet haben. Diese Ordner werden als Unterordner angezeigt.
DOMÄNEN-TRENNZEICHEN FÜR ANDERE BENUTZER/ OTHER USERS' DOMAIN DELIMITER	Die Zeichen, die Domino verwendet, um die Bestandteile in einem hierarchischen Namen voneinander zu trennen. Dies wird dann verwendet, wenn die Mail-Datei des Anwenders in einem IMAP-Client als Teil der Ordnerliste der anderen Anwender aufgelistet wird. Einige IMAP-Clients können den hierarchischen Namen nicht darstellen, wenn das Vorgabe-Trennzeichen verwendet wird.
IMAP-BENUTZER, DIE DIE UNGELESEN-MARKIERUNGEN ANDERER BENUTZER ÄNDERN DÜRFEN/ IMAP USERS WHO CAN CHANGE OTHER USERS' UNREAD MARKS	Der vollständige hierarchische Notes-Name des Anwenders, der den Status der Ungelesen-Markierungen von Nachrichten in anderen Mail-Datenbanken ändern kann. Sie können auch den Namen einer Gruppe angeben.

Die Änderungen werden nach dem nächsten IMAP-Aktualisierungsintervall wirksam. Sitzungen, die nach der Änderung der Einstellungen beginnen, verwenden bereits die aktualisierten Einstellungen. Bestehende Sitzungen verwenden die Einstellungen, die zum Start der Sitzung gültig waren.

6. Um eine sofortige Aktualisierung zu erzwingen, starten Sie den IMAP-Dienst neu, indem Sie an der Konsole die folgenden Befehle eingeben:

```
tell imap quit
load imap
```

7. Um einem anderen Anwender Zugriff auf die persönliche Mail-Datei zu geben, instruieren Sie den Besitzer der Mail-Datei, den Zugriff von einem Notes Client aus zu delegieren.

11.8.3   Optimierungen für den IMAP-Dienst

Sie finden zahlreiche Einstellungen im Konfigurationsdokument des Domino Servers, der den IMAP-Dienst anbietet, wenn Sie kein IMAP-Site-Dokument verwenden. So z.B. die Einstellungen für die Begrenzung der IMAP-Sitzungen auf einem Server und die Timeout-Einstellung einer IMAP-Sitzung. Letzteres gibt an, wann der IMAP-Server die Verbindung bei inaktiven IMAP-Client-Sitzungen abbricht. Es ist empfehlenswert, eine Einstellung größer als zehn Minuten (Vorgabe 30 Minuten) anzugeben. Viele IMAP-Clients versuchen alle zehn Minuten, neue Mails abzurufen, und der von inaktiven Sitzungen erzeugte Overhead ist kleiner als der, der durch das erneute Anmelden von Clients und das Öffnen von Mailboxen erzeugt wird.

1. Klicken Sie in Domino Administrator auf die Registerkarte KONFIGURATION/CONFIGU-RATION und erweitern Sie die Ansicht NACHRICHTEN/MESSAGING.

2. Klicken Sie auf KONFIGURATIONEN/CONFIGURATIONS.

3. Wählen Sie das Konfigurationsdokument des Servers aus, das Sie bearbeiten wollen, und klicken Sie auf KONFIGURATION BEARBEITEN/EDIT CONFIGURATION.

4. Klicken Sie auf die Registerkarte IMAP > BASICS/ALLGEMEIN.

5. Geben Sie Werte in die folgenden Felder ein und speichern Sie anschließend das Dokument.

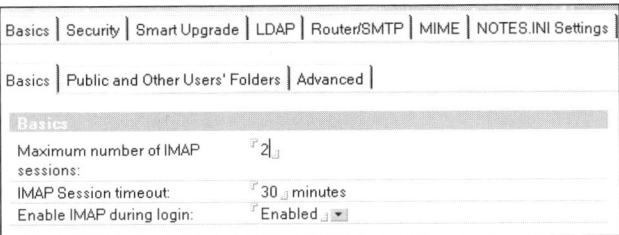

Abbildung 11.68: Anpassung des IMAP-Dienstes über das Konfigurationsdokument

Feld	Eingabe
MAXIMALE ANZAHL VON IMAP-SITZUNGEN/ MAXIMUM NUMBER OF IMAP SESSIONS	Angabe der maximalen gleichzeitigen IMAP-Sitzungen auf dem Server.
ZEITLIMIT FÜR INAKTIVE IMAP-SITZUNGEN/ IMAP SESSION TIMEOUT	Angabe in Minuten, wann der IMAP-Server die Verbindung bei inaktiven IMAP-Client-Sitzungen abbricht.
IMAP BEI ANMELDUNG AKTIVIEREN/ ENABLE IMAP DURING LOGIN	Wählen Sie: ▷ AKTIVIERT/ENABLED: (default) Der IMAP-Dienst konvertiert automatisch alle Mail-Dateien auf das Lotus Domino Release 6 IMAP-Format, sobald der Anwender sich das erste Mal von einem IMAP-Client aus anmeldet. ▷ DEAKTIVIERT/DISABLED: Administratoren müssen Mail-Dateien für IMAP-Anwender manuell konvertieren, damit diese auf die Dateien von einem IMAP-Client aus zugreifen können.

Anpassungen der Meldungen des IMAP-Dienstes

Konfigurieren Sie die Anschlüsse für IMAP-Clients, um auf den IMAP-Dienst zuzugreifen, im Serverdokument. IMAP-Clients können über TCP/IP oder SSL zugreifen. Wenn Sie SSL auf dem Server konfiguriert haben, können Sie TCP/IP so einrichten, dass Verbindungs-anfragen an SSL weitergeleitet werden.

Baut ein Client nun eine Verbindung auf, antwortet der IMAP-Dienst, indem er zu dem Port, auf den der Client sich zu verbinden versucht, eine Nachricht an den Client sendet. Sie können diese Benachrichtigung im Konfigurationsdokument modifizieren.

Der IMAP-Dienst überprüft in einem spezifischen Aktualisierungsintervall, ob neue Einstellungen vorliegen. Wenn Sie den Benachrichtigungstext anpassen, werden diese Einstellungen bereits für die nächste Client-Sitzung übernommen.

Sie nehmen die Anpassung folgendermaßen vor:

1. Klicken Sie in Domino Administrator auf die Registerkarte KONFIGURATION/CONFIGURATION und erweitern Sie die Ansicht NACHRICHTEN/MESSAGING.

2. Klicken Sie auf KONFIGURATIONEN/CONFIGURATIONS.

3. Wählen Sie das Konfigurationsdokument des Servers aus, das Sie bearbeiten wollen, und klicken Sie auf KONFIGURATION BEARBEITEN/EDIT CONFIGURATION.

4. Klicken Sie auf die Registerkarte IMAP > ERWEITERT/ADVANCED.

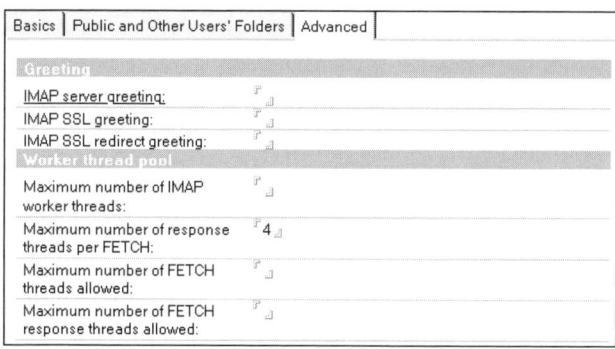

Abbildung 11.69: Erweiterte IMAP-Optionen im Konfigurationsdokument

5. Im Bereich BEGRÜSSUNG/GREETING geben Sie den Text an, der an die Clients gesendet wird, und speichern das Dokument.

Feld	Eingabe	Vorgabe
BEGRÜSSUNG IMAP-SERVER/ IMAP SERVER GREETING	Die Begrüßung, die der IMAP-Server an einen Client sendet, wenn er die Verbindung über TCP/IP aufbaut.	Als Vorgabe sendet der Dienst eine Nachricht, in der der Servername, die Domino-Versionsnummer und die aktuelle Uhrzeit und das Datum stehen, z.B.: *OK Domino IMAP4 Server Release 6 ready Wed, 16 April 2009 17:57:13 -0400
BEGRÜSSUNG IMAP-SSL/ IMAP SSL GREETING	Die Begrüßung, die der IMAP-Server an einen Client sendet, wenn er die Verbindung über SSL aufbaut.	Als Vorgabe sendet der Dienst eine Nachricht, in der der Servername, die Domino-Versionsnummer und die aktuelle Uhrzeit und das Datum stehen, z.B.: *OK Domino IMAP4 Server Release 6 ready Wed, 16 April 2009 17:57:13 -0400

Feld	Eingabe	Vorgabe
BEGRÜSSUNG IMAP-SSL-UMLEITUNG/ IMAP SSL REDIRECT GREETING	Die Begrüßung, die der IMAP-Server an einen Client sendet, wenn der TCP/IP-Anschluss so eingerichtet wurde, dass er die Verbindung an den SSL-Anschluss weiterleitet.	Als Vorgabe sendet der Dienst den folgenden Text: `*IMAP Server configured for SSL Connections only. Please reconnect using the SSL Port portnumber` Dabei stellt *portnumber* die Nummer des eingerichteten SSL-Anschlusses dar.

Wollen Sie den Begrüßungstext für Domino R5 Server und älter anpassen, können Sie das Konfigurationsdokument nicht verwenden, Sie müssen ihn dann über die Einstellungen IMAPGreeting, IMAPRedirectSSLGreeting und IMAPSSLGreeting in der *notes.ini* realisieren.

notes.ini-Einstellungen für den IMAP-Dienst

Variable	Syntax	Beschreibung
IMAPAddress	IMAPAddress=IP-Adresse oder vollständig qualifizierter Domänenname	Gibt die IP-Adresse (z.B. 192.168.147.12) oder den vollständig qualifizierten Domänennamen (z.B. *test.dmk-online.de*) eines IMAP-Servers an, der auf einem partitionierten Server ausgeführt wird. Diese Einstellung muss vorgenommen werden, wenn ein IMAP-Server auf einem partitionierten Server laufen soll.
IMAPGreeting	IMAPGreeting= Begrüßung	Passt die Begrüßung an, die der IMAP-Server beim Verbindungsaufbau zum TCP/IP an seine Clients sendet. Vorgabe: keine. Ohne diese Einstellung wird folgende Begrüßung verwendet: `* OK Domino IMAP4 Server V5.0 ready Mon, 11 May 2009 17:57:13 -0500`
IMAPRedirect-SSLGreeting	IMAPRedirectSSL-Greeting=Nachricht	Passt die Nachricht an, die der IMAP-Server beim Verbindungsaufbau zum TCP/IP an seine Clients sendet, wenn für den TCP/IP-Anschluss UMLEITEN AN SSL eingestellt ist. Vorgabe: keine. Ohne diese Einstellung wird folgende Begrüßung verwendet: NUR FÜR SSL-VERBINDUNGEN KONFIGURIERT. STELLEN SIE DIE VERBINDUNG ERNEUT ÜBER FOLGENDEN SSL-ANSCHLUSS HER: ANSCHLUSSNUMMER.
IMAPSSLGreeting	IMAPSSLGreeting= Begrüßung	Passt die Begrüßung an, die der IMAP-Server an Clients sendet, wenn er die Verbindung über SSL aufbaut. Vorgabe: keine. Ohne diese Einstellung wird folgende Begrüßung verwendet: `* OK Domino IMAP4 Server V5.0 ready Mon, 11 May 2009 17:57:13 -0500`

Variable	Syntax	Beschreibung
`IMAP_Config_ Update_Interval`	IMAP_Config_Update_ Interval=Wert	Gibt in Minuten an, wie häufig der IMAP-Server prüfen soll, ob Konfigurationsänderungen am Domino-Verzeichnis vorgenommen wurden. Keine Vorgabe, aber das Aktualisierungsintervall beträgt 2 Minuten, wenn diese Einstellung nicht in der *notes.ini* festgelegt ist.

11.8.4 IMAP-Benutzer

Um IMAP-Anwender einzurichten, müssen Sie Folgendes tun:

1. Personendokumente einrichten
2. Mail-Datenbanken für IMAP-Anwender anlegen
3. IMAP-Mail-Datenbank für die Nutzung von IMAP aktivieren
4. IMAP-Client-Software konfigurieren

Personendokument für einen IMAP-Benutzer einrichten

Sie benötigen für jeden IMAP-Benutzer ein Personendokument, welches Sie erstellen müssen, oder Sie bearbeiten ein vorhandenes Personendokument. Üblicherweise erstellen Sie das Personendokument während der Benutzerregistrierung.

Während der Anwenderregistrierung wird im Normalfall eine Notes-ID angelegt. Da IMAP-Anwender bei Verwendung von IMAP-Client-Software keine ID benötigen, deaktivieren Sie die Option NOTES-ID FÜR DIESE PERSON ERSTELLEN/CREATE A NOTES ID FOR THIS PERSON während der Registrierung.

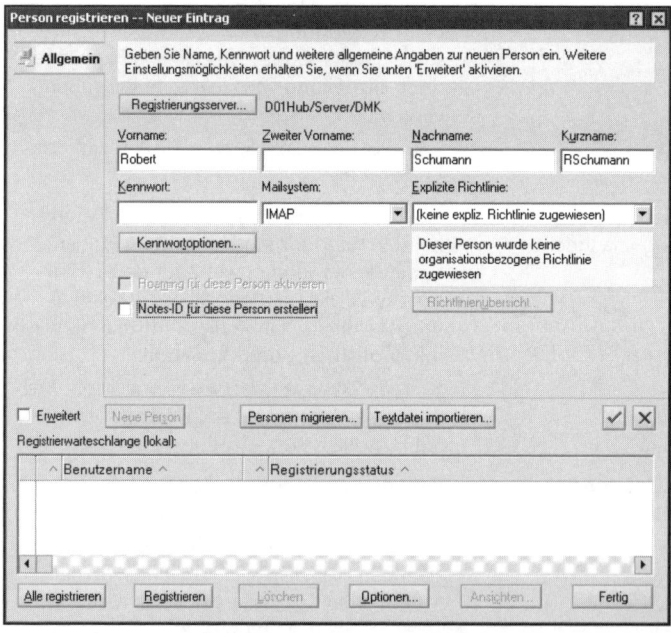

Abbildung 11.70: Registrierung eines IMAP-Anwenders

Soll der Anwender aber auch über einen Notes Client auf die Mail-Datenbank zugreifen können, müssen Sie diese Option aktivieren, um eine ID zu erstellen.

1. Klicken Sie in Domino Administrator auf das Register PERSONEN UND GRUPPEN/PEOPLE & GROUPS.

2. Wenn die Person nicht bereits als Notes-Benutzer registriert wurde, klicken Sie auf BENUTZER HINZUFÜGEN/ADD PERSON. Wählen Sie den Namen des Benutzers aus und klicken Sie auf BEARBEITEN/EDIT USER, um ein Personendokument anzeigen zu lassen.

3. Klicken Sie auf das Register ALLGEMEIN/BASICS, geben Sie zur Bearbeitung Werte in folgende Felder ein und speichern Sie anschließend das Personendokument.

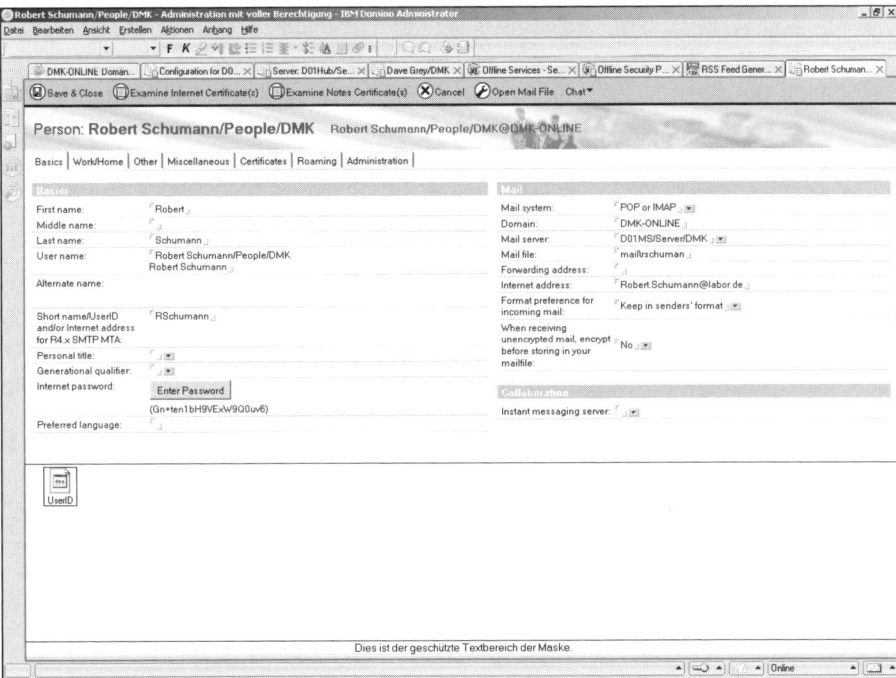

Abbildung 11.71: Personendokument eines IMAP-Anwenders

Feld	Eingabe
VORNAME NACHNAME BENUTZERNAME/ FIRST NAME LAST NAME USER NAME	Der auf dem IMAP-Client konfigurierte Benutzername muss einem dieser Namen entsprechen.
INTERNET-KENNWORT/ INTERNET PASSWORD	Das Kennwort, das der Benutzer eingibt, um vom IMAP-Client auf den Domino Server zuzugreifen.
MAIL-SYSTEM/ MAIL SYSTEM	Wählen Sie IMAP.
DOMÄNE/DOMAIN	Der Name der Notes-Domäne, zu der der Server gehört.

Feld	Eingabe
MAIL-SERVER/MAIL SERVER	Der Name des Domino Mail-Servers des IMAP-Benutzers.
MAIL-DATEI/MAIL FILE	Der Pfad der Mail-Datei des Benutzers, bezogen auf das Domino Data-Verzeichnis, beispielsweise: *mail\jbrahms*.
WEITERLEITUNGSADRESSE/ FORWARDING ADDRESS	Die aktuelle Adresse des Benutzers.
INTERNETNACHRICHTEN-SPEICHER/ FORMAT PREFERENCE FOR INCOMING MAIL	Wählen Sie einen der entsprechenden Werte aus, um das Format entweder in dem des Absenders zu belassen oder in MIME oder Notes Rich Text umzuwandeln. Sinnvoll ist hier die Einstellung MIME, damit der Server keine CD2MIME-Konvertierung durchführen muss.
INTERNETADRESSE/ INTERNET ADDRESS	Die auf dem IMAP-Client angegebene Internetadresse.
EINGEHENDE MAIL VERSCHLÜSSELN/WHEN RECEIVING UNENCRYPTED MAIL, ENCRYPT BEFORE STORING IN YOUR MAIL FILE	Wählen Sie NEIN. IMAP-Clients können verschlüsselte Notes Mail nicht lesen.

Mail-Datei für einen IMAP-Benutzer erstellen

Jeder IMAP-Benutzer benötigt eine Mail-Datei auf dem Domino Server. Lassen Sie die Mail-Datei während der Benutzerregistrierung automatisch erstellen oder erstellen Sie sie manuell. Handelt es sich um einen bereits registrierten Notes-Benutzer mit einer vorhandenen Notes Mail-Datei und Sie bearbeiten das Personendokument zur Verwendung von IMAP als Mail-System, kann der Benutzer von einem IMAP-Client auf die Mail-Datei zugreifen.

Handelt es sich um einen registrierten Notes-Benutzer, der kein Mail-Benutzer war, müssen Sie für diesen eine neue Mail-Datei erstellen.

So erstellen Sie eine Mail-Datei manuell:

1. Stellen Sie sicher, dass ein Personendokument für den IMAP-Benutzer eingerichtet ist.
2. Wählen Sie DATEI/FILE > ANWENDUNG/APPLICATION > NEU/NEW.
3. Klicken Sie auf das Register MAIL und geben Sie Folgendes ein:

Feld	Eingabe
SERVER/ SERVER	Der Domino Mail-Server, auf dem die Mail des Benutzers gespeichert wird.
TITEL/ TITLE	Der Name der Mail-Datei des Clients, z.B. „Mail von Johannes Brahms".
DATEINAME/ FILE NAME	Der Pfadname zum Data-Verzeichnis und der Name der Mail-Datei, beispielsweise *mail/jbrahms.nsf*.

4. Wählen Sie die entsprechende Mailschablone aus.

5. Wählen Sie DATEI/FILE > ANWENDUNG/APPLICATION > ZUGRIFF/ACCESS CONTROL und führen Sie folgende Schritte aus:
   – Bearbeiten Sie die Zugriffskontrollliste, um dem Benutzer Editorzugriff mit der Berechtigung zum Löschen von Dokumenten zuzuweisen. Um den Benutzernamen zur Zugriffskontrollliste hinzuzufügen, wählen Sie ihn im Domino-Verzeichnis aus, anstatt ihn einzugeben.
   – Entfernen Sie Ihren Namen aus der ACL oder ersetzen Sie ihn durch eine Administratorengruppe.

Mail-Dateien für IMAP-Zugriff aktivieren

Sollen Anwender mit einem IMAP-Client auf ihre Mail-Datenbank zugreifen können, benötigen sie eine Standard-Domino-Mail-Datenbank, für die Sie IMAP extra aktivieren müssen. Wenn Sie den Zugriff für IMAP für die Mail-Datei eines registrierten Notes-Anwenders aktivieren, kann der Anwender auf die Datei sowohl über den Notes Client als auch über einen IMAP-Client darauf zugreifen.

In einer Standard-Mail-Datenbank sind Informationen über die in der Mail-Datenbank abgelegten Nachrichten enthalten. Notes Clients können diese Informationen lesen und interpretieren, IMAP-Clients können dies jedoch nicht. Zur Unterstützung von IMAP-Clients und um die IMAP-spezifischen Informationen abzulegen, benötigt die Domino Mail-Datenbank die speziellen IMAP-Informationen in den Datenbankbestandteilen.

IMAP legt Nachrichteninformationen in einem eigenen Satz von Attributen ab. Damit eine Domino Mail-Datenbank mit IMAP genutzt werden kann, müssen die Notes Domino-Bestandteile in IMAP-Attribute übersetzt werden. Zusätzlich muss die Mail-Datei so konfiguriert werden, dass alle zukünftig ankommenden Nachrichten Informationen im IMAP-Format enthalten.

Starten Sie das Mail-Konvertierungsprogramm, um IMAP-Clients den Zugriff auf Domin-Mail-Datenbanken zu ermöglichen. Der Konvertierungsprozess legt Informationen über jede Nachricht, wie etwa die Nachrichten-ID und den Ordner, in dem die Nachricht liegt, in den IMAP-Attributen der Nachricht ab und sorgt über eine Markierung in der Mail-Datei, dass diese IMAP-Attribute auch für zukünftig eintreffende Mail-Nachrichten hinzugefügt werden.

Starten Sie das Konvertierungsprogramm manuell, bevor der Anwender sich am IMAP-Dienst anmeldet, oder lassen Sie die Mail-Dateien automatisch konvertieren, wenn der Anwender sich das erste Mal anmeldet. Um Verzögerungen bei der Konvertierung zu vermeiden, sollten Sie das Konvertierungsprogramm starten, bevor der Anwender sich das erste Mal anmeldet.

Zusätzliche IMAP-Attribute zur Steigerung der Download-Leistung von Nachrichtenheaders

Wenn ein IMAP-Client eine für den IMAP-Dienst aktivierte Mail-Datei öffnet, gibt er einen FETCH-Befehl ab, der Informationen abfragt, die es ihm ermöglichen, Nachrichtenheaders anzuzeigen. Um die Leistung beim Herunterladen der Header-Informationen zu steigern, fügt der Router die folgenden IMAP-Attribute zu Nachrichten hinzu, die an eine IMAP-aktivierte Mail-Datenbank versendet werden. Dies gilt aber nur dann, wenn MIME als bevorzugtes Mail-Format im Personendokument des Anwenders angegeben wurde.

▶ $CONTENT_TYPE

▶ IMAP_BODYSTRUCT

▶ IMAP_RFC822SIZE

Diese Attribute enthalten zusammengefasste Informationen zum MIME-Contenttyp, der Struktur und der Nachrichtengröße.

Vorbereitung der Mail-Datenbank für den IMAP-Zugriff

1. Stellen Sie sicher, dass
   - Sie ein Personendokument für einen IMAP-Anwender konfiguriert haben.
   - Sie eine Mail-Datei für den IMAP-Anwender erstellt haben.
2. Wenn Sie eine Mail-Datenbank aktualisieren, lassen Sie den Compact-Dienst über die Mail-Datei laufen, um sicherzugehen, dass diese eine Notes ODS Version 41 oder höher besitzt. Sie brauchen dies nicht für Mail-Datenbanken durchzuführen, die auf einer R5-Mailschablone oder höher beruhen.
3. Lassen Sie den Fixup-Dienst über die Mail-Datenbank laufen. Auch hier gilt, dass Sie dies nicht für Mail-Datenbanken durchzuführen brauchen, die auf einer R5-Mailschablone oder höher beruhen.
4. Starten Sie das Mail-Konvertierungsprogramm für die Mail-Datenbank, auf die via IMAP zugegriffen werden soll.
5. Wenn dies keine neue Mail-Datei ist, lassen Sie das Mail-Konvertierungsprogramm convert mit der Option -e laufen.

```
Load convert -e mail\jbrahms.nsf
```

Der IMAP-Dienst benötigt keine Ansichten in der Schablone, um IMAP-Ordner und Nachrichten-Daten abzulegen, Sie können Mail-Dateien von jedem beliebigen Mail-Template verwenden.

Arbeiten Benutzer in Lotus Notes mit mehreren Mail-Datei-Repliken, z.B. bei Verwendung eines Mail-Clusters, müssen Sie jede Replik für die Nutzung via IMAP aktivieren. Domino repliziert die IMAP-spezifischen Informationen nicht automatisch zwischen den Datenbanken, daher sind neu angelegte Repliken einer für die IMAP-Nutzung eingerichteten Mail-Datenbank nicht für die Verwendung via IMAP aktiviert. Das Clustering von IMAP erfolgt über die Cluster-Funktion des Domino Servers, ein Failover beim Zugriff des IMAP-Anwenders ist nicht möglich.

In Mail-Dateien gibt es durch Schabloneninformationen vorgegebene Anteile, die nur für Notes Clients sichtbar und nicht für IMAP-Clients verfügbar sind. Daher werden bestimmte Ordner und Ansichten in einer Mail-Datei durch IMAP-Clients anders dargestellt als durch Notes Clients. Die Ordner EINGANG/INBOX und PAPIERKORB/TRASH und alle öffentlichen Ordner in einer Notes Mail-Datei werden als IMAP-Postfächer angezeigt. Verborgene und private Ordner sind für IMAP-Benutzer nicht sichtbar. IMAP-Benutzer können keine Ansichten wie ENTWURF/DRAFTS und GESENDET/SENT in einer Notes Mail-Datei sehen. IMAP- und Notes Clients bearbeiten ungelesene Nachrichten voneinander unabhängig, daher wird eine in Notes als gelesen markierte Nachricht auf einem IMAP-Client weiterhin als ungelesen markiert sein und umgekehrt. Der Domino IMAP-Server unterstützt das Umbenennen des Ordners EINGANG/INBOX in einer Notes Mail-Datei durch einen IMAP-Client nicht. Dadurch wird die Größe der Mail-Datei erhöht, und die Ordneroperationen von Notes werden verlangsamt.

IMAP-Clients können keine über Notes verschlüsselten Nachrichten lesen, da sie keinen Zugriff auf die privaten Schlüssel haben, die zur Entschlüsselung verwendet werden. Versucht ein Anwender, eine mit Notes verschlüsselte Nachricht zu öffnen, sind nur die unverschlüsselten Header-Informationen sichtbar und anstelle des Nachrichtentextes erscheint die Meldung: `[Portions of this MIME document are encrypted with a Notes certificate and cannot be read.]`.

Verwendung des Mail-Konvertierungsprogramms

Damit Benutzer mit einem IMAP-Client auf ihre Mail-Datei zugreifen können, müssen Sie für die Mail-Datei ein Konvertierungsprogramm ausführen. Beim Erstellen einer Replik einer Mail-Datei werden Ordnerreferenzen standardmäßig deaktiviert. Deshalb sollten Sie das Konvertierungsprogramm sofort ausführen, wenn Sie mit IMAP auf die Replik der Mail-Datei zugreifen möchten.

Haben Sie den Registrierungsprozess unter Domino verwendet, um einen IMAP-Anwender mit seiner Mail-Datenbank zu erstellen, aktiviert Domino die Datei automatisch zur Nutzung von IMAP. Nachdem Sie, falls notwendig, den Fixup-Dienst über die Datenbank haben laufen lassen, starten Sie das Konvertierungsprogramm in Form des Convert-Dienstes, um die IMAP-spezifischen Features in der Mail-Datenbank zu aktivieren. Nachdem das Konvertierungsprogramm die Mail-Datenbank zur Nutzung durch IMAP aktiviert hat, wird die folgende Zeile in der Registerkarte INFORMATION im Dialogfeld der Datenbankeigenschaften angezeigt: `Database is IMAP enabled`.

Sie können das Konvertierungsprogramm für eine einzelne Mail-Datei oder alle Mail-Dateien in einem Verzeichnis ausführen.

1. Beenden Sie den Router-Dienst auf dem entsprechenden Server über den Befehl `tell router quit`. Dies verhindert, dass E-Mails während des Konvertierungsprozesses an die zu konvertierenden Mail-Datenbanken zugestellt werden.

2. Starten Sie das Konvertierungsprogramm über den Befehl `load convert -e maildirectory\mailfilename`, wobei `maildirectory` der Name des Pfads zum Unterverzeichnis ist, in dem die Mail-Datenbank liegt. Die Angabe erfolgt relativ zum Data-Verzeichnis, z.B. `load convert -e mail\user.nsf`.

   Auf einem Unix-System verwendet man häufig statt des Backslashs (\) den Schrägstrich bzw. Slash (/). Dies sieht dann so aus: `load convert -e mail/user.nsf`.

Wenn Sie alle Dateien in einem Verzeichnis angeben möchten, vergewissern Sie sich, dass sich nur Mail-Dateien in dem Verzeichnis befinden und dass es sich dabei um Mail-Dateien handelt, die Sie konvertieren möchten. Um z.B. IMAP für alle Mail-Dateien in einem Verzeichnis zu aktivieren, geben Sie Folgendes ein: `load convert -e mail\*.nsf`

3. Nach dem Ende der Konvertierung starten Sie den Router über den Befehl `load router`.

Verwenden Sie das Konvertierungsprogramm ein zweites Mal, dann mit der `-h`-Option, um die IMAP-Attribute zu Nachrichten hinzuzufügen, die sich bereits in der Mail-Datenbank zum Zeitpunkt der Initialkonvertierung befanden. Damit stellen Sie sicher, dass die Performance stimmt,

IMAP-Client-Software konfigurieren

Die Konfiguration der IMAP-Client-Software ist herstellerspezifisch. In dieser Tabelle sind die allgemeinen Anforderungen dargestellt.

Anforderungen	Kommentare
Der vollständig qualifizierte Name des Domino Servers, auf dem SMTP ausgeführt wird	Dies sollte der vollständig qualifizierte DNS-Host-Name des Servers sein.
Der vollständig qualifizierte Name des Domino IMAP-Servers	Dies kann der gleiche Name wie der des Domino Servers sein, auf dem SMTP ausgeführt wird.
Der Benutzername für den IMAP-Client	Dieser Name muss mit den Benutzernamen oder dem Namen, der als Internet-Namen konfiguriert wurde, im Personendokument übereinstimmen.
Authentifizierung notwendig, um ausgehende Mails zu senden	Geben Sie an, ob der konfigurierte SMTP-Server den Anwender nach Namen und Passwort fragt, bevor er die ausgehenden Mails sendet.
Den IMAP-Client so konfigurieren, dass nicht öfter als alle fünf Minuten geprüft wird, ob neue Mail-Nachrichten vorliegen	Wird vom Client häufiger der Eingang von neuer Mail abgefragt, kann dadurch die Serverleistung beeinträchtigt werden.
E-Mail-Adresse	Internet-Mail-Adresse aus dem Personendokument.
Ordnerpräfix	Der für einige IMAP-Clients erforderliche Pfad des Root-Ordners. Viele IMAP-Clients benötigen bei der Verwendung des Domino IMAP-Dienstes keine Ordnerpräfix-Angabe, wenn sie auf die Mail-Datenbanken zugreifen.

11.9 Domino Hosting Features

Über die „Hosting Features" in Domino lassen sich mehrere Organisationen innerhalb einer Notes-Domäne zentral verwalten. Die Datensicherheit wird gewährleistet, während weiterhin die Möglichkeit einer zentralen Administration bestehen bleibt. Auch Unternehmen ohne Hosting können davon profitieren, da sich beispielsweise durch Extended ACLs (siehe *Kapitel 4.3.5, Erweiterte ACL/Extended ACL (xACL)*) fein granulierte Administrationslevel definieren lassen. Es ist möglich, unterschiedliche Anwendergruppen auf dem gleichen Server zu verwalten, ohne dass die Anwender voneinander Kenntnis haben.

Gehostete Umgebungen können ihr Organisationsmodell auf unterschiedliche Weise abbilden. Man kann gehostete Umgebungen nach folgenden Modellen planen:

▶ Daten einer gehosteten Organisation auf einem Server

▶ Mehrere Organisationen liegen auf einem Server mit einer gemeinsam genutzten Anwendung.

▶ Die Daten der gehosteten Organisationen sind auf mehrere Server verteilt.

▶ Eine Kombination der ersten drei Möglichkeiten

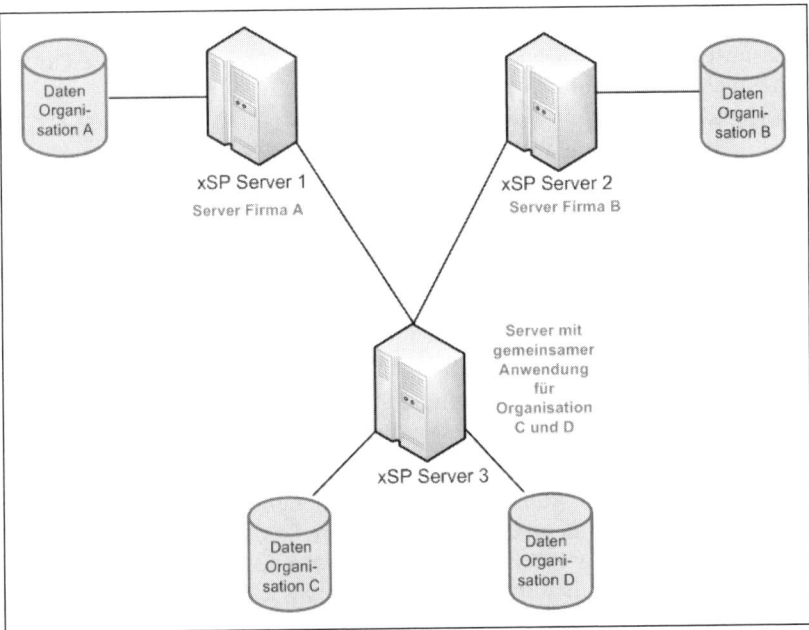

Abbildung 11.72: Beispiel einer gehosteten Umgebung

Dabei stellen sich aber die beiden folgenden Optionen klar heraus:

▶ Dedizierte IP-Adressen: Jede gehostete Organisation verwendet eine eigene IP-Adresse.

   Neben der eigenen IP-Adresse werden der gehosteten Organisation eigene DNS-Namen für SMTP-Adressen, IMAP-, POP3- und LDAP-Server sowie für Webserver-Applikationsseiten zugewiesen. Aufgrund der IP-Adresse kann also eine Zuordnung der Organisation stattfinden. Empfängt der Server, auf dem mehrere Organisationen gehostet werden, eine Verbindung, nutzt er die IP-Adresse zur Lokalisierung des Ziels der Anforderung. Zusätzlich nutzt der Server die ihm vorliegenden Informationen über den Anwender, um ihm den für ihn bestimmten Teil des Domino-Verzeichnisses und des Data-Verzeichnisses auf dem Server zuzuweisen. So sieht jeder Anwender nur den Teil „seiner" Organisation im Domino Directory und die Datenbanken, die für „seine" Organisation bestimmt sind.

▶ Geteilte IP-Adressen: Alle gehosteten Organisationen machen Gebrauch von der gleichen gemeinsam genutzten IP-Adresse.

   In dieser Konfiguration wird eine IP-Adresse allen Organisationen, die den gleichen Server (xSP) verwenden, zugeteilt. Das „x" steht dabei für alle Dienste, wie Application

Service Provider (ASP), Management Service Provider (MSP), Network Service Provider (NSP) oder Storage Service Provider (SSP). xSP-Produkte werden je nach Umgebung:

- über das Netz geliefert,
- extern verwaltet,
- mit einer Servicegebühr abgerechnet.

Das Bereitstellen von Services über ein Netz gehört zur Kernkompetenz aller xSPs. Weitere fundamentalen Merkmale sind: Die Produkte werden auf den Systemen des Service Providers bereitgestellt und verwaltet, die Lieferung erfolgt ferngesteuert.

Es werden dabei den SMTP-Domänen, IMAP, POP3 und LDAP-Servern sowie den Webseiten unterschiedliche DNS-Namen zugewiesen. Für jede gehostete Organisation wird ein ähnliches Modell verwendet.

Wird eine Verbindung aufgebaut, weiß der Server nicht, zu welcher gehosteten Organisation der anfragende Anwender gehört. Sendet der Anwender dann die erste Anforderung, kann der Server ihn der gehosteten Organisation zuordnen. Wenn die Anforderung an einen Webserver geht, fungiert die URL als Identifikationsmittel.

SSL wird nur für gehostete Organisationen unterstützt, die eindeutige IP-Adressen verwenden.

11.9.1 Domino Directory für mehrere Organisationen

Wenn Sie ein Domino-Verzeichnis für mehrere Organisationen verwenden, erleichtert dies die Administration erheblich. Aber besonders bei der Nutzung des xSP-Modells in Bezug auf das Domino Directory ist das Thema Sicherheit nicht zu vernachlässigen.

Unter R5 war die Nutzung des Domino Directory ein sicherheitsrelevantes Problem, da die Anwender alle anderen Benutzer sehen konnten. Seit Domino 6 war durch eine Verzeichnisschablone für jede gehostete Organisation eine dedizierte Konfiguration möglich. Der Domino Administrator erlaubt einem xSP, eine neue Organisation zu registrieren, die Hosting-Konfiguration anzulegen, ein neues Zertifikat zu kreieren, ein Sub-Directory anzulegen und die Sicherheitsmechanismen wie die xACL zu konfigurieren. Die ACL-Dateien werden automatisch angelegt, um die Organisationen logisch voneinander zu trennen. Wenn Sie die xSP-Konfiguration aktivieren, läuft die gesamte Domäne im xSP-Modus, um eine sichere Umgebung zu gewährleisten.

Unterschiede zwischen Domino und xSP Domino

Die xSP-Konfiguration bietet viele Features von Lotus Domino an. Trotzdem existieren in Hinsicht auf die Sicherheit einige Beschränkungen, damit beispielsweise die Anwender nur die Namen der eigenen Organisation sehen.

Die Unterschiede zwischen einer xSP- und einer Nicht-xSP-Konfiguration lauten wie folgt:

▶ Der Fokus der xSP-Features liegt in der Verwendung von Internet-Clients durch die Anwender. Für Teilbereiche kann jedoch auch der Notes Client eingesetzt werden.

▶ Das Domino Directory wird virtualisiert.

▶ Sobald der erste Server installiert ist, kann die xSP-Konfiguration nur sehr schwer wieder auf eine Nicht-xSP-Konfiguration gebracht werden und umgekehrt.

▶ Das hierarchische Namensschema ist festgelegt, sodass jeder Name einen allgemeinen Namen (CN) und einen Organisationsnamen (O) besitzt. Unterorganisationsbereiche werden nicht unterstützt.

▶ Die Verwendung von Internet-Site-Dokumenten ist obligatorisch.

▶ Das Domino Directory verwendet xACLs, und die Anwender-Aktivität wird protokolliert.

▶ Die Verwendung von ACL-Dateien ist obligatorisch.

▶ Die Verwaltung wird über den Domino Administrator realisiert, bei einer Delegierung der Administration wird der Web Administrator verwendet. Dabei wird auch der CA-Prozess verwendet.

▶ Die Verwendung von globalen Web-Einstellungen und Web Site Rules erfolgen für jede gehostete Organisation.

▶ Die meisten Datenbanken und Schablonen im Data-Verzeichnis verwenden geänderte ACLs, um zu verhindern, dass Endanwender darauf zugreifen.

▶ Eine Reihe von Vorgabe-Sicherheitseinstellungen ist in einer xSP-Umgebung anders.

Protokollunterstützung

In einer gehosteten Umgebung werden die folgenden Protokolle unterstützt:

▶ IMAP

▶ SMTP

▶ POP3

▶ LDAP

▶ SSL

▶ HTTP

▶ IIOP

▶ DOLS

Hinter dem Begriff „xSP" (Service-Provider = Dienstanbieter) können sich die unterschiedlichsten Dienste verbergen, die durch einen Provider angeboten werden, z.B. im Bereich Anwendungen, Internet, Speicherung und Verwaltung usw.

Ein Domino Service-Provider liefert Dienste für kleine und mittelständische Unternehmen, aber auch für mehrere gehostete Organisationen über eine einzelne Domino-Domäne. Domino stellt für diese gehosteten Organisationen mittels Internet-Protokoll den Zugriff auf mehrere Anwendungen bereit, die auf Domino Servern ausgeführt werden. Service-Provider bieten Organisationen die Möglichkeit, die Administration von Anwendungen und Diensten, die bisher auf organisationseigenen Computern ausgeführt wurden, auszulagern.

Der Administrator eines Service-Providers verwaltet sowohl die Serverumgebung als auch die Host-Site und, in unterschiedlichem Maße, auch die gehosteten Organisationen. Er ist in erster Linie dafür verantwortlich, die xSP-Server einzurichten und zu verwalten, d.h. die zugehörigen Protokoll- und Datenbankserver sowie alle Domino Cluster und Netzwerk-Router.

Für gehostete Organisationen gehören zu den Aufgaben des Administrators alle administrativen Tätigkeiten, die im Zusammenhang mit der Benutzer- und Gruppenverwaltung anfallen. Er führt eine Vielzahl der Verwaltungsaufgaben aus, die bei der Verwaltung der gehosteten Organisationen anfallen. Zu seinen Aufgaben gehören auch die Registrierung und Verwaltung gehosteter Organisationen. Zudem legt er fest, welche Anwendungen von der gehosteten Organisation verwendet werden. Nicht zu vernachlässigen ist die Aufgabe des Service-Provider-Administrators, einen Mechanismus bereitzustellen und zu verwalten, über den sich der Administrator der gehosteten Organisation mit Problemen und offenen Fragen an den Administrator des Service-Providers wenden kann.

11.9.2 Planung der xSP-Domino-Umgebung

Eine Service-Provider-Umgebung kann auf zwei Arten eingerichtet werden. Man kann einen xSP-Server einrichten, der den Zugriff auf ein gemeinsames Domino-Verzeichnis ermöglicht, oder man benutzt die Serverpartitionierung. Im ersten Fall wird ein „gemeinsames Domino-Verzeichnis" von mehreren gehosteten Organisationen verwendet. Alle Daten sind gesichert und der Zugriff darauf ist den Unternehmen vorbehalten, deren Eigentum diese Daten sind. Bei der zweiten Variante, der Partitionierung des Domino Servers, führen Sie mehrere Instanzen des Domino Servers auf einem Einzelcomputer aus.

Sie können mittels Internet-Protokoll den Zugriff auf bestimmte Anwendungen auf Domino Servern ermöglichen, wenn Sie einen xSP-Server einrichten. Lotus iNotes ist beispielsweise eine solche Anwendung. Sie reduzieren außerdem die Gesamtbetriebskosten für eine bestimmte Gruppe von Diensten, die verschiedenen Kunden angeboten werden, die auf den Server über Standard-Internet-Protokolle zugreifen, durch die Verwendung eines xSP-Servers. In einer Service-Provider-Umgebung hosten Sie mehrere Unternehmen über eine Domino-Domäne.

Im Fall der Domino-Partitionierung stellen Sie einen Domino Server bereit, auf dem Kunden Zugriff auf den Notes Client haben und ihre eigenen Domino-Anwendungen erstellen und ausführen können. Die Partitionierung von Servern bietet sich vor allem dann an, wenn sich die Partitionen in verschiedenen Domino-Domänen befinden. Stellen Sie für jeden Kunden einen einzelnen Server sowie ein eigenständiges Domino-Verzeichnis bereit.

Sicherheit

Die Service-Provider-Umgebung in Domino verwendet alle Sicherheitsfunktionen, die in Domino Standard sind. Nur so kann sichergestellt werden, dass die Service-Provider und die gehosteten Organisationen, die die Dienste des Service-Providers in Anspruch nehmen, vollständig geschützt sind. Eine xSP-Umgebung mit mehreren gehosteten Organisationen hat möglicherweise Tausende von Benutzern, deren Zugriff auf die eigenen Daten beschränkt werden muss.

Die Service-Provider-Konfiguration verwendet die erweiterten ACLs im Domino-Verzeichnis, um die Daten jeder gehosteten Organisation vor dem Zugriff von Benutzern anderer gehosteter Organisationen zu schützen. Die erweiterten ACLs, die für die Unterstützung des xSP-Sicherheitsmodells erforderlich sind, werden automatisch eingerichtet, wenn neue gehostete Organisationen erstellt werden. Planen und testen Sie sorgfältig, ob Sie ACLs ändern und erweiterte ACLs in einer xSP-Umgebung verwenden möchten – die Sicherheit ist ein äußerst wichtiger Faktor.

Es genügt, wenn Sie mit den Steuerelementen für die Authentifizierung in Site-Dokumenten nur festlegen, wer die Internet-Protokolle verwenden kann. Nach der Authentifizierung steuern die ACLs und die erweiterten ACLs, welche Daten aus dem Domino-Verzeichnis gelesen und in das Domino-Verzeichnis geschrieben werden können.

Befinden sich Datenbanken in Unterverzeichnissen von anderen gehosteten Organisationen als seiner „eigenen", kann ein Benutzer nicht direkt darauf zugreifen. Ausnahmen stellen die Unterverzeichnisse *help* und *common* des Domino Data-Verzeichnisses dar. Hier sind Datenbanken enthalten, auf die die Benutzer aller gehosteten Organisationen zugreifen können. Wollen Sie Benutzern den Zugriff auf Datenbanken ermöglichen, die sich außerhalb des Verzeichnisses ihrer gehosteten Organisation befinden, erstellen Sie eine Verzeichnisverknüpfung im Verzeichnis der gehosteten Organisation.

Wenn Sie eine xSP-Konfiguration planen, legen Sie bitte fest, welche der folgenden Konfigurationen für die IP-Adresse verwendet werden soll:

▷ Eine IP-Adresse, die von mehreren gehosteten Organisationen gemeinsam verwendet wird

Wird gemäß Konfiguration eine IP-Adresse für mehrere gehostete Organisationen verwendet, sind als Protokolle POP3, IMAP, HTTP, SMTP, LDAP und Domino IIOP verfügbar. Bei dieser Konfiguration muss für jedes Protokoll dieselbe IP-Adresse in die Internet-Site-Dokumente eingegeben werden. Benutzer von POP3, IMAP und LDAP müssen sich mit ihrer Internet-E-Mail-Adresse authentifizieren. Die Konfiguration lässt keinen anonymen Zugriff auf LDAP zu.

▷ Eine IP-Adresse für jede einzelne gehostete Organisation

Wird SSL eingesetzt, verwenden Sie für jede gehostete Organisation eine eindeutige IP-Adresse. Um diese Konfiguration zu verwenden, müssen Sie die IP-Adressen an den xSP-Server binden.

▷ Eine Kombination aus diesen beiden Konfigurationen

Wenn Sie eine gehostete Umgebung konfigurieren, müssen sich die Datenbanken auf dem xSP-Server befinden, d.h. auf dem Server, mit dem die gehosteten Organisationen verbunden sind.

▷ Daten der gehosteten Organisation auf einem Server

Alle Daten einer gehosteten Organisation können sich auf einem Server befinden. Wenn die Anzahl der gehosteten Organisationen zunimmt, können Sie problemlos weitere Server hinzufügen.

▷ Mehrere Organisationen auf einem Server mit einer gemeinsam genutzten Anwendung

Mehrere gehostete Organisationen können eine Anwendung gemeinsam nutzen, die über einen einzelnen Server bereitgestellt wird. Die Daten der gehosteten Organisationen befinden sich auf dem Server mit der Anwendung.

▷ Auf mehrere Server verteilte Daten einer gehosteten Organisation

Die Daten einer gehosteten Organisation können auf mehrere Server verteilt werden, auf denen dieselben Anwendungen ausgeführt werden, um Lastverteilung und Hot-Backups zu ermöglichen. In diese Konfiguration können Sie Domino Cluster und Netzwerk-Router aufnehmen.

▷ Kombination aus mehreren Konfigurationen

Sie können auch eine Kombination aus den oben genannten Konfigurationen verwenden.

Was und wo?

Sie müssen nicht nur entscheiden, welche Protokolle und Dienste bereitgestellt werden sollen, sondern auch, welche Anwendungen gehostet werden sollen. Sie können eine einzelne Anwendung für mehrere gehostete Organisationen bereitstellen, Sie können einzelne Anwendungen für die jeweilige Organisation anbieten oder Sie können eine Kombination aus beidem bereitstellen.

Bevor Sie Anwendungen für gehostete Organisationen auswählen und installieren, sollten Sie folgende Punkte berücksichtigen:

▷ Entscheiden Sie, welche Aktivitäten Sie in den Anwendungen erfassen möchten, die Sie den gehosteten Organisationen zur Verfügung stellen, und richten Sie die Activity-Protokollierung entsprechend ein.

▷ Informieren Sie sich genau über die Anwendungen. Möglicherweise ist der Zugriff auf externe Daten erforderlich.

▷ Überprüfen Sie die Zuverlässigkeit der Anwendung. Ist die Anwendung zuverlässig oder kann sie zum Beenden oder zum Absturz des Servers führen? Ermitteln Sie, wie sich die jeweilige Anwendung in Bezug auf die Serverleistung verhält.

▷ Stellen Sie fest, ob sich die Anwendung negativ auf die Sicherheit auswirken kann. Stellen Sie sicher, dass die Anwendung den Benutzern keine Möglichkeiten bietet, das Dateisystem zu durchsuchen oder eigene ausführbare Programme hinzuzufügen und auszuführen.

▷ Werten Sie aus, wie gut sich die neue Anwendung in eine vorhandene Konfiguration integrieren lässt.

▷ Testen Sie jede Anwendung auf einem Testserver, bevor Sie sie auf einem xSP-Server installieren. Stellen Sie sicher, dass sich die Anwendung problemlos für die jeweilige gehostete Organisation installieren lässt.

Domino bietet für xSP-Server keine Servlet-Unterstützung.

11.9.3 Konfiguration der xSP-Domino-Umgebung

In einer xSP-Domäne werden alle Server als xSP-Server ausgeführt. Beachten Sie daher, dass Sie bei der Installation des ersten Servers in einer xSP-Domäne nur den „-asp"-Teil des Setup-Befehls auswählen. Alle Server, die nachfolgend in der Domäne installiert werden, werden automatisch als xSP-Server konfiguriert.

Eine gehostete Umgebung unterscheidet sich von einer gewöhnlichen Domino-Umgebung, einige Dokumente und Dateien werden bei der Registrierung automatisch erstellt:

▷ Das Zertifikat für die gehostete Umgebung wird erstellt.

▷ Das Zertifikat der gehosteten Organisation wird mit dem Zertifikat des Service-Providers gegenzertifiziert. Ein Gegenzertifikats-Dokument wird erstellt.

▷ Das Zertifikat des Service-Providers wird mit dem Zertifikat der gehosteten Organisation gegenzertifiziert. Ein Gegenzertifikats-Dokument wird erstellt.

▷ Ein globales Domänen-Dokument wird erstellt.

▶ Ein Data-Verzeichnis wird für die gehostete Organisation angelegt. Darunter befindet sich ein Mail-Unterverzeichnis.

▶ Eine Mail-Datenbank für den Administrator der gehosteten Organisation wird angelegt.

▶ Eine ACL-Datei wird für jede Organisation angelegt. ACL-Dateien ähneln den Verzeichnisverknüpfungen, in denen festgelegt wird, wer auf welchen Ordner zugreifen darf. Für das entsprechende Data-Unterverzeichnis wird eine solche ACL-Datei angelegt, um zu verhindern, dass Mitglieder anderer Organisationen auf das für ihre Augen nicht bestimmte Verzeichnis zugreifen.

▶ Die erweiterte Zugriffskontrollliste (xACL) wird auf die Datenbank ADMINISTRATIONSANFORDERUNGEN/ADMINISTRATION REQUESTS (*admin4.nsf*) und das Domino-Verzeichnis angewandt und mit den entsprechenden Rechten versehen.

▶ Der Datenbank-ACL-Eintrag ANONYMOUS wird statt mit dem Recht KEIN ZUGRIFF/NO ACCESS mit dem Leserecht versehen, wenn die erste gehostete Organisation registriert wird.

▶ Ein Internet-Site-Dokument wird für jeden Internet-Dienst, für den Sie eine IP-Adresse oder einen Host-Namen bereitstellen, erstellt. Sie müssen für jedes verwendete Protokoll ein entsprechendes Internet-Site-Dokument erstellen und für jede gehostete Organisation mindestens ein Web-Site-Dokument.

▶ Die Registerkarte ALLGEMEIN/BASICS des Serverdokuments enthält das Feld INTERNETKONFIGURATIONEN AUS SERVER-/INTERNET-SITE-DOKUMENTEN LADEN/LOADS INTERNET CONFIGURATIONS FROM SERVER/INTERNET-SITES DOCUMENTS das standardmäßig aktiviert ist und in einer gehosteten Umgebung nicht verändert werden kann.

▶ Die Gruppe HOSTEDORGANIZATIONADMIN wird standardmäßig erstellt.

Führen Sie die folgenden Schritte durch, um die gehostete Umgebung einzurichten:

1. Installation des ersten oder eines weiteren Servers für die gehosteten Umgebungen
2. Konfigurieren Sie die Domino CA für gehostete Umgebungen.
3. Konfigurieren Sie die Richtliniendokumente in der gehosteten Umgebung.
4. Binden Sie die IP-Adresse der gehosteten Organisationen an den xSP-Server.
5. Erstellen Sie Loopback-Adressen.
6. Konfigurieren Sie die Internet-Sites mithilfe von Internet-Site-Dokumenten und Web-Site-Dokumenten.
7. Verwenden Sie die Dokumente für globale Web-Einstellungen.
8. Richten Sie die Aktivitätsprotokollierung zu Abrechnungszwecken ein.
9. Konfigurieren Sie weitere Sicherheitseinstellungen.

Der Installationsprozess für die xSP-Umgebung unterscheidet sich nicht von dem eines normalen Domino Servers.

Geben Sie das folgende Kommando ein, um die Installation des ersten xSP-Servers zu starten: `<Pfad>\setup.exe -xsp` (Windows-Systeme). Die einzelnen Installationsschritte kennen Sie bereits aus *Kapitel 6.1, Installation des ersten Domino Servers* und *Kapitel 6.2, Konfiguration des ersten Domino Servers*.

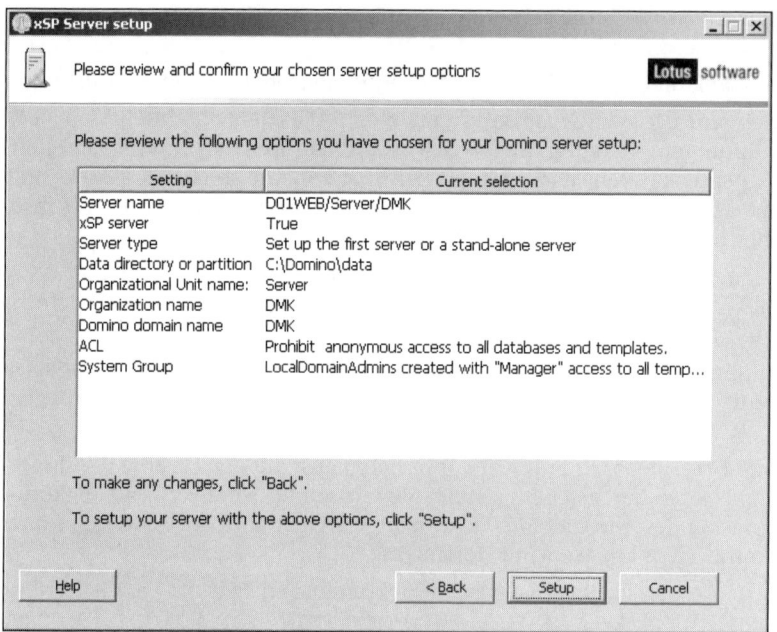

Abbildung 11.73: Abschluss der xSP-Serverkonfiguration

Ist der Server konfiguriert, erstellen Sie die Domino CA, die Sie zur Registrierung der gehosteten Organisationen verwenden können. Wollen Sie die CA hierzu nicht verwenden, können Sie auch mit Zertifizierer und Kennwort arbeiten. Erstellen Sie für jede gehostete Organisation organisationsbezogene Richtlinien und verfeinern Sie diese ggf. aufgrund der entsprechenden Anforderungen. Alle weiteren Konfigurationsschritte für Ihre xSP-Umgebung kennen Sie bereits aus der Domino Administration.

12 Client- und Server-Betrieb und Maintenance

Administratoren sind Dienstleister – egal ob intern oder extern. Ihre Aufgabe besteht darin, ihre Kunden so schnell und so qualifiziert wie möglich zu unterstützen. Für den Benutzer stellt der Notes Client lediglich ein Arbeitsmittel dar, das ihm hilft, seine täglichen Aufgaben umzusetzen. Treten Störungen oder Probleme auf, kann der Benutzer nicht seinen Geschäftstätigkeiten nachgehen.

Für Sie als Administrator geht es in einem solchen Fall darum, die Störung so schnell wie möglich zu beheben, damit der Anwender wieder arbeiten kann. Ob Sie das Problem lokalisieren und nachhaltig lösen oder dem Benutzer lediglich einen Workaround anbieten können, ist erst einmal irrelevant. Wichtig ist, dass er weiterarbeiten kann.

Sie kümmern sich also im Rahmen Ihrer Tätigkeit um Incidents und Probleme, betreiben proaktive Problembeseitigung, entwerfen Notfall- oder Katastrophentestpläne, setzen Änderungen bzw. Anpassungen an der Domino-Infrastruktur um oder treiben die Entwicklung Ihrer Domino-Infrastruktur voran. Auch das Thema *Systems Management* (Monitoring, Backup und Restore etc.) fällt in das Gebiet Ihrer täglichen Aktivitäten und Themen.

Je nach Größe des Unternehmens, in dem Sie im Lotus Notes Domino-Umfeld tätig sind, kann eine dezidierte Trennung der Rollen und Funktionen existieren (1st Level UHD/Keyuser, 2nd Level UHD/Administration, 3rd Level Administration/Hersteller/Mitarbeiter in Messaging- und Security-Projekten/Berater). Diese bedeutet für Sie, dass es für Sie unterschiedlich groß ausgestaltete Freiräume bezüglich Ihrer Aufgaben und Tätigkeiten gibt. Daher werden Sie im nachfolgenden Kapitel Anregungen, Anleitungen und Unterstützung zu den unterschiedlichen Tätigkeitsfeldern im Bereich Lotus Notes Domino finden. Das Thema Lösungsfindung und Problembehebung in Bezug auf den Notes Client und den Domino Server wird ausführlich in *Kapitel 13, Client-/Server-Support und Problem Management* behandelt.

Unabhängig davon, in welchem Bereich Sie eingesetzt sind, primäres Ziel sollte eine möglichst fehlerfreie Infrastruktur sein, da die dort auftretenden Störungen und Fehler Sie irgendwann einholen werden, während Sie sich mit Aufträgen, Konzepten, Fehlertickets Ihrer Anwender oder Vorgesetzten beschäftigen (siehe dazu auch *Kapitel 12.4.1, Allgemeine Aufgaben*).

12.1 Notes Client-Administration

Neben der Notes Client-Installation und -Konfiguration (siehe *Kapitel 2.3, Lotus Notes 8 Installation (Version 8.0.x)* und *Kapitel 2.4, Lotus Notes 8 Installation (Version 8.5.x)*) sowie der Benutzerverwaltung (siehe *Kapitel 10, Benutzerverwaltung*) gibt es noch weitere Themen in Bezug auf die Anwender- und Client-Betreuung, mit der Sie sich beschäftigen.

Ähnlich wie bei Datenbanken und Domino Servern sollten Sie den Themenbereich Lotus Notes zum einen in einem ganzheitlichen Zusammenhang sehen und die Seiteneffekte zum Thema Netzwerk, Domino Server und Anwendungen nicht außer Acht lassen. Zum anderen muss der Lebenszyklus des Clients durchgängig betrachtet werden. Dies dient auf der einen Seite der Qualität hinsichtlich der Bereitstellung für die Anwender. Auf der anderen Seite lassen sich hier wiederum positive Seiteneffekte hinsichtlich des Themenbereiches Domino Server, ID-Management oder Lizenz-Management erbringen.

12.1.1 Out-of-Office: Abwesenheitsservice

Die Out-of-Office-Benachrichtigung ist für den Anwender ein wichtiges Arbeitsmittel, und zwar immer genau dann, wenn sich der Benutzer nicht im Büro befindet. Diese Benachrichtigung sorgt dafür, dass Absender neu eintreffender Mails über den Umstand informiert werden, dass sich der Adressat und Besitzer der Mail-Datenbank nicht im Büro befindet (d.h. nicht arbeitet, weil er z.B. im Urlaub ist).

Nach der Aktivierung reagiert der Automatismus auf neu ankommende Mails. Bei Konfiguration durch den Anwender kann dieser den Text der Nachricht anpassen, Regeln definieren und so angeben, wer keine Nachricht oder eine spezielle Nachricht erhalten soll. Jeder Absender bekommt allerdings nur eine automatisch generierte Mail des Abwesenheitsagenten, egal wie viele Mails er an den Besitzer der Mail-Datenbank gesendet hat. Der Agent kann im Kalender die Zeit der Abwesenheit als „belegt" markieren. Die Aktivierung des Agenten erfolgt in der Mail-Datenbank über den Button MEHR/MORE > ABWESENHEIT/OUT OF OFFICE. Das entsprechende Dialogfeld präsentiert Ihnen die Optionen zur Konfiguration (siehe *Abbildung 12.1*). Auch über Lotus iNotes/Domino Web Access können Sie dies nutzen.

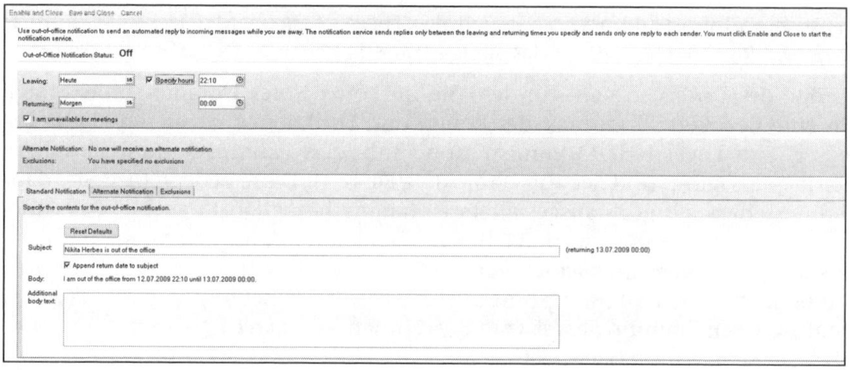

Abbildung 12.1: Optionen für den Anwender (dedizierte Abwesenheiten können angegeben werden)

Für den Anwender hat sich an seiner Abwesenheitsbenachrichtigung nicht viel geändert. Für den Administrator schon. Neu seit der Version 8 ist, dass die Out-of-Office-Benachrichtigung nicht mehr durch einen Agenten serverseitig gesteuert werden muss. Alternativ kann dies nun über einen Service des Servers erfolgen. Es gibt ab der Domino-Version 8 also zwei Abwesenheitsservicetypen: Service und Agent. Für einen der beiden müssen Sie sich als Administrator entscheiden.

Hinweis

Das Register DATEIEN/FILES im Domino Administrator Client enthält eine Spalte ABWESENHEIT, in der Sie den Abwesenheitsstatus sehen können. Für die Benutzer, die den Abwesenheitsservice verwenden und gegenwärtig nicht anwesend sind, wird in dieser Spalte ein JA angezeigt. Sie können aber auch über den Serverbefehl Tell router 0 eine Liste aller Datenbanken anzeigen, für die die Anwender den Abwesenheitsservice aktiviert haben.

Wenn sich Ihre Mail-Server in einem Cluster befinden, verwenden Sie den Abwesenheitsservicetyp Service für diejenigen Mail-Server, bei denen alle Ihre Mail-Server innerhalb dieses Clusters aus Domino 8 Servern bestehen, und den Abwesenheitsagenten für Cluster, die Domino Server vor Version 8 enthalten. Eine gemischte Umgebung von Domino 8 Servern und älteren Domino Servern erfordert den Abwesenheitsservicetyp Agent. Mit dem Feld für den Abwesenheitsservicetyp im Serverkonfigurationsdokument können Sie festlegen, ob Benutzer den Abwesenheitsagenten oder den Abwesenheitsservice verwenden. Standardmäßig ist der Abwesenheitsservicetyp Agent aktiv.

Die Definition, welchen der beiden Servicetypen Sie verwenden möchten, legen Sie folgendermaßen über das Konfigurationsdokument fest:

1. Klicken Sie in Domino Administrator auf das Register Konfiguration/Configuration.
2. Klicken Sie auf Server > Konfigurationen/Configurations. Wählen Sie dann das zu bearbeitende Serverkonfigurationsdokument und klicken Sie anschließend auf Dokument bearbeiten/Edit Document.
3. Klicken Sie auf Router/SMTP > Erweitert/Advanced > Steuerung/Controls.
4. Suchen Sie im Abschnitt Verschiedenes/Miscellaneous Controls das Feld Abwesenheitstyp/Out-of-Office type.

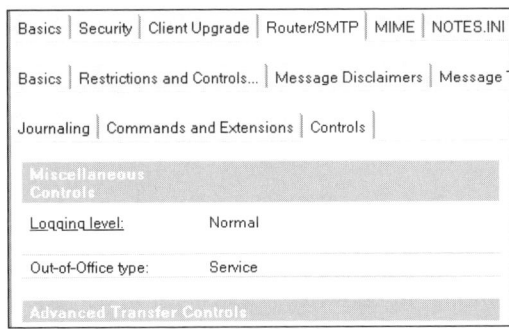

Abbildung 12.2: Festlegen des Servicetyps über das Konfigurationsdokument

5. Wählen Sie eine der folgenden Optionen aus:
   - Service: Wählen Sie den Abwesenheitsservice für Benutzer, deren Mail-Dateien auf einem reinen Domino 8 Mail-Cluster liegen, der die Lotus Notes 8-Mailschablone (*mail8.ntf*) unterstützt. Der Abwesenheitsservice unterstützt Abwesenheitszeiträume von weniger als einem Tag, aber mehr als einer Stunde. Der Abwesenheitsservice wird automatisch deaktiviert, wenn der Abwesenheitszeitraum abläuft.
   - Agent: Wählen Sie den Abwesenheitsagenten für Benutzer, deren Mail-Dateien auf einem Cluster liegen, in dem mindestens ein Domino Server mit einer älteren Domino-Version als Version 8 läuft. Die kleinste Einstellung für den Abwesenheitsagenten ist ein Tag. Der Agent muss manuell deaktiviert werden, wenn der Abwesenheitszeitraum abläuft.
6. Klicken Sie auf Speichern und schliessen/Save & Close.

Abwesenheitsservicetyp SERVICE

Die Verarbeitung des Abwesenheitsservice findet statt, nachdem die Server-Mailregeln und die Benutzer-Mailregeln angewendet wurden und nachdem die Verarbeitung des Agenten VOR EINGANG NEUER MAIL/BEFORE MAIL DELIVERY abgeschlossen ist, jedoch vor der Verarbeitung des Agenten NACH EINGANG NEUER MAIL/AFTER MAIL DELIVERY. Dadurch kann der Benutzer Mail mithilfe von Regeln oder mithilfe des Agenten BEFORE MAIL DELIVERY vorverarbeiten.

Der Abwesenheitsservice wird durch den Benutzer aktiviert. Der Service deaktiviert sich selbst wieder nach der Verarbeitung der ersten E-Mail nach Ablauf des festgelegten Abwesenheitszeitraums des Benutzers oder während regelmäßig anfallenden Wartungsarbeiten am Router, wenn der Benutzer keine E-Mails erhält, nach dem Ablauf des Abwesenheitszeitraums. Der Abwesenheitsservice wird als Teil des Mail-Routers ausgeführt. Daher werden Abwesenheitsantworten unmittelbar versendet und das Server-Failover wird unterstützt, ebenso wie die vollständig in die Kalenderverwaltung integrierte Delegierung der Abwesenheitsfunktionalität. Der Delegierte benötigt mindestens Editorzugriff in der ACL, um den Service in der Mail-Datenbank zu aktivieren.

Abwesenheitsservicetyp AGENT

Die Verarbeitung des Abwesenheitsagenten findet statt, nachdem die Server-Mailregeln und die Benutzer-Mailregeln angewendet wurden, jedoch nachdem die Verarbeitung des Agenten VOR EINGANG NEUER MAIL/BEFORE MAIL DELIVERY abgeschlossen ist. Standardmäßig wird der Agent nach einem Zeitplan viermal täglich ausgeführt. Der Benutzer kann Mail zur Spam-Kontrolle mithilfe von Regeln oder mithilfe des Agenten BEFORE MAIL DELIVERY vorverarbeiten.

Der Abwesenheitsagent wird durch den Benutzer aktiviert. Der Agent muss manuell deaktiviert werden, wenn der Abwesenheitszeitraum abläuft. Der Abwesenheitsagent unterstützt die Delegierung der Abwesenheitsfunktionalität, ist aber nicht in die Kalenderverwaltung integriert. Der Delegierte benötigt mindestens Editorzugriff in der ACL und im Serverdokument die Berechtigung, Agenten zu signieren, die im Namen von anderen ausgeführt werden. Die kleinste Einstellung für den Abwesenheitsagenten ist ein Tag.

SIGNIFIKATE UNTERSCHIEDE DURCH DEN ABWESENHEITSSERVICETYP

Der Abwesenheitsservicetyp SERVICE akzeptiert Abwesenheitszeiten von weniger als einem Tag und mehr als einer Stunde. Wenn Sie den Abwesenheitsservicetyp AGENT einsetzen, lässt sich dieser vom Anwender nur für Abwesenheitszeiten von einem Tag und mehr aktivieren.

Hat der Anwender die Abwesenheitsbenachrichtigung beim Einsatz des Abwesenheitsservicetypen SERVICE aktiviert, muss er die Benachrichtigung nicht explizit deaktivieren. Ist der definierte Zeitraum abgelaufen, ist die Benachrichtigung nicht mehr aktiv. Beim Einsatz des Abwesenheitsservicetyp AGENT muss der Anwender die Benachrichtigung für die Abwesenheitsbenachrichtigung explizit über seine Mail-Datenbank deaktivieren.

Verwendung des Abwesenheits-/Out of Office-Agenten für den Benutzer

Der Abwesenheits-Agent (kurz auch OoO-Agent genannt) ist ein LotusScript-Agent, der Teil der Mailschablone ist.

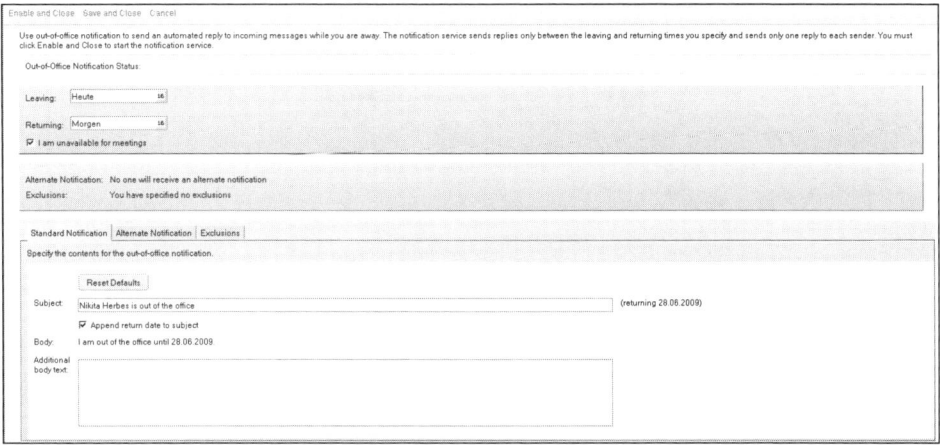

Abbildung 12.3: Einstellungen zum Out-of-Office-Agenten

▷ Im oberen Bereich geben Sie die Zeit Ihrer Abwesenheit an und ob Sie den Zeitraum im Kalender als belegt buchen möchten. Der Agent läuft so lange, bis Sie ihn wieder deaktivieren. Am Tag Ihrer Rückkehr erhalten Sie eine Welcome back-Meldung mit den Namen der Personen, die eine Abwesenheitsnachricht erhalten haben.

▷ Die drei Registerkarten sind optional. Sie enthalten den Text der Nachricht, die versendet wird, und Angaben darüber, ob alternative Nachrichten (ALTERNATIVE BENACHRICHTIGUNG/ALTERNATE NOTIFICATION) oder gar keine Meldungen (AUSSCHLÜSSE/EXCLUSIONS) an bestimmte Leute versendet werden sollen. Wenn hier ein Gruppenname eingetragen wird, erfolgt die Auflösung des Gruppennamens zum Zeitpunkt des Eintrags. Werden im Abwesenheitszeitraum Änderungen an der Gruppe vorgenommen, können diese Änderungen für den aktivierten Agenten nicht übernommen werden.

Der OoO-Agent läuft auf dem Home-Server des Anwenders. Diese Angabe, die im Personendokument hinterlegt ist, zieht der Agent aus dem aktuellen Arbeitsumgebungsdokument. Die Ausführung des Agenten wird zum einen über die Rechte in der Datenbank, zum anderen über die Einstellungen unter der Registerkarte SICHERHEIT/SECURITY im Serverdokument definiert. Ab der Version 6 benötigt der Anwender als Besitzer der Mail-Datenbank mindestens Editorrechte auf seiner Datenbank und Autorrechte in der Datenbank ADMINISTRATIONSANFORDERUNGEN (*admin4.nsf*), da der Request zur Aktivierung des Agenten dorthin gesendet wird. Dies ist auch die Defaulteinstellung für diese Datenbank. Dabei macht sich Notes die Möglichkeit zunutze, einen Agenten „on behalf of" laufen zu lassen.

Ist die Option AKTIVIERUNG DURCH BENUTZER ZULASSEN/ALLOW USER ACTIVATION in den Eigenschaften des Agenten gesetzt, können Editoren den Agenten aktivieren/deaktivieren. Sie können den Agenten weder modifizieren noch dessen Inhalt ansehen.

Bei Designerrechten (oder höher) kann der Agent über die Schaltfläche ZEITPLAN/SCHEDULE angepasst werden, z.B. in Bezug auf die Frage, wann und wo der Agent laufen soll. Lassen Sie den Agenten nicht zu oft laufen (Serverressourcen!). Wenn Sie die Einstellung auf BELIEBIGER SERVER/ANY SERVER setzen und mehrere Repliken der Datenbank auf unterschiedlichen Servern besitzen, wird der Agent auch auf mehr als einem Server laufen, sodass auch neue Nachrichten von mehr als einem Server verarbeitet werden. Dies bedeutet, dass mehr als eine Abwesenheitsnotiz pro eintreffende Mail rausgeht. Setzen Sie daher den Home-Server des Anwenders als auszuführenden Server ein.

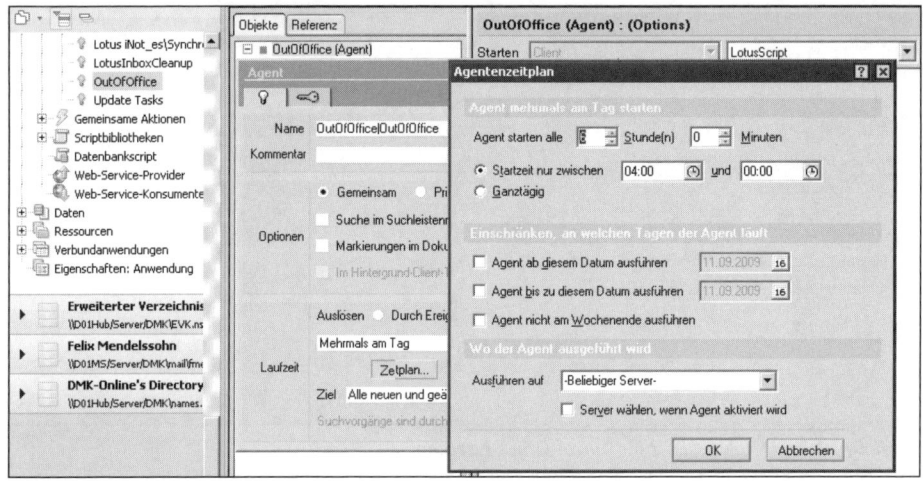

Abbildung 12.4: Scheduling-Optionen für den Agenten

Funktioniert der Agent nicht wie erwartet, sind folgende Fragen zu klären:

▶ Läuft der Agent nur bei einem Benutzer nicht oder gar nicht? Kontrollieren Sie für den letzten Fall, ob der Agent-Manager auf dem Server läuft.

▶ Wurde der Agent überhaupt aktiviert (einzusehen über die LASTMODIFIED-Information)?

▶ Wurde in den Datenbankeigenschaften die Deaktivierung der Hintergrundagenten vorgenommen?

▶ Überprüfen Sie das Agent-Protokoll. Es zeigt Informationen darüber an, wann der Agent zuletzt ausgeführt wurde und ob die Ausführung erfolgreich verlief.

▶ Sind die Rechte ausreichend? Besitzt der Anwender Designerrechte in seiner Datenbank, hat aber nicht das Recht, um LotusScript-Agenten anzulegen?

▶ Ist der richtige Server eingetragen?

▶ Viele Anwender wissen nicht, dass, falls sie Editorrechte in ihrer Mail-Datenbank besitzen und die „on behalf of"-Option genutzt wird, einige Zeit verstreicht, bis der Agent aktiv ist. Viele Benutzer wissen auch nicht, dass der Agent nicht alle fünf Minuten läuft, lassen sich nach der Aktivierung eine Mail von der Kollegin gegenüber schicken und wundern sich dann, dass keine Abwesenheitsnotiz versendet wird.

▶ Suchen Sie im Problemfall in der Protokolldatei des Servers (*log.nsf*) oder aktivieren Sie die Protokollierung für den Agent-Manager über die Option LOG_AGENT-MANAGER=1.

▶ Falls die Anwender weiterhin die Meldung bekommen, dass der OOO-Agent deaktiviert werden soll, obwohl dies bereits geschehen ist, existiert eine weitere Replik oder Kopie der Mail-Datenbank mit einem aktiven Agenten. Schauen Sie in die Dokumenteneigenschaften der Meldung, um zu sehen, von welchem Server diese verschickt wurde. Über das Kommando tell amgr sched können Sie auf dem entsprechenden Server abfragen, welche aktiven Agenten sich zurzeit auf dem Server befinden.

12.1.2 Archivierung

Neben den allgemein anfallenden Dokumenten, die in einem Unternehmen zu bearbeiten sind, werden heute immer mehr Geschäftsbeziehungen über E-Mails gepflegt. Digitale Daten besitzen einen ungeheuren Stellenwert im Unternehmen. Damit einher geht die Tatsache, dass die elektronische Form der Kommunikation als Bestandteil unternehmenskritischer Prozesse anzusehen ist. Dieser Umstand ist mittlerweile nicht nur den Unternehmen bewusst. Bereits seit einigen Jahren befasst sich die nationale und internationale Gesetzgebung mit Themen rund um die elektronische Datenkommunikation und digitale geschäftsrelevante Dokumente.

Viele Unternehmen und Verwaltungen stehen heute vor der Herausforderung, große E-Mail-Umgebungen ordnungsgemäß, effizient und kostenorientiert zu verwalten und darüber hinaus die Compliance-Vorgaben einzuhalten. Compliance steht dabei für die Übereinstimmung mit und Erfüllung von rechtlichen und regulativen Vorgaben. Gesetze und Regularien dürfen jedoch nicht isoliert gesehen, sondern müssen mit internen Richtlinien und Verfahren in Einklang gebracht werden.

Bei der Archivierung zu beachtende Bestimmungen

Einige dieser rechtlichen und regulativen Vorgaben sind:

- GoBS (Grundsätze ordnungsgemäßer DV-gestützter Buchführungssysteme)
- GDPdU (Grundsätze zum Datenzugriff und zur Prüfbarkeit digitaler Unterlagen)
- Sarbanes-Oxley-Act (SOX, Gesetz für an der New York Exchange gelistete Unternehmen)
- CFR 17 (Code of Federal Regulations, Regularien für Börsenmakler)
- FDA 21 CFR Part 11 (Food and Drug Administration)
- HIPAA (Health Insurance Portability and Accountability Act)
- Basel II (benannt nach dem Baseler Ausschuss für Bankenaufsicht)

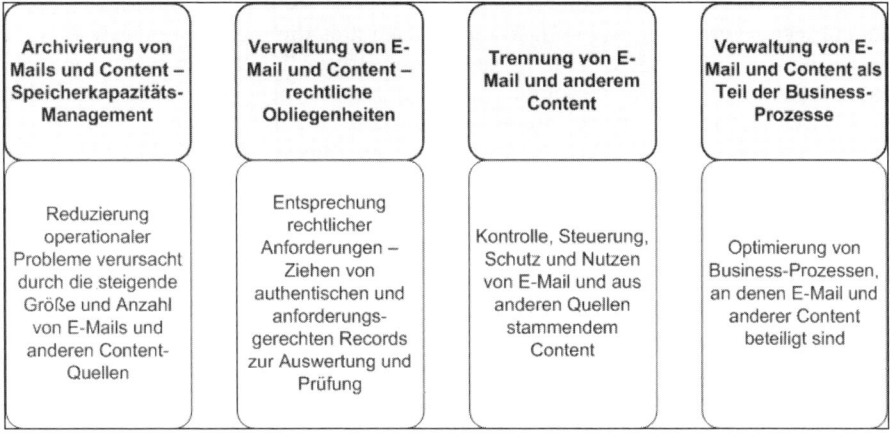

Abbildung 12.5: Treiber für Archivierung und Content-Management

Dieser Auszug von Compliance-Anforderungen bezieht sich auf allgemeine öffentliche Richtlinien und Abmachungen für technische Kontrollen und betrifft drei wichtige Zielsetzungen für Dokumente und deren Inhalt (Content):

▶ *Integrität:* Content muss vollständig und richtig sein und unter Beachtung administrativer, physischer und technischer Sicherheitsvorkehrungen gespeichert werden, damit er vor unzulässiger Änderung, Beschädigung und Löschung geschützt ist.

▶ *Vertraulichkeit:* Content darf nur für autorisierte Benutzer zugänglich sein und muss vor unzulässiger Nutzung und Veröffentlichung geschützt werden.

▶ *Verfügbarkeit:* Regulierungsbeauftragte und Vollstreckungsbehörden müssen bei Bedarf auf Content und Records zugreifen können. In bestimmten Fällen muss auch Personen der Zugriff auf Records erlaubt sein, die im Zusammenhang mit ihren persönlichen Daten stehen.

Über diese allgemeinen Anforderungen hinaus verlangt das Gesetz zur Kontrolle und Transparenz im Geschäftsverkehr (KonTraG) ein effizientes Risikomanagementsystem, das nach einhelliger Ansicht eine Überwachung und Früherkennung sowie entsprechende Reaktionsszenarien im Schadensfall umfasst.

Dabei sind die gesetzlichen Regelungen weder neu noch überraschend. Denn GDPdU, KonTraG und Basel II existieren bereits seit mehreren Jahren und fangen nach entsprechenden Übergangsfristen nun an zu greifen. Im Mai 1998 ist das Gesetz zur Kontrolle und Transparenz im Unternehmensbereich (KonTraG) in Kraft getreten, welches Unternehmen verpflichtet, für ihre elektronischen Dokumente bezüglich der „Erstellung, Weiterleitung und Dokumentation der Informationen" Regelungen und Maßnahmen zu treffen. Der Gesetzgeber fordert heute beispielsweise die revisionssichere Archivierung aller Auftragsbestätigungen, Rechnungen oder auch Verträge, die mit elektronischer Post verschickt werden sowie die unverzügliche Bereitstellung der Unterlagen in maschinenlesbarer Form. Dokumente zeitnah irgendwo im Unternehmen zu speichern oder „sicherheitshalber auszudrucken" genügt nicht. Dokumente gelten nur dann als revisionssicher, wenn diese nachweisbar vollständig, ursprünglich, unveränderbar und wieder auffindbar aufbewahrt werden können.

Demgegenüber ist die Verbreitung von Archivierungssystemen für elektronische Dateien oder gar E-Mails in Unternehmen (egal welcher Größe) erschreckend gering. Doch gemäß den gültigen gesetzlichen Regelungen müssen alle steuerlich relevanten Dateien auch für die Betriebsprüfung bereitgestellt werden. Das betrifft alle elektronischen Medien und zunehmend speziell die Korrespondenz per E-Mail, die den Finanzbeamten zur Verfügung gestellt werden müssen. Die Behörden sind den Unternehmen aber einen Schritt voraus: Sie haben sich deutlich schneller gerüstet. Vor allem kleine und mittelständische Unternehmen stellt die E-Mail-Archivierung vor eine besondere Herausforderung. Leider sind sich viele der Firmen nicht den gesetzlichen Anforderungen bewusst. Ungeachtet dessen sind die Sanktionen für Verstöße gegen archivierungsrelevante Buchführungs- und Datenschutzpflichten erheblich.

Die Umsetzung hinsichtlich Revisions- und Rechtssicherheit stößt auf diverse Hindernisse, die auch aus dem gesetzlichen Bereich stammen können: Datenschutz und das Fernmeldegeheimnis der Mitarbeiter. So gilt bei erlaubter oder geduldeter Privatmail im Grundsatz, dass ohne die Zustimmung der Mitarbeiter oder ihrer Vertretung (Betriebsrat/Personalrat) eine Überwachung der Inhalte unzulässig ist. Wichtig ist ferner, dass private Mail dem Mitarbeiter gehört und dieser die Herausgabe verlangen kann, prinzipiell auch nach seinem Ausscheiden. Problematisch ist in diesem Zusammenhang auch, Privatmails durch Filter zu unterdrücken oder gar zu löschen. Deswegen sind rechtlich-organisatorische Maßnahmen unabdingbar, z.B. in Form von individualvertraglichen Vereinbarungen mit dem Arbeitnehmer, Betriebsvereinbarungen, Security- und User-Richtlinien sowie Schulungs- und Informationsmaßnahmen der Belegschaft.

All die hier beispielhaft genannten Bestimmungen rechts- und revisionssicher umzusetzen und unter praktikablen Gesichtspunkten einzubinden, stellt eine Herausforderung für alle Unternehmen dar. Die Erfüllung gesetzlicher Vorgaben in Bezug auf die Aufbewahrung handels- und steuerrechtlich relevanter Daten wird zwar als essentiell definiert, präsentiert aber nur einen Aspekt der Unternehmensinformationen. Ebenso wichtig ist die vollständige Dokumentation von Geschäftsvorgängen unter den Gesichtspunkten der Beweisrelevanz.

Notes-Archivierung

Ein Archiv ist eine Kopie einer Anwendung, die Sie erstellen können, um nicht länger verwendete Informationen zu speichern. Wie eine Replik enthält ein Archiv Dokumente und Gestaltungselemente der Originalanwendung, aber anders als eine Replik sendet ein Archiv niemals Änderungen an die Originalanwendung zurück.

In den Eigenschaften einer Datenbank finden Sie eine Funktion implementiert, über die Sie Dokumente einer Datenbank, die bestimmten Kriterien entsprechen, in eine Archivdatenbank kopieren und dann die Dokumente aus der Originaldatenbank löschen können (Cut&Paste). Wenn die Dokumente, die den angegebenen Kriterien entsprechen, aus der Datenbank gelöscht werden, verbleiben Löschrümpfe, sodass gelöschte Dokumente repliziert werden können, wenn Repliken der Datenbank vorhanden sind. Sie können Dokumente basierend auf der Anzahl der Tage archivieren, seit sie zuletzt gelesen, geändert und/oder als abgelaufen markiert wurden.

Sie haben unterschiedliche Möglichkeiten, die Archivierung umzusetzen. Zum einen können Sie (als Anwender) die Archivierung manuell über die Eigenschaften der Datenbank individuell einrichten. Zum anderen werden Sie als Administrator von den serverseitigen Archivierungsrichtlinien Gebrauch machen, um die Archivierung zentral einzurichten und zu verwalten.

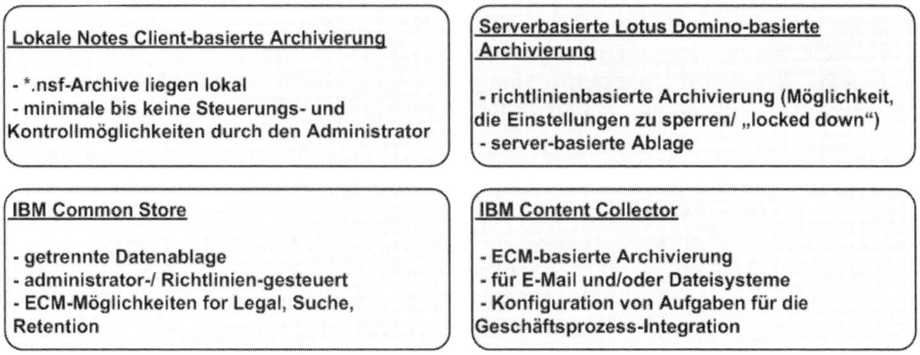

Lokale Notes Client-basierte Archivierung

- *.nsf-Archive liegen lokal
- minimale bis keine Steuerungs- und Kontrollmöglichkeiten durch den Administrator

Serverbasierte Lotus Domino-basierte Archivierung

- richtlinienbasierte Archivierung (Möglichkeit, die Einstellungen zu sperren/ „locked down")
- server-basierte Ablage

IBM Common Store

- getrennte Datenablage
- administrator-/ Richtlinien-gesteuert
- ECM-Möglichkeiten for Legal, Suche, Retention

IBM Content Collector

- ECM-basierte Archivierung
- für E-Mail und/oder Dateisysteme
- Konfiguration von Aufgaben für die Geschäftsprozess-Integration

Abbildung 12.6: Optionen für die E-Mail-Archivierung

Individuelle Archivierung

Das Archivieren ist besonders hilfreich für Mail-Anwendungen, wenn Sie in den Benutzervorgaben festgelegt haben, dass von gesendeten Nachrichten in der Ansicht GESENDET automatisch eine Kopie gespeichert werden soll, wodurch die Größe der Mail-Anwendung erheblich zunehmen kann. Um Ihre Mail-Nachrichten zu organisieren, können Sie Ordner erstellen und die Nachrichten in ihnen ablegen. Dies reduziert die Größe der Mail-Anwendung jedoch nicht. Das Archivieren gibt Speicherplatz frei und verbessert die Leistung Ihrer Mail-Datenbank.

Um die Archivierung in einer Mail-Datei ausführen zu können, müssen Sie mindestens über Editorzugriff mit Löschrechten verfügen und Besitzer der Mail-Datei sein. Wenn Sie nicht Besitzer der Mail-Datei sind, benötigen Sie Managerzugriff mit Löschrechten für die Mail-Datei.

Die clientseitigen individuellen Archivierungseinstellungen erreichen Sie aus der jeweiligen Mail-Datenbank heraus über AKTIONEN/ACTIONS > ARCHIV/ARCHIVE > EINSTELLUNGEN/SETTINGS. Hier können Sie über die Option AUSGEWÄHLTE DOKUMENTE/SELECTED DOCUMENTS auch eine Ad-hoc-Archivierung anstoßen. Das Werkzeug erstellt eine Archivdatenbank mit dem Titel der Quelldatenbank, gefolgt von (ARCHIV), beispielsweise VERKAUF (ARCHIV). Standardmäßig wird die Archivdatenbank auf einem Client oder Server in einem Unterordner des Data-Ordners namens \archive gespeichert. Der Dateiname der Archivdatenbank lautet *a_xxxxxx.nsf*, wobei xxxxxx für die ersten sechs Zeichen des Quelldatenbanknamens steht, z.B. *a_verkau.nsf*. Sie können den Speicherort und den Dateinamen der Archivdatenbank anpassen.

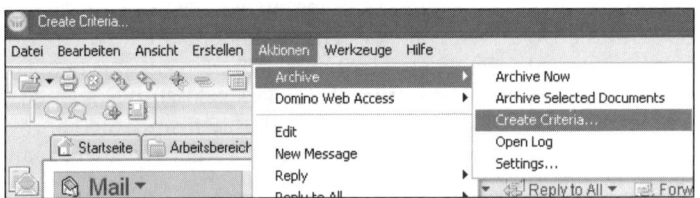

Abbildung 12.7: Aufruf der Optionen zur Archivierung

Das Archivierwerkzeug kann auch Informationen über den Archivierungsverlauf in einer Archivprotokoll-Datenbank mit dem Titel ARCHIVIERUNGSPROTOKOLL aufzeichnen. Sie können Speicherort und Dateinamen des Archivierungsprotokolls anpassen. Ein Archivierungsprotokoll kann von mehreren Datenbanken gemeinsam verwendet werden.

Am einfachsten archivieren Sie Dokumente durch Einrichten einer allgemeinen Dokumentenarchivierung. Bei der Einrichtung geben Sie die zu verwendenden Archivierungskriterien an, verwenden eine Archivdatenbank und das Archivprotokoll auf dem Client und führen das Archivierwerkzeug des Clients aus.

Sie können das Archivierwerkzeug mit erweiterten Optionen verwenden. Mit erweiterten Archivierungsoptionen können Sie die Archivdatenbank auch auf einem Server statt auf dem Client erstellen. Wenn sich darüber hinaus die Quelldatenbank auf einem Server befindet, können Sie die serverbasierte Archivierung so einrichten, dass der Server-Task Compact zur Archivierung der Datenbank verwendet wird, statt die Archivierung manuell vom Client aus durchzuführen. Wenn Sie die Archivierung einrichten, versieht das Werkzeug die Archivierungseinstellungen mit Ihrer Signatur. Der Task Compact überprüft anhand dieser Signatur, ob Sie über das erforderliche Zugriffsrecht zum Archivieren verfügen, und führt dann die Archivierung für Sie durch.

Mit der erweiterten Dokumentenarchivierung können Sie außerdem folgende Aufgaben durchführen:

▶ Dokumente löschen, ohne sie zu archivieren (standardmäßig werden sie archiviert)

▶ Archivieren, ohne ein Archivierungsprotokoll zu erstellen (standardmäßig wird ein Protokoll erstellt)

▶ Dokumente löschen, auch wenn zugehörige Antwortdokumente nicht gelöscht wurden (standardmäßig ist dies nicht zulässig)

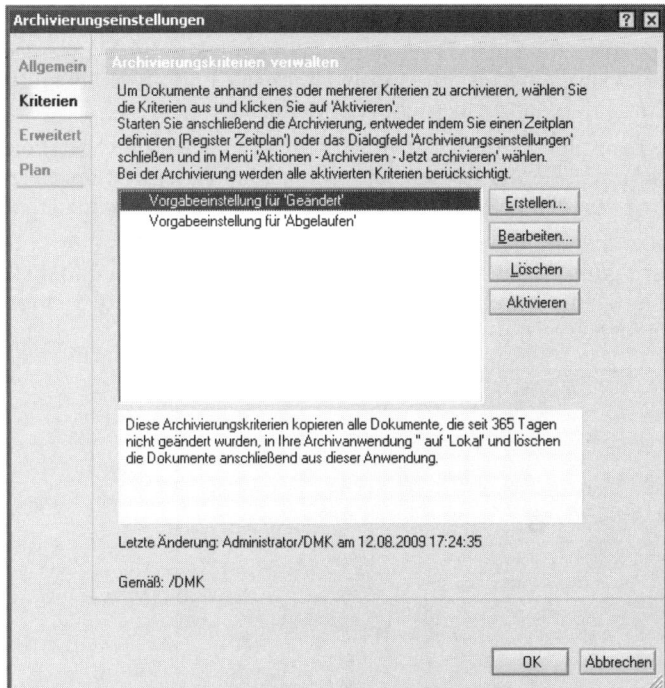

Abbildung 12.8: Clientseitige Archivierung

Archivierung über Richtlinien

Mittlerweile wird die clientseitige Archivierung in vielen Unternehmen durch die definierten Archivierungseinstellungen der Richtliniendokumente für die Benutzer in der Lotus Notes Domino-Infrastruktur abgelöst. Immer häufiger kommen Richtlinieneinstellungsdokumente für Archivierungskriterien zum Einsatz, um sicherzugehen, dass zum einen Compliance-Anforderungen erfüllt werden, zum anderen damit definierte Ablageplätze für Archive existieren und wirklich Dokumente aus allen Mail-Datenbanken archiviert werden. So sind Administratoren, wenn sie keine harten Beschränkungen setzen dürfen, nicht mehr auf die Gunst der Anwender angewiesen, die selbstständig archivieren sollen.

Sie verwenden ein Richtlinieneinstellungsdokument für Archivierungskriterien, um Kriteriensets zu definieren, die bei der Archivierung von Mail-Dokumenten eines Notes-Benutzers verwendet werden. Sie erstellen ein Richtlinieneinstellungsdokument aus einem Einstellungsdokument für Archivierungsrichtlinien heraus. Wenn Sie die Archivierungskriterien erstellt haben, können Sie sie in einem oder mehreren Einstellungsdokumenten für Archivierungsrichtlinien (siehe *Abbildung 12.9*) verwenden. Wenn Sie Archivierungskriterien angeben, legen Sic fest, was mit alten Dokumenten in der Mail-Datei eines Benutzers geschehen soll. Sollen sie archiviert (in eine Archivdatenbank kopiert) oder einfach gelöscht werden? Wenn Sie sie archivieren, legen Sie fest, wie die Kopien der archivierten Mail-Dokumente „bereinigt" werden sollen, die in der Mail-Datei des Benutzers verbleiben. Schließlich definieren Sie, was ein altes Dokument ist.

Mail-Archivierungskriterien beantworten die folgenden Fragen:

▶ Wie sollen Dokumente archiviert werden? Das Archivieren kann kombiniert werden mit dem Kopieren alter Dokumente in eine Archivdatenbank und anschließender Bereinigung oder Löschung der Mail-Dokumente des Benutzers.

▶ Wie sollen Dokumente bereinigt werden? Sobald Dokumente in eine Archivdatenbank kopiert wurden, können Sie die Kopien, die in der Mail-Datei des Benutzers verbleiben, entweder löschen oder Sie können die Größe des Dokuments reduzieren.

▶ Welche Dokumente sollen bereinigt werden? Sie können eine Definition eines „alten Dokuments" zur Verfügung stellen, indem Sie Alterskriterien festlegen und diese Kriterien anschließend entweder auf alle Dokumente oder alle Dokumente in angegebenen Ordnern anwenden.

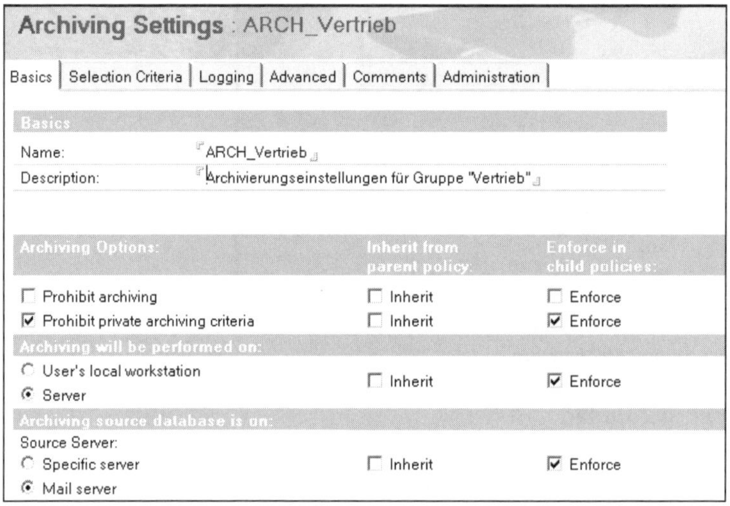

Abbildung 12.9: Richtlinieneinstellungen zur Archivierung

Informationen zu den Einstellungen für Archivierungsrichtlinien und Dokumente mit Richtlinieneinstellungen für Archivierungskriterien erhalten Sie in *Kapitel 10.2.2, Richtlinieneinstellungen* und *10.2.3, Richtliniendokumente*.

12.1.3 NSD als „Clean-Up"-Service des Notes Clients

Ähnlich wie die Tools Zapnotes oder NotesMedic ist auch NSD in der Lage, nach einem Crash oder Hängen des Notes Clients diesem wieder auf die Füße zu helfen bzw. die verbleibenden hängenden Prozesse zu beenden und den Rechner zu bereinigen. Sind die Prozesse noch aktiv, ist der Anwender nicht in der Lage, den Notes Client neu zu starten (auch wenn Notes 8.x in dieser Hinsicht sehr viel stabiler und flexibler reagiert als die Vorgängerversionen).

Sie können für Ihre Anwender beispielsweise eine Batch-Datei erstellen und auf den Desktop platzieren, um ihnen ein kleines Werkzeug an die Hand zu geben, dessen Sie sich im Notfall bedienen können.

1. Lokalisieren Sie die Datei *nsd.exe*. Diese sollte im gleichen Verzeichnis wie die Client-Applikation zu finden sein.

2. Öffnen Sie Notepad als Anwendung oder einen anderen Editor, um die Batch-Datei anzulegen.

3. Füllen Sie die Datei mit folgendem Inhalt und stellen Sie sicher, dass der Pfad zur Anwendung *nsd.exe* korrekt ist. Ist der Pfad nicht korrekt, werden Sie beim Aufruf der Datei eine Fehlermeldung erhalten, wie z.B. FATAL (0): YOU MUST RUN THIS TOOL FROM THE NOTES DATA DIRECTORY OR THE DIRECTORY CONTAINING NOTES.INI.

```
C:
cd \program files\ibm\lotus\notes
nsd.exe -kill
```

4. Speichern Sie die Datei und benennen Sie diese sprechend, z.B. *Notes_Beenden.bat*.

Der Anwender muss bei Bedarf lediglich einen Doppelklick auf die Batch-Datei ausführen.

12.1.4 Vorüberlegungen für Notes-Upgrades

Die Aktualisierung von Clients ist zwar weniger kritisch als die Umstellung von Servern, weil sich eventuelle Probleme nur lokal auf das jeweilige Client-System auswirken. Auf der anderen Seite müssen mit entsprechendem administrativem Aufwand sehr viele Systeme angepasst werden, und auch die Anwender müssen sich umstellen.

Die Änderungen in Bezug auf die neue Client-Version sind im Gegensatz zu den Neuerungen auf Server-Seite erheblich, wenn die erwähnte Eclipse-Variante installiert wird. (Sie können auch die Eclipse-Variante installieren und dennoch den Basic-Client starten – so bleiben die Änderungen zunächst überschaubar. Siehe auch *Kapitel 3, Lotus Notes Clients*). Bei Domino 8.5 betreffen die Änderungen in erster Linie den Server. Informieren Sie die Anwender nicht erst einen Tag vor der Einführung der neuen Version über diesen Schritt und die damit verbundenen Änderungen für die Arbeitsweise mit dem Produkt Lotus Notes. Auch der Betriebsrat sollte hinzugezogen werden, da möglicherweise Änderungen in der Arbeitsweise der Anwender eine Konsequenz des Upgrades darstellen. Diese Empfehlung bezieht sich auf so gut wie alle IT-Projekte. Unterschätzen Sie nie die Rolle des Betriebsrats bei Ihren Vorhaben. Ansonsten kann dies zu einem Show-Stopper werden.

Halten Sie die Anwender bereits vor dem Upgrade auf dem Laufenden. Es empfiehlt sich, eine Datenbank zu erstellen, in der Sie Informationen und Tipps zur neuen Version und zur Einführung hinterlegen und die Anwender rechtzeitig über die Existenz dieser Informationsquelle informieren. Mit dieser Methode können Sie zum Teil auch die Ausgabe von Schulungsmaterial und -aufwand sparen.

Clients müssen schon deshalb früher oder später umgestellt werden, damit sie die volle Funktionalität von Domino 8 auch nutzen können.

Möglichkeiten des Client-Upgrades

Es gibt verschiedene Ansätze, um das Upgrade durchzuführen. Neben dem Upgrade by Mail können Sie für Notes Clients auch das Smart Upgrade (siehe *Kapitel 2.8, Smart Upgrade*) nutzen. Ebenso wie beim Upgrade per Mail bekommen die Anwender eine Benachrichtigung, über die sie zum Aktualisieren der Notes Clients aufgefordert werden. Besonders vorteilhaft ist dabei die Verwendung einer Nachfrist, innerhalb derer die Benutzer ihre Clients aktualisieren müssen. Die administrative Installation als dritte Möglichkeit ist eine Funktion des Microsoft Windows Installer. Hierbei wird das Installations-Kit auf einen Dateiserver kopiert, auf den die Benutzer zugreifen. Sie starten das Installationsprogramm vom Dateiserver, um den Client lokal auf ihrem Rechner zu installieren. Als Administrator können Sie die Installationsdateien zuerst auf einen Dateiserver kopieren und anschließend die Benutzer via Upgrade per Mail oder Lotus Notes Smart Upgrade benachrichtigen.

Hinweis

Details zur Umsetzung der einzelnen Installations- und Upgrade-Möglichkeiten erhalten Sie in *Kapitel 2.6, Upgrade von Notes 7 auf Notes 8.x*.

Upgrade by Mail

Bei der Variante UPGRADE BY MAIL werden die Installationsdateien auf einem Server im Netzwerk bereitgestellt. Die Anwender erhalten dann eine Benachrichtigung per E-Mail, in der Schaltflächen enthalten sind, um das Installationsprogramm für Notes 8 zu starten und das Design der Notes Mail-Datei zu verändern. Das UPGRADE BY MAIL steht für Domino Web Access-Benutzer nicht zur Verfügung. Das UPGRADE BY MAIL ist nur für Notes Client-Benutzer verfügbar.

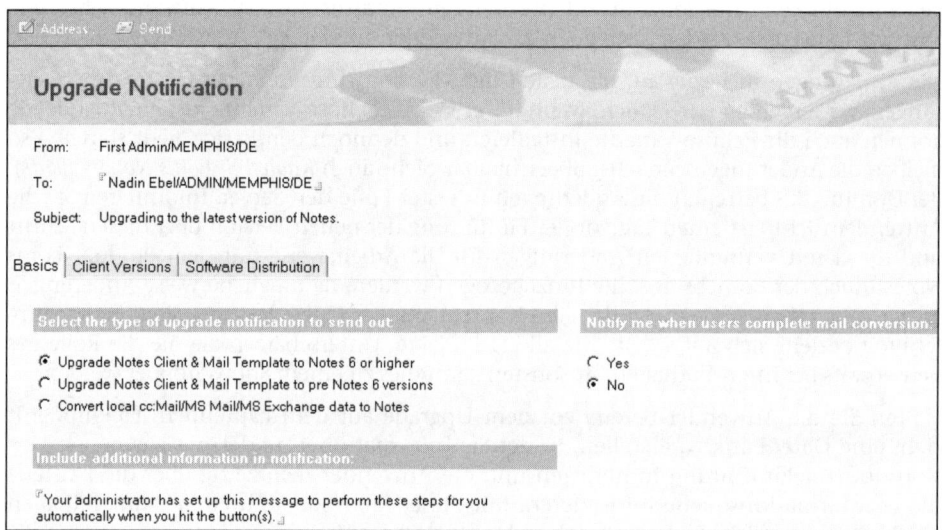

Abbildung 12.10: Erstellen einer Upgrade-Benachrichtigung

Bei diesem Ansatz können die Benutzer bestimmen, wann sie die Aktualisierung durchführen möchten. Der Nachteil ist, dass Sie eben diesen Zeitpunkt nicht steuern können. Sie können zwar eine Benachrichtigung über den Abschluss eines Upgrades erhalten, aber ein Upgrade mit diesem Verfahren eben nicht zu einem bestimmten Zeitpunkt erzwingen. Die Festlegung, dass solche Upgrade-Benachrichtigungen an die Nutzer versendet werden, erfolgt in Domino Administrator im Bereich MESSAGING/NACHRICHTEN > MAIL oder über die Werkzeuge unterhalb des Registers PERSONEN UND GRUPPEN/PEOPLE & GROUPS. Dort müssen die Benachrichtigungen für die Benutzer, an die Benachrichtigungen versendet werden sollen, angelegt werden. Anschließend kann der Button SEND gewählt werden.

1. Klicken Sie in Domino Administrator auf die Registerkarte PERSONEN UND GRUPPEN/ PEOPLE & GROUPS.

2. Klicken Sie unter den Werkzeugen auf PERSONEN/PEOPLE > AKTUALISIEREN/UPGRADE.

3. Es wird ein Dialogfeld angezeigt, in dem diese Benachrichtigungen konfiguriert werden können und das drei Register umfasst.

4. Nehmen Sie die Einstellungen in den folgenden Registern vor.

5. Im Register ALLGEMEIN/BASICS wird definiert, ob eine Umstellung zu Notes 6 oder höher oder zu einer früheren Version erfolgen soll. Alternativ können hier auch lokale Daten anderer Mail-Systeme konvertiert werden. Für das Client-Upgrade auf Notes 8 wird die Option NOTES CLIENT UND MAILSCHABLONE AUF NOTES 6 ODER HÖHER AKTUALISIEREN/UPGRADE NOTES CLIENT & MAIL TEMPLATE TO NOTES 6 OR HIGHER verwendet. Die Option BENACHRICHTIGEN, WENN BENUTZER DIE MAIL-KONVERTIERUNG ABGESCHLOSSEN HABEN/NOTIFY ME WHEN USERS COMPLETE MAIL CONVERSIONS sollte ausgewählt werden, damit eine Benachrichtigung über das abgeschlossene Upgrade erfolgt. Alternativ kann der Status der Clients auch im Domino-Verzeichnis analysiert werden. Die automatische Benachrichtigung ist aber, auch wenn bei vielen Clients eine entsprechend hohe Zahl von Mails erzeugt wird, die sinnvollste Option.

6. Im Register CLIENT-VERSIONEN/VERSIONS kann definiert werden, welche Clients nicht aktualisiert werden sollen. Dazu wird die Build-Nummer von Notes angegeben. Diese Build-Nummer ist die interne Version von Notes, die von den offiziellen Versionsbezeichnungen abweicht und stark von der Entwicklung getrieben ist. Die Build-Nummer von Notes 8 ist 307 oder höher. Dieser Wert sollte also angegeben werden, um Aktualisierungen von bestehenden Notes Clients zu vermeiden.

7. Im Register SOFTWAREVERTEILUNG/SOFTWARE DISTRIBUTION werden dann die Einstellungen für die eigentliche Softwareverteilung konfiguriert.

   Im Bereich PFADE FÜR NOTES-INSTALLATIONSPROGRAMME/NOTES INSTALL KIT PATHS werden die Pfadangaben für die Installationsdateien konfiguriert. Der ROOT-PFAD FÜR INSTALLATIONS-KITS/ROOT PATH FOR INSTALL KITS könnte beispielsweise *server**notesinstall*\\ lauten. Wichtig ist der Backslash am Schluss, der zwingend angegeben werden muss. Darunter kann dann ein relativer Pfad zu diesem Installationspfad für das Setup-Programm angegeben werden, also z.B. *Setup.exe*.

8. Im Bereich MAILSCHABLONEN/MAIL TEMPLATE INFORMATION wird dann konfiguriert, welches neue Mail-Template verwendet werden soll. Mit den weiteren Parametern in diesem Bereich lässt sich der Installationsprozess noch genauer steuern. Nachdem die Meldung konfiguriert ist, kann sie an den Anwender gesendet werden.

Die Upgrade-Benachrichtigung enthält zwei Schaltflächen, über die die Benutzer ihre Clients und Mail-Dateien aktualisieren können. Mit der Schaltfläche NEUE NOTES-SOFTWARE INSTALLIEREN/INSTALL NEW NOTES SOFTWARE wird ein Notes Client-Installationsprogramm aus einem Verzeichnis auf einem Netzlaufwerk, auf das die Benutzer Zugriff haben, gestartet. Über die Schaltfläche MEINE MAIL-DATEI AKTUALISIEREN/UPGRADE MY MAIL FILE wird die aktuelle Mailschablone des Benutzers durch eine lokal gespeicherte Notes Domino 8 Mailschablone oder eine andere angegebene Schablone, wie z.B. eine angepasste Mailschablone, ersetzt. Die Benutzer müssen ihre Notes Clients aktualisieren, um die Notes Domino 8 Mail-Datei-Schablone lokal zu installieren, bevor sie die Mail-Dateien aktualisieren. Früher mussten die Administratoren tricksen, um diese beiden Aktionen zu trennen. Die Verwendung der Schaltfläche MEINE MAIL-DATEI AKTUALISIEREN/UPGRADE MY MAIL FILE ist optional. Sie müssen den Abschnitt MAILSCHABLONEN-INFORMATION in der Upgrade-Benachrichtigung ausfüllen, um die Schaltfläche MEINE MAIL-DATEI AKTUALISIEREN/UPGRADE MY MAIL FILE zu aktivieren. Wenn Sie den Abschnitt nicht ausfüllen, wird beim Upgrade per Mail die Schaltfläche nicht in der E-Mail-Benachrichtigung angezeigt. Es empfiehlt sich, die Änderung der Schablone zentral durchzuführen.

Mail-Datenbanken

Die Aktualisierung von Mail-Dateien ist eine der zentralen Herausforderungen für Administratoren, weil dabei die meisten Interoperabilitätsprobleme entstehen. Wenn die Server bereits auf Domino 8 aktualisiert sind, lässt sich dieser Umstellungsschritt aber deutlich vereinfachen. Mit dem Seamless Mail Upgrade (zu Deutsch: reibungslose oder nahtlose Mail-Aktualisierung) können Mail-Dateien von Benutzern automatisch beim Upgrade der Clients umgestellt werden. Dafür müssen allerdings zuvor einige Voraussetzungen geschaffen werden:

▷ Das Domino-Verzeichnis muss auf die Version 8 aktualisiert werden.

▷ Der Mail-Server muss auf Domino 8 aktualisiert werden.

▷ Passen Sie die Richtliniendokumente an und wenden Sie diese für Benutzer an.

Beim Upgrade der Clients werden dann die Einstellungen aus den Richtlinien übernommen.

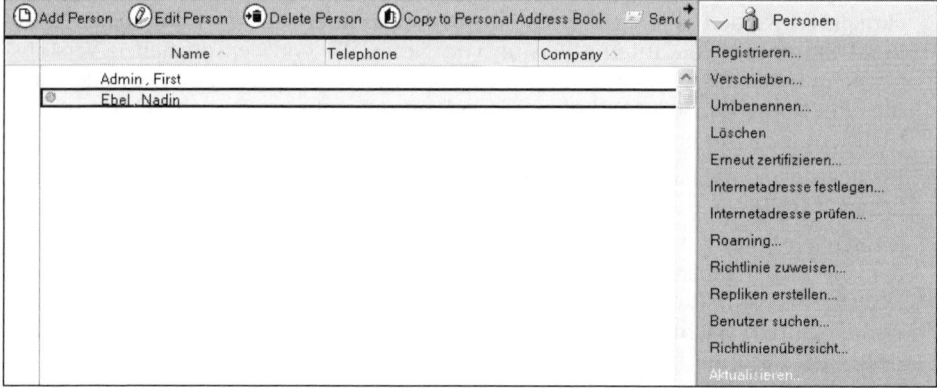

Abbildung 12.11: Erstellen der Upgrade-Benachrichtigung über den Domino Administrator

Diese Form der Aktualisierung ist ein interessantes Beispiel für die Möglichkeiten der richtlinienbasierten Administration von Lotus Notes Domino. Bei diesem Verfahren benachrichtigt der Client den Server bei der Aktualisierung. Der Server kann dann die spezifizierte Umstellung der Mail-Datei vornehmen.

Für die Aktualisierung auf das Mail-Template der Version 8 in Bezug auf die unterschiedlichen Client-Versionen gilt:

▷ Domino 8.x/Notes 8.x: unterstützte Konstellation. Keine Funktionalitätseinbußen.

▷ Domino 8.x/Notes 7.x: unterstützt für die Zeit des geplanten Upgrades. Einige Symbole, wie etwa Dringlichkeit, können in den Gesendet-Ansichten nicht dargestellt werden (siehe SPR# SJCN74RNXZ – Supported configurations for Notes and Domino 8.x).

▷ Domino 8.x/Notes 6.5.6: unterstützt für die Zeit des geplanten Upgrades. Wie beim Notes 7.x Client können mit Notes 6.5.6 einige Symbole, wie etwa Dringlichkeit, nicht in den GESENDET-Ansichten dargestellt werden (SPR# SJCN74RNXZ). Darüber hinaus können Mails nicht per Drag&Drop in die Ansicht WIEDERVORLAGE verschoben werden (SPR# SJCN73XKMJ).

▷ Domino 7.x/Notes 8.x: unterstützt für die Zeit des geplanten Upgrades. Die Funktion NACHRICHT ZURÜCKRUFEN wird angezeigt, wenn eine aufgeklappte Nachrichtenkonversation gelöscht wird, obwohl diese Funktion vom System nicht unterstützt wird.

▶ Domino 7.x/Notes 7.x: unterstützt für die Zeit des geplanten Upgrades. Die Funktion NACHRICHT ZURÜCKRUFEN wird angezcigt, wenn eine aufgeklappte Nachrichtenkonversation gelöscht wird, obwohl diese Funktion vom System nicht unterstützt wird.

▶ Domino 7.x/Notes 6.5.6: unterstützt für die Zeit des geplanten Upgrades.

▶ Domino 6.x/Notes 8.x: unterstützt für die Zeit des geplanten Upgrades.

▶ Domino 6.x/Notes 7.x: Unterstützt für die Zeit des geplanten Upgrades.

▶ Domino 6.x/Notes 6.5.6: unterstützt für die Zeit des geplanten Upgrades.

Lotus unterstützt Clients der Version 8 in Koexistenz mit einem Domino Server der Releases 6 und 7 für die Zeit des Upgrade-Prozesses, empfiehlt den längeren Einsatz aber nicht.

Upgrade von Mail-Datenbanken

Nach der Migration der Clients auf die Version 8 können Sie die Mail-Datei-Schablonen auf die Schablone der neuen Version oder einer anderen Mailschablone aktualisieren. Die Gestaltung der Mail-Datenbanken kann mit einem der nachfolgenden drei Verfahren ersetzt werden:

▶ Bei einem Upgrade per Mail werden sowohl der Notes Client als auch die Schablone der Notes Mail-Datei aktualisiert.

▶ Das Mail-Konvertierungsprogramm aktualisiert Mailschablonen mit dem Mail-Konvertierungs-Task.

▶ Bei einem nahtlosen Mail-Upgrade (dem sogenannten Smart-Upgrade) wird die Mail-Datei-Schablone automatisch aktualisiert, nachdem die Benutzer ihre Lotus Notes Clients auf Notes 8 aktualisiert haben. Beim nächsten Start des Clients beginnt Notes mit der Aktualisierung der Gestaltung von lokalen Datenbanken. Gleichzeitig sendet der Client außerdem die Aufforderung an den Home-Server des Benutzers, die Mail-Datei-Schablone zu aktualisieren. Dies wird über das entsprechend hinterlegte und zugewiesene Einstellungsdokument für Desktop-Richtlinien oder ein Konfigurationsprofildokument für die Benutzer realisiert. Wenn ein solches Dokument gefunden wird und die Angaben im Abschnitt MAILSCHABLONEN-INFORMATION vollständig sind, startet das nahtlose Mail-Upgrade das Mail-Konvertierungsprogramm, um die Schablone zu aktualisieren. Mehr Informationen zu den dazugehörenden Einstellungen der Richtlinien finden Sie in *Kapitel 10.2, Richtlinien für Benutzer.*

Aktualisierung der Mailschablone über den Convert-Befehl

Bei der Aktualisierung der Mail-Dateien der Benutzer auf die neue Schablone können Sie die Gestaltung auch mit dem Mail-Konvertierungsprogramm automatisch aktualisieren lassen. Vergewissern Sie sich, dass Sie den Domino Server, der die Mail-Dateien enthält, sowie die darauf zugreifenden Notes Clients bereits auf Version 8 aktualisiert haben. Ist dies nicht der Fall, können die Funktionen von Version 8 in der neuen Gestaltung nicht verwendet werden. Aktualisieren Sie die Mail-Dateien zu einem Zeitpunkt, an dem kein Zugriff auf die Dateien stattfindet. Reservieren Sie für diese Tätigkeiten am besten ein Wartungsfenster und informieren Sie die Anwender entsprechend. Teilen Sie den Benutzern mit, dass ihre Mail-Dateien während der Aktualisierung nicht zur Verfügung stehen.

1. Weisen Sie die Benutzer an, von individuell angepassten Mail-Dateien ein Backup zu erstellen. Beispielsweise könnten die Benutzer eine neue Kopie ihrer Mail-Datei erstellen, die nur die Gestaltung der Datenbank enthält. Anhand dieser Kopie können sie Änderungen erneut auf die neue Mailschablone anwenden. Die Benutzer sollten die neue Mailschablone zuerst einmal ohne Änderungen ausprobieren, um festzustellen, ob Änderungen überhaupt noch erforderlich oder wünschenswert sind.

2. Fahren Sie den Router herunter. Geben Sie Folgendes ein: `Tell Router Quit`, und drücken Sie die ⏎-Taste. Damit verhindern Sie, dass Domino Mail in die Mail-Dateien leitet, während diese aktualisiert werden. Mails werden während der Aktualisierung der Mail-Dateien in *mail.box* gespeichert. Sobald Sie die Mail-Dateien aktualisiert und den Router-Task wieder geladen haben, werden die Mails in der *mail.box* vom Router verarbeitet und zugestellt.

3. Laden Sie das Mail-Konvertierungsprogramm. Geben Sie Folgendes ein: `load convert [Argumente]`, und drücken Sie die ⏎-Taste. Nachfolgend finden Sie die Argumente, die Sie mit dem Mail-Konvertierungsprogramm verwenden können.

4. Wenn Sie die Aktualisierung der Mail-Dateien auf die neue Schablone auf diesem Server beendet haben, laden Sie den Router. Geben Sie Folgendes ein: `load router`, und drücken Sie ⏎.

5. Benachrichtigen Sie die Benutzer, dass ihre Mail-Dateien auf die neue Gestaltung aktualisiert wurden. Möglicherweise tauchen Fragen zu den neuen Funktionen und Eigenschaften der Mail-Datei auf. Wenn individuell angepasste Mail-Dateien vorliegen, weisen Sie die Benutzer an, zuerst anhand der neuen Mail-Datei zu prüfen, ob Anpassungen der Gestaltung weiterhin notwendig sind. Sollte dies der Fall sein, können die Benutzer die Gestaltung der Mail-Datei erneut anpassen. Die Benutzer sollten allerdings davon absehen, Ansichten aus einer vorherigen Version in die neue Mail-Datei zu kopieren, da hierbei die Gestaltung der alten Version mit kopiert wird. Stattdessen sollten die Benutzer oder Entwickler die Änderungen direkt in den neuen Gestaltungselementen vornehmen, falls dies gewünscht wird.

6. Starten Sie den Router neu.

Der Befehl des Mail-Konvertierungsprogramms verwendet Argumente zur Angabe von Optionen. Eine komplette Liste erhalten Sie, wenn Sie in der Windows-Eingabeaufforderung (*cmd*) im Programmverzeichnis von Notes/Domino `nconvert` eingeben. Es folgen die wichtigsten Parameter: `load convert [-Parameter] Mail-Dateipfad vorhandeneSchablone neueSchablone`, wobei

▶ `-r` Mail-Dateien in den Unterverzeichnissen des angegebenen Verzeichnisses konvertiert,

▶ `-l` eine Textliste von Mail-Dateien erstellt,

▶ `-f` anhand einer Textliste von Mail-Datenbanken bestimmt, welche Mail-Dateien aktualisiert werden sollen,

▶ `-e` die NSF-Unterstützung für IMAP aktiviert, beziehungsweise `-e-` deaktiviert,

▶ `-s` ignoriert die Einstellung `Durch Aktualisierung/Ersetzen der Gestaltung nicht änderbar` (Preserve-Flag), behält sie allerdings bei,

▶ `-u` aktualisiert Ordner mit dem Design des Eingangsordner (INBOX),

▶ `Mail-Dateipfad` angibt, welche Mail-Datei/-Dateien aktualisiert werden sollen,

▶ `vorhandeneSchablone` angibt, dass eine bestimmte Mail-Datei-Gestaltung aktualisiert werden soll (z.B. nur Mail-Dateien mit R7-Gestaltung) und

▶ `neueSchablone` die Schablone angibt, mit der die Mail-Dateien aktualisiert werden sollen.

Wenn Sie zur Angabe der auf die neue Mailschablone zu aktualisierenden Dateien Platzhalter (z.B. *) verwenden, vergewissern Sie sich, dass es sich bei allen Datenbanken in diesem Verzeichnis (und gegebenenfalls im Unterverzeichnis) um Mail-Dateien handelt. Bei der Verwendung des Platzhalters * ersetzt Domino die Gestaltung aller durch * bestimmten Datenbanken (z.B. alle Datenbanken im Verzeichnis) durch die angegebene Schablone. Wenn Sie aus Versehen die Gestaltung einer Datenbank, die keine Mail-Datenbank ist, durch die neue Mailschablone ersetzt haben, können Sie die ursprüngliche Datenbankgestaltung mit der richtigen Schablone wiederherstellen. Geben Sie im Konvertierungsprogramm die Datenbank, deren ursprüngliche Gestaltung Sie wiederherstellen möchten, sowie die korrekte Schablone an.

Anwendungskompatibilität

Auch ein wichtiges Thema beim Upgrade von Notes Domino-Umgebungen ist die Kompatibilität zwischen Anwendungen und Clients. Anwendungen sollten ohne Probleme unter Version 8 funktionieren. Testen Sie die Anwendungen aber trotzdem sorgfältig, bevor die neue Version eingeführt wird. Erstellen Sie Listen über die Schlüsselfunktionen Ihrer Anwendungen und testen Sie diese ausreichend. Bedenken Sie, dass Anwender nach eigenen Schemata arbeiten und der Test, den ein Anwender durchführen würde, sich von dem Test eines Anwendungsentwicklers unterscheidet (siehe auch *Kapitel 12.2.2, Tests und Validierung von Anwendungen*). Auch hier sind die Vorteile einer durchgängig dokumentierten Umgebung mehr als deutlich. Binden Sie den Anwender ein und lassen Sie ihn in einer Testumgebung seine Applikationen selbst testen.

Es gelten die folgenden beiden Grundregeln in Bezug auf die Kompatibilität von Anwendungen:

▶ Notes 8 ist kompatibel zu den Vorversionen. Anwendungen, die für Version 6 oder 7 entwickelt wurden, sollten daher ohne Änderungen laufen. Allerdings gibt es hier auch einzelne mögliche Ausnahmen, die sorgfältig geprüft werden müssen.

▶ Anwendungen, die für Notes 8 entwickelt werden und Funktionen des neuen Release nutzen, sind nicht kompatibel zu den Vorversionen. In Umgebungen, in denen unterschiedliche Notes-Versionen zum Einsatz kommen, sollten die Anwendungen daher im Zweifel mit dem Domino Designer oder anderen Entwicklungswerkzeugen der niedrigsten verwendeten Version erstellt werden.

Kritische Aspekte bei der Umstellung von Anwendungen sind:

▶ Änderungen, die an den Standardschablonen vorgenommen wurden. Dies betrifft insbesondere das Mail-Template. Durch Anpassung der Templates kann es hier zu Problemen kommen.

▶ Wiederverwendung von Code aus Standardtemplates in eigenen Anwendungen. Änderungen können sich hier auch auf Anwendungen auswirken.

▶ Die Nutzung von undokumentierten Funktionen, die nicht zwingend in der gleichen Form in Version 8 vorhanden sind.

▶ Kreative Lösungen, mit denen Beschränkungen früherer Versionen umgangen wurden. Diese werden zwar in der Regel funktionieren, können aber mit Standardfunktionen von Version 8 kollidieren oder schlicht überflüssige Last erzeugen.

Je nachdem, welche Änderungen durchgeführt worden sind, sind Anpassungen erforderlich.

12.2 Exkurs: Application Management und Lotus Notes Domino-Anwendungen

Lotus Notes Domino ist nicht nur ein Mail-System, sondern auch eine Plattform für Anwendungen. Die Nutzung dieser Möglichkeiten holt aus der bestehenden Infrastruktur einen Mehrwert für das Business. Deshalb sind in vielen Unternehmen zahlreiche Anwendungen erstellt worden und eine Vielzahl von kommerziell erhältlichen Anwendungen im Einsatz. Diese bieten in ihrer Gesamtheit die Basis für die Unterstützung der Anwender hinsichtlich ihrer Business-Aktivitäten.

Die genutzten Datenbanken unterscheiden sich dabei z.B. im Hinblick auf die Art der Anwendung, die Komplexität und/oder die fachliche Unterstützungsleistung. Dies hängt von den Anforderungen von Seiten des Business (Fachabteilungen, Arbeitsgruppen etc.) ab. Da Sie bei der Datenbankadministration zwar technische Unterstützung bieten können, bei Hunderten oder gar Tausenden von Anwendungen aber keine fachliche Auskunft geben können, gibt es in der Regel noch einen fachlichen Ansprechpartner aus dem Kreis der Anwender, die die entsprechende Datenbank beauftragt haben und Fragen zu Arbeitsabläufen und Berechtigungen für andere Benutzer beantworten können.

Fachliche und technische Tests

Diese Überlegungen spielen auch eine Rolle hinsichtlich des Tests von Anwendungen. Daher gibt es unterschiedliche Testformen und -anforderungen, die die unterschiedlichen Aspekte abdecken.

Bei komplexeren oder fachlich sehr spezifischen Anwendungen übernimmt daher oft die Fachabteilung oder ein Dienstleister Teilaufgaben bei der Datenbankadministration. In manchen Unternehmen werden die Mitarbeiter auf der Kundenseite als „Datenbank-Supervisoren" tätig und bieten die fachliche Unterstützung, z.B. bezüglich der Einweisung neuer Mitarbeiter in die Arbeit mit der jeweiligen Anwendung oder bei der Gruppenpflege.

Lotus Notes Domino als Teil der Applikationslandschaft eines Unternehmens

Applikationen (Anwendungen) bilden zusammen mit den Bestandteilen Daten und Infrastruktur die technischen Komponenten für einen IT-Service, die auf die Business-Anforderungen ausgerichtet sein müssen. Dabei müssen alle Aspekte von Anforderungen beachtet werden, d.h., neben den funktionalen Anforderungen haben auch die Management- und Betriebsanforderungen ihren Stellenwert. Im Gegensatz zu IT-Elementen wie Routern, Switches und Telefonen unterstützen Anwendungssysteme in der Regel direkt die geschäftsentscheidenden Kernprozesse von Unternehmen.

Anwendungssysteme sind das entscheidende Bindeglied zwischen Business und IT und verdienen daher bei der Ausrichtung der IT auf Unternehmenszwecke besondere Aufmerksamkeit.

Unternehmen wollen eine Applikationslandschaft haben, die exakt den Geschäftsbedürfnissen entspricht, kostenoptimiert ist, von optimalen Administrations- und Entwicklungsprozessen unterstützt wird und jedem Endanwender an jedem Standort zu jedem Zeitpunkt die Applikationen bietet, die er braucht.

12.2.1   Application Management

Die Datenbankadministration umfasst einen überwiegenden Teil des Lebenszyklus einer Datenbank. Dazu gehören (Test, Abnahme) Produktivsetzung, Betrieb und Außerdienststellung. Den Administratoren kommt hierbei eine unterstützende und beratende Rolle zu. Dies ist nicht nur im Bereich Lotus Domino in dieser Form maßgeblich, sondern allgemein dem sogenannten Application Management entnommen. Application Management befasst sich mit Applikationen von der initialen Geschäftsidee über den gesamten Lifecycle der Applikation bis hin zum Abschalten. Der Horizont des Application Management geht über reine IT-Belange hinaus, es muss ein ganzheitlicher Ansatz im Sinne des Business vorhanden sein und gelebt werden. Application Management wird als das Bindeglied zwischen Entwicklung und IT-Betrieb beschrieben und kann so sicherstellen, dass die Betriebsbelange bereits bei der Entwicklung berücksichtigt werden. Auch aus diesem Grund ist die Zusammenarbeit zwischen Entwicklung und Administration und mindestens ein Grundverständnis von Administration und Entwicklung auf beiden Seiten ein wichtiger Erfolgsfaktor für den erfolgreichen Einsatz der Anwendung beim Kunden. Application Management und der entsprechende Betrieb sind Teil desselben Lifecyle und miteinander verknüpft.

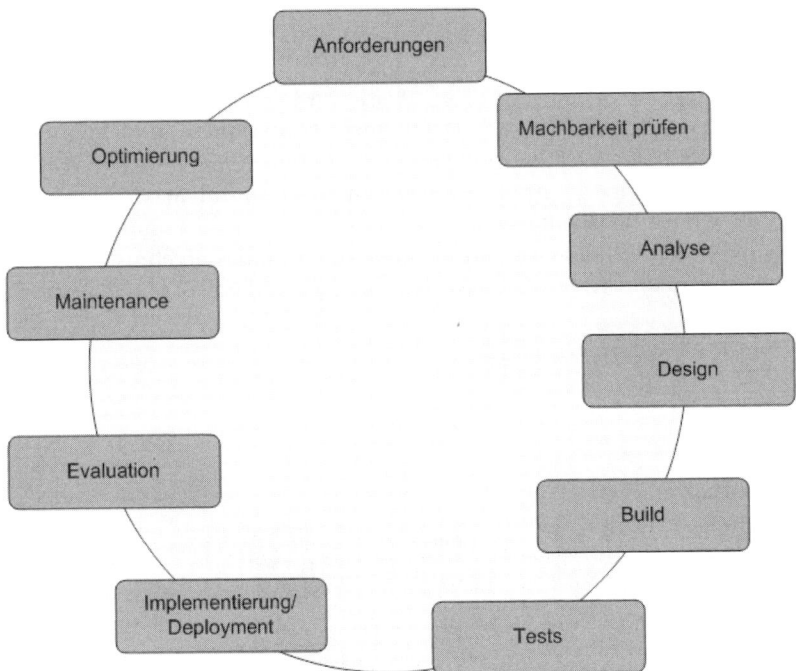

Abbildung 12.12: Beispielhafte Aspekte des Software Development Lifecycle

Funktion des Application Management

Die Funktion des Application Management ist in all die Bereiche involviert, in denen es um die Verwaltung und Unterstützung der Betriebsanwendungen geht.

Eine wichtige und vorrangige Entscheidung in Bezug auf die Anschaffung und Implementierung einer Anwendung ist die Frage, ob sie gekauft oder selbst entwickelt werden soll. Der Chief Technical Officer (CTO) oder der Lenkungsausschuss (Steering Group) treffen die Entscheidung hierüber. Dabei ist allerdings auch die Frage zu berücksichtigen, ob das Know-how und die Erfahrungen im Unternehmen vorhanden sind, um die Anwendung selbst zu erstellen, zu testen oder später zu betreiben. Dabei geht es auch darum, ein Gleichgewicht zwischen dem notwendigen Wissenslevel und den dafür notwendigen Kosten zu finden. Bei Vernachlässigung dieser Aspekte ist es unmöglich, die mit der Anwendung in Verbindung stehenden Geschäftsziele zu erreichen.

▶ Jede Phase im Application Management Lifecyle besitzt spezifische Ziele, Aktivitäten, Produkte und Teams. Dazu gehört auch, dass das jeweilige Ergebnis mit den Zielen und Anforderungen aus dem Service Management Lifecyle übereinstimmt.

– Anforderungen: Während der ersten Phase im Lifecyle werden die Anforderungen einer neuen Anwendung basierend auf den Geschäftsanforderungen einer Organisation gesammelt (funktionale Anforderungen, Betriebs-/Management-Anforderungen, Usability-Anforderungen, Architekturanforderungen, Schnittstellenanforderungen und Service-Level-Anforderungen).

– Design: In der Design-Phase werden die Anforderungen in die Spezifikationen überführt. Der Entwurf der Applikation, der Umgebung oder des Betriebsmodells, in dem die Anwendung laufen wird, findet auch in diesem Abschnitt statt.

– Development/Entwicklung/Build: In der Entwicklungsphase werden die Applikation und das Betriebsmodell für die Implementierung vorbereitet. Die Bestandteile der Applikation werden kodiert oder eingekauft, integriert und getestet.

– Implementierung/Deployment: In dieser Phase werden das Betriebsmodell und die Applikation über das Release und Deployment Management implementiert.

– Betrieb: In dieser Phase wird die Applikation als Teil des bereitgestellten Service genutzt. Die Performance der Applikation wird in Relation zum Service gegen die vereinbarten Service Level gemessen.

– Optimierung: In dieser Phase werden die Metriken und Messergebnisse geprüft. Mögliche Verbesserungen werden diskutiert und ggf. initiiert.

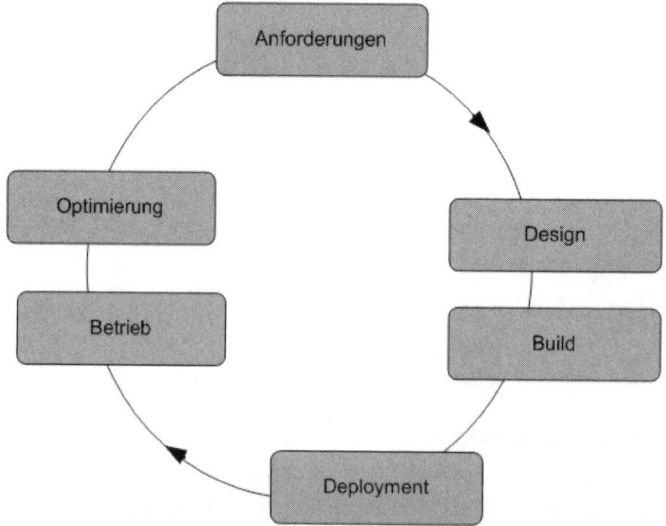

Abbildung 12.13: Beispielhafter Application Management Lifecycle

Die Ziele des Application Management aus allgemeinem Blickwinkel liegen in der Unterstützung der Geschäftsprozesse der Organisation. Dies dreht sich um die Identifizierung der Funktions- und Managementanforderungen für die Anwendungen, um dann beim Design, dem Deployment der Software, dem laufenden Betrieb und der Verbesserung Unterstützungsarbeit zu leisten. Die Anwendungen müssen kosteneffektiv, stabil und zuverlässig sein sowie ein gutes Design aufweisen. Die angeforderte Funktionalität muss in der Lage sein, die Geschäftsanforderungen zu erfüllen. Ein weiteres Ziel des Application Management besteht darin, geeignetes technisches Fachwissen zu organisieren, um den Betrieb bereitzustellen, aber auch, um Diagnose und Fehlerlösung betreiben zu können. Darin unterscheiden sich die Anwendungen auf Domino-Basis nicht von anderen Applikationen.

Aufgaben im Bereich Application Management

Wie in jedem Bereich des Application Management existieren auch in Bezug auf Ihren möglichen Aufgabenbereich eine Reihe von Tätigkeiten, die stark von der Organisation abhängig sind, in der Sie arbeiten. Auch Ihre eigene Rolle, die aktuell anstehende Aufgabe für Sie sowie der Kunden (unabhängig davon, ob intern oder extern) und die Anwendung, mit der Sie sich beschäftigen, sind relevante Faktoren, die spezielle Aufgaben in Ihrem Wirkungskreis definieren können.

Für den Bereich Lotus Domino existieren vielfach allgemeine Aufgaben des Application Management wie beispielsweise:

- Identifizierung des notwendigen Fach- und Expertenwissens
- Aufsetzen von Schulungsprogrammen zur Entwicklung und Verfeinerung des bereits vorhandenen Wissens
- Entwickeln und Durchführen von Schulungen und Trainings für Anwender, den Service-Desk und andere Teams
- Rekrutierung von internen und externen Mitarbeitern mit benötigtem Wissen
- Projektbeteiligungen
- Unterstützung bei der Risikobewertung, Identifizierung kritischer Systeme, Services und Systemabhängigkeiten, Entwickeln von Gegenmaßnahmen
- Entwickeln und Durchführen von Tests in Bezug auf Funktionalität, Performance und Verwaltbarkeit der Anwendungen und IT-Services
- Definition und Management der Event-Management-Standards und -Tools
- Bereitstellung von Ressourcen für das Problem Management mit dem entsprechenden technischen Wissen
- Informationsbereitstellung für andere Prozesse (Finanzen, Einkauf, Vertragsmanagement etc.)
- Recherche und Lösungsentwicklung von Ansätzen und Vorschlägen, die das Service-Portfolio erweitern könnten oder die die Automatisierung des IT-Betriebs weiter vorantreiben
- Beteiligung am Design und der Zusammenstellung neuer Services
- Unterstützung des Availability und Capacity Management
- Management von Lieferanten
- Sicherstellen, dass die vorhandenen Dokumente/Dokumentationen korrekt und aktuell sind

Als Lotus Notes-/Domino-Administrator obliegt Ihnen also gegebenenfalls nicht nur die Aufgabe, den definierten Anwendern Datenbanken zur Verfügung zu stellen und diese bei Bedarf zu aktualisieren. Zudem sorgen Sie auch dafür, dass die Anwender, die diese Anwendungen als Arbeitsmittel nutzen sollen, dies auch problemlos tun können. Doch Ihr Aufgabengebiet muss nicht auf diese Themen beschränkt sein. An der vorangehenden Auflistung können Sie ersehen, welche vielfachen Möglichkeiten Ihr Tätigkeitsfeld bieten kann. Je nach Unternehmen lässt sich diese Liste noch erweitern.

12.2.2 Tests und Validierung von Anwendungen

Effektives Build- und Test-Management ist die essentielle Basis, um sicherzustellen, dass Releasezusammenstellung (Build) und Tests in wiederholbarer und nachvollziehbarer Manier ablaufen. Dies gilt auch für die Domino-Anwendungen. Spezielle Build- und Testumgebungen stützen den Anspruch an ein effektives und effizientes Test- und Build-Management.

Im Sinne einer Qualitätssicherung kümmern sich Validierung und (Release-)Test darum, dass bei Lieferung einer neuen oder geänderten Anwendung (als Teil eines Service) diese den Ansprüchen in Bezug auf Utility (Fit for Purpose) und Warranty (Fit for Use) genügt.

Testen ist somit ein notwendiges Mosaiksteinchen in Richtung Kundenunterstützung. Werden Anwendungen (Services) vorab nicht ausreichend getestet, kann dies Incidents nach sich ziehen, da Fehler in den Servicebestandteilen unentdeckt geblieben sind oder weil eine Diskrepanz besteht zwischen dem, was von Business-Seite angefordert wurde, und dem, was geliefert wurde. Eine steigende Anzahl von eingehenden Anrufen beim Service-Desk wäre eine weitere negative Auswirkung von nicht ausreichenden Tests, falls Services entweder nicht so funktionieren wie vorgesehen oder nicht so zu handhaben sind wie gewünscht. Leider scheuen viele Unternehmen immer noch die Investitionen in den Aufbau und Betrieb einer Test- und Referenzumgebung. Die Kosten, die Probleme und Incidents nicht getesteter Anwendungen nach sich ziehen, sind allerdings in Summe um ein Vielfaches höher – nicht zu sprechen von der sinkenden Akzeptanz der Anwender bei immer wiederkehrenden Problemen und Ausfällen, die auf nicht getestete oder unzureichend getestete Domino-Anwendungen zurückzuführen sind. Leider wird hier vielfach zu kurz gedacht, anstatt die langfristige Verbesserung zu sehen.

Möglicherweise sind aber auch die Anwender nicht ausreichend geschult worden. Probleme und Fehler sind schwer in der Produktivumgebung zu finden, falls keine Testhistorie besteht, auf die für Rückfragen zurückgegriffen werden kann. Services, die nicht effektiv genutzt werden können, sind nicht in der Lage, einen Nutzen oder einen Wertbeitrag für den Kunden zu transportieren.

Ziele der Validierung und der (Release-)Tests

Über Validation und Testing soll sichergestellt werden, dass die Lieferung einer neuen oder veränderten Anwendung (als Teil eines Service) dem gewünschten Wertbeitrag und den Erwartungen des Kunden entspricht. So wird die Möglichkeit geschaffen, objektive Beweise darlegen zu können, dass das Business des Kunden und die Anforderungen unterstützt werden. Der Begriff „Qualität" wird laut ISO 402 als Gesamtheit der Eigenschaften und Kennzeichen eines Produkts bzw. eines Service verstanden, die zur Erfüllung der festgelegten oder selbstverständlichen Bedürfnisse wichtig ist. Eine andere Definition nach ISO 9001:2000 beschreibt Qualität als den „Grad, in dem ein Satz inhärenter Merkmale Anforderungen erfüllt".

Anforderungen, Akzeptanzkriterien und Qualitätserwartungen

Es gibt einen Unterschied zwischen Erwartungen und Kriterien, die von der Kunden- und Benutzerseite stammen. Die Qualitätserwartungen spiegeln das wider, womit die Kunden als Ergebnis rechnen. Die Erwartungen sind nicht objektiv, eher schwammig und undifferenziert: sicher, benutzerfreundlich, wartbar, schnell oder stabil. Akzeptanzkriterien sind konkrete und objektiv messbare Eigenschaften: muss bestimmten Normen entsprechen, Schrift Arial 10 Punkt, mit den Maßen 10 cm x 15 cm oder in englischer Sprache. Hier kann definitiv die Aussage getroffen werden, ob die Kriterien zutreffen. Abstufungen, was die Priorität angeht (notwendig, hilfreich etc.), sind möglich. Im Unternehmen empfiehlt sich zu diesem Thema ein entsprechend notwendiges Anforderungsmanagement.

Dabei muss aber auch bedacht werden, dass die Anforderungen von Kunden korrekt definiert sowie Fehler und Abweichungen bereits frühzeitig korrigiert werden. Fehler später in der Produktivumgebung zu beseitigen ist ungleich teurer und mit Nebenwirkungen für alle Beteiligten verbunden.

Im Falle nicht ausreichender Tests und nachfolgender Servicefehler können sowohl das Kundengeschäft als auch das Geschäft des Service-Providers Schaden davontragen (Reputationsverlust, Konventionalstrafen, direkter Zeit- und Geldverlust, entgangene Geschäftstätigkeiten etc.).

Mit Tests wird versucht, solche negativen Auswirkungen so weit es geht zu vermeiden. Aber es gilt: *„Testing can prove the presence of bugs, but not their absence."* (Dykstra). Durch eine ausreichende Testabdeckung soll der Hauptwert des Testens zum Tragen kommen. Dies bezieht sich auf das Vertrauen darauf, dass der neue oder veränderte Service auch wirklich den Nutzen und die Funktionalität wie angefordert transportiert.

Prinzipien der Validierung und Tests

Eine Zusicherung an die Qualität der Domino-Anwendungen wird durch Verifizierung und Validierung erreicht. Tests sind Aktivitäten, mit deren Hilfe geprüft wird, ob eine Anwendung, IT-Service, Prozess usw. den Spezifikationen oder vereinbarten Anforderungen entspricht. Die Validierung der Anforderungen und der korrespondierenden Akzeptanzkriterien beginnt, sobald die Anforderungen definiert sind. Die Validierung stellt eine dokumentierte Beweisführung dar, dass ein System die Anforderungen in der Praxis erfüllt (Plausibilität). Die Verifizierung dient dem Nachweis, dass ein vermuteter oder behaupteter Sachverhalt wahr ist.

So wird über die Validierung die Bestätigung eingeholt, dass die Kundenanforderungen, Verträge korrekt in das Design der Anwendung überführt wurden. Später werden Tests durchgeführt, um zu bewerten, ob die aktuell angebotene Anwendung (als Teil eines Service) die Anforderungen erfüllt (Utility und Warranty).

"Good testing works best on good code and good design. And no testing technique can ever change garbage into gold." (Beizer)

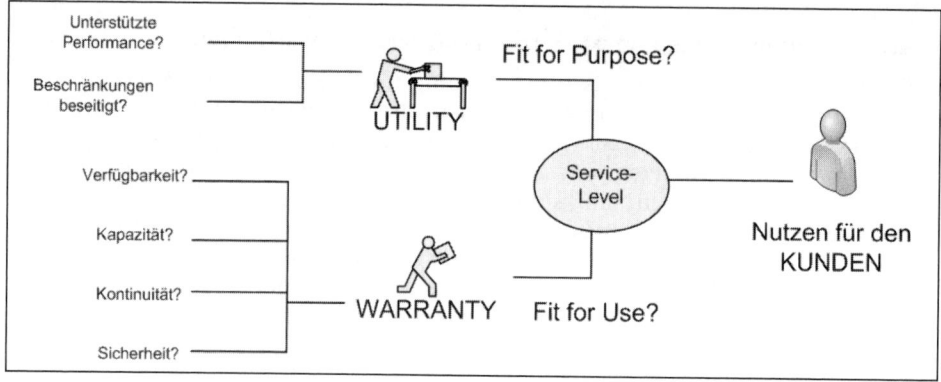

Abbildung 12.14: Service-Utility und -Warranty bilden den Wertbeitrag für den Kunden.

Richtlinien unterstützen die Validierung und das Testen. Eine Teststrategie definiert einen umfassenden Ansatz für die Testorganisation und die entsprechenden Ressourcen. Eine solche Strategie kann sich auf die gesamte Organisation, einen Geschäftsbereich oder einen einzigen Service, wobei ein Bestandteil dessen beispielsweise eine Anwendung ist, beziehen. Die jeweilige Teststrategie muss in Zusammenarbeit mit den jeweiligen Kunden entstehen, um sicherzustellen, dass der gewählte Ansatz ausreichend ist. Da hier eine Verknüpfung zum Thema Projekt-Management besteht, sollte eine konstruktive Zusammenarbeit entstehen und das Projekt seine Aufgaben in Sachen Qualitätsprüfung und Test wahrnehmen, z.B. durch Abstellen von Ressourcen zum Testen, Erkennen von Testnotwendigkeiten, Steuerung und Management der Testaktivitäten.

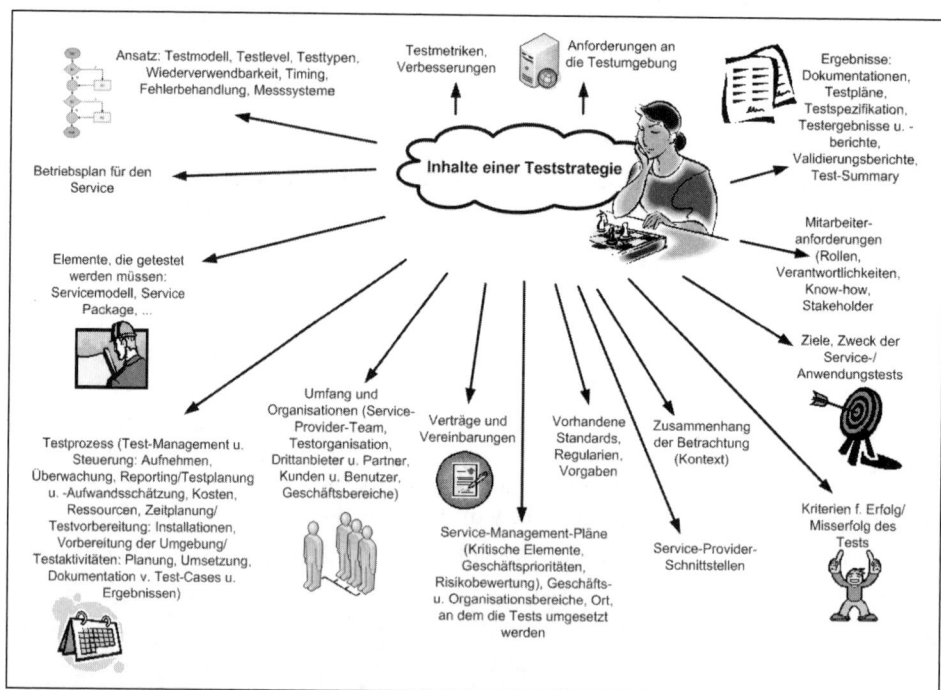

Abbildung 12.15: Beispielhafte Inhalte einer Teststrategie

Themen wie Test und Validierung, Incident Management und Problem Management sind für den Themenbereich Lotus Notes Domino nicht losgelöst zu sehen. Sie sind in einen unternehmensweiten Zusammenhang eingebettet und müssen nicht nur für Groupware-Anwendungen, sondern für alle technischen Themenbereiche im Unternehmen von der vertikalen Abteilungssichtweise auf eine horizontale prozessbasierte Sicht im Unternehmen gehoben werden.

Ein Testmodell beinhaltet einen Testplan, eine Angabe darüber, was getestet werden soll, und die Testscripts, die definieren, wie jedes Objekt getestet werden soll. Ein solches Modell soll sicherstellen, dass die Tests konsistent, nachvollziehbar und reproduzierbar ablaufen und so eine effektive und effiziente Arbeitsweise sicherstellen. Die Testscripts definieren die Release-Testbedingungen, die erwarteten Ergebnisse und die Beschreibung der Testzyklen.

Testdesign zielt auf die Entwicklung von Testmodellen und Testfällen ab, die die entsprechenden und korrekten Dinge messen und prüfen sollen, um abschätzen zu können, ob die Anwendung den ihr zugedachten Nutzen erfüllen wird. Der Fokus sollte nicht allzu leicht auf die technischen Komponenten und Aspekte geleitet werden, die u. U. einfacher zu testen sind. Ein strukturierter Ansatz hilft, die Priorität und den Fokus auf die richtigen Dinge zu lenken. Möglicherweise bringen Tests und Validierungsaktionen auch Fehler ans Tageslicht, die es möglichst früh über Changes zu beseitigen gilt.

Effektive Validierungs- und Testansätze konzentrieren sich auf die Frage, ob die Anwendung wie angefordert bereitgestellt wird. Dabei wird die Position der Personen eingenommen, die später mit dem Service arbeiten oder ihn verwalten, betreiben, oder unterstützen werden. Die Testeintritts- und Austrittskriterien werden entwickelt.

Auch die emotionale Akzeptanz der Benutzerseite spielt eine wichtige Rolle. Sind Schlüsselfiguren nicht mit der Einführung eines neuen Service oder einer Anwendung einverstanden (aus welchen Gründen auch immer), kann dies zu erheblichen Verzögerungen bei der Einführung oder gar zum Scheitern führen.

Anwendertests werden aus Tests gebildet, die prüfen sollen, ob die Anwendung den funktionalen und qualitativen Anforderungen der Benutzer genügt. Dies geschieht meist dadurch, dass der Service bzw. die Anwendung an die Geschäftsprozesse gekoppelt wird, die er unterstützen soll, um dies in einer Umgebung umzusetzen, die möglichst nahe an der späteren Produktivumgebung bzw. der entsprechenden Arbeitssituation liegt. Dies kann ggf. mit Changes am System oder dem Geschäftsprozess verbunden sein. Der volle Umfang dieser Betrachtungen und des Ergebnisses der Überlegungen zur Testsituation finden sich im Anwendertest- und Anwenderakzeptanztestplan (User Test and User Acceptance Test Plans, UAT) wieder. Das Einbeziehen der Anwender in die Definition der Akzeptanzkriterien und Testaktivitäten ist sehr wichtig, auch wenn es mit gewissen Risiken verbunden ist.

Ebenfalls sehr wichtig ist das Einbeziehen der Kundensicht und der Business-User, die vor allem Wert auf organisatorische Fragen legen (wie werden Fehler kommuniziert und an wen, wie wird der Fortschritt überwacht und der Abschluss von Change-Anfragen oder Incidents?). Der verantwortliche Entwickler bzw. der Projektleiter hält Kontakt zum Kunden, hält ihn auf dem Laufenden und versucht, Überraschungen zu vermeiden, die beim Testen auftreten könnten. Gleichzeitig hat er ein wachsames Auge auf die Qualität und stellt sicher, dass die neue Anwendung bereits mit einer entsprechend hohen und vorab geprüften Robustheit und Qualität an den Teststart vorrückt.

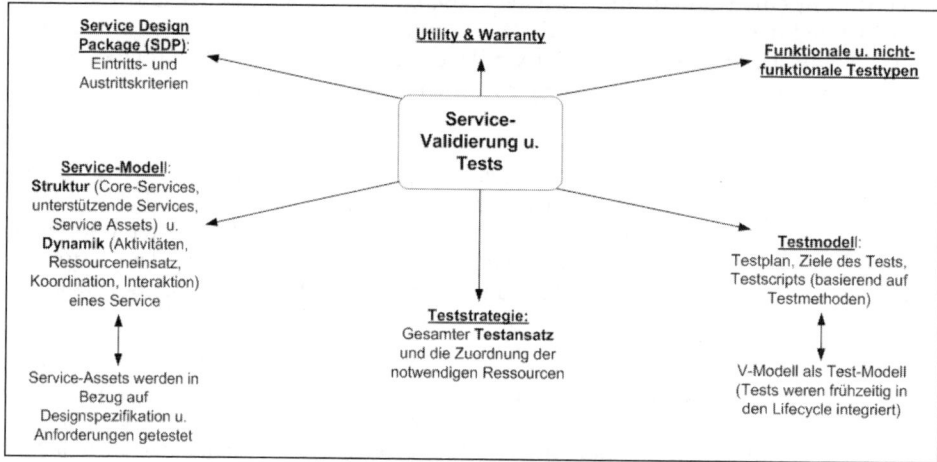

Abbildung 12.16: Basiskonzepte in Bezug auf Service-Validierung und Test (ITIL® V3)

Auch die Bedürfnisse der KollegInnen im IT-Bereich müssen berücksichtigt werden – und zwar bevor der Service oder die Anwendung ausgerollt wird. Das Betriebsteam nutzt die Tests, um sicherzustellen, dass das entsprechende technische Equipment, Tools, Zugriffsmöglichkeiten und -rechte existieren, die für ihre spätere Arbeit notwendig sind. Unterstützende Prozesse und Ressourcen müssen vorhanden sein, der Service-Desk und weitere Supporteinheiten müssen informiert sein. Dies gilt auch für das Wissen und die Erfahrung, die im Team vorhanden sein müssen, um den Service unterstützen zu können. Dokumentationen, Handbücher, Checklisten und Zugang zum Knowledge-Management sind zu übergeben.

Modelle bieten ein Framework, das hilft, die unterschiedlichen Ebenen der Anwendung zu organisieren und den vorgesehenen Validierungs- und Testaktivitäten zuzuführen. Die jeweiligen Testebenen hängen vom Design und vom Aufbau eines Systems ab. Ein weiterer Aspekt des Testens widmet sich den unterschiedlichen Testansätzen und Techniken, die neben ihrer reinen Form auch je nach Beschränkungen und Seiteneffekten kombiniert werden können. Das hängt von den Anforderungen, dem Modell, Risikoprofil, Testzielen oder den Testebenen ab. Beispiele für Testansätze:

▶ Dokumenten- und Konzeptprüfung

▶ Modellieren und Messen (Service-Modell, Betriebsplan)

▶ Spezielle Ansätze für besonders kritische Systeme

▶ Standard-Compliance-Ansätze, industriespezifische Empfehlungen

▶ Hinzuziehen von Experten

▶ Ansätze basierend auf den Erfahrungen des Unternehmens (Wasserfallmodell, RUP o.Ä.)

▶ Simulation

▶ Prototyping

▷ Walkthrough

▷ Workshops

▷ Pilotierungen unterschiedlicher Art

Um einen optimalen Einsatz der Testressourcen anzustreben, sollte mit der entsprechenden Priorisierung vorgegangen werden, je nach Wichtigkeit der Anwendung, Business-Auswirkungen und -Risiken und Zeitplanung.

Unterschiedliche Testarten/Testtypen

▷ System-Integrationstest: Hier besteht die Herausforderung darin, ein korrektes Zusammenspiel von vielen komplexen Systemkomponenten zu verifizieren. Dazu ist eine effektive Zusammenarbeit vieler Systemverantwortlicher unverzichtbar.

▷ Abnahmetest: Die Abnahme bzw. Validierung von Software erfolgt idealerweise durch den Auftraggeber/Anwender.

▷ Usability-Test: Bedienbarkeit und Verständlichkeit stellen unverzichtbare Qualitätsmerkmale dar.

▷ Security-Test: Die Akzeptanz von Service ist von Kundenseite auch abhängig vom Vertrauen des Anwenders in die korrekte und sichere Verarbeitung der Daten.

▷ Last- und Performancetest: Steigende Datenmengen und Benutzerzahlen sowie komplexer werdende Informationsverarbeitung stellen hohe Anforderungen an das Antwortzeitverhalten bzw. an das Systemverhalten generell. Mithilfe leistungsfähiger Werkzeuge und Verfahren werden Systeme bzw. Systemkomponenten unter hoher Last analysiert und Schwachstellen identifiziert.

▷ Servicespezifikationstest (Fit for Purpose), um herauszufinden, ob der Service die Spezifikation erfüllt testen Lieferanten, Anwender und Kunden.

▷ Service-Level-Test, um zu prüfen, ob der neue Service die festgelegten Service-Level erreicht.

▷ Service-Guarantee-Test (Fit for Use): Dabei wird meist von Kundenseite verifiziert, inwiefern Verfügbarkeit, Kapazität, Kontinuität und Sicherheit gewährleistet werden.

▷ Service-Management-Test: z.B. auf Basis der ISO/IEC 20000, in der die minimalen Anforderungen, die Prozesse erfüllen müssen, beschrieben werden.

Weitere Testtypen sind beispielsweise Kompatibilitätstests, Compliance-Tests, Betriebstests (z.B. als Last- und Stresstests) oder Regressionstests, um neue Testergebnisse mit alten Testergebnissen vergleichen zu können.

Das Testdesign beschäftigt sich mit der Entwicklung von Testmodellen und Testfällen, um festzustellen, dass der Service die definierten Anforderungen erfüllt. Ein strukturierter Ansatz unterstützt das Bemühen, einen Service auf allen notwendigen Testebenen auf Herz und Nieren zu prüfen. Dazu gehören auch die entsprechenden Testscripts.

Neben den Betrachtungen in Bezug auf die geschäftlichen Aspekte (z.B. Business-Abhängigkeiten, Anzahl der Anwender, Geschäftsszenarien als Testvorlage), die Servicearchitektur und -Performance (SLAs, Servicestruktur etc.), das Service Management (Servicesupport-Modelle, Service-Operations-Modell etc.), die Applikationsinformationen und -daten

(Zusammenarbeit mit der Datenbasis, Funktionalität, Versionsseiteneffekte etc.) oder die technische Infrastruktur (z.B. physikalische Assets, Ressourcenkapazitäten) gibt es weitere Gesichtspunkte, die nicht außer Acht gelassen werden wollen. Dazu zählen z.B.:

▶ Budget und Finanzen, z.B. ob das vorhandene Budget ausreichend ist

▶ Dokumentationen, z.B. ob alle notwendigen Dokumentationen vorhanden sind

▶ Lieferanten eines Services, z.B. in Bezug auf die Schnittstellen

▶ Build, z.B. ob der Service oder seine Bestandteile in ein Release Package passen

▶ Zeitplanung, z.B. wann und wo die Tests stattfinden können

▶ Rollback, z.B. ob ein Fallbackplan entwickelt wurde

Im Hinterkopf behalten werden muss auch die Notwendigkeit von Management und Pflege der Testdaten. Dazu gehört die Trennung von Test- und Produktivdaten, Zugriffschutz und Regeln, um zu vermeiden, dass Daten aus Versehen in der falschen Umgebung landen. Weitere wichtige Aktionen beziehen sich auf das Backup der Testdaten oder eine abgenommene Baseline für die Testumgebung.

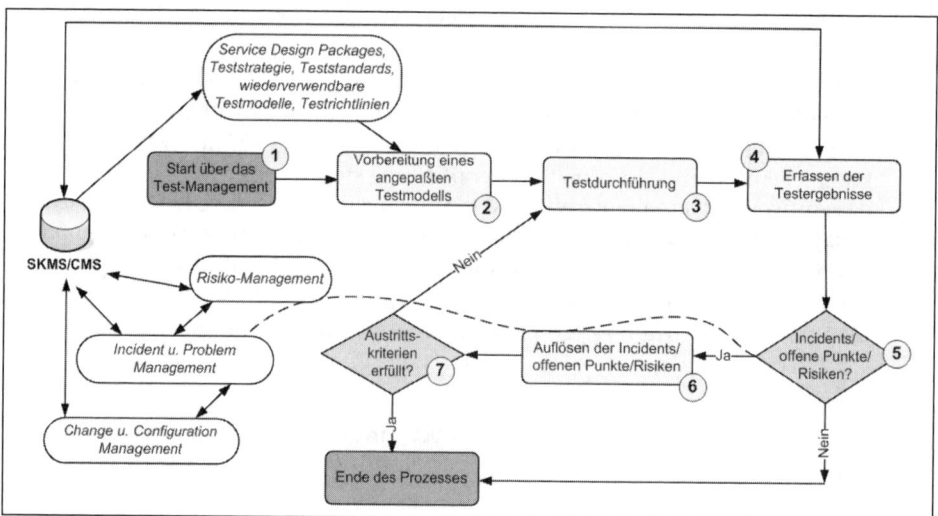

Abbildung 12.17: Beispielhafte Umsetzung der Testaktivitäten

12.2.3 Change und Release Management

ITIL® (IT Infrastructure Library®, siehe *Kapitel 13.1, Exkurs „Problem Management")* als Bestandteil des IT-Service-Management nimmt sich über den Prozess Change Management der Umsetzung von Veränderungen an IT-Services oder IT-Komponenten (Configuration Items, CIs) im Zusammenspiel mit Dokumenten/Dokumentationen an. Wird beispielsweise der Domino Server auf eine neue Version mit neuen Funktionalitäten migriert, müssen auch die dazugehörigen Handbücher und Anleitungen aktualisiert werden.

Im Mittelpunkt des Change Management steht das Bestreben, die Änderungen zentral gesteuert umzusetzen und die Anzahl der Änderungen auf ein Minimum zu reduzieren. Ein Request for Change (RfC) stellt den Antrag für bestimmte Veränderungen von CIs dar, der genehmigt werden muss. Durch standardisierte Methoden und Prozeduren sollen Changes schnell und kontrolliert durchgeführt werden. Die Überwachung ist allerdings nicht technischer Natur, sondern bezieht sich auf den Prozessablauf. Der Begriff „Change" steht für das Hinzufügen, Ändern oder Entfernen eines CIs. Ein Change wird über einen Request for Change (RfC) eingeleitet. Dieser stellt im Grunde genommen einen Antrag auf Durchführung einer Änderung an einem oder mehreren CIs dar. So ist ein Projekt beispielsweise nichts anderes als ein großer Change. Ein Change, der aber (je nach Projektgröße) sehr umfangreich ausfallen kann.

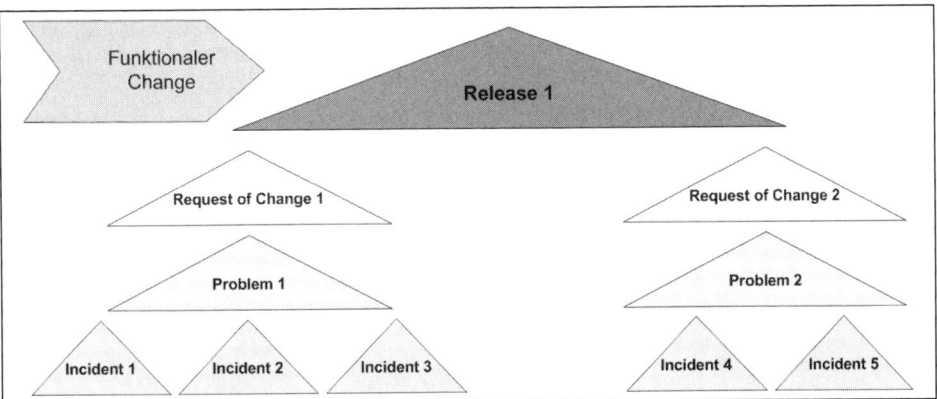

Abbildung 12.18: Mehrere Incidents können einem Problem zugeordnet werden. Diese Probleme sollen über jeweils einen Change behoben werden, der über ein Release in die Produktivumgebung ausgebracht werden soll.

Das Change Management bei ITIL® ist für die Autorisierung von Änderungen in der IT-Infrastruktur verantwortlich und das Configuration Management für die Überwachung des Status von Konfigurationselementen (Configuration Items, CIs) in der IT-Organisation. Das Configuration Management zeigt die Beziehungen zwischen den einzelnen CIs auf, sodass die von der Änderung betroffenen Bereiche erkannt werden (z.B. der Zusammenhang zwischen Netzwerk-, Domino Server- und Notes Client-Funktionalität). Die Erfassung bzw. Dokumentation von Änderungen und der damit verbundenen Informationen in der CMDB/im CMS sind Aktivitäten, die einen Abgleich zwischen den beiden Prozessen fordern. Routinemäßige Änderungen, die eindeutig beschrieben sind und standardisiert durchgeführt werden können, müssen nicht der Kontrolle und Freigabe des Change-Management-Systems unterliegen. Trotzdem hat jede Änderung in der IT-Infrastruktur Auswirkungen auf das entsprechende CI in der CMDB. Daher stellt die CMDB/das CMS (nicht nur) für das Change Management eine wichtige Ressource dar. Prämisse ist allerdings eine aktuelle und gut gepflegte Datenbank.

Nach der Durchführung einer Änderung findet stets eine Überprüfung statt, um sicherzustellen, dass die Change-Umsetzung wie geplant vonstatten gegangen ist und den gewünschten Erfolg bringt (z.B. um zu schauen, ob alles problemlos funktioniert und vorher aufgetretene Fehler durch eine neue Softwareversion eliminiert wurden). In der IT gehören auch aufgrund der steigenden Business-Anforderungen und immer kürzeren Produktentwicklungszyklen Änderungen (Changes) zur Tagesordnung. Die Erfahrungen zeigen jedoch gleichzeitig, dass Störungen in der IT-Infrastruktur häufig auf Änderungen, die zuvor durchgeführt wurden, zurückzuführen sind. Die Ursachen sind mangelnde Sorgfalt, unzureichende Kommunikation und Dokumentation, zu knapp bemessene Ressourcen, unzureichende Vorbereitung oder mangelhafte Analyse der Auswirkungen und Finaltests in der Produktionsumgebung.

Nach Vollendung des Projekts, das beispielsweise über einen Change initiiert wurde, dient der Business-Case als Überprüfung, ob der angestrebte Nutzen aus dem Projektergebnis erzielt werden konnte. Dies wird von vielen Unternehmen auch als Wertbestimmung bezeichnet. Diese wird ausgeführt, nachdem das Projektergebnis z.B. eine Weile gelaufen ist, um Daten zu sammeln. Die tatsächlichen Ergebnisse werden mit den gewünschten Ergebnissen verglichen, die zu Beginn des Projekts festgelegt wurden.

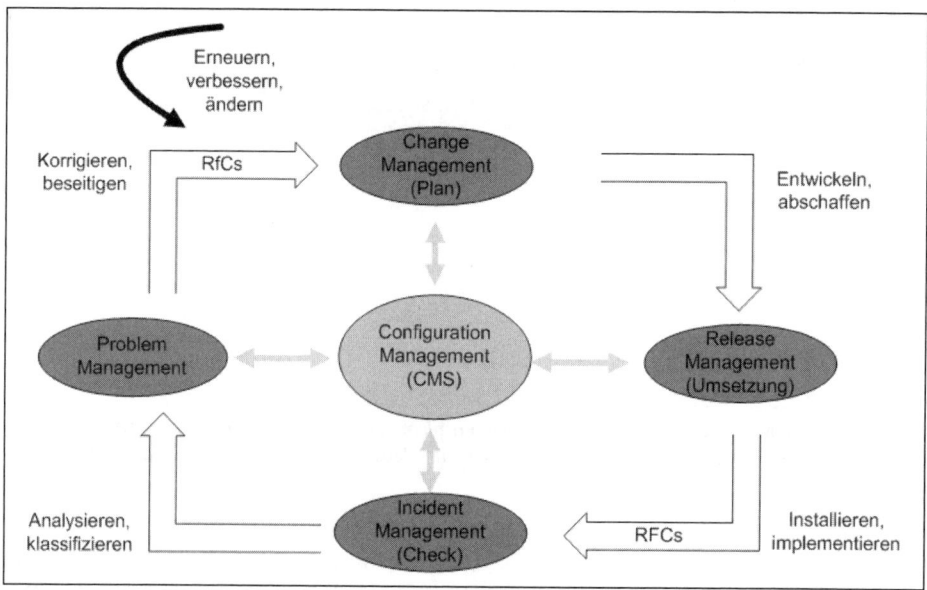

Abbildung 12.19: Zusammenhänge in Bezug auf ein dynamisches Change Management

Die Vielzahl an Changes, die auftreten, fordert ein effektives und konsistentes Management mit standardisierten Methoden und Vorgehensweisen. Dadurch werden Risiken sowie die Schwere der Change-Auswirkungen und Unterbrechungen minimiert. Gleichzeitig wird durch Planungs- und Testaktivitäten die Chance erhöht, dass direkt beim ersten Versuch eine Änderung erfolgreich umgesetzt werden kann. Dies schafft nicht nur eine höhere Akzeptanz und Zufriedenheit auf Kundenseite, sondern spart auch Zeit und Geld.

Der Ansatz des Change Managements bezieht sich auf die Bewertung der Risiken und der Business-Kontinuität, Change-Auswirkungen, Ressourcenanforderungen, Change-Freigabe und den zu realisierenden maximalen Wertbeitrag für den Kunden. Dieser Ausgangspunkt des Prozesses schafft eine Balance zwischen der Nachfrage des Change und den Auswirkungen.

Zahlreiche Changes lassen sich zu einem Release zusammenfassen, um dann zusammengestellt, gemeinsam getestet und ausgerollt zu werden. Auch diesbezüglich sind Wechselwirkungen zu beachten.

Das Release Management stellt quasi den operativen Teil des Change Management dar. Die Gesamtkontrolle liegt jedoch beim Change Management. Ein Release beschreibt eine oder mehrere autorisierte Änderungen an einem IT-Service oder an Teilen der IT-Infrastruktur. Dieser Begriff bezeichnet darüber hinaus eine Sammlung von neuen/geänderten CIs oder Services, die getestet und zusammengeführt in die Produktivumgebung eingeführt werden. Ein Release ist definiert durch die RfCs, die es implementiert.

Die IT-Organisation sollte die Planung und den Rollout neuer Release-Versionen gesteuert und kontrolliert durchführen. Andernfalls wird die Organisation häufiger mit Problemen konfrontiert, die auf mangelnde Sorgfalt bei der Durchführung von Releases zurückzuführen sind.

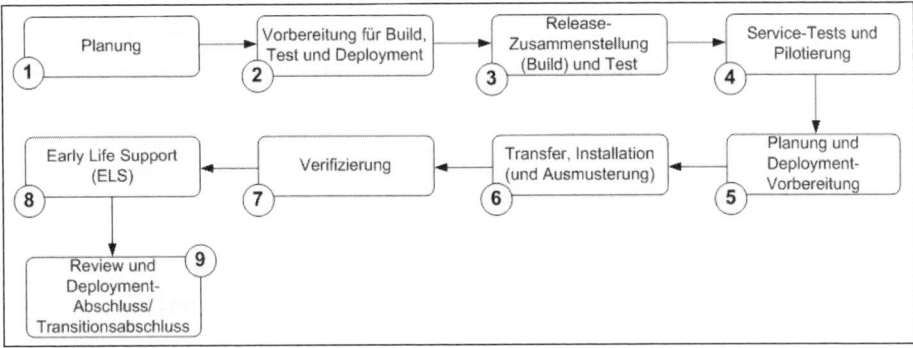

Abbildung 12.20: Aktivitäten im Release und Deployment Management

Hinweis

ITIL® V3 als Bibliothek orientiert sich bezüglich ihrer inhaltlichen Gliederung an den unterschiedlichen Prozessen und Funktionen, die für die Service-Strategy, das Service-Design (Entwurf, Planung und Beschreibung), die Service-Transition (Überführung), die Service-Operations (Betrieb und Pflege) und das Continual Service Improvement (Verbesserung der IT-Dienstleistungen und der IT-Service-Management-Prozesse) notwendig sind. Eine Lotus Notes Domino-Anwendung ist Teil eines IT-Service, der die Business-Aktivitäten der Anwender ermöglicht oder unterstützt.

Die in den vorhergehenden Kapiteln genannten Prozesse sind Teil des Abschnitts Service-Transition (ST). Diese kümmert sich um die Entwicklung und Verbesserung von Fähigkeiten in Bezug auf die Einführung neuer oder geänderter Services in die Produktivumgebung. Somit nehmen Sie als Administrator zusammen mit Ihren KollegInnen Rollen innerhalb der unterschiedlichen Prozesse wahr.

Die in den vorhergehenden Kapiteln beschriebene Reihenfolge

- Entwicklung einer Datenbank entsprechend der Anforderungen von Kundenseite (unabhängig davon, ob dies interne oder externe Kunden sind),
- Validierung und Test,
- Change und Release Management als Vorbereitung für die Installation in der Produktivumgebung,

ist diejenige, die in dieser Ausprägung in den meisten Fällen in der Praxis vorzufinden ist. Die Theorie der ITL v3 gibt dagegen eher eine etwas andere Reihenfolge vor (siehe *Abbildung 12.21*). Dabei ist allerdings zu beachten, dass ITIL® ein Framework, eine Sammlung von Best Practices darstellt, das adaptiert werden kann, aber Freiraum und Anpassungsmöglichkeiten für die Organisation lässt.

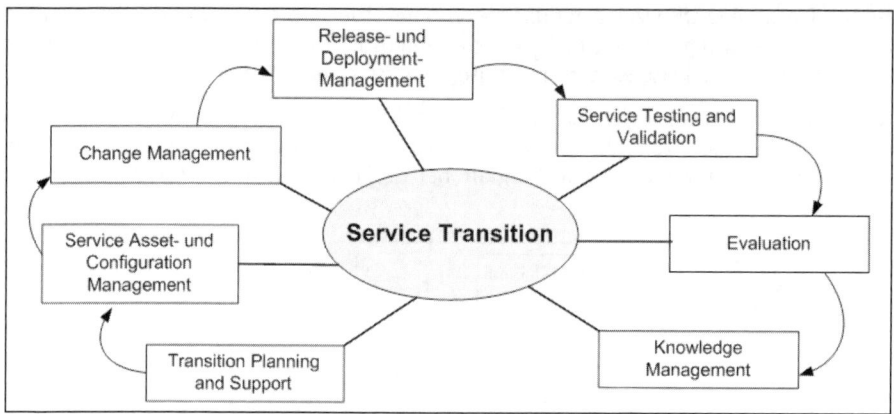

Abbildung 12.21: Prozesse in der Service-Transition (ITIL® V3)

12.3 Datenbank-/Anwendungsadministration

Spezielle Anwendungen werden in der Regel aufgrund von Anforderungen entworfen. Diese Aufgabe übernimmt ein Datenbankdesigner („Developer"), wenn die Standardschablonen aus dem Hause IBM Lotus den Anforderungen nicht genügen. Dem Datenbankadministrator kommt die Aufgabe zu, das Design – meist in Form eines Templates (Schablone) – dem Anwender zur Verfügung zu stellen und so in die produktive Umgebung einzugliedern, dass die entsprechenden Anwender die Datenbank nutzen können.

12.3.1 Neue Anwendungen in Produktion setzen

Der Designer sollte eine fehlerfreie und qualitätsgesicherte Schablone ohne konsistente Zugriffskontrollliste zur Verfügung stellen und eine Dokumentation der benötigten Gruppen und deren Rechteverteilung für die Zugriffsliste (ACL) beisteuern. Die ÜBER DIESE ANWENDUNG/ABOUT THIS APPLICATION- und BENUTZEN DIESER ANWENDUNG/USING THIS APPLICATION-Dokumente müssen als vollständige und aussagekräftige Dokumentationen existieren. Hier sollten der Titel der Datenbank sowie die Verantwortlichen genannt und der Zweck der Datenbank erläutert werden. Sind diese Dokumente leer, kann es neben Verwirrung oder Unmut der Anwender auch zu technischen Problemen kommen. Soll ein globales Rollout der Datenbank erfolgen, sollten diese Dokumente in englischer Sprache vorliegen bzw. in englischer und deutscher Sprache. Eventuell sind Anweisungen für die Benutzer hinzuzufügen wie etwa `Press ESC to close document`. Aber auch ausführliche Informationen können hier ihren Platz finden.

Als Ablageort für Datenbankschablonen empfiehlt sich eine zu diesem Zweck zentral angelegte Datenbank oder ein Verzeichnis auf einem Netzlaufwerk, das auch die Dokumentationen der Datenbanken enthalten sollte. Dazu gehören die Daten des Entwicklers und/oder der Firma, Gruppen- und Rechtestruktur, Lokationen, von denen aus die Datenbank erreichbar sein soll (Repliken), und weitere notwendige Daten.

Der Administrator muss die erforderlichen Gruppen erstellen, eine Datenbank auf Basis des Templates auf einen produktiven und erreichbaren Server legen, die Rechte einstellen und gegebenenfalls Repliken erstellen. Der Benutzerzugriff sollte stets über ein festgelegtes Gruppenkonzept realisiert werden und nicht über Individuen. Dies erfordert allerdings eine konsistente und dokumentierte Struktur des Domino Directory. In Bezug auf Personengruppen würde dies beispielsweise so aussehen:

▷ Z_DATEINAMEDERDATENBANK_RECHT (Z_D02099_ED) für die Editorengruppen in der ACL (Typ: Acess List Only)

Auf diese Weise ist es möglich, jeder Datenbank die erforderlichen Gruppen zuzuordnen und bei Bedarf zu modifizieren. Planen Sie den Datenbankzugriff für die Anwendung, bevor Sie einer Datenbank-ACL Benutzer, Gruppen oder Server hinzufügen. In großen Umgebungen ist es für das Datenbankadministratorenteam schwer zu entscheiden, welche Rechte einem von Zigtausend Anwendern bei 500 oder mehr produktiven Datenbanken zukommen dürfen. Die Aufgabe der Zuordnung einer Person zu einer Gruppe wird deswegen vielfach an eine sogenannte Datenbank-Supervisorengruppe pro Datenbank/Anwendung delegiert. Die Mitglieder dieser Gruppe besitzen die Rechte zur Pflege der datenbankspezifischen Gruppen. Allerdings ist es meist bei einer solchen Aufgabenteilung nicht vorgesehen, dass sie ihre eigene Supervisorengruppe modifizieren. Dieses Konzept trägt die Verantwortlichkeit in die Gruppe der Anwender hinein, die viel besser über die zulässige Berechtigung entscheiden können, wird aber nicht zum Sicherheitsproblem, da die ACL und die darin eingepflegten Gruppen nicht direkt von den Supervisoren editiert werden können.

Lediglich die Datenbankadministratoren haben Managerrechte auf eine Anwendungsdatenbank. Personengruppen der Anwender haben maximal Editorenrechte. Dies ist allerdings abhängig von den internen Anforderungen der Firma oder des Konzerns. Diese Entscheidung ist also auch von der Firmenpolitik abhängig und schlägt sich in allen Fragen der Domino-Sicherheit nieder. Eine weitere Frage, die dabei zu klären ist, wäre der Ablageort der Templates. Normalerweise sollten sich nur die erforderliche Anzahl der Standardschablonen für die Systemdatenbanken (wie *log.ntf* oder *pubnames.ntf*) im oder unterhalb des Data-Ordners auf dem Server befinden. So vermeidet man Fehler in Form von nicht beabsichtigten Designänderungen von Datenbanken. Dies ist aber eine organisatorische Entscheidung und sollte dediziert für das gesamte Unternehmen gelten und abgebildet werden.

Der Datenbankadministrator löst sich die entsprechende Schablone aus der zentralen Ablage und stellt sie in das Data-Verzeichnis seines Clients. Dann signiert er sie dort (bzw. später auf dem Server die ausgerollte Datenbank) mit der entsprechenden ID. Dieser Punkt ist in Bezug auf die fehlerfreie Funktionalität der Datenbank in der produktiven Umgebung nicht zu vernachlässigen!

▷ Wählen Sie im Domino Administrator Client den Server aus, auf dem die zu signierenden Datenbanken bzw. Schablonen gespeichert sind – in diesem Fall lokal.

▷ Wählen Sie im Register DATEIEN/FILES die zu signierenden Datenbanken oder Schablonen aus.

▷ Wählen Sie WERKZEUGE/TOOLS > DATENBANK/DATABASE > SIGNIEREN/SIGN.

▷ Wählen Sie eine der folgenden Optionen:

   – ALLE GESTALTUNGSDOKUMENTE/ALL DESIGN DOCUMENTS, um alle Gestaltungselemente zu signieren.

   – ALLE DATENDOKUMENTE/ALL DATA DOCUMENTS, um alle aktiven Inhalte (wie Hotspots) in Datendokumenten zu signieren.

   – GESTALTUNGSELEMENTE DES TYPS/ALL DOCUMENTS OF TYPE, um einen bestimmten Typ von Gestaltungselementen zu signieren.

- – BESTIMMTE DOK-ID/THIS SPECIFIC NOTE ID, um ein bestimmtes Gestaltungselement zu signieren.
- – Wählen Sie NUR VORHANDENE SIGNATUREN AKTUALISIEREN/UPDATE EXISTING SIGNATURES ONLY, um nur die zuvor signierten Gestaltungselemente zu aktualisieren. Verwenden Sie diese Option, um die Signatur von bereits signierten Gestaltungselementen zu ändern.

▷ Klicken Sie auf OK.

In einem Dialogfeld werden dann die Anzahl der verarbeiteten Datenbanken sowie die Anzahl der eventuell aufgetretenen Fehler angezeigt.

Die Definition der Rechtestruktur für die ACL einer künftigen Datenbank kann bereits in der Schablone erfolgen. Dies ist aber nur dann erfolgreich, wenn die Gruppennamen in der ACL der Schablone in eckige Klammern gefasst werden. Ansonsten werden sie nicht von der Zugriffsliste der Schablone in die der Datenbank übernommen. Die Bearbeitung der ACL kann entweder über die Dateiansicht (Registerkarte DATEIEN/FILES) des Domino Administrators erfolgen oder über die Kachel/Bookmark auf Ihrer Arbeitsbereichsseite. Nachdem Sie der ACL eine Gruppe hinzugefügt haben, weisen Sie der Gruppe eine Zugriffsebene zu. Die Zuweisung eines Benutzertyps ist zwar optional, sollte jedoch vorgenommen werden, da sie zusätzliche Sicherheit bietet. Fügen Sie Zugriffsebenenberechtigungen und Rollen hinzu, wenn die Anwendung diese erfordert.

Eine neue Datenbank wird über den Weg im Menü DATEI/FILE > ANWENDUNG/APPLICATION > NEU/NEW oder den entsprechenden Shortcut erzeugt.

Abbildung 12.22: Erzeugen einer neuen Datenbank

Folgende Angaben müssen getätigt werden:

▷ SERVER: Angabe des Servernamens, auf dem die Datenbank abgelegt werden soll

▷ TITEL/TITLE: Datenbanktitel (siehe *Abbildung 12.22*)

▷ DATEINAME/FILE NAME: Dateiname der Datenbank (*DKM-Topics.nsf*). An dieser Stelle ist unbedingt die spezifische Dateiendung mit anzugeben.

▶ Über die Schaltfläche in Form eines Verzeichnisordners ist das Ablageverzeichnis des unter SERVER angegebenen Datenbankservers auszuwählen. Klicken Sie den vorgesehenen Ordner einmal an und betätigen Sie dann die Schaltfläche AUSWÄHLEN/ SELECT, um den Ablageort festzulegen (siehe *Abbildung 12.23*).

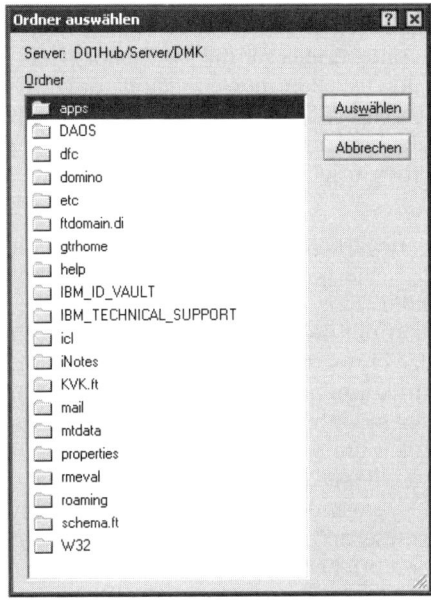

Abbildung 12.23: Verzeichnisauswahl

▶ Des Weiteren können Sie angeben, ob die Datenbank volltextindiziert werden soll (ohne Optionenauswahl), falls erforderlich, die Datenbankverschlüsselung sowie erweiterte Optionen für die Datenbank.

▶ Im unteren Bereich des Fensters können Sie festlegen, aus welchem Template die neue Datenbank ihr Design übernehmen soll und wo diese Schablone liegt.

▶ Über die Option ZUKÜNFTIGE GESTALTUNGSÄNDERUNGEN ÜBERNEHMEN/INHERIT FUTURE DESIGN CHANGES können Sie festlegen, ob in den Datenbankeigenschaften der neuen Datenbank der Templatename hinterlegt wird. Diese Angaben sind für den Designer-Task erforderlich, über den eine automatische Designänderung anhand dieser Angaben in Datenbank und Template erfolgt.

▶ Haben Sie alle erforderlichen Einstellungen vorgenommen, betätigen Sie den OK-Button.

▶ Die Datenbank wird erstellt und eine entsprechende Kachel nach Fertigstellung auf der aktuellen Arbeitsbereichsseite erzeugt.

Liegt Ihnen keine Schablone als Quelldatei, sondern eine Datenbank vor, können Sie eine Kopie der Vorlage auf den Server legen und bei diesem Vorgang die eben angesprochenen Einstellungen festlegen.

Kontrollieren Sie Datenbanktitel und Dateinamen. Haben Sie im vorherigen Schritt die Zugriffskontrollliste in der Schablone noch nicht eingestellt, so konfigurieren Sie diese jetzt. Ihr eigener Name steht als Person in der Zugriffsliste. Entfernen Sie diesen, nachdem Sie der Administratorengruppe Managerrechte erteilt haben, und passen Sie die ACL an.

Nehmen Sie die erforderlichen Einstellungen der Datenbankeigenschaften vor. Bedenken Sie, dass die Konfiguration Auswirkungen auf die Ressourcen und die Leistungsfähigkeit der Datenbank und des Servers haben kann. Mithilfe der Datenbankeigenschaften ist es möglich, den Datenbanktitel zu modifizieren, eine Änderung des Dateinamens kann zu diesem Zeitpunkt jedoch nur über das Betriebssystem (z.B. Windows-Explorer) erfolgen. Vergewissern Sie sich, dass der Datenbanktitel im Dialogfeld ANWENDUNG ÖFFNEN angezeigt wird, wenn dies beabsichtigt ist. Erstellen Sie einen Volltextindex für die Datenbank, wenn die Benutzer die Datenbank nach Informationen durchsuchen müssen. Standardmäßig werden alle Datenbanken im Datenbankkatalog aufgelistet. Sie können gegebenenfalls durch Hinzufügen von Kategorien steuern, wie die Datenbank in den Katalogansichten angezeigt wird. Erstellen Sie für Ihre Benutzer eine Bibliothek ausgewählter Datenbanken auf einem oder mehreren Servern.

Ein weiterer wichtiger Punkt sind die Datenbankaktivitäten. Diese Einstellung fällt für viele Betriebsräte bereits unter „Datenschutz". Der Task STATLOG meldet standardmäßig die Datenbankaktivitäten an alle Dialogfelder BENUTZERAKTIVITÄT/USER DETAIL der Datenbanken. Um zu verhindern, dass STATLOG die Benutzeraktivität automatisch im Dialogfeld BENUTZERAKTIVITÄT/USER DETAIL aufzeichnet, fügen Sie der *notes.ini*-Datei den Eintrag No_Force_Activity_Logging=1 hinzu. Dann können Sie das Aufzeichnen der Benutzeraktivität pro Datenbank aktivieren, wann Sie möchten. Weil durch die Aktivitätsaufzeichnung die Größe der einzelnen Datenbanken um 64 Kilobyte zunimmt, sparen Sie durch die Deaktivierung der automatischen Aktivitätsaufzeichnung Speicherplatz auf dem Server. Wenn Sie No_Force_Activity_Logging verwenden, meldet Statlog die Aktivität weiterhin an die Protokolldatei (*log.nsf*). Statt diese zu öffnen oder direkt das Dialogfeld BENUTZERAKTIVITÄT/USER DETAIL wie unten beschrieben anzuzeigen, können Sie das Werkzeug DATENBANK/DATABASE > ANALYSIEREN/ANALYZE verwenden, um Aktivitätsstatistiken anzuzeigen.

Möchten Sie die Einstellung dediziert je Datenbank vornehmen, gehen Sie folgendermaßen vor:

▶ DATEI/FILE > ANWENDUNG/APPLICATION > EIGENSCHAFTEN/PROPERTIES.

▶ Wählen Sie das Register INFO aus und klicken Sie auf BENUTZERAKTIVITÄT/USER DETAIL.

▶ Wählen Sie AKTIVITÄT AUFZEICHNEN/RECORD ACTIVITY, um die Aktivitätsaufzeichnung zu aktivieren. Wählen Sie AKTIVITÄT IST VERTRAULICH/ACTIVITY IS CONFIDENTIAL, wenn Sie die Benutzer, die die Aktivität anzeigen können, auf Benutzer mit mindestens Entwicklerzugriff begrenzen möchten (siehe *Abbildung 12.24*).

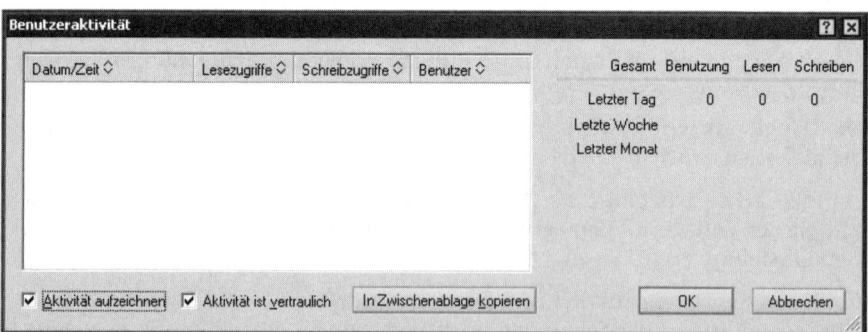

Abbildung 12.24: Aktivitäten aufzeichnen

Legen Sie, falls erforderlich, Datenbankrepliken an. Wenn Sie in einer Domino-Umgebung mit Hub-Spoke-Topologie arbeiten, legen Sie sowohl die Gruppen im Domino Directory als auch die Repliken über den Hubserver an.

Replikrumpf

Ein Replikrumpf (Replica Stub, Replikkopf) ist eine leere Replik, die noch keine Dokumente enthält. Wenn Sie DATEI/FILE > REPLIZIERUNG/REPLICATION > NEUE REPLIK/NEW REPLICA wählen, erstellt Notes einen Replikrumpf und füllt ihn mit Dokumenten. Dies geschieht sofort oder bei der nächsten vorgesehenen Replizierung, je nachdem, welche Option Sie bei der Erstellung einer Replik angeben. Dies ist recht nützlich, wenn Sie beispielsweise per Mail Repliken an Partner oder Kunden verteilen müssen, mit denen ein Datenaustausch über die Notes-Replizierung stattfinden soll.

1. Wählen Sie eine der folgenden Optionen neben der Angabe des Ablageorts für die Replik:
   - ERSTELLEN: SOFORT/CREATE IMMEDIATELY, um die neue Replik sofort mit Daten zu laden. Sie müssen so lange warten, bis alle Daten in die neue Replik repliziert wurden. Wenn Sie diese Option nicht aktivieren, wird die Replik durch den AdminP angelegt und ein Replikrumpf erstellt, der mit Daten geladen wird, wenn der Zielserver das nächste Mal mit dem Quellserver repliziert. Dies ist gleichbedeutend mit der früheren Option ERSTELLEN: BEI DER NÄCHSTEN VORGESEHENEN REPLIZIERUNG unter R5. Sie sollten die Option ERSTELLEN: SOFORT/CREATE IMMEDIATELY nicht auswählen, wenn die Datenbank groß ist oder wenn Sie eine Reihe von Replikdatenbanken erstellen und nicht warten möchten, während die Replizierung der Dokumente erfolgt.

     Sie können diese Option auch nutzen, um einen Replikrumpf zu erstellen, der mit Daten geladen wird, wenn der Zielserver das nächste Mal mit dem Quellserver repliziert. Dazu müssen Sie die sofortige Erstellung der Replik allerdings nach den ersten geladenen Daten abbrechen.

2. Wählen Sie ZUGRIFFSKONTROLLLISTE KOPIEREN/COPY ACCESS CONTROL LIST, um die ACL vom Original in die neue Replik zu kopieren. Wenn Sie für die neue Replik Manager sein möchten, prüfen Sie, ob Ihnen in der ACL der Quelldatenbank Managerzugriff eingeräumt ist. Oder wenn Sie sich automatisch Managerzugriff auf die neue Replik einräumen möchten, deaktivieren Sie die Option ZUGRIFFSKONTROLLLISTE KOPIEREN/COPY ACCESS CONTROL LIST. Prüfen Sie, ob der Server, auf dem Sie die Replik erstellen, in die Zugriffskontrollliste und die Zugriffslisten für Gestaltungselemente eingetragen ist.

3. Falls notwendig, wählen Sie VOLLTEXTINDEX FÜR SUCHFUNKTION ERSTELLEN/CREATE FULL TEXT INDEX FOR SEARCHING, um einen Volltextindex in der neuen Replik zu erstellen.

Informieren Sie die Auftraggeber (sowie die möglichen Supervisoren) über den Ablageort der Datenbank und lassen Sie den Ansprechpartnern alle erforderlichen Daten zukommen. Dies sind beispielsweise die Namen der zu pflegenden Gruppen und eine Dokumentation über die Aufgabe als Datenbank-Supervisor.

Damit haben Sie alle erforderlichen Schritte durchgeführt.

Hier noch einmal zusammengefasst die einzelnen Schritte zur Überführung einer Datenbankschablone in eine produktive Datenbank:

▶ Signieren der Datenbankschablone (oder später der ausgerollten Datenbank) mit der dafür vorgesehenen User- oder Server-ID

▶ Erzeugen der erforderlichen Gruppen

▶ Erzeugen der Datenbank

▶ Anpassen der ACL

▶ Anpassen der Datenbankeigenschaften und der Benutzeraktivität

▶ Falls erforderlich: Anlegen von Repliken

▶ Kommunikation mit den Supervisoren

12.3.2 Standarddatenbanken und Standardschablonen

Neben den Schablonen, die explizit von Datenbankdesignern entworfen werden, existieren die Standardschablonen, die für entsprechende Standarddatenbanken/-anwendungen vorgesehen sind. Diese Schablonen werden vom Konfigurationsprogramm, von Servern und von Administratoren zum Erstellen von System- und Anwendungsdatenbanken verwendet. Wenn Sie eine neue Datenbank erstellen, sind einige dieser Schablonen erst dann in der Schablonenliste sichtbar, wenn Sie WEITERE SCHABLONEN ANZEIGEN/SHOW ADVANCED TEMPLATES wählen. Die Dateinamenserweiterung der Schablonen lautet *.ntf*.

Im Lauf der eigenen Administratortätigkeit werden Sie mit etlichen der Schablonen und deren Anwendungen in Berührung kommen.

Mail-In-Datenbanken

Neben den personenbezogenen Mail-Dateien existieren die nicht personalisierten Mail-In-Datenbanken. Diese Datenbanken dienen normalerweise einer bestimmten Personengruppe als zentrale Mail-Datenbank, beispielsweise für ein bestimmtes Projekt, dem Betriebsrat, einer Organisationsgruppe oder einem Team.

Erstellen Sie die Datenbank auf Basis der dafür vorgesehenen Mailschablone (*mail8.ntf* bzw. *mail85.ntf*) in Ihrem Unternehmen. Richten Sie die Zugriffe ein, und modifizieren Sie gegebenenfalls die Datenbankeigenschaften. Ein explizites Signieren der Schablonen ist abhängig von den Anforderungen. Kontrollieren Sie die Angabe in der Mail-In-Datenbank bezüglich des Besitzers. Wenn Sie diese Datenbank erstellt haben, wird Ihr Name dort auftauchen. Beim Versenden einer E-Mail wird also auch Ihr Name als Absender dort auftauchen. Wählen Sie also den Namen des Mail-In-Datenbank-Dokuments aus dem Domino Directory aus, um eine korrekte Absenderangabe sicherzustellen.

Wenn eine Datenbank für den Empfang von Mail ausgelegt ist, müssen Sie ein Mail-In-Datenbankdokument im Domino-Verzeichnis erstellen (siehe *Abbildung 12.25*). Dieses Dokument muss im Domino-Verzeichnis jedes Servers vorhanden sein, auf dem eine Replik dieser Datenbank gespeichert ist. Die Datenbank kann erst dann Mails empfangen, wenn Sie dieses Dokument erstellt haben.

1. Vergewissern Sie sich, dass Sie zumindest über Autorenzugriff und die Berechtigung DOKUMENTE ERSTELLEN/CREATE DOCUMENTS im Domino Directory verfügen.

2. Öffnen Sie das Domino-Verzeichnis, wechseln Sie in die Ansicht KONFIGURATION/ CONFIGURATION > NACHRICHTENAUSTAUSCH/MESSAGING > MAIL-IN-DATENBANKEN UND RESSOURCEN/MAIL-IN DATABASES AND RESOURCES und wählen Sie die Aktion MAIL-IN-DATENBANK HINZUGÜGEN/ADD MAIL-IN DATABASE.

3. Nehmen Sie Eingaben in die folgenden Felder in den entsprechenden Registerkarten vor und speichern Sie anschließend das Dokument:

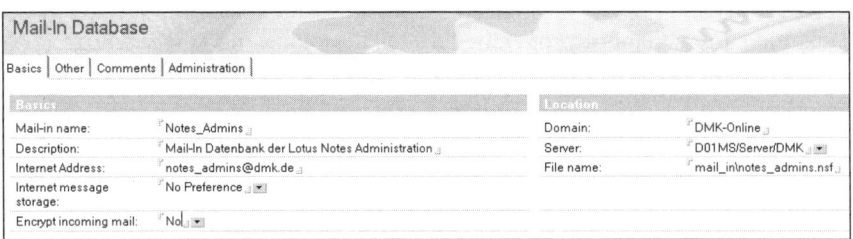

Abbildung 12.25: *Registerkarte* ALLGEMEIN *des Mail-In-Datenbank-Dokuments*

▷ Unter der Registerkarte ALLGEMEIN/BASICS
  – Im Bereich ALLGEMEIN/BASICS/:
    – MAIL-IN NAME
    – BESCHREIBUNG/DESCRIPTION
    – INTERNETADRESSE/INTERNET ADDRESS
    – INTERNET-NACHRICHTENSPEICHERUNG/INTERNET MESSAGE STORAGE
    – EINKOMMENDE MAILS VERSCHLÜSSELN/ENCRYPT INCOMING MAIL
  – Im Bereich ARBEITSUMGEBUNG/LOCATION
    – DOMÄNE/DOMAIN
    – SERVER
    – DATEINAME/FILE NAME

▷ Unter der Registerkarte ADMINISTRATION
  – Im Bereich ADMINISTRATION:
    – BESITZER/OWNERS
    – ADMINISTRATOREN/ADMINISTRATORS
    – SYNCHRONISIERUNG MIT FREMDEM VERZEICHNIS ZULASSEN/FOREIGN DIRECTORY SYNC ALLOWED
  – Im Bereich ZERTIFIKATE/CERTIFICATES:
    – NOTES ZERTIFIZIERTER ÖFFENTLICHER SCHLÜSSEL/NOTES CERTIFIED PUBLIC KEY, Klicken Sie auf ZERTIFIKATE ABRUFEN, um den Namen auszuwählen, dessen öffentlicher Schlüssel zum Verschlüsseln der an diese Datenbank gesendeten Mail verwendet werden soll.
    – INTERNET-ZERTIFIKATE/INTERNET CERTIFICATES
    – NAME(N) DES ODER DER AUSSTELLER/ISSUER NAMES(S)

4. Konfigurieren Sie die Vorgaben der Mail-In-Datenbank, indem Sie ihr einen Besitzer zuordnen, um die korrekte Adressierung auf Antworten aus der Datenbank zu gewährleisten. Gehen Sie dazu über die Vorgaben in den Werkzeugen der Mail-In-Datenbank.

5. Testen Sie den Empfang und das Versenden von E-Mails in und aus dieser Datenbank, nachdem die erforderliche Replizierung abgeschlossen ist.

6. Teilen Sie den Namen der Datenbank den Benutzern mit, sodass diese ihn in das Feld AN der zu versendenden Nachrichten an diese Datenbank eingeben können.

Ressource-Reservation-Datenbanken

Mit der Ressourcenreservierungsdatenbank können Benutzer Ressourcen für Besprechungen einplanen und verwalten. Als Ressourcen gelten u.a. Konferenzräume und Geräte wie Overheadprojektoren und Videogeräte. Benutzer können eine bestimmte Ressource auswählen und sie für einen Zeitraum reservieren. Sie können ferner eine Zeit angeben und von der Ressourcenreservierungsdatenbank die Ressourcen anzeigen lassen, die in dieser Zeit verfügbar sind. Die Ressourcenreservierungsdatenbank enthält drei verschiedene Dokumentarten: Standortprofil (Site Profile), Ressource und Reservierung.

Ein Standortprofildokument definiert einen bestimmten Standort, an dem eine Ressource vorhanden ist, und weist diesem Standort eine Ressourcenreservierungsdatenbank und das Domino-Verzeichnis zu. Sie müssen mindestens ein Standortprofildokument erstellen, bevor Sie Ressourcendokumente erstellen können. Beim Erstellen eines Ressourcendokuments definieren Sie den Ressourcennamen, die Ressourcenart und die Verfügbarkeit. Darüber hinaus geben Sie an, wer die Ressource reservieren kann. Nachdem Sie Ressourcen eingerichtet haben, können Benutzer nach der freien Zeit einer Ressource suchen und die Ressource für eine Besprechung einplanen, während sie nach der freien Zeit suchen und Benutzer zu der Besprechung einladen. Für jedes von Ihnen angelegte Ressourcendokument erstellt der Administrationsprozess ein entsprechendes Ressourcendokument im Domino-Verzeichnis.

Neue Ressourceninformationen sind erst verfügbar, wenn der Administrationsprozess das Ressourcendokument im Domino-Verzeichnis aktualisiert und der Replikator die Änderung in alle relevanten Repliken des Domino-Verzeichnisses auf den Servern repliziert hat, die für die Ressourcenplanung verwendet werden. Der Umbenennungsagent muss ausgeführt werden, um Ressourcen umbenennen und Benachrichtigungen an den Leiter senden zu können. Zudem muss zum Umbenennen einer Ressource in der Datenbank für freie Zeit der Räume-/Ressourcen-Manager-Task (RnRMgr) ausgeführt werden. Der Agent-Manager-(AMgr) und der RnRMgr-Task müssen ausgeführt werden, damit die Ressourcenreservierungsdatenbank ohne Eingreifen eines Administrators funktioniert.

> Benutzer mit Managerzugriff, denen die Rolle CREATERESOURCE in der ACL der Ressourcenreservierungen zugewiesen wurde, können einen Raum bzw. eine Ressource umbenennen.

Um eine Ressource zu reservieren, kann ein Benutzer entweder ein Reservierungsdokument erstellen oder die Ressource einer Besprechungseinladung hinzufügen. Dies stellt also die Reservierung an sich dar.

So richten Sie die Ressourcenreservierungsdatenbank ein:

1. Richten Sie Gruppen für den Zugriff im Domino Directory ein.

2. Wählen Sie DATEI/FILE > ANWENDUNG/APPLICATION > NEU/NEW.

3. Wählen Sie den Schablonenserver und die Schablone RESSOURCENRESERVIERUNG (8.5) (resrc8.ntf) aus der Liste der weiteren Schablonen.

4. Wählen Sie im Feld SERVER den Server, auf dem Sie die Datenbank erstellen wollen.

5. Geben Sie den Namen der Datenbank in das Feld TITEL/TITLE ein.

6. Geben Sie in das Feld DATEINAME/FILE NAME einen Dateinamen für die Datenbank ein.

7. Klicken Sie auf OK, und die Datenbank wird erstellt.

8. Wählen Sie DATEI/FILE > ANWENDUNG/APPLICATION > ZUGRIFF/ACCESS CONTROL, nachdem Sie die entsprechenden Gruppen im Domino Directory angelegt und gefüllt haben.

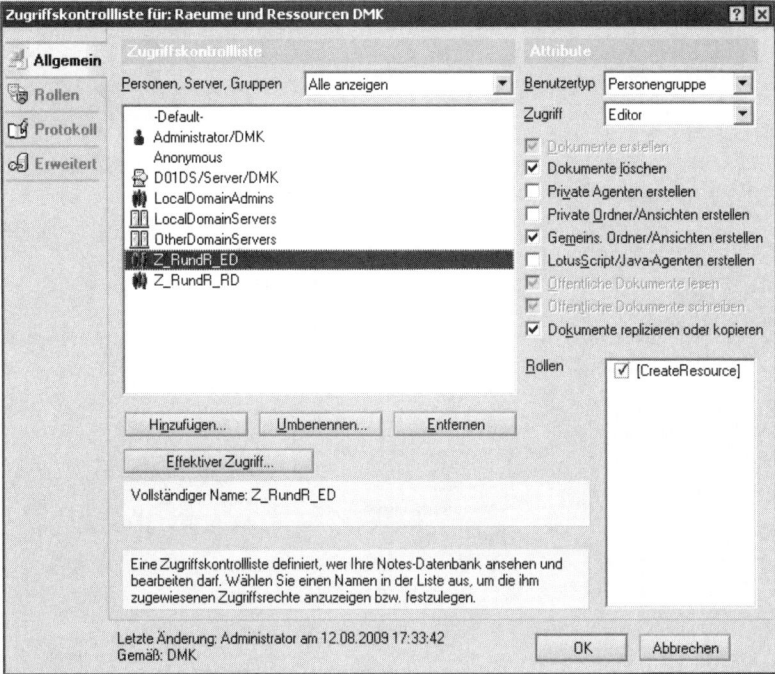

Abbildung 12.26: Zugriffsrechte zuordnen

9. Listen Sie die Namen der Gruppen auf, die bevollmächtigt sind, Ressourcen- und Standortprofildokumente zu erstellen, und weisen Sie ihnen die Rolle [CREATE-RESOURCE] zu (siehe *Abbildung 12.26*).

10. Erstellen Sie Standortprofil- und Ressourcendokumente. Üblicherweise überlassen Sie diese Aufgaben den entsprechenden Mitarbeitern, die mit der Datenbank arbeiten werden.

Falls Sie für die Pflege der Datenbank verantwortlich sind, sind die folgenden Informationen für Sie relevant. Sie müssen in diesem Fall den dafür vorgesehenen Mitarbeitern ermöglichen, Ressourcen wie Räume und Inventar reservieren zu können.

1. Erstellen Sie zuerst ein Standortprofildokument (siehe *Abbildung 12.27*).

2. Stellen Sie sicher, dass Ihnen die Rolle [CREATERESOURCE] in der ACL der Ressourcenreservierungsdatenbank zugewiesen wurde.

3. Klicken Sie in Domino Administrator auf das Register DATEIEN/FILES.

4. Wählen Sie im Serverfenster den Server, von dem Sie arbeiten möchten.

5. Öffnen Sie die Ressourcenreservierungsdatenbank und wählen Sie eine Ansicht mit Ausnahme von KALENDER/CALENDAR MEINE RESERVIERUNGEN/MY RESERVATIONS, ZU PRÜFENDE RESERVIERUNGEN/RESERVATIONS WAITING FOR APPROVAL.

6. Klicken Sie auf NEUER STANDORT/NEW SITE. Sollten Sie diese Schaltfläche nicht sehen, fehlt Ihnen möglicherweise die Rolle [CREATERESOURCE] in der ACL der Ressourcen-reservierungsdatenbank.

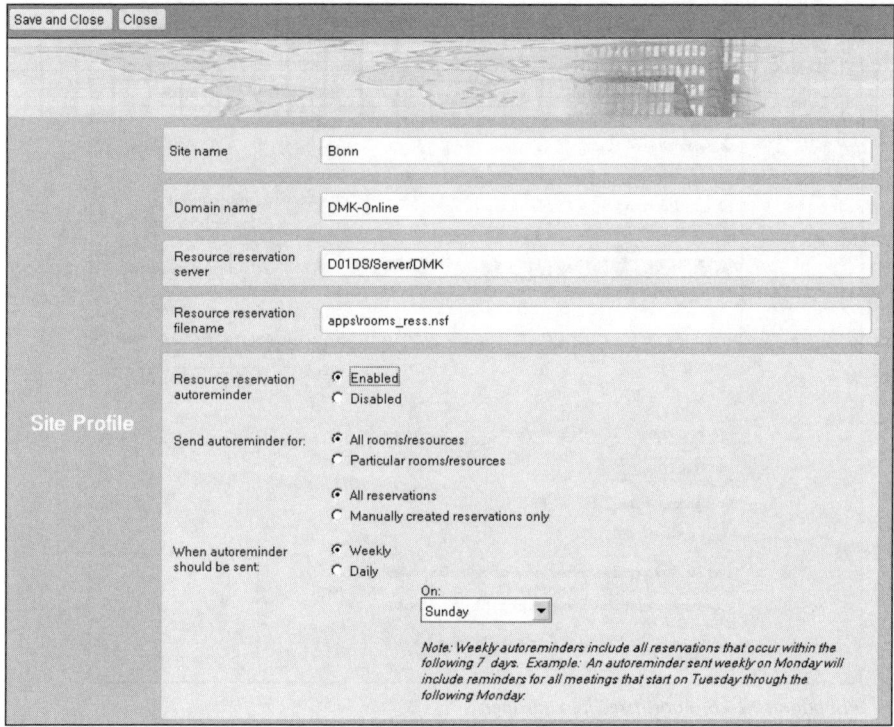

Abbildung 12.27: Anlegen eines neuen Standorts

7. Geben Sie Werte in die folgenden Felder ein und klicken Sie anschließend auf SPEICHERN UND SCHLIESSEN/SAVE AND CLOSE:

Feld	Beschreibung
STANDORTNAME/ SITE NAME	Der Name des Standorts, an dem die Ressource vorhanden ist, beispielsweise BERLINER STR. 13.
DOMÄNENNAME/ DOMAIN NAME	Der Name der Domäne, in der sich die Ressourcenreservierungs-datenbank befindet.

So erstellen Sie anschließend ein Ressourcendokument:

1. Stellen Sie sicher, dass Ihnen die Rolle [CREATERESOURCE] in der ACL der Ressourcen-reservierungsdatenbank zugewiesen wurde und mindestens ein Standortprofildoku-ment vorhanden ist.

2. Klicken Sie in Domino Administrator auf das Register DATEIEN/FILES.

3. Wählen Sie im Serverfenster den Server, von dem Sie arbeiten möchten.

4. Öffnen Sie die Ressourcenreservierungsdatenbank.

5. Klicken Sie auf NEUE RESSOURCE/NEW RESOURCE.

6. Wählen Sie eine Option unter RESSOURCENTYP/RESOURCE TYPES:

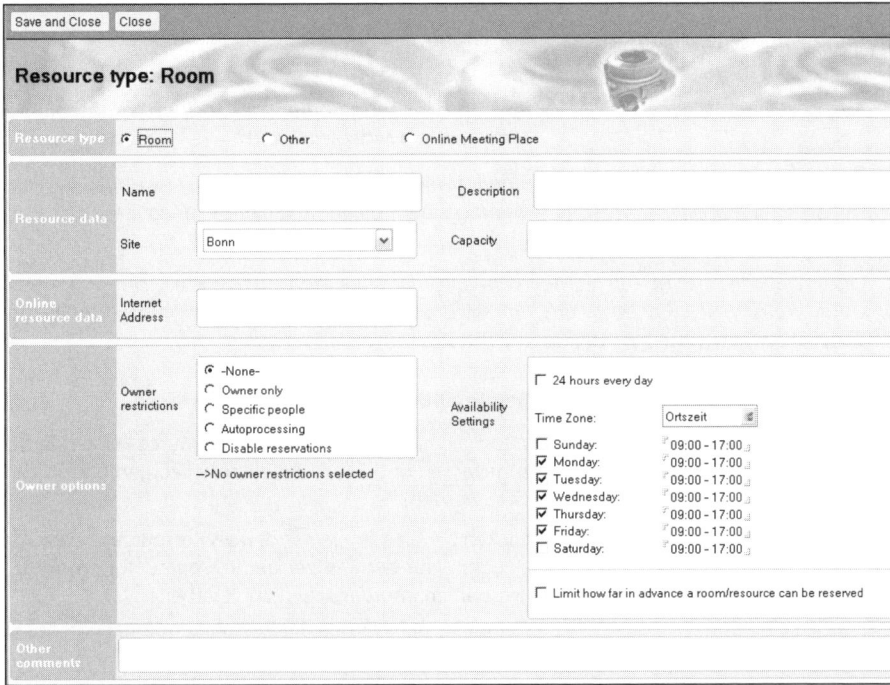

Abbildung 12.28: Anzulegende Ressource

- RAUM/ROOM für einen Raum
- ONLINE MEETING PLACE für den Sametime Server
- ANDERE/OTHER

7. Geben Sie Werte in die folgenden Felder ein, um die zur Verfügung stehende Ressource zu definieren und näher zu beschreiben:

Feld	Beschreibung
NAME	Ein eindeutiger Name für die Ressource, z.B. eine Raumnummer.
STANDORT/ SITE	Wenn Sie auf dieses Symbol klicken, wird eine Liste der verfügbaren Standorte angezeigt. Wählen Sie anschließend einen Standort aus.
KATEGORIE/ CATEGORY (wird bei Auswahl des Ressourcentyps ANDERER/ OTHER angezeigt)	Name für die Ressourcenkategorie, z.B. ELEKTRONIK oder VIDEO. In diesem Feld werden auch die Namen aller zuvor eingegebenen Kategoriewerte angezeigt, unter denen Sie wählen können.

Feld	Beschreibung
KAPAZITÄT/ CAPACITY (wird angezeigt, wenn Sie als Ressourcentyp RAUM/ROOM verwenden)	Die Kapazität der Ressource, falls vorhanden. Beispielsweise, wie viele Sitzplätze in einem Raum vorhanden sind.
BESCHREIBUNG/ DESCRIPTION	Eine Beschreibung der Ressource, etwa „großer Konferenzraum mit Videoleinwand".
INTERNETADRESSE/ INTERNET ADDRESS	Eine Internetadresse, die iCalendar-Anwender zur Reservierung einer Ressource nutzen können.

8. Geben Sie Werte in die Felder BESITZTYP/OWNER RESTRICTIONS im Bereich BESITZER-OPTIONEN/OWNER OPTIONS ein. So wird festgelegt, welche Personen oder Gruppen welche Berechtigung in Bezug auf die Ressource haben.

Feld	Beschreibung
KEINE/NONE	Wenn Sie hier klicken, wird die Ressource keinem Besitzer zugewiesen und kann von einer beliebigen Person reserviert werden.
NUR BESITZER KÖNNEN RESSOURCEN BUCHEN/ OWNER ONLY	Klicken Sie hier, um jemanden als Ressourcenbesitzer festzulegen. Nur der Besitzer der Ressource ist berechtigt, Ressourcenanforderungen zu verarbeiten. Geben Sie den Namen des Ressourcenbesitzers in das Feld BESITZER ein.
NUR DIE AUSGEWÄHLTEN PERSONEN KÖNNEN RESSOURCEN BUCHEN/ SPECIFIC PEOPLE	Wenn Sie hier klicken, können nur bestimmte Benutzer auf die Ressource zugreifen. Geben Sie in das Feld LISTE DER NAMEN die Namen der Benutzer ein, die berechtigt sind, diese Ressource zu reservieren. Die Benutzer, die hier nicht angegeben werden, können die Ressource nicht reservieren.
NUR DIE AUSGEWÄHLTEN PERSONEN KÖNNEN RESSOURCEN ÜBER DIE AUTOMATISCHE VERARBEITUNG BUCHEN. ALLE ANDEREN BENÖTIGEN DIE GENEHMIGUNG DES BESITZERS/ AUTOPROCESSING	Wenn Sie hier klicken, haben nur bestimmte Benutzer Zugriff auf die Ressource, und Sie können einen Ressourcenbesitzer zuweisen. Geben Sie den Namen des Ressourcenbesitzers in das Feld BESITZER ein. Der Besitzer ist die Person, an die Anforderungen anderer Benutzer (die nicht im Feld LISTE DER NAMEN aufgeführt sind) zur Genehmigung oder zur Verarbeitung weitergeleitet werden. Geben Sie in das Feld LISTE DER NAMEN die Namen der Benutzer ein, die berechtigt sind, diese Ressource zu reservieren.
RESERVIERUNGEN VORÜBERGEHEND DEAKTIVIEREN/ DISABLE	Klicken Sie hier, um zu verhindern, dass Benutzer eine Ressource aus ihren Mail-Dateien reservieren. Wenn diese Option deaktiviert ist, können die Benutzer eine Ressource in der Ressourcenreservierungsdatenbank manuell reservieren.

9. Geben Sie Zeiten für jeden Tag im Bereich VERFÜGBARKEITSEINSTELLUNGEN/AVAILABI-LITY SETTINGS ein, an dem die Ressource verfügbar ist.

10. Klicken Sie auf SPEICHERN UND SCHLIESSEN/SAVE & CLOSE.

Wenn Sie oder eine andere Person eine Ressource aus der Ressourcenreservierungs-datenbank erstellen oder löschen, wird in der Administrationsanforderungsdatenbank (*admin4.nsf*) ein Administrationsprozess-Anforderungsdokument zum Erstellen oder Löschen der Ressource erstellt.

Um die Ressource zu löschen und aus dem Domino-Verzeichnis zu entfernen, müssen Sie die Administratoranforderungsdatenbank öffnen und die Löschanforderung bestäti-gen. Beachten Sie, dass Sie zur Bestätigung von Anforderungen den entsprechenden ACL-Zugriff in der Datenbank benötigen.

12.3.3 Anwendungsdesignaktualisierung

Auch dieser Teil Ihrer Administrationstätigkeit kann von mehreren Seiten in Angriff genommen werden. Grundsätzlich gibt es drei Möglichkeiten, eine bestehende Daten-bank/Anwendung mit einem neuen Design zu versehen. In allen Fällen sollten Sie darauf achten, dass die Schablone vorher bzw. die ausgerollte Datenbank hinterher mit einer dafür vorgesehenen ID unterzeichnet wird.

▶ Sie aktualisieren das Design automatisch über den Designer-Task. Dazu müssen die Angaben in den Eigenschaften in der zu aktualisierenden Datenbank und in der Schablone bezüglich des Schablonennamens übereinstimmen. Diese Einstellungen finden Sie auf der Registerkarte GESTALTUNG/DESIGN der Datenbankeigenschaften (siehe *Abbildung 12.29*).

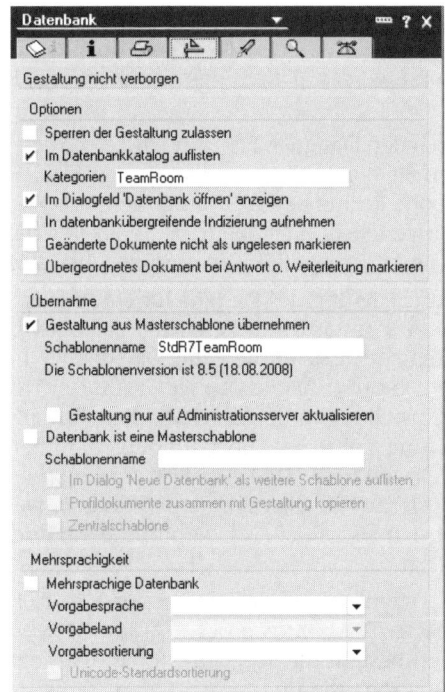

Abbildung 12.29: Gestaltungseigenschaften der Datenbank

Sind die Einstellungen korrekt und die Schablone liegt direkt auf dem gleichen Server wie die Datenbank, kann der Designer-Dienst gestartet werden, um die Aktualisierung vorzunehmen, oder Sie warten ab, bis der Designer-Task entsprechend den Einstellungen des Servers automatisch läuft. Normalerweise findet sich dazu ein Eintrag zur Konfiguration des Designer-Tasks in der *notes.ini* in der Zeile ServerTasksAt1=. Es werden in diesem Fall alle Datenbanken mit der entsprechenden Schablone aktualisiert. Es ist möglich, den Designer-Task bei einem manuellen Start gegen eine einzelne Datenbank oder gegen ein Verzeichnis laufen zu lassen. Geben Sie den folgenden Befehl in der Befehlszeile unten in der Konsole ein und drücken Sie anschließend die ⏎-Taste load design.

In der folgenden Tabelle werden die Befehlszeilenoptionen beschrieben, die Sie für den Designer-Task verwenden können.

Befehlszeilenoption	Beschreibung
-d Verzeichnisname	Synchronisiert die Datenbanken in einem Verzeichnis relativ zum *Data*-Verzeichnis. Um beispielsweise Datenbanken im Verzeichnis *Data\Sales* zu synchronisieren, geben Sie an: -d Sales.
-f Dateiname	Synchronisiert eine bestimmte Datenbank. Um beispielsweise die Datenbank *Data\Sales.nsf* zu synchronisieren, geben Sie an: -f Sales.nsf.
-i Name	Synchronisiert die Datenbanken, die durch Name angegeben werden; dies kann ein Datenbank-, Ordner- oder Dateiname sein, der eine Liste von Pfaden enthält, die wiederum eine Datenbank oder ein Ordner sein können.

Durch die Verknüpfung von Anwendungen oder Elementen innerhalb von Anwendungen mit einer Hauptschablone wird sichergestellt, dass diese Datenbanken einer für sie vorgesehenen Schablone zugeordnet werden. Durch den Designer-Task können Sie sich so Arbeit sparen.

Hat eine Datenbank, deren Gestaltung durch den Designer-Task aktualisiert werden soll, Repliken auf mehreren Servern, so müssen Sie entweder dafür sorgen, dass der Server, auf dem der Designer Task läuft, ausreichende Rechte besitzt, um die Gestaltungsänderungen auch an die Datenbankrepliken zu verteilen, oder aber eine Replik der Hauptschablone auf jedem dieser Server ablegen und dort ebenfalls den Designer-Task starten.

▷ Die zweite Möglichkeit besteht in der Aktualisierung des Designs für eine bestimmte Datenbank. Dazu klicken Sie mit der linken Maustaste auf die Kachel der Datenbank im Arbeitsbereich, um diese zu markieren, oder Sie öffnen die Datenbank. Dann wählen Sie über das Menü DATEI/FILE > ANWENDUNG/APPLICATION > GESTALTUNG AKTUALISIEREN/REFRESH DESIGN. Aufgrund der Einstellung in den Eigenschaften von Datenbank und Schablone wird die Aktualisierung vollzogen. Im Grunde genommen ist dieser Weg also so etwas wie der manuell gestartete Designer-Task für eine einzige Datenbank. Dabei kann man in der Statusleiste des Clients genau verfolgen, welche Schablone ausgewählt wurde. Dies eignet sich also auch als Überprüfung, ob und wo eine passende Schablone auf dem Server liegt.

▷ Der dritte Weg zu einem aktualisierten Datenbankdesign besteht im Wechsel der Gestaltung. Wählen Sie über das Menü DATEI/FILE > ANWENDUNG/APPLICATION > GESTALTUNG WECHSELN/REPLACE DESIGN. Dann besteht die Möglichkeit, eine im lokalen Data-Verzeichnis abgelegte Schablone zur Aktualisierung auszuwählen (siehe *Abbil-*

dung 12.30). Eine Alternative besteht darin, das neue Template in das Data-Verzeichnis eines Servers als Schablone abzulegen und diese als Vorlage für das neue Design zu wählen.

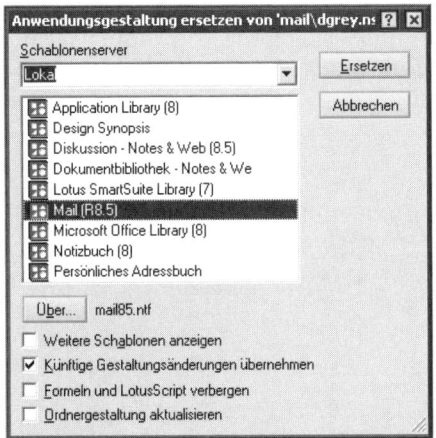

Abbildung 12.30: Auswahl der neuen Schablone

▷ Über die Schaltfläche SCHABLONENSERVER/TEMPLATE SERVER können Sie den Ablageort der Schablone auswählen.

Es werden für Sie immer nur als Auswahlmöglichkeit die Inhalte der Data-Verzeichnisse mit den dort abgelegten Schablonen des jeweiligen Servers angezeigt – egal ob im lokalen Data-Verzeichnis des Clients oder auf einem Domino Server.

Grundsätzliches zur Designaktualisierung von Datenbanken

▷ Halten Sie für alle Personen Ihres Admin-Teams fest, wer wann welche Datenbank mit welcher Schablone aktualisiert hat. Vergessen Sie nicht, den Namen des Entwicklers für eventuelle Rückfragen mit anzugeben!

▷ Nutzen Sie eine zentrale Datenbank oder ein Verzeichnis auf einem Netzlaufwerk zur Ablage und zur Dokumentation der verwendeten Schablonen.

▷ Achten Sie auf die Qualitätssicherung oder lassen Sie die Datenbank von einem Entwickler überprüfen, um sicherzugehen, dass das System nicht negativ beeinflusst wird. Dies gilt insbesondere für die Arbeit der eingestellten Agenten.

▷ Vergessen Sie nicht, dass eine exklusiv erstellte Hauptschablone mit der dafür vorgesehenen ID unterzeichnet wird.

12.3.4 Mehrsprachige Anwendungen

In den Versionen vor Lotus Notes Domino 6 wurde nur jeweils eine Sprachversion auf einem Lotus Domino Server unterstützt. Dies wurde mit der Version 6 erweitert. Dabei spielen nicht nur die sogenannten Language Packs eine Rolle, um Anwendungen mehrsprachig anzubieten. Als zusätzliches Entwicklerwerkzeug können Sie Designer Global Workbench benutzen, um die Benutzeroberfläche von Anwendungen entweder in eine andere Sprache zu übersetzen oder mehrsprachig zu gestalten. Bei landesgerechter Installation des Notes Clients wird die Anwendung sich dann in entsprechender Sprache zeigen. Das betrifft die festen Maskentexte, die Auswahllisten, die Prompt-Fenster, die Meldungen, die Spaltenköpfe von Ansichten, die Namen von Masken, Ansichten usw. in den Menüs – jedoch nicht den Inhalt der Dokumente.

Die Einstellung der Sprache des Arbeitsplatzes und weitere Angaben können Sie in den VORGABEN/PREFERENCES > LÄNDEREINSTELLUNGEN/REGIONAL SETTINGS ändern (siehe *Abbildung 12.31*).

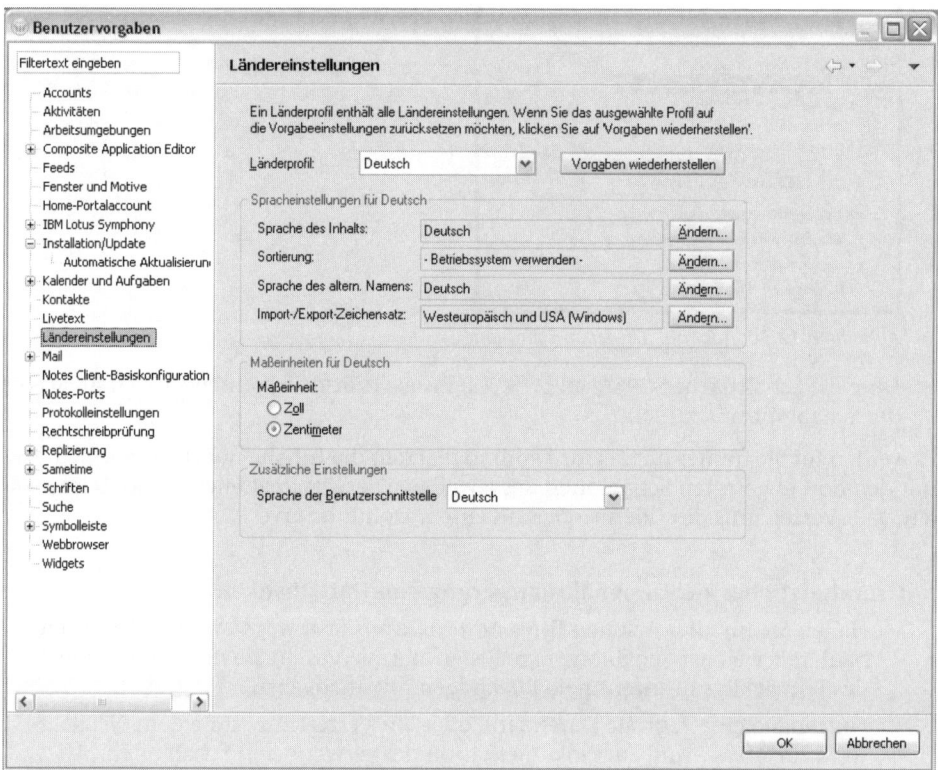

Abbildung 12.31: Spracheinstellungen über die Benutzervorgaben (Standard Client)

Außerdem gibt es in den Datenbankeigenschaften die Möglichkeit, für eine mehrsprachige Datenbank die VORGABESPRACHE/DEFAULT LANGUAGE unter der Registerkarte GESTALTUNG/DESIGN zu wählen, in der sich die Datenbank standardmäßig öffnet. Das setzt natürlich voraus, dass die Datenbank mithilfe der Designer Global Workbench mehrsprachig entwickelt worden ist.

Auf der Server-Seite ist es seit IBM Lotus Notes Domino 6 möglich, mehrere Language Packs und damit beispielsweise auch Schablonen in verschiedenen Sprachen auf einem Server zu offerieren. So wird nicht nur die Konsolidierung von Servern vereinfacht, da nun einzelne Server mit einzelnen unterschiedlichen Sprachversionen nicht mehr notwendig sind, sondern auch die Administration, wie beispielsweise der einheitliche Aufbau von Server-Infrastrukturen.

Lotus bietet das LANGUAGE PACK MULTILINGUAL EDITION beispielsweise in Deutsch, Französisch, Spanisch, Brasilianisch, Portugiesisch und Italienisch etc. an (siehe *Abbildung 12.32*). Damit können Sie einige System- und Anwendungsschablonen des Install-Kits mit zusätzlichen Sprachen ausrüsten, auf die dann der Benutzer an seinem Arbeitsplatz umschalten kann.

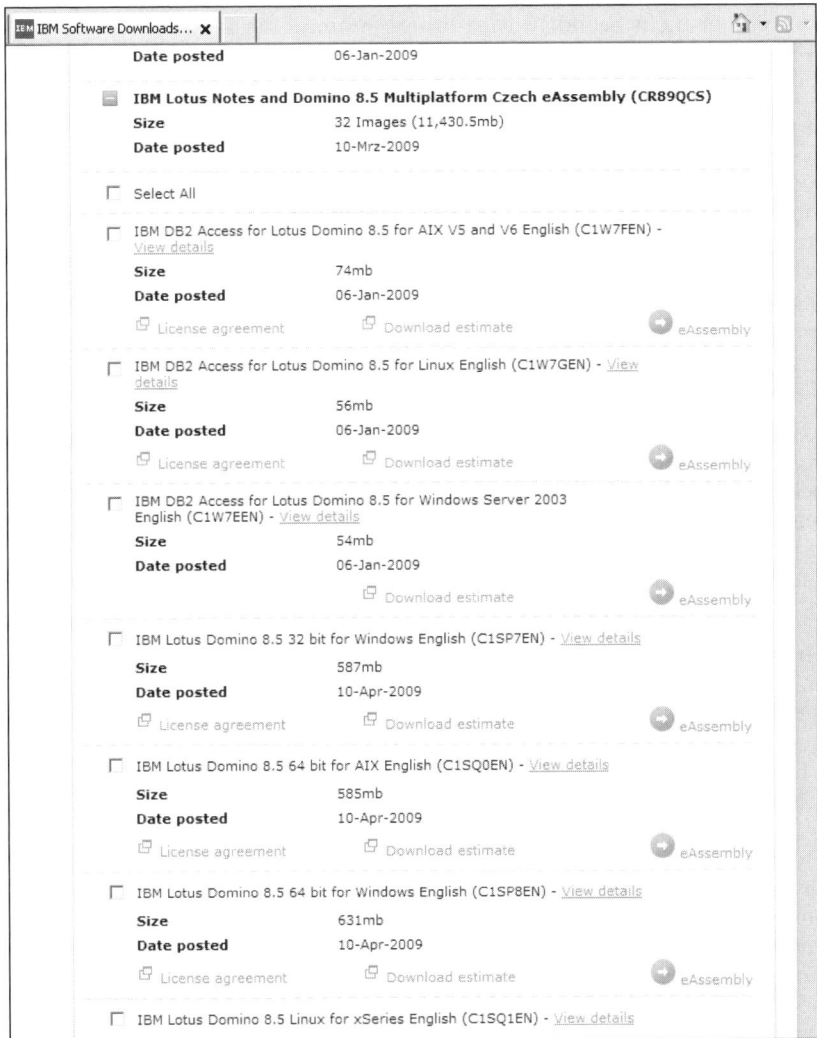

Abbildung 12.32: Auswahl der Sprachversionen auf der Passport-Seite von IBM

Nach der Installation weiterer Sprachen des Language Packs auf den Domino Server können Sie für die betreffende System- und Anwendungsdatenbank auf die nun erweiterte Schablone wechseln. Dann erscheint nach Auslösen des Wechsels zunächst ein zusätzliches Menü. In diesem Menü werden links die Sprachen angeboten, für die Sie mittels des Language Packs Unterstützung installiert haben. Sie können nun auswählen, welche dieser Sprachen Sie in der Datenbank, die Sie gerade bearbeiten, zusätzlich verfügbar machen wollen. Zwischen diesen können die Nutzer dann wählen.

Wenn Sie nicht über die Passport-Seite Ihre Quellen herunterladen, sondern die CDs nutzen: Die zusätzlichen Sprachpakete für den Domino Server werden auf einer zusätzlichen CD geliefert. Von dort wird der Lotus Domino Language Pack Installer gestartet, mit dem die Language Packs erweitert, gelöscht oder ersetzt werden können. Da die Language Packs nicht im laufenden Serverbetrieb modifiziert werden können, müssen Sie vor der Installation der Language Packs den Serverdienst beenden. Sollten Sie den Domino Server vorher nicht beenden, wird Ihnen während der Installation eine entsprechende Fehlermeldung angezeigt.

Nach der üblichen Zustimmung zum Lizenzabkommen wählen Sie die gewünschte Funktion aus. Das Installationsprogramm sucht automatisch nach dem Installationspfad des Domino Servers. Eine Anpassung ist möglich, sollte aber bei Existenz eines einzigen Domino Servers nicht notwendig sein. Im weiteren Verlauf überprüft das Installationsprogramm, ob im angegebenen Pfad genug Ressourcen vorhanden sind, um die zusätzlichen Sprachversionen zu installieren. Außerdem wird die Version des Domino Servers überprüft, weil diese mit der Version des Sprachpakets kongruent sein muss. Weiterhin wird ein Bereich für die temporäre Speicherung von Dateien angelegt, bevor die eigentliche Installation beginnt. Das Ergebnis dieser Überprüfungsvorgänge wird angezeigt.

Im nächsten Schritt wählen Sie die Sprachen aus, die Sie auf dem Server hinzufügen möchten. Die englische Version bleibt unabhängig von Ihrer Auswahl installiert, sofern Sie das Sprachpaket hinzufügen und nicht ersetzen. In einem weiteren Dialogfeld lässt sich noch spezifizieren, ob bestimmte Schablonen von den zusätzlichen Sprachversionen ausgeschlossen werden sollen. Standardmäßig werden alle Templates so implementiert, dass sie in englischer Sprache und in den entsprechenden anderen erwünschten Sprachversionen verfügbar sind. Nach dem Kopieren der Datenpakete sind dann die entsprechenden Sprachversionen auf dem Server nutzbar.

Bei Verwendung von Language Packs ist vor allem zu beachten, dass diese in genau der gleichen Version wie die Domino Server-Software verfügbar sein und installiert werden müssen. Daher ist auch darauf zu achten, dass eventuelle Aktualisierungen eines Domino Servers erst erfolgen, wenn nicht nur das Upgrade-Paket der Domino Server-Software, sondern auch das entsprechende Sprachpaket verfügbar ist.

Webclients greifen mit einem Browser auf die entsprechenden Anwendungen zu. Dabei werden die regionalen Einstellungen des Browsers zur Sprachauswahl verwendet. Der Webserver nutzt sprachenbezogene Zeichenketten-Ressourcen-Module, um Seiten in verschiedenen Sprachen zu generieren. Der Domino Webserver unterstützt mehrere Sprachen und kann dahingehend konfiguriert werden, diese simultan zu unterstützen. Abhängig von der „Accept Language"-Einstellung im Header des Client-HTTP-Request erzeugt der Webserver dynamisch die Seite in der entsprechenden Sprache. So generiert z.B. ein Webserver mit u.a. für französisch konfigurierte Ressourcen-Module eine Seite auf Französisch, wenn der Client einen HTTP-Request mit „Accept Language:fr(French)" im Header sendet.

12.3.5 Umleitungen, Verzeichnis- und Datenbankverknüpfungen

Verzeichnis- und Datenbankverknüpfungen sind Textdateien, die als Verzeichnis- oder Datenbanksymbole im Domino Data-Verzeichnis angezeigt werden. In Domino Administrator und im Dialogfeld DATENBANK ÖFFNEN des Notes Clients werden Verzeichnisverknüpfungen als Verzeichnisordnersymbol und Datenbankverknüpfungen als Datenbanksymbol dargestellt.

So können Sie Datenbanken auf einem Server organisieren:

▶ Speichern Sie Datenbanken im Domino Data-Verzeichnis. Dies ist die Vorgabe.

▶ Erstellen Sie Unterverzeichnisse innerhalb des Domino Data-Verzeichnisses, um Gruppen zusammengehöriger Datenbanken zu speichern.

▶ Erstellen Sie Verzeichnisordner und speichern Sie Datenbanken außerhalb des Domino Data-Verzeichnisses. Erstellen Sie dann Verknüpfungen vom Domino Data-Verzeichnis zu den Datenbanken.

Wenn Sie Verzeichnis- und Datenbankverknüpfungen erstellen, können Sie die Datenbanksicherheit erhöhen, indem Sie den Zugang zur Verknüpfung eingrenzen und einen bestimmten Benutzer oder eine bestimmte Gruppe im Dialogfeld NEUE VERKNÜPFUNG ERSTELLEN/CREATE NEW LINK angeben. Die letztliche Zugriffsberechtigung auf die einzelnen Datenbanken wird jedoch durch die jeweilige Datenbank-ACL kontrolliert und nicht durch die Verknüpfung.

Verzeichnisverknüpfungen

Sie können Datenbanken in einem Verzeichnis außerhalb des Domino Data-Verzeichnisses speichern, um auf anderen Servern verfügbare Festplattenkapazität zu nutzen. Anschließend können Sie eine Verknüpfung vom Domino Data-Verzeichnis erstellen, die auf dieses Verzeichnis verweist. Sie können mit einer Verzeichnisverknüpfung auf einem Webserver Browser-Benutzer auf ein Verzeichnis außerhalb des Domino Data-Verzeichnisses verweisen. Bei der Erstellung dieser Verknüpfung müssen Sie das Zugriffsrecht für Browser-Benutzer angeben, z.B. den Zugriff für anonyme Benutzer, oder Sie müssen die Namen der Benutzer eingeben, die allgemeine Namens- und Kennwort- oder SSL-Client-Authentifizierung verwenden.

Datenbankverknüpfungen

Erstellen Sie eine Datenbankverknüpfung, um Benutzer zu einer einzelnen Datenbank zu führen, die im Domino Data-Verzeichnis, in Unterverzeichnissen des Domino Data-Verzeichnisses oder in Verzeichnissen außerhalb des Domino Data-Verzeichnisses gespeichert ist. Sie können eine einzelne Datenbank außerhalb des Domino-Datenverzeichnisses speichern und eine Datenbankverknüpfung vom Domino Data-Verzeichnis zu dieser Datenbank herstellen. Eine Datenbankverknüpfung wird im Domino Data-Verzeichnis als Datenbanksymbol, gefolgt vom Namen der verknüpften Datenbank, angezeigt.

Erstellen Sie die Datenbankverknüpfung mit dem vollständigen Pfad- und Dateinamen der Datenbank, mit der eine Verknüpfung hergestellt werden soll. Domino hängt automatisch die Erweiterung NSF an den Datenbanknamen an. Wenn Sie die Datenbankverknüpfung löschen, entfernen Sie die Verknüpfung, jedoch nicht die Datenbank, auf die die Verknüpfung verweist.

Mit einer Datenbankverknüpfung auf einem Webserver können Sie Browser-Benutzer auf eine Datenbank in einem Verzeichnis außerhalb des Domino Data-Verzeichnisses verweisen. Verweist die Datenbankverknüpfung auf eine Datenbank auf einem anderen Server, so können Browser-Benutzer nicht auf die Datenbank zugreifen.

NDL-Dateien

Neben den Verknüpfungen zur Strukturierung der Datenbankablage gibt es noch eine andere Art von Verknüpfungen in Form von *.ndl*-Dateien. *.ndl*-Dateien werden verwendet, um Verknüpfungen zu Datenbanken, Ansichten oder Dokumenten abzulegen, und entsprechen den in Notes bekannten Dokumentlinks. Die *.ndl*-Dateierweiterung wird bei der Installation des Notes Clients in der Windows-Registry unterhalb von HKEY_CLASS_ROOT als Verknüpfung zu Lotus Notes gesetzt. Sobald eine *.ndl*-Datei erstellt wurde, kann sie beim Aufruf der *notes.exe* als Parameter übergeben werden: `notes.exe c:\temp\testdoclink.ndl`.

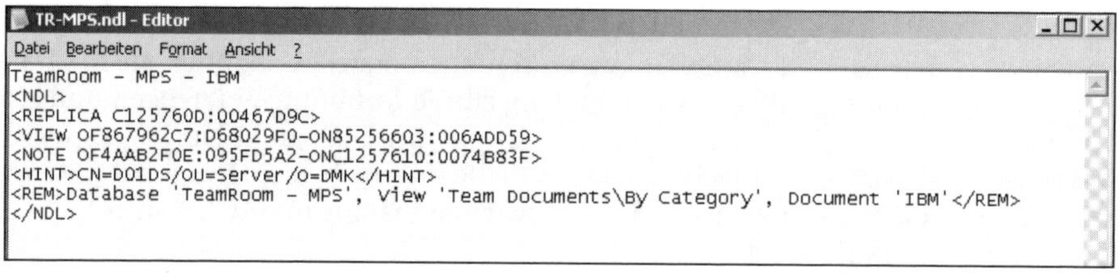

```
TR-MPS.ndl - Editor                                                    _ □ ×
Datei  Bearbeiten  Format  Ansicht  ?
TeamRoom - MPS - IBM
<NDL>
<REPLICA C125760D:00467D9C>
<VIEW OF867962C7:D68029F0-ON85256603:006ADD59>
<NOTE OF4AAB2F0E:095FD5A2-ONC1257610:0074B83F>
<HINT>CN=DO1DS/OU=Server/O=DMK</HINT>
<REM>Database 'TeamRoom - MPS', View 'Team Documents\By Category', Document 'IBM'</REM>
</NDL>
```

Abbildung 12.33: Inhalt einer .ndl-Datei mit Verweis

Struktur der *.ndl*-Dateien, wobei der Aufbau den HTML-Tags ähnelt (siehe *Abbildung 12.33*):

▶ `<NDL></NDL>`: Die gesamte Information zur Verknüpfung wird zwischen diesen Tags definiert.

▶ `<REM></REM>` (Optional): Jede Eingabe zwischen diesen Tags ist ein Kommentar. Dies kennen Sie bereits aus diversen anderen Anwendungen.

▶ `<FLAGS ADDTEMPORARY=value NOREPLSEARCH=value>` (Optional)

   – `ADDTEMPORARY=1`: Es wird kein Icon zum Arbeitsbereich hinzugefügt.

   – `NOREPLSEARCH=1`: Es wird keine Suche in den gestapelten Kacheln im Arbeitsbereich durchgeführt.

▶ `<REPLICA></REPLICA>`: Die Replik-ID der Datenbank muss zwischen diesen Tags angegeben werden, z.B. `<replica>412568B5:0048808B</replica>`.

▶ `<NOTE></NOTE>` (Optional): Die Dokumenten-ID des zu öffnenden Dokuments, z.B. `<NOTE> OF45E0A973:F775C45A-ONC1256E5A:00471103</NOTE>`.

▶ `<VIEW></VIEW>` (Optional, wenn `<NOTE>` nicht verwendet wird): Die Ansichten-ID der Ansicht, die geöffnet wird oder die das zu öffnende Dokument beinhaltet, z.B. `<VIEW OF5E502A1B:AAAF40CA-ON85256197:006C1A32>`.

▶ `<HINT></HINT>` (Optional): Name des Domino Servers in kanonischer Form: CN=Server/O=Organisation, z.B. `<HINT>CN=DMK-04/OU=D/OU=Server/O=DMK</HINT>`.

Dieses Beispiel öffnet ein Dokument in einer Ansicht:

```
IBM Lotus Domino 8 Administrator Hilfe - Glossar
<NDL>.
<REPLICA C125733A:0026CFE4 >
<VIEW OF93A4A943:F93CF661-ON80256C25:0050BD82>
<NOTE OFD58F7A7A:FC9BCF91-ONC125733A:00277D20>
<REM> Database 'IBM Lotus Domino 8 Administrator Hilfe', View 'Contents', Document
'Glossar'</REM>.
</NDL>
```

Über den Lotus Notes Client funktioniert das Ganze aber viel einfacher, als es klingt.

1. Erstellen Sie eine Verknüpfung über den Notes Client. Öffnen Sie hierzu eine beliebige Notes-Datenbank, klicken Sie in einer Ansicht das gewünschte Dokument an oder markieren Sie es, klicken Sie mit der rechten Maustaste auf das Dokument und wählen Sie im Kontextmenü ALS DOKUMENTLINK KOPIEREN/ COPY AS DOCUMENTLINK. Sie können auch über die Menüleiste gehen, indem Sie BEARBEITEN/EDIT > KOPIEREN ALS/COPY AS wählen und dann entscheiden, ob Sie eine Datenbankansichten- oder Dokumentenverknüpfung erstellen möchten.

2. Öffnen Sie den Windows-Editor, fügen Sie die Verknüpfung aus der Zwischenablage ein und speichern Sie die Datei. Achten Sie darauf, dass die Datei wirklich die Dateiendung *.ndl* hat.

Erstellung von Verknüpfungen

Um Verzeichnisverknüpfungen (Directory Links) zu erstellen, wählen Sie in der Serverliste von Domino Administrator den Namen des Servers aus, auf dem Sie die Verknüpfung erstellen möchten. Dies kann ein lokaler oder ein Remote-Server sein.

1. Klicken Sie auf das Register DATEIEN/FILES und wählen Sie die Option WERKZEUGE/TOOLS > ORDNER/FOLDER > NEUE VERKNÜPFUNG/NEW LINK oder WERKZEUGE/TOOLS > ORDNER/ FOLDER > VERKNÜPFUNG AKTUALISIEREN/UPDATE LINK aus (siehe *Abbildung 12.34*).

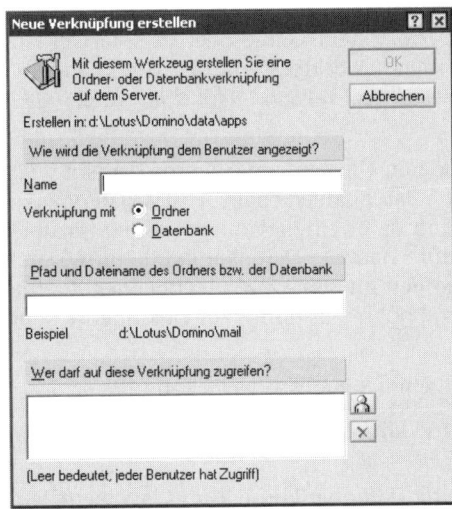

Abbildung 12.34:
Verknüpfung erstellen

2. Geben Sie in das Feld NAME/LINK NAME einen Namen für die Verknüpfung ein, so, wie er Benutzern angezeigt werden soll. Domino hängt für eine Verzeichnisverknüpfung automatisch die Erweiterung *DIR* und für eine Datenbankverknüpfung die Erweiterung *nsf* an den Dateinamen an.

3. Wählen Sie neben VERKNÜPFUNG MIT/LINK TO A eine der folgenden Optionen aus:
   - ORDNER/FOLDER für eine Verzeichnisverknüpfung
   - DATENBANK/DATABASE für eine Datenbankverknüpfung

4. Geben Sie in das Feld PFAD UND DATEINAME DES ORDNERS bzw. DER DATENBANK/PATH AND FILENAME TO THAT FOLDER OR DATABASE den vollständigen Pfad zu dem Verzeichnis oder der Datenbank ein, auf das/die die Verknüpfung verweist. Verschieben Sie die in diesem Schritt benannte Datenbank in das hier angegebene Verzeichnis.

5. Falls erforderlich, geben Sie zur Beschränkung des Zugriffs auf ein verknüpftes Verzeichnis die Namen bestimmter Benutzer, denen Zugriff gewährt werden soll, im Feld WER HAT ZUGRIFF AUF DIESE VERKNÜPFUNG/WHO SHOULD BE ABLE TO ACCESS THIS LINK an. Klicken Sie auf das Personensymbol, um die Namen oder Gruppen, die Zugriff auf die Verknüpfung erhalten sollen, aus dem Domino-Verzeichnis auszuwählen. Die Datenbank-ACL, nicht die Datenbankverknüpfung, steuert den Zugriff auf die einzelnen Datenbanken, auf die über Datenbankverknüpfungen zugegriffen wird.

6. Klicken Sie auf OK.

7. Wenn Sie überprüfen möchten, ob die Verknüpfung erstellt wurde, klicken Sie auf AKTUALISIEREN/UPDATE LINK.

8. Wenn Sie verhindern möchten, dass Benutzer von Webbrowsern Verzeichnisverknüpfungen verwenden, geben Sie in die Datei *notes.ini* Folgendes ein: `DominoNoDirLinks=1`.

Datenbankumleitungen

In früheren Versionen von Lotus Notes Domino gestaltete es sich umständlich und zeitaufwendig, wenn eine Datenbank (Anwendung) auf dem Domino Server verschoben oder gelöscht wurde und dies auf dem Client gleichgezogen werden musste. Die Anpassungen auf dem Notes Client gleichzeitig nachzuziehen war notwendig, um den Anwender vor Fehlern zu bewahren, da die Datenbank nicht mehr gefunden wurde. Händisches Anpassen oder der Einsatz eines Tools (wie z.B. Client Genie oder der Marvell Client) waren notwendig. In manchen Fällen half auch das dsktool von IBM (siehe *http://www-01.ibm.com/support/docview.wss?rs=475&context=SSKTWP&dc=D400&uid=swg24004260&loc=en_US&cs=UTF-8&lang=en*).

Gab es wenigstens eine Replik auf einem anderen Cluster-Server, wurde der Notes Client dorthin umgeleitet, allerdings ohne die „alte" Datenbankkachel oder das Datenbanksymbol in der Lesezeichenleiste zu entfernen. Um dafür eine adäquate Lösung anzubieten, bietet IBM Lotus ab der Version 8 ein Feature namens Datenbankumleitung/Database Redirect (siehe *Abbildung 12.35*). Dies funktioniert für den Anwender über den Zugriff mit den Kachelsymbolen auf den Arbeitsbereich, Bookmarks, Links auf Dokumente oder die Replizierung.

Um eine Datenbankumleitung zu erstellen gehen Sie folgendermaßen vor:

1. Öffnen Sie den Domino Administrator und klicken Sie in Domino Administrator auf das Register DATEIEN/FILES.

2. Wählen Sie die Datenbank, für die Sie eine Datenbankumleitungsdatei erstellen.

3. Klicken Sie im Teilfenster WERKZEUGE/TOOLS auf DATENBANK/DATABASE > UMLEITUNG ERSTELLEN/CREATE REDIRECT. Das Dialogfeld DATENBANKUMLEITUNG ERSTELLEN/CREATE DATABASE REDIRECT wird angezeigt (siehe *Abbildung 12.35*). Die Felder für den Dateinamen, Titel und die Replik-ID sind bereits mit den entsprechenden Werten gefüllt.

4. (Optional) Falls Sie keine Datenbank ausgewählt haben, bevor Sie auf UMLEITUNG ERSTELLEN klicken, oder falls Sie einen anderen Server und eine andere Datenbank als die, die Sie bereits ausgewählt haben, wählen möchten, klicken Sie auf das Datenbanksymbol. Im Dialogfeld UMLEITUNGSDATENBANK WÄHLEN/CHOOSE REDIRECT DATABASE führen Sie einen oder beide Schritte aus (Schritt 4.a und 4.b) und klicken Sie anschließend auf OK.

   1. Wählen Sie den Server, auf dem sich die Umleitungsdatenbank befindet.
   2. Wählen Sie die Datenbank, von der aus die Umleitung erstellt wird, oder geben Sie einen Dateinamen im Feld DATEINAME/FILENAME an.

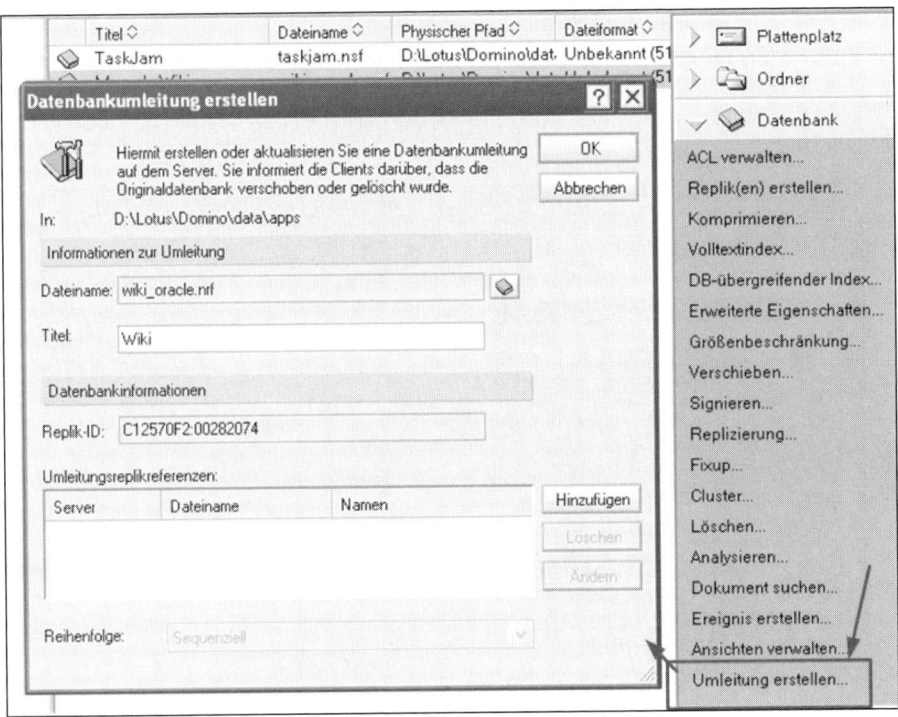

Abbildung 12.35: Erstellen einer Datenbankumleitung

5. Klicken Sie auf HINZUFÜGEN/ADD, um die Datenbankreplikumleitungsreferenz zu konfigurieren.

6. Geben Sie im Dialogfeld UMLEITUNGSREPLIKREFERENZ KONFIGURIEREN/CONFIGURE REDIRECT REPLICA REFERENCE den Namen des Servers an, auf dem die Replik abgelegt werden soll, und klicken Sie auf OK.

7. Wählen Sie die Datenbankreplik aus, zu der Notes Client-Benutzer umgeleitet werden.

8. Folgende Optionen stehen zur Auswahl:

    –   UNBESCHRÄNKTE UMLEITUNG ZULASSEN: Wenn Sie unbeschränkte Umleitung zulassen möchten, d.h. Umleitung aller Notes Client-Benutzer zur Umleitungsreplikreferenz, die Sie erstellen, klicken Sie auf OK.

    –   EINSCHRÄNKEN, WER UMGELEITET WERDEN SOLL: Zum Einschränken des Personenkreises, der zur Datenbankreplik umgeleitet werden soll, klicken Sie auf das Benutzersymbol und wählen die Namen der umzuleitenden Personen aus den Domino-Verzeichnissen aus. Wenn Sie Benutzernamen aus der Zugriffskontrollliste der Quellenumleitungsdatenbank auswählen möchten, klicken Sie auf das Symbol SPERRE und wählen die Benutzer, die Sie aufnehmen möchten. Sie können das Feld ZUGRIFFSEBENE verwenden, um die Benutzernamen, die in der Liste angezeigt werden, nach Zugriffsebene zu filtern. Klicken Sie auf das Kontrollkästchen ZUGRIFFSEBENE UND HÖHER ANZEIGEN/SHOW ACCESS LEVEL AND GREATER im Feld ZUGRIFFSEBENE, um eine Mindestzugriffsebene statt einer absoluten Zugriffsebene zu definieren (siehe *Abbildung 12.36*).

9. Klicken Sie auf OK. Der Servername, Dateiname und Benutzer, die umgeleitet werden können, werden im Feld UMLEITUNGSREPLIKREFERENZEN/REDIRECT REPLICA REFERENCES des Dialogfelds DATENBANKUMLEITUNG ERSTELLEN/CREATE DATABASE REDIRECT angezeigt.

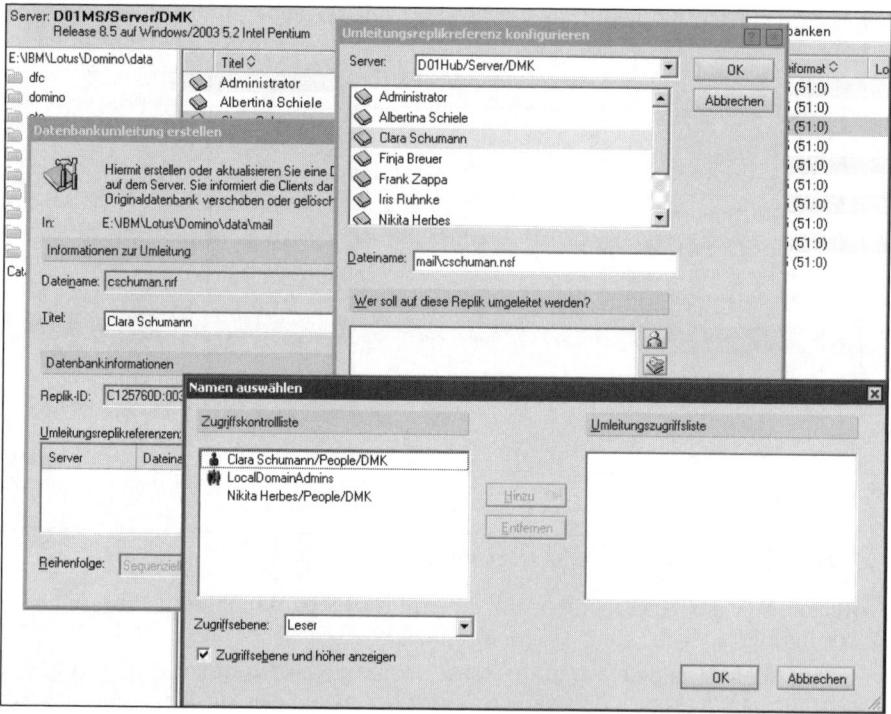

Abbildung 12.36: Einschränken der Umleitungsreferenz-Nutzung

10. Falls Sie mehrere Umleitungsrepliken ausgewählt haben, ist das Feld REIHENFOLGE/ORDER aktiv. Sie können eine zufällige oder sequenzielle Umleitungsreihenfolge für die Datenbanken angeben. Die von Ihnen angegebene Reihenfolge gibt vor, ob die

Datenbankrepliken für die Umleitung in der sequenziellen Reihenfolge, in der sie im Feld angezeigt werden, oder in zufälliger Reihenfolge umgeleitet werden. Standardmäßig ist SEQUENZIELL ausgewählt.

11. Klicken Sie auf OK.

Hinweis

Wenn ein Notes Client eine Datenbankumleitung verarbeitet und keine der Referenzen für den Benutzer des Clients bestimmt sind, verhält sich die Umleitung, als würde die Umleitung keine Referenzen enthalten. Dies kann dazu führen, dass der Client seine Referenzen auf die Originaldatenbank entfernt. Wenn die Begrenzungen nicht sorgfältig eingerichtet sind, kann die Umleitung dazu führen, dass einige Clients sich so verhalten, als sei die Datenbank verschoben, andere hingegen, als sei sie gelöscht worden. Wenn Sie Umleitungen begrenzen und die Möglichkeit vermeiden möchten, dass bei einigen Benutzern irrtümlich ihre Referenzen auf die Datenbank entfernt werden, können Sie eine Referenz hinzufügen, die auf alle Benutzer zutrifft.

Die Umleitungsfunktion ist in zahlreiche Administrationsaktivitäten bezüglich Datenbanken eingebettet worden:

▶ Wenn Sie eine Datenbank verschieben, bietet das Dialogfeld DATENBANK VERSCHIEBEN/ MOVE DATABASE eine Option an, eine Datenbankumleitung zu erstellen, die es Clients ermöglicht, ihre Referenzen auf die Datenbank, die Sie löschen, zu aktualisieren.

▶ Wenn Sie eine Datenbank löschen, enthält das Dialogfeld LÖSCHEN DER DATENBANK BESTÄTIGEN/CONFIRM DATABASE DELETE eine Option, eine Datenbankumleitung zu erstellen, die es Clients ermöglicht, ihre Referenzen auf die Datenbank, die Sie löschen, zu aktualisieren, sowie eine Option, Clients auf einen anderen Server umzuleiten. Wenn der Umleitungsservername festgelegt ist, darf dies nicht derselbe Server sein, auf dem das Löschen stattfinden soll. Falls alle Repliken gelöscht werden sollen, darf sich der Umleitungsserver nicht in derselben Domäne befinden.

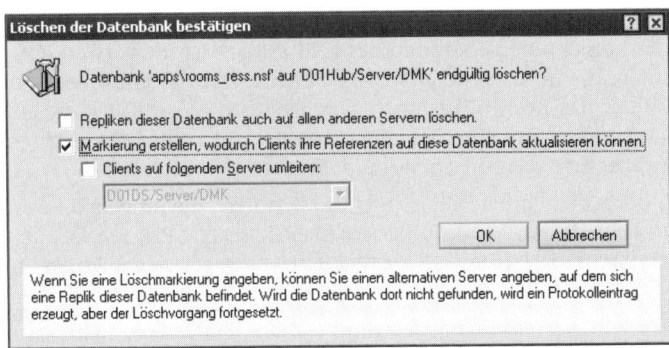

Abbildung 12.37: Möglichkeit, die Datenbankumleitung beim Löschen der Originaldatenbank auf einem Server zu erstellen. So aktualisiert der Client die vorhandene Umleitung automatisch.

▶ Wenn eine Datenbankumleitung existiert, jedoch wegen Datenbanklöschung oder -verschiebung keine Referenz auf eine Datenbank enthält, entfernt der Client seine Referenzen auf die ursprüngliche Datenbank.

Hinweis

Datenbankumleitungen werden auf dem Desktop oder Arbeitsbereich des Benutzers, in Lesezeichen und auch vom Replikator verwendet. Datenbankumleitungen können auch mit Ressourcenlinks verwendet werden. Umleitungen werden weder vom Dialogfeld ANWENDUNG ÖFFNEN/OPEN APPLICATION noch von Scripts verwendet.

Führen Sie bei Bedarf das folgende Vorgehen durch, um eine Datenbankumleitungsreferenz zu aktualisieren.

1. Öffnen Sie den Domino Administrator und klicken Sie auf das Register DATEIEN/FILES.

2. Wählen Sie die Datenbank, für die Sie eine Umleitungsreferenz aktualisieren möchten.

3. Klicken Sie im Teilfenster WERKZEUGE/TOOLS auf DATENBANK/DATABASE > UMLEITUNG AKTUALISIEREN/UPDATE REDIRECT.

4. Das Dialogfeld DATENBANKUMLEITUNG AKTUALISIEREN/UPDATE DATABASE REDIRECT wird angezeigt. Die Felder für den Umleitungsdatenbankdateinamen, Titel und die Replik-ID sind bereits mit den entsprechenden Werten gefüllt. Klicken Sie auf HINZU-FÜGEN/ADD, um die Umleitungsreplikreferenzen anzugeben.

5. Geben Sie entsprechend im Dialogfeld UMLEITUNGSREPLIKREFERENZ KONFIGURIEREN/CONFIGURE REDIRECT REPLICA REFERENCE den Namen des Servers an, auf dem die Replik abgelegt werden soll, und klicken Sie auf OK.

6. Wählen Sie die Datenbankreplik aus, zu welcher die Benutzer umgeleitet werden.

7. Folgende Optionen stehen zur Auswahl:

   – UNBESCHRÄNKTE UMLEITUNG ZULASSEN: Wenn Sie unbeschränkte Umleitung zulassen möchten, d.h. Umleitung aller Notes Client-Benutzer zur aktualisierten Umleitungsreplikreferenz, die Sie erstellen, klicken Sie auf OK.

   – EINSCHRÄNKEN, WER UMGELEITET WERDEN SOLL: Zum Einschränken des Personenkreises, der zur Datenbankreplik umgeleitet werden soll, klicken Sie auf das Benutzersymbol und wählen die Namen der umzuleitenden Personen aus. Wenn Sie Benutzernamen aus der Zugriffskontrollliste der Quellenumleitungsdatenbank auswählen möchten, klicken Sie auf das Symbol SPERRE und wählen die Benutzer, die Sie aufnehmen möchten. Sie können das Feld ZUGRIFFSEBENE verwenden, um die Benutzernamen, die in der Liste angezeigt werden, nach Zugriffsebene zu filtern. Klicken Sie auf das Kontrollkästchen ZUGRIFFSEBENE UND HÖHER ANZEIGEN/SHOW ACCESS LEVEL AND GREATER im Feld ZUGRIFFSEBENE, um eine Mindestzugriffsebene statt einer absoluten Zugriffsebene zu definieren.

8. Klicken Sie auf OK. Der Servername, Dateiname und Benutzer, die umgeleitet werden können, werden im Feld UMLEITUNGSREPLIKREFERENZEN/REDIRECT REPLICA REFERENCES des Dialogfelds DATENBANKUMLEITUNG AKTUALISIEREN/UPDATE DATABASE REDIRECT angezeigt.

9. Falls Sie mehrere Umleitungsrepliken ausgewählt haben, ist das Feld REIHENFOLGE/ORDER aktiv. Sie können eine zufällige oder sequenzielle Umleitungsreihenfolge für die Datenbanken angeben. Die von Ihnen angegebene Reihenfolge gibt vor, ob die Datenbankrepliken für die Umleitung in der sequenziellen Reihenfolge, in der sie im Feld angezeigt werden, oder in zufälliger Reihenfolge umgeleitet werden. Standardmäßig ist SEQUENZIELL ausgewählt.

10. Klicken Sie auf OK.

12.4   Serveradministration

Wenn Sie in einem Unternehmen mit einer größeren Domino-Infrastruktur arbeiten, werden Sie die Erfahrung machen, dass neben der Aufgabenteilung zwischen Datenbankentwicklern und -administratoren in vielen Fällen noch der Bereich der Serveradministration hinzukommt. Zumeist kommt dies einer Teilung in den Second- und Third-Level-Bereich gleich. Trotz dieser Einteilung und der damit verbundenen Aufgabenteilung, wenn sie denn vorhanden ist, sollten alle Beteiligten darauf achten, dass es einen beständigen Kommunikations- und Informationsaustausch zwischen den Bereichen gibt. Kompetenzgerangel ist in jedem Fall zu vermeiden, wodurch eine, wenn in vielen Fällen auch zum Teil überschneidende („soft definition") Aufgabenteilung mit entsprechenden Absprachen unvermeidbar erscheint.

Generell sollte ein Domino-Administrator in der Lage sein, ein Domino-System zu planen, zu installieren, zu konfigurieren und zu verwalten. Dazu gehören neben dem Auffinden und Lösen von möglichen und existierenden Problemen auch die Optimierung eines Systems wie etwa das Performance-Tuning. Nicht zu vergessen ist die Akzeptanz der Notwendigkeit und Durchführung von Dokumentationen eines Systems und den nachfolgenden Änderungen. Leider tun sich viele Administratoren vor allem in diesem Punkt sehr, sehr schwer. Es ist äußerst selten, dass man in einem Unternehmen auf konsistent konfigurierte Systeme mit einer aktuellen und verständlichen Dokumentation stößt. Zu diesen überaus wichtigen Dokumentationen gehören beispielsweise auch System- und Betriebshandbücher (siehe *Abbildung 12.38*).

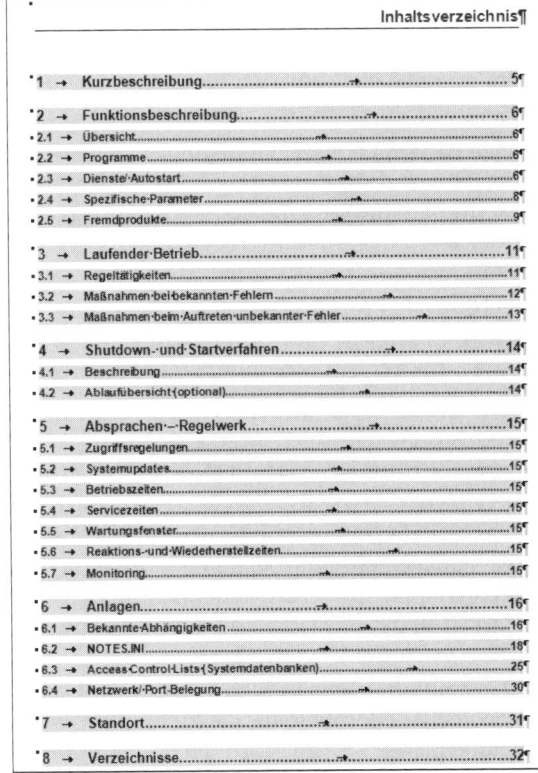

Abbildung 12.38:
Beispielhaftes Inhaltsverzeichnis eines
Domino Server-Betriebshandbuches

12.4.1 Allgemeine Aufgaben

Die Aufgaben in der Serveradministration lassen sich in mehrere Bereiche unterteilen:

- Planung
- Test
- Installation
- Konfiguration
- Kontrolle
- Fehlerbehebung
- Begleitende Aufgaben

Mittlerweile existieren nicht nur Vorgaben, die aus Kreisen des Unternehmens kommen, sondern auch etliche gesetzliche Vorgaben. Informieren Sie Ihre Vorgesetzten über diese Sachverhalte und machen Sie sie darauf aufmerksam, welche weiteren Themen für Ihren Bereich von Interesse sind, wie etwa das Thema Backup und Identity Management. Nur die wenigsten Unternehmen sind in der Lage, Fragen zu beantworten wie „Welcher Mitarbeiter hatte im Oktober letzten Jahres Zugriff auf die Anwendung XY und wer hat die Rechtefreigabe befürwortet?".

Planung

Eine vorausschauende und objektive Planung ist die Grundvoraussetzung für eine erfolgreiche Installation und den (fast) komplikationslosen Einsatz von Domino in einem Unternehmen. Neben den rein technischen Anforderungen spielen auch organisatorische und kommunikative Gesichtspunkte eine Rolle, vor allem wenn es um die Überführung eines bestehenden Systems auf Lotus Domino oder die Neueinführung einer Domino-Infrastruktur geht.

Da sich dieses Buch eher auf einer technischen Basis mit Lotus Domino und Notes beschäftigt, möchte ich den Punkt der Planung in Bezug auf die Organisation eher vernachlässigen. Anbei aber noch ein paar Hinweise und Stichworte, die Sie nicht ganz aus den Augen verlieren sollten.

- Die Planung einer Domino-Infrastruktur ist zumeist abhängig von den entsprechenden Kundenwünschen und den sich daraus ergebenden Anforderungen an ein System.
- Stellen Sie fest, welche realistischen Anforderungen und welche Budgetmöglichkeiten existieren.
- Wie kann Domino als positive Komponente die Arbeit und die Wege in einem Unternehmen unterstützen und welche Einsatzgebiete sind vorgesehen (Mail, Web, Workflow, Anwendungen, Informationsarchitektur etc.)? Damit stellt sich natürlich auch die Frage, welche Lotus-Produkte eingesetzt werden sollen und können.
- Ist ein entsprechendes Team vorhanden, das neben der Domino-Technologie (Server, Datenbanken, Entwicklung, User-Management) die weiteren erforderlichen Aufgabenfelder abdecken kann wie Serversysteme der entsprechenden Betriebssysteme, Netzwerk mit Kenntnissen der Infrastruktur, Entwickler anderer Bereiche, die an dieses System angebunden werden?
- Erstellung eines realistischen Projektplans mit erreichbaren Meilensteinen und definierten Verantwortlichkeiten, in dem auch eine Pilotphase für die Produktionsübergabe vorgesehen ist sowie entsprechend geplante Meetings, um eine Abstimmung des Projekts vorzunehmen und Gefahren für zeitliche Ziele rechtzeitig aufzudecken.

▷ Ein solches Projekt ohne die Unterstützung der Unternehmensspitze ist fast unrealisierbar. Politik und politische Spielchen sind leider in vielen Firmen und Konzernen ein wichtiger Faktor für ein erfolgreiches Projekt. Dazu gehört auch eine entsprechende Lobby für das Produkt.

▷ Prozesse, Kommunikation und Dokumentation sind überaus wichtig!

▷ Akzeptanz und Schulung der Mitarbeiter

▷ Bestellprozesse, Zulieferer und Kunden

Technische Grundlage sind Fragen nach:

▷ Eingesetzter und/oder geplanter Systemplattform (Betriebssystem) und den entsprechend vorgesehenen Ressourcen des Servers

▷ Netzwerkinfrastruktur und -kapazität

▷ Ressourcen der Client-Maschinen

▷ Nutzung durch entfernte und/oder mobile Benutzer

▷ Anforderungen an die Sicherheit

Folgender Fragenkatalog sollte Ihnen nicht nur bei der Orientierung in einer für Sie fremden Domino-Umgebung helfen, sondern kann Sie auch bei Ihren Überlegungen zur Planung einer Domino-Infrastruktur unterstützen.

▷ Systemumgebung
  – Anzahl der Domänen, Namen und Schemata (Grafik)?
  – Handling zentrale Administration – dezentrale Administration?
  – Hierarchisches Namensschema, Anzahl unterschiedlicher Organisationen und Unterorganisationen (O, OU1, OU2 ...), gibt es Zertifizierer für Admins, Server?
  – Wie sieht die Zugriffsvergabe auf das System aus (Betriebssystem)? Rechte lokale Admins, globale Admins, Schutz der Systemdatenbanken?
  – Systemtemplates – werden Orginaltemplates oder angepasste Templates verwendet, falls ja, welche (Tests?)? Wo werden Schablonen abgelegt?
  – Wird eine Adressbuchkonsolidierung betrieben/welche/für wie viele Domänen?
  – Welche Clients werden zum Zugriff auf die Daten benutzt (Notes, Web, POP3/IMAP usw.)?
  – Wird eine PDA-Synchronisationslösung eingesetzt?
  – BlackBerry im Einsatz?
  – Welche Oberfläche wird auf den Notes 8 Clients eingesetzt? Desktop/Portal?
  – Gibt es User-Schulungen in Notes 8?
  – Welche Sprachversionen sind im Einsatz für Domino Server/Notes Client?
  – Gibt es Standards/Prozeduren für die Freigabe einer Notes-Version für den Rollout auf der Produktivumgebung?
  – Werden Gateways zu anderen Mailingsystemen betrieben?
  – Wird auf andere Systeme wie SAP, Relationale Datenbanken usw. zugegriffen (z.B. via LEI)?

▷ User-Management
  – Welche Tasks sind automatisiert, welche werden von Administratoren durchgeführt (User anlegen, berechtigen, umbenennen, umzertifizieren, terminieren usw.)?
  – Mail-Templates – Sprachen, Modifikationen, unterschiedliche Versionen?

- Durchschnittliche Mail-Dateien-Größe?
- Gesamtumfang Mail-Dateien?
- Konzeptionierung der Richtlinien
- Zugriffsrechte auf Mailfile User/Administrator?
- Größenlimitierung?
- Web Access für alle/für ausgewählte User?

▶ Applikationsmanagement
- Wie sieht die Zugriffsvergabe auf Applikationen aus (Gruppen/ACL)?
- Sind die Applikationen geschützt (konsistente ACL)?
- Wie werden die Rechte auf die Applikationen vergeben – lokale Admins, globale Admins, Applikations-Owner?
- Art und Volumen der Datenbanken – Workflow/Informationsdatenbanken?
- Umfang Applikationen nach Servern/Lokationen?
- Sind alle Datenbanken via Web verfügbar, Intranet/Internet – wie wird der Zugriffsschutz sichergestellt?
- Verhältnis lokale/globale Applikationen?
- Gibt es eine fest definierte Replikationstopologie, werden alle Applikationen nach dem gleichen Schema repliziert oder wird unterschieden (High, Medium, Low)?
- Wird die Replikation überwacht?
- Gibt es Standards/Prozeduren für die Entwicklung und für die Übernahme einer Applikation aus der Entwicklungsumgebung in die Produktivumgebung?

▶ Systemmanagement
- Monitoring/Automatisierung, welche Tools sind zurzeit im Einsatz/geplant in den Bereichen Monitoring und Automatisierung?
- Rollout-Status (Servermigration, Mailschablonen)?
- Wird Clustering verwendet? Notes/Web, Mail/Applikation (für Ausfallsicherheit oder für Loadbalancing)?
- Aktuelles User-Profil auf den Mail-/Applikationsservern – Notes/Webanwender
- Gibt es Statistiken/Reports zum Mail-Verkehr – intern/extern?
- Reports/Statistik über Verfügbarkeit?
- SMTP – gibt es einen zentralen Gateway, gibt es lokale Gateways, wie groß ist der Datenverkehr?
- Welcher Virenscanner wird eingesetzt, wie und welche Server werden gesichert, wie werden die Updates durchgeführt?
- Werden auf den Mail- und Applikationsservern zusätzliche ADD-In-Tasks ausgeführt?
- Welche Archivierungslösung wird eingesetzt (Mail/Applikationen)?
- Welche zusätzlichen Tasks sind auf den Servern aktiviert (z.B. IMAP, HTTP, LDAP, POP3 usw.)?

▶ Allgemeines
- Verteilung der Zuständigkeiten: Trennung der einzelnen Bereiche wie User-Management, Backup/Restore, Datenbankadministration, Serveradministration (Betriebssystem/Domino), Security
- Eskalationswege?
- Kommunikationswege und Informationsfluss (Ticketsystem, gruppenbezogene Mail-In-Datenbanken für Anfragen und Aufträge etc.)
- Prozesse, Dokumentationen, Admin-Handbuch vorhanden?
- Verrechnung und Auftragsabwicklung?

Test

Tests sind nicht nur bei einem Großprojekt wie der Einführung von Lotus Domino oder einer Versionsmigration notwendig. Auch beim Einsatz neuer Hardware muss vorher abgeklärt und verifiziert werden, dass es durch einen Wechsel zu keinerlei Problemen kommt.

Gleiches gilt für den Wechsel von Server- und Client-Versionen, wo es auch um mögliche Auswirkungen auf andere Applikationen geht. Zu erwähnen ist in diesem Zusammenhang der Einsatz von Synchronisationstools für Anwender mit PDAs oder weitere Anwendungen, die direkt oder indirekt im Zusammenhang mit Lotus Domino und Notes stehen können.

Beim Einsatz neuer Serverversionen besonders beim Wechsel auf eine ganz neue Version wie etwa der Wechsel von R6 auf Version 8 muss die bestehende Funktionalität der Anwendungen auf den Domino Servern gewährleistet werden. Dazu sind umfangreiche Tests in Zusammenarbeit mit den Entwicklern und zum Teil auch mit den Anwendern dieser Applikationen erforderlich. Anwender, die eine Datenbank zweckorientiert nutzen, weisen ein anderes Test- bzw. Arbeitsverhalten auf als ein Entwickler oder ein Datenbankadministrator.

Beim Einsatz einer neuen Client-Version sollte im Vorfeld abgeklärt werden, ob Schulungsbedarf für die Anwender besteht. Als Ergebnis von Server- und Client-Tests sowie dem Test von Zusatzapplikationen sollte die Freigabe der entsprechenden Versionen stehen. Zum Test gehört ein Testsystem, auf dem Sie die entsprechenden neuen Komponenten auf Herz und Nieren prüfen sollten.

Installation

Angaben und Tipps zur korrekten Vorgehensweise bei der Domino Server-Installation finden Sie in *Kapitel 6, Domino-Installation und -Konfiguration*. Grundlage der Installation und anschließenden Konfiguration sollte die Domänen- und Netzwerkplanung sein. Als Basis dient hier eine Replikations- bzw. Mail-Routing-Topologie.

Ziehen Sie auch die Netzwerkressourcen in Ihre Überlegungen mit ein! Dieser Faktor entpuppt sich in vielen Fällen als Flaschenhals von Infrastrukturen. Demzufolge sollten Sie bemüht sein, den Netzwerkverkehr zu minimieren. Bedenken Sie, dass der Einsatz weniger großer Server, die eine hohe Benutzeranzahl bedienen können, weniger Traffic im Netzwerk verursacht als viele Server für weniger Anwender. Sowohl Notes-Datenbanken verursachen durch die Replizierung und die Zugriffe Last im Netzwerk als auch die Kommunikation per E-Mail.

	❶	Vorgangsname	Dauer	Anfang	Ende	
2	▣	⊞ **Dokumentationen**	**161 Tage**	**Fr 23.01.09**	**Mi 02.09.09**	
13	▣🔍	⊞ **Analyse**	**60 Tage?**	**Fr 23.01.09**	**Do 16.04.09**	
26	✓	⊞ **Konzept**	**28,85 Tage**	**Do 12.02.09**	**Di 24.03.09**	
31	✓	User Info-Mail 1	0,01 Tage	Di 03.03.09	Di 03.03.09	
32		⊞ **Bereinigung**	**4 Tage**	**Mo 23.03.09**	**Do 26.03.09**	
35	✓🔍	⊞ **Policies**	**48,5 Tage?**	**Mo 23.03.09**	**Fr 29.05.09**	
39		⊞ **Testumgebung**	**85 Tage**	**Mo 09.03.09**	**Mo 06.07.09**	
59	✓	User Info-Mail 2	0,02 Tage	Mi 06.05.09	Mi 06.05.09	
60	✓	⊞ **Schulung**	**17 Tage**	**Mi 04.03.09**	**Do 26.03.09**	
63	✓	Anwenderinformation	0,1 Tage	Mo 17.08.09	Mo 17.08.09	
64	▣	User Info-Mail 3	0,02 Tage	Di 02.06.09	Di 02.06.09	
65	✓	Freeze	0 Tage	Fr 31.07.09	Fr 31.07.09	
66	▣	⊟ **Produktionsintegration**	**3,2 Tage**	**Fr 28.08.09**	**Mo 31.08.09**	
67	✓	Systeminstallation	0,5 Tage	Fr 28.08.09	Fr 28.08.09	
68		Delivery & Security Services MimeSweeper stoppen	0,01 Tage	Fr 28.08.09	Fr 28.08.09	
69	📝	Server sperren für Benutzerzugriff	0,01 Tage	Fr 28.08.09	Fr 28.08.09	
70		Sicherung Server1 (Clone)	0,1 Tage	Fr 28.08.09	Fr 28.08.09	
71		Ist-Zustand (Anzahl DBs + Volumen) dokumentieren	0,01 Tage	Fr 28.08.09	Fr 28.08.09	
72		Löschen ft-Ordner	0,01 Tage	Fr 28.08.09	Fr 28.08.09	
73	▣📝	File-Copy mit Log	0,1 Tage	Fr 28.08.09	Fr 28.08.09	
74		Datenbestand abgleichen	0,01 Tage	Fr 28.08.09	Fr 28.08.09	
75		Check Verzeichnis-Groessen/Altlasten	0,01 Tage	Fr 28.08.09	Fr 28.08.09	
76		Prüfung DNS	0,01 Tage	Fr 28.08.09	Fr 28.08.09	
77	✓	Clientintegration Citrix	3 Tage	Fr 28.08.09	So 30.08.09	
78	▣	Installation Domino	0,1 Tage	Fr 28.08.09	Fr 28.08.09	
79		⊞ **Daten-Migration**	**1,2 Tage**	**Fr 28.08.09**	**Sa 29.08.09**	
84		⊞ **Konfiguration Domino**	**0,01 Tage**	**Sa 29.08.09**	**Sa 29.08.09**	
97	✓	Virenscanner	1 Tag	Fr 28.08.09	Fr 28.08.09	
98	▣	Installation TSM	0,5 Tage	So 30.08.09	So 30.08.09	
99		⊞ **Testing**	**2,2 Tage**	**Sa 29.08.09**	**Mo 31.08.09**	
112	▣	Review	6 Tage	Mo 31.08.09	Di 08.09.09	

Abbildung 12.39: Beispielhafter MS Project-Plan zur Migration eines Domino Notes-Systems

Schaffen Sie sich zufriedene Anwender, die ihre Notes-Anfragen durch schnelle Leitungen und schnelle Server (nicht nur Domino, sondern möglicherweise auch File-Server, auf denen die Benutzerdaten abgelegt wurden) beantwortet sehen. Vermeiden Sie den Zugriff von Außenlokationen auf Ihre Server über langsame WAN- oder Einwählverbindungen. Die beste Strategie hängt von zahlreichen Faktoren im Unternehmen ab. Sprechen Sie mit den verantwortlichen Personen, um Erwartungen und Möglichkeiten an und für Ihr System abzuschätzen und zu realisieren. Ganz wichtig und auf keinen Fall zu vernachlässigen ist eine entsprechende Vorbereitung des Systems in Bezug auf das Betriebssystem und die angehängten Ressourcen wie etwa den Festplattenbestand. Falls Sie Ihr System nicht selbst implementieren, sollten Sie entsprechende Absprachen mit den dafür verantwortlichen Personen oder Abteilungen treffen. Dazu gehört auch der Standort der Server. Versuchen Sie, Ihre Systeme an zentraler Stelle zusammenzuführen und entsprechend den Vorgaben redundant auszulegen. Sprechen Sie dazu auch mit den Personen oder Abteilungen, die für die Datensicherheit im Unternehmen zuständig sind.

Spätestens an dieser Stelle sollten Sie sich Gedanken zum Thema Verfügbarkeit machen. Dabei geht es nicht nur um das gesamte Serversystem, sondern auch um den möglichen Ausfall einzelner Serverkomponenten.

▶ Welche SLAs (Service-Level-Agreements) existieren für Sie?

▶ Welche Ausfallzeiten werden toleriert?

▶ Ist Domino-Clustering vorgesehen, um die Verfügbarkeit des Domino-Systems zu gewährleisten?

▶ Welche Vereinbarungen existieren im Unternehmen mit Lieferanten?

▶ Existieren Maßnahmen, um einem Stromausfall oder Überspannungsschäden vorzubeugen? Wenn USV-Anlagen (Unterbrechungsfreie Stromversorgung) vorhanden sind, müssen Sie sich auch überlegen, ob diese redundant ausgelegt sind oder ob beispielsweise ein Domino Cluster-Pärchen an der gleichen USV hängt.

▶ Wie wird Redundanz im Unternehmen definiert?

▶ Wie wappnen Sie sich gegen LAN- oder WAN-Ausfälle?

▶ Was passiert im Fall von Gebäudeschäden? Besitzt Ihr Unternehmen ein zweites, redundant ausgelegtes Rechenzentrum bzw. einen Serverraum?

▶ Werden K-Fall-Übungen oder Stromabschaltungen vorgenommen, um die vorhandenen Systeme zu testen?

▶ Was passiert beim Ausfall von Serverkomponenten wie den Laufwerken?

▶ Wie schnell können Sie ein System wiederherstellen?

Basis Ihrer Überlegungen sollte immer eine Kosten-Nutzen-Gegenüberstellung sein. Diese ist abhängig von den gestellten Anforderungen des Unternehmens an Ihr Domino-System.

Bedenken Sie stets bei Ihren Überlegungen, dass der Anwender an erster Stelle steht.

Für Ihre Arbeit als Administrator ist es nebensächlich, wo die Maschinen stehen. Sie können alle für Sie anfallenden Aufgaben an jedem Server in Bezug auf die Domino Administration von Ihrem Administrator Client aus erledigen. Und sollte dies einmal nicht ausreichen, gibt es mittlerweile zahlreiche Betriebssystem- und Netzwerkadministrationstools, die Sie verwenden können.

Unternehmensvorstand und Domino

In großen Unternehmen müssen Sie Überlegungen für die Mitglieder des Firmenvorstands mit einbeziehen. Sollen diese Personen ein eigenes, redundantes System bekommen? Möglicherweise mit einem speziellen Ansprechpartner, der sich um die Betreuung und die Lösung von eventuell auftretenden Problemen kümmert?

Vergessen Sie Themen wie Systems Management, Backup und Recovery nicht! Überprüfen Sie Ihre Datensicherungen von Zeit zu Zeit, wenn diese nicht regelmäßig in Anspruch genommen werden. So gewährleisten Sie die Funktionsfähigkeit von Backup und Restore. Kümmern Sie sich um Themen des Systems Management in Bezug auf Monitoring, Lifecycle- oder Lizenzmanagement.

Konfiguration

Schon während der Installation erfolgt die Anpassung Ihres Domino Servers an seine spätere Aufgabe. Bereits vor dem Zeitpunkt der Serverinstallation sollten Sie und alle beteiligten Personen oder Abteilungen in puncto Dokumentation zu einer Einigung gekommen sein. Führen Sie alle erforderlichen Dokumentationen konsequent durch. Die Konfiguration des Serversystems sollte im sogenannten Systemhandbuch festgehalten werden, während die Dokumentation des Domino-Systems in einem sogenannten Betriebshandbuch erfolgten sollte. Welche Form Sie dafür wählen, ist nebensächlich. Wichtig ist, dass die Dokumentationen aktuell und nachvollziehbar sind. Daneben sollten Sie folgende Dinge klären:

▶ Wie werden im bereits produktiven System Änderungen vorgenommen?

▶ Werden Programm- und Konfigurationsdokumente verwendet oder wollen Sie Änderungen direkt in der *notes.ini* vornehmen, wobei von Letzterem abzuraten ist?

▶ Einigen Sie sich für Ihre unterschiedlichen Servertypen (Hub-, Mail- oder andere Servertypen) auf eine dokumentierte Standard-*notes.ini*-Datei, die nach Bedarf weiter angepasst wird.

▶ Sprechen Sie den Einsatz von Debug-Parametern ab und halten Sie sich daran, um negative Auswirkungen in der Server-Performance zu vermeiden.

Neben der Konfiguration von Mail-Routing und Replizierung spielen auch das Performance-Tuning und die Sicherheit eine wichtige Rolle.

Weitere Administrationsaufgaben und Betrieb

Lotus/IBM sieht folgende Aufgaben in den entsprechenden Zeitzyklen vor:

Aktivität	Häufigkeit
Backup des Servers durchführen	Täglich, wöchentlich, monatlich
Mail-Routing überwachen	Täglich
Fixup zur Reparatur von beschädigten Datenbanken* ausführen	Beim Starten des Servers und nach Bedarf
Gemeinsame Mail-Datenbank (*mailobj.nsf*) überwachen	Täglich
Datenbank ADMINISTRATIONSANFORDERUNGEN (*admin4.nsf*) überwachen	Wöchentlich
Wartungsbedürftige Datenbanken überwachen	Wöchentlich oder täglich (je nach SLA und Priorität)
Replizierung überwachen	Täglich
Modem-Kommunikation überwachen	Täglich
Speicher überwachen	Monatlich
Plattenspeicher überwachen	Täglich, wöchentlich, monatlich
Serverlast überwachen	Monatlich
Serverleistung überwachen	Monatlich

Aktivität	Häufigkeit
Webserver-Anfragen überwachen	Monatlich
Server-Cluster überwachen	Täglich
Virentabellen-Updates	(Mehrmals) täglich (wenn möglich automatisiert)

* Wenn die Datenbank im Format von Domino Version 5 oder höher vorliegt und Sie nicht mit der Transaktionsprotokollierung arbeiten, können Sie mit dem Fixup-Task die beschädigte Datenbank reparieren. Wenn die Datenbank im Format von Domino Version 5 oder höher vorliegt und Sie mit der Transaktionsprotokollierung arbeiten, können Sie den Fixup-Task nicht auf diese Datenbank anwenden, da der Fixup-Task mit der Art und Weise in Konflikt steht, wie die Transaktionsprotokollierung Datenbanken verfolgt. Stattdessen müssen Sie die beschädigte Datenbank von einem Backup wiederherstellen. Sie können den Fixup-Task auf Datenbanken anwenden, die im Format von Domino Version 4.x und niedriger vorliegen.

Zur Überwachung des Mail-Routings gehört neben der Kontrolle der Protokolldatei (*log.nsf*) die Überwachung der Mailboxen auf Dead-, Waiting- oder Hold-Dokumente. Die Überwachung der eingesetzten Modems kann neben der Überwachung der Replizierereignisse im Protokoll der entsprechenden Server auch durch den Befehl Show Port erfolgen.

Show Port

Die Syntax für diesen Befehl lautet Show Port Anschlussname. Das Ergebnis zeigt Belastungs- und Fehlerstatistiken und die auf der Netzwerkkarte bzw. dem Kommunikationsanschluss genutzten Ressourcen an. Anschlussname kann jeder konfigurierte Anschluss sein, beispielsweise LAN0, LAN1, COM1 und COM2. Wenn Sie den Anschlussstatus unter Notes prüfen möchten, wählen Sie DATEI/FILE > VORGABEN/PREFERENCES > NOTES-PORTS. Markieren Sie den Anschluss und wählen Sie STATUS ANZEIGEN/SHOW STATUS.

Um diese Abläufe teilweise zu automatisieren, können Sie auch Third-Party-Tools einsetzen.

Sie müssen sicherstellen, dass

- ▶ der Server regelmäßig gesichert wird.
- ▶ Benutzer schnell und zuverlässig auf den Server zugreifen können.
- ▶ Mail ordnungsgemäß übertragen wird.
- ▶ die Anforderungen des Administrationsprozesses ausgeführt werden.
- ▶ Datenbanken richtig repliziert werden.
- ▶ die Server-Hardware funktioniert.
- ▶ Datenbanken aktiv sind und gepflegt werden (eine Aufgabe, die Sie mit dem jeweiligen Datenbankverwalter gemeinsam wahrnehmen).

Vergessen Sie neben den hier erwähnten Aufgaben nicht das Thema Sicherheit.

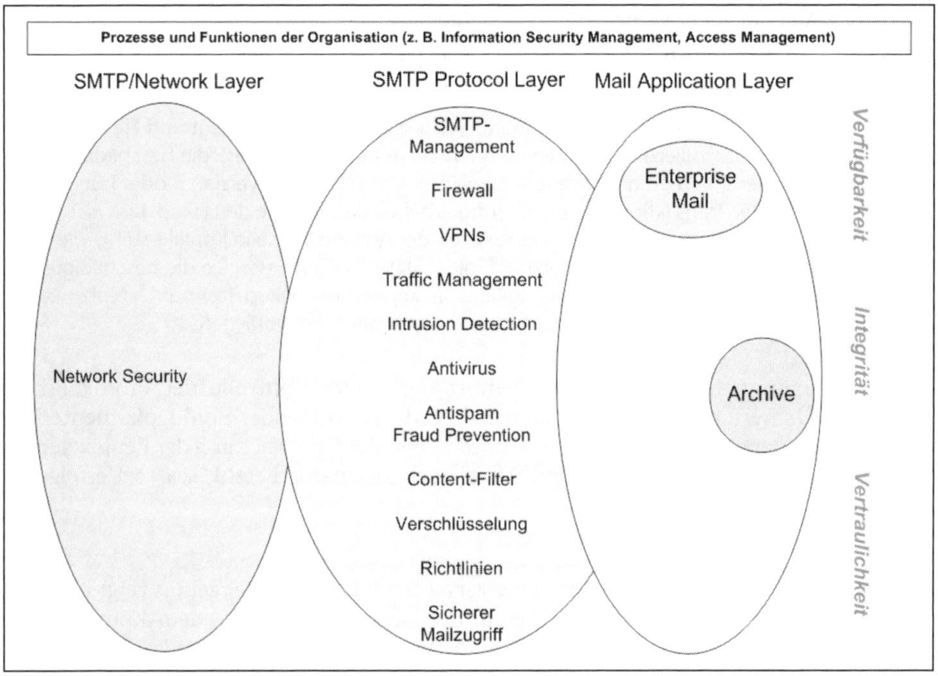

Abbildung 12.40: Sicherheitsmanagement

12.4.2   Server-Audits

Enterprise-Messaging- und -Collaboration-Lösungen sind Schwerarbeiter im Netzwerk. Sie müssen ausfallsicher, performant und skalierbar sein. Enterprise-E-Mail- oder Messaging-Systeme sind geschäftskritische Anwendungen. Fällt ein solches System aus, wird die Kommunikation mit Kunden, Lieferanten und Mitarbeitern zwar nicht gleich unmöglich, aber zumindest deutlich schwieriger. E-Mail hat heute den gleichen Status wie das Telefonsystem: Der Benutzer erwartet, dass es immer funktioniert. Messaging- oder Workgroup-Systeme müssen daher sehr zuverlässig funktionieren und zusätzlich noch sicher und skalierbar sein. Ihre Aufgabe besteht darin, genau dies sicherzustellen. Dazu gehört auch eine sauber installierte, dokumentierte und funktionierende Domino-Infrastruktur.

Die folgenden Stichworte sollen Ihnen bei einem Server-Audit hilfreich zur Seite stehen:

▶ Name des Servers
▶ Person, die das Server-Audit durchführt
▶ Datum
▶ Standort
▶ Zugangsschutz
▶ Klima
▶ Hardwareausstattung
  – Systemeinheit (Rack oder Tower?)
  – USV

- LAN-Anschluss (Hardware, Porteinstellungen)
- RAID-Konfiguration (RAID-Controller für welche Einheiten, RAID-Level)
- Anzahl Platten
- Plattenplatz
- Wie hoch ist der Arbeitsspeicherausbau/die Peak-Speicherauslastung?
- Netzanbindung (DuplexMode/Speed)
- Ist der Server Mitglied einer Domäne/Domänenadministrator?
- Server-Hardware-Management-Board z.B. IBM RSA oder HP ILO (Konfiguration/IP-Adresse/Passwort)
- Firmware-Versionen der Hardware
  - BIOS
  - RAID-Controller oder Host Bus Controller
  - Netzwerkkarte(n)
▷ Software
- Betriebssystem (Version/SP-Level)
- Netzwerkkonfiguration (IP-Adressen: Subnetze, DNS, host-Datei)
- Einsatzzweck des Servers (Applikations-, Mail-, Kommunikations- oder Hubserver)
- Domino Server-Version/Lizenztyp
- Andere Third-Party-Produkte (außer Domino und Virenscanner), ggf. deren Konfiguration
- Remotezugriff (Produkt/Version, Login)
- Datensicherung (Sicherungsart, Transaction Logging, Ansprechpartner für Rücksicherung)
- OS-Virenscanner
- Auffälligkeiten im Eventlog
- Zeitgesteuerte Aktionen auf dem Server/Wartungsfenster
▷ Domino
- Domino-Domäne
- Cluster (Cluster-Link, Portkonfiguration, Eintrag in der *notes.ini*)
- Administration (Welche Admin-Gruppen haben Zugriff auf Mail-Files, hat der Server/Cluster-Partner Zugriff auf alle Datenbanken?)
- Server-ID/gültiger Zertifizierer/ID-File evtl. mit Passwortschutz
- Notes-Einwahl möglich/Telefonnummer
- Serielle Interface-Karten z.B. DigiBoard (Treiberversion)
- COM-Porteinstellungen in der *notes.ini*
- MDM-Files (Modem-Dateien, falls vorhanden)
- ISDN-Karte, z.B. Hypercope (Treiberversion, Domino-Anbindung)
- Anzahl der User (Durchschnitt/maximal)
▷ *notes.ini*
- Server-Tasks
- Debugging- und Logging-Paramater
- Zeitzonenparameter
- andere Auffälligkeiten

▶ Größenbeschränkung der Mail-Datenbanken

▶ ODS-Version der Datenbanken (alle)

▶ Anzahl Mailboxen (Namen)

▶ Virenscanner

▶ Dir-Links (existieren die Zielpfade noch/Namen)

▶ *log.nsf* (Auffälligkeiten)

▶ Server im Domino Directory

    – SMTP/Mail-Routing (Einschränkungen)

    – HTTP-Task (Konfiguration)

    – Replikations- bzw. Mail-Routing-Verbindungsdokumente (mit welchen Servern)

    – Serverdokument (Netzwerkport-Konfiguration)

    – Sicherheitseinstellungen

        – Agenten-Ausführung (einfache und Formel-Agenten, beschränkte/unbeschränkte Agenten, Agenten/Bibliotheken signieren, die im Namen anderer ausgeführt werden)

        – Server-Administration und -Monitoring

        – Erstellen von Repliken und neuen Datenbanken

    – Konfigurationsdokument (für Server und global)

    – Replikation Domino Directory/Adressbücher

        – Welche Adressbücher von welchem Server (Intervall der Replizierung)

    – Programmdokumente

▶ Sonstige Punkte

    – Aktives/passives Server-Monitoring (durch wen, welche Zeiträume werden überwacht?)

    – Clusteranalyse

    – Information beim Ausfall (Wer informiert die User bei geplanten oder ungeplanten Serverausfällen?)

    – Prozessdefiniton/Eskalationswege/Rechenzentrumsszenarios (warm/cold stand-by)

    – Regelmäßige Wartungstermine

    – Bemerkungen

12.5 Exkurs: Grundlagen Datenbankdesign

Jede Domino-Anwendung beginnt mit einer Domino-Datenbank. Domino-Datenbanken sind die Aufbewahrungsorte für Ihre Anwendung. Eine Datenbank enthält die Daten, die logischen Elemente (Programmcode etc.) und die Gestaltungselemente für Ihre Anwendung. Ihre Domino-Anwendung kann aus einer oder mehreren Domino-Datenbanken bestehen.

Die Struktur einer Datenbank ist immer dieselbe, unabhängig davon, ob Sie eine Anwendung zum Einsatz auf dem Notes Client oder einem Webbrowser entwickeln. Eine Web-Datenbank unterscheidet sich durch die Ansichtsmethode von einer anderen Datenbank. Dabei wird zum Anzeigen anstatt eines Notes Clients ein Webbrowser verwendet. Die Gestaltung der Datenbank wird in Designer vorgenommen, wobei die gleichen Gestaltungselemente (Masken, Felder, Ansichten und Gliederungen) verwendet werden, um den Inhalt anzuzeigen und zu organisieren.

12.5.1 Gestaltungselemente

Eine Datenbank ist der Aufbewahrungsort für die Daten, die Logik und die Gestaltungselemente in Ihrer Anwendung. Gestaltungselemente sind Bausteine, anhand derer Sie Ihre Anwendung erstellen.

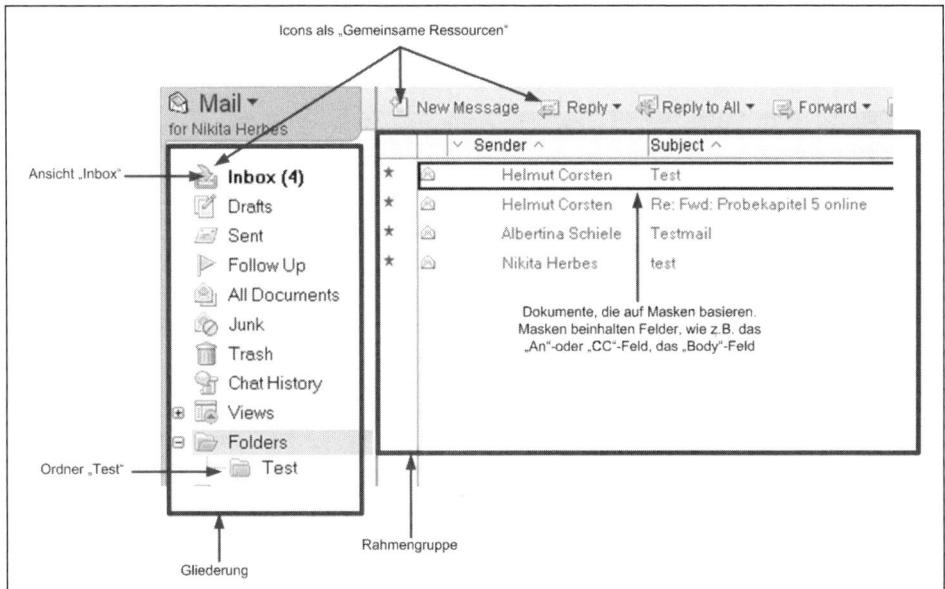

Abbildung 12.41: Beispielhafte Darstellung der Gestaltungselemente einer Mail-Anwendung/-Datenbank

Folgende Elemente gelten als Gestaltungselemente

▶ Seiten
▶ Masken
▶ Felder
▶ Ansichten
▶ Ordner
▶ Navigatoren
▶ Agenten
▶ Gliederungen
▶ Rahmengruppen
▶ Gemeinsame Ressourcen
▶ Webservices
▶ Komponenten von Verbundanwendungen
▶ XPages
▶ Custom Controls

Seiten

Eine Seite ist ein Gestaltungselement von Datenbanken, auf dem Informationen angezeigt werden. Seiten sind ein im Web häufig verwendetes Konzept. Fast jede Website enthält eine Homepage – eine Seite, auf der Informationen über die Firma, Grafiken zur optischen Verbesserung der Seite und Verknüpfungen enthalten sind, mithilfe derer Sie zu anderen Stellen in der Site oder im Web wechseln können. Seiten können immer dann verwendet werden, wenn für den Benutzer Informationen angezeigt werden sollen. Auf Seiten kann Folgendes enthalten sein:

▶ Ebenen

▶ Text

▶ Tabellen

▶ Grafiken

▶ Applets

▶ eingebettete Objekte, z.B. Ansichten

▶ Verknüpfungen

Seiten werden häufig in Kombination mit Rahmengruppen verwendet, um Grafiken, Site-Navigation bzw. Applets anzuzeigen.

Masken und Dokumente

In Masken werden, wie auch auf Seiten, Informationen angezeigt. Alles, wofür eine Seite verwendet wird, kann auch mit einer Maske erreicht werden. Masken unterscheiden sich von Seiten darin, dass sie zum Erfassen von Informationen verwendet werden können. Eine Maske sorgt für eine Struktur beim Erstellen und Anzeigen von Dokumenten. Dokumente sind die Elemente, in denen Daten in der Datenbank gespeichert werden.

Eine Maske ist im Grunde genommen eine Formularvorlage, die immer wieder zum Füllen mit Informationen verwendet werden kann. Ist die Formularvorlage gefüllt und gespeichert, liegen die Informationen in Form eines Dokuments vor.

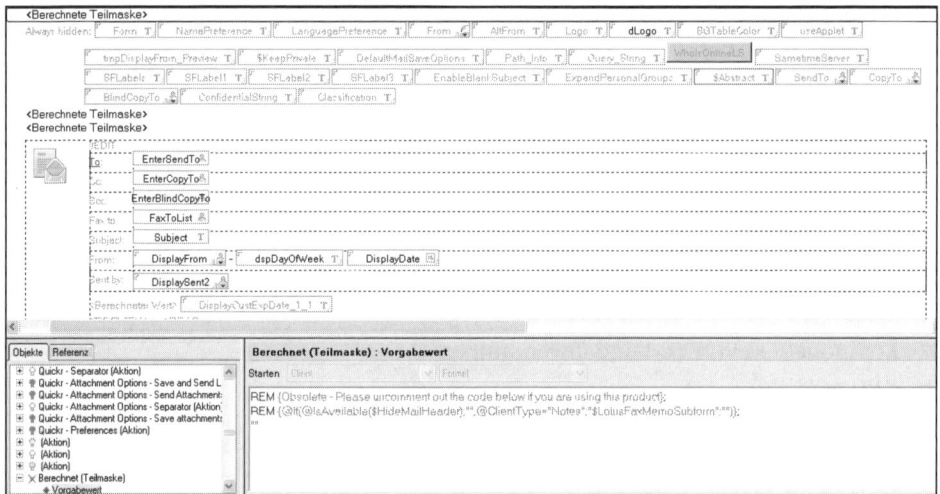

Abbildung 12.42: Die Maske MESSAGE der Mail-Anwendung zum Verfassen von Mails

Seiten im Vergleich zu Masken und Dokumenten

Auf Seiten und in Masken werden Informationen für Benutzer angezeigt. In Masken können Sie außerdem Informationen erfassen. Felder, Teilmasken, Layoutbereiche und einige eingebettete Steuerelemente können ausschließlich in Masken verwendet werden. Eine Seite eignet sich am besten zum Anzeigen von statischen Informationen, während eine Maske eher zum Erfassen von Informationen geeignet ist.

Wenn Sie eine Maske in Designer erstellen, können Sie festlegen, dass ein Benutzer die Maske im Notes Client vom Menü ERSTELLEN/CREATE aus öffnen kann. Im Web erstellen Sie eine Schaltfläche oder eine Aktion, anhand derer der Benutzer die Maske öffnen kann. Wenn der Benutzer Informationen eingibt und diese speichert, werden die Informationen als Dokument gespeichert. Öffnet ein Benutzer das Dokument, so verwendet das Dokument die Maske als Schablone für die Anzeige der Daten.

Felder

Felder sind Elemente zum Erfassen von Daten, die Sie in Dokumenten finden (siehe *Abbildung 12.43*). Sie können Felder nur in Masken erstellen. In jedem Feld einer Maske werden Informationen eines einzigen Typs gespeichert. Der Datentyp eines Felds definiert die Art der Informationen, die in einem Feld akzeptiert wird.

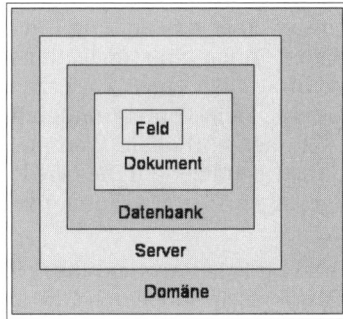

Abbildung 12.43:
Datenbankelemente im Lotus Notes-/
Domino-Umfeld

Sie können Felder für die folgenden Datentypen erstellen:

▷ Text
▷ Datum/Zeit
▷ Zahl
▷ Dialogliste
▷ Kontrollkästchen
▷ Optionsfelder
▷ Listenfeld
▷ Kombinationsfeld
▷ Rich Text
▷ Autoren
▷ Namen
▷ Leser

▶ Kennwort

▶ Formel

▶ Zeitzone

▶ Rich Text Lite

▶ Farbe

Sie legen fest, ob ein Feld bearbeitbar, d.h. mit Benutzereingabe ausgefüllt, oder berechnet, d.h. auf Formeln basiert, ist. Des Weiteren können Sie Felder programmieren, um Daten aus anderen Domino-Anwendungen oder aus externen Quellen aufzunehmen. Sie können sogar gemeinsame Felder erstellen, die in vielen Masken innerhalb derselben Datenbank verwendet werden können. Die in Feldern eingegebenen Informationen werden in Dokumenten gespeichert.

Hotspots

Ein Hotspot ist ein Text oder ein Bild, anhand dessen ein Benutzer eine Aktion, eine Formel oder ein Script ausführen oder eine Verknüpfung verwenden kann. Der Hotspot kann eine Verknüpfung zu einer anderen Website, Datenbank oder zu einem anderen Element in einer Datenbank, eine Schaltfläche, ein Popup oder eine Aktion sein. Er wird üblicherweise in einem Dokument verwendet.

Gliederungen

Sie können eine Gliederung erstellen oder das Ordnerfenster einer Anwendung Ihren Bedürfnissen entsprechend anpassen. Eine Gliederung liefert Ihnen eine Navigationsstruktur innerhalb Ihrer Anwendung: Jeder Gliederungseintrag stellt einen Zugang zu einem wesentlichen Teil der Anwendung dar. Eine Gliederung kann Hintergrundgrafiken, benutzerdefinierte Symbole, Verknüpfungen oder Aktionen enthalten. Wenn die Gliederung in einer Seite bzw. Maske eingebettet ist, können Benutzer auf die Gliederungseinträge klicken, um an die gewünschte Stelle zu gelangen. Zur Erstellung einer Navigationsstruktur mit Gliederung gehören drei Schritte:

▶ Erstellen Sie eine neue oder vorgegebene Gliederung und für jeden Anwendungsteil, der in der Navigationsstruktur oder Site-Übersicht enthalten sein soll, einen Gliederungseintrag.

▶ Betten Sie Ihre Gliederung in eine Maske bzw. Seite ein.

▶ Formatieren Sie die Anzeige der eingebetteten Gliederung. Sie können die Seite bzw. Maske, in die die Gliederung eingebettet ist, einer Rahmengruppe hinzufügen.

Des Weiteren können Sie eine Gliederung zur Planung Ihrer Anwendung verwenden, bevor Sie Gestaltungselemente erstellen.

Gliederungen und Navigatoren

In jeder Anwendung muss es möglich sein, von einer Stelle an eine andere zu navigieren. Zur Neugestaltung einer Datenbank enthält der Designer eine vorgegebene Navigationsstruktur mit der Bezeichnung „Ordnerfenster" oder „Navigationsfenster". In dem Ordnerfenster werden alle gemeinsamen Ansichten und Ordner in der Datenbank angezeigt. Das Ordnerfenster wird im linken Fenster des Notes Clients und links oben in einem Browser-Fenster angezeigt. Sie können entweder diese Navigationsstruktur verwenden oder eine eigene entwerfen.

Navigatoren

Ein Navigator ist eine grafische Darstellung, mithilfe derer Benutzer zu bestimmten Teilen einer Datenbank geführt werden. Benutzer können mithilfe von Navigatoren Dokumente suchen oder Aktionen ausführen, ohne Ansichten öffnen zu müssen. Navigatoren sind mit Imagemaps vergleichbar. In einer Grafik können Sie Hotspots erstellen, mithilfe derer Benutzer zu Verknüpfungen innerhalb oder außerhalb Ihrer Anwendung gelangen. Sie können in Masken bzw. Seiten Navigatoren einbetten. Navigatoren können entweder die Funktion des Ordnerfensters übernehmen oder aber zusammen mit Ordnerfenstern eingesetzt werden.

Ansichten

Ansichten bilden den Zugangspunkt zu den in einer Datenbank gespeicherten Daten, da sie eine sortierte und organisierte Liste von Dokumenten anzeigen. Für jede Datenbank muss es mindestens eine Ansicht geben, aber die meisten haben ohnehin mehrere Ansichten (siehe *Abbildung 12.44*). In Ansichten werden die Ihnen angezeigten Dokumente per Programmierlogik ermittelt. So können Sie z.B. in einer Ansicht eine Formel verwenden, durch die alle oder nur einige der Dokumente angezeigt werden. In Ansichten können die Dokumente außerdem nach Feldern der Maske sortiert angezeigt werden, z.B. nach Datum, Kategorie oder Autor. Beachten Sie, dass Sie Ansichten erstellen können, die vor Benutzern verborgen werden, die jedoch Ihre Daten organisieren, sodass andere Anwendungen die Informationen aus den Dokumenten übernehmen können.

Ansichten und Ordner organisieren die Dokumente in Ihrer Datenbank.

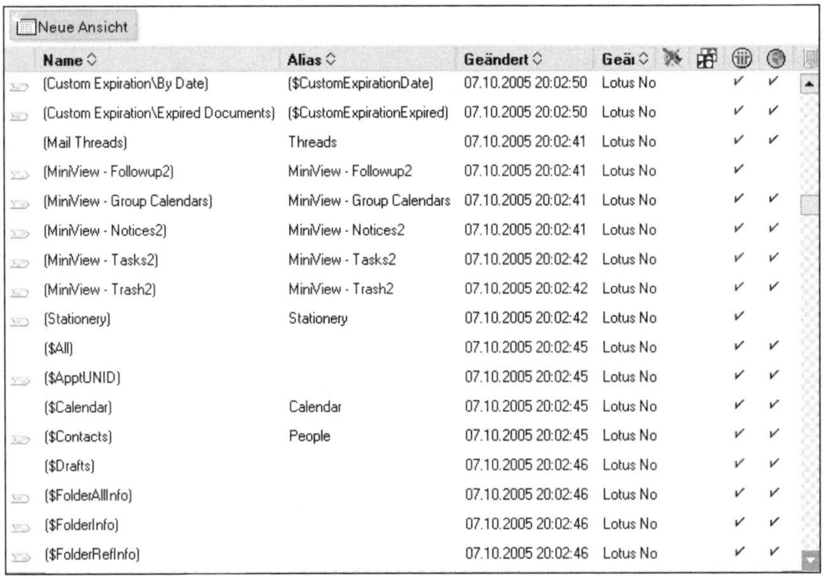

Neue Ansicht

Name	Alias	Geändert	Geä		
(Custom Expiration\By Date)	($CustomExpirationDate)	07.10.2005 20:02:50	Lotus No	✓	✓
(Custom Expiration\Expired Documents)	($CustomExpirationExpired)	07.10.2005 20:02:50	Lotus No	✓	✓
(Mail Threads)	Threads	07.10.2005 20:02:41	Lotus No	✓	✓
(MiniView - Followup2)	MiniView - Followup2	07.10.2005 20:02:41	Lotus No	✓	
(MiniView - Group Calendars)	MiniView - Group Calendars	07.10.2005 20:02:41	Lotus No	✓	✓
(MiniView - Notices2)	MiniView - Notices2	07.10.2005 20:02:41	Lotus No	✓	✓
(MiniView - Tasks2)	MiniView - Tasks2	07.10.2005 20:02:42	Lotus No	✓	✓
(MiniView - Trash2)	MiniView - Trash2	07.10.2005 20:02:42	Lotus No	✓	✓
(Stationery)	Stationery	07.10.2005 20:02:42	Lotus No	✓	
($All)		07.10.2005 20:02:45	Lotus No	✓	✓
($ApptUNID)		07.10.2005 20:02:45	Lotus No	✓	✓
($Calendar)	Calendar	07.10.2005 20:02:45	Lotus No	✓	✓
($Contacts)	People	07.10.2005 20:02:45	Lotus No	✓	✓
($Drafts)		07.10.2005 20:02:46	Lotus No	✓	✓
($FolderAllInfo)		07.10.2005 20:02:46	Lotus No	✓	✓
($FolderInfo)		07.10.2005 20:02:46	Lotus No	✓	✓
($FolderRefInfo)		07.10.2005 20:02:46	Lotus No	✓	✓

Abbildung 12.44: Ansichten in einer Mail-Datenbank

Ordner

Ein Ordner ist ein Aufbewahrungsort, in dem Dokumente gespeichert werden. Ordner enthalten die gleichen Gestaltungselemente wie Ansichten, und die Gestaltung von Ordnern ist größtenteils mit der Gestaltung von Ansichten identisch. Der Unterschied zwischen Ordnern und Ansichten besteht darin, dass für Ansichten bereits eine Auswahlformel vorhanden ist, mit der Dokumente automatisch gesammelt oder angezeigt werden. Ein Ordner bleibt so lange leer, bis ihm Benutzer oder Programme Dokumente hinzufügen.

Rahmengruppen

Damit eine Anwendungsoberfläche intuitiv und effizient nutzbar ist, muss der Benutzerbildschirm sinnvoll gestaltet werden. Ein Entwickler kann dies mithilfe einer Rahmengruppe erreichen. Eine Rahmengruppe ist eine Ansammlung von Rahmen. Ein Rahmen ist ein Abschnitt oder Teilfenster, dessen Bildlaufleiste Sie individuell bewegen können. Anhand von Rahmengruppen können Entwickler Verknüpfungen und Beziehungen zwischen Rahmen herstellen. Rahmengruppen bieten die Möglichkeit, eine Seite als Ausgangspunkt permanent anzuzeigen, während Benutzer zu einer anderen Seite bzw. Datenbank wechseln. HTML-Kenntnisse sind zur Gestaltung einer Rahmengruppe nicht erforderlich.

Mithilfe des Domino Designer Clients können Sie Folgendes tun:

▶ Eine leistungsstarke Benutzeroberfläche mit mehreren Fenstern für Ihre Anwendungen erstellen

▶ Rahmenattribute wie beispielsweise Größe, Bildlaufleiste, Farbe, Breite und Rahmenabstand festlegen

▶ Inhalt der Rahmenquelle zur Laufzeit festlegen

▶ Programmierbare Verknüpfungen erstellen, die automatisch verwaltet werden

▶ Eine Rahmengruppe so festlegen, dass sie beim Öffnen einer Datenbank, Maske oder Seite automatisch gestartet wird

Gemeinsame Ressourcen

Jede Datenbank kann ihre eigene Bibliothek mit gemeinsamen Ressourcen enthalten. Mit gemeinsamen Ressourcen können Sie innerhalb einer Anwendung mehrfach auf eine Ressource zugreifen, müssen diese jedoch nur an einer Stelle verwalten. Wenn Sie beispielsweise Ihr Firmenlogo innerhalb Ihrer Anwendung an verschiedenen Stellen verwenden und sich das Design des Logos ändert, müssen Sie das Logo nur an einer Stelle ändern, nämlich in der Bildressource, und die Änderung wird an allen Stellen, die auf dieses Bild verweisen, implementiert. Sie können folgende Ressourcen erstellen:

▶ *Bildressourcen*

Bildressourcen sind Grafikdateien, die in allen Teilen Ihrer Anwendung verwendet werden können. Bildressourcen können im Format GIF, JPEG oder BMP vorliegen. Sie werden im Designer als GIF oder JPEG gespeichert. Eine Bildressource kann als Grafik oder Symbol in Seiten, Masken, Aktionsschaltflächen, Gliederungseinträgen und als Hintergrundbild in Masken, Dokumenten, Seiten, Tabellenzellen und Aktionsschaltflächen verwendet werden.

▷ *CSS-Datei (Cascading Style Sheet)*

Sie können Ihr lokales Dateisystem nach einer CSS-Datei durchsuchen und sie in eine Seite, Maske oder Teilmaske einfügen.

▷ *Nicht-NSF-Dateiressourcen*

Sie können Nicht-NSF-Dateien innerhalb einer Datenbank und datenbankübergreifend gemeinsam nutzen.

Gemeinsamer Code

Neben den gemeinsamen Ressourcen wie Stylesheets und Bilder existieren noch weitere Elemente, die mehrfach in einer Datenbank genutzt werden können.

▷ *Agenten*

Agenten sind Programme, die eine Reihe automatisierter Aufgaben in Übereinstimmung mit einem festgelegten Zeitplan oder aufgrund einer Benutzeraufforderung ausführen. Ein Agent setzt sich aus drei Komponenten zusammen: wann er läuft (der Auslöser), für welche Dokumente er läuft (die Suche) und welche Funktionen er ausführt (die Aktion). Agenten können in allen Teilen einer Domino-Anwendung verwendet werden, um benutzeraktivierte Aufgaben oder Hintergrundaufgaben einzurichten. Agenten können einfach sein, wie beispielsweise das Verschieben von Dokumenten in einen Ordner, oder aufwendig unter Verwendung von Java-Programmen, um mehrere automatisierte Aufgaben zu festgelegten Zeiten auszuführen. Agenten werden mit Datenbanken gespeichert, Sie können sie jedoch zum Ausführen von automatisierten Aufgaben für Ansichten, Dokumente, Felder und Datenbanken verwenden.

▷ *Aktionen*

Mit Aktionen werden Aufgaben wie das Simulieren von Notes-Menüs oder Aufgaben, die durch Formeln oder ein LotusScript-Programm definiert sind, automatisiert. Zum Ausführen einer Aktion klicken Benutzer auf eine Schaltfläche oder einen Hotspot oder wählen eine Option im Menü AKTION. Aktionen sind insbesondere dann hilfreich, wenn Sie Notes- Menüoptionen für Benutzer eines Webbrowsers simulieren möchten.

▷ *Webservices*

Webservices ermöglichen Anwendungen, miteinander zu kommunizieren. Diese Möglichkeit basiert auf offenen, plattformunabhängigen Standards. Ein Teilbereich bildet dabei SOAP (Simple Object Access Protocol) ab. Dabei werden Informationen zwischen dem Web Service Consumer (Client) und dem Web-Service-Provider (Server) transportiert. WSDL (Web Service Description Language) kommt in Bezug auf Webservices als Standard, mit dem Webservices beschrieben werden können, zum Tragen. Beide Themen werden beim Domino Server 8 unterstützt und können über den Domino Designer 8 in Anwendungen verwendet werden. Domino-Anwendungen können über den Server als Web-Service-Provider angeboten werden. So können spezifische Funktionen dieser Anwendungen in anderen Applikationen genutzt werden. Im Domino Designer findet sich ab der Version 7 ein entsprechendes Designelement. Reizvoll bei der von Lotus gewählten Lösung ist, dass die Webservices sowohl in LotusScript als auch in Java entwickelt werden können. Entwickler müssen sich also nicht umstellen.

Abbildung 12.45: Webservices als Designelemente

Das Web-Service- (Version 8.0) bzw. Web-Service-Provider-Designelement (Version 8.5) stellt eine WSDL-Schnittstelle bereit, die auf einen Agent abgebildet wird. Der Zugriff darauf erfolgt über HTTP. Dieser Stack muss also auf einem Domino Server, der als Web-Service-Provider fungieren soll, geladen werden. Der Zugriff erfolgt mit einem der beiden nachfolgend genannten URL-Befehle:

– *?OpenWebService*, um den Webservice aufzurufen.

– *?WSDL* liefert die WSDL-Beschreibung für den Webservice

Mit Version 8.0 kann man mithilfe spezieller Scriptbibliotheken woanders bereitgestellte Webservices aufrufen und nutzen. In Version 8.5 werden Webservices über ein Web-Service-Consumer-Element aufgerufen. Web-Service(-Provider)-Gestaltungselemente werden nur für die Bereitstellung von Webservices benutzt.

▶ *Gemeinsam genutzte Felder*

Sie können ein Feld für die Verwendung in mehreren Masken definieren. Beispielsweise beinhalten viele Masken ein Feld für das Erstellungsdatum. Wenn Sie dieses Feld einmal definiert haben, können Sie es in anderen Masken verwenden. Wenn Sie ein Feld als gemeinsames Feld festlegen, zeigt der Designer das Feld mit einem dunklen Rand an und fügt den Feldnamen zur Liste der gemeinsamen Felder hinzu, die in einer Datenbank verfügbar sind.

▶ *Teilmasken*

Eine Teilmaske ist eine Zusammenstellung von Feldern, die Sie in mehreren Masken verwenden wollen. Sie könnten z.B. einen Briefkopf für das Unternehmen in einer Teilmaske erstellen und dann die Teilmaske in einer Vielzahl von Geschäftsmasken verwenden.

▶ *Scriptbibliotheken*

In einer Scriptbibliothek wird Code gespeichert, der in der aktuellen Anwendung mithilfe von LotusScript, JavaScript und Java oder in anderen Anwendungen mithilfe von JavaScript und Java gemeinsam genutzt werden kann. Mithilfe von Scriptbibliotheken können Sie Code an einer zentralen Stelle verwalten.

▷ *Gemeinsame Java-Dateien*

Bei großen Java-Applets mit mehreren Dateien ist es empfehlenswert, die dazugehörigen Dateien als gemeinsam genutzte Ressourcen in der Datenbank zu speichern. Wenn Sie Dateien als gemeinsam genutzte Ressourcen einrichten, können alle Applets dieselbe Kopie der Datei verwenden. Wenn eine Datei dann aktualisiert werden muss, brauchen Sie dies für alle Applets nur einmal zu tun.

▷ *Gemeinsame Aktionen*

Verwenden Sie gemeinsame Aktionen in Masken bzw. Ansichten, um benutzeraktivierte Aufgaben einzurichten. Sie können gemeinsame Aktionen im Menü AKTIONEN/ ACTIONS oder als Schaltflächen in der Aktionsleiste integrieren. Aktionen sind besonders dann hilfreich, wenn Benutzer Aufgaben beim Zugriff auf Domino-Datenbanken im Web ausführen.

Verbundanwendungen (Composite Applications)

Verbundanwendungen sind Aggregationen mehrerer Komponente, die zu einem geschäftlichen Zweck zusammengestellt werden. Diese Komponenten können unterschiedlicher Art sein und mit unterschiedlichen Werkzeugen entwickelt werden.

Verbundanwendungen und Komponenten können entweder auf dem Rich-Client (Lotus Notes oder Lotus Expeditor) oder über WebSphere Portal in einem Browser ausgeführt werden. Definitionen von Verbundanwendung können entweder aus Lotus Notes/Domino oder WebSphere Portal gelesen werden. Definitionen von NSF-basierten Verbundanwendungen werden als Gestaltungsdokumente in NSFs gespeichert und können auch aus lokalen Datenbanken gelesen werden.

Verbundanwendungen umfassen die folgenden Komponententypen:

▷ NSF-Komponenten – eine NSF-Komponente ist eine Notes-NSF-Datei

▷ Eclipse-Komponenten – technisch gesehen ein Eclipse-ViewPart. Dies umfasst alle Technologien, die Sie in einem ViewPart verwenden können (z.B. SWT, AWT, eingebetteter Browser usw.)

▷ Lokale Portlet-Komponenten: technisch gesehen Plug-Ins, die *WAR*-Dateien enthalten

▷ Portlet-Komponenten

▷ IBM Lotus Component Designer-Komponenten

▷ WebSphere Portlet Factory-Komponenten

XPages

Dieses neue Designelement ist voll in der NTF/NSF-Datei integriert und definiert eine Seite, die im Browser gerendert werden kann. Innerhalb von Notes Domino wird für die Verarbeitung ein Domino Webserver benötigt.

Begonnen hat der Weg der XPages wie Phoenix aus der Asche hinsichtlich der Aufgabe des Werkzeugs des IBM Workplace Designers, als um 2006/2007 IBM den Gedanken hinsichtlich der Workplace-Strategie begrub und mit ihm den Gedanken daran, dass der IBM Workplace Designer den Domino Designer beerben sollte. Mit der Aufgabe von IBM Workplace wurde aus dem Workplace Designer der Lotus (Component) Designer.

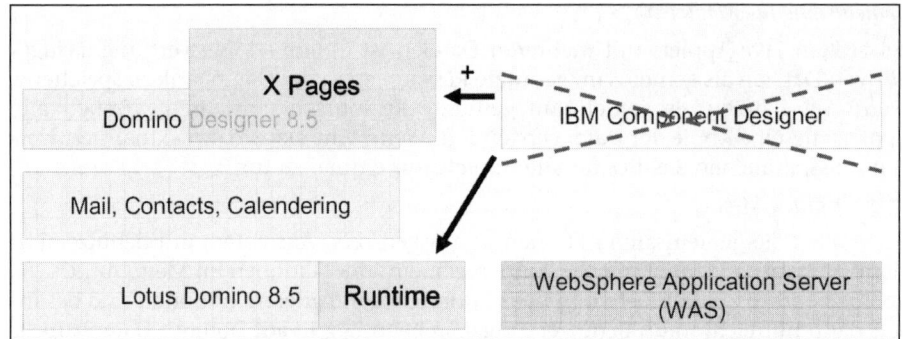

Abbildung 12.46: XPages wurden Bestandteil von Notes 8.5, und zwar als neues Designelement im Domino Designer 8.5, wobei die entsprechende Runtime Engine einen Bestandteil des Domino Server 8.5 darstellt.

Die XPages-Architektur nutzt als Runtime Engine einen neuen Server-Task, der Bestandteil der Domino-http-Engine ist. Diese Runtime verlangt keine zusätzlichen Installationen und kann lokal als Localhost laufen (Preview im Webbrowser).

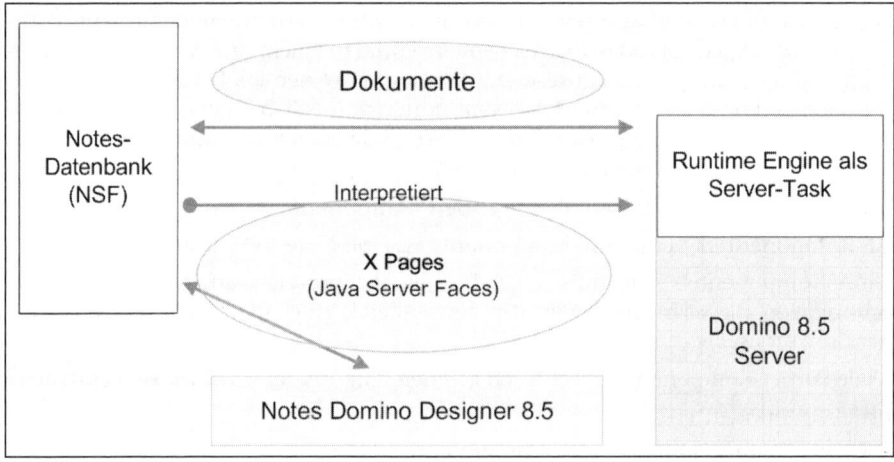

Abbildung 12.47: XPage-Architektur

Weitere neue Designelemente für XPages sind Custom Controls, die Ähnlichkeiten mit Notes-Teilmasken aufweisen, sowie Server Side Script Libraries für JavaScript-Code, der auf dem Server läuft.

Zudem wird ein neuer WYSIWYG(what you see is what you get)-Editor, der XPage-Editor für die XPage-Bearbeitung, zur Verfügung gestellt. Der XML-Quellcode kann allerdings auch direkt bearbeitet werden. Für die XPage-Programmierung ist kein Java-Know-how notwendig. Sie bedienen sich als Hauptprogrammiersprache JavaScript, die sowohl client- als auch serverseitig ausgeführt werden kann. Diese Technologie wurde um die Möglichkeit erweitert, nahezu alle @Formeln zu verwenden. Gerade durch die Möglichkeit, @Formeln zu benutzen, wird die Entwicklungszeit neuer Anwendungen auf Basis von XPages dramatisch verringern, sind diese doch nicht nur sehr mächtig, sondern dem klassischen Notes- und Domino-Entwickler wohlbekannt.

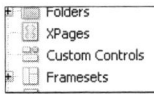

Abbildung 12.48:
Neue Elemente im Domino Designer 8.5

Bei der Gestaltung von XPages werden einzelne Unterelemente per Drag&Drop auf die Arbeitsoberfläche gezogen. Dann werden diese mit Eigenschaften belegt und mit anderen Elementen verknüpft. Die Controls als Unterelemente einer XPage machen deutlich, dass diese keinen statischen Charakter haben. So gibt es neben Controls für Schaltflächen oder Ansichten-Darstellungen auch solche, die einen Feldinhalt nicht nur darstellen, sondern auch aufnehmen können. Solche Unterelemente sind zwar nichts Neues, bieten aber die Möglichkeit, jedes einzelne Control dynamisch zu parametrisieren. Ein Highlight der neuen Möglichkeiten ist die dynamische Verknüpfung von Daten in Ansichten innerhalb einer XPage.

Das Aussehen von XPages wird durch mehrere Parameter bestimmt. Zum einen sind dies klassische Gestaltungselemente wie CSS-Bibliotheken und Grafiken, aber auch zwei neue Elemente: Custom Controls und Themes. Custom Controls bieten die Möglichkeit, bereits erstellte XPage-Teillösungen innerhalb anderer XPages wiederzuverwenden. Sie bilden somit eine Art XPage-Element-Bibliothek, im Grunde sind es Subforms für XPages. Bei Themes handelt es sich um eine besondere Möglichkeit der Look & Feel-Anpassung. Dies funktioniert ohne Eingriff in den Code der Anwendung. Mit ihnen liefert Lotus dem Entwickler ein Werkzeug, um das Rendering einzelner Elemente zur Laufzeit zu beeinflussen, ohne mehrere XPages anlegen zu müssen. Themes erlauben es, Controls nach (mehr oder minder) eigenem Belieben rendern zu lassen. Weitere nützliche Informationen zum Thema XPages finden Sie beispielsweise unter *http://www.qtzar.com/blogs/qtzar.nsf/htdocs/ LearningXPages.htm.*

12.5.2 Bekannte Einschränkungen

Die Designelemente sind vielfach Einschränkungen unterworfen. Diese finden Sie in der nachfolgenden Tabelle.

Element	Maximalwert
Datenbankgröße	Die vom Betriebssystem festgelegte maximale Dateigröße (bis zu 64 GB)
Größe von Textfeldern	32 KB (Speicherung); 32 KB werden in einer Spalte einer Ansicht angezeigt
Größe von Rich-Text-Feldern	Nur durch verfügbaren Plattenspeicher auf bis zu 1 GB beschränkt
Antwortebenen in einer hierarchischen Ansicht; Anzahl der Dokumente pro Ebene	31 Ebenen; 300 000 Dokumente
Zeichen in Namen	▷ Datenbanktitel: 96 Byte ▷ Dateinamen: Mindestens 255 auf Windows- und Unix-Plattformen und/oder Einschränkungen des Betriebssystems; auf lokaler Macintosh-Workstation 31 ▷ Feldnamen: 32 Zeichen (32 Byte im SBCS, 64 Byte im DBCS)

Element	Maximalwert
	▶ Ansichtsnamen: 63 Byte pro Ebene, insgesamt 127 einschließlich eines Trennzeichens
	▶ Maskennamen: 63 Byte pro Ebene, insgesamt 127 einschließlich eines Trennzeichens
	▶ Agentennamen: 63 Byte pro Ebene, insgesamt 127 einschließlich eines Trennzeichens
Felder in einer Datenbank	Ca. 3000 (auf Gesamtlänge von ca. 64 K für alle Feldnamen beschränkt). Wenn Sie die Datenbankeigenschaft MEHR FELDER IN DER DATENBANK ZULASSEN aktivieren, sind bis zu 22 893 Felder mit eindeutigen Namen in der Datenbank möglich.
Spalten in einer Tabelle	64
Zeilen in einer Tabelle	255
Ansichten in einer Datenbank	Keine Begrenzung; proportional zur erhöhten Anzahl der Ansichten erhöht sich auch die Zeit, die zum Anzeigen anderer Ansichten benötigt wird
Masken in einer Datenbank	Ist lediglich durch die Datenbankgröße beschränkt.
Spalten in einer Ansicht	289 Spalten mit bis zu zehn Zeichen; abhängig von der Anzahl der Zeichen pro Spalte
In eine Ansicht importierte Dokumente	Mindestens 350 000 Dokumente
Kaskadierende Ansichten in einer Datenbank	200
Randgröße (in cm)	116,84
Größe – Seitenzuschnitt (in cm)	116,84
Auszuwählende oder zu druckende Schriftgröße in Punkt	250
Dokumente in einer Ansicht	Bis zur maximalen Größe der Datenbank
Dokumente, die in tabellarischen Text exportiert werden können	Nur durch verfügbaren Plattenspeicher beschränkt
Einträge in einer Zugriffskontrollliste (ACL)	ca. 950 Namen (ACL-Größe ist auf 32 767 Byte beschränkt)
Rollen in einer Zugriffskontrollliste	75 Rollen
ID-Kennwortlänge	63 Zeichen
Autorisierte Benutzer für eine Mehrkennwort-ID	8 Benutzer
Gliederungseinträge in einer Gliederung	ca. 21 000 Einträge

Element	Maximalwert
Längenbeschränkung für ein Makrosprachen-Zeichen-folgeliteral	2048 Byte Hinweis Zeichenfolgen in Formelsprache werden intern im LMBCS-Zeichensatz dargestellt, bei dem ein Byte für ein ASCII-Zeichen verwendet wird, jedoch bis zu 4 Byte für einige Nicht-ASCII-Zeichen erforderlich sein können.
Notes-API-Objekte bei Verwendung von Java	ca. 104 800

12.5.3 SOA und Webservices

Ein Hype-Thema der letzten Jahre neben dem gerade aktuellen Komplex SOA (Service Ori-entated Architecture) sind auch die Webservices, wobei die beiden Themenkomplexe eng miteinander verzahnt sind. Durch die Einbettung der Themen service-oriented architecture (SOA) und Webservices bleibt Lotus Notes Domino seinem Grundsatz einer offenen Platt-form treu. Auch die neuen Composite Applications lehnen sich an diesen Grundsatz an.

Innerhalb einer SOA-Architektur bieten die unterschiedlichen Knoten innerhalb eines Netzwerks anderen Teilnehmern Services an, auf die sie in standardisierter Weise zugreifen können. Die SOA kann verwendet werden, um

▷ Verteilte Systeme zu bauen, die Applikationsfunktionalität für Endanwender oder Anwender-Anwendungen als Service bereitstellen

▷ Verteilte Systeme zu designen und zu implementieren, die eine enge Verbindung zwischen einem Business-Modell und ihrer IT-Implementierung erlauben

▷ Services zu verwalten, die über verschiedene Softwarepakete zur Wiederverwendung und Re-Konfiguration bereitgestellt wurden

Es gibt ein paar allgemeine Charakteristiken einer SOA. Dazu gehören

▷ Services sind wiederverwendbar und können durch zahlreiche Applikationen aufge-rufen werden.

▷ Der Zugriff auf den Service geschieht eher über ein Kommunikationsprotokoll als über einen direkten Zugriff.

▷ Services sind lose miteinander verbunden und somit autonom.

▷ Schnittstellen werden plattformunabhängig definiert.

▷ Services sind gekapselt, sodass es für die Schnittstellen irrelevant ist, wie die Schnitt-stellen implementiert wurden (Abstraktion).

▷ Services sind kombinierbar (composable) und so zu Composite Applications zusam-mensetzbar.

▷ Services sind ohne Status (stateless) und können gefunden und angesprochen werden (discoverable).

Ein Schlüsselfaktor für den Erfolg der SOA liegt in der Entwicklung und Verwendung von Standards. Zahlreiche Hersteller haben sich dem angeschlossen, sich der Standardisierung angenommen und auch entsprechende Tools entwickelt, um SOA zu unterstützen. Ent-sprechende Standards, die adaptiert wurden, sind beispielsweise HTTP, XML, SOAP, WSDL, UDDI oder OASIS-Standards wie z.B. ODF. Die Akzeptanz für SOA ist gestiegen, SOA-bezogene Governance-Modelle wurden entwickelt, Best Practises wurden definiert und haben sich bewährt.

Diese typischen SOA-Charakteristiken können in einer Architektur über Lotus Notes 8 auch erreicht werden. Dazu gehört zum einen der Ansatz der Service-Wiederverwendung („Reuse"), der durch die Bereitstellung eines entsprechenden Werkzeugs zur Applikationsentwicklung sowie der Bereitstellung von Möglichkeiten bezüglich der Nutzung und Erstellung von Webservices implementiert ist. Zum anderen können entsprechende Erweiterungen von Lotus Notes aktiviert werden, um mit SOAs über ein offenes Technologie-Framework zu arbeiten.

Es gibt viele unterschiedliche Wege, um eine SOA zu implementieren und zu betrachten. Der spezifische Ansatz und der damit einhergehende Nutzen hängt von den Bedürfnissen des Business und der Rolle der Organisation oder der Person ab, die sich mit der jeweiligen SOA auseinandersetzt.

In Bezug auf das Thema Lotus Notes und SOA ist die Wiederverwendbarkeit der Applikation ein wichtiger Aspekt sowie die Möglichkeit, bestehende Eclipse and WebSphere Portal Services aufzugreifen und diese als Notes-Funktionen zu etablieren.

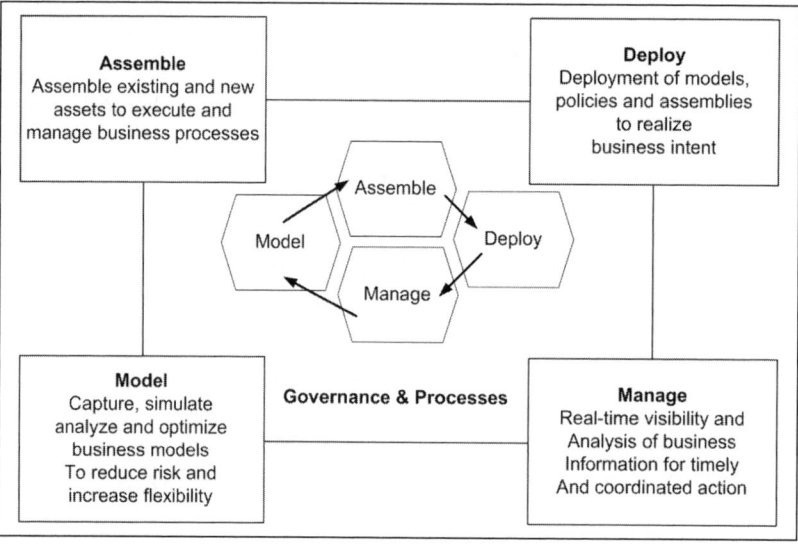

Abbildung 12.49: Beispielhafter SOA-Lifecycle

Letzten Endes geht es bei Webservices darum, dass ein Client-Programm Funktionen aufruft, die auf einem (entfernten) Server ausgeführt werden, mit dem das Client-Programm per TCP/IP verbunden ist. Das entspricht im Wesentlichen dem bekannten Prinzip der Remote Procedure Call(RPC)-Aufrufe. Diese Aufrufe haben aber immer dann Probleme, wenn sich die beteiligten Rechner hinter Firewalls befinden, da dabei mehr oder minder proprietäre Protokolle und oft eigene TCP-Ports verwendet werden. Webservices machen sich den Weg von HTTP z.B. über den Port 80 zunutze. Dabei wird die Anfrage auf dem Client in XML umgewandelt. Die XML-Daten beschreiben, welcher Dienst in Anspruch genommen wird und wie die Parameter der zum Dienst gehörenden Funktion aussehen (Typ, Anzahl und Werte). Diese Daten werden per HTTP an den Server übertragen, auf dem der Dienst läuft. Der Dienst nimmt die Anfrage an, dekodiert die XML-Daten und führt seine Arbeit aus. Daraus resultieren Ergebnisdaten. Der Server nimmt diese Daten und verpackt sie ebenfalls in XML. Diese XML-Informationen werden per HTTP an den Client übermittelt und dort ausgelesen.

Lotus Notes 8 und Webservices

Webservices sind kein neues Thema für Lotus Notes Domino. Ein Web-Service-Provider stellt ein WSDL-Dokument (Web Services Description Language) bereit, das die Service-Schnittstelle beschreibt. Das WSDL-Dokument ist ein XML-Format. Was hinter der Schnittstelle passiert, liegt in den Händen des Providers, aber die meisten Provider mappen das Interface mit Procedure Calls in einer unterstützten Programmiersprache. Eingehende Anfragen eines Kommunikationspartners durchlaufen den darunter liegenden Code und die entsprechenden Ergebnisse laufen den Weg zurück zum Kommunikationspartner.

Lotus Domino „mappt" die WSDL-Schnittstelle zu einem Agenten-ähnlichen Webservice-Designelement, das in LotusScript oder Java geschrieben werden kann. Der Webservice muss auf einem Domino Server mit aktiviertem HTTP-Dienst laufen. Der Zugriff kann über eines der beiden folgenden Domino URL-Kommandos laufen:

▷ OpenWebService rufen den Webservice als Antwort auf eine SOA-verschlüsselte Nachricht auf, die über einen HTTP POST Request gesendet wurde. Ein HTTP GET Request (z.B. über einen Browser) gibt den Namen des Service und seiner Operations zurück.

▷ WSDL gibt das WSDL-Dokument als Antwort auf die HTTP GET-Anfrage zurück.

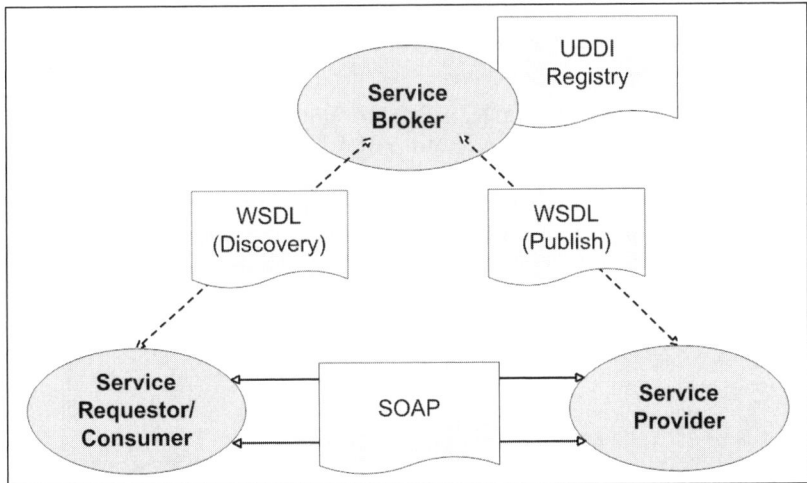

Abbildung 12.50: XML, SOAP, WSDL und UDDI stellen Technologien für Webservices dar

Das Webservice-Designelement definiert über seinen Code das WSDL-Element. Wenn das öffentlich zugängliche Interface nicht verändert wurde, bleibt das WSDL-Dokument genau wie der Code unverändert. Wenn etwas an dem Code verändert wurde, was Auswirkungen auf das Interface hat, muss ein neues WSDL-Dokument erstellt werden.

Die Webservices-Architektur findet sich demnach auch im Designer Client wieder. So findet sich dort ein Designelement: WEBSERVICE (Version 8.0) bzw. WEB-SERVICE-PROVIDER (Version 8.5), das die Domino Web-Agenten erweitert. Dieses Item wird intern in der NSF-Datei als Agent abgelegt. Mit dem Import einer existierenden WSDL werden in diesem neuen Designelement die entsprechenden Klassen für die Implementierung angelegt. Es gibt jedoch folgende Einschränkungen: Es werden nur Provider-Entitäten unterstützt; für die Bindung muss das SOAP-Protokoll (Simple Object Access Protocol) unter Verwendung der HTTP POST- und GET-Protokolle eingerichtet sein.

Das Erstellen und Anbieten von Webservices ist seit der Version 7 auf einfache Art und Weise möglich. Webservices sind ab der Version 8 ähnlich einfach als Consumer zu nutzen.

Composite Applications

Seit Lotus Notes 8 bietet sich die Möglichkeit, Composite Applications zusammenzustellen. Dies ist besonders in der Assemble-Phase des SOA-Lebenszyklus nützlich. Eine Composite Application ist eine lose miteinander verknüpfte Sammlung von Benutzerschnittstellen, die zu einem bestimmten Business-Zweck zusammengeführt wurden. Durch die Möglichkeit, Composite Applications zu erstellen und zu bearbeiten, können Sie verschiedene Services kombinieren und wiederverwenden. Unter Lotus Notes 8 können Sie NSF-basierte Composite Applications eines Servers erstellen und bearbeiten. Eine NSF-basierte Composite Application kann beispielsweise aus NSF-, Eclipse- und WebSphere Portal-Komponenten bestehen.

Durch die Verwendung von Composite Applications verschwinden Informations- und Service-Silos und Services sind eher hart mit der Infrastruktur verdrahtet, sodass sie leichter wiederverwendet oder erweitert werden können. Flexibilität und Geschwindigkeit werden erhöht.

Als Werkzeug steht der Composite Application Editor unter Lotus Notes 8 zur Verfügung, der es auch Endanwendern ermöglicht, Composite Applications zusammenzustellen. Diese Software kann im Zuge der Lotus Notes 8 Client-Installation ausgewählt werden. Um bestehende Notes-Applikationen als Komponenten einer Composite Application wiederzuverwenden, bedarf es nur minimale oder keinerlei NSF-Designanpassungen.

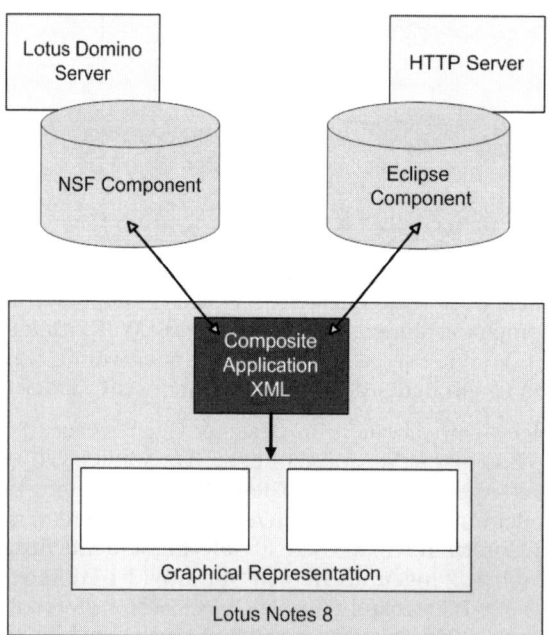

Abbildung 12.51: Beispielhaftes Zusammenspiel in Bezug auf die Composite Applications

Um eine solche Composite Application beispielhaft zu erstellen, hat die IBM unter *http:// www-03.ibm.com/developerworks/blogs/page/CompApps?entry=more_sophisticated_tutorial_ of_composite* ein entsprechendes Beispiel dokumentiert und auch dazugehörige Beispieldateien zur Verfügung gestellt. Dieses Beispiel bedient sich der Lotus Notes-Kontakte, einer Notes Domino-Forum-Anwendung und einer Eclipse-Komponente, die eine Tag Cloud implementiert.

Composite Applications, egal ob sie auf Notes Domino 8, WebSphere Portal oder Lotus Expeditor basieren, fungieren als Frontend oder Anwender-Schnittstelle hinsichtlich der SOA-Strategie im Unternehmen. Diese verwenden die Services, die über die Composite-Architektur SOA abbilden sollen.

Composite Applications erfordern ein neues Programmiermodell für Notes Domino 8. Dieses Modell spiegelt das Modell innerhalb des WebSphere Portal 6, in dem unterschiedliche Komponenten in eine einzige Oberfläche zusammengefasst werden. Dabei agiert der sogenannte Property Broker als „Kleber", der es überhaupt erst möglich macht, dass die verschiedenen Komponenten interagieren und Daten austauschen, auch wenn diese aus unterschiedlichen Systemen stammen. Dieses Programmiermodell ist etwas Neues unter Notes 8 und verlangte nach Veränderungen des Domino Designer 8.

Abseits von diesen Überlegungen wird es eine Reihe weiterer Fragen geben, die sich beispielsweise darauf beziehen, was innerhalb der Composite Applications passiert, wenn eine der Komponenten ausfällt. Aus einer Art „Infrastruktursicht" lässt sich festhalten, dass die Composite Application in Bezug auf die Themen Robustheit und Verfügbarkeit von der jeweils fehleranfälligsten Komponente (eine der Composite Applications, die miteinander in Verbindung stehen) abhängig ist.

Es gibt zwei Hauptbereiche, die das Thema Veränderungen unter Notes/Domino 8 Applikationsdesign und Programmierung bezüglich der Composite Applications betreffen.

▶ Application Design: Um die Domino-Applikation innerhalb einer Composite Application zu platzieren, müssen Sie zuerst festlegen, welche Designelemente für andere Komponenten zugreifbar sein sollen. Um diese spezifischen Elemente „freizugeben", werden sie innerhalb einer Webservices Description Language(WSDL)-Datei spezifiziert. Der Composite Application Property Broker verwendet diese Datei als Orientierungsmöglichkeit, auch für die veröffentlichten Eigenschaften und Aktionen.

Um ein solches „Mapping" zu ermöglichen, wird der Composite Application Editor verwendet. Ohne Veränderungen an der Notes/Domino-Applikationsfunktionalität (als Legacy-Anwendung) umzusetzen, kann der Composite Application Editor verwendet werden, um die unterschiedlichen Elemente der Anwendung (Datenbank) wie beispielsweise Masken, Ansichten oder Dokumente der Composite Application zusammenzuführen.

▶ Eine wichtige Frage lautet, wo die Komponenten der Applikation sich befinden. Composite Applications können innerhalb einer lokalen NSF-Datei auf einem Notes Client, in einer Domino-Anwendung (Datenbank) auf dem Domino Server, auf einem WebSphere Portal oder im Lotus Expeditor liegen. Die Notes/Domino-Anwendungskomponenten werden mit dem Composite Application Editor und WebSphere Portal Composite Applications mit dem Composite Application Editor oder dem Portal Application Template Editor erstellt.

Innerhalb einer Composite Application müssen die einzelnen Komponenten in der Lage sein, zu interagieren – unabhängig davon, mit welchen Tools und Technologien sie erstellt wurden oder innerhalb welcher Datenbanktechnologie sie abgelegt wurden.

Einige Komponenten sind möglicherweise ein NSF, andere entstammen vielleicht der relationalen Datenbankwelt. Die Komponenten benötigen in jedem Fall eine standardisierte Art und Weise, um Eigenschaften und Aktionen zu definieren, um dem Entwickler eine Möglichkeit an die Hand zu geben, die Komponenten innerhalb der Composite Application zusammenzuführen. Über die bereits angesprochene WSDL-Datei können diese Eigenschaften und Aktionen beschrieben werden.

12.5.4 Lotus Connections und Aktivitäten

Lotus Connections stellt die Social Computing-Plattform für die IBM dar (siehe auch Kapitel *1.6.5, Web 2.0* im Abschnitt *IBM Lotus Connections*). Es geht darum, das bisher versteckte Wissen der vielen im Unternehmen zu nutzen, effizienter zusammenzuarbeiten und räumliche Distanzen zwischen den Mitarbeitern zu überwinden. Aktivitäten sind nur ein Teil der Funktionen, die über Lotus Connections bereitgestellt werden.

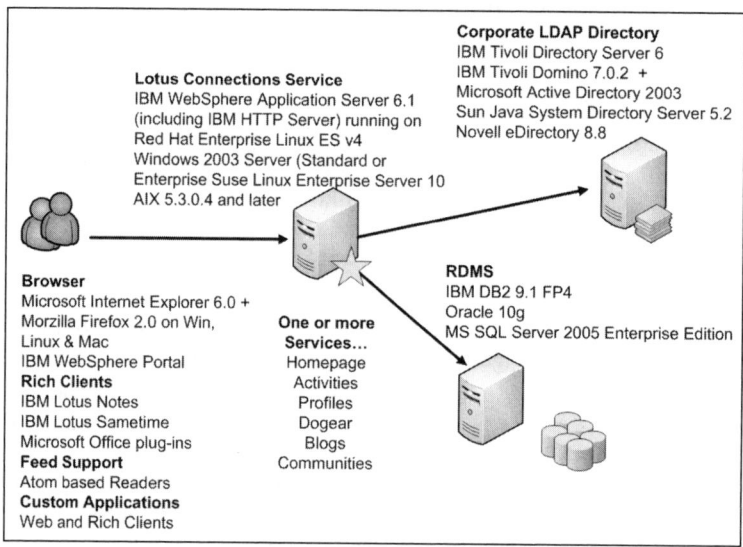

Abbildung 12.52: Lotus Connections - funktionale Topologie

Activities sind Teil von Lotus Connections. Das Notes 8 Client Plug-In für Activities ist zwar Teil des Lotus Notes 8 Clients, der Activities-Server ist allerdings nicht in den Lotus Domino 8 Server- oder Lotus Notes 8 Client-Lizenzen enthalten.

IBM Lotus Notes 8 bietet Lotus Notes-Benutzern eine Innovation mit der Bezeichnung „aktivitätsbasierte Onlinezusammenarbeit". Aktivitätsbasierte Onlinezusammenarbeit ist ein Konzept von IBM Research. Benutzer können damit Informationen (E-Mail, Kalendereinträge, Dokumente, E-Meetings) im Zusammenhang mit einer bestimmten Aktivität oder einem bestimmten Projekt organisieren, verwalten und gemeinsam nutzen.

Mit dem BlackBerry-Client for IBM Lotus Connections können BlackBerry-User vom Smartphone aus auf die Applikationen, die via Lotus Connections bereitgestellt werden, zugreifen. Der Administrator steuert die Nutzung der Lotus Connections-Funktionen. Dies stellt die Integration in »BlackBerry Enterprise Server« sicher.

Alle an einem Projekt (einer Produkteinführung, Übernahme, Ausschreibung oder einer anderen interaktiven Maßnahme) beteiligten Personen können die verschiedenen Informationen im Zusammenhang mit dem Projekt (E-Mail-Threads, Chatprotokolle, Dokumente, Sitzungsprotokolle, Webinhalte, Sprachnachrichten) an einem Ort verwalten. So können Endbenutzer viele unterschiedliche und voneinander unabhängige Elemente als koordinierte Projekte oder „Aktivitäten" verwalten. Verschiedene Elemente, die sich mit dem gleichen Thema oder Projekt befassen, können so miteinander verbunden werden, wie z.B. Präsentationen, Excel-Sheets oder Dokumente für eine Besprechung. Informationen liegen nicht mehr verstreut in unterschiedlichen Laufwerken oder Teamrooms, sondern können über die Aktivitäten an einer Stelle zusammengeführt werden. Dies funktioniert für den Anwender über das Kontextmenü des Dokuments oder der E-Mail, die Sie Ihrer Aktivität hinzufügen möchten. Wählen Sie dazu im Kontextmenü die Option LOTUS CONNECTIONS > ZU AKTIVITÄTEN HINZUFÜGEN/ADD TO ACTIVITY (siehe *Abbildung 12.53*).

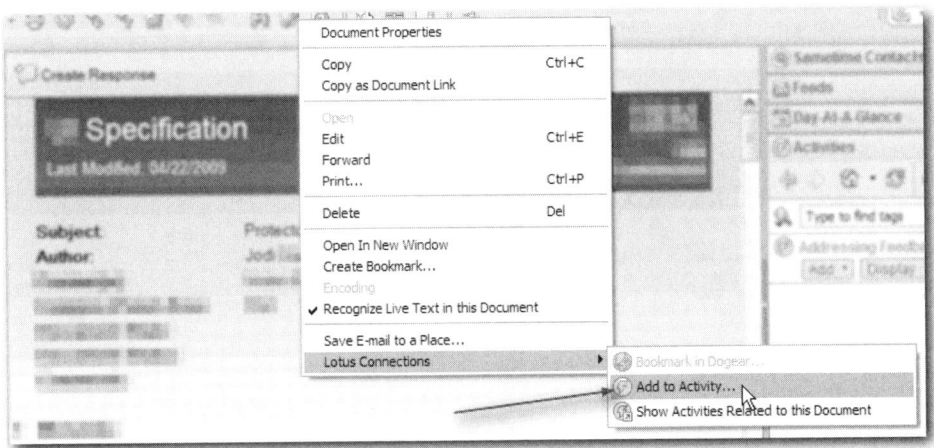

Abbildung 12.53: Hinzufügen eines ausgewählten Elements über das Kontextmenü zu einer Aktivität

Anschließend wählen Sie die Aktivität explizit aus, zu der Sie das Element hinzufügen möchten. Das Dokument ist nun mit der Aktivität verknüpft. Arbeiten Sie nun über die Notes-Sidebar, müssen Sie das Dokument lediglich doppelt anklicken, um es zu öffnen. Sie können dies auch umsetzen, indem Sie das Notes-Dokument wie jedes andere Dokument (wie z.B. eine E-Mail) auf die Activity-Sidebar ziehen.

Achtung

Wenn Sie ein Dokument löschen oder verschieben, nachdem Sie es zu Ihren Aktivitäten hinzugefügt haben, wird Notes nicht in der Lage sein, es wiederzufinden. Daher sollten Sie eine E-Mail in den gewünschten Ordner verschieben, bevor Sie sie zu Ihren Aktivitäten hinzufügen.

Über Activities können Collaboration und die Arbeit mit den unterschiedlichsten Inhalten und Dateien einen neuen Rahmen erhalten. Eine Vielzahl von unterschiedlichsten Informationen und Informationsformen, die üblicherweise an unterschiedlichen Stellen liegen, aus verschiedenen Anwendungen stammen und zusammengesucht werden müssten, werden über Activities in einen übergeordneten Zusammenhang gebracht. E-Mails, Kalendereinträge, Tasks, Instant Messages, Dateien (Dokumente, Präsentationen, Tabellen), Links auf Webseiten, Kontakte, Ad-hoc-Notizen, Lotus Notes-Dokumente sind nur einige Beispiele für Daten aus unterschiedliche Quellen, die früher nicht einfach gemeinsam gehandhabt werden konnten.

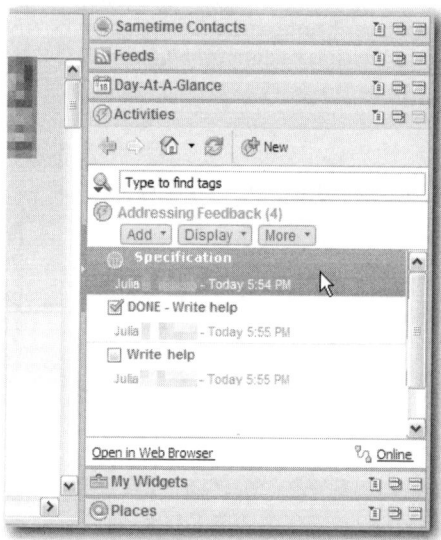

Abbildung 12.54: Activity Sidebar Panel im Notes Client

Notes 8 bietet die Integration von Aktivitäten. Sie sehen Ihre Activities über Ihre Sidebar, aus der heraus Sie Ihre Aktivitäten öffnen und bearbeiten können. Sie können einen Anhang aus einer Mail auf die Sidebar ziehen und zu einer Aktivität machen. Sie können einen Sametime-Chat auf ähnliche Weise als eine Aktivität definieren. Darüber hinaus können Sie beispielsweise auch einen Namen anklicken (beispielsweise den Absender einer E-Mail), um sich anzuschauen, welche gemeinsamen Aktivitäten Sie und diese Person verbindet.

13 Client-/Server-Support und Problem Management

Die Aufgaben des Administrators gliedern sich in zahlreiche Teilbereiche: Installation, Konfiguration und Erweiterung der Domino-Infrastruktur bzw. der Domino Server und Notes Clients, die Benutzerverwaltung sowie die Mitarbeit in spezifischen Projekten oder die Unterstützung anderer Teams und Unternehmensbereiche gehören dazu. Darüber hinaus nimmt der Betrieb, die Pflege und Aufrechterhaltung der Funktionalität, die über die Lotus Notes Domino-Infrastruktur den Anwendern bereitgestellt wird, einen sehr großen, wenn nicht den überwiegenden Teil Ihrer Arbeitszeit in Anspruch. Es stellt das Tagesgeschäft für Sie dar und unterstützt als Zielsetzung die Geschäftstätigkeit der Anwender.

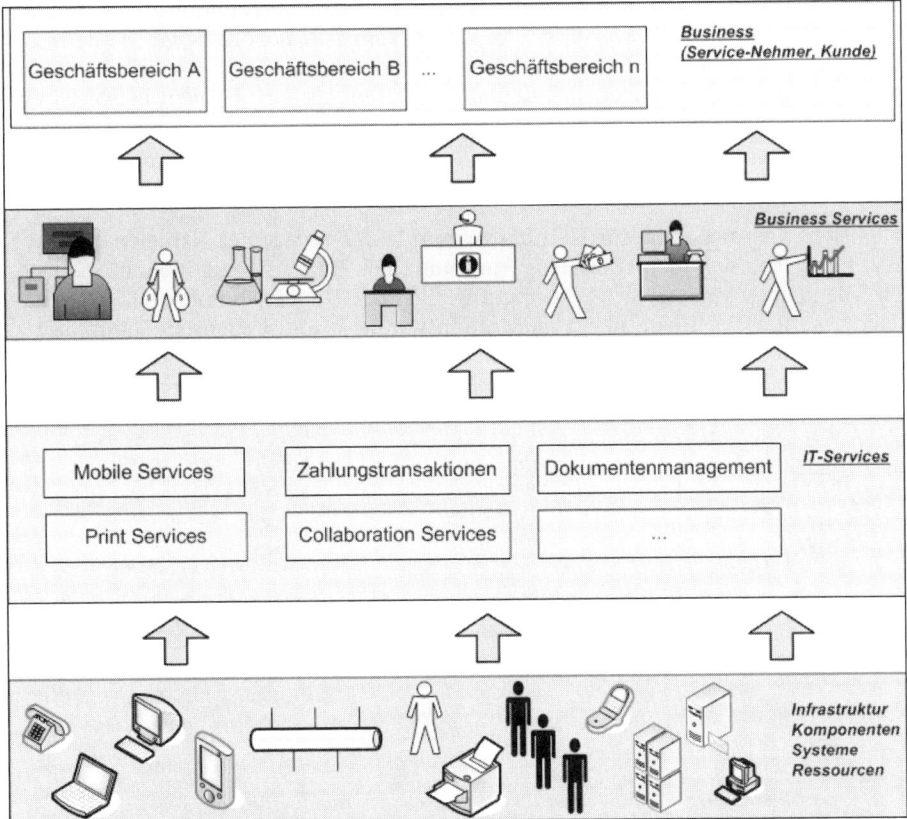

Abbildung 13.1: Auch die Domino-Infrastruktur unterstützt Geschäftsprozesse des Unternehmens.

Die Notes Domino-Infrastruktur mit ihren spezifischen Komponenten bildet einen Teil des Unterbaus für die Services, die das Kerngeschäft des Unternehmens abbilden. Datenbankfunktionalität, die Kommunikation via Mail oder der Datenaustausch über Kommunikationsserver stehen nicht isoliert für sich, sondern sind in einem unternehmensweiten Zusammenhang zu sehen. Sind diese Services nicht verfügbar oder nur in eingeschränkter Qualität zu nutzen, bedeutet das nicht nur ein Ärgernis für die betroffenen Anwender, sondern dies hat noch weitere, möglicherweise weitreichendere Konsequenzen: die Anwender sind nicht mehr in der Lage, die Geschäftsprozesse umzusetzen, Termine werden nicht gehalten, Reibungsverluste treten auf und/oder das Unternehmen verliert Geld.

Der Ruf der IT, deren Ziel es ist, die Geschäftsprozesse zu unterstützen, leidet. Ihre Abteilung steht in einem schlechten Licht da und die Akzeptanz von IT-gestützten Verfahren lässt nach. Lösen Sie sich von dem rein technischen Ansatz, mit dem Sie Ihre Arbeit vielleicht betrachten. Sehen Sie sich und das, was Sie tagtäglich leisten, in einem größeren Zusammenhang und begreifen Sie sich als Dienstleister.

13.1   Exkurs: Problem Management

Die IT ist nicht vor Störungen gefeit; selbst bei kontinuierlicher Verbesserung der angebotenen Dienste sind Sie nicht imstande, eine absolut fehlerfreie Produktion zu garantieren. Störungen selber können aber gelöst und ihnen kann sogar vorgebeugt werden. Das Hauptanliegen des Problem Management besteht in der Vermeidung von Problemen und daraus resultierenden Störungen (Incidents). ITIL® definiert ein Problem beispielsweise als die Ursache eines oder mehrerer Incidents.

Was ist ITIL®?

ITIL® steht als Abkürzung für IT Infrastructure Library®. Wie der Name vermuten lässt, handelt es sich hierbei um eine Sammlung von Büchern, eine Bibliothek. Die ITIL®-Bände beschäftigen sich mit einem Bereich des Themenkomplexes IT Service Management. ITIL® ist eine über viele Jahre entstandene und gewachsene Sammlung von Good-Practice-Anleitungen. Sie enthält Empfehlungen und schafft so einen Rahmen für die strategische, taktische und operative Umsetzung von IT-Services.

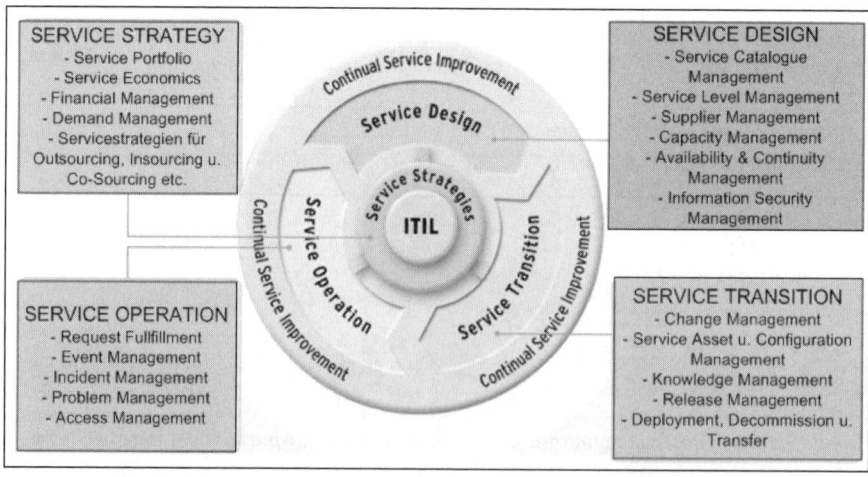

Abbildung 13.2: Funktionen und Prozesse unter ITIL® V3 im Service-Lifecycle

Dieses Framework bietet die Grundlage zur Verbesserung von Einsatz und Wirkung der eingesetzten IT-Infrastruktur und aller weiterer Mittel, die an der Wertschöpfung für den Kunden beteiligt sind. Diese bieten die Basis für die IT-Services, um deren Lebenszyklus (Lifecycle) sich die ITIL®-Literatur dreht.

War die ITIL® V2 noch deutlich in eigene Prozessdomänen (Service Support, Service Delivery etc.) definiert und stark auf das Thema Prozess ausgerichtet, geht die Version 3 unter Beibehaltung der Best Practices in Richtung Lifecycle (Lebenszyklus) von IT-Services (siehe *Abbildung 13.2*). Dabei wird aufgezeigt, wie das gesamte Geschäftsmodell eines IT-Service abläuft, implementiert und auf Basis von Best Practices gelebt werden kann. Eine Basis bildet dabei der explizite Wechsel von einer auf Prozesse ausgerichteten Sichtweise zu einem vollständigen Service-Lebenszyklus – angefangen von der Strategie über Design, Umsetzung und den Betrieb der IT-Services bis hin zu einem kontinuierlichen Verbesserungsprozess, der entsprechend über die fünf Kernpublikationen abgebildet wird.

Ist beispielsweise das Design einer Datenbank beschädigt, dann können bei unterschiedlichen Anwendern verschiedene Störungsausprägungen auftreten, wie beispielsweise:

▷ Ansichten fehlen

▷ Ansichten sind leer

▷ Unterschiedliche Fehlermeldungen

Zurückzuführen sind diese unterschiedlichen Störungen bei den Benutzern aber auf ein und dasselbe Problem, das Sie als Administrator, wenn Sie von den Störungen erfahren und den Auftrag bekommen, der Sache auf den Grund zu gehen, noch nicht kennen. Die Ursache der Störungen ist Ihnen also noch unbekannt; es existiert ein Problem.

Störungen und Unterbrechungen können wiederholt auftreten. Wenn das System in einer bestimmten Situation immer mit derselben Meldung reagiert oder die Anrufe der Anwender beim Service-Desk gleiche oder ähnliche Störungen beschreiben, können Sie daraus folgern, dass es noch nicht beseitigte Problemquellen geben muss. Das Problem ist damit aber zumeist eindeutig vorhanden, da reproduzierbar.

Fehlersuche. Ein leidiges Thema. Fehler sind Auswirkungen von mehr oder weniger offensichtlichen Problemen. Da Fehler die Angewohnheit haben, immer wieder aufzutauchen, solange die Fehlerursache nicht erfolgreich behoben ist, sollten Sie Fehler, ihre Ursachen und Workarounds stets dokumentieren. Sie müssen die Ursachen beseitigen, proaktiv und präventiv darauf hinarbeiten, dass Fehler und Probleme in Zukunft weniger oft oder bestenfalls gar nicht mehr auftreten. Diese Themen sind als Prozess unter ITIL® dem Problem Management zugeordnet.

Sind Sie damit betraut, Probleme Ihrer Domino-Infrastruktur zu beheben, leisten Sie im Rahmen des Problem Management einen Beitrag zur nachhaltigen Beseitigung von Störungen.

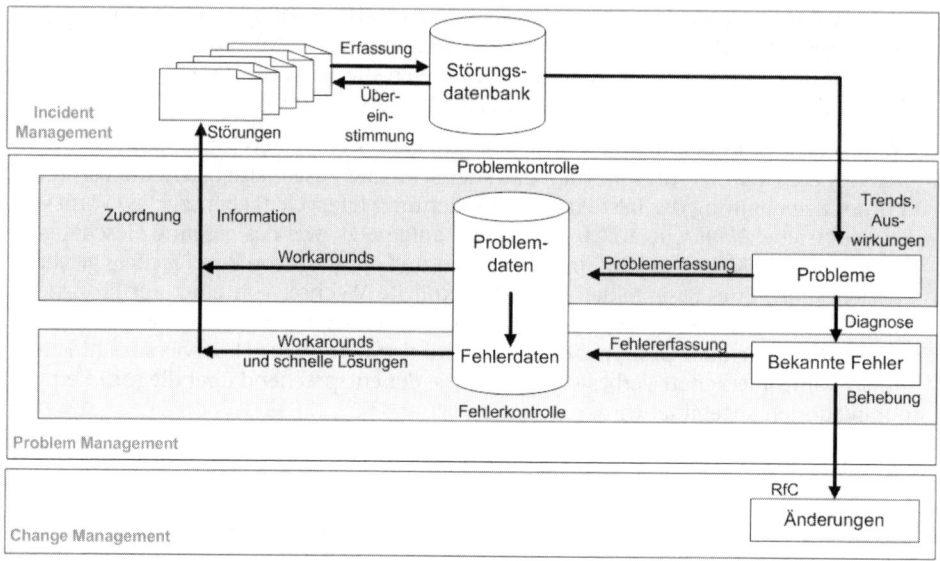

Abbildung 13.3: Abläufe des Problem Management im Gesamtzusammenhang

Störungen, deren Ursache nicht bekannt ist, werden im Rahmen des Problem Management analysiert und aufgelöst, um die Grundursache zu finden und zu eliminieren. Es geht hier um die Ursachenforschung hinsichtlich eines Problems. Das Ergebnis kann kurzfristig eine vorübergehende Umgehungsstrategie (Workaround) sein, bis mittelfristig Wege zur Behebung (oft über einen Request for Change, RfC) und Vorbeugung gefunden sind. Wichtig dabei ist, dass Probleme identifiziert, lokalisiert, diagnostiziert, dokumentiert und überwacht werden. IT-Organisationen sollte es gelingen, durch proaktives Problem Management gezielt Störungen ihrer Services im Vorfeld zu erkennen und zu minimieren. Das Ziel des Problem Management besteht in der Vermeidung von Störungen. Um dieses Ziel zu erreichen, führt das Problem Management sowohl proaktive als auch reaktive Aktivitäten aus.

▶ Im Rahmen des reaktiven Problem Management als Teil der Service-Operation-Phase wird nach der Ursache für bereits eingetretene Störungen gesucht und werden Vorschläge zur Umsetzung bzw. Korrektur der Situation initiiert.

▶ Proaktives Problem Management versucht, Störungen zu verhindern, bevor sie zum ersten Mal auftreten, indem Schwachstellen in der Infrastruktur identifiziert und Vorschläge zu deren Beseitigung unterbreitet und geprüft werden. Dies umfasst beispielsweise die Überwachung und Auswertung von Protokolldateien, um Indizien und Fehler zu lokalisieren, zu dokumentieren und zu verfolgen. Das proaktive Problem Management wird über die Service-Operation-Phase initialisiert, ist aber im Allgemeinen als Teil des Continual Service Improvement getrieben.

Für die reaktive Ausprägung des Problem Management gilt es, die Ursache des Problems zu untersuchen. Wurde die Ursache gefunden, erhält das Problem den Status „Known Error" (bekannter Fehler), aus dem sich eventuell ein Request for Change für die Behebung der Ursache ergibt. Das Problem Management beschäftigt sich auch danach mit der Verfolgung und Überwachung von bekannten Fehlern in der Infrastruktur. Zu diesem Zweck werden Daten über alle identifizierten bekannten Fehler, ihre Symptome sowie die verfügbaren Lösungen in einer Known-Error-Datenbank gepflegt. Dementsprechend besitzt das

Problem Management eine Schnittstellen in Richtung Knowledge-Management. Dieses Knowledge-Management dient nicht nur angrenzenden Bereichen, die Aufgaben im Rahmen der ITIL®-Prozesse und -Funktionen wahrnehmen, als wichtiges Instrument.

Begriffe und Prinzipien des Problem Management

Ein Problem beschreibt eine unerwünschte und ungewollte Situation, die als unbekannte Ursache einer oder mehrerer (aktiver und potenzieller) Störungen auftritt. Ein Problem verursacht mindestens eine Störung. Ist die Ursache des Problems bekannt, wird von einem bekannten Fehler (Known Error) gesprochen (*siehe Abbildung 13.4*). Dann existiert möglicherweise in einem solchen Fall ein Workaround als Umgehungslösung, um die Beeinträchtigung des Tagesgeschäfts für den Anwender so gering wie möglich zu halten. Zudem wird ein Request for Change (RfC) erstellt und vorgeschlagen, eine Änderung vorzunehmen, die den bekannten Fehler beseitigt.

Abbildung 13.4: Zusammenhänge der Begrifflichkeiten

Die Daten, die zur Erfassung eines Problems dienen, ähneln den Daten, die zur Erfassung einer Störung herhalten. Es geht beim Problem Management aber verstärkt um die Kenndaten zum Problem. Der Fokus auf den Anwender und seine Daten entfällt.

Das Problem Management unterstützt das Incident Management, indem es Workarounds und Lösungen liefert, es ist jedoch nicht selbst für die Behebung der Störung verantwortlich. Während das Incident Management bestrebt ist, die Störung so schnell wie möglich, z.B. über Workarounds, zu beheben, kümmert sich das Problem Management darum, die Ursache zu ergründen und zu beseitigen.

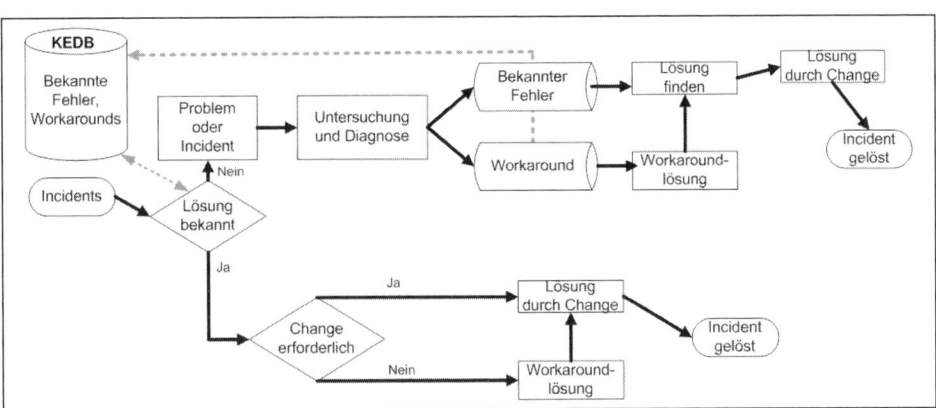

Abbildung 13.5: Probleme erkennen und beheben

Tipp

Das Problem Management arbeitet mit dem Incident und dem Change Management zusammen, um die Qualität und die Serviceverfügbarkeit zu erhöhen. Werden Incidents gelöst, werden die Informationen zur Lösung festgehalten. Eine Lösung (Resolution) ist eine Aktion, die vorgenommen wird, um die zugrunde liegende Ursache eines Incidents oder eines Problems zu lösen oder einen Workaround zu implementieren. Mit der Zeit werden die dokumentierten Lösungen helfen, Lösungs- und Diagnosezeiten zu beschleunigen, was zu niedrigeren Downtimes und weniger Unterbrechungen unternehmenskritischer Systeme führt. Das Problem Management kann aufgrund einer Senkung der Anzahl von Störungen und einer Erleichterung des Arbeitsdrucks der IT-Organisation zu einer Qualitätssteigerung der IT-Services beitragen.

Das laufende Pflegen einer Know-how-Datenbank bzw. Known-Error-Datenbank als Expertensystem hilft, diese Ziele zu erreichen (*siehe Abbildung 13.5*). Andere Prozesse und Fachbereiche sollten hieraus Wissen beziehen und Zugriff darauf erhalten. Auch in Ihrer eigenen Gruppe kann das gesammelte Wissen sinnvoll eingesetzt werden, z.B. wenn es darum geht, neue Mitarbeiter einzuarbeiten oder Vertretungen einzusetzen. Diese können dann von dem bereits dokumentierten Wissen profitieren.

Die Prozesse des Problem Management sind erst dann abgeschlossen, wenn die Changes bei einem Problem implementiert und getestet worden sind. Dann erfolgt eine entsprechende Rückmeldung der dort beteiligten weiteren Prozesse (Change und Incident Management, z.B. damit das Service-Desk den Anwender kontaktiert und abfragt, ob die Störung behoben ist und er ohne Einschränkungen arbeiten kann). Der spezifische Fehler muss aber eindeutig identifiziert worden sein, damit er nach den Veränderungen nicht mehr auftritt.

Change Management und Änderungen

Halten sich einzelne Personen der Administratorengruppe nicht an den Prozess des Change Management und das darin beschriebene abgestimmte Vorgehen, kommt es sehr oft zu sogenannten Change-bedingten Incidents: durch die unabgestimmten und nicht kommunizierten Änderungen an der Lotus Domino-Infrastruktur kommt es zu Störungen, Reibungsverlusten, Rückfragen, Lücken in der Kommunikation oder Ähnlichem.

In manchen Fällen sind Änderungen noch nachzuvollziehen. Beispielsweise protokolliert der Domino Server Änderungen an seinem Serverdokument und speichert diese in einer *.dxl*-Datei. Jedes Mal, wenn Änderungen an dem Serverdokument vorgenommen werden, speichert der Server eine *.dxl*-Datei mit einem neuen Zeitstempel im Verzeichnis *IBM TECHNICAL SUPPORT*. Sie können diese Datei in einem Browser öffnen.

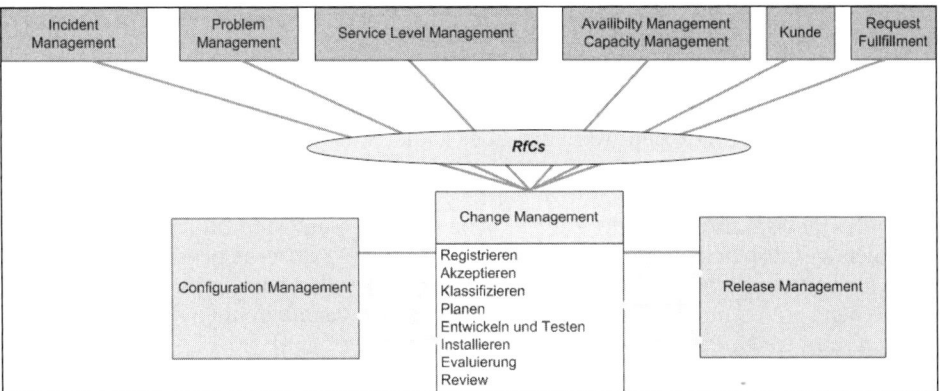

Abbildung 13.6: Change und Release Management sorgen für die gesteuerte und operationale Umsetzung des Change.

Einige Ihrer Tagesaktivitäten können gegebenenfalls auch als sogenannte Standard Changes definiert und umgesetzt werden. Zu diesen sich häufig wiederholenden Tätigkeiten nach gleichem Muster zählen beispielsweise:

▶ Anlegen oder Löschen eines Anwenders

▶ Umziehen, Umbenennen oder Rezertifizieren eines Anwenders

▶ Wiederherstellen einer Datenbank

▶ Zurücksetzen eines Passworts

▶ Quota-Änderungen einer Datenbank

Diese Zuordnung kann aber von Unternehmen zu Unternehmen sein und ist auch abhängig von Compliance-Grundsätzen und anderen Regulairien.

Hier kommen Themen wie beispielsweise Betrieb und Maintaining wieder ins Spiel (siehe *Kapitel 12, Client- und Server-Betrieb und Maintenance*).

13.2   Notes Client-Support und Problem Management

Die Anwender und ihre Notes Clients sind Teil der Lotus Notes Domino-Infrastruktur. Als Administrator beschäftigen Sie sich im Zusammenhang mit diesen beiden Aspekten zum einen mit dem Themenkomplex der Benutzerverwaltung (siehe *Kapitel 10, Benutzerverwaltung*). Zum anderen kümmern Sie sich auch um die Installation und Konfiguration des Notes Clients für die Anwender (siehe *Kapitel 2, Lotus Notes-Installation und -Konfiguration* und *Kapitel 3, Lotus Notes Clients*). Darüber hinaus gilt es proaktiv und reaktiv im Rahmen des Problem Management tätig zu sein, um dem Anwender einen fehlerfrei funktionierenden Notes Client im Rahmen der Lotus Notes Domino-Infrastruktur zur Verfügung stellen zu können. Dazu kann auch das Umsetzen von Request for Changes gehören. Dies ist aber stark abhängig von dem Rahmen, in dem Sie sich innerhalb Ihres Teams bewegen.

13.2.1 Lösungen, Tipps und Tricks: Client-Problem Management

Bereits bei der Installation des Clients können verschiedene Probleme auftreten.

In großen Umgebungen wird der Client meist nicht von Hand installiert, sondern eine Automatisierung vorgezogen, wie etwa über Radia, SMS (Systems Management Server) oder andere Verteil- und Rolloutmechanismen, denen eine Paketierung der Software vorangegangen ist. Hier ist darauf zu achten, dass auf der Workstation der korrespondierende Dienst aktiviert wurde, erforderliche Rechte gesetzt sind und auf dem Ziellaufwerk genügend Speicherplatz vorhanden ist. Zahlreiche Konzerne beschränken mittlerweile die Laufwerke der Benutzer, um so den steigenden Ressourcenanforderungen Herr zu werden. Sollte nicht genügend Platz für die zu installierenden Daten reserviert worden sein, treten Probleme spätestens beim Start des Clients auf.

Dies gilt neben den Programmdateien auch für die benutzerspezifischen Daten wie:

▶ *names.nsf* (persönliches Adressbuch)

▶ die User-ID (z.B. *ebel.id*)

▶ *bookmark.nsf*

▶ *notes.ini*

▶ *desktop6.ndk*

Im Tagesgeschäft tauchen zahlreiche Probleme in Verbindung mit dem Notes Client immer wieder auf. Einige davon finden Sie an dieser Stelle mit den entsprechenden Vorschlägen zur Behebung des Problems.

Tipp – Übergreifende Störungen

In manchen Fällen, wenn lokale Designelemente korrupt zu sein scheinen, mag es notwendig sein, die *bookmark.nsf* zu löschen. Leider ist das für den Anwender höchst ärgerlich, wenn beispielsweise seine Kacheln verschwunden sind. Probieren Sie anstelle der Datenbanklöschung folgenden Weg aus:

1. Klicken Sie mit der rechten Maustaste auf die Kachel der *bookmark.nsf*, halten Sie dabei die Tasten ⌞STRG⌟+⌞⇧⌟ gedrückt und wählen Sie im Kontextmenü ANWENDUNG/APPLICATION > GEHE ZU …/GO TO …

2. Wählen Sie die versteckte Ansicht BYURL aus und öffnen Sie diese (siehe *Abbildung 13.7*).

3. Wählen Sie alle Dokumente aus und löschen Sie diese.

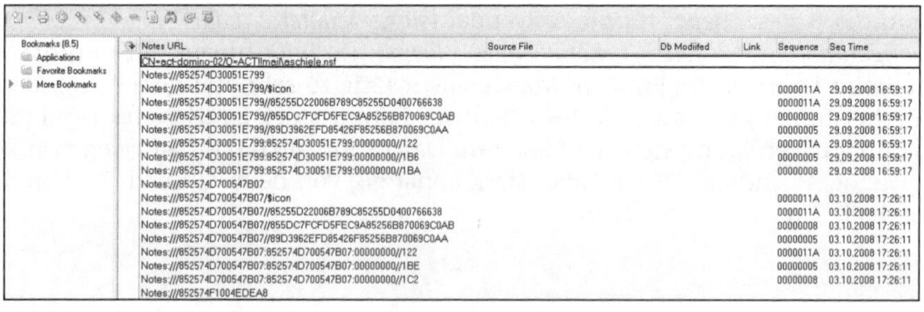

Abbildung 13.7: Dokumente in der Ansicht BYURL der bookmark.nsf

🕐 **Beim Wechsel der Sommerzeit in die Winterzeit oder umgekehrt kommt es immer wieder zu Problemen. Entweder stimmt die Zeit des Betriebssystems nicht und/oder die Zeitangaben von Kalenderdaten bzw. beim E-Mail-Versand sind nicht korrekt.**

Die Zeitzone des Betriebssystems sollte korrekt und die Option für die Übernahme der Sommer-/Winterzeit aktiviert sein. Unter Lotus Notes gibt es unterschiedliche Wege, die Zeit/das Datum zu modifizieren.

🕐 **Der Klick auf den Link einer Webseite öffnet den Notes-Browser anstatt den eingestellten Default-Browser. Das Problem tritt im Zusammenhang mit dem Upgrade auf Notes 8 auf, aber nicht in früheren Versionen. Die Einstellungen im Arbeitsumgebungsdokument sind korrekt.**

Works as designed. Ab der Version 8 werden die Browser-Angaben aus dem Arbeitsumgebungsdokument nicht mehr herangezogen, auch wenn das Feld im Dokument verblieben ist. Stattdessen gibt es eine neue Funktion in den Benutzervorgaben im Bereich Webbrowser für den Full Client (siehe *Abbildung 13.8*). Aktivieren Sie dort den Radiobutton vor Von mir für dieses Betriebssystem festgelegten Standardbrowser verwenden/ Use the browser I have set as the default for this operating system.

Im Basis Client aktivieren Sie in den Benutzervorgaben unter der Registerkarte Allgemein/Basics in den zusätzlichen Optionen/Additional Options den Punkt Eingbetteter Browser für MIME-Mail deaktivieren/Disable embedded browser for MIME mail.

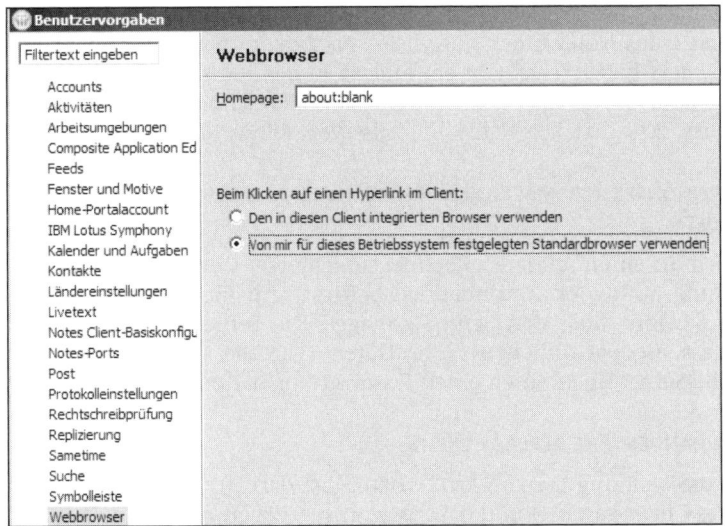

Abbildung 13.8: Einstellungen für den Webbrowser in den Benutzervorgaben des Full Clients

🕐 **Eintrag im Index nicht gefunden/Entry not found in Index**

Der Anwender erhält die Nachricht Eintrag im Index nicht gefunden/Entry not found in Index beim Versuch, eine Aktion für eine vorhandene Datenbankanwendung zu öffnen oder auszuführen. Diese Fehlermeldung ist eine generische Lotus Notes-Fehlermeldung. Diese kann durch verschiedene Gründe verursacht werden, wie z.B.:

- Der Ansichtsindex ist korrupt. Lösung: Den Index der betreffenden Ansicht mit `⇧`+`F9` neu aufbauen.

– Ein verknüpftes Dokument existiert nicht mehr. Lösung: Dokumentverknüpfung nicht mehr benutzen oder, falls das Dokument fälschlicherweise gelöscht wurde, Dokument wiederherstellen.

– Es besteht ein grundsätzliches Problem mit der Datenbank aus Sicht des Lotus Notes Clients.

– Die Anwendung hat ein Anwendungs-/Code-Problem und erfordert gegebenenfalls eine Analyse und Fehlerbehebung in Bezug auf das Datenbankdesign.

– Der Anwender versucht, Zugriff auf ein Dokument zu erhalten, indem er eine Dokumentverknüpfung (DocLink) zu einer Datenbank benutzt, auf die nicht zugegriffen werden kann, z.B. wenn der Dokumentverknüpfungs-Link auf die lokale Datenbankreplik des Absenders verweist.

Um das Problem zu beheben, könnte eine zusätzliche Fehlersuche notwendig sein. Einige Optionen können Sie dabei in Erwägung ziehen:

– Lösung 1: Wenn die Nachricht innerhalb einer Anwendung erscheint, kann manchmal eine Komprimierung der Datenbank das Problem beheben.

– Lösung 2: Wenn die Nachricht erscheint, während der Anwender versucht, eine Dokumentverknüpfung (DocLink) zu öffnen, stellen Sie zunächst sicher, dass der Anwender Zugriff auf die Datenbank hat, in der das Dokument abgelegt ist. Prüfen Sie, ob der Anwender ausreichende Zugriffsrechte hat, um die Datenbank zu nutzen.

Wenn das Problem weiterbesteht, prüfen Sie die Dokumentverknüpfung, um sicherzustellen, dass diese zu einer Server-Datenbank führt (im Gegensatz zu einer lokalen Replik der Datenbank). Der Zieldatenbankname und Server sind für gewöhnlich im Protokoll für den Lotus Notes Client aufgelistet. Nachdem Sie auf die Dokumentverknüpfung geklickt haben, erscheint ein Eintrag in der Transaktions-Historie in der Fußzeile des Lotus Notes Clients. Klicken Sie auf die Nachrichtenleiste, um die jüngsten Ereignisse zu sehen. Der Name des Zielservers sollte mit aufgelistet sein.

❓ ... DAS ADMINISTRATIONSPROGRAMM KANN NICHT GENUTZT WERDEN, WÄHREND DER NOTES SERVER LÄUFT ...

Der Anwender ist noch an einem anderen Rechner angemeldet und besitzt dort eine aktive Notes-Anwendung. Sollte der Anwender dies heftigst verneinen, hilft eine Überprüfung der offenen Sessions über den Server-Manager. Die Fehlermeldung kommt dadurch zustande, dass die persönlichen Notes-Daten (wie die ID-Datei oder die *notes.ini*) auf einem File-Server noch durch einen Prozess festgehalten werden.

❓ DATEI BEREITS VORHANDEN/FILE ALREADY EXISTS

Der Anwender erhält die Meldung DATEI BEREITS VORHANDEN/FILE ALREADY EXISTS, nachdem er den Lotus Notes Client gestartet und das Passwort spezifiziert hat. Oftmals taucht diese Fehlermeldung dann auf, wenn die *bookmark.nsf*-Datei beschädigt worden ist. Diese Datei ist eine der wichtigsten Dateien, die vom Lotus Notes Client genutzt werden. Wenn diese Datei entfernt oder umbenannt wird, wird Notes eine neue Datei beim nächsten Neustart generieren, sofern eine entsprechende Schablone lokal verfügbar ist.

Wenn das Problem weiterbesteht, nachdem die Datei *bookmark.nsf* ersetzt wurde, dann könnte dies mit der Arbeitsumgebung bzw. der *names.nsf* zusammenhängen. Eine neue Arbeitsumgebung zu erstellen oder die Datei *names.nsf* zu ersetzen stellt eine mögliche Lösung dar.

▶ Lösung 1: Generieren Sie eine neue *bookmark.nsf*- und *names.nsf*-Datei.

1. Schließen Sie die Lotus Notes-Anwendung.

2. Lokalisieren Sie die Datei *bookmark.nsf* im Notes-Datenverzeichnis und erstellen Sie eine Sicherungskopie, z.B. indem Sie „alt" an den Dateinamen anfügen (beispielsweise *bookmark.nsf.alt*).

3. Stellen Sie sicher, dass sich eine *bookmark.ntf* im Datenverzeichnis des Notes Clients befindet, und starten Sie Lotus Notes neu. Dadurch wird eine neue *bookmark.nsf* erstellt. Wenn das Problem weiterbesteht, können Sie die *bookmark.nsf* durch die Originaldatei ersetzen und den Prozess für die *names.nsf* wiederholen, um den Fehler weiter einzugrenzen.

Achtung

Die Dateien *bookmark.nsf* und *names.nsf* enthalten Anwendereinstellungen und Informationen. Die Anwender oder Sie als Administrator sollten Informationen dieser Dateien oder die Dateien selber speichern, kopieren oder exportieren, bevor diese entfernt werden. Sobald die Datei gelöscht wurde, sind die Informationen verloren und können gegebenenfalls nicht wiederhergestellt werden. Diese Dateien enthalten Arbeitsumgebungen und Kontaktinformationen. Anwender werden die Einstellungen und Informationen neu erstellen müssen, falls die Datei unlesbar ist und der Lotus Notes Client keinen Zugriff auf diese hat.

▶ Lösung 2: Eine neue Arbeitsumgebung kann möglicherweise dieses Problem lösen.

1. Öffnen Sie das aktuelle Arbeitsumgebungsdokument des Anwenders.

2. Ändern Sie das Feld NAME DER ARBEITSUMGEBUNG/LOCATION NAME, indem Sie beispielsweise *alt* an den Namen anhängen oder vorsetzen.

3. Speichern Sie den Inhalt des Dokuments zwischen, drucken oder notieren Sie den Inhalt des Dokuments und klicken Sie dann auf OK, um die Änderungen zu speichern.

4. Klicken Sie auf NEU/NEW, um ein neues Arbeitsumgebungsdokument anzulegen.

5. Vervollständigen Sie die Maske, indem Sie die gleichen Feldwerte eingeben, die Sie zuvor ausgedruckt oder notiert haben.

6. Klicken Sie auf OK, um die Angaben zu speichern.

7. Wählen Sie die neue Arbeitsumgebung.

8. Starten Sie den Lotus Notes Client neu.

▶ Lösung 3: Komprimieren Sie die Datenbank. Lassen Sie anschließend den Fixup und Updall-Task von der Kommandozeile aus über die Datenbank laufen. Diese Werkzeuge sind im Notes-Programmverzeichnis gespeichert.

DATEI NICHT GEFUNDEN/FILE NOT FOUND oder DATEI EXISTIERT NICHT/ FILE DOESN'T EXIST

Der Anwender erhält die Fehlermeldung DATEI NICHT GEFUNDEN/FILE NOT FOUND oder DATEI EXISTIERT NICHT/FILE DOESN'T EXIST, wenn er versucht, eine Nachricht zu versenden, oder während des Neustarts des Lotus Notes Clients. Die Datei *mail.box* des Anwenders ist wahrscheinlich beschädigt worden und muss neu generiert werden. Es handelt sich hier um eine wichtige Datei, die für die Weiterleitung versendeter Mail vom Notes Client zum Server benutzt wird, sofern der Anwender mit einer lokalen Mail-Datei arbeitet.

▶ Lösung 1: Löschen Sie die lokale Mailbox des Anwenders für den Postausgang. Lotus Notes wird die *mail.box* beim nächsten Neustart neu erstellen. Es ist zu berücksichtigen, dass jede Nachricht im Postausgang, die nicht repliziert wurde, erneut verschickt werden muss. Anwender sollten ihre Mailbox prüfen, bevor die Datei entfernt wird, und die Nachrichten berücksichtigen, die neu versendet werden müssen. Benutzer können außerdem bei Bedarf die Nachricht zurück in ihre Mail-Datenbank kopieren.

1. Öffnen Sie das Postfach für ausgehende E-Mails. Prüfen Sie, ob es Nachrichten gibt, die noch einmal versendet werden müssen. Anwender können Nachrichten aus der ausgehenden Mailbox kopieren und in ihre Mail-Datenbank einfügen, von wo aus diese später erneut versendet werden können.

2. Schließen Sie den Lotus Notes Client.

3. Lokalisieren Sie die *mail.box*-Datei im Windows-Explorer. Diese Datei ist üblicherweise im Notes-Datenverzeichnis abgelegt.

4. Benennen Sie die Datei um, z.B. in *mail.box.alt*.

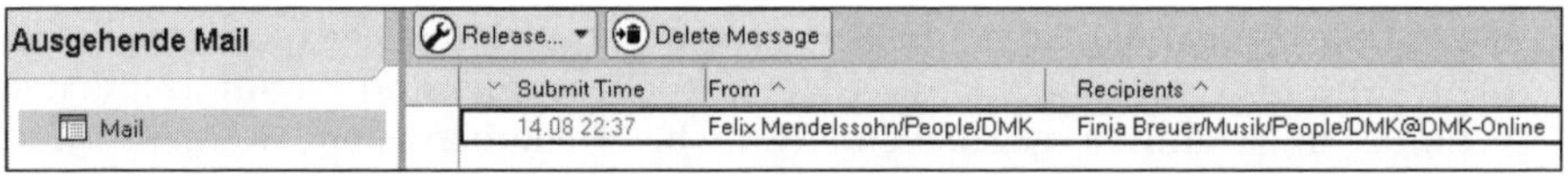

Abbildung 13.9: Lokale mail.box mit einer vom Anwender versendeten E-Mail, die noch ncht ausgeliefert wurde

5. Starten Sie den Lotus Notes Client neu. Eine neue *mail.box* wird während des Neustarts angelegt. Das Problem wurde gelöst, wenn die Meldung nicht länger erscheint. Anwender werden alle Nachrichten erneut versenden müssen, die vorab identifiziert wurden. Wenn das Problem weiterbesteht, könnte es sich um ein Problem mit der Schablone handeln, die verwendet wurde, um die Postausgangs-Datenbank zu erzeugen.

▶ Lösung 2: Erstellen Sie eine neue *mail.box*-Datei, indem Sie eine neue Schablone nutzen. Es besteht die entfernte Möglichkeit, dass die Schablone, die genutzt wurde, um die *mail.box*-Datei zu erzeugen, korrupt ist. Die Designinformationen sind in der *mailbox.ntf* gespeichert. Diese Datei zu ersetzen und die *mail.box* neu zu erstellen könnte das Problem beheben.

▶ Lösung 3: Die Datenbank-Indizes neu zu erzeugen kann ebenfalls helfen, eine Reihe von Problemen zu lösen. Um die Indizes neu aufzubauen, öffnen Sie die Datenbank und drücken $\boxed{\text{Ctrl}}$+$\boxed{\text{⇧}}$+$\boxed{\text{F9}}$.

❓ Mehrere Sametime-Icons erscheinen nach dem Upgrade auf Notes 8 in der Windows-Symbolleiste. Nur ein Symbol lässt sich anklicken. Das zweite Icon ist inaktiv und erscheint angegraut.

Es sind zwei Sametime-Versionen installiert. Eine Version stammt aus einer Version vor Notes 8. Eine zweite Sametime-Version ist der integrierte Sametime Client und stammt aus dem Notes-Upgrade. Das dazu korrespondierende Icon ist das Symbol, das inaktiv erscheint. Um Instant Messages bearbeiten zu können, müssen Anwender über die Sidebar im Notes Client agieren.

Es gibt drei Optionen für den Anwender: Den integrierten Sametime Client deinstallieren, den Standalone-Client deinstallieren oder nichts tun.

▶ Das Deinstallieren des Sametime Clients wird dazu führen, dass der Anwender einen separaten Client für Instant Messaging nutzt (wie es in früheren Notes-Versionen der Fall war).

1. Schließen Sie den Notes Client und den Sametime Client.

2. Starten Sie die Installationssoftware für Lotus Notes 8. Der Installationsassistent erscheint. Klicken Sie auf WEITER/NEXT.

3. Da die Software bereits installiert ist, erscheint der Program-Maintenance-Dialog, über den Sie die Option zum Ändern, Reparieren oder Entfernen von Lotus Notes angeboten bekommen.

   Wählen Sie den Radiobutton vor der Option PROGRAMM ÄNDERN/MODIFY PROGRAM und klicken Sie auf WEITER/NEXT (siehe *Abbildung 13.10*).

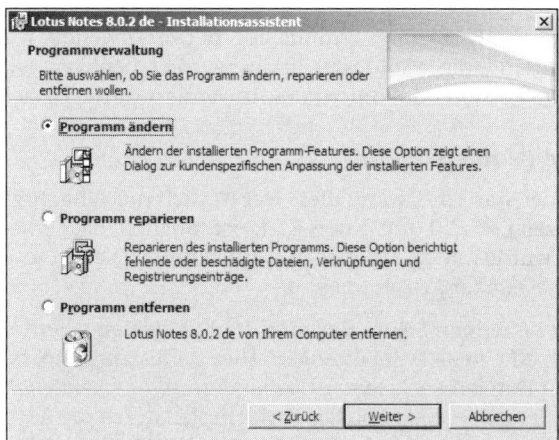

Abbildung 13.10: Sie möchten Änderungen an der bestehenden Notes-Installation vornehmen.

4. Klicken Sie auf das Dropdown-Menü vor dem Eintrag SAMETIME (INTEGRIERT)/ SAMETIME (INTEGRATED) und wählen Sie die Option DIESES FEATURE WIRD NICHT VERFÜGBAR SEIN/THIS FEATURE WILL NOT BE AVAILABLE.

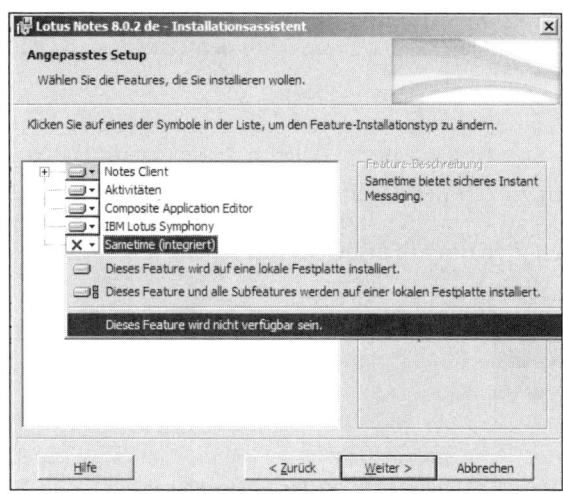

Abbildung 13.11: Den integrierten Sametime Client entfernen

5. Klicken Sie auf WEITER/NEXT und anschließend auf FERTIG STELLEN/FINISH, um den Vorgang abzuschließen. Gegebenenfalls muss der Rechner neu gestartet werden.

▶ Möchten Sie den früheren Standalone Sametime Client deinstallieren, können Sie dies über SYSTEMSTEUERUNG > SOFTWARE umsetzen. Wählen Sie den Eintrag IBM LOTUS SAMETIME CONNECT aus und deinstallieren Sie die Software.

▶ Möchten Sie nichts tun, müssen Sie das auch nicht. Beide Clients können nebeneinander installiert bleiben, auch wenn die Situation wahrscheinlich unschön für den Anwender ist.

? Der öffentliche Schlüssel konnte nicht im Namens- und Adressbuch gefunden werden.

Dieser Fehlermeldung können diverse Probleme zugrunde liegen: Der Anwender wurde aus dem Domino Directory gelöscht, die Mail-Datei inklusive aller Repliken wurde gelöscht oder ein Schreibfehler im Personendokument des Anwenders ist die Ursache.

? Problem mit der Startseite (Notes 8)

Der Nutzer hat ein Problem mit der Startseite, wenn diese leer ist, sich nur sehr langsam aufbaut oder nicht korrekt angezeigt wird (Lotus Notes 8). Es ist möglich, dass eine der Anwendungsdateien beschädigt wurde und zurückgesetzt werden muss. Dieses Problem hängt für gewöhnlich mit der *bookmark.nsf* zusammen.

1. Entfernen Sie die Datei (oder benennen Sie sie um) und starten Sie den Client neu. Lotus Notes wird automatisch eine neue Datei erzeugen. Dies sollte den Fehler beheben. Lokalisieren Sie dazu die Dateien *bookmark.nsf*, *names.nsf* und *desktop6.ndk* im Notes-Datenverzeichnis. Probieren Sie zuerst, ob das Problem sich durch die Bearbeitung der Datei *bookmark.nsf* beheben lässt. Wenn nicht, wenden Sie das Vorgehen nacheinander auf die anderen beiden Dateien an.

2. Benennen Sie jede der Dateien entsprechend um, damit diese nicht durch ein reines Löschen verloren gehen.

3. Starten Sie Lotus Notes neu und dann die Replizierung für die Anwendung (Datenbank), z.B. über DATEI/FILE > REPLIZIERUNG/REPLICATION > REPLIZIEREN/REPLICATE. Wenn das Problem weiterbesteht, wiederholen Sie den Prozess mit den Dateien *desktop6.ndk* und *names.nsf*.

Tipp

Sorgen Sie dafür, dass von Zeit zu Zeit der Arbeitsbereich der Anwender komprimiert wird, um mögliche Fehler zu vermeiden. Kontrollieren Sie diesbezüglich die Angabe % USED in den Eigenschaften des Arbeitsbereichs. Streben Sie eine mindestens einen Wert über 85% an.

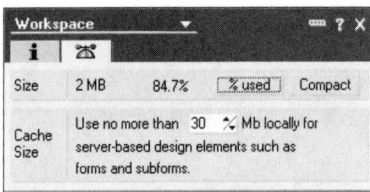

Abbildung 13.12:
Angaben in den Workspace Properties

Der Anwender bekommt die Fehlermeldung: Serverfehler. Sie haben für diese Nutzung keine Zulassung. **Diese Meldung bekommt er, egal welche Datenbank er versucht zu starten. Neustart des Notes Clients bleibt ohne Erfolg.**

Der Anwender steht nicht im Security-Bereich des Serverdokuments direkt oder indirekt unter ACCESS SERVER. Diese Einstellung sollte für den Anwender über eine entsprechende Nutzergruppe realisiert werden. Tragen Sie den betroffenen Anwender in der passenden Gruppe als Mitglied ein.

 VARIANT DOES NOT CONTAIN AN OBJECT

Der Nutzer erhält diese Fehlermeldung, wenn er eine bestimmte Datenbankanwendung öffnen oder eine Aktion ausführen will. Das Problem taucht üblicherweise auf, wenn ungenau auf ein LotusScript-Objekt referenziert wird. Im Allgemeinen ist das Problem codespezifisch und erfordert Unterstützung durch einen Domino-Anwendungsentwickler. Der Entwickler sollte den LotusScript-Debugger anwenden, um die fehlerhafte Befehlszeile zu identifizieren. Meistens fehlt dem Objekt eine Referenz.

 INVALID RTF DATA OR „#29:5"

Der Anwender erhält diese Fehlermeldung, wenn er Texte aus einer Adobe PDF-Datei kopiert und in ein Rich-Text-Feld einfügt, wie beispielsweise in eine Mail (Lotus Notes 7). Dies ist ein bekanntes Problem. Anwender können diesen Fehler vermeiden, indem sie die BEARBEITEN/EDIT > SELEKTIV EINFÜGEN/PASTE SPECIAL-Funktion nutzen. Diese Funktion wird bestimmte verborgene Zeichen entfernen, die in der Regel diese Fehlermeldung verursachen.

 Die Nachrichtenleiste zeigt eine inkorrekte Anzahl an gewählten Dokumenten an, wenn die Ansicht gewechselt wird.

Der Nutzer hat eine Reihe von Dokumenten in einer bestimmten Ansicht gewählt. Der Nutzer wechselt dann zur zweiten Ansicht und wählt ein anderes Dokument. Das Wechseln der Ansicht sollte den „Ausgewählte Dokumente"-Zähler leeren. Dennoch zeigt die Nachrichtenleiste die Gesamtsumme beider Ansichten an, während die Gesamtsumme die gewählten Dokumente der zweiten Ansicht anzeigen sollte (Lotus Notes 7).

Dies ist ein bekanntes Problem. Der Anwender kann sich behelfen, indem er die Datenbankanwendung schließt und wieder öffnet, um den ausgewählten Dokumentenzähler zu bereinigen.

 Die angepasste Symbolleiste (Toolbar) ist nach dem Upgrade auf Notes 8 verschwunden.

Schaltflächen, die der Anwender erstellt oder angepasst hat, werden der UNIVERSAL TOOLBAR hinzugefügt, die in den meisten Fällen durch ein Upgrade auf Notes 8 deaktiviert wird. Aktivieren Sie die Toolbar über die Vorgaben der Symbolleiste DATEI/FILE > VORGABEN/PREFERENCES > SYMBOLLEISTE/TOOLBAR. Wenn einige der Symbole nicht angezeigt werden, werden die dahinterliegenden Aktivitäten möglicherweise nicht mehr unterstützt, wie z.B. die Option CLOSE ALL OPEN WINDOWS. Sie können prüfen, ob die entsprechenden Aktivitäten und Buttons noch unterstützt werden, indem Sie in den Vorgaben für die Symbolleiste auf die Registerkarte ANPASSEN/CUSTOMIZE gehen. Suchen Sie das Symbol. Wenn das Symbol in der Liste steht, aber nicht in der Symbolleiste erscheint, wird die dahinterliegende Funktion nicht mehr unterstützt.

? IHR ADMINISTRATOR HAT EINIGE EINSTELLUNGEN DEAKTIVIERT/YOUR ADMINISTRATOR HAS DISABLED SOME PREFERENCES

Diese Meldung wird dem Anwender in einem oder mehreren Abschnitten in dem Benutzervorgaben-Einstellungsdialog angezeigt.

Dies ist keine Fehlermeldung, auch wenn dem Anwender dies so erscheinen mag, weil er einige entsprechende Einstellungen nicht ändern kann. Lotus Notes arbeitet wie vorgesehen. Die Meldungen kommen dadurch zustande, dass Richtlinien aktiv sind, die die Möglichkeit zur Änderung bestimmter Einstellungen deaktivieren.

? NOTES DIRECTORY IST UNGÜLTIG/NOTES DIRECTORY IS NOT VALID

Der Anwender erhält diese Meldung, wenn er den Lotus Notes Client startet (Lotus Notes 7 oder 8). Diese Nachricht wird typischerweise verursacht, wenn das Notes-Datenverzeichnis oder seine Unterverzeichnisse auf „schreibgeschützt" gesetzt sind. Um diesen Fehler zu beheben, prüfen Sie die Einstellungsattribute für das Verzeichnis. Stellen Sie sicher, dass die „Schreibgeschützt"-Attribute deaktiviert sind.

? DIESE AKTION KANN NICHT LOKAL AUSGEFÜHRT WERDEN.

Diese Meldung wird angezeigt, wenn Sie versuchen, ein Standortprofil in der Datenbank RESSOURCENRESERVIERUNG lokal auf dem Server zu erstellen. Sie vermeiden diese Meldung beim Öffnen der Datenbank RESSOURCENRESERVIERUNG, wenn Sie anstatt LOKAL den aktuellen Server angeben.

Fehlermeldungen und vermeintliche Störungen in Bezug auf lokale Datenbankrepliken

? Datenbank wird gerade anderweitig repliziert.

Der Anwender erhält die Fehlermeldung DATENBANK WIRD GERADE REPLIZIERT/DATABASE IS CURRENTLY BEING REPLICATED, wenn der Benutzer versucht, eine Anwendung lokal zu replizieren. Jedoch ist der (Fortschritts-)Anzeige auf der Replikator-Seite zufolge keine Replizierung in Arbeit. Dies liegt daran, dass die Lotus Notes-Anwendung fälschlicherweise davon ausgeht, dass der Replizierungsprozess bereits läuft. Dieses Problem könnte von einer beschädigten Cache-Datei verursacht worden sein.

> **Achtung**
>
> Stellen Sie, bevor Sie mit einer tiefer gehenden Analyse starten, sicher, dass es sich um eine replizierte Datenbank handelt, von der eine Replik sowohl auf dem lokalen Arbeitsplatz als auch auf dem Domino Server existiert. Wenn Sie die lokale Datenbank löschen und keine Replik der Datenbank auf dem Server vorhanden ist, werden alle Daten verloren sein. Ziehen Sie in Erwägung, eine Kopie der lokalen Datenbank zu Sicherungszwecken zu erstellen.

▷ Lösung 1: Löschen Sie die Cache- und Protokolldateien der lokalen Lotus Notes-Installation. Dies wird durch das Beenden des Clients erreicht und indem die entsprechenden Dateien gelöscht werden. Beim Neustart von Lotus Notes wird das Programm einen neuen Cache sowie eine neue Log-Datei für den Anwender erstellen, sofern die Templates lokal verfügbar sind.

1. Schließen Sie die Lotus Notes-Anwendung.

2. Suchen Sie die Dateien *cache.ndk* und *log.nsf*. Diese Dateien sollten sich im Notes-Datenverzeichnis befinden.

3. Benennen Sie beide Dateien um. Löschen Sie diese Dateien nicht, da diese relevant für die Fehlerdiagnose sind.

4. Starten Sie den Lotus Notes Client neu. Stoßen Sie die Replizierung für die Anwendung erneut an.

▷ Lösung 2: Entfernen Sie die Symbole (Kacheln) der lokalen Replik und der Replik der Anwendung auf dem Server vom Arbeitsbereich. Fügen Sie diese anschließend erneut hinzu. Das Entfernen und Hinzufügen der Datenbank kann manchmal eine Reihe von Anomalien auflösen, die in Zusammenhang mit der Datenbankanwendung entstanden sind. Stellen Sie sicher, dass Sie die Namen der Anwendung und des Ordners notieren, sowohl für die lokale als auch die Serverreplik der Datenbankanwendung, bevor Sie das Symbol vom Arbeitsbereich entfernen. Diese Information findet sich im Eigenschaftssialog der jeweiligen Datenbank.

Sie können sich auch selbst einen Datenbanklink per E-Mail schicken. Bei einem Klick auf den Link wird automatisch ein Symbol auf dem Arbeitsbereich erstellt.

▷ Lösung 3: Das Komprimieren der Anwendung (Datenbankreplik) und des Arbeitsbereichs kann das Problem oftmals beheben.

▷ Lösung 4: Löschen Sie die lokale Datenbankreplik und erzeugen Sie eine neue Replik.

Die Replikation schneidet grundsätzlich alle Anhänge der eingehenden Mails ab, wenn der Anwender seine lokale Replik mit der Replik auf dem Server abgleicht.

Die Replizierparameter (siehe *Abbildung 13.13*) enthalten die Einstellung NUR ZUSAMMEN-FASSUNG/SUMMARY ONLY in den Optionen auf der Replikator-Seite. Ändern Sie den Eintrag auf VOLLSTÄNDIGE DOKUMENTE/FULL DOCUMENTS, was Sie sowohl über die Replizieroptionen der Replik als auch auf der Replikator-Seite über die Schaltfläche ANWENDUNGS-SPEZIFISCHE OPTIONEN vornehmen können.

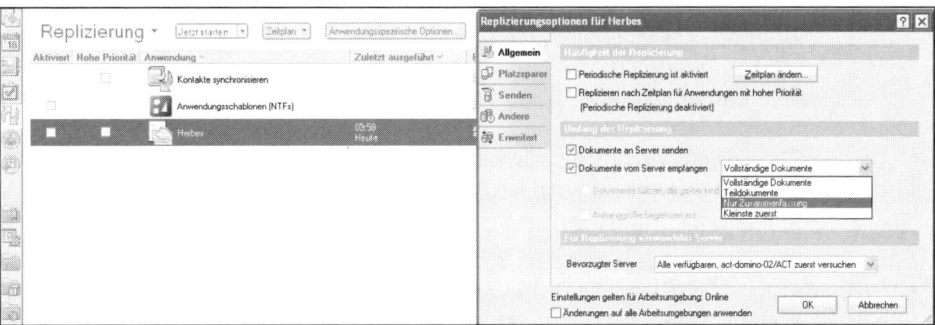

Abbildung 13.13: Einstellung der Replizierungsoptionen

❓ Gelöschte Dokumente erscheinen nach der Replizierung wieder.

Der Anwender stellt fest, dass gelöschte E-Mail-Nachrichten manchmal wieder erscheinen, nachdem die Replizierung beendet wurde. Gelöschte Dokumente können in der E-Mail-Anwendung wieder auftauchen. Dies kommt typischerweise dann vor, wenn die Dokumente zweier Repliken nicht länger identisch sind und Lotus Notes nicht bestimmen kann, welche Aktion ausgeführt werden soll.

▶ Lösung 1: Die Meldung erscheint nach der Synchronisierung zweier Datenbankrepliken, basierend auf dem „Zuletzt geändert"-Zeitstempel. Das Dokument wurde in der einen Replik modifiziert oder geändert, nachdem es in einer anderen Replik gelöscht wurde. Bei einer Replizierung kann Lotus Notes nicht bestimmen, welche Aktion durchgeführt werden soll, da die Aktionen sich im Widerspruch zueinander befinden. Löschen Sie einfach das Dokument und fahren Sie mit normalen Aktivitäten fort. Wenn das Problem fortbesteht, schauen Sie in „Lösung 3".

▶ Lösung 2: Die Meldung erscheint nach einer Synchronisierung zwischen zwei Datenbankrepliken, basierend auf der Sequence-Number. Die Sequence-Number wird jedes Mal, wenn das Dokument modifiziert wurde, aktualisiert. Das aktuellste Dokument sollte den höchsten Sequence-Number-Wert haben. Wenn das Dokument häufig modifiziert und dann gelöscht wurde, ist es möglich, dass Lotus Notes nicht mehr bestimmen kann, welche Aktion ausgeführt werden soll, da die Aktionen im Widerspruch zu der letzten Sequence-Number stehen. Löschen Sie einfach das Dokument und fahren Sie mit normalen Aktivitäten fort. Wenn das Problem fortbesteht, schauen Sie in „Lösung 3".

▶ Lösung 3: Das interne Datenbank-Löschintervall findet vor der nächsten geplanten Replizierung statt. Eine Folge davon ist, dass die Information, die Lotus Notes benutzt, um die Löschung durchzuführen, nicht mehr verfügbar ist. Das Löschintervall entspricht einem Drittel des Wertes, der im Feld Dokumente entfernen, die seit (n) Tagen nicht mehr geändert wurden/Remove documents not modified in the last (days) im Replizierparameter-Dialog der Datenbankeigenschaften spezifiziert wurde. Um künftige Vorfälle zu vermeiden, passen Sie die Replizierungseinstellungen an, um häufiger zu replizieren, und/oder passen Sie den Wert des Löschintervalls an.

1. Öffnen Sie die Replizieroptionen der Anwendung.

2. Wenn das Dialogfenster erscheint, ändern Sie bei Bedarf über den Button Zeitplan ändern/Change Schedule die Frequenz, sodass die Replizierung häufiger vorgenommen wird.

3. Wechseln Sie auf die Registerkarte Platzsparer/Space Savers. Erhöhen Sie den Wert der Option Dokumente entfernen, die seit (n) Tagen nicht mehr geändert wurden/Remove documents not modified in the last (days) (oder deaktivieren Sie die Option komplett). Beachten Sie, dass, wenn dieser Wert auf 0 gesetzt wird, sofort alle Löschmarken entfernt werden.

❓ Die Integrität des Containers für die Datenbankspeicherung ist verloren gegangen – der Container wird neu aufgebaut.

Der Anwender erhält beim Replizieren der Datenbank die Nachricht Die Integrität des Containers für die Datenbankspeicherung ist verloren gegangen – der Container wird neu aufgebaut/Integrity of Database Storage Container has been lost – Container will be rebuilt. Diese Nachricht erscheint typischerweise auf der Replikator-Seite. Diese Nachricht könnte während des initialen Setups von Lotus Notes erscheinen, während der Replizierung oder wenn E-Mail-Dokumente empfangen werden. Da dieser Fehler unter verschiedenen Umständen auftreten kann, können bei Bedarf verschiedene Lösungen ausprobiert werden, um diesen Fehler zu beheben.

▶ Lösung 1: Falls die Fehlermeldung während (oder kurz nach) der Konfiguration erscheint, ist es wahrscheinlich, dass wichtige Dateien des Lotus Notes Clients beschädigt wurden und neu erzeugt werden müssen. Das Problem könnte in einer von fünf Dateien liegen: *cache.ndk* und *log.nsf* mit Cache- und Protokollinformationen; die übrigen Dateien enthalten Anwenderkonfigurationseinstellungen und Informationen: *bookmark.nsf*, *names.nsf* und *desktop6.ndk*. Beginnen Sie damit, die Cache- und Protokolldateien zu entfernen und die übrigen Dateien anschließend zu ersetzen, um die beschädigte Datei zu bestimmen.

Gegebenenfalls ist aber eine Neuinstallation und -konfiguration die schnellere Lösung.

1. Schließen Sie die Lotus Notes-Anwendung.
2. Lokalisieren Sie die Dateien *cache.ndk* und *log.nsf*. Diese Dateien sollten im Notes-Datenverzeichnis abgelegt worden sein.
3. Benennen Sie beide Dateien um. Löschen Sie diese Dateien nicht, da diese gegebenenfalls wichtig für die Fehlerdiagnose sind.
4. Starten Sie Lotus Notes neu und dann die Replizierung für die Anwendung. Wenn das Problem weiterbesteht, stoppen Sie Lotus Notes und fahren mit den weiteren Anweisungen fort.
5. Lokalisieren Sie die Dateien *bookmark.nsf, names.nsf* und *desktop6.ndk* im Notes-Datenverzeichnis. Benennen Sie jede Datei in **.alt* um.
6. Starten Sie Lotus Notes neu und dann die Replizierung für die Anwendung.
7. Wenn das Problem gelöst wurde, benennen Sie eine Datei nach der anderen wieder in ihren Originalnamen um, um herauszufinden, welche Datei beschädigt ist. Die unlesbare Datei muss umbenannt werden. Lotus Notes wird eine neue Datei erzeugen, wenn der Client das nächste Mal gestartet wird.

▶ Lösung 2: Wenn der Fehler während der Replizierung auftritt, wird das Löschen des Cache und Protokolls (*cache.ndk* und *log.nsf*) normalerweise das Problem beheben. Benennen Sie beide Dateien um. Löschen Sie diese Dateien nicht direkt, da diese relevant für die Fehlerdiagnose sind.

1. Schließen Sie die Lotus Notes-Anwendung.
2. Lokalisieren Sie die Dateien *cache.ndk* und *log.nsf*. Diese Dateien sollten im Notes-Datenverzeichnis liegen.
3. Benennen Sie beide Dateien um.
4. Starten Sie Lotus Notes neu und stoßen Sie die Replizierung für die Anwendung an. Wenn das Problem weiterbesteht, stoppen Sie Lotus Notes und fahren mit den weiteren Lösungsmöglichkeiten fort.

▶ Lösung 3: Die Datenbank von der Replikator-Seite zu entfernen und wieder hinzuzufügen kann das Problem beheben.

1. Öffnen Sie die Replikator-Seite.
2. Klicken Sie auf die entsprechende Datenbankbezeichnung.
3. Betätigen Sie die Taste ⌈Entf⌉, um die Datenbank von der Replikator-Seite zu entfernen. Eine Warnmeldung erscheint mit der Aufforderung, die Aktion zu bestätigen. Klicken Sie auf JA/YES, um fortzufahren.

4. Öffnen Sie die Datenbank.

5. Wählen Sie DATEI/FILE > REPLIZIERUNG/REPLICATION > REPLIZIEREN/REPLICATE über das Menü, um die Replizierung zu starten. Dieser Schritt wird außerdem die Datenbank wieder zur Replikator-Seite hinzufügen.

▶ Lösung 4: Entfernen Sie sowohl die Kachel für die lokale als auch die Serverreplik vom Arbeitsbereich und fügen Sie diese anschließend erneut hinzu. Durch das Entfernen und Hinzufügen der Datenbank wird manchmal die Fehlermeldung behoben. Notieren Sie vor dem Entfernen Pfad und Dateiname der Datenbank. Diese Information findet sich im Eigenschaftsdialog der jeweiligen Datenbank.

▶ Lösung 5: Diese Meldung kann während der Archivierung auftreten, wenn die Dateieinstellungen für die Archivdatenbank auf SCHREIBGESCHÜTZT lauten. Überprüfen Sie in einem solchen Fall die Dateiattribute über den Windows-Explorer bzw. über die Dateieigenschaften auf Betriebssystemebene, um sicherzustellen, dass diese nicht auf SCHREIBGESCHÜTZT eingestellt sind.

1. Lokalisieren Sie die Datenbankdatei im Windows-Explorer. Diese Datei sollte unterhalb des Notes-Dateiverzeichnisses abgelegt sein.

2. Klicken Sie mit der rechten Maustaste auf die Datei und wählen Sie EINSTELLUNGEN. Stellen Sie sicher, dass die Option SCHREIBGESCHÜTZT nicht aktiviert ist.

▶ Lösung 6: Wenn der Anwender die Fehlermeldung erhält, während er E-Mails archiviert, könnte ein Aktualisieren der Gestaltung oder ein Wechseln der Schablone das Problem beheben (siehe *Kapitel 12.3.3, Anwendungsdesignaktualisierung*).

▶ Lösung 7: Eine komplett neue lokale Replik der Anwendung zu erzeugen stellt auch einen möglichen Lösungsansatz dar.

▶ Lösung 8: Auch eine Komprimierung des Lotus Notes-Arbeitsbereichs könnte das Problem beheben.

❓ Die Meldung DATENBANK IST NOCH NICHT VOLLSTÄNDIG INITIALISIERT wird angezeigt.

▶ Ein Replikrumpf auf einer Workstation wurde nicht manuell repliziert: Wenn Benutzer Replikrümpfe auf ihren Workstations erstellen und diese nicht entsprechend eines bestimmten Zeitplans mit Dokumenten auffüllen, müssen sie manuell replizieren, um die Replik mit Dokumenten zu füllen.

▶ Der Server, auf dem der Replikrumpf gespeichert ist, verfügt nicht über die nötigen Zugriffsrechte, um Informationen zu extrahieren: Wenn Sie sich auf eine zeitlich vorgeplante Replizierung verlassen, um einen Replikrumpf zu füllen, muss der Server, auf dem der Replikrumpf gespeichert ist, mindestens Lesezugriff in der ACL der Quellserverreplik besitzen, um die Dokumente vom Quellserver zu ziehen.

▶ Ein passendes Verbindungsdokument für beide Server ist nicht vorhanden: Wenn Sie sich auf eine periodische Replizierung verlassen, um einen Replikrumpf auf einem Server mit Dokumenten aus einer Replik auf einem anderen Server zu füllen, muss für die Verbindung zwischen beiden Servern ein korrekt konfiguriertes Verbindungsdokument vorhanden sein. Prüfen Sie, ob ein entsprechendes Verbindungsdokument existiert.

▶ Replizierung ist deaktiviert: Notes kann einen Replikrumpf nicht mit Dokumenten füllen, wenn die Replizierung auf der Quell- oder Zielserverreplik deaktiviert ist. Um festzustellen, ob die Replizierung deaktiviert ist, prüfen Sie, ob die Option REPLIZIERUNG VORÜBERGEHEND DEAKTIVIEREN/TEMPORARILY DISABLE REPLICATION FOR THIS REPLICA ausgewählt ist. Diese Option befindet sich im Fenster ANDERE/OTHER des Dialogfelds DATEI/FILE > REPLIZIERUNG/REPLICATION > OPTIONEN FÜR DIESE ANWENDUNG/OPTIONS FOR THIS APPLICATION im Notes Client.

Fehlermeldungen und (vermeintliche) Störungen in Bezug auf die Verwendung der Mail-Datenbank (Kalender-Funktion)

Die lokale Zeit erscheint als ungültig, wenn eine Besprechung in einer anderen Zeitzone geplant wird.

Dieser Fehler kann auftreten, wenn der Anwender einen Kalendereintrag in einer anderen Zeitzone erzeugt. Sowohl die lokale als auch die entfernte (remote) Zeit werden in der Kalendereinladung angezeigt. Die lokale Zeitzone scheint jedoch ungültig zu sein.

Der Fehler liegt darin begründet, dass die Kalenderanwendung einen Algorithmus beinhaltet, der zeitzonenspezifische Unterschiede mitberechnet. Zum Beispiel: Entweder die lokale oder die entfernte Zeitzone könnte sich nach der Sommerzeit richten, oder die andere Zeitzone unterteilt die Zeit in 30-Minuten-Abschnitte. Abhängig von der Jahreszeit, ist beispielsweise Bangalore, Indien, 10,5 Stunden New York, New York, voraus. Lotus Notes bezieht alle Faktoren mit ein, wenn die lokale Zeit angezeigt wird.

Eine Lösung gibt es für diesen vermeintlichen Fehler nicht. Lotus Notes arbeitet wie vorgesehen. Das lokale Zeitzonen-Ergebnis könnte jedoch anders aussehen, als Sie erwarten. Um sicherzustellen, dass die Software die korrekten Zeiten produziert, könnten Sie das Resultat gegenchecken, indem Sie den Besprechungsplaner auf der Zeit- und Datums-Webseite unter *http://timeanddate.com* anklicken.

Anhänge können aus zuvor abgelehnten Kalendereinladungen nicht entfernt werden.

Der Anwender kann eine Datei aus einer unverarbeiteten oder abgelehnten Kalendereinladung nicht entfernen. Die Datei kann nicht ausgewählt und vom Kalenderdokument gelöst werden. Dies ist ein bekanntes Problem, das Lotus bereits gemeldet wurde. Lotus Notes ermöglicht es nur, Dateien von Kalendereinladungen zu entfernen, die zuvor akzeptiert wurden. Der Anwender muss also zuerst die Einladung akzeptieren, bevor er das Dokument im Anhang lösen kann. Nachdem das Dokument gelöst wurde, kann der Nutzer die Kalendereinladung ablehnen.

EIN ODER MEHRERE ANHÄNGE DES QUELLENDOKUMENTS FEHLEN. STARTEN SIE FIXUP, UM DAS DOKUMENT IN DER QUELLENDATENBANK ZU LÖSCHEN/ONE OR MORE OF THE SOURCE DOCUMENTS ATTACHMENTS IS MISSING. RUN FIXUP OR DELETE THE DOCUMENT IN THE SOURCE DATABASE.

Der Benutzer (Lotus Notes 8) erhält die Meldung EIN ODER MEHRERE ANHÄNGE DES QUELLENDOKUMENTS FEHLEN. STARTEN SIE FIXUP, UM DAS DOKUMENT IN DER QUELLENDATENBANK ZU LÖSCHEN/ONE OR MORE OF THE SOURCE DOCUMENTS ATTACHMENTS IS MISSING. RUN FIXUP OR DELETE THE DOCUMENT IN THE SOURCE DATABASE beim Versuch, eine neue Kalendereinladung zu akzeptieren. Der Fehler wird verursacht, wenn der Einladende eine neue Person (als Eingeladenen) hinzufügt und darüber hinaus eine neue Datei an diese bestehende Besprechung anhängt. Beide Updates werden zur gleichen Zeit ausgeführt und als eine einzige Änderung der Besprechung verteilt.

Um diesen Fehler zu vermeiden, sollte der Einladende der Besprechung zwei separate Besprechungsänderungen versenden. Der Einladende sollte zuerst die neue Person (als Eingeladenen) hinzufügen und die Mitteilung versenden. Dann sollte er die Datei hinzufügen und eine zweite Änderung versenden. Das Versenden zweier separater Änderungen wird den Fehler beheben.

Um die bereits verschickte Mitteilung zu korrigieren, sollte der Einladende die Beschreibung der Besprechung ändern und die Besprechungsmitteilung versenden. Der Einladende kann die Datei erneut anhängen oder auch nur einige Textfelder zum Bereich hinzufügen. Die Lotus Notes-Anwendung verfolgt Felder, die geändert wurden, zurück. Wenigstens ein Update ist erforderlich, um ein „Neusenden" zu veranlassen, wenn die SPEICHERN UND SCHLIESSEN-Schaltfläche angeklickt wurde. Die aktualisierte Besprechungseinladung sollte den Fehler beheben, der durch die frühere Kalendernotiz entstanden ist.

Bestenfalls sollten Anwender dazu ermutigt werden, Dokumente in einem gemeinsamen Team-Raum abzulegen, und in Erwägung ziehen, eine Dokumentverknüpfung anstelle der Dateianhänge zu verschicken. Dies reduziert vor allem auch die Mail-Datenbank-Größe für jeden Empfänger. Wenn eine Datei verschickt wird, wird diese im Mail-Kalender eines jeden Empfängers gespeichert. Dies wiederum kann eine beachtliche Menge an Speicherplatz sowohl am lokalen Arbeitsplatz als auch auf dem Domino Server einnehmen. Eine Dokumentverknüpfung zu benutzen erlaubt es außerdem, das Dokument an einer Stelle zu aktualisieren, ohne den Anhang erneut verteilen zu müssen. Empfänger können auf den Link klicken und haben stets Zugang zum aktuellsten Dokument im Team-Raum.

⑦ Beim Eintragen von (wiederkehrenden) Kalenderdaten taucht eine `Object Variable not set`**-Fehlermeldung auf.**

Ändern Sie in den Kalendervorgaben z.B. den Vorgabezeitraum auf einen anderen Wert ab, speichern Sie diesen und ändern Sie ihn dann wieder zurück.

⑦ FEHLER: DER ZEITBEREICH IHRER VERFÜGBARKEIT IST UNGÜLTIG UND KANN FELD NICHT FINDEN/ERROR: YOUR AVAILABILITY TIME RANGE IS INVALID, AND CONNOT LOCATE FIELD

Der Benutzer (Lotus Notes 7) erhält diese Fehlermeldung, wenn er versucht, einen Kalendereintrag zu öffnen, hinzuzufügen oder zu planen. Nutzer könnten auch folgende Fehlermeldung erhalten: DER ZEITBEREICH IHRER VERFÜGBARKEIT IST UNGÜLTIG. BITTE KORRIGIEREN/ YOUR AVAILABILITY TIME RANGE IS INVALID. PLEASE CORRECT

Dies kommt dadurch zustande, dass die Anwendung versucht, ein Kalenderdatum oder einen Zeitpunkt zu errechnen, der nicht gültig oder nicht sichtbar ist. In den meisten Fällen kann das Problem gelöst werden, indem über die Benutzervorgaben Samstag und Sonntag zur Liste der gültigen Werktage hinzugefügt werden und eine einheitliche Start- und Endzeit für alle Werktage eingestellt wird. Nutzer müssen eventuell die Mail- und Kalenderanwendung schließen und wieder öffnen, damit sich diese Lösung auswirkt.

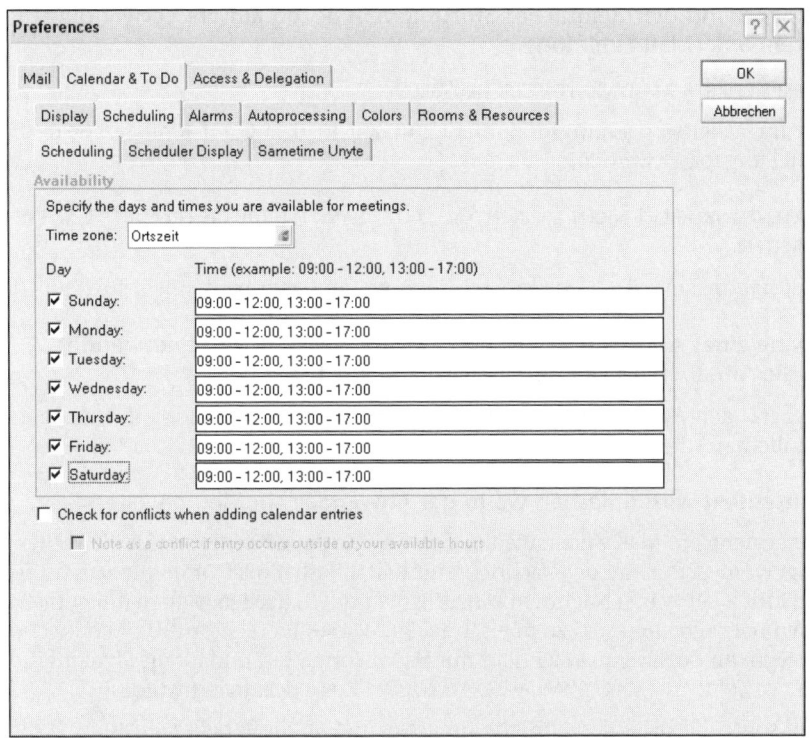

Abbildung 13.14: Alle sieben Tage der Woche zur Verfügbarkeit hinzufügen

❓ Eine Antwort auf eine geänderte Besprechung ist nicht möglich.

Der Benutzer kann eine geänderte Einladung nicht akzeptieren. Die „Annehmen"-Aktion wird dem Benutzer nicht angezeigt (Lotus Notes 7).

Dies liegt möglicherweise daran, dass der Anwender die ursprüngliche Besprechung abgelehnt hat. Zum damaligen Zeitpunkt hatte er oder sie die Option, über Änderungen im Zeitplan der Besprechung informiert zu werden. Diese Option wurde gewählt und die Besprechung wurde anschließend neu geplant. Um den neu geplanten Termin zu akzeptieren, muss der Anwender zunächst die erste Einladung zur Besprechung akzeptieren. Der Anwender muss die Originalbesprechung, die abgelehnt wurde, finden, das Dokument öffnen und unter dem Menüpunkt AKTIONEN ANNEHMEN auswählen.

Tipp

Verwenden Sie die Kalender-Cleanup-Option für Ihre Anwender bzw. die Archivierung, um die Mail-Datenbanken der Anwender nicht zu groß werden zu lassen. Die Leerung des Papierkorbs der Anwender kann über Richtlinien definiert werden, um auch darüber Platz freizugeben.

Fehlermeldungen und (vermeintliche) Störungen in Bezug auf die Verwendung der Mail-Datenbank (Mail-Funktion)

❓ KANN GESPEICHERTE MAIL NICHT VERSCHLÜSSELN.

Die Angaben im Arbeitsumgebungsdokument müssen in Bezug auf Mail-Server und/ oder Mail-Datei angepasst werden.

❓ KANN DATENBANKOBJEKT NICHT EINRICHTEN. DATENBANK WÜRDE DIE ERLAUBTE GRÖSSE ÜBERSCHREITEN.

Der Anwender hat die zulässige Größenbeschränkung der Datenbank überschritten.

❓ Bei Eingabe eines Adressaten wird eine falsche E-Mail-Adresse verwendet, obwohl die Angaben im Domino Directory korrekt sind.

Der Anwender hat den Adressaten mit einer falschen oder veralteten E-Mail-Adresse in seinem persönlichen Adressbuch (Kontakte) abgelegt.

❓ Nachrichtentext wird unlesbar, wenn der Anwender ein Memo weiterleitet.

Der Benutzer versucht, ein Mail weiterzuleiten. Sobald eine neue Nachricht (für die Weiterleitung) erzeugt wurde, erscheint der Nachrichteninhalt unlesbar oder wird unlesbar, nachdem Text zum Inhalt der neuen Nachricht hinzufügt wurde. Textzeilen werden unleserlich, verschwommen oder scheinen sich zu überschneiden. Dieses Problem tritt typischerweise auf, wenn die Signatur der Originalnachricht mit HTML formatiert und für die Signatur die Einstellung TEXT LÄUFT UM TABELLE/WRAP TEXT AROUND TABLE deaktiviert wurde.

Der Anwender sollte die Originalnachricht anpassen, indem die Tabelleneinstellung für die Signatur geändert wird, bevor er versucht, das Memo weiterzuleiten.

1. Klicken Sie auf die Tabelle im Signaturabschnitt.
2. Wählen Sie TABELLE > EINSTELLUNGEN im Menü. Dieses Menü wird nur angezeigt, wenn sich das Dokument im Editiermodus befindet und Sie zuerst auf die Tabelle klicken.
3. Gehen Sie zum fünften Register und deaktivieren Sie die Option TEXT LÄUFT UM TABELLE/WRAP TEXT AROUND TABLE.
4. Speichern und schließen Sie das Dokument.
5. Leiten Sie das Dokument weiter.

❓ PLEASE SET OWNER VALUE IN MAIL FILE PREFERENCES.

Der Nutzer erhält die Nachricht, wenn er eine neu angelegte Mail-Archivdatenbank öffnet (Lotus Notes 7). Das Setzen oder Ändern der Einstellungen bezüglich des Nutzernamens für die Archivdatenbank sollte dieses Problem beheben. Der Anwender sollte den angezeigten Namen ersetzen, auch wenn der korrekte Name in den Einstellungen für die Archivdatenbank bereits angezeigt wird (siehe *Abbildung 13.15*).

Abbildung 13.15: Angabe des Besitzers der Mail-Datenbank

OBJECT VARIABLE NOT SET

Der Anwender erhält diese Meldung, wenn er die Mail-Datenbank öffnet oder eine Aktion darin ausführen will. Diese generische Meldung weist darauf hin, dass hier meistens ein LotusScript-Problem vorliegt. LotusScript ist eine der Programmiersprachen, die benutzt werden, um Aktionen für Datenbankanwendungen zu erzeugen und auszuführen. Diese Meldung erscheint, wann immer die Software versucht, Code auszuführen, und eines der Designobjekte nicht deklariert ist.

Wenn dieses Problem in der Mail-Anwendung auftaucht, bedeutet dies womöglich, dass die Gestaltung korrupt ist, dass eine Datei beschädigt oder eines der primären Datenbankelemente gelöscht wurde. Beispielsweise kann das Entfernen des Follow-Up-Ordners diese Meldung auslösen.

Wenn das Problem bei einer anderen Anwendung auftaucht (einer anderen als der Mail-Anwendung), kann der Nutzer die folgenden Lösungswege ausprobieren. Diese Prozeduren können das Problem eventuell beheben. Wenn das Problem so nicht zu beheben ist, dann sollte ein Domino-Entwickler den Code debuggen, um den Ursprung des LotusScript-Fehlers zu identifizieren.

▷ Lösung 1: Leeren Sie den Cache und das Protokoll bzw. nennen Sie die beiden Dateien *cache.ndk* und *log.nsf* um, nachdem Sie den Notes Client geschlossen haben. Starten Sie den Notes Client anschließend wieder neu.

▷ Lösung 2: Aktualisieren Sie die Schablone oder erneuern Sie das Design der Datenbank.

 Nachdem der Anwender eine oder mehrere Nachrichten in einen Ordner verschoben hat, werden diese wieder als ungelesen angezeigt.

Die Konfigurationseinstellungen in der Mail-Datenbank sind nicht korrekt. In den Eigenschaften der Datenbank (Anwendung) aktivieren Sie die Option GEÄNDERTE DOKUMENTE NICHT ALS UNGELESEN MARKIEREN/DO NOT MARK MODIFIED DOCUMENTS AS UNREAD.

 Der Anwender stellt fest, dass seine Mails grundsätzlich doppelt verschickt werden.

Unter BENUTZERVORGABEN/PREFERENCES > MAIL > SENDEN UND EMPFANGEN/SENDING AND RECEIVING > KOPIEN MEINER GESENDETEN NACHRICHTEN SPEICHERN/SAVE COPIES OF MESSAGES THAT I SEND ist die Einstellung NIE/NEVER aktiv. Dieser Eintrag muss auf IMMER/ALWAYS oder FRAGEN/ASK ME geändert werden und das Problem tritt nicht mehr auf.

 ANWENDER IM ADRESSBUCH NICHT GEFUNDEN.

Wenn diese Meldung angezeigt wird, ist der Eintrag, der im Feld $BUSYNAME in einem Kalendereintrag für die im Protokoll verzeichnete Dokument-ID verwendet wird, im Domino-Verzeichnis nicht vorhanden. Diese Situation entsteht in der Regel, wenn ein Benutzer das Unternehmen verlässt und das Domino-Verzeichnis kein Personendokument für diesen Benutzer mehr enthält. Um den Fehler zu beheben, suchen Sie das mit der Dokument-ID verknüpfte Dokument und löschen es.

? Notes hängt oder stürzt ab, wenn der Anwender die Schnelladressierung verwendet.

Der Lotus Notes Client (Lotus Notes 7) hängt sich auf oder stürzt ab, wenn der Anwender versucht, die Schnelladressierung zu benutzen, um eine Suche durchzuführen. Der Client läuft typischerweise auffällig langsam und der Nutzer erhält möglicherweise sogar die Fehlermeldung SERVERPFAD WURDE NICHT GEFUNDEN, obwohl der Nutzer auf die Anwendung zugreifen oder diese replizieren kann.

Dieser Fehler kann auftreten, wenn die Arbeitsumgebung auf INSEL (keine Verbindung) steht oder wenn die *notes.ini*-Datei so konfiguriert wurde, eine spezifische Adressdatenbank während der Adresssuche zu durchsuchen, diese Datenbank aber nicht verfügbar ist.

▷ Lösung 1: Prüfen Sie die Einstellungen der Arbeitsumgebung. Wenn für die aktuelle Arbeitsumgebung INSEL (keine Verbindung) angezeigt wird, wechseln Sie die Arbeitsumgebung, z.B. auf BÜRO (NETZWERK).

▷ Lösung 2: Entfernen Sie die Liste der Datenbanken, die in den Vorgaben für die Adresssuche definiert sind.

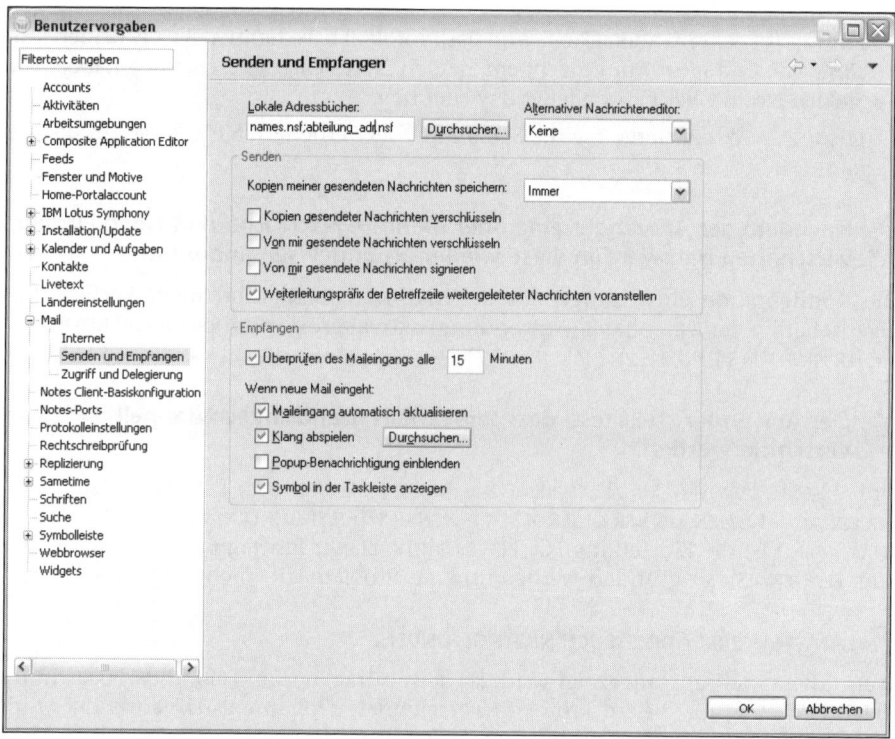

Abbildung 13.16: Angaben zu lokalen Adressbüchern in den Benutzervorgaben (Full Client)

? TYPE MISMATCH ON EXTERNAL NAME

Der Anwender (Lotus Notes 7) erhält eine Meldung, wenn er eine Aktion in der Mail-Datenbank öffnet oder ausführt. Dieser Fehler tritt häufig auf, wenn es Designprobleme mit einem oder mehreren Mail-Ordnern gibt. Die Aktualisierung des Designs wird normalerweise dieses Problem beheben.

Visuelle Benachrichtigung über neue Mails funktioniert nicht korrekt: Zurücksetzen des Zählers bezüglich der Dokumentenanzahl in der Mail-Datenbank.

Werden Benachrichtigungen über neu eingetroffene E-Mails trotz richtiger Einstellungen in den Benutzervorgaben für den Anwender nicht angezeigt, sollten Sie den Notes Client schließen, den Eintrag `NewMailSeqNum=xxx` in der *notes.ini* löschen und den Notes Client neu starten. Dieser Eintrag in der *notes.ini* steht für die Anzahl der Dokumente in der Mail-Datenbank.

 ILLEGAL CIRCULAR USE: CHECKQUOTAS – FORM WURDE GELÖSCHT

Der Anwender (Lotus Notes 7) erhält diese Meldung, wenn er eine Aktion in der Mail-Datenbank ausführt oder diese öffnet. Dieser Fehler erscheint häufig, wenn es ein Gestaltungsproblem mit einem oder mehreren Designelementen gibt. Eines der benötigten Elemente scheint gelöscht oder beschädigt worden zu sein. Das Anwendungsdesign zu aktualisieren sollte normalerweise das Problem beheben.

 NOT A SUB OR FUNCTION NAME: IFDRAGFROMFOLLOWUP

Der Anwender erhält diese Fehlermeldung, wenn er einen Mail-Ordner öffnet (Lotus Notes 7). Dies kann daran liegen, dass das Design des Ordners nicht zum aktuellen Release von Lotus Notes passt. Die Gestaltung muss aktualisiert werden.

 NOT A SUB OR FUNCTION NAME: CHANGEFOLLOWUPDATE

Der Anwender erhält diese Fehlermeldung, wenn er einen Mail-Ordner öffnet (Lotus Notes 7). Dies kann daran liegen, dass das Design des Ordners nicht zum aktuellen Release von Lotus Notes passt. Die Gestaltung muss aktualisiert werden.

Tipps und Tricks in Bezug auf den Notes Client

 Zulässige Startparameter des Notes Clients

Sie können beim Start des Notes Clients folgende Kommandozeilen-Parameter an die Datei *notes.exe* bzw. *nlnotes.exe* übergeben:

- Pfad zur *notes.ini*: `notes.exe =c:\lotus\notes\data\notes.ini` (Leerzeichen nach *notes.exe* beachten).
- Domino Administrator direkt starten: NOTES.EXE ADMINONLY (alternativ das entsprechende Symbol für die Anwendung anklicken).
- Eine bestimmte Datenbank beim Start des Clients öffnen: `notes.exe datenbank.nsf` bzw: `notes.exe servername!!datenbank.nsf`.
- Die Mail-Datenbank beim Start des Clients öffnen: `notes.exe mail`.
- Angabe einer *.ndl*(Notes DocLink)-Datei. Hierdurch kann z.B. ein bestimmtes Dokument direkt geöffnet werden: `notes.exe c:\temp\doclink.ndl`.
- Eine bestimmte URL beim Start des Clients öffnen: *notes.exe http://www.dmk-online.de*.
- Den Notes Client als OLE-Server starten: `notes.exe /embedding`.
- Den Notes Client in einem minimierten Fenster starten: `notes.exe /automation`.

Hinweis

Mit der Synchronisation der Ungelesen-Markierungen hat es schon immer eine besondere Bewandtnis und eine Menge Probleme gegeben. Wenn Sie die Ungelesen-Markierungen zwischen Repliken einer Datenbank ad hoc replizieren möchten, gehen Sie wie folgt vor:

1. Deaktivieren Sie im Notes Client die Stapelung der Repliken (via ANSICHT/VIEW > Häkchen vor dem Eintrag REPLIKSYMBOLE STAPELN/STACK REPLICA ICONS deaktivieren).

2. Halten Sie die Tasten ⎡STRG⎤ und ⎡⇧⎤ gedrückt und selektieren Sie die beiden gewünschten Datenbankkacheln.

3. Stoßen Sie die Synchronisation über BEARBEITEN/EDIT > UNGELESEN-MARKIERUNGEN/UNREAD MARKS > UNGELESEN-MARKIERUNGEN AUSTAUSCHEN/EXCHANGE UNREAD MARKS an.

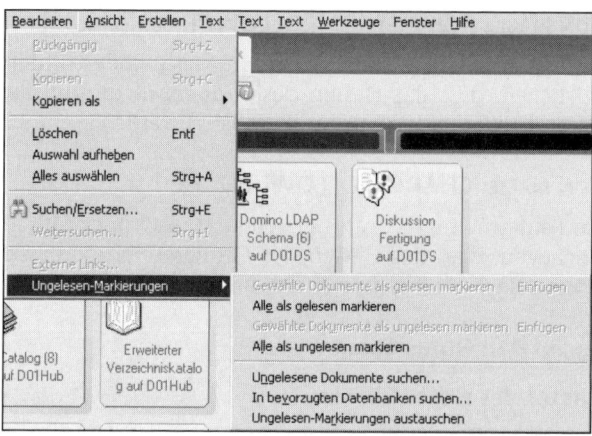

Abbildung 13.17: Austausch der Ungelesen-Markierungen über die Notes Client-Oberfläche

Lokale Datenbanken des Clients komprimieren

▶ Das Komprimieren von lokalen Datenbanken des Notes Clients kann ohne weitere Programmierung nur durch eine Option bei den Datenbankeigenschaften erfolgen. Bei einer großen Anzahl von Datenbanken bedeutet das natürlich einen hohen zeitlichen Aufwand.

▶ Wenn Sie die Datei *ncompact.exe* des Domino Servers in das Programmverzeichnis des Clients kopieren, können Sie diese Datei von einer DOS-Shell aus, wie bereits beschrieben (siehe *Kapitel 6.2, Konfiguration des ersten Domino Servers*), starten. Hierbei gelten die gleichen Syntaxregeln wie beim Befehlsaufruf innerhalb der Domino Serverkonsole. Selbst die entsprechenden Optionen können Sie dabei übergeben. Achten Sie darauf, dass Domino Server und Notes Client in einem solchen Fall die gleiche Version verwenden. Der Client sollte vor dem Aufruf beendet werden. Da hier eine User-ID verwendet wird und Notes nie die eigenen Sicherheitsregeln missachtet, muss das entsprechende Benutzerkennwort eingegeben werden. Danach erfolgt die Komprimierung der angegebenen oder aller lokalen Datenbanken. Beachten Sie in jedem Fall die IBM-Lizenzbestimmungen.

Tipp

Seit Lotus Notes Domino 8.5 werden Bilder, die in E-Mails hineinkopiert werden, automatisch komprimiert. Die Option ist standardmäßig aktiviert und findet sich in den Benutzervorgaben in den zusätzlichen Optionen (siehe *Abbildung 13.18*).

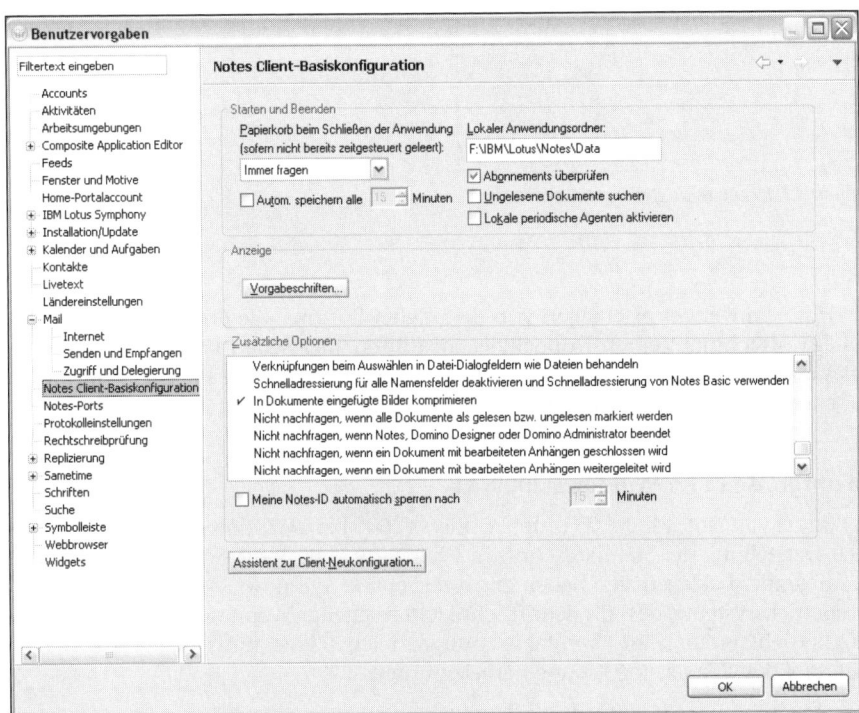

Abbildung 13.18: Neu seit Notes 8.5: eingefügte Bilder komprimieren

Allerdings können Sie dies bereits seit der Version Lotus Notes 6.5.4 über die *notes.ini*-Variable `OptimizeImagePasteSize=1` steuern.

Reduzierung der Adressierungslisten beim Ausdrucken von E-Mails

Um beim Ausdruck von Kalender- oder Mail-Dokumenten auf die oft vorhandene Vielzahl von Namen in den Adresszeilen zu verzichten, können Sie eine entsprechende Option in den Benutzervorgaben setzen: INHALT DES FELDS ‚NAMEN' BEIM DRUCK ERWEITERN/EXPAND NAMES FIELD CONTENTS WHEN PRINTING. Diese Option existiert seit Lotus Notes 6.0.3. Bei Aktivierung der Option wird der gesamte Inhalt der Adresszeilen ausgedruckt, bei Deaktivierung dagegen nur 3 Zeilen pro Adressfeld.

Mehrere Datenbanken auf einmal öffnen

Markieren Sie im Arbeitsbereich bei gedrückter ⬆-Taste alle Datenbanken, die Sie auf einen Schlag öffnen möchten. Lassen Sie die ⬆-Taste erst dann los, wenn Sie über einen Doppelklick mit der linken Maustaste die Datenbanken geöffnet haben.

Anzeige des Dateinamens auf der Datenbankkachel

Durch das gleichzeitige Drücken der ⧄-Taste und die Aktivierung der Menü-Auswahl ANSICHT/VIEW > SERVERNAMEN ANZEIGEN/SHOW SERVER NAMES werden auf der Kachel auch die Dateinamen ohne Dateiendung angezeigt (siehe *Abbildung 13.19*).

Abbildung 13.19: Anzeige des Dateinamens

⌐
Tipp

Sind Ihre Anwender erschlagen von den vielen Buttons, die erscheinen, wenn sie auf ein Attachment einen Doppelklick ausführen? Bei Bedarf können Sie über die *notes.ini*-Einstellung AttachmentActionDefault=1 dafür sorgen, dass ein Doppelklick auf einen Anhang lediglich den Anhang in der entsprechenden Anwendung öffnet.
                                                                            ⌐

Fontgröße unter Windows 2000/XP

Beim Einsatz von Notes ab R5.03 unter Windows 2000 bzw. Windows XP wurden Probleme mit der Darstellung der Standardschrift in Dialogboxen bzgl. der Schriftgröße festgestellt. Viele Anwender beklagen sich bei einem Wechsel von Windows NT auf eines der beiden neuen Betriebssysteme, dass die Schrift sehr klein erscheint. Wenn sich über die Einstellungen im Betriebssystem keine akzeptable Lösung erreichen lässt, müssen Sie versuchen, über die *notes.ini* des Clients eine Lösung herbeizuführen.

Folgende (undokumentierte) Parameter sollten in die *notes.ini* des Notes Clients eingefügt werden:

```
DialogFont=MS Sans Serif | -1 | 8
UIFont=MS Sans Serif | -1 | 8
StatusBarFont=MS Sans Serif | -1 | 8
InfoboxFont=MS Sans Serif | -1 | 8
```

Schriftgröße (Texteigenschaften) verändern

Markieren Sie Ihren geschriebenen Text und betätigen Sie die Taste F2, um die Schrift zu vergrößern, und ⧄+F2, um sie zu verkleinern. So sparen Sie den Weg über das Menü zu den Texteigenschaften.

? Titel der Fensterzeile im Notes Client festlegen (vor Notes 8)

Abbildung 13.20: Neuer Fenstertitel

Der folgende Parameter in der Datei *notes.ini* sorgt für eine individuelle Titelzeile (siehe *Abbildung 13.20*) im Notes Client: WINDOW_TITLE = ANZEIGETEXT.

Was ist der Unterschied zwischen der Datei *notes.exe* und der Datei *nlnotes.exe* (vor Version 8)?

Im Programmverzeichnis des Notes Clients finden Sie u.a. die beiden Dateien *notes.exe* und *nlnotes.exe*, die beide dieselbe Aufgabe zu haben scheinen: den Notes Client zu starten. Der Eintrag im Startmenü bzw. das Icon auf dem Desktop verweisen auf die *notes.exe*. Technische Details können Sie in der IBM Lotus Knowledge-Base nachlesen (#1092749). Wird die Anwendung *notes.exe* gestartet, passiert Folgendes:

1. Zeigt den Startbildschirm (Splash Screen) an.
2. Prüft, ob der Notes Client schon gestartet wurde. Wenn ja, beendet sich *notes.exe* selbst.
3. Startet den Application Debugger, sofern dies so konfiguriert ist.
4. Startet die Datei *nlnotes.exe* und der Lotus Notes Client erscheint mit der Kennwortabfrage für den Anwender.

Achtung

Seit der Version 8.x verhält es sich mit dem Unterschied zwischen *notes.exe* und *nlnotes.exe* anders: Über die Date *notes.exe* starten Sie den Eclipse Client (Full Client) und mit der *nlnotes.exe* nur den Basis Client ohne Eclipse.

Upgrade des Ordnerdesigns

Im Laufe der Zeit haben Sie wahrscheinlich genau wie die Benutzer und Kollegen eigene Mail-Ordner in Ihrer Datenbank erstellt. Steht eine Aktualisierung der Mailschablone an, werden Sie feststellen, dass sich einige Dinge verändern, eines aber nicht: das Aussehen Ihrer bereits vorhandenen Ordner. Um diese ebenfalls auf den neuesten Stand zu bringen, öffnen Sie den entsprechenden Ordner und wählen im Menü Aktionen/ Actions > Ordnergestaltung aktualisieren/Upgrade Folder Design.

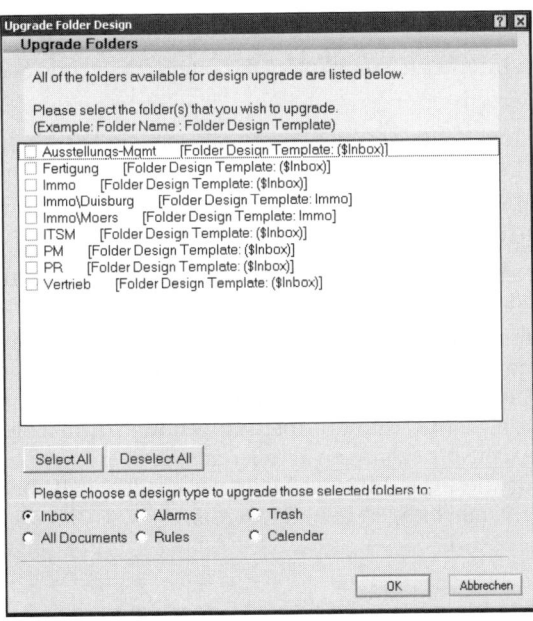

Abbildung 13.21: Manuelle Auswahl der zu aktualisierenden Ordner

Die danach erscheinenden Rückfragen AUTOMATISCH AKTUALISIEREN (alle Ordner) oder MANUELL AKTUALISIEREN (händische Auswahl der zu aktualisierenden Ordner) bestätigen Sie je nach Vorhaben.

Tipp – Drag&Drop im Notes Administrator Client 8.5

Im Lotus Notes Client ab der Version 8.5 bieten sich Ihnen einige zusätzliche Drag&Drop-Optionen an:

▶ Drag&Drop des Anwendernamens im Administrator Client, um den Home-Server zu ändern

▶ Drag&Drop von Dateien im Administrator Client, um neue Repliken zu erzeugen

▶ Drag&Drop von Anwendernamen und Dateien im Administrator Client, um Tool-Aktivitäten anzustoßen. Ziehen Sie die entsprechenden Objekte auf das gewünschte Werkzeug.

▶ Ziehen von ausgewählten Rich-Text-Bereichen auf einen anderen Bereich des Rich-Text-Felds, ein anderes Rich-Text-Feld oder ein anderes Dokument

▶ Ziehen eines Rich-Text-Felds auf eine externe Applikation wie z.B. den Symphony-Editor

▶ Ziehen eines Namens aus dem integrierten Sametime Client heraus auf ein Namensfeld

▶ Ziehen eines Namensfelds aus dem integrierten Sametime Client heraus auf ein anderes Namensfeld

▶ Ziehen eines Namensfelds auf ein Rich-Text-Feld oder eine externe Applikation

▶ Ziehen von und zu Notes-Textfeldern

▶ Ziehen eines Attachments auf einen Platz im selben Dokument

❓ Lotus Notes als POP3-Client einrichten

Bei einer bestehenden Verbindung zum Internet (egal ob über DFÜ oder LAN) gehen Sie wie folgt vor:

1. Öffnen Sie Ihr persönliches Adressbuch (Kontakte) oder greifen Sie über die Vorgaben auf die Informationen zu.

2. Greifen Sie auf die erweiterten Funktionen Ihres persönlichen Adressbuchs zu und erstellen Sie ein neues BENUTZERKONTO/ACCOUNT.

3. Sie müssen jeweils ein Konto für den Mail-Eingang via POP3 und ein weiteres für den Mail-Ausgang via SMTP anlegen und konfigurieren.

4. Der Name des Benutzerkontos ist frei wählbar. Die anderen Zeilen sollten mit den Zugangsdaten und Protokollinformationen des E-Mail-Kontos gefüllt werden. Die entsprechenden Daten erhalten Sie bei Ihrem Service-Anbieter (z.B. für POP3: *pop.gmx.net* bei einem Mail-Postfach bei GMX). In der Arbeitsumgebung können Sie entweder eine Wildcard (*) für alle Arbeitsumgebungen aktivieren oder eine spezielle Arbeitsumgebung erstellen und nur diese für Internet-Mails verwenden (z.B. bei Notebooks, die in unterschiedlichen Umgebungen benutzt werden).

5. Der Reiter PROTOKOLLKONFIGURATION/PROTOCOL CONFIGURATION enthält bei POP3 die Einstellung, ob die E-Mails vom Server gelöscht werden sollen oder nicht. Wenn Sie die Einstellung MAIL AUF SERVER STEHEN LASSEN/LEAVE MAIL ON SERVER auf JA/YES setzen, holt Lotus Notes bei jedem Zugriff alle Mails neu ab.

6. Als Nächstes müssen Sie ein Benutzerkonto für den Postausgang erstellen. Verwenden Sie hier die entsprechenden SMTP-Zugangsdaten des Providers (SMTP: *mail.gmx.net* bei einem Mail-Postfach bei GMX). Geben Sie an, ob Sie mit SSL (Verschlüsselung) arbeiten möchten.

7. Für diese beiden Benutzerkonten (für POP3 und SMTP) werden auch auf der Replikatorseite des Notes Clients Einträge hinzugefügt. Mails können über diese Arbeitsbereichsseite gesendet und abgerufen werden.

8. Bei mehreren Mail-Konten sollten Sie sich eine Arbeitsumgebung je Konto einrichten, damit die entsprechende Absenderadresse korrekt ist.

9. Anschließend sollten Sie für jedes Benutzerdokument ein Verbindungsdokument anlegen, wobei bezüglich des Verbindungstyps die bestehende Verbindung angegeben wird.

10. Wenn Sie E-Mails bei Ihrem Provider abfragen möchten, gehen Sie auf die Replikator-Seite und kontrollieren, ob die Replikation über das davor stehende Häkchen für Ein- und Ausgang aktiviert wurde. Klicken Sie anschließend auf START. Bei bestehender Netzverbindung werden die Server abgefragt bzw. vorliegende Mails gesendet.

11. Bei Problemen können Sie die Zeilen

```
POP3ClientDebug=1

SMTPClientDebug=1
```

der *notes.ini* des Clients hinzufügen, um eine erweiterte Protokollierung im Hinblick auf die Fehlerursachenforschung in der *log.nsf* zu erhalten.

13.3   Domino Server-Support und Problem Management

Nachfolgend finden Sie nützliche Tipps und Hinweise, die Ihre Arbeit mit Lotus Notes Domino erleichtern sollen. Die Erkenntnisse wurden aus realen Anwender- und Serverproblemen, die gelöst werden konnten oder Fragen, die in Bezug auf Lotus Notes Domino in weiterem Sinne aufgetreten sind, gewonnen.

Aufruf der Server-Dienste auf Betriebssystemebene

Auf dem Domino Server kann an der Server-Console das Kommando `load compact` oder `load fixup` (gegebenenfalls gefolgt von dem Dateinamen der gewünschten Datenbank) verwendet werden. Dies ist z.B. dann notwendig, wenn diese Dienste auf Datenbanken laufen sollen, die durch den Server selbst dauernd geöffnet sind (z.B. *names.nsf*). Bei laufendem Domino Server funktioniert dies leider nicht. Der Komprimierungsdienst terminiert mit einem entsprechenden Hinweis.

Der auf dem Server normalerweise durch den Befehl load Server-Dienstname aufgerufene Dienst des Domino Servers steht als ausführbare Programmdatei zur Verfügung. Die Namen für die ausführbaren Dateien tragen unter den Windows-Betriebssystemen das Präfix *n* vor dem Namen des Server-Dienstes, z.B. *nfixup.exe*.

Nicht alle Domino-Dienste melden wie der Compact-Befehl beim Zugriff auf durch den Domino Server selbst geöffnete Dateien einen Fehler. (Fixup tut dies beispielsweise nicht.) Möglicherweise terminiert der eine oder andere Task, ohne erfolgreich gelaufen zu sein.

Übergeben Sie im Bedarfsfall die entsprechenden Parameter, z.B. ncompact names.nsf -c.

1. Beenden Sie auf der Server-Maschine den Domino Server.
2. Öffnen Sie auf Betriebssystemebene ein Kommandozeilenfenster (DOS-Shell genannt), z.B. über START > AUSFÜHREN und die Eingabe von cmd.
3. Wechseln Sie über diese Shell in das Domino Programmverzeichnis (nicht das *Data*-Verzeichnis), z.B. cd ...
4. Geben Sie den Befehl ncompact names.nsf ein.
5. Geben Sie bei Nachfrage das Passwort der verwendeten Server-ID ein.

❓ POP3-Mails via Domino abholen

Anscheinend besteht doch noch immer der Bedarf, einen Lotus Domino Server als Abholdienst für E-Mails, die z.B. über T-Online einlaufen, zu verwenden. Generell gilt, dass der Domino Mail-Server keinerlei Möglichkeit besitzt, POP3- oder IMAP-Konten von anderen Providern abzufragen. Aber Sie können diese Einschränkung umgehen.

▶ Klären Sie mit Ihrem Internet Service Provider (ISP) ab, ob Mails direkt zu Ihrem Domino Mail-Server weitergeleitet werden können. Dazu benötigen Sie eine feste IP-Adresse für den Domino Mail-Server und eine permanente Internetverbindung. Es sollte genügen, wenn der ISP den entsprechenden MX-Record für den DNS-Eintrag Ihrer Domain auf den Mail-Server zeigen lässt. Das Thema Sicherheit bei einer solchen Lösung sollten Sie nicht außer Acht lassen.

▶ Unter Linux besteht die Möglichkeit, das Programm fetchmail zu verwenden. Mit fetchmail werden Mails von einem Mail-Server abgeholt. Das geschieht in Abhängigkeit der Parameter auf der Kommandozeile und/oder den Konfigurationsdateien. Wenn keine Parameter beim Aufruf von fetchmail angegeben werden, wird im Home-Verzeichnis des aufrufenden Benutzers die Konfigurationsdatei *~/.fetchmailrc* ausgewertet. fetchmail ist Bestandteil zahlreicher Distributionen. Im Internet finden sich vor allem auf den Seiten zahlreicher Linux-Groups entsprechende Informationen.

▶ Anbei einige unkommentierte Links zu Tools, die diesbezüglich Hilfestellung anbieten:
   – EFS EMail Forwarding Server 4.x: *http://www.chimera.co.nz/*
   – PullMail 1.05: *http://www.swsoft.co.uk/index.asp?page=freesoftware*
   – POPWeasel 2.x: *http://www.mailgate.com/products/wfeatures.asp*
   – RHPop3Connector: *http://www.rhacl.de/*
   – VPOP3 1.0.4c: *http://www.vpop3.de/*

Versteckte Ansichten anzeigen

Die nachfolgend beschriebene Vorgehensweise funktioniert nur, wenn Sie mindestens Editorrecht auf die zu untersuchende Datenbank haben.

Drücken Sie die Tasten `Strg` und `⇧` gleichzeitig auf der Tastatur und halten Sie beide so lange fest, bis nach dem Doppelklick mit der linken Maustaste auf das Datenbanksymbol die Datenbank geöffnet wurde. Sie sehen nun neben den normalen Ansichten auch die in der Datenbank versteckten Ansichten, welche Sie ebenfalls auswählen können. So sind z.B. Entwickler in der Lage, die Funktionsweise der versteckten Ansichten zu testen, ohne in den Entwicklermodus der jeweiligen Ansicht wechseln zu müssen. Einen ähnlichen Effekt erhalten Sie auch bei gedrückter `Strg`- und `⇧`-Taste, wenn Sie direkt eine bestimmte Ansicht anzeigen lassen wollen. Klicken Sie bei gedrückten Tasten mit der rechten Maustaste auf das Datenbanksymbol und wählen Sie ANWENDUNG/APPLICATION > GEHE ZU/GOTO ... aus.

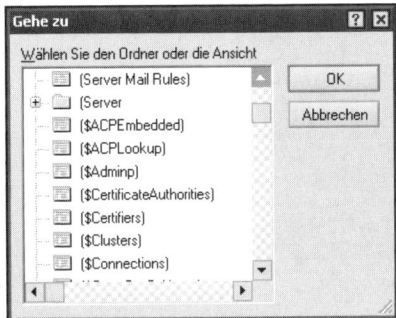

Abbildung 13.22: Versteckte Ansichten der Mail-Datenbank

Es öffnet sich ein Fenster, in dem alle Ansichten inklusive der versteckten Ansichten angezeigt werden, die Sie dann zum Zugriff auf die Datenbank auswählen können (siehe *Abbildung 13.22*).

 notes.ini: **Eintrag** SERVERTASKS= **bei einem Server-Update nicht ändern**

In der Datei *notes.ini* des Domino Servers wird über den Eintrag SERVERTASKS= angegeben, welche Server-Dienste beim Start des Domino Servers geladen werden sollen. Durch das Entfernen nicht benötigter Server-Tasks können wertvolle Systemressourcen eingespart werden. Bei einem späteren Update des Servers neigen zahlreiche Domino-Versionen dazu, entfernte Server-Tasks (sofern sie als Domino-Standard betrachtet werden können) wieder aufzunehmen. Dies kann durch einen (undokumentierten) Eintrag in der *notes.ini* des Servers verhindert werden. Durch den Eintrag `SetupLeaveServerTasks=1` sollte ein individueller Eintrag bei einem späteren Update nicht mehr verändert werden.

 Zugriffsrechte aus Schablonen in Produktion übernehmen

Alle Einträge in der ACL einer Schablone, die von Ihnen in eckigen Klammern eingegeben werden (z.B. [Z_Vertrieb], siehe *Abbildung 13.24*), werden bei der Erstellung einer Datenbank aus dieser Schablone ohne eckige Klammern mit den entsprechenden Eigenschaften übernommen.

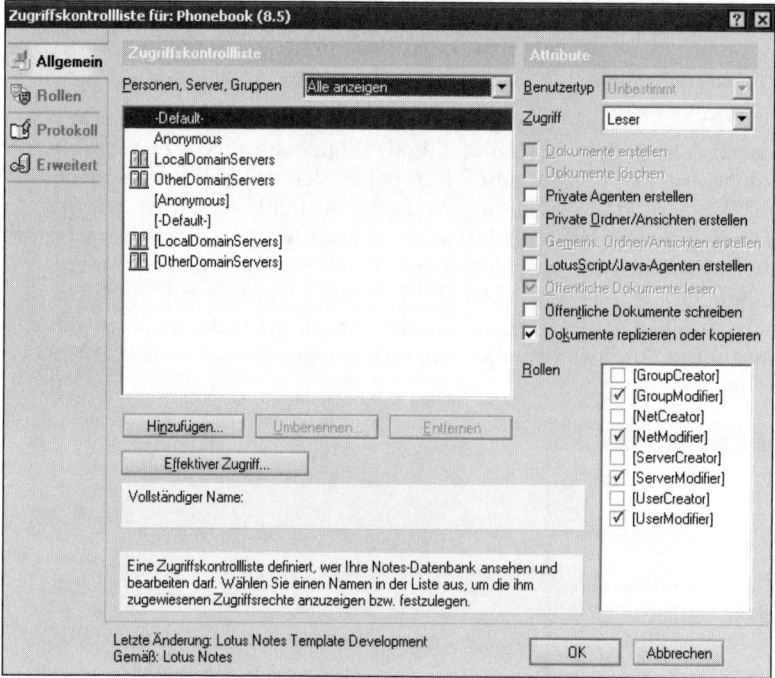

Abbildung 13.23: Einrichten einer Schablonen-ACL für die Übernahme

Dies ist insbesondere von Vorteil, um die vorliegenden und archivierten Schablonen einer Umgebung bezüglich der Zugriffslisten konsistent zu halten. Natürlich sparen Sie sich zudem eine Anpassung der Zugriffsliste, wenn der Entwickler die ACL bereits entsprechend vorbereitet hat.

❓ Automatisches Beenden/Starten des Domino Servers

Um Ihren Domino Server automatisiert zu beenden und neu zu starten (z.B. über eine Batch-Datei), haben Sie die folgenden Möglichkeiten.

▶ Wenn der Domino Server als Dienst unter Windows läuft, verwenden Sie folgenden Befehl:

```
net stop "Lotus Domino Server Dienst" bzw. net start "Lotus Domino Server Dienst"
```

Die Angabe zwischen den Anführungszeichen kann abweichen. Die richtige Angabe können Sie der Windows-Dienste-Steuerung entnehmen.

▶ Wenn der Domino Server nicht als Dienst läuft, setzen Sie die folgenden Befehle zum Beenden und Starten des Domino Servers ab: `nserver.exe -q` und `nserver.exe`.

Neben der Erstellung eines Batch-Files für das automatische Beenden und erneute Starten eines Domino Servers lässt sich diese Funktionalität ab R5.x eleganter durch die Verwendung eines Programmdokuments für einen Server-Restart realisieren. Sollte Ihre Server-ID mit einem Kennwort geschützt sein, wird der Server zwar beendet – er bleibt aber beim folgenden Start mit der Konsolenaufforderung zur Eingabe des Kennworts stehen und wartet auf die Eingabe. Die R4.x und die ersten R5 Domino Server hatten Probleme mit dem Konsolenbefehl `restart server`, wenn der Server als Betriebssystemdienst ausgeführt wurde. Bei aktuellen Versionen existiert dieses

Problem nicht mehr. Es kann trotzdem nicht schaden, wenn Sie die einwandfreie Funktion bei der ersten Ausführung des Programmdokuments selbst an der Serverkonsole beobachten.

Möglichkeit einer zusätzlichen Domino Server-Protokolldatei nutzen

Seit Lotus Notes Domino 6 ist der Domino Server in der Lage, alle Protokollinformationen neben der standardmäßig vorgegebenen Protokolldatei von Lotus Notes Domino (*log.nsf*) zusätzlich in eine andere Protokolldatei zu schreiben. Die Datei enthält alle Informationen (inklusive aller Debug-Ausgaben), die auf der Serverkonsole ausgegeben werden.

Im Gegensatz zu den Informationen in der *log.nsf* sind dort auch die letzten Zeilen der Serverkonsole im Falle eines Servercrashs zu finden. Dies ist nicht gerade unerheblich. Bei einem Neustart des Servers wird die aktuelle Datei mit Datum und Uhrzeit sowie dem Maschinennamen versehen und kann somit zur Fehlerursachenforschung herangezogen werden. Der vorgegebene Name für diese Datei lautet *console.log*. Sie befindet sich im *IBM_TECHNICAL_SUPPORT*-Verzeichnis, in dem seit Domino 6 alle Diagnoseinformationen abgelegt werden.

So nehmen Sie die temporäre Aktivierung an der Serverkonsole vor: `START CONSOLELOG` bzw. `STOP CONSOLELOG`. Eine dauerhafte Aktivierung kann über den Parameter `Console_Log_Enabled = 1` in der *notes.ini* des Domino Servers erfolgen.

Änderung der Gestaltung des Domino Directory (*names.nsf*) bei einem Update verhindern

Seit Lotus Notes Domino 6 existiert ein diesbezüglicher *notes.ini*-Parameter: `Server_Upgrade_No_Directory_Redesign=1`. Über diese Einstellung sind Sie in der Lage, das Update des Domino Directory (*names.nsf*) auf dem Domino Server zu verhindern.

Auslesen der Informationen zu Datenbanken und Schablonen eines Servers

▸ Unter *http://www.nsftools.com/blog/blog-08-2008.htm#08-22-08* hat Julian Robichaux ein kleines freies Tool zur Verfügung gestellt, das genau dies umsetzt (Achtung: vorher testen!).

▸ Der Befehl `Sh Dir -xml >mydata.xml` schreibt den Output des Verzeichnisses in eine *.xml*-Datei, die Sie über den Browser öffnen und deren Inhalt Sie z.B. in Excel kopieren und weiterverwenden können.

13.3.1 Datenbankanalyse

Mit einer Datenbankanalyse können Sie Informationen über eine oder mehrere Datenbanken aus verschiedensten Quellen zusammentragen – aus dem Replizierprotokoll, dem Dialogfeld BENUTZERAKTIVITÄT/USER DETAIL und der Protokolldatei (*log.nsf*) – und sie in einer einzigen Ergebnisdatenbank anzeigen. Sie können eine Datenbankanalyse nur dann ausführen, wenn Sie auf den Domino Administrator Client zugreifen können. Sie können die Datenbankanalyse verwenden, um folgende Informationen über eine Datenbank zu erfassen:

▸ Replizierprotokoll, wie im Dialogfeld REPLIZIERPROTOKOLL/REPLICATION HISTORY aufgeführt.

▸ Lese- und Schreibvorgänge von Benutzern, wie im Dialogfeld BENUTZERAKTIVITÄT/USER DETAIL aufgeführt.

▶ Erstellungen, Änderungen oder Löschungen von Dokumenten, wie in der Datenbank aufgezeichnet.

▶ Gestaltungsänderungen, wie in der Datenbank aufgezeichnet.

▶ Hinzufügungen, Aktualisierungen und Löschungen durch Replizierung, wie in der Protokolldatei (*log.nsf*) aufgezeichnet.

▶ Vom Mail-Router zugestellte Nachrichten.

Sie können diese Informationen aus mehreren Repliken einer Datenbank zusammentragen. Wenn Sie eine Datenbankanalyse durchführen, erstellen Sie eine Datenbank, die die in Analysedokumenten gespeicherten Ergebnisse enthält. Nachdem Sie einmal eine Ergebnisdatenbank erstellt haben, können Sie für jede weitere Datenbankanalyse entscheiden, ob der vorherige Inhalt der Ergebnisdatenbank überschrieben werden soll oder ob die neuen Ergebnisse dem Inhalt hinzugefügt werden sollen. Die Ergebnisdatenbank wird mithilfe der Schablone DATENBANKANALYSE (*dba4.ntf*) erstellt.

Jedes Analysedokument in der Ergebnisdatenbank enthält Felder, die ein bestimmtes Ereignis beschreiben.

Feld	Detaillierte Informationen zu
DATUM/DATE	Datum des Ereignisses
UHRZEIT/TIME	Uhrzeit des Ereignisses
QUELLE DER EREIGNISINFORMATIONEN/ SOURCE OF EVENT INFORMATION	Die analysierte Datenbank bzw. ihre Repliken oder die Protokolldatei (*log.nsf*)
QUELLDATENBANK/ SOURCE DATABASE	Name einer Datenbank, die die gelesenen Dokumente enthält Bei Datenbankreplizierereignissen der Name der Datenbank, aus der Daten abgerufen wurden
QUELLE/SOURCE	Name des Servers, auf dem eine Datenbank gespeichert ist, die gelesene oder geschriebene Dokumente enthält Für Datenbankreplizierereignisse der Name des Servers, auf dem die Datenbank, der die Informationen entnommen wurden, gespeichert ist
ZIEL/DESTINATION DATABASE	Name einer Datenbank, in der Dokumente aktualisiert wurden Bei der Datenbankreplizierung der Name der Datenbank, in die Daten repliziert wurden
ZIELRECHNER/ DESTINATION MACHINE	Name eines Servers, auf dem eine aktualisierte Datenbank gespeichert ist Bei der Datenbankreplizierung der Name eines Servers, auf dem eine Datenbank gespeichert ist, in die Daten repliziert werden
BESCHREIBUNG/ DESCRIPTION	Beschreibung des Ereignisses

Analysedokumente beschreiben folgende Ereignistypen:

Ereignis	Detaillierte Informationen zu	Erforderliche Daten-bankanalyseoption
AKTIVITÄT/ ACTIVITY	Anzahl der von Benutzern oder Servern durchgeführten Lese- und Schreibvorgänge, die vom Statlog-Task ermittelt wurde	Benutzerlesezugriffe Benutzerschreibzugriffe
+AKTIVITÄT/ +ACTIVITY	Lese- und Schreibvorgänge von Be-nutzern, wie in der Datenbank und in der Protokolldatei aufgezeichnet	Dateiaktivität protokollieren Benutzerlesezugriffe bzw. Benutzerschreibzugriffe
MAIL-ROUTER/ MAIL ROUTER	Anzahl der an die Datenbank zugestellten Dokumente	Benutzerschreibzugriffe
DATENDOKUMENT/ DATA NOTE	Dokumenterstellungen, -änderungen und -löschungen	Dokumentänderungen
GESTALTUNGSDOKUMENT/ DESIGN NOTE	Änderungen der Datenbank-ACL und -gestaltung	Gestaltungsänderungen
REPLIKATOR/ REPLICATOR	Replizierprotokoll	Replizierprotokoll
+REPLIKATOR/ +REPLICATOR	Anzahl Hinzufügungen, Aktualisie-rungen und Löschungen durch Replizierung, wie in der Protokoll-datei (*log.nsf*) aufgezeichnet	Dateiaktivität protokollieren

Auf folgendem Weg führen Sie die Datenbankanalyse aus.

1. Wählen Sie im Serverfenster links in Domino Administrator den Server aus, auf dem die Datenbanken gespeichert sind, die Sie analysieren möchten. Um das Serverfenster zu erweitern, klicken Sie auf das Serversymbol.

2. Klicken Sie auf das Register DATEIEN/FILES.

3. Wählen Sie den Ordner aus, der die zu analysierenden Datenbanken enthält.

4. Wählen Sie im Register DATEIEN/FILES die Datenbanken aus, die Sie analysieren möchten.

5. Wählen Sie im Werkzeugfenster rechts die Option ANWENDUNG/APPLICATION > ANA-LYSIEREN/ANALYZE. Sie können die ausgewählte(n) Datenbank(en) auch auf das Werkzeug ANALYSIEREN/ANALYZE ziehen.

6. Geben Sie in das Feld ANALYSIEREN DER LETZTEN X TAGE MIT AKTIVITÄTEN/ANANLYZE LAST eine Zahl für die Tage ein, über die Sie Informationen wünschen. Die maximale An-zahl beträgt 99 (siehe *Abbildung 13.24*). Je höher die hier eingegebene Zahl, desto länger dauert das Generieren der Ergebnisse.

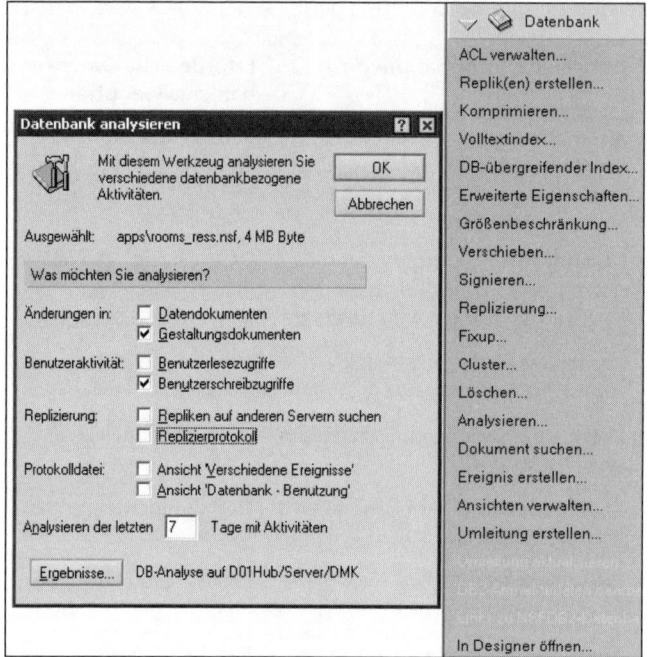

Abbildung 13.24: Optionen zur Datenbankanalyse

7. Wählen Sie eine oder mehrere der übrigen Optionen aus der nachfolgenden Tabelle.

8. Klicken Sie auf ERGEBNISSE/RESULTS, gehen Sie wie folgt vor und klicken Sie auf OK.

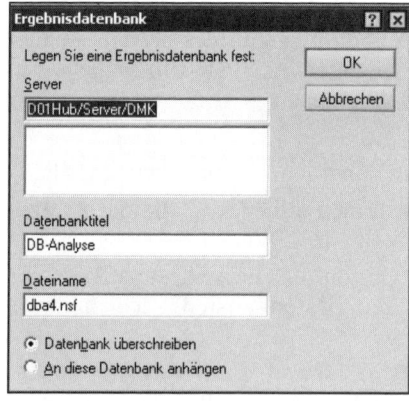

Abbildung 13.25: Optionen zum Ergebnis einer Datenbankanalyse

1. Geben Sie einen Server, Titel sowie den Dateinamen der Datenbank an, in der Sie die Ergebnisse speichern möchten (siehe *Abbildung 13.25*). Es wird allerdings empfohlen, dass Sie die Ergebnisdatenbank auf einem lokalen Client und nicht auf einem Server erstellen. Wenn mehrere Personen Ergebnisdatenbanken auf einem Server erstellen, sollten alle einen anderen Dateinamen angeben, damit keine Konflikte entstehen.

2. Wenn die angegebene Ergebnisdatenbank bereits vorhanden ist, klicken Sie auf DIESE DATENBANK ÜBERSCHREIBEN/OVERWRITE DATABASE, wenn Sie ihren Inhalt überschreiben möchten, oder auf AN DIESE DATENBANK ANHÄNGEN/APPEND TO THIS DATABASE, um die neuen Ergebnisse an die vorhandenen anzuhängen.

9. Klicken Sie auf OK, um die Analyse auszuführen.

10. Öffnen Sie die Datenbank und wählen Sie eine der zur Verfügung stehenden Ansichten aus, um die Ergebnisse anzuzeigen.

11. Öffnen Sie in der ausgewählten Ansicht die Dokumente mit den Datenbankanalyseergebnissen.

Optionen zur Datenbankanalyse

Option	Meldet
ÄNDERUNGEN IN: DATENDOKUMENTEN/ CHANGES IN: DATA DOCUMENTS	Detaillierte Informationen zu Dokumentergänzungen, -änderungen und -löschungen
ÄNDERUNGEN IN: GESTALTUNGS- DOKUMENTEN/ CHANGES IN: DESIGN DOCUMENTS	Änderungen der Datenbank-ACL und -gestaltung
BENUTZERAKTIVITÄT: BENUTZERLESEZUGRIFFE/ USER ACTIVITY: USER READS	▸ Wie häufig Benutzer Dokumente in der Datenbank geöffnet haben ▸ Wie häufig Server Dokumente lesen
BENUTZERAKTIVITÄT: BENUTZERSCHREIBZUGRIFFE/ USER ACTIVITY: USER WRITES	▸ Wie häufig Benutzer und Server Dokumente erstellt, geändert oder gelöscht haben ▸ Gesamtanzahl der an die Datenbank zugestellten Mail-Nachrichten
REPLIZIERUNG: REPLIKEN AUF ANDEREN SERVERN SUCHEN/ REPLICATION: FIND REPLICAS ON OTHER SERVERS	Daten für andere Repliken
REPLIZIERUNG: REPLIZIERPROTOKOLL/ REPLICATION: REPLICATION HISTORY	Im Replizierprotokoll erfasste erfolgreiche Replizier- vorgänge einer Datenbank
IN PROTOKOLLDATEI: ANSICHT „VERSCHIEDENE EREIGNISSE"/ IN LOGFILE: MISCELLANEOUS EVENTS VIEW	Ereignisse in Bezug auf diese Datenbank, wie in der Ansicht VERSCHIEDENE EREIGNISSE/MISCELLANEOUS EVENTS der Protokolldatei festgehalten
IN PROTOKOLLDATEI: ANSICHT „DATENBANK-BENUTZUNG"/ IN LOGFILE: DATABASE USAGE VIEW	Datenbankaktivität, wie in der Ansicht BENUTZUNG/ USAGE > NACH BENUTZER/BY USER der Protokolldatei aufgezeichnet.

13.3.2 Fehlersuche

Wo Licht ist, ist auch Schatten. Von daher wird es in Ihrem Arbeitsalltag auch darum gehen, Fehler in Ihrer Domino-Infrastruktur zu finden und zu beseitigen. Domino enthält mehrere Werkzeuge, die Ihnen bei der Fehlersuche helfen. Auf die meisten Werkzeuge kann über den Domino Administrator zugegriffen werden. Zahlreiche verfügbare Werkzeuge finden Sie im Folgenden aufgeführt.

Werkzeug	Probleme, die vom Werkzeug identifiziert werden	Zugriff über
SERVERPROTOKOLLDATEI (*log.nsf*)	Alle Probleme	Domino Administrator im Register SERVER > ANALYSE/ANALYSIS
DOMINO WEBSERVER-PROTOKOLLDATEI (*domlog.nsf*)	Webserver-Probleme	Domino Administrator im Register SERVER > ANALYSE/ANALYSIS
mail.box des Servers	Mail-Routing-Probleme	Domino Administrator im Register MAIL-NACHRICHTEN/MESSAGING
Mail-Verlaufsprotokoll (mail trace)	Mail-Routing-Probleme	Domino Administrator im Register MAIL-NACHRICHTEN/MESSAGING
ISpy	Langsame Nachrichtenübertragung; Serverprobleme	ÜBERWACHUNGSKONFIGURATION im Register KONFIGURATION/CONFIGURATION in Domino Administrator
Mail-Berichte (reports)	Mail-Benutzeraktivität	Domino Administrator im Register NACHRICHTEN/MESSAGING
Mailverfolgung (mail tracking)	Verlorene Mail	Domino Administrator im Register NACHRICHTEN/MESSAGING
Mail-Routing-Status	Nicht zugestellte Nachrichten	Domino Administrator im Register NACHRICHTEN/MESSAGING
Mail-Routing-Topologie	Mail-Routing-Probleme zwischen Servern	Domino Administrator im Register NACHRICHTEN/MESSAGING
Mail-Routing-Ereignisse in der Protokolldatei (*log.nsf*)	Nicht zugestellte Nachrichten	Domino Administrator im Register NACHRICHTEN/MESSAGING
Netzwerkverlaufsinformationen (network trace)	Verbindungsprobleme	BENUTZERVORGABEN/USER PREFERNCES. Wählen Sie DATEI/FILE > VORGABEN/PREFERENCES > BENUTZERVORGABEN/USER PREFERENCES. (Basis Client)
TCP/IP-Verbindungsprotokoll	Verbindungsprobleme	Serverkonsole eines Servers mit der Einstellung in der *notes.ini* Log_Connections=1
Replizierereignisse in der Protokolldatei (*log.nsf*)	Replizierprobleme bei einem bestimmten Server	Domino Administrator im Register REPLIZIERUNG/REPLICATION
Replizierprotokoll	Replizierprobleme bei einer bestimmten Datenbank	ANWENDUNG > EIGENSCHAFTEN. Wählen Sie DATEI/FILE > ANWENDUNG/APPLICATION > EIGENSCHAFTEN/PROPERTIES oder DATEI/FILE > REPLIZIERUNG/REPLICATION > PROTOKOLL/REPLICATION HISTORY.

Werkzeug	Probleme, die vom Werkzeug identifiziert werden	Zugriff über
Replizierungsplan	Replizierprobleme bei einem bestimmten Server	Domino Administrator im Register REPLIZIERUNG/REPLICATION
Repliziertopologien	Replizierprobleme zwischen Servern	Domino Administrator im Register REPLIZIERUNG/REPLICATION
Statistik & Ereignisse/ Konfigurations- überwachung	Serverstatistiken und -Ereignisse, die Sie gesondert überwachen	Register KONFIGURATION in Domino Administrator. Sehen Sie sich im Register SERVER > ANALYSE/ANALYSIS von Domino Administrator Statistiken an.
Datenbankanalyse	Datenbankprobleme	Domino Administrator im Register DATEIEN/FILES
Datenbank für Administrationsanforderungen	Fehler des Administrationsprozesses	Domino Administrator im Register SERVER > ANALYSE/ ANALYSIS
Serverbefehle	Verschiedene	Domino Administrator im Register STATUS

Ein weiteres wichtiges Werkzeug ist das Domino Domain Monitoring (DDM), über das Problemfindung und -analyse automatisiert für diverse Bereiche ermöglicht wird (Replikation, Mail, Verzeichnis, Sicherheit etc.). Probleme können über mehrere Server zusammengefasst, priorisiert und gelöst werden, wobei DDM-Berichte und -Prüfungen flexibel konfigurierbar sind (siehe *Kapitel 3.9, Domino Domain Monitoring*, und *Kapitel 13.6, Domino Domain Monitoring in der Praxis*). Ein wichtiges Ziel von IBM war dabei „Automatic Computing", wo Problemerkennungen und Lösungsvorschläge aus einer Art Knowledge-Sammlung heraus dem Administrator angeboten werden: Check, Collect, Consolidate, Correlate und Correct. DDM-Untersuchungen (Probes) sind in neun Funktionsbereiche organisiert: Agenten, Datenbank, Verzeichnis, E-Mail, Betriebssystem, Replikation, Sicherheit, Web, Server.

13.4 Serververfügbarkeit

Lotus hat die Überwachungsfunktionen seit Lotus Domino 7 Server deutlich ausgebaut. Dazu gehört neben der bereits erwähnten Domänenüberwachung auch die Serverüberwachung an sich:

▶ Die Benachrichtigungsmethode RUN PROGRAM bietet nun die Möglichkeit, Ereignisparameter zu übergeben.

▶ Die Benachrichtigungsmethode für neue Ereignis-Handler sendet einen Konsolenbefehl an den Server.

▶ Die Benachrichtigungsmethode für neue Ereignis-Handler sendet einen Java-Controller-Befehl.

▶ Shutdown Monitor stellt sicher, dass Domino bei Anforderung richtig beendet wird, sodass der Server beim Herunterfahren nicht hängen bleibt. Wenn Sie das Herunterfahren des Servers anfordern, überwacht der System-Monitor-Task den Prozess des Herunterfahrens. Wenn in einem bestimmten Zeitraum keine Vorgänge verzeichnet werden, handelt Domino automatisch so, als wäre der Server abgestürzt, und führt entsprechende Aktionen wie das Erfassen von Daten zum Zustand des Servers aus. Anschließend fährt Domino den Server herunter. Vor dem Herunterfahren des Servers wird ein Notes System Diagnostics(NSD)-Protokoll erstellt.

▶ Process Monitor überwacht die Prozesse, die als Teil der Domino Server-Umgebung laufen sollten.

▶ Fault Analyzer als Server-Add-In-Task verarbeitet alle neuen Abstürze, die an die Mail-In-Datenbank für die automatische Datensammlung gesendet werden. Dieser Task kann mit dem Domino-Tool zur Erfassung von Diagnosedaten verwendet werden.

Verfügbarkeit (Availability) ist eng mit Zuverlässigkeit (Reliability) verbunden. Funktionen, mit denen die Zuverlässigkeit von Systemen erhöht wird, erhöhen in der Konsequenz auch die Verfügbarkeit. Ein gutes Beispiel sind die Transaktionsprotokolle von Lotus Domino, mit denen sich die Zeit für einen Neustart drastisch verringern lässt. Das bedeutet in der Konsequenz aber auch, dass die Verfügbarkeit erhöht wird, da ein Server nach einem Fehler sehr viel schneller wieder für die Anwender bereitsteht. Seit IBM Lotus Domino 6 existiert die Möglichkeit, die automatische Wiederherstellung nach Fehlern zu verwenden. Ziel ist, dass ein Server im Fehlerfall wieder automatisch startet und damit die Downtime reduziert wird. Als Administrator sollten Sie sich mit den folgenden Funktionen in Sachen Serviceability (Diagnosedatensammlung und Fehleranalyse) befassen:

▶ Domino Server und Notes Client agieren „selbstständig" in Sachen automatischer Diagnosedatensammlung unter Zuhilfenahme einer zentralen Mail-In-Datenbank (Fault-Reports-Datenbank). Diese wird im Zusammenhang mit der automatischen Wiederherstellung konfiguriert. Fault Recovery generiert NSD-Dateien und startet den Server (abhängig von den Einstellungen im Serverdokument) neu.

▶ Server- und Konfigurationsdokumente werden nach jeder Konfiguration exportiert und bilden einen sogenannten „Configuration Collector". Auf diese Art und Weise werden Momentaufnahmen der jeweiligen Serverkonfiguration möglich. Dies können Sie auch explizit über den Befehl `save noteid <noteid>` in der Serverkonsole anstoßen. Dadurch wird ein Dokument (Note-ID) aus dem Domino Directory exportiert und als *.dxl*-Datei im *Data\IBM_TECHNICAL_SUPPORT*-Verzeichnis abgespeichert.

Wenn Ihre diesbezügliche Anweisung erfolgreich umgesetzt wurde, erscheint folgende Meldung auf der Serverkonsole: `NOTE 22D6 saved in file C:\Domino\Data\noteid_22D6_ sname_2009_01_15@16_22_00.dxl`, wobei `22D6` die Note-ID, `sname` den Servernamen, `2009_01_15` das Datum und `16_22` die Uhrzeit darstellt.

▶ Die dynamische Konsolenprotokollierung reduziert die Protokollgröße. Dies wird über den Befehl `start consolelog` gestartet und über `stop consolelog` beendet.

Zu den weiteren Überwachungsfunktionen zählen das Server Health Monitoring und letztlich auch die Remote-Überwachung etwa über die Java Remote Console, die auf allen Plattformen einsetzbar ist.

13.4.1 Fault Recovery

Nachdem Fault Recovery in der Anfangsphase im Wesentlichen eine undokumentierte Variable in der *notes.ini* war, die für die Steuerung der automatischen Wiederherstellung verwendet wurde, lässt sich die Funktionalität seit Lotus Domino 6 über das Serverdokument steuern. Außerdem wurden die verfügbaren Funktionen erweitert. So ist es zum einen möglich, ein Script zu definieren, das im Fehlerfall ausgeführt wird und mit dem sich unter anderem der Neustart des Servers steuern lässt. Zum anderen ist es möglich, eine maximale Zahl von Neustarts des Servers in einem bestimmten Zeitraum festzulegen, um ständige Neustartversuche nach gravierenden Fehlern zu vermeiden, wenn sich das System schlicht nicht mehr alleine in einen lauffähigen Zustand versetzen kann. Zu bemerken ist, dass bei einem partitionierten Server nur die Partition neu gestartet wird, die von dem Fehler betroffen ist und Probleme verursacht.

Domino zeichnet die Informationen eines Crashs in einem eigenen Verzeichnis unterhalb des *Data*-Verzeichnisses namens *IBM_TECHNICAL_SUPPORT* auf. Wenn der Server wieder hochfährt, überprüft Domino, ob der Server problemlos startet. Wenn dem so ist, wird automatisch eine E-Mail an die im Serverdokument angegebene Person, Gruppe oder die dafür vorgesehene Fault-Report-Datenbank versendet. Die Nachricht enthält den Zeitpunkt des Crashs, den Servernamen und, falls verfügbar, die *fault_recovery.att*-Datei, die weitere Fehlerinformationen von einem optionalen Cleanup-Script enthält.

Das Fault-Recovery-System wird initialisiert, bevor das Domino Directory (*names.nsf*) gelesen wird. Während dieser Initialisierung werden die Fault-Recovery-Einstellungen aus der *notes.ini* und später aus dem Domino Directory ausgelesen, um in die *notes.ini* zurückgespeichert zu werden. Jegliche Änderungen in der *notes.ini* oder dem Domino Directory treten in Kraft, sobald der Domino Server neu gestartet wird. Um das Auslesen des Domino Directory und das anschließende Update der *notes.ini* zu vermeiden, setzen Sie den Eintrag FaultRecoveryFromIni auf den Wert 1.

Im Serverdokument finden sich die Einstellungen zur automatisierten Wiederherstellung im Register ALLGEMEIN/BASICS. Hier finden Sie weitere Funktionen in Sachen Serververwaltung. Aus einem Serverdokument heraus können Sie nun NSD aktivieren und deaktivieren (siehe *Kapitel 13.4.2, NSD und Memcheck*), um Diagnosedaten zu sammeln, den Server neu zu starten und spezifische Cleanup-Scripts aufzurufen. Sie können ein optionales Script aufrufen, das läuft, bevor andere Cleanup-Aktivitäten ausgeführt werden. Verwenden Sie die Datei *fault_recovery.att*, um die Informationen aus dem Script zu sammeln. Standardmäßig ist Fault Recovery deaktiviert. Sie müssen diese Option über das Serverdokument aktivieren (siehe *Abbildung 13.26*).

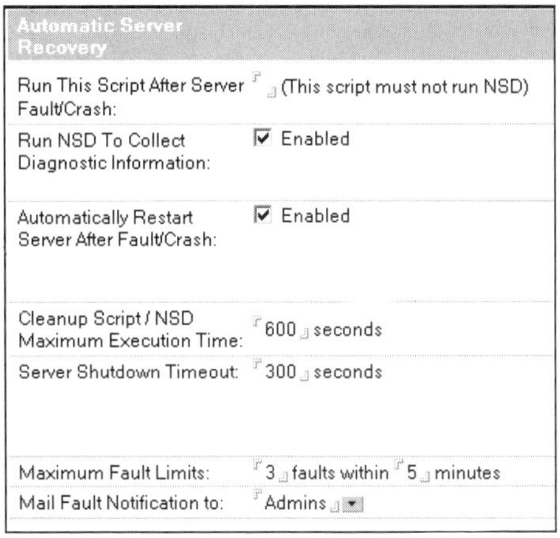

Abbildung 13.26: Aktivierung der Fault Recovery im Serverdokument

Sie können dort die folgenden Felder bearbeiten:

▶ Mit SERVER NACH AUSFALL/ABSTURZ AUTOMATISCH NEU STARTEN bzw. AUTOMATICALLY RE-START SERVER AFTER FAULT/CRASH wird festgelegt, ob die Funktion aktiviert werden soll.

▶ Im Feld DIESES SCRIPT NACH EINEM SERVERAUSFALL/-ABSTURZ AUSFÜHREN bzw. RUN THIS SCRIPT AFTER SERVER FAULT/CRASH NAME können Sie ein Script angeben, das beim Wiederanlauf des Servers verwendet wird. Es überprüft z.B. bestimmte Datenbanken, startet zusätzliche Prozesse und führt andere erforderliche Funktionen aus. Aktivieren Sie von diesem Feld aus nicht NSD.

▶ Über das Feld NSD AUSFÜHREN ZUM SAMMELN VON DIAGNOSE-INFORMATIONEN/RUN NSD TO COLLECT DIAGNOSTIC INFORMATION können Sie NSD für den Fehler- oder Crash-Fall aktivieren.

▶ Für dieses Script lässt sich unter AUFRÄUMSCRIPT/MAX. AUSFÜHRUNGSZEIT DES NSD bzw. CLEANUP SCRIPT/NSD MAXIMUM EXECUTION TIME eine maximale Ausführungszeit bestimmen. Das kann sinnvoll sein, um die Zeit der Wiederherstellung zu minimieren. Allerdings muss sichergestellt sein, dass der Server nach dem hier konfigurierten Zeitraum auch tatsächlich in einem nutzbaren Zustand ist. Die Vorgabe lautet 300 Sekunden, die maximale Ausführungszeit liegt bei 1800 Sekunden.

▶ MAXIMALE ANZAHL VON AUSFÄLLEN/MAXIMUM FAULT LIMIT ist die Option, die verhindert, dass kontinuierlich Neustarts erfolgen, wenn der Server in einem ohne administrative Eingriffe nicht mehr lauffähigen Zustand ist. So wird eine Endlosschleife an erfolglosen Neustartversuchen verhindert. Der Standardwert liegt bei drei Neustarts innerhalb von fünf Minuten. Scheitern diese, wird der Server nicht mehr neu gestartet. Der Wert lässt sich anpassen, wenn die Zeit für den Wiederanlauf eines Servers höher liegt.

▶ Außerdem kann noch eine AUSFALLBENACHRICHTIGUNG/MAIL FAULT NOTIFICATION an einen oder mehrere Administratoren gesendet werden, um über die Fehlersituation zu informieren.

Die Notes/Domino-Fault-Reports-Datenbank (Fehlerberichtsdatenbank) enthält die Daten, die bezüglich eines Server-Crashs gesammelt wurden. Die Daten werden sowohl vom Notes Client als auch vom Domino Server zusammengetragen. Die Daten können verwendet werden, um die Zuverlässigkeit und Verfügbarkeit zu messen, vor allem falls diesbezüglich Probleme existieren. Eine Fault-Reports-Datenbank wird standardmäßig während der ersten Domino-Installation in der Domäne angelegt.

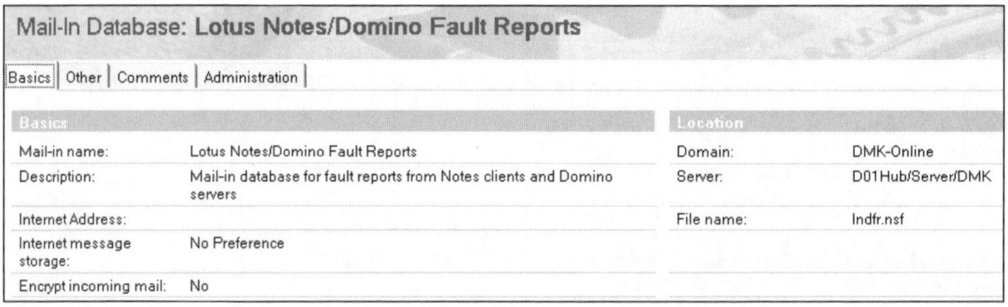

Mail-In Database: **Lotus Notes/Domino Fault Reports**			
Basics	Other	Comments	Administration
Basics		**Location**	
Mail-in name:	Lotus Notes/Domino Fault Reports	Domain:	DMK-Online
Description:	Mail-in database for fault reports from Notes clients and Domino servers	Server:	D01Hub/Server/DMK
Internet Address:		File name:	lndfr.nsf
Internet message storage:	No Preference		
Encrypt incoming mail:	No		

Abbildung 13.27: Mail-In-Datenbank-Dokument der Fault-Reports-Datenbank

Als Option können Sie weitere Datenbanken dieser Art anlegen, beispielsweise um Daten von Client- und Server-Abstürzen zu trennen. Sie würden in einem solchen Fall die unterschiedlichen Fault-Reports-Datenbanken den entsprechenden Serverkonfigurations- und Desktop-Einstellungsdokumenten zuweisen.

Wenn Sie eine Fault-Reports-Datenbank anlegen, generiert der Administrationsprozess eine Anforderung, die das korrespondierende Mail-In-Datenbank-Dokument für Sie automatisch anlegt (siehe *Abbildung 13.27*). Um eine zusätzliche Fault-Reports-Datenbank explizit anzulegen, gehen Sie wie folgt vor.

1. In Domino oder im Web Administrator klicken Sie auf die Registerkarte SERVER > ANALYSE/ANALYSIS.
2. Unter den Werkzeugen wählen Sie ANALYSE/ANALYZE > FEHLERBERICHTE ÖFFNEN/OPEN FAULT REPORTS.
3. Geben Sie den Server- oder Domänennamen im Serverfeld an.
4. Geben Sie einen eindeutigen Namen und dann die Dateiendung *.nsf* an. Aber: Der Name der standardmäßig angelegten Datenbank lautet analog zur Vorgabe *lndfr.nsf*. Wenn Sie versuchen, eine weitere Datenbank anzulegen, bekommen Sie eine entsprechende Fehlermeldung präsentiert.
5. Geben Sie den Datenbanktitel an.
6. Klicken Sie auf ERSTELLEN/CREATE.

Fault Recovery im Cluster-Verbund

Wenn Sie einen Betriebssystem-Cluster in Verbindung mit einem Domino Cluster verwenden, hängt die Entscheidung, ob Sie Fault Recovery einsetzen oder nicht, davon ab, wie Sie Ihren Betriebssystem-Cluster konfiguriert haben. Wenn Sie den Betriebssystem-Cluster so konfiguriert haben, dass er nur im Falle eines Hardwareproblems bzw. -ausfalls schwenkt, funktioniert Fault Recovery. Fault Recovery würde in einem solchen Fall den Domino Server auf dem aktuellen Server neu starten, ohne dass ein Schwenk auf Ebene des Betriebssystems ausgeführt wird. Wenn Sie Ihren Betriebssystem-Cluster so konfiguriert haben, dass er auf Hardware- und auf Softwareebene Schwenks im Fehlerfall ausführt, brauchen Sie Fault Recovery nicht zu aktivieren, da der Betriebssystem-Cluster Domino auf einem anderen Server im Cluster-Verbund startet. Aktivieren Sie wider besseren Wissens Fault Recovery in einem solchen Fall, kann es zu Problemen kommen.

Generell werden unter Lotus Notes Domino automatische Diagnosesammeltools zur Verfügung gestellt, die Diagnosedaten von Clients und Servern sammeln und an eine Mail-Datenbank schicken (siehe *Abbildung 13.28*). Sie geben diesbezüglich eine Mail-Datenbank in der oben beschriebenen Weise an, wobei pro Domäne normalerweise eine solche Mail-In-Datenbank ausreicht. Diesbezüglich existiert im Konfigurationsdokument des Servers eine Registerkarte mit dem Titel DIAGNOSE/DIAGNOSTIC.

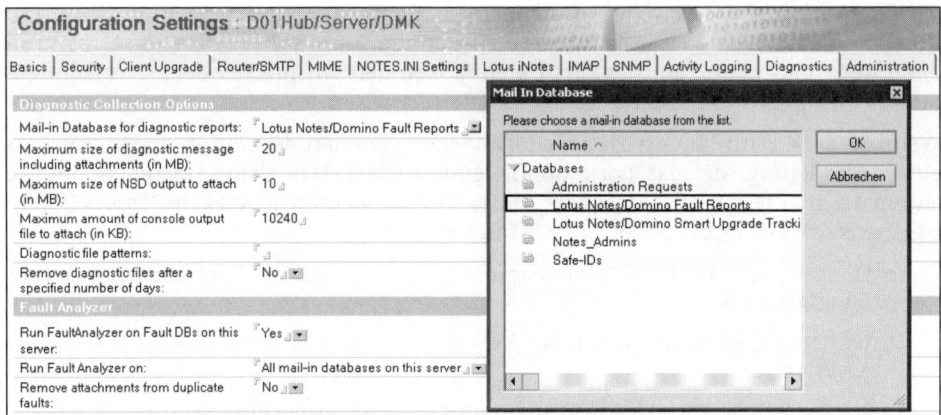

Abbildung 13.28: Konfiguration der automatischen Datensammlung (ADC) zu Diagnosezwecken in der generierten Mail-In-Datenbank

Die folgenden Daten wurden vormals im *Data*-Verzeichnis abgelegt, haben aber nun ein eigenes Verzeichnis unterhalb des *Data*-Verzeichnisses in *IBM_TECHNICAL_SUPPORT* bekommen:

▷ NSD-Ausgabedaten (Notes System Diagnostics)

▷ Memcheck-Ausgabedaten

▷ Core-Daten

▷ Memory-Dump-Dateien (erstellt im Format *memory_<Plattform>_<Computername>_ <Datum>@<Uhrzeit>.dmp* statt memory.dmp)

▷ NOTES_CHILD_PID

Um zu verhindern, dass diese unterschiedlichen Diagnosedaten zu viel Speicherplatz auf dem Server in Anspruch nehmen, können Sie die zu speichernden Daten beschränken. Diesbezüglich existieren seit Lotus Domino 6.0.3 bzw. 6.5 die folgenden *notes.ini*-Variablen:

▷ Max_Config_Files

Während der Serverinitialisierung werden etliche Dokumente und Dateien gespeichert. Um zu verhindert, dass zu viel Speicherplatz in Anspruch genommen wird, kann die Anzahl der Dateien begrenzt werden. Defaultmäßig werden zehn Dateien jeden Typs einschließlich NSD gesammelt. Wird der Wert zum Eintrag MAX_CONFIG_FILES reduziert, wird die überflüssige Anzahl an Dateien gelöscht. Die Variable wird nur beim Serverstart oder bei Veränderung der Konfiguration abgefragt. Wenn der Eintrag Max_NSDInfo_Files existiert, wird für die NSD-Daten der dort gesetzte Wert anstelle von Max_Config_Files verwendet.

▷ Max_NSDInfo_Files

Um zu verhindern, dass bei der Serverinitialisierung zu viel Speicherplatz durch zu diesem Zeitpunkt angelegte Dateien in Anspruch genommen wird, kann die diesbezügliche Anzahl Dateien begrenzt werden. Defaultmäßig werden zehn Dateien jeden Typs einschließlich NSD, gesammelt. Die maximale Anzahl der NSD-Dateien kann durch diesen Wert explizit festgelegt werden.

▷ `Disable_SaveServerConfig`

Beim Serverstart kann die automatische Sammlung der Dateien mit Serverkonfigurationsinformationen inklusive der NSD-Dateien durch das Setzen dieses Eintrags in der *notes.ini* verhindert werden. Setzen Sie den Wert `Disable_SaveServerConfig=0`, dann bleibt die automatische Datensammlung aktiv.

▷ `Disable_SaveNSDConfig`

Beim Serverstart kann die automatische Sammlung der NSD-Dateien durch das Setzen dieses Schlüssels in der *notes.ini* aktiviert oder deaktiviert werden. Wenn dieser Schlüssel existiert, wird dem hier gesetzten Wert Rechnung getragen. Andernfalls wird der Wert der Variablen `Disable_SaveServerConfig` benutzt.

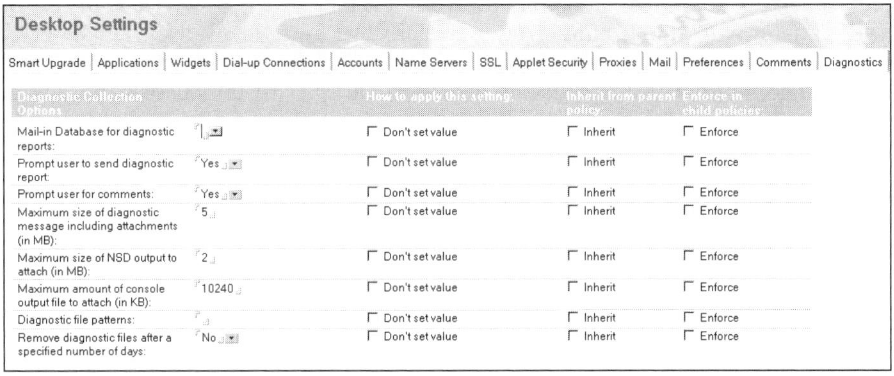

Desktop Settings			
Smart Upgrade | Applications | Widgets | Dial-up Connections | Accounts | Name Servers | SSL | Applet Security | Proxies | Mail | Preferences | Comments | Diagnostics			
Diagnostic Collection Options:	**How to apply this setting:**	**Inherit from parent policy:**	**Enforce in child policies:**
Mail-in Database for diagnostic reports:	☐ Don't set value	☐ Inherit	☐ Enforce
Prompt user to send diagnostic report: `Yes`	☐ Don't set value	☐ Inherit	☐ Enforce
Prompt user for comments: `Yes`	☐ Don't set value	☐ Inherit	☐ Enforce
Maximum size of diagnostic message including attachments (in MB): `5`	☐ Don't set value	☐ Inherit	☐ Enforce
Maximum size of NSD output to attach (in MB): `2`	☐ Don't set value	☐ Inherit	☐ Enforce
Maximum amount of console output file to attach (in KB): `10240`	☐ Don't set value	☐ Inherit	☐ Enforce
Diagnostic file patterns:	☐ Don't set value	☐ Inherit	☐ Enforce
Remove diagnostic files after a specified number of days: `No`	☐ Don't set value	☐ Inherit	☐ Enforce

Abbildung 13.29: Konfiguration der automatischen Datensammlung zu Diagnosezwecken in den Desktop-Einstellungen

Automatische Diagnosedatensammlung (Fault Reporting) für den Client

Mithilfe des Einstellungsdokuments für Desktop-Richtlinien können Sie die automatische Diagnosedatensammlung auf Clients einrichten. Wenn Sie bereits ein Einstellungsdokument für Desktop-Richtlinien erstellt haben, öffnen Sie dieses Dokument und füllen die Felder im Register DIAGNOSE aus. Mehr zum Thema Richtlinien und wie Sie ein Desktop-Einstellungsdokument anlegen und anpassen, erfahren Sie in *Kapitel 10.2, Richtlinien für Benutzer*.

Wenn Sie die automatische Diagnosesammlung für Clients (automatic data collection/ADC) einrichten, können Sie angeben, ob diese Funktion für die Benutzer unsichtbar ausgeführt wird oder ob die Benutzer Einfluss auf die Ausführung dieser Funktion nehmen können. Wenn Sie festlegen, dass der Benutzer nicht gefragt wird, wird diese Funktion für den Benutzer unbemerkt ausgeführt. Der Prozess verläuft im Hintergrund, nachdem der Benutzer den Client neu gestartet und ein Kennwort eingegeben hat. Wenn Sie festlegen, dass der Benutzer angeben kann, ob ein Bericht über den Absturz gesendet wird, kann er auch festlegen, ob er den Bericht vor dem Senden lesen möchte.

13.4.2 NSD und Memcheck

NSD ist ein Tool, das vom technischen Lotus Support verwendet wird, um bestimmte Probleme auf Kundenseite zu diagnostizieren. Generell stellt ein Crash oder Absturz eines Domino Servers oder Notes Clients die Unfähigkeit des Systems dar, eine Anwendung fort- oder auszuführen.

Unter Lotus Notes Domino R5 nahmen Sie *notes.rip*- und *Unix core*-Dateien zu Hilfe, um die Ursache eines Server- oder Workstation-Absturzes zu ermitteln (rip ist die Abkürzung für „rest in peace"). Diese Dateien werden von dem Programm *qnc.exe* (Quincy) unter R5 im Domino Data-Verzeichnis (bei einem Server) oder im Notes Data-Verzeichnis (bei einer Workstation) erstellt. Die Dateien enthalten Informationen über die Tasks, die der Server ausgeführt hat, als er abstürzte. Jeder Task (beispielsweise Replica, Router und Update) wird durch eine eigene QNC-Instanz gestartet. Falls einer dieser Tasks abstürzt, generiert das QNC-Programm für den Task eine *notes.rip*- oder *Unix core*-Datei. QNC hängt mehrere Abstürze hintereinander in die *rip*-Datei und diese kann so zu einer langen Historie etlicher Abstürze anwachsen, wobei nicht alle Abstürze ihre Ursache in Lotus Notes Domino haben müssen.

NSD-Protokolldateien können Ihnen unter Lotus Notes Domino helfen, den Grund für einen Server- oder Workstation-Crash zu finden. Aber auch bei der Problemlösung für Quickr, Domino.Doc, Domino Workflow und Sametime leistet NSD gute Dienste. Ein Programm namens NSD (*nsd.exe* für W32-Maschinen, wobei Memcheck in die kompilierte Datei integriert wurde und *nsd.sh* für Plattformen unter Unix als Shell-Script vorliegt) legt diese Dateien im Data-Verzeichnis eines Servers oder im Data-Verzeichnis eines Clients auf einer Workstation ab. Sie enthalten sowohl Informationen über die Dienste, die zum Zeitpunkt des Crashs liefen, als auch generelle Systeminformationen.

NSD (Notes System Diagnostics) existiert als Diagnosetool schon seit Langem für die Unix-Plattform und hat dabei bereits seinen unschätzbaren Wert unter Beweis gestellt. Auch auf der Windows-Plattform hilft es bei der Isolierung von Problemen. Im Gegensatz zum nsd-Shell-Script (*nsd.sh*) unter Unix unterscheidet sich die *nsd.exe* für die jeweilige Notes- und/oder Domino-Version unter Windows.

> Bei früheren Versionen müssen Sie sich an Lotus wenden, um eine Version der Datei der *nsd.exe*, die der jeweiligen Notes- oder Domino-Version entspricht, zusammen mit der *psapi.dll* zu erhalten. Dies sollte aber nur in Rücksprache mit dem IBM Support geschehen.
>
> Kopieren Sie die Datei *psapi.dll* in ein Verzeichnis im Pfad, z.B. *C:\winnt\system32* (lassen Sie diesen Schritt für Windows 2000 oder Windows XP aus), und kopieren Sie die Datei *nsd.exe* in das Notes oder Domino Programm-Verzeichnis.

NSD wird automatisch mit allen Notes Clients und Domino Servern ab dem Release 5.0.9 installiert und löst so die aus R5 bekannten *rip*-Dateien/QNC ab. Diesbezüglich möchte ich auf die Technote *7003599 Using NSD for Domino Servers and Notes Clients on Windows NT, 2000 and XP* hinweisen. Informationen zum Update-Zyklus finden Sie unter *http://www-01.ibm.com/support/docview.wss?uid=swg21233676*. Eine Knowledge Collection zu NSD (allerdings der Version 6 und 7) finden Sie hier: *http://www-01.ibm.com/support/docview.wss?uid=swg27007508*.

NSD für Lotus Notes Domino unter Win32

▷ Wird automatisch installiert

▷ Wird automatisch in Abhängigkeit von den Einstellungen im Serverdokument unter der Registerkarte ALLGEMEIN/BASICS bezüglich Fault Recovery und den automatischen Diagnosetools (ADC) gestartet

▷ Wird nicht als JIT(just in time)-Debugger implementiert, um Seiteneffekte zu vermeiden

▷ Überprüft die für den Anwender relevanten Richtlinien, um NSD für den Notes Client zu aktivieren (Desktop-Einstellungen)

Sie können NSD allerdings auch manuell über die Kommandozeile aufrufen. Die Datei *nsd.exe/nsd.sh* befindet sich im Programmverzeichnis des Servers.

NSD wird automatisch bei einem Server- oder Client-Absturz aufgerufen. Sie können die Anwendung aber auch explizit starten. Um in einem solchen Fall möglichst viele Informationen über das Tool abzurufen, starten Sie NSD ohne weitere Optionen. Um nur eine Teilmenge der Informationen abzurufen oder spezielle Anfragen zu starten, verwenden Sie die Optionen aus der nachfolgenden Tabelle.

NSD-Kommando	Was es auslöst	Wobei es hilft
`nsd -ver` `nsd -version`	Listet alle Versionen von NSD, Windows und jeder Notes- oder Domino-Instanz auf, die von einer *notes.ini* im System in Bezug auf Programm- oder Data-Verzeichnisse referenziert wird.	Identifiziert alle Partitionen und Clients, die zur Zeit der NSD-Ausführung aktiv sind, zusammen mit den entsprechenden Notes-API-Programmen, die die *notes.dll* in Anspruch nehmen.
`nsd -ps`	Listet alle auf dem System laufenden Prozesse auf, inklusive Prozess- und Anwender-ID, Startzeit und hervorgehobenen Notes Domino-Prozessen.	Zeigt an, welche Prozesse gedumpt oder gekillt werden würden. Außerdem wird angegeben, ob Server bereits zur Startzeit oder dynamisch gestartet wurden.
`nsd -info`	Zeigt alle der oben genannten Details plus Systeminformationen, *notes.ini*, Umgebungsvariabeln, Data- und Programm-Verzeichnisinhalt, Festplatten- und Systemspeicherstatistiken.	Erlaubt Ihnen, die installierten Versionen der ausführbaren und angeschlossenen Dateien zu verifizieren, inklusive Basis-Releases und Hotfixes.
`nsd -nomem-check` (sammelt nsd-Daten, aber startet nicht die interne Version von Memcheck)	Zeigt alle der oben genannten Details plus Callstacks und Funktionsargumente für jeden Thread jedes aktiven Prozesses, der über das Data-Verzeichnis läuft, wo NSD installiert wurde.	Zeigt alle Aktivitäten auf dem Server an und was die jeweiligen Threads tun, anstatt nur ein Stack-Dumping der Threads vorzunehmen (wie bei QNC).

NSD-Kommando	Was es auslöst	Wobei es hilft
memcheck <options>	Zeigt Informationen bezüglich der Inanspruchnahme des Notes Domino-Speichers an. Semaphore, Datenbanken und andere bekannte Objekte.	Speichert eine große Menge an Prüf- und Fehlerprotokollen, Datensammlungen, um auf ein Ergebnis zu kommen.
nsd	Zeigt alle der oben genannten Details an.	Standarddiagnosedaten
nsd -kill	Nach dem Aufruf des Kommandos nsd -ps können Sie die jeweiligen aktiven Prozesse von Server oder Client aus dem aktuellen Data-Verzeichnis beenden.	Beendet fehlerhaft hängende Prozesse nach einem Client- oder Server-Crash, sodass es nicht notwendig ist, das Betriebssystem neu zu starten.
nsd -ini <pathname\filename>	Verwendet eine bestimmte *ini*-Datei.	Verwendung von NSD, auch wenn die Verwendung der *notes.ini* kein Standard ist.
nsd -i -auto	Installiert NSD als Standard-Anwendungsdebugger, der automatisch aufgerufen wird.	Dumpt die Thread-Callstacks aller Serverprozesse, nicht nur die der fehlgeschlagenen Prozesse.
nsd -help	Zeigt eine Kurzbeschreibung aller verfügbaren Kommandos der Unix-Version an, wobei einige davon in der Windows NSD-Version 1.8 nicht verfügbar sein werden.	Kommandoübersicht

Wenn der Server oder der Client hängt, gehen Sie folgendermaßen vor:

1. Öffnen Sie ein Kommandozeilenfenster (DOS-Shell).
2. Wechseln Sie in das aktuelle Programmverzeichnis des hängen gebliebenen Servers oder Clients bzw. dorthin, wo die Datei *nsd.exe* nach der Installation abgelegt wurde.
3. Starten Sie NSD ohne weitere Optionen, falls dieses nicht automatisch aktiv wurde.
4. Senden Sie die Ergebnisdatei *nsd_all . . . mm_dd@hh_mm.log*, die üblicherweise im DATA\IBM_TECHNICAL_SUPPORT-Verzeichnis abgelegt wird, an den technischen Lotus Support.

Um die Thread-Callstacks zu finden, muss NSD dem Prozessor als Debugger zugeordnet werden. Momentan kann unter Windows bei Einsatz von NSD ein Programm lediglich unter Beendigung aller Prozesse terminiert werden, sodass ein Neustart des Servers oder Clients erforderlich ist. Wenn NSD beendet wird, wird es mit dem entsprechenden Prompt-Zeichen darauf warten, bis Sie den Server oder Client stoppen:

>nsd

An dieser Stelle, sofern der Domino Server unter Windows noch eine aktive Serverkonsole zeigt, sollten Sie versuchen, diesen durch Eingabe von q oder quit herunterzufahren.

```
C:\WINNT\system32\cmd.exe                                    _ □ ×

D:\Lotus\Domino>nsd -ps
Host Name       : EBEL01
User Name       : Administrator
Date            : Mon Jan 09 20:48:11 2006
Windows Dir     : C:\WINNT
Arguments       : nsd -ps
NSD Version     : Release 7.0
OS Version      : Windows 2000 5.0 (Build 2195), PlatID=2, Service Pack 4 (1 Pro
cessor)


Started at: Mon Jan 09 20:48:11 2006
Ended   at: Mon Jan 09 20:48:16 2006


Please send the following files:

    Other NSD related Log : d:\Lotus\Domino\data\IBM_TECHNICAL_SUPPORT\ps_W32I_AC
THub01_2006_01_09@20_48_11.log

D:\Lotus\Domino>
```

Abbildung 13.30: Beispielhafter Aufruf eines nsd-Befehls

Wenn Sie NSD gegen einen Notes Client laufen lassen, kann es passieren, dass Sie nicht mehr mit dem Notes Client arbeiten können, solange NSD als Debugger aktiv läuft. Sie können an der NSD-Konsole kill oder quit -f absetzen, um übrig gebliebene Notes- oder Domino-Prozesse in Bezug auf das jeweilige Data-Verzeichnis zu beenden, danach q oder quit, um NSD zu beenden und die abschließenden Meldungen, seitdem das Fenster aktiv war, zu erhalten.

```
Started at: Sun Jan 23 16:51:18 2000
Ended   at: Sun Jan 23 16:52:27 2000
Generated Messages:
   INFO (0): Using NSD profile C:\WINNT\notesnsd.ini
```

Wenn Sie q oder quit im NSD-Fenster eingeben, solange der Domino Server oder der Notes Client noch laufen, erhalten Sie die folgende Meldung:

```
nsd> q
   NSD is still attached to nn Notes processes. If Notes processes
can't be terminated gracefully or are not responding, then use the
kill command to terminate them.
```

Nach Beendigung von NSD bekommen Sie eine entsprechende Meldung angezeigt, die Ihnen mitteilt, welche Dateien von NSD angelegt wurden. Wenn NSD beginnt, eine Ausgabedatei anzulegen, aber mit aktivem NSD-Prompt steht, wird die Meldung über neu angelegte Dateien nicht auftauchen, bis Sie NSD mit dem jeweiligen quit-Befehl geschlossen haben.

```
Please send the following files:
   Log File    : nsd_all...mm_dd@hh_mm.log
```

Es kann sein, dass das Windows-Notepad eine NSD-Ausgabedatei nicht richtig darstellen kann. Windows WordPad, UltraEdit und einige andere Editoren (vor allem unter Unix) sind dazu in der Lage. Dateien mit dem folgenden Namen, die im *Data*-Verzeichnis abgelegt werden, stellen Dumps ungültiger Speicherblöcke dar, falls diese Probleme auftauchen: *memcheck...mm_dd@hh_mm.dmp*.

Memcheck ist eine ausführbare Binärdatei, die über NSD aufgerufen wird – üblicherweise dann, wenn ein Domino Server abstürzt. Memcheck stößt sowohl eine Überprüfung aller durch Notes gemeinsam benutzten Speichersegmente als auch der individuell genutzten Speicherstapel, die sich durch die entsprechenden Prozesse im Zugriff befinden, an. Wenn Memcheck nicht das findet, was es im Speichersegment erwartet, bildet es den entsprechenden Speichersegmentpool in eine Datei mit der folgenden Syntax ab:

memcheck.<platform>_<hostname>_mm_dd@hh_mm.dump, wobei *mm_dd@hh_mm* Monat und Datum, gefolgt von Stunden und Minuten darstellt.

NSD und besonders die darin enthaltene Memcheck-Version enthalten versionsabhängigen Code, und Sie müssen darauf achten, dass Sie die den Domino- bzw. Notes-Versionen entsprechenden NSD-Dateien einsetzen. Um die eingesetzte NSD-Version und die dazu passende Version von Lotus Notes oder Domino zu überprüfen, geben Sie die Option -version ein (siehe *Abbildung 13.31*).

Abbildung 13.31: Ausgabe zum Kommando nsd -version

Wenn die Versionen von NSD und Notes bzw. Domino nicht zusammenpassen, kann es passieren, dass NSD crasht und, da es Domino bereits als Debugger zugeordnet wurde, diesen ebenfalls zum Absturz bringt. Aus diesem Grund sollten Sie NSD vorab in einer entsprechend dem Live-System angenäherten Testumgebung ausprobieren. Wenn NSD crasht, verwenden Sie die Option nsd -nomemcheck, um zu testen, ob dies erfolgreich läuft. Gerade diese Funktion ist höchst release-empfindlich und so sollten Sie in der Lage sein, bereits vorab Divergenzen auszuschließen. Dies kann sich auch auf installierte Hotfix-Versionen oder Debug-Code beziehen.

Bei einem bestehenden Problem oder einem Crash können Sie NSD jedoch auch ohne Test ausführen – schlimmer kann es sowieso nicht mehr kommen. Der Server oder Client ist ja bereits in einem nicht mehr funktionsfähigen Zustand. Auch bei einem nicht erfolgreichen Ablauf der NSD-Routine bis zu einem sauberen Abschluss können Sie die Analysedaten in Bezug auf aktive Prozesse und Threadstack-Informationen verwerten.

Nicht nur bei offensichtlichen Server-Abstürzen, sondern auch bei einem Server-„Hang" leistet NSD gute Dienste. Ein Hang ist nicht immer auf den ersten Blick zu erkennen. Einige typische Symptome sind:

▷ Der Notes Client generiert bei dem Versuch, sich mit dem entsprechenden Server zu verbinden, eine Fehlermeldung, wie Server not responding, obwohl der Server oder der entsprechende Dienst zu laufen scheinen.

▷ Auf der Serverkonsole wird keine Fehlermeldung ausgegeben, dafür aber in die Protokolldatei (*log.nsf*) geschrieben.

▷ Die Serverkonsole nimmt keine Kommandos an.

▷ Der Server-Task lässt sich nicht sauber beenden.

▷ Bei den hier genannten Problemen wird NSD nicht automatisch aufgerufen und Fault Recovery nicht aktiviert.

Die Ursachen für einen Server-Hang ähneln den für einen Server-Absturz, hinzukommen Semaphoren-Probleme, Netzwerkprobleme (DNSLookups), überdurchschnittliche Performance-/Ressourcenprobleme und Aufrufe über das Betriebssystem, die nicht sauber abgearbeitet werden können.

Starten Sie NSD mehrere Male hintereinander und setzen Sie die Semaphoren-Debug-Parameter DEBUG_SHOW_TIMEOUT=1, DEBUG_CAPTURE_TIMEOUT=1 und DEBUG_THREADID=1 in der *notes.ini* und überprüfen Sie die Call-Stacks. Werten Sie Ihre Fehleranalyse aus.

Um die aufgerufenen Threadstacks ein zweites Mal für den gleichen Server abzubilden, geben Sie `dump` am `nsd>`-Prompt ein. Dies kann nützlich sein, um die Unterschiede in sich wiederholenden Stapelaufrufen anzuzeigen, wenn ein Thread sich in einer Schleife befindet.

Abbildung 13.32: Auszug aus einer NSD-Datei

Sie können NSD auf jeder Domino Server- oder Notes Client-Instanz laufen lassen, die auf dem gleichen System läuft. Die Aufrufe müssen jedoch von einzelnen Kommandofenstern gestartet werden.

Tipps und Infos bezüglich NSD

▶ In einer minimierten DOS-Shell (Kommandozeilenfenster) läuft NSD schneller.

▶ Wenn Sie Memcheck nicht benötigen, starten Sie NSD über den Befehl nsd -nomemcheck.

▶ NSD-Dateien wachsen normalerweise zu einer Größe von 1 bis 10 Megabyte an (in seltenen Fällen bis zu 50 Megabyte). Client-NSD-Dateien sind deutlich kleiner.

▶ Nach einem Absturz räumen Sie den Domino Server auf und starten ihn, ohne das Betriebssystem neu zu booten, setzen Sie dabei vorab (aus dem gleichen Verzeichnis, in dem die *notes.ini* liegt) den Befehl nsd -kill ab.

▶ Stellen Sie sicher, dass der erste Eintrag in der *notes.ini* des Servers nach [NOTES] den Verweis auf das richtige Verzeichnis über den Schlüssel Directory= darstellt, um Probleme mit Memcheck oder anderen Diagnosetools zu vermeiden.

▶ Der Ablageort der NSD-Dateien ist entweder das *Data*-Verzeichnis (vor Domino-Version 5.0.11), das DATA\IBM_TECHNICAL_SUPPORT-Verzeichnis (case sensitive für Unix-Derivate) oder das in dem Eintrag LogFile_Dir über die *notes.ini* definierte Verzeichnis.

▶ NSD-Dateien können die folgenden Namen tragen:
  – *nsd_all_<platform>_<hostname>_<date>@<time>.log* (Vorgabename)
  – *ps_<plattform>_<hostname>_<date>@<time>.log*
  – *kill_<plattform>_<hostname>_<date>@<time>.log*
  – *sysinfo_<plattform>_<hostname>_<date>@<time>.log*
  – *memcheck_<plattform>_<hostname>_<date>@<time>.log*

▶ Es existieren diverse Technote-Artikel (1085072, 108550, 1096859, 1091820 etc.) in der Lotus Knowledge-Base zum Thema NSD und Diagnosemöglichkeiten sowie einige nützliche Tools („Crash Utilities") in der Sandbox unter *http://www-10.lotus.com/ldd/sandbox.nsf*.

Bei der Analyse einer NSD-Datei unter Windows wird Ihnen die Suche nach Schlüsselwörtern wie fatal, panic, access violation oder segmentation nicht weiterhelfen, fahnden Sie stattdessen nach Schlüsselwörtern wie except oder error. Die letzten Einträge bzw. Zeilen in der Datei *console.log* sind oft sehr hilfreich.

NSD als Microsoft Windows-Dienst

Sie können Notes System Diagnostics (NSD) manuell als Microsoft Windows (Win32)-Dienst installieren. Wenn NSD als Dienst registriert ist, können Sie Befehle eingeben, um den Dienst zu starten und zu stoppen, die NSD-Verarbeitung auszulösen, Status- und Trace-Nachrichten zu generieren und Statusinformationen anzufordern, die in eine Protokolldatei geschrieben werden. Sie können den NSD-Dienst auch deinstallieren.

Geben Sie alle NSD-Befehle in einem Microsoft Windows-Konsolenfenster ein. Wenn Sie beispielsweise den NSD-Dienst installieren möchten, öffnen Sie ein Microsoft Windows-Konsolenfenster, wechseln zum Speicherort der *notes.ini*-Datei und geben den folgenden Befehl ein: nsd -svcinst.

Wenn der Speicherort von NSD nicht in der PATH-Umgebungsvariablen aufgeführt und der Speicherort der *notes.ini*-Datei nicht derselbe wie der Speicherort von NSD ist, muss außerdem der absolute oder relative Pfad zu NSD angegeben werden.

Alle in diesem Thema beschriebenen Optionen sind nur in Notes und Domino auf Microsoft Windows-Plattformen verfügbar.

Den NSD-Dienst installieren Sie über den folgenden Befehl: `-svcinst`. Dieser Befehl installiert den NSD Win32-Dienst. Nachdem der Win32-Dienst installiert und gestartet ist, wird er beim Wiederanlauf von Notes und Domino nach Ausfällen verwendet, um NSD aufzurufen. Beachten Sie, dass `-svcinst` nur den Dienst installiert. Er muss separat gestartet werden, indem Sie eine der folgenden Aktionen ausführen:

▶ Führen Sie `NSD -svcstart` aus. Verwenden Sie das Steuerungs-Applet, um den Dienst zu starten. Starten Sie das System neu, was auch den Neustart des Dienstes veranlasst.

▶ Der `-svcinst`-Befehl wird für gewöhnlich gemeinsam mit dem Befehl `-svcstart` verwendet, der den Dienst startet. Geben Sie beispielsweise Folgendes ein: `nsd -svcinst -svcstart`.

▶ Mithilfe der folgenden Befehle starten und stoppen Sie den NSD-Dienst:

▶ `-svcstart`. Der `-svcstart`-Befehl startet den NSD Win32-Dienst. Nachdem der Win32-Dienst gestartet ist, wird er beim Wiederanlauf von Notes und Domino nach Ausfällen verwendet, um NSD aufzurufen. Diese Option ist nur dann nützlich, wenn der NSD Win32-Dienst installiert und nicht gestartet ist. Geben Sie beispielsweise Folgendes ein: `nsd -svcstart`.

▶ `-svcstop`. Der `-svcstop`-Befehl stoppt den NSD Win32-Dienst. Nachdem der Win32-Dienst gestoppt ist, wird er beim Wiederanlauf von Notes und Domino nach Ausfällen als untergeordneter Prozess ausgeführt, um NSD aufzurufen. Diese Option ist nur dann nützlich, wenn der NSD Win32-Dienst installiert und gestartet ist. Geben Sie beispielsweise Folgendes ein: `nsd -svcstop`.

▶ Mithilfe der folgenden Befehle verwalten Sie den NSD-Dienst:

▶ `-svclog`. Beispielsweise können Sie Status- und Trace-Nachrichten generieren und Statusinformationen anfordern, die in eine Protokolldatei geschrieben werden `-svclog`. Wenn zusätzlich eine andere Dienstoption angegeben wird, beispielsweise `svcinst`, sorgt `-svclog` dafür, dass Status- und Trace-Nachrichten an eine Protokolldatei *nsds-vc.log* im Verzeichnis *data\IBM_TECHNICAL_SUPPORT* angehängt werden. Diese Option ist nur dann nützlich, wenn sie zusammen mit einer anderen Dienstoption angegeben wird. Geben Sie beispielsweise Folgendes ein: `nsd -svcinst -svclog`.

▶ `-svcreport`. Der `-svcreport`-Befehl fordert Statusinformationen über den NSD Win32-Dienst von Microsoft Windows an, die dann in die Konsole (stdout) geschrieben und an die Datei *nsdsvc.log* angehängt werden (falls `-svclog` ebenfalls angegeben ist). Diese Option ist nur in den Microsoft Windows-Versionen von Notes und Domino verfügbar. Geben Sie beispielsweise Folgendes ein: `nsd -svcreport`.

▶ Der Deinstallationsbefehl deregistriert NSD als Win32-Systemdienst. `NSD -svcuninst` entfernt keine Dateien vom System. Mithilfe des folgenden Befehls deinstallieren Sie den NSD-Dienst: `nsd -svcuninst`. Der `-svcuninst`-Befehl deinstalliert den NSD Win32-Dienst. Nachdem der Win32-Dienst deinstalliert ist, wird cr beim Wiederanlauf von Notes und Domino nach Ausfällen als untergeordneter Prozess ausgeführt, um NSD aufzurufen. Diese Option ist nur dann nützlich, wenn der NSD Win32-Dienst installiert ist. Der Deinstallationsbefehl wird üblicherweise gemeinsam mit dem Befehl -svcstop verwendet. Geben Sie beispielsweise Folgendes ein, um den NSD-Dienst zu stoppen, und deinstallieren Sie ihn anschließend: nsd -svcstop.

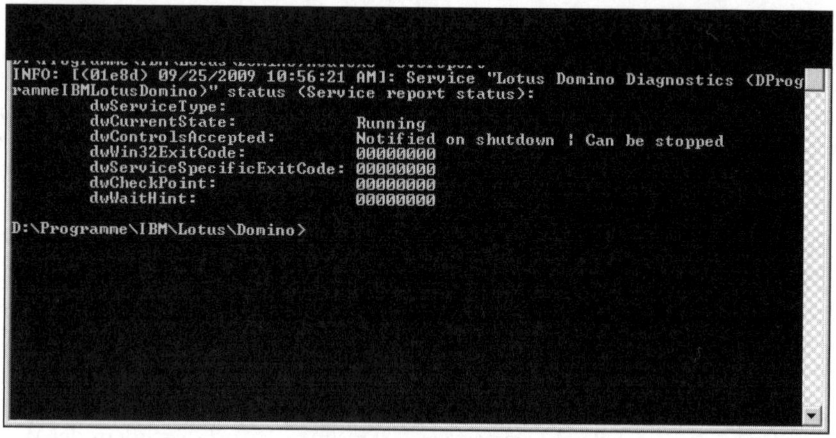

Abbildung 13.33: Statusinformationen zum NSD Win32-Dienst über den nsd–svcreport-Befehl

13.4.3　Diagnose- und Analysemöglichkeiten

Die Ursachen für einen Server-Crash können sein:

▶ Gestaltungselemente

▶ LotusScript-/Java-Code

▶ Nicht-Core-/Drittanbieter-Quelltext (wie DECS/LEI, Oracle, DB2)

▶ Korrupte Daten

▶ Speicherverwaltungsprobleme

▶ Unzureichende Speicherressourcen

  – Geringe oder erschöpfte Systemressourcen

  – Hohe Serverbelastung

  – Softwareprobleme

  – Netzwerkprobleme

    – Änderungen an Netzwerk- oder Betriebssystemumgebungen

    – Änderungen an der Hardwarekonfiguration (z.B. neue Netzwerkkarten) oder Softwarekonfiguration

Versuchen Sie, Probleme und Abstürze zu reproduzieren, um der Ursache für die Problematik in Ihrer Domino-Umgebung auf die Schliche zu kommen. Durchsuchen Sie die NSD-Dateien auf wiederkehrende Problemfälle und andere Auffälligkeiten.

Stellen Sie bei Ihrer Analyse die folgenden Überlegungen an:

1. Um Problemen aus dem Weg zu gehen und die Fehlersuche schon im Vorhinein vorzubereiten, sollten Sie auf Betriebssystemebene stets die aktuellen Patch-Level und Service Packs implementieren; für Domino bedeutet dies: aktuelle Critical Fixpacks (CF) und Einsatz der verfügbaren Tools (NSD, ADC), um der Fehlerursache auf den Grund zu gehen und den Lotus Support gegebenenfalls mit den nötigen Informationen zu versorgen.

2. In den meisten Fällen führen unsaubere und unzureichend getestete Changes zu Problemen in der Infrastruktur. Neben direkten Problemen durch eine unsaubere Implementierung kommt oft eine unzureichende Kommunikation, was Veränderungen der IT-Umgebung angeht, hinzu. Nicht überall existiert ein gelebtes und angenommenes Change Management. Versuchen Sie darum, Informationen über jede Änderung an den Elementen der Domino-Umgebung zu bekommen, und dokumentieren Sie dies. Stellen Sie im Fehlerfall (sofern möglich) die vorherige Konfiguration wieder her, um festzustellen, ob das Problem dann immer noch auftritt. Nicht immer ist dies möglich, Rollback-Szenarien sollten jedoch zu jedem Change vorhanden und dokumentiert sein.

   Stellen Sie in puncto Veränderungen der Domino-Infrastruktur und den angrenzenden Bereichen die folgenden Fragen:
   - Änderungen am Betriebssystem: Sind Sie auf eine neue Version des Betriebssystems umgestiegen oder haben Sie ein neues Patch implementiert?
   - Netzwerkänderungen: Haben Sie einen neuen Router installiert oder die Netzwerksoftware oder -Firmware aktualisiert?
   - Änderungen an der Netzwerkkarte: Ist die Netzwerkkarte neu oder ist der Softwaretreiber der Netzwerkkarte alt und das Betriebssystem neu?
   - Domino-Änderungen: Haben Sie auf eine neue Domino-Version aktualisiert oder neue Benutzer migriert?
   - Andere Änderungen an Hardware oder Software.

3. Falls die letzte Meldung an der Konsole mit dem Wort PANIC beginnt, schreiben Sie die vollständige Meldung auf.

4. Erfassen Sie, falls möglich, den in der Konsole zuletzt angezeigten Bildschirm oder speichern Sie die Konsolenprotokolldatei. Greifen Sie zur Not remote auf die Maschine zu. Bitten Sie die entsprechenden Personen, bei einem weiteren Problem dafür Sorge zu tragen, dass diese Information dokumentiert wird.

5. Falls eine NSD-Protokolldatei erstellt wurde, überprüfen Sie Datum und Uhrzeit der Datei. Sie sollten mit dem Zeitpunkt des Absturzes übereinstimmen. Gegebenenfalls möchte der Lotus Support anhand dieser Datei herausfinden, wodurch der Absturz verursacht wurde.

6. Prüfen Sie die Ansicht VERSCHIEDENE EREIGNISSE/MISCELLANEOUS EVENTS im Protokoll.

   Schreiben Sie alle Einträge in der Protokolldatei auf, die unmittelbar vor und nach dem Absturz erstellt wurden. Doppelklicken Sie hierzu auf den entsprechenden Eintrag, um ihn zu öffnen. Suchen Sie insbesondere nach einer NSF-Datei im Eintrag, die darauf hinweisen könnte, wo der Absturz verursacht wurde. Wenn möglicherweise eine bestimmte Datenbank den Absturz verursacht hat, prüfen Sie das Replizierprotokoll dieser Datenbank, um zusätzliche Informationen zu erhalten.

13.4.4   Health Monitoring

Idealerweise kann man die Situationen vermeiden, in denen ein Server ausfällt. Eine wichtige Erweiterung ist das Server Health Monitoring (Serverzustandsüberwachung). Lotus hat hier Basisfunktionen von Tivoli in Form des IBM Tivoli Analyzers für Lotus Domino integriert. Tivoli ist eine der führenden Enterprise-System-Management-Lösungen. Tivoli bietet auch ergänzende Lösungen für das Management und Health Monitoring von Lotus Domino-Systemen an. Der Domino Health Monitor ist ein Werkzeug, das Ihre Server überwacht, analysiert und deutlich macht, wenn Sie verstärkt das

Augenmerk auf die Aspekte eines bestimmten Servers lenken müssen. So werden Sie bereits auf sich anbahnende Probleme aufmerksam gemacht, denen Sie sich früh genug widmen können, anstatt erst durch schwerwiegende Störungen auf einen Problemfall hingewiesen zu werden.

Die Serverzustandsüberwachung erstellt anhand von Informationen, die durch den Domino Server Monitor gesammelt wurden, Zustandsberichte. Diese werden in der Datenbank HEALTH MONITORING (*dommon.nsf*) auf dem Domino Administrator Client gespeichert. Es gibt zwei Ansichten für Zustandsberichte: eine aktuelle und eine historische Ansicht. Aktuelle Berichte basieren auf Informationen, die vom Domino Server Monitor aufgezeichnet werden. Historische Berichte sind eine Ansammlung früherer Berichte. Auf Basis der Health Monitoring-Dienste lassen sich auch umfassende Reports zum aktuellen Zustand der Server erzeugen.

Für jeden überwachten Server erstellt die Serverzustandsüberwachung einen Bericht zur Zustandsbewertung des Servers und aller einzelnen aktivierten Serverkomponenten, d.h. zur CPU-, Festplatten-, Arbeitsspeicher- und Netzwerkauslastung, zur NRPC-Namenssuche, zur Mail-Zustellungsverzögerung und zur Server-, HTTP-, LDAP- und IMAP-Antwort.

Die Zustandsbewertung jedes Servers und jeder Serverkomponente basiert auf einer Sammlung von Indizes. Anhand dieser Indexwerte werden Zustandsbewertungen wie HEALTHY, WARNING oder CRITICAL zugewiesen. Jeder Index hat einen berechneten Wert zwischen 0 und 100. Diese Werte beruhen auf Algorithmen und Regeln zur Bewertung des Serverzustands. Jeder Index verfügt über zwei verwandte Schwellenwerte: einen Warnungsschwellenwert und einen kritischen Schwellenwert. Wenn der Indexwert kleiner ist als beide Schwellenwerte, wird der Server oder die Serverkomponente als HEALTHY eingestuft. Wenn der Indexwert größer ist als der Warnungsschwellenwert, wird der Server oder die Serverkomponente als WARNING eingestuft. Wenn der Indexwert größer ist als der kritische Schwellenwert, wird die Serverleistung als CRITICAL eingestuft und muss sofort untersucht werden.

Jeder Bericht enthält die folgenden Informationen:

▶ Informationen zum Serverzustand: Informationen über den Server, einschließlich Versionsangaben zu Domino und zum Betriebssystem. Zeigt die Bewertung und den Bewertungswert an und gibt an, wann diese Bewertung zum ersten Mal angezeigt wurde. Außerdem wird angezeigt, wann der Server zuletzt bewertet wurde.

▶ Konfigurationsprobleme: Identifiziert Konfigurationsprobleme, die unter Umständen dazu führen, dass die Serverzustandsüberwachung keine genauen Diagnosen liefern kann. Wenn diese Konfigurationsprobleme nicht behoben werden, führt dies zu ungenauen und weniger detaillierten Zustandsberichten.

▶ Details zur Bewertung: Diese Informationen untermauern die Empfehlungen. Die Informationen können Details zur Serverkonfiguration oder -leistung beinhalten.

▶ Kurzfristige Empfehlungen: Hierbei handelt es sich um mögliche Sofortmaßnahmen zur Verbesserung der Serverleistung.

▶ Langfristige Empfehlungen: Hierbei handelt es sich um Vorschläge für nachhaltige Verbesserungen, mit denen in Zukunft eine schlechte Zustandsbewertung vermieden wird.

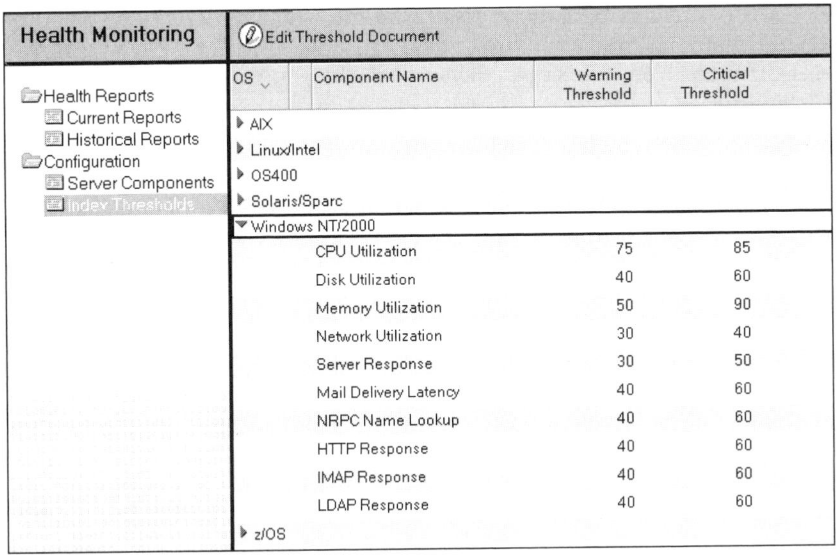

Health Monitoring	ⓘ Edit Threshold Document			
	OS ⌄	Component Name	Warning Threshold	Critical Threshold
📁 Health Reports	▸ AIX			
Current Reports	▸ Linux/Intel			
Historical Reports	▸ OS400			
📁 Configuration	▸ Solaris/Sparc			
Server Components	▾ Windows NT/2000			
Index Thresholds		CPU Utilization	75	85
		Disk Utilization	40	60
		Memory Utilization	50	90
		Network Utilization	30	40
		Server Response	30	50
		Mail Delivery Latency	40	60
		NRPC Name Lookup	40	60
		HTTP Response	40	60
		IMAP Response	40	60
		LDAP Response	40	60
	▸ z/OS			

Abbildung 13.34: Ansichten der Datenbank dommon.nsf

Bevor Sie die Serverzustandsüberwachung starten, sollten Sie bedenken, dass die Serverzustandsüberwachung zwar keine bestimmte Domino Server-Konfiguration voraussetzt, Sie können aber genauere Berichte erstellen, indem Sie die folgenden Richtlinien beachten:

▸ Aktivieren Sie Plattformstatistiken auf dem Server. Plattformstatistiken sind in Domino standardmäßig aktiviert. Führen Sie die spezifischen Anweisungen für Ihre Plattform aus. Sie müssen möglicherweise weitere Schritte ausführen, um sicherzustellen, dass die Plattformstatistiken auf Ihrer Plattform vollständig aktiviert sind und funktionieren.

▸ Stellen Sie sicher, dass Sie für jeden Server, den Sie überwachen möchten, mindestens über Rechte als leseberechtigter Administrator verfügen.

▸ Verwenden Sie einen TCP-Server-Ereignisgenerator als Selbstüberprüfung, um Statistiken zur Qualität der Services (QOS) zu erstellen.

Der erste Schritt, um das Health Monitoring nutzen zu können, besteht in der Aktivierung dieses Dienstes. Das Aktivieren des Health Monitoring erfolgt hier bei den administrativen Einstellungen unter DATEI/FILE > VORGABEN/PREFERENCES > ADMINISTRATION/ADMINISTRA-TION. Dort muss im Register ÜBERWACHUNG/MONITORING die Option STATISTIKEN ZUM SERVERZUSTAND GENERIEREN/GENERATE SERVER HEALTH STATISTIES AND REPORTS aktiviert werden. Geben Sie für SERVER PRÜFEN ALLE N MINUTEN einen Wert zwischen 1 und 60 Minuten ein. Je höher die Anzahl der zu überwachenden Server, desto höher sollte das Prüfintervall sein. Für eine häufige Überwachung geben Sie einen Wert zwischen 1 und 10 ein. Bei Bedarf können Sie die Serverüberwachung automatisch starten. Aktivieren Sie in einem solchen Fall die Option SERVER AUTOMATISCH BEIM SYSTEMSTART ÜBERWACHEN/AUTOMATICALLY MONITOR SERVER AT STARTUP.

Zusätzlich sollte im Register STATISTIK/STATISTICS auch noch die Option BEIM ÜBERWACHEN/DARSTELLEN VON STATISTIKEN BERICHTE ERZEUGEN bzw. GENERATE STATISTICS REPORTS WHILE MONITORING OR CHARTING STATISTICS gewählt werden. Der Wert sollte größer oder gleich dem angegebenen Prüfintervall für die Statistiken zum Serverzustand sein. Warten Sie einige Minuten länger als das Prüfintervall und öffnen Sie anschließend die Datenbank HEALTH MONITORING (*dommon.nsf*), um den Zustandsbericht anzuzeigen.

Im nächsten Schritt wird das eigentliche Health Monitoring aktiviert. Diese Überwachung erfolgt in Domino Administrator unter der Registerkarte SERVER > ÜBERWACHUNG/ MONITORING. Dort findet sich rechts oben die Schaltfläche STARTEN/START, die den Überwachungsvorgang startet.

Links neben dieser Schaltfläche findet sich ein Auswahlfeld zum Festlegen der zu überwachenden Server. Über das kleine Symbol zwischen der Liste der zu überwachenden Server und der Schaltfläche STARTEN/START können auch weitere Profile für die Überwachung definiert werden. Nach dem Start der Überwachung erscheint auf der linken Seite zwischen dem Symbol des Servers und dem Servernamen ein Thermometer. Die Temperatur des Thermometers steigt, wenn sich der Zustand des Servers verschlechtert. Ebenso ändert sich die Farbe von Grün über Gelb auf Rot.

Dies verschafft eine schnelle Übersicht über den Zustand von Servern. Wirklich neu ist hier letztlich nur eine Spalte, die aber von der neuen Health Monitoring-Funktionalität erzeugt wird. Darüber hinaus ist das nur der unmittelbar sichtbare Teil – im Hintergrund werden wesentlich mehr Informationen gesammelt. Von hier aus können Sie mithilfe der Client-Menüleiste ÜBERWACHUNG/MONITORING > ZUM REGISTER 'ZUSTANDSBERICHTE' WECHSELN/SWITCH TO HEALTH REPORTS oder über das Kontextmenü auch umfassendere Informationen zum Status der Server anfordern. Daraufhin öffnet sich die Datenbank HEALTH MONITORING.

Wenn ein Server zum wiederholten Male die Bewertung WARNING oder CRITICAL erhält, verschaffen Sie sich mithilfe der historischen Zustandsberichte ein genaueres Bild vom Serverzustand. So zeigen Sie einen aktuellen Zustandsbericht an:

1. Klicken Sie in Domino Administrator auf das Register SERVER > ÜBERWACHUNG/MONITORING.

2. Wählen Sie im Menü ÜBERWACHUNG/MONITORING > ZUM REGISTER 'ZUSTANDSBERICHTE' WECHSELN/SWITCH TO HEALTH REPORTS.

3. Wählen Sie die Ansicht HEALTH REPORTS > CURRENT REPORTS.

4. Doppelklicken Sie auf einen Server, um den Bericht zum Gesamtzustand dieses Servers anzuzeigen.

Um einen historischen Zustandsbericht anzuzeigen, wählen Sie unter der Ansicht HEALTH REPORTS die Möglichkeit HISTORICAL REPORTS. Suchen Sie den Zielserver in der Liste und erweitern Sie seine Berichtsdokumente. Standardmäßig werden historische Berichte in der Datenbank HEALTH MONITORING (*dommon.nsf*) nach 7 Tagen entfernt. Um diese Vorgabe zu ändern, fügen Sie der *notes.ini*-Datei auf dem IBM Lotus Domino Administrator Client folgende Einstellung hinzu: HEALTH_REPORT_PURGE_AFTER_N_DAYS=n.

13.4.5 SNMP

Seit Ende der 80er-Jahre existiert ein durch RFC1067 beschriebenes Protokoll, das seinen Einzug in das Wohnzimmer des Systems Management und in eine schier unüberschaubare Zahl von netzwerkfähigen Geräten gehalten hat: SNMP (Simple Network Management Protocol). Es dient vor allem zwei Einsatzzwecken: der Konfiguration und der Überwachung von Komponenten im Netzwerk.

Das Protokoll definiert die Kommunikation zwischen sogenannten Managern und Agenten. Der Manager ist die Arbeitskonsole/Managementstation des Administrators, während die Agenten direkt auf den Systemen und Netzwerkkomponenten laufen, die überwacht oder konfiguriert werden sollen. Der Agent kann dabei auch als Master-Agent fungieren, der über verschiedene Protokolle wie AgentX oder SMUX seinerseits mit Unteragenten verbunden ist. Diese Unteragenten kommunizieren dann über ihn mit dem Manager.

Der Domino SNMP-Agent wurde in der Lotus Notes Domino-Version 6 implementiert und durfte zahlreiche Erweiterungen erfahren. Dieser Agent erweitet die Überwachungs- und Kontrollmöglichkeiten gegenüber Drittanbieterlösungen im Bereich Systems Management, die ein standardisiertes SNMP verwenden, um Bereiche des Domino Servers zu verwalten. Auf diese Weise wird die direkte Anbindung von Lotus Domino an Drittanbieter-Managementstationen ermöglicht, ohne sich weiterer Third-Party-Lösungen zur Anbindung bedienen zu müssen.

SNMP

Ein Netzwerk-Node, der sich durch SNMP verwalten lässt, wird als „SNMP manageable" bezeichnet. Die Management-Daten (Management Data) sind eine Ansammlung von INTEGER-, STRING- und MIB-Adressvariablen, die wiederum die Daten enthalten, die für das Verwalten des Nodes nötig sind. Diese Daten beinhalten Berechtigungen (für administrative und sicherheitsrelevante Zugriffe auf den Node) sowie Informationen über die Hard- und Software des Nodes und deren Konfiguration. Ebenso sind Daten enthalten, die über den vergangenen und gegenwärtigen Zustand des Nodes berichten. Diese Variablen werden oft als „managed objects" bezeichnet, in der SNMP-Welt jedoch „MIB-Variablen" genannt.

MIB-Variablen enthalten die aktuellen Management-Daten, über die Sie den Zustand des Nodes bestimmen können. Mit deren Hilfe wird entschieden, ob und, wenn ja, welche Maßnahmen ergriffen werden, um das Verhalten des Nodes zu verändern. SNMP definiert die Struktur der Management-Daten und stellt die Dienste bereit, die von einem Management-System benötigt werden, um die Daten, die in den MIB-Variablen gespeichert werden, zu verändern. Wenn ein Management-System einen Node managt, nutzt es SNMP dazu, die Daten in den MIB-Variablen zu lesen und zu verändern.

Die gemanagten Objekte und ihre Daten werden von einem Agent-Prozess, der auf dem Node ausgeführt wird, verwaltet. Der Agent ist der Türsteher der gemanagten Objekte und verrichtet die angeforderten Lese- und Schreibzugriffe des Management-Systems. Der Agent ist daher verantwortlich für das Einfügen der SNMP-Protokolle in den Node.

SNMP ist ein Anfrage- und Antwort-Protokoll. Ein Management-System richtet eine Anfrage an einen Agent in Form von Get-, NextGet-, Set- oder Trap-Operationen. Der Agent reagiert auf diese Anfrage mit einer Antwort, deren Inhalt aussagt, ob die Anfrage erfolgreich beantwortet oder nicht bearbeitet werden konnte. Sowohl der Agent wie das Management-System müssen ihre Anfragen und Antworten an eine spezielle Netzwerkadresse schicken. Für jede SNMP-Anfrage, die von einem Management-System gestellt wird, kommt eine Antwort von jedem Agent, der sie empfangen hat, zurück. Wenn ein Management-System nun eine Anfrage an eine Broadcast-Adresse stellt, können eine Menge Antworten, die von den angesprochenen Agents gesendet wurden, empfangen werden.

Eine Sache dürfte ebenfalls interessant sein: SNMPv1-Agents senden keine Management-Anfragen und SNMPv1-Management-Systeme senden keine Management-Antworten. Ein spezieller Typ von unaufgeforderten Antworten, die von einem Agent an ein Management-System gesendet werden, ohne vorher eine Anfrage seitens des Management-Systems erfahren zu haben, wird Trap genannt. Ein Trap ist nichts anderes als ein Ereignisbericht, der aussagt, dass der Agent ein unvorhergesehenes Ereignis entdeckt hat. Das Auftreten eines SNMP-Traps muss aber nichts mit dem Erkennen eines Fehlers zu tun haben.

Der Domino SNMP-Agent wird durch zwei Arten von Programmen bereitgestellt:

▶ LNSNMP: Der Lotus Notes SNMP-Agent. Als unabhängige Applikation läuft LNSNMP als isolierte Funktion, ohne von etwaigen Fehlfunktionen des Domino Servers betroffen zu sein, und fügt nur einen geringfügigen Overhead zum Server hinzu.

▶ Zwei Domino Server-Add-Ins: QuerySet Handler und Event Interceptor.

Der QuerySet Handler („Abfragereihe Handhaber"/„Abfrageprogramm") und der Event Interceptor („Ereignis-Abfänger") hängen vom Domino Server ab. Wenn der Server aus irgendwelchen Gründen ausfällt, fallen diese Programme ebenfalls aus.

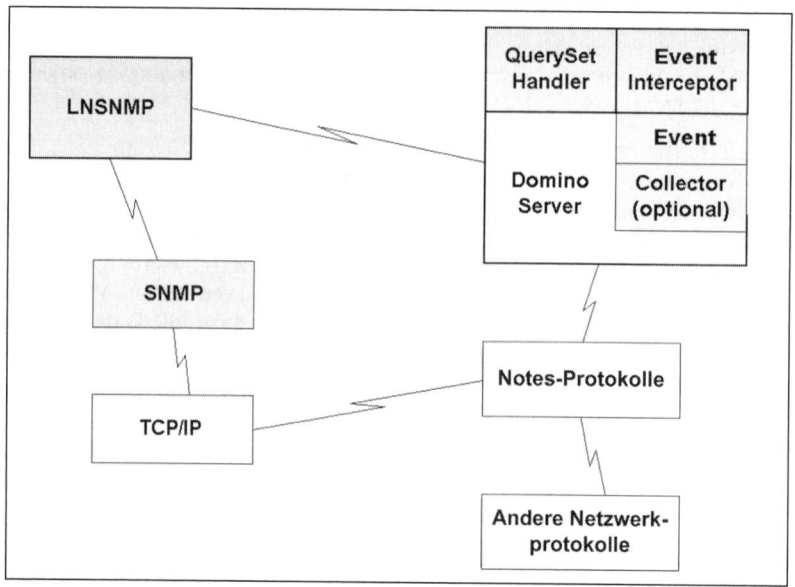

Abbildung 13.35: Domino SNMP-Architektur

Aus den folgenden Komponenten besteht die Domino SNMP-Agenten-Architektur:

▶ Ein plattformabhängiger Master-SNMP-Agent: Ein unabhängiger Nicht-Lotus-Agent, der üblicherweise mit der Betriebssystemplattform ausgeliefert wird und der die SNMP-Dienste für die Maschine bereitstellt. Der SNMP-Agent transportiert die SNMP-Traps und die Get/Set-Antworten über das Netzwerk zur Management-Station.

▷ Der Domino SNMP-Agent besteht aus:

- LNSNMP: Dieser empfängt Trap-Benachrichtigungen vom Event Interceptor und gibt diese an die Management-Station weiter, wobei der plattformspezifische SNMP-Agent verwendet wird. LNSNMP handhabt auch Anfragen für Domino-bezogene Informationen der Management-Station, indem Anfragen an den QuerySet Handler übergeben und Antworten zurück an die Management-Station gesendet werden. LNSMP beinhaltet die folgenden Elemente:

    - Neueste Trap-Tabelle: Eine dynamische Tabelle, die im LNSMNP hinterlegt wird und die die letzten zehn Trap-Benachrichtigungen enthält, die vom Event Interceptor versendet wurden.

    - Trap Generator: Teil des Domino SNMP-Agenten, der Domino-Ereignisse vom Event Interceptor empfängt und diese an die Management-Station unter Verwendung des SNMP-Agenten schickt.

- QuerySet Handler: Dieser fragt die Serverstatistikinformationen ab, setzt die Werte der konfigurierbaren Domino-basierten Parameter und gibt die Domino-Statistikinformationen an den LNSNMP, der diese Informationen dann unter Verwendung des plattformspezifischen Master-SNMP-Agenten an die Management-Station weiterleitet.

- Event Interceptor: Reagiert auf SNMP-Trap-Benachrichtigungen von den Domino-Event-Handlern, indem er den LNSMNP anweist, einen Trap abzusetzen.

▷ Domino MIB: Standard-Management-Informationsbasisdatei (MIB) für Lotus Domino Server, die von Netzwerk-/Systemmanagement-Programmen wie Tivoli, BMC, NetView oder OpenView kompiliert und verwendet werden kann.

Der Domino SNMP-Agent ist in der Lage, die folgenden Funktionen bereitzustellen:

▷ Out-of-Band Serverstatus über die MIB: Der Domino SNMP-Agent überwacht kontinuierlich den Status der Server über einen Add-In-Dienst unter Verwendung von IPC (Interprocess Communication), um festzustellen, ob ein Server läuft oder nicht. Der Domino SNMP-Agent ist keine Lotus Notes API-Anwendung, alle Statusinformationen werden out-of-band zusammengetragen (es wird dazu kein Notes Client oder Server benötigt).

▷ Kontrolle eines Domino Servers über SNMP: Die folgenden drei Kontrollfunktionen stehen unter SNMP zur Verfügung: Reboot des Betriebssystems (nicht unterstützt für zSeries bzw. S/390), Start und Stopp des Domino Servers. Diese müssen jedoch aus Sicherheitsgründen pro Server explizit konfiguriert werden und stehen nicht als Vorgabe zur Verfügung.

▷ Echtzeitwarnungen bezüglich des Serverstatus: Der Domino SNMP-Agent überwacht durchgehend den Status der Server. Veränderungen des Status werden über SNMP-Traps versandt. Echtzeitwarnungen bezüglich des Domino Server-Status gehen über die „üblichen" Meldungen, ob ein Server verfügbar ist oder nicht, hinaus. Diesbezüglich existieren drei Möglichkeiten: Informationen können in Echtzeit zur Verfügung gestellt werden, Informationen sind out-of-band verfügbar und Informationen können in diffizilen Abstufungen bezüglich des Status weitergegeben werden. Anstelle der bloßen Status „verfügbar" und „nicht verfügbar" kann SNMP sieben Status oder Ereignisse weitergeben.

- Weiterleitung von Domino-Ereignissen als SNMP-Traps: Diese Funktion ähnelt Echtzeitwarnungen. SNMP-Traps werden in Echtzeit weitergeleitet, sobald Domino diese unter Verwendung des Event-Tasks generiert. Statistiküberwachungen gelten nicht wirklich als „Echtzeit", da Domino diese nur in bestimmten periodischen Abständen unter Zuhilfenahme des Collector-Tasks generiert. Ein Vorteil des Domino SMNP-Agenten ist, dass dieser erlaubt, diese Ereignisse über die Domino-Domäne hinweg zu konsolidieren. Die generierte Textnachricht enthält diverse Informationen wie Servername, Ereignistyp, Ursachencodenummer etc.
- Domino-Statistiken über die MIB: Zahlreiche Domino-Statistiken sind unter SNMP verfügbar. Sie sehen, welche MIB-Objekte direkt aus den Domino-Statistiken stammen, indem Sie prüfen, welche Kommentare in der Domino-MIB mit der Zeichenfolge `--<<` beginnen.

Der Domino SNMP-Agent unterstützt SNMP-Version 1. Beachten Sie die Sicherheitslücken, die dieses Protokoll mit sich bringt.

Um Domino SNMP-Traps in lesbare Meldungen im Alarmprotokoll von HP OpenView umzuwandeln, müssen Sie die Domino SNMP-Trap-Definitionsdatei verwenden (siehe *Abbildung 13.36*). Die Trap-Definitionsdatei (*domino.tdf*) befindet sich im Domino Programm-Verzeichnis jedes Domino Servers ab Version 7.

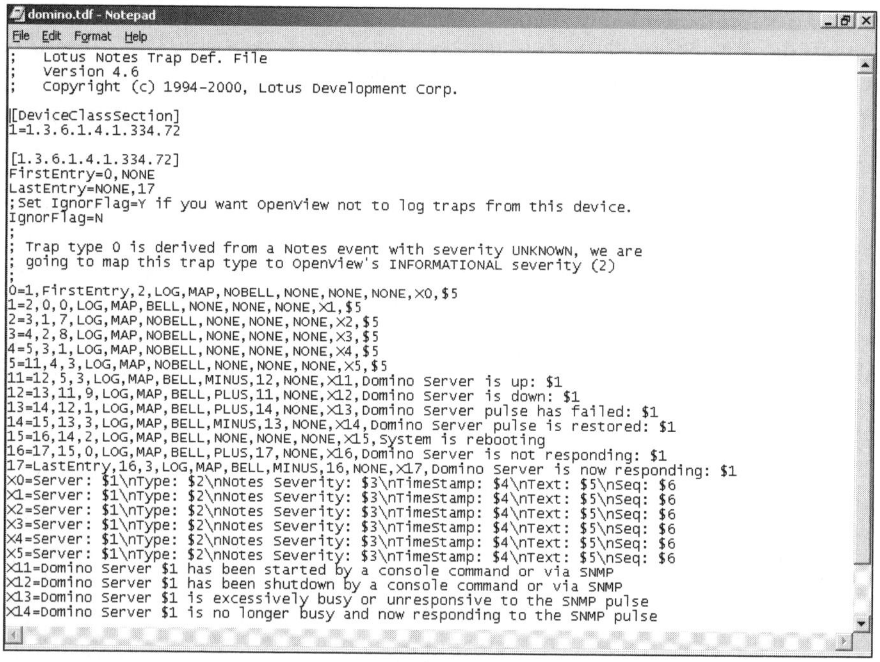

domino.tdf - Notepad
File Edit Format Help

```
;   Lotus Notes Trap Def. File
;   Version 4.6
;   Copyright (c) 1994-2000, Lotus Development Corp.

[DeviceClassSection]
1=1.3.6.1.4.1.334.72

[1.3.6.1.4.1.334.72]
FirstEntry=0,NONE
LastEntry=NONE,17
;Set IgnorFlag=Y if you want OpenView not to log traps from this device.
IgnorFlag=N
;
; Trap type 0 is derived from a Notes event with severity UNKNOWN, we are
; going to map this trap type to OpenView's INFORMATIONAL severity (2)
;
0=1,FirstEntry,2,LOG,MAP,NOBELL,NONE,NONE,NONE,X0,$5
1=2,0,0,LOG,MAP,BELL,NONE,NONE,NONE,X1,$5
2=3,1,7,LOG,MAP,NOBELL,NONE,NONE,NONE,X2,$5
3=4,2,8,LOG,MAP,NOBELL,NONE,NONE,NONE,X3,$5
4=5,3,1,LOG,MAP,NOBELL,NONE,NONE,NONE,X4,$5
5=11,4,3,LOG,MAP,NOBELL,NONE,NONE,NONE,X5,$5
11=12,5,3,LOG,MAP,BELL,MINUS,12,NONE,X11,Domino Server is up: $1
12=13,11,9,LOG,MAP,BELL,PLUS,11,NONE,X12,Domino Server is down: $1
13=14,12,1,LOG,MAP,BELL,PLUS,14,NONE,X13,Domino Server pulse has failed: $1
14=15,13,3,LOG,MAP,BELL,MINUS,13,NONE,X14,Domino Server pulse is restored: $1
15=16,14,2,LOG,MAP,BELL,NONE,NONE,NONE,X15,System is rebooting
16=17,15,0,LOG,MAP,BELL,PLUS,17,NONE,X16,Domino Server is not responding: $1
17=LastEntry,16,3,LOG,MAP,BELL,MINUS,16,NONE,X17,Domino Server is now responding: $1
X0=Server: $1\nType: $2\nNotes Severity: $3\nTimeStamp: $4\nText: $5\nSeq: $6
X1=Server: $1\nType: $2\nNotes Severity: $3\nTimeStamp: $4\nText: $5\nSeq: $6
X2=Server: $1\nType: $2\nNotes Severity: $3\nTimeStamp: $4\nText: $5\nSeq: $6
X3=Server: $1\nType: $2\nNotes Severity: $3\nTimeStamp: $4\nText: $5\nSeq: $6
X4=Server: $1\nType: $2\nNotes Severity: $3\nTimeStamp: $4\nText: $5\nSeq: $6
X5=Server: $1\nType: $2\nNotes Severity: $3\nTimeStamp: $4\nText: $5\nSeq: $6
X11=Domino Server $1 has been started by a console command or via SNMP
X12=Domino Server $1 has been shutdown by a console command or via SNMP
X13=Domino Server $1 is excessively busy or unresponsive to the SNMP pulse
X14=Domino Server $1 is no longer busy and now responding to the SNMP pulse
```

Abbildung 13.36: Auszug aus der Trap-Definitionsdatei

Neu seit der Version Lotus Domino 6.5 ist, dass der PEER-SNMP-Agent durch den NET-SNMP-Agent unter Solaris ersetzt wurde. Der NET-SNMP-Agent wird seit der Version 6.5 auch unter Linux bereitgestellt. Net-SNMP (früher ucdSNMP) ist aus einem Projekt der University of California in Davis (UCD) hervorgegangen und steht unter der GPL

(General Public License). NET-SNMP ist in vielen Distributionen bereits enthalten. Das Net-SNMP-Paket ist eine C-Bibliothek mit den wesentlichen Funktionen und Agenten (SNMP-Server snmpd) sowie Konsolenprogrammen für die vier Standardkommandos get, get-next, set und trap.

13.5 Domino Server-Überwachung

Lotus Domino bietet von Haus aus Statistiken, die Sie verwenden können, um die Systemaktivität und die Plattformbeanspruchung zu überwachen. Ereignisse werden vom System generiert, die von den aktuellen und vergangenen Aktivitäten des Domino-Systems innerhalb der Infrastruktur zeugen. Um Statistiken und Ereignisse zu nutzen, existieren zahlreiche Werkzeuge der Serverüberwachung, die zusammenarbeiten, um Ihnen Informationen zu Prozessen, dem Netzwerk und dem Domino-System zur Verfügung zu stellen. Die drei Hauptwerkzeuge sind der Domino Administrator Client, der Web Administrator und die Serverkonsole. Sie können z.B. den Domino Server Monitor und die Statistikcharts verwenden, um die grafische Darstellung des Systemstatus angezeigt zu bekommen. Darüber hinaus leistet auch das Domino Domain Monitoring (DDM, siehe *Kapitel 13.6, Domino Domain Monitoring in der Praxis*) wichtige Unterstützung für den Administrator. Dabei sollten Sie Folgendes beachten:

▶ Das Event Monitoring ist reaktiv.

▶ Wenn das Statistics Monitoring korrekt konfiguriert ist, kann es einen proaktiven Charakter annehmen.

▶ Das DDM Logging hinsichtlich der Low-Level-Warnungen versetzt Sie in die Lage, proaktiv tätig zu werden.

Server Controller und Domino Console

Der Server Controller, ein Java-basiertes Programm, läuft auf einer Domino Server-Maschine und kontrolliert den Server. Die Domino-Konsole ist eine neue Konsole, die Sie verwenden, um mit dem Server Controller zu kommunizieren. Die Domino-Konsole läuft auf jedem Client oder jeder Serverplattform mit Ausnahme von Macintosh.

▶ Wenn ein Server unter einem Server Controller läuft, können Sie OS-Kommandos (Shell Kommandos), Controller-Kommandos und Domino Server-Kommandos an den Server Controller senden. Beispielsweise können Sie von einer Remote-Konsole aus Controller-Kommandos absetzen, um einen Domino Server zu beenden (kill), wenn das System hängt, oder einen Domino Server neu zu starten, der nicht aktiv (down) ist.

▶ Über die Domino-Konsole können Sie Befehle an mehrere Server senden. Die Domino-Konsole verlangt nicht nach einer Notes-ID, sondern lediglich nach dem Internetnamen und dem Passwort, sodass Sie sich mit Servern, die mit unterschiedlichen Zertifizierern zertifiziert wurden, verbinden können, ohne dass Sie unterschiedliche Notes-IDs oder Gegenzertifikate einsetzen müssen. Sie können die Ausgabe an der Konsole anpassen, beispielsweise mithilfe von Logfiltern, der Veränderung des Erscheinungsbilds über Farbattribute oder indem Sie lokale Ereignisfilter spezifizieren.

Die Domino-Konsole funktioniert genauso wie eine Serverkonsole. Infolgedessen beinhaltet die Domino-Konsole auch nicht die gesamte Bandbreite an Domino-Administrationsfeatures, wie sie über den Domino Administrator oder den Web Administrator zur Verfügung gestellt werden, und Sie können sie auch nicht verwenden, um Notes-Datenbanken zu öffnen und zu administrieren. Die Dateien, die benötigt werden, um den Server Controller zu starten, werden mit Domino und Notes bereitgestellt. Sie können auch die Remote-Konsole in Domino Administrator und Web Administrator verwenden, um mit dem Server Controller zu kommunizieren.

Wenn Sie den Server Controller starten, haben Sie keinen Zugriff mehr auf die traditionelle Konsole am Server. Sie können lediglich über die Domino-Konsole kommunizieren oder über die Konsole in Domino Administrator oder im Web Administrator. Um den Server Controller, den Domino Server und die Domino Console zu starten, müssen Sie den Domino Server zuerst beenden. Starten Sie dann die drei Komponenten über folgenden Befehl: `c:\lotus\domino\nserver.exe -jc`.

Sie haben insgesamt folgende Möglichkeiten:

Beispiel (Windows)	Ergebnis
`nserver -jc`	Startet Server Controller, Server und Domino Console
`nserver -jc -c`	Startet Server Controller und Server
`nserver -jc -s`	Startet Server Controller und Domino Console
`nserver -jc -c -s`	Startet Server Controller

Sie können den Server Controller auch als Dienst starten.

Standardmäßig lauscht der Domino Controller auf Port 2050 via SSL. Unter Lotus Domino 6.x arbeitete die Domino-Konsole innerhalb des Intranetscopes, um sich mit dem Server Controller zu verbinden. In der neuen Version 7 können sich die Administratoren von außen (und damit auch über eine Firewall) mit dem Controller verbinden. Dazu benötigen Sie einen „service binder", der an den Controller anknüpft und auf der Maschine außen vor der Firewall läuft. Anbei eine Übersicht über die verwendeten Ports unter Lotus Notes Domino:

Dienst	TCP-Standardanschluss	SSL-Standardanschluss
POP3	110	995
IMAP	143	993
LDAP	389	636
SMTP (Eingang)	25	465
SMTP (Ausgang)	25	465
HTTP	80	443
IIOP	63148	63149
Server Controller	–	2050

In Domino Administrator finden sich folgende Tools zur Systemüberwachung, die Sie verwenden können, um das Domino-System und seine Aktivitäten zu konfigurieren, anzusehen und nachzuverfolgen:

▷ *Monitoring-Datenbanken*

Sie enthalten Monitoring-Dokumente, Informationen und Resultate. Die MONITORING-KONFIGURATIONSDATENBANK/MONITORING CONFIGURATION (*events4.nsf*) enthält die Dokumente, die Sie benötigen, um die Überwachung aufzusetzen. Sie enthält auch Informationen über Statistiken, Statistikgrenzwerte und Ereignisbenachrichtigungen. Diese Datenbank erlaubt eine sehr differenzierte Konfiguration der Überwachungs- und Statistikfunktionalität von Lotus Domino. Die MONITORING-ERGEBNISDATENBANK/MONITORING RESULTS (*statrep.nsf*) enthält die gesammelten Statistikberichte und kann so konfiguriert werden, dass sie Informationen über protokollierte Ereignisse aufnimmt. Die Protokolldatenbank (*log.nsf*) enthält die Serverprotokolldokumente.

▷ *Monitoring-Konfigurationsdokumente*

Definieren und konfigurieren, was ein Ereignis ausmacht und wie es gehandhabt wird. Es erlaubt Ihnen auch, die Benachrichtigungsmeldung über das Eintreffen eines Ereignisses anzupassen.

▷ *Server-Tasks (Dienste)*

Sammeln und zeichnen Informationen aus dem Domino-System auf. Der Event-Monitor-Task stellt fest, ob ein Event Handler für das Ereignis konfiguriert wurde, und wenn dem so ist, wird das Ereignis zu einer festgelegten Person, Datenbank oder einem Servermanagementprogramm geleitet. Der Statistik-Collector-Task sammelt Statistiken des Domino Servers und generiert Statistikberichte in der Monitoring-Ergebnisdatenbank (*statrep.nsf*) oder einer anderen Datenbank, die Sie angeben können. Der ISpy-Task erzeugt TCP-Server- und Mail-Routing-Ereignisgeneratoren.

ISpy-Task starten und anhalten

Zum Starten und Anhalten des ISpy-Tasks können Sie eine beliebige der bekannten Methoden verwenden. Sie müssen den ISpy-Task starten, bevor Sie Server- und Mail-Überprüfungen erstellen können. Über die Konsole starten Sie den Task über folgenden Befehl: `load RunJava ISpy`. Da beim Start des ISpy-Tasks die Groß-/Kleinschreibung eine Rolle spielt, müssen Sie Ihre Eingaben genau wie dargestellt vornehmen.

Der Task SHUTDOWN MONITOR stellt sicher, dass Domino beendet wird, wenn dies angefordert wird. Der Task PROCESS MONITOR ist nur für Domino auf Microsoft-Windows-Plattformen verfügbar. Er überwacht die Prozesse, die in der Domino Server-Umgebung laufen sollten.

▷ *Statistiken*

Domino sammelt Statistiken, die den momentanen Status der Prozesse wiedergeben, die gerade auf dem System laufen, z.B. Informationen über freien Plattenplatz. Sie verwenden diese Statistiken zusammen mit den vordefinierten Statistikgrenzwerten, um sowohl das Domino-System als auch die Plattformstatistiken zu überwachen.

▷ *Domino Server Monitor*

Grafische Präsentation des Status des Servers, den Sie gerade überwachen.

Für das Sammeln von Statistiken und die Überwachung von Servern können unter den Administrationseinstellungen für den Domino Administrator Client eine Reihe von Voreinstellungen gesetzt werden (siehe *Abbildung 13.37*). Im angezeigten Dialogfeld sind die Register ÜBERWACHEN/MONITORING und STATISTIK/STATISTICS von Interesse. Die Einstellungen für ÜBERWACHUNG/MONITORING können dabei in Abhängigkeit von Arbeitsumgebungen erfolgen, was vor allem dann wichtig ist, wenn der Administrator die Überwachung von verschiedenen Standorten mit unterschiedlich leistungsfähiger Netzwerkverbindung aus nutzt.

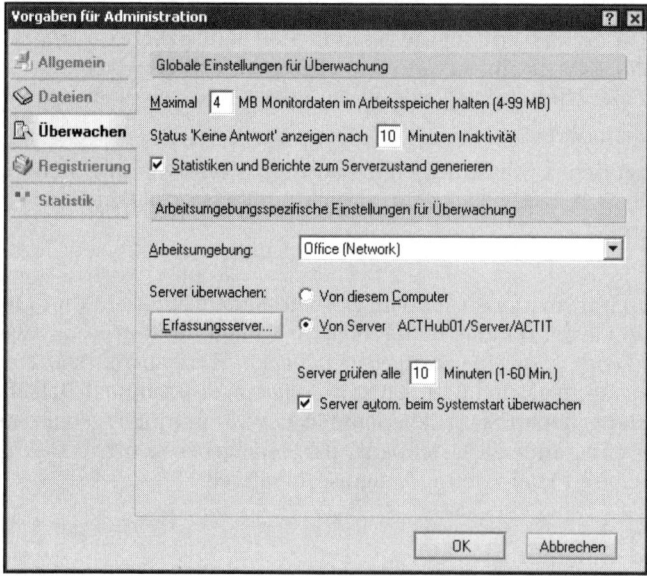

Abbildung 13.37: Vorgaben für die Überwachung

Es gibt eine ganze Reihe von Schnittstellen für die Statistik- und Überwachungsinformationen bei Lotus Domino. Bei Domino Administrator gibt es einerseits den Bereich SERVER > ÜBERWACHUNG/MONITORING, in dem Zustandsinformationen zum Server in aggregierter Form geliefert werden. Darüber hinaus gibt es den Bereich SERVER > STATISTIK/STATITICS mit den statistischen Informationen zu einem Server. Dabei werden Informationen zu einer Vielzahl von Konfigurationsparametern sowie aktuelle Werte angezeigt. Allerdings beziehen sich alle Informationen grundsätzlich auf einen Betrachtungszeitpunkt, der auf der letzten Sammlung der Monitoring-Informationen basiert. Die meisten Informationen finden sich aber in der Monitoring-Ergebnisdatenbank.

13.5.1   Monitoring-Konfigurationsdatenbank

Die Monitoring-Konfigurationsdatenbank (*events4.nsf*) beinhaltet eine Anzahl von Standarddokumenten, die Sie zur Systemüberwachung nutzen können. Die Datenbank hat in der aktuellen Domino-Version eine neue Konfigurationsbenutzeroberfläche für die Zusammenarbeit mit der Domino-Domänenüberwachung (Domino Domain Monitoring, DDM) erhalten. Über diese Oberfläche richten Sie DDM-Tests und eine Erfassungshierarchie von Servern ein, die Informationen von anderen Servern sammeln.

Ein Erfassungsserver sammelt zwei Klassen von Ereignisinformationen: erweiterte und einfache Ereignisse. Erweiterte Ereignisse umfassen Ereignisse, die von den DDM-Tests generiert wurden, Ereignisse, die von neuen Funktionen in Lotus Domino 7.0 und vom Event Generator generiert wurden, sowie alle anderen Ereignisse, die mit bestimmten Zielinformationen verknüpft sind. Ein einfaches Ereignis ist ein Ereignis, das weder mit bestimmten Zielinformationen verknüpft ist noch diese enthält. Die meisten Ereignisse, die in der Ereigniskonsole aufgezeichnet werden, sind einfache Ereignisse.

Sie haben die Möglichkeit, bereits existierende Dokumente zu bearbeiten oder den Konfigurationswizard in der Datenbank zu nutzen, um neue Dokumente zu erstellen. In der Monitoring-Konfigurationsdatenbank legen Sie im Grunde genommen fest, welche Ereignisse Sie im Auge behalten möchten. Dabei stehen Ihnen unterschiedliche Dokumente in der Datenbank zur Verfügung:

Dokument	Beschreibung
Event-Generator	Definiert die Parameter für ein Ereignis.
Event Handler	Beschreibt, welche Aktion vorgenommen wird, wenn ein Ereignis eintritt.
Event Notification Method	Beschreibt die Benachrichtigungsmethode, die angewandt werden soll, wenn das Event-Handler-Dokument eine Benachrichtigung vorschreibt.
Log Filter	Spezifiziert Ereignisse, die nicht protokolliert werden sollen.
Server Console Configuration	Setzt Text- und Hintergrundfarben sowie weitere Farbattribute für die Domino Serverkonsole.
Statistic Description	Beschreibt eine Statistik.
Server Statistic Collection	Spezifiziert einen oder mehrere Server, von denen Statistiken gesammelt werden, und identifiziert den Server, der das Sammeln erledigt.
DDM-Test	Enthält Angaben zum Testtyp und -subtyp, eine allgemeine Beschreibung des Tests, konfigurierbare Einstellungen dazu, was der Test überwacht und wie die Ergebnisse ausgegeben werden, sowie andere relevante Informationen.
DDM-Filter	Gibt an, welche Ereignistypen, Ereignisklassen und Ereignisdringlichkeiten in der DDM-Datei aufgezeichnet werden.

Dabei wird jedem Ereignis, das im Domino-System auftritt, eine Ereignismeldung zugeordnet, die in der Datenbank MONITORING CONFIGURATION (*events4.nsf*) gespeichert ist. Der Meldungstext enthält häufig Informationen über mögliche Ursachen und Lösungen. Sie können Ereignismeldungen nach Text oder nach Typ anzeigen.

1. Klicken Sie in Domino Administrator auf das Register KONFIGURATION/CONFIGURATION.

2. Öffnen Sie die Ansicht ÜBERWACHUNGSKONFIGURATION > NAMES_MESSAGES (ADVANCED) und wählen Sie eine der folgenden Ansichten aus:

   – EVENT MESSAGES: Um alle Meldungen nach Typ und Dringlichkeitsstufe sortiert anzuzeigen.

   – EVENT MESSAGES BY TEXT: Um alle Meldungen nach Meldungstext alphabetisch sortiert anzuzeigen.

   – EVENT MESSAGES BY SEVERITY: Um alle Meldungen nach Dringlichkeitsstufe sortiert anzuzeigen.

Sie können die Datenbank *events4.nsf* auch direkt öffnen.

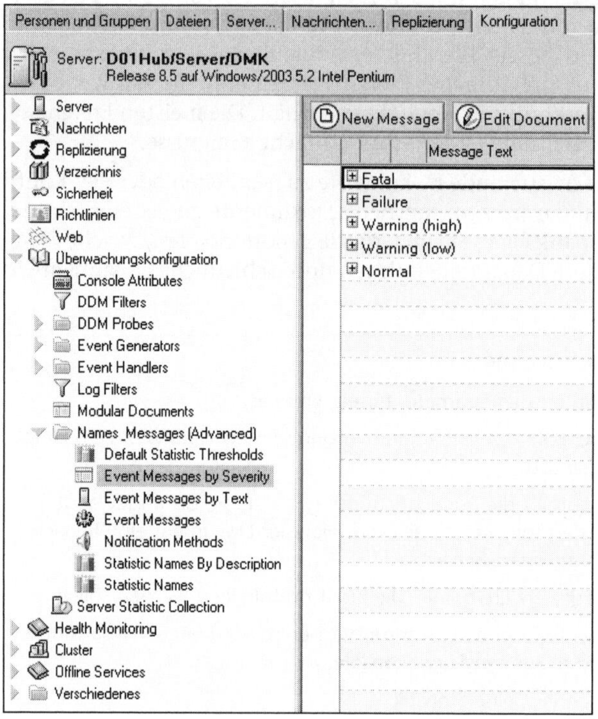

Abbildung 13.38: Inhalte der Überwachungskonfiguration

Für Ereignisse spielen drei Kriterien eine Rolle: welcher Ereignistyp, welcher Dringlichkeit dieser entspricht und wie dieser zu handhaben ist. Sie konfigurieren das Ereignis mithilfe des Event Generators und des Event-Handler-Dokuments. Event-Generatoren beschreiben die Bedingungen, die erfüllt sein müssen, damit ein Ereignis entsteht, und Event Handlers beschreiben, wie ein Ereignis gehandhabt werden soll, wenn es eintritt.

Nachdem Sie sich entschieden haben, zu welchen Ereignissen Sie mehr wissen wollen, machen Sie sich Gedanken dazu, wie diese gehandhabt werden sollen. Sie haben mehrere Möglichkeiten, Sie können unter anderem das Ereignis in der Protokolldatei aufzeichnen (*log.nsf*), eine Benachrichtigung an eine Datei oder einen Administrator senden, oder zu einer anderen Applikation, die dann weitere Schritte unternimmt. Ohne Event-Handler-Dokument geht also im Grunde genommen nichts. Nachdem ein Ereignis dem Event-Monitor-Dienst übergeben wurde, kann es einen oder mehrere Event Handlers anstoßen.

13.5.2 Event-Generatoren

Event-Generatoren sammeln Informationen, indem sie einen Dienst oder eine Statistik überwachen oder einen Server bezüglich des Zugriffs oder der Verbindung überprüfen. Jeder Event-Generator besitzt einen bestimmten Grenzwert oder eine Bedingung, die, wenn sie überschritten wird oder eintrifft, ein Ereignis erzeugen. Dieses Ereignis wird dem Event-Monitor-Dienst übergeben, der überprüft, ob ein entsprechender Event Handler definiert wurde. Wenn kein Event Handler hinterlegt wurde, macht der Event-Monitor-Dienst nichts. Wenn ein Event Handler definiert wurde, führt der Event Monitor die Anweisungen aus dem Event Handler aus. Der Event-Monitor-Dienst, früher bekannt als Event-Task, startet automatisch, sobald der Server gestartet wird, und muss auf allen Servern laufen, die überwacht werden sollen.

Ihnen werden einige vorgegebene Ereignisgeneratoren angeboten, die in der Ansicht EVENT GENERATORS der Datenbank MONITORING CONFIGURATION (*events4.nsf*) aufgeführt sind. Sie haben allerdings auch die Möglichkeit, andere für Sie relevante Ereignisse zu überwachen. In einem solchen Fall müssen Sie einen Ereignisgenerator erstellen und den Typ und die Dringlichkeit des Ereignisses definieren.

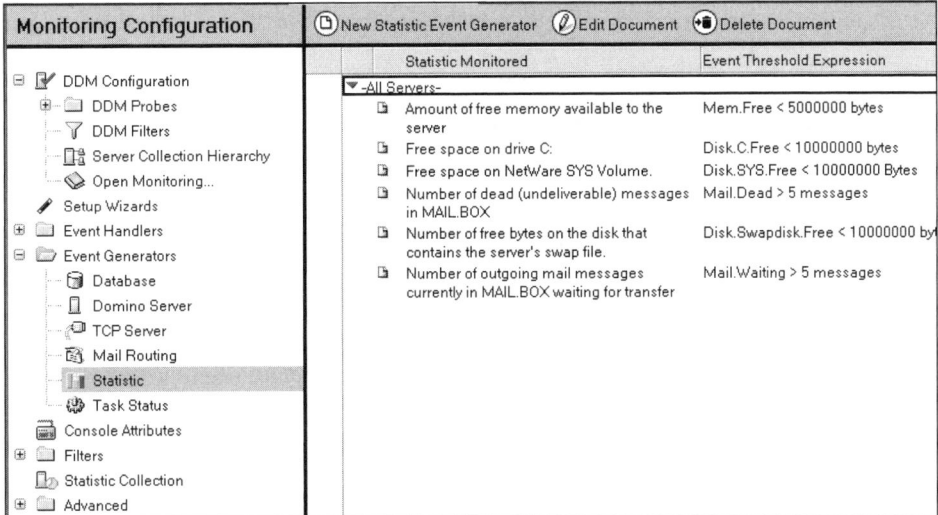

Abbildung 13.39: Standard-Event-Generatoren in der Monitoring-Konfigurationsdatenbank

Folgende Typen von Event-Generatoren liefert Lotus Notes Domino (siehe *Abbildung 13.39*). Wenn Sie mit einem Add-In-Produkt arbeiten, das mit einem Servermanagement-programm zusammenwirkt, könnte es sein, dass Sie weitere Typen zur Auswahl haben.

Event-Generator	Beschreibung
Database Event Generator	▷ Überwacht die Datenbankaktivität und den freien Platz.
	▷ Überwacht die Häufigkeit und den Erfolg der Datenbankreplikation.
	▷ Berichtet von ACL-Änderungen, inklusive solcher, die durch Replikation oder API-Programme entstehen.
Domino Server Response Event Generator	▷ Überprüft die Verbindung und den Anschlussstatus bestimmter Server in einem Netzwerk.
Mail Routing Event Generator	▷ Sendet eine Mailverfolgungsnachricht an den Mail-Server eines Anwenders und erfasst eine Statistik darüber, wie lange es in Sekunden dauert, bis die Mail-Nachricht ankommt.
Statistic Event Generator	▷ Überwacht eine bestimmte Domino- oder Plattform-statistik.

Event-Generator	Beschreibung
Task Status Event Generator	▶ Überwacht den Status eines Domino Servers und seiner Add-In-Tasks.
TCP Server Event Generator	▶ Verifiziert die Verfügbarkeit von Internet-Anschlüssen (TCP-Dienste) auf den Servern und erzeugt eine Statistik, die den Zeitraum in Millisekunden erfasst, den es braucht, um zu verifizieren, dass der Server auf diesem spezifizierten Anschluss antwortet.

Die folgenden Ereignisdringlichkeitstypen geben den Level der erforderlichen Aktion an:

Dringlichkeitsstufe	Bedeutung
FATAL	Systemabsturz droht
FAILURE	Schwerer Fehler, der keinen Systemabsturz verursacht
WARNING (HIGH)	Funktionsverlust, Eingreifen erforderlich
WARNING (LOW)	Leistungsminderung
NORMAL	Statusmeldungen

Für jeden Typ eines Event-Generators gibt es eine Ansicht, die eine Liste der jeweiligen Event-Generatoren plus weitere Konfigurationsinformationen zeigt. Um sich diese Dokumente anzusehen, gehen Sie wie folgt vor:

1. Klicken Sie in Domino Administrator auf das Register KONFIGURATION/CONFIGURATION und öffnen Sie die Monitoring-Konfigurationsdatenbank (*events4.nsf*).
2. Öffnen Sie die Ansicht ÜBERWACHUNGSKONFIGURATION/MONITORING KONFIGURATION > EVENT-GENERATORS und wählen Sie den Event-Generator-Typ aus, den Sie sich ansehen wollen. Sie können die Datenbank *events4.nsf* auch direkt öffnen.
3. Doppelklicken Sie auf den entsprechenden Eintrag, um die Detailinformationen einzusehen.

Database Event Generator

Nutzen Sie einen Datenbankereignisgenerator, um die Datenbanknutzung und Veränderungen an der Zugriffskontrollliste zu überwachen.

1. Klicken Sie in Domino Administrator auf das Register KONFIGURATION/CONFIGURATION.
2. Öffnen Sie die Ansicht ÜBERWACHUNGSKONFIGURATION/MONITORING CONFIGURATION.

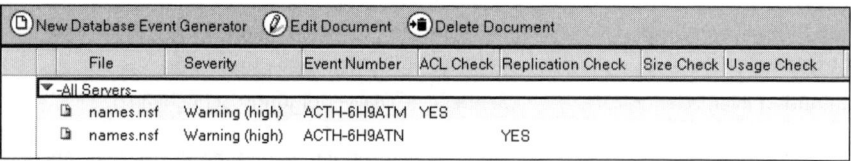

Abbildung 13.40: Database Event Generators in Domino Administrator

3. Öffnen Sie die Ansicht EVENT GENERATORS > DATABASE und klicken Sie auf NEW DATABASE EVENT GENERATOR (siehe *Abbildung 13.41*).

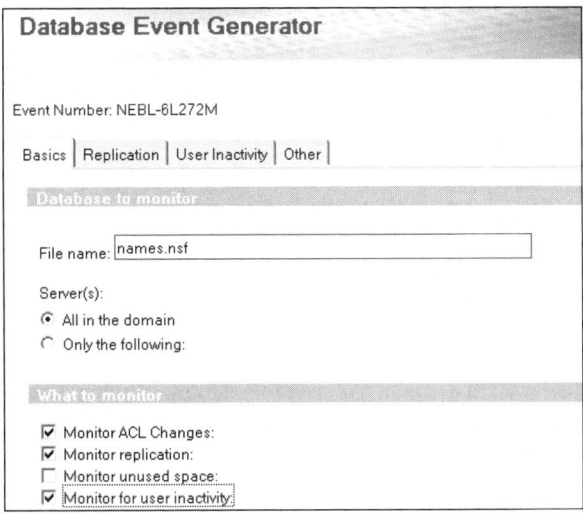

Abbildung 13.41: Konfiguration des Database Event Generator

4. Auf der Registerkarte BASICS im Bereich DATABASES TO MONITOR bearbeiten Sie die folgenden Felder:

Feld	Eingabe
FILE NAME	Dateiname
SERVER	Wählen Sie einen der folgenden Werte aus: ▷ ALL IN THE DOMAIN: (default) Um die Datenbank auf allen Servern in der Domäne zu überprüfen. ▷ ONLY THE FOLLOWING: Um die Datenbank auf spezifischen Servern in der Domäne zu überprüfen. Wählen Sie dann einen oder mehrere Server aus.

Im Bereich WHAT TO MONITOR wählen Sie eine der folgenden Möglichkeiten. Je nach Auswahl der hier angezeigten Optionen werden zusätzliche Registerkarten eingeblendet.

– MONITOR ACL CHANGES: Um alle ACL-Änderungen zu überwachen, auch solche, die durch Replizierung entstehen.

– MONITOR REPLICATION: Um die Häufigkeit und den Erfolg der Datenbankreplikation zu überwachen. Wenn Sie diese Option wählen, erscheint die Registerkarte REPLICATION, unter der Sie die folgenden Optionen wählen können:

Feld	Eingabe
SERVER(S) WITH WHICH THE DATABASE MUST REPLICATE	Wählen Sie einen der folgenden Werte aus: ▷ ALL IN THE DOMAIN: (Default) Um die Replikation der Datenbank zu allen Servern in der Domäne zu überprüfen. ▷ ONLY THE FOLLOWING: Um die Replikation der Datenbank mit spezifischen Servern in der Domäne zu überprüfen. Wählen Sie dann einen oder mehrere Server aus.
REPLICATION TIMEOUT	Geben Sie ein Zeitlimit ein. Die Vorgabe ist 24 Stunden.

– MONITOR UNUSED SPACE: Um zu überwachen, wie viel Speicherplatz in ausgewählten Datenbanken auf einem bestimmten Server nicht belegt ist. Wenn Sie diese Option wählen, erscheint die Registerkarte UNUSED SPACE, unter der Sie die folgenden Optionen wählen können:

Feld	Eingabe
TRIGGER THE EVENT WHEN UNUSED SPACE EXCEEDS	Geben Sie einen Schwellenwert in Prozent ein. Die Vorgabe ist 30 %.
AUTOMATICALLY COMPACT THE DATABASE WHEN THE ABOVE CONDITION IS MET	(Optional) Wählen Sie diese Option, um die Datenbank zu komprimieren.

– Wenn Sie die Option MONITOR FOR USER INACTIVITY gewählt haben, um die Datenbankaktivität zu überwachen und um herauszufinden, welche Datenbanken nicht verwendet werden, klicken Sie auf das Register USER INACTIVITY und wählen die gewünschten Zeiträume und Schwellenwerte aus.

Feld	Eingabe
TIME PERIODS TO MONITOR	Wählen Sie einen der folgenden Werte aus: ▶ DAILY ▶ WEEKLY ▶ MONTHLY
MINIMUM SESSIONS	Geben Sie eine minimale Anzahl an Sessions an, die ein Event auslösen soll. Die Standardwerte sind: ▶ DAILY: 10 SESSIONS ▶ WEEKLY: 50 SESSIONS ▶ MONTHLY: 300 SESSIONS

5. Klicken Sie auf das Register OTHER und dann auf den Pfeil neben GENERATE A DATABASE EVENT OF SEVERITY und wählen Sie eine Dringlichkeitsstufe.

6. Klicken Sie auf CREATE A NEW EVENT HANDLER FOR THIS, um den Ereignisbenachrichtigungsassistenten zu starten und einen Ereignis-Handler über den Wizard zu erstellen (siehe *Kapitel 13.5.3, Event Handler*).

7. Lassen Sie diesen Ereignisgenerator aktiviert.

8. Klicken Sie auf SAVE & CLOSE.

Domino Server Event Generator

Ein Domino Server Event Generator überwacht die Verbindung zum Server und prüft die Anschlüsse im Netzwerk in regelmäßigen Abständen. Diese Tests finden alle drei Minuten statt. Gehen Sie folgendermaßen vor, um einen solchen Ereignisgenerator zu erstellen.

1. Klicken Sie in Domino Administrator auf das Register KONFIGURATION/CONFIGURATION.

2. Öffnen Sie die Ansicht ÜBERWACHUNGSKONFIGURATION/MONITORING CONFIGURATION.

3. Öffnen Sie die Ansicht EVENT GENERATORS > DOMINO SERVER und klicken Sie auf NEW DOMINO SERVER EVENT GENERATOR.

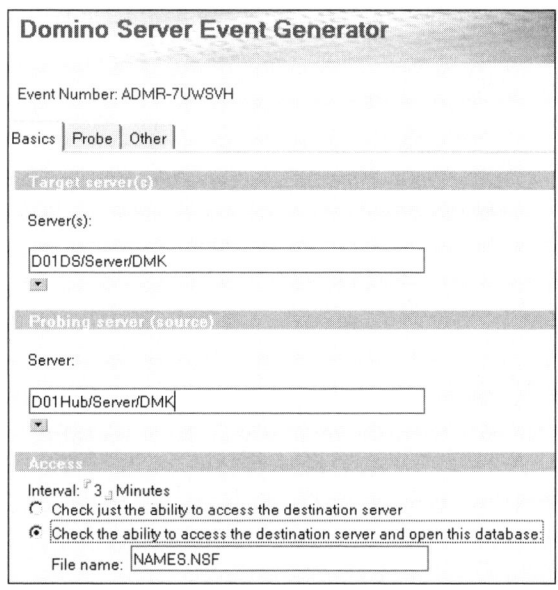

Abbildung 13.42: Domino Server Event Generator, Registerkarte BASICS

4. Auf der Registerkarte BASICS bearbeiten Sie die folgenden Felder (siehe *Abbildung 13.43*):

Feld	Eingabe
TARGET SERVER(S)	▶ Wählen Sie die gewünschten Server aus, die überprüft werden sollen.
PROBING SERVER (SOURCE)	Servername des Servers, der die Überprüfung der Zielserver vornehmen soll.

5. Im Bereich ACCESS geben Sie ein Interval in Minuten für die Überprüfung der Server an und außerdem, wie Sie den Zugriff auf den Server prüfen möchten, z.B. über den Zugriff auf eine bestimmte Datenbank.

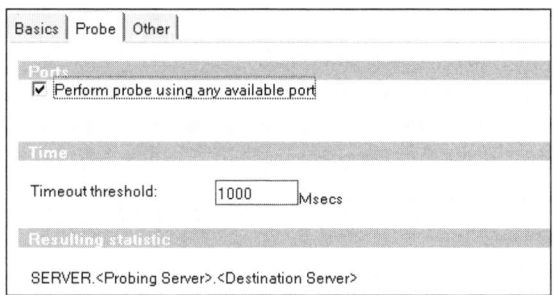

Abbildung 13.43: Domino Server Event Generator, Registerkarte PROBE

6. Wählen Sie eine der folgenden Möglichkeiten unter der Registerkarte PROBE:

Feld	Eingabe
PORTS: PERFORM PROBE USING ANY AVAILABLE PORT	▶ Aktivieren Sie das Feld, um den Zugriff anhand eines beliebigen konfigurierten Anschlusses zu prüfen. ▶ Oder deaktivieren Sie das Feld und geben Sie die für die Überprüfung zu benutzenden Anschlüsse in dem sich nun aufblendenden Eingabefeld explizit an.
PORTS TO USE	Die für die Überprüfung zu benutzenden Anschlüsse. Dieses Feld ist nur sichtbar, wenn das Feld PERFORM PROBE USING ANY AVAILABLE PORT deaktiviert wurde.
TIMEOUT THRESHOLD	Eine Zahl, die angibt, wie viele Millisekunden für das Öffnen der Datenbank oder das Zugreifen auf den Server reserviert sind. Die Vorgabe ist 1000 Millisekunden.

Das Feld RESULTING STATISTIC, das nicht bearbeitbar ist, zeigt den Namen der Statistik an, die generiert wird.

7. Klicken Sie auf das Register OTHER und dann auf den Pfeil neben ON TIMEOUT, GENE-RATE A SERVER EVENT OF SEVERITY und wählen Sie eine Dringlichkeitsstufe.

8. Klicken Sie auf CREATE A NEW EVENT HANDLER FOR THIS EVENT, um den Ereignisbenach-richtigungsassistenten zu starten und einen Ereignis-Handler über den Wizard zu erstellen (siehe *Kapitel 13.5.3, Event Handler*).

9. Lassen Sie diesen Ereignisgenerator aktiviert.

10. Klicken Sie auf SAVE & CLOSE.

Mail Routing Event Generator

Sie können Ihr Mail-Netzwerk überwachen, indem Sie Überprüfungen zum Testen und Erfassen von Statistiken auf Mail-Routen konfigurieren. Dies geschieht mithilfe des ISpy-Tasks. Dieser überprüft die Mail-Zustellung an Mail-Server von Benutzern und erstellt dazu Statistiken. Zum Testen einer Mail-Route sendet ISpy eine Nachricht zur Mailverfolgung an den Mail-Server der von Ihnen genannten Person. Die Überprüfung generiert eine Statistik mit der genauen Sekundenzahl, die für die Zustellung der Nach-richt benötigt wurde. Wenn die Überprüfung nicht erfolgreich ist, hat die Statistik den Wert -1. Das Format der Mail-Überwachungsstatistik lautet: `QOS.Mail.Empfängername.Ant-wortzeit`. Standardmäßig überwacht ISpy den lokalen Mail-Server. Um andere Domino Mail-Server zu überwachen, erstellen Sie einen Ereignisgenerator und richten einen Ereignis-Handler ein, der Sie bei Eintritt eines Ereignisses benachrichtigt. Wenn der Sta-tistic-Collector-Task läuft, speichert die Statistikdatenbank (*statrep.nsf*) die Statistiken. Außerdem generiert ISpy Ereignisse für nicht erfolgreiche Überprüfungen. So können Sie eine Ereignisbenachrichtigung erstellen:

1. Vergewissern Sie sich, dass Sie den ISpy-Task auf dem Server gestartet haben.

2. Klicken Sie in Domino Administrator auf das Register KONFIGURATION/CONFIGURATION.

3. Öffnen Sie die Ansicht ÜBERWACHUNGSKONFIGURATION/MONITORING CONFIGURATION.

4. Öffnen Sie die Ansicht EVENT GENERATORS > MAIL und klicken Sie auf NEW MAIL ROU-TING EVENT GENERATOR.

5. Auf der Registerkarte BASICS bearbeiten Sie die folgenden Felder:

Feld	Eingabe
ALL DOMINO SERVERS IN THE DOMAIN WILL PROBE THEMSELVES	Wählen Sie: ▶ Aktivieren Sie diese Option, damit jeder Server seine eigene Mailbox überwacht. ▶ Deaktivieren Sie diese Option, um spezifizierte Server zu überprüfen.
RECIPIENT	Geben Sie den Mail-Empfänger ein, für den die Mail-Route geprüft werden soll, oder öffnen Sie das Dropdown-Feld, wenn Sie einen Empfänger aus einem Domino-Verzeichnis oder einem Adressbuch auswählen möchten. Geben Sie nicht mehr als eine Person ein, und geben Sie keinen Gruppennamen ein.
PROBING SERVERS (SOURCE)	Geben Sie den Server ein, von dem aus die Überprüfung durchgeführt werden soll, oder wählen Sie den Server im Feld aus.
SHOW INTERMEDIATE HOP TIMES	Aktivieren Sie diese Option, um die Zeiten der dazwischen liegenden Hops zu verfolgen.

6. Klicken Sie auf das Register PROBE und geben Sie dann Werte in folgende Felder ein (siehe *Abbildung 13.44*).

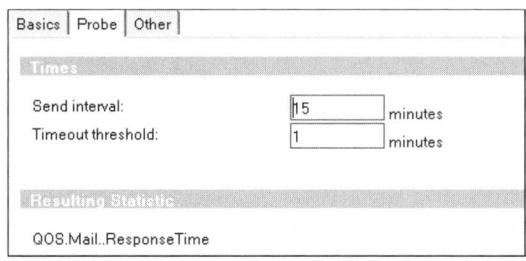

Abbildung 13.44:
Mail Routing Event Generator –
Registerkarte PROBE

Feld	Eingabe
SEND INTERVAL	Geben Sie das Überprüfungsintervall ein. Damit geben Sie an, wie oft Überprüfungen gesendet werden.
TIME OUT THRESHOLD	Geben Sie einen Schwellenwert für das Zeitlimit ein. Dies ist die Zeit, die der überprüfende Server (Quelle) auf eine Antwort wartet, bevor er einen Fehler protokolliert.

7. Klicken Sie auf das Register OTHER, geben Sie Werte in die folgenden Felder ein und klicken Sie auf SAVE & CLOSE.

Feld	Eingabe
ON TIME-OUT, GENERATE A MAIL EVENT OF SEVERITY	Wählen Sie, mit welcher Dringlichkeitsstufe das Ereignis generiert werden soll.
CREATE A NEW EVENT HANDLER FOR THIS EVENT	Klicken Sie auf diesen Button, um den Benachrichtigungsassistenten aufzurufen und einen Event Handler anzulegen (siehe *Kapitel 13.5.3, Event Handler*).

8. Lassen Sie diesen Ereignisgenerator aktiviert.

Statistic Event Generator

Die Monitoring-Konfigurationsdatenbank (*events4.nsf*) beinhaltet eine Definition jeder Domino-System- und Plattformstatistik. Jede Definition beinhaltet einen Standardgrenzwert. Um eine Statistik zu überwachen, erstellen Sie einen Statistic Event Generator. Im Statistic Event Generator können Sie den Standardgrenzwert verändern und angeben, wie das Ereignis gehandhabt werden soll, wenn dieser Grenzwert erreicht wird.

Um Statistikereignisse zu generieren, müssen die Statistikwarnungen (Alarme) entweder im Domino Server oder in Domino Administrator aktiviert werden. Diese Aktivierung weist den Collector-Task an, den Wert der konfigurierten Statistiken periodisch zu überprüfen und mit dem festgesetzten Grenzwert im Event-Generator-Dokument zu vergleichen. Wenn ein Grenzwert überschritten wurde, wird ein Alarmdokument in der Monitoring-Ergebnisdatenbank (*statrep.nsf*) erstellt. Das erste Mal, wenn über einen Alarm berichtet wird, wird ein Statistik-Event generiert. Berichte über einen Alarm werden regelmäßig entsprechend des Alarmintervalls, wie bei der Aktivierung des Alarms angegeben, generiert. Nach dem ersten Alarm werden nachfolgende Ereignisse jedoch standardmäßig einmal pro Tag generiert, bis Sie den Alarm aus der Ansicht ALARMS der Monitoring-Results-Datenbank löschen. Sie aktivieren Alarme in Domino Administrator über die Administrationsvorgaben. Alarme werden auf dem Server im Server-Statistic-Collection-Dokument der Überwachungskonfiguration aktiviert (siehe *Abbildung 13.45*). Dieses Dokument enthält den Namen des Collector-Servers, die Server, von denen statistische Daten gesammelt werden, die Intervalle für Berichte und Alarme und die zu verwendenden Statistikfilter.

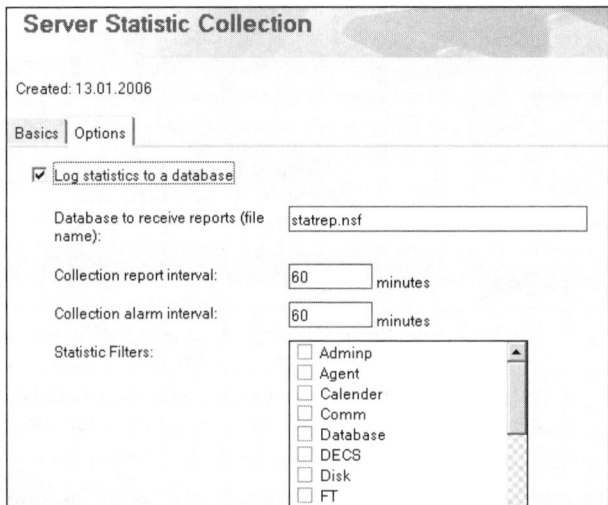

Abbildung 13.45: Aktivieren der Alarme im Server-Statistic-Collection-Dokument

Auf folgendem Weg erstellen Sie einen Statistikereignisgenerator:

1. Klicken Sie in Domino Administrator auf das Register KONFIGURATION/CONFIGURATION.
2. Öffnen Sie die Ansicht ÜBERWACHUNGSKONFIGURATION/MONITORING CONFIGURATION.
3. Öffnen Sie die Ansicht EVENT GENERATORS > STATISTIC und klicken Sie auf NEW STATISTIC EVENT GENERATOR.

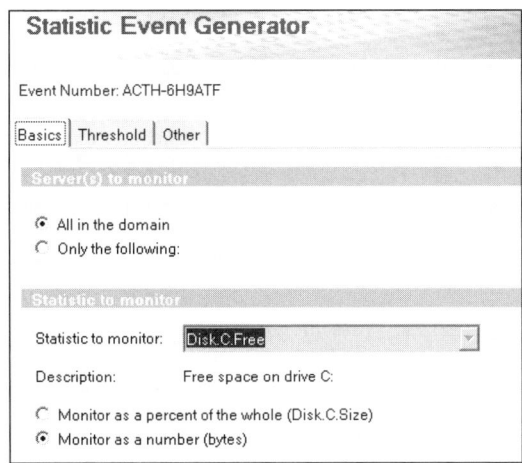

Abbildung 13.46: Statistic Event Generator – Registerkarte BASICS

4. Auf der Registerkarte ALLGEMEIN/BASICS bearbeiten Sie die folgenden Felder (siehe *Abbildung 13.46*):

Feld	Eingabe
SERVER(S) TO MONITOR	Wählen Sie einen der folgenden Werte aus: ▶ ALL IN THE DOMAIN: (default) Um die Statistiken aller Server in der Domäne zu überprüfen. ▶ ONLY THE FOLLOWING: Um die Statistiken spezifischer Server in der Domäne zu überprüfen. Wählen Sie dann einen oder mehrere Server aus.
STATISTIC TO MONITOR	Wählen Sie die zu überwachende Statistik und füllen Sie gegebenenfalls zu dieser Statistik gehörende Parameter in weiteren sich aufblendenden Eingabefeldern aus.

5. Wählen Sie im Bereich STATISTIC TO MONITOR eine Statistik aus und wählen Sie dann:
   – MONITOR AS A PERCENT OF THE WHOLE (DISK.C.SIZE). Klicken Sie dann auf die nächste Registerkarte und geben Sie die Prozentzahl an, die den Grenzwert angibt.
   – MONITOR AS A NUMBER (BYTES): Danach klicken Sie auf die nächste Registerkarte und geben einen Grenzwert in Bytes an.

6. Klicken Sie auf das Register THRESHOLD und geben Sie einen Schwellenwert in das entsprechende Feld ein.

7. Für das Feld GENERATE THE EVENT WHEN wählen Sie eine der folgenden Möglichkeiten:
   – THE STATISTIC IS LESS THAN THE THRESHOLD VALUE
   – THE STATISTIC IS GREATER THAN THE THRESHOLD VALUE
   – THE STATISTIC IS A MULTIPLE OF THE THRESHOLD VALUE

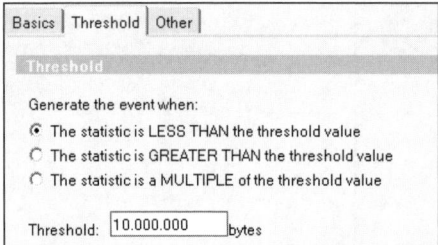

Abbildung 13.47: Statistic Event Generator – Registerkarte THRESHOLD

8. Klicken Sie auf das Register OTHER, geben Sie Werte in die folgenden Felder ein und klicken Sie auf SAVE & CLOSE.

Feld	Eingabe
ON TIME-OUT, GENERATE A STATISTIC EVENT OF SEVERITY	Wählen Sie, mit welcher Dringlichkeitsstufe das Ereignis generiert werden soll.
CREATE A NEW EVENT HANDLER FOR THIS EVENT	Klicken Sie auf diesen Button, um den Benachrichtigungs-assistenten aufzurufen und einen Event Handler anzulegen.

9. Lassen Sie diesen Ereignisgenerator aktiviert.

Task Status Event Generator

Erstellen Sie einen Task-Status-Ereignisgenerator, um zu überwachen, wann ein Task startet, stoppt oder sich verzögert.

1. Klicken Sie in Domino Administrator auf das Register KONFIGURATION/CONFIGURATION.

2. Öffnen Sie die Ansicht ÜBERWACHUNGSKONFIGURATION/MONITORING CONFIGURATION.

3. Öffnen Sie die Ansicht EVENT GENERATORS > TASK STATUS und klicken Sie auf NEW TASK STATUS MONITOR.

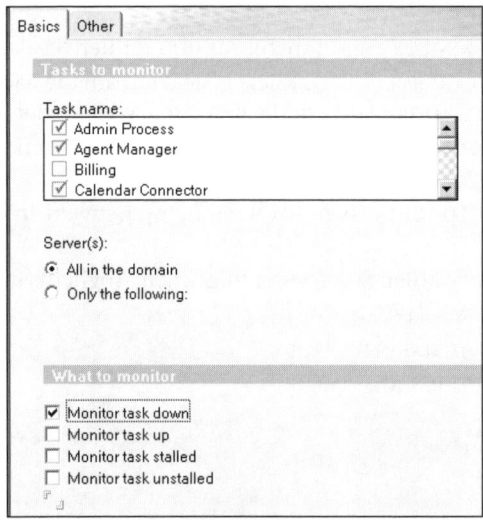

Abbildung 13.48: Task Status Event Generator

4. Auf der Registerkarte BASICS bearbeiten Sie die folgenden Felder (siehe *Abbildung 13.48*):

Feld	Eingabe
TASK NAME	Wählen Sie den/die Task-Namen aus.
SERVER(S)	Wählen Sie:
	▶ ALL IN THE DOMAIN: (Default) Um die Tasks aller Server in der Domäne zu überprüfen.
	▶ ONLY THE FOLLOWING: Um die Tasks spezifischer Server in der Domäne zu überprüfen. Wählen Sie dann einen oder mehrere Server aus.
WHAT TO MONITOR	Wählen Sie:
	▶ MONITOR TASK DOWN
	▶ MONITOR TASK UP
	▶ MONITOR TASK NOT RESPONDING
	▶ MONITOR TASK RESUMED RESPONDING

5. Klicken Sie auf das Register OTHER, geben Sie Werte in die folgenden Felder ein und klicken Sie auf SAVE & CLOSE.

Feld	Eingabe
GENERATE A MONITOR EVENT OF SEVERITY	Wählen Sie, mit welcher Dringlichkeitsstufe das Ereignis generiert werden soll.
CREATE A NEW EVENT HANDLER FOR THIS EVENT	Klicken Sie auf diesen Button, um den Benachrichtigungsassistenten aufzurufen und einen Event Handler anzulegen.

6. Lassen Sie diesen Ereignisgenerator aktiviert.

TCP Server Event Generator

Mit einer TCP-Serverüberprüfung können Sie die Verfügbarkeit von Internet-Anschlüssen (TCP-Diensten) auf Servern überprüfen. Bei dieser Überprüfung wird getestet, ob der Server an einem bestimmten Anschluss antwortet. Die Überprüfung generiert eine Statistik, die die Zeit (in Millisekunden) angibt, die für die Feststellung benötigt wurde, ob der Server am angegebenen Anschluss antwortet. Wenn die Überprüfung nicht erfolgreich ist, hat die Statistik den Wert -1. Das Format der Serverüberwachungsstatistik lautet: QOS.TCPservice.Servername.MonitorId.Antwortzeit. Der Collector-Task speichert regelmäßig die vom ISpy-Task generierten Internet-Anschluss-Statistiken in der Datenbank Monitoring Results.

Standardmäßig überwacht der ISpy-Task alle aktivierten Internet-Anschlüsse (TCP-Dienste) auf dem Server, auf dem der ISpy-Task läuft. Wenn Sie einen TCP-Server-Ereignisgenerator erstellen, können Sie festlegen, dass jeder Server seine eigenen konfigurierten Anschlüsse und alle über diese Anschlüsse ausgeführten Dienste überprüfen soll, oder Sie können auswählen, welche Server und Dienste überprüft werden sollen. Um den Statistiknamen und den bei einem Fehler generierten Ereignistyp zu überprüfen, klicken Sie auf das Register des jeweiligen Dienstes.

1. Vergewissern Sie sich, dass Sie den ISpy-Task auf dem Server gestartet haben.

2. Klicken Sie in Domino Administrator auf das Register KONFIGURATION/CONFIGURATION.

3. Öffnen Sie die Ansicht ÜBERWACHUNGSKONFIGURATION/MONITORING CONFIGURATION.

4. Öffnen Sie die Ansicht EVENT GENERATORS > TCP SERVER und klicken Sie auf NEW TCP SERVER EVENT GENERATOR.

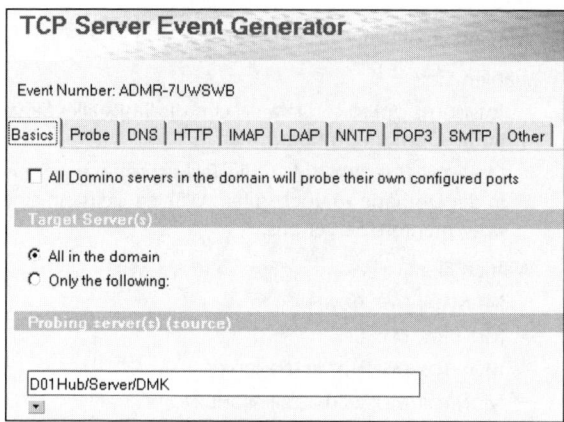

Abbildung 13.49: TCP Server Event Generator – Registerkarte ALLGEMEIN/BASICS

5. Auf der Registerkarte BASICS bearbeiten Sie die folgenden Felder:
   - Aktivieren Sie die entsprechende Option, um sicherzugehen, dass jeder Server seine eigenen Anschlüsse überprüft. Fahren Sie dann mit Schritt 8 fort.
   - Deaktivieren Sie die Option, um die Serveranschlüsse und Dienste explizit anzugeben.

6. Im Bereich TARGET SERVERS(S) wählen Sie:
   - ALL IN THE DOMAIN: (Default) Um die Anschlüsse aller Server in der Domäne zu überprüfen.
   - ONLY THE FOLLOWING: Um die Anschlüsse spezifischer Server in der Domäne zu überprüfen. Wählen Sie dann einen oder mehrere Server aus.

7. Geben Sie den Namen des Servers unter PROBING SERVER(S) (SOURCE) an, von dem aus die Überprüfung durchgeführt werden soll.

8. Klicken Sie auf das Register PROBE und geben Sie Werte in folgende Felder ein (siehe *Abbildung 13.50*).

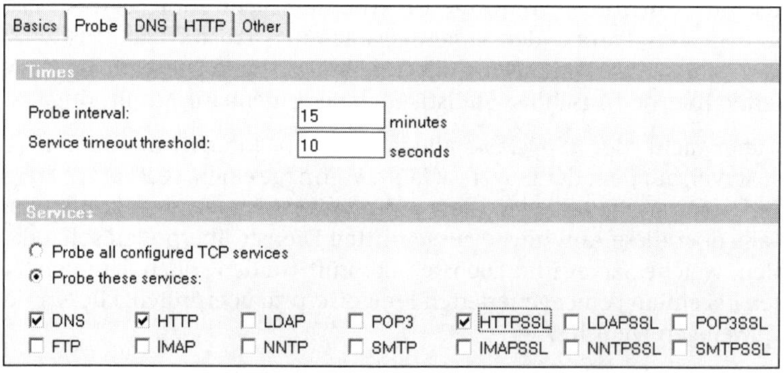

Abbildung 13.50: TCP Server Event Generator – Registerkarte PROBE

Feld	Eingabe
PROBE INTERVAL	Die Häufigkeit, mit der Überprüfungen gesendet werden. Der Standardwert ist 15.
SERVICE TIMEOUT THRESHOLD	Dies ist die Zeit, die der überprüfende Server (Quelle) auf eine Antwort wartet, bevor er einen Fehler protokolliert. Der Standardwert ist 30.

9. Wählen Sie, ob alle konfigurierten Dienste oder nur bestimmte Dienste überprüft werden sollen.

10. Wenn Sie bestimmte Dienste überprüfen möchten, aktivieren Sie die entsprechenden Kontrollkästchen. Sie können den Statistiknamen und den bei einem Fehler generierten Ereignistyp prüfen, indem Sie auf das Register des jeweiligen Dienstes klicken.

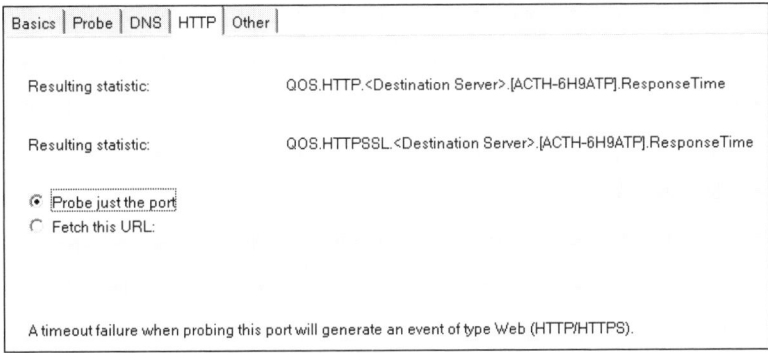

Abbildung 13.51: TCP Server Event Generator — Registerkarte HTTP

11. Wenn alle Server sich selbst überprüfen oder wenn Sie festgelegt haben, dass der HTTP-Dienst überprüft werden soll, klicken Sie auf das Register HTTP und wählen eine der folgenden Optionen:
    - PROBE JUST THE PORT: Zum Überprüfen der Verfügbarkeit des HTTP-Dienstes auf dem Anschluss (Default).
    - FETCH THIS URL: Zum Überprüfen der Verfügbarkeit eines Webservers. Geben Sie anschließend eine URL mit Angabe des Dateipfads ein. Die URL-Adresse darf nicht den Servernamen enthalten.

12. Wenn Sie nicht nur die Verfügbarkeit von NNTP-Diensten auf dem Zielserver, sondern einen bestimmten NNTP-Befehl testen möchten, klicken Sie auf das Register NNTP und geben Werte in diese Felder ein:
    - PROBE JUST THE PORT: (Default) Um die Verfügbarkeit des Anschlusses in Bezug auf den NNTP-Dienst zu überprüfen.
    - SEND THIS COMMAND: Geben Sie den Befehl und den News-Group-Namen an.

13. Klicken Sie auf das Register OTHER und geben Sie Werte in die folgenden Felder ein:

Feld	Eingabe
ON TIME-OUT, GENERATE AN EVENT OF SEVERITY	Wählen Sie, mit welcher Dringlichkeitsstufe das Ereignis generiert werden soll.
CREATE A NEW EVENT HANDLER FOR THIS EVENT	Klicken Sie auf diesen Button, um den Benachrichtigungs-assistenten aufzurufen und einen Event Handler anzulegen.

14. Klicken Sie auf SAVE & CLOSE.

15. Lassen Sie diesen Event Generator aktiviert.

Deaktivierung eines Event-Generators

Manche Event-Generatoren möchten Sie vielleicht nur temporär verwenden. Um einen Event-Generator nach Abschluss einer Überprüfung zu deaktivieren, gehen Sie auf die Registerkarte OTHER im entsprechenden Dokument und wählen DISABLE THIS EVENT GENERATOR.

13.5.3   Event Handler

Ein Event Handler definiert die Aktion, die vorgenommen werden soll, wenn ein spezifisches Ereignis eintritt. Sie können einen Event Handler definieren, damit dieser Folgendes ausführt:

▶ Das Ereignis in einem konfigurierten Ziel protokollieren

▶ Eine Benachrichtigung zum Ereignis senden und die Benachrichtigungsmethode festlegen

▶ Das Ereignis zur weiteren Verarbeitung an ein anderes Programm weiterleiten

▶ Verhindern, dass das Ereignis in der Serverkonsole oder einem bestimmten Ziel protokolliert wird

▶ Einen Agenten ausführen

▶ Konsolenbefehle und -scripts senden

Ereignisgenerator- und Ereignis-Handler-Assistenten

Wenn Sie wissen, welchen Ereignisgeneratortyp Sie erstellen möchten, und Sie mit den im entsprechenden Ereignisgeneratordokument verfügbaren Optionen vertraut sind, verwenden Sie die Assistenten in der Datenbank MONITORING CONFIGURATION (*events4.nsf*), um Ereignisgeneratoren und Ereignis-Handler zu erstellen. Öffnen Sie die Datenbank, wählen Sie die Ansicht SETUP WIZARDS und klicken Sie auf den gewünschten Assistenten:

▶ Event Handler Wizard: erstellt einen Ereignis-Handler.

▶ Database and Statistic Wizard: erstellt Datenbank- und Statistikereignisgeneratoren.

▶ Mail Routing and Server Response Wizard: erstellt Mail-Routing-, Domino Server- und TCP-Ereignisgeneratoren.

Die Monitoring-Konfigurationsdatenbank (*events4.nsf*) enthält einige Vorgabe-Event-Handlers für Server-Tasks. Um die Handhabung von Ereignissen anzupassen, können Sie eigene Event Handlers erstellen, wenn Sie die Vorgaben nicht nutzen oder verändern möchten. So können Sie je nach Bedarf die Vorgaben deaktivieren oder aktivieren, um gegebenenfalls eine Vorgabe durch Ihren selbst erstellten Event Handler zu ersetzen.

Wenn Sie einen Event Handler erstellen, geben Sie die Bedingung an, z.B. wenn ein Ereignis eintritt, ein Schwellenwert überschritten wird oder eine bestimmte Dringlichkeitsstufe eintritt, die den Event Handler anstößt. Um die Bedingungen für einen Event Handler anzugeben, geben Sie eine Anzahl von Kriterien an, geben einen Task an oder wählen einen Event-Generator, der den Event Handler anstößt. Ein Event Handler wird nur dann angestoßen, wenn ein bestimmter Dienst ein Event generiert. Ein angepasster bzw. selbst erstellter Event Handler wird nur dann angestoßen, wenn der dazugehörige Event-Generator ein Ereignis erzeugt.

Sie können unterschiedliche Event Handlers für unterschiedliche Dringlichkeitsstufen erzeugen. Beispielsweise möchten Sie sofort darüber informiert werden, wenn ein Ereignis der Dringlichkeitsstufe FATAL oder FAILURE geschieht, und das Ereignis soll in der Protokolldatei oder der Monitoring-Ergebnisdatenbank protokolliert werden. Normale Dringlichkeitsstufen sind nicht von ernsthaftem Interesse, sodass Sie bezüglich dieser Ereignisse einen Protokollfilter setzen möchten, der verhindert, dass diese Ereignisse in der Protokolldatei oder in der Konsole erfasst werden.

Event-Handler-Benachrichtigungsmethoden

Abhängig vom Typ oder der Dringlichkeitsstufe ist es möglich, dass Sie sofort über einen Alarm, eine E-Mail oder eine Meldung auf der Serverkonsole benachrichtigt werden. Wenn Sie eine Benachrichtigungsmethode für den Handler definieren, geben Sie ebenfalls an, wo über die Ereignisse ein Bericht erstellt werden soll. Domino unterstützt die folgenden Benachrichtigungsmethoden:

Benachrichtigungs-methode	Aktion
BROADCAST	Meldet Ereignisse den Nutzern, die mit dem Server zurzeit verbunden sind.
LOG TO DATABASE	Ereignisse einer Datenbank auf einem lokalen Server melden. Wählen Sie diese Methode nur, wenn der angegebene Server Ereignisse an seine eigene Erfassungsdatenbank meldet.
LOG TO NT EVENT	Ereignisse der Windows NT-Ereignisanzeige melden.
MAIL	Ereignisse per Mail an eine Person oder an eine Datenbank auf einem Server in einer anderen Domäne oder mit einem inkompatiblen Protokoll senden.
PAGER	Eine modifizierte Version von Ereignissen dem Rufempfänger einer Person melden.
RELAY TO OTHER SERVER	Mit dieser Methode werden Ereignisse als weiteres Ereignis über das Netzwerk an einen anderen Server weitergeleitet.

Benachrichtigungs-methode	Aktion
RUN PROGRAM	Führt ein Add-In-Programm oder einen angegebenen Befehl aus, um Probleme automatisch zu beheben. Die Benachrichtigungs-methode RUN PROGRAM bietet auch die Möglichkeit, Ereignispara-meter zu übergeben. Sie können angeben, welche Parameter bei Ausführung des Programms übergeben werden sollen. Sie können optional auch Schalter für die Parameter angeben. Sie benötigen vollständigen Zugriff auf die Remote-Konsole im Serverdokument, um LOAD-Befehle auszugeben.
SNMP TRAP	Ereignisse einem Serververwaltungsprogramm wie NotesView melden.
SOUND	Lässt ein Alarmgeräusch auf dem betroffenen Server erklingen, wenn ein Ereignis eintritt.
LOG TO UNIX SYSTEM LOG	Schreibt das Ereignis in den Unix-Systemlog.
RUN AN AGENT	Führt einen angegebenen Agenten auf der Basis des konfigurierten Ereignis-Handlers aus. Verwenden Sie diese Methode, um eine Ak-tion ohne Benutzerinteraktion durchzuführen. Sie geben den Agen-tennamen, den Server und die Datenbank, die den Agenten enthält, sowie jeden an den Agenten zu übergebenden Parameter an.
SEND A CONSOLE COM-MAND TO THE SERVER	Sendet je nach konfiguriertem Ereignis-Handler einen oder mehrere Konsolenbefehle an den Server. Sie können die auszuführenden Serverkonsolenbefehle angeben. Es kann jeder Konsolenbefehl mit einem Ereignis-Handler verwendet werden. Der Konsolenbefehl muss bei der Eingabe in Anführungszeichen gesetzt werden. Beispiel: 'SHOW TASK'. Sie können diese Option auch verwenden, um ein Konsolenscript auszuführen.
SEND JAVA CONTROLLER COMMAND	Sendet Java-Server-Controller-Befehle auf der Basis eines Ereignisses. Die Befehle, die an den Controller gesendet werden können, lauten restart Domino, start Domino und shutdown Domino.
FORWARD EVENT TO TIVOLI ENTERPRISE CONSOLE	Die Tivoli Enterprise Console (TEC) empfängt Domino-Ereignisse und formatiert sie neu als TEC-Ereignisse. Das neu formatierte TEC-Ereignis wird an den TEC-Server gesendet, den Sie im Konfigura-tionsdokument im Register ALLGEMEIN/BASIC im Abschnitt EINSTEL-LUNGEN DER TIVOLI ENTERPRISE CONSOLE/TIVOLI ENTERPRISE CONSOLE SETTINGS im IP-Adressenfeld angeben. Sie können Domino-Domä-nenüberwachungsereignisse (DDM), die von DDM-Tests ausgelöst werden, Ereignisse, die von Fremdanbieter-Ressourcenmodellen, die unter der RMEval-Server-Task laufen, ausgelöst werden, sowie Domino-Ereignisse weiterleiten.

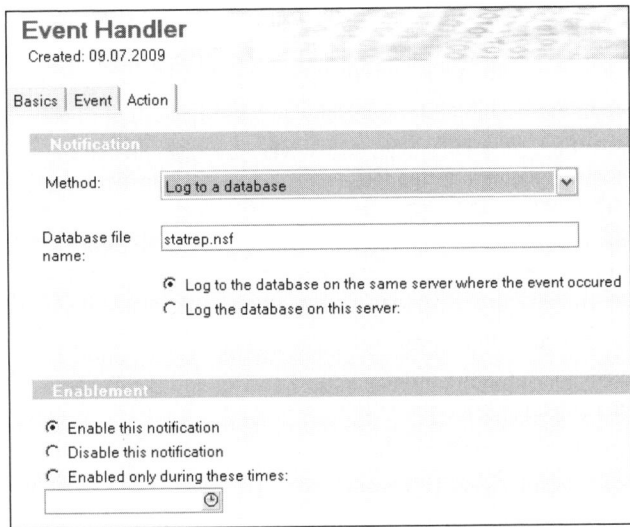

Abbildung 13.52: Auswahl des Benachrichtigungstyps

Ereignistypen

Wenn Sie einen Event Handler auf Basis eines Ereigniskriteriums erstellen, müssen Sie einen Ereignistyp angeben:

Ereignistyp	Bedeutung
ADD-IN	Meldungen bezüglich Zusatzprogramm-Tasks
ADMINP	Meldungen bezüglich des AdminP-Tasks (Administrationsprozess)
AGENT	Meldungen bezüglich Agenten
CLIENT	Meldungen bezüglich des Clients
COMM/NET	Meldungen bezüglich XPC
COMPILER	Meldungen bezüglich der Funktionen „Berechnen" und „Kompilieren"
DATABASE	Meldungen bezüglich Datenbanken
DIRECTORY (LDAP)	Meldungen bezüglich Verzeichnisdiensten
FTP	Meldungen bezüglich FTP-Diensten
MAIL	Meldungen bezüglich Mail-Routing
MISC	Verschiedene Meldungen, die zu keiner anderen Kategorie gehören
MONITOR	Meldungen der Event-Generatoren in Domino Administrator bezüglich der Serverüberwachung
NETWORK	Meldungen bezüglich des LAN
REPLICA	Meldungen bezüglich Replizierung. Kann auch Benachrichtigungen aufgrund eines Datenbank-Event-Generators umfassen

Ereignistyp	Bedeutung
RESOURCE	Meldungen bezüglich Systemressourcen
ROUTER	Meldungen bezüglich Mail-Ereignissen
SECURITY	Meldungen bezüglich ID-Dateien und Server- bzw. Datenbankzugriffen. Kann von einem Datenbank-Event-Generator generierte Benachrichtigungen umfassen.
SERVER	Meldungen bezüglich Bedingungen auf einem bestimmten Server oder Problemen mit Serververbindungen. Kann vom Domino Server Event Generator generierte Benachrichtigungen umfassen.
STATISTIC	Meldungen bezüglich Alarmen
UNKNOWN	Meldungen mit unbekanntem Präfix, die in keiner anderen Ereigniskategorie aufgeführt sind
UPDATE	Meldungen bezüglich Indizierung
WEB (HTTP/HTTPS)	Meldungen bezüglich des HTTP-Tasks

Anlegen eines Event Handler

Wenn Sie einen Event-Generator anlegen, können Sie den Event-Handler-Assistenten starten, um zeitgleich einen Event Handler zu erstellen. Sie können jedoch auch manuell ein Event-Handler-Dokument in der Monitoring-Konfigurationsdatenbank (*events4.nsf*) anlegen.

1. Klicken Sie in Domino Administrator auf das Register KONFIGURATION/CONFIGURATION.
2. Öffnen Sie die Ansicht ÜBERWACHUNGSKONFIGURATION/MONITORING CONFIGURATION.
3. Öffnen Sie die Ansicht EVENT HANDLERS > ALL (siehe *Abbildung 13.53*).

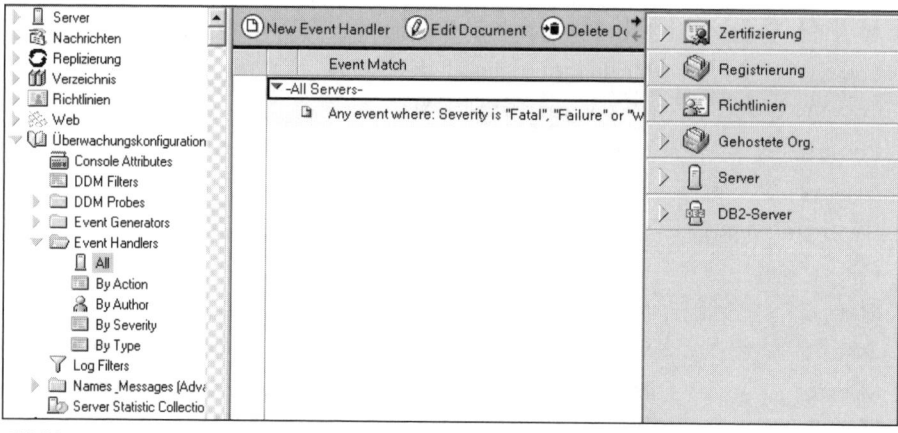

Abbildung 13.53: Ansicht auf die Event Handlers in Domino Administrator

4. Klicken Sie auf den Button NEW EVENT HANDLER.

5. Klicken Sie auf das Register BASICS und geben Sie Werte in folgende Felder ein (siehe *Abbildung 13.54*).

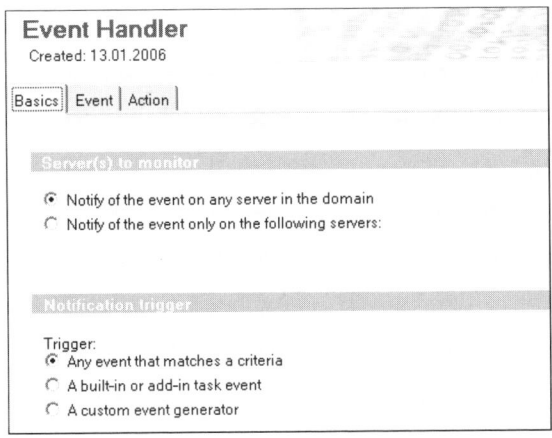

Abbildung 13.54:
Allgemeine Einstellungen eines neu angelegten Event Handler

Feld	Eingabe
SERVER(S) TO MONITOR	Wählen Sie einen der folgenden Werte aus: ▶ NOTIFY OF THE EVENT ON ANY SERVER IN THE DOMAIN ▶ NOTIFY OF THE EVENT ONLY ON THE FOLLOWING SERVERS
NOTIFICATION TRIGGER	▶ ANY EVENT THAT MATCHES A CRITERIA ▶ A BUILT-IN OR ADD-IN TASK EVENT ▶ A CUSTOM EVENT GENERATOR Bearbeiten Sie die korrespondierenden Felder unter der Registerkarte EVENT.

6. Klicken Sie auf das Register EVENT (siehe *Abbildung 13.55*).

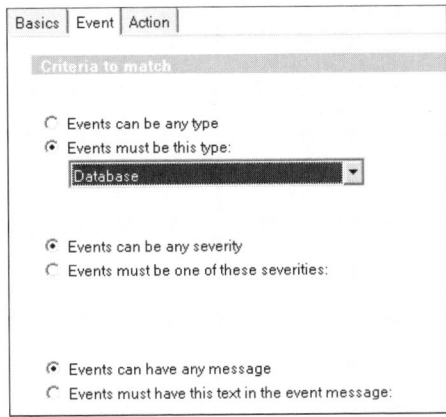

Abbildung 13.55:
Ereigniskriterien

7. Wählen Sie einen der folgenden Werte aus:

   – EVENTS CAN BE ANY TYPE
   – EVENTS MUST BE THIS TYPE

8. Wenn Sie sich für EVENTS MUST BE THIS TYPE entschieden haben, wählen Sie einen der Ereignistypen aus.

9. Wählen Sie einen der folgenden Werte aus:
   – EVENTS CAN BE ANY SEVERITY
   – EVENTS MUST BE ONE OF THESE SEVERITIES

10. Wenn Sie sich für EVENTS MUST BE ONE OF THESE SEVERITIES entschieden haben, wählen Sie einen oder mehrere der folgenden Ereignisdringlichkeitstypen aus.

Dringlichkeitsstufe	Bedeutung
FATAL	Systemabsturz droht
FAILURE	Schwerer Fehler, der keinen Systemabsturz verursacht
WARNING (HIGH)	Funktionsverlust, Eingreifen erforderlich
WARNING (LOW)	Leistungsminderung
NORMAL	Statusmeldungen

11. Falls Sie sich im Register BASICS für den Eventtrigger A BUILT-IN OR ADD-IN TASK EVENT oder A CUSTOM EVENT GENERATOR entschieden haben, wählen Sie hier nun das Ereignis aus, für das der Event-Handler gelten soll.

12. Falls gewünscht, wählen Sie eine der folgenden Optionen aus:
    – EVENTS CAN HAVE ANY MESSAGE
    – EVENTS MUST HAVE THIS TEXT IN THE EVENT MESSAGE: Geben Sie den gewünschten Text ein.

13. Klicken Sie auf das Register ACTION und dann auf den Pfeil neben METHOD und wählen Sie eine der Benachrichtigungsmethoden aus.

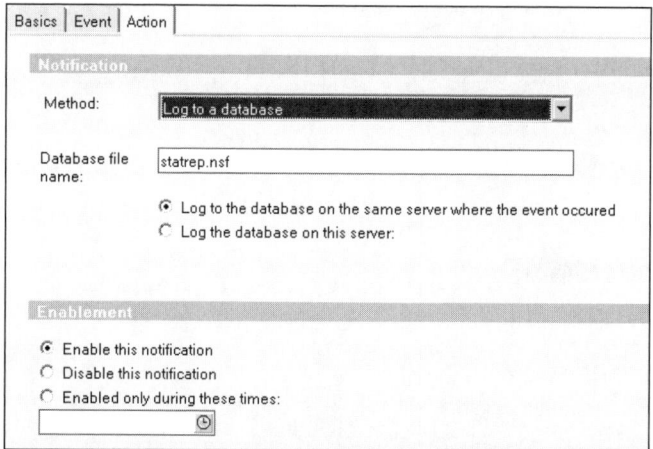

Abbildung 13.56: Benachrichtigungsmöglichkeiten für den Event Handler

14. Aktivieren oder deaktivieren Sie die Ereignisbenachrichtigung (siehe *Abbildung 13.56*).

15. Klicken Sie auf OK.

Jedes Ereignis, das im Domino-System geschieht, besitzt eine dazugehörige Ereignisnachricht, die in der Monitoring-Konfigurationsdatenbank (*events4.nsf*) abgelegt wird. Der Nachrichtentext bietet Ihnen Informationen über mögliche Ursachen und Lösungen an. Sie können die Ereignisnachrichten bezogen auf den Text oder Typ ansehen.

1. Klicken Sie in Domino Administrator auf das Register KONFIGURATION/CONFIGURATION.

2. Öffnen Sie die Ansicht ÜBERWACHUNGSKONFIGURATION/MONITORING CONFIGURATION > NAMES_MESSAGES (ADVANCED) und wählen Sie eine der Ansichten aus:

    – EVENT MESSAGES: Um sich alle Nachrichten sortiert nach Typ und sekundär sortiert nach der Dringlichkeitsstufe anzusehen.

    – EVENT MESSAGES BY SEVERITY: Um sich die Nachrichten vorrangig sortiert nach der Dringlichkeitsstufe und sekundär nach dem Nachrichtentext anzusehen.

    – EVENT MESSAGES BY TEXT: Um sich alle Nachrichten alphabetisch sortiert nach dem Nachrichtentext anzusehen.

13.5.4 Protokollfilter

Standardmäßig protokolliert Domino alle Ereignisse in der Protokolldatei (*log.nsf*), die abhängig vom Level der Protokollierung für die Ereignisse dadurch stark anwachsen kann. Um entweder zu verhindern, dass Ereignisse in der Protokolldatei oder in der Konsole mitgeschrieben werden, erstellen Sie Filter, die den Typ und die Dringlichkeit eines Ereignisses filtern. Dann erscheinen nur die Ereignisse, die bestimmten Kriterien entsprechen, in der Protokolldatei. Um einen Protokollfilter zu erstellen, gehen Sie wie folgt vor:

1. Klicken Sie in Domino Administrator auf das Register KONFIGURATION/CONFIGURATION.

2. Öffnen Sie die Ansicht ÜBERWACHUNGSKONFIGURATION/MONITORING CONFIGURATION.

3. Öffnen Sie die Ansicht LOG FILTERS.

4. Klicken Sie auf NEW EVENT FILTER.

5. Auf der Registerkarte BASICS wählen Sie im Bereich SERVER den Server aus, auf den Sie den Filter anwenden wollen.

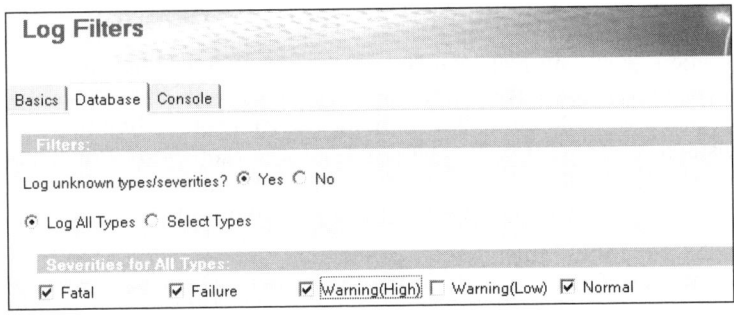

Abbildung 13.57: Filterkriterien für die Protokolldatei

6. Klicken Sie auf die Registerkarte DATABASE. Für das Feld LOG UNKNOWN TYPES/SEVERI-
    TIES? wählen Sie YES oder NO, um Ereignisse aus der Protokolldatei herauszufiltern,
    die keinem Ereignistyp oder keiner Dringlichkeitsstufe zugeordnet werden können.

7. Wählen Sie anschließend eine der beiden Optionen:
    - LOG ALL TYPES: Wählen Sie dazu eine Dringlichkeitsstufe aus.
    - SELECT TYPES: Wählen Sie dazu einen Ereignistyp aus.

8. Klicken Sie auf die Registerkarte CONSOLE (siehe *Abbildung 13.58*).

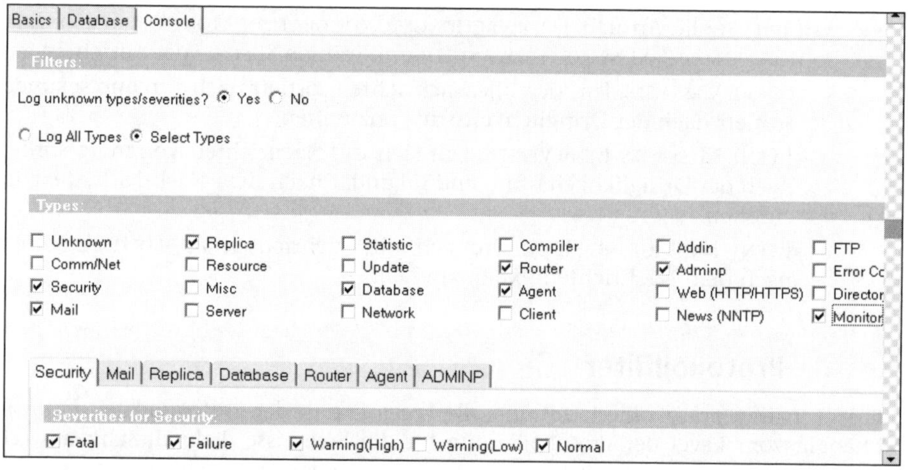

Abbildung 13.58: Filterkriterien für die Ereignisse, die in der Konsole ausgegeben werden

9. Für das Feld LOG UNKNOWN TYPES/SEVERITIES? wählen Sie YES oder NO, um Ereignisse
    aus der Konsole herauszufiltern, die keinem Ereignistyp oder keiner Dringlichkeits-
    stufe zugeordnet werden können.

10. Wählen Sie anschließend eine der beiden Optionen, bevor Sie das Dokument spei-
    chern:
    - LOG ALL TYPES: Wählen Sie dazu eine oder mehrere Dringlichkeitsstufen aus.
    - SELECT TYPES: Wählen Sie dazu einen oder mehrere Ereignistypen und die jeweiligen
      Dringlichkeitsstufen aus.

13.5.5 Domino Serverkonsole und Administratorkonsole

Die Serverkonsole dient zum Anzeigen von Serverereignissen in Echtzeit und zur Eingabe von Befehlen an den Server. Serverereignisse werden auch in der Protokolldatei des
Servers (*log.nsf*) gespeichert. Sie können die Protokolldatei vom Lotus Domino Administrator aus im Register SERVER > ANALYSE betrachten. Eine Serverkonsole ist direkt auf der
physischen oder virtuellen Maschine verfügbar, auf der der Domino Server läuft. Darüber hinaus gibt es Remote-Konsolen in Domino Administrator und Web Administrator.

Die Befehlstypen, die Sie mithilfe einer Remote-Konsole an einen Server senden können,
hängen davon ab, welche Ebene des Administratorzugriffs Ihnen im Serverdokument
unter der Registerkarte SICHERHEIT/SECURITY zugewiesen wurde (siehe auch *Kapitel 5.8.2,
Zugriff von Benutzern und Servern*). Dabei werden unterschiedliche Administratorzugriffs-
rechte hierarchisch gewährt. Die Berechtigungshierarchie kann wie folgt aussehen:

▶ Administratoren mit voller Berechtigung erhalten alle Rechte und Berechtigungen aller aufgeführten Administratorzugriffsebenen.

▶ Administratoren erhalten alle Rechte und Berechtigungen eines Datenbankadminis-trators und eines Administrators mit voller Remote-Konsolen-Berechtigung (jedoch nicht mit den Rechten eines Systemadministrators).

▶ Administratoren mit voller Remote-Konsolen-Berechtigung erhalten die Rechte und Berechtigungen eines leseberechtigten Konsolenadministrators (jedoch nicht mit den Rechten eines Systemadministrators).

▶ Systemadministratoren erhalten die Rechte und Berechtigungen eines eingeschränkten Systemadministrators.

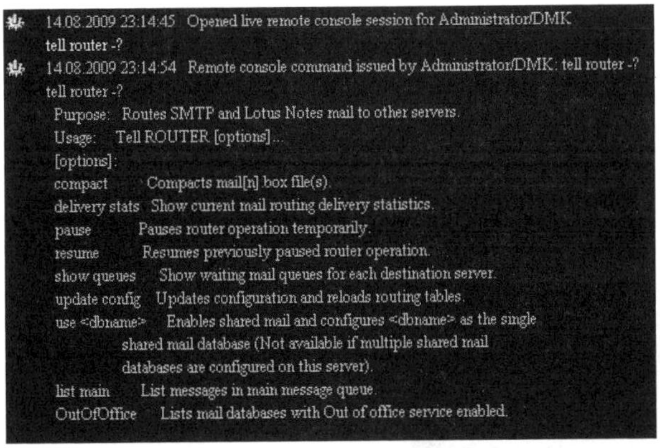

Abbildung 13.59:
Ansicht auf die Administrator-konsole nach Absetzen des Befehls Tell Router -?

Wenn Sie die Domino Administratorkonsole verwenden, um Ereignisse zu überwachen, können Sie einen Stopp-Impuls absetzen, um die Konsole anzuhalten und nur einen Ausschnitt der letzten Meldungen (zehn Zeilen) zu sehen. Zudem können Sie zusätz-liche Informationen zu Fehlermeldungen inklusive möglicher Ursachen und Lösungen abrufen und Event Handlers erzeugen. Außerdem ist die Administratorkonsole eines der wichtigsten Instrumente, um Serverbefehle abzusetzen. Ein Lotus Domino-Befehl kann bis zu 255 Zeichen enthalten. Wenn ein Argument für einen Befehl ein Leerzeichen enthält, setzen Sie den Parameter in Anführungszeichen. Beispiel: PULL "DMK Server". Die meisten Serverbefehle unterstützen die Argumente -? und /?, um die Onlinehilfe anzu-zeigen, wie z.B. Tell Router /? (siehe *Abbildung 13.59*).

Um die Domino Administratorkonsole zu starten oder zu stoppen, gehen Sie wie folgt vor:

1. Klicken Sie in Domino Administrator auf das Register SERVER > STATUS.

2. Öffnen Sie die Ansicht auf die Serverkonsole über SERVERKONSOLE/SERVER CONSOLE.

3. Klicken Sie auf LIVE, um die Konsole zu starten, oder STOP, um die Protokollierung auf der Konsole anzuhalten.

Hinweis

Domino Character Console (das Programm cconsole) bietet die Möglichkeit, von der Befehlszeile aus auf die Serverkonsole zuzugreifen. Diese Funktion wird nur bei Unix-Plattformen unterstützt.

Anpassung der Domino Serverkonsole und der Domino Administratorkonsole

Durch die Erstellung eines Konfigurationsdokuments für die Serverkonsole des Servers, den Sie überwachen, können Sie den Text, den Hintergrund und die Farbattribute in der Domino Serverkonsole anpassen. Standardmäßig verwendet die Domino Administratorkonsole die gleichen Attribute, was sich aber überschreiben und anpassen lässt.

Um das Aussehen der Domino Serverkonsole anzupassen, gehen Sie wie folgt vor:

1. Klicken Sie in Domino Administrator auf das Register SERVER > STATUS.
2. Öffnen Sie die Ansicht SERVERKONSOLE/SERVER CONSOLE.
3. Im Menü wählen Sie LIVE-KONSOLE/LIVE CONSOLE > SERVER > KONSOLENATTRIBUTE/SET SERVER CONSOLE ATTRIBUTES.

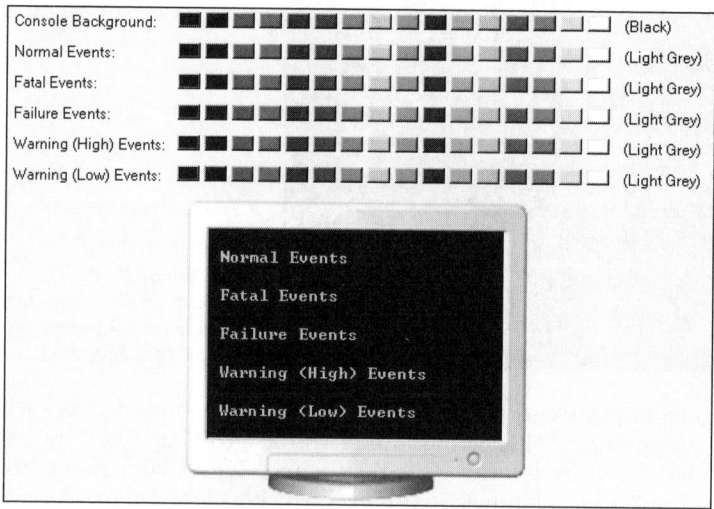

Abbildung 13.60: Farbattribute für die Serverkonsole

4. Wählen Sie den Server aus, dessen Attribute Sie anpassen möchten.
5. Klicken Sie auf die Farbauswahl für die entsprechenden Objekte (siehe *Abbildung 13.60*). Das Abbild der Serverkonsole im unteren Bereich des Dokuments zeigt Ihre Auswahl an.
6. Um die Einstellungen optional wieder zurückzusetzen, klicken Sie oben auf den Button RESET TO DEFAULTS.
7. Speichern Sie das Dokument.

Um das Erscheinungsbild der Domino Administratorkonsole anzupassen, gehen Sie wie folgt vor:

1. Klicken Sie in Domino Administrator auf das Register SERVER > STATUS.
2. Öffnen Sie die Ansicht SERVERKONSOLE/SERVER CONSOLE.
3. Im Menü wählen Sie LIVE-KONSOLE/LIVE CONSOLE > EIGENSCHAFTEN:KONSOLE/CONSOLE PROPERTIES.

4. Klicken Sie auf die Registerkarte für die Farbeinstellung (siehe *Abbildung 13.61*).

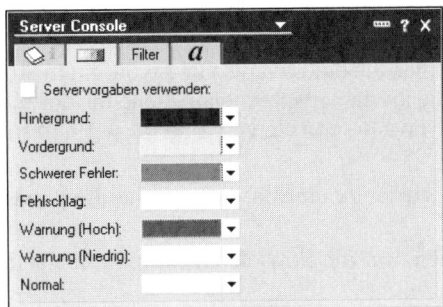

Abbildung 13.61: Farbeinstellungen für die Domino Administratorkonsole

5. In Bezug auf das Feld SERVERVORGABEN VERWENDEN/USE SERVER DEFAULT

   – aktivieren Sie das Feld, um die Standardeinstellungen aus der Serverkonsole zu verwenden. Dies ist die Vorgabeeinstellung.

   – deaktivieren Sie das Feld, um die Farbgebung für die unterschiedlichen Objekte anpassen zu können.

6. Klicken Sie auf die Registerkarte FILTER/FILTERS.

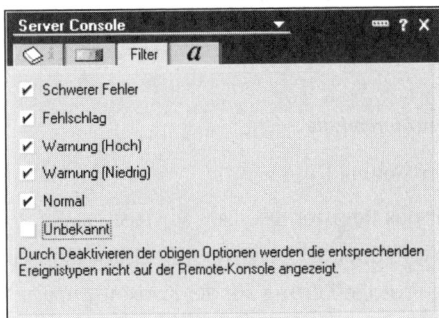

Abbildung 13.62: Filtereinstellungen für die Domino Administratorkonsole

7. Deaktivieren Sie die entsprechenden Checkboxen, um die jeweiligen Meldungen aus der Konsole zu filtern.

8. Klicken Sie auf die Registerkarte SCHRIFT/ATTRIBUTES und wählen Sie die Schriftart, Schriftgröße und das Erscheinungsbild für den Text in der Domino Administrator-konsole.

Verwendung der Domino Administratorkonsole, um Ereignisse zu überwachen

Um einen Stoppauslöser zu setzen oder zu löschen, gehen Sie folgendermaßen vor:

1. Klicken Sie in Domino Administrator auf das Register SERVER > STATUS.

2. Öffnen Sie die Ansicht auf die Serverkonsole über SERVERKONSOLE/SERVER CONSOLE.

3. Klicken Sie auf PAUSE oder STOPPEN/STOP, um die Protokollierung auf der Konsole an-zuhalten. Klicken Sie in das Fenster.

4. Tun Sie Folgendes:

    –   Um einen Stoppauslöser zu löschen, wählen Sie LIVE-KONSOLE/LIVE CONSOLE >
        HALTEPUNKT ZURÜCKSETZEN/RESET WATCH.

    –   Um einen Stoppauslöser zu setzen, wählen Sie das Ereignis, für das Sie einen Stopp-
        auslöser setzen wollen, d.h., klicken Sie an die entsprechende Stelle im Konsolen-
        fenster. Wählen Sie über das Menü LIVE-KONSOLE/LIVE CONSOLE > HALTEPUNKT
        SETZEN/SET WATCH.

5. Um die Domino Administratorkonsole wieder zu starten, wählen Sie die passende
    Aktion:

    –   Wenn Sie vorher PAUSE aktiviert haben, um die Konsole zu stoppen, klicken Sie
        jetzt auf FORTSETZEN/RESUME.

    –   Wenn Sie vorher STOPPEN aktiviert haben, um die Konsole zu stoppen, klicken Sie
        jetzt auf LIVE.

6. Löschen Sie nach der Fehlerbehebung die entsprechenden Stoppauslöser.

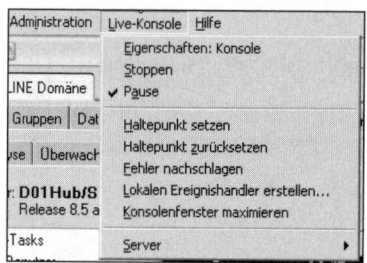

Abbildung 13.63: Optionen zur Domino Administratorkonsole

Um Fehlerinformationen zu beziehen, gehen Sie wie folgt vor:

1. Klicken Sie in Domino Administrator auf das Register SERVER > STATUS.
2. Öffnen Sie die Ansicht auf die Serverkonsole über SERVERKONSOLE/SERVER CONSOLE.
3. Klicken Sie auf PAUSE oder STOPPEN, um die Protokollierung auf der Konsole anzuhalten.
4. Wählen Sie die Ereignisfehlermeldung, zu der Sie mehr Informationen benötigen, aus.
5. Wählen Sie über das Menü LIVE-KONSOLE/LIVE CONSOLE > FEHLER NACHSCHLAGEN/LOOKUP
    ERROR.
6. Um die Domino Administratorkonsole wieder zu starten, wählen Sie die passende
    Aktion:

    –   Wenn Sie vorher PAUSE aktiviert haben, um die Konsole zu stoppen, klicken Sie
        jetzt auf FORTSETZEN/RESUME.

    –   Wenn Sie vorher STOP aktiviert haben, um die Konsole zu stoppen, klicken Sie
        jetzt auf LIVE.

Um einen Event Handler zu erstellen, gehen Sie wie folgt vor:

1. Klicken Sie in Domino Administrator auf das Register SERVER > STATUS.
2. Öffnen Sie die Ansicht auf die Serverkonsole über SERVERKONSOLE/SERVER CONSOLE.
3. Klicken Sie auf PAUSE oder STOPPEN, um die Protokollierung auf der Konsole anzuhalten.
4. Wählen Sie das Ereignis, zu dem Sie einen Event Handler erstellen möchten.

5. Wählen Sie über das Menü LIVE-KONSOLE/LIVE CONSOLE > LOKALEN EREIGNIS-HANDLER ERSTELLEN/CREATE LOCAL EVENT HANDLER.

6. Wenn bereits ein Event Handler für dieses spezifische Ereignis existiert, werden Sie aufgefordert, das bestehende Event-Handler-Dokument zu bearbeiten oder ein neues zu erstellen.

7. Konfigurieren Sie den Event Handler wie gewünscht. Speichern und schließen Sie ihn anschließend.

8. Um die Domino Administratorkonsole wieder zu starten, wählen Sie die passende Aktion:

   – Wenn Sie vorher PAUSE aktiviert haben, um die Konsole zu stoppen, klicken Sie jetzt auf FORTSETZEN/RESUME.

   – Wenn Sie vorher STOP aktiviert haben, um die Konsole zu stoppen, klicken Sie jetzt auf LIVE.

13.5.6 Konsolenprotokollspiegelung

Die Konsolenprotokollspiegelung erstellt einen neuen Server-Thread, der alle Meldungen überwacht, die in die Konsolenprotokolldatei geschrieben werden, und diese Meldungen in eine andere Datei kopiert. Wenn diese neue Datei gefüllt ist, schließt der Thread die gespiegelte Datei und erstellt eine weitere neue Datei, in die nachfolgende Meldungen geschrieben werden. Sie können die geschlossenen gespiegelten Dateien bei Bedarf löschen.

Für die Konsolenprotokollspiegelung gibt es drei *notes.ini*-Einstellungen:

▶ `Console_Log_Mirror=1` aktiviert die Spiegelungsfunktion, wenn Sie Ihren Server initialisieren. Wenn die Spiegelung aktiviert ist, werden alle Tastenanschläge in das Konsolenprotokoll kopiert und gespiegelt, sodass auch Korrekturen mit der Rückschrittstaste in den Konsolenprotokollen erscheinen können. Standardmäßig ist die Konsolenprotokollspiegelung deaktiviert.

▶ `Retain_Mirror_Logs=1` verhindert das Löschen vorheriger Spiegelungen, wenn der Domino Server gestartet wird.

▶ `Console_Log_Max_Kbytes=X` legt die maximale Größe der Konsolenprotokoll- und der Spiegeldatei fest

Wenn sie aktiviert ist, erstellt die Konsolenprotokollspiegelung den neuen Server-Thread Mirror-Task des Konsolenprotokolls. Wenn die *notes.ini*-Einstellung `Retain_Mirror_Logs=1` nicht festgelegt ist, beginnt die neue Task mit dem Löschen älterer Spiegeldateien. Anschließend erstellt sie eine neue Datei, die den Namen des Konsolenprotokolls (*concole.log*) mit einer angehängten Nummer erhält. Die höchste anhängbare Zahl ist 999. Es wird die erste verfügbare Nummer verwendet. Wenn beispielsweise *console111.log* vorhanden ist, wird zuerst *console110.log* und dann *console112.log* erstellt. Die Datei *concole.log* wird im Verzeichnis *IBM_TECHNICAL_SUPPORT* im Data-Verzeichnis erstellt. Wenn sich das Konsolenprotokoll ändert, werden die Daten vom Konsolenprotokoll gelesen und in die neue gespiegelte Protokolldatei kopiert.

Bei der Konsolenprotokollspiegelung wird die Umlaufprotokollierung verwendet. Daher wird bei aktivierter Spiegelung automatisch die Umlaufprotokollierung aktiviert. Wenn das Konsolenprotokoll voll ist, wird eine neue Spiegeldatei erstellt. Bei aktivierter Spiegelung ist der Standardwert für `Console_Log_Max_Kbytes` 100.000 (100 Megabyte) und der Höchstwert ist 1.000.000 (1 Gigabyte). Wenn die Spiegelung aktiviert ist, der Wert für `Console_Log_Max_Kbytes` in der *notes.ini* jedoch nicht angegeben wurde, wird die Einstellung nicht in die *notes.ini*-Datei zurückgeschrieben. Stattdessen verhält sich Domino so, als wäre `Console_Log_Max_Kbytes=100000` angegeben.

Wenn die Spiegelung fehlschlägt, wird folgende Meldung in das Konsolenprotokoll geschrieben: CONSOLE LOG MIRROR TASK HAS BEEN DISABLED (MIRROR-TASK DES KONSOLENPROTOKOLLS WURDE DEAKTIVIERT).

Der Server kann eine Verzögerung der Mirror-Task von maximal drei Sekunden tolerieren. Wird die Mirror-Task nicht spätestens nach drei Sekunden ausgeführt, wird die Spiegelung automatisch deaktiviert. Auch bei einem fehlgeschlagenen Lese- oder Schreibvorgang wird die Konsolenprotokollspiegelung deaktiviert. Die Spiegelung bleibt bis zu einem Neustart des Servers deaktiviert.

13.5.7 Mail-Überwachung und Fehlersuche

Es gibt eine Reihe von Fehlerursachen, die Domino am ordnungsgemäßen Versenden und Zustellen von Mail hindern können. Es liegt an Ihnen, diese herauszufinden und zu beheben. Ihnen werden dazu zahlreiche Hilfsmittel zur Verfügung gestellt. Wenn nicht zustellbare oder ausstehende Mails auf ein Problem mit dem Mail-Routing hinweisen oder Benutzer beim Senden oder Empfangen von Mail Probleme haben, sammeln Sie anhand folgender Tipps relevante Informationen, ordnen Sie das Problem zu und korrigieren Sie es.

1. Analysieren Sie die Zustellungsfehlerberichte.
2. Zeichnen Sie den Mail-Zustellungspfad auf.
3. Prüfen Sie das Domino-Verzeichnis auf mailrelevante Fehlkonfigurationen.
4. Prüfen Sie die Workstations von Absender und/oder Empfänger auf mailrelevante Fehlkonfigurationen.
5. Prüfen Sie den Server auf mailrelevante Fehler.
6. Prüfen Sie die Konfiguration für gemeinsame Mail.

Wie in *Kapitel 6.7.10, Fehlersuche* beschrieben, existieren unterschiedliche Werkzeuge zur Fehlersuche bei Mail-Übertragungsproblemen. Dazu gehört auch die Mail-Überprüfung durch den Mail Routing Event Generator.

Zustellungsfehlerberichte

Benutzer sollten stets versuchen, eine Nachricht ein zweites Mal zu senden, wenn sie einen Zustellungsfehlerbericht erhalten. Der Zustellungsfehlerbericht gibt die Ursache für die fehlgeschlagene Zustellung und den Routing-Pfad an, über den die Nachricht gesendet wurde. Anhand dieser Informationen können Sie das Problem eingehender untersuchen. Um Benutzer bei der Behebung des Zustellungsfehlers zu unterstützen, müssen Sie als Administrator die Feldeigenschaften der Berichte einsehen, die Sie für die Fehlersuche benötigen. Greifen Sie deswegen direkt auf den Fehlerbericht zu oder lassen Sie sich eine Mail-Datenbank zusenden, in die der Zustellungsfehlerbericht hineinkopiert wurde. Ein weitergeleiteter Fehlerbericht nützt Ihnen nichts.

Mail-Verlaufsprotokoll

Zur Fehlersuche beim Mail-Routing oder zum Testen von Mail-Verbindungen können Sie eine Mail-Zustellung aufzeichnen und somit testen, ob eine Nachricht zugestellt werden kann, ohne tatsächlich eine Testnachricht senden zu müssen. Dabei werden alle Server aufgelistet, deren Mailboxen die Nachricht passiert. Dies funktioniert allerdings nur für Notes Mail. Sobald die Mail die Lotus Notes Domino-Umgebung verlässt und über Ihren SMTP-Server ins Internet geht, können Sie den Weg dieser Nachricht über das Internet nicht nachvollziehen. Der SMTP-Server ist der letzte Hop in der Liste. So arbeiten Sie mit dem Mail-Verlaufsprotokoll:

1. Klicken Sie in Domino Administrator auf das Register MAIL-NACHRICHTEN/MESSAGING.
2. Klicken Sie gegebenenfalls auf WERKZEUGE/TOOLS, um das Werkzeugfenster einzublenden.
3. Klicken Sie im Werkzeugfenster auf NACHRICHTEN/MESSAGING > VERLAUFSPROTOKOLL SENDEN/SEND MAIL TRACE.

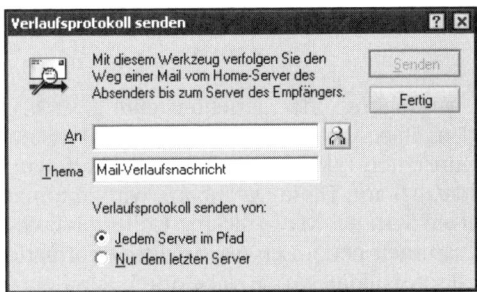

Abbildung 13.64: Mail-Verlaufsprotokoll senden

4. Füllen Sie die folgenden Felder aus und klicken Sie anschließend auf SENDEN/SEND:

Feld	Eingabe
AN/TO	Mail-Adresse eines bestimmten Benutzers
THEMA/SUBJECT	Das Thema des Verlaufsprotokolls
ZUSTELLUNGSBERICHT SENDEN VON/ SEND ME A MAIL TRACE FROM	Wählen Sie einen der folgenden Werte aus: ▶ JEDEM SERVER IM PFAD/EACH SERVER ON THE PATH, um einen Zustellungsbericht von jedem Server auf dem Pfad zu erhalten. ▶ NUR DEM LETZTEN SERVER/LAST SERVER ONLY, um nur vom letzten Server einen Zustellungsbericht zu erhalten.

Beim Versenden einer neuen Mail können Sie über die Zustelloptionen ebenfalls ein Mail-Verlaufsprotokoll erstellen.

Mail-Routing-Topologie

Mail-Routing-Topologiekarten sind für die Verfolgung von Mail-Routing-Problemen zwischen Servern hilfreich.

1. Klicken Sie in Domino Administrator auf das Register MAIL-NACHRICHTEN/MESSAGING.
2. Wählen Sie einen der folgenden Ansichten unter MAIL-ROUTING-TOPOLOGIE/MAIL-ROUTING TOPOLOGY aus:
   - NACH VERBINDUNGEN/BY CONNECTIONS
   - NACH NETZWERKEN/BY NAMED NETWORKS

Bei Problemen in Bezug auf nicht zugestellte Nachrichten gehen Sie wie folgt vor:

▶ Klicken Sie in Domino Administrator auf das Register MAIL-NACHRICHTEN/MESSAGING und wählen Sie MAIL-ROUTING-STATUS aus.

▶ Sie können auch in der Ansicht MAIL-ROUTING-EREIGNISSE/MAIL-ROUTING EVENTS in der Protokolldatei (*log.nsf*) bzw. in Domino Administrator nach nicht zugestellter Mail suchen.

Mailverfolgung

Bevor Sie Mailverfolgungsdaten für die Verfolgung oder Berichterstellung verwenden können, müssen diese Daten erfasst werden. Haben Sie die Mailverfolgung aktiviert und konfiguriert, so zeichnet Domino die gewünschten Informationen zur Mailverfolgung in der Datenbank MAILTRACKER STORE (*mtstore.nsf*) auf. Diese Datenbank wird automatisch im Unterverzeichnis *mtdata* beim erstmaligen Start des Mail-Tracking-Collector-Task, kurz MTC (Mailverfolgung), erstellt. Der MTC sammelt periodisch Nachrichteninformationen aus speziellen MTC-Dateien (Mail-Tracker-Protokolldateien), welche durch den Router für die über den Server geleiteten Nachrichten produziert werden. Nachdem diese Informationen über Absender, Empfänger, Ankunftszeit und Zustellungsstatus der Nachrichten gesammelt wurden, werden sie in die Datenbank MAILTRACKER STORE gestellt. Wenn ein Administrator oder Benutzer nach einer bestimmten Mail-Nachricht sucht, durchsucht Domino die Datenbank MAILTRACKER STORE.

> Der Mail Tracker Collector unterscheidet sich vom Statistics Collector (Collect-Task), der für das Sammeln statistischer Informationen zu Servern verantwortlich ist.

Vorab müssen Sie den Server für die Mailverfolgung konfigurieren. Bei diesem Vorgang können Sie den Typ der Informationen anpassen, die Sie erfassen und in der Datenbank MAILTRACKER STORE (*mtstore.nsf*) speichern möchten. Sie können beispielsweise die Mail-Nachrichten bestimmter Benutzer von der Erfassung ausschließen oder verhindern, dass Mail-Nachrichten nach Mail-Thema verfolgt werden.

1. Klicken Sie in Domino Administrator auf das Register KONFIGURATION/CONFIGURATION.
2. Erweitern Sie die Serveransicht und klicken Sie auf KONFIGURATIONEN/CONFIGURATIONS und doppelklicken Sie dann auf den Namen des Servers, für den Sie die Mailverfolgung aktivieren möchten. Falls Sie noch kein Konfigurationsdokument für den entsprechenden Server besitzen, erstellen Sie eines.

3. Klicken Sie im Dokument mit den Konfigurationseinstellungen auf das Register ROUTER/SMTP > MAILVERFOLGUNG/MESSAGE TRACKING (siehe *Abbildung 13.65*).

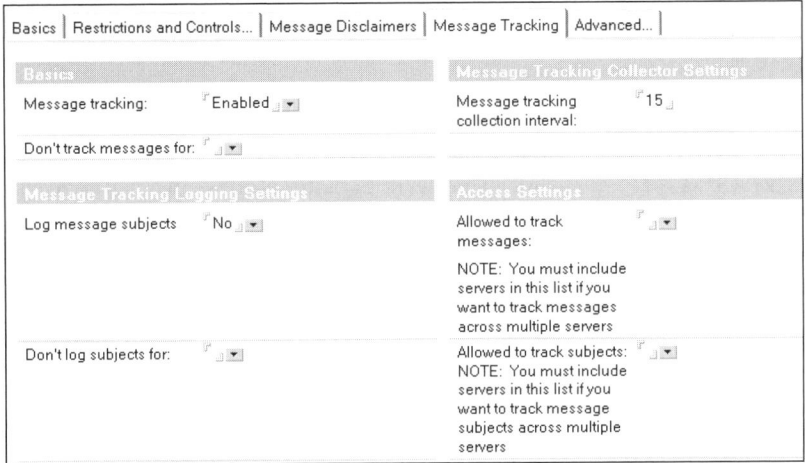

Abbildung 13.65: Mailverfolgung über das Konfigurationsdokument aktivieren

4. Klicken Sie auf SERVERKONFIGURATION ÄNDERN/EDIT SERVER CONFIGURATION.

5. Geben Sie in diese Felder Werte ein und klicken Sie anschließend auf SPEICHERN UND SCHLIESSEN/SAVE & CLOSE:

Feld	Eingabe
MAILVERFOLGUNG/ MESSAGE TRACKING.	Wählen Sie einen der folgenden Werte aus: ▸ AKTIVIERT/ENABLED, um Informationen zur Nachrichten-verarbeitung in der Datenbank MAILTRACKER STORE zu protokollieren ▸ DEAKTIVIERT/DISABLED (Vorgabe), um keine Informationen zur Nachrichtenverarbeitung zu protokollieren
KEINE MAIL DIESER BENUTZER VERFOLGEN/ DON'T TRACK MESSAGES FOR	Die Namen von Benutzern und/oder Gruppen, deren Mail-Nachrichten nicht protokolliert werden und daher auch nicht verfolgt werden können. Dieses Feld gilt nur für Mail-Nachrichten, die von der angegebenen Person oder Gruppe gesendet wurden. Sie möchten beispielsweise nicht, dass Administratoren die vom Manager der Personalabteilung Ihrer Organisation gesendeten Mail-Nachrichten verfolgen können. In diesem Fall geben Sie den Namen des entsprechenden Benutzers in dieses Feld ein. Wenn Sie das Feld leer lassen (Vorgabe), können berechtigte Administratoren die Mail-Nachrichten aller Benutzer und Gruppen auf allen Servern verfolgen, für die die Mailverfolgung aktiviert ist.

Feld	Eingabe
MAIL-BETREFFZEILEN PROTO-KOLLIEREN/ LOG MESSAGE SUBJECTS.	Wählen Sie einen der folgenden Werte aus: ▸ JA/YES, um die verwendeten Mail-Betreffzeilen/Subjects in der Datenbank MAILTRACKER STORE zu protokollieren ▸ NEIN/NO (Vorgabe), um Mail-Themen nicht zu proto-kollieren
MAIL-BETREFFZEILEN DIESER BENUTZER NICHT PROTO-KOLLIEREN/ DON'T LOG SUBJECTS FOR	Die Namen von Benutzern und/oder Gruppen, deren Mail-Themen nicht protokolliert werden und daher auch nicht verfolgt werden können. Dieses Feld gilt nur für Mail-Nachrichten, die von der angegebenen Person oder Gruppe gesendet wurden. Als Vorgabe ist das Feld leer.
ERFASSUNGSINTERVALL/ MESSAGE TRACKING COLLECTION INTERVAL	Eine Zahl, die angibt, in welchem Minutenabstand Aktivitäten der Mailverfolgung in der Datenbank MAILTRACKER STORE protokolliert werden sollen. Die hier angegebene Zahl kann sich auf die Serverleistung auswirken. Geben Sie eine für die Größe und Geschwindigkeit Ihres Systems angemessene Zahl ein. Die Vorgabe von 15 Minuten wird empfohlen.
MAILVERFOLGUNG ZULÄSSIG FÜR/ ALLOWED TO TRACK MESSAGES	Die Namen von Servern und/oder Benutzern, die Mail-Nachrichten auf diesem Server verfolgen dürfen. Wenn Sie das Feld leer lassen (Vorgabe), sind nur Mitglieder der Gruppe LOCALDOMAINSERVERS zum Verfolgen von Mail-Nachrichten auf diesem Server berechtigt. Wenn Sie Eingaben in dieses Feld vornehmen, müssen Sie alle Server und/oder Benutzer auflisten, die Mail-Nachrichten auf diesem Server verfolgen dürfen.
BETREFFZEILENVERFOLGUNG ZULÄSSIG FÜR/ ALLOWED TO TRACK SUBJECTS	Die Namen von Servern und/oder Benutzern, die Mail-Themen auf diesem Server verfolgen dürfen. Wenn Sie das Feld leer lassen (Vorgabe), sind nur Mitglieder der Gruppe LOCALDOMAINSERVERS zum Verfolgen von Mail-Themen auf diesem Server berechtigt. Wenn Sie Eingaben in diesem Feld vornehmen, müssen Sie alle Server und/oder Benutzer auflisten, die Mail-Themen auf diesem Server verfolgen dürfen. Geben Sie Server und/oder Benutzer in diesem Feld an, so müssen Sie diese nicht mehr im Feld MAIL-VERFOLGUNG ZULÄSSIG FÜR angeben.

Bedenken Sie, dass die Datenbank MAILTRACKER STORE immer größer wird, je mehr Informationen der Router erfasst. Wenn Festplattenspeicher knapp ist, steuern Sie mithilfe von Datenbankreplizierparametern, wie viele Informationen (in Tagen) jeweils in der Datenbank belassen werden sollen. Die Anzahl der Tage legt fest, wie weit Mail-Nachrichten zeitlich zurückverfolgt werden können. Wählen Sie also einen Wert, der die Anforderungen an die Verfolgung und den verfügbaren Festplattenspeicher gleichermaßen berücksichtigt.

In folgender Tabelle finden Sie Aktionen des MTC-Task, die Sie zur Verwaltung der Mailverfolgung manuell anstoßen können.

Aktion	Maßnahme
Mailverfolgung auf einem Server automatisch bei Serverstart starten	Die Mailverfolgung startet, wenn der Router startet, nachdem der MTC-Dienst im Konfigurationsdokument aktiviert wurde.
Mailverfolgungserfassung auf einem Server automatisch anhalten	Die Mailverfolgung wird angehalten, wenn der Router anhält.
Mailverfolgung manuell starten	Geben Sie den Befehl `load mtc` an der Konsole ein.
Mailverfolgung manuell anhalten	Geben Sie den Befehl `tell mtc quit` an der Konsole ein.
Die Mailverfolgungserfassung manuell zum Erfassen anweisen	Geben Sie den Befehl `tell mtc process` an der Konsole ein.
Die Mailverfolgungserfassung manuell zur Verwendung eines anderen Erfassungsintervalls auffordern	Wenn die Mailverfolgung über das Konfigurationsdokument auf dem Server aktiviert wird, richtet sich das Intervall in Bezug auf das Einsammeln von Daten aus den Mailverfolgungsprotokolldaten. Sie können aber auch eine sofortige Änderung des Befehls bewirken, bis der Router das nächste Mal neu startet. Geben Sie den Befehl `tell mtc interval <Wert>` an der Konsole ein, wobei WERT die zu verwendende Minutenanzahl ist.
Die Mailverfolgungserfassung manuell zum Komprimieren der Datenbank MAILTRACKER STORE auffordern	Per Vorgabe komprimiert der MTC-Task die Datenbank MAILTRACKER STORE jede Nacht um 2 Uhr. Geben Sie den Befehl `tell mtc compact` an der Konsole ein, um eine sofortige Komprimierung zu veranlassen. Sie können den Zeitpunkt der Komprimierung aber auch verändern, indem Sie die Einstellung `MTCDailyTasksHour` in der *notes.ini* setzen.
Die Mailverfolgungserfassung manuell zum Neuindizieren der Datenbank MAILTRACKER STORE auffordern	Um die Mailverfolgung und die Anfertigung von Mail-Berichten zu unterstützen, wird die Datenbank MAILTRACKER STORE volltextindiziert. Geben Sie den Befehl `tell mtc reindex` an der Konsole ein, um den Volltextindex sofort zu aktualisieren.
Die Mailverfolgungserfassung manuell zum Bereinigen der Datenbank MAILTRACKER STORE auffordern	Per Vorgabe löscht der MTC-Task nach 30 Tagen Dokumente aus der Datenbank MAILTRACKER STORE. Sie können dies aber ad hoc selbst initiieren. Geben Sie den Befehl `tell mtc purge <Wert>` an der Konsole ein, wobei WERT eine Anzahl von Tagen ist. Alle Einträge der Datenbank MAILTRACKER STORE, die älter als WERT sind, werden gelöscht.

Der MTC-Task (Mail Tracker Collector) liest spezielle, vom Router generierte Protokolldateien zur Mailverfolgung (MTC-Dateien) und kopiert daraus bestimmte Nachrichteninformationen in die Datenbank MAILTRACKER STORE (*mtstore.nsf*). Diese Tatsache machen Sie sich zunutze, wenn Sie die Mailverfolgung verwenden.

1. Erstellen Sie eine Abfrage, um festzustellen, ob eine bestimmte Mail-Nachricht am gewünschten Ziel angekommen ist. Bei einer fehlgeschlagenen Zustellung können Sie ermitteln, bis zu welchem Punkt die Mail-Nachricht übertragen wurde.

2. Die Mailverfolgung beginnt auf dem Startserver. Wird die Mail-Nachricht dort gefunden, so sucht die Verfolgung automatisch auf dem nächsten Server der Route.

3. Schritt 2 wird so lange auf jedem „nächsten Server" wiederholt, bis das Ende der Route erreicht ist. Sie erhalten detaillierte Informationen zur Verarbeitung der Mail-Nachricht auf den einzelnen Servern.

Wählen Sie die Mail-Nachricht aus und prüfen Sie den Zustellstatus, der folgendermaßen lauten kann:

Zustellstatus	Bedeutung
ZUGESTELLT/ DELIVERED	Die Mail wurde an eine Mailbox auf dem Server zugestellt. Der Mailbox-Status zeigt an, ob die Mail-Nachricht gelesen, ungelesen oder gelöscht war. Lautet der Mailbox-Status nicht GELESEN, UNGELESEN oder GELÖSCHT, so wird UNBEKANNT angegeben.
ZUSTELLUNG FEHLGESCHLAGEN/ DELIVERY FAILED	Der Server hat versucht, die Mail in einer Mailbox zu speichern, war jedoch nicht erfolgreich. Möglicherweise existiert der Adressat nicht, oder die Festplatte des Servers ist voll.
IN WARTESCHLANGE/ IN QUEUE	Der Router verarbeitet die Mail-Nachricht.
ÜBERTRAGEN/ TRANSFERRED	Der Router hat die Mail-Nachricht erfolgreich an den im Feld NÄCHSTER HOP angegebenen Server gesendet.
ÜBERTRAGUNG FEHLGESCHLAGEN/ TRANSFER FAILED	Der Router hat versucht, die Mail-Nachricht an einen anderen Server zu übertragen, war jedoch nicht erfolgreich.
GRUPPE ERWEITERT/ GROUP EXPANDED	Die Mail-Nachricht war an eine Gruppe adressiert, und die Gruppe war auf dem Server erweitert.
UNBEKANNT/ UNKNOWN	Der Status der Mail-Nachricht auf dem Server kann nicht ermittelt werden.

Wenn Sie eine Mail-Nachricht verfolgen und die Suche keine Nachrichten ergibt, passen Sie die Suchkriterien an und führen die Suche erneut durch:

1. Vergewissern Sie sich, dass Sie die Mail-Überwachung eingerichtet haben.

2. Klicken Sie in Domino Administrator auf das Register NACHRICHTEN/MESSAGING > MAILVERFOLGUNG/TRACKING CENTER.

3. Klicken Sie auf NEUE MAILVERFOLGUNG/NEW TRACKING REQUEST.

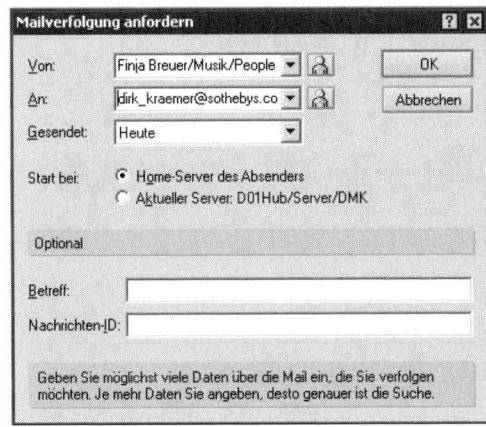

Abbildung 13.66:
Mailverfolgung anfordern

4. Nehmen Sie Eingaben in beliebigen der folgenden Felder vor, um die zu verfolgende Nachricht zu beschreiben (siehe *Abbildung 13.66*), und klicken Sie dann auf OK.

Feld	Eingabe
VON/ FROM	Der Benutzername des Absenders. Sie können den Namen auch im Domino-Verzeichnis auswählen.
AN/ TO	Der Benutzername des Empfängers. Sie können den Namen auch im Domino-Verzeichnis auswählen.
GESENDET/ SENT	Wählen Sie einen der folgenden Werte aus: ▶ HEUTE ▶ GESTERN ▶ LETZTE WOCHE ▶ LETZTE 2 WOCHEN ▶ LETZTER MONAT ▶ GESAMTER ZEITRAUM Um die Wahrscheinlichkeit zu erhöhen, dass Mail-Nachrichten gefunden werden, wählen Sie einen langen Zeitraum.
START BEI/ START AT	Wählen Sie einen der folgenden Werte aus: ▶ HOME-SERVER DES ABSENDERS (Vorgabe) ▶ AKTUELLER SERVER Wenn Ihnen der Absender der Mail-Nachricht bekannt ist, können Sie die Suche auf dem Home-Server des Absenders beginnen. Wenn Ihnen der Absender der Mail-Nachricht nicht bekannt ist und Sie keine Eingabe im Feld VON vornehmen, wählen Sie als Startpunkt für die Suche AKTUELLER SERVER. Verwalten Sie mehrere Server, so können Sie den aktuellen Server ändern, indem Sie einen Servernamen auf den Lesezeichenseiten links im Bildschirm auswählen.
THEMA/ SUBJECT	Das Thema der zu verfolgenden Mail-Nachricht. Der Server muss so konfiguriert sein, dass er die Mailverfolgung nach Thema zulässt.
NACHRICHTEN-ID/ MESSAGE ID	Die Nachrichten-ID der zu verfolgenden Mail-Nachricht. Die Nachrichten-ID ist in der Datenbank MAILTRACKER STORE (*mtstore.nsf*) angegeben.

5. Wählen Sie im Fenster MAIL(S) GEFUNDEN eine Mail-Nachricht aus und klicken Sie
    dann auf AUSGEWÄHLTE MAIL VERFOLGEN (siehe *Abbildung 13.67*).

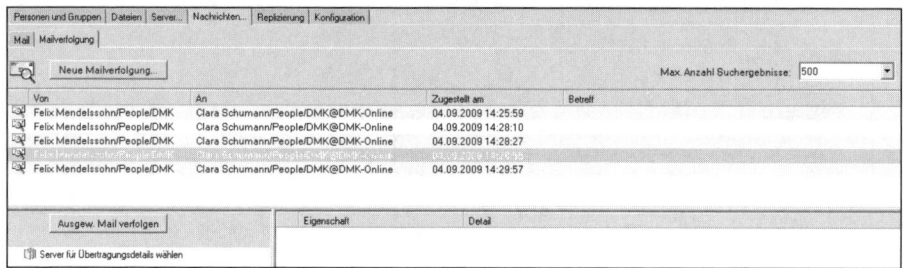

Abbildung 13.67: *Ergebnisse der Mailverfolgung verwenden*

6. Erweitern Sie die Ergebnisse der Mailverfolgung und wählen Sie einen Server aus, um
    detaillierte Informationen zur Verarbeitung der Meldung auf diesem Server anzeigen
    zu lassen.

Sie können zur Mailverfolgung auch den Web Administrator verwenden.

Berichte zur Mail-Benutzung erstellen

Im Lauf der Zeit sammeln sich in der Datenbank MAILTRACKER STORE historische Daten
zum Nachrichtenaustausch auf dem Server an. Die Erstellung von Berichten zur Mail-
Benutzung aus diesen Daten kann sich als nützlich erweisen. So können Sie beispielsweise
Berichte zur jüngsten Aktivität des Nachrichtenaustauschs, zum Nachrichtenvolumen, zu
einzelnen Benutzungsebenen und zu stark frequentierten Mail-Routen erstellen.

In der Berichtsdatenbank (*reports.nsf*) sind alle Berichte zur Mail-Benutzung gespeichert.
In den Ansichten der Datenbank werden Berichte nach Berichtstyp, Datum und Benutzer angezeigt. Außerdem führt eine Ansicht alle geplanten Berichte nach Intervall auf.
Die Berichtsdatenbank (*reports.nsf*) muss auf dem Server vorhanden sein, damit Berichte
zur Mail-Benutzung erstellt werden können.

Sicherheit

Die Berichtsdatenbank wird automatisch bei der Konfiguration des Servers erstellt.
Jedoch müssen Sie aus Sicherheitsgründen folgende Schritte manuell durchführen:

1. Zeigen Sie die Zugriffskontrollliste an und prüfen Sie, ob der Administrator des
    Servers und der Server selbst dort eingetragen sind und über Managerzugriff
    verfügen.

2. Aktivieren Sie mithilfe des Listenfelds ANSICHT/VIEW > AGENTEN/AGENTS alle peri-
    odischen Agenten.

3. Geben Sie dem Administrator unbeschränkten Agentenzugriff auf den Server,
    indem Sie ihn unter SICHERHEIT/SECURITY > EINSCHRÄNKUNGEN DER PROGRAM-
    MIERBARKEIT/PROGRAMMABILITY RESTRICTIONS > UNBESCHRÄNKTE METHODEN UND
    OPERATIONEN AUSFÜHREN/RUN UNRESTRICTED METHODS AND OPERATIONS zum
    Serverdokument hinzufügen.

1. Wenn Sie die Berichtsdatenbank neu erstellen müssen, wählen Sie DATEI/FILE > AN-WENDUNG/APPLICATION > NEU/NEW.

2. Nehmen Sie Eingaben in die folgenden Felder vor:

Feld	Eingabe
SERVER	Der Name des Servers, auf dem die Datenbank MAILTRACKER STORE (*mtstore.nsf*) gespeichert ist.
TITEL/ TITLE	Berichte
DATEINAME/ FILE NAME	*reports.nsf*
SCHABLONE/ TEMPLATE	*reports.ntf*

Ist die Mailverfolgung auf einem Server aktiviert, so enthält die Datenbank MAILTRACKER STORE (*mtstore.nsf*) Daten zur Mail-Benutzung. Aus diesen Daten können Sie einen Bericht zur Benutzung erstellen.

1. Vergewissern Sie sich, dass Sie die Mail-Überwachung eingerichtet haben.

2. Öffnen Sie die Berichtsdatenbank (*reports.nsf*).

3. Klicken Sie auf BERICHT ANFORDERN/NEW REPORT (siehe *Abbildung 13.68*).

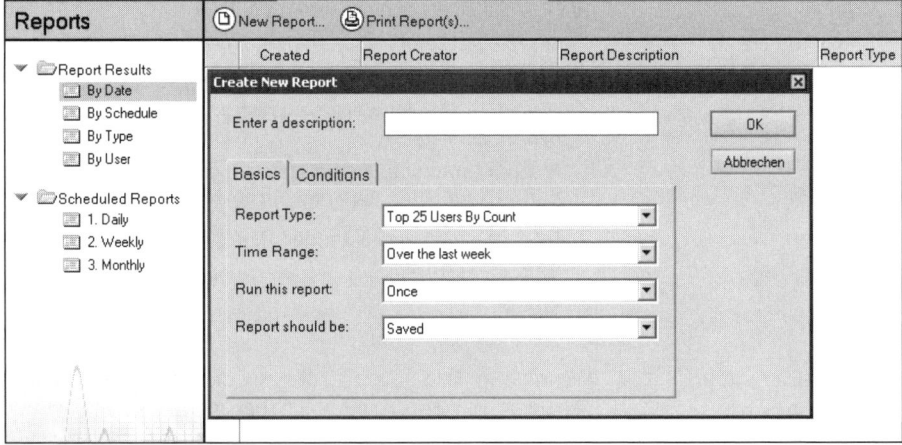

Abbildung 13.68: Erstellung eines Berichts

4. Geben Sie in die folgenden Felder Werte ein und klicken Sie anschließend auf OK:

Feld	Eingabe
BESCHREIBUNG/ DESCRIPTION	Text zur Identifizierung des Berichts.
BERICHTSTYP/ REPORT TYPE	Wählen Sie den zu erstellenden Berichtstyp. ▶ TOP 25 USERS BY COUNT ▶ TOP 25 USERS BY SIZE

Feld	Eingabe
	▶ TOP 25 SENDERS BY COUNT
	▶ TOP 25 SENDERS BY SIZE
	▶ TOP 25 RECEIVERS BY COUNT
	▶ TOP 25 RECEIVERS BY SIZE
	▶ TOP 25 MOST POPULAR „NEXT HOPS"
	▶ TOP 25 MOST POPULAR „PREVIOUS HOPS"
	▶ TOP 25 LARGEST MESSAGES
	▶ MESSAGE VOLUME SUMMARY
	▶ MESSAGE STATUS SUMMARY
ZEITRAUM/ TIME RANGE	Wählen Sie einen der folgenden Werte aus: ▶ HEUTE ▶ GESTERN ▶ WÄHREND DER LETZTEN WOCHE (VORGABE) ▶ WÄHREND DER LETZTEN BEIDEN WOCHEN ▶ WÄHREND DES LETZTEN MONATS ▶ JEDE VERFÜGBARE INFORMATION Jede Auswahl bezieht sich auf den angegebenen Zeitraum bis zum aktuellen Tag. Wenn Sie beispielsweise GESTERN wählen, enthält der Bericht Informationen von gestern und heute.
AUSFÜHRUNGSINTERVALL/ RUN THIS REPORT	Wählen Sie einen der folgenden Werte aus: ▶ EINMAL, um sofort einen Bericht zu erstellen (Vorgabe) ▶ TÄGLICH, um täglich um Mitternacht einen Bericht zu erstellen ▶ WÖCHENTLICH, um jeden Samstag um Mitternacht einen Bericht zu erstellen ▶ MONATLICH, um an jedem ersten Tag eines Monats um Mitternacht einen Bericht zu erstellen
BERICHTSERGEBNISSE/ REPORT SHOULD BE	Wählen Sie einen der folgenden Werte aus: ▶ SPEICHERN (Vorgabe) ▶ SENDEN ▶ SPEICHERN UND SENDEN
MAIL-EMPFÄNGER/ MAIL RECIPIENT	Wenn Sie im Feld BERICHTSERGEBNISSE die Option SENDEN oder SPEICHERN UND SENDEN gewählt haben, geben Sie den Benutzernamen der Person ein, die den Bericht erhalten soll, oder wählen Sie den Benutzernamen im Domino-Verzeichnis aus. Vorgegeben ist der Name des Administrators, der den Bericht anfordert.

Wenn Sie den Bericht anfordern, werden in die Felder ÄLTESTE GEFUNDENE MAIL und JÜNGSTE GEFUNDENE MAIL automatisch Eingaben vorgenommen. In diesen Feldern werden das Datum und die Uhrzeit der ältesten und jüngsten gefundenen Mail-Nachricht angezeigt.

5. (Optional) Um die Ergebnisse des Berichts einzuschränken, können Sie in den folgenden Feldern Kriterien angeben:

Feld	Eingabe
NAME DES ABSENDERS	Geben Sie eine Zeichenfolge für den Namen des Absenders ein und wählen Sie dann aus, ob der Name die Zeichenfolge enthalten soll oder genau mit der Zeichenfolge übereinstimmen muss.
NAME DES EMPFÄNGERS	Geben Sie eine Zeichenfolge für den Namen des Empfängers ein und wählen Sie dann aus, ob der Name die Zeichenfolge enthalten soll oder genau mit der Zeichenfolge übereinstimmen muss.
ZUSTELLSTATUS	Wählen Sie einen der folgenden Werte aus: ▶ IS - DELIVERED (alle zugestellten Mail-Nachrichten) ▶ OTHER THAN – DELIVERED (alle nicht zugestellten Mail-Nachrichten) ▶ IS – NOT DELIVERED (alle Mail-Nachrichten, die entweder nicht zugestellt wurden oder zurzeit verarbeitet werden) ▶ OTHER THAN – NOT DELIVERED (alle Mail-Nachrichten, die entweder zugestellt wurden oder zurzeit verarbeitet werden) ▶ IS – BEING PROCESSED (alle Mail-Nachrichten, die zurzeit verarbeitet werden) ▶ OTHER THAN – BEEING PROCESSED (alle Mail-Nachrichten, die entweder zugestellt wurden oder deren Zustellung fehlgeschlagen ist) Der Zustellstatus entspricht dem Zustellstatus der Mailverfolgung. DELIVERED bezieht sich auf Mail-Nachrichten mit dem Status ZUGESTELLT, ÜBERTRAGEN oder GRUPPE ERWEITERT. NOT DELIVERED bezieht sich auf Mail-Nachrichten mit dem Status ZUSTELLUNG FEHLGESCHLAGEN, ÜBERTRAGUNG FEHLGESCHLAGEN oder UNBEKANNT.
MAIL-GRÖSSE	Die maximale oder minimale Nachrichtengröße (in Bytes), die in den Bericht aufgenommen werden soll.

Berichte über Verzögerungen bei der Übertragung und Zustellung

Sie können die Zeitspanne definieren, die eine ausstehende Nachricht in der Meldungswarteschlange des Routers verbleiben kann, bevor ein Verzögerungsbericht an den Autor der nicht zugestellten Nachricht gesendet wird. Dies betrifft alle ausstehenden Nachrichten auf jedem Server, auf dem Sie Berichte über Verzögerungen bei der Übertragung und Zustellung aktiviert haben.

Ein Verzögerungsbericht wird an einen Nachrichtenautor gesendet, wenn eine ausstehende Nachricht länger als die im Konfigurationsdokument angegebene Zeit in der Hauptmeldungswarteschlange war. Verzögerungen treten häufig auf, wenn ein Übertragungszielserver aufgrund von Server- oder Netzwerkproblemen nicht zur Verfügung steht. Nachrichten, die zur lokalen Zustellung anstehen, während sie sich in einem Zustand „in Wiederholung" befinden, können auch die Ursache für einen Verzögerungsbericht sein. Verzögerungsberichte werden ebenfalls für SMTP-Mail versendet, für die auf Anforderung keine Benachrichtigung über den Zustellstatus (DSN) pro Empfänger zugestellt wird, oder für SMTP-Mail, für die Verzögerungsberichte angefordert wurden.

Der Router prüft gleichzeitig auf Übertragungs- und Zustellungsverzögerungen sowie auf Nachrichtenablauf. Der Router prüft auf Nachrichtenablauf entsprechend dem definierten Intervall im Feld LÖSCHINTERVALL FÜR ABGELAUFENE NACHRICHTEN/ EXPIRED MESSAGE PURGE INTERVAL im Register ÜBERTRAGUNG/TRANSFER CONTROLS des Serverkonfigurationsdokuments des Routers.

Eine Mail, die sich in einem unzustellbaren oder zurückgehaltenen Status in der *mail.box* des Servers befindet, ist keine ausstehende Mail.

Verzögerungsberichte werden in folgenden Situationen nicht gesendet:

▶ Wenn Sie die folgende Einstellung im Konfigurationsdokument aktiviert haben: ROUTER/SMTP > ERWEITERT > STEUERUNG > ERWEITERTE ÜBERTRAGUNGSSTEUERUNG > NACHRICHTENPRIORITÄT IGNORIEREN.

▶ Wenn eingehende SMTP-Nachrichten eine DSN-Anforderung (Delivery Status Notification) enthalten, die auf NOTIFY=NEVER gesetzt ist. Nur DSN-Anforderungen mit dem Wert NOTIFY=DELAY generieren Verzögerungsbenachrichtigungen.

▶ Wenn es sich bei der verzögerten Nachricht um einen Zustellungsfehlerbericht handelt. Wenn eine Nachricht beispielsweise auf niedrige Priorität heruntergestuft und zurückgestellt wurde, weil ihre Größe den Schwellenwert für Mail mit normaler Priorität überschreitet, wird die resultierende Verzögerungsbenachrichtigung (die die Originalnachricht enthält) sofort zugestellt.

▶ Wenn ein Notes-Benutzer die Option ZUSTELLUNGSBERICHT im Dialogfeld ZUSTELLOPTIONEN auf KEIN setzt.

Wenn Sie die Übertragungs- und Zustellungsverzögerungsfunktion über das Konfigurationsdokument des Servers aktivieren, wird ein Verzögerungsbericht an die Autoren von ausstehenden Nachrichten, die innerhalb einer angegebenen Zeitspanne nicht übertragen oder zugestellt wurden, gesendet.

1. Öffnen Sie das Konfigurationsdokument in Domino Administrator über das Register KONFIGURATION/CONFIGURATION und klicken Sie auf das Register ROUTER/SMTP > BESCHRÄNKUNGEN UND STEUERUNGEN/RESTRICTIONS AND CONTROLS > ÜBERTRAGUNG/TRANSFER CONTROLS.

2. Klicken Sie im Feld für die BENACHRICHTIGUNG ÜBER VERZÖGERUNGEN BEI DER ÜBERTRAGUNG UND ZUSTELLUNG/TRANSFER AND DELIVERY DELAY NOTIFICATIONS auf AKTIVIERT/ENABLED.

3. Geben Sie die Zeitspanne an, die Nachrichten mit hoher, normaler und niedriger Priorität in der Meldungswarteschlange verbleiben, bevor vom Router ein Verzögerungsbericht an den Autor der Nachricht geschickt wird. Die Vorgabe für jede Priorität lautet vier (4) Stunden. Geben Sie die Zeit in Stunden oder Minuten an. Bei Mail mit niedriger Priorität startet die Uhr erst, wenn der Zeitraum für Mail mit niedriger Priorität beginnt. Falls dieses Zeitintervall länger als der Zeitraum für Mail mit niedriger Priorität ist, werden keine Verzögerungsberichte gesendet.

4. Klicken Sie auf SPEICHERN UND SCHLIESSEN/SAVE & CLOSE.

13.5.8 Activity Logging

Sie verwenden Activity Logging zur Zusammenstellung von Informationen über die Aktivitäten in Ihrem Unternehmen. Mithilfe dieser Informationen können Sie Benutzern die Nutzung Ihres Systems in Rechnung stellen, die Nutzung überwachen, eine Ressourcenplanung durchführen und prüfen, ob die Bildung von Clustern die Effizienz Ihres Systems steigern würde.

Lotus Domino zeichnet die Aktivitäten in der Protokolldatei (*log.nsf*) auf. Diese Aufzeichnungen sind dort jedoch verborgen. Sie können die Aktivitätsprotokollierungsdaten anzeigen, indem Sie die „Aktivitätsanalyse" starten, bei der die von Ihnen angegebenen Informationen in die Protokollanalysedatenbank (*loga4.nsf* oder ein anderer von Ihnen festgelegter Name) kopiert werden.

Das Activity Logging seit Lotus Domino 6 löst das Billing aus R5 ab.

Die Datensätze in der Protokolldatei verfolgen die gesamten generierten Aktivitäten. Domino erstellt für jeden Aktivitätstyp einen anderen Datensatztyp. Für bestimmte Aktivitätstypen erstellt Domino mehrere Datensätze während einer Sitzung; für andere Aktivitätstypen erstellt Domino einen einzigen Datensatz. In der folgenden Tabelle sind die Aktivitätstypen aufgeführt, die Sie protokollieren können.

Aktivitätstyp	Im Protokoll aufgezeichnete Informationen
Agent	Zeitpunkt des Startens periodischer Agenten durch Domino Server und die Laufzeit der Agenten
HTTP	Webserver-Anfragen
IMAP	Die während einer IMAP-Sitzung generierten Aktivitäten
LDAP	Alle durch LDAP-Aktivität generierten Aktivitäten. Jeder Typ von LDAP-Aktivität generiert einen separaten Datensatz. Die LDAP-Aktivitätstypen umfassen „abandon", „add", „bind", „compare", „delete", „extended", „modify", „modify distinguished name", „search" und „unbind".
Mail	Die durch Mail und Mail-ähnliche Nachrichten generierten Aktivitäten, die zum und vom Server weitergeleitet werden. Die Nachrichten können von einem Domino Server oder einem SMTP-Server kommen.
Notes-Datenbank	Öffnen, Benutzen und Schließen von Domino-Datenbanken durch Notes Clients und Domino Server sowie die Dauer der Benutzung
Notes-Durchgang	Herstellen einer Verbindung über eine Domino-Durchgangsverbindung durch Benutzer oder Server sowie die Aktivität, die durch diese Verbindung generiert wird
Notes-Sitzung	Starten und Beenden von Sitzungen mit einem Domino Server durch Notes Clients und Domino Server, die als Clients fungieren
POP3	Die während einer POP3-Sitzung generierten Aktivitäten
Replik	Die durch Replizierung mit einem anderen Server oder mit einem Client generierten Aktivitäten
SMTP	Die während einer SMTP-Sitzung generierten Aktivitäten

Während der Sitzung generiert Domino Checkpoint-Datensätze, die alle Aktivitäten protokollieren, die bis zu diesem Zeitpunkt während der Sitzung stattgefunden haben. Checkpoint-Datensätze gewährleisten, dass Aktivitäten protokolliert werden, auch wenn ein Server vor Ende der Sitzung seinen Betrieb einstellt. Domino erstellt Checkpoint-Datensätze für die Aktivitätstypen IMAP, Lotus Notes-Sitzung, Domino-Datenbank, Notes-Durchgang, POP3 und SMTP. Die Checkpoint-Datensätze sind kumulativ; jeder Datensatz enthält die gesamte Aktivität, die bis zu diesem Zeitpunkt während der geöffneten Sitzung protokolliert wurde.

Hinweis

Wenn Sie die Länge des Prüfpunktintervalls festlegen (Wartezeit, bis ein neuer Checkpoint-Datensatz generiert wird), sollten Sie drei Faktoren berücksichtigen: die Anforderung der Aufzeichnung von Informationen, die Anforderung, Speicherplatz zu erhalten, und die Anforderung schneller Leistung. Je länger das Prüfpunktintervall ist, desto mehr Aktivitätsdaten könnten verloren gehen, wenn der Server abstürzt, bevor Domino die Checkpoint-Datensätze schreibt. Je kürzer das Prüfpunktintervall ist, desto mehr Checkpoint-Datensätze könnten erstellt werden, die mehr Speicherplatz belegen. Außerdem könnte durch das Festlegen kurzer Prüfpunktintervalle die Systemleistung beeinträchtigt werden, wenn viel Aktivität stattfindet.

Sie konfigurieren Activity Logging, indem Sie das Konfigurationsdokument des Servers bearbeiten.

1. Klicken Sie in Domino Administrator auf das Register KONFIGURATION/CONFIGURATION.
2. Erweitern Sie die Ansicht SERVER und klicken Sie auf KONFIGURATIONEN/CONFIGURATIONS.
3. Wählen Sie das gewünschte Konfigurationsdokument aus und klicken Sie auf KONFIGURATION BEARBEITEN/EDIT CONFIGURATION.
4. Im Konfigurationsdokument klicken Sie auf die Registerkarte AKTIVITÄTSPROTOKOLLIERUNG/ACTIVITY LOGGING (siehe *Abbildung 13.69*).
5. Aktivieren Sie die Option AKTIVITÄTSPROTOKOLLIERUNG IST AKTIVIERT/ACTIVITY LOGGING IS ENABLED.

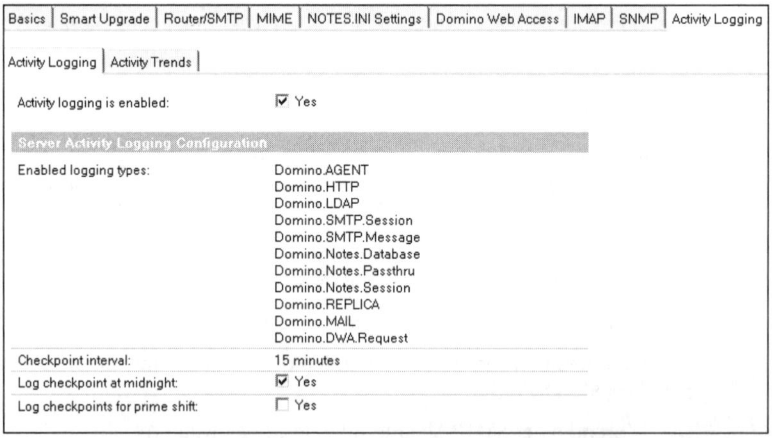

Abbildung 13.69: Aktivierung der Aktivitätenprotokollierung im Konfigurationsdokument

6. Im Feld AKTIVIERTE PROTOKOLLIERUNGSTYPEN/ENABLED LOGGING TYPES wählen Sie die Aktivitätstypen aus, die Sie protokollieren möchten.

7. Um die Häufigkeit der Erstellung von Checkpoint-Datensätzen herauf- oder herabzusetzen, können Sie das Intervall optional verändern.

8. Um automatisch Checkpoints für Notes-Sitzungen und Notes-Datenbanken jeden Tag um Mitternacht zu setzen, können Sie die Auswahlmöglichkeit PRÜFPUNKT UM MITTERNACHT/LOG CHECKPOINT AT MIDNIGHT optional setzen.

9. Um automatisch Checkpoints für Notes-Sitzungen und Notes-Datenbanken jeden Tag am Anfang und am Ende einer bestimmten Zeitspanne zu setzen, können Sie die Auswahlmöglichkeit PRÜFPUNKTE FÜR HAUPTARBEITSZEIT/LOG CHECKPOINTS FOR PRIME SHIFT optional setzen, um den Zeitraum dann anzugeben.

10. Klicken Sie auf SPEICHERN UND SCHLIESSEN/SAVE & CLOSE.

In Bezug auf einige Protokolle gilt:

▶ Wenn Sie Aktivitäten für das Hinzufügen und Modifizieren im LDAP aufzeichnen und den Umfang der Informationen, die in dem Feld ATTRIBUTES protokolliert werden, von den vorgegebenen 4096 Bytes optional verändern möchten, geben Sie dies im Administrator Client unter der Registerkarte KONFIGURATION/CONFIGURATION unter der Ansicht VERZEICHNIS/DIRECTORY > LDAP > SETTINGS/EINSTELLUNGEN im Feld MAX. ATTRIBUTGRÖSSE FÜR AKTIVITÄTSPROTOKOLLIERUNG/ACTIVITY LOGGING TRUNCATION SIZE an.

Bei der LDAP-Aktivitätsprotokollierung werden Informationen zu allen LDAP-Anforderungen verfolgt. Da jeder Typ von LDAP-Anforderung eine andere Struktur hat, generiert Domino für jeden Typ einen anderen Aktivitätsprotokollierungsdatensatz, z.B.:

Anforderungs-typ	Protokollierte Informationen
Abandon	Organisationsname, Benutzername, Servername, IP-Adresse des Clients, Nachrichten-ID des Befehls, der verworfen werden soll, den LDAP-Ergebniscode sowie alle Fehlermeldungen, die an den Client zurückgegeben werden
Add	Organisationsname, Benutzername, Servername, IP-Adresse des Clients, den eindeutigen Namen des hinzuzufügenden Objekts, die hinzugefügten Attribute und deren neue Werte, die Namen der Verzeichnisse, zu denen der Eintrag hinzugefügt wurde, die Anzahl der hinzugefügten Einträge, die Anzahl Byte, die an den Server gesendet wurde, den LDAP-Ergebniscode sowie alle Fehlermeldungen, die an den Client zurückgegeben werden

▶ Bei der HTTP-Aktivitätsprotokollierung werden Anforderungen von Browsern zum Zugriff auf Domino Webserver verfolgt. Domino generiert immer dann einen HTTP-Aktivitätsprotokollierungsdatensatz, wenn ein Browser eine HTTP-Anforderung an einen Domino Webserver sendet. Die HTTP-Aktivitätsprotokollierungsdatensätze umfassen Informationen wie den Namen des Webservers, den Namen des Benutzers, der auf den Webserver zugreift, die HTTP-Anforderung, die URL, auf die der Benutzer geklickt hat, die Anzahl der Bytes, die als Ergebnis der Anforderungen zurückgegeben wurden, die Zeitdauer, die zur Verarbeitung der Anforderung benötigt wurde, den HTTP-Statuscode, der als Ergebnis der Anforderung zurückgegeben wurde, und den

Zeitpunkt, an dem die Anforderung stattgefunden hat. Wenn Sie URL-Übersetzungs-regeln im Serverkonfigurationsdokument festgelegt haben, führt der HTTP-Aktivitäts-protokollierungsdatensatz außerdem die Ergebnisse der Übersetzungen auf.

▶ Bei der SMTP-Aktivitätsprotokollierung werden SMTP-Sitzungsaktivitäten wie die IP-Adresse des verbundenen Clients, die Anzahl der Nachrichten, die der Client an den Server sendet, die Anzahl der Bytes, die der Client an den Server sendet bzw. vom Server empfängt, die Anzahl der Empfänger, an die Nachrichten gesendet werden, und die Dauer der Sitzung verfolgt. Es gibt drei Typen von Aktivitätsprotokollie-rungsdatensätzen für SMTP-Sitzungen:

– Open-Datensätze, die protokollieren, wann eine SMTP-Sitzung gestartet wird

– Checkpoint-Datensätze, die Aktivitäten protokollieren, die stattfinden, nachdem eine SMTP-Sitzung während einer festgelegten Zeitdauer geöffnet war

– Close-Datensätze, die die SMTP-Informationen in einem einzigen Datensatz kon-solidieren, wenn eine SMTP-Sitzung endet

Domino schreibt die Informationen bezüglich des Activity Loggings in die Protokolldaten-bank (*log.nsf*). Um Activity-Logging-Berichte zu erstellen, schreiben Sie ein Notes-API-Pro-gramm, um auf die Informationen in der Protokolldatenbank zuzugreifen. Sie können aber auch unter Verwendung der Activity-Analyse auf die Activity-Logging-Informationen zugreifen. Die Activity-Analyse kopiert die von Ihnen spezifizierten Informationen in die Log-Analysis-Datenbank (*log4a.nsf* oder ein anderer frei vergebener Dateiname).

Die Log-Analysis-Datenbank enthält die folgenden Ansichten für die entsprechenden Activity-Informationen:.

▶ AGENT

▶ ALL

▶ DWA REQUEST

▶ HTTP

▶ IMAP

▶ LDAP ADD

▶ LDAP ALL

▶ LDAP DELETE

▶ LDAP MODIFY

▶ LDAP MODIFYDN

▶ LDAP SEARCH

▶ MAIL DEPOSITED

▶ MAIL PROCESSED

▶ NOTES DATABASE

▶ NOTES PASSTHRU

▶ NOTES SESSION

▶ POP3

▶ REPLICA

▶ SMTP SESSION

Zusätzlich zu den enthaltenen Ergebnissen aus der Activity-Analyse kann die Log-Analysis- Datenbank noch Informationen aus der Protokollanalyse enthalten, hauptsächlich dann, wenn Sie die Protokollanalyse unter einer früheren Domino-Version als 6 verwenden. Um die Activity-Analyse zu verwenden, gehen Sie wie folgt vor:

1. In Domino Administrator wählen Sie den Server aus, auf dem Sie die Activity-Analyse starten möchten.
2. Klicken Sie auf die Registerkarte SERVER > ANALYSE/ANALYSIS.
3. Unter den Werkzeugen erweitern Sie das Tool ANALYSE/ANALYZE und klicken auf AKTIVITÄT/ACTIVITY.

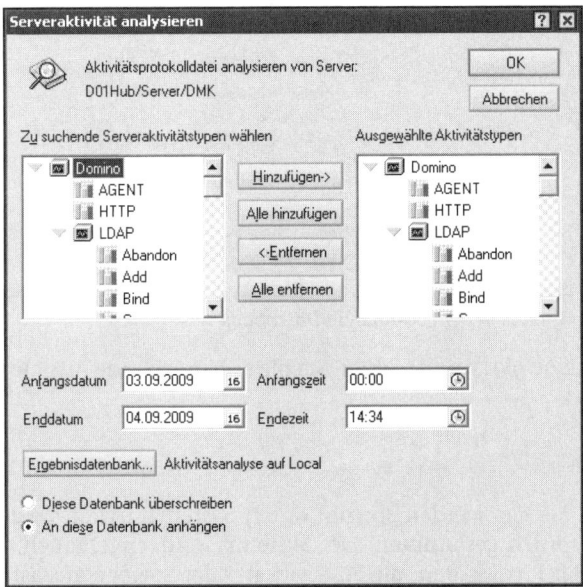

Abbildung 13.70: Auswahl der konfigurierten Aktivitäten für die Aktivitätsanalyse

4. Wählen Sie die Art der Aktivität aus, die Sie protokollieren möchten:
   - Um alle Aktivitäten zu protokollieren, lassen Sie diesen Schritt aus. Als Vorgabe sind alle Aktivitätstypen ausgewählt.
   - Um einen Aktivitätstyp zu deselektieren, klicken Sie auf den Aktivitätstyp, den Sie nicht protokollieren möchten, im Fenster AUSGEWÄHLTE AKTIVITÄTSTYPEN/SELECTED TYPES OF ACTIVITY und klicken dann auf ENTFERNEN/REMOVE. Um alle Aktivitätstypen zu deselektieren, klicken Sie auf ALLE ENTFERNEN/REMOVE ALL.
   - Um einen Aktivitätstyp, den Sie protokollieren wollen, auszuwählen, wählen Sie den Aktivitätstyp im Fenster ZU SUCHENDE SERVERAKTIVITÄTEN WÄHLEN/SELECT SERVER ACTIVITY TYPES TO SEARCH FOR aus und klicken dann auf HINZUFÜGEN/ADD. Um alle Aktivitätstypen zu protokollieren, klicken Sie auf ALLE HINZUFÜGEN/ADD ALL.
5. Wählen Sie das Anfangs- und Enddatum und die Zeit der Aktivität, die Sie untersuchen wollen (siehe *Abbildung 13.70*).

6. Wenn Sie die Analyseresultate lieber in eine andere Datenbank als die Log-Analyse-Datenbank schreiben wollen, klicken Sie auf ERGEBNISDATENBANK/RESULTS DATABASE und geben eine andere Datenbank an. Dann klicken Sie auf OK.

7. Wählen Sie AN DIESE DATENBANK ANHÄNGEN/APPEND TO THIS DATABASE, um die Analyseresultate an vorhergegangene Resultate in einer Datenbank anzuhängen, oder DIESE DATENBANK ÜBERSCHREIBEN/OVERWRITE THIS DATABASE, um eine neue Datenbank anzulegen, die nur die Ergebnisse der aktuellen Analyse enthalten soll.

8. Klicken Sie auf OK, um die Analyse zu starten und die Log-Analyse-Datenbank zu öffnen (siehe *Abbildung 13.71*).

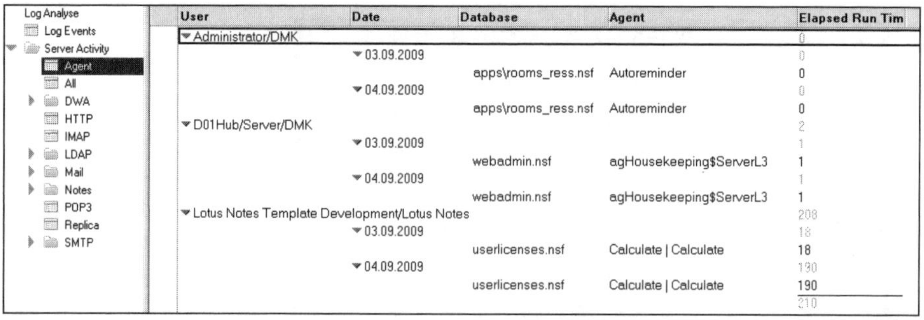

Abbildung 13.71: Ergebnisse der Analyse in der Log-Analyse-Datenbank

Erweitern Sie die Ansicht SERVER ACTIVITY und wählen Sie die entsprechende Ansicht für den jeweiligen Aktivitätstyp aus.

13.5.9 Activity Trends

Die Ressourcen eines Domino Servers werden sowohl durch Systemaktivität als auch durch Benutzeraktivität in Anspruch genommen. Der Systemressourcengebrauch, wie beispielsweise die Auslastung der Prozessoren, die Festplatten- oder Speicherauslastung oder Netzwerkbelastung, die Domino selbst generiert, um den Domino Server in Betrieb zu halten, sind kalkulierbare, nahezu fixe Größen. In der Regel verwenden Domino Server lediglich einen geringen Anteil der Ressourcen zum reibungslosen Ablauf ihrer Funktionen. Die verbleibenden Ressourcen werden für Benutzeraktivitäten benötigt.

Mithilfe des Activity Loggings sammeln Domino Server präzise Informationen über die Benutzeraktivitäten, aufgeteilt nach Person, Datenbank und Zugriffsprotokoll. Auf diese Weise lässt sich die Auslastung des Domino Servers feststellen. Es ist beispielsweise möglich, die aktivsten Benutzer oder Datenbanken des Servers zu erkennen. Über den Domino Change Manager lassen sich automatisch Pläne zur Auslastung des Domino Servers, zur Inbetriebnahme eines weiteren Servers oder zum Lastausgleich mehrerer Server erstellen und durchführen. Die Domino Change Control-Datenbank (*domchange.nsf*) und der Domino Change Manager sind Teil der Domino Server Core-Funktionalität.

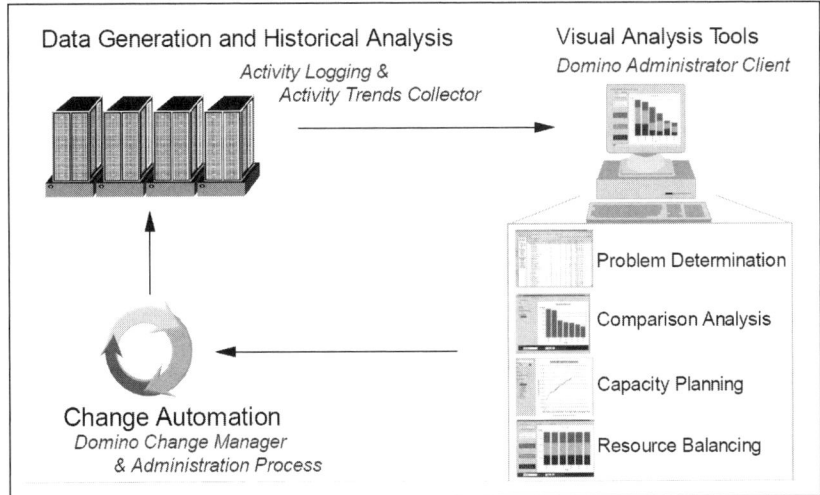

Abbildung 13.72: Activity Trends und ihre Verwendung bis hin zur Change Automation

Activity Trends waren vormals Teil des IBM Tivoli Analyzer für Lotus Domino. Der Activity Trends Collector läuft als Domino Server-Add-In-Task und sammelt Statistiken über Datenbankaktivitäten auf dem Server. Diese Informationen werden in der Activity-Trends-Datenbank (*activity.nsf*) gespeichert. Diese Daten werden zur Bestimmung der Last eines Servers verwendet. Mithilfe der Ressourcenausgleichsfunktion ist der Analyzer in der Lage, Trends zu erkennen und in intelligente Algorithmen umzuwandeln, die einen rechnergestützten Lastausgleich einer Gruppe von Domino Servern ermitteln können. Dieser Ausgleich wird über ein Verschieben von Datenbanken über die Domino Server hinweg und damit über eine bessere Verteilung realisiert. Activity Trends beinhalten:

▶ Definition des Serverprofils für den einfachen Zugriff auf eine benannte Servergruppe

▶ Erstellung der Statistikprofile für den einfachen Zugriff auf eine benannte Gruppe von Statistiken

▶ Schematische Darstellung der Activity Trends zur schematischen Darstellung einer ausgewählten Gruppe von Statistiken für einen Server oder eine Gruppe von Servern

▶ Ressourcenausgleich zur Analyse der Serverressourcen und zur Erstellung von Vorschlägen zum Ausgleich der Belastung Ihrer Server

Activity Trends greifen auf Funktionen des Domino Servers zurück. Das Activity Logging dient zum Sammeln von Informationen, die zum Ressourcenausgleich benötigt werden, während die Activity Trends zur Zeitplanung der Informationssammlung beitragen. Der Domino Change Manager unterstützt die Implementierung eines Prozesses, mit dessen Hilfe Änderungen am System kontrolliert durchgeführt werden.

Activity Logging sammelt Daten aus dem Serverprotokoll (*log.nsf*) und dem Catalog-Dienst und speichert diese Informationen in der Activity-Trends-Datenbank (*activity.nsf*). Der Activity Trends Collector-Dienst verwendet diese Daten zur Erstellung von Trends für den Ressourcenausgleich.

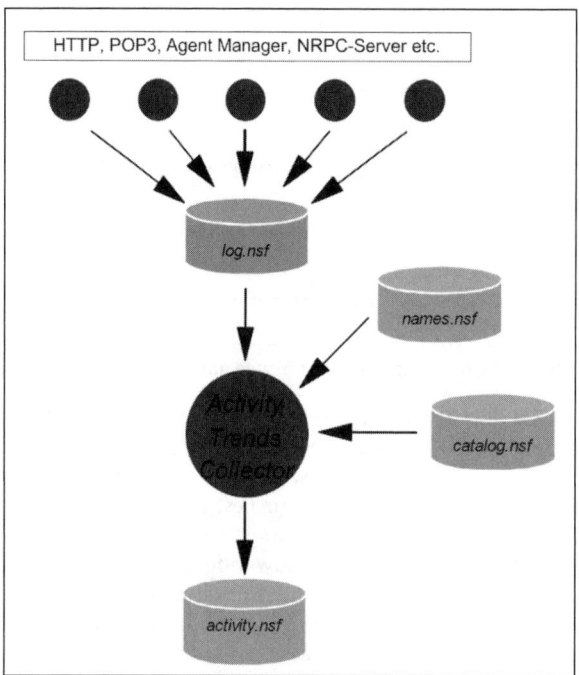

Abbildung 13.73: Daten für die Activity Trends

Die folgenden Einstellungen haben Auswirkungen auf die Activity Trends:

▶ TREND-HAUPTINTERVALL/TRENDS CARDINAL INTERVAL

Die Statistiken basieren auf Daten, die während einer Observierungsperiode gesammelt wurden. Dieser Zeitraum beträgt 24 Stunden von Mitternacht bis Mitternacht. Jede Trend-Statistik ist ein gewichteter gleitender Mittelwert, der berechnet wird, indem Daten einer neuen Observierung mit exponentieller Gewichtung zu einem bestehenden Trend hinzugefügt werden. Die neuesten Beobachtungen haben natürlich das höchste Gewicht, während ältere exponentiell weniger Gewicht für den neu berechneten Trend haben. Beachten Sie, dass durch Erhöhung des Hauptintervalls die Anzahl der neuesten Beobachtungen, die stark gewichtet werden, zunimmt und dementsprechend abnimmt, wenn Sie das Hauptintervall reduzieren.

▶ ZEITRASTER FÜR BEOBACHTUNGEN/OBSERVATION TIME BUCKET

Aktivitätstrends speichern Daten in einem Zeitraster bzw. einer Matrix, die die Verteilung von Aktivitäten während eines Beobachtungszeitraums repräsentiert. Wenn Sie Aktivitätstrends einrichten, geben Sie die Größe der einzelnen Raster an, indem Sie festlegen, wie viele Sekunden ein Raster bilden. Diese Zahl muss sich gleichmäßig auf eine Stunde aufteilen lassen. Beispielsweise ist die Vorgabe 300 Sekunden bzw. 5 Minuten, d.h., ein Beobachtungszeitraum umfasst 288 5-minütige Raster.

▶ PROXY-DATEN/PROXY DATA

Standardmäßig lokalisiert der Server, von dem aus Sie die Aktivitätstrends ausführen, die lokale Datenbank ACTIVITY TRENDS (*activity.nsf*). Möglicherweise müssen Sie jedoch Aktivitätstrenddatenbanken replizieren, die Daten enthalten, auf die Sie zugreifen möchten. Sie verwenden Proxy-Daten, um die Namen anderer Aktivitätstrenddatenbanken einzuschließen, die Trenddaten von anderen Servern enthalten.

Die Basiskonfiguration der Activity Trends beinhaltet die folgenden Arbeitsschritte:

1. Für jeden Server, für den Sie die Activity-Logging-Informationen sammeln und Activity Trends analysieren möchten, müssen Sie diese beiden Funktionen im Konfigurationsdokument aktivieren.

2. Um den Ressourcenausgleich zu konfigurieren, müssen Sie zum einen den Domino Change Manager (Änderungsmanager) auf einem Server in der Domäne starten und zum anderen einen Satz an Serverprofil-Optionen definieren, die die Lokationen, Ziele und das Verhalten des Ressourcenausgleichs spezifizieren.

   Den Domino Change Manager aktivieren Sie, indem Sie den Domino Change-Dienst starten. Dies geschieht entweder über den Eintrag `runjava ChangeMan` in der *notes.ini* oder, indem Sie den Dienst in einer Konsole über den Befehl `load runjava ChangeMan` starten.

   Um die diversen Einstellungen für den Ressourcenausgleich vorzunehmen, klicken Sie in Domino Administrator auf die Registerkarte SERVER > LEISTUNG/PERFORMANCE. Wählen Sie die Ansicht AKTIVITÄTSTRENDS/ACTVITY TRENDS > RESSOURCENVERTEILUNG/RESOURCE BALANCING.

Profile vereinfachen die Verwaltung von Server- und Statistikgruppen. Mithilfe von Aktivitätstrends können Sie Server in ein Serverprofil aufnehmen und die Statistiken angeben, die in einem Serverprofil enthalten sein sollen. In einem Serverprofil erfassen Sie Server aus derselben Domäne in einer benannten Gruppe. Wenn Sie anschließend eine Ressourcenverteilung durchführen oder ein Leistungsdiagramm erstellen, können Sie mühelos auf diese Server zugreifen. Nachdem Sie ein Serverprofil erstellt haben, können Sie ein Statistikprofil auswählen, um Statistiken zum ausgewählten Serverprofil anzuzeigen.

Wenn Sie eine Ressourcenverteilung vornehmen, kann das Serverprofil einen oder mehrere Phantom-Server enthalten. Phantom-Server sind physisch zwar nicht vorhanden, können aber in „Was wäre, wenn"-Szenarien verwendet werden, um zu bewerten, inwieweit zusätzliche Server Belastungsprobleme mindern könnten. Phantom-Server werden weder in der Ansicht NEUESTE/LATEST noch in der Ansicht HISTORISCH/HISTORICAL der Aktivitätstrends angezeigt, da für Phantom-Server keine Aktivitätstrenddaten vorhanden sind.

Aktivitätstrendanalysen beinhalten Standardstatistiken, die sich von Ansicht zu Ansicht unterscheiden. Die Ansicht BENUTZER/USERS verfügt beispielsweise nur über eine Standardstatistik, während die Ansicht SERVER zwei Statistiken enthält. Sie können Statistikprofile erstellen, die eine unbegrenzte Anzahl von Domino-Systemstatistiken enthalten. Anschließend können Sie jedes beliebige Statistikprofil mit jedem beliebigen Serverprofil verwenden.

Aktivierung der Aktivitätsprotokollierung

Um Aktivitätstrends zu nutzen, aktivieren Sie zunächst die Aktivitätsprotokollierung über die Registerkarte AKTIVITÄTSPROTOKOLLIERUNG/ACTIVITY LOGGING des Serverkonfigurationsdokuments, um Daten zu den ausgewählten Server-Tasks zu sammeln. Wenn Sie danach die Aktivitätstrends zum ersten Mal starten, muss das System bereits seit 24 Stunden laufen und Daten erfasst haben. Nach Aktivierung der Aktivitätsprotokollierung geben Sie an, wie die Aktivitätstrends erfasst werden sollen, und erstellen die Datenbank ACTIVITY TRENDS (*activity.nsf*), die standardmäßig im Domino Data-Verzeichnis gespeichert wird.

1. Klicken Sie in Domino Administrator auf das Register KONFIGURATION/CONFIGURATION.

2. Erweitern Sie die Ansicht SERVER und klicken Sie auf KONFIGURATIONEN/CONFIGURATIONS.

3. Wählen Sie das gewünschte Konfigurationsdokument aus und klicken Sie auf KONFIGURATION BEARBEITEN/EDIT CONFIGURATION.

4. Im Konfigurationsdokument klicken Sie zunächst auf die Registerkarte AKTIVITÄTSPROTOKOLLIERUNG/ACTIVITY LOGGING und dann auf die Registerkarte AKTIVITÄTSTRENDS/ACTIVITY TRENDS und nehmen die folgenden Eingaben unterhalb der Registerkarte ALLGEMEIN/BASICS vor (siehe *Abbildung 13.74*).

Feld	Eingabe
ERFASSUNG VON DATEN FÜR AKTIVITÄTSTRENDS AKTIVIEREN/ ENABLE ACTIVITY TRENDS COLLECTOR	Klicken Sie auf JA/YES, um den Activity Trends Collector zu starten. Dieser verarbeitet die Informationen, die aus der Aktivitätsprotokollierung stammen, und nutzt sie für die Aktivitätstrends.
DATENBANKPFAD FÜR DIE AKTIVITÄTSTRENDERFASSUNG/ ACTIVITY TRENDS COLLECTOR DATABASE PATH	Geben Sie den Namen und den Pfad der Datenbank an, in der die Aktivitätstrenddaten abgelegt werden sollen. Die Vorgabe lautet *activity.nsf*.
UHRZEIT, ZU DER DIE AKTIVITÄTSTRENDERFASSUNG LÄUFT/ TIME OF DAY TO RUN ACTIVITY TRENDS COLLECTOR	Geben Sie eine Uhrzeit an. Die Vorgabe lautet 03:23 Uhr. Planen Sie dies so, dass der Activity Trends Collector nach dem Catalog-Task läuft. Standardmäßig startet der Catalog-Task um 01:00 Uhr.
WOCHENTAGE, AN DENEN BEOBACHTUNGEN ERFASST WERDEN/ DAYS OF THE WEEK TO COLLECT OBSERVATIONS	Wählen Sie den oder die Tage aus, an denen Beobachtungen über das System gesammelt werden sollen. Die Vorgabe lautet MONTAG bis FREITAG.

5. Im Bereich DATENPROFIL-OPTIONEN FÜR AKTIVITÄTSTRENDS/ACTIVITY TRENDS DATA PROFILE OPTIONS nehmen Sie die Anpassungen für das Trend-Hauptintervall, das Zeitraster für die Beobachtungen, die maximale Größe der Beobachtungsliste und das Intervall für die Trend-Historie vor, falls Sie die Vorgaben über die Checkbox VORGABE VERWENDEN/USE DEFAULTS deaktiviert haben.

6. Unter der Registerkarte AUFBEWAHRUNG/RETENTION geben Sie die Aufbewahrungszeiträume für die Serverhistorie, Serverbeobachtungen, Datenbankbeobachtungen und weitere Optionen an, falls Sie die Vorgaben über die Checkbox VORGABE VERWENDEN/USE DEFAULTS deaktiviert haben (siehe *Abbildung 13.75*). Wenn dies zutrifft, werden Ihnen erst einmal die Vorgaben für die Aufbewahrungsdauer angezeigt:

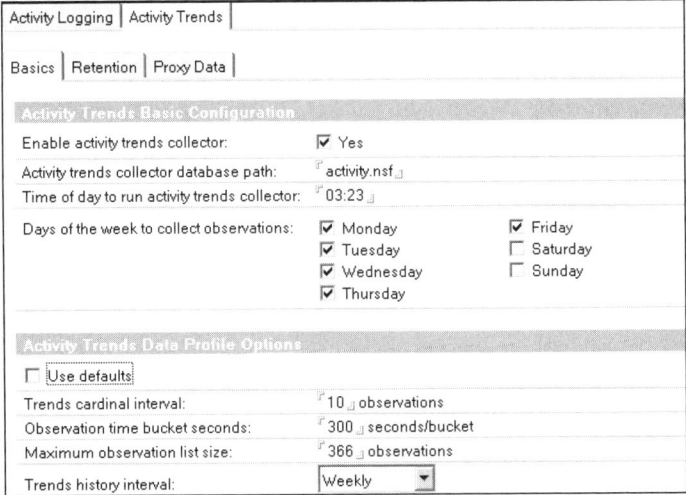

Abbildung 13.74: Einstellungen für die Aktivitätstrends

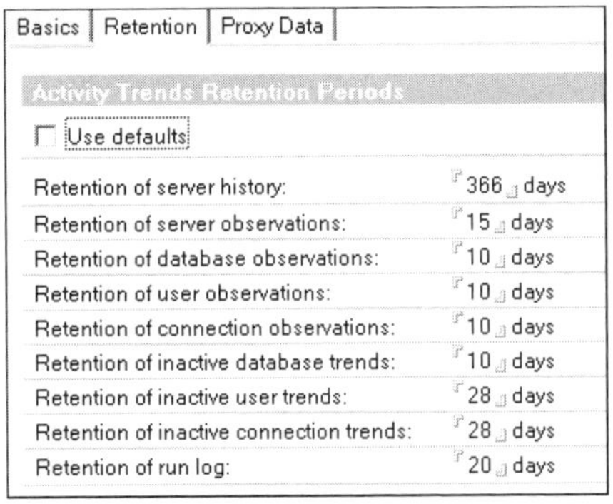

Abbildung 13.75:
Dokumente werden nach Ablauf der
Aufbewahrungsfrist überschrieben.

7. Unter der Registerkarte PROXY-DATEN/PROXY DATA definieren Sie eine Liste von Datenbanken, die nach Aktivitätsdaten durchsucht werden sollen, wenn diese von Domino Administrator angefordert werden.

8. Speichern Sie das Dokument.

Anzeige der Aktivitätentrends

Um die Activity Trends Charts zu verfolgen, wählen Sie die Registerkarte SERVER > LEISTUNG/PERFORMANCE. Wählen Sie die Ansicht AKTIVITÄTSTRENDS/ACTVITY TRENDS.

Sie können Diagramme zu den neuesten verfügbaren Daten sowie zu historischen Daten der Aktivitätstrendstatistiken anzeigen. Außerdem können Sie Anzeigeoptionen festlegen, um das Erscheinungsbild der Diagramme anzupassen. Sie können entweder Server und Statistiken auswählen, die Sie anzeigen möchten, oder vordefinierte Server- und Statistikprofile auswählen. Um weitere Informationen zu Benutzer- oder Datenbankstatistiken zu erhalten, können Sie die Ansicht NEUESTE/LATEST auch erweitern. Wenn Sie beispielsweise daran interessiert sind, auf welche Datenbanken ein Benutzer zugreift, wählen Sie in der

Ansicht NEUESTE/LATEST > BENUTZER/USER einen Benutzer aus und doppelklicken auf den Benutzernamen. In der Ansicht VERBINDUNGEN/CONNECTIONS wird daraufhin ein Diagramm zur Datenbankverwendung dieses Benutzers angezeigt.

Um die Aktivitätstrenddiagramme anzuzeigen, klicken Sie in Domino Administrator auf das Register SERVER > LEISTUNG/PERFORMANCE.

1. Wählen Sie die Ansicht AKTIVITÄTSTRENDS/ACTIVITY TRENDS.

2. Wählen Sie eine der folgenden Ansichten:

   – NEUESTE/LATEST > SERVER: Um den für ausgewählte Statistiken verfügbaren Datensatz auf jedem ausgewählten Server anzuzeigen.

   – NEUESTE/LATEST > DATENBANK/DATABASE: Um die Datenbanken auf jedem ausgewählten Server anzuzeigen.

   – NEUESTE/LATEST > BENUTZER/USER: Um die Benutzerstatistiken für alle Datenbanken auf den ausgewählten Servern anzuzeigen.

   – NEUESTELATEST > VERBINDUNGEN/CONNECTIONS: Um Informationen zu einer ausgewählten Statistik aus den Benutzer- oder Datenbankdiagrammen anzuzeigen.

   – HISTORISCH/HISTORICAL > WÖCHENTLICH/WEEKLY

   – HISTORISCH/HISTORICAL > TÄGLICH/DAILY

Hinweis

Im Register SERVER > LEISTUNG/PERFORMANCE im Domino Administrator können Sie auch die Optionen für das Anzeigen von Aktivitätstrenddiagrammen festlegen. Für alle Aktivitätstrendansichten können Sie das Schriftbild angeben und festlegen, dass Datenbanknamen anstelle von Dateinamen angezeigt werden sollen. Weitere, individuelle Diagrammoptionen können für die Ansichten NEUESTE/LATEST, HISTORISCH/ HISTORICAL und RESSOURCENVERTEILUNG/RESOURCE BALANCING angegeben werden.

Sie können das Dialogfeld für die Serverprofiloption über das Menü AKTIVITÄTSTRENDS/ACTIVITY TRENDS oder RESSOURCENVERTEILUNG/RESOURCE BALANCING öffnen oder, indem Sie auf die Schaltfläche für die Serverprofiloption klicken:

So legen Sie Diagrammoptionen fest:

1. Klicken Sie in Domino Administrator auf das Register SERVER > LEISTUNG/PERFORMANCE, erweitern Sie den Abschnitt AKTIVITÄTSTRENDS/ACTIVITY TRENDS und klicken Sie auf RESSOURCENVERTEILUNG/RESOURCE BALANCING.

2. Wählen Sie im Menü RESSOURCENVERTEILUNG/RESOURCE BALANCING > OPTIONEN/ OPTIONS, um das Dialogfeld für die Serverprofiloption zu öffnen.

3. Klicken Sie auf DIAGRAMME/CHARTING, nehmen Sie die gewünschten Einstellungen vor und speichern Sie diese ab.

Einrichtung der Ressourcenverteilung

Mithilfe der Ressourcenverteilung können Sie ausgewählte Ressourcen, z.B. die Datenbanktransaktionsbelastung und den Plattenplatz, auf eine ausgewählte Gruppe von Servern verteilen. Sie entscheiden, welche Datenbanken im Zuge der Ressourcenverteilung umverteilt werden können. Alle Systemdatenbanken sind automatisch gesperrt („pinned"), d.h., sie können nicht verschoben werden. Sie können den Schutz vor dem Verschieben auch für andere Datenbanken aktivieren.

Zusätzlich zur Ressourcenverteilung vorhandener Server können Sie auch Phantom-Server erstellen, die bei der zukünftigen Planung verwendet werden. Jeder Phantom-Server repräsentiert einen neuen Server, auf den Datenbanken geladen werden können. So können Sie den Nutzen eines zusätzlichen Servers bewerten, bevor Sie die Kosten für zusätzliche Hardware in Kauf nehmen.

Die Rolle, die Sie einem Server zuweisen, wirkt sich auf die Ergebnisse der Ressourcen-verteilung aus.

▷ Nur Quelle: Auf diese Server können keine Datenbanken verschoben werden.

▷ Nur Ziel: Von diesen Servern können keine Datenbanken entfernt werden. Ein Phantom-Server ist ein Nur-Ziel-Server, der nicht geändert werden kann.

▷ Beliebig: Auf diese Server können Datenbanken verschoben oder von Ihnen entfernt werden.

Wenn Sie das Verhalten bei der Ressourcenverteilung festlegen, müssen Sie die Anzahl der Verschiebevorgänge während der Ressourcenverteilung gegen die erreichte Genau-igkeit abwägen. Genauigkeit bezeichnet den Erfolg der Verschiebungen basierend auf der Anzahl der zugelassenen Verschiebevorgänge. Je höher die Genauigkeit, desto gleichmäßiger werden die Ressourcen verteilt.

Außerdem können Sie den Speicherort der Datenbank DOMINO CHANGE CONTROL (*dom-change.nsf*) angeben. Standardmäßig wählen die Aktivitätstrends automatisch einen Server aus. Allerdings müssen Sie den Domino Change Manager Server im Konfigurationsdoku-ment angeben. Verwenden Sie die Vorgabe, sofern Sie keine lokale Replik verwenden möchten oder remote arbeiten und einen Server verwenden möchten, der über eine Replik der Datenbank DOMINO CHANGE CONTROL verfügt.

Bei der Ressourcenverteilung werden Datenbankaktivitäten auf drei Behälter verteilt:

▷ Leicht: Der oberste Behälter in der grafischen Darstellung entspricht der geringsten Aktivität.

▷ Mittel: Der mittlere Behälter in der grafischen Darstellung entspricht der durch-schnittlichen Aktivität. Dieser Prozentsatz wird anhand der Prozentsätze der beiden anderen Behälter berechnet.

▷ Schwer: Der unterste Behälter in der grafischen Darstellung entspricht der stärksten Aktivität.

Bei der Ressourcenverteilung wird versucht, die einzelnen Behälter sowie die Gesamtak-tivität auf die Server zu verteilen (siehe *Abbildung 13.76*). Dies ist deshalb von Bedeutung, weil stark ausgelastete Datenbanken (Datenbanken mit einer hohen Anzahl an Transak-tionen) auch die stärkste Abweichung aufweisen. Das bedeutet, dass ihre Nutzung voraus-sichtlich häufiger vom Mittelwert abweicht. Aktivitätsänderungen fallen demnach sehr intensiv aus, sei es in Form einer Aktivitätszunahme oder einer Aktivitätsabnahme. Durch das Aufteilen der Datenbanken in Behälter werden die wenigen Datenbanken, die eine starke Aktivität aufweisen, von den zahlreichen Datenbanken getrennt, die nur einen geringen Teil der Aktivität ausmachen. Beispielsweise machen von 100 Datenbanken auf einem Server möglicherweise 10 Datenbanken 30 % der Aktivität aus, während 65 Daten-banken weitere 30 % ausmachen. Die übrigen 40 % Aktivität entfallen auf 25 Daten-banken mit mittlerer Nutzung.

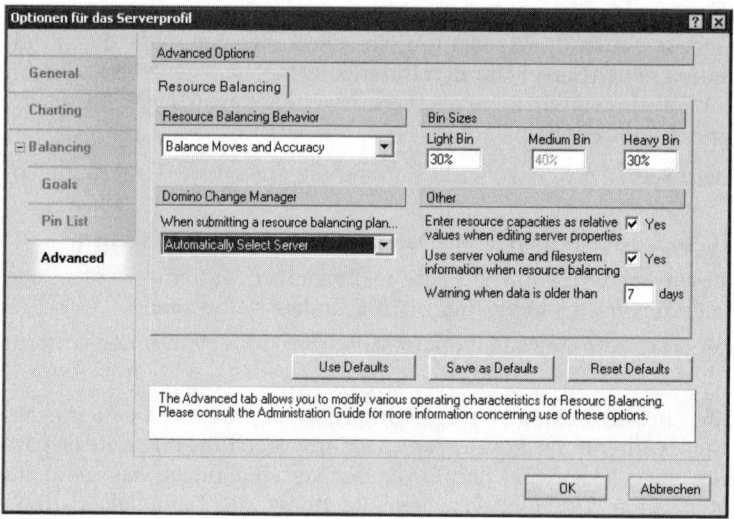

Abbildung 13.76: Ressourcenausgleich

Mit der Verteilung anhand von Behältern wird sichergestellt, dass stark und schwach genutzte Datenbanken gleichmäßig auf die Server verteilt werden. Dies führt zu besser vorhersagbaren Verwendungsmustern, einer erhöhten Verfügbarkeit und einer effizienteren Nutzung von Ressourcen.

Die Bestimmung der genauen Prozentsätze für die einzelnen Behälter hängt davon ab, wie Ihre Organisation die Datenbanken verwendet und auf welchen Servertyp sie verteilt werden (Mail-Server oder Anwendungsserver). Bei Mail-Servern ist es in den meisten Organisationen angebracht, die Größe des leichten Behälters zu erhöhen und die des schweren Behälters zu reduzieren, während bei Anwendungsservern die Aufteilung unterschiedlich ausfallen dürfte.

Sie können auch angeben, wie die Aktivitätstrends die Serverkapazitäten analysieren. Standardmäßig werden die Serverkapazitäten relativ zu anderen Servern in der Liste bestimmt. Beispielsweise verfügt ein Server mit einer Kapazität von x1 Transaktionen über die Hälfte der Transaktionskapazität (CPU) eines Servers mit einer Kapazität von x2. Sie können Ressourcen jedoch auch anhand von tatsächlichen Werten verteilen (z.B. die Anzahl der Transaktionen pro Tag oder die Gesamtmenge des verfügbaren Plattenplatzes). Im oben genannten Beispiel würden Sie für die beiden Server eine Kapazität von 10 000 und 20 000 Transaktionen angeben. Wenn Sie allerdings Ressourcen anhand von tatsächlichen Werten verteilen möchten, müssen Sie wissen, ob die entsprechenden Server tatsächlich über die angegebenen Kapazitäten verfügen.

Eine andere Möglichkeit, die Serverkapazitäten anzugeben, besteht darin, festzulegen, wie das Server-Volume ermittelt wird. Bei der Ressourcenverteilung können Sie entweder Informationen zu Server-Volumes und zum Dateisystem verwenden oder Volume-Informationen ignorieren und vom gesamten Speicherplatz ausgehen. Standardmäßig werden die Datenträgerinformationen verwendet, die die unterschiedlichen physischen Volumes und ihre Größen beinhalten, die den für Domino verfügbaren Platz ausmachen, anstatt lediglich die Gesamtmenge des auf dem Server verfügbaren Plattenplatzes zu verwenden. Die Verteilung von Volumes wird empfohlen. Dies kann zu Plänen führen, in denen eine Datenbank auf einen anderen Server verschoben wird und aufgrund von Platzanforderungen auf einem bestimmten Volume des Zielservers einen anderen Zielpfad hat.

Das Anpassen des Verhaltens bei der Ressourcenverteilung ist eine erweiterte Funktion. Aus diesem Grund sollten Sie die Vorgabeeinstellungen verwenden, sofern Sie nicht wissen, wie sich Änderungen auf das Ergebnis der Ressourcenverteilung auswirken.

1. Klicken Sie in Domino Administrator auf das Register SERVER > LEISTUNG/PERFORMANCE, erweitern Sie den Abschnitt AKTIVITÄTSTRENDS/ACTIVITY TRENDS und klicken Sie auf RESSOURCENVERTEILUNG/RESOURCE BALANCING.

2. Wählen Sie im Menü RESSOURCENVERTEILUNG/RESOURCE BALANCING > OPTIONEN/OPTIONS, um das Dialogfeld für die Serverprofiloptionen zu öffnen.

3. Erweitern Sie den Abschnitt VERTEILUNG/BALANCING, klicken Sie auf ERWEITERT/ADVANCED und nehmen Sie die entsprechenden Einstellungen vor.

13.6 Domino Domain Monitoring in der Praxis

Domino Domain Monitoring (Domänenüberwachung) wurde in Domino 7 eingeführt. Hinter diesem Begriff steckt eine Ausweitung der in *Kapitel 13.5* beschriebenen *Domino Server-Überwachung*, mit dem Ziel, die Arbeitsbelastung im Bereich der Administration zu senken und offene Punkte zu handhaben oder gar Probleme in der Domino-Umgebung leichter zu lösen. Domino 8 bietet eine Reihe von Erweiterungen in Bezug auf das Thema DDM.

Bevor es DDM gab, musste der Administrator eine Vielzahl von unterschiedlichen Quellen zu Rate ziehen, um die richtigen und relevanten Informationen zusammenzustellen. DDM bietet über einen einzigen Einstiegspunkt die Sicht auf den Status mehrerer Server und den damit zusammenhängenden Informationen. Hinzu kommt eine Automatisierung zur Analyse von auftretenden Problemen und deren Lösung, um Kosten und Zeit in Bezug auf Überwachung und Troubleshooting zu sparen.

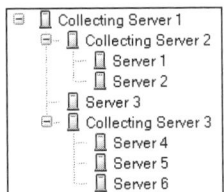

Abbildung 13.77: Erfassungshierarchie über mehrere Domino Server hinweg

Kurzum: DDM wird als End-to-End-Monitoring realisiert, das zudem individuell anpassbar ist. Die administrative Oberfläche für die Ergebnisse wird über die Datenbank DOMINO DOMAIN MONITOR (*ddm.nsf*) bereitgestellt. Diese Datenbank wird mittlerweile auch Event Reporting Center genannt. Im Grunde genommen geht es in erster Linie darum, Daten über Ereignisse über sogenannte Probes von jedem gewünschten Server der entsprechenden Domäne (also serverübergreifend) zu sammeln, diese hierarchisch zusammenzuführen und in Problemfällen mögliche Ursachen sowie Lösungsmöglichkeiten aufzuzeigen.

Eine Probe (auch Test oder Überprüfung genannt) geben die Status- und Serverzustandsinformationen an die Datenbank *ddm.nsf* weiter. So werden beispielsweise Problemmuster in einer zentralen Datenbank zusammengeführt. Bei Problemen werden Lösungsvorschläge und Anleitungen angeboten (IBM Automatic Computing).

Domino generiert kontinuierlich Ereignisse, da jedes Geschehen und jede Aktion auf dem Domino Server einem Ereignis gleichkommt. Ereignisse signalisieren im positiven Fall, dass der Server reibungslos arbeitet, Daten abarbeitet und Dienste ausführt. Im negativen Fall zeigen dementsprechende Ereignisse auf, dass das System eben nicht richtig funktioniert. Dies kann passieren, wenn beispielsweise Daten nicht richtig abgearbeitet werden oder die Dienste nicht laufen. Ereignisse liefern also in jedem Fall Informationen über das System und die damit zusammenhängende Infrastruktur. Demzufolge können und sollen Sie sich diese bei der Problembehandlung (Fehlersuche, -beschreibung und -klassifizierung), Fehlerbearbeitung (Error Control) und der proaktiven Problemhandhabung zunutze machen. Dabei ist es wichtig, sich bereits im Vorhinein Gedanken darüber zu machen, zu welchen Ereignissen Informationen benötigt werden, um ein Domino-System effizient zu überwachen. Sie konfigurieren Domino Probes, Event-Generatoren etc. zu Ereignissen, über die Sie mehr wissen wollen, basierend auf der Priorität der Informationen.

Eine wichtige Rolle kommt der Datenbank ÜBERWACHUNGSKONFIGURATION (*events4.nsf*) zu. Hier werden in einer neuen Ansicht als Konfigurationsschnittstelle neben der Erfassungshierarchie auch die DDM-Tests erstellt und geändert. Diese Probes generieren über den Event-Task Ereignisreports, die in die Domino Domain Monitor-Datenbank berichten (siehe *Abbildung 13.79*). Diese Berichte werden dort entsprechend konsolidiert. DDM-Filter, die Sie erstellen und verwenden, helfen Ihnen bei der Steuerung bezüglich der Frage, welche Ereignisse erfasst und anschließend im DDM gespeichert werden.

Hinweis

Einen kurzen Überblick zum Thema DDM gibt Ihnen bereits *Kapitel 3.9, Domino Domain Monitoring.*

Sie müssen die entsprechenden Datenbanken nicht explizit öffnen, sondern können auch über die Ansichten zur Überwachungskonfiguration in Domino Administrator arbeiten (siehe *Abbildung 13.78*).

DDM kann quasi „out of the box" verwendet werden und bietet eine relativ einfache Default-Konfiguration, die Sie problemlos anpassen können.

Unterschiede zwischen Domino Domain Monitoring (DDM) und Event Monitoring

Das Event Monitoring arbeitet mit Event-Generatoren und Event Handlers, wobei die Handler definieren, was passiert. Das Event Monitoring wird immer ausgelöst, wenn definierte Ereignisse auftreten (mehr als 15 tote Mails in der *mail.box* des Servers oder wenn ein Task nicht mehr aktiv ist). Es stellt Einzelereignisse dar. Dabei sammelt sich eine große Anzahl von Dokumenten in der Datei *statrep.nsf* an.

DDM arbeitet mit Probes und Filtern, wobei die Ausführung zahlreicher Probes wie ein Agentenlauf geplant werden kann. Die Probes bestehen aus einem oder mehreren Events, wobei pro Probe ein Dokument erstellt wird. DDM-Filter steuern die Resultate, die in die Datenbank *ddm.nsf* einlaufen.

Abbildung 13.78:
Zugriff auf die Überwachungskonfigurationen
via Domino Administrator

13.6.1   Probes

Probes bilden das Rückgrat für das DDM. Durch ihre Konfiguration werden Überwachungsdetails definiert. Probes werden in der Monitoring-Konfigurationsdatenbank (*events4.nsf*) als individuelle Tests definiert und abgelegt. Probes laufen lokal auf jedem Domino Server und führen keine Remote-Überwachung anderer Server durch. Werden Probes angetriggert, so generieren sie Ereignisse in der jeweils lokalen *ddm.nsf*. Damit diese Datenbank nach dem Upgrade auf die neue Version nicht überläuft, sind die 58 vorhandenen Default-Probes deaktiviert.

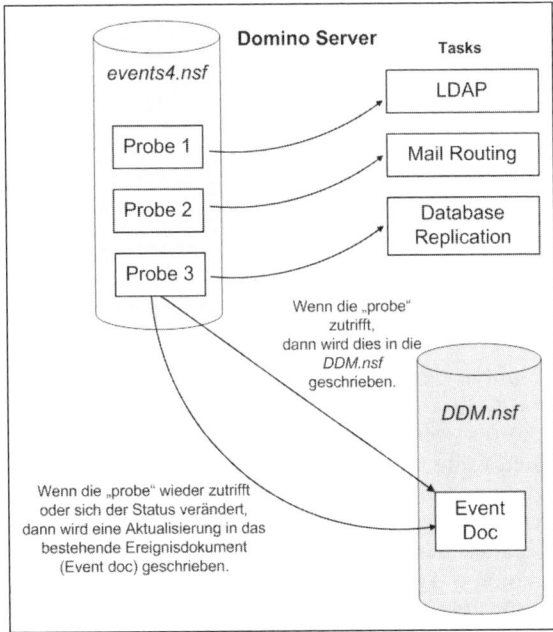

Abbildung 13.79: Probes überwachen den Domino Server

Die Monitoring-Konfigurationsdatenbank bietet in der neuen Version mehr Möglichkeiten neben der Erstellung von Event-Generatoren und Event Handlers. Zum Liefer-
umfang von Domino gehören standardmäßig DDM-Testdokumente. Diese Dokumente
enthalten die folgenden Informationen zu den DDM-Tests:

▷ Eine allgemeine Beschreibung des Tests einschließlich seines Verwendungszwecks.

▷ Testtyp und -subtyp, beispielsweise, wenn das Messaging ein Testtyp und einer seiner
zugeordneten Testsubtypen der Router-Prozessstatus ist. Diese Kombination von Testtyp und Testsubtyp erstellt einen Mail-Router-Statustest.

▷ Konfigurierbare Angaben dazu, was der Test überwacht und wie die Ergebnisse protokolliert werden sollen, beispielsweise Schwellenwerte für Ereignisse, die er generiert.

▷ Konfigurierbare Testziele, d.h. für welche Server, Datenbank usw. der Test ausgeführt
wird.

▷ Sofern anwendbar, konfigurierbare Zeitplanungsinformationen.

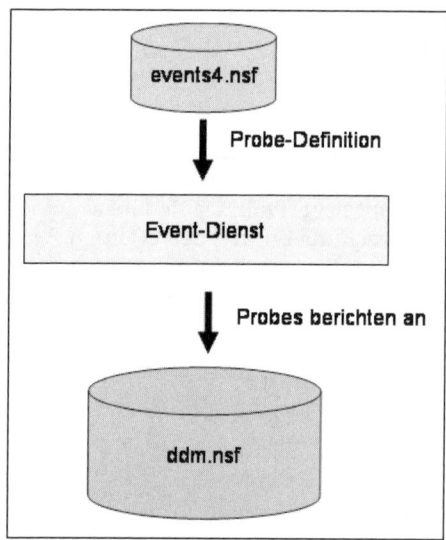

Abbildung 13.80: Sammeln und Erfassen der Daten für die Überwachung

Um Probes, DDM-Filter oder die Erfassungshierarchie zu erstellen oder zu bearbeiten, müssen Sie in der Datenbank-Überwachungskonfiguration in die entsprechende Ansicht unter
DDM CONFIGURATION wechseln. Es existieren neun verschiedene Typen von Probes. Dazu
zählen:

▷ Administrationstest: Es gibt einen Subtyp des Administrationstests, AUTOMATISCHES
SCHLIESSEN VON BERICHTEN/AUTOMATIC REPORT CLOSING. Verwenden Sie den Test
AUTOMATISCHES SCHLIESSEN VON BERICHTEN, wenn Sie Ereignisberichte schließen möchten, die eine angegebene Zeit geöffnet, während dieser Zeit jedoch inaktiv waren. Im
Feld NUMBER OF DAYS TO REMAIN OPEN des Testdokuments können Sie definieren, wie
viele Tage ein inaktiver Ereignisbericht geöffnet bleiben kann, bevor das Ereignis automatisch geschlossen wird. Sie geben auch die Server an, auf denen Ereignisberichte
durch den Test geschlossen werden können. Wenn ein Ereignis automatisch geschlossen wird, wird ein Eintrag ins Ereignisprotokoll geschrieben, dass der Ereignisstatus in-

aktiv war und der Ereignisbericht geschlossen wurde. Wenn das Ereignis erneut auftritt, wird es wiedereröffnet. Ein inaktiver Ereignisbericht zeichnet einen Fehler oder ein Problem auf, das in letzter Zeit noch nicht aufgetreten ist, oder eines, das veraltet ist.

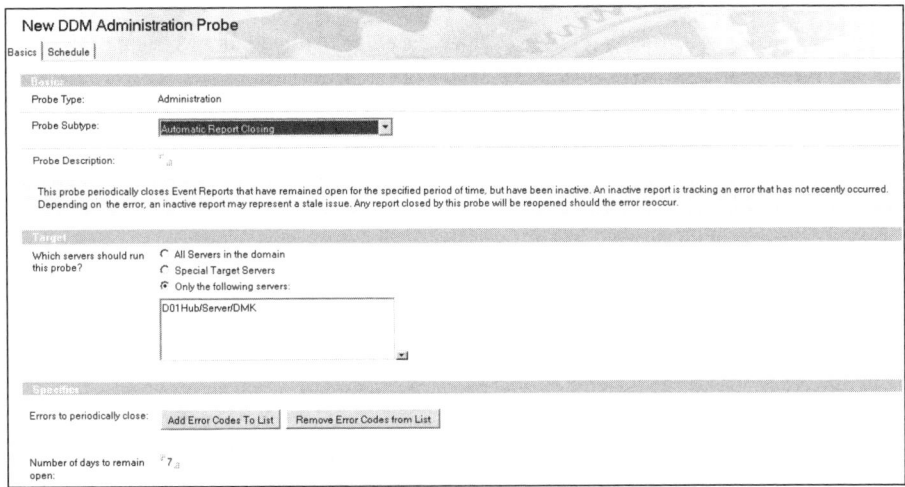

Abbildung 13.81: Administration Probe erstellen

Unter der Registerkarte BASICS (siehe *Abbildung 13.81*) finden Sie die folgenden Einträge und Aktionsoptionen:

Feld	Aktion
PROBE SUBTYPE	Wählen Sie AUTOMATIC REPORT CLOSING.
PROBE DESCRIPTION	Geben Sie eine kurze Beschreibung des Tests ein.
WHICH SERVERS SHOULD RUN THIS PROBE?	Wählen Sie einen der folgenden Werte aus: ▷ ALL SERVERS IN THE DOMAIN: Der Test überwacht alle Server in der Domäne. ▷ SPECIAL TARGET SERVERS: Geben Sie den Typ der Server an, auf denen der Test ausgeführt werden soll, z.B. POP3-Server oder der Administrationsserver. ▷ ONLY THE FOLLOWING SERVERS: Geben Sie die Server an, auf denen der Test ausgeführt werden soll.
ERRORS TO PERIODICALLY CLOSE	Wählen Sie eine der beiden Optionen aus: ▷ ADD ERROR CODES TO LIST: Wählen Sie die Fehlercodes, die vom Test automatisch gelöscht werden sollen, und klicken Sie anschließend auf OK. ▷ REMOVE ERROR CODES FROM LIST: Wählen Sie die Fehler, die aus der Liste der Fehler, die vom Test automatisch gelöscht werden sollen, entfernt werden sollen, und klicken Sie anschließend auf OK.
NUMBER OF DAYS TO REMAIN OPEN	Geben Sie die Anzahl der Tage an, die ein Ereignisdokument geöffnet und inaktiv sein kann, bevor es vom Test geschlossen wird.

Unter der Registerkarte SCHEDULE finden Sie die entsprechenden Zeitplanungsoptionen für die Probe.

Feld	Aktion
HOW OFTEN SHOULD THIS PROBE RUN?	Wählen Sie einen der folgenden Werte aus: ▶ RUN MULTIPLE TIMES PER DAY: Der Test wird mehrmals täglich ausgeführt. Das Feld DEFINED SCHEDULE wird angezeigt. ▶ DAILY: Der Test wird einmal täglich ausgeführt. Geben Sie in den Feldern ON WHICH DAYS SHOULD THIS PROBE RUN und AT WHAT TIME SHOULD THIS PROBE RUN die Wochentage und die Uhrzeit an, an denen der Test ausgeführt werden soll. ▶ WEEKLY: Der Test wird einmal wöchentlich ausgeführt. Geben Sie im Feld ON WHICH DAY OF THE WEEK SHOULD THIS PROBE RUN? den Wochentag an, an dem der Test ausgeführt werden soll. ▶ MONTHLY: Der Test wird einmal monatlich ausgeführt. Geben Sie im Feld ON WHICH DAY OF THE MONTH SHOULD THIS PROBE RUN an, wann der Test ausgeführt werden soll. Dieser Test wird üblicherweise täglich oder wöchentlich ausgeführt.
DEFINED SCHEDULE	Geben Sie die Anzahl der Minuten an, die zwischen den einzelnen Tests liegen soll.
SHOULD THIS PROBE RUN TWENTY-FOUR HOURS PER DAY, SEVEN DAYS PER WEEK?	Wählen Sie einen der folgenden Werte aus: ▶ YES: Der Test wird fortlaufend ausgeführt. ▶ NO: Der Test wird nur zu den angegebenen Tagen und Uhrzeiten ausgeführt. Wenn Sie diese Option wählen, müssen Sie in das Feld ON WHICH DAYS SHOULD THIS PROBE RUN einen Wert eingeben.
DURING WHICH HOURS OF THE DAY SHOULD THIS PROBE RUN?	Geben Sie die Startzeit für den Test im Feld FROM und die Endzeit im Feld TO an. Der Test wird während dieser Stunden ausgeführt.
ON WHICH DAYS SHOULD THIS PROBE RUN?	Legen Sie die Tage fest, an denen der Test ausgeführt werden soll.
ON WHICH DAY OF THE WEEK SHOULD THIS PROBE RUN?	Legen Sie den Wochentag fest, an dem der Test ausgeführt werden soll.
ON WHICH DAY OF THE MONTH SHOULD THIS PROBE RUN?	Geben Sie den Monatstag ein, an dem der Test ausgeführt werden soll. Geben Sie beispielsweise 15 ein, wenn der Test am 15. Tag des Monats ausgeführt werden soll.
AT WHAT TIME SHOULD THIS PROBE RUN?	Legen Sie die Uhrzeit fest, zu der der Test ausgeführt werden soll.
HOW SHOULD MISSED PROBES BE HANDLED?	Wählen Sie einen der folgenden Werte aus: ▶ IGNORE MISSED PROBE: Der versäumte Test wird nicht erneut ausgeführt oder neu geplant.

Feld	Aktion
	▷ RUN MISSED PROBE ON STARTUP: Der versäumte Test wird beim nächsten Serverstart ausgeführt.
	▷ RUN MISSED PROBE AT NEXT TIME RANGE: Der versäumte Test plant sich selbst neu. Wenn ein Test, der normalerweise dienstags um 5:00 Uhr läuft, nicht ausgeführt wird, wird die nächste Ausführung für Mittwoch um 5:00 Uhr festgelegt. Anschließend wird der Test wieder entsprechend seinem normalen Zeitplan ausgeführt.

▷ Anwendungscodetests/Application Code Probes: Ein Anwendungscodetest überwacht Agentenzeitpläne und die vom Agenten verwendeten Ressourcen. Mit einem Anwendungscodetest können Sie beispielsweise Agenten identifizieren, die Ressourcen übermäßig nutzen, die länger laufen als geplant und die den Zeitplan nicht einhalten. Tests können zudem Lösungen zum Beheben von Problemen vorschlagen. Anwendungscodetests überwachen serverbasierte, periodische Agenten, die der Agent-Manager ausführt, und serverbasierte Web-Agenten, die der Domino-HTTP-Prozess ausführt. Jeder Anwendungscodetest identifiziert täglich die 100 problematischsten Agenten in den einzelnen Testsubtypen. Folgende Probes sind für diesen Typ vorhanden:

Name des Anwendungscodetests (Typ > Subtyp)	Beschreibung
APPLICATION CODE > AGENTS BEHIND SCHEDULE	Ermittelt, welche Agenten am aktuellen Tag am weitesten hinter dem Zeitplan zurückliegen. Die Mindestkonfiguration für diesen Test ist fünf Minuten, was dem Abfrageintervall entspricht. Dieser Test bezieht sich auf Agenten, die vom Agent-Manager ausgeführt werden.
APPLICATION CODE > AGENTS RANKED BY CPU USAGE	Generiert eine Liste der 100 Agenten, die am aktuellen Tag die meisten CPU-Ressourcen verwendet haben. Dieser Test hat einen relativ hohen Overhead. Wenn der Test aktiviert ist, werden alle Agenten überwacht. Dieser Test bezieht sich auf Agenten, die vom Agent-Manager und vom HTTP-Prozess ausgeführt werden.
APPLICATION CODE > AGENTS RANKED BY MEMORY USAGE	Verfolgt die Speichernutzung von LotusScript- und Java-Agenten. Dieser Test bezieht sich auf Agenten, die vom Agent-Manager und vom HTTP-Prozess ausgeführt werden.
APPLICATION CODE > LONG RUNNING AGENTS	Ermittelt Agenten, die möglicherweise außer Kontrolle geraten sind, und generiert eine Rangliste der Agenten, die am längsten ausgeführt wurden. Dieser Test bezieht sich auf Agenten, die vom Agent-Manager und vom HTTP-Prozess ausgeführt werden. Die Mindestkonfiguration für Web-Agenten ist eine Minute. Die Mindestkonfiguration für geplante Agenten, die vom Agent-Manager ausgeführt werden, ist fünf Minuten.

▷ Datenbanktests/Database Probe: Ein Datenbanktest öffnet eine oder mehrere Datenbanken, führt Datenbankoperationen aus und schließt die Datenbank anschließend.

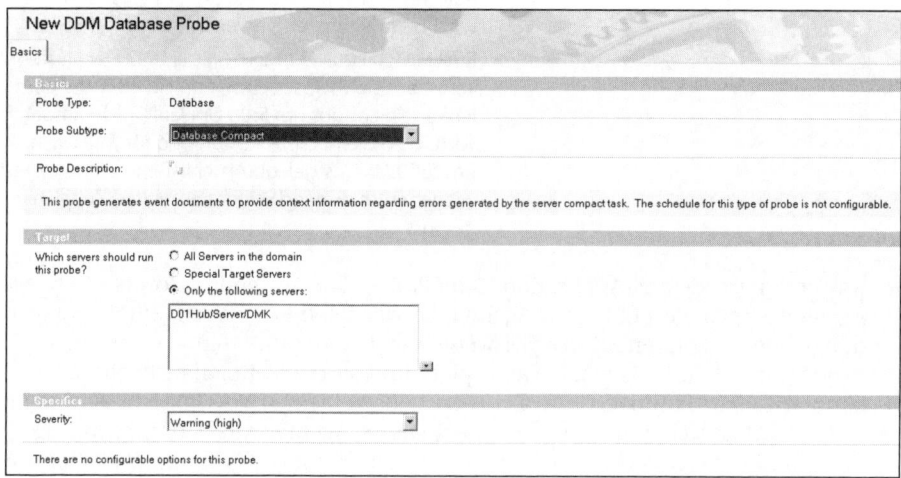

Abbildung 13.82: Datenbank-Probe

Name des Datenbanktests (Typ > Subtyp)	Beschreibung
DATABASE > COMPACT (siehe *Abbildung 13.82*)	Zeigt die beim Komprimieren aufgetretenen Fehler an.
DATABASE > DESIGN	Zeigt die beim Aktualisieren der Gestaltung einer Datenbank aufgetretenen Fehler an.
DATABASE > ERROR MONITORING	Überwacht Schlüssel-APIs in NSF- und NIF-Datenbanken, die zum Ausführen von Datenbankoperationen verwendet werden, und generiert Ereignisse für auftretende Fehler.
DATABASE > SCHEDULED CHECKS	Meldet, wenn die angegebene Datenbank nicht geöffnet werden kann. Der Test kann auch nicht verwendeten Speicherplatz in der Datenbank und auf Datenbankinaktivität prüfen.

▷ Verzeichnistests: Ein Verzeichnistest überwacht, ob LDAP auf Domino Servern ordnungsgemäß konfiguriert ist und ausgeführt wird, und meldet die Nutzung und den Gesamtzustand der Verzeichnisse in der Domäne. Der Test DIRECTORY – DIRECTORY AVAILABILITY überwacht das primäre Domino-Verzeichnis, das Domino-Remote-Primärverzeichnis (nur Konfigurationsdatenbanken), lokale, serverbasierte kompakte Verzeichniskataloge, kaskadierende lokale Verzeichnisse, sekundäre Notes-Verzeichnisse und sekundäre LDAP-Verzeichnisse. Folgende Probes stehen zur Verfügung:

Name des Verzeichnistests (Typ > Subtyp)	Beschreibung
DIRECTORY > DIRECTORY AVAILABILITY	Überwacht die Verfügbarkeit aller vom Server gehosteten Verzeichnisse und meldet etwaige Fehler. Der Test zeichnet zudem Probleme bei der Namespace-Aktualisierung und lokale LDAP-Server-Probleme auf.
DIRECTORY > DIRECTORY CATALOG AGGREGATION SCHEDULE	Dieser Testsubtyp überwacht basierend auf dem Zeitplan des Tasks „Directory Catalog" versäumte Aggregationen und gerade stattfindende Aggregationen, die mehr Zeit als erwartet in Anspruch nehmen.
DIRECTORY > DIRECTORY CATALOG CREATION	Überwacht den Task „Directory Catalog", mit dem Verzeichniskataloge durch Aggregieren von Quellverzeichnissen erstellt werden.
DIRECTORY > DIRECTORY INDEXER PROCESS STATE	Überwacht, ob der Task „Directory Indexer" ausgeführt wird.
DIRECTORY > LDAP PROCESS STATE	Überwacht, ob der LDAP-Prozess ausgeführt wird.
DIRECTORY > LDAP SEARCH RESPONSE	Überwacht die durchschnittliche Antwortzeit des Servers bei LDAP-Suchen.
DIRECTORY > LDAP TCP PORT HEALTH	Überwacht, ob LDAP seine Anschlüsse überwacht und direkt antwortet.
DIRECTORY > LDAP VIEW UPDATE ALGORITHM	Überwacht den Algorithmus zur LDAP-Ansichtsaktualisierung, der vom Server verwendet wird.
DIRECTORY > NAMELOOKUP SEARCH RESPONSE	Überwacht die durchschnittliche Antwortzeit aller auf dem Server ausgeführten NAMELookups.
DIRECTORY > SECONDARY LDAP SEARCH RESPONSE	Überwacht die durchschnittliche Antwortzeit aller Suchvorgänge auf sekundären LDAP-Servern, die auf diesem Server ausgeführt werden.

▷ Messaging-Tests: Der Messaging-Test sammelt Daten zur Messaging-Konfiguration, zur Messaging-Infrastruktur und zum Routing von Nachrichten. Folgende Probes stehen zur Verfügung:

Name des Messaging-Tests (Typ > Subtyp)	Beschreibung
MESSAGING > SMTP TCP PORT HEALTH	Überprüft, ob die SMTP-Dienste Anforderungen an das SMTP-Protokoll erfolgreich verarbeiten.
MESSAGING > MESSAGE RETRIEVAL TCP PORT HEALTH	Überprüft, ob die IMAP- und POP3-Dienste Anforderungen an die Protokolle erfolgreich verarbeiten.
MESSAGING > ROUTE PROCESS STATE	Überwacht den Router-Status.
MESSAGING > SMTP PROCESS STATE	Überwacht den Status des SMTP-Prozesses.
MESSAGING > MESSAGE RETRIEVAL PROCESS STATE	Überprüft den Zustand der IMAP- und POP3-Tasks, die für die Ausführung auf den angegebenen Servern konfiguriert sind.

Name des Messaging-Tests (Typ > Subtyp)	Beschreibung
MESSAGING > NRPC ROUTING STATUS	Der Test sendet unter Verwendung von NRPC eine Nachricht, um zu überprüfen, ob das Mail-Routing ordnungsgemäß funktioniert.
MESSAGING > TRANSFER QUEUE CHECK	Überwacht die Mail-Übertragung an einzelne Ziele.
MESSAGING > MAIL FLOW STATISTIC CHECK	Überwacht die Anzahl von Mail-Nachrichten auf einem Domino Server und überprüft, ob die Anzahl der Mail-Nachrichten in der *mail.box*-Datei die Anzahl der Mail-Nachrichten überschreitet, die der Router verarbeiten kann.
MESSAGING > MAIL REFLECTOR	Überprüft das Mail-Routing an Domino und an Nicht-Domino-Mail-Systeme.
MESSAGING > MAIL DSN	Verwendet die DSN-Methode (Delivery Status Notification), um die Mail-Übertragung an ein SMTP-Mail-System zu testen. Die Zieldomäne muss die DSN-Erweiterung unterstützen.

▷ Betriebssystemtests/Operating System Probe: Mit einem Betriebssystemtest können Systemressourcen, die CPU-Nutzung, die Festplattenaktivität, die Nutzung des realen Arbeitsspeichers und der Netzwerkverkehr überwacht werden. Folgende Probes stehen zur Verfügung:

Betriebssystemtests (Typ > Subtyp)	Beschreibung
OPERATING SYSTEM > CPU	Überwacht die CPU-Nutzung.
OPERATING SYSTEM > DISK	Überwacht die Aktivität auf allen Festplatten.
OPERATING SYSTEM > MEMORY	Überwacht die Nutzung des realen Arbeitsspeichers.
OPERATING SYSTEM > NETWORK	Überwacht den auf dem Server anfallenden Netzwerkverkehr.

▷ Repliziertests/Replication Probe: Der Repliziertest überprüft Serverreplizierungen. Um den Repliziertest zu konfigurieren, geben Sie die zu testenden Zielserver an (siehe *Abbildung 13.83*). Zielserver sind die Server, die mit dem Testserver replizieren. Wenn der Test beispielsweise auf Server A (Quellserver) ausgeführt wird, sind die zu überwachenden Zielserver die Server, die mit Server A replizieren, z.B. die Server B, C und D.

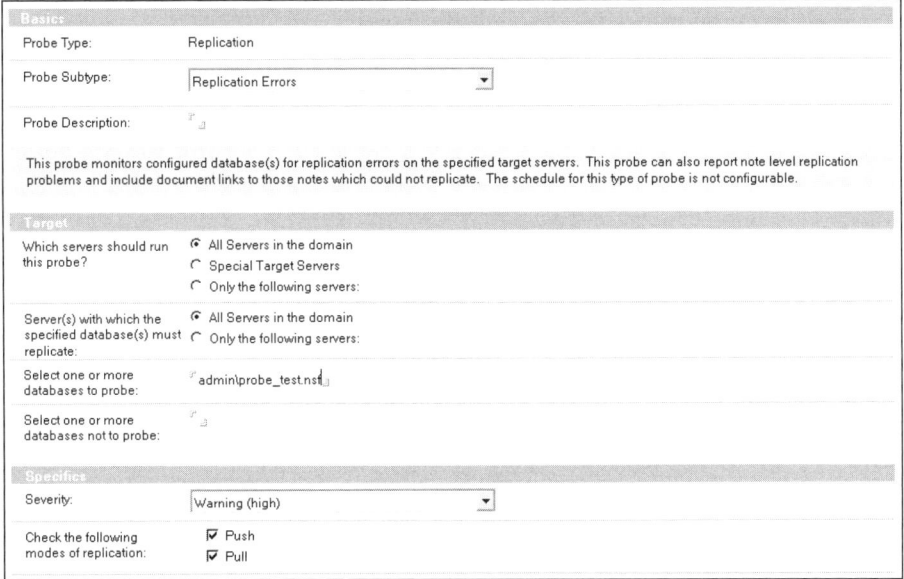

Abbildung 13.83: Replizierungs-Probe

Folgende Probes stehen zur Verfügung:

Name des Replizierungstests (Typ > Subtyp)	Beschreibung
REPLICATION > ERRORS	Überwacht die Replizierung und zeichnet Replizierungsfehler in der DDM-Datenbank auf.
REPLICATION > REPLICATION CHECK	Überprüft, ob eine bestimmte Datenbank innerhalb des angegebenen Intervalls repliziert wird.

▶ Sicherheitstests: Sie erstellen einen Sicherheitstest, um die Gesamtsicherheit der Server und Datenbanken in einer Domäne zu ermitteln. Wenn der Sicherheitstest eine problematische Datenbank oder Serverkonfiguration findet, generiert er ein Ereignis. Folgende Probes stehen zur Verfügung:

Name des Sicherheitstests (Typ > Subtyp)	Beschreibung
SECURITY > BEST PRACTICES	Vergleicht grundlegende Sicherheitseinstellungen mit den entsprechenden Einstellungen in der Domäne. Dieser Test ist eine Best-Practices-Sicherheitsüberwachung der Domäne. Um Ihren eigenen Best-Practices-Test zu erstellen, ändern Sie die Konfigurationseinstellungen für die Sicherheit im Register SPECIFICS.
SECURITY > CONFIGURATION	Vergleicht die Einstellungen in einem bestimmten Serverdokument mit den Einstellungen in einem angegebenen Serverdokument eines Vergleichsservers. Bei allen Abweichungen wird ein Ereignis generiert.

Name des Sicherheitstests (Typ > Subtyp)	Beschreibung
SECURITY > DATABASE ACL	Überwacht die Zugriffskontrollrechte, die Gruppen und Einzelpersonen in angegebenen Datenbanken auf dem Server besitzen, auf dem der Test ausgeführt wird. Die zulässigen Zugriffsebenen legen Sie im Register SPECIFICS fest.
SECURITY > DATABASE REVIEW	Überprüft die Sicherheitseigenschaften einer bestimmten Datenbank und generiert einen Bericht mit den Testergebnissen. Im Regiser SPECIFICS des Testdokuments können Sie die zu überprüfenden Eigenschaften angeben.
SECURITY > REVIEW	Generiert einen Bericht zu den Sicherheitseinstellungen, die im Register SPECIFICS des Testdokuments angegeben sind. Sie können die Einstellungen DIRECTORY PROFILE NOTE und SECURITY SETTINGS IN THE SERVER CONFIGURATION DOCUMENT wählen, wenn der Test die Einstellungen in diesen Dokumenten überprüfen soll.

Der Testsubtyp DDM BEST PRACTICES zeichnet standardmäßig nur die ersten 25 Personendokumente auf, die nicht den Testkonfigurationseinstellungen entsprechen. Mit der Einstellung `DDM_SECPROBE_PERSONDOC_LIMIT` können Sie die Anzahl der aufzuzeichnenden Personendokumente festlegen. Der zugewiesene Wert kann zwischen 0 und 250 liegen.

▷ 0 gibt an, dass keine Personendokumente aufgezeichnet werden. Es wird stattdessen ein Zusammenfassungsbericht erstellt, der die Anzahl der Personendokumente enthält, die den Testspezifikationen nicht entsprechen.

▷ Es können maximal 250 Personendokumente aufgezeichnet werden. Damit wird sichergestellt, dass der Bericht (Detaildokument) nicht unverhältnismäßig groß wird.

▷ Servertests/Server Probe: Für den Servertest gibt es neben dem Subtyp WEBSPHERE-SERVICES den Subtyp ADMINISTRATION. Mit diesem Testsubtyp überwachen Sie, ob ausgewählte Administrationsanforderungen ausgeführt werden, und Sie legen fest, ob fehlgeschlagene Anforderungen aufgezeichnet werden sollen. Für jede fehlgeschlagene Administrationsanforderung, die aufgezeichnet wurde, gibt es in der Domino-Datenbank für die Domänenüberwachung (*ddm.nsf*) einen entsprechenden Fehlerbericht.

▷ Web-Tests/Web Probe: Es gibt zwei Web-Tests: den Test WEB > CONFIGURATION und den Test WEB > BEST PRACTICES. Beide Tests stellen die Ergebnisse in der DDM-Datenbank in Form eines Domino-Ereignisdokuments zur Verfügung. Mit diesem Dokument können Sie die Richtigkeit der Webserver-Konfiguration verifizieren und andere Serverkonfigurationen mit denen eines bekannten „ordnungsgemäßen" Vergleichsservers vergleichen.

Name des Web-Tests (Typ > Subtyp)	Beschreibung
WEB > BEST PRACTICES	Vergleicht die Werte der Webserver-Konfiguration auf bestimmten Servern mit vordefinierten Werten.
WEB > CONFIGURATION	Vergleicht die Werte der Webserver-Konfiguration ausgewählter Server mit den entsprechenden Werten eines Vergleichsservers.

Sie können die vorgegebenen Testdokumente mit den Vorgabeeinstellungen verwenden, um sich mit DDM vertraut zu machen, oder Sie können die Tests so konfigurieren, dass sie entsprechend den Anforderungen Ihrer Organisation ausgeführt werden, indem Sie neue Testdokumente erstellen, in denen Sie Ihre eigenen Tests definieren und anpassen. Um die in den vorgegebenen Testdokumenten definierten Tests verwenden zu können, müssen Sie diese in DDM aktivieren. Um neue Probes zu erstellen, wählen Sie die Ansicht DDM CONFIGURATION und klicken auf den Button NEW DDM PROBE.

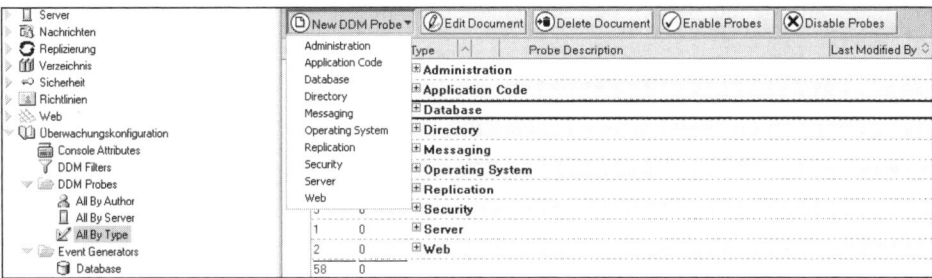

Abbildung 13.84: Probes

Bei der Konfiguration der Probes geht es neben dem Typ noch um den Subtyp. Alle Subtypen werden bereits über die vorhandenen Default-Probes bereitgestellt, z.B. die Subtypen DATABASE COMPACT, DATABASE DESIGN, DATABASE ERROR MONITORING oder SCHEDULE DATABASE CHECKS zum Typ DATABASE. So existieren zu jedem Typ definierte Subtypen, die Sie beim Erstellen einer neuen Probe definieren können. Ansonsten passen Sie einfach das Dokument mit dem gewünschten Subtyp an. Passen Sie gegebenenfalls die Beschreibung an.

Definieren Sie über den Bereich TARGET, welche Objekte (Server, Datenbank, Prozesse) Sie testen möchten. Der Abschnitt SPECIFICS gibt Auskunft darüber, welche zusätzlichen Konfigurationseinstellungen Sie (abhängig vom Typ und Subtyp der Probe) nutzen. Dazu gehört auch die Angabe von Schwellenwerten, bei deren Überschreiten Ereignisse mit unterschiedlichen Dringlichkeitsstufen (Severity), wie z.B. NORMAL, WARNING (LOW), WARNINH (HIGH), FAILURE ODER FATAL, generiert werden. Manche Probes besitzen (auch hier wieder abhängig von Typ und Subtyp) die Möglichkeit der Zeitplanung über eine zusätzliche Registerkarte mit dem Titel SCHEDULE. Wichtig ist, dass Sie die Probes, die Sie nutzen möchten, über den entsprechenden Button aktivieren. Deaktivieren Sie Probes, die Sie nicht benötigen.

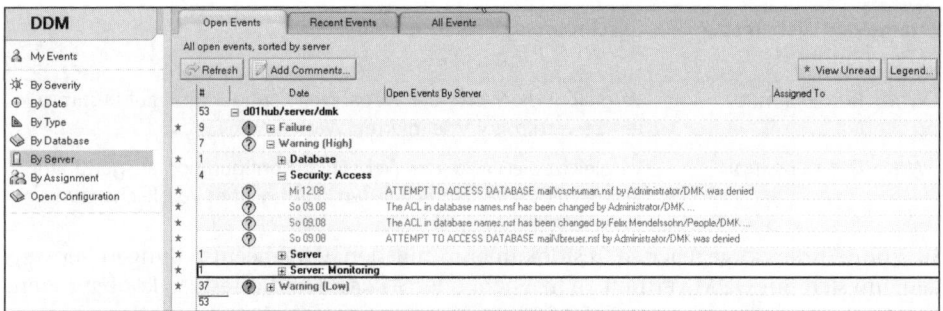

Abbildung 13.85: Ergebnisse der Probes in der ddm.nsf

Wenn ein Domino Server (ab Version 7) das erste Mal gestartet wird, wird die Datenbank DOMINO-DOMÄNENÜBERWACHUNG/DOMINO DOMAIN MONITORING (*ddm.nsf*) aus der *ddm.ntf*-Schablone erstellt. Diese Datenbank enthält DDM-Ereignisinformationen für alle Server, auf denen sie sich befindet (siehe *Abbildung 13.85*).

13.6.2   Erfassungshierarchien

Über das Einrichten einer Erfassungshierarchie sind Sie in der Lage, auf Basis Ihrer Servertopologie (Hub-and-Spoke oder einem anderem Kriterium) Daten über Ihre Server zu sammeln und in der *ddm.nsf* darzustellen (siehe *Abbildung 13.86*).

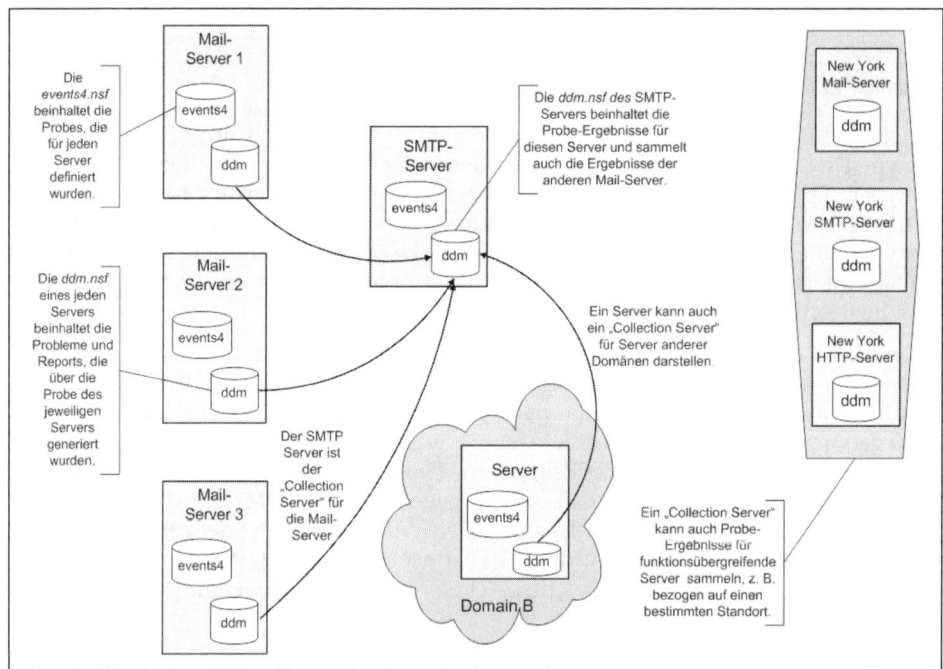

Abbildung 13.86: Alles im Blick: Domino Domain Monitoring und die Erfassungshierarchien

Die Fehler und Probleme werden hier aufgrund Ihrer Definition via Probes aus der *events4.nsf* dokumentiert. Selbst Fehler, die beim Sammeln der Daten auftreten, werden erfasst, sodass Sie selbst über Fehler bei der Domänenüberwachung informiert werden. Das Zusammenführen der Daten erfolgt über die selektive Domino-Replizierung. Dabei müssen Sie sich weder um Verbindungsdokumente noch um selektive Replizierung kümmern. DDM erledigt dies für Sie.

Um die Erfassungshierarchie zu definieren, öffnen Sie die MONITORING-KONFIGURATIONS-DATENBANK (*events4.nsf*) und wählen die Ansicht DDM CONFIGURATION > SERVER COLLECTION HIERARCHY. Über den Button NEW SERVER COLLECTION HIERARCHY definieren Sie die gewünschte Erfassungshierarchie für Ihre Server (siehe *Abbildung 13.87*).

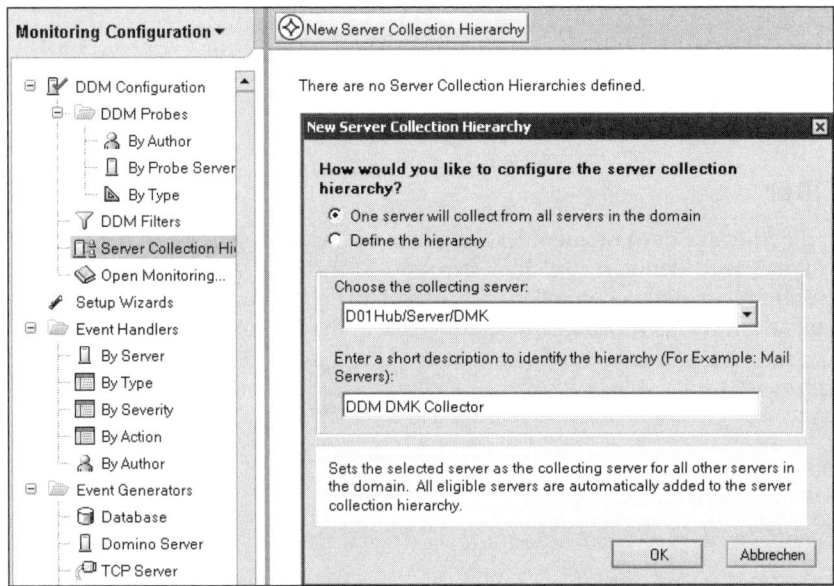

Abbildung 13.87: Definieren einer Erfassungshierarchie

Sie haben die Möglichkeit, über die entsprechenden Buttons in der *events4.nsf* die Erfassungshierarchie später wieder zu löschen oder den Collection Server zu ändern. Um Server aus der Erfassungshierarchie zu löschen oder dieser hinzuzufügen, öffnen Sie die Erfassungshierarchie und nehmen die entsprechende Aktion vor. Die Informationen der DDM-Datenbank werden erfasst und repliziert, wenn eine der folgenden Bedingungen erfüllt ist:

▶ Ein Erfassungsserver wird über die Änderung an einem Ereignisstatus benachrichtigt: Wenn ein Erfassungsserver die Benachrichtigung erhält, dass auf einem seiner überwachten Server der Status eines Ereignisses geändert wurde, repliziert der Erfassungsserver die DDM-Datenbank des überwachten Servers. Wenn die durch eine Änderung des Ereignisstatus ausgelöste Replizierung abgeschlossen ist und der Erfassungsserver durch einen anderen Erfassungsserver überwacht wird, benachrichtigt er seinen Erfassungsserver über diese Statusänderung. Die Statusänderung wird anschließend in der Server-Erfassungshierarchie aufwärts repliziert.

▶ Das Erfassungsintervall wurde überschritten: Das Zeitintervall für die Erfassung beträgt fünf Minuten und kann nicht geändert werden. Erfassungsserver überwachen die Replizierung für alle überwachten Server. Jeder Erfassungsserver führt alle fünf Minuten die Pull-Replizierung aus, um Aktualisierungen der DDM-Datenbank für seine überwachten Server abzurufen.

Falls das Problem auftritt, dass die Daten eines Servers nicht erfasst werden, obwohl dieser in der Erfassungshierarchie definiert wurde, sollten Sie den Eintrag SERVER BUILD NUMBER unter der Registerkarte ALLGEMEIN/BASICS im Serverdokument des entsprechenden Servers kontrollieren. Die Versionsnummer wird über den AdminP aktualisiert und dann repliziert. Die Erfassung von DDM-Testdaten erfordert eine Domino-Version 7 oder höher.

> Der Eintrag OPEN MONITORING ... unter DDM CONFIGURATION in der *events4.nsf* stellt keine Ansicht dar, sondern eine Verknüpfung auf die Datenbank DOMINO-DOMÄNENÜBERWACHUNG/DOMINO DOMAIN MONITORING.

13.6.3   Filter

Filter haben die Aufgabe, das Volumen der Ereignisse zu kontrollieren, die in der *ddm.nsf* auftauchen. Dabei wird definiert, welche Arten von Events dort abgelegt werden (und nicht, welche dort nicht auftauchen sollen). Sie müssen in der Auswahl lediglich anklicken, welche Ereignisse mit welchen Dringlichkeitsstufen Sie in der Datenbank haben möchten.

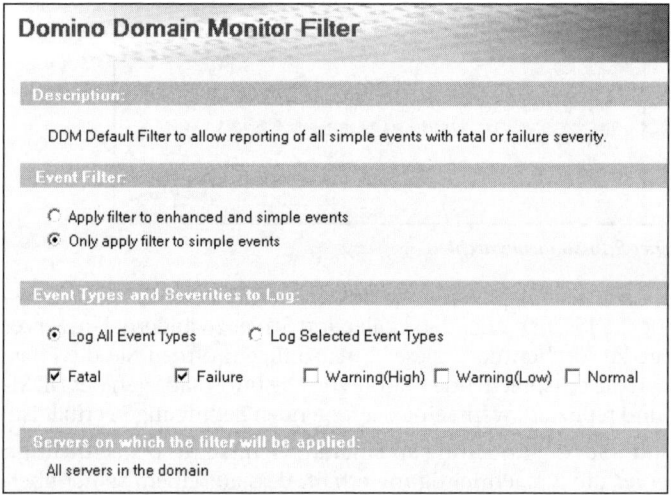

Domino Domain Monitor Filter

Description:

DDM Default Filter to allow reporting of all simple events with fatal or failure severity.

Event Filter:

○ Apply filter to enhanced and simple events
◉ Only apply filter to simple events

Event Types and Severities to Log:

◉ Log All Event Types   ○ Log Selected Event Types

☑ Fatal   ☑ Failure   ☐ Warning(High) ☐ Warning(Low) ☐ Normal

Servers on which the filter will be applied:

All servers in the domain

Abbildung 13.88: Default-Filter

Den existierenden Default-Filter, der dafür sorgt, dass alle einfachen Events mit der Einordnung Fatal oder Failure aufgezeichnet werden, finden Sie in der *events4.nsf* unter DDM CONFIGURATION > DDM FILTERS. Um einen neuen Filter zu erstellen, klicken Sie auf den Button NEW DDM FILTER und füllen die folgenden Felder:

Feld	Aktion
DESCRIPTION	Geben Sie eine Beschreibung des zu erstellenden Filters ein. Die Beschreibung, die Sie eingeben, dient in der Liste der DDM-Filter in der Datenbank „Monitoring Configuration" zur Unterscheidung dieses Filters von anderen Filtern. Sie können maximal 125 Zeichen für die Filterbeschreibung verwenden.
EVENT FILTER	Wählen Sie einen der folgenden Werte aus: ▶ APPLY FILTER TO ENHANCED AND SIMPLE EVENTS: Wendet den DDM-Filter sowohl auf erweiterte als auch auf einfache Ereignisse an (siehe *Kapitel 13.5.1, Monitoring-Konfigurationsdatenbank*). ▶ ONLY APPLY FILTER TO SIMPLE EVENTS: Wendet den DDM-Filter nur auf einfache Ereignisse an.
EVENT TYPES AND SEVERITIES TO LOG	Wählen Sie einen der folgenden Werte aus: ▶ LOG ALL EVENT TYPES: Zeichnet alle Ereignistypen in DDM auf. Wenn Sie diese Option wählen, müssen Sie die Dringlichkeitsstufen angeben. ▶ LOG SELECTED EVENT TYPES: Gibt die Ereignistypen an, die in DDM aufgezeichnet werden sollen, sowie die entsprechenden Dringlichkeitsstufen für die einzelnen Ereignistypen.
SERVERS ON WHICH THE FILTER WILL BE APPLIED	Wählen Sie einen der folgenden Werte aus: ▶ ALL SERVERS IN THE DOMAIN: Wendet den neuen DDM-Filter auf alle Server in der Domäne an. ▶ SPECIAL TARGET SERVERS: Geben Sie Servertypen an, auf die der Filter angewendet werden soll, z.B. Mail-Server oder der Administrationsserver für das Domino-Verzeichnis. ▶ ONLY THE FOLLOWING SERVERS: Wählen Sie diese Option, um die Namen der Server, auf die der neue DDM-Filter angewendet werden soll, anzugeben.

Der Default-Filter erlaubt Ihnen, einfache Ereignisse mit dem Schweregrad FATAL oder FAILURE an die *ddm.nsf* zu schicken. Alle anderen einfachen Ereignisse werden über diesen Filter nicht an die Datenbank gesendet. Mit der Zeit werden Sie wahrscheinlich ein komplexes und fein abgestuftes Filtersystem aufbauen und schätzen lernen.

Show Schedule-Befehl für die Zeitplanung der DDM-Tests

Der Befehl in der Form Show Schedule Servername/Taskname/Ziel bzw. Show Schedule -Argument zeigt den nächsten Zeitpunkt der Ausführung eines Server-Tasks an. Die Ausgabe enthält den Typ der auszuführenden Tasks und den Zeitpunkt der nächsten Ausführung. Wenn Sie als Argument eine Arbeitsumgebung eingeben, erscheint der Replizierungszeitplan des Rechners für das Ziel. Für diesen Befehl werden Ihnen die folgenden Argumente an die Hand gegeben:

▶ -Agents: Zeigt an, welche Agenten für die nächste Ausführung geplant sind

▶ -DDM: Zeigt die geplanten DDM-Tests (Domino-Domänenüberwachung) an

▶ -Replication: Zeigt an, wann die nächste Replizierung geplant ist und um welche Art von Replizierung es sich handelt

▷ -Mail-Routing: Zeigt die Uhrzeit für das nächste Mail-Routing an

▷ -Programs: Zeigt an, für welche Programme eine Ausführung geplant ist

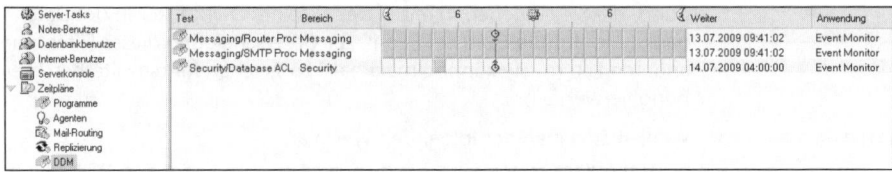

Abbildung 13.89: Die Zeitplanung für das DDM ist auch über den Domino Administrator einsehbar.

Standardmäßig und bevor Sie z.B. Ihre individuellen Anpassungen an Probes und Filtern vorgenommen haben, ist das Domino Domain Monitoring zwar einsetzbar, weil

▷ die Datenbanken *events4.nsf* und *ddm.nsf* standardmäßig erstellt und

▷ Events z.T. bereits erzeugt werden.

Aber aus den folgenden Gründen ist es allerdings beschränkt:

▷ Probes sind per Default deaktiviert.

▷ Es existiert keine Erfassungshierarchie.

▷ Filter sind nur als einfache Events mit der Klassifizierung FATAL oder FAILURE verfügbar.

13.6.4 Datenbank Domino Domain Monitoring

DDM enthält zwei Klassen von Ereignisinformationen: erweiterte und einfache Ereignisse. Erweiterte Ereignisse umfassen Ereignisse, die von einem DDM-Testkonfigurationsdokument oder von einem Domino-Ereignisgenerator erstellt wurden. Domino-Ereignisgeneratoren gab es bereits in Versionen vor Lotus Notes Domino 7, die in der Ansicht EVENT GENERATORS in der *events4.nsf* abgelegt werden. Zu den erweiterten Ereignissen zählen zudem alle Ereignisse mit bestimmten Zielinformationen, die im DDM-Ereignisbericht angezeigt werden. Ein Ziel kann ein Server, eine Datenbank, ein Agent oder ein benutzerdefiniertes Ziel sein. Ein einfaches Ereignis ist ein Ereignis, das weder mit bestimmten Zielinformationen verknüpft ist noch diese enthält. Die meisten Ereignisse, die auf der Domino Server-Ereigniskonsole aufgezeichnet werden, sind einfache Ereignisse. Eine Liste der einfachen Ereignisse können Sie in der *events4.nsf* unter der Ansicht ADVANCED > EVENT MESSAGES BY TEXT bzw. ADVANCED > EVENT MESSAGES BY TASK einsehen.

Bei Betrachtung der Probe-Ergebnisse, die in die Datenbank einlaufen, wird deutlich, dass diese unterschiedliche Status besitzen. Wenn ein Ereignis das erste Mal in der Datenbank auftaucht, wird ihm automatisch ein Statuswert zugewiesen:

▷ OFFEN/OPEN: Das Ereignis hat eine „nicht normale" Dringlichkeit und wurde vom Administrator nicht geschlossen.

▷ GESCHLOSSEN/CLOSE: Das Ereignis hat eine normale Dringlichkeit und wurde von einem Administrator geschlossen. Wenn ein Ereignis mit dem Status GESCHLOSSEN/CLOSE später als Ereignis mit „nicht normaler" Dringlichkeit aufgezeichnet wird, ändert sich der Ereignisstatus in OFFEN/OPEN.

▶ PERMANENT GESCHLOSSEN/PERMANENTLY CLOSED: Das Ereignis wurde von einem Administrator als PERMANENT GESCHLOSSEN markiert. Diese Ereignisse werden niemals automatisch wieder geöffnet, können aber von einem Administrator geöffnet oder als
GESCHLOSSEN markiert werden.

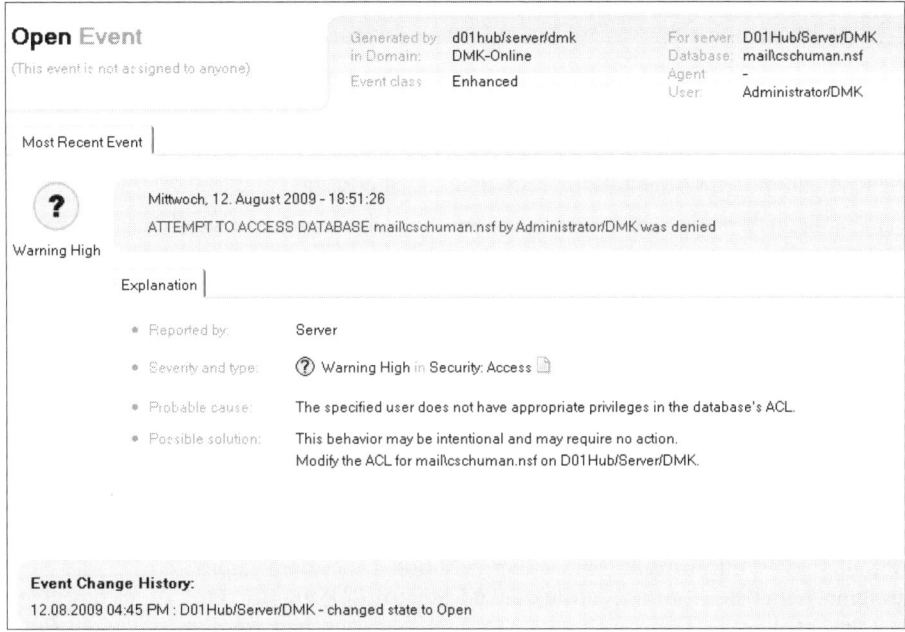

Abbildung 13.90: Dokument in der ddm.nsf

NEUE EREIGNISSE sind alle geöffneten und geschlossenen Ereignisse, die innerhalb
der letzten sieben Tage den Status OFFEN hatten.

Die Datenbank DOMINO-DOMÄNENÜBERWACHUNG/DOMINO DOMAIN MONITOR als Event
Reporting Center stellt Ziel und Benutzeroberfläche dar, um DDM-Ereignisse abzulegen
und so mögliche Ursachen und Lösungen für aufgezeichnete DDM-Ereignisse über das
sogenannte IBM Automatic Computing anzubieten. Über die Datenbank können Sie so
die DDM-Ereignisse einem Administrator zur Behebung zuweisen. Allerdings müssen
Sie in Bezug auf diese und andere verwandte Aktionen die erforderlichen Rechte besitzen. Um einem Administrator ein Ereignis zuzuweisen oder Ereignisse einem anderen
Administrator neu zuzuweisen, benötigen Sie mindestens Editorzugriff mit der Rolle
ASSIGN EVENTS in der ACL der *ddm.nsf*-Datenbank.

Um ein Ereignis, dessen Besitzer Sie sind, einem anderen Administrator zuweisen zu
können, benötigen Sie Autorzugriff mit der Rolle ASSIGN EVENTS. Wenn Sie nicht über
den erforderlichen Zugriff verfügen, wird die Schaltfläche EREIGNISSE ZUWEISEN/ASSIGN
nicht angezeigt. Der Autorzugriff ist zudem erforderlich, wenn Sie Kommentare zu

Ihren eigenen Ereignissen hinzufügen möchten. Um Kommentare zu Ereignissen eines anderen Administrators hinzuzufügen, ist der Editorzugriff erforderlich. Die nachfolgende Tabelle veranschaulicht die notwendigen Rechte für vorgesehene Aktionen:

Aktion	Mindestzugriff und erforderliche Rollen
Ereignisdokumente lesen	Lesezugriff
Kommentare zu eigenen Ereignissen hinzufügen	Autorzugriff
Kommentare zu Ereignissen eines anderen Administrators hinzufügen	Editorzugriff
Eigene Ereignisse zuweisen oder neu zuweisen	Autorzugriff und die Rolle ASSIGN EVENTS
Ereignisse unabhängig vom Besitzer zuweisen oder neu zuweisen	Editorzugriff und die Rolle ASSIGN EVENTS
Den Status eigener Ereignisse ändern	Autorzugriff und die Rolle CHANGE STATE
Status von Ereignissen unabhängig vom Besitzer ändern	Editorzugriff und die Rolle CHANGE STATE

Die *ddm.nsf* bietet also viel mehr als einen reinen Sammelpool für Ereignisse in Ihrer Domäne. Gleichzeitig können Sie hinterlegte und verknüpfte Informationen nutzen, um Ihre in der Domino-Umgebung auftauchenden Probleme zu lösen. Unter WAHRSCHEINLICHER GRUND/PROBABLE CAUSE und MÖGLICHE LÖSUNG/POSSIBLE SOLUTION können Sie Informationen zur Ursache des Ereignisses abrufen und, in einigen Fällen, über eine Datenbankverknüpfung auf die entsprechende Datenbank zugreifen, in der Sie das Ereignis beheben können. Einige DDM-Ereignisdokumente enthalten das Register DETAILS, in dem zusätzliche Details zum Ereignis angezeigt werden, sowie das Register KORRELIERT/CORRELATION, in dem Verknüpfungen auf andere DDM-Ereignisdokumente enthalten sind, die möglicherweise mit dem geöffneten DDM-Ereignisdokument in Zusammenhang stehen.

Ein Problem kann mehrere Ereignisse generieren. Wenn ein Zielserver beispielsweise nicht mehr verfügbar ist, können der Router, der Replikator und andere Komponenten Fehler generieren. DDM fasst diese Ereignisse als einen Fehler zusammen. Für einen nicht erreichbaren Server werden z.B. mehrere Fehler als ein Fehler ausgegeben: `Server antwortet nicht`. Ereignisdokumente in der DDM-Datenbank werden korreliert, d.h. wann immer möglich in ähnliche Kategorien zusammengefasst. Sie können sich die korrelierten Ereignisse ansehen, indem Sie im Testdokument für ein korreliertes Ereignis auf das Register CORRELATED EVENTS klicken. Die Ereignisse, für die keine verwandten Ereignisse vorhanden sind, werden nicht korreliert. In diesem Fall wird auch das entsprechende Register nicht angezeigt. Ereignisse werden serverübergreifend korreliert, indem die DDM-Datenbank auf den Erfassungsservern geöffnet wird und dann die Ereignisse korreliert werden.

Die Nachrichtendokumente für Ereignisse (auch Server- und Add-In-Task-Ereignisdokument genannt) können Sie mit eigenen Kommentaren und Lösungsvorschlägen füllen, um so eine angepasste Wissensdatenbank aufzubauen. Auch die SEVERITY und weitere Felder können Sie anpassen. Die Nachrichtendokumente finden Sie in der *events4.nsf* unter der Ansicht ADVANCED > EVENT MESSAGES BY TEXT. Sie können auch von jedem Ereignisdokument in der *ddm.nsf* aus über den dort hinterlegten Link im Feld SEVERITY AND TYPE geöffnet und editiert werden.

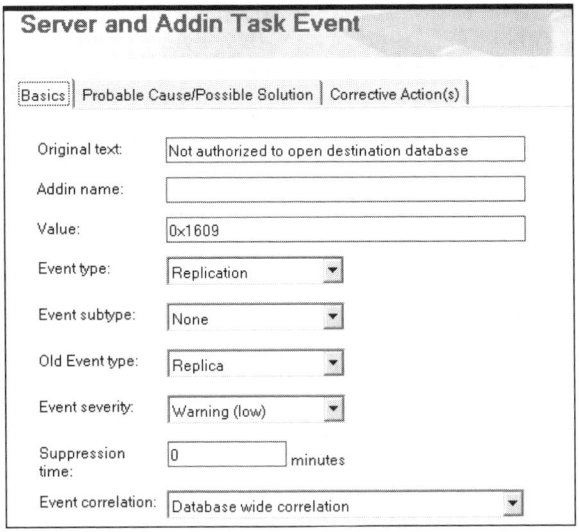

Abbildung 13.91: Bearbeiten eines Ereignisnachrichtendokuments

Jedes Nachrichtendokument besteht aus drei Registerkarten (siehe *Abbildung 13.91*). Die mittlere Registerkarte PROBABLE CAUSE/POSSIBLE SOLUTION hält die entsprechenden Informationen bezüglich Störung und Lösung, die Sie pflegen können.

Schnittstellen des Administrators

Für den Administrator bieten sich unterschiedliche Zugriffs- und Einstiegspunkte als Schnittstelle hinsichtlich DDM an:

- Monitoring Configuration Database (*events4.nsf*)
- *ddm.nsf*
- Domino Administrator Client
  - SERVER STATUS > ZEITPLÄNE/SCHEDULES DDM
  - SERVER ANALYSE/ANALYSIS > DOMINO-DOMÄNENÜBERWACHUNG/DOMINO DOMAIN MONITORING
  - KONFIGURATION/CONFIGURATION > ÜBERWACHUNGSKONFIGURATION/MONITORING CONFIGURATION

13.6.5 Weitere Befehle und Einstellungen zum Domino Domain Monitoring

Weitere Optionen zur Administration bieten die in Bezug auf das Domino Domain Monitoring verfügbaren Befehle für die Serverkonsole:

- Der Befehl sh sch -ddm zeigt den DDM-Zeitplan an.
- Der Output des Befehls Tell event dumpprobes zeigt alle aktiven und geplanten Probes des aktuellen Servers mit der ID-Nummer an.

▶ Der Befehl `Tell event runprobe ID` startet eine Probe unter Angabe der Probe-ID (z.B. `Tell event runprobe 61275`). Die ID einer Probe stellt die Notes-ID der eingestellten Probe in dezimaler Form dar (siehe *Abildung 13.92*). Dazu müssen Sie die Zeichen, die sich hinter NT befinden, in eine dezimale Form bringen (z.B. 0x914A à 37194).

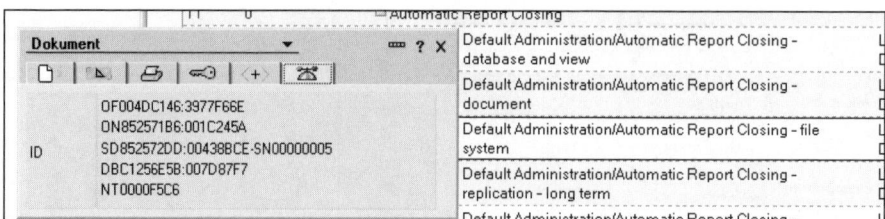

Abbildung 13.92: So finden Sie die Probe-ID: Rechtsklick mit der Maus auf das Dokument und Auswahl der Option EIGENSCHAFTEN: DOKUMENT

▶ Der Befehl `tell Event fire 61275` erstellt ein Event im DDM mit dem Wert `61275`.

▶ Der Befehl `tell Event fire 61275 26271` erstellt zwei Events im DDM und verbindet sie in der Form mit dem Wert `61275 26271`, sodass der erste Event die Hauptursache darstellt und der letzte Event die zweite.

Show Schedule-Befehl verbunden mit einem Argument

Die allgemeine Notation für diesen Befehl lautet: `Show Schedule -Argument`.

Der Befehlsoutput ohne Argument zeigt den nächsten Zeitpunkt der Ausführung eines Server-Tasks an. Folgende Argumente können Sie angeben:

▶ `-Agents` – Zeigt an, welche Agenten für die nächste Ausführung geplant sind

▶ `-DDM` – Zeigt die geplanten DDM-Tests an

▶ `-Replication` – Zeigt an, wann die nächste Replizierung geplant ist und um welche Art von Replizierung es sich handelt

▶ `-Mailrouting` – Zeigt die Uhrzeit für das nächste Mail-Routing an

▶ `-Programs` – Zeigt an, für welche Programme eine Ausführung geplant ist

▶ Der *notes.ini*-Parameter `DEBUG_EVENT=1` kann verwendet werden, um Domino Domain Monitoring Probes zu testen. Diese Variable zielt allerdings nicht singulär auf das Thema DDM ab, sondern stellt eine global Debug-Variable für den Event-Task dar. Sie beinhaltet als Output Informationen über die Zeitplanung der Probes und Informationen, die verwendet werden können, um die DDM-Probes zu prüfen. Allerdings sollten Sie hierbei im Hinterkopf behalten, dass zusätzliche Debug-Protokollierung die Performance des Servers negativ beeinflussen kann. Sie sollten daher diese Variable nicht durchgehend verwenden. Lotus empfiehlt zudem, diesen Parameter zusammen mit einer anderen *notes.ini*-Einstellung zu verwenden: `DEBUG_OUTFILE = "filename"`. `DEBUG_OUTFILE` aktiviert die Protokollierung der Serverkonsolenprotokollierung in eine Textdatei (ASCII), die ebenfalls Debug-Informationen enthält. So werden Debug-Codes in der Datei, die in der Einstellung `Debug_Outfile` angegeben ist, generiert.

13.6.6 Domino Domain Monitoring-Erweiterungen in Domino 8.x

In der aktuellen Domino-Version hat es in Bezug auf das Thema Domino Domain Monitoring ebenfalls ein paar Erweiterungen gegeben.

Sie können beispielsweise nun über die Administrationsvorgaben festlegen, dass die Datenbank DOMINO-DOMÄNENÜBERWACHUNG (*ddm.nsf*) geöffnet werden soll, wenn der Domino Administrator Client startet. Gehen Sie dazu wie folgt vor:

1. Wählen Sie in Domino Administrator DATEI/FILE > VORGABEN/PREFERENCES > ADMINISTRATION/ADMINISTRATION PREFERENCE.
2. Suchen Sie im Abschnitt ALLGEMEIN/BASICS den Abschnitt DOMINO ADMINISTRATOR > STARTEINSTELLUNGEN/DOMINO ADMINISTRATOR STARTUP SETTINGS.
3. Klicken Sie auf BESTIMMTE DATENBANKEN ÖFFNEN/OPEN SPECIFIC DATABASE(S) und führen Sie anschließend Folgendes aus:
   - Wenn Sie die Vorgabeeinstellung verwenden möchten, um nur *ddm.nsf* zu öffnen, geben Sie nichts in dieses Feld ein. *ddm.nsf* wurde als Vorgabe eingegeben.
   - Wenn Sie zusätzliche Datenbanken hinzufügen möchten, geben Sie die Datenbankdateinamen ein, getrennt durch Kommas.
4. Geben Sie in das Feld SERVER den Namen des Servers ein, auf dem die angegebenen Datenbanken gespeichert sind.
5. Klicken Sie auf OK.

Außerdem gibt es neue modulare Dokumente. Modulare Dokumente sind die Referenzdokumente für die Anweisungen WAHRSCHEINLICHER GRUND/PROBABLE CAUSE, MÖGLICHE LÖSUNG/POSSIBLE SOLUTION und KORREKTUR/CORRECTIVE ACTION. Jede Anweisung dieser drei Typen verfügt über ein entsprechendes modulares Dokument.

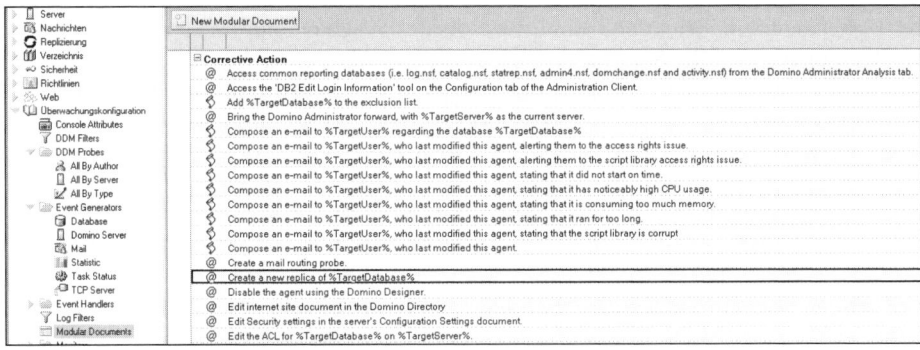

Abbildung 13.93: Modulare Dokumente

WebSphere-Services-Probe

Domino 8 bietet die Möglichkeit, die Aktivitätenfunktion der Lotus Connections zu überwachen, die über einen WebSphere Server bereitgestellt wird. Dies kann allerdings nur dann erfolgen, wenn Lotus Connections innerhalb der Domino-Infrastruktur zum Einsatz kommt (siehe *Kapitel 12.5.4, Lotus Connections und Aktivitäten*). Für diese Monitorfunktion wurde eine neue WebSphere Services Probe eingeführt, um dem Administrator eine Möglichkeit an die Hand zu geben, die Verbindung zum Activities-Server zu überwachen.

LDAP Search Reporting

Auch in Bezug auf den LDAP-Server, der über den aktiven LDAP-Server-Task von Domino bereitgestellt wird (siehe *Kapitel 7.4, Lightweight Directory Access Protocol*), hat es eine Neuerung hinsichtlich DDM gegeben. Da immer mehr Unternehmen LDAP verwenden und von der dementsprechenden störungsfreien Funktionalität abhängig sind, die über den Domino LDAP-Server bereitgestellt wird, ist es beispielsweise wichtig, sicherzustellen, dass Suchanfragen in einer akzeptablen (und definierten) Zeit abgeschlossen werden (Antwortzeiten). Die neue LDAP Search Response Probe (siehe *Abbildung 13.94*) erlaubt Ihnen, die Antwortzeiten bezüglich der LDAP-Suchanfragen zu überwachen und nachzuverfolgen.

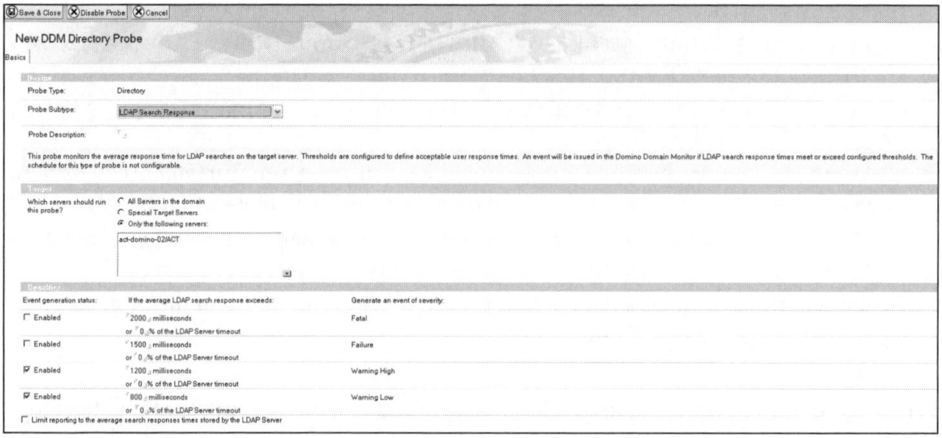

Abbildung 13.94: Die neue LDAP Search Response Probe

Common Actions Quick Access Feature

Die DDM-Datenbank bietet dem Administrator für die Fehleranalyse/-behandlung einen schnellen Zugang zu üblichen Analyseeinstiegspunkten bzw. Maßnahmen. Innerhalb der Ereignisdokumente der DDM-Datenbank können Sie auf das Dropdown-Menü mit der Bezeichnung ALLGEMEINE AKTIONEN/COMMON ACTIONS klicken und auf routinemäßige Administrationsaufgaben zugreifen, ohne die Ansicht oder den Client wechseln zu müssen. So sparen Sie sich beispielsweise das explizite Öffnen des Serverdokuments oder den Zugriff auf die Protokolldatei des Servers. Die allgemeinen Aktionen, die im Ereignisbericht zur Auswahl bereitstehen, basieren auf dem Ereigniskontext und den Informationen im Ereignisbericht.

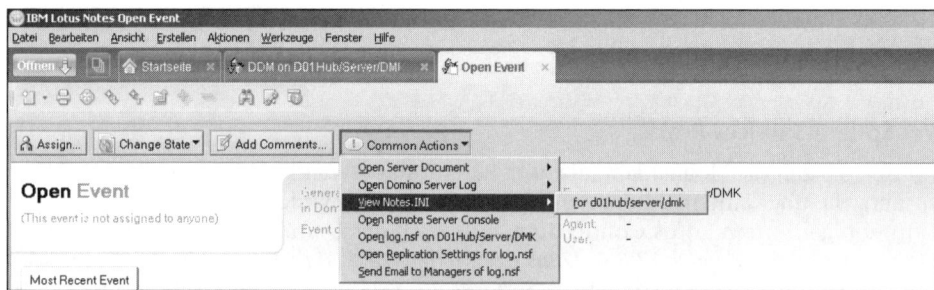

Abbildung 13.95: Schneller Zugriff auf Routine-Tasks

By Database View

Bei der Arbeit in der DDM-Datenbank war es in der Version 7 oft recht schwierig bzw. aufwendig, wenn Sie Probleme hinsichtlich einer speziellen Datenbank lösen wollten. Wenn Sie beispielsweise Überprüfungen zu einer bestimmten Datenbank durchführen wollten, mussten Sie entweder die DDM-Datenbank durchsuchen oder sich eine individuelle Ansicht erstellen und diese durch die Update-Zyklen hindurch pflegen oder anpassen. Die neue Ansicht BY DATABASE erlaubt es Ihnen, direkt Ihre Aufgaben hinsichtlich einer definierten Datenbank umzusetzen.

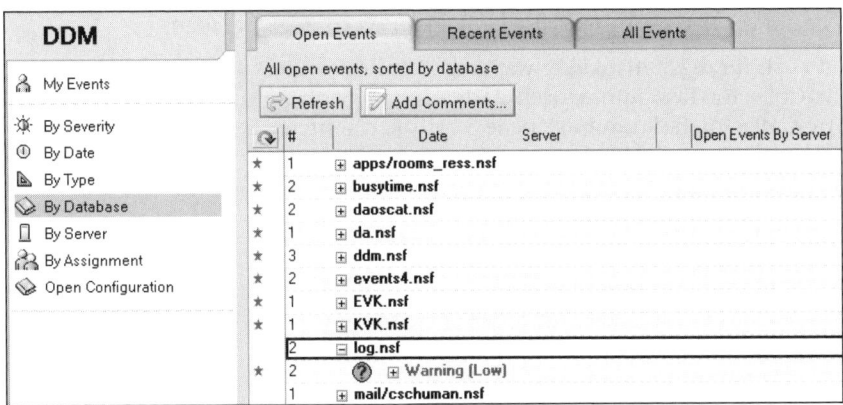

Abbildung 13.96: Neue Ansicht in der DDM-Datenbank

Die Einträge in der Ansicht sind nach Dateinamen geordnet und erlauben Ihnen so einen schnellen Zugriff auf die Informationen zu der gesuchten Datenbank.

13.7 Statistiken

Die Statistiken werden vom Domino Server fortlaufend aktualisiert. Sie können die Systemstatistiken jederzeit durch Eingabe des Serverbefehls `Show Statistic` oder `Show Platform Statistic` an der Serverkonsole anzeigen lassen. Über den Domino Administrator können Statistikprofile und Diagramme erstellt werden.

Wenn Sie Statistiken zum Überwachen des Domino-Systems verwenden möchten, können Sie mit dem Statistic-Collect-Task Statistiken erfassen und die Informationen in der Monitoring-Ergebnisdatenbank/Monitoring Results (*statrep.nsf*) ablegen. Der Statistic-Collector-Task, früher bekannt als Collector-Task, sammelt Statistiken für einen oder mehrere Server in einer Domäne und legt dann standardmäßig Statistikberichte in der Monitoring-Ergebnisdatenbank (*statrep.nsf*) an. Es gibt zwei Möglichkeiten, das Sammeln von Statistiken aufzusetzen. Zum einen können Sie den Statistic-Collector-Task auf jedem Server starten, der dann seine eigenen Statistiken einsammelt und diese in der lokalen Statistikergebnisdatenbank ablegt. Zum anderen können Sie den Dienst auf einem Server starten, der dann so konfiguriert wird, dass er die Statistiken von einem oder mehreren Servern einsammelt und in einer spezifischen Monitoring-Ergebnisdatenbank ablegt. So können Sie einen ausgesuchten Server dazu bestimmen, Statistiken von anderen Servern zu sammeln. Damit müssen Sie den Statistic-Collector-Task nur auf einem Server starten und ein Serverstatistiksammeldokument/Server Statistic Collection erstellen, in welchem

Sie die Server bestimmen, von denen der Statistikserver die Statistiken sammeln soll, um deren Serverstatistiken zu erzeugen. Berichte werden in der Statistikergebnisdatenbank auf dem ausgewiesenen Server abgelegt.

Der Statistic-Collector-Task startet automatisch mit jedem Serverstart, wenn Sie `Collect` in der Zeile für den Server-Task der *notes.ini* hinzufügen. In Domino Administrator wird der Statistic-Collector gestartet, sobald Sie

▶ den Domino Server Monitor starten,

▶ wenn Sie die in Echtzeit darzustellenden Statistiken starten oder

▶ wenn Sie auf die Registerkarte SERVER > STATISTIK/STATISTICS zugreifen.

Sie können auch für die Statistiküberwachung Administrationsvorgaben setzen, sodass der Statistic-Collector-Task automatisch startet, sobald der Domino Administrator läuft. Der Statistic-Collector-Task sammelt neue Statistiken weiterer Server, sobald Sie diese überwachen oder diesbezüglich Charts erzeugen.

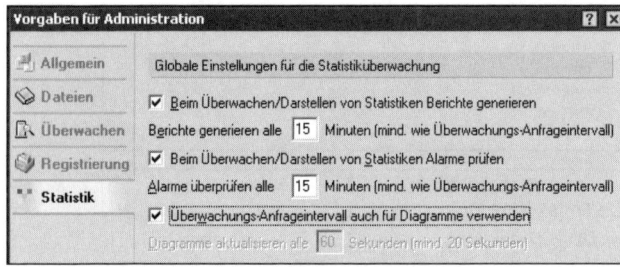

Abbildung 13.97: Einstellungen für Statistiken über die Vorgaben zur Administration

Für die Sammlung von Statistiken können Intervalle definiert werden, die regeln, in welchen Abständen die statistischen Informationen gesammelt und aufgezeichnet werden (siehe *Abbildung 13.97*). Die Intervalle für die Statistikberichte sind deutlich größer als die für das Monitoring, da die Statistikberichte auf den Informationen des Monitoring basieren. Eine weitere wichtige Einstellung sind die Server-Statistic-Collection-Dokumente. Mit diesen Dokumenten wird konfiguriert, welcher Server Statistiken von welchen anderen Servern sammelt. Die Ergebnisse werden in die Monitoring-Result-Datenbank des jeweiligen Servers geschrieben. In den Dokumenten können sowohl die Server festgelegt werden, von denen Statistiken gesammelt werden, als auch der Server, auf dem die Statistiken konsolidiert werden. Zusätzlich können aber auch die Intervalle für die Sammlung der Informationen konfiguriert und Filter gesetzt werden. Die Filter legen fest, welche Informationen nicht gesammelt werden sollen.

13.7.1 Server Statistic Collection

Der Statistic-Collector-Task erfasst und überwacht Statistiken der Server, die im Server-Statistic-Collection-Dokument angegeben sind. Standardmäßig legt der Statistic-Collector so lange Statistiken in der lokalen Monitoring-Ergebnisdatenbank ab, bis Sie eine andere Datenbank angeben.

Um ein Server-Statistic-Collection-Dokument zu erstellen, gehen Sie wie folgt vor:

1. Klicken Sie in Domino Administrator auf das Register KONFIGURATION/CONFIGURATION.

2. Öffnen Sie die Ansicht ÜBERWACHUNGSKONFIGURATION/MONITORING CONFIGURATION > SERVER STATISTIC COLLECTION.

3. Klicken Sie auf NEW STATISTICS COLLECTION.

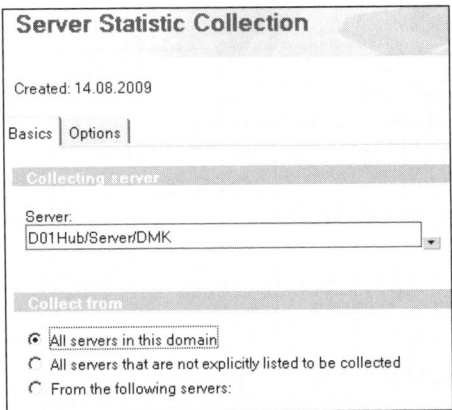

Abbildung 13.98: Erstellung eines Server-Statistic-Collection-Dokuments

4. Unter der Registerkarte BASICS selektieren Sie den sammelnden Server und wählen Folgendes aus:

   – ALL SERVERS IN THIS DOMAIN: Um Statistiken von allen Servern zu sammeln, die mit dem Sammelserver verbunden sind (siehe *Abbildung 13.98*).

   – ALL SERVERS THAT ARE NOT EXPLICITLY LISTED TO BE COLLECTED: Um Statistiken von allen Servern zu sammeln, von denen bis zum aktuellen Zeitpunkt noch keine Statistiken gesammelt wurden.

   – FROM THE FOLLOWING SERVERS: Wählen Sie die Server aus, von denen Sie Statistiken sammeln wollen.

5. Um Statistiken in einer Datenbank zu sammeln, klicken Sie auf die Registerkarte OPTIONS. Aktivieren Sie die Checkbox LOG STATISTICS TO A DATABASE, bearbeiten Sie die folgenden Felder und speichern Sie das Dokument (siehe *Abbildung 13.99*).

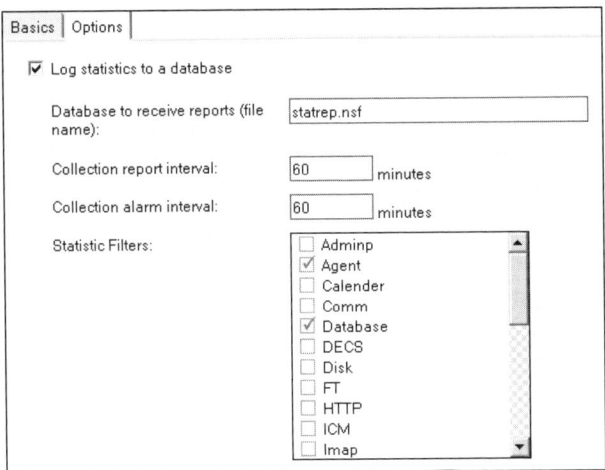

Abbildung 13.99: Angaben zur Datenbank, in der die Statistiken gesammelt werden sollen

Feld	Eingabe
DATABASE TO RECEIVE REPORTS	Geben Sie den Namen der Datenbank an, in der die Berichte abgelegt werden sollen. Der Vorgabename lautet *statrep.nsf*.
COLLECTION REPORT INTERVAL	Geben Sie die Anzahl der Minuten an, die zwischen den Berichten vergehen soll. Der Minimumwert beträgt 15 Minuten, der Vorgabewert ist 60 Minuten.
COLLECTION ALARM INTERVAL	Geben Sie die Anzahl der Minuten zwischen den Alarmen an. Der Minimumwert beträgt 15 Minuten, der Vorgabewert ist 60 Minuten.
STATISTIC FILTERS	Geben Sie den Statistiktyp an, den Sie aus den Berichten aussparen wollen.

13.7.2 Domino Administrator Client und Statistiken

Mithilfe des Domino Administrators können Sie Statistikprofile erzeugen, die Sie verwenden, um stets die gleiche Anzahl von Statistiken in regelmäßigen Abständen zu überprüfen oder um die Performance zwischen Servern zu vergleichen. Sie haben die Möglichkeit, Statistikberichte oder Statistiken in Echtzeit zu prüfen. Sie können Statistiken zudem grafisch in Echtzeit oder historisch anzeigen lassen.

Anzeige von Statistikberichten

Domino bietet Ihnen diese Standardstatistikberichte an:

▶ Calendaring and Scheduling
▶ Clusters
▶ Communications
▶ Mail and Database
▶ Network
▶ Platform
▶ System
▶ Web Server_Retriever

Die Informationen in diesen Berichten bieten weitere Untergruppen je Kategorie an. Um alle Statistiken betrachten zu können, verwenden Sie an der Serverkonsole den Show Statistic-Befehl oder klicken in Domino Administrator auf die Registerkarte SERVER > STATISTIK/STATISTICS.

Um Statistikberichte zu prüfen, gehen Sie wie folgt vor:

1. Klicken Sie in Domino Administrator auf das Register SERVER > ANALYSE/ANALYSIS.
2. Öffnen Sie die Ansicht MONITORING RESULTS und wählen Sie STATISTICS REPORTS (siehe *Abbildung 13.100*).
3. Wählen Sie einen Bericht aus.

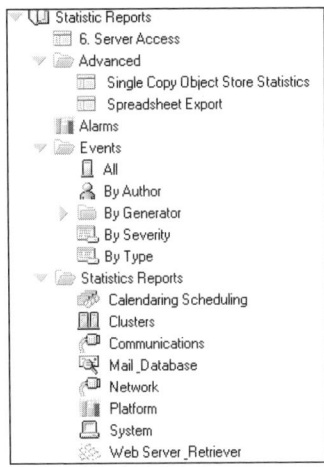

Abbildung 13.100: Auswahl der Statistikberichte

Statistikbeschreibungen

Die Monitoring-Konfigurationsdatenbank (*events4.nsf*) enthält die komplette Liste aller Statistiken. Wenn Sie detaillierte Beschreibungen zu einer Statistik benötigen, wählen Sie die Statistik aus und sehen sich das Statistikbeschreibungsdokument an.

1. Klicken Sie in Domino Administrator auf das Register DATEIEN/FILES. Öffnen Sie die MONITORING-KONFIGURATIONSDATENBANK (*events4.nsf*).

2. Öffnen Sie die Ansicht NAMES_MESSAGES (ADVANCED) > STATISTICS BY NAMES.

   Sie können auch über KONFIGURATION/CONFIGURATION > ÜBERWACHUNGSKONFIGURATION/MONITORING CONFIGURATION > NAMES_MESSAGES (ADVANCED) > STATISTIC NAMES gehen.

3. Klicken Sie doppelt auf den Namen einer Statistik, um das dazugehörige Statistikbeschreibungsdokument zu betrachten (siehe *Abbildung 13.101*).

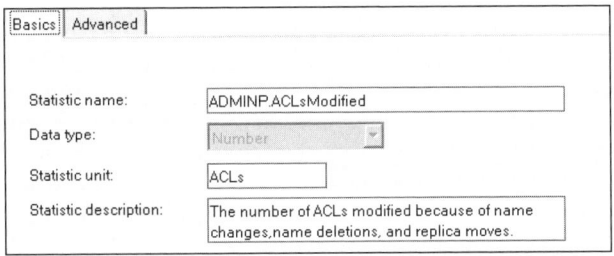

Abbildung 13.101: Vorhandene Statistik in Bezug auf veränderte ACLs

Exportieren von Statistikberichten

Um weitere Analysen durchzuführen, können Sie Statistikberichte in eine Tabelle exportieren.

1. Klicken Sie in Domino Administrator auf das Register SERVER > ANALYSE/ANALYSIS.

2. Öffnen Sie die Ansicht MONITORING RESULTS und wählen Sie STATISTICS REPORTS.

3. Wählen Sie einen Bericht aus, den Sie exportieren möchten, und klicken Sie auf DA-
TEI/FILE > EXPORTIEREN/EXPORT.

4. In der Dialogbox geben Sie einen Dateinamen und den Dateityp LOTUS 1-2-3 oder
TABULAR TEXT an.

5. Klicken Sie auf EXPORT.

6. Für HOW MUCH TO EXPORT wählen Sie:

    – ALL DOCUMENTS

    – SELECTED DOCUMENTS

7. Für DETAIL TO INCORPORATE aktivieren Sie die Option INCLUDE VIEW TITLES, um die Titel
einzuschließen.

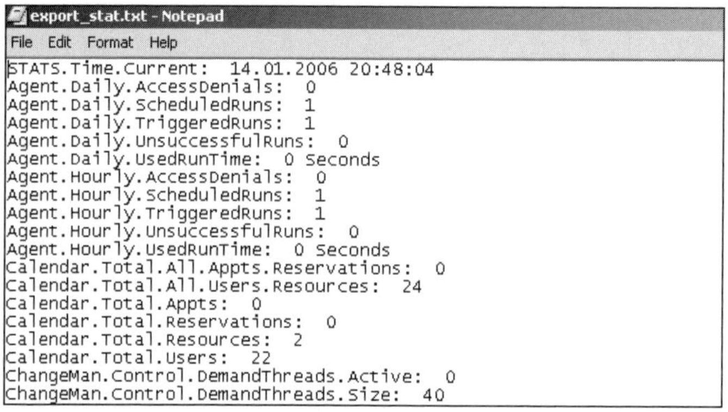

```
export_stat.txt - Notepad
File  Edit  Format  Help
STATS.Time.Current:  14.01.2006 20:48:04
Agent.Daily.AccessDenials:  0
Agent.Daily.ScheduledRuns:  1
Agent.Daily.TriggeredRuns:  1
Agent.Daily.UnsuccessfulRuns:  0
Agent.Daily.UsedRunTime:  0 Seconds
Agent.Hourly.AccessDenials:  0
Agent.Hourly.ScheduledRuns:  1
Agent.Hourly.TriggeredRuns:  1
Agent.Hourly.UnsuccessfulRuns:  0
Agent.Hourly.UsedRunTime:  0 Seconds
Calendar.Total.All.Appts.Reservations:  0
Calendar.Total.All.Users.Resources:  24
Calendar.Total.Appts:  0
Calendar.Total.Reservations:  0
Calendar.Total.Resources:  2
Calendar.Total.Users:  22
ChangeMan.Control.DemandThreads.Active:  0
ChangeMan.Control.DemandThreads.Size:  40
```

Abbildung 13.102: Ausschnitt einer exportierten Statistik

Verwendung von Mail-In-Statistiken

Wenn Sie auf Notes Mail auf einem Server zugreifen können, können Sie Statistiken
vom Server sammeln und an sich selbst senden. Verwenden Sie Mail-In-Statistiken,
wenn der Domino Administrator Client gerade nicht verfügbar ist oder Sie nicht über
Administrationsrechte auf dem Server verfügen.

Wenn Sie den Stats-Dienst starten, erstellt Domino eine Mail-In-Datenbank (*statmail.nsf*)
für den Server. Der Titel der Mail-In-Datenbank lautet „SERVER" STATS/„ORG" (hier als
Platzhalter für den entsprechenden Server und die entsprechende Organisation). Standardmäßig wird während der Serverregistrierung ein Mail-In-Datenbank-Dokument
angelegt. Dieses Dokument, das im Domino Directory abgelegt wird, definiert die Eigenschaften und den Ablageort der Datenbank, die Mails empfangen kann. Sie können alle
oder einen Teil der Statistiken an sich senden. Die Namen aller Statistiken werden unter
der Registerkarte KONFIGURATION/CONFIGURATION in der Ansicht ÜBERWACHUNGSKONFI-
GURATION/MONITORING CONFIGURATION > NAMES_MESSAGES (ADVANCED) aufgeführt. Die
Kategorie einer Statistik wird durch den Teil des Namens charakterisiert, z.B. bei der
Statistik DISK.C.FREE ist es die Kategorie DISK.

Um Mail-Statistiken an sich selbst zu senden, gehen Sie wie folgt vor:

1. Öffnen Sie die MONITORING-KONFIGURATIONSDATENBANK (*events4.nsf*).

2. Wählen Sie über das Menü ERSTELLEN/CREATE > MAIL > MEMO/MESSAGE.

3. Bearbeiten Sie die folgenden Felder und senden Sie dann die Nachricht.

Feld	Eingabe
To	Geben Sie den Titel einer oder mehrerer Mail-In-Datenbank(en) an.
Subject	Geben Sie Folgendes ein:

Subject:
- ▶ Geben Sie eine Statistikkategorie an, z.B. Disc oder Platform.
- ▶ Geben Sie den Namen einer Statistik ein, z.B. Disk.C.Free.
- ▶ Geben Sie ein Sternchen ein, um anzuzeigen, dass Sie eine Gruppe einer bestimmten Statistik versenden wollen, z.B. Disk.C.*.
- ▶ Lassen Sie das Feld leer, um alle Statistiken zu versenden.

Anlegen von Statistikprofilen

Sie können ein Statistikprofil erstellen, um Informationen über spezifische Leistungsmuster oder -probleme zu sammeln. So können Sie beispielsweise, falls Ihr Server über langsame Antwortzeiten verfügt, ein Statistikprofil anlegen, um Statistiken zum Arbeitsspeicher, Buffer Pool Size, Datenbank-Cache und der Anzahl der Anwender zu sammeln. Speichern Sie dann das Statistikprofil, sodass Sie die gleiche Analyse später noch einmal laufen lassen können. Sie können allerdings keine Profile im Web Administrator verwenden.

Um ein Statistikprofil anzulegen, gehen Sie wie folgt vor:

1. Klicken Sie in Domino Administrator auf das Register Server > Leistung/Performance, erweitern Sie Statistikdiagramme/Statistic Charts und wählen Sie die Ansicht Echtzeit/Realtime Statistics.

2. Führen Sie Folgendes aus:
   - Wenn kein Statistikprofil in der Liste angezeigt wird, klicken Sie auf Hinzufügen/ Add.
   - Wenn dort Statistikprofile angezeigt werden, wählen Sie im Menü Systemmonitor/ Performance Monitor > Gespeicherte Statistikprofile/Saved Statistics Profiles > Neu/New, um die Liste zu löschen, und klicken dann auf den Button Hinzufügen/Add.

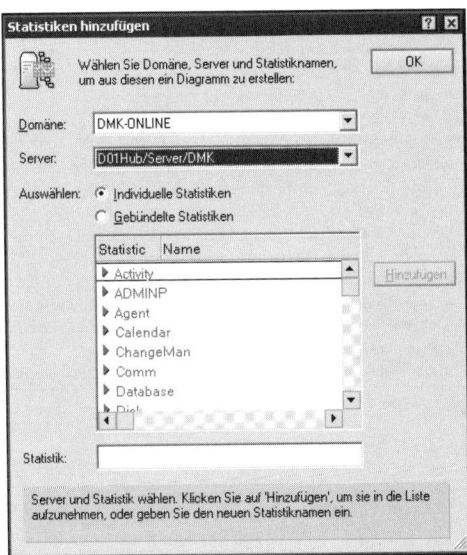

Abbildung 13.103:
Anlegen eines Statistikprofils

3. Wählen Sie die Domäne und den Server aus, für den Sie das Statistikprofil anlegen möchten (siehe *Abbildung 13.103*).

4. Wählen Sie:

   – GEBÜNDELTE STATISTIKEN/BUNDLED STATISTICS: Um eine Gruppe aus einem vordefinierten Satz von Statistiken anzulegen.

   – INDIVIDUELLE STATISTIKEN/INDIVIDUAL STATISTICS: Um eine Gruppe aus individuell ausgewählten Statistiken anzulegen.

5. Klicken Sie auf den Pfeil, um die Kategorie einer Statistik zu öffnen. Wählen Sie die spezifische Statistik aus und klicken Sie dann auf HINZUFÜGEN/ADD.

6. Klicken Sie auf den Button OK, wählen Sie im Menü SYSTEMMONITOR/PERFORMANCE MONITOR > GESPEICHERTE STATISTIKPROFILE/SAVED STATISTICS PROFILES > SPEICHERN UNTER/ SAVE AS und geben Sie dann den Namen für das Statistikprofil ein.

Standard-Statistikgrenzwerte

Jede Domino-Statistik besitzt einen dazugehörigen Standardgrenzwert, den Sie verwenden, wenn Sie einen Event-Generator erstellen. Statistikgrenzwerte werden in der Monitoring-Konfigurationsdatenbank (*events4.nsf*) abgelegt. Um sich diese anzusehen, gehen Sie wie folgt vor:

1. Klicken Sie in Domino Administrator auf das Register KONFIGURATION/CONFIGURATION.

2. Öffnen Sie die Ansicht ÜBERWACHUNGSKONFIGURATION/MONITORING CONFIGURATION > NAMES_MESSAGES (ADVANCED) und wählen Sie DEAFULT STATISTIC THRESHOLD (siehe *Abbildung 13.104*).

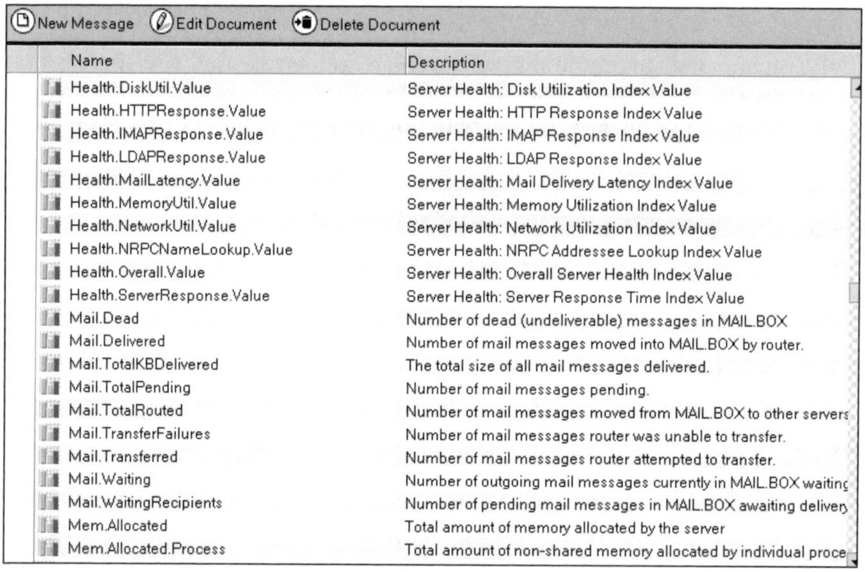

Name	Description
Health.DiskUtil.Value	Server Health: Disk Utilization Index Value
Health.HTTPResponse.Value	Server Health: HTTP Response Index Value
Health.IMAPResponse.Value	Server Health: IMAP Response Index Value
Health.LDAPResponse.Value	Server Health: LDAP Response Index Value
Health.MailLatency.Value	Server Health: Mail Delivery Latency Index Value
Health.MemoryUtil.Value	Server Health: Memory Utilization Index Value
Health.NetworkUtil.Value	Server Health: Network Utilization Index Value
Health.NRPCNameLookup.Value	Server Health: NRPC Addressee Lookup Index Value
Health.Overall.Value	Server Health: Overall Server Health Index Value
Health.ServerResponse.Value	Server Health: Server Response Time Index Value
Mail.Dead	Number of dead (undeliverable) messages in MAIL.BOX
Mail.Delivered	Number of mail messages moved into MAIL.BOX by router.
Mail.TotalKBDelivered	The total size of all mail messages delivered.
Mail.TotalPending	Number of mail messages pending.
Mail.TotalRouted	Number of mail messages moved from MAIL.BOX to other servers
Mail.TransferFailures	Number of mail messages router was unable to transfer.
Mail.Transferred	Number of mail messages router attempted to transfer.
Mail.Waiting	Number of outgoing mail messages currently in MAIL.BOX waiting
Mail.WaitingRecipients	Number of pending mail messages in MAIL.BOX awaiting delivery
Mem.Allocated	Total amount of memory allocated by the server
Mem.Allocated.Process	Total amount of non-shared memory allocated by individual proce

Abbildung 13.104: Standard-Statistikgrenzwerte

Anlegen einer neuen Statistik

Sie können eine neue Statistik erstellen und diese dann in den Statistikprofilen und den Statistik-Charts verwenden. Um eine neue Statistik bei der Erstellung eines Statistic Event Generator zu verwenden, müssen Sie einen Grenzwert festlegen.

Sie können beispielsweise eine Betriebssystemstatistik erstellen, diese mit einem Platzhalter (z.B. ⟨portname⟩) versehen und sie so als Schablone verwenden. Um dann die Statistikschablone zu verwenden, kopieren Sie einfach die Statistikschablone und setzen anstelle des Platzhalters den gewünschten Portnamen ein.

Wenn Sie eine Statistik erstellen, definieren Sie den Typ der Daten, den die Statistik sammeln soll, und die Maßeinheit. Sie legen ebenfalls fest, ob es sich dabei um eine Statistik des Betriebssystems oder eine Trendstatistik handelt. Trendstatistiken werden durch den Activity-Trends-Collector-Task gesammelt und stellen Informationen in Form von Activity-Trends-Statistiken zur Verfügung. Der Activity-Trends-Collector-Task wird vom IBM Tivoli Analyzer für Lotus Domino verwendet.

Um eine neue Statistik zu erstellen, gehen Sie wie folgt vor:

1. Klicken Sie in Domino Administrator auf die Registerkarte KONFIGURATION/CONFIGURATION und öffnen Sie die Ansicht ÜBERWACHUNGSKONFIGURATION/MONITORING CONFIGURATION > NAMES_MESSAGES (ADVANCED) > STATISTIC NAMES.

2. Klicken Sie auf den Button NEW STATISTIC.

3. Unter der Registerkarte BASICS bearbeiten Sie die folgenden Felder.

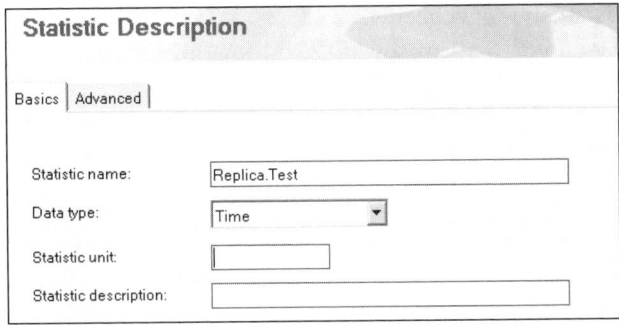

Abbildung 13.105: Erstellen einer neuen Statistik – Registerkarte BASICS

Feld	Eingabe
STATISTIC NAME	Geben Sie den Namen für die neue Statistik an.
DATA TYPE	Wählen Sie: ▶ TEXT ▶ NUMBER ▶ TIME
STATISTIC UNIT	Geben Sie einen der folgenden Werte ein: ▶ Einheiten, in denen die Statistik gemessen wird ▶ Das Wort NONE für eine Textstatistik
STATISTIC DESCRIPTION	Text zur Beschreibung der Statistik

4. Klicken Sie auf das Register ADVANCED und geben Sie Werte in folgende Felder ein:
   – Wenn Sie vorher TEXT oder TIME angegeben haben, so fahren Sie mit dem übernächsten Schritt fort.
   – Wenn Sie vorher NUMBER als Datentyp angegeben haben, geben Sie im Feld NORMAL VALUES einen normalen Wert für diese Statistik, z.B. 350 KILOBYTE, an oder das Wort VARIES, wenn der normale Wert für diese Statistik variiert (siehe *Abbildung 13.106*).

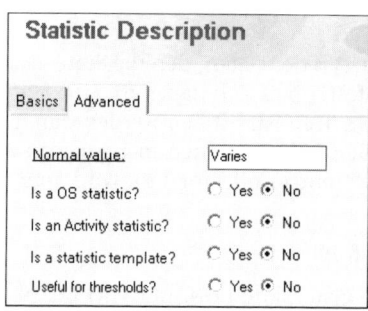

Abbildung 13.106:
Erstellen einer neuen Statistik – Registerkarte ADVANCED

5. Für das Feld IS AN OS STATISTIC?: Der Standardwert ist NO, wählen Sie YES, wenn die Statistik eine Statistik für das Betriebssystem oder die Plattform darstellt.
6. Für das Feld IS AN ACTIVITY STATISTIC?: Der Standardwert ist NO, wählen Sie YES, wenn die Statistik eine Statistik für den Activity-Trends-Collector-Task darstellt, und wählen Sie dann eine der folgenden Möglichkeiten:
   – HAS TRENDED VALUES: Wenn die Statistik sowohl zukünftige als auch gegenwärtige Werte besitzt.
   – HAS PRIME/24-HOUR VALUES: Wenn die Statistik Werte für die Hauptarbeitszeit und einen 24-Stunden-Zeitabschnitt einschließt.
   – IS USER SELECTABLE: Wenn die Statistik für eine Auswahl benutzt wird, z.B. in einer Dialogbox.
   – USED IN RESOURCE BALANCING: Wenn die Statistik verwendet wird, um Ressourcen in Verbindung mit dem IBM Tivoli Analyzer für Lotus Domino auszugleichen.
7. Für das Feld IS AN STATISTIC TEMPLATE?: Der Standardwert ist NO, wählen Sie YES, wenn die Statistik als Statistikschablone mithilfe des Setzens eines Platzhalters verwendet werden soll, um daraus weitere Statistiken zu erstellen, z.B. <PORTNAME>.
8. Für das Feld USEFUL FOR THRESHOLDS?: Der Standardwert ist NO, wählen Sie YES, wenn die Statistik verwendet wird, um Statistikalarme zu erstellen. Wenn diese Statistik in einem Event-Generator Verwendung findet, müssen Sie einen Grenzwert festsetzen. Bearbeiten Sie dazu folgende Felder:

Feld	Eingabe
THRESHOLD OPERATOR	Wählen Sie die Bedingung, gegen die der Grenzwert geprüft werden soll: ▶ LESS THAN ▶ GREATER THAN ▶ MULTIPLE OF ▶ PERCENTAGE OF

Feld	Eingabe
THRESHOLD VALUE	Geben Sie einen Wert an.
EVENT SEVERITY	Geben Sie die Dringlichkeitsstufe an, die den Alarm auslösen soll.
SUGGESTED RESPONSE	(Optional) Geben Sie eine Einklärung an, wie das Ereignis, das den Alarm ausgelöst hat, aufgelöst werden soll.
USEFUL IN SETUP	Klicken Sie auf YES, um diese Statistik während des Setups zu benutzen und sie in der Monitoring-Konfigurationsdatenbank (*events4.nsf*) anzulegen, wenn diese erstellt wird.

9. Klicken Sie auf SAVE & CLOSE.

13.7.3 Plattformstatistiken

Zusätzlich zur Verfolgung von Serverstatistiken besteht die Möglichkeit, betriebssystem-spezifische Leistungsstatistiken abzufragen. Sie können diese Statistiken von Domino Administrator aus zusammen mit den Domino-Statistiken betrachten, was Sie bei der Domino Server-Überwachung und dem Tuning unterstützt. Sie können Plattformstatis-tiken in beliebige Statistiküberwachungsaufgaben, die Sie in Bezug auf die Domino-Statistiken ausführen, mit aufnehmen. Dies bezieht sich auch auf die Überwachungs- und Statistikprofile und deren grafische Darstellung.

Durch das Aktivieren der Plattformstatistiken entsteht kein signifikanter Overhead im System. Plattenplatz wird genau wie bei Domino-Statistiken nur dann belegt, wenn die Protokollierung der Plattformstatistiken in eine Protokolldatei oder in die MONITORING-ERGEBNISDATENBANK (*statrep.nsf*) schreibt. Der Umfang des verbrauchten Plattenplatzes richtet sich dann nach der Häufigkeit der Datenerfassung. Standardmäßig sammelt der Statistik-Collector die folgenden Statistiken:

▶ Logische Festplatten: Informationen über die Auslastung und Nutzung von logischen Datenträgern. Diese Informationen geben Aufschluss über die I/O-Vorgänge und darüber, ob Engpässe darauf zurückzuführen sind, dass die Last nicht optimal über verschiedene Datenträger verteilt wird. Da allerdings nur auf der Ebene von logischen und nicht von physischen Datenträgern gearbeitet wird, müssen die Werte noch in Bezug gesetzt werden zu der tatsächlichen Konfiguration der Storage-Subsysteme.

▶ Auslagerungsdatei: Informationen zur Auslastung und Größe von Auslagerungs-dateien. Diese Informationen sind vor allem wichtig, um zu erkennen, ob ausreichend physischer Hauptspeicher vorhanden ist. Eine intensive Nutzung von Auslagerungs-dateien ist gleichbedeutend mit nicht ausreichendem physischem Hauptspeicher.

▶ Hauptspeicher: Informationen zur Speichernutzung, beispielsweise der verfügbare Hauptspeicher. Diese Informationen sind einerseits wichtig, um zu erkennen, ob der installierte physische Hauptspeicher ausreicht. Sie sind aber andererseits auch von Bedeutung, um die Auswirkung von bestimmten Prozessen und Anwendungen auf die Speichernutzung von Lotus Domino insgesamt zu erkennen. Das gilt auch für externe Prozesse wie den Aufruf von Java-Anwendungen oder Erweiterungen von Lotus Domino über die C-API.

▶ Netzwerk: Dieser Bereich liefert Daten zur Nutzung des Netzwerks, beispielsweise die gesendeten und empfangenen Datenmengen. Die Analyse ist beispielsweise wichtig, um den Einfluss der Netzwerkkomprimierung erkennen zu können.

▶ Prozess: Informationen zur CPU-Nutzung auf Basis verschiedener Prozesse. Damit lässt sich die Prozessorauslastung in Abhängigkeit von Anwendungen und Prozessen gezielt analysieren.

▶ System: Zusammenfassende Informationen zur CPU-Nutzung insgesamt, der Anzahl von Datenträgern und Netzwerkadaptern.

Plattformstatistiken auf partitionierten Servern

Wenn Sie Statistiken von einem partitionierten Server sammeln, sammelt Domino die Plattformstatistiken für für das Gesamtsystem ein und nicht für die einzelne Partition. So sind die Statistiken bezüglich des Speicher- oder des CPU-Verbrauchs die gleichen für partitionierte wie für unpartitionierte Server. Die einzigen Statistiken, die speziell für partitionierte Server sind, betreffen die Prozessstatistiken, die auf einer Partition 10 Tasks betreffen kann und auf der anderen 15 Tasks.

Von der Konsole aus können Sie den Befehl Show Platform Statistic verwenden, um sich alle Plattformstatistiken oder eine Teilmenge anzusehen. Wenn Sie sich alle Plattformstatistiken anzeigen lassen, werden diese alphabetisch in diesen Kategorien angezeigt:

▶ Logical disk

▶ Memory

▶ Network

▶ Paging file

▶ Process

▶ System

Domino bietet Plattformstatistiken für Linux und AIX. So können Sie Aufgaben in Bezug auf Statistiken für die Plattformen Linux und Linux auf zSeries genau wie für andere Serverplattformen einsehen, Berichte kontrollieren, sammeln und ausführen.

Um sich eine Liste aller Statistiken anzeigen zu lassen, verwenden Sie den Befehl Show Statistic. Von der Konsole aus können Sie den Befehl PLATFORM verwenden, um eine Abtastperiode festzusetzen, die bestimmt, wie oft Statistiken eingesammelt werden, und Sie können ebenfalls das Sammeln der Plattformstatistiken anhalten und fortsetzen. Zusätzlich können Sie kontrollieren, wie oft Statistiken auf null zurückgesetzt und wie oft Stichproben gezogen werden.

Drei Typen von Statistikwerten werden reportet:

▶ Fixed: Statistikwerte, die sich nicht ändern. Sie beinhalten Informationen wie die Festplattennummer oder einen zugewiesenen Namen. Zum Beispiel in der Statistik PLATFORM.LOGICALDISK.<IDENTIFYING NUMBER>.PCTUTIL gibt die Identifikationsnummer die Variable an, die die Festplatte identifiziert. Die Information verändert sich nicht, wenn Sie einen Platform-Reset-Befehl absetzen.

▶ Primary: Statistikmetriken, aus denen sekundäre Statistiken abgeleitet werden. Zum Beispiel ist die Statistik PLATFORM.PAGINGFILE.TOTALPCTUTIL die Basis für sekundäre Statistiken, die den Durchschnitt und die Spitzenwerte berechnen (PLATFORM.PAGINGFILE.TOTALPCTUTIL.AVG und PLATFORM.PAGINGFILE.TOTALPCTUTIL.PEAK).

▶ Secondary: Statistikwerte, die eine Kombination von oder abgeleitet aus primären Statistiken bilden. Zum Beispiel sind dies oft Mittelwerte, Minimum- oder Spitzenwerte.

Standardmäßig sind die Plattformstatistiken aktiviert. Um diese zu deaktivieren, fügen Sie folgenden Eintrag in der *notes.ini* hinzu: `Platform_Statistics_Disabled=1`.

Beachten Sie die Besonderheiten (iostat etc.) bezüglich Plattformstatistiken der Unix-Derivate.

13.8 Domino Server Monitor

Domino beinhaltet einen Server Monitor, der den Status und die Verfügbarkeit ausgewählter Domino Server und Tasks optisch darstellt und Echtzeit-Systemstatistiken sowie Statusindikatoren enthält. Der Domino Server Monitor erstellt einen Satz vorgegebener Systemprofile, die alle Server, Server in jeder Domäne, Cluster-Server in jeder Domäne und Server in der Favoriten-Datei beinhalten. Darüber hinaus können Sie benutzerdefinierte Profile für die Angabe der zu überwachenden Server, Server-Tasks und Statistiken erstellen. Sie können z.B. ein Mail-Server-Profil erstellen und nur die Server-Tasks und Statistiken auswählen, die sich auf die Mail-Zustellung beziehen.

Mithilfe des Server Monitors können Sie folgende Aufgaben ausführen:

▶ Server-Monitor-Statistiken nach Zeit oder nach Status anzeigen

▶ Nur vergangene Fehlerzustände anzeigen

▶ Einen zu überwachenden Server hinzufügen oder entfernen

▶ Server-Tasks oder Statistiken zu einem ausgewählten Server oder allen Servern hinzufügen oder entfernen

▶ Server-Monitor-Profile erstellen und bearbeiten

▶ Zum Register STATUS oder NACHRICHTEN wechseln, um einen Fehlerbericht zu beheben

▶ Statistikspalten mit numerischen Werten sortieren

▶ Mithilfe der rechten Maustaste zusätzliche Informationen über eine Statistik abrufen

▶ Bei numerischen Statistiken den Unterschied zwischen der aktuellen Statistik und der vor einer Stunde generierten Statistik anzeigen

Sie können alle Server oder nur eine gewisse Anzahl an Servern beinhalten. Das vorgegebene Verhalten des Server Monitors wird in den Vorgaben für die Administration festgelegt. Zum Ändern der Arbeitsweise des Server Monitors ändern Sie die Vorgaben für die Administration. Der Server Monitor bietet zwei Ansichten: NACH ZEIT und NACH STATUS.

▶ Die Ansicht NACH ZEIT/BY TIMELINE enthält historische Informationen zum Serverstatus. Mithilfe der Ansicht NACH ZEIT/BYTIMELINE können Sie schnell ermitteln, bei welchen Tasks Probleme vorliegen und wann diese ungefähr aufgetreten sind. Sie können detaillierte Informationen zum Serverstatus für einen kurzen Zeitraum oder eine Übersicht für einen längeren Zeitraum anzeigen lassen. Mithilfe des Schiebereglers SKALIERUNG können Sie ein Datenanzeigeintervall zwischen 1 und 60 Minuten auswählen. Je größer das Intervall, desto stärker werden die Daten zusammengefasst.

▶ Die Ansicht NACH STATUS/BY STATE enthält einen detaillierteren Status von Domino Servern und den zugehörigen Tasks und Statistiken.

Achten Sie in den Administrationsvorgaben darauf, den zeitlichen Rahmen für den Server Monitor nicht zu hoch zu setzen. Schließlich pollen Sie die Server entsprechend oft an. Haben Sie einen Server in Ihre Liste aufgenommen, auf den Sie keine Zugriffsrechte besitzen, werden Sie die Ursache für unzählige Zugriffsfehler in der Protokolldatei des Servers sein. Nehmen Sie die Vorgaben für den Domino Server Monitor sorgfältig vor.

13.8.1   Task-Status

Jeder überwachte Task zeigt einen der Indikatoren für den aktuellen Status an, die in der folgenden Tabelle beschrieben sind.

Task-Statusindikator	Bedeutung
SCHWERWIEGEND/FATAL	Der Task wird ausgeführt, es werden jedoch schwere Fehler generiert.
FEHLSCHLAG/FAILURE	Der Task wird ausgeführt, es werden jedoch Fehler des Typs FEHLSCHLAG generiert.
WARNUNG/WARNING	Der Task wird ausgeführt, es werden jedoch Fehler des Typs WARNUNG generiert.
KEINE ANTWORT/ NOT RESPONDING	Der Task wird nur langsam ausgeführt.
LÄUFT NICHT/ NOT RUNNING	Der Task wurde seit dem Start des Server Monitors nicht ausgeführt.
LÄUFT/RUNNING	Der Task wird ohne Probleme ausgeführt.

13.8.2   Maintaining

So lassen Sie den Server Monitor anzeigen:

1. Klicken Sie in Domino Administrator auf das Register SERVER > ÜBERWACHUNG/MONITORING (siehe *Abbildung 13.107*).

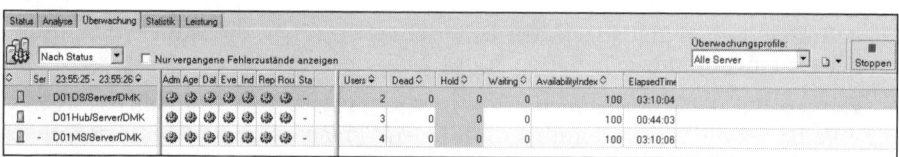

Abbildung 13.107: Überwachen der Serverstatus

2. Wählen Sie eine der folgenden Ansichten:
    - NACH ZEIT/BY TIMELINE
    - NACH STATUS/BY STATE

3. Wenn Sie NACH ZEIT/BY TIMELINE gewählt haben, stellen Sie den Schieberegler SKALIERUNG ein.

4. Wenn Sie die Option SERVER AUTOMATISCH BEIM SYSTEMSTART ÜBERWACHEN/AUTOMATICALLY MONITOR SERVERS AT STARTUP im Dialogfeld VORGABEN FÜR ADMINISTRATION/ADMINISTRATION PREFERENCES > ÜBERWACHUNG/MONITORING nicht aktiviert haben, klicken Sie auf START.

So fügen Sie einen zu überwachenden Server hinzu oder entfernen ihn:

1. Klicken Sie in Domino Administrator auf das Register SERVER > ÜBERWACHUNG/MONITORING.

2. Führen Sie einen der folgenden Schritte aus:
   – Wählen Sie zum Hinzufügen eines Servers ÜBERWACHUNG/MONITORING > NEUEN SERVER ÜBERWACHEN/MONITOR NEW SERVER und dann den Server in der Serverliste.
   – Markieren Sie zum Entfernen eines Servers diesen in der Serverliste, wählen Sie ÜBERWACHUNG/MONITORING > SERVER ENTFERNEN/REMOVE SERVER und klicken Sie auf OK.

So fügen Sie einen Task für einen ausgewählten zu überwachenden Server hinzu oder entfernen ihn:

1. Klicken Sie in Domino Administrator auf das Register SERVER > ÜBERWACHUNG/MONITORING.

2. Wählen Sie die entsprechende Ansicht, z.B. NACH ZEIT/BY TIMELINE.

3. So fügen Sie einen neuen Task hinzu:
   1. Wählen Sie den Server aus.
   2. Wählen Sie ÜBERWACHUNG/MONITORING > NEUEN TASK ÜBERWACHEN/MONITOR NEW TASK.
   3. Wählen Sie einen Task in der Task-Liste aus und klicken Sie auf OK.

4. So entfernen Sie einen Task:
   1. Wählen Sie den Task aus.
   2. Wählen Sie ÜBERWACHUNG/MONITORING > TASK ENTFERNEN/REMOVE TASK.

So fügen Sie eine Statistik hinzu oder entfernen sie:

1. Klicken Sie in Domino Administrator auf das Register SERVER > ÜBERWACHUNG/MONITORING.

2. Wählen Sie die entsprechende Ansicht, z.B. NACH ZEIT/BY TIMELINE.

3. So fügen Sie eine Statistik hinzu:
   1. Wählen Sie einen Server.
   2. Wählen Sie ÜBERWACHUNG/MONITORING > NEUE STATISTIK ÜBERWACHEN/MONITOR NEW STATISTIC.
   3. Wählen Sie die Statistik in der Statistikliste aus und klicken Sie auf OK.

4. So entfernen Sie eine Statistik:
   1. Wählen Sie die Statistik in der Statistikliste aus.
   – Wählen Sie ÜBERWACHUNG/MONITORING > STATISTIK ENTFERNEN/REMOVE STATISTIC.

Um die Überwachung von Servern, Diensten und Statistiken zu vereinfachen, bietet der Domino Server Monitor eine Anzahl von Standardprofilen an:

▶ ALLE SERVER/ALL SERVERS: Schließt alle Server in allen Domänen ein, die Sie wie in den Administrationsvorgaben aufgeführt überwachen.

▶ DOMÄNENNAME DOMÄNE/DOMAIN NAME DOMAIN (hier: Platzhalter für die tatsächlichen Namen): Schließt alle Server in der aufgeführten Domäne ein.

▶ FAVORITEN/FAVORITES: Schließt alle Server ein, die unter den Favoriten aufgeführt sind.

▶ CLUSTERS: Schließt alle Server der Domäne, die überwacht wird, mit ein.

Standardmäßig umfasst der Domino Server Monitor alle Server des aktuell angezeigten Profils und aller Profile, die angezeigt wurden, nachdem der Domino Server Monitor gestartet wurde.

Um die Profile, die der Domino Server Monitor verwendet, anzupassen, können Sie Folgendes tun:

▶ Ein Standardprofil anpassen

▶ Ein neues Profil anlegen

▶ Die Profile angeben, die beim Start überwacht werden sollen

Der Domino Server Monitor und die Profile sind nicht im Web Administrator verfügbar.

14 Performance-Tuning

Möchten Sie eine performante Server-Infrastruktur betreiben, sollten Sie bedenken, dass Performance-Tuning als Mittel zur Steigerung der Server- und Anwendungsleistung nicht am Ende einer Kette stehen sollte, sondern an deren Anfang. Ein performantes und sauber arbeitendes System beginnt bereits bei den zur Verfügung stehenden Hardwareressourcen, dem Netzwerk und der sauberen Vorbereitung der Betriebssysteminstallation. Einen nicht zu vernachlässigenden Anteil an einem leistungsstarken System und zufriedenen Anwendern trägt auch die Konfiguration des Domino Servers und der zur Verfügung stehenden Datenbanken bei.

Neben einer reinen Leistungssteigerung geht es aber bei der Thematik Performance und Performance-Tuning auf einer anderen Ebene darum, Ressourcen und damit Geld und Arbeitsmittel für das Unternehmen zu sparen:

▷ Geringere Serverhardwarekosten pro Anwender

▷ Reduzierte Serveradministrationszeiten für weniger Server

▷ Geringere Downtime-Kosten in Bezug auf geringerer Schadens- und Problempotenzial

▷ Systeme mit schnellen Antwortzeiten und gleichzeitigen schnellen Diensten für die Anwender

▷ Für die neue Version von Lotus Notes Domino bedeutet dies vor allem gestiegene Skalierbarkeit und ein verringerter CPU-Ressourcenverbrauch. Leistungsstatistiken aus den IBM-Entwicklungslabors, dem Lotus Domino 7-Beta-Programm und Live-Erfahrungen zeigen, dass es deutliche Leistungsverbesserungen gibt.

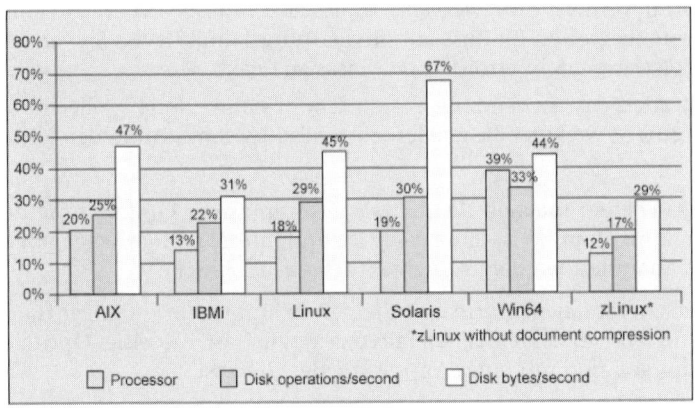

Abbildung 14.1: Reduzierung der Serverressourcen durch Lotus Domino 8.5 mit 4000 simulierten Lotus Notes-Anwendern (Quelle: IBM)

14.1   Facetten und Faktoren

Viele Administratoren stehen irgendwann vor dem Problem, dass die Zahl der Anwender und/oder der Anwendungen so sehr wächst, dass Performance-Einbußen spürbar werden. Die Antwortzeiten ihrer Systeme und Anwendungen werden länger. Das Problem lässt sich zwar in vielen Fällen mit leistungsfähigerer Hardware lösen. Zum einen ist dies jedoch keineswegs immer erforderlich. Zum anderen gibt es auch Situationen, in denen das nicht einfach möglich ist, weil bei der Verteilung von Anwendungen auf mehrere Server auch mehr Replikationslast entsteht und das Zusammenspiel mit anderen Anwendungen, Historie, gewachsene Strukturen oder (vermeintliche) Vorgaben eine solche Verteilung erschweren oder unmöglich machen können. Zudem ist ein massives Wachstum der Serverzahl auch aus administrativen Gründen zumeist nicht gewünscht. Es macht sowohl die Orientierung für Anwender als auch die Administration schwieriger.

14.1.1   Hardware

Auch wenn es fast immer darum geht, aus bestehender Hardware die optimale Leistung herauszuholen, gibt es doch sehr unterschiedliche Ansatzpunkte dafür:

▶   Die Hardware kann optimiert werden. Oft geht es nicht so sehr darum, ein komplett neues System anzuschaffen, sondern einzelne Schwachstellen zu optimieren. Das sind entweder der Hauptspeicher oder das I/O-Subsystem. Zur Optimierung der Hardware gehört aber auch die richtige Wahl von Dateisystemen und Blockgrößen auf Festplatten entsprechend der eingesetzten Anwendungen.

▶   Auch das Betriebssystem kann ein Ansatzpunkt für die Optimierung der Performance sein. Die Konfiguration des Cache, die Deaktivierung nicht erforderlicher Dienste im System und manche andere Maßnahme können die Leistung von Serveranwendungen verbessern.

▶   Die Konfiguration des Anwendungsservers, in diesem Fall also von Lotus Domino, hat natürlich ebenfalls großen Einfluss auf die Leistungsfähigkeit des Servers. Auch hier gilt es beispielsweise, nicht erforderliche Tasks zu deaktivieren.

▶   Schließlich spielt auch das Anwendungsdesign eine wichtige Rolle, vielleicht sogar alles in allem die größte, weil hier die gravierendsten Fehler gemacht werden können.

Die verschiedenen Ebenen machen deutlich, wie komplex die Optimierung der Performance von Lotus Domino ist. Eine wichtige und immer gültige Regel gibt es aber: Zuerst muss analysiert werden, was eigentlich das Problem ist.

Am einfachsten erscheint eine Performance-Steigerung mit leistungsfähiger Hardware. Den größten Effekt erzielt man aber, falls das möglich ist, mit einer Optimierung der Anwendungen und mit einer Anpassung der I/O-Last.

Die kritischsten Bereiche bei der Hardware sind vor allem der Hauptspeicher, das I/O-Subsystem und die Prozessorleistung.

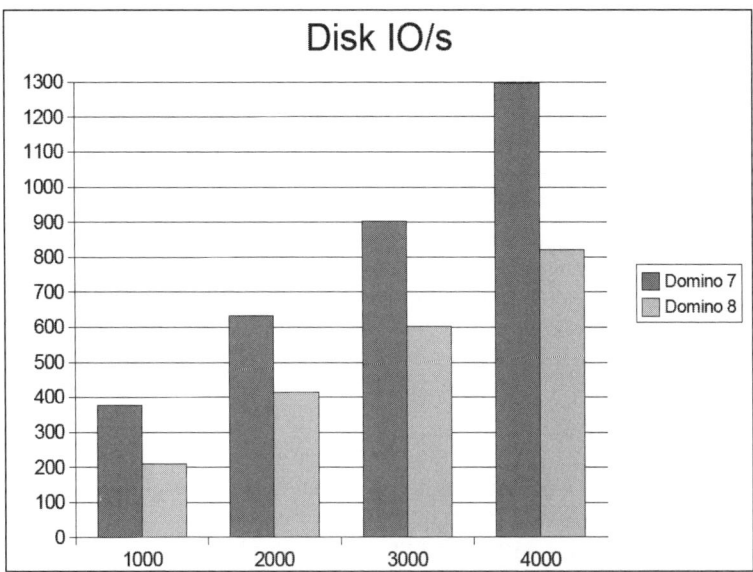

Abbildung 14.2: Verbesserung des I/O-Durchsatzes im Vergleich zwischen Domino 7 und 8 (Quelle: IBM, x-Achse: simulierte Anwenderzahl, y-Achse: I/O-Durchsatz)

Beim Hauptspeicher muss vor allem die Anzahl der gleichzeitigen Benutzer beachtet werden. Je nach Anwendung gibt es pro Benutzer einen gewissen Overhead. Dieser variiert allerdings stark abhängig von der Art des Benutzerzugriffs. Der Benutzerzugriff kann über iNotes Web Access, den reinen Mail Web Access oder einen nativen Mail-Client erfolgen. Zudem variieren die Werte auch bei den eingesetzten Anwendungen massiv – von Mail über Domino.Doc bis hin zu selbst entwickelten Lotus Domino-Anwendungen gibt es völlig unterschiedliche Anforderungen. Am einfachsten lassen sich solche Werte für isolierte Nutzungssituationen mit unterschiedlichen Benutzerzahlen, in denen der benötigte Speicher beobachtet wird, ermitteln. Dabei sollte es neben einer Grundauslastung einen Anteil geben, der relativ linear zur Anzahl der Benutzer verläuft.

Im I/O-Bereich sind die einzelnen Festplatten und die Kommunikation mit diesen bei festplattenintensiven Anwendungen wie Lotus Domino der kritische Bereich. Durch schnellere Controller mit großem Cache und schnellere und gespiegelte Festplatten mit parallelen Lesezugriffen lässt sich die Performance erheblich steigern. Bei RAID-Systemen ist dagegen Vorsicht geboten. Die Schreibzugriffe verlangsamen sich praktisch immer und viele RAID-Lösungen sind auch bei lesenden Zugriffen deutlich langsamer als beispielsweise gespiegelte oder einzelne Festplatten. Interessant ist, dass dabei Hardwarelösungen keineswegs immer das Optimum darstellen. Eine ebenso einfache wie wirkungsvolle Maßnahme ist die Verteilung der Zugriffe auf mehrere Datenträger. Wenn es mehrere Datenbanken gibt, die besonders intensiv genutzt werden, lässt sich durch eine Verteilung dieser Datenbanken auf unterschiedliche physische Datenträger eine deutliche Verbesserung der Performance erreichen, solange der Festplattenzugriff auch tatsächlich der Engpassfaktor ist. Generell gilt, dass etwas größere Blöcke im Dateisystem bei Lotus Domino tendenziell zur Verbesserung der Performance beitragen.

Die Prozessorleistung beeinflusst vor allem die Geschwindigkeit von Indexer und Replicator sowie die maximale Anzahl von Datenbanktransaktionen und die Zahl der Add-Ins, die quasi parallel ausgeführt werden können, ohne dass es zu längeren Prozessorwarteschlangen kommt. Mehrprozessorsysteme können bis zu einem gewissen Punkt ebenfalls zur Verbesserung beitragen, wobei hier die konkrete Einsatzsituation jeweils genau analysiert werden muss. Wenn der Engpass durch einen einzelnen Thread verursacht wird, ist auch hier nur eine begrenzte Skalierbarkeit gegeben.

Auf der Ebene des Betriebssystems gibt es einigen Spielraum. Am wichtigsten ist grundsätzlich das Vermeiden aller unnötigen Aufgaben. Bei jedem Betriebssystem werden in der Standardinstallation Dienste konfiguriert und gestartet, die nicht zwingend erforderlich sind. Alle diese Dienste benötigen Speicher und andere Systemressourcen. Das gilt beispielsweise für den Nachrichtendienst des Windows Servers, aber auch für den Index- und viele andere Dienste.

Bei Windows sind die Anleitungen für die sichere Konfiguration des Systems unter *http:// www.microsoft.com/security* eine gute Ausgangsbasis, weil in diesen beschrieben wird, welche Dienste zwingend erforderlich sind. Grundsätzlich gilt auch, dass man Infrastrukturdienste wie DNS und Domänencontroller oder andere Verzeichnisdienste, File- und Print-Server-Dienste sowie Anwendungsserverfunktionen auf verschiedenen physischen Maschinen ausführen sollte. Interessant sind aber auch Funktionen zur Optimierung des Cache und zur Steuerung der Speicherverteilung bei den Betriebssystemen, die auch einen erheblichen Einfluss auf die Performance von Anwendungen haben können.

14.1.2 Lotus Notes Domino

Die Nutzung der Domino Server-Ressourcen kann in zwei Typen unterteilt werden, nämlich Systemaktivität und Benutzeraktivität. Die Systemaktivität, die den Prozessor, die Festplatte, den Arbeitsspeicher und die Netzwerknutzung, die Domino zur Ausführung des Servers benötigt, umfasst, ist ein fester Aktivitätswert, solange sich die Systeme im Normalzustand befinden und ordnungsgemäß ausgeführt werden. Domino Server benötigen für die Ausführung normalerweise nur einen geringen Teil ihrer Ressourcen. Die übrige Serverkapazität wird zur Unterstützung der Benutzeraktivität verwendet, die je nach Nutzung der Daten auf dem Server variiert.

Trotzdem gibt es beim Domino Server eine Reihe von Möglichkeiten, die Performance zu optimieren. Die erste Frage ist wie beim Betriebssystem auch hier, welche Tasks nicht zwingend erforderlich sind. So gilt beispielsweise Folgendes:

▶ Der Router-Task ist nur erforderlich, wenn der Server für E-Mail- oder Workflow-Funktionen eingesetzt wird, aber nicht bei rein lokalen Anwendungen auf dem Server.

▶ Die Tasks Calconn und Sched werden nicht benötigt, wenn der Server keine Kalender- und Zeitplanfunktionen ausführt.

▶ Der Amgr-Task ist unnötig, wenn keine zeitgesteuerten Agenten ausgeführt werden. Für Web-QueryAgents wird der Task ebenfalls nicht benötigt.

▶ Collector und Reporter werden nicht benötigt, wenn keine Serverstatistiken in definierten regulären Intervallen gesammelt werden sollen. Auf Anforderung können dennoch solche Statistiken erzeugt werden.

Einen wichtigen Einfluss haben auch viele Einstellungen der *notes.ini*, beispielsweise NSF_Buffer_Pool_Size. Mit diesem Parameter wird die Puffergröße für *nsf*-Dateien gesteuert. Allerdings darf nicht jeder Parameter pauschal erhöht werden. So bringt die Erhöhung der Indexer-Tasks bei Mehrprozessorsystemen Vorteile, bei Einprozessorsystemen dagegen nicht. Hier ist sie im Gegenteil durch den größeren administrativen Overhead im System sogar eher schädlich.

> Performance-Engpässe oder gar -Probleme sind wie Schneeflocken. Auf den ersten Blick scheinen sie jede für sich genommen klein, unbedeutend und keine großen Auswirkungen zu haben. In Summe betrachtet können erhebliche Auswirkungen zutage treten. Beispielsweise summieren sich eine schlechte Disk-I/O-Leistung, Agenten, die viele Dokumente ändern müssen, und viele Ansichten, die in Datenbanken aktualisiert werden müssen, zu einem sehr langsamen System.

Der bei weitem komplexeste Bereich der Performance-Optimierung ist die richtige Gestaltung von Anwendungen. Die wichtigste Regel dabei ist, dass weniger mehr ist. Weniger Ansichten, weniger Grafiken und weniger Agents führen zu mehr Performance. Auch mehr Arbeit, die man in gutes Design investiert, kann deutlich Vorteile bringen. Die meisten Performance-Probleme entstehen durch Entwicklungslösungen, bei denen man einen suboptimalen Lösungsweg wählt – weil man etwas an eine Anwendung anfügt oder auf die Schnelle keine einfache Lösung gefunden hat. Komplexe Berechnungen brauchen viel Rechenzeit. Und Schleifen mit vielen Abfragen, in denen es dennoch etliche geschachtelte Abfragen gibt, sind komplexer als solche, bei denen eine klug gestaltete Ausführungsbedingung für die Schleife die Zahl der IF-THEN-Konstrukte signifikant reduziert. Viele Schleifendurchläufe kosten durch ihre vielfache Wiederholung sehr viel Rechenzeit.

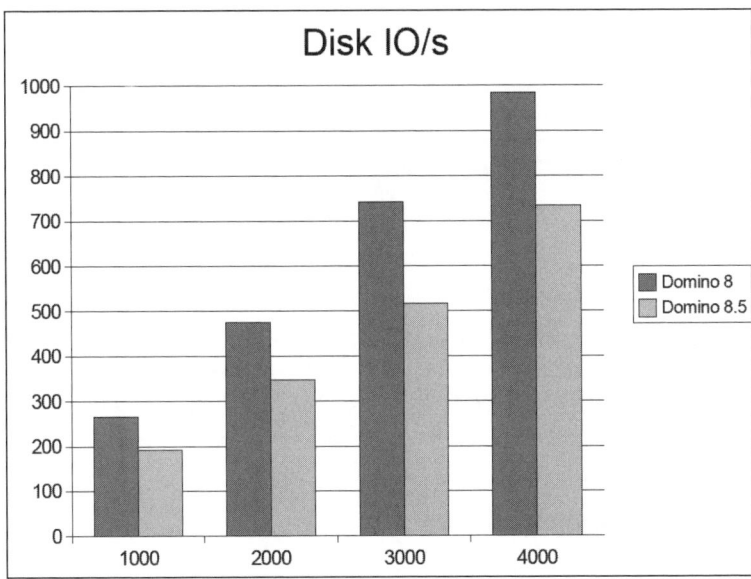

Abbildung 14.3: Verbesserung des I/O-Durchsatzes im Vergleich zwischen Domino 8 und 8.5 (Quelle: IBM, x-Achse: simulierte Anwenderzahl, y-Achse: I/O-Durchsatz)

14.2   Performance-Überprüfung und Kapazitätstests

Falls Sie sich nicht auf subjektive Aussagen in Bezug auf die Leistung Ihrer Infrastruktur verlassen möchten, finden Sie hier einige Werkzeuge zur Messung der Leistung und Vorschläge zum Performance-Tuning Ihres Systems. Domino bietet verschiedene Dienstprogramme zur Messung und Bewertung der Serverleistung an. Beschränken Sie dabei Ihre Sichtweise nicht nur auf den Domino Server an sich. Auch das Betriebssystem und weitere Bereiche können Seiteneffekte für die Leistung Ihrer Infrastruktur mit sich bringen.

14.2.1   Domino Configuration Collector

Ein gutes Beispiel, um nachverfolgen zu können, welche Änderungen Auswirkungen auf die Domino-Infrastruktur haben, ist der Domino Configuration Collector. Er zeigt den momentanen Status der Domino Server-Konfiguration in Bezug auf das Serverdokument, das Serverkonfigurationsdokument, das Konfigurationsdokument für alle Server und das Konfigurationsdokument für Servergruppen an. Anhand dieser Informationen können Sie Änderungen an der Serverkonfiguration analysieren, die sich auf die Serverleistung ausgewirkt haben. Domino prüft die Ansichten dieser Dokumente außerdem alle fünf Minuten auf Änderungen. Sind Änderungen vorhanden, liest und speichert Domino die geänderten Dokumente.

Name ▲	Größe	Typ	Geändert am
ADC_PROCESSES.txt	1 KB	Textdokument	09.08.2009 12:08
configspecific_D01Hub_2009_08_09@15_01_10.dxl	35 KB	DXL-Datei	09.08.2009 15:03
configspecific_D01Hub_2009_08_09@16_38_34.dxl	35 KB	DXL-Datei	09.08.2009 16:43
configspecific_D01Hub_2009_08_09@18_32_06.dxl	35 KB	DXL-Datei	09.08.2009 18:33
console.log	1 KB	Textdokument	12.08.2009 08:12
SEMDEBUG.TXT	1 KB	Textdokument	09.08.2009 12:08
serverdoc_D01Hub_2009_08_09@12_09_02.dxl	39 KB	DXL-Datei	09.08.2009 12:13
serverdoc_D01Hub_2009_08_09@13_53_22.dxl	37 KB	DXL-Datei	09.08.2009 13:58
serverdoc_D01Hub_2009_08_09@15_01_31.dxl	37 KB	DXL-Datei	09.08.2009 15:03
serverdoc_D01Hub_2009_08_09@15_49_27.dxl	37 KB	DXL-Datei	09.08.2009 15:53
serverdoc_D01Hub_2009_08_09@15_57_50.dxl	37 KB	DXL-Datei	09.08.2009 16:03
serverdoc_D01Hub_2009_08_09@17_58_27.dxl	37 KB	DXL-Datei	09.08.2009 17:58
serverdoc_D01Hub_2009_08_09@18_02_39.dxl	37 KB	DXL-Datei	09.08.2009 18:03
serverdoc_D01Hub_2009_08_09@18_03_34.dxl	37 KB	DXL-Datei	09.08.2009 18:08
serverdoc_D01Hub_2009_08_09@18_44_20.dxl	37 KB	DXL-Datei	09.08.2009 18:48
serverdoc_D01Hub_2009_08_12@15_10_59.dxl	37 KB	DXL-Datei	12.08.2009 15:14
sysinfo_W32I_DOMINO-01_2009_08_09@12_08_18.log	666 KB	Textdokument	09.08.2009 12:08

Abbildung 14.4: Configuration Collection-Dokumente

Wenn Domino ein Dokument liest, wird basierend auf dem Datum und der Uhrzeit der Änderung sowie dem Servernamen eine Datei im Diagnoseverzeichnis *IBM_TECHNICAL_SUPPORT* erstellt (siehe *Abbildung 14.4*), z.B. *serverdoc_D01Hub_2009_08_09@12_09_02.dxl* (Änderung am Serverdokument am 09.08.2009 um 12.09 Uhr für einen Server mit dem Namen D01HUB).

14.2.2   Serverzustandsüberwachung

In Domino umfasst die herkömmliche Behebung von Leistungsproblemen Folgendes:

▶ Verwenden von Ereignisgeneratoren und Benachrichtigungen sowie Domino Server-Überwachung, um Echtzeit-Datenanalysen durchzuführen

▶ Verwenden von Informationen aus dem Serverprotokoll (*log.nsf*), der Datenbank MONITORING RESULTS (*statrep.nsf*) und der Datenbank ADMINISTRATIONSANFORDERUNGEN (*admin4.nsf*), um historische Datenanalysen durchzuführen

▶ Verwenden von Dokumenten im Domino-Verzeichnis und *notes.ini*-Einstellungen, um die Serverkonfiguration anzupassen

Die Serverzustandsüberwachung erweitert den Nutzen der herkömmlichen Behebung von Leistungsproblemen, indem automatisch Zustandsstatistiken berechnet, diese Statistiken mit vordefinierten Schwellenwerten verglichen und Berichte zum Gesamtzustand des Servers erstellt werden. Wenn die Bewertung des Serverzustands WARNING oder CRITICAL lautet, werden in einem Zustandsbericht, der in der Datenbank HEALTH MONITORING (*dommon.nsf*) gespeichert ist, kurzfristige und langfristige Empfehlungen zur Verbesserung der Serverleistung und zur Wiederherstellung des Zustands HEALTHY vorgeschlagen. Die Serverzustandsüberwachung ist im Domino Server Monitor integriert. Alle Zustandsstatistiken, die durch die Serverzustandsüberwachung generiert werden, sind lokal auf dem Domino Administrator Client gespeichert.

Die Serverzustandsüberwachung zeichnet Berichte zu jedem Serverbereich auf, zu dem Daten abgerufen werden können. Wenn keine Daten zur Verfügung stehen, wird zu dieser Komponente nichts aufgezeichnet. Sie können dieses Verhalten jedoch anpassen, indem Sie angeben, welche Server überwacht werden sollen. Sie können auch jede Komponente aus dem Zustandsbericht ausschließen, um beispielsweise bekannte Situationen herauszufiltern, an die Sie nicht ständig erinnert werden möchten.

Wenn Sie die Serverzustandsüberwachung verwenden, wird in der Ansicht CURRENT REPORTS der Datenbank HEALTH MONITORING (*dommon.nsf*) eine Zustandsbewertung zu jedem überwachten Server und jeder überwachten Serverkomponente angezeigt.

14.2.3 Domino Server.Load

Server.Load ist eine Anwendung, die mit Lotus Domino seit der Version 5.0.6 geliefert wird. Die Anwendung generiert die Last auf einem Server und simuliert so das Verhalten eines Live-Systems unter Last. Dazu werden sogenannte Workloads verwendet. Diese Workloads sind Beschreibungen von Aktivitäten, die gegen einen Server ausgeführt werden sollen. Jeder Befehl simuliert eine bestimmte Funktionalität eines Notes Clients. Sie können mehrere dieser Befehle zu einem Script zusammenstellen, um komplexe Aufgaben durchzuführen, z.B. das Lesen und Schreiben von Mail. Diese Scripte können Sie in Ihrer Umgebung ausführen, um die Serverkapazität und Antwortzeiten zu ermitteln. Es gibt eine Reihe vordefinierter Workloads. Zusätzlich können aber auch eigene Workloads mithilfe der Scriptsprache Server.Load-Spezifikationssprache erzeugt werden. Vordefinierte Workloads lassen sich allerdings nur über Parameter anpassen. Zusätzlich gibt es einige Agents, mit denen die erforderlichen Testbenutzer im Domino Directory erzeugt und konfiguriert werden. Damit können beispielsweise einige tausend Mail-Benutzer innerhalb weniger Minuten automatisch generiert werden, was unverzichtbar ist, um realitätsnahe Lasttests durchzuführen. Mithilfe von Domino Server.Load können Sie so die Kapazität Ihrer Server bewerten und die erforderliche Erweiterung von CPU, Arbeitsspeicher oder Festplattenspeicher ermitteln.

Domino Server.Load ist im Domino Server enthalten. Sie können das Programm auch über die Adresse *http://www.lotus.com/performance* herunterladen.

Server. Load führt Tests gegen einen Server durch und simuliert dabei beispielsweise die Last, die beim Mail-Routing oder bei Mail-Zugriffen über Domino Web Access entsteht. Dazu werden folgende Systeme benötigt:

▶ Ein Server, auf dem die Last erzeugt wird

▶ Ein oder mehrere Clients, die die Last erzeugen

Server.Load kann dabei eine relativ große Zahl an Clients auf einer einzelnen physischen Maschine simulieren. Das bedeutet, dass Sie mit relativ wenigen echten physikalischen Ressourcen bereits den Zugriff von Hunderten von Benutzern nachahmen können. Die Hardware des Servers sollte den produktiv eingesetzten Systemen entsprechen, um aussagefähige Ergebnisse zu erhalten. Es werden Modifikationen am Domino Directory vorgenommen, um die entsprechenden Voraussetzungen für die Simulation herzustellen.

Rechnen Sie mit ausreichend freiem Plattenplatz, da bei den meisten Tests für jeden simulierten Benutzer eine Mail-Datenbank erzeugt werden muss. Außerdem wird noch eine gewisse Menge an Plattenplatz für die während des Tests erzeugten Daten und für die Protokollinformationen benötigt. Der Server benötigt ausreichend Hauptspeicher für die simulierte Last. Allerdings sollte hier mit praxisnahen Werten gearbeitet werden, um das Lastverhalten mit einer bestimmten Hardwareausstattung in definierten Anwendungssituationen zu analysieren.

Server.Load wird mit dem Client installiert, also bei aktuellen Clients standardmäßig in *C:\Programme\Lotus\Notes*. Die ebenfalls noch erforderliche Datenbank *namagent.nsf* finden Sie darunter im *data*-Verzeichnis.

Der erste Schritt ist die Konfiguration des Servers, der von Lotus auch als SUT (Server under Test) bezeichnet wird. Dazu wird ein Domino Server benötigt, dessen Version nicht mit der des eingesetzten Clients übereinstimmen muss. Die üblichen administrativen Rechte sollten für Sie gegeben sein, wie z.B. das Recht, Datenbanken zu erstellen und LotusScript- wie Java-Agenten ohne Einschränkungen ausführen zu dürfen. Außerdem müssen die Tasks Server, Replicator, Router, Update aktiv sein. Je nach Anforderung an Ihr zukünftiges produktives System können noch weitere Tasks erforderlich sein. Sie sollten auf jeden Fall alle Tasks starten, die auch auf den produktiven Systemen, für die die Lastsimulation erfolgt, laufen werden. Anschließend müssen Sie mit Show Perf die Performance-Überwachung auf dem Server aktivieren.

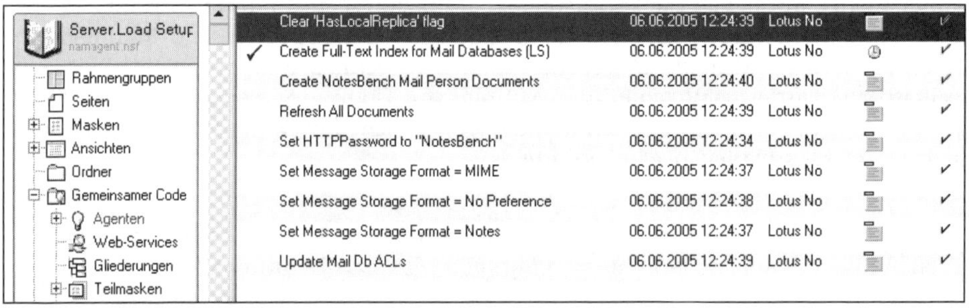

Abbildung 14.5: Agenten im Domino Designer

Nachdem Sie diese Voraussetzungen geschaffen haben, müssen Sie noch die Agents für die Modifikation des Domino Directory einrichten. Diese Agents sind in *namagent.nsf* enthalten (siehe *Abbildung 14.5*), die auf der Gestaltung des Domino Directory basiert. Die in der Datenbank SERVER.LOAD SETUP enthaltenen Agenten müssen Sie in das Domino Directory kopieren.

Mithilfe dieser Agenten können Sie Einstellungen und Änderungen für Ihren Test vornehmen. Dazu gehört beispielsweise auch das Anlegen der Benutzer. Über das Menü rufen Sie in diesem Fall den Agent CRETAE NOTESBENCH MAIL PERSON DOCUMENTS auf, um die entsprechenden Anwenderaktionen zu simulieren (siehe *Abbildung 14.6*). Dieser Agent fordert über eine ganze Reihe von Eingabefeldern Informationen an, die dann für die Erstellung der Benutzer verwendet werden.

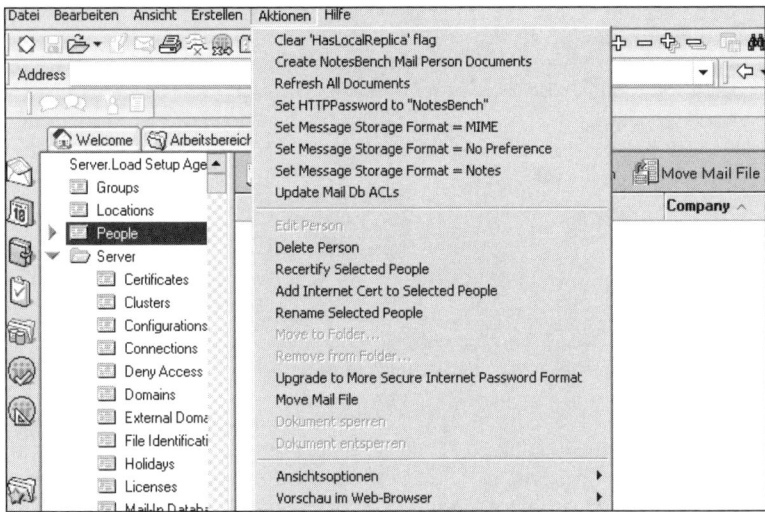

Abbildung 14.6: Aufruf der Agenten der Server.Load-Datenbank

Die Zielsetzung von Server.Load ist es, das Verhalten von Domino Servern in verschiedenen Lastsituationen zu erfassen. Die Performance-Werte lassen sich damit nicht nur über das Protokoll von Server.Load, sondern auch über andere Ansätze erfassen, wie etwa die Überwachungs- und Statistik-Funktionen des Domino Servers, um direkt auf diesem die Auslastung zu beobachten. Aber auch der Performance-Monitor von Windows stellt verschiedene Leistungsindikatoren bereit, die Sie über das Datenobjekt LOTUS NOTES im Performance-Monitor abrufen können. Es ist aber nicht nur wichtig, die Informationen aus den Server.Load-Beobachtungen zu sammeln. Sie müssen auch die Auslastung des Clients genau beobachten.

Das Register SYSTEMLEISTUNG/PERFORMANCE im Task-Manager liefert ebenfalls Informationen. Sie sehen dort auf einen Blick die CPU-Nutzung und die Speichernutzung. Damit erkennen Sie einerseits, ob es kurzzeitige Spitzen oder eine dauerhaft hohe Belastung gibt und wie sich die Speichernutzung entwickelt. Kurzzeitige Lastspitzen sind unproblematisch. Insgesamt sollte die CPU-Nutzung aber unter 75 bis 80 % liegen.

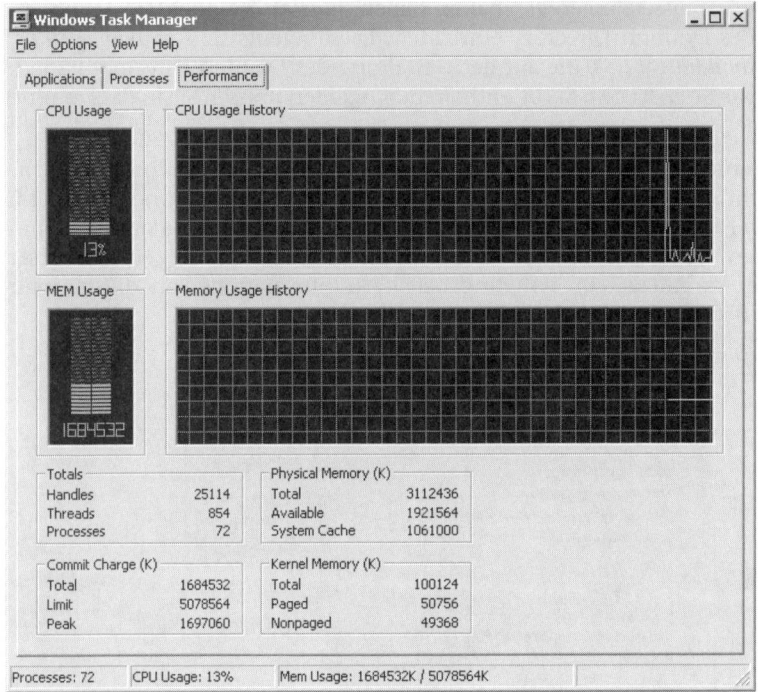

Abbildung 14.7: Das Register SYSTEMLEISTUNG/PERFORMANCE im Task-Manager

Ist sie kontinuierlich höher, müssen Sie die Anzahl der simulierten Clients reduzieren, um weiterhin korrekte Belastungswerte erzielen zu können. Bei der Speichernutzung ist darauf zu achten, dass grundsätzlich ausreichend Speicher verfügbar ist und dass der zugesicherte Speicher deutlich unter dem Grenzwert liegt. Beim Erreichen des Grenzwerts muss die Auslagerungsdatei vergrößert werden, wobei hier jedoch auf eine langfristige Lösung hingearbeitet werden muss. Swappen ist keine (reine) Lösungsoption. Eine zu hohe Last auf dem Client ist einer der potenziellen Fehler, der bei der Nutzung von Server.Load entstehen kann. Vergessen Sie nicht, die Netzwerkbelastung in Betracht zu ziehen, und verwenden Sie im Netzwerk dedizierte Leitungen, um Ihre produktive Umgebung nicht zu beeinflussen.

Auch wenn Server.Load nie exakt die Last simulieren kann, die in der Praxis entsteht, liefern die erzeugten Informationen doch wichtige Anhaltspunkte, um die Kapazitätsgrenzen von Servern abschätzen zu können.

Bereits unter Lotus Domino 6.5 gab es zahlreiche Erweiterungen in Bezug auf Server.Load, wie exponierte Workloads für Domino Web Access, Mail, Message Access Protocol (IMAP) und eine zusätzliche Erweiterung für den Einsatz von Domino auf Sun Solaris. Mit Domino 7 gab es weitere Verbesserungen. Dazu zählen beispielsweise auch neue Befehle:

▶ Der SetReplID-Befehl legt die Replik-ID basierend auf dem angegebenen Datum und der Uhrzeit fest.

▶ Der DBClose-Befehl schließt die geöffnete Datenbank.

▶ Der Server.Load-Scriptbefehl `CheckForNewMail` prüft die angegebene Mail-Datenbank auf neue Mail-Nachrichten.

Außerdem gibt es seit der letzten Domino-Version ein neues Script für die Erfassung der Belastungsdaten. Beim Ausführen eines Belastungstests erfasst das Script *shstat.scr* die generierten Daten. Daneben wurde eine neue Funktion zur Zusammenfassung der Belastungsdaten eingeführt. Nach Abschluss eines Belastungstests fasst das Script BELAS-TUNGSDATEN > ZUSAMMENFASSUNG die Leistungsdaten zusammen, die vom Script BELAS-TUNGSDATEN SAMMELN erfasst wurden.

Unter der Version 8 sind weitere Workloads für den Notes Client und iNotes-Anwender Workloads hinzugekommen. Dazu zählen beispielsweise:

▶ N7Mail: Eine realistische Darstellung des Lotus Notes 7 Clients in Verbindung mit einem Lotus Domino 7 Server

▶ N8Mail: Eine realistische Darstellung des Lotus Notes 8 Clients in Verbindung mit einem Lotus Domino 8 Server

▶ DWA8 (Lotus iNotes 8 mit einem Lotus Domino 8 Server), DWA85 (Lotus iNotes 8.5 mit einem Lotus Domino 8.5 iNotes Full Server-Modus), DWA85 Lite (Lotus iNotes 8.5 mit einem Lotus Domino 8.5 iNotes Lite Server-Modus)

Die Workloads, die für diese Anwendertransaktionen herangezogen und simuliert werden, sind identisch. Auch die simulierten Aktionen der Anwender wurden erweitert und die Workloads, die auf dem Server laufen, bieten Ihnen als Administrator mehr Möglichkeiten, wie z.B. Transaktionsprotokollierung, DDM Probes oder das Filtern von E-Mails.

14.2.4 Domino Server.Planner

Domino Server.Planner ist ein Werkzeug zur Kapazitätsplanung. Sie können damit Serverkonfigurationen basierend auf Benchmark-Daten von Herstellern und den Systemanforderungen Ihrer Organisation planen. Sie können beispielsweise verschiedene Serverangebote auf der Basis verschiedener Belastungen (z.B. Mail, Diskussionsdatenbanken, Groupware und Webbenutzer) bewerten, die Ihren internen Gegebenheiten entsprechen. Domino Server.Planner unterstützt Sie bei der Kaufentscheidung für einen Server, basierend auf Ihrer voraussichtlichen Auslastung sowie den genormten Belastungen, die von den jeweiligen Hardwareherstellern getestet wurden. Informationen zu Domino Server.Planner erhalten Sie über das NotesBench Consortium (*http://www.notesbench.org/*).

14.2.5 NotesBench

NotesBench für Lotus Notes ist eine Sammlung von Benchmark-Tests (Belastungen), die das Verhalten von Domino Workstation-zu-Server- oder Server-zu-Server-Operationen simulieren. Mit NotesBench können Hersteller und andere Organisationen die Leistung verschiedener Domino- und Notes-Plattformen und -Konfigurationen bewerten. Diese Angaben berücksichtigen allerdings nur NRPC bzw. Notes Mail-Routing-Workloads.

Lotus bietet NotesBench für Hardwarehersteller und qualifizierte Lotus-Business-Partner an. Mit diesem Werkzeug erstellen Hersteller und Business-Partner Benchmark-Daten, die sie ihren Kunden zur Verfügung stellen können. Die Kunden wiederum können diese Benchmark-Daten für die Bewertung von Herstellern, die Auswahl von Konfigurationen und die Planung von Ressourcen und den damit verbundenen Aufwendungen verwenden.

Um NotesBench verwenden zu können, müssen Sie dem NotesBench Consortium angehören, einer unabhängigen Non-Profit-Organisation, die sich mit der Bereitstellung von Leistungsinformationen über Domino und Notes für Kunden befasst. Jedes Mitglied muss die NotesBench-Tests auf gleiche Weise ausführen, wobei die Tests geprüft werden können. Wenn Sie kein NotesBench-Mitglied sind, können Sie die NotesBench-Website unter der Adresse *http://www.NotesBench.org* besuchen, um veröffentlichte Daten und Testergebnisse einzusehen.

Wie bereits erwähnt, berücksichtigen existierende NotesBench-Messungen Workloads, die sich nur auf Mailing beziehen. Da auf aktiven Domino Servern aber weitere Tasks laufen, die Serverressourcen benötigen, und sich damit die mögliche Benutzeranzahl auf einem Server vermindert, gibt es seit Lotus Notes Domino 7 einen neuen Enterprise Mail-Workload, der sich eher an reale Produktionsumgebungen anlehnt. Dabei wurde dem existierenden NotesBench Lotus Domino 6 Mail (NRPC) Replikation, Clustering, eine Mischung aus serverbasierten und lokalen Mail-Dateien, Volltextindizierung und Transaktionsprotokollierung hinzugefügt.

Ausführliche Informationen zu Szenarien und Ergebnissen sind über die IBM developerWorks-Webseite (*http://www.ibm.com/developerworks/lotus*) zu beziehen.

14.2.6 Domino Performance-Analyse

Um gültige Aussagen über die Performance eines Domino Server-Systems und die Auswirkungen neuer Anwendungen auf einem Server oder veränderter Administrationseinstellungen machen zu können, ist eine gezielte Analyse unerlässlich. Lotus Domino erzeugt laufend Informationen über den Status von Prozessen, die im System laufen. Diese Informationen können gesammelt und analysiert werden. Dafür gibt es unter anderem diese Gruppen von Werkzeugen:

▶ Die Statistik-Funktionen des Domino Administrators. Dabei spielen die Plattformstatistiken eine zentrale Rolle.

▶ Der Systemmonitor von Windows, mit dem eine Vielzahl von spezifischen Performance-Informationen für Lotus Domino Server abgefragt werden können. Andere Betriebssysteme halten eigene Tools und Befehle bereit, wie z.B. den Befehl `top` unter den Linux-/Unix-Derivaten.

▶ Die Aktivitätstrends sind Teil von Domino Administrator und erfassen und speichern Aktivitätsstatistiken als aktuelle Beobachtungen und historische Trends. Mithilfe der Aktivitätsprotokollierung legen Server Rechenschaft über ihre Zeit ab, wobei die Benutzeraktivität nach Person, Datenbank und Zugriffsprotokoll aufgezeichnet wird. Sie können die erfassten Daten dahingehend untersuchen, wie die Datenbankbelastung auf die Server verteilt ist. Anhand dieser Daten empfehlen die Aktivitätstrends einen Ressourcenverteilungsplan. Anschließend stellen die Aktivitätstrends im Domino-Änderungsmanager, einer Komponente des Domino Servers, einen Workflow bereit, der die Implementierung der empfohlenen Änderungen erleichtert. Dies bezieht sich auf das Erstellen und Ausführen von Plänen zur Umverteilung der Belastung, um einen neuen Server zu laden, einen alten stillzulegen oder Belastungen auf unterschiedlich stark frequentierte Server zu verteilen. Mehr Informationen zu diesem Thema erhalten Sie über die Kapitel *13.5.8, Activity Logging* und *13.5.9, Activity Trends*.

Domino-Statistiken

Bei den Statistiken des Lotus Domino Servers sind zwei Bereiche zu unterscheiden:

▶ Die Statistiken auf einem Domino Server beziehen sich auf spezifische Funktionen des Lotus Domino Servers wie die Cache- und Puffergrößen, Zugriffe auf den HTTP-Stack oder die Anzahl der verarbeiteten Mails.

▶ Die Plattformstatistiken beziehen sich dagegen auf das Betriebssystem. Sie liefern Informationen über die Auslastung des Betriebssystems wie beispielsweise die gesendeten Pakete im Netzwerk oder die Prozessorauslastung. Die Plattformstatistiken haben für die Performance-Analyse in heterogenen Domino Server-Umgebungen den großen Vorteil, dass sie eine einheitliche Sicht auf die Betriebssysteme bieten, während bisher beispielsweise für Windows- und Unix-Plattformen mit vollkommen unterschiedlichen Werkzeugen gearbeitet werden musste, was die Vergleichbarkeit von Statistiken einschränkt. Um Statistiken zu erhalten, müssen Sie den Task Statistics Collector starten.

Weitere relevante Tasks in diesem Zusammenhang sind:

▶ *Activity Trends Collector*: Dieser Dienst sammelt Informationen über Aktivitätstrends und speichert sie in der Datenbank *activity.nsf*.

▶ *ISpy*: Mit diesem Task wird u.a. das Mail-Routing überwacht. In diesem Fall werden Internet-Ports auf Domino Servern systematisch analysiert, sodass eine hohe Verfügbarkeit sichergestellt werden kann.

▶ *Reporter*: Dabei handelt es sich um einen älteren Task für Domino R4.x-Server, mit dem Statistik-Informationen gesammelt werden können. Er ist der Vorgänger des Statistics Collector.

▶ *Stats*: Dieser Task erzeugt Statistiken für Domino Server auf Anforderung.

14.2.7 Application Probes im Domino Domain Monitoring

Anwendungstests können sich auf Agenten und Web-Services beziehen, vor allem was die zeitgesteuerten und ereignisbasierten Agenten angeht, die über den Agent-Manager gesteuert werden, sowie Web-Agenten und Web-Services via HTTP-Task. Die folgenden Probes (Tests) stehen zur Verfügung:

▶ Agenten und Web-Services nach CPU-Verbrauch

▶ Agenten und Web-Services nach Speicherverbrauch

▶ Agenten und Web-Services, die mehr Zeit benötigen als veranschlagt

▶ Agenten, deren Startzeitpunkt außerhalb des reservierten Zeitraums fällt (Agent-Manager)

▶ Agenten- und Web-Services-Fehlertests für Agenten-Sicherheit, Volltextoperationen auf nicht volltextindizierten Datenbanken, Agenten-Timeouts und Deaktivierung von Agenten durch ein Design-Update

Verwenden Sie die entsprechenden Typen bzw. Subtypen der Probes, die in *Kapitel 13.6.1, Probes*, vorgestellt wurden. Dies bezieht sich unter anderem für diese Art der Überwachung auf die Probe APPLICATION CODE > AGENT EVALUATED BY CPU-USAGE.

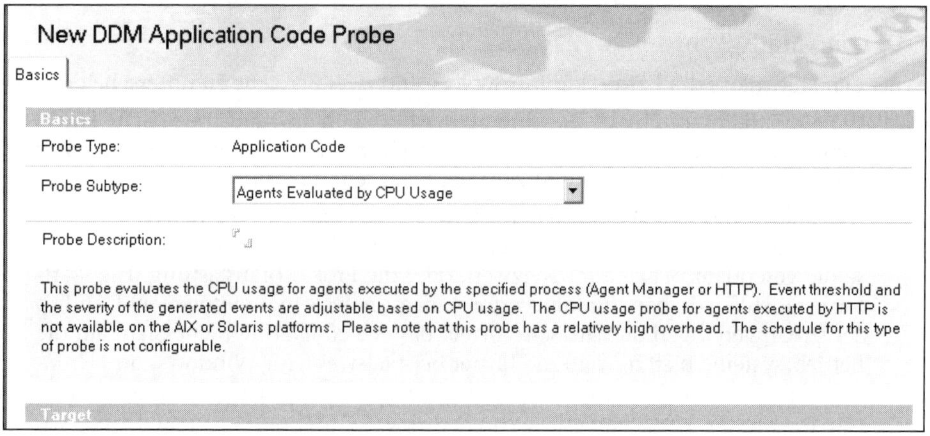

```
┌─────────────────────────────────────────────────────────────────────────────────┐
│   New DDM Application Code Probe                                                   │
│  Basics │                                                                          │
│  ┌──────────────────────────────────────────────────────────────────────────────┐│
│  │ Basics                                                                         ││
│                                                                                    │
│    Probe Type:           Application Code                                          │
│    ───────────────────────────────────────────────────────────────────────────   │
│    Probe Subtype:        │Agents Evaluated by CPU Usage          ▼│                │
│    ───────────────────────────────────────────────────────────────────────────   │
│    Probe Description:         ⌐                                                    │
│                               ⌐                                                    │
│                                                                                    │
│    This probe evaluates the CPU usage for agents executed by the specified process (Agent Manager or HTTP). Event threshold and │
│    the severity of the generated events are adjustable based on CPU usage. The CPU usage probe for agents executed by HTTP is   │
│    not available on the AIX or Solaris platforms. Please note that this probe has a relatively high overhead. The schedule for this type │
│    of probe is not configurable.                                                  │
│  ┌──────────────────────────────────────────────────────────────────────────────┐│
│  │ Target                                                                         ││
└─────────────────────────────────────────────────────────────────────────────────┘
```

Abbildung 14.8: Application Probe-Dokument

Dieser Test prüft für jeden Agenten den CPU-Verbrauch, selbst wenn der Agent einen von mehreren aktiven Threads eines Prozesses belegt. Im Falle eines Java-Agenten, wenn jeder Agent auf unterschiedlichen Threads läuft, bezieht sich die Probe auf alle Threads, die zu dem entsprechenden Agenten gehören. Das Ergebnis stellt dann die gesamte Summe des CPU-Verbrauchs für alle beteiligten Threads dar. Diese Art von Probes existiert lediglich über das Domino Domain Monitoring.

> Für den Entwickler stellt der Profiler für Agenten und Web-Services ein nützliches Hilfsmittel dar, um den Code einer Domino-Anwendung zu optimieren.

Über DDM-Probes besteht auch die Möglichkeit, ineffiziente Suchanfragen über nicht volltextindizierte Datenbanken aufzuspüren. Für Suchanfragen dieser Art wird jedes Mal ein temporärer Index erzeugt und nach Erledigung der Suche wieder gelöscht. Wenn ein Agent eintreffende Mails nach bestimmten Schlüsselwörtern sortiert, wird ebenfalls ein temporärer Index angelegt und wieder verworfen, wenn der Agent die Nachrichten bearbeitet. Für Unternehmen, die keine Volltextindizes auf den Mail-Datenbanken der Benutzer erlauben, werden diese Index-Operationen für jede ankommende Mail vollzogen. Unter Lotus Notes Domino 6 wurde für solche Fälle eine Warnmeldung in der Serverkonsole ausgegeben, die über die ineffiziente Operation informiert. Seit Lotus Notes Domino 7 wird ein entsprechendes Ereignis erzeugt.

14.2.8 Überwachung der Datenbankleistung

Der Befehl Show DBS ist ein Werkzeug zur Überwachung der Leistung einer Datenbank. Von diesem Befehl werden folgende Informationen zurückgegeben:

▶ REFS – wie häufig die Datenbank geöffnet wurde (der DBHANDLE-Zähler für die Datenbank).

▶ MOD – ob die Datenbank geändert wurde, die Änderungen jedoch noch nicht auf die Festplatte geschrieben wurden.

▶ FDs – die Anzahl der derzeit für die Datenbank verwendeten Datei-Deskriptoren.

▶ LockWaits – wie häufig ein Benutzer wegen einer Sperre in der Datenbank warten musste (Lese- oder Schreibsperre).

▶ AvgWait – die durchschnittliche Wartezeit in Millisekunden für jeden Wartezeitraum.

▶ #Waiters – die Anzahl der derzeit wegen der Datenbanksperre Wartenden (diese Zahl ändert sich rasch).

▶ MaxWaiters – die maximale Anzahl der Wartenden, die gleichzeitig aufgrund einer Datenbanksperre warten müssen.

Um die Werte LockWaits und AvgWait anzeigen zu lassen, müssen Sie vorübergehend die Einstellung Collect_Db_Lock_Waits=1 zur *notes.ini*-Datei Ihres Servers hinzufügen. Da diese Einstellung Serverressourcen beansprucht, sollten Sie sie entfernen, wenn Sie die Einsicht der Statistik *Show DBS* abgeschlossen haben.

14.3 Performance-Steigerung

Es gibt viele Faktoren und Factetten, die die Performance von Applikationen und Mailing in einer Lotus Notes Domino-Infrastruktur beeinflussen können. Im Groben sind dies:

▶ Domino Server: Hardware, Betriebssystem und Lotus Domino-Konfiguration

▶ Notes Client: Hardware, Betriebssystem und Lotus Notes-Konfiguration

▶ Netzwerk: LAN, WAN, SAN, Remote Access

▶ Applikationsdesign: Allgemeine Implementierungstechnik, Masken und Ansichtendesign, Agents, Zugriffsregelung

Leistungs- und Systemoptimierungen bei Lotus Notes Domino lassen sich nur durch Betrachtung des gesamten Systems und der möglichen Schnittstellen umsetzen. Isolierte und kurzfristige Ansätze sind selten von Erfolg gekrönt und gleichen eher Feuerwehreinsätzen, die lediglich aktuelle Brandherde löschen. Die unterschiedlichen Möglichkeiten bei der Performance-Optimierung anzusetzen, verlangt nach unterschiedlichen Blickwinkeln und Analyseschwerpunkten. Erst miteinander kombiniert werden sie langfristigen Erfolg versprechen.

14.3.1 Lotus Notes Domino

Bereits unter Lotus Domino der Version 6 wurde eine Reihe von Veränderungen vorgenommen, um eine höhere Performance im Vergleich mit den Vorgängerversionen zu erreichen, wie beispielsweise:

▶ *Streaming Replication*: Die Möglichkeit, die Replikation über ein Streaming abzuwickeln, also einen durchgehenden Datenstrom. Damit wird der Kommunikations-Overhead zwischen den beiden Replikationspartnern deutlich reduziert.

▶ *Zentrales Domino Directory*: Eine Erweiterung, die leicht untergeht, aber großen Einfluss nicht nur auf die Performance, sondern generell auf Nutzungsmöglichkeiten von Lotus Domino hat, ist die Möglichkeit, mit einem zentralen Domino Directory zu arbeiten. Vor Lotus Domino 6 wurden die Verzeichnisinformationen zu Benutzern, Gruppen und anderen Objekten auf jedem Server gehalten und mussten zwischen diesen repliziert werden. Seit Domino Version 6 kann dagegen mit einem zentralen Verzeichnisserver und ohne lokale Verzeichnisse gearbeitet werden. Damit lassen sich dedizierte, für Verzeichniszugriffe optimierte Server einsetzen. Die Last auf dem Netzwerk ist relativ gering und liegt bei etwa 6 Kilobyte pro Abfrage.

▶ *Netzwerkkomprimierung*: Ein unter dem Aspekt der Performance zweischneidiges Thema ist die Komprimierung von Informationen vor dem Senden über das Netzwerk.
  Auf der einen Seite wird dadurch die Last für Notes Client und Domino Server
  erhöht. Auf der anderen Seite wird das Netzwerk entlastet. Dies ist vor allem dann
  wichtig, wenn die Bandbreite des Netzwerks der Engpass ist. Weitere Informationen
  erhalten Sie in *Kapitel 14.3.11, Netzwerkkomprimierung.*

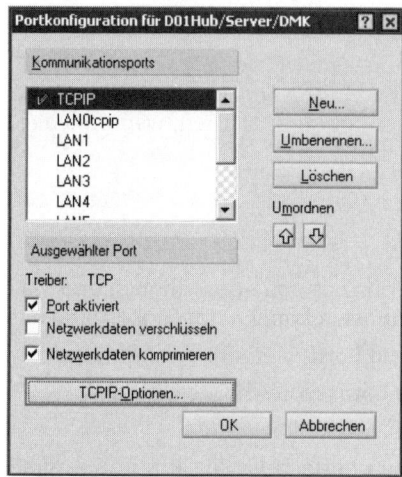

Abbildung 14.9: Netzwerkkomprimierung über die Anschlusseinstellungen

▶ *Persistente HTTP-Verbindungen*: Der Domino Webserver unterstützt nun auch persistente Verbindungen über HTTP 1.1 als Protokoll. Diese Verbindungen bleiben offen,
  bis entweder der Client oder der Server explizit anfordern, dass sie geschlossen
  werden. Damit kann der Aufwand für den Aufbau neuer Verbindungen reduziert
  werden. Diese Funktion ist vor allem bei Zugriffen über schmalbandige Leitungen
  von Bedeutung, weil dort der Verbindungsaufbau ins Gewicht fällt. Dagegen spielt
  er in LANs keine Rolle, auch nicht für die Last auf dem Server.

▶ *LZ1-Komprimierung für Anhänge verwenden*: Über den Domino Designer haben Sie die
  Möglichkeit, Anhänge mithilfe des neuen LZ1-Algorithmus anstelle des Huffman-
  Algorithmus zu komprimieren. Da die LZ1-Komprimierung schnell und effizient verläuft, wird sie der Huffman-Methode vorgezogen. Falls Sie jedoch in einer Umgebung
  arbeiten, die unterschiedliche Versionen von Client- und Server-Software verwendet,
  und Sie diese Option wählen, werden Anhänge auf dem Server mithilfe der Huffman-
  Methode automatisch neu komprimiert. Beachten Sie, dass durch die erneute Komprimierung die Leistung beeinträchtigt wird. Um eine optimale Leistung zu erzielen, sollten Sie die LZ1-Komprimierung in Umgebungen verwenden, in denen vorwiegend
  Domino 6 oder höher eingesetzt wird.

  Die Anhänge in vorhandenen Datenbanken werden nicht automatisch mit dem
  LZ1-Algorithmus komprimiert, wenn Sie diesen auswählen. Nur Dateien, die nach
  dem Aktivieren der LZ1-Algorithmus-Option angehängt werden, werden mithilfe
  des LZ1-Algorithmus komprimiert. Sie können erkennen, welcher Algorithmus für
  die Komprimierung verwendet wird, indem Sie das Feld $FILE in den Dokument-
  eigenschaften überprüfen.

Wann Datenbanken komprimiert werden sollten

Es wird empfohlen, Datenbanken regelmäßig (z.B. wöchentlich) unter Verwendung der Option -B für den compact-Befehl zu komprimieren, um Plattenplatz freizugeben.

Der Prozentsatz des in einer Datenbank verwendeten Platzes wird in der Ansicht DATENBANK - GRÖSSEN der Protokolldatei (*log.nsf*), in den durch den Server-Task Statistics Collector generierten Dateistatistikberichten und im Register INFO der InfoBox EIGENSCHAFTEN: DATENBANK angezeigt.

Mit dem Lotus Domino 7 Server gab es weitere signifikante Verbesserungen. So benötigte diese Version bis zu 25 % weniger CPU-Ressourcen als der Lotus Domino 6.5 Server. Gleichzeitig konnte die Lotus Domino 7-Software bis zu 80 % mehr NotesBench-Mail-Anwender auf derselben Server-Hardware unterstützen. Durch Zusammenfassung einer größeren Anzahl Anwender auf derselben Hardware konnten bereits bei der letzten Domino-Version durch niedrigere Hardwarekosten pro Anwender und niedrigere Verwaltungskosten die Gesamtkosten gesenkt werden. Eine Konsequenz daraus ist, dass auf der gleichen Hardware nach einem Wechsel der Domino-Version sehr viel mehr Verbindungen als bisher abgearbeitet werden können.

Performance-Ansätze Lotus Domino 8.x

Mit Domino 8 gibt es eine Reihe weiterer Verbesserungen und Ansatzpunkte für eine Leistungsverbesserung, die ohne Hardware-Upgrades vonstatten gehen kann. Folgende Optionen tragen z.B. dazu bei:

▷ KOMPRIMIERUNG DER DATENBANKGESTALTUNG: Diese Option reduziert die Größe aller Gestaltungselemente in der Datenbank. Für die Notes Client-Mailschablone (*mail8.ntf* bzw. *mail85.ntf*) ist diese Einstellung standardmäßig aktiviert und die Gestaltung wird komprimiert, wenn die Mail-Datenbank erstellt wird. Dies bedeutet gleichzeitig eine Senkung der I/O-Last und eine Reduzierung des Speicherplatzes für die Datenbank. Diese Art der Komprimierung kann (laut Aussage der IBM) bis zu 60 % der Datenbankgestaltung hinsichtlich der Größe ausmachen.

Mithilfe der Einstellung DATENBANKGESTALTUNG KOMPRIMIEREN/COMPRESS DATABASE DESIGN reduzieren Sie durch die Speicherplatzersparnis auch die Gesamtbetriebskosten (Total Cost of Ownership, TCO). Für alle anderen Datenbanken müssen Sie die Einstellung manuell aktivieren und anschließend für die Datenbank eine Komprimierung mithilfe einer Kopie ausführen (load compact -c filename.nsf).

▷ Streaming Cluster Replication (SCR) nutzt die Vorteile der engen Kopplung innerhalb eines Clusters und des Daten-Streamings, um eine Cluster-Replizierung mit einem geringen Overhead zu erzeugen. SCR reduziert vor allem den I/O-Overhead bei geplanten Replizierungen im Cluster und verringert die Latenzzeit bei der Cluster-Replizierung erheblich. Die Replizierung ist somit ereignis- und nicht planungsgesteuert, sondern der Abgleich wird gestartet, sobald dies notwendig ist. So werden Leerläufe vermieden. Dadurch ist eine wesentlich effizientere Cluster-Replizierung möglich. Somit erscheint das SCR wie die nächste Generation des Clusterings hinsichtlich der Performance-Vorteile.

In früheren Domino-Versionen prüfte der Replikator permanent jede Datenbank auf Änderungen, die repliziert werden müssen. Alle Änderungen einer Datenbank wurden im positiven Fall repliziert, bevor der Replikator die nächste Datenbank prüft. Dokumentänderungen, Änderungen des Ungelesen-Status und Ordneränderungen werden unter Domino 8 erfasst und sofort in die Warteschlange für weitere Repliken im selben Cluster gestellt. SCR und geplante Replikation reduzieren zusammen den Overhead, wobei SCR das Replizierprotokoll entsprechend aktualisiert und den „normalen" Replikator entlastet.

▶ ZURÜCKGESTELLTE SORTIERINDEXERSTELLUNG/ON-DEMAND COLLATIONS: Eine Ansicht in einer Domino-Anwendung kann mehrere Indizes enthalten. Die zusätzlichen Indizes werden beim Generieren der Ansicht für alle möglichen vom Benutzer sortierbaren Spalten erstellt. Da die meisten dieser Sortierindizes nicht verwendet werden, stellt deren Erstellung bei der Ansichtsgenerierung eine unnötige Serverbelastung hinsichtlich I/O-Last, CPU-Nutzung und Speicherplatz dar.

Seit Lotus Notes Domino 8.0 steht eine Option (siehe *Abbildung 14.10*) zur Verfügung, mit der die Erstellung der Sortierindizes zurückgestellt werden kann, bis diese benötigt werden, indem ein Benutzer auf die Überschrift einer sortierbaren Spalte klickt. Sie können diese Option für einen bestimmten Sortierindex aktivieren, indem Sie die Option INDEXERSTELLUNG BIS ZUR ERSTEN NUTZUNG VERSCHIEBEN/DEFER INDEX CREATION UNTIL FIRST USE unter der Option AUF SPALTENÜBERSCHRIFT KLICKEN/ CLICK ON COLUMN HEADER TO SORT im Register SORTIERUNG/SORTING der InfoBox EIGENSCHAFTEN: SPALTE/PROPERTIES: COLUMN auswählen.

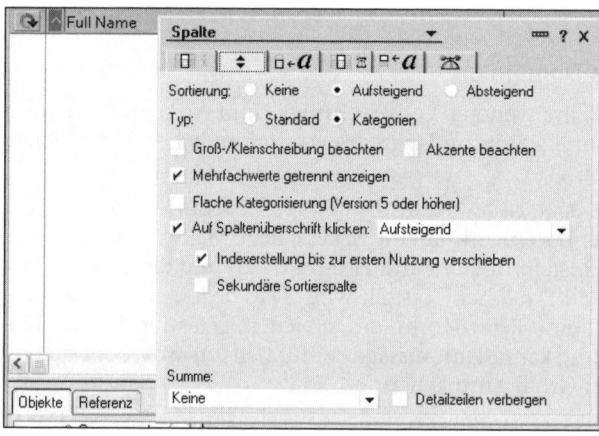

Abbildung 14.10: Zurückgestellte Sortierindexerstellung aktivieren

▶ EINFACHE SUCHE NICHT ZULASSEN/PREVENT SIMPLE SEARCH: Die Datenbankeigenschaft EINFACHE SUCHE NICHT ZULASSEN (siehe *Abbildung 14.11*) beeinflusst die Serverleistung positiv, indem sie Benutzer daran hindert, Datenbanken zu durchsuchen, für die keine Volltextsuche aktiviert ist. Per Default könnte jeder Anwender Datenbanken durchsuchen, die keinen Volltextindex besitzen. Diese Ad-hoc-Suche hat aber erhebliche Performanceeinbußen auf dem Server zur Folge,

▶ Verbesserungen des Administrationsprozesses: In Bezug auf den AdminP hat es in der Version Lotus Domino 8 eine Reihe von Verbesserungen gegeben, um die Effizienz des Prozesses zu verbessern, beispielsweise in Bezug auf die beanspruchten Ressourcen und die Geschwindigkeit, in der Aufgaben abgearbeitet werden. Ein Beispiel dafür ist die Tatsache, dass der Administrationsprozess nun Administrationsanforderungen direkt in der Datenbank ADMINISTRATIONSANFORDERUNGEN (*admin4.nsf*) des Zielservers ablegen kann, anstatt die Anforderung in einer lokale Kopie der *admin4.nsf* zu speichern.

Statistiken, die während der Verarbeitung von Administrationsanforderungen generiert werden, helfen, die Schritte der Administrationsprozess-Tasks zu überwachen. Alle für die Verarbeitung geplanten Administrationsanforderungen stammen aus der Datenbank ADMINISTRATIONSANFORDERUNGEN. Sie können sehen, welchen Fortschritt die Verarbeitung einer Administrationsanforderung durch den Administrationsprozess nimmt. Für jede NoteID werden verschiedene Phasen durchlaufen und dabei bestimmte Informationen gesammelt.

In Bezug auf das Thema I/O-Reduzierung können Sie durch die Daten- und Dokumentkomprimierung einen positiven Effekt erzielen. Optional können Sie darüber hinaus die automatische Aktualisierung von Ansichten in den Mail-Anwendungen deaktivieren. Zudem wurde für die Mail-Anwendung das Lesen von Ansichten gerade in großen und flachen Ansichten wie der Inbox von Lotus optimiert. Auch die I/O-Last im Bereich Transaktionsprotokollierung wurde verbessert. Die Daten werden nun bereits vor dem Wegschreiben der Transaktionsdaten komprimiert. Außerdem besteht die Möglichkeit, über einen *notes.ini*-Parameter (Create_R85_Log=1) festzulegen, dass das Format neuer Transaktionsprotokolle aktualisiert werden soll. Das aktualisierte Format ist nützlich, wenn der Domino Server eine andere Festplattenblockgröße als 512 Byte besitzt.

Einen besonderen Stellenwert nimmt außerdem das Thema Domino Attachment and Object Service (DAOS) ein, das in der Version Lotus Domino 8.5 neu eingeführt wurde (siehe *Kapitel 4.8, Domino Attachment and Object Service (DAOS)*). Der verringerte Speicherbedarf ist hier das Hauptargument, da jedes Objekt nur einmal auf dem Server existiert. Dies ist gleichzusetzen mit einem optimierten Mail-Routing von Anhängen und einem schnelleren Compact- oder Fixup-Lauf auf die Mail-Datenbanken der Anwender. Durch die Verringerung der damit zusammenhängenden Mail-Datenbankgröße ist auch das Backup sehr viel schneller und die zu sichernden Datenmengen sind in Summe sehr viel geringer als ohne DAOS.

Allerdings erfordern die genannten Verbesserungen im Bereich I/O die neue ODS51-Datenbankstruktur, um von Ihrer Seite den vollen Nutzen aus den Leistungsoptionen ziehen zu können.

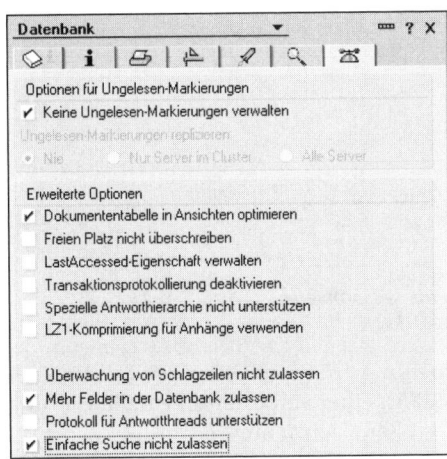

Abbildung 14.11: Einfache Suche verhindern

Einsparungen im Bereich Speicherplatzbelegung werden durch unterschiedliche Optionen realisiert. Dazu zählen Komprimierungsansätze auf unterschiedlichen Ebenen:

▶ Mithilfe der erweiterten Datenbankeigenschaft DOKUMENTDATEN KOMPRIMIEREN/COMPRESS DOCUMENT DATA, die seit der Version 8.0.1 verfügbar ist, reduzieren Sie die Datenbankgröße, was sich auch in Bezug auf die Wartung der Datenbanken auswirkt, indem Sie nicht zusammengefasste Elementdaten in allen Dokumenten in einer ausgewählten Datenbank komprimieren. Durch Komprimierung des Dokuments kann sich dessen Größe um bis zu 60 % verringern. Wenn Sie diese Funktion verwenden möchten, muss die NSF-Datenbank die ODS-Stufe 48 oder höher haben. Diese Einstellung betrifft nur NSF-Dateien; sie hat keinen Einfluss auf Notes-Datenbanken, die DB2 statt NSF nutzen.

Nach Aktivieren der Komprimierung für neue Dokumente (DOKUMENTDATEN KOMPRIMIEREN/COMPRESS DOCUMENT DATA) über die erweiterten Datenbankeigenschaften (siehe *Abbildung 14.12*) können Sie auch die Komprimierung für vorhandene Dokumente in einer angegebenen Datenbank aktivieren, indem Sie die Komprimierung der Datenbank mithilfe einer Kopie durchführen. Geben Sie folgenden Befehl ein: `load compact -c filename.nsf`.

Durch Aktivieren der Komprimierung auf Serverebene wird sichergestellt, dass neue Dokumentdaten in allen Datenbanken auf dem Server komprimiert werden. Indem Sie die Komprimierung der Datenbank mithilfe einer Kopie durchführen, können die vorhandenen Dokumentdaten ebenfalls komprimiert werden. Führen Sie dazu an der Serverkonsole den folgenden Befehl aus: `load compact -v -c`.

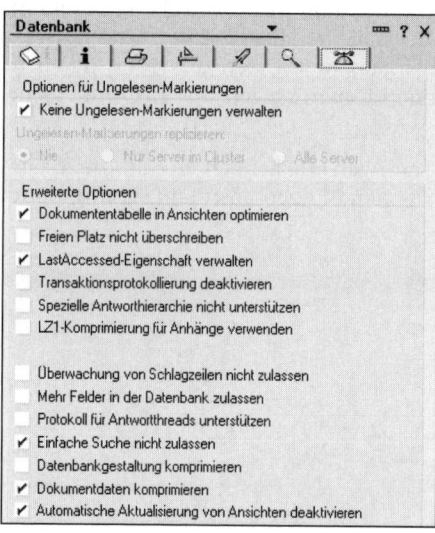

Abbildung 14.12: Neue Dokumente in einer Datenbank komprimieren und automatische Aktualisierung von Ansichten deaktivieren

Auch der Domino Router-Task hat eine Überarbeitung erfahren. Dies zeigt sich in einer verkürzten Wartezeit bei der Zustellung von E-Mails, einer verbesserten Parallelisierung und einem besseren Prozess für den Durchlauf großer Nachrichten.

14.3.2 Windows-Serverleistung

Kontrollieren Sie die Vorgabeeinstellungen für Ihren Windows Server. Deaktivieren Sie alle Serverdienste, die Sie nicht benötigen. Dies ist nicht nur wichtig in Bezug auf den Sicherheitsaspekt, sondern auch für die Server-Performance.

Weitere Optionen zur Verbesserung der Betriebssystemleistung:

▶ Achten Sie auf fragmentierte Festplatten. Lassen Sie, falls nötig, entsprechende Defragmentierungsprogramme laufen.

▶ Falls möglich, verwenden Sie ein separates Festplattenarray von mindestens zwei Platten für die Auslagerungsdatei. Wenn Sie die Auslagerungsdatei auf ein separates Festplattenarray platzieren, erhöhen Sie damit die Leistung der Auslagerungsdatei und verhindern Engpässe aufgrund einer auf einer einzelnen oder langsamen Festplatte befindlichen Auslagerungsdatei. Sie können Ihr Festplattenarray für die Auslagerungsdatei auf RAID 1 oder 10 formatieren.

▶ Für das an Ihren Server angeschlossene Speichersubsystem sollten die RAID-Arrays aus so vielen Festplattenspindeln wie möglich bestehen. Beispielsweise ist ein großes Array mit zwei Festplattenspindeln gewöhnlich nicht ausreichend, ein großes Array von sechs bis acht Festplattenspindeln, abhängig von Ihrer Umgebung, ist für die Festplattenspeicherleistung geeigneter.

▶ Optimieren Sie die Leistung für Anwendungen und Hintergrunddienste:
  – Windows: Unter CONTROL PANEL > SYSTEM > ADVANCED > PERFORMANCE OPTIONS wählen Sie BACKGROUND SERVICES.
  – Verwenden Sie das NTFS-Dateisystem.

▶ RAID-Sets. Wenn Sie Datenträger-RAID-Sets einrichten, sollten Sie die Stripe-Größe auf ungefähr denselben Wert setzen wie die durchschnittliche Übertragungszeit logischer Laufwerke pro Sekunde, die in Perfmon für eine Standardbelastung des Servers gemessen wurde. Setzen Sie die Cache-Schreibrichtlinie auf „write back". Setzen Sie die Cache-Leserichtlinie auf „read ahead".

▶ Verteilen Sie die I/O-Bandbreite für jeden PCI-Bus. Verteilen Sie die Netzwerkadapter und RAID-Controller auf mehrere Leitungen, sofern Ihr Server darüber verfügt. Schließen Sie den RAID-Controller nicht an einen Bus mit einem Netzwerkadapter an.

▶ Verwenden Sie LargeSystemCache. Windows verfügt über diesen Festplatten-I/O-Cache. Die Vorgabeeinstellung sieht die gemeinsame Nutzung von Dateien vor. Dadurch wird mehr Arbeitsspeicher als mit anderen Einstellungen benötigt. Wenn der Arbeitsspeicher des Servers einen Engpass darstellt, richten Sie den Cache für die Bevorzugung von Netzwerkanwendungen oder in Extremfällen zum Minimieren des Arbeitsspeichers ein. Behalten Sie anderenfalls die Vorgabeeinstellung bei.

14.3.3 Unix-/Linux-Serverleistung

Zahlreiche Unix-Derivate, die in Vergangenheit als Basis für Lotus Domino keine allzu große Beachtung gefunden haben, wurden in den neueren Versionen in Bezug auf ihre Threads einer Runderneuerung unterzogen. Gerade Linux profitiert in diesem Bereich von den eklatanten Performance-Gewinnen.

Setzen Sie nur die in den Release Notes beschriebenen Betriebssystemversionen und Patches ein. Alles andere kann Sie im Fehlerfall auf eine wahre Odyssee der Problem- und Ursachenforschung bringen.

Dabei gibt es aber einige weitere Tuning-Tipps, die Sie befolgen können, um Ihre Maschinen im Bereich Linux/Unix noch leistungsfähiger zu machen. Dazu gehören einige grundlegende Aspekte wie das Hardening und die Deaktivierung nicht benötigter Services, ähnlich wie dies auch unter Windows der Fall ist. Unter Linux geht es dabei um Daemons wie apmd, autofs, cups, hpoj, netfs, nfslock, pcmcia, sendmail oder xfs. Deaktivieren Sie diese Daemons (`/sbin/service isdn stop`) oder sorgen Sie dafür, dass sie beim nächsten Start nicht mehr aktiv werden (`/sbin/chkonfig isdn off`). Sie brauchen für die Administration Ihres Domino Servers keine grafische Benutzeroberfläche, sodass Sie Ihre Maschine auch im Runlevel 3 betreiben können (`init 3`). Nutzen Sie außerdem die Prozessor-Virtualisierung über Hyper-Threading, sodass zwei Threads abgehandelt werden können, falls Ihr Betriebssystem dies ermöglicht.

Die meisten *notes.ini*-Einstellungen, die sich auf die Lotus Domino-Serverleistung auswirken, gelten für alle Unix-Plattformen.

▶ NSF_BUFFER_POOL_SIZE_MB: Viele Rechner, die unter Unix laufen, haben einen sehr großen physischen RAM. Verwenden Sie die Parameter NSF_BUFFER_POOL_SIZE_MB oder PERCENTSYSAVAILABLERESOURCES, um zu steuern, wie viel Arbeitsspeicher Domino beanspruchen darf. Jede Domino-Instanz auf einem Unix-Rechner kann maximal 4 GB des Hauptspeichers adressieren.

▶ Festplatten- und Arbeitsspeicheranforderungen: Wird auf einem Unix-System die Domino Server-Software ausgeführt, so muss auf dem Server genügend Festplattenspeicher für Programm- und Datendateien und ausreichend Arbeitsspeicher zur Verarbeitung der Auslagerung und der Anzahl der Prozesse vorhanden sein.

▶ I/O-Abstimmung der Festplatte: Durch Verwendung mehrerer Dateisysteme für Betriebssystemdateien, Auslagerungsplatz, Transaktionsprotokollierungen und Daten wird die allgemeine Serverleistung erhöht.

Verwenden Sie für die Laufwerke, auf denen sich die Datendateien befinden, RAID 0+1-Hardware. Verwenden Sie für Domino-Daten mehrere kleinere Festplatten anstelle von wenigen großen. Domino führt keine einfachen vorhersagbaren sequentiellen Lesezugriffe durch. Aus diesem Grund sollten Sie den Read-Ahead-Cache deaktivieren und stattdessen den Schreib-Cache aktivieren.

Indem Sie den Auslagerungsplatz auf eigenen, verteilten Datenträgern belassen, können Sie die Serverleistung bei hoher Auslastung verbessern. Die Transaktionsprotokolle sollten immer auf dem zuverlässigsten, für das den Domino Server hostende System verfügbaren Festplattensubsystem mit der höchsten Leistung abgelegt werden. Die Transaktionsprotokollierung sollte sich aus Gründen einer besseren Neustartzeit, Zuverlässigkeit und Verfügbarkeit des Servers auf separaten Laufwerken befinden. Die protokollierten Transaktionen werden in schnellen seriellen Schreibzugriffen in eine sequentielle Datei auf die Festplatte geschrieben, deren Größe in 4-KB-Blöcken konfigurierbar ist.

▶ Konsolen- und Datenbankprotokollierung: Um die Serverleistung zu verbessern, begrenzen Sie die Menge der Informationen, die in der Protokolldatei (*log.nsf*) und der Konsole protokolliert werden.

Die hier beispielhaft aufgeführten Parameter sollten eher Anregung und Tipp sein als eine fixe Konfigurationseinstellung. Dazu ist das Thema Betriebssystem-Tuning zu komplex, gerade was den Bereich der Unix-Derivate angeht.

14.3.4 Serverkapazität und Antwortzeiten

Die hier aufgeführten Vorschläge sind ein erster Weg zu einem performanteren Domino-System.

- Verbessern Sie I/O-Teilsysteme. Sie können beispielsweise Folgendes durchführen:
  - Mehrere I/O-Controller verwenden, um logische Datenträger zu verteilen (Datenbanken auf anderen Controllern werden dabei über Datei- oder Verzeichnisverknüpfungen erreicht). Stellen Sie sicher, dass Sie über das neueste BIOS für Ihr I/O-Teilsystem verfügen. Dies ist eine kostengünstige Möglichkeit, um einen möglichen Durchsatzengpass zu beseitigen.
  - Wenn Sie nur ein physikalisches Datenlaufwerk für zu viele Datentypen (Aufbau von Indizes, Datenbanken, temporäre Dateien, Swap-Dateien und Transaktionsprotokollierung) verwenden, ist dies eindeutig zu wenig. Auch Transaktionsprotokollierung zusammen mit Journaling-Dateisystemen ist nicht zu empfehlen.
  - Daten der Transaktionsprotokollierung gehören auf ein separates Laufwerk.
  - Erwägen Sie, plattenintensive Anwendungen auf ein eigenes Laufwerk umzuziehen.
  - Wenn Sie Speicher-Swapping verwenden, verwenden Sie auch dafür ein eigenes Laufwerk.
  - Auf Bereiche wie Betriebssystem oder Programmdaten wird nicht so häufig zugegriffen. Diese können ggf. zusammen auf einem Laufwerk liegen.
  - Bedenken Sie, dass Laufwerk hier nicht mit Partition oder Laufwerksbuchstabe gleichzusetzen ist. Es geht um eine eigene physikalische Platte. Setzen Sie lediglich unterschiedliche Partitionen derselben Platte ein, um die unterschiedlichen Bereiche zu trennen, wird dies nicht von Erfolg gekrönt sein. Alle Partitionen einer Platte (Laufwerk) teilen sich denselben Schreib-/Lesekopf und sind gleichermaßen vom Datenzugriff auf die Platte betroffen, da diese in einem solchen Fall als Einheit betrachtet wird. Beim RAIDArray ist dies anders, da ein RAID-Array als einzelnes System betrachtet wird.

- Bedenken Sie, dass Verschlüsselung(ssoftware), VPNs, WAN-Links und Modems Latenzzeiten verursachen können.
- Verwenden Sie bei Bedarf so viel RAM, wie Ihr Betriebssystem unterstützt.
- Antivirensoftware kann ein Problem darstellen, wenn es gegen die Domino-Daten läuft und nicht für den Einsatz neben Lotus Domino konzipiert ist.
- Erhöhen Sie die Stripe-Größe. NotesBench-Hersteller geben hierzu Auskunft.
- Verwenden Sie schnellere CPUs. NotesBench-Hersteller geben hierzu Auskunft.
- Sie können die Leistung des Webservers verbessern, indem Sie die HTTP-Serverprotokollierung deaktivieren. Protokollierungsoptionen werden im Serverdokument gespeichert. Im HTTP-Serverabschnitt Protokollierung aktivieren für/Enable Logging To befinden sich zwei Felder, Protokolldateien/Log files und Domlog.nsf. Durch das Deaktivieren dieser beiden Felder wird die Webserver-Leistung verbessert.
- Sie können die allgemeine Serverleistung verbessern, indem Sie die Schnelladressierung der Mail-Adressierung deaktivieren. (Bei Schnelladressierung können die Benutzer die ersten Buchstaben eines Benutzernamens eingeben, und der Server vervollständigt den Rest des Namens automatisch.)

Achtung – Eins nach dem anderen

Prüfen Sie zuerst den Leistungszustand Ihrer Domino-Infrastruktur und identifizieren Sie mögliche Schwachstellen, bevor Sie in Aktion treten.

▶ Wie sieht die Performance Ihrer Laufwerke (Platten) aus?

▶ Nutzen Sie zur Überprüfung der Disk-I/O gegebenenfalls zu Beginn Tools der eingesetzten Betriebssysteme wie den Performance-Monitor unter Windows oder den Befehl top unter Linux oder einem anderen Unix-Derivat.

▶ Prüfen Sie, ob es in Ihrem Netzwerk hohe Latenzzeiten gibt. Auch hier helfen anfangs schon Bordmittel wie der Ping-Befehl (oder Notes Ping).

▶ Verwenden Sie DDM und Statistiken, um Ihr System „Domino-intern" zu untersuchen.

Daneben können auch die richtigen *notes.ini*-Einstellungen ihren Teil beitragen. Hier finden Sie einige *notes.ini*-Einstellungen aus diversen Bereichen, die sich auf die Domino Server-Leistung auswirken:

▶ Replicators

Diese Einstellung gibt die Anzahl der Replikator-Tasks an, die gleichzeitig auf dem Server ausgeführt werden können. Die Vorgabe ist 1. Normalerweise sollte die Anzahl der Replikatoren mit der Anzahl der Prozessoren auf dem Server übereinstimmen. Auf Hubservern können jedoch mehr Replikatoren ausgeführt werden.

▶ Server_Availability_Threshold

Diese Einstellung gibt den zulässigen Anteil (in Prozent) eines Servers an den zur Verfügung stehenden Ressourcen an. Mit diesem Wert, den Sie auf jedem Server eines Clusters einstellen, legen Sie fest, wie die Belastung auf die Cluster-Mitglieder verteilt wird. Die Vorgabe ist 0, was bedeutet, dass alle Ressourcen zur Verfügung stehen (Belastungsverteilung ist deaktiviert). Ein Wert von 100 zeigt an, dass der Server BELEGT ist. Über den Cluster-Manager wird dann versucht, die Benutzeranforderungen an Cluster-Mitglieder mit höherer Verfügbarkeit umzuleiten.

▶ Server_MaxUsers

Diese Einstellung stellt die maximal zulässige Anzahl an Benutzern ein, die auf einen Server zugreifen dürfen. Wenn diese Anzahl erreicht ist, wird der Serverstatus auf MaxUsers gesetzt. Er nimmt in diesem Zustand keine weiteren Anfragen zum Öffnen einer Datenbank an. Die Vorgabe ist 0 (Benutzer haben unbegrenzten Zugriff auf den Server). Wenn Sie eine maximale Anzahl der auf dem Server zugelassenen Benutzer einstellen, können Sie verhindern, dass die Serverleistung durch zu hohe Belastung beeinträchtigt wird.

▶ Server_Session_Timeout

Diese Einstellung gibt die Anzahl der Minuten an, nach denen der Server automatisch inaktive Netzwerk- und mobile Verbindungen abbricht. Als Mindestdauer wird eine Einstellung von 15, eher 45 Minuten empfohlen. Wenn Sie eine kürzere Zeit festlegen, muss der Server zu oft neue Datenbankserversitzungen öffnen, wodurch die Geschwindigkeit des Servers verlangsamt wird. Für mobile Verbindungen hat XPC ein eigenes internes Zeitlimit. Wenn das XPC-Zeitlimit unter dem Wert Server_Session_Timeout liegt, hat es Vorrang.

▶ ServerTasks

Diese Einstellung steuert die vom Server ausgeführten Dienste. Diese Tasks starten automatisch beim Start des Servers und werden beim Herunterfahren des Servers beendet. Sie können die Leistung verbessern, indem Sie Tasks entfernen, die nicht auf diesen Server gehören.

▶ Translog_Status

Diese Einstellung aktiviert die Transaktionsprotokollierung für alle Datenbanken der Version 5 und höher auf dem Server. Die Vorgabe ist 0 (Transaktionsprotokollierung deaktiviert). Stellen Sie diesen Wert auf 1, um die Transaktionsprotokollierung zu aktivieren. Dies kann in den meisten Fällen die Serverleistung erhöhen. In *Kapitel 8, Transaktionsprotokollierung* erfahren Sie mehr über dieses Thema.

In Sachen Transaktionsprotokollierung und Performance

▶ Deaktivieren Sie die Transaktionsprotokollierung für Ihre Mailboxen über die *notes.ini*-Einstellung MailBoxDisableTXNLogging=1.

▶ Deaktivieren Sie die Transaktionsprotokollierung für die busytime.nsf bzw. clubusy.nsf über die Variable Schedule_disableTXNLOgging=1 in der *notes.ini*.

Beide Einstellungen gelten nur für neue Datenbanken.

Weitere Einstellungen können zur Unterstützung herangezogen werden:

▶ MailLeaveSessionsOpen=1

Diese *notes.ini*-Einstellung kann verwendet werden, um die Leistung des Routers zu steigern. Dadurch wird verhindert, dass ständig neue Router-Sessions geöffnet, geschlossen und wieder geöffnet werden. Dies empfiehlt sich am ehesten für Router, die eine signifikant hohe Last an internem Mail-Routing umzusetzen haben, da dann nicht ständig Handshakes zwischen Servern aufgebaut werden müssen.

- MailLeaveSessionsOpen=1 lässt alle Sessions offen
- MailLeaveSessionsOpen=2 lässt alle LAN-basierten Sessions offen
- MailLeaveSessionsOpen=3 lässt keine Sessions offen

▶ Update_Fulltext_Thread=1

Defaultmäßig wird die Volltextindizierung über den Update-Task umgesetzt, der verantwortlich dafür ist, Ansichten zu aktualisieren. Dies kann schnell zu einem Flaschenhals („Bottleneck") bezüglich der Aktualisierung führen. Wenn Sie die Einstellung Update_Fulltext_Thread verwenden und gleich 1 setzen, führt dies dazu, dass der Server einen eigenen Thread für die Volltextindizierung verwendet und nicht der Aktualisierung der Ansichten im Wege steht. Defaultmäßig läuft die Volltextindizierung und die Ansichtenaktualisierung über einen Thread. Zusätzlich wird empfohlen, die korrespondierende Einstellung FTUPDATE_IDLE_TIME zu verwenden und auf einen Wert kleiner 5 (Default) zu setzen (siehe auch Technote 1247507 unter *http://www.ibm.com/support/docview.wss?uid=swg21247507*).

▶ FTG_USE_SYS_MEMORY

Der Parameter FTG_USE_SYS_MEMORY existiert seit Domino 5.0.9 und sorgt für eine Reduzierung der Memory-Fragmentierung. Wenn große Volltextsuchen umgesetzt werden, können große Blöcke im Speicher allokiert werden. Der Speicher wird zwar nur für einen kurzen Zeitraum benötigt, aber der Notes Memory Manager gibt den allokierten Speicher nicht frei. Dies führt zu einer Speicher-Fragmentierung.

Dank des gesetzten Parameters FTG_USE_SYS_MEMORY=1 wird die Full-Text (FT) Engine angewiesen, direkt den Memory Manager des Betriebssystems für größere Allokierungen, anstatt den Notes Memory Manager zu verwenden. Wird der Parameter dagegen auf 0 gesetzt, wird der Notes Memory Manager verwendet.

Die Empfehlung lautet, diese Einstellung für Domino 6.0 bis 6.5.3 zu deaktivieren, um Serverabstürze zu vermeiden, und ab Domino 6.5.4 zu aktivieren (siehe auch Technote 1116626 unter *http://www.ibm.com/support/docview.wss?uid=swg21116626*).

▸ HttpQueueMethod=2

HTTPQueueMethod=0 (Default) bedeutet keine Veränderung in Bezug auf das Queuing seit der Domino-Version 6.0 und höher. Der Accept-Thread verteilt die Netzwerkverbindungen gleichmäßig auf alle „Worker Threads" entsprechend der Round-Robin-Methode. Verbindungen werden einem spezifischen Thread zugewiesen.

Die Einstellung HTTPQueueMethod=1 führt dazu, dass der Accept-Thread den „Worker-Thread" mit der geringsten Anzahl an zugewiesenen Netzwerkverbindungen findet und diesem die neue Netzwerkverbindung zuweist. Es ist möglich, dass eine neue Netzwerkverbindung einem Thread zugewiesen wird, der gerade einen länger andauernden Request abarbeitet. Es wird empfohlen, aber nicht als notwendig deklariert, dass persistente Verbindungen deaktiviert werden, wenn diese Einstellung verwendet wird, um einen maximalen Effekt zu erzielen. Dies reduziert die mögliche Wartezeit für eine neue Netzwerkverbindung, die in die Queue für einen Thread eingestellt wird, der bereits mit anderen Verbindungen beschäftigt ist.

HTTPQueueMethod=2 wird dafür sorgen, dass der Accept-Thread die einkommenden Netzwerkverbindungen einer Queue zuweist, aus der der Worker-Thread diese dann herausholt. Dies ist das gleiche Modell wie unter Domino R5. Es wird empfohlen, aber nicht als notwendig deklariert, dass persistente Verbindungen deaktiviert werden, wenn diese Einstellung verwendet wird, um einen maximalen Effekt zu erzielen.

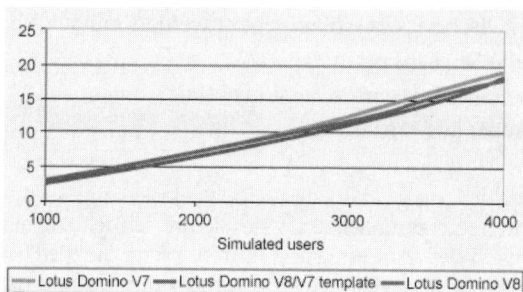

Abbildung 14.13:
CPU-Beanspruchung (%) für
Microsoft Windows Server 2003
(Domino 7, Domino 8)

▸ Die beiden Einstellungen SERVER_NAME_LOOKUP_NO_UPDATE=1 und DEBUG_ENABLE_UPDATE_FIX=8191 sollten zusammen verwendet werden.

SERVER_NAME_LOOKUP_NO_UPDATE=1 weist den Server an, den alten Index zu verwenden, während der neue Index aufgebaut wird. DEBUG_ENABLE_UPDATE_FIX=8191 sorgt für das Fine-Tuning, wenn der Verzeichnis-Indexer aktualisiert wird.

Während der Update-Task die Ansichten des Domino-Verzeichnisses (*names.nsf*) explizit aktualisiert, werden Anfragen wie NameLookup oder NIFFindByKey, die auf Ansichten zurückgreifen, aufgeschoben, bis die Aktualisierung abgeschlossen ist. Dies sorgt gegebenenfalls für sehr langwierige Abfragen und Aktionsumsetzungen oder für Fehlermeldungen wie etwa 'SERVER IS NOT AVAILABLE'.

Unnötige Ansichtenaktualisierungen können durch die Verwendung der *notes.ini*-Einstellungen DEBUG_ENABLE_UPDATE_FIX=MASK (wobei MASK gleichermaßen ein Bit-Muster bis 0x1FFF darstellen kann) und SERVER_NAME_LOOKUP_NO_UPDATE=1 unterdrückt werden. Diese beiden Einstellungen sollten Sie zusammen einsetzen. Seit Domino 8.0 ist die Unterdrückung der Ansichtenaktualisierung per Default aktiviert. Die Einstellung DEBUG_ENABLE_UPDATE_FIX besitzt einen Defaultwert von 8191 (0x1FFF). Technote 1254752 (*http://www.ibm.com/support/docview.wss?rs=463&uid=swg21254752*) emp-fiehlt einen Wert von 8191. Technote 1244315 (*http://www.ibm.com/support/docview. wss?rs=899&uid=swg21244315*) beschreibt die Bit-Optionen im Detail. Eine weitere Referenz stellt die Technote 1254752 unter *http://www.ibm.com/support/docview. wss?rs=463&uid=swg21254752* dar. Prüfen Sie vorab, inwieweit diese beiden Para-meter für Sie relevant sind (siehe auch Technote 1254752, 1244315 und 1364184).

Mögliche *notes.ini*-Einstellungen für Microsoft Windows Server 2003

▷ platform_statistics_enabled=1

▷ server_pool_tasks=80

▷ server_max_concurrent_trans=100

▷ Show_Server_Performance=1

▷ RouterDbCacheSize=6100

▷ NSF_DBcache_maxentries=6000

▷ SCHEDULE_NO_VALIDATE=1

▷ CONSOLE_LOG_ENABLED=1

▷ NSF_Buffer_Pool_Size_MB=250

14.3.5 Caching

Hier geht es um unterschiedliche Aspekte des Caching: zum einen die Steuerung von *cache.ndk* als dem Element der NOS (Notes Object Services), über das Designelemente von Datenbanken zwischengespeichert werden, und zum anderen um die Cache-Verwendung auf Serverseite. Ein Bereich dieser Art von Caching und die Beeinflussung von Cache-Ein-stellungen beim HTTP-Stack von Lotus Domino werden ebenfalls hier behandelt.

Wichtig im Zusammenhang mit dem Caching ist generell, dass die potenziellen Konflikte mit anderen Anwendungen und dem Betriebssystem beachtet werden müssen. Wenn beispielsweise für eine Anwendung wie Lotus Domino mehr Cache reserviert wird, steht dieser Speicher nicht mehr für das Betriebssystem zur Verfügung. Solange ausreichend physischer Hauptspeicher vorhanden ist, ist dies unkritisch, aber ab einem gewissen Punkt konkurrieren verschiedene Anwendungen im System um die knappe Ressource Hauptspei-cher. Daher sollte vorab immer gut überlegt werden, ob der zusätzliche Cache insgesamt betrachtet tatsächlich Vorteile bringt.

Die *cache.ndk* des Notes Clients

Cache ist allerdings nicht gleich Cache. Neben dem Cache, der im Hauptspeicher belegt wird, gibt es, wie am Beispiel von *cache.ndk* deutlich wird, auch noch andere Ansätze für das Caching von Informationen. Bei der *cache.ndk* handelt es sich um eine Datei, die auf Notes Clients angelegt wird und in der Designelemente von Datenbanken gespeichert werden, die sich auf Domino Servern befinden. Ziel von *cache.ndk* ist also im Gegensatz zu den meisten Caches nicht, den Zugriff auf die Festplatte zu minimieren und die

Informationen so weit wie möglich aus dem Hauptspeicher zu holen. Stattdessen sollen der Verkehr im Netzwerk minimiert und die Zugriffe auf den Server reduziert werden, indem immer wieder erforderliche Designelemente wie Masken, Teilmasken und Lotus Scriptbibliotheken nicht bei jeder Benutzung geladen werden müssen. Trotz der Endung *.ndk* handelt es sich bei *cache.ndk* um eine Notes-Datenbank. Somit kann die Datenbank z.B. auch komprimiert werden.

Die Standardgröße für die Datei beträgt 5 MByte. Dieser Wert sollte auch nicht unterschritten werden. Wird die Datei gelöscht, wird sie beim nächsten Start von Lotus Notes wieder in dieser Größe oder in der durch den Eintrag `InitialCacheQuota=x` angegebenen Größe wieder erstellt. Dieser Eintrag kann in der *notes.ini* gesetzt werden, um die Größe von *cache.ndk* zu steuern. Allerdings muss man mit dem Eintrag vorsichtig sein, da er in verschiedenen Versionen von Lotus Notes zu Problemen führt. Wenn die maximale Größe der Datei erreicht ist, werden die ältesten Designelemente aus dem Cache entfernt. Ist die Datei zu klein, kann es dazu führen, dass auch häufiger benötigte Designelemente immer wieder vom Server geladen werden müssen. Das gilt insbesondere dann, wenn regelmäßig mit einer größeren Zahl von Datenbanken oder sehr komplexen Datenbanken gearbeitet wird und entsprechend viele Designelemente auf den Notes Client geladen werden müssen. Um die Größe von *cache.ndk* zu steuern, können auch die Eigenschaften des Arbeitsbereichs verwendet werden. Die Einstellung erfolgt im Register mit den erweiterten Eigenschaften. Dort werden die aktuelle Größe und die definierte maximale Größe angezeigt. Ist die aktuelle Größe nahe an der maximalen Größe, sollte über eine Vergrößerung der Datei nachgedacht werden. Außerdem kann hier die Komprimierung erfolgen. Nicht steuern lässt sich, welche Informationen in *cache.ndk* gespeichert werden. Interessant ist aber, dass beim Öffnen einer Maske alle von dort aus referenzierten Scriptbibliotheken in die *cache.ndk* geladen werden. Das bedeutet, dass es grundsätzlich effizienter ist, mit einer größeren Zahl von gut strukturierten Scriptbibliotheken zu arbeiten, sodass zu jeder Maske möglichst nur die wirklich erforderlichen Scripts geladen werden müssen, anstatt beispielsweise nur eine oder wenige große Bibliotheken anzulegen. Die Ladezeiten beim ersten Öffnen von Masken werden dadurch deutlich beeinflusst.

Datenbank-Cache des Domino Servers

Um Verzögerungen zu minimieren, die entstehen, wenn Benutzer, Server oder API-Programme Datenbanken auf einem Server öffnen oder schließen, verwaltet jeder Server einen Datenbank-Cache. Wenn eine Datenbank geschlossen und sie von keinen Benutzern oder Prozessen verwendet wird, legt Domino die Datenbank im Cache ab, damit sie schnell geschlossen werden kann. Die Datenbank bleibt so lange im Cache, bis sie erneut geöffnet wird, jedoch maximal 15 bis 20 Minuten. Datenbanken im Cache können schnell geöffnet werden. Der Datenbank-Cache ist für den ersten auf dem Rechner gestarteten Prozess verfügbar sowie für alle daraus folgenden Prozesse. Standardmäßig ist der Datenbank-Cache auf einem Server aktiviert. Um den Cache zu deaktivieren, nutzen Sie die *notes.ini*-Einstellung `NSF_DbCache_Disable=1`.

Behalten Sie die Arbeit und die Effektivität des Datenbank-Cache im Auge, indem Sie die Cache-Statistiken gelegentlich überprüfen. Sie können die Statistiken über die Statistikberichte zu Mail und Datenbanken oder mithilfe des Serverbefehls `Show Stat Database.DbCache.*` anzeigen.

Beispielsweise zeigt die Statistik *Database.DbCache.CurrentEntries* die Anzahl der aktuell im Cache gespeicherten Datenbanken an. Wenn sich diese Anzahl häufig dem Wert der Statistik *Database.DbCache.MaxEntries* nähert, erhöhen Sie die Anzahl der Datenbanken, die im Cache gespeichert werden können. Die Statistik *Database.DbCache.MaxEntries* listet die Anzahl der Datenbanken auf, die der Server aktuell auf einmal in seinem Cache speichern kann. Um diesen Wert zu ändern, verwenden Sie die *notes.ini*-Einstellung NSF_DbCache_Maxentries oder vergrößern den realen Arbeitsspeicher.

Standardmäßig ist die Anzahl der Datenbanken, die der Cache auf einmal speichern kann, der höhere der folgenden Werte:

▷ der Wert der Einstellung NSF_Buffer_Pool_Size in der *notes.ini*-Datei geteilt durch 300 KB

▷ 25

Ein großer Datenbank-Cache verbessert zwar die Systemleistung, erfordert aber auch mehr Speicherkapazität. Der zulässige Wertebereich liegt zwischen 25 und 10 000 Datenbanken. Die tatsächliche Anzahl der im Cache zugelassenen Datenbanken entspricht dem 1,5-Fachen des Maximums. Dieser Puffer erhöht die Wahrscheinlichkeit, dass für den Fall, dass ein Benutzer eine Datenbank aus dem Cache öffnet, Domino die Datenbank wieder im Cache ablegen kann, wenn sie geschlossen wird.

Und wieder raus?

Datenbanken werden mithilfe eines „Ager"-Threads aus dem Cache gelöscht. Dieser Thread gibt Arbeitsspeicher frei und führt erforderliche Schreibvorgänge sowie andere Aufgaben aus, um Datenbanken zu schließen. Dieser Prozess erfolgt über einen Zeitraum von 15 bis 20 Minuten. Idealerweise werden Datenbanken rechtzeitig aus dem Cache gelöscht, sodass neue Datenbanken hinzugefügt werden können, ohne dass das Maximum der im Cache zugelassenen Datenbanken überschritten wird. Wenn jedoch das Maximum überschritten wurde, geschieht Folgendes:

▷ Wenn die Anzahl der Datenbanken im Cache kleiner ist als das 1,5-Fache des zulässigen Maximums und eine Datenbank geschlossen wird, wird diese Datenbank zum Cache hinzugefügt und der Ager-Thread wird beschleunigt, um die Anzahl der Datenbanken auf das zulässige Maximum zu reduzieren. Dieser Vorgang kann die Belastung des I/O-Subsystems des Servers und die Konkurrenz um Cache-Ressourcen erhöhen.

▷ Wenn die aktuelle Anzahl der Datenbanken im Cache größer oder gleich dem 1,5-Fachen des zulässigen Maximums ist und eine Datenbank geschlossen wird, legt Domino diese Datenbank nicht im Cache ab. Stattdessen wird eine langsamere Methode ohne Einsatz des Cache verwendet, um die Datenbank zu schließen. Wenn ein Benutzer oder Prozess anschließend die Datenbank öffnet, liest Domino die Datenbank von der Festplatte und nicht aus dem Cache. Dies hat zur Folge, dass die Datenbank langsamer geöffnet wird.

Müssen Sie sich mit der Thematik des Cache-Managements auseinandersetzen, werden Sie vor allem zwei Befehle benutzen, wenn es so scheint, als wolle der Server eine Datenbank nicht mehr „aus dem Cache lassen". Um dies zu überprüfen, zeigen Sie Datenbanken im Cache über den Befehl dbcache show an der Serverkonsole an, um die Namen der aktuell im Cache gespeicherten Datenbanken anzuzeigen. Um die Datenbanken aus dem Cache zu lösen, verwenden Sie den Befehl dbcache flush.

Das Caching beim HTTP-Stack

Ein anderer Bereich des Caching betrifft den HTTP-Stack von Lotus Domino. Dabei geht es darum, dem Benutzer die Informationen, auf die er mit seinem Browser zugreifen möchte, möglichst schnell zur Verfügung zu stellen. Da Lotus Domino als Webserver auf die Bereitstellung von dynamischen Inhalten ausgerichtet ist, spielt das Caching eine etwas geringere Rolle als bei der Bereitstellung von überwiegend statischen Informationen. Bei dynamischen, also sich ändernden Inhalten muss genau überlegt werden, welche Teilinformationen im Cache gehalten werden können und welche nicht. Die Basis beim HTTP-Dienst von Lotus Domino bildet der Befehls-Cache. Dieser ist einer von mehreren Caches beim HTTP-Dienst von Lotus Domino.

Der Befehls-Cache hält Webseiten im Hauptspeicher. Diese Webseiten sollen bei einer erneuten Anforderung schneller bereitgestellt werden, wobei die Voraussetzung ist, dass die Seiten dann auch noch gültig sind. Das bedeutet, dass der Befehls-Cache verstehen muss, ob die betreffende Seite weiterhin gültig ist oder neu geladen werden muss. Wenn es gelingt, mehr Seiten aus dem Cache zu liefern, bringt dies gleich zwei Vorteile:

▶ Der Zugriff auf die Seite wird beschleunigt, weil diese sich noch im Hauptspeicher befindet.

▶ Die Last auf dem Server wird reduziert, weil weniger dynamische Seiten generiert werden müssen. Für den Befehls-Cache werden derzeit folgende Befehle unterstützt:

  – *?OpenDatabase*
  – *?OpenView*
  – *?OpenDocument*
  – *?OpenForm*
  – *?ReadForm*

Lotus Domino analysiert die angezeigten Informationen. Dabei werden insbesondere die @Funktionen untersucht. Auf dieser Basis werden Cache-Strategien entwickelt, was nichts anderes bedeutet, als dass festgelegt wird, ob und in welcher Form ein Caching erfolgen soll. Handelt es sich beispielsweise um Informationen, die Daten von Anwendungen außerhalb der Notes-Datenbank enthalten, kann kein Caching erfolgen. Diese Analyse durch den Server stößt allerdings schnell an ihre Grenzen. Denn letztlich kann hier nur analytisch versucht werden, die Seiten zu bewerten, die eigentlichen Inhalte kann das System aber nicht „verstehen". Darüber hinaus muss der verwendete Algorithmus auch so ausgelegt sein, dass er im Zweifelsfall Seiten aktualisiert, statt nicht mehr aktuelle Informationen anzuzeigen. Daher gibt es noch zwei Funktionen für die Steuerung:

▶ $CacheOptions kann auf 0 gesetzt werden, um festzulegen, dass eine Information nicht gecacht wird.

▶ $CacheValid kann einen numerischen Wert erhalten, der angibt, wie viele Sekunden eine Information auf jeden Fall als aktuell zu gelten hat und somit die Gültigkeit der Information im Cache nicht überprüft wird.

SAT und SAI

Der *notes.ini*-Eintrag Server_Availability_Threshold (SAT) auf einem Domino Server definiert mit dem eingetragenen Wert (0 – 100) den Zeitpunkt, zu dem ein Failover und Loadbalancing geschehen sollen.

Der sogenannte Server_Availability_Index (SAI) wird auf Basis der Response-Zeit eines Domino Servers berechnet (Wert: 0 – 100).

Liegt der Wert des SAI zu einem Zeitpunkt unter dem Wert der SAT-Einstellung, erlangt der Domino Server den Status Busy. Wenn in einem Domino Cluster ein Server den Status Busy hat, können Notes Clients, die zu diesem Zeitpunkt eine Datenbank auf dem Server im Zugriff haben, diese Datenbank weiterhin erreichen. Lediglich der Versuch eines erneuten Öffnens der Datenbank auf diesem Server führt zu dem Hinweis, dass der Server nicht zu erreichen ist.

Da der Notes Client in seinem lokalen Cache über eine Liste der geclusterten Domino Server verfügt, kann er mittels des Cluster-Managers auf den nächsten verfügbaren Domino Server im Cluster zugreifen. Der Cluster-Manager wiederum greift auf das CLUSTER DATABASE DIRECTORY (*ClDbDir.nsf*) zu, um zu entscheiden, welcher Domino Server im Cluster eine Replik der angeforderten Datenbank hält. Nun wählt der Cluster-Manager den am wenigsten belasteten Domino Server aus und gibt den Namen des Servers an den Notes Client weiter.

Weitere Informationen zum Thema SAI und SAT erhalten Sie in *Kapitel 9, Domino Cluster*.

14.3.6 Semaphore

Semaphore können am einfachsten als Ampeln im System verstanden werden. Ein Semaphor regelt das Zusammenspiel zwischen verschiedenen Aufgaben, die das System zu erfüllen hat. Bei Multitasking-Systemen sind solche Semaphore unverzichtbar, damit sich verschiedene Tasks korrekt ausführen lassen. Lotus Notes Domino setzt Semaphore bei der Ausführung bestimmter Tasks und gibt diese nach der Ausführung wieder frei. Ein Beispiel ist die Bearbeitung eines Index durch den Indexer. Wenn der Indexer ausgeführt wird, werden andere Tasks daran gehindert, auf die davon betroffene View zuzugreifen, bis der Indexer seine Arbeit beendet hat. Ansonsten könnten Views auf Basis unvollständiger Indizes angezeigt werden, was wenig sinnvoll wäre. Dabei kann allerdings das Problem auftreten, dass sehr lange Blockaden entstehen. Genauso wie eine nicht richtig geschaltete Ampel zu langen Staus führen kann, führt ein lange gesperrter Semaphor zu langen Antwortzeiten. Administratoren können solche Situationen erkennen und analysieren. Wenn ein Server aufgrund eines solchen Semaphoren-Problems gar nicht mehr antwortet, wird dies als Semaphoren-Timeout bezeichnet. Für den Timeout von Semaphoren gibt es eine Reihe von Ursachen. Das beginnt bei einer hohen Last auf dem Server, wegen der der abzuarbeitende Prozess verzögert wird. Ein anderer Grund sind Deadlocks zwischen Semaphoren. Diese entstehen, wenn zwei Tasks auf Ressourcen warten, die vom jeweils anderen Task belegt sind, und keiner der beiden diese Situation auflösen kann. An Deadlock-Situationen können auch mehr als zwei Tasks beteiligt sein.

Ein weiterer Grund sind Fehler in der Software, wegen denen ein Semaphor nicht freigegeben und damit ein anderer Prozess blockiert wird, obwohl das nicht mehr erforderlich wäre. Das kann auch durch fehlerhafte Scripts und Programme verursacht werden. Besonders typisch sind solche Fehler, wenn Anwendungen bisher nur in kleinen Umgebungen getestet wurden und dann in Produktivumgebungen mit sehr hoher Last eingesetzt werden. Wenn auf einmal wesentlich mehr Ressourcen erheblich intensiver genutzt werden, sind Deadlock-Situationen nicht untypisch, und das nicht nur bei den selbst entwickelten Anwendungen, bei Lotus Domino oder bei Datenbanksystemen, wo Deadlocks am bekanntesten sind, sondern auch bei Betriebssystemen.

Um Informationen über Timeouts bei Semaphoren erkennen zu können, müssen zwei Voraussetzungen gegeben sein:

▶ Die Nutzungssituation des Servers muss so sein, dass solche Timeouts auch produziert werden. Bei geringer Last auf einem Server werden normalerweise keine Timeouts auftreten.

▶ Der Eintrag `Debug_Show_Timeout` in der *notes.ini* muss auf den Wert 1 gesetzt werden, damit solche Ereignisse in der Serverstatistik und an der Serverkonsole angezeigt werden.

Die Informationen zu Semaphoren-Timeouts können in verschiedener Weise abgefragt werden:

▶ An der Serverkonsole werden Meldungen angezeigt, wenn es zu einem Timeout eines Semaphors kommt.

▶ Mit dem Befehl `Show stat sem.timeouts` können Informationen über Timeouts abgefragt werden.

▶ Im Register SERVER > STATISTIK/STATISTICS des Domino Administrator Clients können die Informationen ebenfalls abgefragt werden.

Wenn Timeouts bei Semaphoren auftreten, muss im ersten Schritt analysiert werden, warum es zu dieser Situation kommt. Dazu ist es notwendig, das System in verschiedenen Situationen zu beobachten. Insbesondere gilt es, das Auftreten von Semaphoren in Zusammenhang zur Last auf dem System und zur Nutzung von Domino-Anwendungen zu setzen, um die potenziellen Ursachen der Probleme erkennen zu können. Bei Lotus Domino müssen dabei vor allem folgende Informationen überwacht werden:

▶ Die Timeouts von Semaphoren

▶ Die Anzahl der Benutzer auf dem Server

▶ Die Nutzung des Datenbank-Cache

▶ Die laufenden Tasks auf dem Server

▶ Mit `Show Perf` können Informationen zur Performance des Servers auf einer fortlaufenden Basis angezeigt werden.

▶ Schließlich lassen sich mit `Show Dbs` noch ergänzende Informationen zu einzelnen Datenbanken anzeigen.

Diese Informationen, die auf der Ebene von Lotus Domino überwacht werden können, müssen durch die mit externen Werkzeugen wie dem System Monitor von Windows gesammelten Informationen ergänzt werden (siehe *Abbildung 14.14*).

Mit den so gesammelten Informationen lässt sich beispielsweise erkennen, bei welchen Datenbanken und in welchen Nutzungssituationen es zu Timeouts bei Semaphoren kommt. Bei den Meldungen, die zu diesen Timeouts ausgegeben werden, finden sich auch Hinweise auf die Prozesse und Threads. Eine Information wie [009F:00BE- 0012] verweist sowohl auf Prozess-IDs als auch auf interne und externe Thread-IDs. Der letzte Teil, also 0012, ist die externe Thread-ID, die beispielsweise auch mit dem System Monitor von Windows 2000 überwacht werden kann. Diese Informationen können für den Support wichtig sein, um den Systembereich, der Semaphore erzeugt, genauer identifizieren zu können.

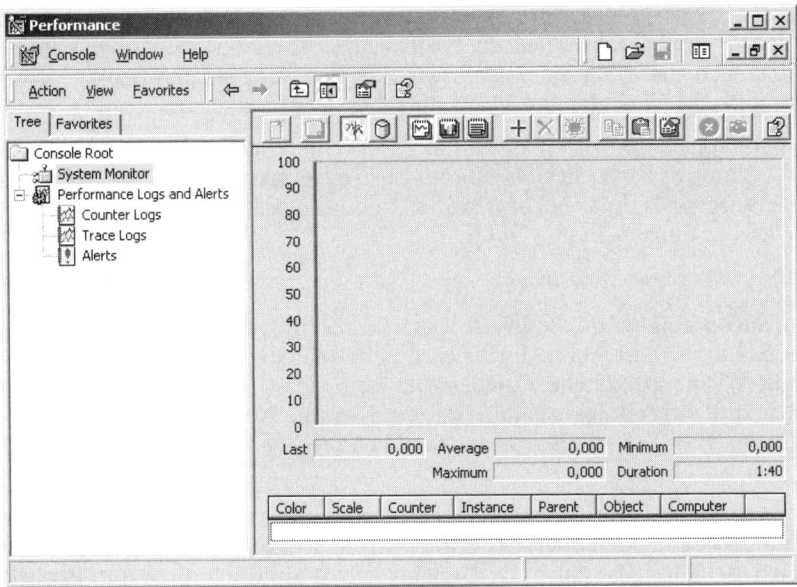

Abbildung 14.14: System Monitor unter Windows

Der erste Schritt bei Performance-Problemen ist die Überprüfung, ob es sich um Sema-phor-Timeouts handelt. Wenn in SERVER > STATISTIK/STATISTICS kein Wert für SEM und damit auch nicht für SEM-TIMEOUTS vorliegt, dann hat es auch keine solchen Timeouts gegeben. Lange Antwortzeiten für Benutzer können auch andere Ursachen haben. Voraussetzung dafür, dass die Timeouts erkannt und auch über die Serverkonsole abgefragt werden können, ist allerdings die Aktivierung spezifischer *notes.ini*-Parameter.

notes.ini-Parameter

Neben dem Parameter Debug_Show_Timeout, nach dessen Aktivierung Meldungen über Semaphoren-Timeouts auch an der Serverkonsole angezeigt werden, gibt es noch eine Reihe weiterer Parameter, die in der *notes.ini* gesetzt werden können:

▷ Mit Debug_Capture_Timeout=1 werden die Timeout-Nachrichten auch in die Datei *semdebug.txt* geschrieben, nicht aber in die Log-Datei des Servers. Um Semapho-re gezielt nachverfolgen zu können, ist es sinnvoll, diesen Parameter zu setzen.

▷ Mit Log_Update=2 und Log_View_Events=1 können umfassendere Informationen insbesondere zur Nutzung von Datenbanken und dem Indexer protokolliert werden.

▷ Server_Show_Performance=1 zeigt umfassende Informationen an der Serverkonsole an.

▷ Debug_Outfile=Dateiname definiert eine Datei, in die die Ausgaben an die Server-konsole geschrieben werden. Auf diese Weise lassen sich diese Informationen leichter analysieren.

▶ Zusätzlich sollte `Debug_Threadid=1` gesetzt werden, um in der erzeugten `Debug_` `Outfile` auch die Informationen zu Prozess- und Thread-IDs aufzunehmen. Damit lässt sich der Zusammenhang zwischen den auftretenden Semaphor-Timeouts und den laufenden Prozessen einfacher nachvollziehen.

Die Zusammenhänge lassen sich über die Prozess-ID einer Meldung und den Task-Manager von Windows Server herstellen. Hier ist zu beachten, dass im Task-Manager dezimale Prozess-IDs und bei Lotus Notes Domino hexadezimale IDs genutzt werden, die jeweils umgerechnet werden müssen.

Wenn solche Timeouts auftreten, sollte im nächsten Schritt die Situation analysiert werden, in der dies der Fall ist. Hier gilt es, den Zusammenhang zwischen der Last und den zu verwendeten Datenbanken herzustellen. Das kann einfach mit den Informationen wie der Datenbanknutzung erfolgen. Parallel dazu müssen die Prozess-IDs der Semaphor-Timeout-Meldungen mit den Prozess-IDs auf der Ebene des Betriebssystems verglichen werden.

Mit diesen Maßnahmen sollte es gelingen, das Problem einzugrenzen, um es entweder an den Lotus Support zu melden oder den Fehlern in einer eigenen Anwendung auf die Spur zu kommen. Schwierig ist dabei der Umgang mit Sperren, ob diese nun explizit über einen Semaphor oder implizit durch das Auslösen von Aktionen wie einer Indizierung von Informationen durchgeführt werden.

14.3.7 Datenbankleistung verbessern

Die Performance von Datenbanken wird durch zahlreiche Faktoren bestimmt. Einer von ihnen ist die Größe der Datenbank. Grundsätzlich sind größere Datenbanken tendenziell langsamer. Indizes können zwar Zugriffe optimieren, die Pflege jedes Indizes kostet aber auch wieder Rechenleistung. Insofern kann dies nur eine Teillösung sein. Die Größe allein ist dabei nicht unbedingt der kritische Faktor. Es gibt aber eine Reihe von Aktivitäten wie die Pflege von Ansichten und Indizes, die Anzahl der Cache-Hits (Treffer im Cache) und andere, die sich bei größeren Datenbanken negativ auf die Performance auswirken.

Mit dem Paramater `View_Rebuild_Dir=`*c:\my_view_rebuild_directory* können Sie festlegen, welches Verzeichnis für temporäre Dateien, die beim Neuaufbau von Ansichten angelegt werden müssen, verwendet werden soll. Wenn der Pfad nicht explizit gesetzt wird, verwendet Domino das *Temp*-Verzeichnis des Betriebssystems. Dieser Parameter in der *notes.ini* kann aus zwei Gründen wichtig sein:

▶ Wenn der vorhandene Plattenplatz nicht ausreicht, verwendet Domino einen ineffizienteren Algorithmus, der nicht so ressourcenintensiv, dafür aber um so langsamer ist. Sollte dies der Fall sein, wird ein entsprechender Eintrag in der Protokolldatei (*log.nsf*) gesetzt: `Warning: unable to use optimized view rebuild for view due to insufficient disk` `space at directory. Estimate may need x million bytes for this view. Using standard` `rebuild instead.`

▶ Je nachdem, welche Controller und Festplatten eingesetzt werden, kann die Verlagerung auf andere Festplatten bessere Zugriffszeiten hervorrufen.

Neben der Größe ist auch die Verschlüsselung ein wichtiger Faktor, der die Performance der Datenbank beeinflusst. Für die Verschlüsselung müssen Dokumente sowohl beim Schreiben als auch beim Lesen zusätzlich bearbeitet werden. Die Verschlüsselung kann dabei sehr viel Rechenzeit konsumieren. Allerdings hat nur eine starke Verschlüsselung spürbaren Einfluss auf die Performance. Zu beachten ist auch, dass ab der mittleren Stärke der Verschlüsselung keine Komprimierung der Datenbank mehr erfolgen kann (siehe *Abbildung 14.15*). Auch das kann wieder Einfluss auf die Performance haben.

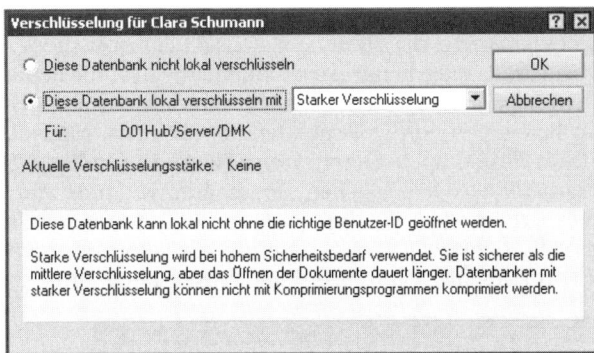

Abbildung 14.15: Datenbankverschlüsselung veranlassen

Ein starkes Anwachsen der Größe von Datenbanken wird am besten vermieden, indem nur die Inhalte in der Datenbank gehalten werden, die auch wirklich benötigt werden. Ein gutes Anwendungsdesign sollte daher ermöglichen, sowohl nicht mehr erforderliche Inhalte löschen zu lassen als auch ältere Daten zu archivieren. Neben der Programmierung gibt es aber auch Optionen für eine automatisierte Archivierung von älteren Inhalten. Faktisch sind ältere Informationen, z.B. solche aus Diskussionsforen, oft nicht mehr erforderlich, auch nicht mehr wirklich nützlich oder werden nur noch in Ausnahmefällen benötigt, sodass eine Archivierung oftmals erheblich Plattenplatz einsparen kann, ohne dass der Benutzer dies bemerkt. Bestimmen Sie eine Archivierungshäufigkeit basierend auf dem Datenbanktyp. Beispielsweise können Sie eine Datenbank, auf die selten zugegriffen wird, z.B. eine Datenbank mit Unternehmensrichtlinien, alle drei Monate archivieren. Archivieren Sie dagegen eine häufig verwendete Verfolgungsdatenbank, z.B. eine Datenbank zur Verfolgung von Kundenanrufen, einmal im Monat oder einmal in der Woche. Beziehen Sie die Anwender in den Prozess mit ein.

Eine weitere Möglichkeit, inaktive Dokumente zu löschen, besteht in der Anwendung bestimmter Replizierparamater, wie dem Entfernen der Löschrümpfe. Löschrümpfe sind Markierungen, die von gelöschten Dokumenten zurückbleiben, sodass Domino weiß, dass diese Dokumente in anderen Repliken der Datenbank gelöscht werden müssen. Da Löschrümpfe Speicherplatz in Anspruch nehmen, entfernt Domino regelmäßig Löschrümpfe, die mindestens so alt sind wie der angegebene Wert. Es prüft nach einem Drittel der für das Bereinigungsintervall angegebenen Zeit auf zu entfernende Löschrümpfe. Angenommen, der Vorgabewert ist 90 Tage. Wenn ein Benutzer eine Datenbank öffnet, prüft Domino, ob seit dem Entfernen von Löschrümpfen mindestens 30 Tage vergangen sind. Ist dies der Fall, werden alle Löschrümpfe entfernt, die mindestens 90 Tage alt sind. Der Updall-Task, der standardmäßig um 2:00 Uhr ausgeführt wird, entfernt ebenfalls Löschrümpfe.

Optional können Sie das Kontrollkästchen aktivieren, um Dokumente in der Replik zu löschen, die innerhalb des Bereinigungsintervalls nicht geändert wurden. Wenn das Kontrollkästchen aktiviert ist und Domino Löschrümpfe entfernt, werden außerdem Dokumente entfernt, die innerhalb der angegebenen Anzahl von Tagen nicht geändert wurden. Diese Dokumente werden bereinigt, d.h., für diese Dokumente bleiben keine Löschrümpfe zurück, sodass die Dokumente in anderen Repliken nicht gelöscht werden. Die Einstellung NUR EINGEHENDE DOKUMENTE REPLIZIEREN, DIE GESPEICHERT ODER GEÄNDERT WURDEN NACH DEM: DATUM verhindert, dass die bereinigten Dokumente über die Replizierung wieder angezeigt werden. Wenn für die anderen Repliken dieses Kontrollkästchen aktiviert ist, findet in ihnen ein Bereinigen von Dokumenten auf ähnliche Weise statt. Zwei wichtige Aspekte sollten Sie im Hinterkopf behalten: Wenn Sie das Kontrollkästchen in einer nicht replizierten Datenbank aktivieren, gehen Dokumente verloren und Sie müssen diese über ein Backup wiederherstellen. Domino entfernt Löschrümpfe regelmäßig gemäß des Bereinigungsintervalls, selbst wenn Sie die Option DOKUMENTE ENTFERNEN, DIE SEIT X TAGEN NICHT GEÄNDERT WURDEN nicht aktivieren (siehe *Abbildung 14.16*).

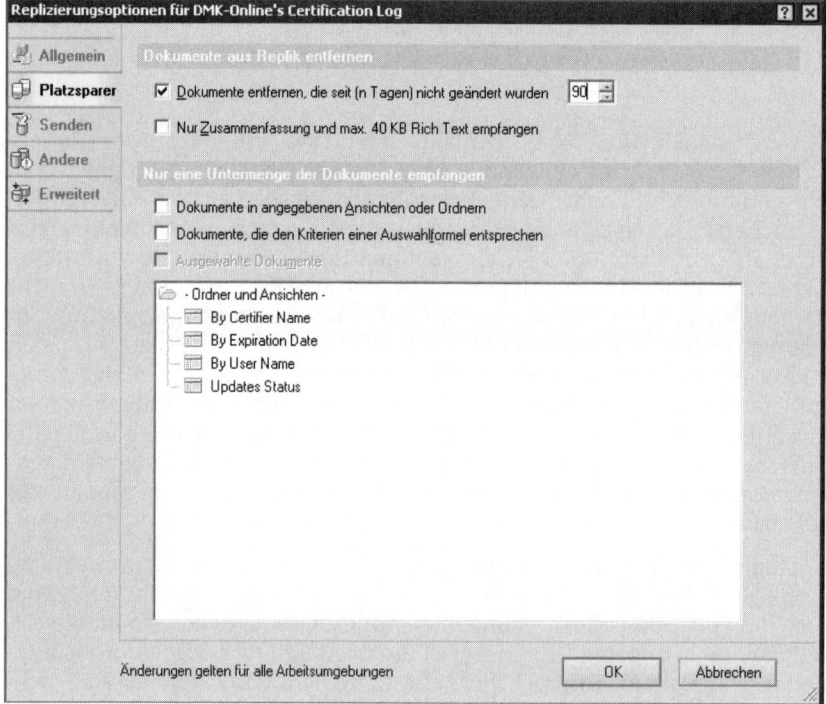

Abbildung 14.16: Replizierparameter zur Bereinigung der Datenbank

Vergessen Sie nicht, freien Speicherplatz auch wirklich physikalisch über die Komprimierung einer Datenbank freizugeben. Wenn Dokumente und Anhänge aus einer Datenbank gelöscht werden, versucht Domino, den freien Platz wieder zu verwenden, anstatt sofort die Dateigröße zu reduzieren. Manchmal kommt es vor, dass Domino den Platz nicht wieder verwenden oder aufgrund von Fragmentierungen den Platz erst effektiv nutzen kann, nachdem die Datenbank komprimiert wurde. Informationen zum Thema Komprimierung und Komprimierungsoptionen für den Compact-Dienst lesen Sie in *Kapitel 4.4.1, Server-Tasks.*

Folgende *notes.ini*-Einstellungen können Sie beispielsweise zum Optimieren der Datenbankleistung verwenden:

notes.ini-Einstellung	Beschreibung
COMPACT_RETRY_RENAME_WAIT	Die Wartezeit vor der Umbenennung einer Datenbank, die mithilfe einer Kopie komprimiert wurde. Der Vorgabewert ist 30 Sekunden.
NSF_BUFFER_POOL_SIZE	Gibt die Datenbankvorgängen zugewiesene Speichermenge an.
NUM_COMPACT_RENAME_RETRIES	Die Anzahl der Versuche, eine mithilfe einer Kopie komprimierte Datenbank umzubenennen. Der Vorgabewert lautet 0.

Erweiterte Datenbankeigenschaften und Performance

Neben der Archivierung und den Replizierparametern gibt es noch eine Reihe weiterer Einstellungen in Domino-Datenbanken, mit denen die Performance beeinflusst werden kann. Eine wichtige Einstellung ist die Option GESPEICHERTE MASKEN IN DIESER DATENBANK ZULASSEN/ALLOW USE OF STORED FORMS IN THIS DATABASE. Diese Option kann über DATEI/ FILE > ANWENDUNG/APPLICATION > EIGENSCHAFTEN/PROPERTIES gesetzt werden (siehe *Abbildung 14.17*). Gespeicherte Masken sind immer dann sinnvoll, wenn Dokumente zwischen Datenbanken ausgetauscht werden, wie dies beispielsweise bei bestimmten Workflows der Fall ist. Die Option wird aber nur benötigt, wenn die Maske nicht in der Zieldatenbank enthalten ist. Das Problem gespeicherter Masken liegt darin, dass sie zusätzliche Last auf dem System verursachen und rund zwanzig Mal so viel Plattenplatz wie bei der Speicherung ohne Masken belegt. Daher sollte beim Design von Datenbanken darauf geachtet werden, dass die gespeicherten Masken nicht erforderlich sind und die Option deaktiviert wird.

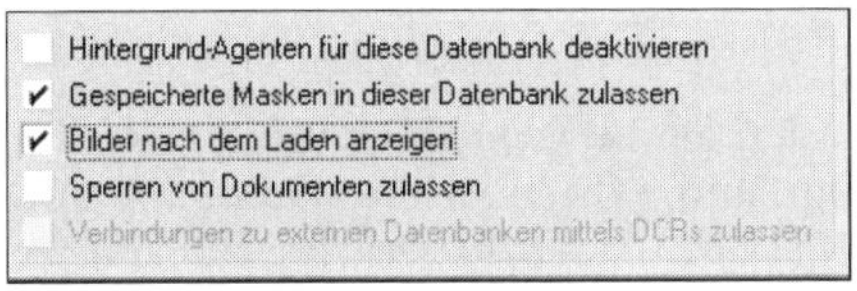

Abbildung 14.17:
Datenbankeigenschaften für das Laden von Bildern und Maskenverwendung

Um Dokumente, die Bilder enthalten, rasch anzuzeigen, wählen Sie die Datenbankeigenschaft BILDER NACH DEM LADEN ANZEIGEN/DISPLAY IAMAGES AFTER LOADING im Register ALLGEMEIN/BASICS. Dies ermöglicht es Notes-Benutzern, den Text zu lesen, während das Bild geladen wird. Mithilfe der Einstellung BILDER LADEN: NACH ANFORDERUNG/LOAD IMAGES: ON REQUEST im Abschnitt ERWEITERT/ADVANCED eines Arbeitsumgebungsdokuments können Sie außerdem festlegen, dass Bilder nur dann angezeigt werden sollen, wenn die Benutzer darauf klicken (siehe *Abbildung 14.18*).

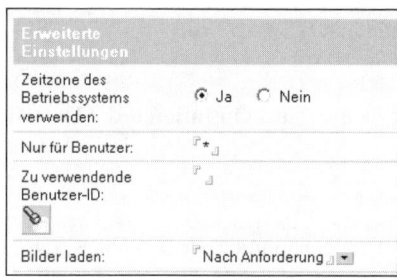

Abbildung 14.18: Verarbeitung von Bildern für Benutzer

Weitere Einstellungen, die Einfluss auf die Performance von Domino-Datenbanken haben, finden sich bei den erweiterten Eigenschaften der Datenbank, also dem letzten Register bei den Datenbankeigenschaften. Das Datenbankformat bietet verschiedene Möglichkeiten, die Datenbankleistung zu verbessern. Dazu gehören:

▶ UNGELESEN-MARKIERUNGEN/ DON'T MAINTAIN UNREAD MARKS deaktivieren

▶ FREIEN PLATZ NICHT ÜBERSCHREIBEN /DON?T OVERWRITE FREE SPACE deaktivieren

▶ LASTACCESSED-EIGENSCHAFT VERWALTEN deaktivieren

▶ Spezielle Antworthierarchien aus Ansichten entfernen, in denen sie nicht verwendet werden

▶ Einträge in $UPDATED-BY-Feldern begrenzen

▶ Einträge in $REVISIONS-Feldern begrenzen

▶ Ablaufzeit für wiederherstellbare Löschungen angeben

▶ WIEDERHERSTELLBARE LÖSCHUNGEN ZULASSEN (dient nicht der Performance-Verbesserung)

▶ LZ1-KOMPRIMIERUNG FÜR ANHÄNGE VERWENDEN/USE LZ1 COMPRESSION FOR ATTACHMENTS

▶ MEHR FELDER IN DER DATENBANK ZULASSEN/ALLOW MORE FIELDS IN A DATABASE

▶ Domino Attachment and Object Service verwenden

▶ DATENBANKGESTALTUNG KOMPRIMIEREN/COMPRESS DATABASE DESIGN

▶ DOKUMENTDATEN KOMPRIMIEREN/COMPRESS DOCUMENT DATA

Eine ausführliche Erklärung zu den Optionen finden Sie in *Kapitel 1.5.5, Eigenschaften einer Datenbank*. Um auf diese Eigenschaften zuzugreifen, öffnen Sie die Datenbank und wählen DATEI/FILE > ANWENDUNG/APPLICATION > EIGENSCHAFTEN/PROPERTIES. Klicken Sie auf das Register ERWEITERT/ADVANCED.

Die Leistung von Datenbanken und des Domino-Verzeichnisses verbessern

Standardmäßig verwendet das Domino-Verzeichnis zwei Eigenschaften, die sich auf die Datenbankleistung beziehen (DOKUMENTENTABELLE IN ANSICHTEN OPTIMIEREN und KEINE UNGELESEN-MARKIERUNGEN VERWALTEN), um die Leistung zu verbessern. Die folgenden *notes.ini*-Einstellungen können sich auf die Leistung von Datenbanken und dem Domino-Verzeichnis auswirken.

▶ NSF_Buffer_Pool_Size

Diese *notes.ini*-Einstellung legt die Größe des NSF-Buffer-Pools fest. Der NSF-Buffer-Pool ist ein Speichersegment, das für die Pufferung von I/O-Übertragungen zwischen den NSF- und NIF-Teilsystemen und dem Festplattenspeicher verwendet wird. Die Anzahl der Benutzer, Größe und Anzahl der Ansichten sowie die Anzahl der Datenbanken wirken sich darauf aus, welche Einstellungen Sie für den Buffer-Pool vornehmen sollten. Der Vorgabewert (wird automatisch vom Server festgelegt) reicht in der Regel aus. Weist die Datenbankstatistik jedoch darauf hin, dass mehr Arbeitsspeicher erforderlich ist, erhöhen Sie den Wert jeweils um einige MB. Mithilfe eines Systemmonitors können Sie ermitteln, ob ein größerer Wert zu übermäßigem Auslagern führt. (Mit NSF_Buffer_Pool_Size wird die Größe des Buffer-Pools in Byte eingestellt, mit NSF_Buffer_Pool_Size_MB wird die Größe in Megabyte festgelegt.) Prüfen Sie den Erfolg dieser Einstellung über den Konsolenbefehl show stat database.database.b*. Führen Sie dies allerdings nicht zu schnell nach einer Änderung durch, um valide Aussagen zu erhalten.

▶ NSF_DbCache_Maxentries

Diese *notes.ini*-Einstellung legt die maximale Anzahl der Datenbanken fest, die im Datenbank-Cache (falls aktiviert) gespeichert werden. Bei kurzen Intervallen speichert Domino bis zu 1,5 Mal so viele Datenbanken, wie für diese Einstellung angegeben wurden. Das Vergrößern der maximalen Anzahl an Datenbanken kann sich zwar positiv auf die Systemleistung auswirken, macht aber zusätzlichen Arbeitsspeicher erforderlich.

Leistung des Verzeichniskatalogs optimieren

Die Einstellungen zur Leistung des Verzeichniskatalogs im Register ERWEITERT/ADVANCED eines Konfigurationsdokuments im Verzeichniskatalog steuern die Komprimierdichte, d.h. wie viele Domino-Verzeichniseinträge in einem zusammenfassenden Dokument eines Verzeichniskatalogs kombiniert werden können, sowie den Prozess des schrittweisen Mischens, d.h. wie und wann Domino-Änderungen an Feldern in zusammenfassenden Dokumenten aktualisiert werden. Die Standardeinstellung für die Leistung von Verzeichniskatalogen ist in den meisten Fällen ausreichend. Ändern Sie diese Einstellungen nur auf einem Verzeichniskatalog.

▶ Die Option KOMPRIMIERDICHTE/PACKING DENSITY: Jedes zusammenfassende Dokument speichert die Feldwerte von maximal 255 Einträgen aus den gesamten Domino-Verzeichnissen. Das heißt, dass beispielsweise das Feld FULLNAME in einem zusammenfassenden Dokument vollständige Namen von maximal 255 Einträgen in den gesamten Domino-Verzeichnissen enthalten kann. Wenn die Volltextsuche häufig zum Durchsuchen eines Serververzeichniskatalogs verwendet wird, etwa wenn der LDAP-Dienst den Verzeichniskatalog verwendet, und diese Suchen im Verzeichniskatalog langsam sind, können Sie die Komprimierdichte reduzieren, um somit die Suchleistung zu verbessern. Durch eine niedrigere Komprimierdichte nimmt die Größe des Verzeichniskatalogs zu.

▶ Die Option ZUSATZFELDER/INCREMENTAL FIELDS: Da ein einzelnes Feld in einem zusammenfassenden Dokument Werte für das Feld aus vielen Domino-Verzeichnissen enthält, ist es wahrscheinlich, dass jedes Feld im zusammenfassenden Dokument irgendwann aktualisiert werden muss und deshalb eine Replizierung erforderlich ist. Um Änderungen von Feldern im Verzeichniskatalog zu verwalten, verwendet Domino standardmäßig einen schrittweisen Mischvorgang, durch den die Änderungen in den zusammenfassenden Dokumenten in temporären Feldern gespeichert werden, bis sich standardmäßig 5 % aller Einträge der Domino-Verzeichnisse geändert haben. Danach „mischt" Domino die in den temporären Feldern gespeicherten Änderungen in den zusammenfassenden Dokumenten mit den Einträgen in den permanenten Feldern und löscht die temporären Felder. Dieser Vorgang findet innerhalb eines Zeitraums etwas willkürlich statt, sodass nur noch einige wenige zusammenfassende Dokumente repliziert werden müssen. Wenn der Quellverzeichniskatalog mit einem Client oder einem Serververzeichniskatalog repliziert wird, werden nur die aktualisierten Felder repliziert. Diese inkrementelle Replizierung führt zu einer höheren Replizierungsleistung, insbesondere wenn die Replizierung über Wählverbindungen erfolgt.

Die Alternative zum schrittweisen Mischen der Felder besteht im Vornehmen der Änderungen direkt in den ursprünglichen Feldern in den zusammenfassenden Dokumenten. Wenn Sie das schrittweise Mischen der Felder deaktivieren, wird die Suchleistung leicht verbessert. Wenn die Replizierung jedoch mit dem Quellverzeichniskatalog über Wählverbindungen erfolgt, dürfen Sie das schrittweise Mischen nicht deaktivieren.

So ändern Sie die Leistungseinstellungen:

1. Wählen Sie im Serverfenster links in Domino Administrator den Server aus, auf dem der Quellverzeichniskatalog gespeichert ist, der von den Servern verwendet wird. Wenn das Serverfenster nicht angezeigt wird, klicken Sie auf das Serversymbol.

2. Klicken Sie auf das Register KONFIGURATION/CONFIGURATION.

3. Erweitern Sie das Fenster VERZEICHNIS/DIRECTORY und wählen Sie den Verzeichniskatalog.

4. Klicken Sie auf KONFIGURATION BEARBEITEN/EDIT CONFIGURATION.

5. Klicken Sie auf das Register ERWEITERT/ADVANCED und nehmen Sie die folgenden Einstellungen vor:

Feld	Beschreibung
KOMPRIMIERDICHTE/ PACKING DENSITY	Eine Zahl, die die maximale Anzahl Einträge angibt, die in einem Dokument zusammengefasst werden können. Die Vorgabe lautet 255 und ist der maximal zulässige Wert. Normalerweise brauchen Sie diesen Defaultwert nicht zu verändern.
	Verändern Sie diesen Wert nicht, wenn Clients eine lokale Replik des Condensed Directory Catalog verwenden.
ZUSATZFELDER/ INCREMENTAL FIELDS	Wählen Sie einen der folgenden Werte aus:
	▶ JA/YES (Vorgabe), um das schrittweise Mischen zu verwenden und Feldänderungen vorübergehend in doppelten Feldern in zusammenfassenden Dokumenten zu speichern, um die Replizierungsleistung zu optimieren.

Feld	Beschreibung
	▸ Nein/No, um Änderungen sofort in den ursprünglichen Feldern der zusammenfassenden Dokumente durchzuführen.
	Normalerweise brauchen Sie diesen Defaultwert nicht zu verändern. Verändern Sie diesen Wert nicht, wenn Clients eine lokale Replik des Condensed Directory Catalog verwenden.
Mischfaktor/ Merge factor	Ein Wert, der besagt, wie viele Einträge im Domino-Verzeichnis prozentual geändert werden müssen, bevor Domino die in den temporären Feldern gespeicherten Änderungen tatsächlich in die Originalfelder der zusammenfassenden Dokumente übernimmt. Die Vorgabe ist 5 %.
	Dieses Feld kann nur verwendet werden, wenn Zusatzfelder auf Ja gesetzt ist. Es wird empfohlen, diese Einstellung nicht zu ändern.

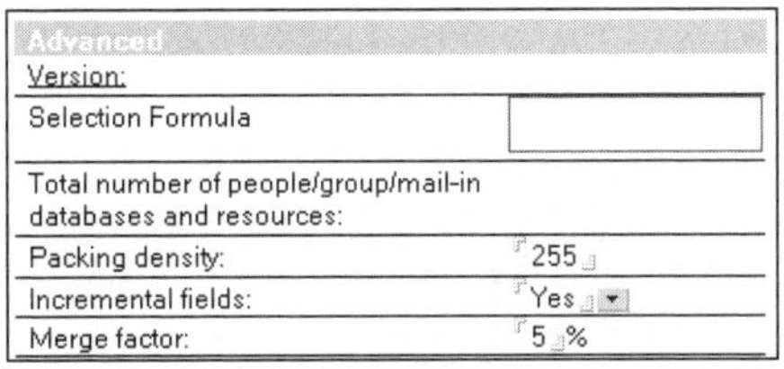

Abbildung 14.19: Einstellungen zum Verzeichniskatalog

6. Speichern und schließen Sie das Dokument.

14.3.8 Datenbankzugriffszeiten

Aus den folgenden Gründen treten beim Zugriff auf Datenbanken möglicherweise Verzögerungen auf:

▸ Die Datenbank wird stark beansprucht: Prüfen Sie die Benutzeraktivität, um festzustellen, ob die Datenbank stark beansprucht wird. Diese Option finden Sie im Register Informationen/Info der Anwendungs-/Datenbankeigenschaften. Überprüfen Sie, ob Hardware und Arbeitsspeicher des Servers leistungsstark genug sind, um die Benutzeraktivität für die Datenbank zu unterstützen. Wenn die Leistung des Servers nicht ausreicht, müssen Sie unter Umständen die Hardware z.B. den Hauptspeicher des Servers aufrüsten. Sie können auch zusätzliche Repliken der Datenbank erstellen, sodass nicht immer alle Benutzer dieselbe Replik verwenden. Wenn die Festplattenbelastung ein Problem darstellt, verschieben Sie die Datenbank auf eine geringer belastete Festplatte.

▸ Es gibt zu viele Ansichten: Wenn die Datenbank viele Ansichten enthält, sollten Sie eine Konsolidierung in Betracht ziehen. Sie können z.B. Ansichten konsolidieren, indem Sie alternative Zusammenstellungen in einer Ansicht erstellen, statt verschiedene Ansichten zu verwenden. Die Datenbankleistung kann beeinträchtigt werden, wenn eine Datenbank zu viele Ansichten enthält.

▸ Ansichtsindizes werden zu häufig aktualisiert: Wenn die Datenbank stark beansprucht wird oder viele Dokumente enthält, sollten Sie die Ansichtsindizes weniger häufig aktualisieren.

▶ Verzögerungen durch die Verarbeitung der Ungelesen-Markierungen: Die Verarbeitung der Ungelesen-Markierungen kann nach dem Öffnen der Datenbank zu Verzögerungen führen. Darüber hinaus wird die Festplatte stark beansprucht, wodurch alle Datenbankoperationen verlangsamt werden. Die Verzögerungen entstehen, wenn die Ungelesen-Markierungen in einer Datenbank aktualisiert werden, während die Datenbank geöffnet wird. Durch Deaktivierung der Ungelesen-Markierungen in der Datenbank können Sie die Verzögerung vermeiden.

▶ Die Datenbankgestaltung ist zu komplex: Eine komplexe Datenbankgestaltung kann zu Leistungsproblemen führen. Wenden Sie sich an den Entwickler, um in Zusammenarbeit mit ihm die Gestaltung zu ändern oder Leistungsprobleme zu minimieren.

▶ Leistungsbezogene Datenbankeigenschaften wurden nicht berücksichtigt. Legen Sie nach Möglichkeit Datenbankeigenschaften zur Verbesserung der Datenbankleistung fest.

▶ Der Datenbank-Cache muss angepasst werden: Wenn Sie ein Systemadministrator sind, überwachen Sie den Datenbank-Cache auf dem Server, auf dem die Datenbank gespeichert ist, um festzustellen, ob er effizient arbeitet. Erhöhen Sie gegebenenfalls die Anzahl der Datenbanken, die im Cache gespeichert werden können. Möglicherweise muss auch die Größe des NSF-Buffer-Pools heraufgesetzt werden.

Generell geht es beim Auftreten von Zugriffslatenzen darum, die Fehlerursache einzugrenzen und zu finden, um sie beheben zu können. Kurz: den Flaschenhals aufspüren und ihn weiten. Bei der Identifizierung des Problems können folgende Fragen helfen:

1. Wo ist das Problem einzuordnen (topografisch und chronologisch)? Dabei geht es um eine Eingrenzung für die Bereiche Domino-Anwendung, Server, Netzwerk etc.
   – Wenn das Performance-Problem auftritt, geschieht dies dann für alle Aktionen der Anwenderseite auf dem Server oder nur für eine bestimmte Applikation?
   – Wenn sich das Problem auf den gesamten Server erstreckt, sind dann auch andere Server betroffen? Nur Domino Server oder auch File-Server?
   – Wenn es sich um das Netzwerk handeln könnte: Bezieht sich das Problem auf eine isolierte Gruppe von Personen oder auf größere Gebäudebereiche?
   – Treten die Probleme stets im gleichen Zeitraum auf?

2. Wo ist das Problem einzuordnen (aktionsbezogen)? Dabei geht es um eine Eingrenzung des Problems innerhalb der Anwendung bzw. um spezifische Auslöser:
   – Tritt das Problem beim Öffnen der Datenbank auf? Beim Öffnen von Ansichten? Beim Scrollen durch die Ansichten? Sind im positiven Fall alle oder nur bestimmte Ansichten betroffen?
   – Tritt das Problem beim Anlegen, Bearbeiten, Speichern oder Lesen von Dokumenten in der Datenbank auf? Welche? Welche Masken bieten die Basis für die entsprechenden Dokumente?
   – Tritt das Problem beim Klick auf einen bestimmten Button auf?

3. Was wurde in der jüngsten Vergangenheit verändert?
   – War der Server oder die Anwendung schon immer so langsam?
   – Seit wann tritt das Problem auf? Wurden größere Datenmengen importiert oder Aufgaben verändert?
   – Gab es ein Datenbank-Update?

14.3.9 Agent-Manager-Leistung

Der Agent-Manager steuert als Dienst auf dem Domino Server, wann Agenten auf einem Server ausgeführt werden. Bei jedem Ausführen eines Agenten werden Serverressourcen beansprucht. Um zu steuern, wann periodische und ereignissensitive Agenten ausgeführt werden, nehmen Sie Einstellungen im Serverdokument und in der *notes.ini*-Datei vor. Wenn Sie den Ausführungszeitpunkt von Agenten anpassen, können Sie möglicherweise Serverressourcen einsparen, jedoch auch die Ausführung der Agenten verzögern.

Die folgenden *notes.ini*-Einstellungen wirken sich darauf aus, wie oft der Agent-Manager Agenten ausführt. Im Allgemeinen gilt, dass Agenten ihre Aufgaben um so früher ausführen, je häufiger sie ausgeführt werden. Das häufige Ausführen von Agenten kann jedoch die Beanspruchung von Serverressourcen erhöhen und sich nachteilig auf die allgemeine Systemleistung auswirken.

▶ `AMgr_DocUpdateAgentMinInterval`: Diese Einstellung gibt die Mindestzeit (in Minuten) an, die zwischen zwei Ausführungen desselben aktualisierungssensitiven Agenten liegt. Damit können Sie das Zeitintervall zwischen Ausführungen eines bestimmten Agenten steuern. Die Vorgabe ist 30 Minuten. Ein längeres Intervall kann dazu führen, dass der Agent weniger häufig ausgeführt wird, was die Serverbelastung verringert. Falls Ereignisse zur Dokumentaktualisierung selten stattfinden, können Sie die Verzögerung verkürzen. (Beachten Sie, dass durch Einstellen dieses Werts und anderer Agent-Manager-Variablen auf null die Verzögerung nicht vollständig beseitigt wird. Es ist stets eine gewisse Verzögerung vorhanden.)

▶ `AMgr_DocUpdateEventDelay`: Diese Einstellung gibt die Zeit in Minuten an, um die der Agent-Manager den Start eines durch die Aktualisierung eines Dokuments ausgelösten Agenten nach Eintritt des Dokumentaktualisierungs-Ereignisses verzögert. Die Vorgabe ist 5 Minuten. Die Zeitverzögerung sorgt dafür, dass der Agent nicht häufiger als angegeben ausgeführt wird, unabhängig davon, wie oft Dokumentaktualisierungen stattfinden. Wenn der Agent ausgeführt wird, werden auch alle weiteren Ereignisse (falls vorhanden) verarbeitet, die in dem Intervall stattgefunden haben. Ein längeres Intervall führt dazu, dass der Agent weniger häufig ausgeführt wird, was den Bedarf an Serverzeit verringert. Falls jedoch Ereignisse zur Dokumentaktualisierung selten sind, können Sie die Verzögerung verringern, damit der Agent bald nach Stattfinden des Ereignisses ausgeführt wird.

▶ `AMgr_NewMailAgentMinInterval`: Diese Einstellung gibt die Mindestzeit (in Minuten) an, bevor derselbe mailsensitive Agent erneut gestartet wird. Die Vorgabe ist kein Intervall zwischen Ausführungen (0). Ähnlich wie bei `AMgr_DocUpdateAgentMinInterval` kann die Eingabe eines Intervalls dazu führen, dass der Agent weniger häufig ausgeführt wird.

▶ `AMgr_NewMailEventDelay`: Diese Einstellung gibt die Zeitverzögerung (in Minuten) des Agent-Managers an, bevor nach der Zustellung neuer Mail ein neuer mailsensitiver Agent geplant wird. Der Vorgabewert ist 1 Minute. Ähnlich wie bei `AMgr_DocUpdate-EventDelay` sorgt die Zeitverzögerung dafür, dass der Agent nicht häufiger als in dem Intervall angegeben ausgeführt wird.

▶ `DominoAsynchronizeAgents`: Diese Einstellung gibt an, ob durch Browser-Clients ausgelöste Web-Agenten gleichzeitig ausgeführt werden können (asynchron). Die Vorgabe ist null (nur ein Agent kann auf einmal ausgeführt werden). Stellen Sie diesen Wert auf 1 ein, damit mehrere Agenten gleichzeitig ausgeführt werden können. Dies kann zur schnelleren Ausführung von Agenten führen. Wenn jedoch eine große Anzahl an Agenten gleichzeitig ausgeführt wird, kann dies die Gesamtleistung des Systems verlangsamen.

Der Agent-Manager überprüft regelmäßig, ob neue Agenten vorhanden sind, die einzuplanen sind. Die folgenden *notes.ini*-Einstellungen steuern, wie schnell ein Agent in die Warteschlange der Zeitplanung gelangt.

▶ AMgr_SchedulingInterval: Diese Einstellung gibt eine Verzögerung (in Minuten) an, bis der Scheduler des Agent-Managers ausgeführt wird. Gültige Werte liegen zwischen 1 und 60 Minuten. Der Vorgabewert ist 1 Minute.

▶ AMgr_UntriggeredMailInterval: Diese Einstellung gibt eine Verzögerung (in Minuten) an, bis der Agent-Manager auf nicht verarbeitete Mail prüft. Gültige Werte liegen zwischen 1 und 1440 Minuten (die Anzahl der Minuten eines Tages). Der Vorgabewert ist 60 Minuten.

Wenn Sie einen ereignissensitiven Agenten erstellen oder ändern, plant der Agent-Manager die sofortige Ausführung. Damit wird sichergestellt, dass der Agent neue Dokumente schnell verarbeiten kann. Mit den folgenden *notes.ini*-Einstellungen können Sie ein Zeitintervall zwischen aufeinanderfolgenden Ausführungen des Agenten angeben. Hierdurch können wiederholte Ausführungen des Agenten vermieden werden, die sich beispielsweise durch eine rasche Folge von auslösenden Ereignissen ergeben können.

▶ AMgr_DocUpdateEventDelay: Diese Einstellung gibt eine Zeit (in Minuten) an, um die der Agent-Manager die Ausführung eines Agenten nach Eintritt der Dokumentaktualisierung verzögert. Die Vorgabe ist 5 Minuten.

▶ AMgr_NewMailEventDelay: Diese Einstellung gibt eine Zeit (in Minuten) an, die der Agent-Manager die Ausführung eines mailsensitiven Agenten nach Zustellung einer neuen Mail-Nachricht verzögert. Der Vorgabewert ist 1 Minute.

▶ AMgr_DocUpdateAgentMinInterval: Diese Einstellung gibt die Mindestzeit (in Minuten) an, die zwischen zwei Ausführungen desselben aktualisierungssensitiven Agenten liegt. Die Vorgabe beträgt 30 Minuten.

▶ AMgr_NewMailAgentMinInterval: Diese Einstellung gibt die Mindestzeit (in Minuten) an, bevor derselbe mailsensitive Agent erneut gestartet wird. Der Vorgabewert lautet 0.

Falls Ihr Server versucht, ein kürzeres Intervall für die Ausführung der Agenten zu planen, als der Agent-Manager verwirklichen kann, erscheint die Meldung AMgr: Zeitplanung für Agenten ist deaktiviert/AMgr: Agent scheduling is paused auf der Konsole. Der Agent-Manager plant erst dann wieder neue Agenten, wenn der Server einige Agenten verarbeitet hat, die bereits geplant sind. Daher kann sich die Ausführung neuer Agenten geringfügig verzögern.

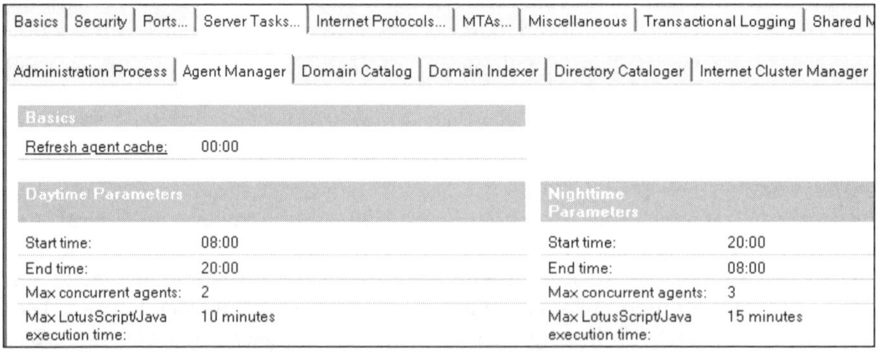

Basics	Security	Ports...	Server Tasks...	Internet Protocols...	MTAs...	Miscellaneous	Transactional Logging	Shared N
Administration Process	Agent Manager	Domain Catalog	Domain Indexer	Directory Cataloger	Internet Cluster Manager

Basics

Refresh agent cache:	00:00		

Daytime Parameters		**Nighttime Parameters**	
Start time:	08:00	Start time:	20:00
End time:	20:00	End time:	08:00
Max concurrent agents:	2	Max concurrent agents:	3
Max LotusScript/Java execution time:	10 minutes	Max LotusScript/Java execution time:	15 minutes

Abbildung 14.20: Einstellungen zum Agent-Manager im Serverdokument

Sie können einen stark ausgelasteten Agent-Manager entlasten, indem Sie Agenten gleichzeitig ausführen lassen. Ändern Sie hierzu das Feld GLEICHZEITIGE AGENTEN (MAX.)/ MAX CONCURRENT AGENTS im Abschnitt SERVER-TASKS > AGENT-MANAGER des Serverdokuments (siehe *Abbildung 14.20*).

Bei Werten größer als 1 können mehrere Agenten gleichzeitig ausgeführt werden. Gültige Werte liegen zwischen 1 und 10. Die Vorgabewerte sind 1 für tagsüber und 2 für nachts. Ein Agent-Executive führt alle gleichzeitigen Agenten aus. Um den momentanen Status des Agent-Managers einzusehen (einschließlich der Anzahl der gleichzeitig ausgeführten Agent-Executives), geben Sie den Befehl `tell amgr status` an der Serverkonsole ein.

14.3.10 Mail-Leistung

Domino bietet eine Reihe leistungssteigernder Funktionen wie die Nutzung mehrerer *mail.box*-Datenbanken und gemeinsame Mail. Die Verwendung mehrerer *mail.box*-Datenbanken ermöglicht es, dass mehrere Serverprozesse gleichzeitig Mail schreiben. Der Router kann z.B. Nachrichten in einer *mail.box*-Datenbank verarbeiten, während Clients oder andere Server Mail in anderen *mail.box*-Datenbanken ablegen. Bei Verwendung von *Gemeinsamer Mail* wird eine Nachricht für mehrere Empfänger eines Servers nur einmal in einer Datenbank für gemeinsame Mail auf dem Server abgelegt. Jeder Empfänger erhält den Nachrichtenkopf, der Haupttext der Nachricht wird jedoch in der Datenbank für gemeinsame Mail gespeichert, um Festplattenspeicher in den Mail-Dateien der Benutzer zu sparen. Benutzer können Mail wie gewohnt weiterleiten und beantworten.

Mehrere *mail.box*-Dateien erstellen

Jeder Domino Mail-Server verwendet eine *mail.box*-Datenbank zur Ablage von Nachrichten, die übertragen werden. Benutzer und Server verwenden sowohl das SMTP- als auch das Notes-Protokoll, um Nachrichten in der *mail.box* abzulegen. Der Router des Servers liest die Nachrichten und stellt sie entweder an eine Mail-Datei auf diesem Server zu oder überträgt sie an die *mail.box*-Datenbank auf einem anderen Server.

In früheren Domino-Versionen wurde vom Router nur eine einzige *mail.box*-Datenbank verwendet. Seit Version 5 können Sie entweder weiterhin nur mit einer *mail.box*-Datenbank arbeiten oder aber durch die Erstellung mehrerer *mail.box*-Datenbanken eine erhebliche Leistungssteigerung erzielen. Bei starker Belastung versuchen möglicherweise mehrere Server-Threads, Mail in *mail.box* abzulegen, während der Router gleichzeitig versucht, Mail zu lesen und zu aktualisieren. Jeder Prozess, der in *mail.box* schreiben möchte (einschließlich der Server-Threads und des Routers), benötigt exklusiven Zugriff auf die Datenbank. Wenn der Router neue Nachrichten aus *mail.box* liest, müssen außerdem andere Prozesse, die in die Datenbank schreiben möchten, warten. Liegen viele neue Nachrichten vor, kann es zu langen Wartezeiten kommen. Ein Beispiel ist ein ausgelastetes System mit starkem Mail-Datenverkehr. Bei Verwendung mehrerer *mail.box*-Datenbanken verwendet Domino mehrere Prozesse gleichzeitig. Während der Router Nachrichten in einer *mail.box* liest, markiert er diese Datenbank als „in Benutzung", sodass andere Server-Threads, die Mail ablegen möchten, zur nächsten *mail.box* weitergehen. Auf diese Weise wird die Leistung verbessert.

Da bei *mail.box* nur selten Engpässe beim Festplattenzugriff auftreten, ist es nicht erforderlich, einzelne *mail.box*-Datenbanken auf verschiedenen Festplatten abzulegen. Sie sollten jedoch die Mail-Dateien der Benutzer auf mehrere Festplatten verteilen, um sicherzustellen, dass sich nicht alle Mail-Dateien und *mail.box*-Datenbanken auf derselben Festplatte befinden. Selbst wenn Sie nur eine zusätzliche *mail.box*-Datenbank hinzufügen, können Sie die Leistung erheblich verbessern. Mit jeder weiteren *mail.box*-Datenbank erzielen Sie eine zusätzliche Steigerung, auch wenn sich die relative Verbesserung mit jeder weiteren Mailbox verringert. Die Anzahl der *mail.box*-Datenbanken geben Sie im Konfigurationsdokument an.

1. Klicken Sie in Domino Administrator auf das Register KONFIGURATION/CONFIGURATION und erweitern Sie den Abschnitt NACHRICHTEN/MESSAGING.

2. Klicken Sie auf KONFIGURATIONEN/CONFIGURATIONS.

3. Wählen Sie das Konfigurationsdokument für den bzw. die Mail-Server aus, auf dem bzw. denen Mail beschränkt werden soll, und klicken Sie auf KONFIGURATION BEARBEITEN/EDIT CONFIGURATION.

4. Klicken Sie auf das Register ROUTER/SMTP > ALLGEMEIN bzw. ROUTER/SMTP > BASICS (siehe *Abbildung 14.21*).

5. Geben Sie einen Wert in dieses Feld ein und speichern Sie anschließend das Dokument.

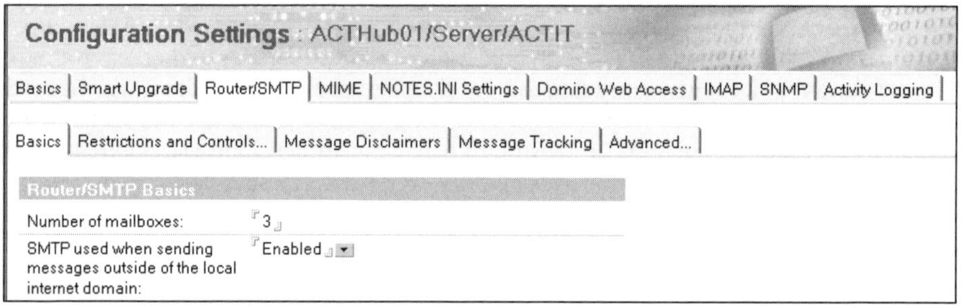

Abbildung 14.21: Anzahl der Mailboxen festlegen

Feld	Eingabe
ANZAHL DER MAILBOXEN/ NUMBER OF MAILBOXES	Eine Zahl zwischen 1 und 10, die die Anzahl der Mailboxen auf jedem Server, der dieses Konfigurationsdokument verwendet, festlegt. Die Vorgabe ist 1.

Schnelladressierung deaktivieren

Die Schnelladressierung zeigt Namen an, die mit den vom Benutzer in die Felder AN, KOPIE und BLINDKOPIE einer E-Mail-Nachricht eingegebenen Buchstaben übereinstimmen. Wenn Sie beispielsweise Jessica W in das Feld AN einer Mail eingeben und Domino ein Personendokument für Jessica Woelm/DMK im Domino-Verzeichnis findet, gibt Domino automatisch den Rest der Empfängeradresse für Sie ein. Sie können die Adresse gegebenenfalls ändern oder neu eingeben. Um Zeit zu sparen, ist die Schnelladressierung in Domino standardmäßig aktiviert. Sie können Bandbreite sparen und die Serverleistung verbessern, indem Sie diese Funktion deaktivieren – wahrscheinlich sehr zum Missfallen Ihrer Anwender. Wenn Sie die Schnelladressierung auf einem Mail-Server deaktivieren, können Benutzer nach wie vor in ihrem persönlichen Adressbuch oder im mobilen Verzeichniskatalog mit der Schnelladressierung nach Adressen suchen, aber nicht mehr im Domino Directory.

1. Klicken Sie in Domino Administrator auf das Register KONFIGURATION/CONFIGURATION und erweitern Sie den Abschnitt NACHRICHTEN/MESSAGING.

2. Klicken Sie auf KONFIGURATIONEN/CONFIGURATIONS.

3. Wählen Sie das Konfigurationsdokument für den bzw. die Mail-Server aus, auf dem bzw. denen Mail beschränkt werden soll, und klicken Sie auf KONFIGURATION BEARBEITEN/EDIT CONFIGURATIONS.

4. Nehmen Sie im Register ALLGEMEIN/BASICS eine Eingabe in folgendes Feld vor und speichern Sie anschließend das Dokument (siehe *Abbildung 14.22*).

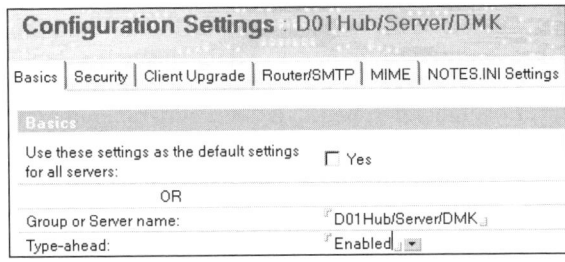

Abbildung 14.22: Aktivieren bzw. Deaktivieren der Schnelladressierung

Feld	Eingabe
SCHNELLADRESSIERUNG/ TYPE-AHEAD	Wählen Sie einen der folgenden Werte aus:
	▷ AKTIVIERT/ENABLED, damit der Server im Domino-Verzeichnis nach Adressen sucht, die mit der Eingabe des Benutzers im Feld AN, KOPIE oder BLINDKOPIE übereinstimmen.
	▷ DEAKTIVIERT/DISABLED, damit der Server nicht nach übereinstimmenden Adressen sucht. Die Benutzer können das persönliche Adressbuch oder den Verzeichniskatalog für die Schnelladressierung verwenden.

notes.ini-Einstellungen zur Verbesserung der Mail-Leistung

Die folgenden *notes.ini*-Einstellungen wirken sich auf die Mail-Leistung aus.

▷ MailMaxConcurrentXferThreads: Diese Einstellung legt die maximale Anzahl der gleichzeitigen Übertragungs-Threads pro Ziel fest. Die Vorgabe ist der Wert MailMaxThreads (siehe unten) durch 2 geteilt. Ab Domino-Version 5 befindet sich diese Einstellung nicht mehr in der *notes.ini*-Datei. Es handelt sich nun um ein Feld im Konfigurationsdokument.

▷ MailMaxDeliveryThreads: Diese Einstellung legt die maximale Zahl der Threads fest, die der Router für die Durchführung der lokalen Mail-Zustellung erstellen kann. Die Vorgabe ist 1. Durch Erhöhen dieses Werts kann der Mail-Durchsatz für lokale Zustellungen verbessert werden. Die ideale Anzahl liegt zwischen 3 und 25. Sie wird durch eine Formel ermittelt, die auf dem Wert von NSF_Buffer_Pool_Size basiert. Ab Domino-Version 5 befindet sich diese Einstellung nicht mehr in der *notes.ini*-Datei. Es handelt sich nun um ein Feld im Konfigurationsdokument.

▷ MailMaxThreads: Diese Einstellung legt die maximale Zahl der Threads fest, die der Mail-Router für die Durchführung der Mail-Übertragung erstellen kann. Ohne diese Einstellung ist ein Thread pro Serveranschluss vorgegeben. Wenn diese Anzahl erhöht wird, werden mehr Threads zur Verarbeitung von Mail-Übertragungen erstellt. Zusätzliche Threads können jedoch auch den Bedarf an Serververarbeitungszeit erhöhen. Ab Domino Version 5 befindet sich diese Einstellung nicht mehr in der *notes.ini*-Datei. Es handelt sich nun um ein Feld im Konfigurationsdokument.

▶ MinNewMailPoll: Diese Einstellung legt fest, wie oft Workstations mit dem Server in Verbindung treten können, um zu sehen, ob neue Mail für den Benutzer angekommen ist. Die Einstellung hebt die Auswahl des Benutzers im Dialogfeld BENUTZERVOR-GABEN > MAIL auf. Sie können das Intervall für Mail-Abfragen heraufsetzen, falls eine große Anzahl an Mail-Benutzern auf den Server zugreift und Sie vermeiden möchten, dass die häufigen Abfragen die Serverleistung beeinträchtigen.

▶ NoMsgCache: Diese Einstellung deaktiviert das Speichern von Nachrichten je Benutzer im Cache durch den IMAP-Task. Hierdurch kann die Kapazität (Anzahl der Benutzer) auf einem Server gesteigert werden, da der Arbeitsspeicherbedarf verringert wird. Jedoch kann sich die Antwortzeit bei manchen Benutzeroperationen verlangsamen.

▶ POP3_Config_Update_Interval: Diese Einstellung legt fest, wie oft (pro Minute) der Domino Server, auf dem der POP3-Dienst ausgeführt wird, seine Konfigurationsinformationen aktualisiert. Die Vorgabe ist 2 Minuten.

14.3.11 Netzwerkkomprimierung

Informationen, die über das Netzwerk gesendet werden, können bei Einsatz von Lotus Notes Domino 6 und höher komprimiert werden. Das reduziert Netzlast, erhöht aber gleichzeitig die Anforderungen für Clients und Server. Deshalb ist sorgfältig abzuwägen, wann diese Funktion sinnvoll ist, da die Komprimierung Ressourcen erfordert, die bei den Seitenberechnungen verbraucht werden. Der Sender muss Daten komprimieren, was die Anwendung bestimmter mathematischer Algorithmen auf die zu sendenden Daten erfordert. Der Empfänger muss die Komprimierung dann wieder aufheben, den Algorithmus also in der umgekehrten Weise ausführen.

> Der LZI-Algorithmus, der seit Domino 6 im Einsatz ist, reduziert Dateigrößen um 5 bis 40 % mehr als der Huffman-Algorithmus in R5.

Die Komprimierung muss sowohl beim Client als auch beim Server aktiviert sein. Beim Notes Client wird die Komprimierung über DATEI/FILE > VORGABEN/PREFERENCES > BENUT-ZERVORGABEN/USER PREFERENCES aktiviert. Dort findet sich im Register ANSCHLÜSSE/PORTS die Option COMPRESS NETWORK DATA. Beim Server wird die Komprimierung über den Domino Administrator aktiviert. Sie findet sich dort im Bereich der Registerkarte SERVER > STATUS. In der Leiste mit den Tools muss der Befehl WERKZEUGE/TOOLS > SERVER > ANSCHLÜSSE KONFIGURIEREN/SETUP PORTS aufgerufen werden. Das dann angezeigte Dialogfeld enthält ebenfalls die Option NETZWERKDATEN KOMPRIMIEREN/COMPRESS NETWORK DATA.

Die entsprechenden Kommunikationsports müssen beim Server neu gestartet werden. Die Client-Einstellungen für die Komprimierung lassen sich über die Richtlinien auch zentral vorgeben. Die Komprimierung erfolgt generell nur, wenn folgende Voraussetzungen erfüllt sind:

▶ Die Komprimierung muss bei beiden Kommunikationspartnern aktiviert sein.

▶ Verschlüsselte Informationen können nicht komprimiert werden. Wenn allerdings die Verschlüsselung auf Portebene verwendet wird, erfolgt erst eine Komprimierung und dann eine Verschlüsselung.

▶ Bereits komprimierte Daten werden nicht noch einmal komprimiert. Das betrifft insbesondere Anhänge, die durch Notes verschlüsselt wurden, oder solche, die bereits in einem komprimierten Dateiformat wie ZIP gepackt sind. Das ist auch wenig sinnvoll, da die zusätzliche Komprimierung einen minimalen Effekt hätte. Wichtig ist das, um die Auswirkung der Komprimierung beurteilen zu können. Der Effekt ist geringer, wenn Daten übertragen werden, bei denen bereits komprimierte Anhänge den Großteil der Last ausmachen, wie es manchmal bei E-Mails der Fall ist.

Wenn es um die Entscheidung geht, ob Komprimierung genutzt werden soll oder nicht, gibt es zwei wichtige Faktoren:

▶ Wie verändert sich die Netzlast?

▶ Wie verändert sich die CPU-Last?

Wie stark sich die Netzlast verändert, hängt in erster Linie von der Struktur der Daten in Datenbanken ab. Als Faustregel kann man davon ausgehen, dass die Komprimierung etwa im Bereich von 50 % liegt. Sie verbessert sich, auch hier abhängig von der Art der Informationen, wenn Anhänge mit LZ1 komprimiert werden. Die Bandbreite, die für die Netzwerkkommunikation verfügbar ist, spielt keine wesentliche Rolle, da die Komprimierung ja auf der Ebene der Datenbank und vor dem Senden der Informationen über eine spezifische Verbindung erfolgt. Die kritische Frage bei der Komprimierung ist aber die Netzlast. Lotus nennt hier Werte von etwa 7 bis 20 % höherer CPU-Last in typischen Anwendungsfällen und einen um rund 15 % höheren Bedarf an Hauptspeicher. Diese prozentualen Angaben können aber bei Systemen mit niedriger Prozessorleistung und wenig Hauptspeicher ansteigen, bei extrem gut ausgestatteten Systemen dagegen niedriger ausfallen. Es handelt sich aber in jedem Fall um signifikante Steigerungen. Das bedeutet in der Konsequenz, dass die Komprimierung nicht generell eingesetzt werden sollte, sondern nur im Zusammenspiel mit Clients und Servern, die über Verbindungen mit niedriger Bandbreite mit anderen Servern zusammenarbeiten. Außerdem sollte der Effekt der Komprimierung genau überwacht werden, indem vor der Aktivierung über einen längeren Vergleichszeitraum Performance-Daten gesammelt und dann mit der Last nach der Aktivierung der Komprimierung verglichen werden.

14.4   Optimierung der HTTP-Dienste

Webserver sind Systeme, bei denen eine Optimierung des Lastverhaltens durch die Vielzahl an Benutzern, aber auch durch Belastungsspitzen von besonderer Bedeutung ist. Wie in allen Bereichen gilt auch hier, dass die Optimierung der HTTP-Dienste nur ein Teil der Gesamtlösung ist. Durch eine optimale Konfiguration lässt sich zwar die Leistung eines einzelnen Servers verbessern. Das heißt aber noch nicht, dass dieser Server auch ausreichend leistungsfähig ist, um die Anforderungen an eine Webseite zu erfüllen. Hier gibt es mehrere andere Maßnahmenbereiche:

▶ Die Bandbreite zwischen dem Internet und den Servern muss ausreichen, um die Anforderungen der Clients zu erfüllen. Hier kann sowohl eine hohe Leitungsbandbreite als auch eine Positionierung der Server beispielsweise in einem Rechenzentrum, das sehr nah an einem der zentralen Knoten des Internets steht, eine Lösung sein.

▶ Die Last, die vor allem durch Downloads entsteht, kann durch die Nutzung sogenannter CDNs (Content Distribution Networks) wie Akamai reduziert werden. Dabei werden Anforderungen statischer Informationen zu diesen CDNs umgeleitet, die Daten über ein eigenes Backbone verteilen und an mehreren Knoten ins Internet einspeisen.

▶ Die Lastverteilung auf mehrere Server kann bei HTTP effizient über sogenannte Network Load Balancer erfolgen. Diese gibt es sowohl als Hardware- wie auch als Softwarelösung. So ist beispielsweise ab dem Windows 2000 Advanced Server der Dienst Network Loadbalancing (NLB) integriert. Network Load Balancer verteilen die eingehenden HTTP-Requests auf mehrere Server und arbeiten statuslos. Problematisch ist dieser Ansatz allerdings in Verbindung mit SSL, auch wenn es für diesen Bereich optimierte Lösungen gibt. Deren Performance ist allerdings signifikant geringer als ohne SSL.

▶ Schließlich lassen sich Domino Cluster bilden, um die Last auf mehrere Server verteilen zu können.

▶ Die Hardware und Konfiguration der einzelnen Server muss optimal sein. Die Konfiguration des HTTP-Dienstes ist ein Teil der Problemlösung. Die Anwendungen, die Konfiguration des Betriebssystems und der Hardware müssen aber ebenfalls optimiert sein.

Ein wichtiger Aspekt ist generell die Nutzung von SSL (Secure Sockets Layer). Die Verschlüsselung bringt zwar Sicherheit. Sie sollte aber nur sehr gezielt eingesetzt werden, da die Ver- und Entschlüsselung von Informationen sehr hohe Anforderungen an die Performance stellt. Generell gilt, dass nur wirklich sensible Informationen verschlüsselt werden sollten. Es ist in den wenigsten Fällen sinnvoll, komplette Websites zu verschlüsseln. Bei einer Shopping-Site reicht es aus, die wichtigsten Teile des Bestellprozesses zu verschlüsseln, ansonsten aber unverschlüsselt zu arbeiten.

14.4.1 Anpassungsmöglichkeiten

Im Serverdokument lassen sich über das Register INTERNET-PROTOKOLLE/INTERNET PROTOCOLS > DOMINO WEBSERVER/DOMINO WEB ENGINE Festlegungen zum Speicher-Cache vornehmen. Damit wird gesteuert, wie Lotus Domino Informationen über HTTP-Befehle, Datenbanken und Benutzer im Cache hält. Je mehr Informationen im Cache gehalten werden, desto schneller ist tendenziell der Zugriff auf diese Informationen, da sie nicht erst von der Festplatte geladen werden müssen, wenn es die richtigen Informationen sind. Da es aber nicht sinnvoll ist, alles zwischenzuspeichern, müssen Sie genau überlegen, wie der Cache optimal aufgebaut wird. Dabei sind zwei Aspekte zu beachten:

▶ Seiten mit @-Formeln werden teilweise zwischengespeichert, teilweise aber auch nicht. Nicht zwischengespeichert werden z.B. Seiten, die @TODAY enthalten, da diese als zu flüchtig betrachtet werden. Diese Seiten werden daher bei jedem Aufruf neu geladen.

▶ Das lässt sich aber wiederum durch Setzen des Felds $CACHEVALID in einem Dokument ändern. Dort kann ein numerischer Wert eingetragen werden, der die Anzahl von Sekunden definiert, für die die Gültigkeitsüberprüfungen dieser Seite ausgeschaltet werden.

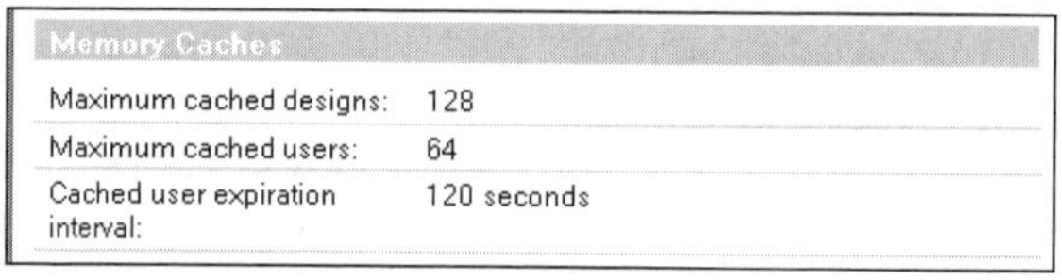

Memory Caches	
Maximum cached designs:	128
Maximum cached users:	64
Cached user expiration interval:	120 seconds

Abbildung 14.23: Anpassungen im Serverdokument in Bezug auf den HTTP-Cache

In Bezug auf den Cache können folgende Einstellungen festgelegt werden:

▷ Das Maximum an gepufferten Gestaltungen/Maximum cached designs definiert, wie viele Gestaltungselemente im Cache gehalten werden. Auch hier muss Domino beim Öffnen Umsetzungen vornehmen, die zeitintensiv sind. Durch das Caching wird das vermieden. Der Standardwert ist 128.

▷ Das Maximum an gepufferten Benutzern/Maximum cached users legt fest, für wie viele Benutzer der Benutzername, das Kennwort und die Liste der Gruppen, zu denen dieser Benutzer gehört, im Cache gehalten werden. Die Auflösung kostet Zeit. Der Standardwert ist 64.

Die Anpassung der Zahl von gepufferten Benutzern muss entsprechend der Zahl von authentifizierten parallelen Verbindungen erfolgen. Wenn es regelmäßig mehr als 64 parallele Sitzungen gibt, muss der Wert entsprechend erhöht werden, weil diese Sitzungen ansonsten nur sehr ineffizient abgewickelt werden können. Das Ablaufintervall hängt wiederum von der Länge der durchschnittlichen Sitzung ab. Wenn eine authentifizierte Sitzung im Regelfall deutlich länger dauert oder längere Pausen auftreten, weil beispielsweise umfassende Informationen vom Benutzer eingegeben werden müssen, sollte der Wert erhöht werden.

▷ Das Ablaufintervall für gepufferte Benutzer/Cached user expiration interval gibt an, nach welcher Zeit (in Sekunden) Benutzerinformationen wieder aus dem Cache entfernt werden sollen, wenn sie nicht mehr genutzt wurden. Standard sind hier 120 Sekunden.

Die erste Einstellung kann bei ausreichendem Cache erhöht werden. Das ist sinnvoll, wenn eine größere Zahl von Datenbanken und Ansichten regelmäßig geöffnet wird. Hier muss letztlich analysiert werden, welche Elemente in welcher Häufigkeit genutzt werden. Wenn immer nur auf wenige Seiten zugegriffen wird, ist eine Anpassung dieser Werte nach oben wenig sinnvoll. Eine Anpassung nach unten ist generell nicht sinnvoll, da der Speicherbedarf nicht so groß ist, dass daraus ein Problem entstehen sollte.

Wichtige Einstellungen finden sich auch im Register Internet-Protokolle/Internet Protocols > HTTP/ HTTP des Serverdokuments (siehe *Abbildung 14.24*).

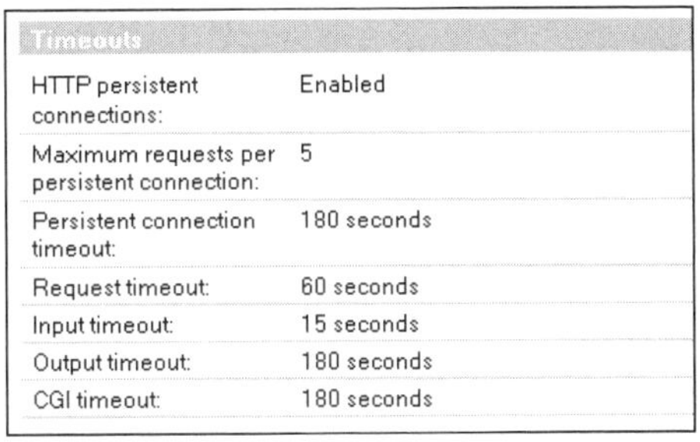

Timeouts	
HTTP persistent connections:	Enabled
Maximum requests per persistent connection:	5
Persistent connection timeout:	180 seconds
Request timeout:	60 seconds
Input timeout:	15 seconds
Output timeout:	180 seconds
CGI timeout:	180 seconds

Abbildung 14.24: Anpassungen im Serverdokument in Bezug auf die Zeitlimits

Dort können Zeitintervalle eingestellt werden, nach denen Sitzungen getrennt werden.

▷ Das Intervall Eingabe-Zeitlimit/Input timeout steuert, wie viele Minuten eine Verbindung aufrecht erhalten wird, wenn ein Client keine Meldung zum Aufrechterhalten der Verbindung sendet. Die Vorgabe ist 15 Sekunden.

▶ Das AUSGABE-ZEITLIMIT/OUTPUT TIMEOUT ist standardmäßig auf 180 Sekunden gesetzt. Es legt fest, innerhalb welcher Zeit die Bearbeitung einer Anforderung durch den Server abgeschlossen sein muss. Dieser Wert kann gegebenenfalls verkürzt werden. Auf der anderen Seite liegen die Probleme, wenn der Timeout relevant wird, nicht bei diesem Parameter, sondern in anderen Bereichen, denn dann ist der Server oder sind die eingesetzten Anwendungen offensichtlich nicht leistungsfähig genug, um Anforderungen von Clients in auch nur ansatzweise akzeptabler Zeit zu bearbeiten.

▶ Das CGI-ZEITLIMIT/CGI TIMEOUT ist im Regelfall auf 180 Sekunden gesetzt. Im Normalfall sollte eine Antwort sehr viel schneller kommen. Daher ist auch hier keine Anpassung sinnvoll.

Eine der wichtigsten und zugleich komplexesten Einstellungen für die Performance von Webservern findet sich ebenfalls in diesem Register. Dort kann auch die Zahl der verwendeten Threads konfiguriert werden. Hier gibt es zunächst den Parameter MAXIMALE ANZAHL VON ANFORDERUNGEN PRO BESTÄNDIGER VERBINDUNG/MAXIMUM REQUESTS PER PERSISTENT CONNECTION. Damit lässt sich definieren, dass ein Browser mehr als eine parallele Anforderung über eine Verbindung senden darf. Diese Funktion bieten Browser mit Unterstützung von HTTP 1.1 oder höher. Grundsätzlich ist es sinnvoll, mehrere Verbindungen zu unterstützen, weil damit komplexe Anforderungen schneller abgearbeitet werden können. Allerdings werden dann auch mehrere HTTP-Server-Threads durch einen Client belegt.

Weitere Einstellungen:

ZEITLIMIT FÜR BESTÄNDIGE HTTP-VERBINDUNGEN/ PERSISTENT CONNECTION TIMEOUT	Gibt den Zeitraum an, für den eine ständige Verbindung aufrecht erhalten werden soll. Die Vorgabe liegt bei 180 Sekunden.
ANFORDERUNGS-ZEITLIMIT/ REQUEST TIMEOUT	Gibt den Zeitraum an, den ein Server wartet, bis eine Anforderung in ihrer Gesamtheit den Server erreicht. Wenn der Server die Anforderung nicht im angegebenen Zeitraum erhält, kappt der Server die Verbindung. Die Vorgabe liegt bei 60 Sekunden.

Anzahl der vom Domino Webserver verwendeten Threads festlegen

Sie können die Anzahl Threads angeben, die der Webserver bearbeiten kann, und Sie können die Anzahl Anforderungen, die ein Benutzer über eine einzelne Verbindung an den Server senden kann, einstellen. Die Anzahl der Threads gibt in der Regel über die Anzahl der Benutzer Aufschluss, die gleichzeitig auf den Server zugreifen können.

Wenn die Anzahl aktiver Threads erreicht ist, stellt der Domino Server neu eingehende Anforderungen in eine Warteschleife, bis eine andere Anforderung abgeschlossen ist und Threads verfügbar werden. Je leistungsstärker der Computer ist, desto höher sollte die Zahl der Threads sein, die Sie angeben. Wenn der Rechner beginnt, zu viel Zeit z.B. für Auslagerung in Anspruch zu nehmen, sollte diese Anzahl der Threads reduziert werden. Thread-Optionen können Sie im Register INTERNET-PROTOKOLLE/INTERNET PROTOCOLS > HTTP > ALLGEMEIN/BASICS des Serverdokuments einstellen.

ANZAHL DER AKTIVEN THREADS/ NUMBER ACTIVE THREADS	Die Anzahl Threads, die gleichzeitig auf dem Server aktiv sein sollen. Die Vorgabe ist 40.

Beschränkung der Datenmenge für den Versand an einen Webbrowser

Webclients können eine Datei herunterladen, die an eine Seite angehängt ist oder sich in einem Serververzeichnis befindet, dem eine URL zugeordnet ist. Wenn ein Client ein Programm verwendet, das Byte-Range-Serving beim Herunterladen unterstützt (verfügbar in HTTP 1.1), lädt der Client die Datei in Abschnitten (Bytebereiche) herunter und überwacht den Download-Status jeder Datei. Wenn eine Unterbrechung eintritt, kann der Client den Vorgang an dem Punkt wiederaufnehmen, an dem er unterbrochen wurde. Ohne Byte-Range-Serving muss der Ladevorgang von vorne begonnen werden. Durch Byte-Range-Serving können Dateien effizienter und mit weniger Fehlern heruntergeladen werden. Domino ist kompatibel mit Clients, die die HTTP 1.1-Spezifikation unterstützen. Es gibt verschiedene Möglichkeiten, die Clients zu implementieren, z.B. als Browser-Plug-Ins, Applets oder eigenständige Programme.

Angehängte Dateien müssen dekomprimiert werden, damit Clients, die Byte-Range-Serving unterstützen, darauf zugreifen können. Wenn Sie eine Datei anhängen, müssen Sie die Option KOMPRIMIEREN deaktivieren. Um zu prüfen, ob ein vorhandener Anhang dekomprimiert ist, wählen Sie DATEI/FILE > EIGENSCHAFTEN: DOKUMENT/DOCUMENT PROPERTIES, dann das Feld $FILE und sehen nach, ob die Eigenschaft für den Komprimierungstyp auf KEINE/NONE gesetzt ist.

Beschränkung der Datenmenge für den Versand an eine Datenbank

Über die Methoden HTTP POST und PUT können Benutzer Daten an den Domino Server senden. Domino bietet im Serverdokument das Feld MAXIMALE GRÖSSE VON ANFORDERUNGS-INHALT/MAXIMUN POST DATA. Hier können Sie die entsprechende Datenmenge begrenzen. Diese Begrenzung gilt für beide Arten von Methoden, egal, ob es sich bei dem Ziel um eine Datenbank, ein CGI-Programm oder ein Java-Servlet handelt. Außerdem ist es für alle Websites gültig.

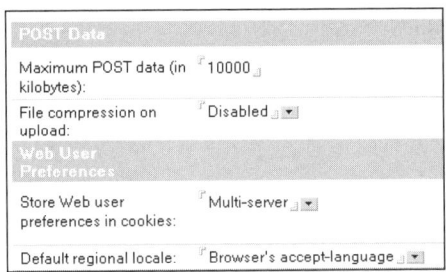

Abbildung 14.25: POST-Datamenge

Das Website-Dokument enthält Einstellungen, die diese Methoden steuern, die eine Datenbank als Ziel haben (z.B. das Ausfüllen einer Maske oder das Übertragen eines Dateianhangs). Diese Einstellungen befinden Sie im Website-Dokument, sodass Sie für jede Website unterschiedliche Werte angeben können (siehe *Abbildung 14.25*). Dies können Sie auf folgendem Weg realisieren:

1. Klicken Sie in Domino Administrator auf das Register KONFIGURATION/CONFIGURATION, erweitern Sie den Web-Abschnitt und klicken Sie auf INTERNET-SITES/INTERNET-SITES.
2. Wählen Sie das zu bearbeitende Website-Dokument aus und klicken Sie auf DOKUMENT BEARBEITEN/EDIT DOCUMENT.

3. Klicken Sie auf das Register Domino Webserver/Domino Web Engine. Geben Sie unter POST-Daten/POST Data Werte in die folgenden Felder ein:

Feld	Aktion
Maximale Grösse von POST-Daten/ Maximum POST data	Geben Sie die Datenmenge in Kilobytes an, die Benutzer in einer POST-Anforderung, die eine Datenbank zum Ziel hat, an die Website senden können. Die Vorgabe ist 0, d.h., die Datenmenge ist nicht begrenzt (sie wird jedoch durch die Einstellung Maximale Grösse von Anforderungsinhalt im Serverdokument begrenzt). Diese Begrenzung gilt für die HTTP-Methoden PUT und POST. Wenn die Benutzer versuchen, mehr als die maximal zulässigen Daten zu senden, gibt Domino eine Fehlermeldung an den Browser zurück.
Datei beim Hochladen komprimieren/ File compression on upload	Wählen Sie einen der folgenden Werte aus: ▶ Aktiviert/Enabled: Um Dateien vor dem Hinzufügen zu einer Datenbank zu komprimieren. Durch die Komprimierung von Dateien sparen Sie Plattenspeicher auf dem Server ein. ▶ Deaktiviert/Disabled (Vorgabe): Wenn Clients einen Browser verwenden, der Byte-Range-Serving unterstützt. Sie können keine komprimierten Dateien unter Verwendung von Domino Byte-Range-Serving herunterladen.

14.4.2 Web-Agenten

Im Serverdokument können Sie unter Internet-Protokolle/Internet Protocols > Domino Webserver/Domino Web Engine im Bereich Web-Agenten/Web Agents das Zeitlimit für die Agenten-Ausführung in Sekunden und eine Angabe für die gleichzeitige Anzahl an Web-Agenten definieren (siehe *Abbildung 14.26*).

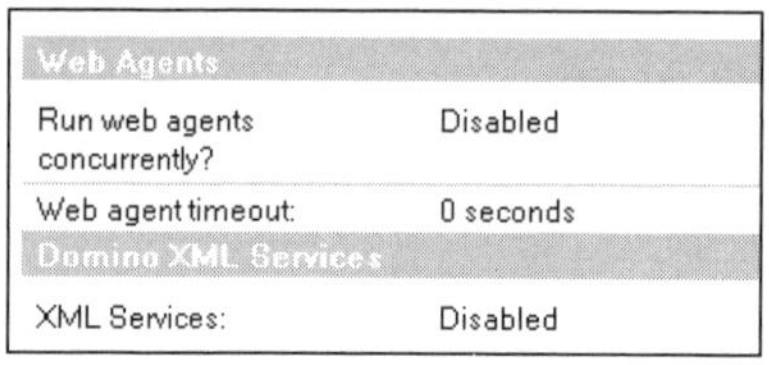

Web Agents	
Run web agents concurrently?	Disabled
Web agent timeout:	0 seconds
Domino XML Services	
XML Services:	Disabled

Abbildung 14.26: Konfiguration der Web-Agenten im Serverdokument

14.5 Performance im Domino Cluster

Verfügbarkeit, Sicherheit und Skalierbarkeit sind drei Kernanforderungen der IT. Cluster können helfen, zwei dieser Anforderungen besser zu erfüllen. Cluster erzielen eine höhere Verfügbarkeit, da Benutzer die Möglichkeit haben, bei Fehlern mehr oder minder transparent auf einem anderen Knoten im Cluster weiterzuarbeiten. Cluster können aber auch eine höhere Skalierbarkeit bringen, wenn Anwendungen auf mehr als einem Knoten im Cluster laufen und sich die Anforderungen damit auf mehrere physische Server verteilen lassen.

Ein Lotus Domino Cluster wird auf Basis von Lotus Domino und nicht auf der Ebene der Betriebssystemsoftware konfiguriert. Der Cluster stellt zentralisiert Ressourcen bereit und kann aus Domino Servern auf unterschiedlichen Systemplattformen zusammengestellt sein. Domino Cluster stellen eine Failover-Funktionalität bereit. Clients werden nach Fehlern auf einen anderen Server geleitet, der eine Replik der Datenbank hat, auf die zugegriffen werden soll.

Im Gegensatz zur Standardreplikation wird zwischen den Knoten eines Clusters mit einer ereignisgesteuerten Replikation gearbeitet. Änderungen werden sofort nach dem Auftreten an die anderen Repliken der Datenbank verteilt. Diese Funktion wird vom Cluster-Replicator bereitgestellt. Sie unterscheidet sich von der auf einem Zeitplan basierenden Standardreplikation sowohl positiv durch die (fast) sofortige Verfügbarkeit der Änderungen auf allen Knoten im Cluster mit einer Replik der betreffenden Datenbank als auch negativ durch die höhere Replikationslast, die bei diesem Verfahren entsteht.

Ein Cluster kann zwei bis sechs Server enthalten. Je mehr Server Sie einem Cluster hinzufügen, um so besser können Sie im Allgemeinen die Belastung verteilen, sodass kein Server überlastet wird und eine hohe Leistung erhalten bleibt. Wenn auf Servern jedoch zu viele Server-Tasks oder CPU-intensive Anwendungen ausgeführt werden bzw. zu viele Repliken gespeichert sind, kann das Hinzufügen von Servern die Leistung verringern, da für die Synchronisierung der Datenbanken auf allen Servern zusätzlicher Cluster-Datenverkehr erforderlich ist.

Wenn Ihr Unternehmen klein ist, können Sie mit zwei Servern beginnen und Server hinzufügen, wenn Ihr Unternehmen wächst, ohne damit die Leistung für die Benutzer zu beeinträchtigen. Bedenken Sie, dass jeder weitere Server zusätzlichen Netzwerkdatenverkehr verursacht, wenn er Überprüfungen an die anderen Cluster-Server sendet, um deren Status zu überprüfen, und wenn er eine Cluster-Replizierung durchführt. Daher sollten Sie Server erst dann hinzufügen, wenn Sie die zusätzlichen Kapazitäten tatsächlich benötigen.

In einem größeren Unternehmen müssen Sie entscheiden, ob große oder kleine Cluster gebildet werden sollen. Ein großer Cluster kann die Belastung besser auffangen, wenn ein Cluster-Server ausfällt. Wenn bei einem Cluster mit nur zwei Servern ein Server ausfällt, muss der andere Server die Belastung des ausgefallenen Servers zu 100 % übernehmen. Dies bedeutet, dass jeder der Server nur mit 50 % seiner Kapazität laufen sollte, sodass genügend Kapazität verfügbar ist, um bei Bedarf die Belastung des anderen Servers aufzufangen. Wenn der Cluster aus sechs Servern besteht, müssen bei Ausfall eines Servers die übrigen fünf Server nur jeweils 20 % der Belastung übernehmen. So kann jeder Server mit einer Kapazität von 80 % laufen und dennoch die Belastung eines ausgefallenen Servers auffangen. (Es gibt natürlich auch andere Faktoren, die bestimmen, wie die Belastung eines ausgefallenen Servers ausgeglichen wird, z.B. die Verteilung von Repliken auf die Cluster-Server.)

Die Anzahl der Server, die Sie in einem Cluster zusammenfassen möchten, hängt vom verfügbaren Festplattenspeicher und der Prozessorkapazität jedes Servers ab. Berücksichtigen Sie die folgenden Faktoren bei der Entscheidung, welche Hardware im Cluster verwendet werden soll:

▷ Je mehr Repliken Sie erstellen, um so mehr Festplattenspeicher benötigen Sie und um so mehr Prozessorkapazität ist für die Cluster-Replizierung erforderlich.

▷ Das Cluster-Datenbankverzeichnis benötigt 2 Megabyte Festplattenspeicher und zusätzlich 1 Megabyte für jeweils 2000 Datenbanken im Cluster.

▷ Je mehr Server sich im Cluster befinden, um so mehr Prozessorkapazität benötigt jeder Server für die Kommunikation mit den anderen Cluster-Servern.

▷ Sie benötigen auch mehr Prozessorkapazität, wenn Sie viele Server-Tasks und CPU-intensive Anwendungen auf einem Server ausführen.

▶ Jeder Server muss über ausreichende Prozessorkapazität für seine Datenbanken sowie für die Datenbankrepliken verfügen.

▶ Je mehr Benutzer ein Server gleichzeitig verwalten muss, um so mehr Arbeitsspeicher benötigt er, um eine hohe Leistung aufrechtzuerhalten. Verwenden Sie folgende Formel, um zu ermitteln, wie viel Arbeitsspeicher erforderlich ist:

Empfohlene Arbeitsspeicherkapazität für Domino + 1 Megabyte für je drei gleichzeitige Benutzer.

Wenn die empfohlene Speicherkapazität für Domino beispielsweise 64 Megabyte beträgt und Sie 180 Benutzer unterstützen möchten, benötigen Sie 124 Megabyte Speicher (64 Megabyte + 180/3 Megabyte). In diesem Fall würden Sie 128 Megabyte Arbeitsspeicher installieren, da dies die nächstgrößte konfigurierbare Arbeitsspeichermenge ist.

▶ Bei einem großen Cluster oder starker Cluster-Belastung können Sie mehrere Cluster-Replikatoren verwenden, um die Leistung während der Cluster-Replizierung zu verbessern. In einem stark ausgelasteten Cluster beträgt die Anzahl der Cluster-Replikatoren, die Sie verwenden können, eins weniger als die Gesamtanzahl der Server im Cluster. Installieren Sie zusätzlich zwei Megabyte Speicher für jeden Cluster-Replikator, den Sie verwenden möchten.

Unter dem Aspekt der Performance-Optimierung steht bei Domino Clustern das Workloadbalancing im Mittelpunkt. Hier geht es darum, dass Anforderungen so auf die verschiedenen Knoten im Cluster verteilt werden, dass keiner der Knoten überlastet wird. Im Idealfall sollte die Last gleichmäßig über die verschiedenen Server verteilt sein. Dies funktioniert allerdings nur dann, wenn sich auf allen Knoten im Cluster entsprechende Repliken befinden.

Die Verteilung wird über einen Schwellenwert in der *notes.ini*, den `Server_Availability_Threshold`, gesteuert.

Die Nutzung von Clustern ist ein vergleichsweise einfacher Ansatz, um die für den Benutzer spürbare Performance von Anwendungen zu verbessern. Allerdings bedeutet die Nutzung von Clustern auch die Nutzung von mehr Hardware. Cluster können aber auch bestehende Server effizienter nutzen, wenn die verschiedenen Systeme sehr unterschiedlich ausgelastet sind.

Das setzt voraus, dass Anwender und Anwendungen auf mehrere Knoten verteilt werden. Der Reiz des Clusters liegt darin, dass der Benutzer mit einem logischen System arbeitet und nicht merkt, auf welchem physischen Server er arbeitet. Allerdings darf man nicht übersehen, dass der Betrieb des Clusters zusätzliche Last auf den Servern und im Netzwerk verursacht, weil die Cluster-interne Kommunikation und die Cluster-Replikation zusätzlich anfallen.

Neben dem genannten Schwellenwert für die Auslastung der einzelnen Knoten im Cluster gibt es noch eine Reihe weiterer Konfigurationsmöglichkeiten. So gibt es in der *notes.ini* den Parameter SERVER_TRANSINFO_NORMALIZE. Dieser Parameter definiert eine normale Antwortzeit des Systems. Es wird empfohlen, diesen Parameter seit Domino 6 nicht mehr einzusetzen. Er stammt noch aus der Zeit, als das Thema Clustering neu eingeführt wurde, und gilt für die heutige Servergeneration als zu hoch gesetzt. Verwenden Sie stattdessen den SAI. Ebenfalls genutzt werden kann der Parameter SERVER_MAXUSERS. Dieser ist nicht spezifisch für den Einsatz von Clustern, kann aber verwendet werden, um neue Anforderungen nach dem Erreichen der definierten maximalen Zahl von Benutzern an andere Knoten im Cluster zu übergeben.

In einzelnen Situationen kann es auch erforderlich werden, mehrere Tasks für die Cluster-Replikation (ClRepl) zu starten. Dazu werden mehrere Instanzen dieses Tasks beim Parameter Server-Task in der *notes.ini* angegeben. Das ist immer erforderlich, wenn sich der Replikationsprozess als Engpass erweist. Diese Situation sollte nur entstehen, wenn mit Anwendungen gearbeitet wird, bei denen regelmäßig sehr viele Änderungen anfallen. Informationen dazu liefert die Statistik zu REPLICA.CLUSTER.WORKQUEUEDEPTH. Wenn dieser Wert über längere Zeiträume größer als 0 ist, kann die Replikation für einzelne Datenbanken nicht korrekt abgewickelt werden.

Bei Clustern ist zu beachten, dass mit der Anzahl der Systeme auch der Overhead steigt. Die Obergrenze, die von Lotus genannt wird, liegt bei sechs Knoten in einem Cluster. Dabei handelt es sich allerdings nicht um eine fest codierte Grenze, sondern um eine Empfehlung, die auch überschritten werden kann. Wichtig ist bei Cluster-Verbänden, dass zusätzlich zur Cluster-Replikation noch die reguläre, zeitgesteuerte Replikation konfiguriert werden muss. Dafür gibt es mehrere Gründe:

▶ Die Cluster-Replikation kann für ausgewählte Datenbanken deaktiviert werden. Diese müssen aber weiterhin repliziert werden, um die Informationen auf den verschiedenen Knoten konsistent zu halten. Eine solche Deaktivierung ist überlegenswert, wenn keine sofortige Replikation erforderlich ist.

▶ Die Informationen zur Cluster-Replikation werden nur im Hauptspeicher gehalten. Wenn ein Knoten im Cluster ausfällt, gehen die noch nicht replizierten Änderungen für die Cluster-Replikation verloren. Sie werden dann erst bei der regulären Replikation übertragen.

▶ Oftmals muss auch eine Replikation mit Datenbanken außerhalb des Clusters erfolgen.

Grundsätzlich gilt, dass Domino Cluster hilfreich sein können, um Performance-Probleme auf einzelnen Servern zu beheben und Anwendungen insgesamt schneller verfügbar zu machen. Allerdings lassen sich nur Leerlaufzeiten auf anderen Servern nutzen, wenn alle Server massiv belastet sind, bringt die Konfiguration von Clustern ohne zusätzliche Hardware keinen Nutzen. Zudem darf der zusätzliche Overhead der Cluster-Dienste nicht vernachlässigt werden. Und: Ein Cluster macht die weiteren Maßnahmen zur Optimierung der Performance nicht überflüssig. Systeme und Anwendungen müssen auch für den Einsatz in Clustern optimiert werden.

Stichwortverzeichnis

Collaboration@work

DNUG e.V.
Die Vereinigung der Anwender von IBM Collaboration und Messaging Produkten mit dem Ziel, durch den Austausch von Erfahrungen zum Geschäftserfolg der Mitglieder beizutragen.

DNUG Konferenzen

Jährlich zwei mehrtägige Konferenzen mit Top-Referenten von Anwender-Unternehmen, aus der Consulting-Branche und von IBM Lotus weltweit

Präsentation der State-of-the-Art der Groupware-Technologie und zukunfts-weisender Strategien

Einzigartige Möglichkeit, sich in Vorträgen und Diskussionsrunden sowie durch wertvolle persönliche Gespräche auf den aktuellen Wissensstand zu bringen

Ihre Vorteile als DNUG Mitglied

Interaktive Web 2.0-Plattform sowohl für die Kommunikation als auch zur firmeninternen Nutzung mit separaten Bereichen und für Testszenarien

Teilnahme an Konferenzen und Workshops zu sehr günstigen Konditionen

Kennenlernen anderer Anwender, die vergleich-bare Anwendungen und Systeme betreuen

Erfahrungsaustausch in den Arbeitskreisen und Regionaltreffen ohne zusätzliche Kosten

Zugang zu den Veranstaltungspräsentationen in den Online-Mitgliederbereichen

DNUG Arbeitskreise

Themenorientierter Erfahrungsaustausch über Probleme, Methoden und Strategien beim Einsatz von IBM Lotus Software, wie zum Beispiel:

- Anwendungsentwicklung

- Enterprise Integration

- IBM Business Partner

- Kunden & interne Dienstleister

- Sametime & Mobile Kommunikation

- Social Software & Knowledge Management

- Systemmanagement

EULUC - meet the experts

(European Lotus User Club)

Interaktive Web 2.0-Kommunikationsplattform für Endanwender, Business Partner und IBM mit Themenschwerpunkt Lotus Produktpalette

➥ Melden Sie sich an und diskutieren Sie mit anderen Experten: www.euluc.com

DNUG e.V.
Kahlaische Straße 2 · 07745 Jena · Telefon: +49 (0) 36 41 / 45 69 - 0
Fax: + 49 (0) 36 41 / 45 69 - 15 · info@dnug.de · www.dnug.de